当代中国政治制度

李寿初 著

中国社会科学出版社

图书在版编目（CIP）数据

当代中国政治制度／李寿初著 . —北京：中国社会科学出版社，2019.12
ISBN 978-7-5203-5794-4

Ⅰ.①当… Ⅱ.①李… Ⅲ.①政治制度—研究—中国—现代 Ⅳ.①D621

中国版本图书馆 CIP 数据核字（2019）第 290204 号

出 版 人	赵剑英
责任编辑	许　琳
责任校对	鲁　明
责任印制	李寡寡

出　　版	中国社会科学出版社
社　　址	北京鼓楼西大街甲 158 号
邮　　编	100720
网　　址	http：//www.csspw.cn
发 行 部	010-84083685
门 市 部	010-84029450
经　　销	新华书店及其他书店

印刷装订	北京君升印刷有限公司
版　　次	2019 年 12 月第 1 版
印　　次	2019 年 12 月第 1 次印刷

开　　本	710×1000　1/16
印　　张	52.75
插　　页	2
字　　数	945 千字
定　　价	168.00 元

凡购买中国社会科学出版社图书，如有质量问题请与本社营销中心联系调换
电话：010-84083683
版权所有　侵权必究

中国政治学在回应时代中创新发展（代序）

浦兴祖

无论中外，有关探究社会政治现象的知识与理论源远流长。但，作为一门独立学科的政治学，则始于19世纪末20世纪初的美国。不久，政治学科在中国也得以成长。新中国的70年里，政治学经历过一段曲折后，走上了稳步发展之路。

一　发展的历程

新中国政治学的70年历程，笔者将其分为四个阶段。

（一）1949—1959年

中华人民共和国成立后，中国共产党人将马克思主义的政治学说作为指导国家政治建设的理论基础，同时，还重视推进马克思主义的中国化。但建国伊始，由于苏联没有设置政治学专业，对我们产生了明显的影响；也由于旧中国的政治学科总体上属于西方政治学体系，无法适应新中国的政治建设，因此，政治学科被忽视了。到1952年高校院系调整时，政治学科被作为资产阶级"伪科学"而取消，它的某些理论经改造后被纳入《国家与法》的课程之中。这一阶段，政治学由被忽视到被取消。

（二）1960—1979年

随着中苏关系的恶化，我国高校的学科设置开始突破苏联模式。1960年起，北京大学、中国人民大学和复旦大学先后重建了政治学系，"但主要讲授马列主义政治学,并不涉及政治学广泛领域的其他方面。"①1964年,遵照毛泽东、周恩来相关批示精神,为适应国际交往的需要,上述三校的政治学系改建为国际政治系。研究重点分别是,北京大学侧重于民族解放运动,中国人民大学着重于国际共产主义运动,复旦大学偏重于西欧与北美。这一阶段,新中国的政治学获得了局部性恢复。

(三) 1980—1988年

改革开放之初,邓小平即指出,"政治学、法学、社会学以及世界政治的研究,我们过去多年忽视了,现在也需要赶快补课"。②之所以强调政治学"赶快补课",按笔者理解,一是因为实现四个现代化,"就必然要多方面地改变生产关系,改变上层建筑"③;二是因为"社会主义现代化建设是我们当前最大的政治"④。这两方面均需要政治学深入研究,建言资政。

1980年底,以人数不多的老一辈政治学者为骨干,成立了中国政治学会,这是启动"补课"的标志。在此前后,大部分省市也组建了地方政治学会;1981年,北京大学、复旦大学和吉林大学率先重建政治学专业,并开始招生。随后,各地高校纷纷跟进;1982年,中国政治学会与复旦大学合办首期全国性政治学讲习班,为各地高校的"补课"提供了师资。同年,《政治学概论》等一批教材、专著和译著相继问世;1985年,中国社会科学院设立了政治学研究所,并由该所创刊了《政治学研究》。到1988年,我国已培养了多届政治学本科生和硕士生,更有全国首批政治学博士(二位)在北京大学毕业,给政治学队伍注入了新鲜血液。至此,政治学的人、机构、期刊、教材等要素基本具备。这一阶段,初步完成了政治学"补课"和全面恢复的任务。

(四) 1989年以来

最近三十年,中国政治学伴随着改革开放的步伐而发展,取得了可喜的成就。从人才培养看,形成了学士、硕士、博士多层次、较完备的教育体系和博士后产出机制。由于国内毕业的与留学归来的两支专业人才的不断加盟,政治学队伍中"半路出家"和"青黄不接"现象业已改变,代际更替,薪火

---

① 孙关宏《中国政治学:科学与人文的探索》,上海人民出版社2008年版,第79页。
② 《邓小平文选》第2卷,人民出版社1994年版,第180—181页。
③ 《邓小平文选》第2卷,人民出版社1994年版,第135页。
④ 《邓小平文选》第2卷,人民出版社1994年版,第163页。

传承已成常规；从学科建设看，政治学独立学科地位已为学界所公认，一个相对稳定的政治学科体系雏形初成。比如，按照权威机构的规定，政治学作为法学门类的一个一级学科，下设政治学理论、中外政治制度、科学社会主义与国际共产主义运动、中共党史、国际政治、国际关系和外交学7个二级学科。同时，政治学的诸多分支学科和交叉学科也日益受到重视。值得提及，我国少数几所高校的政治学已进入本学科世界排名的前50名；从学术研究看，完成了一批重大的政治学研究课题，发表了大量的学术论著，其中有《中国大百科全书·政治卷》和多部颇具影响力的政治学研究丛书。这些学术成果的研究对象广泛，研究方法堪称多元。

此外，在建言资政，助推我国政治发展方面；在社科普及，促进政治社会化方面；在国际交流，"请进来、走出去"的学术活动方面，均收获了令人瞩目的成效。这一阶段，新中国的政治学稳步发展。

二 探索中发展

从世界范围看，政治学是起步较晚的一门年轻学科。在新中国，其学科积淀更是有限。诸如应当怎样把握"政治学和政治""基础研究与应用研究"等重要关系，尚处于探索之中。可以说，新中国的政治学正是伴随着这样的探索而逐步发展的。

（一）如何把握政治学与政治的关系？

政治学是研究政治的学问、学术和学科。政治往往具有很强的复杂性、严肃性，甚至敏感性，如果把这些作为限制政治学研究的理由，那就谈不到政治学的发展，政治也就无法获得来自政治学的理论导引。这与邓小平倡导政治学"补课"的初心，是相悖的。

政治的复杂性、严肃性和敏感性，要求政治学更加注重科学、理性、严谨、负责的学术精神，牢记自己的学术使命归根到底是"经世致用"，为政治服务。"但是这种服务是以学术的独立性和一定的学术质量为前提的，而决不是简单的服从关系"。[①] 政治应鼓励政治学在学术研究范围内，保持思想自由、学术独立；政治要善于吸纳政治学研究成果中的合理因素。而中国的

[①] 孙关宏：《中国政治学：科学与人文的探索》，上海人民出版社2008年版，第98页。

政治学，必须坚持马克思主义为指导，恪守宪法原则，不断推出高水准的科学研究产品，为中国特色社会主义政治发展服务。

(二) 如何把握基础研究与应用研究的关系？

恢复才不久的中国政治学需要更加重视基础研究。这种研究偏重于纯学术层面，主要围绕基本概念、基本知识、基本原理、基本方法等展开，是政治学知识、理论和方法的生产，是构建和完善本学科范畴体系之必需。

基础研究越扎实，就越能为应用研究提供学术底气和理论能量。政治学的应用研究针对政治发展中的实际问题而展开，旨在为解决问题而提出应用性理论，如目标、思路与方法等。新中国的政治学从"补课"起，就积极开展应用研究，为政治体制改革、人大制度、新型政党制度、协商民主、基层群众自治和国家治理现代化等建言献策。应用研究在贴近现实政治，直接为政治服务的过程中，也不断向政治实践吸取养料，为深化政治学基础研究提供启迪。"两种研究"并重和互相促进，是中国的政治学应当长期坚持的。

(三) 如何把握中国政治学与西方政治学的关系？

在"补课"阶段，我们从西方译介了大量的政治学论著、政治学理论，这是必要的。但有些人却言必称西方，食洋不化，生搬人家的理论来硬套中国的政治问题。

有学者强调"本土化"取向，也引来不同观点。其实，西方政治学中某些理论反映了人类政治生活的普遍性，对此，我们应当"拿来"；也有些理论只反映他们政治生活的特殊性，我们就不能照搬。同样，中国的政治学在研究自己的政治问题时，也会创造一些理论，其中有的反映人类政治生活普遍性的，应当上升为政治学的一般理论。这种特殊性与普遍性的统一，便能形成兼具"本土化"与"国际化"的中国特色政治学体系。这个体系中，包含着一般政治学中的合理因素，并会不断吸收和借鉴各国合理的政治学前沿成果。要言之，中国政治学对西方政治学：不照搬，可借鉴。

(四) 如何把握中国政治学与传统政治文化的关系？

以儒家为代表的传统政治文化一直影响着中国政治。对此，中国政治学不能不加以研究，首要的是鉴别精华与糟粕。诸如大一统意识、重民思想、崇尚协商习俗等富含精华，属优秀传统政治文化。既为研究，当力求科学性、准确性和解释力、说服力。例如，需准确厘清"重民思想是否即民主思想？"

"崇尚协商是否即协商民主？"等问题，进而研究如何有效弘扬优秀传统政治文化，实现其当代价值。

"旧中国留给我们的，封建专制传统比较多"，① 诸如官僚主义、家长制、特权等，无疑属传统政治文化中的糟粕。1980 年邓小平明确提出"肃清思想政治方面的封建主义残余影响的任务"，② 在改革开放中，取得了一些进展，但远未完成。对此，政治学应当责无旁贷地继续作贡献。要言之，中国政治学对传统政治文化：取精华，去糟粕。

（五）如何把握规范研究与经验研究的关系？

"补课"时期的学者，大多受原有专业（科社、党史等）影响而熟悉规范研究法，注重逻辑推理、定性分析和价值判断。新生代（尤其是留学归来）的学者，偏爱经验研究法，注重实证调查、定量分析和事实判断。

两种基本方法各有所长。前者揭示政治现象背后的动因、逻辑，确定政治发展的目标、价值，强调应然，"该怎样"；后者描述政治实例的状态、过程，分析政治运行的成效、不足，强调实然，"是怎样"。俞可平认为，"像其他社会科学一样，政治学既需要'政治学理论''政治哲学''政治思想史'等规范性研究，也需要'中国政治''公共政策''公共管理'和'基层政治'等经验性研究。"③ 似可说，基础研究更宜用规范研究法，应用研究更宜用经验研究法，而"政治制度（含运行）"一类研究，则更宜兼用两种方法。

三　未来的发展

"理论在一个国家的实现程度，决定于理论满足这个国家的需要的程度。"④ 习近平总书记《在哲学社会科学工作座谈会上的讲话》中，将政治学列为"对哲学社会科学具有支撑作用的学科"⑤ 之一，并提出"要加快完

---

① 《邓小平文选》第 2 卷，人民出版社 1994 年版，第 332 页。
② 《邓小平文选》第 2 卷，人民出版社 1994 年版，第 335 页。
③ 参见俞可平《中国政治学的主要趋势》，《北京大学学报》（哲学社会科学版）2018 年第 5 期。
④ 马克思《马克思恩格斯选集》第一卷，人民出版社 1972 年版，第 10 页。
⑤ 习近平《在哲学社会科学工作座谈会上的讲话》（2016 年 5 月 17 日），人民出版社 2016 年版，第 22 页。

善"。这是继"补课"论后，再一次表明当今中国对政治学的需要！

问题是，政治学在多大程度上满足了这种需要？前文从"补课"以来时间还不长，而肯定新中国政治学发展的成绩可喜，这也是大多数政治学者的观点。但从满足国家对政治学的需要看，不少学者则认为已有的发展存在很大差距。在学术成果中，诠释的多，导引的少；滞后的多，超前的少；模仿的多，原创的少。其背后是，学科体系尚不成熟，研究队伍规模有限，专业能力有待增强，学术独立空间不足等。如何逐步改变此类状况？这正好成为中国政治学未来发展的一个目标。

未来的发展中，政治学依然会面对前文提到的那些带有一定规律性的重要关系，还需继续进行探索和正确把握。以下就基础研究与应用研究的关系，补充几句。

随着经验研究的方法越来越被重视，中国政治学者去机关、社区、田野，展开了一系列卓有成效的应用性研究，以至于有学者发现"应用研究明显压倒基础研究"，"基础理论研究相当薄弱"。[1] 笔者有同感，这倒不是要削弱应用研究，而是要在政治学未来的发展中加强基础研究。

事实上，在政治学基本概念与基础理论等方面，还有许多课题需要通过基础研究来深化。非此，政治学科体系就难以走向成熟，应用研究也会缺失学术底气，新中国政治学为政治服务，满足国家需要的水准就无法提升。

试举基础研究方面的两个实例。

例一，关于政治的形态。现在国内大多赞同：政治是指国家权力等社会公共权力的现象。笔者据此提出，政治的表现形态似有两种：一种是"原本的政治"，即有关公共权力本身的各类现象；另一种是"转化的政治"，即经济、文化、生态等，在特定条件下会直接影响到国家权力的安危，或者亟需国家权力直接加以干预。这时，它们与国家权力紧密相关，便转化（上升）为了政治。列宁说过"经济方面的政治"，邓小平说过四个现代化是"最大的政治"，习近平总书记在讲到生态环境等问题时说过"这里面有很大的政治。"[2] 这些论述以"原本的政治"无法理解，而用"转化的政治"即具有充分的理论说服力。

例二，关于"国家治理"。通常认为，"推进国家治理体系与国家治理能

---

[1] 俞可平《中国政治学的主要趋势》，《北京大学学报》（哲学社会科学版）2018 年第 5 期。

[2] 习近平：《在十八届中央政治局常委会会议上关于第一季度经济形势的讲话》，文献研究室编：《习近平关于全面深化改革论述摘编》，中央文献出版社 2014 年版。

力现代化"中所指的"治理",一个最基本的特征在于,国家(政府)与社会、市场、公民等多主体合作共治。据此试问:"国家治理"中的"国家"仅指作为治理主体的"国家权力"吗?如是,便与"多主体共治"的逻辑无法自洽。笔者以为,这里的"国家"不是"治理"的主体(主语),"治理"的(多个)主体被省略了;"国家"是"治理"的客体(宾语),"国家治理"实即"治理国家"。然而,这就成了多个主体共治"国家权力"了?不,"国家"有不同含义。除了指国家权力外,至少还有"国度"的含义。在这里,"国家治理"是指包括国家(政府)权力在内的多个主体,共治一个"国度"、一个社会共同体。

——这样分析是否恰当,可以讨论。但显然离不开基础研究。

(刊于 2019 年 8 月 19 日《人民日报》学术版,发表时有删节)

目　录

绪论 …………………………………………………………… (1)
第一章　当代中国政治制度的生成 ……………………… (18)
　一　历史机遇 …………………………………………… (18)
　　（一）近代中国不适合资本主义生长 ………………… (18)
　　（二）历史选择了社会主义 …………………………… (23)
　二　新民主主义阶段 …………………………………… (55)
　　（一）土地革命战争时期 ……………………………… (55)
　　（二）抗日战争时期 …………………………………… (61)
　　（三）解放战争时期 …………………………………… (65)
　三　社会主义阶段 ……………………………………… (69)
　　（一）共同纲领时期（1949年9月—1954年9月）…… (72)
　　（二）"五四宪法"时期（1954年9月—1966年5月）… (73)
　　（三）"文化大革命"时期（1966年5月—1976年10月）… (76)
　　（四）改革开放以来（1978年12月—）……………… (77)
第二章　中国共产党与中国政府的关系 ………………… (111)
　一　党依法执政 ………………………………………… (111)
　　（一）政党政治 ………………………………………… (111)
　　（二）执政合法性 ……………………………………… (123)
　　（三）党的领导 ………………………………………… (129)
　二　政府依法治理 ……………………………………… (140)
　　（一）政府概念 ………………………………………… (140)
　　（二）政府模式 ………………………………………… (140)
　　（三）政府职能 ………………………………………… (151)
　三　政治体制改革 ……………………………………… (155)
　　（一）改革必要性 ……………………………………… (155)

（二）党政定位……………………………………………（163）
　　　（三）依法治国……………………………………………（163）
第三章　中国共产党与民主党派的关系………………………（174）
　一　中国特色的政党制度………………………………………（174）
　　　（一）历史传统……………………………………………（174）
　　　（二）党际关系……………………………………………（184）
　二　中国共产党…………………………………………………（192）
　　　（一）组织结构……………………………………………（192）
　　　（二）主要制度……………………………………………（213）
　三　各民主党派…………………………………………………（248）
　　　（一）组织结构……………………………………………（248）
　　　（二）主要制度……………………………………………（257）

第四章　中央与地方的关系……………………………………（267）
　一　国家结构形式………………………………………………（267）
　　　（一）复合制………………………………………………（267）
　　　（二）单一制………………………………………………（268）
　二　中国特色的单一制…………………………………………（270）
　　　（一）历史渊源……………………………………………（270）
　　　（二）中国共产党的探索…………………………………（272）
　　　（三）集分结合……………………………………………（277）
　三　构建合理的中央与地方关系………………………………（279）
　　　（一）中央集权……………………………………………（279）
　　　（二）央地协作……………………………………………（282）

第五章　人民代表大会制度……………………………………（300）
　一　中国特色的根本政治制度…………………………………（300）
　　　（一）历史沿革……………………………………………（300）
　　　（二）党领导下的人民民主………………………………（313）
　　　（三）人大制度的完善……………………………………（321）
　二　全国人民代表大会…………………………………………（332）
　　　（一）全国人大……………………………………………（332）
　　　（二）全国人大常委会……………………………………（346）
　　　（三）全国人大专门委员会………………………………（356）
　　　（四）国家立法……………………………………………（360）

（五）全国人大代表 …………………………………………（373）
　三　地方各级人民代表大会 …………………………………（383）
　　（一）县级以上地方各级人大 …………………………………（384）
　　（二）县级以上地方各级人大常委会 …………………………（397）
　　（三）乡级人大 …………………………………………………（406）
　　（四）地方各级人大代表 ………………………………………（410）
　四　选举制度 …………………………………………………（413）
　　（一）历史变迁 …………………………………………………（414）
　　（二）选举原则 …………………………………………………（421）
　　（三）选举程序 …………………………………………………（425）
　　（四）特殊选举 …………………………………………………（434）

第六章　人民政治协商制度 ……………………………………（443）
　一　中国特色的基本政治制度 ………………………………（443）
　　（一）人民政协制度的创立 ……………………………………（443）
　　（二）人民政协制度的发展 ……………………………………（449）
　二　人民政协的功能职责 ……………………………………（458）
　　（一）性质与任务 ………………………………………………（459）
　　（二）主要职能 …………………………………………………（463）
　　（三）政协提案 …………………………………………………（466）
　三　人民政协的组织体系 ……………………………………（467）
　　（一）组成 ………………………………………………………（467）
　　（二）全国委员会 ………………………………………………（470）
　　（三）地方委员会 ………………………………………………（473）
　　（四）上下级关系 ………………………………………………（475）
　四　人民政协制度的完善 ……………………………………（476）
　　（一）加强党的领导 ……………………………………………（476）
　　（二）深化协商民主 ……………………………………………（478）

第七章　元首制度 ………………………………………………（484）
　一　元首制度的历史演变 ……………………………………（484）
　　（一）元首的渊源 ………………………………………………（484）
　　（二）当代中国元首制度的变迁 ………………………………（486）
　二　国家主席 …………………………………………………（491）
　　（一）地位和作用 ………………………………………………（491）

（二）产生与任期 ……………………………………（494）
　　（三）基本职权 ……………………………………（500）

第八章　行政制度（上） ……………………………………（505）
　一　行政制度的历史沿革 ……………………………………（505）
　　（一）概念与特征 ……………………………………（505）
　　（二）形成与发展 ……………………………………（507）
　二　行政组织制度 ……………………………………（516）
　　（一）法律地位 ……………………………………（517）
　　（二）设置原则 ……………………………………（518）
　　（三）结构类型 ……………………………………（521）
　　（四）职能配置 ……………………………………（522）
　三　行政领导制度 ……………………………………（524）
　　（一）委员会制 ……………………………………（524）
　　（二）首长负责制 ……………………………………（525）
　　（三）首长负责制与民主集中制的关系 ……………（527）
　四　行政决策制度 ……………………………………（529）
　　（一）行政决策构成 ……………………………………（529）
　　（二）行政决策程序 ……………………………………（531）
　　（三）行政决策实施 ……………………………………（532）
　五　行政区划制度 ……………………………………（533）
　　（一）划分原则 ……………………………………（534）
　　（二）区划演变 ……………………………………（535）
　　（三）区划改革 ……………………………………（538）

第九章　行政制度（下） ……………………………………（541）
　一　中央人民政府 ……………………………………（541）
　　（一）概述 ……………………………………（541）
　　（二）机构设置 ……………………………………（546）
　　（三）行政立法 ……………………………………（565）
　二　地方各级人民政府 ……………………………………（573）
　　（一）省级人民政府 ……………………………………（573）
　　（二）地级市人民政府 ……………………………………（586）
　　（三）县级人民政府 ……………………………………（589）
　　（四）乡级人民政府 ……………………………………（595）

第十章　民族区域自治制度 ……………………………………（602）

一　符合中国实际的民族制度 ………………………………（602）

（一）中国的民族格局 ……………………………………（602）

（二）民族区域自治制度的形成与发展 …………………（603）

（三）民族区域自治制度的中国特色 ……………………（609）

二　民族区域自治制度的主要内容 …………………………（612）

（一）民族自治地方 ………………………………………（612）

（二）民族自治机关 ………………………………………（615）

（三）民族自治权 …………………………………………（617）

（四）上级国家机关的职责 ………………………………（622）

三　民族区域自治制度的完善 ………………………………（625）

（一）经济自治权 …………………………………………（625）

（二）政治定位 ……………………………………………（626）

（三）加强上级国家机关的帮助 …………………………（627）

（四）法治建设 ……………………………………………（628）

第十一章　特别行政区制度 ……………………………………（630）

一　"一国两制"与特别行政区制度 ………………………（630）

（一）"一国两制"理论的生成 …………………………（630）

（二）特别行政区制度的基本含义 ………………………（636）

（三）"一国两制"的重大意义 …………………………（638）

二　特别行政区的筹建 ………………………………………（639）

（一）香港特别行政区的筹建 ……………………………（639）

（二）澳门特别行政区的筹建 ……………………………（647）

三　特别行政区的政治体制 …………………………………（649）

（一）香港特别行政区的政治体制 ………………………（649）

（二）澳门特别行政区的政治体制 ………………………（657）

（三）中央在特别行政区的职权 …………………………（663）

第十二章　监察制度 ……………………………………………（665）

一　国家监察法的产生 ………………………………………（665）

（一）监察制度的演变 ……………………………………（665）

（二）监察制度的困境 ……………………………………（671）

（三）监察体制改革 ………………………………………（674）

二　监察主体与监察对象 ……………………………………（680）

（一）监察原则 ·· (680)
　　（二）监察主体 ·· (681)
　　（三）监察对象 ·· (684)
　三　监察权限与监察程序 ·· (689)
　　（一）监察权限 ·· (689)
　　（二）监察程序 ·· (693)
　四　对监察主体的监督 ·· (696)
　　（一）香港廉政公署的有益做法 ···································· (696)
　　（二）人大监督 ·· (699)
　　（三）自我监督 ·· (700)
　　（四）司法制约 ·· (701)
　　（五）明确违法责任 ·· (702)
　五　反腐败国际合作 ·· (703)
　　（一）联合国反腐败公约 ·· (703)
　　（二）反腐败国际合作 ·· (707)

第十三章　司法制度 ·· (712)
　一　概述 ·· (712)
　　（一）司法制度的概念 ·· (712)
　　（二）人民司法制度的产生和发展 ·································· (714)
　　（三）人民司法制度的基本特点 ···································· (718)
　二　审判制度 ·· (721)
　　（一）法院的组织体系与职权 ······································ (721)
　　（二）法院的机构设置 ·· (726)
　　（三）审判的原则与制度 ·· (727)
　　（四）法官与法院其他人员 ·· (732)
　三　检察制度 ·· (735)
　　（一）检察院的性质、任务与职权 ·································· (735)
　　（二）检察院的组织体系与机构设置 ································ (737)
　　（三）领导体制与检察活动原则 ···································· (740)
　　（四）检察官与检察院其他人员 ···································· (741)
　四　侦查制度 ·· (742)
　　（一）侦查的概念 ·· (742)
　　（二）侦查原则 ·· (744)

（三）侦查程序 ································· (745)
　　（四）强制措施 ································· (747)
五　律师制度 ····································· (748)
　　（一）律师和律师事务所 ························· (749)
　　（二）律师的业务与权利义务 ····················· (750)
　　（三）律师的规诫 ······························· (752)
　　（四）律师的管理体制 ··························· (753)
六　其他制度 ····································· (754)
　　（一）执行制度 ································· (754)
　　（二）公证制度 ································· (757)
　　（三）仲裁制度 ································· (761)
　　（四）调解制度 ································· (766)
　　（五）法律援助制度 ····························· (770)
　　（六）国家赔偿制度 ····························· (772)
七　司法体制改革 ································· (778)
　　（一）司法公正是社会公正的最后一道防线 ········· (779)
　　（二）司法独立是司法公正的制度保障 ············· (780)
　　（三）稳步推进司法体制各项改革 ················· (782)

第十四章　军事制度 ································· (786)
一　概述 ··· (786)
　　（一）人民军事制度的形成与发展 ················· (786)
　　（二）人民武装力量的组成 ······················· (786)
　　（三）走中国特色的精兵之路 ····················· (786)
二　军事领导体制 ································· (786)
　　（一）党对军队的绝对领导 ······················· (786)
　　（二）中央军事委员会 ··························· (786)
　　（三）军内领导机关及其职权 ····················· (786)
三　政治工作制度 ································· (787)
　　（一）人民军队的生命线 ························· (787)
　　（二）党委制 ··································· (787)
　　（三）政治委员制度 ····························· (787)
　　（四）政治机关制度 ····························· (787)
四　兵役制度 ····································· (787)

（一）"两个结合"的兵役制度 …………………………………（787）
　（二）士兵服现役制度 ……………………………………………（787）
　（三）干部制度与军官军衔制度 …………………………………（787）
　（四）民兵与预备役制度 …………………………………………（787）
　（五）国防教育与国防动员制度 …………………………………（787）

第十五章　基层群众自治制度 ………………………………………（788）
　一　城市居民自治制度 ………………………………………………（788）
　　（一）形成与发展 …………………………………………………（788）
　　（二）居民委员会 …………………………………………………（791）
　　（三）居民会议与居民代表会议 …………………………………（792）
　　（四）居民自治制度的完善 ………………………………………（793）
　二　村民自治制度 ……………………………………………………（797）
　　（一）形成与发展 …………………………………………………（797）
　　（二）村民会议与村民代表会议 …………………………………（799）
　　（三）村民委员会 …………………………………………………（803）
　　（四）村民自治制度的完善 ………………………………………（807）

参考文献 …………………………………………………………………（813）

后记 ………………………………………………………………………（823）

绪 论

中国共产党领导地位的确立,是历史的选择、人民的选择。党的领导、人民当家作主和依法治国的有机结合与统一是当代中国政治制度的基本特征。党的领导是人民当家作主和依法治国的根本保证,人民当家作主是社会主义民主政治的本质特征,依法治国是党领导人民治理国家的基本方式,三者统一于中国社会主义民主政治的伟大实践。

一

从近代开始,人类社会逐步迈入以人为本的现代文明时期。民主政治是现代文明的重要构成。控制国家权力,保障公民权利是民主政治的根本所在。民主又叫人民主权,就是人民当家作主。国家是人民的,人民是国家的主人,人民利益至上。一切国家权力来自人民、属于人民并服务人民。人民就是社会的大多数人,人民利益就是社会大多数人的共同利益。虽然人民不包括社会的少数人,但是人民利益应当包含社会所有人的共同利益。所有人的共同利益就是每个人与生俱来的权利即人权。人权是人之所以为人和人要成为人的必要条件,它是其他一切人民利益的基础,它在法律中的体现就是法律规定的公民权利,即公民的法定权利。非经法定程序,任何主体不得以任何借口尤其是"人民的名义"或"国家的名义"剥夺公民的法定权利。

民主政治发展至今,政党政治是它的主要形式。人民行使国家权力通常在执政党组织下开展。一般而言,政党是由社会某个阶级、阶层或利益集团的代表组成的,以谋取国家权力为直接目标的社会组织。经过人民同意而执掌国家权力的政党就是执政党。

纵观当下各国历史,不管在先有国家政权后出现政党的国家还是在先有政党后建立国家政权的国家,执政党运行国家权力大体归为三种方式:党政不分、以党代政和依法执政。党政不分是指执政党凌驾于国家政权机关之上，执政党决策，国家政权机关执行，共同履行国家职能。以党代政是指执政党不是通过国家政权机关而是直接行使国家职权，国家政权机关形同虚设。依法执政是承认执政党职能和国家职能有所区别，执政党并不直接行使国家职权而是通过法律规定由国家政权机关行使。执政党将自己的意志通过法定程序上升为国家意志并体现在法律中，国家政权机关依法行使国家职权就是贯彻执政党的意志。

政党与国家政权机关是有着根本区别的两个社会组织。政党是一个利益群体，因为任何组织都是利益群体。这个本质决定政党首先考虑的是自身利益，然后才是其他利益。政党利益会包含部分人民利益或公民利益，但是不能等同或替代人民利益或公民利益，其中争取执掌国家权力是政党的核心利益。相反，国家政权机关必须为所有社会主体服务，应当公平对待社会各种利益。在思想多元、利益多样、阶级对立、阶层区分和人人有别的人类社会中，不可能出现全民党，果真发生则表明政党已无存在必要。事实上，政党正是社会差异性的产物。无论政党多么重要，它都代替不了国家政权机关。

每个政党都会声称自己代表人民利益，但只有得到人民同意的政党才能成为执政党。选择执政党是人民的基本权利。人民的不断选择会引起执政党的更替。一个执政党上台是人民的选择，一个执政党垮台也是人民的选择。但是，无论一个国家的执政党如何更替，这个国家都会一直存在。执政党的更替是民主法治国家社会发展的正常现象，不会导致这个国家的灭亡，只有外来侵略或其他不可抗力的因素才会导致它的灭亡。

执政党并非是推动现代国家权力运行的唯一组织。虽然国家权力都会在执政党的掌控之中，但是它毕竟不是立法机关、行政机关、司法机关或其他国家政权机关，不能直接行使只能由这些国家政权机关行使的国家职权。如果党国不分、党政不分或以党代政，执政党居于人民和法律之上或游离于人民和法律之外，就完全背离了民主政治的本意。只有依法执政才真正符合民主政治的基本精神，切实反映人类社会政治文明发展的一般规律。

二

中国共产党自1921年诞生以来，经历了从革命党到执政党的角色转换、从地方执政到全国执政的发展过程，在不同阶段执政方式有所变化。

土地革命战争时期中国共产党建立了革命根据地苏维埃政权，抗日战争时期建立了抗日民主革命根据地政权，党政各司其职。针对国民党以党治国的一党专政，毛泽东、邓小平予以猛烈抨击，坚决反对国民党流毒传播到共产党内。[1]为了适应残酷的战争环境，解决抗日根据地党政军民关系中某些不协调的现象，加强党的集中统一领导，1942年9月1日中共中央政治局作出《关于统一抗日根据地党的领导及调整各组织间关系的决定》，决定指出："根据地领导的统一与一元化，应当表现在每个根据地有一个统一的领导一切的党的委员会。"这里所谓的党的一元化领导，是指党从政治上对政权、军队、民众团体等一切其他组织的领导，是指大政方针的领导，而不是领导一切具体事务，更不是包办代替一切工作，也不影响党政各司其职。① 解放战争时期中共为夺取全国政权，强调将一切可能和必须集中的权力统一到党中央及其代表机关，这时党政是不分的，这是革命形势的需要。党政不分现象一直延续到1949年中华人民共和国成立后。1956年中共八大提出划清党政工作界限的建议，但现实中党政不分、以党代政的局面并未得到根本纠正。1957年以后，各级党委普遍包办代替行政系统的日常工作，党政不分现象愈演愈烈。在1966年至1976年的"文化大革命"期间，各级党组织的权力先后由"文化大革命"领导小组、工宣队、军管会和革委会行使。"文化大革命"后又恢复了党的一元化领导，并且各级党组织一把手权力增大，严重损害了党组织的权威。

在反思过去执政实践和借鉴西方先进国家执政经验的基础上，1978年中共十一届三中全会加深了对现代政治文明的认识，确立了党政各司其职、依法执政的指导思想，从此中国进入改革开放时代。1982年国家宪法规定"一切国家机关和武装力量、各政党和各社会团体、各企业和事业组织都必须遵守宪法和法律。一切违反宪法和法律的行为，必须予以追究。任何组织或者个人都不得有超越宪法和法律的特权"。十一届三中全会以来每届党的章程都要求"党必须在宪法和法律的范围内活动"。1997年中共十五大提出"依法治国，建设社会主义法治国家"的基本方略，1999年九届人大二次会议将其作为宪法修正案载入宪法。2014年中共十八届四中全会作出《中共中央关于全面推进依法治国若干重大问题的决定》，开始了全面依法治国的新征程，更加强调了依法执政的指导思想。依法执政顺应了世界民主政治发展的总趋

---

① 参见中共中央党史研究室《中国共产党历史第一卷（1921—1949）》（下），中共党史出版社2011年版，第594页。

势和市场经济运行的客观规律，是中国共产党对执政方式艰辛探索后确立的具有重大战略意义的治国方针，是新时期中国共产党在处理党政关系方面正确的制度抉择。

没有改革开放就没有今天强盛的中国，实践证明改革开放是正确的。无论世界风云如何变幻，中国都要坚定改革开放的信念。中国的改革开放已经进入新时代，大家要自觉团结在以习近平同志为核心的中共中央周围，依法活动，将改革开放进行到底，为实现中华民族的伟大复兴添砖加瓦。

要反对历史虚无主义。不能割裂中华人民共和国改革开放前后两个阶段，不能否定国家民主政治发展的连续性。不能全盘肯定或全盘否定西方民主政治，它对现代民主政治的贡献功不可没但并非唯一模式。当下人类社会信息发达竞争激烈，不能取得点滴成绩就沾沾自喜，故步自封或墨守成规将注定失败。要实事求是，既重历史传统又从实际出发，既立足国内又放眼世界，不断总结经验和改正缺点，坚定四个自信，坚持四项基本原则，坚持改革开放，坚决贯彻执行习近平新时代中国特色社会主义思想，大力发扬敢啃硬骨头的革命精神和勇往直前的创新精神，积极稳妥地推进国家治理体系和国家治理能力的现代化。

机遇永远没有第二次！要永远铭记近代以来中华民族受尽屈辱的苦难历史，要时刻不忘毛泽东、邓小平等老一辈革命家的谆谆教诲，要积极响应人民群众的深切期盼，要戒骄戒躁、虚怀若谷，要勇敢正视与西方现代文明国家的各种差距，要深刻汲取苏联解体、东欧剧变的惨痛教训，遵循社会发展规律，以对民族和人民认真负责的态度，从党和国家生死存亡的高度，认识政治体制改革的必要性和紧迫性，坚定不移地推进政治体制改革和民主法治建设。

中华人民共和国从1949年成立以来特别是从1978年改革开放以来，在中国共产党领导下，国家成就举世瞩目，综合国力大幅提高，国际地位日益上升，但是也出现了许多新情况新问题。改革开放40多年来，社会结构发生深刻变化，经济成分更加复杂，贫富差距持续扩大，意识形态领域斗争激烈，社会不安定因素不断增加。改革已经触及各个阶层的根本利益和传统社会制度的核心价值，积累了许多深层次矛盾。在向现代社会转型中，旧体制遗留的、新旧体制并存期间滋生的以及新体制内部固有的矛盾交错在一起，权力私有化、假公济私、买官卖官、官商勾结、权权交易、权钱交易、权色交易、权力寻租、近亲繁殖、劣币驱逐良币、利益固化的藩篱越扎越紧等不良社会现象并未得到彻底消灭。部分民众积极性不高，尤其社会底层向上流动的渠道不畅，寒门出贵子的难度越来越大。

人民群众和非法既得利益者水火不容。千万不要高估社会大众痛恨腐败渴望公平的忍耐力，他们不可能无限期忍耐；千万不要低估既得利益者维护非法所得的决心毅力和操控社会的手段能力，他们为了既得利益会不惜一切代价。非法既得利益者先富起来了，形成了权贵阶层。他们想维护现状，表面上赞成而内心反对先富带动后富、走向共同富裕的改革目标，已经成为深化改革的最大绊脚石。权贵阶层的无理要求，人民不会答应，人民的党和政府也不会答应。前进的阻力与动力并存，改革正进入攻坚期和深水区。

如果不继续改革，中国就难以实现真正意义上的从传统社会向现代社会的转型。虽然经济基础决定上层建筑，市场经济体制代替计划经济体制的趋势已不可逆转，打开的国门再也无法关上，改革开放已成定局，但是计划经济体制的惯性一时难以消除，一部分人对回到过去还存有妄想，改革必须顾及社会各种矛盾的复杂性和关联性，还要应对风云变幻的国际环境，防止敌对势力、西化势力、分裂势力、恐怖分子、极"左"极右分子、投机钻营分子、伪精英和社会公知的捧杀、捣乱和破坏。无论社会任何方面的进一步改革，稍有不慎都会引起社会动荡。内忧与外患，挑战与机遇，一起摆在中国人民面前。停顿倒退没有出路，深化改革要冒更大风险，每个有良知的中国人务必时刻保持头脑清醒。

当下中国，解决社会问题的关键在于执政掌权的中国共产党，解决社会问题的出路就是党的领导与依法执政相结合、建设社会主义民主法治国家。[2] 中国共产党最讲"认真"二字，只要认真起来，没有什么问题是党解决不了的。要真正用足用实现有的民主法律制度，一步一个脚印，真搞民主和法治，搞真民主和法治。人民是党的根基，如果离开人民党就是无源之水、无本之木。党是为人民服务的，党的领导和依法执政并行不悖。党的领导是中国特色社会主义最本质的特征，是社会主义民主法治最根本的保证。把党的领导贯彻到依法治国全过程和各方面，是中国社会主义民主法治建设的一条基本经验。依法执政是依法治国的核心和关键，是民主立法、依法行政、公正司法和全民守法的前提和基础。党不但要从那些不合时宜的观念、做法和体制的束缚中解放出来，从对马克思主义的错误的和教条的理解中解放出来，继承和发扬中国文化的优良传统，借鉴和吸收人类文明创造的一切有益成果，发展马克思主义，提高执政水平；而且要顺应世界民主法治的总趋势和中国社会主义市场经济发展的客观需要，坚决摈弃过去的人治制度，积极稳妥地建设社会主义民主法治制度。

现实中有两种倾向，一种是幻想在短期内建成社会主义民主法治国家的主观唯心主义，另一种是囿于人治传统而对中国实现民主法治根本不抱希望的极端悲观主义。必须坚决反对悲观失望或急于求成的错误倾向。像中国这样一个经济文化还不够先进、人治历史非常悠久、官本位思想极其严重、公民意识十分薄弱、法治观念远未普及的发展中大国，要转型成为经济文化更加发达、民主法治比较健全的社会主义现代化国家，将是长期、艰巨、复杂的过程。当代人要有当代人的担当，不能将当代要解决的问题不负责任地留给下一代。

民主必然同制度关联，没有一定的制度，民主只是一个空洞的口号或理论而已。有了一定的制度，人民或大多数人才能把握和操作它，才能治理国家和社会。任何时期、任何国家或地区的人民苦苦求索的，从来就不是什么民主的口号或理论，而是在于争取名副其实的民主权利，尤其是争取之后怎样建立一套切实可行、操作简便的制度，使得人民能够充分享有和行使它。近代以来西方资本主义国家的最大贡献是民主的法律化和法治化，法律规范同民主有关的一切活动，人民必须在法律规定的范围内行使民主权利或国家权力。法治就是法律的统治，法律在国家中具有至上地位，人人应当遵守法律，统治者必须依法活动。

法律是社会发展规律的反映，又是党和人民共同意志的体现，有着严格的制定、修改和废止程序，既不会因领导人和领导人注意力的变化而变化，也不会朝令夕改，具有普遍、理性、规范、稳定、公开等特征，对一切社会主体都具有强制执行的效力。法律是一个相对完备的独立系统，不但不应受社会权势者摆布而且是对付他们的有力武器。法律实施应当排除政治、经济、文化、宗教、风俗、舆论等其他社会因素的干扰，即使考虑这些因素也须得到法律的允许或认可，法律是处理社会问题的最终依据。法律面前人人平等，法律消解了官员的恣意和特权，官员必须依法活动。官员不能选择性执法，如果执法中因人、因地或因时而异，那么法律就会没有权威而失效。法律在充满风险和不确定性社会环境里为公民提供了稳定的利益预期，不但能降低社会交往中的任意行为和机会主义行为，防止或化解人与人之间、人与群体之间以及群体与群体之间的分歧和冲突，而且法律内含的价值取向在现实中能反复影响行为者的思想观念和精神世界，强化其在社会生活中依法办事的行为习惯，从而确保其行为的一致性和连贯性。即使个别法律对当事人不利，遵守它也比反复无常好，因为当事人知道它要求的是什么就可以尝试着保护自己而免受执法者任意专横的对待。

不能说民主法治是人类社会最好的治理形式，但能说它是人类社会最不坏的治理形式。人类社会的历史和实践已经反复证明，没有比民主法律更好的制度，没有比民主法治更佳的方式，能长期有效地保障公民权利和控制国家权力；人类社会的历史和实践已经反复证明，从专制人治状态进入民主法治状态是人类社会发展不可逆转的、无法阻挡的趋势，具有不以人的意志为转移的客观规律性；人类社会的历史和实践已经反复证明，民主法治是破解历史周期律和长久保持国泰民安的唯一途径，其他途径都只是暂时的且最终是行不通的。

三

把中国建设成为现代化的社会主义民主法治国家，最重要的是要以习近平新时代中国特色社会主义思想为指导，全面推进作为党治国理政基本方式的依法执政落地生根。

首先，依法执政就是要真正做到执政党在宪法和法律的范围内活动。这是执政党不容回避且必须面对的首要问题，也是人民群众衡量依法执政的根本标准。

依法执政的核心是依宪执政。习近平说："依法治国，首先是依宪治国；依法执政，关键是依宪执政。"[1] 宪法是国家的根本大法，是人民权利的宣言，是国家权力的渊源，是治国安邦的总章程。宪法是国家制度的核心和基础，一切法律和政策都不得同宪法相抵触，一切组织和个人都不得有超越宪法的特权，一切行为都必须符合宪法规定，一切违宪行为都必须予以纠正，宪法具有最高权威。为了维护宪法最高权威，保证宪法正常运行，必须建立可操作性的违宪审查机制机构，及时追究违宪案件。确立宪法最高权威，设立国家宪法日和宪法宣誓制度固然重要，却不如真正办理一两个违宪案件管用，强调千万遍不如问责一两次。只有这样才能震慑住那些不把宪法当一回事的人员或组织。

虽然中国共产党依法执政与西方宪政有着本质区别，但是西方宪政运行了几百年，存在可供中国借鉴的有用资源。善于学习是党的优秀品质，对待

---

[1] 习近平：《在首都各界纪念现行宪法公布施行30周年大会上的讲话》（2012年12月4日），《习近平谈治国理政》，外文出版社2014年版，第141页。

西方宪政不能一棍子打死。要反对"左"或右的错误思潮，但主要是反对"左"。"左"或右容易走极端，都是对事实真相的歪曲，但是"左"具有更大的欺骗性和迷惑性，好像越"左"越革命，越"左"越先进，越"左"越安全，越"左"越有前途。历史上对党和国家事业造成伤害最多最大的是"左"。坚持党的领导绝不搞西方宪政，坚持依法执政绝不回到过去，大胆借鉴西方宪政中一切有益成分和具体制度安排，提高党的领导水平与依法执政能力。

中国共产党的执政地位不是与生俱来的，也不是一劳永逸的，而是历史的选择、人民的选择。社会在发展，人民在变化，一次选择不等于永久选择。只有把人民利益放在第一位且说到做到的政党才值得人民永远信赖。党要与时俱进，选择执政党是人民的权利，党的执政要经得起人民的不断选择。党必须深刻汲取不同时期和不同国家的执政党兴衰成败的经验教训，长存忧患意识，时刻警醒自己。依法执政要避免流于观念、口头或形式，要坚决贯彻执行"党必须在宪法和法律范围内活动"的党章规定，将党的一切活动规范化、程序化、制度化、法律化，为党的领导和依法执政提供切实可行的制度保障。

中国共产党是一个集中统一的整体，不同于一般意义上的政党，和资本主义国家政党有着本质区别，不但决不允许党内存在各种利益集团，而且更要防止党本身成为脱离人民的利益集团。党章规定"党除了工人阶级和最广大人民群众的利益，没有自己特殊的利益"。党执政掌权的天下永远是人民的天下，党的权力是人民赋予的而不是自身固有的，党要始终为人民谋幸福。党的各级组织及其干部要认真对待权力，要时刻清醒地意识到一旦犯错误会对社会造成不可估量的的损失。习近平告诫全党："邓小平同志说过：'在中国来说，谁有资格犯大错误？就是中国共产党。'那么在党内，谁有资格犯大错误？我看还是高级干部。高级干部一旦犯错误，造成的危害大，对党的形象和威信损害大。我们绝大多数党的高级干部在思想上、政治上、作风上是过硬的。但是，也有少数高级干部身居高位久了，慢慢疏远了群众，出现了这样那样脱离群众的现象，个别的甚至违法乱纪、以权谋私、腐化堕落。高级干部必须时刻警醒自己，做到自重自省自警自励。"[①] 党的事业同国家命运息息相关，要坚决查处个别领导干部以组织名义培植亲信排斥异己、打击

---

① 习近平：《在河北调研指导党的群众路线教育实践活动时的讲话》（2013年7月11日、12日），中共中央文献研究室编：《习近平关于严明党的纪律和规矩论述摘编》，中央文献出版社2016年版，第95—96页。

报复、搞家长制、搞团团伙伙、结党营私、集体腐败、与民争利等违纪违法行为。对打着党的旗号公然践踏宪法法律和党纪党规、冲击党的执政合法性底线的害群之马务必严惩不贷，决不姑息迁就。

谁给权力就对谁负责，这是万古不易的权力定理。党管干部是中国干部制度的基本原则，一切党政官员都要经过党组织的考察或任命才能就职。因此，官员手中的权力直接来自党组织的授权，官员首先对党组织负责是浅显明白的道理。虽然一切权力最终都来自人民，但是人民不能直接决定官员的任免升迁，只有党组织才有这个权力。在一些官员看来，人民满意与否并不重要，可以忽视人民的意见；党组织满意与否至关重要，必须千方百计表现自己。虽然党和人民的根本利益是一致的，但是并非没有分歧。这就不能排除党组织满意人民不一定满意、人民满意党组织不一定满意的官员任免现象的发生。实践是检验真理的唯一标准，党组织的决定并不总是正确的，历史上不乏党组织选人用人失察给革命、建设或改革的事业造成严重损失的惨痛教训。破解选人用人不正之风的根本途径，就是党组织在考察任免官员时，要走实群众路线，充分发扬民主，真正尊重人民群众的选择和创举。党是全心全意为人民服务的，党的意志必须符合人民意志，人民是国家的主人，人民是历史的创造者。

其次，依法执政就是要处理好党政关系，执政党和国家机关的一切活动都必须于法有据，法无明文规定即禁止。这是依法执政的重点和难点。

党政各司其职是中国共产党一贯坚持的处理党政关系的基本原则。党政各司其职，是指执政党和国家机关的职能有所不同，党的事情归党，国家的事情归国家机关。在社会主义国家，工人阶级政党成为执政党之后同其领导的人民民主专政的国家机关也应当遵循该原则。党是人民民主专政的领导力量，而国家机关是人民民主专政的直接表现。党和国家机关是政治上的领导与被领导关系，不是国家权力系统中的上下级服从关系。党和国家机关在社会中的地位、作用和行为方式是不同的。列宁曾指出："必须十分明确地划分党（及其中央）和苏维埃政权的职责；提高苏维埃工作人员和苏维埃机关的责任心和独立负责精神；党的任务则是对所有国家机关的工作进行总的领导，不是象目前那样进行过分频繁的、不正常的、往往是琐碎的干预。"[①] 由于历史的原因和过分集权的领导体制，中华人民共和国成立以来在党和国家

[①] 列宁：《就党的第十一次代表大会政治报告提纲给维·米·莫洛托夫并转俄共（布）中央全会的信》，《列宁全集》第43卷，人民出版社1987年版，第64页。

政治生活中还存在着党政不分、以党代政的现象，与社会主义现代化建设不相适应。中共十一届三中全会党确立了党政各司其职、依法执政的指导思想，从此党政各司其职成为党和国家机关在治国理政方面的基本原则。

人民在战争年代与和平年代、非常时期和正常时期的生活方式是不同的，现今都生活在和平、正常的状态之下。居安思危固然必要，但千万不能迷恋战争或非常时期的党政关系，要建立与人民和平、正常的生活相适应的党政关系。党的领导不是指挥、发号施令或包办代理国家机关的具体事务，而是发挥总揽全局、协调各方的领导核心作用，在遵守宪法和法律上率先垂范，积极支持、保证和监督国家机关和其他一切社会主体在宪法和法律的范围内活动。同级党组织不得借口党的领导越法干预同级国家机关的正常工作，国家机关内部的党组织也不得代行国家机关的职权。立法机关、行政机关、司法机关或其他国家机关独立自主地行使各自职权受宪法和法律保护。党组织的决定不得越法直接作为国家机关的决定，只能作为指导意见，国家机关的一切决定必须依据宪法和法律。党组织严格依法活动，是落实依法执政的具体表现，非但不会削弱反而加强了党的领导和威信。

现实中存在一些错误认识，把党的领导等同党包办一切并使之全能化，把党的领导与国家机关依法独立行使职权对立起来并使之简单化，把党的领导理解为党可以不受任何限制并使之绝对化。要坚决纠正这些不合时宜的观念和做法。民主政治是世界大势，顺之者昌，逆之者亡。要不要党的领导，党应当怎样领导，党领导得怎么样，是三个相关却有别的问题。人民群众从来就没有怀疑或否定党的领导，只是想要党真正做到党大力提倡并由党章规定的"党必须在宪法和法律范围内活动"，只是想在提高生活质量上获得实实在在的利益。

在社会主义国家，法律是党的意志和人民意志的共同体现，整体上党的意志与法律是统一的，但是党的各级组织及其领导干部在实践中会出现所行使的权力与法律不一致的问题。这是性质不同的两种现象，不可混为一谈。因此，习近平指出："如果说'党大还是法大'是一个伪命题，那么对各级党政组织、各级领导干部来说，权大还是法大则是一个真命题。纵观人类政治文明史，权力是一把双刃剑，在法治轨道上行使可以造福人民，在法律之外行使则必然祸害国家和人民。"[①] 要坚决打击借口党的领导以言代法、以权

[①] 习近平：《在省部级主要领导干部学习贯彻党的十八届四中全会精神全面推进依法治国专题研讨班上的讲话》（2015年2月2日），中共中央文献研究室编：《习近平关于全面依法治国论述摘编》，中央文献出版社2015年版，第37—38页。

压法、逐利违法、徇私枉法等一切违纪违法行为。党没有超越或凌驾于宪法和法律之上的特权，过去没有，现在没有，将来更不会有。各级党组织都要坚持党要管党和从严治党，严格依法活动，努力加强自身建设，切实提高领导水平和执政能力。

最后，依法执政就是要真正做到执政党和国家的官员带头守法。这是依法执政的必要条件，也是党保持先进性和纯洁性的前提和基础。

党既然带领人民制定宪法和法律，就应当带领人民遵守宪法和法律，就应当在宪法和法律的范围内活动。要在全社会形成遵纪守法风气，官员必须以身作则，正人先正己。《论语》云：其身正，不令而行；其身不正，虽令不从。官员的一言一行、一举一动，直接影响到自己身边的人，直接影响到党和国家机关在人民心目中的形象。官员要讲诚信，在人民面前做老实人、说老实话、做老实事。尤其是位高权重的各级党政机关、部门一把手，要做遵纪守法的模范。官员应当通过自己的言传身教来带动周围的人一起遵纪守法。党政官员的权力是人民和党给的，应当对人民和党负责，不能用来为自己谋私利，而要用来为人民谋福祉。有些腐败官员在出事前，对人民群众大讲马克思主义，对自己却大搞自由主义，影响极其恶劣。人民群众对待一切官员，都要持冷静理性的态度，要察其言，更要观其行。对那些阳奉阴违、说一套做一套的两面派官员要依纪依法严厉制裁并警示天下。

民主法治国家的实践已经证明，没有比财产公开成本更低、效果更好的反腐败措施。事实胜于雄辩，无须枉费口舌。真正的共产党人光明磊落，言行一致。信任不能代替监督，言语不能代替行动，理论不能代替事实。要顺应民意有序地公开官员家庭财产，主人人民有权知道仆人官员的财产多少。改革开放以来，官员群体积累了一定数量财富。有人担心，官员有那么多财产，一旦公开会造成局势不稳。① 这种担心纯属多余，改革开放的红利惠及全社会，官员财产只要合理合法，无论多少，人民都能理解，不公开反而增加了人民的担忧和疑惑。财产公开的阻力越大，财产公开的必要性就越大，人民的期望值也就越高。《尚书》云：民之所欲，天必从之。民心不可违，得民心者得天下，失民心者失天下。

为了中华民族伟大复兴的中国梦，要认真贯彻执行习近平新时代中国特色社会主义思想，全心全意为人民服务，全面深化改革，全面依法治国，全面从严治党。官职作为公共资源终究是人民的，要逐步有序从党政机关内部

---

① 参见秦前红等《国家监察制度改革研究》，法律出版社2018年版，第302页。

转向全社会选拔官员，广纳天下英才，让体制内外一切真才实学者都有用武之地。要根据职位特性公布用人标准，不能简单一刀切。要防止平庸者和老好人上位，更要防止投机分子、两面人和阿谀奉承者窃取霸占重要岗位。

要不忘初心，有始有终，不作表面文章，不走过场。要动真刀真枪，不能雷声大雨点小。对那些不求有功、但求无过，经历很多、业绩平平，处事无原则、乐于和稀泥或其他各种占着职位尤其是重要岗位却不作为或乱作为的官员，要坚决撤下来。空谈误国，实干兴邦，要为改革者、想干事、干实事的人腾出位子。要鼓励试错，宽容失败，绝不允许骑墙派、见风使舵者或作秀者渔翁得利。只有那些实实在在为人民做事的人，才是中华民族的脊梁！

教育关系到中华民族的希望和未来。要认真贯彻执行党的教育方针，教育行政化必须彻底根治，要大力推进以教师为主体的治校管理模式。教育事业不能片面化为教育产业，政治正确不能代替科学真理，一定要遵循教育发展规律。要建立与行政分离的教师道德委员会，严查教师的学术不端和违背师德行为。教育腐败是断子绝孙的大罪，要斩断伸向教育的黑手。要严查利用职务便利捞取名利且名不副实的各类官员，尤其是学校所谓的"官员型学者"和党政机关所谓的"学者型官员"。要让那些不学无术者、装腔作势者、故弄玄虚者或装神弄鬼者的真相大白于天下。他们的学位、成果和名誉是怎么来的，要有令人信服的理由，要彻底查清并向全社会公布，要经得起人民的质疑，要经得起历史的检验。

言论自由和舆论监督是宪法规定的公民基本权利。正反两方面的意见都有价值，这是马克思主义辩证法的启示。真理愈辩愈明，要听得进不同声音和批评意见。忠言逆耳利于行，良药苦口利于病。批评不自由，赞美无意义。要在全社会大力营造讲真话的氛围，讲真话天塌不下来。毛泽东早已指出："哪有马克思列宁主义者怕群众的道理呢？有了错误，自己不讲，又怕群众讲。越怕，就越有鬼。……要真正把问题敞开，让群众讲话，哪怕是骂自己的话，也要让人家讲。骂的结果，无非是自己倒台，不能做这项工作了，降到下级机关去做工作，或者调到别的地方去做工作，那又有什么不可以呢？一个人为什么只能上升不能下降呢？为什么只能做这个地方的工作而不能调到别个地方去呢？我认为这种下降和调动，不论正确与否，都是有益处的，可以锻炼革命意志，可以调查和研究许多新鲜情况，增加有益的知识。"[①] 要

[①] 毛泽东：《在扩大的中央工作会议上的讲话》（1962年1月10日），《毛泽东文集》第8卷，人民出版社1999年版，第291页。

让讲假话的人成过街老鼠,人人喊打。如果只能听到一种声音,那么离危险就不远了。前事不忘,后事之师,"文化大革命"的悲剧仿佛历历在目。对高唱赞歌掩盖问题、曲解政策乱扣帽子、混淆是非、破坏党群关系或故意堵塞言路的各类官员要严肃处理。党和国家一再强调,国家治理体系和治理能力的现代化要靠制度和法治,不能靠个别人的社会威望,制度永远比人靠得住些。要警惕似是而非的民粹主义蔓延。要坚决贯彻执行党和国家机构的根本原则民主集中制,坚决反对一切形式的个人崇拜,谨防小人、居心叵测之人或人民的敌人制造的精神鸦片,坚决抵制住来自国内外各个领域的糖衣炮弹的狂轰滥炸。

官僚主义祸国殃民。要严查以会议贯彻会议、文件贯彻文件、公文旅行、对上唯唯诺诺对下作威作福的各类官员。文件会议要适度,防止文山会海,杜绝假话、大话、空话、套话、狠话、硬话等脱离人民群众的语言文字的出现。任何伟大的事业都是实干出来的,不是喊口号喊出来的。要少喊口号、少表态,多干实事,坚决反对各项工作的口号化,防止各种花样翻新的形式主义。当下中国是一个开放社会,信息技术高度发达,谁也无法垄断信息的来源和传播方式,一切活动皆无处遁形,没有什么能瞒得过人民的火眼金睛。要想人不知,除非己莫为。无论蛛丝马迹抑或是非曲直,人民嘴上不一定会说,但心如明镜、自有定论。

官员要认真学习马克思列宁主义、毛泽东思想、邓小平理论、"三个代表"重要思想、科学发展观和习近平新时代中国特色社会主义思想,树立马克思主义的世界观、人生观和价值观。官员要紧跟时代步伐,看清世界发展的大势。官员一定要有敬畏之心,要敬畏人民、敬畏历史、敬畏法纪。要加强对一切行使权力的官员的思想政治教育和民主法治教育,使其树立现代政治文明的权力观。官员的政绩考核,要经得起实践和历史的检验。

官场的一切丑恶现象,无非是不受制约和监督的权力的恶果。人类社会的历史无情地证明,绝对的权力必然导致绝对的腐败。要确立有效的相互制衡的权力结构。十三届全国人大一次会议确立对行使公权力的公职人员监察全覆盖的监察体制,是一次重大的政治体制改革尝试,会对消除腐败存量、遏制腐败增量具有重要意义。群众路线是党的生命线,党在任何时候、任何情况下都要和人民群众心连心,绝不要脱离人民群众,只有人民群众的支持和拥护才能保证党永远立于不败之地。要扎实推进群众监督,坚决打击假丑恶,让那些玩弄权术、吹牛拍马、欺上瞒下的官员没有生存空间,努力营造风清气正的政治生态。

治国首要是治吏。古今中外，吏治腐败都是导致国家政权更替和社会动乱的直接原因。官员是执法者，对知法犯法的官员应当罪加一等，迫使他们灵魂深处敬畏法纪，震慑其他欲以身试法者。为了防止官员以权谋私，对行贿者和受贿者都要严厉打击。但是，应当区分行贿和受贿的社会危害，对行贿者可以从轻、减轻或免于处罚，对受贿者应当从严、从重或加重处罚。低成本制裁使得行贿者能够随时威胁或告发受贿者，一次受贿终生心惊的高昂代价使得大部分官员不敢铤而走险，不得不严以律己。这不妨是保持官员队伍清正廉洁的一个良方。要科学配置官职，大量精简职能重叠交叉的机构和冗余官员，减轻人民不必要的负担。要大力清除各个层面消极怠工的不作为官员，人民当家作主的国家不需要不干事的官老爷、官油子，只需要干事的人民公仆。毛泽东曾批评道："我们有些干部是老子天下第一，看不起人，靠资格吃饭，做了官，特别是做了大官，就不愿意以普通劳动者的姿态出现。这是一种很恶劣的现象。……官气是一种低级趣味，摆架子、摆资格、不平等待人、看不起人，这是最低级的趣味，这不是高尚的共产主义精神。以普通劳动者的姿态出现，则是一种高级趣味，是高尚的共产主义精神。"① 官员不把人民放在心上，人民就不应让他坐在台上。

人是变化的，人性的弱点决定了权力异化的可能性。习近平说："在权力观上，有的领导干部头脑中存在着十分错误的观念。有的认为权力是靠个人奋斗得来的，是辛辛苦苦几十年熬出来的；有的认为权力是千方百计拉关系、找靠山弄来的；有的则更直白，认为权力是花钱买来的，过期作废，不用白不用。在这样的权力观支配下，怎么可能不出问题？我们说要把权力关进制度的笼子里，就是要依法设定权力、规范权力、制约权力、监督权力。如果法治的堤坝被冲破了，权力的滥用就会像洪水一样成灾。各级党政组织、各级领导干部手中的权力是党和人民赋予的，是上下左右有界受控的，不是可以为所欲为、随心所欲的。要把厉行法治作为治本之策，把权力运行的规矩立起来、讲起来、守起来，真正做到谁把法律当儿戏，谁就必然要受到法律的惩罚。"② 权力清单要明白详细，官员法定的自由裁量权要适度，要向全社会公开权力运行流程，让权力在阳光下运行。要相信群众，依靠群众，群众

---

① 毛泽东：《干部要以普通劳动者的姿态出现》（1958年5月20日），《毛泽东文集》第7卷，人民出版社1999年版，第378页。
② 习近平：《在省部级主要领导干部学习贯彻党的十八届四中全会精神全面推进依法治国专题研讨班上的讲话》（2015年2月2日），中共中央文献研究室编：《习近平关于全面依法治国论述摘编》，中央文献出版社2015年版，第127—128页。

支持是党保持旺盛生命力的不竭源泉。扬善务必惩恶，要无限期从严从重追究官员腐败。退下来没被制裁就自以为太平无事了只能是腐败分子的一相情愿，即使死了也得查个水落石出。要严惩那些丧失共同富裕理想、用基督教原罪为自己开脱、打着改革旗号公然侵犯群众利益的违纪违法官员。高喊口号、积极表态是腐败分子转移视线、掩盖罪行的一贯伎俩。最狡猾的狐狸也斗不过聪明的猎人。巧言令色鲜矣仁，无论腐败分子怎样伪装或作秀，人民群众都心知肚明。严惩"灯下黑""高级黑"和"低级红"，要让腐败分子、口是心非者或口蜜腹剑者身败名裂。严惩查处时漠视群众举报搞官官相护的不法勾当，绝不让腐败分子有栖身之所。

　　腐败分子是社会的最大毒瘤，如果不被铲除人民就不得安宁。腐败分子是党的最大敌人，如果逍遥法外就会动摇党的执政根基。物以类聚，人以群分，几乎每个腐败分子背后都有一张强大的关系网。他们抱团取暖，并且腐败手段越来越隐蔽。他们不会坐以待毙，而且在反腐败的高压态势下还会垂死挣扎、变本加厉，甚至疯狂反扑。任何时候，任何情况下，都不要小看腐败的破坏力。千里之堤，溃于蚁穴。温水煮青蛙，回天无力。2015年1月13日，习近平在第十八届中央纪律检查委员会第五次全体会议上的讲话中忠告全党："不得罪成百上千的腐败分子，就要得罪十三亿人民"，"对腐败分子，我们决不能放过去，放过他们就是对人民的犯罪、对党不负责任！"国法党纪是照妖镜，群众的眼睛是雪亮的，以事实为根据，以法纪为准绳，法纪面前没有特权，只要触犯法纪就要一律受到惩处。如果忘了初心，跟腐败分子搞一团和气，搞无原则的妥协，就是亵渎国法党纪，就是对人民犯罪，就是自毁长城，日积月累就会逐渐失去人民的信任和拥护。

　　法网恢恢，疏而不漏。现行刑法1979年颁布实施，几经修订一直有效，为改革开放保驾护航。国家监察法2018年生效，对所有行使公权力的公职人员的监督已全覆盖。党的纪律处分条例比刑法还严，不但追究官员的违法犯罪行为，而且追究官员违反社会公德和党的纪律的行为。违纪违法的党政官员，其实一直有相关当事人向各级党政机关反映。虽然并非每个问题官员都会受到处理，但正是相关当事人不间断的举报，使得法纪规定对违纪违法官员的追诉期一直有效。现在实行依法治国，依规治党，党纪严于国法。只要落实到位，违纪违法官员就一个也跑不掉。他们虽然抱有侥幸心理，但是随时面临党纪国法追究的风险，无时无刻不活在被法纪制裁的恐惧之中。要让腐败分子痛彻醒悟，权力是一把双刃剑，既能成就他也能毁灭他。莫伸手，伸手必被捉。投案自首，检举揭发同伙，争取党和人民的宽大处理是他们的唯一出路。有些人因为得到过腐败分子的好处或出于其他目的,置党和人民的利益于不顾,在大是大非面前含糊,同情腐败分子,甚至为他们说好话,迟早有一天会走到党和人民的对立面。要对这些人进行道德法制教育。如果容忍腐败分子,就会上对不起革命先烈和列祖列宗、下对不起赤心儿女和子孙后代。要为严惩腐败分子的各级纪委、监察委和司法机关鼓掌,要为冒着各种风险甚至生命危险同腐败分子作坚决斗争的人们点赞。

　　反腐败关系到民心向背,关系到党的生死存亡,关系到国家的长治久安。反腐败没有退路,没有休止符。一旦松懈下来,腐败势力就会甚嚣尘上,社会沉渣就会泛起,外国侵略者就会乘虚而入,后果不堪设想,可能亡党亡国。要高度警惕腐败分子、社会不满分子和外部反华分子等三股势力可能合流带来的严重危害。扫帚不到,灰尘不去。只有铁腕反腐才能让老百姓看到希望,利剑高悬,震慑常在,反腐永远在路上。反腐无禁区,有雷也得蹚,不封顶,不设限,一视同仁,没有铁帽子王。只要人民群众支持,任何腐败分子都休想掀起风浪。腐败分子越猖狂,离灭亡就越近,正义必将战胜邪恶。对腐败要零容忍,对一切腐败分子要绳之以法。即使腐败分子逃到天涯海角也要不惜一切代价缉拿归案。老虎苍蝇一起打,老鼠蟑螂一块灭,发现一起查处一起,一查到底不留死角。亡羊补牢,犹未晚矣,完善制度,标本兼治,积蓄正能量,从量变到质变,社会主义民主法治中国就一定能够实现。

注释

　　[1] 抗战时期毛泽东向国民党提出的十点要求之三道:"三曰厉行宪政。'训政'多年,毫无结果。物极必反,宪政为先,然而言论不自由,党禁未开放,一切犹是反宪政之行为。以此制宪,何殊官样文章。以此行宪,何异一党专制。当此国难深重之秋,若犹不思变计,则日汪肆扰于外,奸徒破坏于内,国脉民命,岌岌可危矣。政府宜即开放党禁,扶植舆论,以为诚意推行宪政之表示。昭大信于国民,启新国之气运,诚未有急于此者。此应请采纳实行者三。"见毛泽东《向国民党的十点要求》(1940年2月1日),《毛泽东选集》第2卷,人民出版社1991年版,第722—723页。抗战时期邓小平则公开"反对'以党治国'的观念","假如说西欧共产党带有若干社会民主党的不良传统,则中国党或多或少带有一些国民党的不良传统。某些同志的'以党治国'的观念,就是国民党恶劣传统反映到我们党内的具体表现"。见邓小平《党与抗日民主政权》(1941年4月15日),《邓小平文选》第1卷,人民出版社1994年版,第10页。

［2］党的领导不是"以党治国"即"党治"。党从成立以来就反对"党治",提倡"法治"。现在有学者提出"党治"一说,值得商榷。因为光凭该提法就会授人以柄,将党的领导与法治对立起来。关于"党治"的研究,参见陈明明《双重逻辑交互作用中的党治与法治》,《学术月刊》2019年第1期。

第一章

当代中国政治制度的生成

人类社会可分为政治、经济、文化、科技、教育等诸多领域，每个领域都有自己的制度。这些制度结合在一起，就构成了有机的社会制度体系。其中，政治制度是社会的基本制度，对其他制度具有决定性影响。政治制度是调整公共权力的行为规范。当社会发展到国家状态后，政治制度主要是调整国家权力的行为规范，当然也包括调整与国家权力相关的其他公共权力的行为规范。[1]国家是人类社会进入文明时期后出现的政治共同体。[2]目前为止国家是社会发展的最高形式，其他社会形式，或属于国家，或受制于国家。国家会在一个相当漫长的历史时期内存在，虽然消亡是它的宿命，但是真到此时还将遥遥无期。从此，人人都离不开国家，只能由生入其中并因死出其外，可以流动于国家间却不能游离于国家外。

一　历史机遇

中华民族几千年绵延不绝，历经劫难而生生不息。进入20世纪后，中国的社会发展、民族命运和国家制度就跟中国共产党紧密地联系在一起。中国人民在中国共产党领导下，选择了社会主义道路，这是世界历史发展的总趋势和中国历史发展的进程决定的。社会主义制度的确立、巩固和发展，体现了中国近代以来社会运动的客观规律，是中国历史上最伟大、最深刻的变革。如果不进行以社会主义为奋斗目标的人民革命，就不可能推翻帝国主义、封建主义和官僚资本主义，就不可能把混乱落后的旧中国变为稳定发展的新中国。

（一）近代中国不适合资本主义生长

在人类社会的发展进程中，中国、西方国家和其他国家都有着悠久的历史和灿烂的古代文明，在政治、经济、文化、科技、教育等各个方面为整个世界的进步作出了重要贡献；都依次经历了原始社会、奴隶社会[3]和封建社会这三种基本社会形态。到了近代，当西方国家进入资本主义社会时，中国还停留在超稳定的封建社会，封建朝廷自以为是天下中心，闭关锁国，对西方社会的变化一无所知，于是中国落后了。

1. 近代西方资本主义社会的形成

在经历了古希腊、罗马奴隶社会的辉煌历史后，欧洲进入了存在一千年之久的封建社会（大约公元5世纪起至公元15世纪止），这个阶段被称之为"黑暗的中世纪"，以自给自足为特征的自然经济占社会主导地位。在15世纪前后，随着生产技术的进步和社会分工的扩大，以交换为特征的商品经济逐渐代替了自然经济并形成了统一的市场，首先在地中海沿岸的意大利一些城市，而后在西欧、北欧的一些城市出现了资本主义萌芽。这表明欧洲逐步进入了近代社会。

在商品经济中产生了资本主义生产关系，出现了新的阶级。由原先的封建领主和部分城市手工业者转化而来的以占有生产资料和营利为目的的是少数资产阶级，以广大手工业者和农民为主的因失去生产资料而靠出卖劳动力为生的是无产阶级。

新生事物总是具有不可阻挡的力量。新兴资产阶级为求得自身发展，需要开拓新的市场和冲破封建势力的束缚，为此进行了一系列具有世界意义的重大活动。

（1）开辟了新航路。[4]新航路的开辟对世界历史产生了巨大影响。它打破了欧洲、亚洲、美洲、非洲之间彼此隔绝的封闭状态，扩大了各大洲相互间的政治、经济、贸易、制度、文化等各方面往来，加速了封建制度的衰落，促进了资本主义的发展。欧洲资产阶级从此走上了在世界各地殖民扩张的道路。

（2）掀起了文艺复兴运动。文艺复兴运动发源于15世纪的意大利并迅速席卷了整个欧洲。新兴资产阶级以人文主义世界观为旗帜，反对中世纪封建神学世界观，破除了宗教观念对人们思想自由和独立精神的束缚，打碎了阻碍文化科学事业发展的精神枷锁。

（3）16世纪主张宗教宽容和反对罗马天主教会统治的宗教改革运动，摧毁了天主教会的精神独裁统治，建立了适应资产阶级要求的新教会。教会从封建势力的帮凶转变为资产阶级的同盟军。

（4）16世纪以后尼德兰（其北部为后来的荷兰、南部为后来的比利时)、英国、法国和其他欧洲国家相继发生了资产阶级革命,胜利后的资产阶级建立了资本主义国家。

(5) 17、18世纪的资产阶级启蒙运动宣扬世俗理性,主张自由平等,为资产阶级最终推翻封建专制统治以及资本主义制度的稳固和发展奠定了坚实的思想基础,提供了强大的智力支持。

总之,资本主义制度代替封建主义制度,是生产力与生产关系、经济基础与上层建筑矛盾运动的必然结果。资本主义制度极大地解放了社会生产力,带来了西方社会的快速发展。相继进入资本主义社会的欧洲以及北美国家先后完成了"工业革命",[5]为在全球进行大规模殖民扩张创造了物质条件。

2. 近代中国半殖民地半封建社会的形成

西方国家15世纪向资本主义社会过渡并进入近代社会时,中国正处在封建社会形态的明朝,自给自足的自然经济占主导地位。[6]明朝中后期在个别地区和生产部门中已经出现资本主义萌芽,如江南的苏州、松江等地在丝织业等手工业生产部门中就出现过一种"机户出资,机工出力"的"机房"。机户拥有大量资金和几台至几十台织机,开设机房,雇佣机工进行生产。机工靠出卖劳动力为生,计日领取工资以维持生活。当时仅苏州城里就有机工几千人。机户和机工的关系是具有资本主义性质的雇佣关系,雇主机户就是早期的资本家,机工就是早期的雇佣工人。到清朝前期,在全国范围内自然经济仍占主导地位,腐朽的封建制度严重阻碍资本主义因素的生长,但具有资本主义萌芽性质的手工业部门和地区比明朝增多,如北京的采煤业、陕西的伐木业、云南的采矿业、四川的制盐业、台湾的制糖业,都出现了雇佣关系。手工工场的规模也比明朝扩大,如江南丝织业中的大户就拥有五六百台织机。这说明,资本主义生产关系已经出现,封建的手工业和农业已受到侵蚀,城乡的阶级关系开始发生分化,按照社会自身发展规律,中国迟早会走向资本主义社会。

但是,历史并没有给已经远远落后于西方资本主义国家的中国这个机会。落后就会被动,落后就要挨打。从1840年鸦片战争开始,西方列强用大炮轰开闭关自守的清政府的大门,古老中国被外力强制改变社会自身运动的方向,被迫进入世界资本主义体系。

从鸦片战争开始,帝国主义先后与清政府签订了一系列不平等条约,[7]从政治、经济、军事、法律、文化等诸方面牢牢控制了中国。

西方列强凭借从中国取得的一系列特权,大量对中国输出商品,使中国日益陷入资本主义世界市场,沦为帝国主义的商品销售市场和原料掠夺地。

随之造成中国城乡手工业逐渐衰落,农产品日益商品化,大量农民和手工业者破产,加速了中国封建自然经济的瓦解;同时也为资本主义的产生提供了市场和劳动力。但帝国主义不可能让中国摆脱对其依附而走上独立自强的道路。

受西方列强在中国开埠通商的影响,中国一些官僚、地主、商人投资于近代企业,于是产生了官僚资本主义和民族资本主义以及资产阶级和无产阶级。但是,有着二千多年传统的封建势力依然顽固和强大,官僚资本主义依附于封建势力并勾结帝国主义,导致民族资本主义畸形发展。民族资本主义难以自发地成长壮大为中国社会经济生活的主流,其软弱性在一定程度上决定了中国的前途不可能走向资本主义。因此,从1840年鸦片战争开始,中国逐渐进入半殖民地半封建的近代社会,帝国主义、官僚资本主义和封建主义成了压在中国人民身上的"三座大山",中国人民处在水深火热之中。

中国人民灾难深重,中国命运飘忽不定。为寻求中华民族的出路,中国几代人进行了不屈不挠的探索。

1840年英国发动鸦片战争以后,西方列强纷纷效仿英国侵略中国,清朝政府割地赔款,丧权辱国。沉睡的封建帝国中一部分人开始觉醒,他们看到了中西之间存在着的巨大差距,主张学习西方先进科学技术以"卫吾尧舜禹汤文武周公孔子之道"(即维护封建专制统治制度),并形成了一股强大的政治势力——洋务派。他们在中央以奕䜣、桂良、文祥等权贵为代表,在地方有曾国藩、左宗棠、李鸿章等封疆大吏,还有一大批为革新著书立说、大造舆论的知识分子和渴望采用先进生产技术的民间工商人士。

1842年冬天,中国近代伟大的思想家魏源先生汲取了异源异质的西方文明,编撰了《海国图志》,提出了"师夷长技以制夷""改革弊政"的政治主张。他怀着深沉的政治忧患,希冀国人广开眼界,悟其御侮之道。在这种思想影响下,其后半个多世纪相继发生了太平天国运动、洋务运动、戊戌变法、义和团运动和辛亥革命。这些斗争和探索,虽然每一次都以失败而告终,但都在一定历史条件下推动了中国进步。《海国图志》的"借鉴西人法度,力求彻底变革"的思想光辉洒满了神州大地,照耀着国人不断探索改革图新之路。

1851年,洪秀全领导农民起义,建立了农民政权太平天国。太平天国明确指出中国要走西方资本主义道路,提出了一个不成熟的发展资本主义的革命纲领——《资政新篇》,主要内容有:建立有田同耕、有饭同吃、有衣同穿、有钱同使,无处不均匀、无处不饱暖的社会;实现人人在政治和经济等方面的平等；实行民族和男女平等。但是，太平天国没有真正执行自己的资本主义纲领，也没有正确对待本民族的传统文化，而是效仿了封建统治者的做法。因此，太平天国仅存在了十余年就被国内封建势力和外国侵略者相互勾结所绞杀。

从19世纪60年代初到90年代中期，洋务派以"中学为体，西学为用"为指导方针采取了一系列"自强"措施：引进和学习西方科学技术，兴办近代军事工业和民用工业，改革军事、外交、文化教育和某些政府机构。由于既不能摆脱外国资本主义的压迫和控制，又不能摆脱本国封建势力的阻挠和侵蚀，洋务运动历经30年，以中日甲午战争（1894—1895年）的战败和《中日马关条约》（1895年）的签订而告终。但洋务运动使国人广开眼界，认识到中国与西方世界的差距，认识到中国改革的必要性和紧迫性。

以康有为、梁启超、谭嗣同等人为代表的资产阶级改良派，主张在不推翻君主制度的前提下发展资本主义，建立君主立宪政体，并提出了君主立宪的政治纲领及其实施细则。1898年6月，光绪皇帝诏令变法，学习西方：国家振兴庶政，兼采西法，诚以为民立政，中西所同。而西人考究较勤，故可以补我所未及。后因遭到以慈禧为代表的清朝封建顽固势力的镇压，改良派发动的史称"百日维新"的戊戌变法仅维持一百零三天就以失败告终。

1911年，以孙中山先生为代表的资产阶级革命派发动了辛亥革命，推翻了清政府，结束了中国长达两千多年的封建专制制度，建立了资产阶级民主共和国中华民国，颁布了中国第一部资产阶级性质的宪法。辛亥革命是二十世纪中国发生的第一次历史性巨变，开启了中国进步潮流的闸门。在中西文化的碰撞下，民主共和观念在社会上广泛传播，加快了中国从家族统治和封建王朝更替的传统社会向现代民主政治社会的转型。然而，由于领导这场革命的民族资产阶级力量软弱、无明确的反帝反封建的政治纲领且严重脱离人民大众，加之帝国主义不能容忍一个资本主义强国的出现而敌视它，封建势力又疯狂反扑，最终使得革命果实落入以袁世凯为首的北洋军阀手中。中国依然处在半殖民地半封建社会，依然处在极端贫穷的落后状态。1924年1月20日，孙中山先生在中国国民党第一次全国代表大会上沉痛地说："这十三年来，政治上、社会上种种黑暗腐败比前清更甚，人民困苦日甚一日。"[①] 辛亥革命的失败充分表明，资本主义道路在当时的中国是行不通的。

[①] 孙中山：《中国之现状及国民党改组问题》，《孙中山选集》，人民出版社1981年版，第579页。

先人们的革命实践失败了,但是先人们的历史功绩不容抹杀。毛泽东说:"自从一八四〇年鸦片战争失败那时起,先进的中国人,经过千辛万苦,向西方国家寻找真理。洪秀全、康有为、严复和孙中山,代表了在中国共产党出世以前向西方寻找真理的一派人物。"① 先人们学习西方走发展资本主义道路的失败使中国的先进分子逐渐认识到,因为有帝国主义和封建势力的阻挠,又因为中国民族资产阶级的软弱性,广大人民群众还没有真正觉醒,在资本主义进入帝国主义时代后,一个半殖民地半封建社会的旧中国是不可能走典型的资本主义道路的,必须探索一条新的道路来求得国家的独立富强和人民的自由幸福。

(二) 历史选择了社会主义

1. 新文化运动与五四运动

辛亥革命失败后,中国的先进分子曾一度迷惘,因为梦想破灭了。中华民国的成立并没有给人们带来预期的民族独立、民主政治和社会进步;多党制、议会制、三权分立(立法权、行政权、司法权分别行使并相互制衡)这些西方的法宝在民国初年都尝试过,结果是非但不能解决中国的任何实际问题,反而成为各派军阀、官僚、政客争权夺利的工具。现实更加严峻:袁世凯一度恢复帝制;张勋拥戴前清宣统皇帝复辟;帝国主义列强继续争夺中国;国内军阀割据混战激烈;思想界掀起一股尊孔读经逆流;日本乘第一次世界大战(1914—1918年)之机提出企图独占中国的"二十一条"。但是,中国的先进分子没有停止救国救民的步伐,旧的道路行不通了,就只有寻找新的出路。正如林伯渠后来在回顾自己的思想历程时所说:"辛亥革命前觉得只要把帝制推翻便可以天下太平,革命以后经过多少挫折,自己所追求的民主还是那样的遥远,于是慢慢地从痛苦经验中,发现了此路不通,终于走上了共产主义的道路。这不仅仅是一个人的经验,在革命的队伍里是不缺少这样的人的。"②

1915年9月,参加过辛亥革命的陈独秀在上海创办《青年》(后改名《新青年》)杂志,"新文化运动"从此开始。1917年1月,蔡元培就任北京大学校长,提倡在学术上兼容并蓄,聘请陈独秀为文科学长,《新青年》编辑部也迁到北京,李大钊、鲁迅、胡适、刘半农、钱玄同等一批具有新思

---

① 毛泽东:《论人民民主专政》,《毛泽东选集》第4卷,人民出版社1991年版,第1469页。

② 林伯渠:《荏苒三十年》,《解放日报》1941年10月10日。

想的学者参加编辑部工作并充当主要撰稿人,北京大学和《新青年》编辑部成了新文化运动的主要阵地。他们认为国民对辛亥革命"若观对岸之火,熟视而无所容心"是其失败的根本原因,必须根本改造国民性。他们把矛头指向封建主义的正统思想——孔学,猛烈抨击以孔子为代表的"往圣前贤",提倡新道德、反对旧道德,提倡新文学、反对旧文学。他们以"德先生"(Democracy)和"赛先生"(Science)即民主和科学(这时指的是资产阶级民主和自然科学)为口号,提出提倡民主、反对专制,提倡科学、反对迷信的主张。这时期的新文化运动,虽然在中国社会上掀起了一股思想解放的潮流,也确实起到了一定作用,但实质上仍旧是资产阶级的新文化反对封建阶级的旧文化的斗争,并不能给中国人民指明一条切实可行的出路。

正当中国人民在寻求新的出路的时候,1917 年俄国"十月革命一声炮响,给我们送来了马克思列宁主义。十月革命帮助了全世界的也帮助了中国的先进分子,用无产阶级的宇宙观作为观察国家命运的工具,重新考虑自己的问题。"① 其实在十月革命甚至辛亥革命以前,中国思想界已经有人谈论社会主义,有些讲的是和现实没有多少关联的无政府主义,有些认为社会主义只有在资本主义发达国家才有现实意义。从 1899 年英国传教士在《万国公报》中第一次提到马克思及其学说以来,资产阶级改良派如梁启超和革命派如朱执信等都曾对马克思及其学说作过某些介绍,也没有引起人们的重视。② 但俄国取得了十月革命的胜利,第一次把社会主义从学说变成了现实,震惊了世界。由于当时俄国的国情和中国的国情十分相似:人民遭受封建压迫严重,资本主义发展不充分,政治、经济、文化等落后于资本主义发达国家。因此,十月革命给正在黑暗中摸索的中国人民燃起了民族解放的新希望,推动了中国的先进分子倾向社会主义,也推动他们去认识指导十月革命的马克思主义。

俄国十月革命后,以北京大学图书馆馆长李大钊教授为代表的一批初步具有共产主义思想的知识分子迅速接受了马克思主义,并开始在中国进行传播。1918 年 7 月和 11 月,李大钊先后发表《法俄革命之比较观》《庶民的胜利》《Bolshevism 的胜利》等文章,赞扬十月革命和宣扬马克思主义,号召中国人民走十月革命的道路。这时中国的社会结构也发生了深刻变化,由于西

---

① 毛泽东:《论人民民主专政》(1949 年 6 月 30 日),《毛泽东选集》第 4 卷,人民出版社 1991 年版,第 1471 页。

② 参见中共中央党史研究室著、胡绳主编《中国共产党的七十年》,中共党史出版社 1991 年版,第 9—10 页。

方列强正在欧洲战场忙于第一次世界大战,暂时放松了对中国的经济侵略(但美、日在华经济势力仍有扩张),中国民族资本主义在短时间内迅速发展,仅1914年至1919年6年间就新设厂矿三百七十九个,到1919年五四运动前夕产业工人已达二百万人左右。中国工人阶级已经壮大为一支重要的社会力量,为中国人民接受马列主义提供了客观的社会基础。

1919年5月4日,北京爆发了震撼世界的五四运动。五四运动的导火索是中国在巴黎和会上的外交失败。1919年上半年,在第一次世界大战中取得胜利的协约国在法国巴黎举行"和平会议",中国政府因战时参加协约国一方,也派代表出席。中国代表在会上提出废除外国在中国的势力范围、撤退外国在中国的军队等七项主张和取消"二十一条"及换文的陈述书,遭到拒绝。会议规定将战败国德国在山东获得的一切特权转交给日本。北洋军阀政府代表居然准备在这样的和约上签字,消息传到国内,激起了全国人民的强烈愤怒。5月4日,北京大学等十几所学校三千多名学生聚集天安门前示威,高呼"取消二十一条""还我青岛""诛卖国贼曹汝霖、章宗祥、陆宗舆"(三个亲日派官僚)等口号,他们还游行到赵家楼胡同曹汝霖住宅,痛打正在曹宅的章宗祥,放火烧了曹宅。北洋军阀政府镇压了学生运动并逮捕学生三十二人。此后学生们成立了北京中等以上学校学生联合会,开展罢课、抵制日货等活动,继续同反动派斗争。这时中国工人阶级开始觉醒并以独立的姿态登上政治舞台,逐渐代替学生成为斗争的主力。从6月5日起,上海约七万工人自动举行声援学生的罢工,随后北京、唐山、汉口、南京、长沙等地工人相继罢工,许多大中城市商人罢市,最后斗争扩展到全国二十多个省区、一百多个城市。北洋军阀政府迫于人民压力于6月10日释放被捕学生,并罢免曹汝霖、章宗祥和陆宗舆的职务。6月28日,中国代表没有出席巴黎和约签字仪式。因此,毛泽东说:"五四运动的杰出的历史意义,在于它带着为辛亥革命还不曾有的姿态,这就是彻底地不妥协地反帝国主义和彻底地不妥协地反封建主义。"①

五四运动标志着中国新民主主义革命的开端。五四运动促进了马克思主义在中国的广泛传播,中国的先进分子自觉用它来指导新文化运动,赋予科学、民主以新的更加深刻的内容。民主不再指狭隘的资产阶级民主,而是指以劳动阶级为主的广大人民的民主;科学不仅是自然科学,而且包括反映社

---

① 毛泽东:《新民主主义论》(1940年1月),《毛泽东选集》第2卷,人民出版社1991年版,第699页。

会发展规律的社会科学——马克思主义。

五四运动使中国的先进分子看到了中国工人阶级的强大力量。中国工人阶级除有世界无产阶级的共同特点外，还有其独自的特点：（1）中国工人高度集中，便于联系、组织与团结合作；（2）中国工人所受压迫和剥削深重，革命性最坚决、最彻底；（3）中国工人阶级同广大农民有一种天然的密切联系，便于与农民结成广泛的同盟。中国的先进分子认识到，只有把马克思主义同中国工人运动结合起来而不局限于少数知识分子，中国革命才能取得最后胜利。

五四运动以后，中国的先进分子纷纷组建共产主义小组。1920年3月，李大钊、邓中夏等人在北京大学组织了马克思学说研究会，这是中国最早的一个学习研究马克思主义的团体，为建立共产主义小组作了必要的准备。共产主义小组在成立过程中得到了列宁领导的第三国际即共产国际的帮助。1920年4月，共产国际委派维经斯基来华了解中国革命情况。维经斯基在北京同李大钊、在上海同陈独秀会见。[8] 1920年5月，陈独秀发起组织马克思主义研究会。1920年8月，共产党早期组织在上海正式成立，参加者有陈独秀、李汉俊、李达、陈望道、俞秀松等，陈独秀为书记。1920年10月，李大钊、张国焘在北京成立共产党早期组织"共产党小组"，李大钊为书记。1920年秋至1921年春，董必武、陈潭秋、包惠僧等在武汉，毛泽东、何叔衡等在长沙，王尽美、邓恩铭等在济南，谭平山、谭植棠等在广州，先后成立党的早期组织。在日本、法国留学的学生先进分子也成立了共产党早期组织。

共产党早期组织的名称并不统一，如上海组织一开始就叫中国共产党，而北京组织则称为中国共产党北京支部，它们都是不久后组成统一的中国共产党的地方组织。各地共产党早期组织不但有计划、有组织地传播马克思主义，同反马克思主义思潮论战，而且深入工人中开展宣传和组织工作，促进马克思主义同工人运动的结合，为中国共产党成立作了思想上和组织上的必要准备。

2. 中国共产党成立与大革命时期第一次国共合作

1921年7月23日晚，中国共产党第一次全国代表大会在上海法租界望志路106号（现兴业路76号）召开。[9] 大会确定党的名称为"中国共产党"，党的纲领是（1）革命军队必须与无产阶级一起推翻资本家阶级的政权，必须支援工人阶级，直到社会的阶级区分消除为止；（2）承认无产阶级专政，直到阶级斗争结束，即直到消灭社会的阶级区分；（3）消灭资本家私有制，没收机器、土地、厂房和半成品等生产资料,归社会公有;(4)联合第三国际。① 大会确定党的根本政治目的是实行社会革命。大会通过的《关于当前实际工作的决议》,对开展工人运动的组织工作和宣传工作作了具体规定。大会决定,在反对军阀官僚的斗争中,在争取言论、出版、集会自由的斗争中,党应采取独立的政策以维护无产阶级的利益,不同其他党派建立任何联系。大会考虑到党员数量少和地方党组织不健全的实际情况,决定暂不成立中央执行委员会,只设立中央局作为中央的临时领导机构。大会选举陈独秀、张国焘、李达组成中央局,选举陈独秀担任书记,张国焘负责组织工作,李达负责宣传工作。

中国共产党第一次全国代表大会宣告了中国共产党的诞生。中国共产党是马克思列宁主义同中国工人运动相结合的产物,是在俄国十月革命和中国五四运动的影响下诞生的。中国共产党从诞生之日起,就旗帜鲜明地坚持马克思列宁主义,是马克思主义的革命政党,是中国工人阶级的先锋队。中国的先进分子对中国革命问题的认识已具有划时代意义的飞跃。

在中国共产党成立以前,中国人民对帝国主义和封建主义的压迫和统治进行了长时期英勇斗争,但这些斗争暴露了其根本缺陷:(1)没有看清革命的对象,没能团结真正的朋友以攻击真正的敌人。无论是农民起义组织义和团还是资产阶级民主派组织同盟会(国民党的前身),都没能为中国人民指明斗争的目标。(2)脱离广大人民群众,没有发动群众形成有组织的持久的群众运动。实践一再证明,没有人民群众的参与和支持,革命不可能成功。中国共产党的成立是20世纪中国开天辟地的大事,从此中国革命的面貌焕然一新。

1922年7月16日至23日,中共第二次全国代表大会在上海召开。大会分析了中国政治经济社会状况,实际上揭示了中国社会半殖民地半封建性质,第一次明确提出反帝反封建的民主革命纲领,解决了革命的对象问题。大会决定采取发动和依靠群众的方法,推动中国革命的发展。[10] 中共二大后,为了贯彻民主革命纲领,建立民主联合战线,中共中央相继派李大钊、陈独秀同孙中山等国民党领导人会晤,商谈国共合作事宜。国民党是一个成分复杂、组织涣散的资产阶级政党。孙中山在革命几经挫折后,深感中国革命必须改弦易辙,愿意同共产党人建立联系,真诚地欢迎共产党人同他合作,欢迎苏

---

① 参见《中国共产党第一次全国代表大会文件·中国共产党第一个纲领》,中央档案馆编《中共中央文件选集 第一册(一九二一——一九二五)》,中共中央党校出版社1989年版,第3页。

联对中国民主革命的援助。

1923年6月12日至20日,中共第三次全国代表大会在广州召开。[11]大会的主要议题是讨论共产党员加入国民党问题。大会通过《关于国民运动及国民党问题的议决案》《中国共产党第三次全国代表大会宣言》等文件。大会决定采取共产党员以个人身份加入国民党的方式实现国共合作,建立革命统一战线,这是当时能够为孙中山和国民党所接受的唯一合作方式,既有利于改造国民党使其获得新生,又有利于在更加广阔的舞台上锻炼和发展共产党。但是,大会没有提出工人阶级争取民主革命的领导权问题,由于受共产国际的影响大会对国共两党及其所代表的阶级力量作了片面估计,认为中国工人阶级尚未成为一个"独立的社会势力","中国国民党应该是国民革命之中心势力,更应该立在国民革命之领袖地位"。①

1924年1月20日至30日,孙中山在广州主持召开中国国民党第一次全国代表大会。大会审议通过了《中国国民党第一次全国代表大会宣言》草案。草案对三民主义作了顺应时代的新解释。民族主义对外主张"中国民族自求解放",反对帝国主义侵略;对内主张"各民族一律平等",反对民族压迫。民权主义主张民主自由权利"为一般平民所共有,非少数者所得而私","凡卖国罔民以效忠于帝国主义及军阀者,无论其为团体或个人,皆不得享有此等自由及权利"。民生主义的重要原则,"一曰平均地权,二曰节制资本"。所谓"平均地权",就是"私人所有土地,由地主估价呈报政府,国家就价征税,并于必要时依报价收买之";"农民之缺乏田地沦为佃户者,国家当给以土地,资其耕作"。所谓"节制资本",就是要将"本国人及外国人之企业,或有独占的性质,或规模过大为私人之力所不能办者,如银行、铁道、航路之属,由国家经营管理之,使私有资本制度不能操纵国民之生计",等等。②经过重新解释的三民主义被称之为新三民主义,它与中国共产党民主革命纲领的基本原则是一致的,事实上确立了联俄、联共、扶助农工的三大政策。[12]大会通过了《中国国民党章程》,确认了共产党员以个人身份加入国民党的原则。宣言和章程是国共合作的政治基础。由于孙中山的坚持,国民党右派表面上表示赞成,但实际上不愿执行。是否真正执行宣言和章程,成为后来共产党和国民党左派同国民党右派斗争的核心问题。[13]

---

① 中共中央党史研究室:《中国共产党历史》(上卷),人民出版社1991年版,第92页。

② 孙中山:《中国国民党第一次全国代表大会宣言》(1924年1月23日),《孙中山选集》,人民出版社1981年版,第593页。

国民党一大的召开，标志着国民党改组的完成和第一次国共合作的正式形成。这是中国共产党践行民主革命纲领和民主联合战线政策的重大胜利，也是孙中山晚年推进中国革命的伟大贡献。国共合作，既是两党共同反帝反封建的需要，也是各自发展的需要，并形成了以南方的广州为中心的反对帝国主义和封建军阀的革命新局面。[14]

革命武装的建立和群众运动的发展，使帝国主义、地主买办阶级和军阀势力大为恐慌，他们采取外部压迫和内部收买的手段进行破坏。这时国民党内部进一步分化，左右派之间的矛盾冲突日益明显。而许多共产党员对该复杂局面认识不足，在实际工作中过于忍让迁就。1924年5月，中共中央根据共产国际的建议在上海召开执委会扩大会议。会议通过的《共产党在国民党内的工作问题议决案》指出："照现在的状况看来，国民党的左派是孙中山及其一派和我们的同志——我们同志其实是这派的基本队；因此所谓国民党左右派之争，其实是我们和国民党右派之争。所以假使现在我们因为巩固扩大国民党起见而取调和左右派的政策，那就是一种错误。"会议改变了中共三大要求产业工人全部加入国民党的决定，指出"凡在可能的范围内我们不必帮助国民党组织上的渗入产业无产阶级"。会议还就党、团关系问题，党的组织、宣传教育问题，以及在农民、士兵间的工作问题作出决议。这次会议对纠正党的工作中的偏差，继续加强国共合作，起到了积极作用。

1924年6月，国民党中央监察委员邓泽如、张继、谢持向国民党中央执行委员会提出《弹劾共产党案》，认为共产党员在国民党内设"党团"存在重大妨碍，主张"绝对不宜党中有党"①。7月，国民党中央执行委员会发表《国民党中央委员会宣言》，郑重声明："凡有革命勇决之心及信仰三民主义者，不问其平时属何派别，本党无不推诚延纳，许其加入。""对于规范党员，不问其平日属何派别，惟以其言论行动能否一依本党之主义政纲及党章为断。"否定了邓泽如等的弹劾案。8月，张继又发表所谓《护党宣言》，公开诬蔑共产党员加入国民党的目的是消灭国民党。为了反击国民党右派的进攻，1924年7月21日中共中央发出党内通告，指出国民党右派攻击和排挤共产党日甚一日，各区委、地委必须进行反击，坚决揭露右派分子不反对帝国主义，却加紧反苏、反共、反工农的反动活动。陈独秀、恽代英、瞿秋白、蔡和森等连续发表文章，痛斥国民党右派的反动言行。1924年8月15日至9

---

① 中共中央党史研究室：《中国共产党历史》（上卷），人民出版社1991年版，第92页。

月1日,国民党第一届中央执行委员会召开第二次会议,讨论"党内共产派问题",通过《关于国民党内之共产派问题》和《关于国民党与世界革命运动之联络问题》两个决议案。会后,国民党中央执行委员会发布的《关于容纳共产分子之训令》指出:"谓本党因有共产党员之加入,而本党主义遂以变更者,匪谬极戾,无待于辩;即谓本党因有共产党员之加入,而本党团体将分裂者,亦有类于杞忧;证之本党改组以后发展情形,益可以无疑。"① 冯自如因煽动反对国共合作而被孙中山开除出党,国民党右派破坏两党合作的企图未能得逞。然而,孙中山经与鲍罗廷商议,决定成立隶属于国民党中央政治委员会的国际联络委员会,"其任务之一,是尽力弄清共产党对国民党之态度,以达到相互了解,消除误会之目的"②。中共中央对此表示反对,认为中国共产党是独立的组织,共产党员以个人名义加入国民党,国民党只能决定与他有关的问题,而不能决定与共产党有关的问题。由于陈独秀等人的坚决抵制,国际联络委员会未能成立。[15]

  1924年10月,受革命影响的冯玉祥将军发动政变,推翻了直系军阀首领曹锟、吴佩孚控制的北平政府,并将自己的部队改称为中华民国国民军。但迫于形势,冯玉祥又同反直系的张作霖、段祺瑞妥协,组成了以段祺瑞为临时执政的北平政府。由于冯玉祥的国民军倾向革命,在国民军驻防地区,国共两党的组织和工农群众运动得到较快发展,对南方革命运动起到了配合作用。北平政变后,冯玉祥电邀孙中山赴北平共商国是。段祺瑞、张作霖也不得不发出表示欢迎的电文。11月,孙中山接受邀请,离粤赴沪,绕道日本北上,12月初由日本抵达天津,12月底到达北平。孙中山此时身患重病,但仍坚持与段祺瑞作斗争,主张召开国民会议解决国是。为了把革命影响扩大到全国,中共中央接受苏联政府驻华全权代表加拉罕、鲍罗廷以及广东区委的意见,支持孙中山北上。1924年冬至1925年春,在国共两党共同推动下,全国各阶层人民和工会、农会、学生会、商会、妇女会等群众团体,纷纷组织国民会议促成会,强烈呼吁由国民决定国家大事,召集国民会议制定宪法,铲除封建势力,建立民主共和政体,反对段祺瑞政府召开的善后会议。国民会议运动与1925年夏兴起的废除不平等条约运动蓬勃发展,预示着一场革命

---

① 中共中央文献研究室:《中国共产党历史》(上卷),人民出版社1991年版,第107页。
② 中共中央党史研究室第一研究部编译:《关于在国民党内之共产派别的决议案》,《共产国际、联共(布)与中国革命档案资料丛书》第1卷,北京图书馆出版社1997年版,第523页。

风暴即将来临。1925年3月12日,革命先驱孙中山在北平逝世。临终时他在《遗嘱》中明确指出,为了完成国民革命,"必须唤起民众及联合世界上以平等待我之民族,共同奋斗"。在《致苏俄遗书》中,表示希望中苏"两国在争世界被压迫民族自由之大战中,携手并进以取得胜利"。国共两党组织民众进行哀悼活动,广泛宣传孙中山的遗嘱和革命精神。

1925年1月11日至22日,中共第四次全国代表大会在上海召开。大会比较系统地讨论了中国革命的一些基本问题,在党的历史上第一次明确提出无产阶级在民主革命中的领导权和工农联盟问题。大会总结国共合作一年来的经验教训后指出:无产阶级在民族运动中要反对左或右的倾向,而右的倾向是党内主要危险。但是,中共四大不但对如何实现无产阶级领导权、如何处理同资产阶级争夺领导权的问题没有作出明确具体的回答,而且对民族资产阶级是否为独立的阶级也缺乏正确分析。[16] 1925年1月25日至30日,中国社会主义青年团在上海召开第三次全国代表大会。会议决定动员全体团员贯彻中共四大决议,积极开展青年工人运动、青年农民运动和青年学生运动,并决定将社会主义青年团改称为共产主义青年团。张太雷当选团中央总书记。中共四大后在全国掀起了以工农为主体的革命群众运动高潮,1925年爆发的始于上海席卷全国的五卅运动,标志着大革命高潮的到来。[17] 在五卅运动蓬勃发展的有利形势下,国共两党合作完成了广东革命根据地的统一。[18]

随着工人阶级在五卅运动中充分展示自己的力量以及资产阶级同无产阶级争夺领导权的斗争进一步的发展,国民党内部发生了新的分化。除原有的老右派外,又产生了新右派。1925年六七月间,同蒋介石有密切关系的国民党新右派戴季陶先后发表《孙文主义之哲学的基础》《国民革命与中国国民党》等小册子,完全背离孙中山晚年思想的革命精神,背离国民党一大确立的纲领和政策,公开反对阶级斗争和国共合作。与老右派不同的是,他主张在行动上采取缓和态度,不公开同共产党决裂,而是要加入国民党的共产党员、共青团员"脱离一切党派,作单纯的国民党党员"。陈独秀、李大钊、瞿秋白、毛泽东、恽代英、萧楚女等共产党员撰写大量文章,揭露和批判戴季陶的理论,指出这是对孙中山学说的严重歪曲。戴季陶主义的出现,是国民党内以蒋介石为首的新右派势力抬头的信号。由于自身羽翼尚未丰满,公开反共的条件还不成熟,他们这时还不打算与共产党决裂,也不愿意放弃反帝反军阀的口号。于是他们采取两面派手法,一面表示联共,一面以限共的形式反共。新右派具有很大的欺骗性和迷惑性,对缺乏政治经验的共产党而言,一时还难以识别。1925年10月,中共中央在北平召开执行委员会扩大会议。会议分析了五卅运动以来的政治形势,认为共产党与国民党脱离关系的时机还不到,对国民党的政策应当是:"反对右派而与左派结合密切的联盟,竭力赞助左派与右派的斗争。"会议认为与右派斗争"最重要的一个方法,便是到处巩固扩大我们的党,尤其在国民党势力的所在地"。

随着革命形势的发展,国民党右派活动也日益猖獗。在孙中山病危期间冯自由等人就在北平成立"国民党同志俱乐部"公开反对广州革命政府和共产党,孙中山逝世后他们就更加肆无忌惮。1925年11月,谢持、邹鲁等十几人盗用国民党中央执行委员会的名义,在北平西山碧云寺召开"国民党一届四中全会",非法决定另立国民党中央于上海,取消共产党员的国民党党籍,开除谭平山国民党中央执行委员一职,解除鲍罗廷的顾问职务,取消国民党政治委员会,开除汪精卫的国民党党籍六个月并停止他担任的中央执行委员职务。这些人通称为西山会议派。会后,他们在上海自行组织"国民党中央",同广州的国民党中央相对抗。1925年12月,国民党在广州召开中央执行委员和中央监察委员联席会议,斥责西山会议派的分裂活动,并决定于次年1月召开国民党第二次全国代表大会。对西山会议派的分裂活动,绝大多数国民党中央部门和地方组织表示坚决反对。共产党站在反对西山会议派斗争的前列,连续发表通告,号召全国各地共产党员予以痛斥。西山会议派从此声名狼藉。

1926年1月1日至19日,在广州举行了国民党第二次全国代表大会。大会的决议案和宣言是由共产国际制定后向国民党中央执行委员会提出的。大会代表中共产党和国民党左派占很大优势。大会继续坚持反对帝国主义和军阀势力的主张,坚持联俄、联共、扶助农工的三大政策,痛斥参加西山会议的老右派分子并分别给予警告以至开除党籍的处分。只是在大会选出的36名国民党中央执行委员中共产党员只有7人,未达到三分之一。大会虽然批判了戴季陶主义,但戴季陶仍当选中央执行委员。蒋介石在这次大会上第一次当选中央执行委员,随后在二届一中全会上当选常务委员会委员,2月1日又担任国民革命军总监,一跃成为国民党军政要员,为其后来夺取国民党领导权并叛变革命奠定了基础。

五卅运动使中国革命的形势有了突飞猛进的发展,但南方和北方的实际状况形成了鲜明对照。在北方,各派军阀之间为争夺地盘不断冲突,帝国主义为了在华利益联合介入,反动统治的危机在加深,社会各阶层对帝国主义和军阀的憎恨更加强烈,人民革命的力量在增长。在南方,广东革命根据地统一后,革命运动继续高涨,虽然潜在的逆流已在发展,但还没有表面化,广州国民政府在全国的地位和影响继续增强。人们越来越期待广州国民政府，希望它能结束十多年军阀混战的局面，实现国家的独立和统一。1926年2月，控制广西的李宗仁、黄绍竑等宣布接受广州国民政府的领导，3月国民党中央政治委员会通过两广统一案。1926年3月，湖南军阀赵恒锡部下唐生智举兵驱赵，6月正式成立湖南省临时政府，接受广州国民政府领导。两广统一和唐生智反赵，为国民革命军大举北伐创造了有利条件。

当北伐被正式提上国民政府的议事日程之后，时任国民党中央常委、国民革命军第一军军长、黄埔军校校长、广州卫戍司令和国民革命军军事总监的蒋介石，策划了一系列限制共产党和苏联顾问以及夺取领导权的阴谋活动。[19]

1926年6月，国民党中央执行委员会临时全体会议通过迅速出师北伐案。7月9日，国民革命军在广州誓师，为推翻北洋军阀统治，国共合作进行的北伐战争正式开始。[20]

北伐战争开始以后，革命势力的迅猛发展和北洋军阀势力的分崩离析的局面，是美、日、英等帝国主义列强始料未及的。帝国主义为维护其在华利益，加紧对中国革命的干涉，并从革命内部寻找新的代理人。帝国主义者也明白，急剧高涨的中国革命潮流不是直接出兵就可以轻易平息的。于是帝国主义改变对华政策，对控制国民党军政大权的蒋介石采取拉拢手段，以促使革命阵营早日分裂。随着政治、军事形势日益有利于南方，许多地方军阀同北伐军联络，准备投靠国民政府，换上国民革命军旗号。一批官僚、政客、买办也同国民党上层拉关系，准备改换门庭，混入革命阵营。正是在这种复杂微妙的背景下，南方革命阵营内部的矛盾冲突进一步发展，爆发了所谓"迁都之争"[21]。

四一二反革命政变[22]是大革命从高潮走向失败的转折点。蒋介石背叛革命的行动不仅得到大资产阶级的支持，而且在一段时间内得到一些民族资产阶级上层人物的附和。1927年4月17日上海商业联合会致电南京国民党当局，攻击共产党，表示"对于当局清党主张愿为后盾"。蒋介石集团的卑鄙行径引起了举国激愤。4月13日，上海知名人士郑振铎、胡愈之等七人联名写信，声讨蒋介石的暴行。4月17日，武汉国民党中央发布命令，宣布开除蒋介石党籍并免去其本兼各职。4月20日，中共中央发表宣言，揭露蒋介石的反革命罪行。共产党并没有被大屠杀所吓倒，在一些充满白色恐怖地区仍在顽强地进行着革命活动。

在大革命生死存亡的关键时刻，中国共产党于1927年4月27日至5月9

日在武汉举行第五次全国代表大会。[23]会前，共产国际发来指示要求中共五大的一切政治决议"都完全应以共产国际执委会第七次扩大全会关于中国问题的决议为依据"①。大会虽然提出了争取无产阶级对革命的领导权、建立革命民主政权和实行土地革命的一些正确原则，但对无产阶级如何争取革命领导权，如何领导农民实行土地革命，如何对待武汉国民政府和国民党，特别是建立党领导的革命武装等问题，都没有提出具体有效的措施，这样就自然难以承担起在危难中挽救大革命的任务。

中共五大召开前后，武汉地区的形势急剧恶化，反革命活动迅速表面化。[24]以汪精卫为首的武汉国民党中央和国民政府也迅速走向反动，受到蒋介石策动的武汉政府的反动军官杨森、夏斗寅、许克祥、朱培德等公开发动武装叛乱。但共产国际、联共（布）和以陈独秀为首的中共中央仍将汪精卫当作国民党左派，认为当前最重要的问题是搞好中共与国民党左派的关系，因此对汪精卫集团处处采取迁就态度，跟着他们指责工农运动"过火"，不敢对反动派的进攻作坚决斗争。这种错误行径反而助长了反革命气焰。武汉北伐军与冯玉祥部在郑州会师后，冯玉祥先后与武汉国民党中央在郑州和南京国民党中央举行会谈，冯玉祥完全倒向蒋介石一边，使蒋介石的地位大为加强，并加速了汪精卫公开反共的步伐。中共内部绝大多数干部对陈独秀的领导已越来越不满。1927年7月12日，中共中央根据共产国际执行委员会的指示进行改组，由张国焘、李维汉、周恩来、李立三、张太雷组成中央临时常务委员会。陈独秀从此离开中共中央最高领导岗位。7月13日，中共中央发表对政局的宣言，公开谴责武汉国民党中央和国民政府的反动行径，表示愿同国民党的革命分子继续合作。7月13日，国民党左派邓演达公开发表宣言，强烈谴责汪精卫一伙，随即起程前往莫斯科。7月14日，宋庆龄发表声明，坚决抗议武汉国民党中央违背孙中山的革命原则和革命精神，推行反革命的所谓"新政策"。国民党左派陈友仁等也相继出走。7月15日，汪精卫等控制的武汉国民党中央召开"分共"会议，决定同共产党决裂，彻底背叛孙中山制定的国共合作政策和反帝反封建纲领，随后对共产党员和革命群众实行大逮捕、大屠杀。至此大革命宣告失败。大革命的失败表明，党的领导、统一战线和武装斗争是中国革命的基本问题。只有依据中国的历史和社会状况，将马克思列宁主义基本原理与中国革命的实践相结合，正确认识和

---

① 《共产国际执行委员会政治书记处为举行中国共产党第五次代表大会给共产国际执行委员会代表们的指示》（1927年1月19日），中共中央党史研究室第一研究部编译：《共产国际、联共（布）与中国革命档案资料丛书》第4卷，北京图书馆出版社1998年版，第92页。

解决了中国革命的这些基本问题，才能推进中国革命事业的发展并取得最后的胜利。

3. 土地革命战争时期与红军长征

从1927年8月至1937年7月，是土地革命战争时期，又称第二次国内革命战争。这是人民革命斗争进入最艰苦的年代，革命活动的重点由城市转到农村，中国共产党领导和发动广大农民进行土地革命，同封建地主阶级作斗争。

1927年大革命失败后，国民党各派新军阀和政客既相互勾结又相互争斗，以至兵戎相向。1928年2月，国民党二届四中全会召开，改组国民党中央机构和国民政府机构，谭延闿担任国民政府主席，蒋介石担任国民革命军总司令兼军事委员会主席，不久又先后担任国民党中央政治会议主席和国民政府主席。会后，蒋（介石）、冯（玉祥）、阎（锡山）、桂（李宗仁、白崇禧、黄绍竑等）四大派系，由于对奉系军阀作战的需要而达成暂时的妥协。4月，国民党军队继续"北伐"，夺取奉系军阀所占据的地盘。6月初，张作霖弃守北平，乘火车退往山海关外，在皇姑屯被日本关东军预谋炸死。张作霖之子、新任东北保安司令张学良于1928年底宣布服从国民政府，至此国民党政府实现了全国统一。1928年8月，国民党二届五中全会在南京召开，宣布实施"训政"。10月，国民党中央常务委员会通过《训政纲领》。1929年3月，国民党三大进一步规定国民党对中华民国"独负全责"。1931年5月，国民党主持的国民会议通过《训政时期约法》，以国家根本法的形式确认了国民党一党专政的统治。由于军权控制在蒋介石集团手中，国民党的一党专政事实上是以蒋介石为首的军事独裁统治。蒋介石公开实行法西斯主义，在全国造成严重的白色恐怖局面。[25]

在革命遭受严重失败的严峻形势下，共产党以武装起义的实际行动继续坚持革命。经过充分准备，1927年8月1日，在以周恩来为书记的中共前敌委员会领导下，贺龙、叶挺、朱德、刘伯承等率领在江西南昌附近地区国民革命军2万余人举行南昌起义。经过四个小时激战，起义军全歼守敌3000余人，占领南昌城。8月3日，起义军按照中央在起义前的决定，开始撤离南昌，取道临川（抚州）、宜黄、广昌，南下广东，以期恢复广东革命根据地，并占领出海口，取得国际援助，然后重新举行北伐。起义军在向广东进军途中，由于党的领导和政治工作薄弱，天气又很炎热，士兵逃跑和病倒的很多，部队减员严重。起义失败后，周恩来等领导人到达香港。南昌起义打响了武装反抗国民党反动派的第一枪，标志着中国共产党独立地领导革命战争、创建人民军队和武装夺取政权的开始。

1927年8月7日,中共中央在湖北武汉秘密召开紧急会议(史称"八七"会议)[26]。会上旗帜鲜明地清算了大革命后期以陈独秀为代表的右倾机会主义错误,确定了土地革命和武装起义的方针。这个正确的方针是中国共产党付出大量鲜血的代价换来的。据当时的会议记录,出席这次会议的毛泽东在发言中突出地强调:"以后要非常注意军事,须知政权是由枪杆子中取得的"。① 会议选出中共中央临时政治局。9月19日,中央临时政治局会议根据形势的变化通过《关于"左派国民党"及苏维埃口号问题决议案》指出:"现在群众看国民党的旗帜是资产阶级地主反革命的象征,白色恐怖的象征,空前未有的压迫与屠杀的象征";中央"认为八月决议案中关于左派国民党运动与在其旗帜下执行暴动的一条必须取消"。当时按照斯大林关于中国革命的"三阶段"理论[27],在经过"左派国民党阶段"之后,即是"苏维埃革命阶段"。因此该决议案指出:"现在的任务不仅宣传苏维埃的思想,并且在革命斗争新的高潮中应成立苏维埃。""苏维埃"是俄文COBET的音译,原意为代表会议或会议。中共中央机关在9月底至10月上旬由武汉迁往上海。

"八七"会议后,中国共产党领导举行秋收起义、广州起义和其他许多地区的起义。1927年9月,毛泽东领导的湘、赣边界地区(浏阳文家市)的秋收起义,创建了工农革命军第一师,后在江西井冈山建立了农村革命根据地。朱德率领部分南昌起义部队不久到井冈山与毛泽东领导的工农革命军会师。随着斗争的发展,中国共产党创建了江西中央革命根据地和湘鄂西、海陆丰、鄂豫皖、琼崖、闽浙赣、湘鄂赣、湘赣、左右江、川陕、陕甘、湘鄂川黔等革命根据地,建立了工农红军第一、第二、第四方面军和其他红军部队。按照共产国际的意见,中共中央决定以赣南闽西根据地为依托,建立苏维埃中央政府。1931年11月7日至20日,中华苏维埃第一次全国代表大会在瑞金叶坪村举行,选举产生了同国民党性质完全不同的工农民主专政的新型政权——中华苏维埃共和国临时中央政府。

农村土地革命的目标,就是要改变农村地主土地所有制。1929年4月,毛泽东主持制定了江西兴国县《土地法》。1931年11月,中央苏维埃共和国工农兵代表大会通过了《土地法》。共产党领导农民打土豪、分田地,当时

---

① 中共中央党史研究室著、胡绳主编:《中国共产党的七十年》,中共党史出版社1991年版,第81页。

闽西就有 60 多万农民分得了土地。土地革命调动了农民支援革命战争、保卫和建设革命根据地的积极性。以毛泽东为主要代表的一大批共产党人，采用农村包围城市、武装夺取政权的战略方针，通过建立红军和农村革命根据地的实践，逐步找到了一条适合中国国情的推动中国革命走向胜利的正确道路。[28]

大革命失败后，就如何认识当时的社会性质，以及革命的性质、对象、动力、前途等关系革命成败的重大问题，中共内部存在分歧，迫切需要召开一次党的全国代表大会加以解决。经共产国际同意，1928 年 6 月 18 日至 7 月 11 日，中共六大在莫斯科召开。中共六大认真总结了大革命失败以来的经验教训，对有关中国革命的一系列存在严重争论的根本问题基本作了正确的回答，对中国革命的复兴和发展起了积极作用。但是，中共六大也存在一些缺点，一是对中国社会的阶级关系缺乏正确认识，否认存在中间营垒，把民族资产阶级当作最危险的敌人；二是把党的工作重心仍然放在城市；三是对中国革命的长期性估计不足；四是在组织上片面强调党员成分无产阶级化和"指导机关之工人化"。[29]

红军和根据地的发展，使国民党统治集团感到非常震惊，国民党军队从 1930 年 12 月至 1932 年底对中央苏区进行了四次"围剿"，最终都被红军粉碎。1933 年初，临时中央迁入中央根据地，即在根据地内全面贯彻王明"左"倾教条主义方针，打击了一大批坚持正确意见、有实践经验的领导干部。[30] 1933 年 9 月下旬，共产国际军事顾问李德（1900—1974，德国共产党党员，曾在莫斯科陆军大学即伏龙芝军事学院学习。毕业后不久即到中国担任共产国际军事顾问。1933 年 9 月底到达中央根据地，1939 年 8 月从中国陕北回莫斯科）从上海来到瑞金。他完全不了解中国的实际情况，只是搬用苏联红军正规战争的经验，但博古对李德十分信赖和支持，因此给中国革命造成了严重损害。1934 年 1 月中旬，临时中央在瑞金召开六届五中全会，博古主持会议并作报告，将"左"倾错误发展到顶点。他们实际上是红军在 1933 年下半年开始第五次反"围剿"斗争中的最高军事指挥者。他们废弃过去几次反"围剿"中行之有效的积极防御方针，实行军事冒险主义的方针，主张"御敌于国门之外"，即要求红军在根据地以外击败敌人，直接导致惨败。

1934 年 4 月广昌失守之后，中央红军在根据地内粉碎国民党军队的第五次"围剿"已无可能。根据地日益缩小，军力、民力、物力消耗巨大。5 月，中央书记处作出决定，准备将中央红军主力撤离根据地，并将该决定报告共产国际。不久，共产国际复电同意。但中共中央和领导人仍没有适时作出转变战略方针的决断，战略转移的准备工作只在极少数中央领导人中秘密进行，并成立了由博古、李德和周恩来组成的"三人团"。"三人团"中，政治上由博古作主，军事上由李德作主，周恩来负责督促军事准备计划的实施。这时国民党军队加紧对根据地中心地区"围剿"，红军虽然顽强抵抗但节节失利。到9月下旬，中央根据地仅存瑞金、会昌、雩都、兴国、宁都、石城、宁化、长汀等县的狭小地区，中央和红军主力已陷入困境。10月10日晚，中央红军开始实行战略转移。中共中央、中革军委机关也由瑞金出发，向集结地域开进。10月16日，各部队在雩都河以北地区集结完毕。从17日开始，中央红军主力五个军团及中央、中革军委机关和直属部队共8.6万余人，踏上战略转移的征途，开始了艰苦卓绝的长征。留下的红二十四师和十多个独立团等共1.6万余人及部分党政工作人员，在项英、陈毅等领导下，在中央根据地坚持斗争。

1935年1月15日至17日，中央政治局在遵义召开了扩大会议。遵义会议没有全面讨论政治路线的问题，也没有探讨造成军事指挥错误的深刻政治原因，但解决了党内所面临的最迫切的组织问题和军事问题，结束了"左"倾教条主义在中央的统治，事实上确立了毛泽东在党中央和中央红军的领导地位。遵义会议在极其危急的情况下挽救了党、红军和中国革命，是中共历史上生死攸关的转折点，标志着党在政治上开始走向成熟。[31]

遵义会议后，中央红军继续长征。在毛泽东的正确指挥下，中央红军四渡赤水河，使敌人疲于奔命。1935年3月下旬，中央红军南渡乌江，佯攻贵阳。蒋介石正在贵阳督战，慌忙将云南部队调来增援。中央红军奔袭云南，先锋直逼昆明。昆明防守力量空虚，云南当局急调兵力固守昆明，削弱了金沙江的防务。中央红军突然掉头向北，在1935年5月9日全部渡过金沙江，摆脱了几十万国民党军队的围追堵截，取得了战略转移中具有决定意义的胜利。在会理休整5天后，中央红军继续北上，强夺泸定桥，胜利渡过天险大渡河，翻越海拔4000多米的大雪山——夹金山。1935年6月12日，中央红军先头部队到达懋功，同张国焘领导的红四方面军胜利会师。会师后，中共中央立即召开政治局会议，作出继续北上"川陕甘"的方针。当时红四方面军有兵力8万多人，而中央红军（红一方面军）只有3万人左右。张国焘自恃兵力多，口头上同意北上方针，暗中酝酿南下四川、西康，并作出了加害中共中央和另立"中央"的错误行径。中央红军战胜了张国焘的分裂主义，踏过荒无人烟的大草地，于1935年10月到达陕北的吴起镇。1936年10月，红一、红二、红四方面军三大主力在陕北会师，行程二万五千里、纵横十一省的红军长征胜利结束。

中国工农红军长征的胜利,是中国革命转危为安的关键。长征保存下来的红军人数虽然不多,但这是中国共产党极为宝贵的精华,成了以后领导抗日战争和人民解放战争的骨干。长征中红军所表现出来的坚定的共产主义理想、革命必胜的信念、艰苦奋斗和不怕牺牲的精神,构成了伟大的长征精神,成为激励共产党人和人民军队继续前进的不竭动力。

4. 抗日战争时期与第二次国共合作

从1931年"九·一八"事变[32]开始到1945年8月结束共抗战14年,而1937年7月至1945年8月是全民抗日战争时期。中国共产党坚持全面抗战路线和持久战方针,领导人民军队和全国各族人民进行浴血奋战,直至夺取抗战胜利,洗雪了中华民族百年耻辱。

"九·一八"事变发生时,蒋介石南京政府电告东北军:"日军此举不过平常寻衅性质,为免除事情扩大,绝对抱不抵抗主义"①。东北军总司令张学良奉蒋介石不抵抗命令,将部队撤至山海关以南。

在"九·一八"事变的第三天即9月20日,中国共产党发表《为日本帝国主义强暴占领东三省事件宣言》,提出:"反对日本帝国主义强占东三省!立即撤退占领东三省的海陆空军!自动取消一切不平等条约"。中共中央又先后派杨靖宇、赵尚志、周保中、赵一曼到东北发动群众进行抗日救亡斗争。共产党领导的抗日游击队逐渐成为东北主要抗日武装力量。

正当日本向华北发动新的侵略,华北形势处于严重危机的时刻,1935年12月,中国共产党领导了北平一二九学生运动。一二九运动公开揭露了日本吞并华北进而侵略全中国的阴谋,打击了国民党政府的妥协退让政策,极大地促进了中华民族的觉醒,掀起了抗日救亡运动的高潮。运动中的先进知识青年,走上与工农群众相结合的道路,为抗日战争和中国革命事业准备了一大批骨干力量,使抗日救亡斗争迅速发展成为全国规模的群众运动。正如毛泽东所指出的:一二九运动是"动员全民族抗战的运动,它准备了抗战的思想,准备了抗战的人心,准备了抗战的干部","将成为中国历史上的一个非常重要的纪念"②。

随着抗日救亡运动高潮的到来,中国共产党面临着从土地革命战争向民族革命战争转变的新形势,中共中央有必要制定出适合新情况的完整的政治

---

① 《国民日报》1931年9月27日。
② 毛泽东:《一二九运动的伟大意义》(1939年12月9日),《毛泽东文集》第2卷,人民出版社1993年版,第253页。

路线和战略方针。1935年12月17日至25日，中共中央在陕西定县（今子长）瓦窑堡召开了政治局扩大会议。会议着重讨论全国政治形势和党的策略路线、军事战略，确立了建立抗日民族统一战线的新策略，并相应调整了各项具体政策。[33]瓦窑堡会议在中共历史上是一次非常重要的会议，是遵义会议的继续和发展。中共已学会从中国实际出发，创造性地运用共产国际七大提出的关于建立反法西斯统一战线的总方针来指导中国的革命运动，使中共在新的历史时期到来之际掌握了政治上的主动权。

瓦窑堡会议后，中共中央着重对在西北"剿共"前线的国民党地方实力派的处境和现状进行分析，认为张学良的东北军和杨虎城的第十七路军是首先能够争取的对象。联合他们，不仅能改变红军被动的态势，而且能够影响其他实力派，扩大统一战线。中共中央还在张学良、杨虎城之间进行工作，促进他们的团结合作。经过努力，张学良和杨虎城开始了日趋密切的合作。从1936年上半年开始，红军同东北军、第十七路军之间，实际上停止了敌对状态。为了实现西北联合抗日，中共还分别派人作其他地方实力派的工作。到1936年冬，西北大联合的局面初步形成，从而推动了全国抗日民族统一战线的建立。

1936年10月，张学良、杨虎城发动"西安事变"。中国共产党促成了西安事变和平解决，蒋介石答应抗日。西安事变的和平解决，粉碎了亲日派和日本帝国主义的阴谋，促进了中共中央逼蒋抗日方针的实现。从此，十年内战的局面基本结束，在抗日的前提下，国共两党实行第二次合作已成为不可抗拒的大势。[34]

1937年7月7日夜，日军一部在卢沟桥附近以"军事演习"之名向中国驻军挑衅，并借口一名士兵失踪要求进入宛平县城搜查，日方的无理要求遭到中方拒绝。当交涉还在进行时，日军即向卢沟桥一带的中国驻军发动攻击，并炮轰宛平县城。中国驻军第二十九军一部奋起抵抗。卢沟桥事变（又称七七事变）标志着日寇全面侵华战争爆发。[35]这是有史以来中国遭到的一次最大规模的外国侵略战争，中华民族到了生死存亡的最危险时刻。

1937年7月8日，中共中央委员会发出《中国共产党为日军进攻卢沟桥通电》，向全国人民呼吁："平津危急！华北危急！中华民族危急！只有全民实行抗战，才是我们的出路"，号召"全中国同胞，政府，与军队，团结起来，筑成民族统一战线的坚固长城，抵抗日寇的侵掠！国共两党亲密合作抵抗日寇的新进攻！"以及"全国上下应该立刻放弃任何与日寇和平苟安的希望与估计"。① 7月17日，蒋介石在庐山发表谈话，提出解决事变的最低限度条件，表示了中国政府的抗战决心。中国政府仍希望能够把卢沟桥事变作为"局部事件"，通过外交途径求得和平解决。中国政府外交部和驻日大使许世英同日本进行磋商，第二十九军军长、冀察政务委员会委员长宋哲元同华北日军进行谈判。7月下旬，日军大批增援部队到达中国，向北平、天津发动大规模进攻。第二十九军官兵英勇抵抗，副军长佟麟阁和一三二师师长壮烈殉国。7月28日夜，宋哲元奉命率部从北平撤退到保定。7月29日，北平失守。7月30日，日军占领天津。8月初，日军以30万兵力向华北腹地大举进攻。

为了直接打击中国政府，并对西方各国施加压力，日本进攻了中国工商业和金融中心的上海。1937年8月13日，日军在虹口、杨树浦一带向中国军队进攻，这就是八一三事变。京沪警备司令官张治中率部抵抗，中国空军也出动作战，淞沪会战由此开始。8月14日，国民政府外交部发表声明，谴责日本对中国领土主权的侵犯。8月20日，国民政府颁发战争指导方案，全国划分五个战区：第一战区为河北及山东北部地区；第二战区为山西、察哈尔、绥远；第三战区为苏南、浙江；第四战区为福建、广东；第五战区为苏北、山东。

1937年7月中旬，中共中央派周恩来、秦邦宪、林伯渠再上庐山，同国民党谈判发表国共合作宣言、红军改变、苏区改制等问题，并将《中共中央为公布国共合作宣言》送交蒋介石。8月上旬，应国民党邀请，中共中央派周恩来、朱德、叶剑英赴南京参加国防会议。双方达成协议：将红军主力改编为国民革命军第八路军，并设总指挥部；在国民党统治区的若干城市设立八路军办事处；出版《新华日报》。8月22日，国民政府军事委员会发布命令，将红军改编为八路军，任命朱德为总指挥，彭德怀为副总指挥。八路军全军约4.6万人，下辖一一五师、一二〇师、一二九师。经与蒋介石、阎锡山商定，八路军在对日作战中充当战略游击支队，实行独立自主的游击战争，不搞阵地战和集中作战，不打硬仗，执行侧面战、协助友军、扰乱与钳制日军大部，并消灭一部的作战任务。从8月至12月，国共双方就南方各省红军游击队改编的建制、编制、干部、装备等具体问题，先后在南京、南昌、武汉进行多次商谈。南方各红军游击队也相继与国民党地方当局达成停战以合

---

① 《中国共产党为日军进攻卢沟桥通电》，中央档案馆编：《中共中央文件选集 第十一册（一九三六——一九三八）》，中共中央党校出版社1991年版，第274—275页。

作抗日的协议。9月28日,蒋介石任命叶挺为国民革命军陆军新编第四军军长。10月12日,国民党江西省主席熊式辉转发蒋介石10月6日电令,首次公开发布新四军的番号和军长。散布于湘、赣、闽、粤、浙、鄂、豫、皖八省的红军游击队（除广东琼崖地区游击队外）,随即集中整编为新四军,下辖四个支队,一个特务营,共1.03万人,军长叶挺,副军长项英。

9月22日,国民党中央通讯社发表《中共中央为公布国共合作宣言》;23日,蒋介石发表谈话,指出团结御侮的必要,实际上承认了中国共产党在全国的合法地位。国共合作宣言和蒋介石谈话的发表,标志着国共两党第二次合作和以此为基础的抗日民族统一战线的正式形成。国共合作受到全国各族人民、各民主党派、各阶层爱国民主人士以及海外华侨的热烈欢迎,推动了全民族抗日统一战线的发展。宋庆龄表示:"中共宣言和蒋委员长谈话都郑重指出两党精诚团结的必要。我听到这消息,感动得几乎要下泪。"[①] 11月,她发表《关于国共合作的声明》指出:"共产党是一个代表工农劳动阶级利益的政党。孙中山知道没有这些劳动阶级的热烈支持与合作,就不可能顺利地实现完成国民革命的使命。……国难当头,应该尽弃前嫌。必须举国上下团结一致,抵抗日本,争取最后胜利。"[②] 在抗日民族统一战线的旗帜下,全国人民团结一致,开始了中国近代以来空前规模的民族革命战争。毛泽东在论述这个统一战线的意义时指出:"这在中国革命史上开辟了一个新纪元。这将给予中国革命以广大的深刻的影响,将对于打倒日本帝国主义发生决定的作用。……历史的车轮将经过这个统一战线,把中国革命带到一个崭新的阶段上去。中国是否能由如此深重的民族危机和社会危机中解放出来,将决定于这个统一战线的发展状况。"[③]

1937年8月22日至25日,中共中央在陕北洛川冯家村召开政治局扩大会议。会议制定了党的全面抗战路线,把实行全民族战争与争取人民民主、改善人民生活结合起来,把反对外敌入侵与推进社会进步统一起来,正确处理了民族矛盾与阶级矛盾的关系。会议通过的《中国共产党抗日救国十大纲领》[36]阐明了党在抗日战争时期的基本政治主张,指明了坚持长期抗战、争取最后胜利的具体道路。

日本全面侵华战争以来,国民党军队先后进行了平津、淞沪、晋北、徐

---

① 宋庆龄:《国共统一运动感言》,《抵抗》三日刊第12号,1937年9月26日。
② 宋庆龄:《为新中国奋斗》,人民出版社1952年版,第109页。
③ 毛泽东:《国共合作成立后的迫切任务》(1937年9月29日),《毛泽东选集》第2卷,人民出版社1991年版,第364页。

州及保卫武汉等战役,并取得了台儿庄战役的胜利,粉碎了日本帝国主义"三个月灭亡中国"的计划,但由于日寇军事上的绝对优势,未能改变整个战争的被动局面。[37]

全国抗日战争爆发后,它将如何发展,如何进行抗战,中国能否取得胜利,这些问题困扰着人们,当时"亡国论"和"速胜论"的错误观点在全国有着相当大的市场。1938年5月,毛泽东发表《论持久战》和《抗日游击战争的战略问题》两篇重要的军事著作,总结抗战以来的经验,批评关于抗战的错误思想。毛泽东全面考察和论证了中国能够、也必须经过持久抗战取得胜利的客观依据;指出持久的抗日战争将经过战略防御、战略相持和战略反攻三个阶段;指出主动地、灵活地、有计划地执行防御战中的进攻战、持久战中的速决战、内线中的外线作战是包括正规战争和游击战争在内的整个抗日战争所应采取的具体战略方针;指出持久战的基础在于广大民众,要调动全民的最大积极性以支持战争。这两篇著作从思想上武装了全党、全军和广大人民,坚定了广大军民争取抗战胜利的信心和决心。

1938年9月29日至11月6日,在延安召开了扩大的中共六届六中全会。[38]毛泽东作了《论新阶段》的政治报告,这是会议的中心议题。全会正确分析了抗日战争的形势,规定了党在抗日新阶段的任务,为实现党对抗日战争的领导进行了全面的战略规划。全会通过《中共扩大的六中全会政治决议案》,批准了以毛泽东为核心的中央政治局的路线。全会决定撤销长江局,设立南方局(周恩来为书记)和中原局(刘少奇为书记),东南分局改为东南局(项英仍为书记);决定充实北方局,由朱德、彭德怀、杨尚昆组成北方局常务委员会,杨尚昆任书记。全会还补选林伯渠、董必武、吴玉章为中央委员会委员。这次会议基本上克服了党内以王明为代表的右倾错误,进一步确定了毛泽东在全党的领导地位,统一了全党的步调,推动了各项工作的迅速发展。

1938年10月,广州、武汉失守,抗日战争进入战略相持阶段。到1938年底,日本陆军在中国战场上的兵力达到24个师团,在中国东北有关东军8个师团,国内只留有1个师团,日军在战争中伤亡已达44.7万多人。面对战争转向长期化的态势,日本侵略者对侵华战略和策略做了一些调整。在军事上,日军基本上停止对正面战场的战略性进攻,采取以保守占领区为主的方针,逐渐将其注意力集中于打击和消灭八路军、新四军。在政治上,把以军事进攻为主、政治诱降为辅的方针,转变为以政治诱降为主、军事打击为辅的方针,企图诱使国民党政府妥协投降。日本对国民党政府进行分化、诱降的一个重大步骤，就是策动以汪精卫为首的亲日派公开投降。1938年底，汪精卫带着陈公博、周佛海等公开叛国投敌，1940年3月在南京成立伪国民政权。汪伪政权拼凑几十万伪军，镇压和掠夺沦陷区人民，配合日寇大举进攻抗日根据地。汪伪政权于1945年随日本帝国主义投降而垮台。

抗日战争进入相持阶段后，由于日本的诱降和英、美对日本侵略采取绥靖主义政策，也由于国民党对共产党领导的人民武装力量的发展壮大的畏惧，以蒋介石为代表的国民党亲英、美派集团表现出很大的妥协倒退倾向，实行消极抗日、积极反共的政策。虽然国民党蒋介石集团还在继续抗战，但它暗中与日本军方进行可耻的"和平"谈判。共产党坚持抗战、团结、进步三大方针，领导根据地军民广泛开展游击战争，坚决抗击日本侵略者的军事进攻；开展有力的反投降斗争，声讨汪精卫集团的卖国投敌行径。针对蒋介石集团既动摇妥协又不敢公开放弃抗日，既积极反共又不敢彻底破裂国共合作的两面态度，共产党采取革命的两面政策，一方面坚持团结合作，帮助和推动国民党进步，使局势向好的方向发展；另一方面对其妥协动摇和倒行逆施做坚决的斗争，以斗争求团结。[39]

太平洋战争[40]爆发后，日本政府对华政策基本上依据1941年1月制定的《对华长期作战指导纲要》，以确保占领区为主，使这些地区成为支持扩大侵略战争的基地。同时，通过政治诱降和有限的军事进攻，力图迫使重庆国民党政府屈服，尽快结束在中国战场的战争，以摆脱其多面作战、在战略上极为被动的局面。国民党统治集团对抗战的总方针是保存实力，消极防御，等待胜利。国民党政府竭力争取盟国的经济、军事援助，不是用来反日而是用来反共。一大批国民党军政要员在"曲线救国"的口号下相继投敌。投日的国民党军队成为伪军后，同日军配合，包围和进攻抗日根据地。在一些地区形成日军、伪军、国民党军三方夹击八路军、新四军等人民武装力量的严峻局面。在国民党统治区，特务大肆搜捕和杀害共产党人，破坏共产党组织，残酷镇压人民的抗日民主运动。从1941年起，日军用很大的力量在其占领区进行所谓"治安建设"，企图在一定期限内通过反复的"扫荡""清乡"消灭人民抗日武装力量。日本侵略者还吸取过去的教训，把单纯的军事占领扩大为军事、政治、经济、思想、文化等全面的殖民统治。面对敌后抗战的严重困难局面，中国共产党和根据地人民群众紧密地团结在一起，在极端残酷的环境下巩固抗日民主阵地。

1943年至1944年，世界反法西斯战争形势发生了根本性变化。1943年9月，意大利政府向英、美投降，德、意、日法西斯联盟由此瓦解。1943年

10月,中、美、英军队在缅甸进行反攻,日军在太平洋战场开始丧失战略上的主动权。10月30日,中、苏、美、英四国签订关于普遍安全的宣言。11月22日至26日,中、美、英三国政府首脑举行开罗会议,发表《开罗宣言》,剥夺日本自1914年第一次世界大战以来在太平洋霸占的一切岛屿,使日本所霸占的中国领土——东北、台湾和澎湖列岛归还中国。《开罗宣言》确认了中国对台湾的主权地位。中国共产党领导的敌后抗日根据地从1943年起逐步扭转困难局面,在一些地区还开始了对日、伪军的攻势作战。由于兵力严重不足,到1943年12月,日本华北方面军被迫停止了向抗日根据地的进攻。1944年,共产党领导的敌后军民在华北、华中、华南地区,对日、伪军普遍发起局部反攻。这在战略上有力地策应了国民党正面战场和英、美盟军的对日作战,也为对日全面反攻、夺取抗战最后胜利准备了重要条件。

1944年5月21日至1945年4月20日,中共中央在延安举行扩大的六届七中全会,原则通过了《关于若干历史问题的决议》,为中共七大的召开创造了充分的思想条件。为系统总结中国革命的基本经验,为彻底打败日本侵略者,为建设新中国做准备,1945年4月23日至6月11日,在延安杨家岭召开了中共七大。出席大会的正式代表547人,候补代表208人,共计755人,代表着全党121万党员。毛泽东作了《论联合政府》的政治报告。七大总结了中国新民主主义革命20多年曲折发展的历史经验,制定了正确的路线、纲领和策略,确立毛泽东思想为党的指导思想并写入党章。七大为党领导人民去争取抗日战争的胜利和新民主主义革命在全国的胜利,奠定了政治上、思想上、组织上的基础。

1945年上半年,苏、美、英盟军在欧洲战场取得彻底战胜德国法西斯的胜利。德、意法西斯的覆灭,使日本法西斯陷于完全孤立的境地。盟军在太平洋战场继续发动对日本的攻势,中国军民开始全面反攻。1945年2月,英、美、苏三国领导人在苏联的克里米亚半岛签订《雅尔塔协定》,规定在欧洲战争结束后三个月内,苏联应对日宣战。中国没有被邀请参加,美、英以牺牲中国的主权(如承认外蒙古独立)为条件来换取苏对日出兵。1945年7月26日,中、美、英三国发表波茨坦公告(苏联于8月8日正式声明加入),促令日本立即无条件投降,日本政府发表声明,对公告"不予理会"。8月6日和9日,美国先后在日本广岛和长崎投下原子弹,两地共死伤20多万人,震动日本朝野。8月9日,苏联军队从东、西、北三面进入中国东北,向日本关东军大举进攻,加速了日本法西斯的覆灭。8月9日,日本政府最后决定接受波茨坦公告。8月15日,日本天皇裕仁广播《终战诏书》向全世界宣布无条件投降。8月21日,中国陆军总司令何应钦在湖南芷江接受日军代表投降。9月2日,在东京湾的美国"密苏里"号巡洋舰上,日本代表在向盟国投降书上签字。至此,中国抗日战争胜利结束,世界反法西斯战争胜利结束。9月9日,中国战区日军投降签字仪式在南京举行,中国战区日本投降代表、中国派遣军总司令冈村宁次在投降书上签字,侵华日军128万余人向中国投降。10月25日,台湾地区的受降仪式在台北举行,自甲午战争后被迫与祖国分离50年的台湾重新回到祖国怀抱。

中国的抗日战争是世界反法西斯战争的重要组成部分。它发动最早,持续时间最长。中国战场是反对日本法西斯侵略的主战场,也是世界反法西斯战争的东方主战场。中国抗战大量消耗和削弱了日本军国主义的战争实力,长期打击并牵制了日本大部分陆军和大量海军,使日军不能轻易冒险北攻或南下,从而减轻了苏联和美、英等国的压力。太平洋战争爆发后,中国战场继续吸引和滞留着日军陆军的主要兵力,有力地支持美、英等盟国在太平洋战场的作战,在战略上有力地配合和支援了世界各国人民的反法西斯战争。

中国为赢得抗战胜利作出了巨大牺牲,军民伤亡3500万以上,直接经济损失1000亿美元,间接经济损失5000亿美元。中国人民为世界反法西斯战争的胜利作出了不可磨灭的贡献。同样,世界反法西斯战争在欧洲、亚洲太平洋等战场的巨大胜利,也有力地支援了中国抗战。美、英、苏等盟国给中国抗战以人力、物力的援助,许多国家的共产党人和进步人士还以各种方式支援中国。所有这些都是中国坚持抗战直至最后胜利的重要因素。

中国的抗日战争是20世纪进步的、革命的、正义的战争。全国抗战开始后,国民党政府实行一些有利于抗战的政策,尤其是在抗战初期表现积极,国民党军队广大官兵在抗日正面战场上作出了巨大牺牲。但是,国民党领导集团的片面抗战路线和反共反人民倾向及活动,也给抗战带来了严重的消极后果。中国共产党高举以国共合作为基础的抗日民族统一战线旗帜,团结带领一切有利于抗战的力量,同日本侵略者进行坚决斗争。党领导的抗日武装对敌作战12.5万次,消灭日、伪军171.4万人,其中日军52.7万人。同时党的力量在抗战中获得空前的发展壮大。到抗战结束时,共产党员发展到121万;人民军队发展到132万,民兵260万;抗日民主根据地近100万平方公里,人口近1亿。抗日战争的胜利,洗雪了中国百年遭遇外敌蹂躏的耻辱,为中华民族的独立和解放奠定了坚实的基础。

5. 解放战争时期与夺取全国政权

抗日战争胜利后,共产党与国民党成为决定中国命运的两大政党。共产党力图避免内战，争取经过和平的道路建设一个新中国。国民党统治集团想消灭共产党和人民军队，继续维持国民党的一党专政。共产党领导广大人民与国民党统治集团展开了复杂而激烈的斗争，中国革命进入全国解放战争时期。从1946年6月至1949年9月，是解放战争时期，又称第三次国内革命战争时期。中国共产党领导的人民军队依靠广大人民群众的支持，进行了三年多的浴血奋战，推翻了国民党的反动统治，建立了中华人民共和国。

抗战胜利后的国内外形势错综复杂。经过第二次世界大战，打败了德、意、日三国，削弱了英、法等国，美国成为世界头号强国，但资本主义世界的总体力量有所下降。社会主义的苏联进一步巩固，东欧和亚洲的部分国家开始建立人民民主制度，亚洲和非洲的民族解放运动瓦解了殖民体系，各资本主义国家的工人运动向前发展。这些对各国反动势力都是一种有力制约。中国共产党领导的人民革命力量在抗战胜利后已初具规模，国民党统治区的民主力量也有了很大发展，共产党提出通过民主联合政府的途径建立一个独立、自由、民主、统一和富强的新中国的主张在全国得到了广泛响应。以蒋介石为首的国民党统治集团控制着全国政权，并拥有一支得到美国援助并收缴了100多万日军装备的500多万人的庞大军队，通过接受日军的装备，国民党政府掌握的物资和外汇储备的数量也超过以往任何时期。抗战胜利前后国内外存在的蒋介石是"抗战建国领袖"的舆论，使民党统治区和沦陷区相当一部分人对他抱有很大幻想。这就使得国民党认为有可能通过发动内战来消灭共产党及其领导的人民军队，继续维持国民党一党专政的统治。世界格局和国内形势发生重大变化已是不争的事实。在国际上，以苏联为首的社会主义阵营和以美国为首的资本主义阵营开始对立。在国内，以美国支持的蒋介石集团为代表的大地主、大资产阶级同以共产党为代表的人民大众之间的矛盾，正在取代日本帝国主义同中华民族之间的矛盾，成为中国社会的主要矛盾。

在美国政府看来，中国是亚洲的中心，控制了中国就基本控制了亚洲，就可以集中力量控制欧洲，遏制苏联。美国政府把国民党视为其控制中国的工具，从各方面加强国民党的力量，采取了一系列干涉中国内政的政策，阻碍了中国走上独立自主的发展道路。二战后苏联的综合国力不如美国。为了集中主要力量与美国在欧洲抗衡，它在亚洲采取了既阻止美国势力扩张，又与美国达成某种妥协，同时尽可能扩展自己势力的政策。1945年8月14日，国民党政府同苏联政府签订《中苏友好同盟条约》《关于大连之协定》《关于旅顺口之协定》《关于中国长春铁路之协定》，并就关于外蒙古独立问题等进行换文。这些协定的签订使苏联恢复了沙皇俄国时期曾在中国强占的利益,严重损害了中国的主权和民族利益。苏联政府在外交上只承认国民党政府这个"唯一合法政府"。苏联领导人多次向美国和国民党的代表表示,中共没有能力统一中国,希望中国能在蒋介石处于"领袖地位"的前提下实现统一,他们甚至致电中共中央不准革命,"说是如果打内战,中华民族有毁灭的危险。"① 但苏联对美国的全球战略及其对苏联安全构成的威胁仍抱有很高的警惕性。

抗战胜利后,全国人民用各种方式表达了和平建国的强烈愿望。美苏之间在中国问题上达成妥协,希望国共两党举行和平谈判。国民党立即发动内战面临着种种困难。在这种形势下,蒋介石于8月14日、20日、23日接连发出三封电报,邀请中共中央主席毛泽东到重庆谈判,共商国是。中共中央决定继续放手发动群众,巩固已有阵地,扩大解放区和人民军队;同时在不放松武装自卫的条件下,与国民党谈判,力争实现和平建国。人民军队遵照中共中央的指令,坚决从日、伪军手中收复失地,对进犯的国民党军队进行必要反击。到1946年1月,解放区已拥有239.1万平方公里土地,1.49亿人口,506座城市。

1945年8月28日,毛泽东、周恩来、王若飞在张治中、赫尔利陪同下从延安飞赴重庆,同国民党当局进行谈判。从8月29日到10月10日,谈判历时43天。10月10日双方签署《政府与中共代表会议纪要》即双十协定。国民党当局表示承认"和平建国基本方针",同意"长期合作,坚决避免内战,建设独立、自由和富强的新中国"。10月11日,毛泽东返回延安,周恩来等留在重庆就悬而未决的问题继续谈判。由于仍无结果周恩来于11月25日暂返延安。蒋介石出尔反尔,自8月15日至10月17日两个月间,下令侵占解放区30个城市。1946年1月10日,中共代表同国民党政府代表正式签订停战协定。

在停战协定签订的当天即1月10日,政治协商会议在重庆召开。会议由国民党政府主持召集。会议代表共38名,其中国民党代表8名,共产党代表7名,中国民主同盟代表9名,无党派代表9名,中国青年党代表5名。会议的中心议题是关于政治民主化和军队国家化的问题。会议历时22天,于1月31日闭幕。会议通过了政府组织案、国民大会案、和平建国纲领、军事问题

---

① 毛泽东:《论十大关系》(1956年4月25日),《毛泽东文集》第7卷,人民出版社1999年版,第42页。

案、宪法草案等五项协议。政协协议的通过，是中国共产党同各民主党派、民主人士亲密合作，并同国民党中坚持民主进步的人士共同努力的结果。中国共产党准备在协议基础上，继续同各民主党派、民主人士密切合作，通过政治方式使中国走上和平民主的发展道路。但是，国民党不但不打算按照政协协议推进政治民主化，反而从各方面加紧破坏各项协议的实施。事实表明，国民党统治集团已经背离人民的根本利益，不能容忍且难以承受真正的民主改革，全国人民和平建国的美好愿望几无可能。

1946年6月17日，美国将价值5170万美元的军用品交给国民党政府。6月26日，蒋介石撕毁停战协定，下令国民党军队22万人围攻鄂豫边宣化店为中心的中原解放区为起点，（史称"中原突围"），相继在晋南、苏皖边、鲁西南、胶济路及其两侧、冀东、绥东、察南、热河、辽南等地，向解放区展开大规模进攻。全面内战爆发。国民党进攻解放区的兵力为193个旅（师）160万人，占其全部正规军86个整编师（军）248个旅（师）兵力的80%，蒋介石声称三到六个月，国军参谋总长陈诚吹嘘三到五个月，就能消灭中共军队。

全面内战开始时，国民党在军队数量、军事装备、后备资源及外来援助等方面，都明显超过共产党。1946年7月，国民党军队的总兵力约430万人，其中正规军约200万人；人民解放军的总兵力只有127万人，其中野战军61万人。国民党军队接受了侵华日军的大部分装备，又得到美国庞大的军事援助，拥有装备较好的陆、海、空军；人民解放军不仅没有海军和空军，而且陆军装备也很差，主要是缴自日、伪军的武器，人力物力的补给基本依靠战争中的缴获和解放区军民的供给。国民党政府统治着约占全国76%的面积、3.39亿人口的地区，控制着几乎所有的大城市和绝大部分铁路交通线，拥有全国大部分近代工业和人力、物力资源；解放区的土地面积约占全国的24%，人口1.36亿，近代工业很少，基本上依靠传统的农业经济。国民党得到强大美国的支持，而共产党在国际上没有得到任何公开的支持。处于劣势的共产党能否打败国民党的进攻，中共内部一部分人存在怀疑和顾虑。为谋求国内和平，许多中间派人士也认为共产党应当进一步对国民党采取退让政策。

这时的国际形势也发生重要变化，美、英等国与苏联之间开始了"冷战"，有关"美苏必战""第三次世界大战即将爆发"的舆论盛行一时。苏联担心中国革命会导致美国大量出兵干涉，并把它卷进去，由此引发新的世界大战，因此对中国革命持消极态度。

在全面内战爆发之际,中共中央清醒地估计国内外形势,确定用自卫战争粉碎国民党军队的进攻,在军事上、政治上、经济上确定了一系列正确的、富有远见的方针和政策。在军事方面,中共中央军委要求人民解放军实行"以歼灭敌军有生力量为主要目标,不以保守或夺取地方为主要目标""以集中兵力打运动战为主,以分散兵力打游击战为辅"①的作战方法。在政治方面,中共中央确定放手发动群众,团结一切可以团结的力量,建立广泛的民族民主统一战线,彻底孤立国民党反动集团的原则。在经济方面,中共中央指出:必须一切依靠自力更生,作持久打算。在上述方针和政策的指引下,解放区军民奋起反击国民党的军事进攻,在自卫战中不断赢得胜利。

全面内战爆发后,由于国民党政府的内战卖国政策,驻华美军以"占领者"姿态在中国犯下累累罪行。据不完全统计,从1945年8月到1946年11月,在上海、南京、北平、天津、青岛五座城市发生的美军暴行,至少有3800起,中国人民被害死伤达3300以上。从1945年8月到1946年7月,美军军车肇事事件达1500起;美军奸淫中国妇女300余人。国民党政府的内战卖国政策和美军暴行激起公愤,一个以反对美蒋为中心的人民运动在国民党统治区迅速兴起。以学生群众为先锋的爱国民主力量同国民党政府之间的斗争,逐步形成配合人民解放军作战的第二条战线。这条战线的发展,使得国民党统治集团深陷于革命力量两面夹击的不利境地而无法自拔。

国民党发动全面内战后,没有立即宣布停止同中共代表的谈判,而是企图利用谈判掩护其军事进攻,并在谈判中提出种种苛刻条件,迫使中共终止谈判,以便将分裂和内战的责任推到中共方面。1946年7月3日,国民党政府国防最高委员会第一九七次会议竟然违背政协协议单方面作出决定,宣布"于本年11月12日召开国民大会"。1946年11月11日,国民党军队占领张家口,蒋介石随即于当天下午下令于11月12日召开"国民大会"。11月15日至12月25日,由国民党包办的"国民大会"在南京召开。出席大会的代表中,国民党代表占85%,只有依附于国民党的青年党、民主社会党和若干"社会贤达"参加了大会。会议通过了《中华民国宪法》。各民主党派、广大人民和许多海外华侨都进一步看清了蒋介石坚持独裁和内战的真面目,坚决反对国民党一手包办的"国民大会"和"宪法"。1947年3月7日、8日,中共驻南京、上海、重庆的全部工作人员分别撤回延安,至此国共关系完全

---

① 毛泽东:《集中优势兵力,各个歼灭敌人》(1946年9月16日),《毛泽东选集》第4卷,人民出版社1991年版,第1199页。

破裂。面对新的形势，中共中央逐步确定以"打倒蒋介石"来最终解决国内问题。

1946年11月至1947年2月的四个月作战，人民解放军歼灭国民党军队41万余人；国民党军队占领解放区城市87座，人民解放军收复和新解放的城市也是87座。国民党军队由战争初期的得地失人变为净损失40余万人而无地可得，表明国民党军队的全面进攻彻底失败。1947年3月，蒋介石由于兵力不足放弃全面进攻计划，改以陕北和山东解放区为重点，实行被称为"双矛攻势"的重点进攻，而在其余各战场转为守势。

1947年3月13日，国民党军队胡宗南等部34个旅25万人进攻陕北，迎击它的西北人民解放军彭德怀、习仲勋所部6个旅2.6万余人，另3个地方旅和1个骑兵师1.6万余人。由于兵力过于悬殊，中共中央决定暂时放弃延安，采取"蘑菇战术"，与敌周旋，寻机歼敌。3月19日，西北人民解放军主动撤离延安，并于3月25日、4月14日及4月底5月初，连续进行青化砭、羊马河、蟠龙三次歼灭战，共歼灭胡宗南部共1.4万余人，基本稳定了陕北战局。国民党军24个整编师60个旅约45万人进攻山东解放区。华东野战军在陈毅、粟裕、谭振林的指挥下，1947年4月下旬在泰安歼灭国民党军整编第七十二师师部及两个旅约2万余人，接着于5月中旬在临沂以北山区的孟良崮地区歼灭被称为国民党军队"五大主力"之一的整编第七十四师等部3万余人，击毙中将师长张灵甫，给国民党军队以沉重打击，蒋介石立即下令暂停对山东解放区的进攻。在反击国民党军队对陕北、山东实施重点进攻的同时，其他解放区对处于守势的国民党军队实施战略性的反攻，并取得了大量胜利。

国民党反动统治集团日益腐败，其统治区经济状况急剧恶化，危机不断加深。为了维护专制统治，稳定后方，在其统治区内大搞特务活动，加紧迫害和镇压爱国民主力量。1946年7月11日，国民党特务在昆明杀害中国民主同盟中央委员李公朴；14日，暗杀了西南联大教授、诗人、文学家闻一多。1947年5月，镇压了京、沪、苏、杭等地区在南京示威游行的学生，制造了"五·二〇"血案和杀害浙江大学学生自治会主席于子三惨案。

1947年5月至8月，中共中央和中央军委根据整个战局的发展情况，针对蒋介石将战争引向解放区，进一步破坏和消耗解放区的战略企图，以及国民党军队在南线的战略布局，先后作出了三支野战军（刘［伯承］邓［小平］大军、陈［赓］谢［富治］大军、陈［毅］粟［裕］大军）采取中央突破技术、转入战略进攻的新的部署。1947年6月30日夜，刘邓大军12万人一举突破黄河天险,挺进中原,揭开战略进攻的序幕。人民解放军各路大军在1947年7月至9月间相继由内线转向外线,由战略防御转入战略进攻。1947年10月10日,中国人民解放军总部发表宣言,提出"打倒蒋介石,解放全中国"①。到1947年底,战争主要的不是在解放区内进行,而是在国民党统治区内进行了,国民党军队被迫由战略进攻转为全面防御。这是战争形势的根本改变,毛泽东说:"这是一个历史的转折点。这是蒋介石的二十年反革命统治由发展到消灭的转折点。这是一百多年以来帝国主义在中国的统治由发展到消灭的转折点。这是一个伟大的事变。……这个事变一经发生,它就将必然地走向全国的胜利。"②

1948年9月8日至13日,中共中央在西柏坡召开政治局扩大会议,会议认为应尽快与国民党进行战略决战,从根本上打倒国民党的反动统治。根据此次会议的精神和中央军委的指示,人民解放军从1948年9月开始,先后在东北、华东、中原、华北和西北战场上,发起规模空前的秋季攻势。秋季攻势的一个重要战役是夺取济南。华东野战军于9月16日对济南发起全线攻击,24日攻克济南,生俘国民党军第二绥靖区司令官王耀武。济南战役胜利后,中央军委因势利导,及时地将秋季攻势引向就地歼灭国民党军队大兵团的战略决战,先后组织了辽沈、淮海、平津三个战略性战役及其他几个重要战役。辽沈、淮海、平津三大战役,从1948年9月12日开始到1949年1月31日结束,历时142天,共歼灭国民党正规军144个师,非正规军29个师,合计154万余人。国民党赖以维持其反动统治的主要军事力量基本上被摧毁。三大战役的胜利,奠定了全国胜利的坚实基础。

在三大战役进行期间和结束以后,国民党统治集团在美国驻华大使司徒雷登的支持和策划下,发动了一场"和平攻势"。他们企图利用和平谈判的手段,达到"划江而治"的目的,以便争取喘息时间,保存残余势力,伺机卷土重来。桂系李宗仁、白崇禧等首先掀起要求和谈的行动,并要求蒋介石下野,得到了一些人的响应。迫于压力,1949年元旦蒋介石发表要求和谈的《新年文告》,但同时提出以保存现有宪法、法统和军队等作为谈判条件。形势的发展给中国人民提出了一个尖锐问题:将革命进行到底还是半途而废?1948年12月30日,毛泽东为新华社写了《将革命进行到底》的新年献词,

---

① 毛泽东:《中国人民解放军宣言》(1947年10月10日),《毛泽东选集》第4卷,人民出版社1991年版,第1237页。
② 毛泽东:《目前形势和我们的任务》(1947年12月25日),《毛泽东选集》第4卷,人民出版社1991年版,第1244页。

号召全国人民、各民主党派、各人民团体真诚合作,采取一致的步骤,粉碎美帝国主义和国民党反动派的政治阴谋,将革命进行到底。1949年1月14日,毛泽东发表《关于时局的声明》,指出蒋介石的和谈条件不是和平的条件而是继续战争的条件,并提出实现真正和平的八项条件。1月21日,蒋介石宣布"引退",由"副总统"李宗仁代理其"总统"职务。1月22日,李宗仁便以"代总统"身份表示愿以中共的八项条件为基础进行和平谈判。李宗仁还采取了一些"培养国内和平空气"的措施。其实这些只是假象,国民党政府的实权仍然由蒋介石操控。

中国共产党对李宗仁进行了善意的争取和帮助,希望他摆脱与蒋介石的联系,站到人民一边来。中共中央派出以周恩来为首的代表团,同由张治中为首的南京政府和谈代表团,于4月1起在北平举行和平谈判,主要就战犯问题和解放军渡江问题交换意见。4月15日,中共代表团在尽可能采纳南京政府代表团的意见后提出《国内和平协定》(最后修正案),宣布4月20日为最后签字日期。到4月20日,南京政府最后决定拒绝签字。人民解放军立即发起渡江战役,胜利强渡长江,开始解放江南和向陕、甘、青、宁、新等广大地区进军。4月23日,人民解放军占领南京,宣告了延续22年的国民党反动统治的覆灭。

1949年3月5日至13日,中共七届二中全会在西柏坡召开,确立了在革命胜利后建设新民主主义社会的蓝图。9月21日至30日,中国人民政治协商会议第一届全体会议在北平召开。会议通过了《中国人民政治协商会议共同纲领》《中华人民共和国中央人民政府组织法》《中国人民政治协商会议组织法》。会议选举毛泽东为中央人民政府主席。10月1日,中华人民共和国成立,标志着中国新民主主义革命已经取得基本胜利。

6. 选择社会主义是中国历史发展的必然

中国共产党在领导全国各族人民为新民主主义而斗争的过程中,经历了北伐战争、土地革命战争、抗日战争和解放战争四个阶段,其间经受了1927年和1934年两次严重失败的痛苦考验。新民主主义革命胜利后,中国必然选择社会主义道路,这是国情所致。

1940年1月,毛泽东在《新民主主义论》等著作中就指出:新民主主义革命的前途是社会主义革命,两个革命又是相互连接的。新民主主义革命和社会主义革命是性质不同的两个革命阶段,只有完成了前一个阶段的革命,才有可能去完成后一个阶段的革命。同时,民主主义革命是社会主义革命的必要准备,社会主义革命是民主主义革命的必然趋势。新民主主义革命胜利后，由于民族资产阶级、小资产阶级和人民大众一起参加了民主主义革命，此时一方面有资本主义因素的发展，另一方面又有社会主义因素的发展，这就是无产阶级和共产党在全国政治势力中的比重的增长，就是农民、知识分子和城市小资产阶级或者已经或者可能承认无产阶级和共产党的领导权，就是民主共和国的国营经济和劳动人民的合作经济，加以国际环境的有利，便使中国资产阶级民主革命的最后结果，避免资本主义的前途，实现社会主义的前途，显而易见有极大的可能性了。因此，要在民主革命和社会主义革命之间，横插一个资产阶级专政是不可能的。在中国走资本主义道路，建立资产阶级共和国，帝国主义国家不容许，社会主义国家不容许，广大工农群众更是不容许。近代中国社会性质及其历史特点，决定了中国在新民主主义革命胜利后必然走上社会主义道路，决定了要建立一个无产阶级领导的、以工农联盟为基础的、一切反帝反封建的人们联合专政的新民主主义共和国。它既和欧美式的资产阶级专政的共和国相区别，又和苏联式无产阶级专政的社会主义共和国不相同。新民主主义共和国的基本政治制度是人民代表大会，在各级政府必须实行民主集中制的组织原则。基本经济政策是：没收操纵国计民生的大银行、大工业、大商业归新民主主义共和国的国家所有，同时"平均地权"。基本文化政策是要建立民族的科学的大众的文化，即人民大众反帝反封建的文化。这就是新民主主义共和国。它是使中国由半殖民地半封建的旧中国过渡到社会主义新中国的不可替代的形式，之后经过社会主义改造和社会主义革命，使中国走上社会主义道路。①

1949年6月30日，毛泽东发表《论人民民主专政》一文，又强调了《新民主主义论》中的基本观点，指出资产阶级共和国的方案在中国行不通，新中国只能实行"工人阶级（经过共产党）领导的以工农联盟为基础的人民民主专政"②。

中国走社会主义道路是历史的必然选择。中国工人阶级及其政党中国共产党领导的新民主主义革命的胜利，推翻了帝国主义、封建主义和官僚资本主义的统治，结束了少数剥削者统治广大劳动人民的历史，结束了1840年鸦片战争以来任人宰割、受尽欺凌的半殖民地半封建社会的屈辱历史。从此，中国人民实现了梦寐以求的国家独立、统一和各民族大团结的局面，实现了

---

① 参见毛泽东《新民主主义论》（1940年1月），《毛泽东选集》第2卷，第662—711页。
② 毛泽东：《论人民民主专政》（1949年6月30日），《毛泽东选集》第4卷，第1480页。

多年来当家做主的愿望，走上了欣欣向荣的社会主义大道。中华民族以崭新的姿态屹立于世界民族之林，开始了中国历史的新纪元，重新踏上伟大复兴的征程。

二　新民主主义阶段

中国在走向社会主义的新民主主义革命中，除国共合作的北伐战争外，在土地革命战争、抗日战争和解放战争时期，中国共产党都领导工农群众建立了革命的民主政权，为革命胜利后建立社会主义国家政权积累了丰富的经验。不同革命阶段的政权虽然都是新民主主义性质的，但各有特点，并且体现在相应的政治制度中。

（一）土地革命战争时期

1. 武装起义和人民政权的创建

1924年至1927年，在中国共产党的领导、推动和组织下，由国共两党合作进行的中国人民反帝反封建的大革命得以迅速发展并取得了重大胜利，沉重地打击了帝国主义和封建势力。但是，在革命后期，蒋介石和汪精卫控制的国民党公开背叛"孙中山所决定的国共合作政策和反帝反封建政策，勾结帝国主义，残酷屠杀共产党人和革命人民。党当时还比较幼稚，又处在陈独秀右倾投降主义的领导下，致使革命在强大敌人的突然袭击下遭到惨重失败"[①]。

1927年大革命失败后，中国民主革命的基本任务尚未完成，全国人民仍然处在反革命派的统治之下，政治上、经济上都没有得到解放。这时，中国共产党认识到，要在半殖民地半封建社会的中国完成民主革命的任务，必须建立自己的武装和政权，用人民的武装来推翻国民党反动政府。中国共产党为了挽救革命，为了领导全国人民继续进行反帝反封建的革命斗争和回击国民党反动政府的屠杀政策，从1927年起领导工农群众举行了一系列武装起义，开始建立工农民主政权和进行武装割据的斗争。

1927年8月1日，中国共产党首先发动了南昌起义。为了争取和团结国

[①]《中国共产党中央委员会关于建国以来党的若干历史问题的决议》，中共中央文献研究室编：《三中全会以来重要文献选编》（下），人民出版社1982年版，第789页。

民党中一部分愿意继续革命的人士，揭露蒋介石和汪精卫背叛孙中山革命精神的面目，这次起义仍使用国民党左派的旗帜。起义胜利后，迅速建立了革命秩序并成立了"中国国民党革命委员会"。革命委员会下设主席团，主席团下设参谋团、党务委员会、宣传委员会、财政委员会、农工委员会、总政治部、政治保卫处和秘书厅等机构。革命委员会是集政权、党权、军权于一体的最高机关。革命委员会由宋庆龄、邓演达（以上二人未到南昌）、贺龙、周恩来等25人组成，有国民党左派参加，共产党员占多数。革命委员会实际上是无产阶级领导的工农小资产阶级的民主革命政权，它旗帜鲜明地提出了土地革命的口号。由于国民党反动派疯狂反扑，南昌起义部队在转移途中遭到挫败。

中国共产党随即召开了中央紧急会议，即"八七"会议。会议决定实行土地革命和武装起义的方针。会后在革命力量最强的湘、鄂、赣、粤四省发动秋收起义。1927年9月，毛泽东在湖南领导秋收起义，后率领起义部队开辟了第一个农村革命根据地，即井冈山革命根据地，成立了"湘赣边界工农苏维埃政府"。同年12月11日，张太雷等人发动广州起义，成立了广州苏维埃政府。但当时由于敌人过于强大，最后起义失败。

从南昌起义打响第一枪开始，中国共产党在十几个省份相继发动武装起义，建立了十余个大小革命根据地，均建立了工农民主政权。

2. 中央工农民主政权

"一切革命的根本问题是国家政权问题"。[①] 无产阶级革命要求建立无产阶级政权。大革命失败后，1928年6月18日至7月11日，中国共产党在共产国际帮助下在苏联莫斯科举行第六次代表大会。这是一次有重大历史意义的大会。中共六大明确指出：中国革命现阶段的性质仍然是资产阶级性的民权革命，其任务是"驱逐帝国主义者，完成中国的真正统一""实行土地革命""力争建立工农兵代表会议（苏维埃）的政权"。[②]

毛泽东对于政权问题极为重视，根据革命实践论证了在国民党反动派白色统治包围中，小块红色政权能够存在的可能性和必然性。认为红色政权的存在和发展必然会促进革命高潮的到来，小块红色政权的逐渐发展扩大，终将夺取全国政权。他正确解决了当时工农民主政权在建立、巩固和发展过程中的理论和实践问题，并为最后夺取全国政权开辟了道路。在以毛泽东为代

[①] 列宁：《论两个政权》，《列宁选集》第3卷，人民出版社1972年版，第19页。

[②] 《中国共产党第六次全国代表大会·政治议决案》（上），中央档案馆编：《中共中央文件选集 第四册（一九二八）》，中共中央党校出版社1989年版，第298—299页。

表的正确路线的领导和影响下,红军不断壮大,革命根据地和红色政权如雨后春笋般地发展。

为了统一领导各革命根据地政权和集中力量对付敌人,就必须建立统一领导各根据地的全国性政权机关。经过认真细致的筹备,1931年11月7日,中华工农兵苏维埃第一次全国代表大会在江西瑞金召开,通过了《中华苏维埃共和国宪法大纲》,宣告了"中华苏维埃共和国"的建立,组成了领导全国苏区的"中华苏维埃共和国临时政府"。由于资产阶级这时已退出革命,苏维埃政权"是属于工人、农民、红军兵士及一切劳苦民众的"① 工农民主政权,也是"工人、农民和城市小资产阶级联盟的政府",② 是无产阶级领导的反帝反封建的新民主主义的人民民主政权。它的任务是在中国共产党的领导下,推行民主革命纲领,即"对外推翻帝国主义,求得彻底的民族解放;对内肃清买办阶级的在城市的势力,完成土地革命,消灭乡村的封建关系,推翻军阀政府",③ 为向社会主义过渡奠定了坚实的基础。

在工农民主政权中,中央政府包括以下机关:

(1) 全国苏维埃代表大会。它是中华苏维埃共和国的最高权力机关,由各省、中央直属县(市)苏维埃代表大会及红军选出的代表组成。它的工作方式是会议,每两年由中央执行委员会召开一次会议,必要时可召开全国苏维埃临时代表大会。在开会期间选举主席团来领导会议,设秘书处等机构来协助主席团工作。全国苏维埃代表大会及其闭会后的中央执行委员会,都是中华苏维埃共和国的最高权力机关,都可以行使最高权力机关的职权。但是下列职权只能由全国苏维埃代表大会行使:①制定和修改宪法;②听取和讨论中央执行委员会的报告;③决定全国的大政方针;④改选中央执行委员会。

(2) 中央执行委员会。它是全国苏维埃代表大会闭会期间的最高权力机关,由全国苏维埃代表大会选举产生,向全国苏维埃代表大会负责并报告工作。会议是其工作方式,每6个月召开一次,必要时可延期或召开临时会议。

中央执行委员会行使部分最高权力机关的职权:①对外宣战、媾和及签订和批准国际条约;②改订国界,划分行政区域,建立或改变地方政权机关,解决地方苏维埃之间的争议;③制定法院的系统组织,颁布民事、刑事及诉

---

① 《中华苏维埃共和国宪法大纲》,中央档案馆编:《中共中央文件选集 第七册(一九三一)》,中共中央党校出版社1991年版,第772页。
② 毛泽东:《论反对日本帝国主义的策略》(1935年12月27日),《毛泽东选集》第1卷,人民出版社1991年版,第156页。
③ 毛泽东:《井冈山的斗争》(1928年11月25日),《毛泽东选集》第1卷,第77页。

讼等法律；④组织并指导武装力量；⑤规定币制、税制，发行公债和审核批准预决算；⑥决定大赦和特赦；⑦制定国民教育的一般原则和工业、农业、商业、交通事业的政策和计划；⑧选任和撤换人民委员会的主席和委员，撤换下级苏维埃执行委员会。

中央执行委员会的职权：①颁布各种命令；②制定和批准国家政策及国家机关的变迁；③选举主席团；④对主席团和人民委员会及其他机关的决议和法令，有否决权、变动权。

1934年2月，第二届中央执行委员会增设主席团，作为中央执行委员会闭会期间的最高政权机关。主席团由中央执行委员会产生，对中央执行委员会负责并报告工作。

中央执行委员会下设审计委员会和负责管理苏维埃中央政府的日常行政事务工作的总务厅。中央执行委员会下设最高法院，是工农民主政权的最高审判机关。最高法院设院长1人，副院长2人，由中央执行委员会主席团委任。院内设刑事、民事、军事等法庭。在最高法院设检察长1人，副检察长1人，检察员若干人，检察长、副检察长由中央执行委员会主席团委任。在未设立最高法院之前，设有临时最高法庭代行最高法院的职权。

（3）人民委员会。它是中央执行委员会的行政机关，负责全国政务。它由人民委员会主席及各人民委员部的人民委员组成，主席和人民委员均由中央执行委员会在委员中选任。人民委员会对中央执行委员会及其主席团负责并报告工作。人民委员会在中央执行委员会指定的范围内有权颁布各种法令、条例及采取适当的行政方针，但颁布前须报中央执行委员会审核。人民委员会有权审查、修改或停止各人民委员部所提出的法令和决议。各人民委员部和省苏维埃执行委员会对人民委员会颁布的决议、法令有不同意见，可向中央执行委员会或其主席团提出，但未获认可前不得停止执行。

人民委员会下设外交、劳动、土地、军事、财政、国民经济、粮食、教育、内务、司法各人民委员部。各部根据本身任务、职权，组织若干局、处、会等机构开展工作。除上述各部外，人民委员会还设有人民革命军事委员会和国家政治保卫局，后增设妇女生活改善委员会、劳动与战争委员会。

3. 地方工农民主政权

地方工农民主政权划分为省、县、区和乡（城市）四级。

乡苏维埃和城市苏维埃为基层政府，均由选民直接选出的代表组成。乡苏维埃只设主席1人，大乡可设副主席1人，不分设其他机构。遇有重大临时任务时，由临时组织委员会来进行工作。城市苏维埃设主席团。主席团设主席、副主席各1人。下设内务、劳动、文化、军事、卫生、粮食、工农检察、土地、裁判等科及总务处等机构。

省、县、区三级政权的组织机构与中央政权的组织机构基本是对应设置。省、县、区执行委员会和城市苏维埃设有指导员，指导和巡视下级工作。省、县、区执行委员会主席团和城市苏维埃主席团设有技术书记1人，担负主席团的文秘工作。

随着政权建设经验的不断积累，中央执行委员会于1933年12月颁布了《中华苏维埃共和国地方苏维埃暂行组织法（草案）》，并通知地方政权进行改组。地方政权得到了进一步规范和壮大。

4. 选举、监察和司法制度

（1）选举制度

工农民主政权的选举制度，不但在"宪法""宪法大纲"中有原则性规定，而且在1933年8月颁布的《苏维埃暂行选举法》和11月颁布的《中华苏维埃共和国选举细则》中有具体规定。

《苏维埃暂行选举法》规定：苏区年满16岁的劳动人民（工人、雇员、贫农、中农、独立劳动者和城市贫民）和红军，不分性别、宗教、民族，均有选举权和被选举权。一切剥削者（地主、富农、资本家、豪绅、买办、高利贷者和地主资本家的代理人）和反动派（反动政府的军阀、官僚、侦探、警察和宪兵等）及被判罪服刑、依法剥夺了选举权的人，没有选举权和被选举权。此外，还规定以宗教、迷信为职业和有"神经病"的人没有选举权。这样就基本上保证了工农劳动人民当家做主的权利。这种规定也反映了当时"左倾"路线的干扰，过分注重成员阶级成分，如对资本家不分大小、不问政治态度如何，一律剥夺选举权。这不利于争取中间势力和分化瓦解敌人。

工农民主政权的选举系统，分乡、区、县、省和全国五级。基层苏维埃（乡、不设区的市、市区）的代表，由选民直接选举产生。区、县、省、全国苏维埃的代表大会，间接选举产生，由下级苏维埃代表大会和辖区内的红军选出的代表组成。

区和城市都设立了选举委员会，管理本地区的选举工作。选举委员会的人选，由政府和各群众团体的代表组成，由县执行委员会主席团批准。红军另设选举委员会。选举委员会负责登记、审查、公布选民名单、应选代表人数及无选举权人的名单。选举前公布会议地点、时间，并通知全体选民。选举时，组织选举大会主席团，由大会推选2人，选举委员会代表1人组成（该代表为当然主席），并推选书记1人，担任大会记录。选民到达超过半数，即开始选举。用举手表决的形式，对候选人名单，逐个进行表决。选举结束后，由选举委员会负责将所有选举文件送市苏维埃或区执行委员会存查。

工农民主政权的选举制度，不仅在政治上保证了工农劳动人民当家做主的权利，而且采取措施从多方面保障这些权利的实现。如选举经费由国库开支，会场由政府筹备布置，对妨害民主、破坏选举的人予以法律制裁。为了保证工人阶级在政权中的领导地位，在代表成分中，工人比其他劳动者有更为优越的权利。

选出的代表，如果违背选民的托付或违法时，乡（市）苏维埃可通过全体代表会议决定将其"开除"，选民也可以"召回代表"。

（2）监察制度

工农民主政权，是属于人民代表大会制意义上的政权，各级政权均受同级苏维埃代表大会和上级苏维埃政权的监督。除此以外，还设有专门机构——工农检察委员会进行监督。

工农民主政权监察机关是在中央、省、县和区设立的工农检察委员会，由同级苏维埃代表大会产生，受同级苏维埃主席团和上级工农检察委员会双重领导，并与中国共产党的监督委员会密切联系。

工农检察委员会的任务，是监督国家机关和企业等单位的工作人员，使其站在人民的立场，正确执行政府的政策、法令。它是行政执法部门，有权处罚或建议撤销机关或企业工作人员，对违法犯罪案件则交司法机关处理。

（3）司法制度

工农民主政权设有中央、省、县和区四级审判机关，在军队设有军事裁判所。

中央政权在中央执行委员会下设最高法院，其前身是"临时最高法庭"。最高法院设有院长、副院长和委员会等机构。下设刑事、民事、军事法庭。最高法院院长、副院长均由中央执行委员会主席团委任。最高法院的职权是：解释一般法律；审判上诉、抗诉案件；审查省裁判部及高级军事裁判所的判决书和决议；审理重大政治案件及高级机关职员犯罪案件。

在地方设省、县和区（市）三级裁判部。各级裁判部受同级政权主席团和上级审判部门的双重领导。各级裁判部由部长、副部长、裁判员、检察员、文书等组成。省、县级还可设秘书和巡视员。各级裁判部均设有裁判委员会，下设民事、刑事法庭。市裁判部还可设劳动法庭。各级裁判部均设有看守所，部分县、省裁判部还设置了感化院。

审判权与司法行政权，在地方采取合一制，在中央采取分立制，分别由最高法院和司法委员部行使。各级裁判部，根据犯罪分子罪恶的大小，可以分别裁定警告、罚款、没收财产、强迫劳动、监禁、枪决等处罚。

军事裁判所分初级、高级两级，隶属关系类似地方各级裁判部。

检察工作采取"审检合一"制，检察机关虽附设在审判机关内，但却是独立行使职权。负有管理预审的职能，行使检察、传讯、逮捕之权力。但是，对反革命案件的逮捕、预审和公诉，则由国家政治保卫局（分局）负责。

工农民主政权在建立各级司法机关的同时，还制定了一整套审判制度和原则。如公开审判、巡回法庭、审判中的合议与陪审、回避与辩护、上诉与审批、两审终审制等制度和重证据不轻信口供的原则。这些比较完整的司法制度和原则，是人民司法工作的一个良好开端，为后来中华人民共和国的法制建设提供了宝贵的实践经验。

（二）抗日战争时期

1. 抗日民主政权的建立

中国共产党自成立起，为了争取国家的独立和统一，一直进行着反帝反封建的斗争。1931年"九·一八"事变后，日本帝国主义加快了侵略中国的步伐，企图灭亡中国和奴役中国人民。中国人民与帝国主义的矛盾突出地表现为与日本帝国主义的矛盾，中国人民与日本帝国主义的斗争是一场关系到中华民族生死存亡的斗争。为了挽救中华民族和将日本侵略者驱赶出中华大地，1935年以后抗日民族统一战线逐渐形成，1937年开始实现第二次国共合作，由国民党和共产党共同组织领导抗日统一战线，进行抗日战争。

国民党政府内部对抗日态度不一，尤其蒋介石集团企图乘机消灭共产党，面对强敌在正面战场上节节败退。为此，中国共产党拟订了抗日救国十大纲领，作为中国共产党领导全国人民争取抗日战争胜利、反对蒋介石集团反动政策的指导方针。毛泽东进一步指出："在完全的民族革命战争或全面抗战中，必须执行共产党提出的抗日救国十大纲领，必须有一个完全执行这个纲领的政府和军队"。① 由于"国民党对待民众的一套，还是十年来的一套，从政府机构，军队制度，民众政策，到财政、经济、教育等项政策，大体上都

---

① 毛泽东：《上海太原失陷以后抗日战争的形势和任务》（1937年11月12日），《毛泽东选集》第2卷，人民出版社1991年版，第388页。

还是十年来的一套,没有起变化。……过去的一套仅适用于对外妥协和对内镇压革命",① 所以执行这个纲领的政府和军队只能是中国共产党在抗日根据地建立起来的抗日民主政权和中国共产党领导的八路军、新四军。

在14年抗日战争中,中国人民在中国共产党的领导下依靠自己的军队,从敌人手中夺回大片国土,先后建立了除陕甘宁边区以外的14个敌后抗日根据地,建立了24个行署、104个专员公署、687个县政府。抗日根据地民主政权的建立,有效地配合了中国共产党去动员和组织根据地的人民群众积极参加抗日军队,支持抗日战争。

抗日战争是全民族的抗日战争,工人、农民、小资产阶级、民族资产阶级和开明绅士都是反对日本帝国主义侵略的力量。抗日民主政权是抗日民族统一战线的政权,是以工人阶级(通过共产党)为领导、以工农联盟为基础、团结一切拥护抗日的人们,对汉奸和反动派实行专政的政权。它的任务是"反对日本帝国主义,保护抗日的人民,调节各抗日阶层的利益,改良工农的生活和镇压汉奸、反动派"。② 抗日民主政权除具有人民民主专政的基本特点外,还有以下特点:

(1)政权机关人员配置的"三三制"。这是指在抗日根据地的政权机关的人员配置上,"共产党员占三分之一,他们代表无产阶级和贫农;左派进步分子占三分之一,他们代表小资产阶级;中间分子及其他分子占三分之一,他们代表中等资产阶级和开明绅士"。③ 这是抗日民族统一战线在政权上的具体表现。它有利于团结一切可以团结的力量,用鲜明的对比去推动国民党统治区的民主和抗日。

(2)各解放区的抗日民主政权,是"地方性的联合政府"。④ 它是在中国共产党的绝对领导下,由人民选举的共产党人和抗日的民主党派及无党派的代表人物合作的政府。由于国共合作与全民族抗战,国民党的中华民国国民政府还是对外代表中国的合法政府。抗日民主政权,则是共产党领导的在中华民国内的由人民当家做主的地方政权,虽然自主权很大,但应当接受中央

---

① 毛泽东:《国共合作成立后的迫切任务》(1937年9月29日),《毛泽东选集》第2卷,第366—367页。
② 毛泽东:《抗日根据地的政权问题》(1940年3月6日),《毛泽东选集》第2卷,第743页。
③ 毛泽东:《目前抗日统一战线中的策略问题》(1940年3月11日),《毛泽东选集》第2卷,第750页。
④ 毛泽东:《论联合政府》(1945年4月24日),《毛泽东选集》第3卷,人民出版社1991年版,第1044页。

政权的统一安排。

2. 抗日民主政权的机构

(1) 权力机关

抗日民主政权的权力机关，是解放区的各级参议会。参议会一般有边区（省）、县和乡三级（个别的名称不称参议会）。

参议会（县议会、村民代表会等），是根据地人民根据自己的意志，用普遍、平等、直接和无记名的方法选出的参议员（议员、代表等）组成的。对不称职的参议员，人民有权撤换。参议员除民选外，也有经政府聘请的知名人士担任专职参议员，但其名额不得超过议员总数的十分之一。各级参议会全权处理辖区内事务。

如陕甘宁边区参议会，其职权是：①选举、罢免边区政府正副主席、委员及高等法院院长，监督政府司法机关公务人员；②制定边区单行法规，批准关于民政、财政、粮食、建设、教育及地方军事等各项计划；③通过边区政府提出的预算、审查决算、决定税收和公债发行；④议决边区应兴应革之重要事项和其他机关团体提请审议事项；⑤督促检查政府执行参议会决议的情况；⑤追认闭会期间常驻会、边区政府主席或政府委员会关于紧急措置之重要事项。

县以上的各级参议会，由参议员选举正副议长主持全会工作。基层的权力机关略有不同，如有的不设议长而设主席团。边区一级权力机关，设有由参议员组成的参议会常驻机构。县级有设常驻机构的，也有设常驻人员的。常驻机构（人员）除处理参议会闭会期间的日常事务外，还有一些类似参议会的权力。

(2) 行政机关

抗日民主政权的各级行政机关，包括由各级权力机关选出的各级政府及县级以上政府在一定区域内设立的代表机关或辅助机关。

边区政府（由于各地的机关设置名称不一样，这里只采用最普遍的名称，下同）。以陕甘宁边区政府为例，它是由边区参议会选举13人组成政府委员会，并在委员中选举正副主席各1人。主席对外代表政府，对内主持日常工作并执行部分委员会职权。委员会的职权是：执行边区参议会的决议及政府委托事项；在职权范围内制定边区单行条例及规程；关于边区预决算事项；任免所属行政人员；咨调地方部队及督促所属军警绥靖地方；停止或撤销所属机关的不当命令或措施；它认为应由其讨论决定的事项。边区政府下设秘书处、民政厅、财政厅、教育厅、建设厅、保安司令部、保安处、审计处及各种专管机关和高等法院等部门。

边区以下设行署。有两种边区行署。一种是作为一级政权机关的行署，其组织机构、职能同边区政府基本一致。另一种是边区政府的派出机构，在边区政府的命令委托下行使略为有限的职权。

行政督察专员公署（专署）。它是边区一级政府的代表机关，依据边区政府命令和指示指导督察所辖各县（市）政务及上级政府驻该区的附属机关。

县政府。它的产生、组织机构、职权范围基本与边区政府相同。

区公所（署）。它是县（市）政府执行政务的协助机关，在县政府领导下传达上级政策法令及向上级报告执行情况，计划督导各乡各方面建设事项以及组织人民自卫武装。

乡级行政机关。其产生、组织机构、职能范围与县政府相同。乡及其下属村政权是抗日民主政权的基础，各种政策方针政令，都要通过它们来具体执行。中国共产党和抗日民主政权对此极为重视，人民也会选举自己所信任的人来掌管乡、村政权。

3. 选举和司法制度

（1）选举制度

毛泽东指出："抗日统一战线政权的选举政策，应是凡满十八岁的赞成抗日和民主的中国人，不分阶级、民族、男女、信仰、党派、文化程度，均有选举权和被选举权。抗日统一战线政权的产生，应经过人民选举。其组织形式，应是民主集中制。"[1] 因此，各根据地都制定了以普遍、直接、平等、无记名投票为原则的选举制度。

在选举资格方面，《陕甘宁边区各级参议会选举条例》规定：凡居住边区境内人民，年满十八岁，不分阶级、党派、职业、男女、宗教、民族、财产及文化程度之差别，均有选举权和被选举权。[2] 只有犯罪分子和依法剥夺公民权的人、有"神经病"的人，才没有选举权和被选举权。这充分体现了选举权和被选举权的普遍性与平等性。

各级参议会的参议员，由选民直接选举产生。边区参议员的选举以县为选举单位，县参议员以乡为单位（晋察冀边区以区为单位），乡参议员以居民（公民）小组为单位。晋察冀边区的选举制度，更为明确地规定给予沦陷

---

[1] 毛泽东：《抗日根据地的政权问题》（1940年3月6日），《毛泽东选集》第2卷，第743页。

[2] 中国人民公安大学法律系国家法教研室编：《宪法参考资料选编》（内部资料，第一辑，1984年），第66页。

区和少数民族平等的参议员名额。边区、县还设有候补参议员，以得票次多者当选，其名额总数不得超过正式参议员的三分之一。参议员候选人名单，可由各抗日党派、群众团体、部队、学校、工厂提出，也可由50人以上的公民自由组合提出，但须经选举机关审查登记才有效。候选人在不妨害选举秩序前提下，可以自由竞选。

选举由选举委员会办理。晋察冀边区选举委员会，由边区参议会驻会参议员办事处和边区行政委员会从社会各界的权威人士中聘请。县选举委员会由政府和群众团体的代表组成。村选举委员会由村政权和群众团体加上1名抗日士绅代表组成。各种特定机关，自己组织特种选举委员会。选举委员会的职能是：办理公民登记和进行选举动员；审查选民资格；监督选举；检举选举中的违法事项；其他有关选举事项。选举方式，县级以上机关采用无记名投票选举。基层选举，由于农民识字的少，故采取举手表决等简便方式。参议员的当选不以籍贯为限，但村代表则必须以所住的闾为限（闾是晋察冀边区的村公所下划分的，相当于自然村的行政单位）。

（2）司法制度

司法机关设置。边区设高等法院，县设地方法院或司法处。法院院长由同级参议会选举产生，受同级政府领导，独立行使司法权。边区高等法院内设民事法庭、刑事法庭、书记室、总务科（司法行政科）、看守所以及检察处（检察官）。地方法院（司法处）设推事若干人，书记官长1人及书记官若干人，以推事1人兼院长，推事负责审判案件（司法处则设审判官1至2人、书记官若干人）。地方法院（司法处）可设看守所和监狱。检察机关设在审判机关之内而独立行使职权，其职权是实施侦查、提起公诉及监督刑事判决之执行等。

审判制度和原则主要有：①审判权由司法机关行使，逮捕、审问、处罚由公安机关和司法机关依法进行（逮捕现行犯除外）；②公开审判，公开宣判；③重证据不轻信口供，禁止虐待犯人；④注重人民调解原则；⑤民事诉讼不收取费用；一般民刑案件必须在30天内判决；⑥组织巡回法庭或就地审理案件，必要时组织民众法庭；⑦上诉与审批制度；⑧对于犯罪分子，在保证人民利益的前提下，实行惩办与教育相结合的方针，使可挽救的人改邪归正。

（三）解放战争时期

1. 解放区政权的性质

中国人民在抗日统一战线的领导下，经过14年的艰苦奋战，终于取得了抗日战争的胜利。经历多年战争的中国人民普遍希望实现和平,以便重建家园、恢复生产,同时要求实现民族独立、政治民主,农民要求得到土地。然而,靠内战起家的蒋介石国民党反动派不顾全国人民和平民主的正义要求,再一次想把全国人民推入内战和破产的深渊。中国共产党为了人民的利益,力争和平,坚决反对内战。

1945年8月28日,毛泽东亲赴重庆与蒋介石谈判,双方于10月10日公布了许多关于保障国内和平办法的协议。1946年国共两党与几个民主党派又达成一个和平建国的协议。共产党的态度很明确:"如果国民党愿意和平,并且愿意在和平的条件下进行改革,这是有利于人民的,是我们所力争的。但是我们知道,和平的愿望能否实现,却不取决于我们,而取决于当时的统治阶级。如果国民党反动派一定要把战争强加在人民头上,那末,我们也作了充分准备,能够动员人民的力量击败他们,使战争的发动者自食其果。"[①]这表明中国共产党是中国人民利益忠实的代表者和维护者。

国共谈判是一种针锋相对的斗争。国民党反动派玩弄和平阴谋,在美帝国主义支持下完成军事部署后,便彻底撕毁了停战协议和政治协商会议的决议,于1946年6月底挑起了全面内战。中国人民解放军在广大人民的支持下,从1946年7月到1947年7月用了大约一年的时间就击退了数百万国民党反动军队的进攻,并使自己由防御转入进攻。此后不久,人民解放军便转入全面进攻。战争主要在国统区进行,在解放区的人、财、物的支援下,大约用了3年的时间,便把蒋介石"王朝"推翻,建立了中华人民共和国。

解放战争时期解放区的人民民主政权,是在抗日民主政权的基础上,在新的历史条件下进一步发展。新民主主义革命已进入了要在全国范围内推翻三大敌人(帝国主义、国民党反动派及其所代表的官僚资产阶级和地主阶级)的统治和建立人民自己国家的阶段,民主政权必须围绕着在军事上打败国民党反动派这一中心任务,完成支援和保证战争的政治、经济、文化建设等任务。为此,民主政权的性质有所发展,是工人阶级(通过共产党)领导的人民大众"包括工人阶级、农民阶级、城市小资产阶级、被帝国主义和国民党反动政权及其所代表的官僚资产阶级(大资产阶级)和地主阶级所压迫和损害的民族资产阶级,而以工人、农民(兵士主要是穿军服的农民)和其他劳动人民为主体"[②]的新民主主义的人民民主政权,反对"外国帝国主义、

---

① 《刘少奇选集》(下卷),人民出版社1985年版,第204—205页。
② 毛泽东:《关于目前党的政策中的几个重要问题》(1948年1月18日),《毛泽东选集》第4卷,第1272页。

本国国民党反动派及其所代表的官僚资产阶级和地主阶级"。①

2. 1945 年 8 月到 1946 年 6 月解放区的人民政权

1945 年 8 月到 1946 年 6 月,是中国共产党和人民大众争取和平改革社会的阶段,人民民主政权基本上与抗日战争时期相同。为了适应战后环境,恢复受到严重破坏的生产和处理战争所遗留的问题,政权也有相应变化。如晋察冀边区在政府机构设置上,规定各级政府成立"生产委员会",设立"战犯调查委员会",所属专区、县、市均成立"城镇建设委员会""禁烟督察局"等等。

3. 1946 年 6 月到 1949 年 10 月解放区的人民政权

1946 年 6 月到 1949 年 10 月,是中国共产党领导人民武装夺取全国政权的阶段。随着解放战争的不断胜利,解放区的不断扩大和大中城市的解放,解放区政权发展也出现了许多新的问题。

(1) 大行政区

随着解放区的扩大,在解放区政权建设发展的基础上,先后成立了几个大行政区（东北解放区、华北解放区、陕甘宁边区即西北解放区以及中原解放区）,建立了大行政区的人民政权机关。这些大行政区的政制大体相同,现以华北解放区为例加以说明。

华北解放区是由于战争形势的发展,根据中共中央和毛泽东的指示由晋察冀和晋冀鲁两边区合并而成。1948 年 8 月 8 日至 19 日,华北临时人民代表大会在石家庄召开,产生了华北人民政府。华北人民政府由 27 名政府委员组成,设主席 1 人、副主席 3 人。设民政、教育、财政、工商、农业、公营企业、交通、卫生、公安、司法等十部,设财政经济、水利和法制三个委员会,设华北人民法院、人民监察院、劳动局、外事处、华北银行及秘书厅等工作部门,后增设华北文化艺术工作委员会、华北高等教育委员会。1949 年 2 月随着平津战役的胜利结束,华北人民政府迁驻北平。

华北人民政府成立后一年多的工作,对支援战争、恢复和发展生产都作出了很大贡献,为后来中央国家机关的建设奠定了良好基础。1949 年 10 月 27 日,华北人民政府宣告结束,所辖五省二市直属中央,所属工作部门工作分别移交中央人民政府各有关机关。

(2) 内蒙古自治区

早在抗战时期,中国共产党领导人民军队就在内蒙古地区建立了大青山

---

① 毛泽东:《关于目前党的政策中的几个重要问题》(1948 年 1 月 18 日),《毛泽东选集》第 4 卷,第 1272 页。

革命根据地。抗战胜利后，各盟建立了各级人民政权。1947年4月23日至29日，在王爷庙召开的内蒙古人民代表会议，成立了内蒙古自治政府。

内蒙古自治政府是内蒙古地区蒙古族联合境内各民族，实行高度区域性自治的地方民主联合政府，是在中国共产党领导下的包括工人、农民、牧民、知识界、宗教界以及牧主和过去的王公在内的极其广泛的人民民主统一战线政权，是中国人民民主政权的组成部分。

内蒙古自治区最高权力机关是内蒙古临时参议会。首届临时参议会由内蒙古人民代表会议选举组成。内蒙古自治政府是自治区最高行政机关，由临时参议会选举正副主席及委员组成。内蒙古自治政府设有办公厅、民政、军事、财政经济、文化教育及公安等部门及民族委员会、参事厅等工作部门。

自治区以下设四级政权：①盟；②县、旗、市；③努图克（农业区）或苏木（牧业区）；④嘎查或巴格（农业区的行政村和牧业区的行政村）。各级政府均由同级代表会选举产生。盟、旗、县和市政府选出后，由自治区政府加委；努图克、苏木以下各级政府选出后，由所属旗县政府加委。

内蒙古自治区的成立，是内蒙古人民在中国共产党领导下取得的具有伟大历史意义的胜利，也是中国共产党根据马克思列宁主义关于民族问题的理论结合中国具体情况解决民族自治问题的伟大胜利。内蒙古自治区建立的经验与成就，证明了民族区域自治是解决中国民族问题的最好形式，因而在后来的"共同纲领"及中华人民共和国成立后的宪法中把民族区域自治的政策进一步明确规定下来。

（3）军事管制机关

随着许多大中城市的解放，对城市的管理就成为人民民主政权建设中的一个新问题。中共中央结合各地接管城市的经验，决定在解放之初的城市管理一律采用军事管制制度，以便迅速肃清残余反动势力，维持革命秩序，保障人民生命财产的安全。实行军事管制的城市，设立军事管制委员会（简称军管会）。军管会在中国人民解放军总部或军区以及前线司令部的领导下，作为该管区内军管时期统一的军政最高领导机关，它是在城市最初实行人民民主专政的组织形式。

军管会的组织机构各地略有不同，兹以北平为例。北平军管会设正副主任各1人，由解放军总部任命。军管会下设：警备司令部（兼防空司令部）、纠察总队部、市政府、物资接管委员会和文化接管委员会。此外还设秘书长，秘书长下设秘书、行政两个处及供给部，负责处理军管会对内对外一切日常工作及联络供给事项。

军管会的主要任务是：迅速肃清残余反动势力，接收和管理一切公共财产并没收应该没收的官僚资本，保障一切中国人民及守法外国侨民的生命、财产和其他合法权利，恢复与建立正常的社会秩序，沟通与建立城乡经济关系，保证城市的物资供应，帮助建立系统的人民民主政权机关，必要时发布临时法令和戒严令。军管会完成这些任务后，报经上级批准后，即行撤销，将一切行政权力移交市人民政府和警备司令部。

军管会的建立和军事管制的施行，对镇压敌人、保护人民、安定社会秩序起了很大的作用，后来还载入"共同纲领"，并在全国解放后还保留了一段时期。

（4）新解放区的政权建设

这主要是指人民代表大会制度由低级到高级的发展过程。在农村中是由贫农团和农会过渡到人民代表会议，即在土改中以贫农团为骨干组织的农会作为临时性的基层政权，并在此基础上正式建立起区、村（乡）两级人民代表会议。在城市中，各地试行过几种形式和办法，如召开各行业或各界座谈会，成立临时参议会或组织各种群众团体作为政权的支柱。1948年11月，中共中央总结了各地的实践经验，决定在军事管制时期，应以各界代表会议作为党和政权联系群众的形式。实践证明，由各界人民代表会议向人民代表大会过渡的办法，是新解放区政权建设的有效途径。

三　社会主义阶段

中华人民共和国是工人阶级领导的、以工农联盟为基础的人民民主专政的社会主义国家。社会主义制度是中华人民共和国的根本制度。中华人民共和国的一切权力属于人民，人民行使国家权力的机关是全国人民代表大会和地方各级人民代表大会。人民依照法律规定，通过各种途径和形式，管理国家事务，管理经济与文化事业，管理社会事务。

人民民主专政是中华人民共和国政权的性质，即国体。人民代表大会是中华人民共和国政权的组织形式，即政体。国体和政体是任何政权不可或缺的两个方面。人民民主专政制度和人民代表大会制度是中国根本政治制度，决定并制约着其他一切政治制度。

马克思列宁主义认为，无产阶级在夺取政权以后，必须建立无产阶级专政,但是无产阶级专政采取什么形式要根据各国具体国情而定。人民民主专政思想由毛泽东提出。作为毛泽东思想的重要内容,它是马克思列宁主义关于无产阶级专政学说在中国的继承与发展。

什么是人民民主专政?毛泽东说:"中国人民在几十年中积累起来的一切经验,都叫我们实行人民民主专政,或曰人民民主独裁,总之是一样,就是剥夺反对派的发言权,只让人民有发言权。"①

人民与反动派是谁?毛泽东说:"人民是什么?在中国,在现阶段,是工人阶级,农民阶级,城市小资产阶级和民族资产阶级。这些阶级在工人阶级和共产党的领导之下,团结起来,组成自己的国家,选举自己的政府,向着帝国主义的走狗即地主阶级和官僚资产阶级以及代表这些阶级的国民党反动派及其帮凶们实行专政,实行独裁,压迫这些人,只许他们规规矩矩,不许他们乱说乱动。如要乱说乱动,立即取缔,予以制裁。对于人民内部,则实行民主制度,人民有言论集会结社等项的自由权。选举权,只给人民,不给反对派。这两方面,对人民内部的民主方面和对反对派的专政方面,互相结合起来,就是人民民主专政。"② 之所以主张人民民主专政,取决于当时的国际国内形势,"为什么理由要这样做?大家很清楚。不这样,革命就要失败,人民就要遭殃,国家就要灭亡。"③

人民民主专政的基础是什么?毛泽东说:"人民民主专政的基础是工人阶级、农民阶级和城市小资产阶级的联盟,而主要是工人和农民的联盟,因为这两个阶级占了中国人口的百分之八十到九十。推翻帝国主义和国民党反动派,主要是这两个阶级的力量。由新民主主义到社会主义,主要依靠着两个阶级的联盟。"④ 其中,工人阶级是领导阶级。毛泽东说:"人民民主专政需要工人阶级的领导。因为只有工人阶级最有远见,大公无私,最富于革命的彻底性。整个革命历史证明,没有工人阶级的领导,革命就要失败,有了工人阶级的领导,革命就胜利了。在帝国主义时代,任何国家的任何别的阶级,都不能领导任何真正的革命达到胜利。中国的小资产阶级和民族资产阶级曾

---

① 毛泽东:《论人民民主专政》(1949年6月30日),《毛泽东选集》第4卷,第1475页。
② 毛泽东:《论人民民主专政》(1949年6月30日),《毛泽东选集》第4卷,第1475页。
③ 毛泽东:《论人民民主专政》(1949年6月30日),《毛泽东选集》第4卷,第1475页。
④ 毛泽东:《论人民民主专政》(1949年6月30日),《毛泽东选集》第4卷,第1478—1479页。

经多次领导过革命,都失败了,就是明证。"①

人民民主不意味着人民什么都可以做,人民必须遵守国家法律。毛泽东说:"人民犯了法,也要受处罚,也要坐班房,也有死刑,但这是若干个别的情形,和对于反动阶级当作一个阶级专政来说,有原则的区别。"② 前者属人民内部矛盾,后者则是敌我矛盾。

人民专政不意味着不给反动阶级出路,而是通过劳动把他们改造成为自食其力的社会主义新人,成为人民的一部分。毛泽东说:"对于反动阶级和反对派的人们,在他们的政权被推翻以后,只要他们不造反,不破坏,不捣乱,也给土地,给工作,让他们活下去,让他们在劳动中改造自己,成为新人。"③ 对反动阶级消灭的,是他们的精神,不是他们的肉体,"这种对于反动阶级的改造工作,只有共产党领导的人民民主专政的国家才能做到。"④

经过社会主义改造,与人民对立的剥削阶级作为阶级已经消灭,但是阶级斗争还将在一定范围内长期存在,这是国家本质决定的。中国人民将坚决打击敌视和破坏社会主义制度的国内外敌人。现阶段,凡是没有被剥夺政治权利的中国公民都属于人民。其中,工人、农民和知识分子是人民的主体,是社会主义建设事业主要依靠力量。在长期的革命和建设过程中,已经结成由中国共产党领导的,有各民主党派和各人民团体参加的,包括全体社会主义劳动者、社会主义事业的建设者、拥护社会主义的爱国者和拥护祖国统一的爱国者的广泛的爱国统一战线。爱国统一战线作为人民的表现形式,是现阶段中国人民民主专政的基础,要不断加以巩固和完善。

中华人民共和国政治制度的建立和发展,走过了一段不平凡的历程,可分为四个阶段:(1)逐步确立阶段(1949年9月—1954年9月);(2)曲折发展阶段(1954年9月—1966年5月);(3)艰难探索阶段(1966年5月—1976年10月);(4)恢复、改革阶段(1976年10月—)⑤ 这四个阶段

---

① 毛泽东:《论人民民主专政》(1949年6月30日),《毛泽东选集》第4卷,第1479页。

② 毛泽东:《论人民民主专政》(1949年6月30日),《毛泽东选集》第4卷,第1476页。

③ 毛泽东:《论人民民主专政》(1949年6月30日),《毛泽东选集》第4卷,第1476页。

④ 毛泽东:《论人民民主专政》(1949年6月30日),《毛泽东选集》第4卷,第1477页。

⑤ 浦兴祖主编:《中华人民共和国政治制度》,上海人民出版社2005年版,第11—18页。

的划分，符合中国政治制度发展的历史事实，得到了学界广泛认可。

（一）共同纲领时期（1949年9月—1954年9月）

中华人民共和国即将成立时，中国共产党和全国人民面临着严重的暂时困难，面临着严峻的考验。在军事上，还有相当数量的国民党反动派军队盘踞在西南、华南几个省份和台湾等沿海岛屿负隅顽抗。新解放区的土地改革尚未进行，封建地主阶级没有完全被打倒。在财政经济方面也极为困难，由于帝国主义的长期侵略与掠夺，国民党反动派的腐朽统治，加上长期战乱摧残，工农业生产受到极大的破坏，经济秩序混乱，人民生活受到严重影响。新中国要继续将人民解放战争进行到底并彻底完成新民主主义革命的任务，迅速恢复和发展国民经济，在全国范围内建立和健全新民主主义的政治制度和经济制度，为有计划的社会主义改造和大规模的社会主义建设创造条件。召集新的政治协商会议和成立民主联合政府已经提上议事日程，中国共产党为召开新政治协商会议进行了积极筹备。

1949年9月21日至30日，中国人民政治协商会议第一次全体会议在北平（现北京）召开。中国共产党、各民主党派、各人民团体、人民解放军、各地区、各民族、海外华侨和其他爱国民主人士的代表与特邀代表共662人参加了会议。毛泽东说："我们的会议之所以称为政治协商会议，是因为三年以前我们曾和蒋介石国民党一道开过一次政治协商会议。那次会议的结果是被蒋介石国民党及其帮凶们破坏了，但是已在人民中留下了不可磨灭的印象。那次会议证明，和帝国主义的走狗蒋介石国民党及其帮凶们一道，是不能解决任何有利于人民的任务的。即使勉强地做了决议也是无益的，一待时机成熟他们就要撕毁一切决议，并以残酷的战争反对人民。那次会议唯一收获是给了人民以深刻的教育，使人民懂得：和帝国主义的走狗蒋介石国民党及其帮凶们决无妥协的余地，或者是推翻这些敌人，或者是被这些敌人所屠杀和压迫，二者必居其一，其他的道路是没有的。中国人民在中国共产党的领导之下，在三年多的时间内，很快地觉悟起来，并且把自己组织起来，形成了全国规模的反对帝国主义、封建主义、官僚资本主义及其集中的代表者国民党反动政府的统一战线，援助人民解放战争，基本上打倒了国民党反动政府，推翻了帝国主义在中国的统治，恢复了政治协商会议。现在的中国人民政治协商会议是在完全新的基础之上召开的，它具有代表全国人民的性质，它获得全国人民的信任和拥护。因此，中国人民政治协商会议宣布自己执行全国人民代表大会的职权。中国人民政治协商会议在自己的议程中将要制定中国人民政治协商会议的组织法,制定中华人民共和国中央人民政府的组织法,制定中国人民政治协商会议的共同纲领,选举中国人民政治协商会议的全国委员会,选举中华人民共和国中央人民政府委员会,制定中华人民共和国的国旗和国徽,决定中华人民共和国国都的所在地以及采取和世界大多数国家一样的年号"[①]。

这次会议通过了起临时宪法作用的《共同纲领》《中央人民政府组织法》和《中国人民政治协商会议组织法》,初步确定了人民民主专政制度、人民代表大会制度、行政制度、司法制度、军事制度、民族区域自治制度、选举制度、政治协商制度等新中国的基本政治制度。限于当时历史条件,有些制度难以立即实施,《共同纲领》便规定了一些过渡性措施。如普选产生的全国人民代表大会召开之前,由中国人民政治协商会议全体会议执行全国人民代表大会的职权;普选产生的地方人民代表大会召开以前,由地方各界人民代表会议代行地方人民代表大会的职权。这些基本政治制度和过渡性措施,在中华人民共和国成立初期对巩固人民民主专政的政权发挥了重要作用,为1954年宪法正式确立国家系统的政治制度积累了宝贵经验。

(二)"五四宪法"时期(1954年9月—1966年5月)

从中华人民共和国成立到1956年基本完成社会主义改造,中国实现了从半殖民地半封建社会到民族独立、人民当家作主的新社会,从新民主主义到社会主义的两个历史性转变。

中华人民共和国成立后的头三年,中国共产党领导全国各族人民,一边肃清国民党反动派在大陆的残余武装力量,剿匪反霸,镇压反革命,召开地方各级人民代表会议,建立各级人民政权,健全人民民主专政的国家制度;一边接收帝国主义在华资产,没收官僚资本企业归国家所有,完成新解放区的土地制度改革,发展新民主主义经济。在此期间,还进行了抗美援朝战争(1950年7月—1953年7月)。到1952年底,全国工农业生产达到历史最高水平,全面恢复了遭到严重破坏的国民经济,为开展有计划的经济建设和社会主义改造准备了条件。

1953年,中国共产党根据国内经济、政治条件和国际形势的变化,正式提出党在过渡时期的总路线,采取社会主义工业化和社会主义改造同时并举

[①] 毛泽东:《中国人从此站起来了》(1949年9月21日),《毛泽东文集》第5卷,人民出版社1996年版,第342—343页。这是毛泽东在中国人民政治协商会议第一届全体会议上的开幕词。

的方针,动员全党全国人民为实现总路线规定的任务而奋斗。这条总路线符合当时中国社会发展的要求,反映了历史的必然性。以过渡时期总路线为指针,中国开始实现有计划的经济建设和对生产资料私有制的社会主义改造,同时加强社会主义民主与法制建设,确立人民代表大会制度这一根本政治制度,制定和实施《中华人民共和国宪法》,推进教育科学文化建设和国防现代化建设。在此期间,新中国坚持独立自主原则,奉行和平外交方针,初步争取到一个有利于建设的国际和平环境。到1956年,中国执行第一个五年计划的工业建设进展顺利,对农业、手工业和资本主义工商业的社会主义改造基本完成,社会主义基本制度在中国已经建立起来。这是中国历史上最深刻的社会变革。新民主主义革命的胜利,社会主义基本制度的建立,为当代中国的一切发展进步奠定了根本政治前提和制度基础。

1954年9月15日至28日,基于普选产生的第一届全国人民代表大会第一次全体会议在北京召开。会议制定了《中华人民共和国宪法》《全国人民代表大会组织法》《地方各级人民代表大会和各级人民政府组织法》《国务院组织法》《人民法院组织法》和《人民检察院组织法》。它们是在总结了中国革命根据地政权建设经验,特别是中华人民共和国成立以来政权建设经验,并吸取了其他社会主义国家政权建设经验而制定的,从而正式确立了中国政治制度的基本框架。

1954年宪法是中华人民共和国宪政史上第一部社会主义类型的宪法,是国家的根本大法。用宪法和法律保障公民权利、规范国家权力和管理社会事务,使国家权力在宪法和法律规定的范围内活动,是民主政治的基本要求和实现民主法治的必要条件,也是国家长治久安和人民安居乐业的根本保证。因此,五四宪法以及五个组织法的颁布实施是中国民主法治建设的良好开端。但是在以后的社会发展中,由于各种因素的干扰,宪法和法律并没有很好地贯彻执行,法制建设历程坎坷曲折。

五四宪法颁布以来的最初两年多时间里,宪法规定的基本政治制度总体运行正常。各级人民代表大会定期召开会议,就国家或本地区的重大事项作出决议,认真听取并审议各级政府、法院和检察院的工作报告以及各级国民经济计划和财政预决算报告。全国人大及其常委会工作成效显著,先后制定了十几个法律和法令,批准了国务院制定的一批行政法规,还积极开展刑法、民法等基本法律的起草工作。中国政治制度在社会实践中进一步具体化。例如,全国人大及其常委会,国务院及其各部委,法院和检察院,政协全国委员会等各机构根据实际情况,建立了若干工作程序和工作细则。

在 1956 年中共八大前后,党和国家的许多领导人还提出了政治体制改革的一些设想。例如,毛泽东说:"中央和地方的关系也是一个矛盾。解决这个矛盾,目前要注意的是,应当在巩固中央统一领导的前提下,扩大一点地方的权力,给地方更多的独立性,让地方办更多的事情。这对于我们建设强大的社会主义国家比较有利。我们的国家这样大,人口这样多,情况这样复杂,有中央和地方两个积极性,比只有一个积极性好得多"①。这些设想有:中央下放权力,地方扩大权力;精简党政机构;完善党内民主制度,反对个人崇拜和个人专断;加强人民民主和法制建设;正确处理党政关系;健全人民代表大会制度;修改宪法,实行国家主席任期制;等等。这些设想虽不全面,但已经触及一些根本性问题。有的很快付诸行动,如精简机构,更多的则未能落实,并在后来的政治形势下夭折了。

1957 年 4 月,中共中央决定"在全党重新进行一次普遍的、深入的反官僚主义、反宗派主义、反主观主义的整风运动,提高全党的马克思主义的思想水平,改进作风,以适应社会主义改造和社会主义建设的需要"②。中共中央还发动群众提出批评建议,帮助整顿党风。由于"极少数资产阶级右派分子乘机鼓吹所谓'大鸣大放',向党和新生的社会主义制度放肆地发动进攻,妄图取代共产党的领导"③,引起了中共中央高度警惕,引发了一场严重扩大化的反右斗争。斗争的结果令人忧郁,不但大批知识分子、爱国人士和党的干部受到不公正地批判打击,而且党的指导思想明显地出现"左"的错误倾向,阶级斗争重新被提到中国社会主要矛盾的地位。在"捍卫党的领导"和"捍卫社会主义制度"的口号下,政治体制成了雷区和禁区,不但掩盖了现有政治体制高度集权的弊端,而且进一步强化了集权化的趋势。党的一元化领导被理解为党政不分和以党代政,行政和司法不再向人大负责,而是直接对党负责。人大的地位和作用被忽视,立法工作几乎停顿,民主和法制建设遭受挫折。民主集中制淡化,个人专断和个人崇拜盛行,领导意志高于法律制度是工作中的常态。民主党派的政治地位明显下降,政治协商、参政议政的职能可有可无。

1958 年开展的"大跃进"和人民公社化运动,违背了客观经济规律,夸

---

① 毛泽东:《论十大关系》(1956 年 4 月 25 日),《毛泽东文集》第 7 卷,人民出版社 1999 年版,第 31 页。
② 《中国共产党中央委员会关于整风运动的指示》(1957 年 4 月 27 日),《建国以来重要文献选编》(第十册),中央文献出版社 1994 年版,第 222 页。
③ 《中共中央关于建国以来党的若干历史问题的决议》,人民出版社 1981 年版,第 18 页。

大了人的主观意志的作用,瞎指挥、浮夸风和共产风泛滥,加上当时的自然灾害和苏联政府的背信弃义,中国国民经济在1959年起发生了连续3年的严重困难。由此引出的60年代初对国民经济的大调整,也涉及了政治体制的某些方面。例如,重新强调正确处理党政关系,重视人大的作用,"各级人大工作有所回升"①;民主集中制有所恢复,一定程度上遏制了个人专断倾向;发挥多党合作功能,倡导各民主党派监督共产党执政;将50年代中后期下放过多的权力重新回收,同时开展新一轮精简机构;等等。这些调整措施,只是在一定程度上延缓了政治体制高度集权化的发展趋势,其固有弊端及产生根源并没有得到消除。

由于1960年代初复杂的国内外形势,毛泽东再次强调并发展了马克思主义的阶级斗争观点,提出阶级斗争要"年年讲,月月讲,天天讲",断言资产阶级企图复辟,党内会出修正主义。这种指导思想对当时的政治体制产生了一些不正常影响。党政不分、以党代政的体制进一步强化,权力高度集中化倾向日趋严重。行政体制和司法体制在一定程度上被扭曲。民主集中制难以落实,个人专断无法阻止。民主党派和人民团体的作用再次被忽视。

这段时期,中国共产党对什么是社会主义以及怎样建设社会主义的认识,虽然取得了初步的理论成果,但是"并没有完全搞清楚"②,对在中国这样一个幅员辽阔、人口众多、经济文化落后、地区发展很不平衡的大国建设社会主义的艰巨性和复杂性估计不足,在发展的道路上未能避免大的曲折。党在指导方针上有过严重失误并造成严重后果,当觉察失误后也进行了一些纠正但并未根本扭转不利的态势。因此,从五四宪法的颁布实施到1966年5月"文化大革命"爆发的十二年中,中国政治制度发展轨迹是"发展—挫折—又发展—又挫折"③。这种循环往复,使得中国政治制度一直没能走上正确的发展道路。

(三)"文化大革命"时期(1966年5月—1976年10月)

1966年5月16日,中共中央政治局扩大会议通过指导"文化大革命"的文件《中国共产党中央委员会通知》(即《五·一六通知》)。同年8月8

---

① 全国人大常委会办公厅研究室编:《全国人大及其常委会大事记(1954—1987年)》,法律出版社1987年版,第11页。
② 邓小平:《改革是中国发展生产力的必由之路》(1985年8月28日),《邓小平文选》第3卷,人民出版社1993年版,第137页。
③ 浦兴祖主编:《中华人民共和国政治制度》,上海人民出版社2005年版,第15页。

日，中共八届十一中全会又通过《关于无产阶级"文化大革命"的决定》（即《十六条》）。这两个纲领性文件的公布标志着"文化大革命"在中国的全面发动。这十年革命，后来被中共中央定性为"一场由领导者错误发动，被反革命集团利用，给党、国家和各族人民带来严重灾难的内乱"[①]。中国政治制度建设同样难逃厄运。

"文化大革命"一开始，党的高层集体领导体制就受到强烈冲击。1966年5月28日，中共中央设立中央文化革命小组（简称"中央'文化大革命'小组"），隶属于中共中央政治局常委会之下，直到1969年中共九大后才自动撤销。中央"文化大革命"小组很快就取代了中央政治局和书记处，民主集中制名存实亡。国家主席刘少奇惨遭迫害致死。全国人大及其常委会停止工作8年多。在"踢开党委闹革命"的口号下，地方与基层各级党组织纷纷瘫痪。地方各级人大、政府和司法机关被彻底砸烂，大批领导干部遭受迫害。取而代之的是"集党、政、军、审判、检察于一身"的革命委员会。[②] 从国务院的部委到基层企事业单位也都建立了革命委员会。各民主党派机关、各级政协机关被迫停止工作。

"文化大革命"中后期，尽管1969年中共九大和1973年中共十大相继召开，党政各级组织逐步恢复，1975年四届全国人大第一次会议经过艰难筹备终于举行，周恩来、邓小平先后主持党中央和国务院工作，在某些方面减缓了政治制度破坏程度，但并不能扭转高度集权的政治体制的大局。政治体制的弊端不仅没有解决，反而有了进一步发展。"文化大革命"中被扭曲的政治制度通过修改后的党章和宪法还取得了合法性。"文化大革命"十年是国家政治制度遭受严重挫折阶段。

（四）改革开放以来（1978年12月—）

1976年10月6日，以华国锋为首的中共中央审时度势，一举粉碎了"四人帮"，十年"文化大革命"至此结束，中国进入新的历史发展时期。此后的两年中，国家政治制度在徘徊中逐步恢复。从1975年3月四届全国人大二次会议结束时全国人大就停止了活动，但在1976年11月又恢复了活动。[③]

[①] 《中共中央关于建国以来党的若干历史问题的决议》，人民出版社1981年版，第25页。
[②] 全国人大常委会办公厅研究室编：《全国人大及其常委会大事记（1954—1987年）》，法律出版社1987年版，第16页。
[③] 全国人大常委会办公厅研究室编著：《人民代表大会制度建设四十年》，中国民主法制出版社1991年版，第141页。

1978年2月26日至3月5日，五届全国人大一次会议在北京召开。这次会议修改通过的宪法，局部恢复了1954年宪法关于政治制度的规定，但是仍旧肯定"革命委员会"的历史地位，仍未恢复1975年宪法取消的国家主席职位。

　　1978年12月18至22日，中国共产党第十一届中央委员会第三次全体会议在北京举行。十一届三中全会结束了粉碎"四人帮"之后两年中党的工作在徘徊中前进的局面，是"建国以来我党历史上具有深远意义的伟大转折"①，开始对"文化大革命"进行全面拨乱反正。虽然华国锋名义上仍是中国共产党最高领袖，但是这次全会实际上确立了以邓小平同志为核心的第二代中央领导集体。中国正式进入改革开放时代。十一届三中全会提出的路线、方针和政策，尤其是关于恢复党的民主集中制传统、健全社会主义民主和加强社会主义法制的目标以及改变同生产力发展不相适应的生产关系和上层建筑的任务，为国家政治制度的全面恢复和政治体制改革奠定了思想基础。

　　1980年8月18日，邓小平在中共中央政治局扩大会议上作了《党和国家领导制度的改革》的重要讲话。它深刻总结了中华人民共和国成立以来尤其十年"文化大革命"中党和国家政权建设的正反经验，指出党政不分、以党代政和权力过分集中是中国政治体制的顽疾，分析了党和国家领导制度存在的弊端[41]与原因，突出强调了制度的重要性，阐明了政治体制改革的必要性、紧迫性和长期性，指明了政治体制改革的目标与途径。这篇中国政治体制改革的指导性文献，连同后来邓小平关于政治体制改革的一系列论述，为中国政治体制改革提供了理论依据和行动指南。政治体制改革思想是邓小平理论的重要内容。

　　1982年召开的中共十二大强调要"继续改革和完善国家的政治体制和领导体制"。1982年12月4日，五届人大五次会议通过了新宪法，这是继1954年宪法、1975年宪法和1978年宪法后新中国的第4部宪法。1982年宪法的颁布实施以及后来的宪法修正案[42]、历届全国人大及其常委会的国家立法和国务院的行政立法，都在不同程度上为中国政治体制改革提供了有力的法律支持和法律保障。

　　1987年召开的中共十三大全面阐述了中国政治体制改革的目标、意义、内容、步骤、关键，勾画了政治体制改革的宏伟蓝图。由于1989年的政治风波，十三大以来开展的政治体制改革被迫中止。但是，邓小平说："改革开

---

　　① 《中共中央关于建国以来党的若干历史问题的决议》，人民出版社1981年版，第35页。

放政策不变，几十年不变，一直要讲到底。国际国内都很关心这个问题。要继续贯彻执行十一届三中全会以来的路线、方针、政策，连语言都不变。十三大政治报告是经过党的代表大会通过的，一个字都不能动。"[①] 中国的现代化改革能否成功，政治体制改革是绕不过去的坎，务必砥砺前行而不能有丝毫懈怠。对待历史事件要坚持辩证唯物主义，不因人废言，也不因言废人。

1992年召开的中共十四大在确立建设社会主义市场经济体制目标的同时，提出要"积极推进政治体制改革"。1997年召开的中共十五大指出："我国经济体制改革的深入和社会主义现代化建设跨越世纪的发展，要求我们在坚持四项基本原则的前提下，继续推进政治体制改革，进一步扩大社会主义民主，健全社会主义法制，依法治国，建设社会主义法治国家。1999年九届人大二次会议将党"依法治国，建设社会主义法治国家"的基本方略作为宪法修正案载入宪法。伴随着改革开放的进程，中国的政治体制改革其实从未停滞。

2002年召开的中共十六大提出要"继续积极稳妥地推进政治体制改革"。2004年召开的十六届四中全会审议通过了《中共中央关于加强党的执政能力建设的决定》。党的执政能力，就是党提出和运用正确的理论、路线、方针、政策和策略，领导制定和实施宪法和法律，采取科学的领导制度和领导方式，动员和组织人民依法管理国家和社会事务、经济和文化事业，有效治党治国治军，建设社会主义现代化国家的本领。2007年召开的中共十七大提出要"坚定不移发展社会主义民主政治"，从各个层次、各个领域扩大公民有序政治参与，最广泛地动员和组织人民依法管理国家事务和社会事务、管理经济和文化事业。建议逐步实行城乡按相同人口比例选举人大代表。加强公民意识教育，树立社会主义民主法治、自由平等、公平正义理念。政治体制改革作为国家全面改革的重要组成部分，必须随着经济社会发展而不断深化，与人民的政治参与积极性不断提高相适应。

2012年召开的中共十八大提出"坚持走中国特色社会主义政治发展道路和推进政治体制改革"，发展更加广泛、更加充分、更加健全的人民民主。把制度建设摆在突出位置，充分发挥社会主义政治制度优越性，积极借鉴人类政治文明的一切有益成果，但绝不照搬西方国家的政治制度模式。2013年召开的中共十八届三中全会通过了《中共中央关于全面深化改革若干重大问

[①] 邓小平：《组成一个实行改革的有希望的领导集体》（1989年5月31日），《邓小平文选》第3卷，人民出版社1994年版，第296页。

题的决定》，中央成立全面深化改革领导小组，负责改革总体设计、统筹协调、整体推进、督促落实。此后在立法、行政、司法、军事等各个领域进行了深度改革。2014年召开的中共十八届四中全会通过的《中共中央关于全面推进依法治国若干重大问题的决定》。全面推进依法治国，就是要在中国共产党领导下，坚持中国特色社会主义制度，贯彻中国特色社会主义法治理论，形成完备的法律规范体系、高效的法治实施体系、严密的法治监督体系、有力的法治保障体系，形成完善的党内法规体系，坚持依法治国、依法执政、依法行政共同推进，坚持法治国家、法治政府、法治社会一体建设，实现科学立法、严格执法、公正司法、全民守法，促进国家治理体系和治理能力现代化。2016年召开的十八届六中全会审议通过了《关于新形势下党内政治生活的若干准则》和《中国共产党党内监督条例》，指出党来自人民，失去人民的拥护和支持党就会失去根基，强调了全面从严治党和惩治腐败永远在路上。

2017年召开的中共十九大是在全面建成小康社会决胜阶段召开的一次十分重要的大会。大会作出了中国特色社会主义进入了新时代、中国社会主要矛盾已经转化为人民日益增长的美好生活需要和不平衡不充分的发展之间的矛盾等重大政治论断，深刻阐述了新时代中国共产党的历史使命，确立了习近平新时代中国特色社会主义思想的历史地位，提出了新时代坚持和发展中国特色社会主义的基本方略，确定了决胜全面建成小康社会、开启全面建设社会主义现代化国家新征程的目标，对新时代推进中国特色社会主义伟大事业和党的建设新的伟大工程作出了全面部署。

十九大报告强调要健全人民当家作主制度体系、发展社会主义民主政治，指出："中国特色社会主义政治发展道路，是近代以来中国人民长期奋斗历史逻辑、理论逻辑、实践逻辑的必然结果，是坚持党的本质属性、践行党的根本宗旨的必然要求。世界上没有完全相同的制度模式，政治制度不能脱离特定社会政治条件和历史文化传统来抽象评判，不能定于一尊，不能生搬硬套外国政治制度模式。要长期坚持、不断发展我国社会主义民主政治，积极稳妥推进政治体制改革，推进社会主义民主政治制度化、规范化、程序化，保证人民依法通过各种途径和形式管理国家事务，管理经济文化事业，管理社会事务，巩固和发展生动活泼、安定团结的政治局面。"要深刻意识到政治体制改革的必要性，坚定不移地推进政治体制改革。

从中共十一届三中全会以来，以1982年的宪法颁布实施为标志，确立了改革开放以来中国基本的政治制度，它与新中国初期建立的基本政治制度一脉相承。这些基本政治制度就是：党的领导与执政制度，人民代表大会制度，多党合作与政治协商制度，单一制国家结构制度，元首制度、行政制度，司法制度，军事制度，监察制度，民族区域自治制度，特别行政区制度，基层群众自治制度，等等。历届全国人大和党中央都在维护和健全这些基本政治制度。在遵循基本政治制度的前提下，通过宪法修正案、具体制度建设等方式，不断改革不合社会发展要求的政治体制。政治体制改革不是要改变这些基本政治制度，而是对它们的完善和发展，改变某些不合时宜的具体内容。

中国改革开放四十年来，社会结构发生深刻变化，经济成分更加复杂，贫富差距持续扩大，意识形态领域斗争激烈，社会不安定因素不断增加。改革已经触及各个阶层的根本利益和传统制度的核心价值，积累了许多深层次矛盾。在向现代文明社会转型中，旧体制遗留的、新旧体制并存期间滋生的和新体制内部固有的矛盾交错在一起。无论社会任何方面的进一步改革，稍有不慎都会引起社会动荡。时至今日，如何处理党政关系仍是中国政治体制改革的重中之重。当下中国，解决社会问题的关键在于执政掌权的中国共产党，解决社会问题的出路就是党的领导与依法执政相结合、建设社会主义民主法治国家。依法执政是依法治国的核心和关键，是民主立法、依法行政、公正司法和全民守法的前提和基础。人民是党的根基和源泉，党的领导和依法执政并行不悖，依法执政是处理党政关系的根本原则。

综上所述，当代中国政治制度是马克思主义基本原理、中国传统文化和现代政治文明等诸多因素与中国政治实践相结合并不断发展的产物，正朝着现代民主法治的目标稳步前进。

注释

[1] 政治学鼻祖亚里士多德说："一个政治制度原来是全城邦居民由以分配政治权利的体系"，见［古希腊］亚里士多德《政治学》，吴寿彭译，商务印书馆1965年版，第109页。这是目前能看到的最早的关于政治制度的定义，对后世影响深远。

[2] 关于国家的起源，恩格斯有一段经典论述："国家决不是从外部强加于社会的一种力量。国家也不像黑格尔所断言的是'伦理观念的现实'，'理性的形象和现实'。确切地说，国家是社会在一定发展阶段上的产物；国家是承认：这个社会陷入了不可解决的自我矛盾，分裂为不可调和的对立面而又无力摆脱这些对立面。而为了使这些对立面，这些经济利益互相冲突的阶级，不致在无谓的斗争中把自己和社会消灭，就需要有一种表面上凌驾于

社会之上的力量,这种力量应当缓和冲突,把冲突保持在'秩序'的范围以内;这种从社会中产生但又自居于社会之上并且日益同社会相异化的力量,就是国家。"见恩格斯《家庭、私有制和国家的起源》,人民出版社2018年版,第10页。

[3] 中国古代是否存在奴隶社会,史学界争议不断,至今未有定论。

[4] 新航路开辟过程:(1)1487年,葡萄牙航海家迪亚士受国王若奥二世派遣率领3只船自里斯本出发沿西非海岸向南航行,到达非洲西南端。1497年,另一位葡萄牙航海家达·伽马受国王曼努尔派遣率领3只船自里斯本出发,沿迪亚士的航线绕过好望角,1498年5月到达印度。于是,开辟了从欧洲绕道非洲到达亚洲的航路。(2)1492年,意大利人哥伦布率领3只船自巴罗斯港出发横渡大西洋,到达欧洲人不曾知道的"新大陆",他误以为到了亚洲的印度,因此称当地人为"印地安人"。哥伦布发现的这个"新大陆"就是现在的美洲,这样欧洲到美洲的航线开辟了。哥伦布发现的"新大陆"被另一位意大利航海家亚美利哥证实,于是"新大陆"就以亚美利哥的名字命名为"亚美利加洲"。(3)1519年,居住在西班牙的葡萄牙航海家麦哲伦受西班牙国王查里一世之命,率领船队环球试航。他横渡大西洋,沿巴西海岸南下,绕过美洲南端海峡(后称之为麦哲伦海峡),进入太平洋,直到菲律宾群岛。麦哲伦在同菲律宾人的冲突中战死,其同伴经印度洋绕好望角,1522年回到西班牙,开辟了从欧洲绕道南美洲到达亚洲的航路。

[5] 工业革命发源于英格兰中部地区。18世纪中叶英国人瓦特发明蒸汽机后,由一系列技术引起了以机器取代人力,以大规模工厂化生产取代个体工场手工生产的一场生产与科技革命,随后传播到英格兰到整个欧洲大陆,19世纪传播到北美地区。工业革命带来了人类生活质的飞跃。

[6] 一般以为,中国封建社会有2000多年历史,从周朝(或秦朝)直至清朝。中国有历史文献记载的主要朝代为:一、夏朝(前2070—前1600)。二、商朝(前1600—前1046)。三、周朝(前1046—前256):1.西周(前1066—前771);2.东周(前770—前256):①春秋(前770—前476),②战国(前475—前221)。四、秦朝(前221—前206):1.西楚(前206—前202)。五、汉朝(前206—220):1.西汉(前206—8)。2.新朝(8—23)。3.东汉(25—220)。六、三国(220—280):1.曹魏(220—265),2.蜀汉(221—263),3.孙吴(222—280)。七、晋朝(265—420):1.西晋(265—316),2.东晋(317—420)。八、十六国(304—439):1.前赵(304—330)。2.前汉(304—347)。3.前凉(314—376)。4.后

赵（319—350）。5. 前燕（337—370）。6. 前秦（350—394）。7. 后秦（384—416）。8. 后燕（384—407）。9. 西秦（385—431）。10. 后凉（385—403）。11. 南凉（397—414）。12. 南燕（398—410）。13. 西凉（407—421）。14. 夏（407—431）。15. 北燕（407—436）。16. 北凉（401—439）。九、南北朝（420—589）：1. 南朝：①宋（420—479），②齐（479—502），③梁（502—557），④陈（557—589）。2. 北朝：①北魏（386—534），②东魏（534—550），③北齐（550—577），④西魏（535—556），⑤北周（557—581）。十、隋朝（581—618）。十一、唐朝（618—907）。十二、五代十国（907—979）：1. 五代（907—960）：①后梁（907—923），②后唐（923—936），③后晋（936—947），④后汉（947—950），⑤后周（951—960）。2. 十国（902—979）：①吴越（904—978），②闽国（909—945，当中包含殷943—945），③荆南（906—963），④楚国（907—951，楚创立者马殷实际自897年开始地方割据），⑤吴国（904—937），⑥南唐（937—975），⑦南汉（917—971），⑧北汉（951—979），⑨前蜀（907—925），⑩后蜀（934—965）。十三、宋朝（960—1279）：1. 北宋（960—1127）。2. 南宋（1127—1279）。十四、大理（937—1253）。十五、辽朝（907—1125）。十六、西夏（1032—1227）。十七、金朝（1115—1234）。十八、元朝（1260—1368）。十九、明朝（1368—1644）。二十、清朝（1644—1911）。二十一、中华民国（1912—1949）。现在为中华人民共和国，成立于1949年10月1日。

[7] 这些丧权辱国的不平等条约主要有：1.《中英南京条约》（1842年），主要内容：①赔款2100万银元，②割香港岛给英国，③开放广州、厦门、福州、宁波、上海为通商口岸，准许英国在通商口岸派驻领事，④关税由双方共同协定。2.《中英五口通商章程》（1843年）和《中英虎门条约》（1843年），主要内容：①英国可以在通商口岸租地造屋，②"领事裁判权"和片面"最惠国待遇"。3.《中美望厦条约》（1844年），主要内容：除取得《中英南京条约》及其附件的各种特权外，扩大了领事裁判权和关税协定的规定；还规定美舰可以出入通商口岸，美国可以在通商口岸建立教堂。4.《中法黄埔条约》（1844年），主要内容：除取得英、美两国条约中规定的权益外，还规定有人触犯法国在通商口岸的教堂，清朝地方官要"严拘重惩"。5.《中俄瑷珲条约》（1858年），主要内容：沙俄割占黑龙江以北、外兴安岭以南的60多万平方公里土地，还把乌苏里江以东约40万平方公里的中国领土划作两国共管。6.《中俄天津条约》（1858年），主要内容：沙俄

取得陆路通商和沿海口岸通商的权利，还取得在通商口岸停泊军舰、内地传教、领事裁判权和片面"最惠国待遇"等特权。7. 中美、中英、中法《天津条约》（1858年），主要内容：①外国公使进驻北京，②增开汉口、九江、南京等10处通商口岸，③外国传教士可以到内地自由传教，④外国人可以在内地游历、经商，⑤外国商船和军舰可以在长江口岸自由航行，⑥赔偿英法军费各白银200万两，赔偿英商损失白银200万两。8. 中英、中法《北京条约》（1860年），主要内容：①天津条约继续有效，②增开天津为商埠，③割九龙尖沙嘴给英国，④赔偿英、法军费各增到800万两。9.《中俄北京条约》（1860年），主要内容：割让乌苏里江以东包括库页岛在内的大约40万平方公里的中国领土给沙俄。10.《中俄勘分西北界约记》（1864年），主要内容：割让中国巴尔喀什湖以东以南44多万平方公里的领土给沙俄。11.《北京专条》（1874年），主要内容：清政府付给日本白银50万两，作为日军撤出台湾的条件。12.《中英烟台条约》（1876年），主要内容：①开放宜昌、芜湖、温州、广东北海为通商口岸，②洋货在"租界"免收厘金，运往内地免收内地税，③英国可以调查云南通商情况和自由来往印藏等地。13.《中俄伊犁条约》（1881年），主要内容：①中国收回伊犁，但霍尔果斯河以西地区割给俄国，②赔款900万卢布，③俄商在天山南北路贸易不纳税，货物运至嘉峪关减税1/3。14.《科塔界约》（1883年），主要内容：割斋桑湖以东和以南大片土地给沙俄。15.《中法新约》（1885年），主要内容：①清政府同意在云南和广西两省的中越边界开埠通商，②中国任用法国人修筑铁路。16.《中英会议藏印条约》（1890年），主要内容：拟定西藏地方和哲孟雄之间的边界。17.《中英会议藏印条款》（1893年），主要内容：开放西藏的亚东为商埠，西藏和印度、哲孟雄边境5年内免税贸易。18.《中日马关条约》（1895年），主要内容：①割辽东半岛、台湾、澎湖列岛给日本，②赔款白银2亿两，③开放沙市、重庆、苏州、杭州为商埠，④允许日本在通商口岸开设工厂。19. 中国与英、俄、德、法、美、日、意、奥、比利时、荷兰、西班牙《辛丑条约》（1901年），主要内容：①赔款白银4.5亿两，分39年付清，本息合计9.8亿两白银，②惩办曾支持宣战的王公大臣，保证严禁人民反对帝国主义侵略的活动，③拆毁大沽炮台，允许帝国主义国家驻兵京津以及京山铁路沿线，④划东交民巷为"使馆界"，允许各国驻兵保护，不准中国人居住，⑤改总理衙门为外务部，位列六部之首。20.《二十一条》（1915年），主要内容：①日本继承德国在山东的一切权利，②日本享有南满、东蒙一带工商、土地、路矿、顾问、借款的特权，③中国沿海岛屿和港湾不得租借和转让他国，④中国政府聘用日本人为政治、财政、军事顾问，⑤中国警政和兵工厂由中日合办。21.《中俄呼伦条约》（1915年），主要内容：呼伦贝尔划为"特别区"，规定中国军队非经俄国允许，不得进入该地区。22.《共同防敌军事协定》（1918年）《海军共同防敌军事协定》（1918年），主要内容：中国与日本对苏俄采取共同防敌的行动；日军在战争期间可以驻在中国境内与境外作战，两国军队必须互相"合作"。

[8] 五四运动开始后不久，陈独秀在北京被军阀政府逮捕入狱。出狱后，他将《新青年》迁往上海继续出版。

[9] 1921年6月初，共产国际代表马林（1883—1942年，荷兰人，1920年当选为共产国际执行委员会成员，1921年任共产国际驻中国代表）和共产国际远东书记处代表尼克尔斯基（1898—1943年，俄国人，1921年加入俄共（布），在共产国际机关行政处工作）先后到达上海，与上海的党组织成员李达、李汉俊建立了联系，他们一致认为应召开全国代表大会正式成立中国共产党。李达、李汉俊同在广州的陈独秀、在北京的李大钊通过书信商议，决定在上海召开中国共产党第一次全国代表大会。随即，他们写信通知北京、武汉、长沙、济南、广州和旅日的党组织，各派两名代表到上海出席会议。国内各地党组织和旅日党组织共派出13名代表出席中国共产党第一次全国代表大会。他们是：上海的李达、李汉俊，北平的张国焘、刘仁静，长沙的毛泽东、何叔衡，武汉的董必武、陈潭秋，济南的王尽美、邓恩铭，广州的陈公博，旅日代表周佛海。包惠僧受当时在广州的陈独秀派遣参加了会议。他们代表着53名党员。共产国际代表马林和尼克尔斯基列席了会议。

1921年7月23日晚，中国共产党第一次全国代表大会在上海法租界望志路106号（现兴业路76号）李汉俊之兄李书城的住宅内举行。马林致词祝贺中国共产党的成立，介绍了共产国际的情况，建议将会议进程及时报告共产国际远东书记处。随后，代表们商讨了大会的任务和议程。24日各地代表向大会报告本地区党、团组织的情况。25日、26日休会两天，由张国焘、李达、董必武起草供会议讨论的党纲和今后实际工作计划。27日、28日和29日连续三天举行三次会议，认真讨论了党的纲领和决议。30日晚会议正在进行时，一名陌生中年男子突然闯入会场又匆忙离去。具有长期秘密工作经验的马林断定此人是敌探，建议马上中止会议。大部分代表迅速转移。十几分钟后，法租界巡捕包围并搜查会场，结果一无所获。由于代表们的活动受到监视，会议无法继续在上海举行。于是，代表们分批转移到浙江嘉兴南湖，在一艘游船上召开了最后一天的会议。

[10] 出席大会的有中央局成员、党的地方组织的代表和参加远东各国共产党及民族革命团体第一次代表大会后回国的部分代表。他们是陈独秀、张国焘、李达、杨明斋、罗章龙、王尽美、许白昊、蔡和森、谭平山、李震瀛、施存统等12人（尚有一人姓名不详），代表着全党195名党员。大会推举陈独秀、张国焘、蔡和森组成起草委员会，负责起草《中国共产党第二次全国代表大会宣言》以及《关于共产党的组织章程议决案》《关于"工会运动与共产党"的议决案》《关于议会行动议决案》《关于"民主的联合战线"的议决案》和《中国共产党加入第三国际决议案》等九个决议案。大会选举产生了中央执行委员会。陈独秀、张国焘、蔡和森、高君宇、邓中夏当选中央执行委员，另选出三名候补执行委员。陈独秀被选为中央执行委员会委员长，蔡和森、张国焘分别负责党的宣传、组织工作。

中共二大后，中共中央于1922年9月在上海创办了自己的政治机关报——《向导》周报，旗帜鲜明地宣传党的反帝反封建的民主革命纲领，对革命斗争进行舆论宣传和政策指导。从1922年1月至1923年2月，中国共产党掀起了中国工人运动的第一次高潮，爆发的罢工斗争达100多次，罢工工人达30万以上，其中著名的有1922年1月香港海员罢工、1922年9月安源路矿（江西省萍乡县安源煤矿和由煤矿通到湖南省株洲的铁路）工人罢工、1922年10月开滦煤矿（河北省唐山一带）工人罢工以及1923年2月京汉铁路工人罢工。工人运动锻炼了工人阶级队伍，密切了党和工人阶级的联系，巩固了党的阶级基础，党的自身建设也得到了加强。在反动派对工人运动的镇压中共产党也得到了深刻教训：中国革命的敌人非常强大，仅靠无产阶级孤军奋战是不够的，必须争取一切可以争取的同盟者；在半殖民地半封建的中国，仅仅依靠罢工进行合法斗争是不行的，没有革命的武装斗争就不可能取得革命的胜利。正是带着这些经验教训，中国共产党进入了以国共合作为基础的大革命时期，又称第一次国内革命战争时期，从1923年6月始至1927年7月止。该时期中国爆发了一场以推翻帝国主义和北洋军阀统治为目标的民族民主的大革命。

[11] 1922年7月18日，共产国际决定中共中央驻地由上海改为广州。马林将这一决定带到中国后，中共中央机关约于1923年5月由上海迁至广州。出席三大会议代表30多人，代表全国420名党员。共产国际代表马林参加大会。大会选举陈独秀、蔡和森、李大钊、谭平山、王荷波、毛泽东、朱少连、项英、罗章龙为中央执行委员会委员，邓培、张连光、徐梅坤、李汉俊、邓中夏为候补委员，组成新的中央执行委员会。由陈独秀、蔡和森、毛

泽东、罗章龙、谭平山组成中央局,陈独秀为委员长,毛泽东为秘书,罗章龙为会计,负责中央日常工作。

中共三大后,国共合作的步伐逐渐加快。1923年8月,中国社会主义青年团在南京召开第二次全国代表大会,决定青年团员以个人身份加入国民党,加入后仍保持团的独立性,同共产党的言行保持一致。1923年11月24、25日,中国共产党在上海举行三届一次中央执行委员会会议,指出国民革命运动是当前党的全部工作。1923年10月,应孙中山的邀请,苏联代表鲍罗廷(1884—1951年,苏联人,1903年加入俄国社会民主工党,1919年出席共产国际第一次代表大会,1923年10月到达广州,1927年大革命失败后回国)到达广州,他被孙中山先后聘请为国民党组织教练(后又聘为政治顾问),对国民党进行改组。孙中山说,请鲍罗廷担任国民党组织教练,是为了"使之训吾党同志。鲍君办党极有经验,望各同志牺牲自己的成见,诚意去学他的方法"。孙中山还任命廖仲恺、汪精卫和共产党员李大钊等五人为国民党改组委员。1923年10月25日,国民党改组特别会议在广州举行。28日,国民党临时中央执行委员会成立,孙中山委任廖仲恺、胡汉民和共产党员谭平山等九人为国民党临时中央执行委员,李大钊等五人为候补执行委员。1923年12月25日,中共中央发出《中央通告第十三号》,要求全体共产党员积极参加国民党改组工作,并部署了参加工作的具体步骤。通告还要求各地党组织争取做到每省有一名共产党员当选为国民党代表,出席即将召开的国民党第一次全国代表大会。在国民党一大召开前夕,中共中央、中国社会主义青年团中央召开联席会议,制定了党、团员在参加国民党一大时的统一行动方针。

[12] 国民党始终称"联共"为"容共",即容纳共产党之意。"三大政策"是共产党人后来概括的。参见中共中央党史研究室《中国共产党历史第一卷》(上册),中共党史出版社2011年版,第109页。

[13] 出席开幕式的代表共165人,共产党员有20多人,其中包括李大钊、谭平山、林祖涵(林伯渠)、张国焘、瞿秋白、毛泽东、李立三等。李大钊被孙中山指派为大会主席团成员。谭平山任共产党党团书记,并代表国民党临时中央执行委员会在大会上作工作报告。大会选举了中国国民党中央执行委员会。共产党员李大钊、谭平山、于树德、毛泽东、林祖涵、瞿秋白、张国焘、于方舟、韩麟符、沈定一当选为中央执行委员或中央候补执行委员,约占委员总数的四分之一。接着召开的国民党一届一中全会,推选廖仲恺、谭平山、戴季陶为中央常务委员,并决定成立中央党部。在中央党部各部门

任重要职务的共产党员有：组织部部长谭平山，农民部部长林祖涵，工人部秘书冯菊坡，组织部秘书杨鲍安。

［14］国共合作建立后，经过国共两党的共同努力，国民革命的影响很快从从中国的南部扩大到中部和北部，从国共两党扩大到社会各个阶层。改组以前，国民党活动范围基本局限在狭小的上层社会，国民党的组织只在广东、上海、四川、山东等少数省、区和海外存在。改组后，共产党员在各地积极帮助创建和发展国民党组织。到1926年1月，国民党已有正式省党部十一个，特别市党部四个，正在筹备的省党部八个，除新疆、云南、贵州等少数省、区外，已在全国大多数省、区建立起党部组织。这些党部大都是以共产党员和国民党左派为骨干建立起来的，其中许多党部的实际负责人是共产党员。随着国民党各级组织的建立，国民党员人数迅猛增加，到国民党二大前夕已达20多万人，国民党员中工人、农民和青年学生占了很大比重。改组后的国民党基本上成为工人、农民、城市小资产阶级和民族资产阶级的革命联盟，成为国共联合战线的组织形式。但是，仍有一些地主买办分子、官僚政客和南方军阀留在国民党内并占有一定地位，他们是国民党右派势力的主要基础。

鉴于长期依靠旧军队进行革命而屡遭失败的惨痛教训，孙中山在筹划改组国民党的同时，积极酝酿创办一所军官学校。早在1921年12月，共产国际代表马林会见孙中山时，就向他建议创办军官学校，以建立革命军的基础。鲍罗廷到广州后，孙中山向他表示国民党的首要任务是按苏联红军的式样建立一支革命军队。国民党一大正式议决创办陆军军官学校。这所军校因设在广州附近的黄埔岛上，所以也叫黄埔军校。1924年5月，黄埔军校开学。孙中山自任军校总理，委任蒋介石为校长，廖仲恺为党代表，先后聘请苏联军官加伦（1889—1938年，苏联人，1916年参加俄国社会民主工党，1921—1922年任远东共和国军事部长、人民革命军总司令，1924年10月至1927年8月两次来华工作）等苏联军官为军事顾问。苏联政府对黄埔军校给予大力支持，资助200万元经费、8000支步枪和200万发子弹等军需物资，并派遣了一批有丰富经验的军事教官。

黄埔军校是一所国共合作的学校。从一定意义上说，中国共产党从事军事活动是从黄埔军校开始的，正如毛泽东说："我们党虽然在一九二一年（中国共产党成立）至一九二四年（国民党第一次全国代表大会）的三四年中，不懂得直接准备战争和组织军队的重要性；一九二四年至一九二七年，乃至在其以后的一个时期，对此也还认识不足；但是从一九二四年参加黄埔军事学校开始，已进到了新的阶段，开始懂得军事的重要了。"中国共产党从各地选派大批党、团员和革命青年到军校学习。在第一期学生中有蒋先云、陈赓、左权、许继慎、徐象谦（徐向前）等共产党员和青年团员五六十人，约占学生总数的十分之一。在教职员工中也有不少共产党员，如金佛庄、茅延桢、严凤仪、徐成章等。黄埔军校区别于一切旧式军校的根本点在于把政治教育提到和军事训练同等重要地位，注重培养学生的爱国思想和革命精神。1924年11月，时任中共广东区委委员长的周恩来出任黄埔军校政治部主任，他对军校的政治工作和政治教育作出了重要贡献。共产党员恽代英、萧楚女、熊雄、聂荣臻等后来也到军校担任政治教官和各级领导工作。黄埔军校的政治工作制度，以后逐步推广到广州革命政府统辖的其他军队中。在征得孙中山同意后，周恩来和中共广东区委从军校第一期毕业生中抽调部分党、团员作为骨干改组大元帅大本营的铁甲车队，由共产党员廖乾五任党代表、政治部主任。这支实际上由共产党直接领导的革命武装，从成立到组建成叶挺独立团，为支持工农运动、保卫广东革命根据地进行了英勇战斗。

国共合作的实现，促进了工人、农民、学生、妇女等革命群众运动的开展。中共广东区委通过国民党中央工人部中的共产党员积极领导广东地区的工人斗争，各地工人运动也在中国共产党的领导下逐渐得到恢复。在以共产党员为主的国民党中央农民部和国民党中央农民运动委员会的推动下，国民党中央执行委员会于1924年3月逐步确定农民运动计划，决定组织农民协会和农民自卫军。7月，国民党中央农民部颁布《农民协会章程》。为了培养农运骨干，国民党中央执行委员会决定在广州开办农民运动讲习所。从1924年7月起，广州农讲所在共产党员彭湃、罗绮园、阮啸仙、谭植棠、毛泽东相继主持下，连续举办六届，为广东、广西、湖南、河南、山东、直隶、湖北、四川、陕西、江西等20个省、区培训700多名农运骨干。中共中央重视学生运动的开展，在党、团组织的共同指导下，全国许多省、市都有学生联合会在活动。在共产党人的推动下，国民党中央及省、区、县各级党部都设有独立的妇女部，一批女共产党员，如在上海的向警予、杨之华、王一知和在天津的邓颖超、刘清扬等，成为妇女运动的开拓者，全国各地的妇女运动如火如荼。

[15] 刚解决国民党右派挑起的事端，广州又发生了商团武装叛乱事件。广州商团原是广州商会建立的商人自卫组织，后来发展成为维护买办阶级利益、镇压工人运动的反动武装，约四千余人。广州商会会长、英国汇丰银行广东分行买办陈廉伯和广东佛山大地主陈恭受，伙同国民党右派分子，在英

帝国主义者支持下,于1924年七八月间积极策划商团发动武装叛乱,企图推翻广州革命政府。8月初,商团从香港私运大批武器到广州,广州革命政府予以扣留并下令通缉陈廉伯。商团煽动商人罢市,向政府施加压力。10月10日,广州市各界举行纪念武昌起义十三周年集会游行,商团竟向群众开枪射击,当场死伤百余人。商团还强迫商人罢市,要求孙中山下台。盘踞东江的陈炯明为配合商团行动派兵进攻广州。英国军舰也开到广州白鹅潭为商团助威。面对严峻形势,广州革命政府成立了平定商团叛乱的最高指挥机关革命委员会,孙中山亲任会长,共产党员谭平山、周恩来、陈延年、杨匏安、阮啸仙、刘尔崧等参加委员会工作。在中国共产党和革命群众支持下,孙中山下令镇压商团叛乱,狠狠打击帝国主义和地主买办阶级势力的嚣张气焰,使广东革命局势转危为安。

[16] 出席会议的代表20人,代表党员994人。中共四大修改了党章,选举陈独秀、李大钊、蔡和森、张国焘、项英、瞿秋白、彭述之、谭平山、李维汉为中央执行委员会委员,邓培、王荷波、罗章龙、张太雷、朱锦棠为候补委员,组成新的中央执行委员会。中央执行委员会选举陈独秀、彭述之、张国焘、蔡和森、瞿秋白组成中央局。中央局决定:陈独秀任中央总书记兼中央组织部主任,彭述之任中央宣传部主任,张国焘任中央工农部主任,蔡和森、瞿秋白任中央宣传部委员,李大钊驻北平,谭平山驻广东,项英驻汉口,李维汉驻长沙,邓培驻唐山,朱锦棠驻安源,罗章龙、王荷波负责铁路总工会工作,张太雷负责青年团中央工作。向警予后来补为中央局委员,负责妇女部工作。

[17] 1925年2月,上海日资纱厂工人为反对日本资本家打人和无理开除工人,要求增加工资而罢工,先后参加罢工的有22家工厂的近4万名工人;4月间,青岛日资纱厂2万多名工人举行罢工,先后取得了胜利。5月15日,日本资本家宣布上海内外棉七厂停工,开枪打死要求复工的工人顾正红并打伤十多人。这成为五卅运动的导火索。5月28日晚,中共中央和上海党组织召开紧急会议,决定5月30日在租界内举行大规模反帝示威活动。5月30日,上海各大、中学校学生2000余人分散到租界游行示威,100多人先后被捕关押在南京路老闸捕房,数千群众奔赴房前要求释放被捕者,英国租界巡捕开枪打死13人,伤数十人。这就是举国震惊的五卅惨案。五卅惨案激发了上海人民长期郁积的对帝国主义侵略的仇恨,6月1日开始了声势浩大的反对帝国主义的总罢工、总罢课、总罢市。五卅运动的狂飙迅速席卷全国,北京、广州、南京、重庆、天津、青岛、汉口等几十个大、中城市和唐

山、焦作、水口山等矿区,都举行成千上万人的集会、游行和罢工、罢课、罢市,各地约有1700万人直接参加运动。中国人民的反帝斗争得到了国际革命组织、海外华侨和各国人民的广泛同情和支持。帝国主义采取威胁和利诱两面手法对付处于反帝高潮的中国人民,中国的军阀充当了帝国主义的帮凶。上海的民族资产阶级初期对五卅运动抱同情和支持态度,面对帝国主义的高压最终屈服,逼迫工人复工。8月10日,中共中央决定改变斗争策略,要求工人有组织地复工。各厂工人在争得资本家接受部分经济要求后,于8月下旬至9月下旬陆续复工。五卅运动对中国共产党的发展起了重大作用,党员人数从四大召开时的994人增加到同年10月的3000人,年底的1万人,比五卅运动前增加了10倍。中国共产党在斗争中得到了锻炼,提高了对革命基本问题的认识,初步积累了领导反帝斗争的经验,扩大了在群众中的政治影响。

五卅惨案的消息传到南方,在广州和香港爆发了规模宏大的省港大罢工。6月2日,广州各界群众举行大规模示威游行,声援五卅运动。6月上旬,中共广东临时委员会派邓中夏等人到香港组织罢工。6月中旬,中共广东区委派李森(李启汉)等人到广州沙面发动工人罢工。到6月底,省港两地参加罢工人数达25万。6月23日,香港和广州十万余革命群众在广州举行上海惨案追悼大会,会后进行游行示威,路过沙基时遭到沙面租界英国军警排枪射击和停泊在白鹅潭的英、法军舰的炮击,有50余人被打死,170余人受重伤,轻伤不计其数。沙基惨案发生后,广州革命政府立即照会英、法等国提出抗议,并宣布同英国经济绝交,同时封锁出海口。中国共产党发动香港、沙面罢工工人选出代表在广州举行省港罢工工人代表大会,选举苏兆征、李森等13人组成省港罢工委员会,负责处理罢工一切事宜。1926年10月,罢工委员会根据形势变化,接受共产国际远东局关于尽快结束罢工的建议,宣布结束罢工,并取消对香港的封锁。省港大罢工坚持16个月之久,在经济上、政治上给英帝国主义者以沉重打击。

[18] 孙中山生前想将广东建成巩固的革命根据地,以便北伐统一中国,该愿望最终未了。广州革命政府虽已成立两年但一直没能控制广东全省,广东仍然处于革命与反革命相对峙的状态。陈炯明盘踞东江,邓本殷割据南路,以武力窥伺广州。广州革命政府依靠的滇军杨希闵部、桂军刘震寰部,也是地方军阀势力。它们在各自地盘鱼肉百姓,暗中勾结帝国主义。1925年初,陈炯明乘孙中山北上重病之际,在英帝国主义支持下进犯广州。广州革命政府于2月初以黄埔校军为主力组成东征军讨伐陈炯明,4月东征军控制东江

地区，取得第一次东征胜利。6月初，杨希闵、刘震寰与陈炯明等军阀勾结，在广州公开叛乱，正在东征的黄埔校军及其他部队迅速回师平定叛乱。7月1日，广州大元帅府正式改组为中华民国革命政府。汪精卫任国民政府主席，胡汉民任外交部长，廖仲恺任财政部长，许崇智任军事部长。国民政府聘请鲍罗廷为高等顾问。国民政府成立后，先后将黄埔校军和驻扎在广东的粤、湘、滇等各系部队，统一改编为国民革命军，到年底共编成6个军，8.5万人，加上各军校学生6000人，成为一支有相当规模的军队。国民革命军采用苏联红军的政治工作制度，设立党代表和政治部。共产党员周恩来、李富春、朱克靖、罗汉、林祖涵分别担任第一、第二、第三、第四、第六军的副党代表（各军党代表由国民革命军总党代表汪精卫兼任，副代表实际负责军中的政治工作）兼政治部主任。在第一次东征期间被打败的陈炯明部队，乘东征军回师广州时于1925年9月重占东江地区。10月，国民政府决定第二次东征，任命国民革命军第一军军长蒋介石为东征军总指挥，周恩来为总政治部主任。11月底，东征军在粤闽边全歼陈炯明残部，第二次东征胜利结束。在第二次东征期间，国民政府还派部队进剿盘踞广东南路的军阀邓本殷部。南征部队在12月占领钦州、雷州后，于1926年1月中旬渡海作战，收复海南岛。邓本殷逃亡，残部被缴械收编。东征和南征的胜利，使四分五裂的广东迅速获得统一，成为全国唯一的革命根据地，为举行北伐战争准备了比较巩固的后方基地。东征胜利后周恩来被国民政府任命为广东东江各属行政委员，负责惠州、潮安、梅县以及海陆丰下属25个县的行政工作。周恩来主政东江，是中国共产党人领导地方行政工作的首次尝试，对共产党人探索和积累政权建设的经验，具有十分重要的意义。

[19] 此时汪精卫身兼国民党中央政治委员会主席、国民政府主席和军事委员会主席三大要职，直接控制着党、政、军大权，同苏联顾问保持密切联系，靠近共产党。在国民党重要人物胡汉民、许崇智等离开广州后，蒋介石同汪精卫争夺国民党最高领导权的矛盾突显。1926年2月26日，蒋介石扣留亲汪精卫的国民革命军第一军第二师师长王懋功，第二天将他押送出境，改派亲信刘峙担任卫戍广州的第二师师长，消除了后顾之忧。3月18日，黄埔军校驻省（省城广州）办事处主任欧阳钟称"奉蒋校长的命令"，通知海军局代局长、共产党员李之龙速派有战斗力的军舰到黄埔听候调遣。当李之龙派中山舰到黄埔后，蒋介石否认有过调舰命令。这时谣言四起，说苏联顾问和共产党员要劫持蒋介石，等等。3月20日，蒋介石在广州实行紧急戒严，逮捕李之龙，监视和软禁大批共产党员，解除省港罢工委员会的工人纠

察队武装,包围苏联领事馆,监视苏联顾问。这就是中山舰事件(又称三二〇事件)。蒋介石用突然袭击的方法造成紧张局面,然后玩弄两面派手法缓和矛盾,甚至假惺惺地向以汪精卫为首的中央军事委员会提出"自请从严处分"的呈文,声称由于事起仓促,"专擅之罪,诚不敢辞"(《广州日报》,1926年3月26日)。他还表示此举同广州其他各军无关,在他的拉拢下,各军军长如谭延闿、朱培德、李济深等由中立观望转而支持蒋介石。3月22日,国民党中央政治委员会通过蒋介石提出的在黄埔军校和第一军中排除共产党员、解除苏联顾问季山嘉等人职务、撤回第二师各级党代表、查办"不轨"军官等提案。汪精卫愤而称病去职。苏联方面和中共中央认为左派力量还不足以同蒋介石对抗,于是采取了妥协政策,接受了蒋介石的无理要求。蒋介石通过中山舰事件,不仅打击了共产党,而且打击了汪精卫和国民党左派,大大加强了他在政治上、军事上的地位。紧接着,蒋介石策划从国民党领导机构中排挤共产党员,以便全面控制国民党的党权。5月15日,国民党召开二届二中全会,蒋介石借口为避免共产党在国民党内的力量发展引起"党内纠纷",提出所谓《整理党务案》。其主要内容是:共产党员在国民党高级党部任执行委员的人数不得超过各党部全体执行委员的三分之一;共产党员不能担任国民党中央各部部长;加入国民党的共产党员名单须全部交出,等等。鲍罗廷在未同中共中央协商的情况下同意了蒋介石的要求。指导中共党团的张国焘根据鲍罗廷的意见要大家接受,使《整理党务案》得以顺利通过。担任国民党中央部长和代理部长的共产党员谭平山、林祖涵、毛泽东等不得不辞职。蒋介石当上国民党中央组织部长兼军人部长,随后又当上国民党中央常务委员会主席和国民革命军总司令。这样,蒋介石就全面掌控了国民党、国民政府和国民革命军的大权。

1926年2月21日至24日,中共中央在北京召开特别会议。会议认为:在英、日帝国主义的支持下,吴佩孚、张作霖已建立"反赤"联合战线向国民军进攻,必然对广东革命根据地构成威胁,"现在的时局,实在是中国革命的生死存亡关头。固然应该在北方努力集中一切革命势力来抵御帝国主义的反攻,然而根本的解决,始终在于广州国民政府北伐的胜利","党在现时政治上主要的职任"是从各方面准备北伐。共产党的各级组织非常拥护北伐,按照北京特别会议精神,积极发展工农运动,为迎接国民革命军的北伐做准备。北伐出师后,为了制定对资产阶级和国民党以及蒋介石的方针,在共产国际远东局直接领导下,中国共产党于7月12日至18日在上海举行第四届中央执行委员会第二次扩大会议。会议对发动工农运动配合北伐起了促进作用，但会议仍将老右派作为主要斗争对象，未意识到新右派蒋介石已成为同共产党争夺领导权的更危险的对手。会议通过的《军事运动议决案》是中共中央第一次正式作出的军事问题的决议。决议虽然强调党要"进行相当政治宣传"，助长"进步的军事势力"，但没有提出党应当力争直接掌握军队的任务。这时党对于军队的极端重要性还缺乏正确认识，仍旧将主要精力放在发动群众运动上面。

[20] 这时北洋军阀兵力还很强大。直系吴佩孚控制湖北、湖南、河南三省及直隶的保定一带，约有兵力20万人。直系孙传芳占据江苏、浙江、安徽、江西、福建五省，有兵力20万人左右。奉系张作霖管控东北三省、热河、察哈尔和北京、天津地区，连同受他节制、统治山东的张宗昌的军队在内，约有兵力30多万人。其他各省还有许多小军阀。而国民革命军只有八个军，兵力仅10万人左右。北洋军阀兵力占很大优势，但北洋军阀的统治已失尽人心，内部又存在深刻矛盾，这就为北伐军提供了利用矛盾、各个击破的机会。国民革命军最终采用了苏联军事顾问加伦提出的集中兵力、各个歼敌的北伐军事战略方针，即首先向湖南、湖北进军，长驱直进，迅速消灭吴佩孚所部；同时和孙传芳进行谈判，并向湖南、江西边境和广东、福建边境分别派出部分兵力进行监视和防备，待两湖战场取得胜利后，再集中兵力消灭孙传芳；最后集中兵力消灭张作霖，统一全中国。后来的事实证明，加伦的战略构想是北伐战争取得胜利的一个重要条件。一年中，国民革命军相继占领湘、鄂、赣、闽、浙、皖、苏、豫等省，基本消灭直系军阀吴佩孚军和孙传芳军，重创奉系军阀张作霖军。

人民群众的支援是北伐战争取得胜利的重要保证。在北伐战争中，共产党发动组织广大工农群众积极支援配合。北伐战争发起的当年，湖南、湖北适逢百年不遇的灾害，北伐军进军途中所需粮食不可能就地补给，相当一部分靠外地民众支援。进军沿途交通困难，军需完全依靠人力运输。军队中的政治工作对北伐军迅速取胜也起了重要作用，共产党员实际上领导了北伐军的全部政治工作。据不完全统计，在北伐军各军担负政治工作的共产党员，到1926年12月已达1500人左右。北伐军的胜利进军，还得益于北方冯玉祥的国民军和南方刘伯承等领导的泸顺起义的配合。泸顺起义虽然最终失败，但这是共产党力图掌握武装的一次勇敢尝试，成为共产党在大革命时期争取改造旧军队的一个范例。随着北伐战争的推进，工农革命运动高涨。北伐军进入湖南后，湖南农村掀起了一场农民革命大风暴，在地主政权被打倒的地方，农民协会成为乡村唯一的权力机关。1926年11月，毛泽东担任中共中央农民运动委员会书记后，决定以湖南、湖北、江西、河南为重点开展农民运动。以湖南为中心的全国农民运动迅猛开展，革命势力发展到长江、黄河流域。1927年1至2月，共产党领导的群众反帝运动还与武汉国民政府外交谈判相结合，迫使英国交还汉口、九江的租界。1926年10月和次年2至3月，周恩来等共产党员领导上海工人三次武装起义，第三次起义打败军阀部队，组成上海特别市临时市政府。上海临时市政府虽然只存在了24天，但它是在共产党的领导下最早由民众在大城市建立起来的革命政权。

大革命时期是中国共产党发展的重要时期。中共三大之前，党处于秘密状态，组织发展一直比较缓慢。国共合作为党组织的发展提供了良好契机。但由于党起初集中全部精力帮助国民党发展组织，忽视了党的自身建设，党的发展出现了停顿徘徊的状况，一些地方甚至出现党员数量下降的趋势。1924年5月，中共中央召开的第三届中央执行委员会第一次扩大会议纠正了工作中的偏向，强调发展产业工人入党的重要性。同时决定特别设立一个由七人组成的编辑委员会，主持中央机关报的编辑工作，以加强对党员的教育。但这时党还只设立执行委员会和地方委员会，尚未建立基层组织。中共四大决定将党的工作重点由帮助国民党发展组织转向加强自身的组织建设，将党的组织建设的重点从执行委员会和地方委员会转移到党的支部建设上来。五卅运动促进了党的队伍进一步发展，到1925年10月第四届中央执行委员会第一次扩大会议召开时，党员已达3000人，党员成分除工人、农民外，还有学生、教师、军人、商人、店员以及其他革命分子。1926年7月召开的第四届中央执行委员会第二次扩大会议再次强调了党的建设的重要性，第一次提出使党"布尔什维克化"和"一切工作归支部"的口号，会议再次提出扩大党的队伍的问题。在北伐胜利进军和工农运动大发展的有利形势下，党的队伍继续壮大。据不完全统计，到1926年9月，党员已达13281人。全国除新疆、青海、贵州、西藏、台湾外，都建立了党的组织或有了党的活动。北伐战争后期，党的队伍得到空前发展，党的阶级基础和群众基础进一步巩固扩大。到1927年4月中共五大召开时，党员发展到57967人，其中工人占50.8%、农民为18.7%、知识分子为19.1%、军人为3.1%、中小商人为0.5%、其他成分为7.8%，女党员占党员总数的8.27%。

北伐时期，共产国际、联共（布）及其驻华代表提出了一些原则上正确的方针，给了中国共产党许多有益的指导。但由于他们对蒋介石等人叛变革命的危险性缺乏警惕，在处理与蒋介石、汪精卫、唐生智的关系时采取了错误方针，对中共中央决策产生了消极影响。中山舰事件后，国民党内逐渐形成蒋介石个人独裁的局面。北伐战争中,蒋介石集党权、政权、军权于一身。他用安插亲信和拉拢收买的办法,控制国民革命军各军和一些党政部门,引起国民革命军中的一些将领不满。在1926年10月国民党中央及各省党部联席会议前后,广东内外反蒋迎汪气氛浓厚,此时在欧洲的汪精卫仍被看作是国民党左派的领袖。鲍罗廷、维经斯基虽然看到蒋介石已走上军事独裁的道路,但他们并不主张倒蒋,而是主张蒋汪合作,由汪精卫负责政府工作,由蒋介石负责军队。事实上国民党内部并没有形成一个有力的左派核心,相当一部分左派分子在动摇彷徨之中。共产党本应壮大自己并坚决同右派斗争,以此团结左派分子克服他们的动摇,却指望国民党左派强大起来以阻止右派势力的发展,不能不说这是一种幻想。唐生智归顺国民政府后,利用北伐胜利进军之际将一个军扩编为四个军,兵力远在其他各军之上,控制着湖南、湖北两省。唐借助汪同蒋对抗,又极力表示左倾取得共产党的支持,令蒋介石非常害怕。中共中央采取在蒋、唐之间搞平衡的策略。这种依靠各实力派之间的均势来维持革命局面的策略其实是极端软弱无力的,更何况唐并未因共产党支持而真正左倾。1926年11月22日至12月16日,共产国际执行委员会举行第七次扩大全会,斯大林作了《论中国革命前途》的报告,全会通过《关于中国问题决议案》。决议着重指出:帝国主义已采取分化革命阵营的新策略,大资产阶级将不可避免地脱离革命;目前中国民族革命运动的发展重点是土地革命;中国革命的前途有可能向非资本主义即社会主义的方向发展,无产阶级应竭力争取革命的领导权;革命军队是中国革命极重要的因素,武装的革命反对武装的反革命,是中国革命的特点和优点之一。但共产国际、联共(布)对国民党的革命性作了过高估计,对革命阵营内部斗争的尖锐性和蒋介石等人迅速叛变革命的可能性缺乏认识,仍把主要希望寄托在蒋介石等人身上,包括由他们领导军队、政权、土地改革等。

[21] 随着北伐军势力扩展到长江流域,偏处广州一隅的国民政府已不能适应指导全国革命运动发展的需要,于是蒋介石一再提出将国民政府和国民党中央党部迁往武汉。当国民党中央委员和国民政府委员分批前往武汉时,蒋介石却要求把国民党中央和国民政府迁到国民革命军总司令部大本营所在地南昌,以便置于他的直接控制之下。从1926年末到1927年二三月,围绕国民政府迁都问题的斗争愈演愈烈。由于共产党和左派的压力,蒋介石迁都南昌的阴谋未能得逞。1927年3月10日至17日,国民党在汉口举行以提高党权为中心议题的二届三中全会。全会决定,将原由蒋介石担任主席的国民党中央常务委员会和军事委员会改为主席团制,不设主席,但仍保留了蒋介

石的国民党中央常委、军事委员会委员和国民革命军总司令职务。全会选举还在国外的汪精卫担任国民党中央和国民政府的主要领导人；决定邀请共产党人参加国民政府的领导工作。3月20日，武汉国民政府正式成立。蒋介石表面通电拥护全会决议，实际上却使用更加凶残阴险的手段加紧对抗。此时，蒋介石集团仇视和压迫工农群众的面目也日益公开化。在广东，北伐出师不久，他们就宣布禁止罢工，派人破坏工人运动、农会干部和农民群众。他们对两湖和江西的工农运动也极力限制，不惜制造白色恐怖，加紧夺取这些地方的党政领导权。不过这时蒋介石还未下决心同共产党决裂，他实力有限，还要趁北伐之势占领江苏、浙江和上海、南京一带。这一带是帝国主义在中国最集中的地区，是江浙财阀的大本营，是全国税收最多的富饶地区。占领这一带，就可以直接取得帝国主义势力和江浙财阀的大量援助，取得源源不断的巨额税收，收罗数量庞大的北洋军阀残余部队和其他反动势力。这样，他的势力就会足够强大，就到了可以同共产党及其领导下的工农革命力量公开决裂的时候。

[22] 当蒋介石反革命势力随着北伐日益膨胀、国民革命联合战线内的斗争愈演愈烈之际，以陈独秀为首的中共中央不能驾驭这种复杂多变的局面，以致在右倾的道路上越走越远。1927年3月，蒋介石开始加紧勾结中外反动势力，与帝国主义分子、江浙财阀和流氓势力举行了一系列秘密会谈。江浙财阀保证在财政上全力支持蒋介石。上海的青帮头子黄金荣、张啸林、杜月笙等也保证把大批流氓、暴徒组织和武装起来充当反共打手。蒋介石又调集嫡系部队和其他拥护他的部队控制江、浙两省和沪宁地区。在发动突然袭击的准备工作完成之前，为了迷惑中共中央和上海工人阶级，蒋介石假惺惺表示允许上海工人纠察队保留枪支，并派代表向上海总工会赠送写有"共同奋斗"字样的锦旗。在武汉的吴玉章、瞿秋白和邓演达等，曾紧急商讨对付蒋介石在沪宁一带异动的方案，提出从武汉调第四军赶到南京，配合尚未开往江北的第六、第二军，加强南京一带的防务，借以监视蒋介石。4月3日，第四军做好开往南京的准备，但陈独秀致电武汉表示反对。4月初，从国外归来的汪精卫同蒋介石等在上海密谈，他们对待共产党的态度无本质区别，只是在反共的时机与方式上有一些分歧。陈独秀却主动与汪精卫会谈，4月5日公开发表《汪精卫、陈独秀联合宣言》。该宣言只字不提蒋介石反革命言行，反而说"国民党领袖将驱逐共产党，将压迫工会与工人纠察队"等都是"谣言"。宣言发表后，陈独秀离开上海前往武汉。4月中旬，中共中央大多数领导人也先后到达武汉。中共中央机构正式移驻武汉。4月初，蒋介石在

上海约集国民党将领李宗仁、白崇禧、黄绍竑、李济深和国民党中央监察委员张静江、吴稚晖、李石曾等十余人举行反共秘密会议,诬蔑共产党要打倒国民党、打倒三民主义,贻害北伐军,主张立即以暴力手段"清党"。4月12日凌晨,大批青帮武装分子冒充工人,从租界冲出,向分驻上海总工会等处的工人纠察队发动突然袭击,然后派军队对2000名纠察队员强行缴械。此后又进行疯狂搜捕和屠杀。到4月15日,上海工人300多人被杀,500多人被捕,5000多人失踪,这就是震惊中外的四一二反革命政变。在上海发生反革命政变前后,四川、江苏、浙江、安徽、福建、广西和广东等省也以"清党"为名,大肆屠杀共产党人和革命群众。广州的四一五惨案,仅7天被逮捕者达2100人,其中共产党员约600人,被秘密杀害者100多人。著名共产党人李启汉、刘尔崧、萧楚女、邓培、熊雄等英勇就义。与此同时,北方奉系军阀张作霖也命令军警在北京逮捕共产党员和革命者,4月28日李大钊等20名革命者英勇就义,中共北方区委遭到严重破坏,被迫停止工作。

[23] 出席大会的代表82人,代表党员57967人。以罗易(1892—1954,印度人,1920年起为共产国际执委会负责人员,1927年任共产国际执委会驻中国代表)、多里奥、维经斯基组成的共产国际代表团参加大会。由谭延闿、徐谦和孙科组成的国民党代表团到会祝贺。汪精卫应邀列席了一天会议。陈独秀向大会作了长达6小时的《政治与组织的报告》,涉及中国各阶级、土地、无产阶级领导权、军事、国共关系等11个问题。大会通过了《政治形势与党的任务议决案》和《土地问题议决案》。大会选出了党的中央委员会,由31名正式委员和14名候补委员组成。随后举行的五届一中全会,选举陈独秀、蔡和森、李维汉、瞿秋白、张国焘、谭平山、李立三、周恩来为中央政治局委员,苏兆征、张太雷等为候补委员;选举陈独秀、张国焘、蔡和森(后增补瞿秋白、周恩来)为中央政治局常务委员会委员(周恩来曾代理常委),陈独秀为总书记。张国焘、蔡和森、周恩来、李立三、谭平山分别担任组织、宣传、军事、工人、农民部部长。大会在党的历史上第一次选举产生中央监察委员会,由正式委员7人、候补委员3人组成。

[24] 四一二反革命政变以后,以蒋介石为首的国民党右派从民族资产阶级右翼转变为大地主、大资产阶级的代表。在帝国主义势力的支持下,他们纠合国民党老右派以及官僚、政客、买办、豪绅,于1927年4月18日在南京另立国民政府,同保持国共合作的武汉国民政府相对抗。由于在北京尚有奉系张作霖控制的军阀政府存在,中国一时形成三个政权对峙的局面。4月16日,周恩来、赵世炎、罗亦农、陈延年、李立三从上海致电中共中央,

建议武汉国民政府东征讨蒋。武汉国民党的许多上层人物，一面高喊反蒋，一面却企图联蒋反奉。蒋介石一面策动破坏武汉局面的种种阴谋，一面声称只反共不反武汉政府，要求宁汉双方共同北伐。冯玉祥自1926年9月五原誓师后，曾一度倾向革命，支持农民运动，但面对帝国主义和地主买办阶级的强大压力，受到工农革命运动的冲击，又表现出很大的动摇性。在武汉的共产国际代表和一些共产党人不了解冯玉祥的政治态度的变化，依然对他寄予厚望。共产国际和斯大林也赞成北伐讨奉。中共中央最终没有采取东征讨蒋的建议，决定同武汉国民政府一道继续进行北伐，即第二次北伐。1927年4月19日，武汉举行第二次北伐誓师大会。4月25日，武汉国民政府任命冯玉祥为国民革命军第二集团军总司令。4月下旬至5月上旬，北伐军总指挥唐生智率领八万大军沿京汉路及其两侧北上。冯玉祥也率部由潼关出发向河南进军。6月1日，武汉北伐军与冯玉祥部在郑州会师，第二次北伐结束。

蒋介石乘武汉国民政府北伐之际，不断指示川、黔、桂、粤等地方军阀进攻两湖，秘密策反武汉国民革命军发动叛乱。蒋介石还同帝国主义势力和地方军阀联合，在长江和京汉、粤汉铁路上切断武汉的对外交通联络，禁止各地同武汉贸易往来。帝国主义各国商人在武汉的工厂、商店纷纷关闭。在多种因素综合作用下，武汉经济混乱，市民生活困苦，人心浮动。武汉地区及附近省的农民斗争十分激烈，封建地主势力的反扑也很凶猛。革命紧要关头，武汉革命阵营内部的矛盾趋于复杂化和尖锐化。汪精卫虽继续声称要坚决执行联俄、联共、扶助农工的三大政策，但又认为国共合作不可能长久，要做分共的必要准备。4月下旬至5月中旬，国民党中央党部决议在湖南、湖北、江西等省组织特别委员会，检查各级党部、各级政府机关、各民主团体的一切言论行动，并相继出台一系列限制工农运动的条例法令。

[25] 大革命失败后，反革命势力大大超过共产党领导的有组织的革命力量。国民党政权用法律、行政、特务、军事等手段残酷镇压任何革命活动，集中一切反革命势力向共产党人和革命群众进攻。1928年2月国民党二届四中全会通过《制止共党阴谋案》，其中称："凡经审察确为属于共党之理论方法机关运动者，均应积极铲除，或预为防范。" 2月29日国民党中央政治会议第一三〇次会议通过《暂行反革命治罪法》，规定对"意图颠覆中国国民党及国民政府，或破坏三民主义而起暴动者"，分别处以死刑、无期徒刑或有期徒刑。上述内容写入了同年3月公布的《中华民国刑法》。共产党的许多优秀干部，群众运动领袖，成千上万的共产党员、共青团员，革命的工人、农民、知识分子以及党外革命人士倒在血泊之中，共产党的活动被迫转入地

下。据中共六大时的不完全统计,从1927年3月到1928年上半年,被蒋介石集团和汪精卫集团杀害的共产党员和革命群众达31万多人,其中共产党员2.6万多人。在极其险恶的局势下,共产党内存在相当严重的消极情绪,一些不坚定者登报声明脱离共产党和共青团,有的甚至成了可耻的叛徒。据1927年11月的统计,党员数量由革命高潮时的近6万人急减至1万多人。共产党领导下的工会会员由大革命时期的280余万人减至几万人,拥有近1000万会员的各地农民协会大多被解散。

[26] 会议由瞿秋白、李维汉主持。会议选出中共中央临时政治局。苏兆征、向忠发、瞿秋白、罗亦农、顾顺章、王荷波、李维汉、彭湃、任弼时当选委员;邓中夏、周恩来、毛泽东、彭公达、张太雷、张国焘、李立三当选候补委员。8月9日,中央临时政治局第一次会议选举瞿秋白、李维汉、苏兆征为常务委员会委员。

[27] 斯大林认为,中国革命的第一阶段,即广州时期,是全民族联合战线的革命;蒋介石叛变革命后,民族资产阶级转到反革命阵营,中国革命进入第二阶段,即武汉时期;汪精卫叛变革命后,小资产阶级离开革命阵营,中国革命进入第三阶段,即苏维埃革命阶段,这时无产阶级的同盟军是农民和城市贫民。三阶段理论不符合中国革命的实际情况,但它在共产国际和中国共产党内影响很大。

[28] "八七"会议后,中国共产党开展武装斗争,实现了斗争形式的转变。但这时的中共中央并没有认识到革命形势已经转入低潮,在共产国际"左倾"理论的指导下,错误地估计形势,不顾主客观条件,盲目地要求一些地区举行武装起义。1927年11月9日至10日,中共中央在上海召开临时政治局扩大会议。会议由瞿秋白主持。会议通过共产国际代表罗米那兹起草的《中国现状与党的任务决议案》以及组织问题。会议不承认革命形势处于低潮,认为国民党新军阀的统治已在崩溃的边缘,会议据此确定实行全国武装暴动的总策略。会议对"八七"会议后各地武装起义所遭受的失败和挫折不作具体分析,片面指责起义领导人"违背中央政策"和犯了"机会主义"错误,并决定给予南昌起义和湘赣边界秋收起义的领导人及有关省委的负责人周恩来、谭平山、毛泽东、彭公达等以不同的政治纪律处分。会议通过的《最近组织问题的重要任务议决案》提出:党的最重要的组织任务是将工农分子的新干部替换非无产阶级的知识分子干部,要使党的指导干部中无产阶级及贫民的成分占最大多数。会议要求在党的六大召开前,彻底改造党的指导机关。1928年2月下旬,共产国际执委会第九次扩大全会通过关于中国问

题的决议,批评了罗米那兹所谓"不断革命"的错误观点。同年4月,中共中央临时政治局发出关于接受共产国际决议案的通告,承认中国共产党内存在"左"倾盲动错误,至此这次全国范围内的"左"倾盲动的实际工作基本终止。

[29] 出席大会代表142人,其中有选举权的代表84人。大会通过了关于政治、军事、组织、苏维埃政权、农民、土地、职工、宣传、民族、妇女、青年团等问题的决议,以及经过修改的《中国共产党党章》。大会选出中央委员23人、候补中央委员13人,组成第六届中央委员会;选出3名委员、2名候补委员组成中央审查委员会。随后在六届一中全会上选举苏兆征、项英、周恩来、向忠发、瞿秋白、蔡和森、张国焘为中央政治局委员,关向应、李立三、罗登贤、彭湃、杨殷、卢福坦、徐锡根为政治局候补委员;选举苏兆征、向忠发、项英、周恩来、蔡和森为中央政治局常委会委员,李立三、杨殷、徐锡根为常委会候补委员。7月20日召开的第六届中央政治局第一次会议,选举工人身份的向忠发为中央政治局主席兼中央政治局常委会主席,周恩来为中央政治局常委会秘书长。共产国际鉴于以往派驻中国的代表屡犯错误和中国白色恐怖严重的情况,决定改变派代表到中国指导革命的办法,采取在莫斯科设中共驻共产国际代表团,协助共产国际指导中国革命的新措施。瞿秋白、张国焘、邓中夏、王若飞等人作为中共常驻共产国际和赤色职工国际、农民国际的代表,留驻莫斯科,瞿秋白为代表团负责人。在有选举权的84名代表中,工人占41人。六大选出的23名委员和13名候补委员组成的中央委员会中,工人占21人,工人出身的向忠发被选为党的最高领导人。

大革命失败后,中共中央在部署各地武装起义的同时,还努力整顿遭受严重打击的党在国统区的组织,建立中央的派出机关并派出巡视员,指导党组织转变斗争形式,建立起一套秘密工作制度,开展党的地下斗争和工人运动。中共六大选出的中央委员回国后,非常注意党的建设,党的组织有了较大发展。到1929年6月六届二中全会召开时,全国党员已增加到6.93万人。到1930年9月六届三中全会召开时,全国党员人数已达到12.23万余人。中共六大后,党还与陈独秀等人同中国的托派结合而成的托陈取消派进行了斗争。中国托派的最初来源,是直接受到托洛茨基及托洛茨基主义影响的少数中国留苏学生,他们中的一些人于1927年底和1929年先后回到国内,大力宣传托洛茨基关于中国革命的观点。托洛茨基认为斯大林应对中国大革命的失败负责,这一看法得到了陈独秀的认同。经过一段时间思考后,陈独秀、彭述之等接受托派关于中国革命的理论和策略,并开始在中国共产党内组织

"左派反对派"。1929年11月15日,中共中央决定将陈独秀、彭述之等人开除出党。

[30] 从1929年到1930年,国内国际政治形势发生了一些重要变化。在国内,国民党统治集团内部矛盾进一步激化,蒋介石集团和各种反蒋势力不断斗争,加深了全国各阶层人民的苦难,也削弱了各派军阀自身的力量。在国际上,1929年资本主义世界爆发空前经济危机,一些发达资本主义国家的工人运动和群众斗争有了较大发展。这时中共中央的一些领导人,片面夸大形势对革命有利的一面,又受到共产国际"左"倾指导思想的影响,逐渐形成"左"倾冒险主义错误。一些比较系统的错误主张,主要由时任中央政治局候补常委、中央宣传部部长李立三提出的。因此,这次"左"倾错误,史称"立三路线"。"立三路线"给党和革命事业造成了严重损失。1930年9月24日至28日,中共在上海召开扩大的六届三中全会,批评了"立三路线",虽然没有彻底清算,但停止了李立三等的"左"倾冒险计划的执行。1931年1月7日,中共扩大的六届四中全会在上海召开,继续清算"立三路线",由于共产国际远东局负责人米夫(1901—1938,苏联人,1925年、1927年先后担任莫斯科中山大学副校长、校长,对当时就读的学生王明很器重。1928年2月调任共产国际执行委员会东方部中国部主任。1930年7月被任命为共产国际执行委员会远东局负责人,并于10月抵达上海。1931年8月回到苏联)操纵会议,将王明(陈绍禹)补选为中央委员、政治局委员、政治局常委候补委员。六届四中全会后,中共中央的领导权实际上由得到米夫全力支持的王明所操纵。这样,六届四中全会就成为以王明为主要代表的"左"倾教条主义错误在中共中央占据统治地位的开端。六届四中全会后,中共还处理了以罗章龙为首的分裂主义者问题。1930年12月9日,当中共中央作出召集紧急会议的决定之后,罗章龙等以全国总工会党团为基础,反对六届三中全会和中央;六中全会后继续反对中央。1931年1月27日,中央政治局通过《关于开除罗章龙中央委员及党籍的决议案》,并立即生效。1931年6月,中央政治局候补委员、参与领导中央特科工作的顾顺章在武汉被捕叛变。6月,担任政治局常委会主席的向忠发在上海被捕叛变,随即被国民党杀害。在周恩来等人的领导下,迅速将中央机关和中央主要领导干部转移到安全地带或撤离上海。王明于10月前往莫斯科,周恩来于12月底到达中央根据地瑞金。在他们离开上海之前的9月下半月,由于在上海的中央委员和政治局委员都已不到半数,根据共产国际远东局的提议,在上海成立临时中央政治局,由博古(秦邦宪)、张闻天(洛甫)、康生、陈云、卢福坦

（后叛变）、李竹声（后叛变）六人组成。博古、张闻天、卢福坦三人任中央常委，博古负总责。这个临时中央领导机构，随后得到共产国际的批准，他们继续贯彻执行王明"左"倾教条主义方针。

[31] 长征开始后，广大干部战士逐渐觉悟到，与前四次反"围剿"胜利形成鲜明的对照，第五次反"围剿"失利到现在几乎濒临绝境，其根源是排斥以毛泽东为代表的正确领导。1934年11月27日至12月1日在广西全州、兴安间进行的湘江之战，中央红军损失极为惨重，渡过湘江后中央红军和中央机关人员由长征出发时的8.6万余人锐减至3万余人。广大干部战士的不满情绪到达顶点，要求纠正中央的错误领导。毛泽东的正确意见得到了王稼祥、张闻天、周恩来、朱德等的支持，他们同博古、李德等人的分歧越来越大，从老山界到黎平再到猴场，一路展开争论。中央大部分领导人对于中央军事指挥错误的意见基本一致。因此，召开一次政治局会议总结经验教训并纠正领导错误的条件已经成熟。1935年1月15日至17日，中央政治局在遵义召开了扩大会议。出席会议的政治局委员有毛泽东、张闻天、周恩来、朱德、陈云、博古，候补委员有王稼祥、刘少奇、邓发、何克全（凯丰），还有红军总部和各军团负责人刘伯承、李富春、林彪、聂荣臻、彭德怀、杨尚昆、李卓然，以及中央秘书长邓小平。李德及担任翻译的伍修权列席了会议。会议全力纠正当时具有决定意义的军事上和组织上的问题。会议改组了中央领导机构，选举毛泽东为政治局常委；取消长征前成立的"三人团"，仍由最高军事首长朱德、周恩来为军事指挥者，周恩来为党内委托的对指挥军事下最后决心的负责者。2月5日在川滇黔交界的一个鸡鸣三省的村子，中央政治局常委分工，根据毛泽东提议，决定由张闻天代替博古对中央负总责；决定毛泽东为周恩来在军事指挥上的帮助者，博古任总政治部代理主任。3月4日，中革军委在第二次进驻遵义后设置前敌司令部，以朱德为司令员，毛泽东为政治委员。后鉴于作战情况瞬息万变，毛泽东提议成立"三人团"全权指挥军事。3月中旬，在贵州鸭溪、苟坝一带，成立由毛泽东、周恩来、王稼祥组成新的"三人团"，周恩来为团长，负责全军的指挥。

[32] 1931年9月18日深夜，根据不平等条约驻扎在中国东北的日本关东军向中国东北军驻地北大营和沈阳城发动进攻，制造了震惊中外的九一八事变。随后4个多月内，日本侵略者占领了东北三省。1932年3月9日，日本帝国主义在长春建立了以清朝末代皇帝溥仪为首的傀儡政权伪满洲国。日本和伪满政权对东北实行法西斯统治，残酷迫害和屠杀抗日人民。通过加强殖民统治，日本逐步将东北变成它侵略华北乃至全中国的战略基地。

"九·一八"事变时,日本关东军不过1万多人,中国东北军有16.5万多人。1931年7月,蒋介石提出"攘外必先安内,统一方能御侮"方针,坚持以主要兵力"围剿"中国工农红军。从1930年12月至1933年9月,国民党共调集223万兵力对革命根据地红军发动五次"围剿"(1930年12月第一次"围剿"兵力为10万,1931年4月第二次"围剿"兵力为20万,1931年7月第三次"围剿"兵力为30万,1932年6月第四次"围剿"兵力为63万,1933年9月第五次"围剿"兵力为100万)。

[33] 出席和列席会议的有毛泽东、张闻天、周恩来、博古、李维汉、王稼祥、刘少奇、邓发、凯丰、张浩、邓颖超、吴亮平、郭洪涛等,张闻天主持会议。

[34] 在民族危机日益严重的形势下,国民党内部也出现了分化。1932年1月28日日军进攻上海闸北时,蒋光鼐、蔡廷锴指挥的国民党第十九路军奋起抵抗,沉重打击了侵略者。由于蒋介石坚持不抵抗政策,第十九路军被迫撤离上海。以宋庆龄为代表的国民党左派,坚决反对蒋介石集团的独裁统治和不抵抗政策。1932年12月,宋庆龄、蔡元培、杨杏佛等在上海发起成立中国民权保障同盟。中国民权保障同盟不但积极营救被国民党政府逮捕的爱国革命人士,包括共产党人如罗登贤、廖承志、陈赓等,而且严厉揭露和抨击国民党的法西斯统治,争取人民的各项民主自由权利。中国民权保障同盟还同上海20多个进步团体一起,组织国民御侮自救会。1933年5月26日,冯玉祥在张家口成立察哈尔民众抗日同盟军。由于国民党政府的破坏,冯玉祥被迫于8月5日通电宣布将察省军政大权交国民党政府任命的察哈尔省主席宋哲元办理,随后撤销抗日同盟军总部。抗日同盟军大部被宋哲元收编,在共产党影响下的部队1万余人转战于热河、长城一线。到10月中旬,该部在北平近郊遭到日本和国民党军队的联合进攻而失败,方振武被迫流亡香港,吉鸿昌乔装潜回天津。吉鸿昌1934年1月加入中国共产党继续抗日,11月9日被国民党逮捕,11月24日在北平就义。

从1935年冬开始,国民党先后在上海、南京、莫斯科秘密同中共接触,由于这时蒋介石还没有联共抗日的诚意,两党谈判没有结果。1936年上半年,蒋介石仍调集重兵企图"围剿"陕甘根据地和红军。但在日本侵略势力步步深入华北,支持伪蒙军向绥东、绥北逼进的形势下,国民党政府同日本的矛盾加剧,英国、美国同日本的矛盾也日益扩大。国民党内亲英美派和亲日派之间的裂痕逐渐增大。蒋介石实际上已不可能再执行他几年来对日本侵略的不抵抗政策。如果继续那样做,既不符合他所依附的英美等国的要求,也不能阻止国民党内某些派系利用抗日旗帜来反对他的统治,他和广大人民的对立也会更尖锐。为了自己的统治蒋介石不得不改变几年来对日的妥协政策。对共产党和红军,蒋介石仍然坚持"剿灭"政策,但同时又继续进行秘密谈判。根据共产国际的指示和形势的变化,1936年8月25日,中共中央发出致中国国民党中央委员会并转全体国民党员的信,倡议在抗日的大目标下,国共两党实行第二次合作。信中强调:"只有国共的重新合作,以及同全国各党各派各界的总合作才能真正的救亡图存。"宋庆龄、何香凝等许多国民党上层人物表示赞同停止内战、一致抗日的主张。为了使全党放弃反蒋口号的必要性,1936年9月1日和17日,中共中央先后向党内发出《关于逼蒋抗日问题的指示》和《关于抗日救亡运动的新形势与民主共和国的决议》。这两个文件还提醒全党,为了逼蒋抗日,推动国民党政府及其军队参加抗日战争,必须进行艰苦的斗争,在保持党的独立性基础上发动一切力量参加到抗日民族统一战线中来。

西安事变和平解决以后,中共面临的主要任务,是动员全党和全国人民巩固和平,争取民主,早日实现全民族共同抗战。为了实现这个任务,中共中央于1936年12月27日向党内发出《中央关于蒋介石释放后的指示》。1937年1月13日,中共中央机关由保安迁往延安。1937年2月10日,中共发表《中共中央给中国国民党三中全会电》,提出了五项要求和四项保证,得到广大爱国人士的赞成,进一步推动了国民党内部抗日派对亲日派的斗争。从1937年2月开始到7月全国抗战爆发,中共中央先后派周恩来、叶剑英、林伯渠、博古等同国民党代表顾祝同、贺衷寒、张冲以及蒋介石、宋子文等人,在西安、杭州、庐山举行多次会谈。由于蒋介石缺乏诚意,谈判没有达成实质性协议。在中国革命进程和国共关系即将发生重大变化的转折关头,为了使全党明确认识当前的形势、任务以及党的政策、策略,做好迎接大转变的思想准备,中共中央于1937年5月至6月,先后在延安召开中国共产党全国代表会议(当时称苏区党代表会议)和中国共产党白区工作会议。中国共产党的一些正确主张得到许多党派和广大进步青年的赞同,会议期间国共谈判也取得明显进展。为了做好抗日战争的准备,中共中央还特别重视加强人民军队和根据地的建设。到全国抗战爆发前,正规红军、地方红军、游击队和东北抗日联军发展到10万人左右。边区以中共中央所在地延安为中心,包括陕西、甘肃、宁夏三省各一部分,共20余县,200万人。

[35] 日本发动全面侵华战争是做了充分准备的。进入20世纪30年代以

后,日本右翼势力连续策动兵变和政变,导致日本内阁更迭频繁,法西斯势力迅速膨胀。1936年9月,日军强占北平西南门户丰台,严重威胁当地中国驻军,加剧了华北的紧张局势。同时日本军部制定了1937年度大规模侵略中国的作战计划。从1937年5月起,日军在北宁铁路沿线以及丰台、卢沟桥一带频繁演习。五六月间,日本关东司令部和驻天津的中国驻屯军司令部频频开会,策划发动大规模侵华战争。6月日本近卫内阁执政后,日本统治集团中"对华一击论"占据上风,以为侵华战争一旦发动,凭借其强大的军事力量,利用国民党政府的软弱动摇,在很短时间内能够降服整个中国。但它低估了中华民族反抗外来侵略的深厚潜力。

[36] 抗日救国十大纲领:(1) 打倒日本帝国主义;(2) 全国军事的总动员;(3) 全国人民的总动员;(4) 改革政治机构;(5) 抗日的外交政策;(6) 战时的财政经济政策;(7) 改良人民生活;(8) 抗日的教育政策;(9) 肃清汉奸卖国贼亲日派,巩固后方;(10) 抗日的民族团结。

[37] 1937年12月13日,日军占领南京,国民党政府首都沦陷。日军在日本华中方面军司令官松井石根大将、上海派遣军司令官朝香宫鸠彦和第六师团师团长谷寿夫中将等人的悉愿指挥下,日军在南京地区烧杀淫掠持续六周之久。中国平民和被俘士兵被集体枪杀、焚烧、活埋以及其他方法处死者,达30万人以上。南京市三分之一的房屋被烧毁,几乎所有的商店被抢劫一空。日军进入南京市后的一个月中,发生约2万起强奸、轮奸事件,连不到10岁的幼女和六七十岁的老妇都难以幸免。很多妇女被奸淫后又遭屠杀、焚尸,惨绝人寰,南京变成了人间地狱。日军为掩盖罪行,严密封锁新闻,同时焚尸灭迹,消灭罪证。但仍有不少正义人士、国际友人和外国记者不顾生命危险,组成国际安全区和难民收容所,给受害者人道主义援助,将日军暴行记录在案并公布于世。《纽约时报》《芝加哥每日新闻》等及时披露日军暴行,引起全世界震惊。1938年3月,澳大利亚人田伯烈编成的《外人目睹之日军暴行》是较早全面记录南京大屠杀的历史文献。战后松井石根被远东军事法庭处以绞刑,谷寿夫引渡给中国政府处死。南京大屠杀铁案如山,是日本侵略者这群畜生对中国人民犯下的滔天罪行,中华民族的子孙们要世世代代铭刻在心(2014年2月27日,十二届全国人大常委会第七次会议决定,将9月3日确定为中国人民抗日战争胜利纪念日,将12月13日设立为南京大屠杀死难者国家公祭日)。日本侵略者的暴行绝不限于南京的一时一地。卢沟桥事变后,日军制造了大量惨案,仅1937年至1940年制造的100人以上的大屠杀就达500多起。日军占领南京后,强迫更多的中国妇女充当"慰

安妇",她们受尽欺凌和摧残,不少人死于虐杀和疾病。日军还在许多地区使用毒气和细菌武器,残酷杀害中国军人和无辜平民。在整个侵华战争中,日本侵略者这群畜生的暴行从未停止过。

中国共产党领导的八路军、新四军及其他人民武装,在敌后广泛发动抗日游击战争,建立晋察冀、晋西北和大青山、晋冀豫、晋西南、山东、华中等抗日民主根据地,逐步开辟了广大的敌后战场,并进一步巩固陕甘宁边区政府。从1937年9月到1938年10月,八路军、新四军同日、伪军作战1600余次,毙伤俘敌5.4万余人,八路军发展到15.6万余人,新四军发展到2.5万人,敌后抗日根据地(包括游击区)总人口达5000万以上。到1938年底,共产党员人数已从全国抗战开始时的4万多人发展到50余万,共产党已成为具有广泛群众基础的政治组织。敌后游击战争不仅配合国民党军队的正面作战,直接打击日本侵略者,而且迫使日军将原先用于进攻的大量兵力转用于防守其占领区,从而对停止日军的战略进攻,使抗战由战略防御阶段转入战略相持阶段,发挥了重要作用。

[38] 贯彻执行党的全面抗战路线,必须正确处理民族斗争和阶级斗争的关系,以及统一战线中统一和独立、团结和斗争的关系,但党内一些人对这些重大问题还缺乏清醒的认识。1937年11月29日,王明同陈云、康生一起从苏联回国到延安。王明在苏联时是中共驻共产国际代表,并任共产国际执行委员会委员、主席团委员和候补书记。12月9日至14日,中共中央召开政治局会议。王明作了《如何继续全国抗战与争取抗战胜利呢?》的报告,对洛川会议以来中共中央在统一战线问题上的许多正确观点和政策提出批评。王明说其报告是传达共产国际和斯大林的指示,这就使得许多与会者产生盲目的信赖,一时不能明辨是非。这次会议未就王明的主张形成决议,中共中央仍按原来的方针进行工作。会议增补王明、陈云、康生为中央书记处书记,决定由周恩来、王明、秦邦宪、叶剑英组成中共代表团,负责与国民党谈判。会后王明等即去武汉中共代表团和长江局工作。王明到武汉后,开始在实际工作中贯彻其错误主张。1938年2月27日至3月1日,中共中央在延安召开政治局会议,王明作了《目前抗战形势与如何进行抗战和争取抗战胜利》的报告。在军事问题上,他指望通过外援,组建几十个有新式武器装备的师团,作为全国军队的骨干;他完全脱离实际地提出全国抗日部队"统一指挥""统一编制""统一武装""统一纪律""统一待遇""统一作战计划"和"统一作战行动"的主张。会后,王明回到武汉,将自己的错误主张写成《三月政治局会议的总结》等文章,在《群众》周刊上公开发表。总之,王

明从苏联回国后,提出了一系列右倾错误观点,主要表现是:在政治上,过分强调统一战线中的联合,影响独立自主原则的贯彻;在军事上,对党领导的游击战争的作用认识不足,不重视开展敌后根据地的斗争;在组织上,不尊重、不服从以毛泽东为核心的中央领导。三月政治局会议没有立即对王明提出批评,而是决定派任弼时去莫斯科向共产国际说明情况并争取其支援。1938年6月11日,共产国际执委会主席团通过《关于中共代表报告的决议案》和《共产国际执委会主席团的决定》,完全同意中国共产党的政治路线。1938年6月,中共中央决定王稼祥回国,由任弼时接替其工作。7月初,王稼祥回国前夕,共产国际执委会季米特洛夫在接见他和任弼时时明确表示,中共中央内部应支持毛泽东的领导地位,王明缺乏实际工作经验,不应争当领袖。8月初,王稼祥从莫斯科回到延安。9月14日至27日,中共中央举行政治局会议。会议由王稼祥传达共产国际的指示和季米特洛夫的意见:中共一年来建立了抗日民族统一战线,尤其是朱德、毛泽东等领导了八路军,执行了党的新政策,政治路线是正确的;中共在复杂的环境和困难的条件下,真正运用了马克思列宁主义;在中共中央领导机关中,要以毛泽东为核心解决统一领导问题,中央领导机关要有亲密团结的空气。共产国际的指示和这次政治局会议对纠正以王明为代表的右倾错误和召开六届六中全会作了重要准备。

[39] 从全国抗战开始到1940年,是人民抗日力量大发展时期。共产党领导的武装部队由抗战开始时的5万多人发展到50万人,此外还有大量地方武装和民兵。除陕甘宁边区外,在华北、华中和华南建立了16块抗日民主根据地。这些根据地(包括游击区)共拥有近1亿人口,成为全国抗战的重心。

1939年1月召开的国民党五届五中全会,虽然仍声称"坚持抗战到底",但制定了对付共产党的"溶共""防共"和"限共"方针。1939年12月,国民党军队进攻陕甘宁边区,阎锡山部队在山西进攻新四军和八路军,掀起第一次反共高潮。1941年1月6日,国民党军7个师8万余人,对移师北上的新四军及所属皖南部队9千余人进行包围袭击,除2000人突围,其余人被俘或牺牲,副军长项英突围后被叛徒杀害。在日寇大举侵略中国的危急情况下,蒋介石破坏抗日统一战线,制造了同室操戈的皖南事变,掀起第二次反共高潮,引起了全国人民的愤慨。1943年春,国民党顽固派要求"解散共产党""取消陕甘宁边区",并密令胡宗南部队准备进攻陕甘宁边区,企图掀起第三次反共高潮。中国共产党及其领导的八路军、新四军及时揭露、反击、打退和制止了国民党的三次反共高潮。

国民党顽固派对共产党进行军事进攻的同时,也在思想战线上发动攻势。国民党提出的策略口号是:"以宣传对宣传","以理论制驭理论",妄图以"三民主义"篡改和取代马克思主义和共产主义。这些破坏抗日团结的言论,使广大群众对抗战前途和中国的未来担忧。有些人还企图在国共两党的政治主张之外,另走一条道路,想在中国建立欧美式的资产阶级共和国。毛泽东、张闻天、周恩来等中共中央领导人以及延安理论界,发表一系列文章和讲话,毛泽东于1939年底至1940年初,先后发表了《〈共产党人〉发刊词》《中国革命和中国共产党》和《新民主主义论》等著作,有力地揭露和批判形形色色的假三民主义,论述孙中山的新三民主义与旧三民主义的区别,以及三民主义与共产主义的关系,从而阐明了共产党的理论和纲领,回答了中国向何处去的问题。

[40] 1941年6月22日,德国突然对苏联发动大规模侵略战争。1941年12月8日,日军偷袭美国太平洋海军基地珍珠港,进攻英、美的太平洋属地,英、美对日本宣战,太平洋战争爆发。美国与德、意之间也相互宣战。12月9日,中国国民政府正式对日本宣战,同时对德、意宣战。苏德战争和太平洋战争爆发后,东西方反法西斯战线连成一片。1942年1月1日,以中、美、英、苏四国为首的26个参加对德、意、日轴心国作战的国家(通称同盟国),在华盛顿签署《联合国家宣言》,郑重表示:签字国保证使用全部军事和经济资源,共同对抗德、意、日法西斯的侵略;各国保证不同敌国单独缔结停战协定或和约。联合宣言的签订,标志着国际反法西斯统一战线的正式形成,中国的抗日战争成为国际反法西斯战争的重要组成部分,为中国人民争取抗战胜利创造了有利的国际条件。1942年10月9日,美、英两国政府同时表示,愿意废除在中国的领事裁判权及其他有关特权,随后举行谈判。1943年1月11日,《中美关于取消美国在华治外法权及处理有关问题条约》《中英关于取消英国在华治外法权及其有关特权条约》分别在华盛顿和重庆签署。1月25日,中共中央作出决定,庆祝中美、中英间废除不平等条约,全国人民也集会表示热烈祝贺。

[41] 邓小平说:"从党和国家的领导制度、干部制度方面来说,主要的弊端就是官僚主义现象,权力过分集中的现象,家长制现象,干部领导职务终身制现象和形形色色的特权现象。"邓小平:《党和国家领导制度的改革》,《邓小平文选》第2卷,人民出版社1994年版,第327页。

[42] 1982年宪法有过5次修正案:1988年4月12日七届全国人大一次

会议通过的宪法修正案，1993年3月29日八届全国人大一次会议通过的宪法修正案，1999年3月15日九届全国人大二次会议通过的宪法修正案，2004年3月14日十届全国人大二次会议通过的宪法修正案，2018年3月11日十三届全国人大一次会议通过的宪法修正案。

第二章

中国共产党与中国政府的关系

从近代开始,人类社会迈入了以人为本的现代文明时期,民主政治是它的重要特征。人民利益至上,国家是人民的,人民是国家的主人。一切国家权力来自人民、属于人民并服务人民。民主政治发展至今,政党政治是它的主要形式,人民行使国家权力通常在执政党组织下开展。当今世界正处于一个政党政治时代,中国亦不例外。

一 党依法执政

(一) 政党政治

政党是指由社会某个阶级、阶层或利益集团的代表组成的、以谋取国家权力为直接目标的政治组织。经过人民同意而执掌国家权力的政党就是执政党。政党政治作为一种国家统治方式,有狭义和广义之分。狭义是指在一个国家或地区内,一个政党或几个政党联合组织政府,执掌国家权力,与"执政党"同义。广义是指相对于政党出现以前的社会,有国家、政府和政治活动,而没有政党的情况。①

1. 历史演变

在中国古代汉语里,虽然有"党"这个词语,但无政党的含义。"党"的用法主要是:(1) 指地方组织单位,如"五家为邻,五邻为里,四里为族,五族为党"。② (2) 有亲族之义,如"睦父母之党,可谓孝矣"。③ (3) 指政治上有亲密关系的人,多为贬义,如"结党营私""党羽""朋党"

---

① 参见刘瀚主编《依法治国基本方略》,学习出版社2001年版,第152页。
② 《汉书·食货志》。
③ 《礼记·坊礼》。

"同党""阿党"等。现代意义上的政党,是 19 世纪末 20 世纪初由西方国家传入中国的。

了解政党政治,首先要明白什么是政治。西方政治学之父亚里士多德在《政治学》中说:"人类自然是趋向于城邦生活的动物(人类在本性上,也正是一个政治动物)"。[①] 可见,政治起源于人们的社会生活,社会生活中存在着与人人利益攸关的公共事务,一个人离开了社会、离开了公共事务就无法生存。因此,有人类社会,就有政治,无论原始社会、奴隶社会、封建社会、资本主义社会、社会主义社会还是将来的共产主义社会,都有政治。

政治在不同社会阶段含义有别。在亚里士多德所处的古代社会,政治等同于社会,政治社会只是同义反复,"人是政治动物"即"人是社会动物","政治事务"即"社会事务"。到了马克思所处的近代社会,由于社会分工的发展,政治逐渐从社会中分离出来,政治已非社会全部而只是其中一部分。因此,对亚里士多德所谓"人天生是政治动物",马克思解释道:"确切地说,亚里士多德所下的定义是:人天生是城市的市民。这个定义标志着古典古代的特征,正如富兰克林所说的人天生是制造工具的动物这一定义标志着美国社会的特征一样。"[②] "人即使不像亚里士多德所说的那样,天生是政治动物,无论如何也天生是社会动物。"[③] 人是社会的主体,没有人就没有社会。社会是人生活的场所,没有社会就没有社会意义上的人。人既是独立的个体,又是社会的组成部分。因此,马克思说:"人是最名副其实的政治动物,不仅是一种合群的动物,而且是只有在社会中才能独立的动物。"[④]

在原始社会,由于生产力极其低下,为了生存和安全,人们必须分工合作共同获取食物和维护安全,因此,生存与安全就是最大的政治。随着剩余产品的出现,出现了私有制、阶级、国家,人类也就进入了文明社会的第一个阶段——奴隶社会。私有制、阶级、国家的出现是社会进步的结果。按照马克思主义观点,国家是经济上占统治地位的阶级压迫另一个经济上处于被统治地位阶级的工具,同时国家这个工具又反过来维护统治阶级经济上的主导地位,这就是国家的阶级本质和阶级职能。国家还要处理对统治阶级和被

---

① [古希腊]亚里士多德:《政治学》,吴寿彭译,商务印书馆 1965 年版,第 7 页。
② 马克思:《资本论》,《马克思恩格斯全集》第 23 卷,人民出版社 1995 年版,第 363 页注(13)。
③ 马克思:《资本论》,《马克思恩格斯全集》第 44 卷,人民出版社 2001 年版,第 379 页。
④ 马克思:《〈政治经济学批判〉导言》,《马克思恩格斯选集》第 2 卷,人民出版社 1995 年版,第 2 页。

统治阶级存在同样利害关系的问题，这就是国家的社会职能。而国家的根本属性是权力，国家通过权力的行使来实现其阶级职能和社会职能。因此，自从社会发展到国家状态后，凡同国家权力有关的问题就是社会最大的政治问题。国家权力的本质是暴力。只要影响到统治阶级的统治地位，统治阶级就会出动军队、警察等国家机器进行镇压。但是，国家的具体职能和统治方式在社会发展的每个阶段又是不一样的，社会越是向前发展，国家就会越来越文明。

在奴隶社会，奴隶没有人身自由，奴隶主的统治是残酷的。在封建社会，自给自足的自然经济占主导地位，封建领主掌握国家政权，广大农民虽然有了一定的人身自由但仍依附于领主。在奴隶社会和封建社会，虽然有过被统治阶级这样那样的起义与反抗，但被统治阶级的经济地位决定了它对统治阶级的统治不能构成威胁。在统治阶级内部，由于经济关系单一，不存在相互抗衡的利益集团。因此，奴隶社会和封建社会没有政党政治的社会经济基础。

到了资本主义社会，由于商品经济迅速发展、社会分工不断扩大、各种利益关系错综复杂，结果导致：（1）在统治阶级内部，存在不同的利益集团。虽然在对付被统治阶级上他们是一致的，但他们相互之间有利益冲突，都希望通过组建政党去获取国家权力为本集团服务。（2）被统治阶级也有一定势力，统治阶级不得不考虑他们的某些要求。被统治阶级内部也有不同阶层，他们相互之间也有利益冲突，他们也会在统治阶级的法律许可范围内组建政党去获取部分国家权力。（3）统治阶级或它的一些利益集团为达到自己的目的，甚至要借助被统治阶级的全部或一部分力量。例如，资产阶级在推翻封建贵族的斗争中就利用了工人阶级的力量。因此，在西方资本主义国家就产生了政党和政党政治。

世界上第一个政党是在英国资产阶级革命和改良中产生和发展的。1640年，英国资产阶级革命开始。1679年，英国议会围绕是否剥夺国王查理二世的弟弟詹姆士的王位继承权展开斗争。代表工商业资产阶级的一派，主张通过《排斥法》剥夺詹姆士的王位继承权。代表贵族和地主的一派，赞成詹姆士的王位继承权。前者被对方称为"辉格党"（Whig，意为"强盗"），后者被对方称为"托利党"（Tory，意为"歹徒"）。1688年光荣革命，两党联合妥协，英国资产阶级革命结束。1694年，辉格党人组成英国历史上第一个内阁，逐渐形成了议会下院多数党领袖出任首相组阁的宪法惯例。经过几代人之后，地主和商人已不分彼此，两党社会基础和政策趋同。1839年辉格党改称自由党，1833年托利党改称保守党。1900年英国劳工代表委员会成立，1906年改称英国工党（Labour Party, Great Britain）。英国工党是由工会、合作社组织和社会主义团体联合组成的，第一次世界大战爆发后支持政府的战争政策，并加入了自由党的联合内阁，20世纪初力量日益增强，1924年在自由党支持下首次组阁，开始与保守党轮流执政。1997年后工党执政，直到2010年保守党同自由民主党组成联合政府重新上台执政。

美国的政党和政党政治对世界影响最大。1776年，美国发表《独立宣言》，宣布脱离英国的殖民统治。在讨论和批准1789年宪法时，以华盛顿政府财政部长汉密尔顿为首的联邦党人主张批准联邦宪法。以国务卿杰斐逊为首的民主派，反对中央集权并要求在宪法草案中增加人权条款。1791年至1792年，杰斐逊和麦迪逊建立了民主共和党，被联邦党人称为"反联邦党人"。民主共和党代表了新英格兰富人、土地投机者和南方种植园奴隶主的利益。联邦党人主要代表北部各州中小资产阶级，包括农民、手工业者和小商人，以及一部分南方种植园主的利益。联邦党人由于在约翰·亚当斯任总统期间推行反民主政策，又由于在第二次独立战争（1812—1814年）中亲英和策划分裂联邦声誉扫地，土崩瓦解。美国现在的两党由民主共和党分裂而来，激进派组成民主党，保守派组成共和党，后几经变动，至南北战争（1861—1865年）后，两党都是资产阶级的代言人，但共和党多以北部和东部工业、金融业大资本家、大财团为背景。民主党多以西部、南部的农场主和新兴工商业财团为背景。两党轮流执政至今。

法国的政党源于1789年爆发的大革命时期的各种政治派别，很不稳定。最初是斐扬俱乐部与雅各宾俱乐部的吉伦特派和山岳党人，在实行君主立宪制还是共和制问题上分为两派。两派轮流执政至1794年后，又有热月党人执政。此后十多个政治派别登场纷争，在政体主张上可分为右翼君主派和左翼共和派，至第三共和国（1870—1940年）后，君主制与共和制之争结束。法国现在的政党格局为"两翼四大党"（两翼是左翼和右翼，四大党是法国共产党、社会党、保卫共和联盟和法国民主联盟），是1958年第五共和国建立后最终形成的。

当代西方资本主义国家都形成了比较成熟的政党政治，多党制、议会制和三权分立是其显著特点。广大发展中国家也实行政党政治，但政党政治的性质和实施方式与西方资本主义国家有所不同。

纵观各国历史，政党取得执政主要有两种途径。一个是在先有政权后有政党的西方发达国家，社会利益分化导致代表不同利益群体的政党出现，多党之间平等竞争，一般演变为两个主要政党之间的竞争，只有经过人民选举认可的政党才能成为执政党。人民的不断选择会引起执政党的轮流更替。这种和平选举具有现实正当性,是西方政党取得执政的基本方式。多党相互牵制,执政党如果一意孤行就面临下台风险而不敢为所欲为,国家权力能得到有效监督而不至于腐败泛滥。但弊端也很明显。譬如,政党轮流更替会导致国家政策的不稳定或不连贯,政党相互牵制也会带来推诿扯皮以致办事效率低下,有些事情由于多党长期对峙而久拖不决,影响人们对未来的利益预期。这些弊端是多党制运行不得不付出的代价,却防止了政党脱离或凌驾于人民之上,从而确保国家权力始终控制在人民自己手上。

另一个是在先有政党后有政权的国家,主要为发展中国家,政党之间相互斗争,夺取政权的政党就成为唯一执政党。这是各政党所代表的阶级阶层较量的结果,胜者是历史的选择,具有历史正当性。一党执政的最大优势就是效率高,能迅速干成大事。但大事并非全是好事,执政党有可能做出违背人民意志或科学规律的行动,人民无法有效监督执政党,以致官僚主义盛行,腐败层出不穷,官民矛盾突出,人民利益随时随地可能被侵犯,严重影响社会稳定。通过暴力革命夺取政权的政党常用历史的选择为长期执政提供合法性辩护。但历史的选择不是一次性选择,不能代表现在或将来的选择,因为任何政权都是历史和人民的选择,都是历史正当性和现实正当性的统一。每个时代执政党都面临着人民不断选择的压力。为了消除人民疑虑,执政党要不断证明它是为民掌权。但是,这仍然不能作为排除或剥夺人民行使选择权利的正当理由。

政党执政模式之间有竞争,这是国家利益使然。为了争夺国际话语权,每个国家都会标榜本国政党执政模式体现了社会规律,相互争论攻击从未间断。多党制在西方已经运行几百年,比较成熟。西方以此为标准批评没有实行多党制的国家。实行一党制的广大发展中国家,相对多党制的西方国家而言,尽管存在诸多不尽如人意之处,但是它符合发展中国家实际需要,能够带来社会稳定和快速发展。实践不断证明,那些受西方蛊惑或支持而推行多党制的国家,曾长时间陷入社会动荡,人民生活痛苦不堪。事实胜于雄辩,多党制并非唯一执政模式,强行改变一国政党执政模式,结果只会适得其反,只会给该国人民带来更大灾难。[1] 现实世界没有完美无缺的政党执政模式,任何一种模式都是利弊共存。一国选择何种政党执政模式,是由各种内外因素综合作用的结果,最终应由该国人民自己选择决定。

政党与国家政权机关是有根本区别的两个社会组织。政党的本质决定它考虑的首先是自身利益,然后才是其他利益。政党利益会包含人民利益和公民利益，但是不能等同或替代人民利益和公民利益，争取执掌国家权力是政党的核心利益。相反，国家政权机关必须为所有公民服务，应当公正对待社会各种利益。在思想多元、利益多样、阶级对立、阶层区分和人人有别的人类社会中，不可能出现全民党，果真发生则表明政党已无存在必要。其实，政党正是社会差异性的产物。只有得到社会绝大多数的人即人民同意的政党才能成为执政党，人民的不断选择会引起执政党的轮流更替。一个政党上台是人民的选择，一个政党垮台也是人民的选择。但是，无论一个国家执政党如何轮流更替，这个国家及其政权机关都会一直存在。

执政党并非推动国家权力运行的唯一组织。虽然一切国家权力都在执政党的掌控之中，但是它毕竟不是立法机关、行政机关、司法机关或其他政权机关，不能直接行使只能由这些政权机关行使的国家职权。执政党不是国家，亡党虽亡政，但不亡国。只有侵略或不可抗力的因素才会导致一个国家的灭亡。如果党国不分、党政不分或以党代政，执政党居于人民和法律之上，就完全背离了民主政治的本意。只有依法执政才真正符合民主政治的原则精神，切实体现人类社会政治文明的进步规律。

2. 民主

民主一词起源于古希腊语 δημοκρατιια，其本义就是"人民统治"或"多数人统治"。δημος，意思是人民大众，κρατια，意思是决定、作主，二者结合在一起就是人民大众自己决定自己的事务。

西方史称"历史之父"的古希腊历史学家希罗多德在《历史》一书中最早把雅典的政治制度叫做民主政治。雅典著名政治家伯里克利说："我们的制度之所以被称为民主政治，因为政权是在全体公民手中，而不是在少数人手中。"① 古希腊思想家亚里士多德依据城邦统治者为一人、少数人或多数人，将古希腊政治制度分为君主、贵族和共和三种正宗政体，以及僭主、寡头和民主三种变态政体。② 可以发现，他们对民主的理解基本一致，这是目前所知的人类思想史上最早的民主概念。不过他们讲的"人民"或"多数人"并不包括奴隶而是指奴隶主，[2]民主实质上是少数奴隶主民主，跟广大奴隶无关。

中国古代的民本思想，虽有重民、贵民的思想内涵，甚至可由民本思想

---

① [古希腊] 修昔底德：《伯罗奔尼撒战争史》，谢德风译，商务印书馆1960年版，第130页。

② [古希腊] 亚里士多德：《政治学》，吴寿彭译，商务印书馆1965年版，第132—134页。

推出反对君主专制的大胆结论,但它始终没有赋予人民当家作主的主体资格和政治权利的思想内涵,因此没有、也不可能发展为民主思想。这是因为民本思想在根本上是作为统治阶级的统治经验提出来的。民本思想的理想政治就是统治者成为"民之父母"并"为民做主",从而使君民关系由统治和被统治的政治关系变为父慈子孝的伦理关系。儒家经典《大学》就这样说:"民之所好,好之;民之所恶,恶之。此之谓民之父母。"中国古代的民本思想已经深深打上了宗法制度的烙印。在中国把民主当作"人民统治"或"多数人统治"是从近代开始的。清末鸦片战争失败后中国被迫开放,于是西方民主思想得以传入。

从欧洲中世纪末期起,资本主义生产关系迅猛发展,资产阶级逐渐成为社会的重要力量。但国家政权仍由封建统治阶级掌握,君权神授论是封建制国家权力起源和合法的正统思想,阻碍着资本主义的发展。于是,欧洲历史上先后发生了文艺复兴、宗教改革和启蒙运动,资产阶级思想家提倡自由、平等、民主和人权,批判神权、王权和等级特权,为资产阶级革命奠定了思想基础。其中,资产阶级学者洛克和卢梭提出了人民主权理论,只是洛克主张相对主权论而卢梭坚持绝对主权论。这是资产阶级思想家对古代民主思想的继承和发展。民主和人民主权在现代是同一个意思。

民主产生以来历经发展,内容和形式发生了许多变化,人们更是在多种意义上使用它,这就使得民主本身成了一个很复杂的问题。[3]马克思认为,虽然不存在抽象的超阶级的"全民"民主,但是相对专制统治,"民主制是作为类概念的国家制度",① 民主可以存在于一切类型的国家。民主的性质并不影响其实现形式的多样性,即使阶级实质相同的民主也可能采取不同的实现形式。同样,即使阶级实质不同的民主也可能采取相同的实现形式。这是因为民主的具体实现形式对民主的阶级实质即享有民主的主体来说只是手段和工具而已。

为什么民主应是人民自己替自己做主,为什么国家权力的主体应是人民呢?马克思和恩格斯在《德意志意识形态》中对这些问题作了历史唯物主义的解释:全部社会生活在本质上是实践的,直接从生产和交换中发展起来的社会组织,在一切时代都构成国家的基础。② 国家权力和制度是从人们的社

---

① 马克思:《黑格尔法哲学批判》,《马克思恩格斯全集》第 1 卷,人民出版社 1995 年版,第 280 页。
② 马克思、恩格斯:《费尔巴哈》,《马克思恩格斯全集》第 1 卷,人民出版社 1995 年版,第 41—42 页。

会实践,特别是从人们的社会生产和交换活动中产生出来的,是人们从事共同的社会生产活动、维护共同利益的需要。人民作为社会实践的主体,是社会历史的真正创造者,是推动历史前进的真正动力,他们应当是国家权力的真正主体。

民主也有缺陷。主要表现在:(1)多数人的意见不一定正确。民主和真理之间有可能存在矛盾,因为有时真理掌握在少数人手里,有时一部分人利用大众的无知和非理性将不正确的观点变成多数人的意见,结果导致不可弥补的损失甚至灾难。历史上不乏典型的事例,如苏格拉底被错判死刑就是雅典民主的结果。这正是所谓的社会精英怀疑甚至否定民主的重要理由。① 有鉴于此,西方国家很多和民主有关的制度都禁止多数的绝对决定权,如美国对立法进行司法审查的制度。② 但这并没有否定民主,而是克服民主缺陷的补救措施。(2)少数人的利益得不到保障,民主是大多数人利益的体现,与个人利益之间可能有冲突。社会本身就是一个利益结合体,民主认同的是多数人的意见,多数人为了自己的利益可能牺牲少数人的利益,这样的事例不胜枚举。因此,民主易产生多数人暴政和压制社会多元性。③ 虽然可以在国家法律中规定一些不容侵犯的个人基本权利来保护少数人的基本利益,防止多数人利用民主方式对其侵犯,但除此之外,少数人的非基本利益可能会淹没在多数人的利益之中。世界上没有完美无缺的制度,这或许是人民在享有民主的成果时不得不付出的代价。

综上所述,民主有三个不可分割的基本含义:(1)民主是人民自己替自己作主,是自己的真实意思表示。自己替别人作主或别人替自己作主都不是民主。无论直接民主或者间接的代议制民主,都是如此。(2)少数服从多数是民主的基本规则,但不是唯一规则。(3)人权或宪法规定的基本权利神圣不可侵犯,它们是民主的基础和边界,不能通过民主予以剥夺。

当前,如何看待西方民主或人民主权,防止海内外敌对势力利用"民主牌"或"人民主权牌"对中国实施西化的政治图谋,防止颜色革命或和平演变,是刻不容缓的重大课题。

首先,要正确认识人民主权的性质与实现形式的关系。人民主权的性质

---

① 参见[美]夏皮罗《政治的道德基础》,姚建华等译,上海三联书店2006年版,第226—246页。

② Menachem Marc Kellner, "Democracy and Civil Disobedience", *The Journal of Politics*, Vol. 37, No. 4, Southern Political Science Association, 1975, p. 911.

③ 参见[法]托克维尔《论美国的民主》,董果良译,商务印书馆1988年版,第289、620—624、839页。

取决于人民的阶级属性,人民属于哪个阶级就是哪个阶级的主权,事实上只有统治阶级才享有主权。因此,人民主权的性质也就是统治阶级的性质。人民主权的实现形式就是人民或统治阶级采取何种制度安排来实现主权。从历史上已经出现的人民主权类型和不同国家人民主权的实现形式中发现,人民主权既有普遍性和社会性的一面也有特殊性和阶级性的一面,性质相同的人民主权可以采取不同的实现形式,性质不同的人民主权也可以采取相同的实现形式。因此,人民主权的性质与实现形式没有必然联系。

一个国家的人民主权采取何种形式,主要在于是否符合该国人民的需要,但不论采取何种形式都不会改变该国人民主权的性质。因此,可以这样说,如同市场经济不是资本主义固有的,社会主义也可以搞市场经济一样,多党制、议会两院制、三权分立等政治制度也不是资本主义固有的,只是西方资本主义国家先实行而已,社会主义国家同样可以继承和发展这样的政治制度。由于一段时期内意识形态上的绝对对立,人们曾将资本主义人民主权的实现形式错误地当作其根本属性而盲目排斥。其实,即使把西方资本主义国家的这些政治制度全面搬进中国,也改变不了中国人民主权的阶级性质。

有人担心借鉴西方的政治制度会使中国人民主权的性质变色是多余的,有人想通过实行西方的政治制度来改变中国人民主权的性质也是妄想。人民代表大会制度、一党执政多党参政的政治协商制度是符合中国国情和历史的人民主权实现形式。因此,既要反对那些试图照搬西方政治制度来改变中国特色人民主权制度的想法和做法,也要反对那些将马克思主义人民主权理论教条化而因循守旧不去借鉴资本主义人民主权理论的思想和行为。

其次,不能混淆人民主权的应然与实然。应然指应当是怎样的,是一种主观理想的情形。实然指实际是怎样的,是一种客观真实的状态。二者可能一致也可能不一致,不可混同。

从应然的角度,社会主义人民主权是在资本主义人民主权的基础上发展而来的,应当比后者优越,人们应当对社会主义人民主权树立信心。但这种理论上的优越并不表明实践中就一定优越。实践受到各种因素的制约,不一定同理论设想的那样甚至还可能背道而驰。

人民主权,无论作为观念还是制度,其实最终都是由经济基础和生产力发展水平决定的。一般而言,一个经济落后、生产力不发达的国家不可能存在先进形态的人民主权。同样,一个经济先进、生产力发达的国家也不可能存在相对落后的人民主权类型。当然,人民主权的观念和制度,也会对社会的发展产生积极或消极的影响。

从实然的角度,社会主义人民主权还有许多不尽如人意的地方,甚至在某些方面还不如资本主义人民主权,应当正视这些问题和认识到这种差距。有人对西方资本主义国家的成就视而不见,认为资本主义人民主权一无是处。[4]这是错误的。因为既然一无是处它就没有存在的必要或不可能存在,存在的在一定程度上就是合理的。有人对中国改革开放以来取得的成绩沾沾自喜,认为中国社会主义人民主权完美无缺。这也是错误的。因为既然完美无缺它就没有发展的必要,而今天中国社会主义人民主权的内容和形式都在不断发展。

要用辩证唯物的眼光来看待这两种不同性质的人民主权。中国的社会主义人民主权建设应当借鉴人类历史上各种类型人民主权尤其是资本主义人民主权的有益成分。

最后,要认真借鉴西方人民主权的法治经验。人民主权,从一开始就必然有一套或简或繁的制度。没有一定的制度,它只是一个空洞的想法或理论而已,有了一定的制度,"人民"或"多数人"才能把握和操作它,才能治理国家和社会。

作为一个有极强现实品格和极大价值的追求目标,任何时期、任何国家或地区的人民苦苦求索的,从来就不是人民主权的字面含义或理论,而是在于如何争取它,尤其是争取之后建立一套什么样的制度,并使这些制度得到切实遵守,以便人们充分地享有和行使它。①

虽然历史上存在各种形态的人民主权类型,但它们的主旨在基本方面是一致的,就是围绕人民或多数人的统治如何形成合理有效的制度安排。由于人们对它赋予太多的理想色彩,或者实现它的条件太苛刻等一系列原因,不论古代、近代还是现代,不论直接民主制还是间接民主制,绝对符合原意的民主或人民主权都还没有或很难真正出现,存在的只能是更加接近原意的民主或人民主权形态。

在实行民主的国家中,国家权力的所有权和使用权是分离的。所有权属于人民,人民是国家主人,但人民不是直接行使国家权力而是授权国家官员行使。官员是公仆,它来自人民但又是一个独立于人民的官僚集团。官员应当代表但可能代替人民行使国家权力,以致其滥用权力甚至强奸民意的行为不可避免。

---

① 参见刘瀚《刘瀚文选》,法律出版社2004年版,第330页。

近代以来西方资本主义国家的最大贡献就是人民主权的法律化和法治化，人民把自己的意志上升为国家意志并用法律的形式表现出来，法律规范同人民主权有关的一切活动，法律被切实遵守并具有至高统治地位，任何组织（含执政党）和个人都没有超越或凌驾法律之上的特权，没有法律依据或不依法行使的行为都是无效的。可以说，法律就是人民意志，就是人民主权，法律能更好地体现人民主权；依法行为就是服从人民意志，就是服从人民主权，法治能更有效地实现人民主权。于是，人民主权的重心从思想观念转向法律实施，一切同人民主权相关的问题也就变成了法律问题或者说能在法律体制内得到解决。

法律和法治并非十全十美，这是任何事物都无法消除的，何况人类事务还存在着太多不确定性。但是，西方法治实践表明，没有比法律更好的制度和比法治更好的方式来实现人民主权。改革开放前，中国法律虚无主义盛行，主要通过一次又一次群众运动来实现人民主权，只图目的正确不管手段好坏，直至酿成"文化大革命"的悲剧。改革开放后，国家开始重视法治，人民主权才逐步走上健康发展的轨道。

3. 法治

法治就是法律的统治，法律具有至高地位，统治者必须依法活动。不能将法制等同法治，法制只是法治的必要条件，没有法制就没有法治，但有法制不一定有法治。人类历史上所有的国家都是法制国家，但直至近代资本主义社会才出现法治国家。人治是统治者的统治，统治者的意志和权力可以超越或凌驾于法律之上，统治者的意志具有至高地位。法治思想源远流长，但直至近代资本主义社会才成为统治合法性的主导观念，之前则是人治思想为主。

法治包含形式和内容两个方面。形式上要求在一国内法律具有至上地位，法律不承认有高于它的任何权威，所有的行为主体均须守法。在一国内如果有组织或个人超越或凌驾于法律之上，则这个国家实行的是人治而不是法治。在法治国家，人们都承认法律的至上地位。现代国家一般都建立了以宪法为核心的法律体系，宪法对公民的基本权利和国家权力都做了明确规定。宪法在现实生活中能被大家切实遵守就要求：(1) 公民权利（又叫私权）应该得到法律的平等保护。(2) 国家权力（又叫公权）应该得到法律的控制，国家权力不得侵犯公民权利。(3) 在法律上没有规定的，对公民权利来说则是允许的，对国家权力来说则是禁止的。

人类社会由人治迈入法治是历史发展的必然趋势。西方国家已有几百年法治历史，而中国人治历史悠久，"有治人，无治法"。①虽然中国历史上几乎每个朝代都有比较完备的法律，但它只是统治者的辅助工具而已，国家的好坏主要取决于统治者的道德水准，历史留给后人的多是专制人治的东西，民主法治的传统极少。

1978年中共十一届三中全会加深了对现代政治文明的认识，确立了法治思想。1982年宪法规定"一切国家机关和武装力量、各政党和各社会团体、各企业和事业组织都必须遵守宪法和法律。一切违反宪法和法律的行为，必须予以追究。任何组织或者个人都不得有超越宪法和法律的特权"。十一届三中全会以来每届党章都要求"党必须在宪法和法律的范围内活动"。1997年中共十五大提出"依法治国，建设社会主义法治国家"的基本方略，1999年九届人大二次会议将其作为宪法修正案载入宪法。2014年中共十八届四中全会通过《中共中央关于全面推进依法治国若干重大问题的决定》，建设社会主义法治国家是全党和全国人民共同奋斗的目标。

社会主义法治首先是法治，要符合法治的共性。社会主义法治形式同样要求法律在国家内具有至高地位，执政党必须在宪法和法律的范围内活动，任何组织和个人都没有凌驾或超越法律之上的特权。中国宪法和中国共产党章程对宪法法律的至高地位都有明文规定。

有人认为法治是否定党的领导，把党的领导同法治人为地对立起来。这是错误的。党的领导和法治二者实质上是统一的，党把自己的主张上升为国家意志并以权威的法律形式表现出来比单纯地以党的文件形式能更好地贯彻党的意志和更加有效地开展工作，这是加强了而不是否定了党的领导。党除了人民利益，没有自己的特殊利益，实行法治顺应了世界民主政治发展的总趋势和市场经济的客观要求，是党对执政方式艰辛探索后所确定的具有战略意义的治国方针，是新时期党在处理党政关系与党民关系方面正确的制度选择。

有人认为法治只是"作秀"，不必当真。法律是党和政府的手段，党和政府仅仅是把自己原有的权力和工作方法一律用法的形式规定下来。党和政府的领导方式和执政方式经历了从主要依靠政策到既依靠政策又依靠法律，再到主要依靠法律的演进。党和政府的领导，不是确立法律至上的法治观念，只是改变具体的工作方法，即善于运用法律手段来贯彻党和政府的意志，党和政府的权威在法律之外或在法律之上。毫不夸张地说，这种观点在目前官

---

① 《荀子·君道》。

员队伍中还普遍存在。他们的所作所为还是我行我素。在实际操作中，无关紧要的问题使用法律手段，"作秀"给老百姓看；重要问题还是沿袭过去的习惯和方法，同法治精神格格不入。在已经揭露的官员违纪违法案件中，很多官员嘴上说的是法治的一套，而实际做的是人治的一套，这种"作秀"的恶劣行径严重损害了党和政府的权威，导致广大人民似乎看不到实现法治国家的希望。这其实是一种权大于法的思想，不符合新的世情、国情、民情和党情，不符合习近平新时代中国特色社会主义思想的基本要求。

法治思想是统治合法性观念实质性的转变，它要求国家权力在法治思想指导下重新配置，最终使得法律不再是国家权力的工具而是能有效控制国家权力的工具。党和政府要打破过去的惯性思维与做法，适应新时代法治的思维和方式。既要遵循现代政治文明基本要求，认真借鉴先进国家有益经验，厘清政党与政权的关系，正视党和政权、人民利益与政党利益的区别；又要一切从中国实际出发，尊重本国的历史与国情，反映人民群众的基本诉求，体现党的正确主张，积极推进全面依法治国进程。

人治历史悠久的中国成为法治彰显的中国，将是一个长期、艰巨、复杂的生成过程。如果幻想在短时间内就能把中国建成社会主义法治国家，是一种严重脱离实际的主观唯心主义。如果囿于人治传统而对中国实现法治根本不抱希望，则是极端的悲观主义。必须坚决批判这两种错误倾向。中国走向法治，是由世界民主法治的总趋势和中国法治建设的进程决定的，具有不以人的意志为转移的客观规律性。

（二）执政合法性

中国共产党领导地位的确立，是历史的选择，人民的选择，是自鸦片战争以来，特别是自中国共产党成立以来社会发展的必然结果。在中华人民共和国成立后，中国共产党在革命斗争中的领导地位便自然地转变为新中国的执政党地位。

1. 历史的选择、人民的选择

1840年鸦片战争以后，中国逐步沦为半殖民地半封建社会。帝国主义列强侵占中国，操纵着中国的经济和政治。封建统治者丧权辱国，残酷压榨本国人民。国家日益贫弱，民族灾难深重，已到亡国亡种的地步。众多仁人志士前赴后继，探求解救中华民族的出路。中国的先进分子学习西方的政党制度，并在国内进行有益的探索。

中国的政党最早出现于民族资产阶级登上历史舞台之后。1898年戊戌变法前后,资产阶级改良派康有为、梁启超等组织的强学会、南学会、保国会等具有政党色彩;资产阶级革命派孙中山、黄兴、蔡元培等先后组织的兴中会、华兴会、光复会则具有明显的政党性质。

1905年,孙中山领导成立的中国同盟会是近代中国第一个具有完整意义的政党。1911年辛亥革命前,各政党组织在革命还是改良问题上意见不一,因而分为革命和改良两派。辛亥革命后,由于改良对象不存在了,各种政治力量效仿欧美的议会政治,纷纷组建政党,数目高达三百多个。[5]辛亥革命虽然推翻了二千多年的封建帝制,但由于民族资产阶级自身的软弱性,革命政权重新落入以袁世凯为首的封建军阀手中。为与封建反动势力继续进行斗争,1914年孙中山成立了中华革命党,并于1919年10月10日将其改组为中国国民党。

1919年五四运动的爆发标志着中国革命由旧民主主义革命进入新民主主义革命时期,工人阶级以独立的姿态登上历史舞台并显示了强大的力量。1921年,在马克思列宁主义与工人运动相结合的基础上,中国共产党成立,工人阶级开始领导中国革命。1924年,孙中山在中共帮助下改组国民党,实行"联俄、联共、扶助农工"三大政策,形成了国共两党历史上的第一次合作,取得了北伐战争的胜利。1927年,随着蒋介石和汪精卫反动集团相继叛变革命,以及其后蒋介石推行个人独裁统治,中国国民党蜕变为买办资产阶级和地主豪绅阶级的政治代表,成为大地主、大资产阶级统治中国的工具。

第一次国共合作破裂后,共产党在毛泽东、周恩来、朱德等同志领导下,发动组织工农兵建立农村革命根据地,采取农村包围城市、武装夺取全国政权的方针,在先后经历了土地革命战争、抗日战争、解放战争三个阶段后,最后取得了全国性的胜利。

在抗日战争阶段,面对共同的民族危难,共产党与国民党进行了第二次合作,但在合作中存在两种抗日方针的斗争。一方是共产党,以及赞成共产党的抗日主张、反对国民党蒋介石独裁统治的爱国民主力量组成的中国民主政团同盟等组织;另一方是国民党和拥护其独裁统治的反革命力量。抗日战争胜利后,摆在中国人民面前的是两条道路:一条是以蒋介石为首的国民党反动派要把中国带到过去的黑暗的道路;另一条是以毛泽东为代表的共产党要把中国引向光明的未来的道路。随即进入解放战争时期,逐渐形成了以中国共产党以及拥护它的中国国民党革命委员会、中国民主同盟、中国民主建国会、中国民主促进会、中国农工民主党、中国致公党、九三学社、台湾民主自治同盟等民主党派为一方,以中国国民党以及追随它的中国青年党、中国民主社会党为一方的政党格局。全国大陆解放后,后者逃到了台湾,中国共产党成为执政党,拥护中国共产党的各民主党派成了参政党。

从1921年中国共产党成立到1949年中华人民共和国成立,中国共产党所走的革命道路是被历史证明的正确道路。中国共产党带领各族人民经过艰苦卓绝的革命战争,取得了新民主主义革命的伟大胜利,结束了中国半殖民地半封建社会的历史,成立了人民当家作主的新中国。经过一段时间的改造,从1956年开始中国进入社会主义建设时期。

2. 党的意志、人民意志和国家意志的统一

政党意志是指政党的主张,一般体现在政党的章程、政策或文件当中。政党意志不是政党领导人的意志,而是政党的整体意志或全体党员的共同意志。在资本主义国家,执政党意志不可能成为国家意志,因为执政党是轮流更替的。在社会主义国家,执政党意志可以成为国家意志,这是社会主义政党与资本主义政党的本质区别。

以马克思主义为指导的社会主义政党和国家是全心全意为人民服务的政党和国家。国家利益就是人民利益,政党除了人民利益没有自身特殊利益,主张实行社会主义制度来保障和实现人民利益。政党只有代表人民利益,才会被历史和人民选择为执政党来代表国家利益。中国共产党在近代中国各种政党和政治力量中脱颖而出,就是因为它顺应了这个要求。人民接受或认可党的主张成为国家意志,是基于相信党的利益、人民利益与国家利益的一致性。

中国社会发展历史表明,中国共产党在实践中以自己正确的主张保证了国家利益的实现。在中国革命战争各个时期,党的主张无法上升到国家意志层面,但它提出的土地革命思想、抗日民族统一战线方针、新民主主义理论、建立联合政府、实行民主共和等观点,顺应了中国历史发展规律,最大限度满足了国家利益和人民利益要求。在掌握全国政权并长期执政前提下,党领导下的社会主义政治、经济、文化、科技等一系列建设,始终代表人民利益和国家利益。改革开放以来,适应新的国内外形势,党探索有中国特色社会主义政治、经济、科技、教育、生态等建设,仍旧是国家意志和人民意志的体现。

党的主张成为国家意志,还是党的领导需要。中国共产党不仅是执政党而且是领导党,这是在中国革命、建设和改革的实践中逐步形成的。领导党反映的是政党与社会各阶层之间的关系,执政党反映的是政权系统内政党之间的关系。党的领导保证党的执政,党的执政体现党的领导,但领导与执政

不能相互代替。党的执政根本在于如何代表人民行使好权力，党的领导根本在于如何协调好各种社会利益。坚持党的领导，必须使党的主张充分反映国家发展的基本要求和人民的根本利益。能否引领国家发展和代表人民利益是党的主张成为国家意志的关键。如果不能做到这一点，就会遭到历史和人民的无情抛弃。在政党轮替的国家中，选举获胜的政党只意味着执政地位的确定，执政党的主张不可能成为国家意志，也没有领导党的责任担当。中国共产党的领导地位的形成既是历史的产物，又是现实的需要。经历了百年外国侵略羞辱的中国人民希望有一个强有力的政党领导中国走出灾难，和平时期则希望有一个强大政党领导中国走向复兴。中国共产党的领导和执政实践坚定了人民的信心。

　　人民是个政治概念，它反映了社会各个阶级或阶层之间的社会关系。公民或国民是个法律概念，是由法律规定的具有一国国籍的自然人。人民与公民或国民有本质区别。人民是集体概念，是众多人的集合体，人民概念里又有许多层次或等级。任何个人都不能称为人民，而公民或国民就是个人。在中国，凡是有选举权和被选举权的人都是人民，没有选举权和被选举权的未成年人当然也是人民，只有那些被剥夺选举权和被选举权的犯罪分子才不属于人民范畴，但他们都是具有中国国籍的公民。公民范围大于人民，全体公民是一个国家所有的自然人，全体人民是一个国家中统治阶级认可的那部分人。

　　马克思主义认为，国家不但是全体公民互相交换利益的社会场所，而且是统治阶级压迫被统治阶级的工具。人民的范围不是不变的，不同时期的统治阶级有不同的说法，统治阶级根据形势需要会不断调整。在"文化大革命"时期，由于"左"的思想泛滥，人的政治身份往往发生戏剧性变化。一些公民，上午可能作为人民的一员批判揭发别人，下午有可能被当作敌人成为人民民主专政的对象。

　　在改革开放初期，由于对改革开放带来的变化估计不足，在一些地区和一些领域，一部分官员缺乏共同富裕理念，违背了绝大多数人尤其是社会底层人民的真实意志，只求效率不顾公平，推行了一些损害人民根本利益的政策和措施，从而造就了一批权贵阶层。

　　权贵阶层曲解改革开放初期国家好的政策并使之合法化："以经济建设为中心"就是"一切向钱看"；"让一部分人先富起来"就是"有权有势的人富起来理所应当"；"黑猫白猫能抓老鼠就是好猫"就是"为了目的可以不择手段"；"摸着石头过河"就是"出了问题可以不负任何责任"；等等。权贵阶层是目前中国最大的公害,他们侵吞国有资产,不遗余力推行私有化,漠视国家法治、党的领导和人民大众诉求。他们是通过不法手段先富起来的一小部分人。他们违背"先富带动后富"的改革初衷,利用资本操控社会各个方面,同腐败分子、敌对势力、西化势力、分裂势力、恐怖分子、极左极右分子、投机钻营分子、伪精英和社会公知合流,置广大人民群众的生死于不顾。他们想改弦易帜,企图通过建立"西方宪政"政治模式来维护自己的非法所得。

权贵阶层已成为中国深化改革的最大绊脚石。中国共产党要认清严峻形势,要汲取苏联解体的深刻教训,要坚定不移地站在广大人民一边,依法依纪彻底铲除权贵阶层。权贵阶层的去留,严重关系到党的执政合法性、国家性质的改变和人民的根本利益。

当下中国,到底谁的意志是人民意志,或者到底谁能代表人民表达意志是一个很困难的问题。人民是一个集体概念,人民的声音需要代表人民的个人或组织发出,那么这个人或组织是否真实反映了人民意志是一个非常棘手的问题。每年各级人大和政协会议上,一些所谓代表人民利益却实际与人民利益背道而驰的"雷人"观点,让人大跌眼镜。一种大家最不愿意看到的现象是,在个别地方,谁最有权力和最有钱,谁就能代表"人民";谁的权力最大,谁的钱最多,谁就是最大的"人民"。

各级人大会议上,官员、"大款"、文艺人员有些多,来自最广大基层人民代表还是太少。这不得不引起广大人民群众的担忧。毛泽东曾说:"政府的部长、副部长是不是都要选成代表?不一定,也不必要。如果各部部长、办公厅主任,甚至连科长都要选成代表,那下面的人就会说,你们开干部会就可以了,还要我们来干什么?所以多数的代表还应当是下面的人,像郝建秀、李顺达这些劳动英雄。"① 官员本应是人民监督的对象,但他们却有双重身份,开会时是人民代表,代表人民行使监督国家官员的权力;平时当官时是人民公仆,代表人民行使国家权力。这就等于他们自己在监督自己。他们能够自己监督自己吗?当然不排除那些道德高尚的人,但这样的制度设计有碍人民监督作用的充分发挥。因此,要真正落实代议民主制,从下往上,一层一层由人民自己真正选出代表本阶层、本地区或本部门的利益的代表。同时,要严格控制官员和企业家代表的比例,防止他们将自己意志以合法形式

---

① 毛泽东:《关于召开全国人民代表大会的几点说明》(1953年1月13日),《毛泽东文集》第6卷,第260—261页。

强加给广大人民。基层民众代表比例应当高于50%，这个应当有硬性的规定，要通过立法加以确立。因为中国实行社会主义，是为最广大人民服务的，所以要有硬性的制度规定。只有这样，才能将人民的真实意志反映上去，最终体现为国家意志，并通过法律表现出来。

国家意志应当是党的意志与人民意志的统一。国家意志不能只强调体现党的意志而淡化人民意志，也不能只强调体现人民意志而淡化党的意志。党的意志和人民意志同等重要，二者不可偏废。党的领导是国家保持社会主义本色和坚持社会主义方向的保证。如果国家意志只强调体现人民意志而忽视党的意志，就容易造成国家行为脱离党的领导，甚至背离社会主义轨道。同样，如果国家意志只强调体现党的意志而没有体现人民的意志，党就会凌驾于人民之上，国家行为就会背离广大人民的共同意志，违背广大人民群众的根本利益。因此，国家意志必须同时体现党的意志和人民意志。只有这样，受国家意志支配的国家行为才能保障社会主义国家的正确政治方向。

国家意志不是党的意志和人民意志的简单组合，而是二者的有机统一。党制定的方针政策是党的意志的体现，虽然与国家利益不相违背但并非国家意志。只有这些方针政策经过人民同意后成为人民意志，然后经法定程序才能上升为国家意志。另外，人民代表大会在立法时，都会事先将代表人民意志的法律草案报同级或上级党组织审议，只有经过党组织批准具有党的意志后才能上升为国家意志。这是中国特色的党的领导与执政一体的工作方式。

总之，国家意志必须同时体现党的意志和人民意志。只有这样，国家意志才既保证党的执政领导地位和社会主义性质，又保证广大人民的主体地位。党的意志和人民意志统一于国家意志是人民民主专政的基础和保障。党是人民的一部分，人民是党的源泉和基础，党的意志和人民意志统一于国家意志，就将党和人民紧密联系在一起有了坚强保证。一方面，党是中国工人阶级的先锋队也是中国人民和中华民族的先锋队，理所当然是最广大人民的利益代表。另一方面，人民代表大会是广大人民群众自己选举的代表组成的权力机构，应当服务于广大人民群众。人大代表如果违反人民意志，人民可以撤换他。所以，党和人民代表大会都是广大人民群众根本利益的代表，二者之间不会存在对抗性冲突。如果存在不可克服的矛盾，说明其中一方已经违背广大人民群众的根本利益。当然，也要防止党的组织和人民代表大会脱离人民群众，成为凌驾于人民群众之上的官僚特权阶层。

党的意志和人民意志相统一并上升为国家意志表现在立法中。党提出国家大政方针，然后经由人大代表组成立法机关赋予这些方针政策法律效力，最终颁布为法律。法律一经公布，全社会任何组织和个人都要遵守，各级党组织和国家机构都要严格依法活动。如果党组织不遵守法律，他就是违背人民意志。如果人民不遵守法律，他们就违背了党的意志。一旦出现这种情形，说明法律已经过时，这时应当修改法律，再次集中党和人民的共同意志。

（三）党的领导

中国共产党是中国的执政党，有权力对国家政权机关、社会团体和其他各种组织实行统一领导，但绝不是代替或行使它们的职能。党是政治组织，其职能与国家政权机关的职能、经济组织的职能、社会组织的职能不同，不应当直接行使它们的职能。党和国家政权机关是政治上的领导与被领导关系，不是国家权力系统中的上下级服从关系。党的领导不是指挥、发号施令或办理具体事务，而是发挥总揽全局、协调各方的领导核心作用，在遵守宪法和法律上率先垂范，积极支持、保证和监督国家政权机关在宪法和法律的范围内活动。

有学者提出"党的领导权"概念。他们的基本观点是：（1）党的领导相对于党的执政，领导权相对于国家权力。（2）中国的宪法制度是"宪法+党章"的复合宪制，党的领导权在一定范围内应被视为一种宪法权力，党是人民主权之政治代表，人大是人民主权之法律代表。（3）党的领导主要是政治、思想和组织的领导，党的政治领导权包括修宪建议权、立法与国策建议权、宪法解释与审查建议权；组织领导权包括政要提名权、执政监督权。[①]党的领导毋庸置疑，但提出"党的领导权"这一提法既属多余又十分有害，需要彻底澄清。

支持者认为，党章在中国政治生活中起到了宪法作用，可谓党的宪法或根本大法。[②] 用"根本大法"或"宪法"来形容党章，归因于"党内法规"这种提法。"党内法规"在党的领导人和文件中经常被提及。在谈到党的纪律的作用时，毛泽东说："制定一种较详细的党内法规，以统一各级领导机关的行动。"[③] 刘少奇在党的七大上关于修改党章的报告中指出："党章、党的法规，不仅是要规定党的基本原则，而且要……规定党的组织形式与党的

[①] 参见陈云良、蒋清华《论中国共产党的领导权》，《法制与社会发展》2015年第3期。
[②] 参见强世功《中国宪法中的不成文宪法——理解中国宪法的新视角》，《开放时代》2009年第6期。
[③] 毛泽东：《中国共产党在民族战争中的地位》（1938年10月14日）《毛泽东选集》第2卷，人民出版社1991年版，第528页。

内部生活的规则。"① 1978年邓小平在中央工作会议闭幕会上指出:"国要有国法,党要有党规党法。党章是最根本的党规党法。没有党规党法,国法就很难保障。"② 1990年中共中央颁布《中国共产党党内法规制定程序暂行条例》,"党内法规"成为党的法定术语。一些政治学者、法学学者和党史学者认为"党内法规"属于软法,是法的必要组成部分。③

反对者认为,党不属于国家机关,党的规范不属于国家意义上的法,把国家"法"直接用于党内不但不合适,而且容易混淆党和国家的界限和不同类型规范的性质。④ 根据《立法法》,法按效力等级可分为宪法、法律、行政法规、地方性法规、自治条例、单行条例、军事法规、规章等。一切形式的法,都由不同的国家机关制定。而党章由党的全国代表大会制定,党章的调整对象为全体党员,党的监督制裁机构是党的各级纪律检查委员会。法的适用对象为国家公民包括党员公民,党章适用对象仅为党员而不含非党员公民。"党内法规"的提法明显不妥,政党组织不应当拥有立法权,党的章程条例不具备国家法律法规特征,如果将党内法规和国家法律法规并重,就很难处理党和人大、党章和宪法的关系。

党的规范体系大致分为三个部分:(1) 以党章为核心的根本规则;(2) 以准则、条例与规则为纽带的基本规则;(3) 以规定、办法和细则为基础的具体规则。⑤ 党章是由党的全国代表大会制定的,适用于全党一切活动的最高准则,是党的根本性规范,在党的规范体系中具有最高的效力与权威。党章是现代政党的基本要素,在政党政治生活中发挥着指引、教育、规范、整合等重要功能。纵观中国共产党党章发展轨迹,党章内容随着党在革命、建设与改革开放等不同时期而相应变化,始终与党所领导的社会主义事业保持一致。

党章是党的整体意志而非个别人意志的体现。党章集中体现了全党的集体智慧,规定了党的性质、指导思想、活动宗旨与不同阶段奋斗目标等内容。全体党员都要遵守党章。党章规定了党员的权利和义务,用以规范每个党员的行为。在党内规范体系中,党章具有最高效力,《中国共产党党内法规制

---

① 《刘少奇选集》(上卷),人民出版社1981年版,第316页。
② 邓小平:《解放思想,实事求是,团结一致向前看》(1978年12月23日),《邓小平文选》第2卷,人民出版社1994年版,第147页。
③ 操申斌:《改革开放以来党内法规研究述评》,《毛泽东邓小平思想研究》2008年第5期。
④ 王贵秀:《中国政治体制改革之路》,河南人民出版社2004年版,第331—332页。
⑤ 参见李军《中国共产党党内法规研究》,博士学位论文,复旦大学,2010年。

定程序暂行条例》第 2 条明确确定:"党章是最根本的党内法规,其他党内法规是党章有关规定的具体化。"其他一切党的规范都不得同党章相违背。党章的制定与修改专属于党的全国代表大会。党的全国代表大会是党的最高领导机关,党的各级组织和全体党员必须服从党的全国代表大会及其产生的中央委员会。

宪法是国家的根本大法。宪法规定国家最基本的制度与内容,调整国家与公民这个最基本的社会关系。宪法具有最高法律效力,是其他一切法律法规的立法渊源。宪法以外的所有法律都不得同宪法相抵触,若抵触则无效。宪法的制定与修改相比其他法律法规的制定与修改更为严格与复杂。宪法制定要经过特别程序,并交由全国人民讨论,宪法修改专属于全国人大,宪法解释专属于全国人大常委会,宪法监督实施属于全国人大及其常委会。《立法法》进一步明确了国家法律体系的效力等级,宪法处于法律体系的顶端。

党章虽在国家政治生活中发挥重要作用,但不具有宪法效力。如果党章具有宪法效力,就意味着党章是国家的根本大法。党章与宪法分属于两个不同的规范体系。党章属于党内规范体系,是党内规范体系中的根本法则。宪法属于国家法律规范体系,是国家法律规范体系中的根本法则。党章是党的行动纲领,由党的全国代表大会产生,适应于全体党员。宪法是国家的行动纲领,由全国人民代表大会产生,适应于包括党员在内的全体公民。宪法会包含部分党章内容,是因为党章也反映了党领导中国社会主义建设事业的成果。党章内容体现了中国共产党力争努力实现的奋斗目标,是吸引全国人民信任党的决心体现,但绝不意味着党章具有对全国人民的约束力。两者性质完全不同,不能由此认为党章具有宪法效力。

中国共产党的性质是工人阶级的政党,宗旨是全心全意为人民服务。党除了代表最广大人民的根本利益外,没有自己的特殊利益。由于这样一个决定性的因素和根本性原因,党章不能取代宪法,国家法律法规也不能代替党内法规制度。各有各的地位作用。党章与宪法、党内法规与国家法律从本质属性上来说是同一的,从规定内容上是相互衔接的。这便是中共十八届四中全会将党内法规体系纳入中国特色社会主义法治体系的重要原因。

党的领导地位是历史形成的,党在长期的革命、建设与改革历程中以自己的成就取得人民的信任。中国共产党成为中国的执政党,是历史的选择、人民的选择。当今绝大多数国家处于和平时期,人民选举是政党成为执政党的唯一合法途径。中国共产党是历史形成的中国唯一的执政党,其他政党主动放弃执政,自觉服从中国共产党的领导。执政地位的稳固并不意味着人民选举不重要，党员在各级国家机关的任职必须经过人民选举同意。只有通过选举，党对国家权力的领导才有合法性。党应当取信于民，让人民通过选举，确保党在全国和地方各级人民代表大会中占大多数，在此基础上通过人民代表大会来影响或控制由其产生的行政机关、监察机关和司法机关。党的活动都必须于法有据，绝不能越法，一定要遵守宪法。党的历史上曾出现党政不分、以党代政，这对中国的民主法治建设十分有害。

党在革命时期确实面临与其他政党争夺领导权的问题，但成为执政党后已不存在该问题。党应当在宪法框架内取得执政权，从而确保历史形成的领导地位，而不是依赖历史形成的领导地位直接行使执政权。党章总纲规定，党的领导是思想领导、政治领导与组织领导。宪法序言明确规定中国的过去由党领导就是执政，今后将继续坚持党的领导，但宪法正文中并没有直接规定党的领导，而是通过宪法所设的人民代表大会制度、行政制度、司法制度等内容来约束与规范党的执政权。党必须遵守宪法和法律，在宪法和法律的范围内活动。由于缺乏具体操作的制度设置，如何保证执行党在宪法和法律范围活动难以落实，"在现代政党政治中，政治合法性是一个政党执政的基本条件……中国共产党执政合法性的主要来源经历了从以意识形态为主向以领袖魅力为主转变、又由以领袖魅力为主向以统治绩效为主转变的演变历程。当前，中国共产党执政合法性主要来源于统治绩效，这种围绕统治绩效为主形成的合法性资源可能难以支撑中国共产党整个执政体系的合法性基础。在这种背景下，中国共产党执政合法性的来源由以统治绩效为主转变为以民主选举为主显得非常必要"。[①] 应该高度重视这个实际问题，让普通人民群众从得到实惠转向按照自己的意志选择掌权者。

1. 基本原则

（1）党的核心主体地位原则

马克思主义揭示了人类社会历史发展的规律，它的基本原理是正确的。社会主义制度的发展和完善是一个长期的历史过程，没有统一的模式，社会主义国家应根据各自国情走适合自己发展的道路。中国正处于并将长期处于社会主义初级阶段，这是在经济文化落后的中国建设社会主义现代化不可逾越的历史阶段，要走中国特色社会主义道路，要发展中国特色社会主义理论和制度。这是党依据马克思主义基本原理并结合中国国情作出的科学判断。

---

① 熊光清：《如何增强中国共产党执政的合法性基础：历史的审视》，《学术探索》2011年第1期。

经过长期努力，2018年中国特色社会主义进入了新时代，中国社会的主要矛盾由人民日益增长的物质文化需要同落后的社会生产之间的矛盾转化为人民日益增长的美好生活需要和不平衡不充分的发展之间的矛盾。但是，中国社会主要矛盾的变化，并没有改变党对中国社会主义所处历史阶段的判断，中国仍处于并将长期处于社会主义初期阶段的基本国情没有变，中国是世界最大发展中国家的国际地位没有变。

由于国内因素和国际影响，阶级斗争还会在一定范围内长期存在，在某种条件下还有可能激化，但已经不是主要矛盾。社会主义的根本任务就是解放和发展生产力，改革生产关系和上层建筑中不适应生产力发展的方面和环节。

发展是解决社会主要矛盾的根本出路。发展要在党的领导下有序进行。党必须总揽全局、协调各方，在同级各种组织中发挥领导核心作用。党的领导本质不是高高在上，而是组织和支持人民群众当家作主。党在任何时候都要把人民群众利益放在第一位，党除了人民利益没有自己的特殊利益。党执政后的最大危险是脱离人民群众。一旦脱离人民群众，党就成了无源之水、无本之木。党风问题、党同人民群众联系问题是关系党生死存亡的问题。

党要管党，从严治党。党要按照政党发展的一般规律去加强和完善自身能力建设，使自己永远立于不败之地。党的执政地位不是与生俱来的，也不是一劳永逸的。党必须居安思危，增强忧患意识，深刻汲取世界上一些执政党兴衰成败的经验教训，永远同人民群众保持血肉联系，永远与人民群众同甘共苦，自觉地为人民群众执政掌权。

（2）党政各司其职原则

党政各司其职，是指党和政府的职能分开，党的事情归党，国家的事情归政府。党不是政府，不能代替政府或包办政府的职能，党和政府都要在宪法法律规定的范围内履行自己的职责。要正确理解党的领导与政府职权，要遵循权利与义务、权力与责任相统一的原则，理顺党的组织与立法机关、行政机关、监察机关、司法机关、群众团体、企事业单位及其他各种社会组织之间的关系，使其各有其职、各司其能。

同级党组织不得非法干预同级国家政权机关的正常工作，国家政权机关内部的党组织也不得代行国家政权机关的职权。立法机关、行政机关、监察机关、司法机关或其他机关独立自主地行使各自职权受宪法和法律保护。党组织的决定不得越法直接作为国家政权机关的决定，只能作为指导或参考意见，国家政权机关的一切决定必须依据宪法和法律。

现实中存在一些错误认识,把党的领导等同党包办一切并使之全能化,把党的领导与加强国家政权机关的独立性对立起来并使之简单化,把党的领导理解为党可以不受任何限制并使之绝对化。要坚决纠正这些不合时宜的观念和做法。民主政治是世界大势,顺之者昌,逆之者亡。要坚决打击借口党的领导以权代法、以权压法的违纪违法行为。党没有超越或凌驾于宪法和法律之上的特权,过去没有,现在没有,将来更不会有。党的中央、地方和基层组织要努力加强自身建设,切实提高领导水平和执政能力。

(3) 民主集中制原则

民主集中制,是民主基础上的集中和集中指导下的民主的有机结合,强调民主而忽视集中或者强调集中而忽视民主都不符合民主集中制的科学内涵,二者不可偏废。

民主集中制是党的根本组织原则,是党内的群众路线。毛泽东说:"各级党委是执行集中领导的机关。但是,党委的领导,是集体领导,不是第一书记个人独断。在党委内部只应当实行民主集中制。第一书记同其他书记和委员之间的关系是少数服从多数。……听说现在有一些省委、地委、县委,有这样的情况:一切事情,第一书记一个人说了就算数。这是很错误的。哪有一个人说了就算数的道理呢?我这是指的大事,不是指有了决议之后的日常工作。只要是大事,就得集体讨论,认真地听取不同的意见,认真地对于复杂的情况和不同的意见加以分析,要想到事情的几种可能性,估计情况的几个方面,好的和坏的,顺利的和困难的,可能办到的和不可能办到的。尽可能地慎重一些,周到一些。如果不是这样,就是一人称霸。这样的第一书记,应当叫作霸王,不是民主集中制的'班长'"。① 要充分发挥党内民主,尊重党员主体地位,保障党员民主权利,发挥各级党组织和广大党员的积极性创造性。实行正确的集中,保证全党的团结统一和行动一致,保证党的决定迅速有效贯彻执行。加强组织纪律性,党纪面前人人平等。加强对党的领导机关和领导干部尤其是主要领导干部的监督,不断完善党内监督制度。党在自己的政治生活中要开展批评和自我批评,在原则问题上进行思想斗争,坚持真理,修正错误。努力营造既有集中又有民主,既有纪律又有自由,既有统一意志又有个人心情舒畅的生动活泼的政治局面。

党的各级委员会实行集体领导和个人分工负责相结合的制度。凡是关乎

---

① 毛泽东:《在扩大的中央工作会议上的讲话》(1962年1月30日),《毛泽东文集》第8卷,人民出版社1999年版,第294—295页。

社会经济发展全局等重大问题,要通过各种渠道和形式广泛集中民智,充分协商协调。对专业性、技术性较强的问题要认真听取专家意见。对同群众利益密切相关的问题,要通过听证、公示等方式扩大人民群众的参与度。在总结各方意见的基础上,集体作出决策。

党的各级委员会成员根据集体的决定和分工,切实履行自己的职责。坚决禁止任何形式的个人崇拜和迷信。不允许任何领导人实行个人专断和把个人凌驾于组织之上。坚决反对把国家和人民的命运同个别领导人的魅力联系在一起。邓小平多次强调,"一个国家的命运寄托在一两个人的威望上是很不正常的"。[①] 由于中国封建社会历史悠久,反贪官不反皇帝,帝王思想的流毒根深蒂固,使得个人崇拜之风难以在短时间内消失。人世间没有救世主,也不需要救世主。人民是自己的主人,人民是历史的创造者。民主集中制是党少犯错误或不犯错误的一项根本保证,应该通过制度化、法律化的形式使其更加具有可操作性,并且在各项工作中把它落到实处。

(4) 依法活动原则

党章规定,党必须在宪法和法律的范围内活动。这是加强和改善党的领导,正确处理党同国家、党同人民关系的一条重要原则。

1950年邓小平在中共重庆市第二次代表会议的报告中指出:"共产党员在自己的工作中如何体现党的领导呢？首先,要坚决地执行由我党提出的为人民政协所通过的共同纲领,和中央人民政府发布的每一项法令、文告。其次,要善于团结党外人士去实现共同纲领和执行法令。一个共产党员如果不熟悉共同纲领和政府法令,不懂得运用这些武器去团结和教育人民同敌人作斗争,那末不仅说不上什么领导,而且还会做出违反共同纲领和政策的事情,做出违法乱纪的事情,使自己完全居于无理和被动的地位。今天的不幸情况,恰恰是有些共产党员不学习不运用共同纲领。党外人士把共同纲领背得烂熟,在讨论工作和政策时,能够引经据典,充分说理。而我们的一些共产党员却往往瞠目不知所对,有的甚至最后拿出蛮不讲理的本事来。试问,这还说得上领导吗？第三,共产党除了应成为执行共同纲领和遵守法纪的模范之外,还需要具有纯正的作风,就是要有不怕麻烦、谦逊朴素和实事求是的作风,要有一心一意为人民服务不计其他的工作态度。有些同志以为天下是我们打下的,一切要服从我们。这是非常错误的。实际上群众不一定会服从你。领

[①] 邓小平:《改革开放政策稳定,中国大有希望》(1989年9月4日),《邓小平文选》第3卷,人民出版社1993年版,第316—317页。

导不是自封的,要看群众承认不承认,批准不批准。领导作风恶劣,群众就不会服从;领导犯了错误,群众就不批准。或者有人说,我革命时间长,本领大。但群众不跟你走,你就一事无成。"①邓小平的这些讲话,今天听起来都振聋发聩,党的各级领导干部要细思量。

宪法和法律是人民意志的集中体现,党既然领导全国人民制定了宪法和法律,就必须在宪法和法律范围内活动,就必须带头模范地遵守宪法和法律,同全国人民一起共同维护宪法和法律的尊严并保证宪法和法律的实施。党的各级组织和所有党员的一切行为,都必须在宪法和法律规定的范围内实施,绝不允许有凌驾于宪法和法律之上的特殊地位和特殊权力,法律面前人人平等。党的政策是广大人民群众利益的反映,必然会得到人民的拥护和支持,但党的政策不得同国家的宪法和法律相冲突。一旦党的政策违反国家宪法和法律的规定,除采取法律手段外,制定政策的党组织要自行纠正并承担相应的责任。

要在全社会形成遵纪守法风气,官员必须以身作则,正人先正己。《论语》云:其身正,不令而行;其身不正,虽令不从。官员的一言一行、一举一动,直接影响自己身边的人,直接影响党和国家机关在人民心目中的形象。官员要讲诚信,在人民面前做老实人、说老实话、做老实事。尤其是位高权重的各级党政机关、部门一把手,要做遵纪守法的模范。官员应当通过自己的言传身教来带动周围的人一起遵纪守法。党政官员的权力是人民和党给的,应当对人民和党负责,决不能用来谋求私利。

2. 基本内容

党章明确规定,党的领导主要是政治领导、思想领导和组织领导。党要顺应历史潮流,适应改革开放和社会主义现代化建设的要求,坚持科学执政、民主执政、依法执政,加强和改善党的领导。

(1) 政治领导

政治领导,就是党"根据历史发展行程提出基本的政治口号,和为了实现这种口号而提出关于每一发展阶段和每一重大事变中的动员口号……作为全国人民一致行动的具体目标,没有这种具体目标,是无所谓政治领导的"。②政治领导是党发挥领导作用最重要的方面,在社会发展的不同阶段有

---

① 邓小平:《克服目前西南党内的不良倾向》(1950年6月6日),《邓小平文选》第1卷,人民出版社1994年版,第156—157页。

② 毛泽东:《中国共产党在抗日时期的任务》(1937年5月3日),《毛泽东选集》第1卷,人民出版社1991年版,第262—263页。

不同的内容，主要表现为政治原则、政治方向、重大决策的领导和向国家政权机关推荐重要干部。

政治原则的领导，是指党为了实现一定历史时期的任务而制定一些根本原则。如十一届三中全会后，中共中央提出坚持四项基本原则（坚持社会主义道路、坚持人民民主专政、坚持中国共产党的领导、坚持马克思列宁主义毛泽东思想）和坚持改革开放的方针就属于政治原则领导的范畴。四项基本原则是立国之本，改革开放是强国之路。

政治方向的领导，是指依据一定的政治原则，指明一定历史阶段中的奋斗目标。例如，中共十五大提出的建设社会主义法治国家的奋斗目标。

重大决策的领导，是指党为实现一定的目标，在政治、经济、科技、教育等各个具体领域的重大决策。例如，决定停止使用"以阶级斗争为纲"的口号，把工作重心转移到社会主义现代化建设上来，决定实行经济体制改革、政治体制改革，决定建立国家公务员制度，决定实施西部大开发和振兴东北老工业基地，等等。这些均体现了党对重大决策的领导。

向国家政权机关推荐重要干部，是党的政治领导在组织人事方面的体现。党为了确保自己的路线、方针、政策得到贯彻，必须培养、教育和考察干部，并向立法、行政、监察、司法、军队等国家机关推荐。

党对国家事务实行政治领导的主要方式是：（1）使党的主张经过法定程序变成国家意志，以法律的形式向全社会公布，法律对人民的行为具有约束力。（2）通过党各级组织的活动和党员的模范作用，带动广大人民群众，实现党的路线、方针、政策。

（2）思想领导

思想领导，是指通过思想教育和思想政治工作，用马克思列宁主义、毛泽东思想、中国特色社会主义理论和习近平新时代中国特色社会主义思想武装全党，教育人民，使全社会树立符合国家主流意识形态的、政治正确的世界观、人生观和价值观。

思想领导是政治领导的重要保障，思想领导的好坏直接影响政治领导的功效，这是因为人的行为是受思想支配的。毛泽东说："掌握思想教育，是团结全党进行伟大政治斗争的中心环节。如果这个任务不解决，党的一切政治任务是不能完成的"。[①] 邓小平说："我们最大的失误在教育，对年轻

[①] 毛泽东：《论联合政府》（1945年4月24日），《毛泽东选集》第3卷，人民出版社1991年版，第1094页。

娃娃、青年学者教育不够。控制通货膨胀可以很快见效,而教育的失误补起来困难得多。"① 习近平也非常重视思想教育,2016年在全国高校思想政治工作会议上强调,高校思想政治工作关系高校培养什么样的人、如何培养人以及为谁培养人这个根本问题,要坚持把立德树人作为中心环节,把思想政治工作贯穿教育教学全过程,实现全程育人、全方位育人,开创国家高等教育事业发展新局面。

党章规定,党的思想路线是一切从实际出发,理论联系实际,实事求是,在实践中检验真理和发展真理。对党的思想路线要有一个正确的认识,要用发展着的马克思列宁主义、毛泽东思想、邓小平理论、"三个代表"重要思想、科学发展观和习近平新时代中国特色社会主义思想去教育引导全党和全国各族人民。

发展是马克思主义活的灵魂。党的思想领导不是要禁锢人民的思想,而是要开放人民的思想和尊重人民群众的首创精神。在思想工作中要反对一切"左"的或右的错误倾向。要警惕右,但主要是防止"左"。"左"具有更大的欺骗性和迷惑性,从而具有更大的破坏性,好像越"左"越革命,越"左"越先进,越"左"越安全,越"左"越有前途。历史上对党和国家事业造成伤害最多最大的是"左"。既要反对主观主义和形而上学,破除对马克思列宁主义的错误的和教条式的理解,又要坚持马克思列宁主义在意识形态领域的指导地位,抵制各种否定马克思列宁主义的错误观点。

在长期的革命和社会主义建设中,党在思想领导方面积累了丰富的经验。党通过理论宣传工作和各级党组织的思想政治教育工作等形式,通过讨论、说服、教育等方法,使正确的党的路线、方针、政策能够深入人心并化作为人民的实际行动。

人民的思想观念一旦形成,就不易改变,而社会发展是不以人的意志为转移的,这就导致人民的观念有时落后于时代的发展。当今世界科技日新月异,互联网技术相当发达,谁也无法控制信息来源,散布谣言制造混乱的成本很低。中国正处在深化改革的关键阶段,各种利益错综复杂,各种思潮泛起,社会上不公平不合理的现象时有发生。国内外敌对势力对中国实施西化、分化的战略图谋没有改变,通过各种途径和手段破坏中国安定团结的局面的活动并没有停止。这一切都增加了党在新时期思想工作的难度,对此要有清

---

① 邓小平:《我们有信心把中国的事情做得更好》(1989年9月16日),《邓小平文选》第3卷,人民出版社1993年版,第327页。

醒的认识。要不断地总结实践中的思想工作的新经验，创造性地开展思想政治工作。

(3) 组织领导

组织领导，是指党通过党的各级组织系统和组织工作以及广大党员的先锋模范作用，使党和广大人民群众成为一个坚强的战斗集体，有计划、有步骤地实现党的奋斗目标。

党是按照党章和民主集中制原则，由党的中央的、地方的和基层的组织把全体党员组织起来的统一整体。党在国家机关、人民军队、社会团体、企事业单位、城市社区和农村基层建立党组织，党组织对其进行集体领导，党员在党组织中担任领导工作，但必须正确处理党的领导和这些组织的的管理职能。

党的领导要走群众路线，一切为了群众，一切依靠群众，从群众中来，到群众中去，把党对人民群众的组织领导过程变为组织人民群众自己管理自己事务的过程，把党的正确主张变为人民群众的自觉行动。党的一切权力最终都是人民的，权要为民所用，不允许任何党员脱离群众，凌驾于群众之上。官职作为公共资源要逐步有序向全社会开放，要根据职位特性公布用人标准，不能简单一刀切，要防止平庸者和老好人上位，要让体制内外一切真才实学者都有用武之地。

要发扬党内民主，坚持党纪严于国法，认真贯彻执行《中国共产党章程》《关于新形势下党内政治生活的若干准则》《中国共产党廉洁自律准则》《中国共产党纪律处分条例》《中国共产党问责条列》和《中国共产党党内监督条例》等党内法规，坚决杜绝在用人上的不正之风，把党的组织工作纳入制度化、规范化的轨道。

要使党的权力和国家权力在制度上受到制约，要正确处理党的权力和国家权力的关系。要依规管党，依法治党，依法严惩党政机关腐败分子。反腐无禁区，没有铁帽子王。要积极支持和保证人大、政府专门机关、监察机关、司法机关和其他社会组织依法对党履行监督职能。各级党组织和干部必须置于广大党员、人民群众和新闻媒体的监督之下，保证他们能够通过合法有效的途径行使民主监督权利。

党的政治领导、思想领导和组织领导是一个不可分割的有机整体，三者之间关系是："思想领导是政治领导、组织领导的重要前提和基础，组织领导是政治领导、思想领导的重要保证。我们要善于把三者很好地统一起来，在政治、经济、文化等各个领域中，更好地坚持社会主义方向，充分发挥党对各项改革和建设的领导作用。"①

二 政府依法治理

(一) 政府概念

政府的含义广泛，主要有以下几种解释：(1) 指制定规则，为居民提供服务的机构。(2) 治理国家或社区的政治机构。(3) 泛指一切国家政权机关。国家的立法机关、行政机关、司法机关和其他一切公共机关，都统称为政府。(4) 指一个国家的中央和地方行政机关。(5) 指中央行政机关的核心部分，即内阁及各部。② 一般而言，人们对政府的理解分为狭义和广义两种，狭义是指各级国家行政机关，广义则指一切国家政权机关。

这里使用广义上的政府概念，是指国家为实现其职能依法设置的国家机关的总和，包括权力机关、[6]行政机关、监察机关、司法机关和其他法定机关，同国家机构是同等意义上的概念。[7]在日常生活中，人们已经习惯把各级行政机关称作政府。这里的政府特指国家机构即国家机关的总和，各级行政机关则称作各级人民政府，即中央人民政府（国务院）和地方各级人民政府（省、市、县、乡）。其他章节政府作广义或狭义解释另行交代。

相对于西方资本主义国家立法、行政、司法"三权分立"的政府架构，中国政府是"议行合一"的政府结构。其基本含义是：国家的一切权力属于人民，人民行使国家权力的机关是全国人民代表大会和地方各级人民代表大会，它们由人民选出的代表组成，对人民负责，受人民监督；行政机关、司法机关和其他国家机关则由人民代表大会产生，对人民代表大会负责，受人民代表大会监督；人民代表大会的常设机关是其常务委员会，它向同级人民代表大会负责。但中国的香港特别行政区、澳门特别行政区的政府依法实行不同于大陆的组织形式。中国统一台湾后，也可能在台湾地区实行更加灵活的政府组织形式。

(二) 政府模式

西方国家实行立法、行政、司法"三权分立"的政府模式，中国实行

---

① 江泽民：《强化执政意识，提高执政本领》(1989年12月29日)，《毛泽东 邓小平 江泽民论党的建设》，中央文献出版社、中共中央党校出版社1998年版，第547页。
② 辛向阳：《新政府论》，中国工人出版社1994年版，第6页。

"议行合一"的政府模式,有着深刻的历史渊源。

17世纪开始流布西方的社会原子论思潮从各个方面挑战传统社会的权威,尽管至今仍有人质疑其合理性,但不可否认人类社会进程由此留下其反权威主义的深刻烙印。① 这种以人为中心重塑人和社会关系的思想统称为自由主义。自由主义将思想重心从传统的集体社会观和义务本位转向现代的个人社会观和权利本位。它提倡的自由、平等、人权、民主、法治等理念经各种途径传播到世界各地,成为现代社会区别于传统社会的观念标志。

自由主义在发展中出现了两种类型的国家权力观。一种是与英国洛克有关的"现代人的自由"传统,现代人的自由是指个人自由,即个人不受国家权力干预自主生活的权利,与之相适应的国家权力结构为分权模式。另一种是与法国卢梭有关的"古代人的自由"传统,古代人的自由是指政治自由,即个人在国家权力安排下以集体方式参与公共生活的权利,与之相适应的国家权力结构为主权模式。②

1. 三权分立

自由主义作为西方国家主流意识形态,由17世纪以来不同时期的自由主义者共同创立和发展,没有公认的创始人,也未形成完备的理论体系。因此,不但自由主义内部存在诸多分歧,而且经常遭到反自由主义或非自由主义的诘难。但是,自由主义阵营在对待社会问题上还是有着共同立场,即以人为本,一切从人开始、一切为了人是解决社会问题的起点和归宿。由于洛克首次阐明了人的部分自由,有人将他当作自由主义鼻祖。③ 不可否认,洛克的思想理论在传统社会向现代社会的演变中起了至关重要的启蒙作用。

洛克认为,国家以前的人类社会处在一种平等的自然状态,人人享有同等的自然权利,接受同样的自然法支配。自然权利就是生命、健康、自由或财产,它们是天赋人权。自然法就是人的理性,自然法要求任何人都不得侵害他人的自然权利,人人都可以惩罚违反自然法的人。自然状态虽好但缺乏法律作为裁判人们之间一切纠纷的共同尺度,缺乏公正的执法者,判决的执行得不到权力的支持,自然状态的缺陷便是国家产生的原因。人们通过社会

---

① Elizabeth H. Wolgast, *The Grammar of Justice*, Cornell University Press, 1987, pp. 1-27.

② 参见[法]贡斯当《古代人的自由与现代人的自由》,阎克文等译,商务印书馆1999年版,第26—27页。

③ 参见[英]罗素《西方哲学史》(下),马元德译,商务印书馆1976年版,第134页。

契约脱离自然状态创立政治社会即国家，人人都是国家公民，国家权力来自人们让与的部分自然权利，国家目的是保护公民的财产和共同福利，人们在自然状态下的自然自由转变为政治社会的公民自由，部分自然权利转变为公民权利。人们始终拥有判断国家权力是否侵犯人们自然权利的最高法则自然法，始终拥有部分不可让渡和不可剥夺的自然权利，个人保留的自然权利和公民权利构成了完整的个人权利。国家制定的法律不得违背自然法和社会契约。国家权力分为立法权、执行权（指在社会内部对其一切成员执行社会的国内法，即行政权和司法权）和对外权（指对外处理有关公共安全的利益的事项的权力，属于行政权），它们都是暴力，防止其滥用的最好办法是以暴制暴，即以权力约束权力。[1]

在洛克看来，人是社会的根本。无论自然状态还是政治社会，权利神圣不可侵犯，私有财产权更是最基本权利。一方面，一部分人不能通过牺牲另一部分人的权利来换取自己的权利，在该意义上说个人权利是相对的。另一方面，国家、集体等社会组织都是手段而不是目的，不能以任何借口来剥夺个人权利，在该意义上说个人权利又是绝对的。人们之所以需要国家，是为了更好实现自己的权利，国家权力只有来自个人权利才具合法性。人们把一部分自然权利规定在社会契约即宪法中，这就是人们的基本权利，它在任何情况下都不能被剥夺和转让。人们仍旧拥有没有写进宪法的自然权利，并受自然法保护。国家的立法、行政和司法不能违背宪法和自然法，宪法当然也不能违背自然法。人们在社会生活中合作产生的权利，受宪法和依据宪法制定的实在法保护。国家权力既能保障也能侵犯个人权利，为了防止权力滥用以至危害个人权利，国家必须实行分权，立法权、执行权和对外权应由不同的国家机构行使，每一种权力都不能达到控制另一种权力的程度，以便达到制衡目的。

纵观人类社会历史发现，国家权力是一把双刃剑，它在保障个人权利时也带来了无数恶行。无论怎样个人力量都不足以抗衡国家权力，在国家面前个人永远是弱者，冤假错案总是发生，人生悲剧从未绝迹。在现实生活中，几乎每天都能看到社会对个人的压制，很少看到个人行使权利而分裂社会或危害国家。

洛克生活在一个专制人治的传统社会，被统治者的迫害刻骨铭心，他深

---

[1] 参见［英］洛克《政府论》（下），叶启芳、瞿菊农译，商务印书馆1964年版，第4—6、16、54—55、65、77—78、89—92页。

刻感到渺小分散的个人权利无法抗拒暴虐强大的国家权力,他比其他思想家更加警惕国家权力坏的一面。当时欧洲社会主要信奉基督教,在上帝面前所有人都是罪身。人们相信自私自利是人的本性,道德高尚的人即使有也靠不住。人一旦拥有不可控制的权力,就有可能为了私利而滥用权力。与其假定人性善和国家权力好,不如假定人性恶和国家权力坏,通过分权制衡遏制国家权力的恶行和滥用,更能保障个人权利。

洛克的分权制衡实质上是立法权和行政权的"二权分立",司法权并未独立,而是隶属于行政权,但已包含"三权分立"的萌芽。

受洛克影响,孟德斯鸠第一次系统提出立法权、行政权、司法权"三权分立"学说。三权分立的目的为:(1)保护个人权利免受国家权力侵犯,因为如果"一切权力合而为一,虽然没有专制君主的外观,但人们却时时感到君主专制的存在"。①无论多么庄严的权利,由于属于单独的个体而没有力量。无论多么微小的权力,集中于专门机构而力量倍增,随时随地都有能力威胁权利,更不用说合而为一权力了。(2)防止权力的滥用,因为"一切有权力的人都容易滥用权力,这是万古不易的一条经验。……从事物的性质来说,要防止滥用权力,就必须以权力约束权力"。②由于力量不均衡,权利无法对抗权力,剩下的只有权力侵犯权利。防止权力滥用的最好办法是权力本身。不同性质的权力分开执行并相互牵制,一方没有压倒另一方的绝对优势,任何一方都不能为所欲为,即使一方错误行为也可得到另一方纠正。社会实践已经或正在表明,没有比这种不同性质权力相互制约的运行格局能更有效降低侵犯权利的可能性。

自然法理论只是假设,因为人类社会从未出现过自然状态,但是它对个人与社会、社会与国家、权利与权力的关系的分析建构,为人们控制国家权力作出了不可磨灭的贡献。

马克思吸收和发展了洛克、孟德斯鸠等人的自然法思想,主张个人和市民社会是国家的基础、人权是公民权的源泉、人权与公民权统一时人类才能真正解放。马克思说:"人权之作为人权是和公民权不同的。和公民不同的这个人究竟是什么人呢?不是别人,就是市民社会的成员。为什么市民社会的成员称作'人',只是称作'人',为什么他的权利称作人权呢?这个事实

---

① [法]孟德斯鸠:《论法的精神》(上),张雁深译,商务印书馆1961年版,第157页。
② [法]孟德斯鸠:《论法的精神》(上),张雁深译,商务印书馆1961年版,第154页。

用什么来解释呢？只有用政治国家和市民社会的关系，政治解放的本质来解释。"① 一方面，"所谓的人权，不同于公民权的人权，无非是市民社会成员的权利，就是说，无非是利己的人的权利、同其他人并同共同体分离开来的人的权利。"② "人，作为市民社会的成员，即非政治的人，必然表现为自然人，人权表现为自然权利。"③ "这种人，市民社会的成员，是政治国家的基础、前提。他就是国家通过人权予以承认的人。"④ "市民社会这一名称始终标志着直接从生产和交换中发展起来的社会组织，这种社会组织在一切时代都构成国家的基础以及任何其他的观念的上层建筑的基础"。⑤ 另一方面，"政治国家的建立和市民社会分解为独立的个体是通过同一种行为实现的"⑥，这种行为就是政治解放。"任何解放都是使人的世界即各种关系回归于人自身。"⑦ "政治解放一方面把人归结为市民社会的成员，归结为利己的、独立的个体，另一方面把人归结为公民，归结为法人。"⑧ "只有当现实的个人把抽象的公民复归于自身，并且作为个人，在自己的经验生活、自己的个体劳动、自己的个体关系中间，成为类存在物的时候，只有当人认识到自身'固有的力量'是社会力量，并把这种力量组织起来因而不再把社会力量以政治力量的形式同自身分离的时候，只有到了那个时候，人的解放才能完成。"⑨

总之，人权是作为人就应当享有的权利。国家赋予个人公民资格和公民权利，公民权来自人权但不能代替人权，国家可以剥夺公民权但不能剥夺人权。人权是判断国家权力合法性的根本标准。

---

① 马克思：《论犹太人问题》，《马克思恩格斯文集》第 1 卷，人民出版社 2009 年版，第 40 页。

② 马克思：《论犹太人问题》，《马克思恩格斯文集》第 1 卷，人民出版社 2009 年版，第 40 页。

③ 马克思：《论犹太人问题》，《马克思恩格斯文集》第 1 卷，人民出版社 2009 年版，第 45 页。

④ 马克思：《论犹太人问题》，《马克思恩格斯文集》第 1 卷，人民出版社 2009 年版，第 45 页。

⑤ 马克思、恩格斯：《德意志意识形态》，《马克思恩格斯文集》第 1 卷，人民出版社 2009 年版，第 583 页。

⑥ 马克思：《论犹太人问题》，《马克思恩格斯文集》第 1 卷，人民出版社 2009 年版，第 45 页。

⑦ 马克思：《论犹太人问题》，《马克思恩格斯文集》第 1 卷，人民出版社 2009 年版，第 46 页。

⑧ 马克思：《论犹太人问题》，《马克思恩格斯文集》第 1 卷，人民出版社 2009 年版，第 46 页。

⑨ 马克思：《论犹太人问题》，《马克思恩格斯文集》第 1 卷，人民出版社 2009 年版，第 46 页。

正是在洛克、孟德斯鸠"三权分立"学说的指导下，西方资本主义国家相继建立了立法、行政和司法之间分权制衡的的国家权力结构即有限政府，①每种权力都是国家权力的一部分。其中，立法权最强、行政权次之、司法权最弱，但是三种权力之间无高低之分，任何权力都没有压倒性优势，它们都会小心谨慎保护自己的阵地免受他方侵犯。国家权力的运行要严格遵守法律规定和法定程序，凡是法律没有规定的就是禁止的，凡是违背法定程序的就是无效的。一切政府行为绝对不允许违宪，任何成员都可以申请违宪审查。违宪审查制度确保宪法最高权威，杜绝政府的胡作非为和权力膨胀。法律更是用来保障人们自由的，凡是法律没有规定的对人们就是自由的，只要不触犯法律人们就可以自由地活动。事实胜于雄辩，三权分立制度为防止国家权力的异化和维护个人权利提供了可靠的制度保障。

以洛克为代表的自由主义充分尊重人的主体性和真实意志，通过分权制衡的制度设置有效控制国家权力，人成为真正的社会主人。它不是极端的个人主义或无政府主义，并不否定应有的个人义务，只是颠倒了传统社会人和国家、权利和权力的次序。由于运行中的牵制扯皮，这种国家权力结构的效率不可能达到最优，难以适应高速发展的社会态势，尤其面对社会突发事件或非政府不能解决的事情时更是消极被动。在社会实践中，这种自由主义还助长了一部分人的私欲，他们罔顾甚至损害正当的国家权力和社会利益。

因此，20世纪80年代以社会为本的共同体主义思想开始复兴，它把这些社会问题归因于自由主义对个人权利的偏爱，于是大力推崇柏拉图、亚里士多德以来的美德伦理传统，重新强调国家权力和社会利益的重要性。② 由于时代局限性，洛克式自由主义理论和制度确实存在缺陷，但它可以不断修正以适应社会的新要求，不至于非全盘否定不可。共同体主义虽然重视人的社会性和社会责任，但是它把自由主义推向人的个性极端，自己却不知不觉站在了人的社会性极端。这种非此即彼的做法无助于解决社会问题。

2. 议行合一

自由和平等是自由主义的核心思想，是对传统社会专制和等级观念的颠覆。没有自由人生何谈意义，没有平等人生何来安稳，人人都需要自由和平等。但是，人的自然禀赋、社会资源和生活环境各不相同，需求和能力也就

---

① 参见［美］戈登《控制国家——西方宪政的历史》，应奇等译，江苏人民出版社2001年版，第17页。

② Peter Digeser, "Forgiveness and Politics: Dirty Hands and Imperfect Procedures", *Political Theory*, Vol. 26, No. 5, Sage publications, Inc., 1998, pp. 700-701.

有别。社会强者希望获得更多自由,因为自由会带来更多利益。社会弱者渴望更多平等,因为平等会带来更多利益。任何社会,强者是少数而弱者是大多数。绝对自由意味绝对不平等,绝对平等意味绝对不自由,自由和平等只有关系适当才能得到社会各阶层的接受或认可。洛克是英国贵族,是社会强者的代表。作为一个理性冷静的经验主义者,他的被迫害经历使得他更加看重自由的价值,警惕国家权力对个人自由的侵犯。卢梭是法国平民,是大多数弱者的代表。作为一个充满理想的浪漫主义者,他的苦难人生使得他更加关注平等的价值,试图借助强大的国家权力来实现社会平等。

面对18世纪法国社会的严重不平等,卢梭感慨道:"人是生而自由的,但却无往不在枷锁之中。自以为是其他一切的主人的人,反而比其他一切更是奴隶。"① 卢梭认为,由全体个人结合所形成的公共人格,以前称为城邦,现在则称为共和国或政治体。当它被动时它的成员称它为国家,主动时称为主权者,它和同类比较时称它为政权。至于结合者,集体地称为人民,个别地叫做公民,作为国家法律的服从者就叫臣民。人民通过社会契约组建国家后,每个人全部转让了自己的天然自由,国家的意志就是全体人民的共同意志即公意,任何人拒不服从公意全体就要迫使他服从。主权不受任何限制,哪怕是社会契约本身,个人权利永远从属于主权。主权是公意的运用,主权表现为立法权,法律是公意的正式表示,公意永远是公正的且永远以公共利益为依归,所以永远不能转让、不可分割和不可代表。②

卢梭是炽情的自由主义者,他从人类情感来推断社会事实,自由是其名义目标,他实际重视的是平等,他甚至牺牲自由以求平等。③ 生活的磨难使卢梭比其他人更加希望得到自由,而不平等是阻碍社会大多数人自由的根源,唯有"公意"和"人民主权"才能实现自由。他认为,公意可以消除不平等和带来自由,人民服从公意"不过是在服从自己本人,并且仍然像以往一样自由"④,拒不服从公意的那些人必须"被强迫自由"⑤。人民主权是公益的产物,它来自人民又独立于人民,具有不受任何限制的绝对权威。人民主权也就是国家主权,人人都要绝对服从国家主权的安排。通过公意和绝对主权,

---

① [法]卢梭:《社会契约论》,何兆武译,商务印书馆1980年版,第8页。
② [法]卢梭:《社会契约论》,何兆武译,商务印书馆1980年版,第23—44、51—88、117—130、168页。
③ 参见[英]罗素《西方哲学史》(下),马元德译,商务印书馆1976年版,第225、237页。
④ [法]卢梭:《社会契约论》,第23页。
⑤ [法]卢梭:《社会契约论》,第24页。

个人意志与国家意志、个人权利与国家权力就不再矛盾,而是和谐统一。

自然法、自然权利、社会契约和人民主权本来是近代大多数启蒙思想家争取自由和反抗传统极权统治的理论武器,但卢梭通过它们复活了古希腊罗马时期、中世纪直至当时的共同体主义甚至独裁专制主义的思想传统,使得个人从属于社会的传统思想有了新的理论依据、人的个性重新淹没在国家中似乎有了新的合乎逻辑的证明。卢梭的绝对主权思想埋下了极权统治的隐患。

人类社会由诸多因素共同作用推动前进。人的主观作用虽不能排除但毕竟有限,社会发展存在着太多不以人的意志为转移的外部条件。即使人的思想观念也千差万别,对社会发展有的起正作用,有的起反作用,不能一概而论。社会从来不是人的理想的现实反映,人却一直是现实的社会存在。卢梭浪漫的想法是错误的,面对社会实践注定苍白无力。

卢梭的公意理论与共同体主义一脉相承。共同体主义是传统社会的主流观念,它认为人总是生活在各种共同体中,国家是最大的共同体,个人的一切都由他所处的共同体决定,共同体利益是个人利益的基础,人只有服从共同体意志的自由而没有按个人意志行为的自由。人是个性与社会性的统一,人是自由意志支配下能够独立活动的自然人,人又是名副其实的社会人,人一出生就是家庭、宗族、民族、种族、地区、国家等不同类型层次共同体的成员。社会性固然重要,但个性也不容忽视,共同体主义显然不够重视个性。

卢梭承认公意重要,实质上是承认集体意志高于个人意志,并且将集体意志绝对化,个人意志虚无化。卢梭没有解释如何实现公意,只是相信公意永远正确。但是,公意作为集体意志,既可能是全体成员的共同意志,也可能是一部分人假借其名的意思表示。无论哪种情况,都不能保证公意的真实性和正确性。卢梭认为公意是主权者的意志,主权者的意志是正确的,服从主权者的意志就是个人唯一的选择。如果个人不服从主权者的意志,主权者就可强迫他服从。这就完全排除了个人选择的可能性。通过公意,国家脱离个人凌驾于个人之上,个人失去自由从属于国家,国家权力制约着个人权利,个人应是国家主人却成了国家奴隶。历史实践证明,卢梭的公意理论往往会走向反面,成为专制极权者镇压人民的有力借口。

人民主权属于人民,但人民并不直接行使主权而是授权一部分人执行,主权的所有者和使用者是分离的。不论主权者概念多么抽象,一旦主权者行使权力或一旦权威组织开始操作,抽象的主权者本身无法行使这一权力,它必须将权力交给具体的代理人。代理人应当代表但可能代替主权者行使权力,以致其滥用权力甚至强奸民意的行为不可避免,于是卢梭赋予抽象主权者的那些属性便不复存在了。因此，这种不受约束的绝对主权会走向公意的反面，成为极权。

人民主权必须有限度，一是内容要有边界，不得危害人作为人的基本权利；二是形式要规范，主权要受到制度约束。人民主权的法治化是西方资本主义对人民主权的重大贡献。法律规定人民的基本权利，国家主权不得以任何理由剥夺人民的基本权利。法律规定同人民主权有关的一切活动，有关主权的行为必须于法有据。法律具有至高地位，任何组织和个人都没有超越或凌驾于法律之上的特权，没有法律依据或不依法行使的权力都是非法无效的。法律不会朝令夕改，人民对权力运行有着稳定的预期，法律不再是传统社会一部分人恣意行使权力的工具而成为人民牢固控制权力的武器。

人民主权思想在古希腊已存在，当时主权概念还未产生，因此叫作民主。到了近代，君权神授论已成为西方国家权力起源和合法的正统思想。神权论主张，神把权力赋予某些人，这些人或他们的后代继承人构成合法政府，反抗它不仅大逆而且渎神。① 为了反抗封建专制和君权神授论，新兴资产阶级利益的代表洛克、卢梭等人提出了人民主权论，只是洛克主张相对主权论而卢梭坚持绝对主权论。人民主权是资产阶级思想家对民主的继承和发展。

马克思吸收了卢梭的人民主权思想，并揭示了人民主权的阶级性本质和发展规律。马克思说："在民主制中，国家制度本身只表现为一种规定，即人民的自我规定。在君主制中是国家制度的人民；在民主制中则是人民的国家制度。"② "人民是否有权为自己建立新的国家制度？对这个问题的回答应该是绝对肯定的，因为国家制度一旦不再是人民意志的现实表现，它就变成了事实上的幻想。"③ 在总结巴黎公社经验时，马克思明确表述民主就是人民当家做主，称赞巴黎公社是人民掌权的政府。④ 他在批判"哥达纲领"时指出"'民主的'这个词在德语里意思是'人民当权的'"。⑤

---

① 参见[英]罗素《西方哲学史》（下），马元德译，商务印书馆1976年版，第162页。
② 马克思：《黑格尔法哲学批判》，《马克思恩格斯全集》第3卷，人民出版社2002年版，第39—40页。
③ 马克思：《黑格尔法哲学批判》，《马克思恩格斯全集》第3卷，人民出版社2002年版，第73页。
④ 参见马克思《法兰西内战》，《马克思恩格斯选集》第3卷，人民出版社1995年版，第64页。
⑤ 马克思：《哥达纲领批判》，《马克思恩格斯选集》第3卷，人民出版社1995年版，第312页。

马克思和恩格斯在《德意志意识形态》中对人民主权作了历史唯物主义的解释：全部社会生活在本质上是实践的，直接从生产和交换中发展起来的社会组织，在一切时代都构成国家的基础。① 国家权力是从人民的社会实践，特别是从社会生产和交换活动中产生出来的，是人民从事共同的社会生产活动、维护共同利益的需要。人民作为社会实践的主体、社会生产活动的主体，是社会历史的真正创造者，是推动历史前进的真正动力，他们应当是国家权力的真正主体。

相对资产阶级思想家主张人民主权来源于具有普遍本质的抽象意义的人，马克思认为人是具体实在的，"人不是抽象的蛰居于世界之外的存在物。人就是人的世界，就是国家，社会。"② 马克思认为在人民分裂为不同阶级的前提下，没有包括所有阶级在内的人民主权，只有统治阶级主权即统治权。人民作为整体是统治阶级，作为个体就是统治阶级的成员。随着阶级消灭主权才最终来源于全体人民，但这时主权也就消亡了，因为"代替那存在着阶级和阶级对立的资产阶级旧社会的，将是这样一个联合体，在那里，每个人的自由发展是一切人的自由发展的条件"。③

要保证和实现不可分割的人民主权，最好的体制莫过于立法权和行政权合为一体的"议行合一"体制。马克思在总结巴黎公社经验时指出："公社是一个实干的而不是议会式的机构，它既是行政机关，同时也是立法机关"④，这是马克思对"议行合一"体制的经典表述。

社会主义国家以马克思主义为意识形态，实行民主集中制，先后建立"主权"国家权力结构即"议行合一"的全能政府，立法权作为主权是最高权力，行政权和司法权都来源和受制于立法权。相对于"三权分立"平行制衡的权力运行机制，"议行合一"是一种决策与执行相统一的制度，是自上而下贯彻执行的权力运行机制。"议行合一"的优点是效率高，能干成大事，能应对社会重大事件。缺点也很明显，一是主权者起决定作用，主权者有时会做出违背人民真实意志或违背科学规律的决定，很多大事并不一定是好事，

---

① 马克思、恩格斯：《德意志意识形态》，《马克思恩格斯文集》第1卷，人民出版社2009年版，第583页。

② 马克思：《〈黑格尔法哲学批判〉导言》，《马克思恩格斯文集》第1卷，人民出版社2009年版，第3页。

③ 马克思、恩格斯：《共产党宣言》，《马克思恩格斯选集》第1卷，人民出版社1995年版，第294页。

④ 马克思：《法兰西内战》，《马克思恩格斯选集》第2卷，人民出版社1995年版，第55页。

这种事例在实行"议行合一"的国家经常发生。二是缺乏对主权者的有效监督，官僚主义严重，腐败层出不穷，人民利益得不到有效保障，官民矛盾突出甚至出现对立局面，影响社会稳定。

人的生活可分为私域和公域。私域是不受他人干涉的自主空间，个人充分享有自由。这是"现代人的自由"，是消极的个人权利。它是国家权力的边界，"个人拥有权利。有些事情是任何他人或团体都不能对他们做的，做了就要侵犯到他们的权利。这些权利如此强有力和广泛，以致引出了国家及其官员能做些什么的问题（如果能做些事情的话）"。① 公域是公共活动的空间，每个人都是国家公民，享有参与社会公共事务的自由。这种政治自由就是"古代人的自由"，是积极的个人权利，历来为国家所重视。

洛克强调私域和个人自由而对公域和政治自由持谨慎态度，主张"三权分立"有限政府。卢梭的看法正好相反，主张"议行合一"的全能政府。两种国家权力结构各有利弊。

私域的个人自由和公域的政治自由都是必要的，人不但需要自我独立，而且需要自我发展。政治自由是自我发展的最佳手段。政治自由把对公民最神圣的利益关切毫无例外地交给所有公民，在所有人之间确立了一种资格平等，这种平等构成了国家的荣誉和力量。个人自由和政治自由同等重要，个人自由是个人作为人所必需的原始权利，政治自由则是个人作为公民参与公共生活提升自我的衍生权利。

无论个人还是国家，不能为了一种自由而牺牲另一种自由，而是要公平合理地对待它们。现代自由主义则结合了两种自由主义传统，它是在对抗和挑战中经验总结的产物，也是自由主义和非自由主义妥协的结果，其生命力在于正确反映和尊重多元性的社会现实。② 基于现代自由主义，西方资本主义社会不再是纯粹的"三权分立"权力结构，而是汲取了"议行合一"的有益成分，更多发挥国家权力的积极作用。社会主义国家权力运行仍以马克思主义为指导，但已非原先"议行合一"的权力结构，而是吸收了"三权分立"的合理因素，重视各种权力之间和权力内部之间的制衡，减少对个人自由的干预。

---

① [美] 诺齐克:《无政府、国家与乌托邦》，何怀宏等译，中国社会科学出版社1991年版，第1页。

② 参见[美] 昂格尔《现代社会中的法律》，吴玉章、周汉华译，译林出版社2001年版，第71页。

（三）政府职能

所谓政府职能，是指政府在一定时期内，为实现国家职能，依据社会发展和经济建设的客观要求，在依法行使国家权力的过程中所负有的职责和作用。职能和职权在概念上是有所区别的。职权是指某一职位依法具有的权力，这一权力由法律规定，且与一定的职位相结合。职能和职权的联系在于：只有拥有一定职权的主体才能实现其相应的职能；职权和职能总是统一在一定的主体中，职权表现为这个主体的内在属性，职能表现为这个主体的外在功能；由于外在条件的变化，不同职权的主体也可以有相同的职能，相同职权的主体也可以有不同的职能。有时人们在同一的意义上使用职权与职能。

政府职能是由国家职能决定的，政府是国家职能的体现者。马克思主义认为，国家职能具有二重性。一方面，国家是阶级矛盾不可调和的产物和表现，是一个阶级压迫另一个阶级的工具，国家具有阶级职能。另一方面，国家具有社会职能，负有管理社会公共事务、发展生产力的任务。国家职能的二重性决定着政府职能必然包括两个方面，一是维护国家的基本制度和稳定，对任何敌视和破坏它的各种因素予以镇压，这是实现国家的阶级职能；一是发展生产力，管理公共事务，改善人民生活，保护生态环境等，实现国家的社会职能。

1. 主要职能

中国现阶段的主要矛盾是人民日益增长的美好生活需要同不平衡不充分的发展之间的矛盾。由于国内的因素和国际的影响，阶级斗争还在一定范围内长期存在，在某种条件下还有可能激化，但已经不是主要矛盾。国家职能的重心已经转移到社会主义经济建设和社会发展上来。社会主义建设的根本任务，就是解放和发展生产力，逐步实现社会主义现代化，并且为此改革生产关系和上层建筑中不适应生产力发展的方面和环节。

坚持和完善公有制为主体、多种所有制经济共同发展的基本经济制度，坚持和完善按劳分配为主体、多种分配方式并存的分配制度，鼓励一部分地区和一部分人先富起来，逐步消灭贫穷，达到共同富裕，在生产发展和社会财富增长的基础上不断满足人民日益增长的美好生活需要，促进人的全面发展。发展是党执政兴国的第一要务。必须坚持以人民为中心的发展思路，坚持创新、协调、绿色、开放、共享的发展理念。是否有利于发展生产力、是否有利于增强综合国力以及是否有利于提高人民的生活水平，是政府工作总的出发点和检验标准。要尊重劳动、知识、人才和创造，为人民发展，依靠人民发展，人民共享发展成果。

当前，中国已经进入全面建设小康社会、全面建设社会主义现代化国家的新的发展阶段。在新阶段，经济和社会发展的战略目标是，巩固和发展已经初步达到的小康水平，到建党一百年（2021年）时，全面建成小康社会；到中华人民共和国成立一百年（2049年）时，全面建成社会主义现代化强国。因此，要按照中国特色社会主义事业"四个全面"战略布局和"五位一体"总体布局，全面建成小康社会，全面深化改革，全面依法治国，全面从严治党；全面推进经济建设、政治建设、文化建设、社会建设、生态文明等五位一体建设。要紧跟世界潮流，推进国家治理体系和治理能力现代化。

（1）要发展社会主义市场经济。巩固公有制经济的主体地位和主导作用，鼓励、支持和引导非公有制经济健康发展。发挥市场在资源配置中的决定性作用，更好地发挥政府作用建立完善的宏观调控体系。统筹城乡发展、区域发展、经济社会发展、人与自然和谐发展、国内发展和对外开放，加快供给侧改革，调整经济结构，转变经济发展方式。促进工业化、信息化、城镇化、农业现代化同步发展，建设社会主义新农村。走中国特色新型工业化道路，建设引领世界进步的创新型国家。

（2）要发展社会主义民主政治。坚持党的领导、人民当家作主、依法治国的有机统一，走中国特色社会主义政治发展道路，扩大社会主义民主，建设中国特色社会主义法治体系，建设社会主义法治国家，巩固人民民主专政，建设社会主义政治文明。坚持和完善人民代表大会制度、中国共产党领导的多党合作和政治协商制度、民族区域自治制度以及基层群众自治制度。发展更加广泛、更加充分、更加健全的人民民主，切实保障人民管理国家事务和社会事务、管理经济和文化事业的权利。尊重和保障人权。广开言路，建立健全民主选举、民主决策、民主管理、民主监督的制度和程序。完善中国特色社会主义法律体系，加强法律实施工作，实现国家各项工作法治化。

（3）要发展社会主义先进文化。建设社会主义精神文明，依法治国和以德治国相结合，提高全民族的思想道德素质和科学文化素质，建设社会主义文化强国。加强社会主义核心价值体系建设，坚持马克思主义指导思想，树立中国特色社会主义共同理想，弘扬以爱国主义为核心的民族精神和改革创新为核心的时代精神，增强民族自尊、自信和自强精神，抵御资本主义和封建主义腐朽思想的侵蚀。发展教育、科学、文化事业，弘扬传统文化，发展社会主义文化。

（4）要构建社会主义和谐社会。按照民主法治、公平正义、诚信友爱、充满活力、安定有序、人与自然和谐相处的总要求和共同建设、共同享有的原则，以保障和改善民生为重点，解决好人民最关心、最直接、最现实的利益问题，使发展成果更多更公平惠及全体人民，形成全体人民各尽所能、各得其所而又和谐相处的局面。加强和创新社会治理，重视人民信访，严惩一切腐败，防备和化解社会重大风险。严格区分和正确处理敌我矛盾和人民内部矛盾这两类不同性质的矛盾。加强社会治安综合治理，依法打击危害国家安全和利益、危害社会稳定和经济发展的犯罪活动和犯罪分子，保持社会长期稳定。坚持总体国家安全观，坚决维护国家主权、安全和发展利益。

（5）要建设社会主义生态文明。树立尊重自然、顺应自然、保护自然的生态文明理念，坚持节约资源和保护环境的基本国策，坚持节约优先、保护优先、自然恢复为主的方针，坚持生产发展、生活富裕、生态良好的文明发展道路。着力建设资源节约型、环境友好型社会，形成节约资源和保护环境的空间格局、产业结构、生产方式、生活方式，为人民创造良好生产生活环境，实现中华民族永续发展。

（6）要维护和发展平等团结互助和谐的社会主义民族关系。积极培育、选拔少数民族干部，帮助少数民族和民族地区发展经济、文化和社会事业，实现各民族共同团结奋斗、共同繁荣发展。全面贯彻国家宗教工作的基本方针，团结信教群众为经济社会发展作贡献。按照"一个国家、两种制度"的方针，促进香港、澳门长期繁荣稳定。台湾问题久拖不利，要不惜一切代价，完成祖国统一大业。

（7）要建设一支强大的人民军队。中国军队是中华人民共和国的军队，是中国人民的军队，中国军人是中国人民的子弟兵。人民军队接受中国共产党的领导，全心全意为人民服务。要坚持党对人民解放军和其他人民武装力量的绝对领导，贯彻习近平强军思想，加强人民解放军的建设，坚持政治建军、改革强军、科技兴军、依法治军，建设一支听党指挥、能打胜仗、作风优良的人民军队，切实保证人民解放军履行新世纪新阶段军队历史使命，充分发挥人民解放军在巩固国防、保卫祖国、抵御侵略和参加社会主义建设中的作用。

（8）要坚持独立自主的和平外交政策。坚持和平发展道路，坚持互利共赢的开放战略，统筹国内国际两个大局，积极发展对外关系，努力为国家的改革开放和现代化建设争取有利的国际环境。在国际事务中，维护国家的独立和主权，反对霸权主义和强权政治，维护世界和平，促进人类进步，推动建设持久和平、共同繁荣的和谐世界。在相互尊重主权和领土完整、互不侵犯、互不干涉内政、平等互利、和平共处五项原则的基础上,发展同世界各国的关系。不断发展同周边国家的睦邻友好关系,加强同发展中国家的团结与合作。遵循共商共建共享原则,推进"一带一路"建设。

2. 基本原则

为了更好地履行职能,政府活动要遵循宪法规定的基本原则。

(1) 坚持党的领导原则。党政军民学,东西南北中,党是领导一切的。中国共产党是中国人民的领导核心,是中国社会主义现代化事业的领导核心,因而也必然是政府活动的领导核心。首先,必须在各级政府中确保党的政治领导。中国共产党是执政党,各级政府的一切活动都必须保证服从党的政治领导,贯彻执行党的路线、方针、政策。其次,必须在各级政府中确保党的组织领导。一是人事制度必须贯彻党的干部队伍"四化"(革命化、年轻化、知识化、专业化)的方针,贯彻习近平新时代中国特色社会主义思想;二是党委直接管理政府的领导干部。再次,必须在各级政府中确保党的思想领导,通过党的思想政治工作和党员的先锋模范作用,使国家机关及其工作人员赞成、接受并自觉贯彻党的主张。

(2) 民主集中制原则。民主集中制是政府组织和活动的根本准则。民主集中制是民主和集中相结合的制度,是在民主基础上的集中和在集中指导下的民主的结合。在中国,国家和人民的利益是一致的,发扬民主,便于充分反映人民的意志,集中统一人民的意见和要求,使政府的工作更能符合人民的利益。同时,为了镇压国内外敌对分子的反抗,进行社会主义经济建设,有必要在民主的基础上实行集中,使政府工作更加有效率。民主集中制在政府中主要表现为:①各级人民代表大会由民主选举产生,对人民负责,受人民监督;②其他各级国家机关由各级人民代表大会产生,对它负责,受它监督;③中央和地方国家机构在职权划分上,遵循在中央统一领导下,充分发挥地方主动性、积极性的原则;④在国家机关内部的制度上,各级人民代表大会及其常务委员会实行少数服从多数的集体领导制度,而各级人民政府实行行政首长负责制。这两种领导制度都是民主集中制原则的具体运用。要反对两种错误倾向,既要反对不要民主的、个人独断专行的家长制作风,又要反对不讲集中的极端民主化的分散主义作风。

(3) 人民民主管理原则。一切国家机关和国家工作人员必须依靠人民的支持,经常保持同人民的密切联系,倾听人民的意见和建议,接受人民的监督,努力为人民服务。一切权力属于人民,一切权力来自人民。为此,应健全代议制民主的各项设施和各方面的机制；应创造一切条件让人民直接参与政府管理；应积极支持基层人民自治；应该在体制机制上保证政府接受人民的有效监督。

（4）社会主义法治原则。一切国家机关和武装力量，各政党和各社会团体、各企业事业组织都必须以宪法为根本的活动准则，并且负有维护宪法尊严、保证宪法实施的职责。因此，国家机关必须在宪法和法律规定的范围内活动，有法必依，执法必严，违法必究。

（5）精简高效原则。一切国家机关实行精简的原则，实行工作责任制，实行工作人员的培训和考核制度，不断提高工作质量和工作效率，反对官僚主义。精简和高效，是政府工作所追求的重要目标。为实现这一目标，首先在机构设置和人员编制上要贯彻精简的原则；岗位的设置要因事而论，不能因人而设。其次要有体制上的保障，尽可能降低政府管理中人力、物力、财力的消耗。再次，要充分调动政府各部门和全体工作人员的积极性，保障政府管理的高效率。

三　政治体制改革

政治制度含义广泛、层次众多，既包括基本政治制度，也包括各类具体政治制度。基本政治制度是政治制度的核心和基础，决定一个国家的政治架构，主要体现在这个国家的宪法中。基本政治制度之外的具体政治制度，又叫政治体制，是基本政治制度的具体化，或是围绕基本政治制度而建立的各类具体政治制度。一个国家的基本政治制度相对稳定，而政治体制要随着社会发展需要不断地进行调整。

（一）改革必要性

人民民主专政制度、人民代表大会制度、共产党领导的多党合作和政治协商制度、民族区域自治制度、基层群众自治制度等是中国特色社会主义的基本政治制度。这些基本政治制度符合中国的政治传统，也得到了人民认同，对国家的发展起到了积极作用。但是，辅助基本政治制度的政治体制在运行中暴露了各种弊端和缺陷，在一定程度上妨碍了这些基本政治制度功效的正常发挥。

1950年代中期，毛泽东等党和国家领导人对"国家机构中某些官僚主义作风的存在,国家制度中某些环节上缺陷的存在"①已有所察觉,并提出过局部性调整与改革的若干意见。但是,由于国内外形势的急剧变化,这些缺陷非但没有得到解决,反而愈积愈重,愈演愈烈,直至在"文化大革命"期间达到顶峰。"文化大革命"结束不久,长期形成的"左"的思想仍旧严重禁锢着人们的思想,"两个凡是"[8]主张又给人们带上了新的思想桎梏。邓小平以政治家的勇气,直面中国政治体制的种种弊端,深刻分析其形成根源,强调改革必要性,提出改革措施。

1970年代末至1980年代初,邓小平第一次集中谈论政治体制改革。1977年9月他在同教育部负责同志谈话时就指出"我们的一些制度有缺陷,不能发现人才"②。1978年10月,他在中国工会九大上致词时指出,要实现四个现代化,"就必然要多方面地改变生产关系,改变上层建筑"③。12月召开的中共十一届三中全会正是根据这一思想提出了"多方面地改变同生产力发展不适应的生产关系和上层建筑"④的任务。1979年10月,他在中国文学艺术工作者四大祝词中明确提出了"改革和完善社会主义的经济制度和政治制度,发展高度的社会主义民主和完备的社会主义法制"⑤的思想。1980年8月,在中共中央政治局扩大会议上他发表了《党和国家领导制度的改革》的讲话,这是政治体制改革的纲领性文献。1982年1月,他在中共中央政治局讨论中央机构精简会议上发表《精简机构是一场革命》的讲话。他把精简机构提到革命的高度,"这是一场革命。当然,这不是对人的革命,而是对体制的革命。这场革命不搞,让老人、病人挡住比较年轻、有干劲、有能力的人的路,不只是四个现代化没有希望,甚至于要涉及到亡党亡国的问题,可能要亡党亡国。"⑥

1980年代中期,邓小平第二次集中阐述政治体制改革。当时的经济体制

---

① 毛泽东:《关于正确处理人民内部矛盾的问题》(1957年2月27日),《毛泽东文集》第7卷,人民出版社1994年版,第215页。

② 邓小平:《教育战线的拨乱反正问题》(1977年9月19日),《邓小平文选》第2卷,人民出版社1994年版,第70页。

③ 邓小平:《工人阶级要为实现四个现代化作出优异贡献》(1978年10月11日),《邓小平文选》第2卷,人民出版社1994年版,第135页。

④ 中共中央文献研究室:《三中全会以来重要文献选编》上卷,人民出版社1982年版,第4页。

⑤ 邓小平:《在中国文学艺术工作者第四次代表大会上的祝词》(1979年10月13日),《邓小平文选》第2卷,人民出版社1994年版,第208页。

⑥ 邓小平:《精简机构是一场革命》(1982年1月13日),《邓小平文选》第2卷,人民出版社1994年版,第397页。

改革正在深入,成效比较明显,人民得到了实惠,但遇到了落后政治体制的阻碍。1986年6月,他在听取中央负责同志汇报当前经济情况时说:"现在看,不搞政治体制改革不能适应形势。改革,应该包括政治体制的改革,而且应该把它作为改革向前推进的一个标志。"①1986年9月他在会见日本客人时说,中国经济体制改革遇到的困难,"重要的是政治体制不适应经济体制改革的要求"②,"现在经济体制改革每前进一步,都深深感到政治体制改革的必要性。不改革政治体制,就不能保障经济体制改革的成果,不能使经济体制改革继续前进,就会阻碍生产力的发展,阻碍四个现代化的实现"③,"进行政治体制改革的目的,总的来讲是要消除官僚主义,发展社会主义民主,调动人民和基层单位的积极性。要通过改革,处理好法治和人治的关系,处理好党和政府的关系。党的领导是不能动摇的,但党要善于领导,党政需要分开,这个问题要提上议事日程"④。1986年他在听取中央财经领导小组汇报时说,政治体制改革的内容,"首先是党政要分开,解决党如何善于领导的问题。这是关键,要放在第一位。第二个内容是权力下放,解决中央和地方的关系,同时地方各级也都有一个权力下放问题。第三个内容是精简机构,这和权力下放有关"⑤。1987年召开的中共十三大报告贯彻了这些思想,确立了"一个中心、两个基本点"的党的基本路线,吹响了全球瞩目的全面政治体制改革的号角。

  1989年6月后的一段时间里,当时的政治风波刚得到平息,邓小平第三次集中探讨政治体制改革,强调中国要一直走改革开放道路。1989年6月他在接见首都戒严部队军以上干部时指出,"要坚定不移地执行党的十一届三中全会以来制定的一系列路线、方针、政策,要认真总结经验,对的要继续坚持,失误的要纠正,不足的要加点劲"⑥。9月他在会见美籍华裔学者李政

---

  ① 邓小平:《在听取经济情况汇报时的谈话》(1986年6月10日),《邓小平文选》第3卷,人民出版社1993年版,第160页。
  ② 邓小平:《关于政治体制改革问题》(1986年9月—11月),《邓小平文选》第3卷,人民出版社1993年版,第176页。
  ③ 邓小平:《关于政治体制改革问题》(1986年9月—11月),《邓小平文选》第3卷,人民出版社1993年版,第176页。
  ④ 邓小平:《关于政治体制改革问题》(1986年9月—11月),《邓小平文选》第3卷,人民出版社1993年版,第177页。
  ⑤ 邓小平:《关于政治体制改革问题》(1986年9月—11月),《邓小平文选》第3卷,人民出版社1993年版,第177页。
  ⑥ 邓小平:《在接见首都戒严部队军以上干部时的讲话》(1989年6月9日),《邓小平文选》第3卷,人民出版社1993年版,第308页。

道教授时说:"中国在十年改革开放中制定的各项方针政策不会改变。十三大制定的路线不能改变,谁改变谁垮台。"① 10月他在会见美国前总统尼克松时说,"改革的趋势是改变不了的"②,"说我们只搞经济体制改革,不搞政治体制改革,这不对"③。12月他在会见日本客人时说,"我们一直坚持党的十一届三中全会以来的路线和各项方针政策,不但这一届领导人要坚持,下一届、再下一届都要坚持,一直坚持下去。为什么这些方针政策不能变呢?因为十年来的实践证明,这一套方针政策是完全正确的,如果放弃改革开放,就等于放弃我们的根本发展战略"④。

不改革就没有出路,不改革政治体制就不能完成改革,这已成为社会共识。中共十四大以来,每届党代会和党中央、每届全国人大和全国政协都坚持邓小平的政治体制改革思想,强调政治体制改革的重要性和必要性。进行政治体制改革由内外因素决定,没有退路。

首先,不改革政治体制,就不能更好地促进生产力的发展。

马克思主义认为,生产力与生产关系、经济基础与上层建筑之间的矛盾,是人类社会的基本矛盾,这个基本矛盾的运动推动着人类社会向前发展。生产力决定生产关系,生产关系反作用于生产力。生产力是指具有一定生产经验和劳动技能的劳动者运用生产工具进行生产时所形成的物质力量。生产关系是指人们在生产活动中相互结成一定的关系,包括生产资料所有制结构、生产过程中人与人之间的地位和相互关系以及产品如何分配三个方面。生产关系的总和构成经济基础,生产关系的具体形式表现为经济体制,建立在经济基础之上的政治法律制度等叫上层建筑。经济基础决定上层建筑,上层建筑反作用于经济基础,并通过经济基础反作用于生产力。虽然生产力是最终起决定作用的力量,生产力决定着上层建筑,但是上层建筑对生产力也有很大的影响,它可以促进或阻碍生产力的发展。

社会主义社会与其他社会一样,受社会基本矛盾的支配。如何使上层建筑中的政治体制调适得更加有利于生产力的发展,一直是困惑社会主义国家

---

① 邓小平:《我们有信心把中国的事情做得更好》(1989年9月16日),《邓小平文选》第3卷,人民出版社1993年版,第324页。
② 邓小平:《结束严峻的中美关系要由美国采取主动》(1989年10月31日),《邓小平文选》第3卷,人民出版社1993年版,第332页。
③ 邓小平:《结束严峻的中美关系要由美国采取主动》(1989年10月31日),《邓小平文选》第3卷,人民出版社1993年版,第332页。
④ 邓小平:《国家的主权和安全要始终放在第一位》(1989年12月1日),《邓小平文选》第3卷,人民出版社1993年版,第347页。

领导人的难题。列宁从俄国革命的实践中发现了这个问题，开始意识到改造苏维埃制度的必要性。斯大林曾一度否认社会主义社会存在人类社会的基本矛盾。针对斯大林的观点，毛泽东在1950年代中期强调指出，"在社会主义社会中，基本的矛盾仍然是生产关系和生产力之间的矛盾，上层建筑和经济基础之间的矛盾"，① 不过这些矛盾同旧社会的基本矛盾根本不同，因为"社会主义生产关系已经建立起来，它是和生产力的发展相适应的；但是，它又还很不完善，这些不完善的方面和生产力的发展又是相矛盾的"②，"它不是对抗性的矛盾，它可以经过社会主义制度本身，不断地得到解决"。③ 由于国内外形势急剧变化，党内"左"的思想抬头，毛泽东的正确认识未能引导政治体制方面的改革，以促进生产力的发展。相反，却错误地认为中国社会的基本矛盾集中表现为无产阶级和资产阶级的矛盾，社会主义和资本主义两条道路的矛盾，从而提出"以阶级斗争为纲"的口号，最终导致"文化大革命"的爆发。

改革开放以来，如何把握社会主义社会的基本矛盾，依旧是进行社会主义建设的首要问题。邓小平说："关于基本矛盾，我想现在还是按照毛泽东同志在《关于正确处理人民内部矛盾的问题》一文中的提法比较好。毛泽东同志说：'在社会主义社会中，基本的矛盾仍然是生产关系和生产力之间的矛盾，上层建筑和经济基础之间的矛盾。'他在这里说了很长一段话，现在不重复。当然，指出这些基本矛盾，并不就完全解决了问题，还需要就此作深入的具体研究。但是从二十多年的实践看来，这个提法比其他的一些提法妥当。"④ 邓小平认为，在社会主义初级阶段，这个基本矛盾主要表现为落后的生产力不能满足人民日益增长的需要之间的矛盾。习近平在党的十九大报告中指出，中国社会的主要矛盾已经转化为人民日益增长的美好生活需要和不平衡不充分的发展之间的矛盾，但中国社会仍将长期处于社会主义初级阶段的事实并没有改变。解决这些矛盾的方法，不能是过去大搞阶级斗争、开展"文化大革命"，而是应该通过改革，革除各种体

---

① 毛泽东：《关于正确处理人民内部矛盾的问题》（1957年2月27日），《毛泽东文集》第7卷，人民出版社1993年版，第214页。
② 毛泽东：《关于正确处理人民内部矛盾的问题》（1957年2月27日），《毛泽东文集》第7卷，人民出版社1993年版，第215页。
③ 毛泽东：《关于正确处理人民内部矛盾的问题》（1957年2月27日），《毛泽东文集》第7卷，人民出版社1993年版，第213—214页。
④ 邓小平：《坚持四项基本原则》（1979年3月30日），《邓小平文选》第2卷，人民出版社1994年版，第181—182页。

制上的弊端与缺陷,以促进生产力的发展。这种改革不是要改变社会主义性质和抛弃社会主义制度,而是"社会主义制度的自我完善"。① 就其广泛性和深刻性而言,"改革是全面的改革,不仅经济、政治,还包括科技、教育等各行各业",② "改革是中国的第二次革命"。③ 只有通过包括政治体制在内的全面改革,才能促进生产力的发展,解决当前社会的主要矛盾,提高人民的生活水准。

其次,不改革政治体制,就无法避免历史悲剧的重演。

对于"文化大革命"这一历史悲剧,邓小平反复强调"制度比个人思想、作风更重要"的观点。他说:"我们过去发生的各种错误,固然与某些领导人的思想、作风有关,但是组织制度、工作制度方面的问题更重要。这些方面的制度好可以使坏人无法任意横行,制度不好可以使好人无法充分做好事,甚至会走向反面。即使像毛泽东同志这样伟大的人物,也受到一些不好的制度的严重影响,以至对党对国家对他个人都造成了很大的不幸。我们今天再不健全社会主义制度,人们就会说,为什么资本主义制度所能解决的一些问题,社会主义制度反而不能解决呢?这种比较方法虽然不全面,但是我们不能因此而不加以重视。斯大林严重破坏社会主义法制,毛泽东同志就说过,这样的事件在英、法、美这样的西方国家不可能发生。他虽然认识到这一点,但是由于没有在实际上解决领导制度问题以及其他一些原因,仍然导致了'文化大革命'的十年浩劫。这个教训是极其深刻的。不是说个人没有责任,而是说领导制度、组织制度问题更带有根本性、全局性、稳定性和长期性。这种制度问题,关系到党和国家是否改变颜色,必须引起全党的高度重视。"④

既然制度比个人思想、作风重要,那么为了防止历史悲剧的重演,就要革除现行政治制度中的弊端,从改革和完善社会主义民主和法制入手。1980年8月,在回答意大利记者关于如何避免或防止"文化大革命"现象重演时,邓小平说:"这要从制度方面解决问题。我们过去的一些制度,实际上

---

① 邓小平:《在中国共产党全国代表会议上的讲话》(1985年9月22日),《邓小平文选》第3卷,人民出版社1993年版,第142页。

② 邓小平:《政治上发展民主,经济上实行改革》(1985年4月15日),《邓小平文选》第3卷,人民出版社1993年版,第117页。

③ 邓小平:《改革是中国的第二次革命》(1985年3月28日),《邓小平文选》第3卷,人民出版社1993年版,第113页。

④ 邓小平:《党和国家领导制度的改革》(1980年8月18日),《邓小平文选》第2卷,人民出版社1993年版,第333页。

受了封建主义的影响,包括个人迷信、家长制或家族作风,甚至包括干部职务终身制。我们现在正在研究避免重复这种现象,准备在改革制度上着手。我们这个国家有几千年封建社会的历史,缺乏社会主义的民主和社会主义的法制。现在我们要认真建立社会主义的民主制度和社会主义法制。只有这样,才能解决问题。"①

再次,不改革政治体制,经济体制等改革就不可能成功。

中国的改革是全面的改革,按照先易后难,从经济体制改革开始到政治体制改革完成这么一个思路。改革是利益的重新分配,应该说这个方法是正确的,减少了最初改革的阻力。但是,各种改革也不是截然分开的,而是交错在一起,因为社会中所有事物都是相互联系的,不可能孤立存在。即使从经济体制改革开始,改革过程中也需要相应政治体制改革的配合,改革的实践也证明了这一点。

1980年代初,当农村家庭联产承包责任制逐步推行时,"政社合一"的人民公社体制也随之改变,代之以基层政权乡镇。没有公社体制的改变,而是继续通过政权力量干预生产,农民就没有自主权,就无法调动他们的生产积极性,农村经济体制改革就不可能成功。

1984年,经济体制改革的重心由农村转到城市后,复杂程度超乎想象,政治体制改革一直落后于经济体制改革,至今没有完成。典型的表现就是,政府职能没有随着经济体制的改变而改变。

政企不分,政府职能部门各自抓住权力不放。有的地方名义上政企分开,但仍用计划经济那一套把企业卡住。有的地方通过各种名目,把这边放下去的权力,又从那边收上来,把企业当作自己的附属物。政府审批手续繁杂,收费项目众多,企业尤其是国有企业的自主权无法落实,现代化的企业制度无法真正建立起来。1992年中共中央明确提出建立社会主义市场经济体制的改革目标,但没有相应的政治体制的改革,完整意义上的社会主义市场经济体制不可能建成。

政治体制改革意义重大,邓小平说:"政治体制改革同经济体制改革应该相互依赖,相互配合。只搞经济体制改革,不搞政治体制改革,经济体制改革也搞不通,因为首先遇到人的障碍。事情要人来做,你提倡放权,他那里收权,你有什么办法?从这个角度来讲,我们所有的改革最终能不能成功,

---

① 邓小平:《答意大利记者奥琳埃娜·法拉奇问》(1980年8月21日、23日),《邓小平文选》第2卷,人民出版社1994年版,第348页。

还是决定于政治体制的改革。"①

最后，不改革政治体制，社会主义制度的优越性就是一句空话。

当1978年打开国门后，一部分中国人开始到了西方发达国家考察、工作或学习。一个大家不愿承认的残酷事实是，没有实行社会主义的西方国家，它们的政治、经济、科技、教育、文化、人民的生活水平大大高于中国。人们几乎不敢相信自己的眼睛，现实的资本主义根本不是宣传的那样丑陋不堪，有人开始怀疑社会主义制度的优越性了。

针对这种现象，1980年邓小平在中共中央召集的干部会议上讲话时指出，"现在，特别是在青年当中，有人怀疑社会主义制度，说什么社会主义不如资本主义，这种思想一定要大力纠正。社会主义制度并不等于建设社会主义的具体做法。苏联搞社会主义，从一九一七年十月革命算起，已经六十三年了，但是怎么搞社会主义，它也吹不起牛皮（作者注：苏联1989年解体，重新回到资本主义道路）。我们确实还缺乏经验，也许现在我们才认真地探索一条比较好的道路。但不管怎么样，社会主义制度的优越性已经得到了证明，不过还要证明得更多更好更有力。我们一定要、也一定能拿今后的大量事实来证明，社会主义制度优于资本主义制度"②。总之，"发挥社会主义的优越性，归根到底是要大幅度发展社会生产力，逐步改善、提高人民的物质生活和精神生活"③。而发展生产力提高人民生活，就要进行全方位的体制改革，其中，政治体制改革尤为关键。

政治体制改革的本质是社会主义政治制度的自我完善和发展，这是自中共十一届三中全会以来中国共产党始终坚持和强调的。政治体制改革的目的是，加强和改进中国共产党的领导，充分发挥社会主义制度应有的优越性，广泛调动人民群众的积极性和创造性，维护国家统一、民族团结和社会稳定，促进经济发展和社会全面进步。

政治体制改革的目标，就是发展社会主义民主政治，建设社会主义民主法治国家。发展社会主义民主政治，最根本的是要把坚持党的领导、人民当家做主和依法治国有机统一起来。党的领导是人民当家作主和依法治国的根

---

① 邓小平：《在全体人民中树立法制观念》（1986年6月28日），《邓小平文选》第3卷，人民出版社1993年版，第164页。

② 邓小平：《目前的形势和任务》（1980年1月16日），《邓小平文选》第2卷，人民出版社1994年版，第250—251页。

③ 邓小平：《目前的形势和任务》（1980年1月16日），《邓小平文选》第2卷，人民出版社1994年版，第251页。

本保证，人民当家作主是社会主义民主政治的本质要求，依法治国是党领导人民治理国家的基本方略。

中国的政治体制改革，必须在坚持四项基本原则的前提下，结合中国的历史和政治传统，从中国的国情出发，总结改革开放以来正反两方面的经验教训，借鉴人类政治文明特别是西方政治文明的有益成果，建设中国特色的社会主义政治体制，但绝不照搬西方政治制度的模式。西方政治模式是西方历史和实践的产物，不顾中国的历史和现实，生搬硬套西方的政治模式会给中国带来很不利的后果。

解决中国问题的关键在于执政党中国共产党。如何实现党的领导与人民当家作主的统一、党的主张与人民的意志的统一，如何实现党政真正分开、党和政府的活动真正受到法律的约束，是摆在党的面前的重大课题，也是政治体制改革的核心所在。实践证明，党要管党和从严治党，党政分开和依法执政，把与人民意志一致的党的主张上升为国家意志并制定为法律，一切组织和个人特别是各级党政机关和党政干部都严格依法办事，绝不允许有超越宪法和法律的特权，坚决维护社会主义法制尤其是宪法的权威，循序渐进地全面推进依法治国进程，自觉接受全社会监督是政治体制改革的有效途径。

（二）党政定位（略）

（三）依法治国

2014年中共十八届四中全会作出《中共中央关于全面推进依法治国若干重大问题的决定》，开始了中国全面依法治国的新征程。依法治国顺应了世界民主政治发展的总趋势和市场经济运行的客观要求，是党对执政方式艰辛探索后确定的具有重大战略意义的治国方针，是新时期党在处理党政关系方面正确的制度抉择。

1. 依宪执政是依法治国的核心和关键

宪法是国家的根本大法，是人民权利的宣言，是国家权力的渊源，是治国安邦的总章程。宪法是国家制度的核心和基础，一切法律和政策都不得同宪法相抵触，一切组织和个人都不得有超越宪法的特权，一切行为都必须符合宪法规定，一切违宪行为都必须予以纠正，宪法具有最高权威。但这种应有的最高权威不等于现实的最高权威。宪法只有被遵守才具有现实的最高权威，这才是真正的宪法最高权威，如果得不到遵守宪法就是一纸空文而已。

政治体制改革的首要方面就是依法执政。依法执政的核心是依宪执政。

一切权力必须有合宪性来源、一切权力必须在宪法范围内活动、一切权力都不得违宪。一切违宪都必须追究。

为了维护宪法的最高权威,必须启动违宪审查机制。[9]违宪审查是国家权力过程中的一种基本纠错机制,如同其他任何一种纠错机制一样,是宪法正常运行的必要保障。根据宪法规定,全国人大及其常委会行使宪法监督权,履行违宪审查的职能。由于对违宪审查的重要性认识不足,全国人大及其常委会的违宪审查职能还没有完全落实到位。因此,必须建立可操作性的违宪审查机制机构,及时纠正违宪案件。国家已设立国家宪法日和宪法宣誓制度,这些固然重要,却不如真正办理一个违宪案件管用,强调千万遍不如问责一次。

西方宪政和中共依法执政有着本质区别,但是西方宪政运行了几百年,存在可供中国借鉴的有用资源。善于学习是中国共产党的优秀品质。要反对"左"或"右"的错误思潮,主要是反对"左"。"左"具有更大的欺骗性和迷惑性,好像越"左"越革命、越"左"越先进,越"左"越安全、越"左"越有前途。历史上对党和国家事业造成伤害最多最大的是"左"。坚持党的领导绝不搞西方宪政,坚持依法执政绝不回到过去,大胆吸收借鉴西方宪政制度中一切有益成分和具体制度安排,提高党的领导质量与依法执政水平。

2. 全面保障人权

人权是人依其自然属性和社会本质所享有和应当享有的权利。人权的主体是所有的人,在一个国家,所有的公民,不分种族、民族、性别、职业、信仰、文化、地位等等,都是平等的人权主体。

人权的客体是权利,内容非常丰富,它随着社会的发展而不断变化。现代社会人权的客体可以分为三大类:(1)人身人格权利,如生命权、安全权、隐私权、人格尊严权、自由选择权等;(2)政治权利,如选举权、被选举权、监督权、法律平等权等;(3)经济、社会、文化权利,如财产权、劳动权、受教育权、消费者权利、社会保障权利等。

人权主要有三种存在形态:(1)应有权利,即只要是人就应当享有的权利。(2)法定权利,是指人的应有权利被规定在法律中,受到法律的保护。法律应当平等地保护所有人的人权,如果只保护一部分人的人权或者规定一部分人的人权高于其他部分人的人权则是不公正的。(3)实有权利,是指人在社会生活中真正拥有的人权。由于主客观条件的限制,一个国家的法定人权不一定得到真正实现,只有真正实现了的那部分人权才是实有权利。人权的实现是一个从低级阶段向高级阶段的发展过程,伴随着人类社会发展的始终。

人权发展到现在,大致经历了"三代人权"。① 第一代人权表现为以自由权为核心的公民"消极权利",公民通过法律规定的平等权、人身自由、财产自由、思想自由、政治权利来防止和对抗国家权力的干涉。该代人权始于资产阶级启蒙运动而鼎盛于自由资本主义时期。第二代人权是指以平等权为核心的公民"积极权利"即经济、社会和文化权利。尤为社会主义者所重视,要求国家在尊重个人自由的前提下积极作为,保障公民平等享有劳动权、物质帮助权、受教育权、参政权等一系列权利,促进人的全面发展。第三代人权是指以生存权为核心的国家或民族集体享有的独立、自决、生存和发展的权利,相对于第一、二代的"个体人权"这是一种"集体人权"。[10] 它尤为发展中国家所提倡,反映了曾长期处在西方殖民统治下独立出来的新兴国家和民族要求独立、维护和平、保护环境和寻求发展的呼声。

目前世界上大多数国家按照人民主权理论建立了政治法律制度,人权是主权的基础,只有源自人权的主权才有合法性,同时人权的实现又受到主权制约,主权既能促进也能阻碍人权,如何处理人权和主权的关系是一个国家的基本问题。另外,人权作为人应有的权利,各国人权虽然殊异但存在共性。由于第二次世界大战中法西斯肆意践踏人权,国际社会开始高度关注人权问题。1945 年《联合国宪章》将尊重全人类的人权及基本自由作为联合国的一项宗旨。以联合国大会和经社理事会为首的联合国机构主持缔结或通过了许多专门规定人权问题的国际公约和议定书,其中 1948 年《世界人权宣言》、1965 年《消除一切形式种族歧视国际公约》、1966 年《公民权利和政治权利国际公约》和《经济、社会、文化权利国际公约》、1979 年《消除对妇女一切形式歧视公约》、1984 年《禁止酷刑和其他残忍、不人道或有辱人格的待遇或处罚公约》、1989 年《儿童权利公约》、1990 年《保护所有移徙工人及其家庭成员权利国际公约》、2006 年《残疾人权利公约》和《保护所有人免遭强迫失踪国际公约》是联合国系统内核心的人权公约。在此基础上,大量与人权有关的国际条约相继缔结、通过并生效,一些与人权有关的国际习惯规则也逐渐形成。它们共同构成了人权国际保护的法律依据。

如何处理人权和主权的关系是一个复杂问题。由于人权的国际保护可能

---

① "三代人权"论由法国法学家卡雷尔·瓦萨克(KarelVasek)提出,参见《联合国教科文组织信使》(The UNESCO Courier) 1977 年,第 29—32 页。

干涉国家主权,同样国家主权也可能侵犯人权。因此,就存在"人权高于主权"和"主权高于人权"这两种相互对立的观点。

在人类社会进程中,西方发达国家率先建立了比较完备的人权制度,它们一方面强调本国的独立主权,另一方面却将一些弱小民族和国家长期置于自己的统治下而不顾他们的主权。虽然他们已经独立为新兴主权的发展中国家,但发达国家仍不能以平等的态度去对待,总是有意无意地操控他们的发展进程,"人权高于主权"往往成了发达国家干预发展中国家内部事务以及推行强权政治和霸权主义的工具。而在经历长期殖民统治、主权遭受践踏的悲惨历史后,发展中国家深知主权的弥足珍贵,国家一旦丧失主权则该国的人权根本得不到尊重和保障。因此,发展中国家独立后,在不断改善国内人权的同时,对一切可能危及主权的言论和行动保持高度警惕,他们主张"主权高于人权",用以对抗西方的强权和霸权。虽然西方发达国家主张"人权高于主权"而广大发展中国家主张"主权高于人权"有着深刻的历史根源,但这种将人权和主权绝对对立的观点显失偏颇。

首先,人权是主权的源泉和基础,主权是人权的体现和保障。依照人民主权理论,国家的一切权力来自人民让与的权利,人民通过直接民主或间接的代议制民主行使权力,没有人权就没有主权的合法性,绝不允许行使侵犯人权的主权。同时,人生活在国家中,人可以在不同国家之间流动但不能游离国家之外,人权不但是抽象的道德权利而且表现为具体的法定权利和现实权利,人权的实现和救济有赖于国家根据国情通过立法、司法和行政手段去逐步实施。当人权尤其是生存权和发展权遭到外来威胁时,还需要国家凝聚全国的力量去加以保卫。古今中外的事实充分证明:一个丧失了主权的国家的人民无人权可言,他们往往沦落为侵略国任意宰割的羔羊。可以这么说,人权与主权共存亡,当今世界并不存在超越或凌驾主权之上的人权,无论国内还是国际,没有主权也就没有真正意义上的人权。

其次,主权在本质上是有限的和相对的,人权设定了主权的边界。主权有内外之分,因此对主权的制约也来自国内和国际两个方面。在国内,各国宪法和法律都规定了公民在政治、经济、文化、社会等方面的基本权利,国家不得以任何借口侵犯它们,凡法律没有规定的对公民是允许的而对国家则是禁止的。人类生活中存在着一部分属于个人的不可剥夺的内容,有权置身于任何社会权能的控制之外。这是个人自由的起点,也是主权管辖的终点。在国际上,国际条约为各国设立了保护人权的国际法律义务,它们构成了对国家主权的限制。一个国家在下列情形中不能用主权对抗国际社会的指责或制裁：①大规模粗暴侵犯人权的行为及其影响超越一国范围，危及了国际和平与安全；②大规模粗暴侵犯人权的行为构成了国际法认定的国际犯罪，如侵略罪、战争罪、反人类罪、种族灭绝罪、种族隔离罪等；③国际条约明文规定可以进行国际干预的情况。但国际干预必须遵循国际法，否则要承担国际责任。一国因人权问题受到国际社会的指责或制裁，尽管主权的某个方面可能受到一定限制，但该国主权的其他方面仍应得到应有尊重和国际法的保护。

人权与主权是对立统一的辩证关系，既有内在的和谐统一也有外在的对立冲突，"人权高于主权"或"主权高于人权"都是一定条件下的结论，不能进行非此即彼的简单取舍。由于人性的普遍要求以及全球化导致的人类相互依存度的不断提高，使得有效协调人权与主权的关系尤为紧迫。但当今国际社会大国与小国、强国与弱国、发达国家与发展中国家处于不平等地位是基本事实，大国、强国和发达国家有力量借口人权问题干涉他国主权，而小国、弱国和发展中国家不但不可能干涉比它强大的国家的主权而且对于后者的非法干涉都无法抗拒。因此，要坚持国家平等、人权和主权并重的基本原则，建立人权与主权的和谐关系。在国内，主要通过加强民主法治建设来保障人权和规范主权。人权和主权的作用是相互的。人权的实现和保障越好，人民就会拥护政府，主权也就越稳固。反之，主权越稳固，就越能实现和保障好人权。在国际上，一方面，每个国家享有独立处理国内外事务的权力，不受任何外来干涉；另一方面，每个国家行使主权时，应当尊重别国的主权，不得侵犯别国的主权或干涉别国内政，不得把自己的意志强加于人。任何国家以保护国际人权为借口，公然入侵别国或粗暴干涉别国内政，这本身就是破坏国家主权和侵犯国际人权。虽然人权问题已成为国际现象，人权的国际保护也为国际法所确认，但由于国际社会对人权的标准、人权的普遍性与特殊性、国际干预的限度和方式等具体问题一直存有不同意见，特别是当事国与其他国家之间的争议尤甚，以单方的理解很难解决这些问题，同样以强权来维护"人权"更是违反国际法基本原则。实践证明，通过对话、协商的方式，是解决国际人权问题的有效途径。

中国共产党和中国政府已经认识到人权的价值和意义，加入或缔结了很多国际人权公约。1997年中共十五大明确提出了"尊重和保障人权"，2004年十届全国人大二次会议把"尊重和保障人权"作为宪法修正案载入了宪法。在宪法中作出尊重和保障人权的宣示，体现了社会主义制度的本质要求，有利于推进国家人权事业的发展，有利于加强同国际人权事业的交流和合作。

今后要按照宪法的要求，在各项具体法律制度中落实人权的内容，在社会实践中切实尊重和保障人权，绝对不允许借口经济社会的发展而剥夺部分人的人权。

无论人民还是敌人，作为人都需要一些生存所需的基本权利，这就是人权，人权是不能以任何形式和任何理由剥夺的。国家法律大多是针对全体公民而言的，无论是人民还是敌人都要得到同等对待，这是法治的基本要求。目前一部分官员没有弄清"人民"和"公民"的概念，法治意识、公民意识淡薄，以致出现很多以"人民名义"侵犯人民群众利益的事情。这些官员认为，人民是整体，人民利益是集体利益，公民是个体，公民利益是个人利益，在个人利益服从集体利益大原则下不重视个人利益还振振有词。例如，有人到某信访部门反映问题，对领导说："你应该为人民服务！"，该官员反唇相讥："你能代表人民么？"使得反映问题者哑口无言。试想一下，一个视公民利益为儿戏的官员怎么为人民服务。针对这些不讲法官员，老百姓无可奈何，你跟他讲"法治"，他跟你讲"政治"。问题的本质就是官本位，权大于法，权力得不到有效监督，官员不是人民公仆而是官老爷。人权作为公民基本权利，已经写入宪法，但真正落实到社会实践还会有一个漫长过程。

3. 坚持和完善社会主义民主制度

谁给权力就对谁负责，这是万古不易的权力定理。党管干部是中国干部制度的基本原则，一切党政官员都要经过党组织的考察或任命才能就职。因此可以说，官员手中的权力直接来自党组织的授权，官员首先对党组织负责是浅显明白的道理。虽然一切权力最终都来自人民，但是人民不能直接决定官员的任免升迁，只有党组织才有这个权力。在一些官员看来，人民满意与否并不重要，可以忽视人民的呼声；党组织满意与否至关重要，必须想方设法表现自己。虽然党和人民的根本利益是一致的，但是并非没有分歧。这就不能排除党组织满意人民不一定满意、人民满意党组织不一定满意的官员现象的发生。实践是检验真理的唯一标准，党组织的决定并不总是正确的，历史上不乏党组织选人用人失察给革命和建设造成严重损失的惨痛教训。破解选人用人不正之风的根本途径，就是党组织在考察任免官员时，要走群众路线，充分发扬民主，真正尊重人民自己的选择，因为党是全心全意为人民服务的，人民是国家的主人，人民是历史的创造者。

要按照十一届三中全会以来党的历次大会或全会对政治体制改革的要求，坚持和完善社会主义民主制度，推进社会主义民主的制度化、规范化和程序化，扩大公民有序的政治参与，保证人民依法实行民主选举、民主决策、民主管理、民主监督。(1) 坚持和完善人民代表大会制度。各级人大由民主选举产生、对人民负责、受人民监督。各级人大及其常委会必须密切自己同人民群众的关系，依法履行职能。(2) 坚持和完善中国共产党领导的多党合作和政治协商制度，巩固和发展最广泛的爱国统一战线。中国共产党要坚持"长期共存、互相监督、肝胆相照、荣辱与共"的方针，加强同民主党派合作共事，健全有关重大问题决策前协商的制度，接受民主党派监督，支持人民政协围绕团结和民主两大主题，履行政治协商、民主监督、参政议政的职能；坚持和完善民族区域自治制度，保证民族自治地方依法行使自治权；依法贯彻宗教信仰自由政策、侨务政策、知识分子政策、非公有制经济人士和其他社会阶层人士政策，组成广泛的大团结。(3) 健全基层民主制度。扩大基层民主，完善基层政权、基层群众性自治组织、企事业单位的民主管理制度，坚持和完善政务公开、厂务公开、村务公开等办事公开制度，保证基层人民群众依法行使选举权、知情权、参与权、监督权等民主权利。

4. 党政机关必须在宪法和法律的范围内活动

无论是依法治国还是政治体制改革，其中的一个重要方面就是法律能管住党政机关和党政干部。目前社会上有一种错误的认识，就是认为法律是用来治理普通公民的，而不是用来管"官"的。产生这种错误认识主要有两方面原因：(1) 历史因素。中国古代的统治者都把法律当作治民的工具，所谓"刑不上大夫，礼不下庶士"。(2) 现实因素。现实生活中确实有一部分官员的所作所为没有受到法律的约束，不但这部分官员认为这没什么不对，而且大部分公民对此习以为常。在一个法治国家里，法律面前人人平等，普通公民、党政干部都要守法，但根本的问题是党政机关和党政干部要依法办事，因为他们直接担负治理国家和管理社会的任务。因此，各级党组织、立法机关、行政机关、司法机关及其工作人员要增强法律意识，自觉遵守法律；凡不遵守者要依法严肃处理。只有这样，中国的法治才有希望。

在现实生活中如何处理国家法律和中国共产党政策的关系，是实现依法治国必须解决的重大课题。虽然宪法和党章确立了法律的最高地位，但大部分国家工作人员已经习惯了按政策办事而不是依法办事。一般地，法律和政策是统一的，二者不会存在根本性的冲突，但由于现实的复杂性二者存在某些不一致的地方又是不可避免的。为了避免和解决法律与政策之间的不一致，应该由各级党组织和各级政府共同建立政策合法性审查委员会，及时发现和解决政策和法律的不一致的问题。这些内容可以规定在前面建议的《党政关系法》中。

各级党政机关和党政干部不但要依据法律规定的内容办事，而且要依据法律规定的程序办事。现实生活中，有一种重实体法、轻程序法的倾向，这是错误的。实体法和程序法同等重要，只有实体程序并举，才能真正实现依法治国。

5. 对权力进行有效的监督

不受监督的权力必然导致腐败，绝对的权力必然导致绝对的腐败，这是人们对权力的共识。因此，权力必须受到监督制约。

对国家权力的监督可以采取以下措施：①通过立法和制度建设，使权力运行的所有环节有法可依、有章可循，在制度上没有留下腐败的空间。②以国家权力制约国家权力，因为"从事物的性质来说，要防止滥用权力，就必须以权力约束权力"。① 要充分发挥人大、司法、监察、审计等具有监督职能的国家机关的作用，保证把人民赋予的权力真正用来为人民谋利益。③以社会权力制约国家权力。让各民主党派、社会团体能够有效了参与监督工作。④人民可以通过社会舆论、检举、控告和申诉等方式，对国家权力进行监督。

人民监督是保证共产党执政的国家政权跳出"人亡政息"周期律的根本保证。1945年7月，国民参政会参政员黄炎培等6位民主人士对革命根据地延安访问几天后，毛泽东问黄炎培观后感，黄炎培先生说："一部历史，'政息宦成'的也有，'人亡政息'的也有，'求荣取辱'的也有。总之，没有能跳出这个周期率的。中共诸君从过去到现在，我略略了解的了。就是希望找出一条新路，来跳出这周期律的支配。"毛泽东答："我们已经找到新路，我们能跳出这个周期率。这条新路就是民主。只有让人民监督政府，政府才不敢松懈。只有人人起来负责，才不会人亡政息。"② 要相信人民，依靠人民，主动接受人民监督，只有敢让人民监督才能使党保持健康的肌体，只有敢让人民监督才能跳出历史循环的周期律。

注释

[1] 苏联解体、东欧剧变，跟以美国为首的西方意识形态长期渗透不无关系。为了推行西方政党模式，不惜发动战争或支持所在国动乱，当下阿富汗、伊拉克、叙利亚等就是活生生的例子。

[2] 在古希腊等级制度和不平等是合理的，不但所有人有优劣高低之

---

① [法] 孟德斯鸠：《论法的精神》（上），张雁深译，商务印书馆1961年版，第154页。

② 黄炎培：《八十年来》，文史资料出版社1982年版，第149页。

分，而且城邦中人被分为自由人和奴隶两部分，只有自由人才有可能成为一个城邦的公民，奴隶只是活的工具而不具有公民资格。在古希腊城邦雅典的全盛时期境内人口约40万左右，其中奴隶20万，外邦侨民3.2万，公民及其家属16.8万，有权参加议事和审判的公民约4万人，仅占总人口的1/10。参见［英］杰弗里·巴勒克拉夫《世界史便览》，生活·读书·新知三联书店1983年版，第160页。

［3］有人总结出民主的5种含义：①在政治制度层面上使用，把民主理解为一种国家形式和一种国家形态，即民主制度和民主政体；②在人民权利层面上使用，民主就是广义的民主权利；③在组织管理层面上使用，将民主称之为组织管理的民主原则；④在思想观念上使用，民主就是指民主观念和民主精神；⑤在工作作风和工作方法层面上，毛泽东主张用民主作风反对并克服独断专行的官僚主义作风，主张用民主的方法去解决人民内部的矛盾。参见李铁映《论民主》，人民出版社2001年版，第28—38页。

［4］20世纪西方最大的马克思主义流派法兰克福学派就持这种态度。1923年德国法兰克福大学成立了以研究马克思主义为宗旨的社会研究所，历史学家格律伯格任所长；1930年霍克海默接替患病的格律伯格担任社会研究所所长，从此开始以社会批判理论而著称的法兰克福学派的历史，霍克海默、马尔库塞、阿多尔诺、弗洛姆等第一代代表人物成为十分有影响的社会思想家；从1970年代起，随着第一代代表人物的相继去世，其继承者第二代代表人物哈贝马斯和施密特的思想产生严重分歧，法兰克福学派走向解体。其中马尔库塞的观点往往反映了法兰克福学派共同特点，他把资本主义社会看作一个整体，从个人与整体完全对立的角度对其进行全方位批判，深刻揭示了现代人的异化和现代社会的物化结构，特别是技术理性、意识形态、大众文化等异化的力量对人性的压抑和束缚，个人消融在其中而使个人除了肉体之外不再成为人；强调辩证的否定性和革命性，指出资本主义社会是一个极权主义社会，是不可能出现有效内部反对派、不具有内在否定性、完全停止进步的一个绝对统一的整体，是对个人存在的绝对否定，只有通过外部的所有个人的"大拒绝"这样的彻底否定才能结束资本主义的统治，并制定了发达资本主义条件下的革命战略（参见 H. Marcuse, One-Dimensional Man, Beacon Press, Boston, 1966, p10, 63, 70, 75, 107, 153）。法兰克福学派的批判理论经常被称为"新马克思主义"，但它从来没有成为正统学说，随着时间推移甚至变成了明确的非马克思主义理论（参见［英］迈克尔·莱斯诺夫《二十世纪的政治哲学家》，第52页）。法兰克福学派忽视了资本主义

存在合理的一面和资本主义带来的巨大成就。虽然20世纪三四十年代资本主义曾被法西斯主义和纳粹暴力统治所取代但人们很快推翻了后者,资本主义制度重新确立并一直向前发展;20世纪晚期苏联和东欧社会主义国家纷纷抛弃了社会主义制度,返回到了资本主义的发展道路上。实践表明资本主义的历史使命远未结束。法兰克福学派对资本主义采取极端敌视和否定的态度,其"大拒绝"思想仅是人道主义的乌托邦设计,这种违背客观现实的主观革命永远只是一种空想。

[5] 民国初年政党林立的状况,据谢彬《民国政党史》(1926年上海学术研究会总会印行)记载:"综其数目,殆达三百有余。"但大多数政党即生即灭。当时的主要政党有:同盟会、统一党、统一共和党、共和党、民主党、进步党、公民党、大中党、民宪党、中国社会党、中华民国工党、中华民国自主党、中华进步党、公民急进党、中华革命党、欧事研究会等。参见中共中央党史研究室《中国共产党历史》(第一卷上册),中共党史出版社2011年版,第16页。

[6] 在中国,权力机关是指各级人民代表大会及其常务委员会,它地位特殊,其他国家机关由它产生并向它负责,立法是其主要职能但不是唯一职能。虽然人们习惯上将权力机关称为立法机关,但不能将权力机关等同于立法机关。

[7] 在1949年—1954年间,《中国人民政治协商会议共同纲领》和《中华人民共和国中央人民政府组织法》使用广义的"政府"概念,当时的中央人民政府是指对外代表中华人民共和国、对内领导国家政权的中央人民政府委员会及其组织的政务院、人民革命军事委员会、最高人民法院和最高人民检察院。

[8] "两个凡是"是指1977年2月7日《人民日报》《红旗》杂志、《解放军报》社论《学好文件抓住纲》中提出的"凡是毛主席作出的决策,我们都坚决维护,凡是毛主席的指示,我们都始终不渝地遵循"。

[9] 目前世界各国违宪审查制度主要有三种模式:①司法审查模式,是指由司法机关即法院行使宪法监督权的模式,典型代表为美国。在美国,由于实行立法、行政、司法三权分立,司法具有完全独立审查的权力,任何普通法院都可以通过受理公民的诉讼来行使违宪审查权。启动违宪审查程序的主动权始终掌握在公民手中,他们可以通过个案向任何普通法院提起诉讼,搁置违宪的立法;也可以通过说服议员修改宪法,推翻违宪的判决结果。②立法审查模式,是指由立法机关行使宪法监督权的模式,典型的代表是英

国。违宪审查在英国的历史比美国还要长,尽管英国是世界上三个没有成文宪法的国家之一,但是早在君主立宪制度确立之初,《权利请愿书》与《权利法案》就明确表示,法律由普通法院与衡平法院独立适用。英国的宪法性法律《王位继承法》明确规定,英国法律是英国人民与生俱来的权利,君主及其大臣必须批准与确认。英国实行"议会至上"的宪政体制,内阁和法院由议会产生并对其负责,议会可以制定、修改和废止任何法律,包括各种宪法性文件;任何一部法律如果违宪,议会有权修正或废止。这种监督模式的最大优点在于它的权威性和有效性,从而保证了立法机关制定的法律得以更加有效地贯彻和执行。但是问题在于立法机关自己审查自己,有的时候就失去了审查的意义。③专门审查模式,是指由专门的机关行使违宪审查权,如法国的宪法委员会和德国、俄罗斯、意大利、韩国等国的宪法法院。法国宪法委员会的主要职责就是"各组织法在公布前,议会两院的规章在施行前,都必须提交宪法委员会,宪法委员会应就其是否符合宪法作出裁决"。这种模式的问题在于专门机关不可避免受到政策影响,政治倾向性强,很难保证客观公正的监督。在不同的国家里,违宪审查的部门不同,但是共同的是违宪审查机构的专业化与独立性:专门审理政府或立法机关侵犯公民权利的案件,独立于普通法院、独立于行政机关,并且都关注过程合法性。现代国家通过两种方式对法律及法律性文件的合宪性进行审查:①事先审查,即在法律、法律性文件颁布生效之前所进行的合宪性审查,一旦被确认违宪,该项法律、法律性文件便不得颁布实施;②事后审查,即颁布实施之后进行的合宪性审查。

[10] 虽然"集体人权"被社会广泛使用,但该提法并不科学,人权主体只能是公民个人。国家或组织往往是权力主体,权力与权利总是对立的,权利是指以满足个人需要为目的的个人权利或私权利,权力是指以维护公共利益为目的的组织及责任人在职务上的权利或公权利,权力是权利的特殊变种。国家或组织在成为权利主体时已是在法律上被人格化的与公民平等的"个人",在该意义上就无所谓"集体人权"而仍旧是"个人人权"。参见徐显明主编《人权法原理》,中国政法大学出版社2008年版,第134页。

第三章

中国共产党与民主党派的关系

在长期的革命和建设过程中，中国共产党将马克思主义的政党学说与中国的具体实际相结合，形成了中国共产党领导的多党合作制度，就是"中国共产党执政，各民主党派参政，没有反对党，不是三权鼎立，多党轮流坐庄"。[①] 各民主党派是指中国国民党革命委员会、中国民主同盟、中国民主建国会、中国民主促进会、中国农工民主党、中国致公党、九三学社和台湾民主自治同盟八个民主党派。中国共产党领导的多党合作制度作为中国特色的政党制度，是中国的一项基本政治制度。

一 中国特色的政党制度

（一）历史传统

政党制度是现代政治制度的重要内容，是指政党与政权之间、政党与政党之间以及政党与其他社会组织之间关系的社会规范。[②] 中国共产党领导的多党合作制度，是中国具体国情的产物，也是中国近代历史发展的必然结果。

1840年鸦片战争以来，中国逐步沦为半殖民地半封建社会，中国人民遭受帝国主义、封建主义和官僚资本主义的压迫。为了追求中华民族的独立和解放，无数仁人志士进行了艰苦探索，但收效甚微。为什么会这样？1925年毛泽东发表的《中国社会各阶级的分析》给出了答案。毛泽东指出，革命的首要问题是分清敌友，"中国过去一切革命斗争成效甚少，其基本原因就是

[①] 习近平：《在省部级主要领导干部学习贯彻党的十八届四中全会精神全面推进依法治国专题研讨班上的讲话》（2015年2月2日），载中共中央文献研究室编《习近平关于全面依法治国论述摘编》，中央文献出版社2015年版，第35页。

[②] 这里仅讨论政党与政党之间的关系，其他内容见其他章节。

因为不能团结真正的朋友,以攻击真正的敌人。革命党是群众的向导,在革命中未有革命党领错了路而革命不失败的。我们的革命要有不领错路和一定成功的把握,不可不注意团结我们的真正的朋友,以攻击我们的真正的敌人。我们要分辨真正的敌友,不可不将中国社会各阶级的经济地位及其对于革命的态度,作一个大概的分析。"①毛泽东对当时中国社会各阶级进行了深刻分析,后来的革命实践证明了其分析结论是正确的。

毛泽东指出:(1)地主阶级和买办阶级完全是国际资产阶级的附庸,特别是大地主阶级和大买办阶级是极端的反革命派,代表中国最落后和最反动的生产关系,阻碍中国生产力的发展,他们的政治代表是中国青年党和国民党右派。(2)中产阶级主要指民族资产阶级,他们对革命具有矛盾态度:他们受外资打击、军阀压迫感觉痛苦时赞成革命,当革命有无产阶级参加而威胁到他们地位时他们又怀疑革命。他们没有独立的余地,要么向左跑入革命派,要么向右跑入反革命派。(3)小资产阶级,如中农、手工业者、小知识阶层,可分为三个不同部分。第一部分是占少数的右翼,有余钱剩米,怕官怕革命。第二部分是占一半的中间派,经济上大体可以自给,对革命持中立态度,但不反对革命。第三部分是生活不断下降的左翼,数量不小,他们支持革命。(4)半无产阶级,包括半自耕农、贫农、小手工业者、店员、小贩等五种。他们愿意接受革命。(5)无产阶级,二百万左右的产业工人,中国新生产力的代表者,近代中国最进步的阶级,革命运动的领导力量。(6)游民无产者,为失了土地的农民和失了工作机会的手工业工人,数量不小。他们是人类生活中最不安定者。如引导得法,可以变成革命力量。最后的结论就是,"一切勾结帝国主义的军阀、官僚、买办阶级、大地主阶级以及附属于他们的一部分反动知识界,是我们的敌人。工业无产阶级是我们革命的领导力量。一切半无产阶级、小资产阶级,是我们最接近的朋友。那动摇不定的中产阶级,其右翼可能是我们的敌人,其左翼可能是我们的朋友——但我们要时常提防他们,不要让他们扰乱了我们的阵线"。②

近代中国的社会阶级结构表明,革命和反革命两大势力矛盾尖锐,处在作最后斗争的局面,不存在能够相互调和的共存局面。处于革命和反革命之间的各个政党,要么和革命的共产党合作,要么和反革命的国民党右派合作,

---

① 毛泽东:《中国社会各阶级的分析》(1925年12月1日),《毛泽东选集》第1卷,人民出版社1991年版,第3页。
② 毛泽东:《中国社会各阶级的分析》(1925年12月1日),《毛泽东选集》第1卷,人民出版社1991年版,第9页。

没有独立的余地,也没有其他道路可走。同时,共产党为了壮大革命力量,也必须团结倾向革命的政党。抗日战争胜利后,共产党和国民党之间的关系日趋紧张,内战一触即发。其中,中国国民党革命委员会、中国民主同盟、中国民主建国会、中国民主促进会、中国农工民主党、中国致公党、九三学社和台湾民主自治同盟等八个政党选择接受共产党的主张,成为共产党的亲密战友。

1. 中国国民党革命委员会

中国国民党革命委员会(The Revolutionary Committee Of The Chinese Kuomintang),简称民革。1948年1月1日,由李济深、宋庆龄、何香凝、谭平山等人创建。在新民主主义革命时期,民革在团结国民党的民主派、其他爱国分子、与国民党有历史联系的人士,继承和发扬孙中山的革命精神,参加中国共产党领导的人民民主革命,建立中华人民共和国的斗争中,作出了非常重大的贡献。现在的民革成员主要是留在大陆的原国民党党员或其子女、亲属,与现在台湾的中国国民党已无任何关系。

1925年孙中山先生逝世后,以宋庆龄、何香凝为代表的国民党民主派,在中国共产党的支持和帮助下,坚持孙中山"联俄、联共、扶助农工"的三大政策,同国民党反动派进行了长期斗争。

抗日战争时期,国民党内的民主分子和爱国分子赞同共产党主张的抗日民族统一战线政策,拥护国共第二次合作。

1943年,一部分国民党民主分子开始筹建三民主义同志联合会(简称民联)和中国国民党民主促进会(简称民促)。1945年,民联在重庆成立。1946年,民促在广州成立。1947年11月,在中国共产党领导的人民武装力量开始战略反攻,国民党统治集团军事上节节败退、政治上日益孤立的形势下,民联、民促和其他国民党爱国民主分子的代表在香港召开国民党民主派第一次代表会议,会议决定"脱离蒋介石劫持下的反动中央",成立中国国民党革命委员会。

1948年1月1日,中国国民党革命委员会正式成立,推选宋庆龄为名誉主席,李济深为主席,何香凝、冯玉祥、李章达、谭平山等为中央常务委员,并发表成立宣言,主张推翻国民党的独裁统治,实现中国的独立、民主与和平。

中国国民党革命委员会成立后,就同中国共产党亲密合作,共同斗争。在人民解放战争中,民革各级组织和党员一方面大力开展反对国民党反动统治集团的政治斗争,一方面利用自己同国民党的历史关系,积极进行争取国民党军政人员认清形势、弃暗投明的活动。

1948年4月30日，中共中央发布"五一口号"，号召"各民主党派、各人民团体、各社会贤达迅速召开政治协商会议，讨论并实现召集人民代表大会，成立民主联合政府"，同共产党一道为推翻国民党统治和建立新中国而奋斗。1948年5月5日，民革领导人和其他民主党派领导人、无党派民主人士联名通电全国，响应中国共产党关于召开新的政治协商会议、成立民主联合政府的"五一"号召。随后，民革领导人陆续北上，来到东北解放区，并于1949年2月以后在北平会合，参加新政协的筹备工作。

1949年1月，民革领导人李济深等和其他民主党派领导人、无党派民主人士联名发表《我们对时局的意见》，宣布接受中国共产党领导，将革命进行到底，积极参加新政协筹备工作。9月，民革、民联、民促的代表出席中国人民政治协商会议第一届全体会议，参与制定《中国人民政治协商会议共同纲领》，选举中央人民政府。

1949年11月，国民党民主派第二次代表会议在北京召开，决定将民革、民联、民促和国民党其他爱国分子进一步统一为中国国民党革命委员会，民联和民促同时宣告结束。原国民党著名人士程潜、张治中、邵力子等参加会议并被选为中央常务委员。

2. 中国民主同盟

中国民主同盟（Chinese Democratic League），简称民盟。1941年3月19日中国民主政团同盟成立，1944年9月10日改为现名。现在的成员主要是从事文化、教育和科技工作的高中级知识分子，成为建设社会主义的重要政治力量。

1939年，国民参政会中无党派和中间党派参政员张澜、黄炎培、沈钧儒、罗隆基、章伯钧等，在重庆发起成立统一建国同志会。

1941年皖南事变的发生，国民党和共产党的合作遭到破坏，抗日民族统一战线危机四伏。国共两党以外一些主张抗日的政党和人士，迫切希望联合起来，为坚持团结民主抗日而斗争。1941年3月19日，以统一建国同志会为基础，中国民主政团同盟在重庆秘密成立。参加者有：中国青年党、国家社会党（后改称民主社会党）、中华民族解放行动委员会（后改称中国农工民主党）、中华职业教育社、乡村建设协会的成员及其他人士，公推黄炎培为中央委员会主席。黄炎培辞去主席职务，推举张澜任主席。10月10日，在香港的民盟机关报《光明报》发表《中国民主政团同盟成立宣言》和《中国民主政团同盟对时局主张纲领》（简称"十大纲领"）。1942年，沈钧儒领导的全国各界救国联合会加入，故有三党三派之称。最初的政治主张是"贯彻抗日主张"，"实践民主精神"，"加强国内团结"等，并积极组织成员参加国民党统治区的民主宪政运动。

1944年9月，中国民主政团同盟在重庆召开全国代表会议，决定将名称改为中国民主同盟，由团体会员制改为个人申请参加。同年10月，发表《对抗战最后阶段的政治主张》，响应中国共产党提出的建立民主联合政府的号召。

1945年10月，中国民主同盟召开临时全国代表大会（即第一次全国代表大会），通过《政治报告》《临时全国代表大会宣言》《中国民主同盟纲领》《中国民主同盟组织规程》。会议产生了第一届中央委员会，推选张澜为中央委员会主席。会议明确提出了"反对独裁，要求民主；反对内战，要求和平"的政治主张。

1946年1月，中国民主同盟参加在重庆召开的政治协商会议。在政治协商会议和国共两党和谈过程中，民盟与中共代表团密切配合，力促和谈成功。同时参加和支持学生民主运动和广大人民群众反内战、反饥饿、反迫害的斗争。民盟盟员李公朴、闻一多、杜斌丞、杨伯恺、于邦齐等在争取民主自由的斗争中，惨遭国民党反动派的杀害。在反对国民党非法召开国民大会的斗争中，民盟与中共一致行动，拒绝出席，并先后将投靠国民党的青年党、民社党清除出民盟。

1947年10月，国民党政府悍然宣布中国民主同盟为非法团体。11月，民盟总部被迫解散。民盟地方组织和盟员转入地下斗争。民盟的海外组织积极开展活动，继续与国民党进行斗争。

1948年1月，中国民主同盟在香港召开一届三中全会，成立临时总部，公开宣布同中国共产党携手合作，为彻底摧毁国民党反动政府，实现民主、和平、独立、统一的新中国而奋斗。5月，民盟与各民主党派一起，通电响应中国共产党召开新政治协商会议，成立民主联合政府的"五一口号"。1949年3月，民盟总部由香港迁到北平。9月，民盟代表出席中国人民政治协商会议第一届全体会议，参加了中华人民共和国的筹建工作。

3. 中国民主建国会

中国民主建国会（Chinese Democratic National Construction Association），简称民建。1945年12月16日在重庆成立。现在的成员主要是经济界人士和有关专家学者。

抗日战争结束后，国共两党签订了双十协定。以黄炎培为首的中华职教社、以胡厥文为首的迁川工厂联合会以及其他的文化教育界高级人士和民族工商业者，筹划建立代表他们利益的政治性组织。1945年12月16日，民主建国会在重庆白象街西南实业大厦内宣告成立，其基本政治纲领是民主和建设。会议推举胡厥文、章乃器、黄炎培、施复亮等人为理事。

1948年5月，民建响应中国共产党关于召开政治协商会议、成立民主联合政府的"五一口号"，派代表赴解放区参加筹备工作。

1949年1月，民建负责人同其他民主党派负责人和无党派民主人士共同发表《我们对时局的意见》，宣布愿在中国共产党领导下，为早日建立新中国贡献力量。9月，民建代表出席了中国人民政治协商会议第一届全体会议，参与制定《中国人民政治协商会议共同纲领》和组建中央人民政府，为中华人民共和国的建立作出了贡献。

4. 中国民主促进会

中国民主促进会（Chinese Association for Promoting Democracy），简称民进。1945年12月30日在上海成立。现在的成员主要是从事教育、文化和出版工作的高中级知识分子。

1945年12月30日，中国民主促进会在上海成立。这是一个以"发扬民主精神，推进中国民主政治之实践"为宗旨的政治组织。创始人马叙伦、王绍鏊、周建人、许广平、林汉达、徐伯昕、赵朴初、雷洁琼、郑振铎、柯灵等大多是上海文化教育界的进步知识分子。在抗日战争时期，他们就在敌伪统治下坚持抗日救亡斗争。抗战胜利后，他们拥护中国共产党提出的和平建国总方针，积极投入反对内战、独裁和出卖国家主权的爱国民主运动。民进成立后，发表了《对于时局的宣言》等一系列重要文件，主要领导人经常在《民主》《周报》等进步报刊上发表文章，提出立即结束中国国民党一党专政，还政于民，停止内战，保障人民自由权利等政治主张。民进还联络和团结了上海68个主要群众团体组织，组成了上海人民团体联合会。

1946年6月23日，民进参与发起并组织在上海北火车站举行的十万群众反内战大会，民进领导人马叙伦、雷洁琼等参加赴南京请愿的和平代表团，在震惊全国的"下关事件"中被国民党特务暴徒围攻殴打，身负重伤。他们的鲜血教育了广大人民群众，推动了国民党统治区的爱国民主运动掀起新高潮。

1947年，由于国民党反动派的白色恐怖，残酷迫害支持中国共产党和呼吁建立民主联合政府的民主进步人士，民进被迫转入地下，主要领导人转到香港，与国民党反动当局继续斡旋和斗争。

1948年4月30日，中国共产党发出了"各民主党派、各人民团体及社会贤达，迅速召开政治协商会议，成立民主联合政府"的号召。5月2日，马叙伦与在香港的各民主党派代表，一致表示拥护。5月5日，马叙伦联合该会王绍鏊，中国国民党革命委员会李济深、何香凝，中国民主同盟沈钧儒、章伯钧，致公党陈其尤，中国农工民主党彭泽民，中国人民救国会李章达，中国国民党民主促进会蔡廷锴，三民主义同志联合会谭平山，无党派人士郭沫若等十二人，向国内外各报馆、各团体及全国同胞发出通电，拥护"五一口号"。5月24日，中国民主促进会正式发表《响应中共"五一"号召的宣言》，指出：正在中国发动的"国大"话剧演完之后，中国共产党发布了"五一"廿三条，把实现中国新民主主义国家的具体任务，完全无缺地呈现在中国人民面前。"五一"廿三条是近百年来中国革命史的结晶，是今后中国政治运动航向的指标，中国的民主人士及民主党派就是要团结在这口号的周围，形成坚固的爱国民主统一战线，为反帝国主义，反封建主义，反官僚资本主义而奋斗，以奠定子子孙孙万世太平的始基。要不然，就要自暴自弃，甘为历史的车轮所辗碎。光明与黑暗，生存与死灭，中间没有任何第三条路径可循进的。民进主要领导人先后由上海和香港转入解放区，参加新政协的筹备工作。

1949年1月22日，民进发表《为争取永久和平宣言》，坚决支持中共中央毛泽东《关于时局的声明》，表示"我们希望中国共产党坚强地领导全国人民造成一个新的、美的、快乐的、和平的、统一的、民主的中国，我们决定一致的合作完成这次革命的任务"。

1949年9月，民进代表马叙伦、许广平、周建人、王绍鏊、雷洁琼等出席了中国人民政治协商会议第一届全体会议，参与制定《中国人民政治协商会议共同纲领》和组建中央人民政府，为中华人民共和国的诞生作出了贡献。

5. 中国农工民主党

中国农工民主党（Chinese Peasants' and Workers' Democratic Party），简称农工党。1930年8月9日，农工党在上海成立。现在主要成员是医药卫生、人口资源和生态环境领域高中级知识分子。

1927年5月，国民党左派领导人邓演达鉴于武汉国民党中央背叛革命，为了贯彻孙中山"联俄、联共、扶助农工"三大政策，酝酿组织新的政党。11月，国民党左派宋庆龄、邓演达等以中国国民党临时行动委员会名义，发表《对中国及世界革命民众宣言》。

1928年初，国民党左派谭平山、章伯钧等在上海成立中华革命党，邓演达为总负责。

1930年8月9日，邓演达在上海主持召开第一次全国干部会议，正式成立中国国民党临时行动委员会，通过《中国国民党临时行动委员会政治主张》，选举中央干部会，邓演达任总干事。接着在华东、华北、华南一些省市开展活动，准备武装夺取政权。1931年11月29日，邓演达在南京被国民政府秘密处决，此后该党转入地下。

1933年11月，十九路军于福建发动政变，第三党参与其中。在福州召开全国人民临时代表大会，黄琪翔为代表大会主席，成立中华共和国人民革命政府，黄为11名政府委员之一，兼任军事委员会参谋主任。第三党宣告解散，集体加入组织生产人民党。旋即失败。

1935年中共发表《八一宣言》，号召停止内战，一致抗日。中国国民党临时行动委员会首先响应。11月10日，在香港九龙召开第二次全国干部会议，改党名为中华民族解放行动委员会，以反蒋联共抗日为总方针，通过《临时行动纲领》，主张团结全国、对日作战、土地革命和实行民主。会后同中共密切合作，共同抗日。

1938年3月1日，中华民族解放行动委员会在汉口召开第三次全国干部会议，会议通过《抗日战争时期的政治主张》，把中共抗战的路线方针作为全党的行动指针，在政治上加强与中共的合作。会议推举章伯钧为总联络人，决定把全国地方组织分为后方组织和沦陷区组织两类，各自根据实际情况开展活动。

1941年3月，参与发起组织中国民主政团同盟，与盟内的爱国民主力量一起，坚持争取民主宪政、团结抗日的斗争。抗日战争胜利后，积极参加了争取和平民主、反对内战独裁的爱国民主运动，坚决反对并拒绝参加国民党包办的国民大会。

1947年2月3日，在上海召开了第四次全国干部会议，易党名为现名。配合解放战争，参加爱国民主运动和开展军事活动。

1948年5月响应中共关于召开新的政治协商会议、成立民主联合政府的"五一"号召。1949年1月，农工党领导人和其他党派领导人、无党派民主人士，联名发表了《我们对时局的意见》，宣布愿在中国共产党领导之下，将革命进行到底。随后参加了筹备新政协的工作。9月，农工党代表出席了中国人民政治协商会议第一届全体会议，参与制定《中国人民政治协商会议共同纲领》和组建中央人民政府，为中华人民共和国的建立作出了贡献。

6. 中国致公党

中国致公党（Chinese Zhi Gong Party），简称致公党。1925年10月，由华

侨社团美洲致公堂在美国旧金山发起成立。现在成员主要是归侨、侨眷和与海外有联系的代表性人士和专家学者。

致公党前身是由华侨社团美洲洪门致公堂发起的洪门（又称红帮、天地会、三点会、三合会）组建的海外组织，旨在维护华侨的正当权益，关注民族的独立和祖国富强。

1904 年，孙中山加入致公堂后，对致公堂进行了改革整顿，使致公堂走上了资产阶级民主革命的道路。后在陈炯明的协助下，洪门转型成为中国致公党，陈炯明首任该党总理。

1925 年 10 月，致公党在美国旧金山举行第一次代表大会，正式宣告成立，推举陈炯明为总理，唐继尧为副总理。1931 年致公党在香港召开第二次代表大会，决定在香港设立致公党总部。

抗日战争开始后，致公党号召党员抗日，发动华侨积极支持祖国抗战。1941 年太平洋战争爆发后，致公党总部停止活动，许多党员分散到各地活动。

1947 年 5 月，致公党在香港举行第三次代表大会，进行改组，发表宣言和告海外侨胞书，提出联合一切民主力量、建立新中国的政治主张，走上了接受中国共产党的领导和新民主主义革命的道路。1948 年 5 月，致公党响应中国共产党"五一口号"，与各民主党派联名通电表示拥护召开新的政治协商会议，发表宣言，号召广大侨胞积极支持祖国的革命，为即将成立的新中国贡献力量。

1949 年 9 月，致公党代表参加中国人民政治协商会议第一次全体会议，参与制定《中国人民政治协商会议共同纲领》和组建中央人民政府，为中华人民共和国的建立作出了贡献。

7. 九三学社

九三学社（Jiusan Society）。为纪念 1945 年 9 月 3 日中国抗日战争和世界反法西斯战争胜利而取名，前身为民主科学座谈会，1946 年 5 月 4 日更为现名。其主要宗旨是民主、科学，其主要成员为科学技术界高中级知识分子。

九三学社的前身是民主科学座谈会。1944 年底，一批进步学者为争取抗战胜利和政治民主，继承和发扬五四运动的民主、科学精神，在重庆组成民主科学座谈会，讨论时局，发表政见。后为纪念 1945 年 9 月 3 日抗日战争和国际反法西斯战争胜利，改为九三学社。

1946 年 5 月 4 日，九三学社成立大会在重庆正式召开。大会发表了《九三学社缘起》《成立宣言》《基本主张》《对时局主张》等文件，选举许德珩等16人为理事,梁希等8人为监事。国共和谈和旧政协期间,九三学社支持中国共产党的主张,反对内战,反对独裁。解放战争期间,九三学社严正声明不承认伪"国民大会",赞成中国共产党的各项主张,与中国共产党团结合作,在北平、上海、南京、重庆等地积极参加中国共产党领导的反内战、反饥饿、反迫害等民主运动,为争取新民主主义革命的胜利而斗争。

1949年1月,九三学社发表宣言,响应毛泽东的八项和平主张,拥护召开新的政治协商会议。9月,九三学社代表参加中国人民政治协商会议第一届全体会议,参与制定《中国人民政治协商会议共同纲领》和组建中央人民政府,为中华人民共和国的建立作出了贡献。

8. 台湾民主自治同盟

台湾民主自治同盟(Taiwan Democratic Self-Government League),简称台盟。1947年11月12日在香港成立。1955年台盟中央迁至北京,台盟成员主要是居住在中国大陆的台湾籍人士。

1945年8月,中国人民抗日战争取得胜利,日本侵略者被赶出中国领土,台湾光复。台湾同胞欢庆回到祖国怀抱,欢迎祖国政府接管台湾。但是以蒋介石为首的国民党反动政府派来的统治集团独裁专制,贪污舞弊,军警素质极差,到处欺压台湾同胞。光复不到一年半,台湾工厂关闭,农地荒芜,物价飞涨,发生了空前的经济危机,最终导致了1947年遍及台湾的"二·二八"武装起义。

"二·二八"起义是国民党缉私警察殴打一名女烟贩,并镇压请愿队伍而引发的全岛人民自发的武装起义。他们反对贪官污吏、反对国民党腐败专制,反对打内战,要求民主自治。这是和大陆国民党统治区风起云涌的反独裁、反内战、反饥饿斗争一脉相承的爱国民主运动。中共中央机关报《解放日报》以"台湾的自治运动"为题发表社论,指出"台湾人民的武装自卫是被迫的,是必要的,是正义的,是正确的",肯定和支持了台湾省人民的"二·二八"斗争。

国民党当局迅速从大陆调遣两个师的兵力到台湾,对台湾同胞进行了残酷镇压,起义失败。据不完全统计,起义失败后被屠杀的民众约两万人。起义幸存者,有的在台湾继续坚持斗争,有的逃亡到上海、香港等地继续从事爱国民主运动。其中统独立场皆有,台湾民主自治同盟即属于支持统一者。

台湾民主自治同盟1947年11月12日(孙中山诞辰纪念日)由谢雪红等人在香港成立,当时伪称在台北,以躲避中华民国政府国安人员的耳目。台盟公开反对中华民国政府,支持中共政策。国民党政府在台湾的安全机关将其列为中共外围组织。

1948年4月30日，中国共产党在所发布的纪念五一劳动节口号中，提出了召开新的没有反动分子参加的政治协商会议，讨论成立民主联合政府的主张。台盟积极响应，于5月7日发表《告台湾同胞书》，表示坚决拥护上述主张，号召台湾同胞以实际行动积极支持中共的提议，推翻国民党反动统治。

1949年1月，台盟积极响应毛泽东的八项和平主张，拥护召开新的政治协商会议。9月，台盟代表参加中国人民政治协商会议第一届全体会议，参与制定《中国人民政治协商会议共同纲领》和组建中央人民政府，为中华人民共和国的建立作出了贡献。

（二）党际关系

中华人民共和国成立初期，各民主党派与中国共产党通力合作，共同决定和管理国家和社会事务。这种中国共产党领导下的多党合作制度，对巩固新生政权、加强民族团结、恢复国民经济和阻止国内外敌人对新民主主义革命胜利的破坏，发挥了重要作用。但是，民主党派中也有不同的意见。当时九三学社里有些同志认为，学社已经完成了民主革命的历史使命，可以解散了。毛泽东和其他中共领导人知道后都不同意，主张要继续发展各民主党派，它们的作用不可替代。

1952年底到1953年初，国家发展面临新形势和新问题：抗美援朝有望结束，土地革命的任务已在全国范围内基本完成，国民经济恢复工作提前实现预定目标，第一个五年计划即将开始，社会生活中也出现了一些新的矛盾，等等。因此，中国共产党需要提出新的任务和目标。1953年9月，中国共产党正式公布了过渡时期的总路线。其基本内容是："从中华人民共和国成立，到社会主义改造基本完成，这是一个过渡时期。党在这个过渡时期的总路线和总任务，是要在一个相当长的时期内，逐步实现国家的社会主义工业化，并逐步实现国家对农业、对手工业和对资本主义工商业的社会主义改造。"[①]过渡时期总路线公布后，各民主党派积极宣传和学习，带动所联系的阶级、阶层认真接受社会主义改造，为总任务的完成发挥了重要作用。

1956年，随着社会主义改造基本完成，中国进入一个新的发展时期。一些民主党派和共产党内部分同志认为进入社会主义后，经济基础发生了变化，

[①] 毛泽东：《革命的转变和党在过渡时期的总路线》（1953年12月），《毛泽东文集》第6卷，人民出版社1999年版，第316页。

民主党派"皮之不存,毛将焉附"。1956年4月25日,毛泽东在中共中央政治局扩大会议上发表了重要讲话(即后来发表的《论十大关系》),初步总结了中国社会主义建设的经验,提出探索适合中国国情的社会主义道路的任务。这时的民族资产阶级和上层小资产阶级的主要成员已经成为社会主义劳动者,但是他们的资产阶级思想残余还会长期存在,还需要各民主党派长期地继续联系他们和代表他们,以利于他们进行自我教育和自我改造。同时,共产党作为执政党,需要听取包括民主党派在内的社会各方面的意见,集思广益,取长补短,及时发现并纠正工作中的错误缺点,防止和克服由于执政党地位导致的主观主义、官僚主义和腐败变质的弊端。因此,毛泽东指出:"究竟是一个党好,还是几个党好?现在看来,恐怕是几个党好。不但过去如此,而且将来也可以如此,就是长期共存,互相监督。"[①]这是第一次明确提出共产党和各民主党派之间"长期共存、互相监督"的八字方针。后来毛泽东对此又作了深刻分析:"为什么要让资产阶级和小资产阶级的民主党派同工人阶级政党长期存在呢?这是因为凡属一切确实致力于团结人民从事社会主义事业的、得到人民信任的党派,我们没有理由不对它们采取长期共存的方针。我在一九五〇年六月第二次政治协商会议上,就已经这样说过,'只要谁肯真正为人民效力,在人民还有困难的时期内确实帮了忙,做了好事,并且是一贯地做下去,并不半途而废,那末,人民和人民的政府是没有理由不要他的,是没有理由不给他以生活的机会和效力的机会的。'这里所说的,也就是各党派可以长期共存的政治基础。共产党同各民主党派长期共存,这是我们的愿望,也是我们的方针。至于各民主党派是否能够长期存在下去,不是单由共产党一方面的愿望作决定,还要看各民主党派自己的表现,要看它们是否取得人民的信任。各党派互相监督的事实,也早已存在,就是各党派互相提意见,作批评。所谓互相监督,当然不是单方面的,共产党可以监督民主党派,民主党派也可以监督共产党。为什么要让民主党派监督共产党呢?这是因为一个党同一个人一样,耳边很需要听到不同的声音。大家知道,主要监督共产党的是劳动人民和党员群众。但是有了民主党派,对我们更有益。"[②]"长期共存"就是"共产党的寿命有多长,民主党派的寿命就

[①] 毛泽东:《论十大关系》(1956年4月25日),《毛泽东文集》第7卷,人民出版社1999年版,第34页。

[②] 毛泽东:《关于正确处理人民内部矛盾的问题》(1957年2月27日),《毛泽东文集》第7卷,人民出版社1999年版,第235页。

有多长,一直要共存到将来社会的发展不需要政党的时候为止"①。1956年9月召开的八大,再一次肯定了共产党和各民主党派之间"长期共存、互相监督"的方针。

但是,在1957年反右斗争扩大化中,中国共产党对待民主党派的正确政策未能坚持下去。各民主党派在这场政治运动中受到了很大冲击,很多领导人被错划为右派,不少成员遭受伤害。由于长期革命斗争中结成的友谊,他们与中国共产党患难与共,不离不弃。反右斗争的扩大化对民主党派和知识分子的伤害很大,很多人因言获罪。其实他们大多都是发发牢骚而已,有些对共产党改正缺点是有帮助的。即使错误的言论,只要不造成实际的后果,沟通教育或通过其他方式使发言者意识到错误就可以了。通过严厉制裁,虽然达到了错误者禁言的效果,但极大伤害了人民的言论自由和国家的民主法治。

由于严重自然灾害等原因,1959年至1961年是三年国民经济暂时困难时期。中国共产党纠正了工作中某些"左"的做法,采取了一些正确措施,调整了与各民主党派的关系。各民主党派积极开展工作,为保持全国局势稳定和克服暂时困难起到了重要作用。

在1966年至1976年十年"文化大革命"时期,中国共产党的各级组织和国家政权系统都遭到严重破坏。各民主党派也难以幸免,它们的中央和地方各级机构被迫停止活动,它们的一些领导人和成员惨遭迫害。当中国共产党开始纠正错误进行拨乱反正后,各民主党派仍旧坚持中国共产党的领导,为社会主义国家建设贡献自己的力量。

中共十一届三中全会以后,中国共产党领导的多党合作制度进入了良性发展阶段。1979年10月,邓小平在全国政协、统战部宴请出席各民主党派和全国工商联代表大会代表时发表讲话,肯定了民主党派的政治地位,"现在,各民主党派和工商联已经成为各自所联系的一部分社会主义劳动者和拥护社会主义的爱国者的政治联盟和人民团体,成为进一步为社会主义服务的政治力量。"②指出多党合作制度意义重大,"在中国共产党的领导下,实行多党派的合作,这是我国具体历史条件和现实条件所决定的,也是我国政治制度中的一个特点和优点。一九五六年我国社会主义制度基本确立以后,党

---

① 周恩来:《长期共存,互相监督》(1957年4月24日),《周恩来统一战线文选》,人民出版社1984年版,第350页。
② 邓小平:《各民主党派和工商联是为社会主义服务的政治力量》(1979年10月19日),《邓小平文选》第2卷,人民出版社1994年版,第204页。

中央、毛泽东同志又进一步提出了同各民主党派实行'长期共存、互相监督'的方针,这是一项长期不变的方针。在当前新的长征中,在四项基本原则的指引下,实行互相监督,充分发扬社会主义民主,加强社会主义法制,对于增强和维护安定团结,共同搞好国家大事,是十分重要的。在国家政治生活和各项事业中,由于中国共产党居于领导的地位,党的路线、方针、政策正确与否,工作做得好坏,关系着国家的前途和社会主义事业的成败;同时,由于我们党的执政党的地位,我们的一些同志很容易沾染上主观主义、官僚主义和宗派主义的习气。因此,对于我们党来说,更加需要听取来自各个方面包括各民主党派的不同意见,需要接受各个方面的批评和监督,以利于集思广益,取长补短,克服缺点,减少错误。我们热诚地希望各民主党派和工商联都以主人翁的态度,关心国家大事,热心社会主义事业,就国家的大政方针和各方面的工作,勇敢地、负责地发表意见,提出建议和批评,做我们党的诤友,共同把国家的事情办好"①。

1982年1月,胡耀邦在第15次全国统战工作会议上作了关于《开创统战工作新局面》的讲话,提出"在新的历史时期中,我们一定要同党外朋友真正建立起肝胆相照、荣辱与共的关系"。9月,中共十二大报告明确提出"长期共存,互相监督"与"肝胆相照,荣辱与共"的方针,标志着中国共产党与各民主党派关系的十六字方针正式确立,成为新时期中国共产党领导的多党合作的基本方针。

关于共产党领导的多党合作问题,邓小平于1989年1月2日在民主党派成员所提建议上批示:"可组织一个专门小组(成员要有民主党派的),专门拟定民主党派成员参政和履行监督职责的方案,并在一年内完成,明年开始实行。"根据邓小平的批示,中共中央制定了《关于坚持和完善中国共产党领导的多党合作和政治协商制度的意见》,于1989年12月30日下发。②民主党派作为"参政党"的提法首次出现,这是中国共产党对马克思列宁主义政党学说的创新和发展,其中指出:"中国共产党是社会主义事业的领导核心,是执政党。各民主党派是各自所联系的一部分社会主义劳动者和一部分拥护社会主义的爱国者的政治联盟,是接受中国共产党领导的,同中共通力合作、共同致力于社会主义事业的亲密友党,是参政党。"该文件全面系统阐述了多党合作的方针政策,明确指出中国共产党领导的多党合作制度是中

---

① 邓小平:《各民主党派和工商联是为社会主义服务的政治力量》(1979年10月19日),《邓小平文选》第2卷,人民出版社1994年版,第205页。
② 《邓小平文选》第2卷,人民出版社1994年版,注释部分,第432页。

国的一项基本政治制度。1993年3月,八届全国人大一次会议通过了"中国共产党领导的多党合作和政治协商制度将长期存在和发展"的宪法修正案,中国共产党领导的多党合作有了根本大法宪法之保障,为它的全面发展奠定了坚实的制度基础。

中共十一届三中全会以来,共产党领导的多党合作制度得到了很大发展,但远没有发挥其作为基本政治制度的应有作用。多党合作制度在政治实践中,流于表面和形式的现象比较严重,执政党重视民主党派不够,民主党派监督共产党不足,很不利于社会主义事业的发展。为了更好地挖掘多党合作的功能,需要深化、细化多党合作制度。

首先,要加快政党制度的立法工作,厘清领导和被领导、执政和参政的关系,明确规定共产党和民主党派的权利义务。

多党合作制度除有宪法保障外,还需要更加具体的法律制度安排。制定政党法,明确政党的含义和地位,划清它和人民团体的界限;明确政党活动的基本原则和权利义务;明确政党间的平等关系;明确政党的组织结构和工作程序;明确执政参政的内容;等等。有了政党法,就能更好地保障所有政党在宪法和法律的范围内活动。

共产党领导地位的形成,是历史的选择、人民的选择。当前,已不存在各民主党派怀疑共产党领导的问题,但存在共产党如何按照社会发展要求改进领导方式方法的问题。毛泽东曾谈到抗日根据地政权中党的领导权,他说:"所谓领导权,不是要一天到晚当作口号去高喊,也不是盛气凌人地要人家服从我们,而是以党的正确政策和自己的模范工作,说服和教育党外人士,使他们愿意接受我们的建议。"[①] 毛泽东当时对共产党如何领导的指示,今天仍有实际意义。党的政策正确、党员的模范作用以及说服教育的方法,使共产党具有凝聚力,使得各民主党派愿意同共产党一道奋斗。如果共产党政策不正确、党员腐败现象严重、工作方式霸道,各民主党派就会离心离德。

共产党对各民主党派的领导是政治领导,即政治原则、政治方向和重大方针政策的领导,通过民主协商、宣传教育和党员的先锋模范作用来实现。坚持党的领导与尊重各民主党派的独立自主是辩证统一的。如果没有共产党的领导,各民主党派就会各自为政,就不可能拧成一股绳,就不能更好地建设社会主义。同样,如果不尊重各民主党派,对它们独立自主地开展工作不

---

① 毛泽东:《抗日根据地的主权问题》(1940年3月6日),《毛泽东选集》第2卷,人民出版社1991年版,第742页。

放心，就不可能充分调动它们的主动性和积极性，就不能达到合作共事共创佳绩的效果。

一旦有了法律的详细规定，共产党和各民主党派的自身建设也会更加完善，多党合作的效果也会更好。只要不违法，各民主党派就可以更加大胆地工作，独立思考，百家争鸣。可以阐述自己的政治主张，发表对国家大政方针的意见，光明正大地批评执政党的缺点，名正言顺地监督执政党的活动。只要合法，各民主党派的一切活动都受法律保护，可以自主地开展活动，自主地决定内部机构、人事任命和党员发展，可以自由地发展同国外组织的联系。只要不偏离社会主义这个大方向，共产党应该鼓励各民主党派在政治上的大胆探索和调查研究，鼓励它们借鉴外国政党制度，鼓励它们提出政治体制改革的建设性意见。对于各民主党派的缺点，共产党也应当及时提醒和指正。

其次，要不断健全、拓宽和创新民主党派参政议政、民主监督的方式和渠道，真正发挥参政党作用，真正尽到参政党责任。

共产党是执政党，各民主党派是参政党。参政议政，是指在共产党领导下，民主党派成员参加国家政权担任职务，参与国家领导人选的协商，参与国家法律、政策的制定执行，参与国家事务的管理。参政议政是全面的，就国家政治、经济、科技、教育、文化等各个领域执政党与参政党进行充分协商，共同决定国家的前途和命运。

参政议政在中华人民共和国成立初期有过成功的实践，各民主党派的很多领导人担任了从中央到地方各级国家机关的领导职务。1949年至1954年的中央政府委员会的56名委员中，非中共人士约占50%。政务院4名副总理中，非中共人士2名；政务院30个部委的正职负责人中，非中共人士13名，约占43%；副职负责人中，非中共人士有3名。第一届全国人大常委会委员中，非中共人士有39人，占59%；13名副委员长中，非中共人士8名，占65.5%。非中共人士，大部分是民主党派成员，少部分是无党派人士。新中国初期国家政治生活是很健康的，民主气氛浓厚，人民可以畅所欲言。这种生动活泼的政治局面的出现，主要归因于当时各民主党派在国家政权机关中占有很多席位，它们数量上的优势意味着敢说话，并且说话有一定分量。

历史证明，各民主党派是共产党能够信任的政治力量，在长期的革命中与共产党风雨同舟，是共产党的亲密战友。新中国成立初期时共产党胸怀坦荡，民主党派意气风发，多党合作呈现良好发展局面。由于国内外形势急剧发展，阶级斗争情况复杂，个别民主党派成员的不适当言论引起了共产党的警惕,导致了1957年反右斗争[1]。反右扩大化后,民主党派在各级政府中的职务被取消,参政议政受到很大影响,政治协商徒有形式,个人崇拜盛行,国家政治生活相继出现很多不正常现象,直至出现"文化大革命",给国家和人民带来重大损失。

中共十一届三中全会以来,民主党派参政议政又走上了正轨,形式多样,成效明显。在各级人大代表、人大常委会委员和人大各专门委员会委员中,在各级政协常委和政协领导人员中,民主党派人士都占有一定比列。民主党派成员被推选到国务院有关部委、县级以上人民政府和各级司法机关担任要职或参加咨询工作。相关民主党派成员被邀列席各级人民政府召开的全体会议或相关会议,共商国是。从中央到地方的各级人民政府及其各部门,应该选拔更多民主党派人士担任职务,逐步恢复中华人民共和国成立初期民主党派参政议政的繁荣局面。

中共中央与各民主党派就社会发展的重大问题进行政治协商,已经规范化和制度化。政治协商是民主党派参政议政的重要方式,是协商民主的体现。协商民主是中国特色社会主义民主的重要形式,是选举民主的有益补充。政治协商的类型多样,常见的有以下三种会议形式:(1)民主协商会。中共中央主要领导邀请民主党派领导和无党派人士举行民主协商会,就中共即将提出的大政方针进行协商,听取他们的意见。一般一年一次。(2)高层谈心会。中共中央主要领导根据形势需要,不定期地邀请民主党派主要领导和无党派人士举行高层次、小范围的谈心活动,就共同关心的问题自由交谈、沟通思想、交流意见。(3)双月座谈会。中共中央每二月召开一次民主党派和无党派人士座谈会,通报重要事件、传达重要文件或讨论某些专题,听取他们的建议。另外,重大事件随时通报,有的座谈会也可委托全国政协党组举行。除三种会议外,民主党派和无党派人士既可就大政方针或重大问题向中共中央提出书面建议,也可约请中共中央负责人交谈。

在中共中央的带动下,中共地方各级组织增强了政治协商意识,同民主党派和无党派人士的协商取得了很大进展。在有民主党派的基层单位,基层中共组织经常召开座谈会,认真听取民主党派的意见。许多党政机关的共产党员领导同志,主动和民主党派同志交朋友,建立友谊。通过平等协商,共产党与民主党派自由讨论,知无不言,言无不尽,既有利于提高民主党派参政议政的热情,发挥他们的聪明才智,又有利于共产党执政决策科学化,避免少犯错误。

各民主党派对中国共产党负有监督责任。一方面,共产党作为执政党,其执政好坏直接关系着国家前途和人民命运。另一方面，共产党的执政地位使得它的部分同志容易沾上主观主义、官僚主义和宗派主义习气，危害协商民主。因此，各民主党派应本着诤友的责任，通过监督加强合作。监督的渠道主要有：在各级中共组织和各级人民政府召开的民主协商会上提出意见和批评；各级人大和政协的民主党派成员参加有关问题的调查；民主党派成员参加监察、审计、工商、财政、税务等政府部门的重大案件调查和财税检查；民主党派成员被聘为特约检察员、特约监察员、特约审计员、特约税务检查员、土地监察专员和教育督导员；参加反腐败的检查工作；等等。由于民主党派专业人才聚集，具有一定的代表性和影响力，提出的意见和批评通常能切中时弊，因此它的监督社会反响很大，对执政党和国家重大决策的准确性和贯彻执行能起到很好的保证作用。

最后，要加强民主党派的领导、组织、机关、理论等自身建设，为参政议政、民主监督提供强有力的条件保证。

民主党派不是什么可有可无的东西，更不是用来作为摆设的政治制度安排，而是人民的需要、现代民主政治的需要。历史和实践证明，民主党派是社会主义革命、建设、发展和改革的重要力量。

要加强民主党派的领导建设。要深入调查研究，充分考虑历史和现实的因素，建立民主党派的人才进出机制，做到培养、选拔、任用、考核、晋升和淘汰等方面有章可循，要科学化和规范化。在实职安排、政治安排、教育培训等方面支持和协助民主党派的后备干部队伍建设，使他们有更多提高自身能力的锻炼机会，增强党际合作意识，提高理论政策水平和组织能力。在相关国家机关领导班子的配备上，要大胆启用在社会上有一定影响和一技之长的民主党派成员。

要加强民主党派的组织建设。民主党派的党员数量明显偏少，它们的党员总和还不足二百万。民主党派的现状不容乐观，党员年龄偏大，离退休人员较多，组织发展困难。中共各级党组织和统战部门要从事关国家前途和民族命运的政治高度看待民主党派的组织发展，积极引导它们处理好巩固和发展、数量和质量、主要和次要的关系，放宽民主党派组织发展的空间和渠道，不但可以向民主党派推荐部分优秀人士，而且要大力支持民主党派发展党员。在民主党派党员的新老交替上，不要大进大出，而要渐进多元，保证年龄结构的梯队化、知识结构的多元化和正常活动的持续化。

要加强民主党派的机关建设。要按照组织的基本要素完善民主党派的机构设置。健全合理的机关是民主党派开展活动的基本条件。民主党派是独立的政党，不是共产党的附属物。民主党派接受共产党的领导并不丧失自身的独立性，只要符合宪法和法律的规定，就要建立完整的机构部门。要建立和健全各项规章制度，改进工作作风，不搞相互拆台、钩心斗角的办公室政治，避免官僚习气和衙门派头。加强对机关干部队伍的民主法治教育，提高他们的政治素质和业务水平。加强机关干部队伍的内部轮岗和外部流通，通过挂职锻炼、出国考察、经验交流、调查研究、学习座谈等各种方式增强机关内部人员的流动性，活跃机关内部的工作气氛，调动工作人员的积极性，提高办事效率，防止他们蜕变为无所事事的闲人或只等汇报的官老爷。

要加强民主党派的理论建设。理论离不开实践，实践是理论的基础。离开实践的理论，就是空中楼阁。实践需要理论，理论是实践的指导。离开理论的实践，就是盲目行动。民主党派要搞好多党合作和参政议政，就要认真开展这方面的理论研究。既要学习马克思主义的政党理论，又要研究西方国家的政党理论；既要学习共产党的理论，又要学习民主党派的理论；既要学习国内外政党合作的历史遗产，又要总结国外政党合作的实践经验。要看到现代民主政治作为世界发展的大趋势不可逆转，也要看到中国国情的复杂性和中国传统政治文化的消极因素。要紧跟时代步伐，密切关注国内外政党动向，抓住党际合作中的突出问题，不断总结经验教训，直至上升到理论高度，再用理论指导多党合作。循环往复，推动理论的发展和实践的进步。

二　中国共产党

中国共产党1921年7月成立，1949年10月创建人民民主专政的中华人民共和国，成为唯一的执政党。中国共产党成为新中国的执政党，是历史的选择、人民的选择。中国共产党有着庞大的组织结构和严密的制度体系，并且不断夯实群众基础，保证长期执政。

（一）组织结构

中国共产党的组织结构主要由中央的、地方的和基层的组织构成。此外，还包括中央和地方党的委员会的派出机关，在中央和地方国家机关、人民团体、经济组织、文化组织和其他非党组织的领导机关中设立的党组。党的组织覆盖全国各地区、各行业，形成层次分明的网络，党按照民主集中制原则将它们结成强大的统一整体。

1. 中央组织

按照现行党章规定，党的中央组织包括：全国代表大会、中央委员会、中央政治局、中央政治局常务委员会、中央委员会总书记、中央书记处、中央纪律检查委员会、中央军事委员会。在1982—1992年间，还存在过中央顾问委员会。

（1）全国代表大会

党的全国代表大会是党的最高权力机关，拥有最高决策权和最后决定权。全国代表大会每五年举行一次，由中央委员会召集。中央委员会认为有必要，或者三分之一以上的省一级组织提出要求，全国代表大会可以提前举行；如无非常情况，不得延期举行。全国代表大会代表的名额和选举办法，由中央委员会决定，但每届有所变化。全国代表大会代表，从基层酝酿开始，层层筛选，严格把关，最终由全体党员通过间接选举方式产生，集中代表全体党员的共同意志。全国代表大会的职权是：（1）听取和审查中央委员会的报告；（2）听取和审查中央纪律检查委员会的报告；（3）讨论并决定党的重大问题；（4）修改党的章程；（5）选举中央委员会；（6）选举中央纪律检查委员会。

党的全国代表大会每五年召开一次，而在五年之内可能有一些非得由党的全国代表大会之类的会议才能决定的重大问题，因此，党章规定中央委员会认为必要时可以召集党的全国代表会议。党的全国代表会议的职权是：（1）讨论和决定重大问题；（2）调整和增选中央委员会、中央纪律检查委员会的部分成员。调整和增选中央委员及候补中央委员的数额，不得超过党的全国代表大会选出的中央委员及候补中央委员各自总数的五分之一。

（2）中央委员会

党的中央委员会和党的全国代表大会一样都是党的最高领导机关。党的中央委员会由党的全国代表大会选举产生，对其负责并报告工作。在全国代表大会开会期间，党的最高领导机关自然是全国代表大会，全国代表大会自然高于中央委员会。但是，党的全国代表大会每五年召开一次，开会时间很短，大部分时间处于闭会状态。因此，党章规定，在全国代表大会闭会期间，中央委员会执行全国代表大会的决议，领导党的全部工作，对外代表中国共产党。可以这么认为，在全国代表大会闭会期间，中央委员会是党的最高领导机关。

中国共产党成立后，中央委员会经历了一个从无到有的发展过程。党的一大鉴于当时党员人数少，各地组织不健全，没有成立中央委员会，先成立中央局，领导全党工作。从党的二大到四大，都选举产生了中央执行委员会。党的五大以后改称中央委员会至今。中央委员会作为党的领导中心，关系到党的全部工作。因此，党章对中央委员会的任期、中央委员和候补委员的党龄以及递补作了严格规定。

中央委员会每届任期五年，与全国代表大会一致。全国代表大会如提前或延期举行，它的任期相应地改变。中央委员会的任期不能太长也不能太短，五年任期制符合实际。相对稳定的中央委员会，不但有足够时间完成全国代表大会制定的各项任务，而且可以避免任期过长带来的机构老化、思想僵化和效率低下的弊端。中央委员会全体会议由中央政治局召集，每年至少举行一次。

中央委员会委员和候补委员必须有五年以上党龄。中央委员会是党的全国代表大会闭会期间党的最高领导机关，它的成员必须有一定的政治经验，能应对复杂多变的政治局面。这就要求中央委员会的成员必须经过党组织较长时间的考验，有丰富的党内生活阅历，熟悉党的基本情况。五年对一个领导干部来说是政治成熟的起码年限。

中央委员会肩负全党的重大领导责任，其人数必须保持稳定性。中央委员会委员和候补委员的名额，由全国代表大会决定。中央委员会委员出缺，由中央委员会候补委员按照得票多少依次递补。递补的原因很多，如中央委员死亡、辞职、撤职、违纪、违法等。按照在全国代表大会选举时得票多少依次递补，既体现了选举人的真实意志，又保证了党的中央领导机构的完整性。至于中央委员会候补委员出缺，党章未作规定，也就不存在递补问题。

（3）中央政治局

中央政治局是重要的中央领导机构。中央政治局从党的五大开始设立。五大以前的二大、三大、四大设立中央局。五大党章规定，中央委员会选举正式中央委员一人为总书记及正式中央委员若干人组成中央政治局，指导全国一切政治工作，并选举正式中央委员若干人为中央政治局候补委员。五大后历次党的全国代表大会通过的党章，均有设置中央政治局方面的规定。

现行党章规定，中央委员会全体会议选举产生中央政治局、中央政治局常务委员会和中央委员会总书记。中央政治局向中央委员会全体会议报告工作，接受监督。在中央委员会全体会议闭会期间，中央政治局和它的常务委员会行使中央委员会的职权。也就是说，中央政治局和它的常务委员会是中央委员会闭会期间党的最高领导机关，领导党的全部经常性工作。中央政治局委员在决定党内重大问题时享有平等权利。中央政治局作出的有关重大决定和人事变动，必须经过中央委员会全体会议确认才有效。

（4）中央政治局常务委员会

中央政治局常务委员会是党的中央领导机构之一。1927年党的五大开始设立，1934年党的六届五中全会后不再设，1956年党的八大后又恢复设置。中央政治局常委会是党的全部经常工作的领导核心。中央政治局常委会由全党信得过的、具有丰富政治经验、经受过各种政治风浪考验的高级干部组成，由中央委员会全体会议选举产生。在中央委员会闭会期间，中央政治局常委会与中央政治局是党的最高领导机关，行使中央委员会的职权。

（5）中央委员会总书记

中央委员会总书记，是1982年党的十二大以来党的最高领导人的职务称谓。党的最高领导人的职务称谓，历史上有过几次变化。一大为中国共产党中央局书记。二大、三大为中国共产党中央执行委员会委员长。四大为中国共产党中央执行委员会总书记。五大、六大为中国共产党中央委员会总书记，后为中国共产党中央政治局主席。从1945年七大到1982年十二大为中国共产党中央委员会主席。1982年十二大以来，为中国共产党中央委员会总书记。

中央委员会总书记由中央委员会全体会议选举，必须从中央政治局常务委员会委员中产生。中央委员会总书记负责召集中央政治局会议和中央政治局常务委员会会议，并主持中央书记处的工作。

（6）中央书记处

1934年中国共产党设立中央书记处，1966年中央书记处停止工作，1980年党的十一届五中全会恢复了中央书记处。在1956年至1966年，中央书记处设立总书记一职，职权相当于今天中央书记处第一书记，邓小平曾任此职务，1966年"文化大革命"爆发时随中央书记处一并撤销，1980年党的十一届五中全会恢复中央书记处及总书记一职。

1943年3月20日，中央在政治局会议上明确提出，中央书记处是根据政治局所决定的方针处理日常工作的办事机关，它在组织上服从政治局，但在政治局的方针下有权处理和决定一切日常性质的问题。此后，七大、八大党章均有设立中央书记处的条款，规定中央书记处在中央政治局决议之下，在中央政治局及其常务委员会领导之下，处理中央日常工作。中央书记处成员由中央委员会全体会议选举产生。九大、十大、十一大党章取消了中央书记处。

1980年党的十一届五中全会决定恢复中央书记处。会议公报指出："全会经过充分的讨论,决定恢复党的第八次代表大会所决定并在十年间证明是必要和有效的制度,设立中央书记处作为中央政治局和它的常务委员会领导下的常设机构"。党的十二大通过的党章对书记处职权规定与八大相同。从1987年党的十三大开始,党章规定中央书记处为中央政治局及其常务委员会的办事机构。

现行党章规定,中央书记处是中央政治局和它的常务委员会的办事机构,成员由中央政治局常务委员会提名,中央委员会全体会议通过。中央委员会总书记主持中央书记处的工作。中央书记处实行集体领导和个人分工负责的制度。中央书记处设书记若干人。

每届中央委员会产生的中央领导机构和中央领导人,在下届全国代表大会开会期间,继续主持党的经常工作,直到下届中央委员会产生新的中央领导机构和中央领导人为止。

党的中央委员会下还设有直属机构,它们是直接隶属于中央委员会的部门。有些既是党的部门,又是国务院的部门,一个机构、两块牌子。现行中央直属机构包括以下几类:

第一类,党中央直属工作部门、办事机构。包括:中共中央办公厅,中共中央组织部,中共中央宣传部,中共中央统一战线工作部,中共中央对外联络部,中共中央政法委员会,中共中央政策研究室,中共中央台湾工作办公室,中共中央对外宣传办公室,中央警卫局。

第二类,党中央决策议事协调机构。可以根据工作需要增减。包括:中央全面深化改革委员会——中央全面深化改革委员会办公室,中央网络安全和信息化委员会——中央网络安全和信息化委员会办公室,中央财经委员会——中央财经委员会办公室,中央外事工作委员会——中央外事工作委员会办公室,中央全面依法治国委员会——中央全面依法治国委员会办公室(设在司法部),中央审计委员会——中央审计委员会办公室(设在审计署),中央教育工作领导小组——中央教育工作领导小组秘书组(设在教育部),中央机构编制委员会——中央机构编制委员会办公室。

第三类,党中央派出机构:中央和国家机关工作委员会。

第四类,党中央直属事业单位。包括:中共中央党校(国家行政学院),中央党史和文献研究院,人民日报社,求是杂志社,光明日报社(中央宣传部代管新闻机构),中国浦东干部学院,中国井冈山干部学院,中国延安干部学院。

国务院台湾事务办公室与中共中央台湾工作办公室、国务院新闻办公室与中共中央对外宣传办公室,一个机构两块牌子,列入中央直属机构序列。国家档案局与中央档案馆、国家保密局与中央保密委员会办公室,一个机构两块牌子,列入中央直属机关的下属机构。

(7) 中央纪律检查委员会

中央纪律检查委员会,简称中央纪委或中纪委,是党的最高纪律检查机关,由党的全国代表大会选举产生,向党的全国代表大会负责并报告工作;全国代表大会闭会期间,对中央委员会负责,在它的指导下进行工作。每届任期与中央委员会相同,均为五年。

1927年4月,党的五大设立中央监察委员会,并选举了中央监察委员会委员,这是中央纪律检查委员会的前身。同年6月,在中央政治局发布的《中国共产党第三次修正章程决议案》中,增加了"监察委员会"一章,规定全国代表大会和省代表大会选举中央和省监察委员会。由于当时复杂的历史情况,中央监察委员会没有能够开展工作。1928年7月,党的六大通过的党章,将"监察委员会"改为"审查委员会",以检查党内财务及各机关工作之事宜。1933年9月,中共中央作出《关于成立中央党务委员会及中央苏区省县监察委员会的决定》,指出"为防止党内有违反党章,破坏党纪,不遵守党的决议及官僚腐化等情况发生,在党的中央监察委员会未正式成立之前,特设立中央党务委员会"。1933至1945年期间,党的最高纪律检查机关是中央党务委员会,主要担负执行党纪和党纪教育的任务。

1945年党的七大党章规定,在党的中央委员会认为必要时,可以成立党的中央监察委员会及地方党的监察委员会。监察委员会的职权是:决定或撤销对党员的处分,受理党员的控诉。由于当时复杂的历史条件,七大以后没有及时成立党的中央监察委员会和各地方党的监察委员会。直到1949年11月,中共中央才作出《关于成立中央及各级党的纪律检查委员会的决定》,成立了中共中央纪律检查委员会,在中央政治局领导下开展工作。中央及各级党的纪律检查委员会的职权是:检查中央直属各部门及各级党的组织、党的干部及党员违反党纪的行为;受理和审查中央直属各部门、党的各级组织及党员违纪案件并决定处分;加强党内纪律教育;等等。

1955年3月,党的全国代表会议通过《关于成立党的中央和地方监察委员会的决议》,决定成立党的中央和地方监察委员会,代替各级党的纪律检查委员会。会议决议扩大了监察委员会的职权。党的各级监察委员会的主要任务是经常检查和处理党员违反党章党纪和国家法律法令的案件,同时监督党组织和党员干部是否遵纪守法。1956年9月,党的八届一中全会重新选举产生了中央监察委员会，同年 11 月中央政治局第三次会议批准。1962 年 9 月，党的八届十中全会通过了《关于加强党的监察机关的决定》，扩大了中央监察委员会的名额，调整了中央监察委员会领导成员。中央监察委员会成立后，对加强党内监督作出了重要贡献。但是不久由于党的指导方针错误，党的监察工作出现"惩办主义"的错误倾向，在 1959 年反右斗争和 1963 至 1965 年的社教运动中，不正确地处置了一大批党员和干部。

"文化大革命"期间，1969 年党的九大、1973 年党的十大之党章均取消了党的监察机关的条款，撤销了中央监察委员会。1977 年 8 月，党的十一大党章重新恢复设置党的纪律检查委员会的条款，规定各级纪委由同级党委选举产生。1978 年 12 月，党的十一届三中全会选举产生了新的中央纪律检查委员会。1982 年 9 月，党的十二大党章规定，党的各级纪律检查委员会都由同级党的代表大会选举产生。党的中央纪律检查委员会在党的中央委员会领导下进行工作。党的地方各级纪律检查委员会在同级党的委员会和上级纪律检查委员会的双重领导下进行工作。从此，党的纪律检查工作走上健康发展轨道。

现行党章规定，中央和地方各级纪律检查委员会的主要任务是：维护党的章程和其他党内法规，检查党的路线、方针、政策和决议的执行情况，协助党的委员会加强党风建设和组织协调反腐败工作。

现行党章还规定了中央和地方各级纪律检查委员会的几项经常性工作：（1）监督、执纪、问责，要经常对党员进行遵守纪律的教育，作出关于维护党纪的决定；（2）对党的组织、党员、领导干部行使权力进行监督；（3）检查和处理党的组织和党员违反党的章程和其他党内法规的比较重要或复杂的案件，决定或取消对这些案件中的党员的处分；（4）受理党员的控告和申诉；（5）保障党员的权利。

现行党章规定，中央纪律检查委员会要把处理特别重要或复杂的案件中的问题和处理的结果，向中央委员会报告。中央纪律检查委员会发现中央委员会委员有违反党的纪律的行为，可以先进行初步核实，如果需要立案检查的，应当报中央委员会批准。

中央纪律检查委员会全体会议选举常务委员会和书记、副书记，并报中央委员会批准。中央纪律检查委员会根据工作需要，可以向中央一级党和国家机关派驻党的纪律检查组或纪律检查员。纪律检查组组长或纪律检查员可以列席该机关党的领导组织的有关会议。他们的工作必须受到该机关的党的领导组织的支持。中央纪律检查委员会对地方党的纪律检查委员会负有领导责任，有权检查地方各级纪律检查委员会的工作，并且有权批准和改变地方各级纪律检查委员会对于案件所作的决定。

党的十八大以来，在以习近平同志为核心的党中央坚强领导下，从严治党在中央层面落到了实处，中央纪律检查委员会的反腐力度前所未有，世人为之惊叹。

（8）中央军事委员会

为了保证党对军队的绝对领导，中国共产党设立中央军事委员会，简称中央军委，是党的最高军事领导机构。十九大党章规定，中央军事委员会组成人员由中央委员会决定，中央军事委员会实行主席负责制。从1982年起，国家也设立中央军事委员会。1982年12月五届全国人大五次会议通过的宪法规定，中华人民共和国中央军事委员会领导全国武装力量，由主席、副主席若干人、委员若干人组成，实行主席负责制；主席由全国人大选举或罢免，对全国人大及其常委会负责，任期与每届全国人大任期相同，可连选连任；中央军事委员会主席对全国人大及其常委会负责。

中共中央军委与国家中央军委实际上是同一机构。中国共产党同各民主党派、人民团体和无党派人士代表协商后，经过全国人民代表大会的选举和决定，中共中央军事委员会组成人员成为国家中央军事委员会组成人员。这是中国特色的武装力量领导体制。

（9）中央顾问委员会

中央顾问委员会，简称中顾委，是1982—1992年间的党的中央组织。设顾问委员会是废除领导职务终身制的过渡办法，① 充分体现了邓小平同志平稳交接政权的政治智慧。1980年，邓小平发表《党和国家领导制度的改革》后，政治体制改革大有起色。在邓小平的倡导下，党决定废除长期存在的领导干部职务终身制，建立正常的干部退休制度，使干部队伍的新老交替制度化。这样，一大批富有政治经验的老干部、老同志从领导岗位上退了下来。为了给他们再作贡献的机会和充分发挥他们长期积累的政治经验的作用，1982年党的十二大党章规定，建立中央与省、自治区、直辖市两级顾问委员会。

中央顾问委员会是作为解决党的中央领导机构新老交替的一种组织形式，目的是使党的中央委员会年轻化，同时让一些老同志在退出第一线之后继续

---

① 邓小平：《设顾问委员会是废除领导职务终身制的过渡办法》（1982年7月30日），《邓小平文选》第2卷，人民出版社1994年版，第413页。

发挥一定的作用,当好中央委员会政治上的助手和参谋。中央顾问委员会由党的全国代表大会产生,向党的全国代表大会负责。中顾委在中央委员会领导下工作,对党的方针、政策的制定与执行提出建议,接受咨询;协助中央委员会调查与处理某些重要问题;宣传党的重大方针、政策;承担党中央委托的其他任务。"中顾委委员可以列席中央全会,中顾委副主任可以列席政治局会议,必要时顾委常委也可以列席政治局会议。这就是说,中顾委副主任和常务委员在我们党的生活中的格,是相当于中央政治局委员。"[①]

中央顾问委员会委员必须具有40年以上党龄,对党有过较大贡献,有较丰富的领导工作经验,在党内外有较高声望。中央顾问委员会每届任期与中央委员会相同。中顾委的主任、副主任和常务委员由中央顾问委员会全体会议产生,并报中央委员会批准。党的十二大、十三大先后选举产生了两届中央顾问委员会。中央顾问委员会为党的干部新老交替制度化作出了重大贡献。1992年党的十四大通过了关于中央顾问委员会工作报告的决议,同意不再设立中央顾问委员会的建议,中央顾问委员会完成了它的神圣使命,遂走入历史。

2. 地方组织

党的地方组织包括:省、自治区、直辖市、设区的市和自治州、县(旗)、自治县、不设区的市和市辖区的党的代表大会、党的委员会及其常务委员会、党的纪律检查委员会以及由省、自治区等党的委员会派出的代表机关。1982—1992年间曾存在的党的省、自治区、直辖市的顾问委员会。

(1) 地方各级代表大会

党的地方各级代表大会是党的地方各级权力机关,由选举产生的代表组成,由同级党的委员会召集,每五年举行一次。中华人民共和国成立以来,由于党内政治生活不正常多次出现,导致地方各级代表大会的召开也不正常。据统计,23个省级组织中有17个出现过两届党代会相隔10年以上,有5个出现过相隔15年以上。党的十一届三中全会以来,党内政治生活日趋规范,地方各级党代会也就正常了。现行党章规定,只有在特殊情况下,经上一级委员会批准,才可以提前或延期召开,这就从制度上保证了地方各级党代会的如期召开。

党的地方各级代表大会代表的名额和选举办法,由同级党的委员会决定,

[①] 邓小平:《在中央顾问委员会第一次全体会议上的讲话》(1982年9月13日),《邓小平文选》第3卷,人民出版社1993年版,第6页。

并报上一级党的委员会批准。党的地方各级代表大会的代表由其下一级党的代表大会或党员大会选举产生。省、自治区、直辖市的党代会代表名额一般为400—700人，所辖党组织和党员较少的可以为300—400人，所辖党组织和党员较多的可以为700—900人。省辖市的党代会代表名额一般为200—400人，所辖党组织和党员较多的可以为400—600人。自治州的党代会名额一般为200—500人。县（旗）、自治县、不设区的市、市辖区的党代会代表名额一般为200—400人，所辖党组织和党员较多的可以为500人。

现行党章规定，党的地方各级代表大会的职权是：①听取和审查同级委员会的报告；②听取和审查同级纪律检查委员会的报告；③讨论本地区范围内的重大问题并作出决议；④选举同级党的委员会，选举同级党的纪律检查委员会。地方各级党的委员会在必要时可以召开党的代表会议，讨论和决定有关重大问题。代表会议的名额和产生办法，由召集代表会议的委员会决定。

（2）地方各级委员会

党的地方各级委员会由党的同级代表大会选举产生，是同级党的代表大会闭会期间党的领导机关。党的各级委员会每届任期五年。党的地方各级代表大会如提前或延期举行，由它选举的委员会的任期相应地改变。党的地方各级委员会的委员和候补委员的名额，分别由上一级委员会决定。党的地方各级委员会出缺，由候补委员按照得票多少依次递补。

党的地方各级委员会在代表大会闭会期间，执行上级党组织的指示和同级党的代表大会的决议，领导本地方的工作，定期向上级党的委员会报告工作。党的地方各级委员会全体会议，决定召开本地方党的代表大会或代表会议；选举常务委员会和书记、副书记，并报上级党的委员会批准；通过同级党的纪律检查委员会全体会议选举产生的常务委员会和书记、副书记，并报上级党的委员会批准；对常务委员会提请决定或必须由委员会全体会议决定的其他重要问题作出决策。为了充分发挥党的地方各级委员会的集体领导作用，现行党章规定党的地方各级委员会全体会议每年至少召开两次。

（3）地方各级委员会的常务委员会

党的地方各级委员会的常务委员会，由党的地方各级委员会全体会议选举产生，定期向委员会全体会议报告工作，接受监督。在委员会全体会议闭会期间行使委员会职权；在下届代表大会开会期间，继续主持经常工作，直到新的常务委员会产生为止。

常务委员会的职责是：负责召集委员会全体会议，并对全体会议将讨论决定的事项进行初步审议并提出意见；全面负责实施全体会议通过的决议以及上级党组织的指示；对本地方政治、经济、文化等方面的经常性工作中的重要问题作出决策；对同级地方国家机关、人民团体、经济组织、文化组织和其他非党组织的领导机关中的党组提请决定的重大问题作出决策；根据权限负责审批干部的任免、提名和奖惩；以党的委员会的名义向上级党组织请示、报告工作，向所属党组织发布指示、通知、通报；其他必须由常务委员会决定的重要问题。

（4）地方各级纪律检查委员会

党的地方各级纪律检查委员会，由同级党的代表大会选举产生，在同级党的委员会和上级纪律检查委员会双重领导下进行工作。地方各级纪律检查委员会每届任期与同级党的委员会相同。党的代表大会如提前或延期举行，则同级党的纪律检查委员会相应地改变。党的地方各级纪律检查委员会全体会议选举常务委员会和书记、副书记，并由同级党的委员会通过，报上级党的委员会批准。

地方各级纪律检查委员会的任务与中央纪律检查委员会基本相同，纪检权力有充分的制度保障。现行党章规定，上级纪律检查委员会有权检查下级纪律检查委员会的工作，并且有权批准和改变下级纪律检查委员会对于案件所作的决定。如果所要改变的该下级纪律检查委员会的决定，已经得到它的同级党的委员会的批准，这种改变必须经过它的上一级党的委员会批准。党的地方各级纪律检查委员会如果对同级党的委员会处理案件的决定有不同意见，可以请求上一级纪律检查委员会予以复查；如果发现同级党的委员会或它的成员有违反党的纪律的情况，在同级党的委员会不给予解决或不给予正确解决的时候，有权向上级纪律检查委员会提出申诉，请求协助处理。

3. 基层组织

党的基层组织是党在社会基层组织中的战斗堡垒，是党的全部工作和战斗力的基础。基础不牢，地动山摇，基层组织建设不能掉以轻心。现行党章规定："企业、农村、机关、学校、科研院所、街道社区、社会组织、人民解放军连队和其他基层单位，凡是有正式党员三人以上的，都应当成立党的基层组织。"党的基层组织非常庞大，据共产党员网，截至2016年底，中共党员总数为8944.7万名，基层组织451.8万个，其中基层党委22.0万个、总支部27.7万个、支部402.1万个。

（1）基层组织的任务

党的一切工作，最后都要通过基层去落实，基层工作和基层组织的重要性不言而喻。党的基层组织主要有八个方面的基本任务：

①宣传和执行党的路线、方针、政策，宣传和执行党中央、上级组织和本组织的决议，充分发挥党员的先锋模范作用，积极创先争优，团结、组织党内外的干部和群众，努力完成本单位所担负的任务。

②组织党员认真学习马克思列宁主义、毛泽东思想、邓小平理论和习近平新时代中国特色社会主义思想，学习党的路线、方针、政策和决议，学习党的基本知识，学习科学、文化、法律和业务知识。

③对党员进行教育、管理、监督和服务，提高党员素质，增强党性，严格党的组织生活，开展批评和自我批评，维护和执行党的纪律，监督党员切实履行义务，保障党员的权利不受侵犯，加强和改进流动党员管理。

④密切联系群众，经常了解群众对党员、党的工作的批评和意见，维护群众的正当权利和利益，做好群众的思想政治工作。

⑤充分发挥党员和群众的积极性创造性，发现、培养和推荐他们中间的优秀人才，鼓励和支持他们在改革开放和社会主义现代化建设中贡献自己的聪明才智。

⑥对要求入党的积极分子进行教育和培养，做好经常性的发展党员工作，重视在生产、工作第一线和青年中发展党员。

⑦监督党员干部和其他任何工作人员严格遵守国法政纪，严格遵守国家的财政经济法规和人事制度，不得侵占国家、集体和群众的利益。

⑧教育党员和群众自觉抵制不良倾向，坚决同各种违法犯罪行为作斗争。

（2）基层组织的类型

基层单位有各种类型，相应地基层组织也有各种类型。

第一类是街道、乡、镇、村、社区的党组织。这类党组织对本地区工作实施全面领导，支持和保证行政组织、经济组织和群众自治组织充分行使职权。这类党组织面对的是无数普通的村民和居民，他们的利益诉求和利益纠纷很具体。党组织的作用能否正确发挥，直接关系到党在人民心目中的形象，直接关系到社会秩序的正常运转。

以经济建设为中心的改革40多年以来，社会基层结构发生深刻变化，人们的思想观念已经多样，人们之间的贫富差距持续扩大，不公平对待居民或村民的利益的事件时有发生，个别官员贪腐严重，官民对立情绪消解不够，上访截访从未停歇，国家维稳费用居高不下，社会不安定因素不断增加。改革已经触及每个人的根本利益和传统社会制度的核心价值，积累了许多深层次矛盾。在向现代社会转型中，旧体制遗留的、新旧体制并存期间滋生的以及新体制内部固有的矛盾交错在一起，利益固化的藩篱越扎越紧等不良社会现象并未得到根本遏制。非法既得利益者先富起来了，形成了权贵阶层，他们想维护既有格局，成为先富带动后富、走向共同富裕的改革目标的最大绊脚石。这是当前社会基层的基本态势，增加了基层党组织工作的难度。

如何落实好党和国家的惠民政策，消除贫困促进共同富裕，公正对待一切利益，维护本地区的社会稳定，是当前这些基层组织的重要任务。要加强党组织的自身建设，时刻牢记共产党全心全意为人民服务的宗旨。人民群众是党的执政基础，人民群众的利益是党的最高利益。严禁党组织及其成员成为损害群众利益的既得利益者，严禁利用公权力阻止群众正常的上访活动。群众上访是无奈之举，是宪法赋予公民的基本权利，任何人都不得阻止公民的正常上访。党组织尤其领导干部，对待基层社会矛盾，正确的态度是公正化解，选边站或自身腐败，压制或截访当事人只会使问题变得越来越复杂。凡是触犯党纪国法的，不论是谁，一律追究责任到底。对于党组织内的害群之马，要及时绳之以法，保持党的先进性和纯洁性。党组织要经常组织党员认真学习马列主义、毛泽东思想、邓小平理论和习近平新时代中国特色社会主义思想，树立马克思主义的世界观、人生观和价值观。要切实加强党员的思想政治教育和民主法治教育，树立现代文明的权力观和政绩观。

第二类是国有企业和集体企业中的党组织。国有企业和集体企业是保证共产党执政的经济基础。在市场经济条件下，不但不能放弃国有企业和集体企业，而且要大力发展它们，这是宪法的基本要求，主要规定在现行宪法第六、七、八、九、十和十二条中。

国家实行社会主义经济制度，它的基础是生产资料的社会主义公有制，即全民所有制和劳动群众集体所有制。国家在社会主义初级阶段，坚持公有制为主体、多种所有制经济共同发展的基本经济制度。国有经济，即社会主义全民所有制经济，是国民经济中的主导力量。国家保障国有经济的巩固和发展。农村集体经济组织实行家庭承包经营为基础、统分结合的双层经营体制。农村中的生产、供销、信用、消费等各种形式的合作经济，是社会主义劳动群众集体所有制经济。城镇中的手工业、工业、建筑业、运输业、商业、服务业等行业的各种形式的合作经济，都是社会主义劳动群众集体所有制经济。国家保护城乡集体经济组织的合法权利和利益，鼓励、指导和帮助集体经济的发展。矿藏、水流、森林、山岭、草原、荒地、滩涂等自然资源都属于国家所有，即全民所有；有法律规定属于集体所有的森林和山岭、草原、荒地、滩涂除外。城市的土地属于国家所有。农村和城市郊区的土地，除由法律规定属于国家所有的以外，属于集体所有；宅基地和自留地、自留山也属于集体所有。社会主义的公共财产神圣不可侵犯。国家保护社会主义的公共财产。禁止任何组织或者个人用任何手段侵占或者破坏国家的和集体的财产。

国有企业和集体企业中的党的基层组织,要依据国家宪法法律和党章党规,遵循市场经济规律,符合现代企业制度的要求,按照国家治理体系现代化的整体部署,发挥政治核心作用,围绕企业生产经营开展工作。主要任务是:①保证监督党和国家的方针、政策在本企业的贯彻执行;②支持股东会、董事会、监事会和经理(厂长)依法行使职权;③全心全意依靠职工群众,支持职工代表大会开展工作;④参与企业重大问题的决策;⑤加强党组织的自身建设,领导思想政治工作、精神文明建设和工会、共青团等群众组织。

第三类是非公有制经济组织中的党组织。由于非公有制经济组织的特殊性,党组织能否发挥预期作用是对执政党的重大考验。

非公有制经济包括个体经济、私营经济、外商投资经济、港澳台投资经济以及混合经济中的非国有成分和非集体成分。非公经济组织是由非公经济的公司、集团、商行、企事业单位、研究机构、慈善机构、代理商、社团、私募基金或上述组织的部分或组合。改革开放以来,公有制经济一统天下的局面迅速打破,非公有制经济发展势头飞涨。经过几十年的发展,非公有制经济已经渗透各个地区和各个领域。在很多国退民进的地方和领域,非公有制经济已经超过公有制经济,占据了经济主导地位。非公有制经济是市场经济必要的组成部分,是社会主义初级阶段必要的经济形式,符合当时中国国情,极大地解放了生产力,对中国经济的快速发展作出了巨大贡献。非公有制经济已经成为一股对社会影响重大且无法忽视的强大力量,如何将非公有制组织团结在党组织的周围,是当下党面临的重大课题。

非公有制经济组织的各类负责人,一般统称为企业家,其实质就是资本家,是改革开放以来市场经济发展的必然产物,是党和国家的政策允许存在的。按照改革开放总设计师邓小平的最初构想,发展非公有制经济,引进外资,是想让一部分地区、一部分人通过诚实劳动先富起来,最终实现先富带动后富、走向共同富裕的改革目标,但绝不允许出现两极分化,"如果导致两极分化,改革就算失败了"[①]。改革最大的问题是共同富裕的问题,邓小平说:"共同致富,我们从改革一开始就讲,将来总有一天要成为中心课题。

[①] 邓小平:《改革是中国发展生产力的必由之路》(1985年8月28日),《邓小平文选》第3卷,人民出版社1993年版,第139页。

社会主义不是少数人富起来、大多数人穷,不是那个样子。社会主义最大的优越性就是共同富裕,这是体现社会主义本质的一个东西。如果搞两极分化,情况就不同了,民族矛盾、区域间矛盾、阶级矛盾都会发展,相应地中央和地方的矛盾也会发展,就可能出乱子。"① 邓小平的警告言犹在耳。改革40多年以来,出现了大量亿万家财的私营企业主,还出现了非法既得利益者形成的权贵阶层。其中一些人不但不想共同富裕,而且不断向西方国家转移资产和移民,极大地伤害了人民的感情。如果党和政府不及时解决这个问题,将会动摇党和政府的群众基础。

要向私营企业主宣传党的政策,他们的合法权益受法律保护。在符合条件的外资企业设立党的基层组织,外资企业不能阻挠。要理直气壮地告诉外资企业,他们必须遵守中国法律、政策,这是主权问题,不能打折扣和搞变通。总之,非公有制经济组织中党的基层组织,不要成为企业家或资本家的附属物,而是要贯彻党的方针政策,引导和监督企业遵守国家的法律法规,领导工会、共青团等群众组织,团结凝聚职工群众,维护各方的合法权益,促进企业的健康发展。

第四类是事业单位的党组织。这类单位主要是学校和科研院所,主要从事教育和科学技术研究工作。教育关系到中华民族的希望和未来。教育行政化必须彻底根治,要大力推进符合教育规律的教师治校的管理模式。要建立与行政分离的教师道德委员会,严查教师的学术不端和违背师德的行为。教育腐败是断子绝孙的大罪,要斩断伸向教育的黑手。要严查利用职务便利捞取名利且名不副实的各类官员,尤其是学校的官员型学者和党政机关中的学者型官员。他们的职称、学位和名誉是怎么来的,要彻底查清并向全社会公布,要对人民有个满意的交代,要经得起历史的检验。要充分认识科学技术的重要性,邓小平说:"马克思讲过科学技术是生产力,这是非常正确的,现在看来这样说可能不够,恐怕是第一生产力。"② 科学技术影响社会发展的各个方面,社会的每一次重大进步,都是科学技术质的飞跃的结果。谁占领了科技的制高点,谁就占领了世界的制高点。要尊重知识,尊重人才,尊重科技规律,鼓励创新,宽容失败。要把党和国家的科教兴国的战略真正落实到具体的制度和行动当中。

---

① 邓小平:《善于利用时机解决发展问题》(1990年12月24日),《邓小平文选》第3卷,人民出版社1994年版,第364页。
② 邓小平:《科学技术是第一生产力》(1988年9月5日、12日),《邓小平文选》第3卷,人民出版社1994年版,第275页。

事业单位实行党委领导下的行政领导人负责制。党组织发挥政治核心作用，对重大问题进行讨论和作出决定，同时保证行政领导人充分行使自己职权。行政领导人的职权受宪法和法律保护。要坚持依法执政的原则，党的事情归党，行政的事情归行政。党组织不得代行行政负责人的职权。党组织的决定不得越法直接作为事业单位的决定，只能作为指导或参考意见，事业单位的一切决定必须依据宪法和法律。要坚决打击借口党的领导以权代法、以权压法的违纪违法行为。党没有超越或凌驾于宪法和法律之上的特权，过去没有，现在没有，将来更不会有。党组织要加强自身建设，切实提高领导水平。

第五类是各级党和国家机关内部的党组织。它们协助行政负责人完成任务，改进工作，对包括行政负责人在内的每个党员进行监督，不领导本单位的业务工作。党组织是负责党的工作，把党的基层建设成具有凝聚力、战斗力、向心力的堡垒，使周围群众自愿跟党走。党组织不能以党代政，非法行使各种国家职权。依法执政要落地生根，遵守宪法和法律是党组织的第一要务，凡是打着党的旗号非法行使所在机关职权的，或明显公报私仇、引起群众不满或造成社会不良影响的行使自由裁量权的，要严肃处理，触犯刑律的要移交司法机关。

（3）党员大会和党的基层代表大会

党员大会包括党的基层委员会（基层党委）、总支部委员会和支部委员会召开的党员大会。基层代表大会一般由设立基层党委的单位召开。关于党员大会和基层代表大会召开的次数，党中央没有统一规定，各地从实际出发作了相应规定。一般而言，支部党员大会每季度召开一次，根据工作需要可以适当增加次数；总支部党员大会每年召开两次；基层党委的党员大会或代表大会每年召开一次。

党员大会或党的基层代表大会的内容，根据上级党组织的部署并结合本单位的实际情况确定。除非特殊情况，否则进行换届的党员大会或党的基层代表大会必须在委员会任期届满时召开。党员大会或党的基层代表大会的职权是：①听取和审查基层委员会、总支部委员会或支部委员会的报告；②讨论本级党组织及其职权范围内的重大问题并作出决定或提出建议；③选举基层委员会、总支部委员会或支部委员会；④选举出席上级党的代表大会或代表会议的代表。

（4）基层委员会、总支部委员会和支部委员会

党的基层委员会、总支部委员会和支部委员会是党的基层组织的领导机

关。基层委员会由党员大会或代表大会选举产生，总支部委员会和支部委员会由党员大会选举产生，提出委员候选人要广泛征求党员和群众的意见。党的基层委员会每届任期三年至五年，总支部委员会、支部委员会每届任期二年或三年。基层委员会、总支部委员会、支部委员会的书记、副书记选举产生后，应报上级党组织批准。党的基层委员会、总支部委员会和支部委员会任期届满要按时换届选举。如需延期或提前换届选举，应报上级党组织批准。

中央组织部依据不同类型基层党组织的情况，对委员会作了更加具体的规定：大中型企业、大专院校、规模较大的科研院所党的委员会、地（市、州、盟）级和地级以上机关党的委员会任期4年，其他党的基层委员会任期3年；党的总支部委员会、村党支部委员会任期3年，其他党的支部委员会任期2年。

党的基层组织的形式，根据工作需要和党员人数确定。一般情况下，党员超过100人的基层单位，经上级党组织批准，可设立党的基层委员会。党的基层委员会下设若干个总支部委员会或支部委员会。党员50—100人的基层单位可设党的总支部委员会。总支部委员会下设若干支部委员会。党员超过3人以上，不足50人的基层单位可以设立党的支部委员会。正式党员不足3人的，可与邻近单位的党员联合组成支部委员会。有的社会影响较大的单位，党员人数虽然不足100人或50人，但因工作需要，经上级组织批准，也可设立党的基层委员会或总支部委员会。有的单位层次多，经上级党组织批准，还在党的基层委员会下设立分党委。

4. 派出机关与党组

（1）派出机关

党的中央和地方委员会可以派出自己的代表机关，授权它们领导某个地区、行业或系统的党的工作。派出机构不是一级党组织，它们的权限来自授权。派出机关的领导成员一般由党的委员会指派。根据工作需要，派出机关可以设立自己的工作部门。

中央的派出机关是中央和国家机关工作委员会。它统一组织、规划、部署中央和国家机关党的工作，指导中央和国家机关党的政治建设、思想建设、组织建设、作风建设、纪律建设，指导中央和国家机关各级党组织实施对党员特别是党员领导干部的监督和管理，领导中央和国家机关各部门机关党的纪律检查工作，归口指导行业协会商会党建工作等。

党的地方委员会的派出机关，主要有以下几种：①党的地区委员会和相当于地区委员会的组织。它们是党的省、自治区委员会在几个县、自治县、市范围内的派出机关，由省、自治区委员会授权，领导本地区工作。党的地区委员会的任期与派出它的省、自治区委员会的任期相同。随着地级市建设速度加快，这类党组织逐步减少。②党的农村区委员会。这是县委在几个乡镇范围内的派出机关。这一形式是党的八大沿续下来的。目前几乎全部取消区级的派出机关。③行业（系统）工作委员会。多数党的省、自治区、直辖市和省辖市的委员会根据本地情况设置了直属机关工作委员会、高校工作委员会等机关。

省、自治区、直辖市和省辖市党的机关工作委员会，分别为省、自治区、直辖市和省辖市党的委员会的派出机构，根据各自授权，领导直属机关党的工作。它们的职责由派出的党的委员会确定，基本职责是：贯彻执行党的路线、方针、政策，从实际出发，提出直属机关党的建设规划，指导基层组织搞好党的思想建设、组织建设和作风建设；负责审批直属机关党组织的设置，审批各部门机关党委和纪委书记、副书记；做好对党员的教育、管理工作，检查指导组织发展工作，按照规定权限审批党员违反党纪的处理决定；指导各级党组织对党员特别是党员领导干部实行监督，了解党员和群众对本部门领导干部的意见，及时向上级组织反映直属机关各部门领导班子和领导干部的情况；管理、检查和监督直属机关各部门党员领导干部民主生活会的情况，向上级党的委员会报告；指导机关党组织配合部门行政负责人做好机关工作人员的思想政治工作；领导机关工会、共青团、妇联等群众组织，支持它们依照法律和各自章程独立负责地开展工作；承担上级党组织交办的其他任务。

（2）党组

党组是党为保证在非党领导机关中实现党的领导而建立的组织。党组的前身是党团。1923年6月，中共湘区执委在湖南水口山建立中共水口山党团。为了更好地发挥党在国家政权和革命中的作用，1925年党的四大指出："吾党在国民党及其他有政治性质的重要团体中，应组织党团，从中支配该党和该团体的活动。"1927年6月中央政治局会议通过的《中国共产党第三次修正章程决议案》第71条规定："在所有一切非党群众会议及执行的机关（国民党、国民政府、工会、农协会、等等）中，有党员三人以上，均需组织党团，党团的目的，是在各方面加紧党的影响，而实行党的政策于非党的群众中。"1928年党的六大党章明确党团的"任务在于非党的组织中，加强党的影响，实行党的政策，并监督党员在非党组织之工作"。

1945年党的七大将党团改为党组，专列"党外组织中的党组"一章，规定"在政府、工会、农会、合作社及其他群众组织的领导机关中，凡有担任负责工作的党员三人以上者,即成立党组。党组的任务,是在各该组织的领导机关中指导党员为加强党的影响,实现党的政策而工作"。九大党章取消了党组规定。十大党章规定可以设立党组,但实践中未执行。十一大党章明确规定,在国家机关和人民团体中,应设立党组。十二大党章专列"党组"一章,规定在中央和地方国家机关、人民团体、经济组织、文化组织或其他非党组织的领导机关中成立党组。十三大提出党政分开,建议逐步撤销政府各部门中的党组,党章有关党组的规定作了相应修改。十四大党章又恢复了十二大党章关于设立党组的规定,党组进入平稳发展阶段。为了进一步规范党组工作,2015年6月11日中央根据十八大党章制定发布了《中国共产党党组工作条例(试行)》,并于同日施行。

党组是党在中央和地方国家机关、人民团体、经济组织、文化组织、社会组织和其他组织领导机关中设立的领导机构,在本单位发挥领导核心作用。党组必须服从批准其设立的党组织领导。党的中央委员会和地方各级委员会应当加强对党组工作的领导。党委组织部门负责党组设立审核、日常管理等方面的具体工作,纪律检查机关、党委其他工作部门和有关派出机构根据职责分工做好相关工作。党组的任务,主要是负责贯彻执行党的路线、方针、政策;讨论和决定本单位的重大问题;做好干部管理工作;团结党外干部和群众,完成党和国家交给的任务;指导机关和直属单位党组织的工作。

中央和地方国家机关、人民团体、经济组织、文化组织、社会组织和其他组织领导机关中,有党员领导成员三人以上的,经批准可以设立党组。县级以上人大常委会、政府及其工作部门、政协、法院、检察院和工会、妇联等人民团体,一般应当设立党组。县级以上人大常委会机关、政府机关、政协机关,经本级党的委员会批准,可以设立机关党组。县级以上政府的直属事业单位,可以设立党组,但按照规定应当设立基层党组织的除外。中管国有重要骨干企业、中管金融企业,经党的中央委员会批准,可以设立党组,但其下属企业一般不再设立党组。全国性的重要文化组织、社会组织,经党的中央委员会批准,可以设立党组。因工作需要的其他组织,经批准可以设立党组。

党组的设立,一般应当由党的中央委员会或者本级党的地方委员会审批。党组不得审批设立党组。已设立党组的有关组织,因行业、系统管理需要等确需在下属单位设立分党组的,由党组报本级党委组织部门审批。新成立的有关组织符合设立党组条件的,党的中央委员会或者本级党的地方委员会可以根据需要作出设立党组的决定,也可以由需要设立党组的单位或者其上级主管部门提出设立申请,由党的中央委员会或者本级党的地方委员会决定。有关组织因机构改革、部门职能变化、区划调整等原因需要变更、撤销党组的,由批准其设立的党组织及时作出决定。

党组的设立,一般应当由党的中央委员会或者本级党的地方委员会审批。党组不得审批设立党组。已设立党组的有关组织,因行业、系统管理需要等确需在下属单位设立分党组的,由党组报本级党委组织部门审批。新成立的有关组织符合设立党组条件的,党的中央委员会或者本级党的地方委员会可以根据需要作出设立党组的决定,也可以由需要设立党组的单位或者其上级主管部门提出设立申请,由党的中央委员会或者本级党的地方委员会决定。有关组织因机构改革、部门职能变化、区划调整等原因需要变更、撤销党组的,由批准其设立的党组织及时作出决定。

党组设书记,必要时可以设副书记。党组书记一般由本单位领导班子主要负责人担任,主要负责人不是中共党员或者由上级领导兼任以及因其他情况不宜担任党组书记的,党组书记、主要负责人可以分设。其他党组成员一般由本单位领导班子成员中的党员干部和纪检组组长担任,必要时也可以由本单位重要职能部门或者下属单位党员主要负责人担任。国有企业党组书记根据企业内部治理结构形式确定,建立董事会的一般由董事长兼任,未建立董事会的一般与总经理分设。其他党组成员一般由进入董事会、监事会、经理层的党员领导人员和纪检组组长根据工作需要担任。

党组成员一般设三至七人,省部级以上单位、中管国有重要骨干企业和中管金融企业党组成员一般不超过九人。党组成员除应当具备党章和《党政领导干部选拔任用工作条例》规定的党员领导干部的基本条件外,还应当有三年以上党龄,其中厅局级以上单位的党组成员应当有五年以上党龄。党组成员一般由批准设立党组的党组织决定。实行垂直管理或者实行双重领导的单位设立党组的,其下级单位党组成员的任免按照干部管理权限执行。分党组成员由其上级单位党组决定。企业党组成员的任免,按照干部管理权限执行。

党组书记主持党组全面工作,负责召集和主持党组会议,组织党组活动,签发党组文件。党组副书记协助党组书记工作,受党组书记委托履行相关职责。党组书记空缺时,上级党组织可以指定党组副书记或者其他党组成员主持党组日常工作。党组成员根据党组决定,按照授权负责有关工作,行使相关职权。

党组必须坚决执行党中央和上级党组织的指示和决定,坚决维护党中央权威，确保中央政令畅通。建立健全党组向批准其设立的党组织请示报告工作制度。党组每年至少作一次全面报告，遇有重大问题应当及时请示报告。执行党中央和上级党组织以及上级单位党组某项重要指示和决定的情况，应当进行专题报告。

党组实行集体领导制度。凡属党组职责范围内的事项，应当按照少数服从多数原则，由党组成员集体讨论决定。党组书记应当带头执行民主集中制，不得凌驾于组织之上，不得独断专行。党组成员应当认真执行党组集体决定，勇于担当、敢于负责，切实履行职责。以党组名义发布或者上报的文件、发表的文章，党组成员代表党组的讲话和报告，应当事先经党组集体讨论或者传批审定。党组成员署名发表的与工作有关的文章，应当事先经党组审定或者经党组书记批准。党组成员在调查研究、检查指导工作或者参加其他活动时发表的个人意见，应当符合党组决定精神。

党组议事决策应当坚持集体领导、民主集中、个别酝酿、会议决定，重大决策应当充分协商，实行科学决策、民主决策、依法决策。党组作出重大决策，一般应当在调查研究基础上提出方案，充分听取各方面意见，进行风险评估和合法合规性审查，经过集体讨论决定。党组讨论决定人事任免事项，应当严格按照《党政领导干部选拔任用工作条例》执行。党组议事决策一般采用党组会议形式。党组会议一般每月召开一次，遇有重要情况可以随时召开。

建立党组书记述职制度。批准设立党组的党组织根据需要可以听取党组书记报告履职情况。建立党组及其成员履职考核制度，由批准设立党组的党组织负责，纪律检查机关、党委有关工作部门、党的机关工作委员会参与。考核应当每年开展一次，可以与党组工作报告和领导班子年度考核、民主生活会结合开展。党组及其成员应当自觉接受纪律检查机关及其派驻机构、本单位基层党组织和党员群众的监督，纳入巡视监督范围和党员定期评议内容。党组重大决策失误的，对参与决策的党组成员实行终身责任追究。党组成员在讨论决定有关事项时，对重大失误决策明确持不赞成态度或者保留意见的，应当免除或者减轻责任。涉嫌违法犯罪的，按照国家有关法律规定处理。

国家工作部门党委，是党在对下属单位实行集中统一领导的国家工作部门中设立的领导机构，在本部门、本系统发挥领导核心作用。国家工作部门党委，是党组性质的党委，由上级党组织直接批准设立，不同于由选举产生的党的地方委员会和基层委员会。可以设立党委的部门和单位主要有：①对下属单位实行集中统一领导的国家工作部门；②根据中央授权对有关单位实行集中统一领导的国家工作部门；③金融监管机构；④根据工作需要可以设立党委的其他单位。

党委的设立和撤销，一般应当由党的中央委员会或者本级党的地方委员会审批。实行垂直管理的国家工作部门和单位的党委，负责审批下属单位党委的设立和撤销。党委根据需要可以设立工作机构，负责党委日常工作。党委除履行党组相关职责外，还领导本部门机关和直属单位党组织的工作，领导或者指导本系统党组织的工作，讨论决定下属单位工作规划部署、机构设置、干部队伍管理、党风廉政建设等重要事项。党委设立和撤销的具体程序、委员配备、组织原则、议事决策和责任追究等有关事宜，按照党组工作有关规定执行。

（二）主要制度

党的制度是指党的一切行为规范的总和，可分为正式制度与非正式制度两大类。正式制度是指由党组织制定的成文规范，如章程、规定、准则、条例、文件之类。非正式制度是指党组织或党员在政治生活中形成的习惯或惯例。经过一定程序，其中一些也可以成为党的正式制度。两类制度相辅相成，为党的有序运转提供制度保障。

制度很重要。中国有句俗语，没有规矩不成方圆。就是说，没有制度的约束，社会就会陷入混乱。通过给定的制度条件，人们在存在风险的社会环境中能形成稳定的利益预期和特定的认知模式，从而降低行为后果的不确定性，因此，即使坏的制度也比没有制度要好。制度建立后，一定要遵守制度，否则制度就是一纸空文。要把规矩和纪律挺在前面，凡是不按制度办事的官员，都要严肃处理。只有严格执行制度才能真正树立制度权威，使各级组织和党员敬畏制度。

1. 民主集中制

民主集中制是党的根本组织原则，是党内政治生活正常开展的重要制度保障。坚持集体领导制度，实行集体领导和个人分工负责相结合，是民主集中制的重要组成部分。任何组织和个人在任何情况下都不允许以任何理由违反这项制度。这是立党之本，必须始终坚持。

从建党开始，民主集中制就是党的组织原则。党的一大通过的党的纲领，虽然没有民主集中制的提法，但规定"我党采取苏维埃的形式"，就隐含了民主集中制的思想。1927年6月1日中央政治局通过的《中国共产党第三次修正章程决议案》第一次明确规定："党部的指导原则为民主集中制"。这是党章第一次使用民主集中制概念。从此，它就成了党的根本组织原则。党在全国执政后，又把民主集中制运用于政权建设，规定在宪法中，国家机构也实行民主集中制原则。民主集中制是民主与集中的辩证统一，即民主基础上的集中与集中指导下的民主的结合。民主就是党组织和党员意见的充分表达，全体党员都有平等的权利直接或间接参与决定和管理党内事务。集中就是形成全党共同意志、凝聚全党集体智慧、保持全党行动一致。

现行党章规定了民主集中制六个方面的主要内容：

(1) 党员个人服从党的组织，少数服从多数，下级组织服从上级组织，全党各个组织和全体党员服从党的全国代表大会和中央委员会。这四个服从就是为了保证党中央权威，保证党的集中统一领导。该集中的一定要集中，否则就形成不了合力，更没有执行力。集中是有条件的，一定要在充分发挥民主的基础上集中。这四个服从受到民主集中制其他内容的制约，不能与它们割裂开来。集中不是长官意志，要警惕和防止假借组织名义的个人专断。历史上这类惨痛教训太多。

(2) 党的各级领导机关，除它们派出的代表机关和在非党组织中的党组外，都由选举产生。这条规定了各级领导机关产生的原则，体现了民主集中制的本质要求。选举既是党章规定的每个党员的民主权利，也是每个党员行使民主权利的工具和手段。通过选举，广大党员或其代表将他们拥有的决定和管理党内事务的权利，委托给他们选出的代表所组成的各级领导机关。各级领导机关的权力来自党员的授权，选举解决了各级领导机关的合法性问题。各级领导机关成员要正确认识权力和使用权力，一切权力要为选举它的党员服务。

(3) 党的最高领导机关，是党的全国代表大会和它所产生的中央委员会。党的地方各级领导机关，是党的地方各级代表大会和它们所产生的委员会。党的各级委员会向同级的代表大会负责并报告工作。这条规定了党的各级领导机关的地位以及各级委员会与同级代表大会之间的关系。各级代表大会高于同级委员会的规定，既是民主的内在要求，又是民主的制度保障。这充分表明民主是民主集中制的基础和本质。民主是集中的目的，一切集中都以民主为依归。集中是民主的手段，一切民主都要集中才能形成共识。党的全国代表大会是党的最高权力机关，享有最高决策权和监督权。在党的全国代表大会闭会期间，党的中央委员会行使党的最高权力。党的地方各级代表大会是党的地方各级最高权力机关和领导机关。在地方各级代表大会闭会期间，地方各级委员会行使地方各级代表大会的职权。

（4）党的上级组织要经常听取下级组织和党员群众的意见，及时解决他们提出的问题。党的下级组织既要向上级组织请示和报告工作，又要独立负责地解决自己职责范围内的问题。上下级组织之间要互通情报、互相支持和互相监督。党的各级组织要按规定实行党务公开，使党员对党内事务有更多的了解和参与。这条规定解决了党内上下级之间的关系问题，上下级之间既是领导与被领导的关系，又是合作与互相监督的关系。党组织的权力是党员给的，党员有权利知道权力运行情况并进行监督。党务公开，让权力在阳光下运行，阳光是最好的防腐剂，不但保证了党员的知情权，而且能降低党组织用权不当的概率。只要不是党和国家规定不能公开的情形，一切党务都要公开。党务公开范围的大小，是检验党内民主建设好坏的重要参照。

（5）党的各级委员会实行集体领导和个人分工负责相结合的制度。凡属重大问题都要按照集体领导、民主集中、个别酝酿、会议决定的原则，由党的委员会集体讨论，作出决定；委员会成员要根据集体的决定和分工，切实履行自己的职责。集体领导和个人分工负责相结合的制度，是民主集中制在党的领导工作中的体现。集体领导，可以防止个人专断，保证党内民主。个人分工，能发挥每个成员的主动性和创造性。二者结合，就使党的委员会成为有效率的领导集体。

2016年10月27日党的十八届六中全会通过了《关于新形势下党内政治生活的若干准则》，强调要"坚持民主集中制原则"，对党的集体领导和个人分工负责相结合的制度作了更为详细的规定。这些规定是对以往经验教训的深刻总结，体现了以习近平同志为核心的党中央从严治党、从制度上管党的坚强决心，各级党组织务必遵循。

各级党委（党组）必须坚持集体领导制度。凡属重大问题，要按照集体领导、民主集中、个别酝酿、会议决定的原则，由集体讨论、按少数服从多数作出决定，不允许用其他形式取代党委及其常委会（或党组）的领导。落实党委常委会（或党组）议事规则和决策程序，健全常委会向全委会定期报告工作并接受监督制度，坚决反对和防止独断专行或各自为政，坚决反对和防止议而不决、决而不行、行而不实，坚决反对和防止以党委集体决策名义集体违规。各级党委（党组）要善于观大势、抓大事、管全局，及时发现和解决矛盾和难题，不上推下卸，不留后遗症。建议上级组织在作出同下级组织有关重要决策前征求下级组织意见的制度。

领导班子成员必须增强全局观念和责任意识，在研究工作时充分发表意见，决策形成后一抓到底，不得违背集体决定自作主张、自行其是。坚决反对和纠正当面不说、背后乱说，会上不说、会后乱说，当面一套、背后一套等错误言行。坚持讲原则、讲规矩，共同维护坚持党性原则基础上的团结。好人主义、和事佬会祸国殃民。

党委（党组）主要负责同志必须发扬民主、善于集中、敢于担责。在研究讨论问题时要把自己当成班子中平等的一员，充分发扬民主，严格按程序决策、按规矩办事，注意听取不同意见，正确对待少数人意见，不能搞一言堂甚至家长制。支持班子成员在职责范围内独立负责开展工作，坚决防止和克服名为集体领导、实际上个人或少数人说了算，坚决防止和克服名为集体负责、实际上无人负责。

领导班子成员必须坚决执行党组织决定，如有不同意见，可以保留或向上一级党组织提出，但在上级或本级党组织改变决定以前，除执行决定会立即引起严重后果等紧急情况外，必须无条件执行已作出的决定。党组织的权威不容怀疑，不容挑战。

领导班子成员分工按规定向上级党委报备，无正当理由、未向上级党委报备不得调整。领导干部要自觉服从组织分工安排，任何人都不能向组织讨价还价、不服从组织安排。领导干部不准把分管工作、分管领域和地方当作"私人领地"，不准搞独断专行。这个问题要引起高度重视，很多小圈子就是这么形成的，危害很大。

在党的工作和活动中，该以组织名义出面不能以个人名义出面，该由集体研究不能个人擅自表态，不允许用个人主张代替党组织的主张、用个人决定代替党组织的决定。党的纪律要时刻记在心上。

（6）党禁止任何形式的个人崇拜。要保证党的领导人的活动处于党和人民的监督之下，同时维护一切代表党和人民利益的领导人的威信。个人崇拜的原因很多，有人出自对领导职位的崇拜，有人出自对领导能力的崇拜，不一而足。不否定党的历史上个别领导人关键时刻力挽狂澜的重大作用，也不否定领导职位的崇高乃至常人无法企及，但无论何种形式的崇拜都是绝对错误的。不论出自何种目的，个人崇拜都是对平等人格的侮辱，与现代观念格格不入，更不用说共产主义理想了。人世间从来就没有什么救世主，每个人的命运都掌握在自己手里。个人崇拜的实质是无限夸大个人作用，致使领导工作完全依赖于某个人。个人崇拜曾对党和国家造成重大损失，务必时刻警惕。反对个人崇拜，同时也要维护领导人的应有威信。对党的历史上和现在的领导人的污蔑、造谣行为，要严厉打击，决不姑息迁就。

党内民主是党的生命，是党内政治生活积极健康的重要基础。要坚持和完善党内各项制度，提高党内民主质量，党内决策、执行、监督等工作必须执行党章党规确定的民主原则和程序，任何党组织和个人都不得压制党内民主、破坏党内民主。

1978年邓小平在中共中央工作会议闭幕会上讲话时指出，民主是解放思想的重要条件，"当前这个时期，特别需要强调民主。因为在过去一个相当长的时间内，民主集中制没有真正实行，离开民主讲集中，民主太少。现在敢出来说话的，还是少数先进分子。我们这次会议先进分子多一点，但就全党、全国来看，许多人还不是那么敢讲话。好的意见不怎么敢讲，对坏人坏事不那么敢反对，这种状况不改变，怎么叫大家解放思想，开动脑筋？"[①] 他还说"要相信绝大多数群众有判断是非的能力。一个革命政党，就怕听不到人民的声音，最可怕的是鸦雀无声。现在党内外小道消息很多，真真假假，这是对长期缺乏政治民主的一种惩罚。有了又有集中又有民主，又有纪律又有自由，又有统一意志、又有个人心情舒畅、生动活泼的政治局面，小道消息就少了，无政府主义就比较容易克服。我们相信，我们的人民是顾大局、识大体、守纪律的"[②]，"为了保障人民民主，必须加强法制。必须使民主制度化、法律化，使这种制度和法律不因领导人的改变而改变，不因领导人的看法和注意力的改变而改变"[③]。无论人民民主还是党内民主，都要制度化，制度靠得住些。

民主集中制作为党的根本组织原则，执行得如何直接关系到党和国家的前途命运。既要民主，又要集中，二者不可偏废。毛泽东说："在人民内部，民主是对集中而言，自由是对纪律而言。这些都是一个统一体的两个矛盾着的侧面，它们是矛盾的，又是统一的，我们不应当片面地强调某一个侧面而否定另一个侧面。在人民内部，不可以没有自由，也不可以没有纪律；不可以没有民主，也不可以没有集中。这种民主和集中的统一，自由和纪律的统一，就是我们的民主集中制。在这个制度下，人民享受着广泛的民主和自由；同时又必须用社会主义的纪律约束自己。"[④] 民主任何时候都是集中的基础，

[①] 邓小平：《解放思想，实事求是，团结一致向前看》（1978年12月13日），《邓小平文选》第2卷，第144页。

[②] 邓小平：《解放思想，实事求是，团结一致向前看》（1978年12月13日），《邓小平文选》第2卷，第144—145页。

[③] 邓小平：《解放思想，实事求是，团结一致向前看》（1978年12月13日），《邓小平文选》第2卷，第146页。

[④] 毛泽东：《关于正确处理人民内部矛盾的问题》（1957年2月27日），《毛泽东文集》第7卷，第209页。

没有民主的集中就是专制；集中任何时候都是民主的指导，没有集中的民主就是不可控的民主。集中的指导和民主的结果一致，则是民主集中制的最佳状态。如果二者不一致，应当服从民主，因为民主代表大多数党员的意见。绝对不允许借口集中压制民主，也绝对不允许借口民主不要集中。民主可以获得广泛的党员基础，只有民主才能得到大多数党员的支持，要扩大党内民主。集中可以树立党组织和领导人的权威，可以集中力量办大事、办成大事，要认识到集中的必要性，必要的集中不可少。为了更好地发挥民主集中制的作用，要进一步细化民主集中制的操作性步骤，规范化，程序化。

2. 代表大会制度

民主集中制规定，每个党员都有平等的权利参与决定和管理党内事务。党员行使权利，有直接民主和间接民主（代议制）两种方式。在基层单位，党员几乎都在一起共事，直接民主可行。因此，党内重要事项可以也应当由全体党员参加的党员大会作出决定。但是，在一个县、一个省、一个大型企业、一个行业或系统，乃至全国，党员都很分散，把大家集中在一起开会讨论决定党内重要事项，不但不可能，而且没必要。因此，大多数情况下全体党员参与决定和管理党内事务是通过间接的方法，即通过直接或间接选出的代表组成各级代表大会，由代表大会代表所属全体党员的共同意志去决定和管理党内事务。这种党内间接民主或代议民主的形式就是党的各级代表大会。

党的代表大会制度经历了一个长期探索的过程。这种探索从建党就开始了。宣告党成立的大会就是第一次党的全国代表大会，至今已召开十九次党的全国代表大会。党的各级地方代表大会也在正常开展。经过九十多年的探索，已经形成了每五年召开一次的代表大会制度。党的代表大会制度已经规范化、制度化。纵观党的代表大会历史，可以看出党的代表大会制度变迁的一些特点和规律。

首先，党的代表大会召开时间已经相对稳定。

党的代表大会召开时间在不同时期有不同规定。党的二大通过的党章规定，党的全国代表大会一年召开一次，党的地方代表大会半年召开一次。到了党的七大，党章规定党的全国代表大会三年召开一次，党的地方代表大会二年召开一次。党的八大通过的党章规定党的全国代表大会每届五年，一年召开一次。实际上八大只开过两次全国代表大会，并没有坚持一年召开一次。从党的九大开始，党章规定党的全国代表大会五年召开一次，每届五年。从此，每五年召开一次党的全国代表大会的时间固定了下来，一直坚持到现在。两次党代会间隔时间不宜过长，过长不利于党的领导干部的新老交替；也不宜过短,过短变化太快,不利于每届党代会有足够时间规划大事。实践表明,每五年一届的党代会,适合中国国情,必须长期坚持下去。

其次,确立了各级党的代表大会的权威性。

从二大开始,每次修改的党章都规定了党的各级代表大会的职权和地位。从历次党章的规定看,代表大会具有最高权威。规定各级代表大会的最高权威,是党内民主的根本要求,从而保证党的权力始终掌握在全体党员手中,防止党的领导机构脱离普通党员成为官僚机构,防止党的领导干部不受党员监督腐化变质。普通党员通过自己选举的代表行使民主权利,听取和审查党的委员会的报告,就党的重大方针政策和社会重大问题讨论决策,实现党的共同意志。各级党代会的代表,同样受到选举他的单位的全体党员的监督。一旦出现所选代表越权越位或其他不法行为,选举单位有权撤销他的代表资格。

最后,党的各级代表大会代表的选举具有广泛性。

建党以来,历次党章都规定党的领导机关由选举产生。建党初期,由于党所处恶劣的生存环境和反动势力的剿杀,无法保证党的正常选举,选举制度很不健全。随着党的发展壮大,党的选举制度也逐步完善。七大党章规定:"党的各级领导机关,凡能进行选举的地方,均须由选举产生之。仅由于环境和条件的限制,不能召开党员大会或代表大会选举时,方得召集代表会议选举之,或由上级党组织指定之。"还规定了选举方式:"选举党的各级委员会,须按候选人名单进行无记名投票或表决,并保障选举人有批评与调换每一个候选人的权利。"针对一些地方不民主,选举人意志得不到充分表达,八大党章对选举原则作了进一步规定:"党的选举必须能够充分表现选举人的意志。党的组织和选举人所提出的候选人名单,应当经过选举人的讨论。选举采用无记名投票的方式,并且必须切实保障选举人有批评、不选和调换每一个候选人的权利。"十二大党章认真总结了八大以来党的选举工作,提出差额选举,这是历史性的进步。十二大党章规定:党的各级代表大会的代表和委员会的产生,要体现选举人的意志。选举采用无记名投票的方式。候选人名单要由党组织和选举人充分酝酿讨论。可以经过预选产生候选人名单,采用候选人多于应选人数的办法进行选举。选举人有了解候选人的情况、要求改变候选人、不选任何候选人和另选他人的权利。任何组织和个人不得以任何方式强迫选举人选举或不选举某个人。对选举纪律也作了相应规定。十三大党章对选举方式修改规定:"可以采用候选人多于应选人数的差额办法进行正式选举。也可以采用差额选举办法进行预选,产生候选人名单,然后进行正式选举。"此后，党的选举制度逐步走向更加规范发展的阶段。

中国共产党在九十多年的革命、建设、改革和发展过程中，一共召开了十九次全国代表大会，每次都就党的重大问题作出纲领性规定，提出总任务、总口号，指明全党全国各族人民前进的方向。

1921年7月，党的一大宣告中国共产党的成立。1922年7月，党的二大制定了党的最高纲领和最低纲领，党的最高目标是实现共产主义，当前任务是反帝反封建。党的1923年三大、1925年四大、1927年五大、1928年六大针对在反帝反封建的斗争中的经验教训作出相关决议。1945年4月，党的七大召开。大会的任务是团结一切进步力量，克服内战危机，争取光明的前途和命运，反对一切黑暗的前途和命运，彻底打败日本帝国主义，为建设独立、自由、民主、统一和富强的新中国而斗争。这次会议将毛泽东思想确定为党的指导思想，为党夺取新民主主义革命的胜利作了思想上、政治上和组织上的准备。1956年9月，党的八大确认了社会的主要矛盾是落后的生产力与日益增长的人民物质、文化需要之间的矛盾，大会的中心任务是：团结全党、团结国内外一切可以团结的力量，为建设一个伟大的社会主义的中国而奋斗。党的1969年九大、1973年十大是在"文化大革命"背景下召开的，党内极"左"思潮达到了顶峰。1977年党的十一大仍旧坚持以"阶级斗争为纲"，以"左"的思想仍是主流。

1982年党的十二大提出了建设有中国特色社会主义道路，党的总任务是：团结全国各族人民，自力更生，艰苦奋斗，逐步实现工业、农业、国防和科技现代化，把新中国建设成为高度文明、高度民主的社会主义国家。1987年党的十三大确立了党在社会主义初级阶段的基本路线：领导和团结全国各族人民，以经济建设为中心，坚持四项基本原则，坚持改革开放，自力更生，艰苦奋斗，为把中国建设成为富强、民主、文明的社会主义现代化国家而奋斗。

1992年党的十四大明确了中国经济体制改革的目标是建立社会主义市场经济体制，号召全党更加紧密地团结起来，为夺取有中国特色社会主义事业的更大胜利而努力奋斗。1997年党的十五大的主题是：高举邓小平理论伟大旗帜，把建设有中国特色社会主义事业全面推向21世纪。

2002年党的十六大主题是：高举邓小平理论伟大旗帜，全面贯彻"三个代表"重要思想，继往开来，与时俱进，全面建设小康社会，加快推进社会主义现代化，为开创中国特色社会主义事业新局面而奋斗。2007年党的十七大主题是：高举中国特色社会主义伟大旗帜，以邓小平理论和"三个代表"

重要思想为指导，深入贯彻落实科学发展观，继续解放思想，坚持改革开放，推动科学发展，促进社会和谐，为夺取全面建设小康社会新胜利而奋斗。

2012年党的十八大主题是：高举中国特色社会主义伟大旗帜，以邓小平理论、"三个代表"重要思想、科学发展观为指导，解放思想，改革开放，凝聚力量，攻坚克难，坚定不移沿着中国特色社会主义道路前进，为全面建成小康社会而奋斗。2017年党的十九大的主题是：不忘初心，牢记使命，高举中国特色社会主义伟大旗帜，决胜全面建成小康社会，夺取新时代中国特色社会主义伟大胜利，为实现中华民族伟大复兴的中国梦不懈奋斗。

经过十九次党的全国代表大会，党的代表大会制度日趋规范。党的地方各级代表大会也在逐步走向完善。党的代表大会制度是保障党内民主的根本制度，必须始终坚持和维护这个制度。要从时间、职权、意义等三方面加以重视。

党的代表大会是党员及其代表行使民主权利、决定和处理党内重大事务的根本平台，必须定期召开。党的代表大会是党内民主的基本形式，有规律地召开党的大表大会，就能保障党内民主健康运行。党章规定，所有党员一律平等，都有直接或间接参与决定党内事务的权利，非经法定程序，不能以任何借口剥夺党章规定的党员权利。2016年党的十八届六中全会通过的《关于新形势下党内政治生活的若干准则》明确规定："必须尊重党员主体地位、保障党员民主权利，落实党员知情权、参与权、选举权、监督权，保障全体党员平等享有党章规定的党员权利、履行党章规定的党员义务，坚持党内民主平等的同志关系，党内一律称同志。任何党组织和党员不得侵害党员民主权利。""党员有权向党负责地揭发、检举党的任何组织和任何党员违纪违法的事实，提倡实名举报。党员有权在党的会议上有根据地批评党的任何组织和任何党员。党组织既要严肃处理对举报者的歧视、刁难、压制行为特别是打击报复行为，又要严肃追查处理诬告陷害行为。对受到毁谤、诬告、严重失实举报的党员，党组织要及时为其澄清和正名。要保障党员申辩、申诉等权利。对执纪中的过错或违纪行为，要依规及时纠正、消除影响并追究有关组织和人员的责任。"

定期召开各级代表大会，是党员当家作主的保证和体现。不仅能集中党的智慧，统一党的意志，保证党的重大决策正确，选举代表党的利益的各级领导集体。由于历史上各种各样因素的影响，既有国内的也有国际的，既有党内的也有党外的，既有历史的也有现实的，既有主观的也有客观的，党内民主的发展并非一帆风顺，党在相当长的一段时期不能如期召开代表大会。

从党召开全国大表大会的历史看,党的六大到七大,间隔了十七年,从七大到八大,间隔了十一年,主要是战争环境的客观因素所致。但在建国后的和平环境中,八大到九大又隔了十三年半,这是不正常的。1978年党的十一届三中全会以后,党中央认识到制度的重要性,党的代表大会制度才走上健康发展的轨道,党的各级代表大会依据党章规定能够如期召开。

党的选举制度是党的代表大会制度的重要组成。党内选举必须体现选举人的真实意志,要规范和完善选举制度规则。党的任何组织和个人不得以任何方式妨碍选举人依照规定自主行使选举权,坚决反对和防止侵犯党员选举权和被选举权的现象,坚决防止和查处拉票贿选等行为。未经批准不得提前或延期召开党的代表大会。

党的各级代表大会是党的各级领导机关,要充分行使党各级组织的职权。譬如,党的全国代表大会是全党的最高权力机关和领导机关,党章对其职权的规定都是最高的,以保证它的最高权威:①检查权。中央委员会、中央纪律检查委员会都由党的全国代表大会选举产生,对其负责并报告工作。党的全国代表大会听取和审议它们的报告,检查它们贯彻执行全国代表大会通过的路线、方针、政策的情况,并作出相应决议。②重大问题决定权。对那些关系到党的前途和命运、一段时期内党的工作重点、事关大局的根本性问题,对这些问题的决定,必须发扬党内民主,集中全党智慧,由党的全国代表大会决定。③党章的制定和修改权。党章是党内宪法,是其他一切党内法规的依据,只能由代表全党共同意志的全国代表大会制定和修订。④选举权。选举新一届领导集体,即中央委员会和中央纪律检查委员会。

要正确处理党的代表大会和代表会议的关系。代表会议是在两次代表大会之间召开的会议,没有固定的时间规定,可开可不开。党的代表会议与代表大会在内容和形式上有相似之处,但在职权、任期和代表产生的方式上不同。党的各级委员会在必要时可以召集党的代表会议,讨论和解决迫切需要解决的问题。党的代表会议代表的产生有推选和指定两种,由党的各级委员会决定。而党的代表大会代表必须选举才能产生。代表会议的代表人数也少于大表大会的代表人数。这就表明,代表会议的民主性有一定限度,不能充分保障党内民主,不能有效防止党的各级委员会的意志代替各级代表大会的意志。除了非常特殊时期需要召开外,一般不能用党的代表会议代替党的代表大会,不能将需代表大会决策的问题全部通过代表会议解决。

3. 领导制度

党的领导是全方位的,党内上下级之间、党和政府之间、党和社会之间都会产生关系，都要接受党的领导。反过来，党也要接受它们的监督。这是中国特色的政党制度。党的领导制度是指党在领导活动中必须遵循的行为规范，包括党的领导机关的产生、职权、程序、议事、责任等一系列规定。在党的实践中以下三个方面尤为重要。

（1）集体领导制度

集体领导是民主集中制的一部分，既是党的组织形式，又是党的根本领导制度。集体领导的目的就是防止个人专断，防止个人凌驾于党组织之上。通俗地说，党的领导机关，一个人的意见不能代替组织意见，大家的一致意见才是组织意见。通过集体领导与个人分工负责相结合，既可以防止个人尤其一把手独断专行，又可以发挥个人的主动性和积极性，是民主集中制在党的领导活动中的具体化。

坚持党的集体领导制度，是党在长期革命和建设的实践中的经验教训的总结。由于陈独秀家长式领导给革命带来的危害，党的五大开始强调集体领导。1937年召开的党的苏区代表大会规定了实现集体领导的措施。中华人民共和国成立后，党强调坚持集体领导的原则，但在"文化大革命"期间集体领导制度遭到严重破坏，直至党的十一届三中全会后得以恢复和发展。1980年党的十一届五中全会制定的《关于党内政治生活的若干准则》规定："集体领导是党的领导的最高原则之一，从中央到基层各级党的委员会，都要按这一原则，实行集体领导和个人分工负责相结合的制度。"2016年党的十八届六中全会通过的《关于新形势下党内政治生活的若干准则》规定："一九八〇年，党的十一届五中全会深刻总结历史经验特别是'文化大革命'的教训，制定了《关于党内政治生活的若干准则》，为拨乱反正、恢复和健全党内政治生活、推进党的建设发挥了重要作用，其主要原则和规定今天依然适用，要继续坚持。"因此，集体领导仍旧是党的重要领导制度。

党的各级代表大会所形成的决议决定，主要由相应的各级委员会（党组）执行。集体领导，就是党的委员会（党组）对重大问题的决策，必须集体讨论，充分发扬民主，最后按照少数服从多数的原则决定。如果遇到紧急情况必须个人立即决断时，事后要迅速汇报并作出解释。对于党的委员会（党组）集体作出的决定，每个委员都必须坚决执行。对集体决定有不同意见时，应在坚决执行的前提下保留意见或向上级党组织反映。在执行党的集体领导制度时，要确保领导者个人拥有的权力不得超过领导集体的权力，确保个人行使权力能够受到领导集体权力的有效监督。实行集体领导还必须与个人分工负责相结合。实行集体领导，并非事无巨细都要经过集体讨论，凡事经集体讨论既没必要，又不可行。集体讨论的必须是重大问题，这些问题事关大局或有着重大社会影响。对这些问题的决定应严格执行一人一票表决制。在各级党的委员会中，虽然书记主管全面工作，但书记和委员是平等的，只是分工不同，不存在领导和被领导的关系。

（2）党的上下级组织关系的制度

现行党章规定，下级组织服从上级组织，全党各个组织和全体党员服从党的全国代表大会和中央委员会。

首先，党组织的上下级之间是一种领导与被领导、服从与被服从的关系。这是民主集中制原则中集中的体现，也符合现代科层制度的要求。通过维护党的集中统一和上级组织的权威，达到全党一致行动的目的。但是，上级组织不能官僚主义，要经常听取下级组织和党员群众的意见，使各项决策符合实际，真实反映党员群众的共同意愿。上级组织对下级组织也不能事事干预，要严格依规办事，于法有据。重大决策作出后，上级组织要保证下级组织充分行使职权，不要干涉、更不要包办代替下级组织职权范围内的工作。如果下级组织确实遇到困难，上级组织要及时指导和帮助。下级组织对上级组织的决定要坚决服从，不能选择性执行，不能上有政策、下有对策。下级组织认为上级组织不正确的决定，可以及时报告，在上级组织没有改变之前仍旧要严格执行。下级组织要增强组织观念、纪律观念，自觉服从上级组织的决定，不能搞分散主义、本位主义和自由主义，切实履行职责，重大问题要及时向上级党组织请示汇报，既不要逢事就请示汇报，也不要擅自决定本应由上级组织决定的问题。

其次，上下级组织之间要互通情报、相互支持和相互监督。这是民主集中制民主的体现。民主始终是集中的基础。没有民主，无法集思广益，无法正确集中。党的这项制度，既能发挥党的各级组织的积极性和创造性，又能保证党的组织系统是一个有机结合的整体，保证党的各项路线、方针、政策的贯彻执行。党章已经明确规定了党的全国代表大会、中央委员会、中央政治局、中央政治局常务委员会、总书记、书记处等领导关系，也规定了地方各级领导机关的关系。但在实践中，党章的很多规定并没有完全落实到位，党的代表大会、全委会的作用发挥还远远不够，党内的领导关系还需进一步理顺细化。

（3）党和非党之间关系的制度

党和非党之间的关系，主要指党与政府、民主党派、人民团体和其他社会组织之间的关系。中国共产党是中国的执政党，是中国社会主义事业的领导核心,对政府和一切社会主体进行统一领导、全面领导。但执政党不是政府,也不是人民团体或其他社会组织,不应当直接行使立法、行政、司法机关或其他一切社会组织的职权。

党和一切非党社会主体是政治上的领导与被领导关系,不是国家权力系统中的上下级服从关系。党的领导不是指挥、发号施令或办理具体事务,而是发挥总揽全局、协调各方的领导核心作用,在遵守宪法和法律上率先垂范,积极支持、保证和监督国家的立法、行政、司法机关,以及经济、文化组织和人民团体积极主动地、独立负责地、协调一致地工作,充分发挥各级政权机构、工会、妇联、共青团等人民团体和社会组织的作用。要实行党政分开,党的事情归党,国家的事情归政府,理顺党政关系。党的领导主要是政治领导、思想领导和组织领导。党的领导的实现方式,一是通过法定程序使党的意志成为国家意志并通过法律表现出来,政府和一切社会主体都必须遵守。二是通过党员的先锋模范作用,依靠有效的思想工作和组织工作,特别是向国家政权机关和其他组织推荐重要干部人选,保证党的路线、方针、政策的贯彻落实,最终使非党主体自愿接受党的正确主张。

4. 组织生活制度

党的组织生活是党内政治生活的重要内容和载体,是党组织对党员进行教育管理监督的重要形式。全体党员、干部特别是高级干部必须增强党的意识,时刻牢记自己第一身份是党员。任何党员都不能游离于党的组织之外,更不能凌驾于党的组织之上。每个党员无论职务高低,都要参加党的组织生活。党组织要严格执行组织生活制度,确保党的组织生活经常、认真、严肃。必须坚持党的组织生活各项制度,创新方式方法,增强党的组织生活活力,主要是以下内容:

(1)"三会一课"制度

"三会一课"是指定期召开的支部党员大会、支部委员会、党小组会,按时上党课。一般情况下,党支部应当每月召开一次党小组生活会、一次支部委员会,每两个或三个月上一次党课,每三个月开一次党员大会。党员大会主要研究支部的重大问题,譬如贯彻执行上级党组织的指示决议、选举新的支部委员会、讨论吸收新党员、讨论决定党员的奖励或处分等。支部委员会主要研究贯彻执行上级党组织和支部党员大会决定的意见,支部的工作总结和计划,支部成员的民主生活会等。党小组会的内容应根据具体情况确定,包括:组织党员学习研究如何贯彻党支部的决议,如何团结带领群众完成各项任务,开展批评与自我批评,讨论党务工作,改选小组长等。党课是对党员保持先进性和纯洁性教育的最经常、最基本的一种形式。党课的主要内容是党的基本理论、基本路线、当前形势和社会各方面的发展态势。

党中央强调,"三会一课"要突出政治学习和教育,突出党性锻炼,坚决防止表面化、形式化、娱乐化、庸俗化。领导干部要以普通党员身份参加所在党支部或党小组的组织生活,坚持党员领导干部讲党课制度。这样,既能以身作则,又能以上率下。每个党员都要按规定自觉交纳党费,党费使用和管理要公开透明。

(2) 党员领导干部的双重生活制度

党员领导干部既要参加所在单位的党支部、党小组的组织生活,又要参加支部委员会和党委会单独召开的民主生活会。县以上党和国家机关的党员领导干部的民主生活会,每半年召开一次,也可以根据实际情况随时召开,但必须常态化。上半年的民主生活会应在7月底以前召开,下半年的民主生活会应在下年的1月底以前召开。

现行党章要求,每个党员无论职务高低都要编入党的一个支部、小组或其他特定组织,参加党的组织生活,接受党内外群众监督,不允许有任何不参加党的组织生活、不接受党内外监督的特殊党员存在。党员领导干部虽然身份特殊,位高权重,但首先是一名普通党员,必须参加党的组织生活。由于领导干部之间有些问题不宜在支部会议或党小组会上讨论解决,支部或党小组也无法解决,加上干部之间更加相互了解,所以领导干部还要单独召开民主生活会。领导干部民主生活会的主要内容是:互相检查落实党的路线、方针、政策和决议执行情况;加强领导班子的自身建设,实行民主集中制的情况;廉洁自律,拒腐防变,遵纪守法的情况;坚持群众路线,改进领导作风,深入调查研究,密切联系群众,提高执政能力和工作水平的情况等。

(3) 民主评议制度

从1989年开始,党中央规定党的基层组织每年要对党员进行一次民主评议。基层组织对照党章规定的条件,对党员在坚持党的基本路线,在工作、生产、学习等方面发挥先锋模范作用的情况,发动党内外群众进行议论和评价,开展批评和自我批评,作出组织鉴定。通过民主评议,表彰优秀党员,清除腐败分子,处理不合格党员。民主评议工作在党委领导下,以党的基层组织为单位,有领导有步骤地进行。每年评议一次,一般安排在五、六月份进行,评议结束,迎接党的生日;也有的安排在年底进行,结合一年的工作总结,民主评议每位党员。民主评议结束,党的基层组织要总结发现问题,向全体党员报告情况,提出新的要求,并报上级组织备案审查。

2016年颁布的《关于新形势下党内政治生活的若干准则》进一步强调了民主评议制度，指出要"坚持对党员进行民主评议。督促党员对照党章规定的标准、对照入党誓词、联系个人实际进行党性分析，强化党员意识、增强党的观念、提高党性修养。对党性不强的党员，及时进行批评教育，限期改正；经教育仍无改变的，应劝其退党或除名"。实践中存在个别领导干部利用民主评议方式，发动群众斗群众，转移视线，影响十分恶劣。因此，民主评议要依规依法执行，绝不能走样，更不能用作整人的工具，一经发现将严惩不贷。

（4）双向汇报制度

双向汇报，即党组织向党员汇报工作和党员向党组织汇报思想和工作情况。党组织向党员或党员代表大会汇报工作，这是党员的民主权利，党员有权利知道和监督党组织的作为。党员向党组织汇报思想和工作，是党员主动接受党组织教育和监督的一种方式，也是党组织了解、掌握党员思想和工作状况的一条途径。党组织通过党员的思想和工作汇报，及时把握党员的思想动态，教育引导其健康成长。通过思想汇报，可以不断增强党员的组织纪律观念，使他们在生产、生活和工作中充分发挥先锋模范作用，树立共产党的良好形象。

要建立定期汇报制度，规定党员一定时期或某些事情必须向党组织汇报，使党组织及时了解党员的思想状况，有针对性地进行思想教育。领导干部必须强化组织观念，工作中重大问题和个人有关事项必须按规定程序向组织请示报告，离开岗位或工作所在地要事先向组织请示报告。对无正当理由不按时报告、不如实报告或隐瞒不报的，要严肃处理。党员向党组织报告，可以结合组织生活一道进行，也可以单独汇报。一些离开本单位时间较长的党员，可以通过电话、电邮、书信等方式向党组织汇报思想和工作状况，和组织保持密切联系。

（5）民主生活会通报制度

民主生活会不同于组织生活会。组织生活会包括民主生活会。组织生活会既包括全体党员参加或在党小组参加的组织生活会，也包括支部成员或党委成员（党组成员）参加的民主生活会。民主生活会，通常指支部成员或党委（党组）成员参加的组织生活会。

上级党组织对下级党组织的党员领导干部的民主生活会，要进行监督、检查和批评处理。民主生活会和组织生活会前要广泛听取意见、深入谈心交心，会上要认真查摆问题、深刻剖析根源、明确整改方向，会后要逐一整改落实。上级领导班子成员定期、随机参加下级党组织领导班子民主生活会和组织生活会,发现问题及时纠正。中央政治局应当带头开好民主生活会,以上率下,为全党作出表率。

对未经上级组织同意而不按时召开民主生活会的单位的主要负责人和无故不参加民主生活会的领导干部,应当批评教育。在党员领导干部民主生活会上提出的重要问题,党组织没有及时研究解决和向上级党组织报告的,上级党组织应追究民主生活会主持人或召集人的责任。造成严重后果的,按1988年中央纪律检查委员会颁布的《党员领导干部犯严重官僚主义失职错误党纪处分的暂行规定》处理。上级党组织对下级单位党员领导干部民主生活会情况每年通报一次。

民主生活会是考察干部的一条重要途径。定期召开党的组织生活会,加强对党员的教育、监督和管理,严格党的组织生活。抓好民主生活会制度的执行,主要实行一级抓一级的责任制。中央主要负责检查督促省、部级党员领导干部民主生活会。县以上的各级委员会执行民主生活会的情况,由上级党委和纪委负责检查监督。县的各级党和国家机关部门的党员领导干部执行民主生活会的情况,由直属机关党组织负责检查监督。基层单位,由上级党组织负责检查监督下级单位党员领导干部的民主生活会的执行情况。

(6) 谈心谈话制度

谈心谈话是共产党的优良传统,是发扬党内民主、增强党内团结、推进党的事业的有效途径和形式,对加强党的先进性和纯洁性建设具有重要意义。《关于新形势下党内政治生活的若干准则》指出,要"坚持谈心谈话制度。党组织领导班子成员之间、班子成员和党员之间、党员和党员之间要开展经常性的谈心谈话,坦诚相见,交流思想,交换意见。领导干部要带头谈,也要接受党员、干部约谈"。

谈心谈话要坚持平等原则。人天生是平等的,人的不平等是后天造成的。不要以为自己是领导干部,就觉得自己很了不起,居高临下,盛气凌人,这是幼稚愚蠢的想法,这是小人得志的作派。海纳百川,有容乃大。在同事、下级和群众面前,领导要放下架子,真心实意,坦诚交流。对谈心对象对自己提出的批评意见,要采取有则改之、无则加勉的态度,不得小肚鸡肠压制批评,严禁打击报复批评者。

谈心谈话要坚持党性原则。不能无原则的一团和气,要敢于坚持真理,切实掌握好批评与自我批评这个思想武器。不要有私心杂念,对他人的评价要实事求是,不得夸大事实或捕风捉影,不得歪曲事实或无中生有。要把问题摆上台面，把意见提在当面，不敷衍塞责，不文过饰非。要与人为善、以理服人，不得言过其实、恶语中伤，更不得乘机诬陷毁谤。要尊重他人，要为他人的隐私保守秘密，不得泄露他人隐私，更不得以此要挟他人。君子坦坦荡荡，要勇敢面对他人对自己的批评，要敢于正视自身问题，暴露自己的思想，亮出自己的底牌。对存在误解的问题，要如实汇报，耐心解释。谈心者之间要心无芥蒂，开诚布公，虚心接受对方的意见和建议。开展批评要不顾情面，思想交锋要积极健康，谈出正气，谈出团结，谈出进步。原则问题不能含糊，一定要坚持党性原则，要把党纪国法挺在前面，本着对党、对自己、对同志高度负责的态度，认真解决存在的问题。不能采取事不关己高高挂起的态度，不能奉行患得患失、明哲保身的人生哲学。

谈心谈话可以集体交谈，也可以个别交谈，一对一、一对多或多对多均可，没有定式。可以定期，也可以随时，视具体情况而定。谈话地点可以约定，对年老体弱、行动不便的同志要上门约谈。工作变动、离休退休、表彰处分、矛盾分歧、干部考察、群众反映等情况下，必须开展谈心谈话活动，了解真实情况，倾听他们的呼声，沟通彼此之间的感情，及时了解真实情况，认真解决他们的问题。

5. 监督制度

党内监督制度是党的一项基本制度，包括党的组织监督、党内专门监督、党员自我监督、党员互相监督、群众监督、社会舆论监督等多种形式。党内监督的重点对象是党的领导机关和领导干部特别是主要领导干部。党内监督的本质是防止权力腐败，目的是增强党在长期执政条件下自我净化、自我完善、自我革新、自我提高能力，确保党始终成为中国特色社会主义事业的坚强领导核心。党内腐败现象的根源就是权力得不到有效监督，如果腐败现象任其蔓延，就会动摇党的执政基础，有可能亡党亡国。如何保持长期一党执政是一个世界性难题，如果解决了这个问题就是党对世界政治文明的重大贡献。

从党的十一届三中全会开始，党恢复建立了各级党的纪律检查委员会，依据党章制定了《关于党内政治生活的若干准则》等一系列制度，不断健全和加强监督。1990年党的十三届六中全会通过的《中共中央关于加强党同人民群众联系的决定》，就加强对各级领导机关和领导干部的监督概括为五个方面：①监督工作制度化，制定党内监督条例；②各级党组织要十分重视群众的来信来访；③县以上党政领导干部执行双重组织生活的规定，坚持和完善民主评议制度；④充分发挥舆论监督作用；⑤中央和省、自治区、直辖市党委派出有必要权力的巡视小组对有关问题进行督促检查。

　　巡视是党章规定的重要职责，是党内监督制度的一大创举。1990年十三届六中全会决定，中央和省区市党委可根据需要派出巡视工作小组。从1996年开始，党就对巡视工作进行了有益探索，推进了党的纪律检查体制改革进一步深入。1996年党的十四届中央纪律检查委员会明确了五项党内监督制度：①中央纪律检查委员会根据工作需要，选拔部级干部到地方和部门巡视，其任务是了解省、自治区、直辖市和中央、国家机关部委领导班子及其成员贯彻执行党的路线、方针、政策以及廉洁情况，直接报告中央纪委，中央纪委及时报告党中央。②党的部门和地方的纪委（纪检组）发现同级党委（党组）或它的成员有违反党的纪律的情况，有权进行初步核查，并直接向上级纪律检查委员会报告，任何组织或个人不得干预和阻挠。需要立案检查的，按有关规定报批。③党的地方和部门的纪委（纪检组）接到下一级党委（党组）成员的检举和控告，必须报告上一级纪律检查委员会，任何人无权扣押。④凡属地方和部门主要领导干部的选拔和重用，党的组织部门在提请党委（党组）讨论决定前，应征求同级纪委（纪检组）的意见。⑤各级检查监察机关领导干部的提名、任免、兼职、调动，各级组织人事部门必须事先征得上级纪检监察机关的同意。这五项制度，是对党内监督经验的总结，推动了巡视工作的开展。

　　2002年党的十六大明确提出"改革和完善党的纪律检查体制，建立和完善巡视制度"。2003年2月，十六届中央纪委第二次全会要求"加快实现巡视工作的制度化、规范化和经常化"。2003年5月，中央批准在中央纪委、中央组织部设立巡视工作办公室，与中央纪委党风廉政建设室一个机构、两块牌子。同年12月，中央颁布施行《中国共产党党内监督条例（试行）》，规定"中央和省、自治区、直辖市党委建立巡视制度，按照有关规定对下级党组织领导班子及其成员进行监督"，以党内法规的形式将巡视制度确定为党内监督的十项制度之一。2005年8月，中央批准单独设立中央纪委、中央组织部巡视工作办公室，为中央纪委内设正局级机构。2007年党的十七大通过的党章把"党的中央和省、自治区、直辖市委员会实行巡视制度"纳入了党的组织制度体系。2009年7月，中央颁布《中国共产党巡视工作条例（试行）》，对巡视工作的指导思想、基本原则、机构设置、工作程序、人员管理、纪律与责任等作出明确规定。2009年11月，中央政治局常委会决定成立中央巡视工作领导小组，并将中央纪委、中央组织部巡视组和巡视工作办公室分别更名为中央巡视组和中央巡视工作领导小组办公室。31个省（区、市）和新疆生产建设兵团党委也相继成立了巡视工作领导小组及其办公室。2012年党的十八大以来，巡视工作面临新的形势任务，内容和方式都作了重要调整和改变，实践中积累了丰富经验。2015年8月，党中央颁布实施修订的《中国共产党巡视工作条例》。为贯彻落实2016年党的十八届六中全会精神，深化政治巡视，进一步发挥巡视监督全面从严治党利剑作用，2017年7月党中央又对《中国共产党巡视工作条例》作了修改，更加明确了责任主体、强化了问责条款，责任被具体化，为构建巡视工作责任体系提供了制度支撑。党的十八大以来，王岐山主管的中央纪律检查委员会非常给力，党的巡视工作一反常态，真刀真枪，大量副部级到正国级的腐败分子落马。人民大众对以习近平同志为核心的党中央的务实举动刮目相看，对国家前途充满信心。反腐败永远在路上，力度不能减，节奏不能变，否则后果不堪设想。

为了保持党的先进性，有效控制权力，凸显制度作用，2003年12月党中央颁布了《中国共产党党内监督条例（试行）》，对党内监督的主要内容、主要对象、主体及其职责、保障与落实作了规定。从严治党永远在路上，半点松懈不得，2016年党的十八届六中全会修订通过的《中国共产党党内监督条例》对党内监督作了更加详尽的规定，在制度上确立党中央统一领导、党委（党组）全面监督、纪律检查机关专责监督、党的工作部门职能监督、党的基层组织日常监督、党员民主监督的党内监督体系，使党内监督活动有章可循。

（1）党内监督的任务

党内监督没有禁区，没有例外。信任不能代替监督，表态不能代表作为。各级党组织应把信任激励同严格监督结合起来，促使党的领导干部做到有权必有责、有责要担当，用权受监督、失责必追究。党内监督必须贯彻民主集中制，因为党内的一切活动都要遵循民主集中制。强化自上而下的组织监督，改进自下而上的民主监督，发挥同级相互监督作用。坚持惩前毖后、治病救人，抓早抓小、防微杜渐。

党内监督的任务是确保党章党规党纪在全党有效执行，维护党的团结统一，重点解决党的领导弱化、党的建设缺失、全面从严治党不力，党的观念淡漠、组织涣散、纪律松弛，管党治党宽松软问题，保证党的组织充分履行职能、发挥核心作用，保证全体党员发挥先锋模范作用，保证党的领导干部忠诚干净担当。

党内监督的主要内容是：①遵守党章党规，坚定理想信念，践行党的宗旨，模范遵守宪法法律情况；②维护党中央集中统一领导，牢固树立政治意识、大局意识、核心意识、看齐意识，贯彻落实党的理论和路线方针政策，确保全党令行禁止情况；③坚持民主集中制，严肃党内政治生活，贯彻党员个人服从党的组织，少数服从多数，下级组织服从上级组织，全党各个组织和全体党员服从党的全国代表大会和中央委员会原则情况；④落实全面从严治党责任，严明党的纪律特别是政治纪律和政治规矩，推进党风廉政建设和反腐败工作情况；⑤落实中央八项规定精神，加强作风建设，密切联系群众，巩固党的执政基础情况；⑥坚持党的干部标准，树立正确选人用人导向，执行干部选拔任用工作规定情况；⑦廉洁自律、秉公用权情况；⑧完成党中央和上级党组织部署的任务。

党内监督必须把纪律挺在前面，运用监督执纪"四种形态"，即党内关系要正常化，经常开展批评与自我批评、约谈函询，让"红红脸、出出汗"成为常态；党纪轻处分、组织调整成为违纪处理的大多数；党纪重处分、重大职务调整的成为少数；严重违纪涉嫌违法立案审查的成为极少数。党的领导干部应当强化自我约束，经常对照党章检查自己的言行，自觉遵守党内政治生活准则、廉洁自律准则，加强党性修养，陶冶道德情操，永葆共产党人政治本色。他律自律一起抓，既修心又修行。自律靠自觉，他律靠外力，外力震慑更管用。

（2）党的中央组织的监督

党的中央委员会、中央政治局、中央政治局常务委员会全面领导党内监督工作。中央委员会全体会议每年听取中央政治局工作报告，监督中央政治局工作，部署加强党内监督的重大任务。

中央政治局、中央政治局常务委员会定期研究部署在全党开展学习教育，以整风精神查找问题、纠正偏差；听取和审议全党落实中央八项规定精神情况汇报，加强作风建设情况监督检查；听取中央纪律检查委员会常务委员会工作汇报；听取中央巡视情况汇报，在一届任期内实现中央巡视全覆盖。中央政治局每年召开民主生活会，进行对照检查和党性分析，研究加强自身建设措施。

中央委员会成员必须严格遵守党的政治纪律和政治规矩，发现其他成员有违反党章、破坏党的纪律、危害党的团结统一的行为应当坚决抵制，并及时向党中央报告。对中央政治局委员的意见，署真实姓名以书面形式或者其他形式向中央政治局常务委员会或者中央纪律检查委员会常务委员会反映。

中央政治局委员应当加强对直接分管部门、地方、领域党组织和领导班子成员的监督，定期同有关地方和部门主要负责人就其履行全面从严治党责任、廉洁自律等情况进行谈话。中央政治局委员应当严格执行中央八项规定，自觉参加双重组织生活，如实向党中央报告个人重要事项。带头树立良好家风，加强对亲属和身边工作人员的教育和约束，严格要求配偶、子女及其配偶不得违规经商办企业，不得违规任职、兼职取酬。一经发现，严肃处理，绝不姑息迁就。

（3）党委（党组）的监督

党委（党组）在党内监督中负主体责任，书记是第一责任人，党委常委会委员（党组成员）和党委委员在职责范围内履行监督职责。党委（党组）履行以下监督职责：①领导本地区本部门本单位党内监督工作，组织实施各项监督制度，抓好督促检查；②加强对同级纪委和所辖范围内纪律检查工作的领导，检查其监督执纪问责工作情况；③对党委常委会委员（党组成员）、党委委员，同级纪委、党的工作部门和直接领导的党组织领导班子及其成员进行监督；④对上级党委、纪委工作提出意见和建议，开展监督。

党的工作部门应当严格执行各项监督制度，加强职责范围内党内监督工作，既加强对本部门本单位的内部监督，又强化对本系统的日常监督。对一把手监督至关重要，必须加强对党组织主要负责人和关键岗位领导干部的监督，重点监督其政治立场、加强党的建设、从严治党，执行党的决议，公道正派选人用人，责任担当、廉洁自律，落实意识形态工作责任制情况。上级党组织特别是其主要负责人，对下级党组织主要负责人应当平时多过问、多提醒，发现问题及时纠正。领导班子成员发现班子主要负责人存在问题，应当及时向其提出，必要时可以直接向上级党组织报告。党组织主要负责人个人有关事项应当在党内一定范围公开，主动接受监督。党委（党组）应当加强对领导干部的日常管理监督，掌握其思想、工作、作风、生活状况。党的领导干部应当经常开展批评和自我批评，敢于正视、深刻剖析、主动改正自己的缺点错误；敢于指出和帮助改进同志的缺点错误。

巡视是党内监督的重要方式。中央和省、自治区、直辖市党委一届任期内，对所管理的地方、部门、企事业单位党组织全面巡视。巡视党的组织和党的领导干部尊崇党章、党的领导、党的建设和党的路线方针政策落实情况，履行全面从严治党责任、执行党的纪律、落实中央八项规定精神、党风廉政建设和反腐败工作以及选人用人情况。发现问题、形成震慑、推动改革、促进发展，发挥从严治党利剑作用。中央巡视工作领导小组应当加强对省、自治区、直辖市党委，中央有关部委，中央国家机关部门党组（党委）巡视工作的领导。省、自治区、直辖市党委应当推动党的市（地、州、盟）和县

（市、区、旗）委员会建立巡察制度，使从严治党向基层延伸。

严格党的组织生活制度，民主生活会应当经常化，遇到重要或者普遍性问题应当及时召开。民主生活会重在解决突出问题，领导干部应当在会上把群众反映、巡视反馈、组织约谈函询的问题说清楚、谈透彻，开展批评与自我批评，提出整改措施，接受组织监督。上级党组织应当加强对下级领导班子民主生活会的指导和监督，提高民主生活会质量。坚持党内谈话制度，认真开展提醒谈话、诫勉谈话。发现领导干部有思想、作风、纪律等方面苗头性、倾向性问题的，有关党组织负责人应当及时对其提醒谈话；发现轻微违纪问题的，上级党组织负责人应当对其诫勉谈话，并由本人作出说明或者检讨，经所在党组织主要负责人签字后报上级纪委和组织部门。

严格执行干部考察考核制度，全面考察德、能、勤、绩、廉表现，既重政绩又重政德，重点考察贯彻执行党中央和上级党组织决策部署的表现，履行管党治党责任，在重大原则问题上的立场，对待人民群众的态度，完成急难险重任务的情况。考察考核中党组织主要负责人应当对班子成员实事求是作出评价。考核评语在同本人见面后载入干部档案。落实党组织主要负责人在干部选任、考察、决策等各个环节的责任，对失察失责的应当严肃追究责任。党的领导干部应当每年在党委常委会（或党组）扩大会议上述责述廉，接受评议。述责述廉重点是执行政治纪律和政治规矩，履行管党治党责任、推进党风廉政建设和反腐败工作以及执行廉洁纪律情况。述责述廉报告应当载入廉洁档案，并在一定范围内公开。

坚持和完善领导干部个人有关事项报告制度，领导干部应当按规定如实报告个人有关事项，及时报告个人及家庭重大情况，事先请示报告离开岗位或者工作所在地等。有关部门应当加强抽查核实。对故意虚报瞒报个人重大事项、篡改伪造个人档案资料的，一律严肃查处。建立健全党的领导干部插手干预重大事项记录制度，发现利用职务便利违规干预干部选拔任用、工程建设、执纪执法、司法活动等问题，应当及时向上级党组织报告，不允许领导干部有法外特权。

（4）党的纪律检查委员会的监督

党的各级纪律检查委员会是党内监督的专责机关，履行监督执纪问责职责，加强对所辖范围内党组织和领导干部遵守党章党规党纪、贯彻执行党的路线方针政策情况的监督检查，具体任务是：①加强对同级党委特别是常委会委员、党的工作部门和直接领导的党组织、党的领导干部履行职责、行使权力情况的监督；②落实纪律检查工作双重领导体制，执纪审查工作以上级纪委领导为主，线索处置和执纪审查情况在向同级党委报告的同时向上级纪委报告，各级纪委书记、副书记的提名和考察以上级纪委会同组织部门为主；③强化上级纪委对下级纪委的领导，纪委发现同级党委主要领导干部的问题，可以直接向上级纪委报告；下级纪委至少每半年向上级纪委报告一次工作，每年向上级纪委进行述职。

纪律检查机关必须把维护党的政治纪律和政治规矩放在首位，坚决纠正和查处上有政策、下有对策，有令不行、有禁不止，口是心非、阳奉阴违，搞团团伙伙、拉帮结派、欺骗组织、对抗组织等行为。

纪委派驻纪检组对派出机关负责，加强对被监督单位领导班子及其成员、其他领导干部的监督，发现问题应当及时向派出机关和被监督单位党组织报告，认真负责调查处置，对需要问责的提出建议。派出机关应当加强对派驻纪检组工作的领导，定期约谈被监督单位党组织主要负责人、派驻纪检组长，督促其落实管党治党责任。派驻纪检组应当带着实际情况和具体问题，定期向派出机关汇报工作，至少每半年会同被监督单位党组织专题研究一次党风廉政建设和反腐败工作。对能发现的问题没有发现是失职，发现问题不报告、不处置是渎职，都必须严肃问责。

认真处理信访举报，做好问题线索分类处置，早发现早报告，对社会反映突出、群众评价较差的领导干部情况及时报告，对重要检举事项应当集体研究。定期分析研判信访举报情况，对信访反映的典型性、普遍性问题提出有针对性的处置意见，督促信访举报比较集中的地方和部门查找分析原因并认真整改。

严把干部选拔任用"党风廉洁意见回复"关，综合日常工作中掌握的情况，加强分析研判，实事求是评价干部廉洁情况，防止"带病提拔""带病上岗"。

接到对干部一般性违纪问题的反映，应当及时找本人核实，谈话提醒、约谈函询，让干部把问题讲清楚。约谈被反映人，可以与其所在党组织主要负责人一同进行；被反映人对函询问题的说明，应当由其所在党组织主要负责人签字后报上级纪委。谈话记录和函询回复应当认真核实，存档备查。没有发现问题的应当了结澄清，对不如实说明情况的给予严肃处理。

依纪依规进行执纪审查，重点审查不收敛不收手，问题线索反映集中、群众反映强烈，现在重要岗位且可能还要提拔使用的领导干部，三类情况同时具备的是重中之重。执纪审查应当查清违纪事实，让审查对象从学习党章入手，从理想信念宗旨、党性原则、作风纪律等方面检查剖析自己，审理报告应当事实清楚、定性准确，反映审查对象思想认识情况。

对违反中央八项规定精神的，严重违纪被立案审查开除党籍的，严重失职失责被问责的，以及发生在群众身边、影响恶劣的不正之风和腐败问题，应当点名道姓通报曝光。

加强对纪律检查机关的监督，也就是自己监督自己，严查"内鬼"。发现纪律检查机关及其工作人员有违反纪律问题的，必须严肃处理。各级纪律检查机关必须加强自身建设，健全内控机制，自觉接受党内监督、社会监督、群众监督，确保权力受到严格约束。

（5）党的基层组织和党员的监督

党的基层组织应当发挥战斗堡垒作用，履行下列监督职责：①严格党的组织生活，开展批评与自我批评，监督党员切实履行义务，保障党员权利不受侵犯；②了解党员、群众对党的工作和党的领导干部的批评和意见，定期向上级组织反映情况，提出意见和建议；③维护和执行党的纪律，发现党员、干部违反纪律问题及时教育或处理，问题严重的应当向上级党组织报告。

党员应当本着对党和人民事业高度负责的态度，积极行使党员权利，履行下列监督义务：①加强对党的领导干部的民主监督，及时向党组织反映群众意见和诉求；②在党的会议上有根据地批评党的任何组织和任何党员，揭露和纠正工作中存在的缺点和问题；③参加党组织开展的评议领导干部活动，勇于触及矛盾问题、指出缺点错误，对错误言行敢于较真、敢于斗争；④向党负责地揭发、检举党的任何组织和任何党员违纪违法的事实，坚决反对一切派别活动和小集团活动，同腐败现象作坚决斗争。

（6）党内监督和外部监督相结合

执政党必须接受全社会全方位监督，这是法定义务，不得以任何理由回避。各级党委应当支持和保证同级人大、政府、监察机关、司法机关等对国家机关及公职人员依法进行监督，人民政协依章程进行民主监督，审计机关依法进行审计监督。有关国家机关发现党的领导干部违反党规党纪、需要党组织处理的，应当及时向有关党组织报告。审计机关发现党的领导干部涉嫌违纪的问题线索，应当向同级党组织报告，必要时向上级党组织报告，并按照规定将问题线索移送相关纪律检查机关处理。

在纪律检查中发现党的领导干部严重违纪涉嫌违法犯罪的，应当先作出党纪处分决定，再移送行政机关、司法机关处理。执法机关和司法机关依法立案查处涉及党的领导干部案件，应当向同级党委、纪委通报；该干部所在党组织应当根据有关规定，中止其相关党员权利；依法受到刑事责任追究，或者虽不构成犯罪但涉嫌违纪的，应当移送纪委依纪处理。

民主党派不是装饰摆设，而是党的亲密战友。各级党组织应当支持民主党派履行监督职能，重视民主党派和无党派人士提出的意见、批评、建议，完善知情、沟通、反馈、落实等机制。

各级党组织和党的领导干部应当认真对待、自觉接受社会监督，利用互联网技术和信息化手段，推动党务公开、拓宽监督渠道，虚心接受群众批评。新闻媒体应当坚持党性和人民性相统一，坚持正确导向，加强舆论监督，对典型案例进行剖析，发挥警示作用。

(7) 整改和保障

党组织应当如实记录、集中管理党内监督中发现的问题和线索，及时了解核实，作出相应处理。不属于本级办理范围的应当移送有权限的党组织处理。党组织对监督中发现的问题应当做到条条要整改、件件有着落。整改结果应当及时报告上级党组织，必要时可以向下级党组织和党员通报，并向社会公开。对于上级党组织交办以及巡视等移交的违纪问题线索应当及时处理，并在三个月内反馈办理情况。

党委（党组）、纪委（纪检组）应当加强对履行党内监督责任和问题整改落实情况的监督检查，对不履行或者不正确履行党内监督职责，以及纠错、整改不力的，依照《中国共产党纪律处分条例》《中国共产党问责条例》等规定处理。

党组织应当保障党员知情权和监督权，鼓励和支持党员在党内监督中发挥积极作用。提倡署真实姓名反映违纪事实，党组织应当为检举控告者严格保密，并以适当方式向其反馈办理情况。对干扰妨碍监督、打击报复监督者的，依纪严肃处理。

党组织应当保障监督对象的申辩权、申诉权等相关权利。经调查，监督对象没有不当行为的，应当予以澄清和正名。对以监督为名侮辱、毁谤、诬陷他人的，依纪严肃处理；涉嫌犯罪的移送司法机关处理。监督对象对处理决定不服的，可以依照党章规定提出申诉。有关党组织应当认真复议复查，并作出结论。

要加强对权力运行的制约和监督。监督是权力正确运行的根本保证，必须加强对领导干部的监督，党内不允许有不受制约的权力，也不允许有不受监督的特殊党员。要完善权力运行制约和监督机制，形成有权必有责、用权必担责、滥权必追责的制度安排。实行权力清单制度，公开权力运行过程和结果，健全不当用权问责机制，把权力关进制度笼子，让权力在阳光下运行。

党的各级组织和领导干部必须在宪法法律范围内活动，增强法治意识、弘扬法治精神，自觉按法定权限、规则、程序办事，决不能以言代法、以权压法、徇私枉法，决不能违规干预司法。

要营造党内民主监督环境，畅通党内民主监督渠道。党的各级组织和全体党员要增强监督意识，既履行监督责任，又接受各方面监督。党内监督必须突出党的领导机关和领导干部特别是主要领导干部。领导干部要正确对待监督，主动接受监督，习惯在监督下开展工作，决不能拒绝监督、逃避监督。领导干部特别是高级干部必须加强自律、慎独慎微，自觉检查和及时纠正在行使权力、廉政勤政方面存在的问题，做到可以行使的权力按规则正确行使，该由上级组织行使的权力下级组织不能行使，该由领导班子集体行使的权力班子成员个人不能擅自行使，不该由自己行使的权力决不能行使。

对涉及违纪违法行为的举报，对党员反映的问题，任何党组织和领导干部都不准隐瞒不报、拖延不办。涉及所反映问题的领导干部应该回避，不准干预或插手组织调查。党员、干部反映他人问题，应该出于党性，通过党内正常渠道实名进行，不准散布小道消息，不准散发匿名信，不准诬告陷害等。对通过正常渠道反映问题的党员，任何组织和个人都不准打击报复，不准擅自进行追查，不准采取调离工作岗位、降格使用等惩罚措施。

坚持授权者要负责监督，发现问题及时处置。强化上级组织对下级组织特别是主要领导干部行使权力的监督，防止权力失控和滥用。

对党组织和党员、干部行使权力进行监督，必须依纪依法进行。纪检监察、司法机关严格依纪依法按程序对涉嫌严重违纪违法行为进行调查。任何组织和个人不得自行决定或受指使对党员、干部采取非法调查手段。对违反规定的，严肃追究纪律和法律责任。

6. 纪律处分制度

党的纪律是党的各级组织和全体党员必须遵守的行为准则。党组织和党员违反党章和其他党内法规，违反国家法律法规，违反党和国家政策，违反社会主义道德，危害党、国家和人民利益的行为，依照规定应当给予纪律处理或者处分的，都必须受到追究。

2003年12月党中央颁布《中国共产党纪律处分条例》，对维护党的章程和其他党内法规，严肃党的纪律发挥了重要作用。2012年党的十八大以来，该条例已不能完全适应全面从严治党新的实践需要，党中央决定修订。新修订的条例分为总则、分则、附则三编，共11章、133条，2015年10月由党中央颁布，2016年1月1日起施行。新修订的条例坚持依规治党与以德治党相结合，围绕党纪戒尺要求，开具负面清单，明确违反政治纪律、组织纪律、廉洁纪律、群众纪律、工作纪律和生活纪律等六类违纪行为，将党的十八大以来严明政治纪律和政治规矩、组织纪律、落实八项规定、反对"四风"等从严治党的实践成果制度化，划出了党组织和党员不可触碰的底线。条例的颁布实施，对于贯彻全面从严治党要求，把纪律和规矩挺在前面，有章可循，切实维护党章和其他党内法规的权威性、严肃性，保证党的路线、方针、政策、决议和国家法律法规的贯彻执行，深入推进党风廉政建设和反腐败斗争具有十分重要的意义。

党纪处分应当坚持的原则是：①党要管党、从严治党。加强对党的各级组织和全体党员的教育、管理和监督，把纪律挺在前面，注重抓早抓小。②党纪面前一律平等。对违反党纪的党组织和党员必须严肃、公正执行纪律，党内不允许有任何不受纪律约束的党组织和党员。③实事求是。对党组织和党员违反党纪的行为，应当以事实为根据，以党章、其他党内法规和国家法律法规为准绳，准确认定违纪性质，区别不同情况，恰当予以处理。④民主集中制。实施党纪处分，应当按照规定程序经党组织集体讨论决定，不允许任何个人或者少数人擅自决定或批准。上级党组织对违反党纪的党组织和党员作出的处理决定，下级党组织必须执行。⑤惩前毖后，治病救人。处理违反党纪的党组织和党员，应当实行惩戒与教育相结合，做到宽严相济。

对党员的纪律处分种类是：①警告。党员受到警告处分一年内不得在党内提升职务和向党外组织推荐担任高于其原任职务的党外职务。②严重警告。党员受到严重警告处分一年半内不得在党内提升职务和向党外组织推荐担任高于其原任职务的党外职务。③撤销党内职务。是指撤销受处分党员由党内选举或者组织任命的党内职务。在党内担任两个以上职务的，应当明确是撤销一切职务还是某个职务。如果决定撤销某个职务，必须撤销其担任的最高职务。如果决定撤销其两个以上职务，则必须从其担任的最高职务开始依次撤销。对于在党外组织担任职务的，应当建议党外组织依照规定作出相应处理。对于应当受到撤销党内职务处分，但是本人没有担任党内职务的，应当给予其严重警告处分。其中，在党外组织担任职务的，应当建议党外组织撤销其党外职务。党员受到撤销党内职务处分，或者依照前款规定受到严重警告处分的，二年内不得在党内担任和向党外组织推荐担任与其原任职务相当或者高于其原任职务的职务。④留党察看。分为留党察看一年、留党察看二年。对于受到留党察看处分一年的党员，期满后仍不符合恢复党员权利条件的，应当延长一年留党察看期限。留党察看期限最长不得超过二年。党员受留党察看处分期间，没有表决权、选举权和被选举权。留党察看期间，确有悔改表现的，期满后恢复其党员权利；坚持不改或者又发现其他应当受到党纪处分的违纪行为的，应当开除党籍。党员受到留党察看处分，其党内职务自然撤销。对于担任党外职务的，应当建议党外组织撤销其党外职务。受到留党察看处分的党员，恢复党员权利后二年内，不得在党内担任和向党外组织推荐担任与其原任职务相当或者高于其原任职务的职务。⑤开除党籍。党员受到开除党籍处分，五年内不得重新入党。另有规定不准重新入党的，依照规定。党的各级代表大会的代表受到留党察看以上（含留党察看）处分的，党组织应当终止其代表资格。

对严重违反党纪的党组织的纪律处理措施是：①改组。对于严重违反党纪、本身又不能纠正的党组织领导机构，应当予以改组。受到改组处理的党组织领导机构成员，除应当受到撤销党内职务以上（含撤销党内职务）处分的外，均自然免职。②解散。对于全体或者多数党员严重违反党纪的党组织，应当予以解散。对于受到解散处理的党组织中的党员，应当逐个审查。其中，符合党员条件的，应当重新登记，并参加新的组织过党的生活；不符合党员条件的，应当对其进行教育、限期改正。经教育仍无转变的，予以劝退或者除名；有违纪行为的，依照规定予以追究。

违纪党员有下列情形之一的，可以从轻或减轻处分：①主动交代本人应当受到党纪处分的问题的；②检举同案人或者其他人应当受到党纪处分或者法律追究的问题，经查证属实的；③主动挽回损失、消除不良影响或者有效阻止危害结果发生的；④主动上交违纪所得的；⑤有其他立功表现的。从轻处分，是指在纪律处分条例规定的违纪行为应当受到的处分幅度以内，给予较轻的处分。减轻处分，是指在规定的违纪行为应当受到的处分幅度以外，减轻一档给予处分。只有开除党籍处分一个档次的违纪行为，不适应减轻处分规定。

违纪党员有下列情形之一的，应当从重或者加重处分：①在纪律集中整饬过程中，不收敛、不收手的；②强迫、唆使他人违纪的；③纪律处分条例另有规定的。故意违纪受处分后又因故意违纪应当受到党纪处分的；党员违纪受到党纪处分后，又被发现其受处分前的违纪行为应当受到党纪处分的，应当从重处分。从重处分，是指在规定的违纪行为应当受到的处分幅度以内给予较重的处分。加重处分，是指在规定的违纪行为应当受到的处分幅度以外加重一档给予处分。

二人以上（含二人）共同故意违纪的，对为首者从重处分；对其他成员，依其在共同违纪中所起的作用和应负的责任，分别给予处分。党组织领导机构集体作出违反党纪的决定或者实施其他违反党纪的行为，对具有共同故意的成员，按共同违纪处理；对过失违纪的成员，依各自在集体违纪中所起的作用和应负的责任分别给予处分。

纪律审查中发现党员有贪污贿赂、失职渎职等刑法规定的行为涉嫌犯罪的，应当给予撤销党内职务、留党察看或者开除党籍处分；有刑法规定的行为，虽不涉及犯罪但须追究党纪责任的，应当视具体情节给予警告直至开除党籍处分；有其他违法行为，影响党的形象，损害党、国家和人民利益的，应当视情节轻重给予党纪处分。对丧失党员条件，严重败坏党的形象的，应当给予开除党籍处分。党员受到党纪追究，涉嫌违法犯罪的，应当及时移送有关国家机关处理。需要给予行政处分或者其他纪律处分的，应当向有关机关或者组织提出建议。党员被依法逮捕的，党组织应当按照管理权限中止其表决权、选举权和被选举权等党员权利。根据司法机关处理结果，可以恢复其党员权利的，应当及时予以恢复。党员犯罪情节轻微，人民检察院依法作出不起诉决定的，或者人民法院依法作出有罪判决并免于刑事处罚的，应当给予撤销党内职务、留党察看或者开除党籍处分。

党员犯罪，有下列情形之一的，应当给予开除党籍处分：①因故意犯罪被依法判处刑罚规定的主刑（含宣告缓刑）的；②被单处或者附加剥夺政治权利的；③因过失犯罪，被依法判处三年以上（不含三年）有期徒刑的。因过失犯罪被判处三年以下（含三年）有期徒刑或者被判处管制、拘役的，一般应当开除党籍。个别可以不开除党籍的，应当对照处分党员批准权限的规定，报请再上一级党组织批准。

党员依法受到刑事责任追究的，党组织应当根据司法机关的生效判决、裁定、决定及其认定的事实、性质和情节，依规定给予党纪处分或者组织处理。党员依法受到行政处罚、行政处分，应当追究党纪责任的，党组织可以根据生效的行政处罚、行政处分决定认定的事实、性质和情节，经核实后依规定给予党纪处分或者组织处理。党员违反国家法律法规，违反企事业单位或者其他社会组织的规章制度受到其他纪律处分，应当追究党纪责任的，在对有关方面认定的事实、性质和情节进行核实后，依规定给予党纪处分或者组织处理。党组织作出党纪处分或者组织处理决定后，司法机关、行政机关等依法改变原生效判决、裁定、决定等，对原党纪处分或者组织处理决定产生影响的，应当根据改变后的生效判决、裁定、决定等重新作出相应处理。

预备党员违反党纪，情节较轻，可以保留预备党员资格的，党组织应当对其批评教育或者延长预备期;情节较重的,应当取消其预备党员资格。对违纪后下落不明的党员,应当区别情况作出处理:①对有严重违纪行为,应当给予开除党籍处分的,党组织应当作出决定,开除其党籍;②下落不明时间超过六个月的,党组织应当按照党章规定对其予以除名。违纪党员在党组织作出处分决定前死亡,或者在死亡之后发现其曾有严重违纪行为,对于应当开除党籍处分的,开除其党籍;对于应当给予留党察看以下(含留党察看)处分的,作出书面结论,不再给予党纪处分。

违纪行为有关责任人员的区分为:①直接责任者,是指在其职责范围内,不履行或者不正确履行自己的职责,对造成的损失或者后果起决定性作用的党员或者党员领导干部;②主要领导责任者,是指在其职责范围内,对直接主管的工作不履行或者不正确履行职责,对造成的损失或者后果负直接领导责任的党员领导干部;③重要领导责任者,是指在其职责范围内,对应管的工作或者参与决定的工作不履行或者不正确履行职责,对造成的损失或者后果负次要领导责任的党员领导干部。领导责任者包括主要领导责任者和重要领导责任者。

主动交代,是指涉嫌违纪的党员在组织初核前向有关组织交代自己的问题,或者在初核和立案调查其问题期间交代组织未掌握的问题。计算经济损失主要计算直接经济损失。直接经济损失是指与违纪行为有直接因果关系而造成财产毁损的实际价值。对于违纪行为所获得的经济利益,应当收缴或者责令退赔。对于违纪行为所获得的职务、职称、学历、学位、奖励、资格等其他利益,应当由承办案件的纪检机关或者其上级纪检机关建议有关组织、部门、单位予以纠正。

党纪处分决定作出后,应当在一个月内向受处分党员所在党的基层组织中的全体党员及其本人宣布,并按照干部管理权限和组织关系将处分决定材料归入受处分者档案;对于受到撤销党内职务以上(含撤销党内职务)处分的,还应当在一个月内办理职务、工资等相应变更手续;涉及撤销或者调整其党外职务的,应当建议党外组织及时撤销或者调整其党外职务。特殊情况下,经作出或者批准作出处分决定的组织批准,可以适当延长办理期限。办理期限最长不得超过六个月。执行党纪处分决定的机关或者受处分党员所在单位,应当在六个月内将处分决定的执行情况向作出或者批准作出处分决定的机关报告。

7. 干部制度

党的事业能否成功,党的干部是关键因素。党的干部是否合乎党和人民的要求,党的干部制度是保证。党的干部制度是党制定的关于干部的选拔、管理、奖惩、教育等一系列规章制度。党管干部是干部工作的基本原则。党管干部的内容规定是否合理,不但要经得起全党的检验,而且要经得起历史和人民的检验。历史证明这些制度选拔和造就了为人民服务的好干部,这些干部的作为真正得到了人民的接受或认可,就说明党的干部制度是合理的,否则就是不合理的。

在革命战争年代,经过血与火的洗礼,成长了一大批素质过硬的党的干部。他们深知革命的艰辛,胜利是无数先烈用生命换来的;他们深知人民的疾苦,为了人民甘愿抛头颅洒热血;他们深知人民的支持才成就共产党的伟业,他们和人民鱼水情深。革命战争年代党的纪律很严,干部稍有特权或腐败都会受到严肃处理。虽然党的干部大多是委任的,但是他们能和普通党员群众同甘共苦。这批打江山的干部,不愧为中华人民共和国的功臣,他们呕心沥血,任劳任怨,严于律己,享有崇高的社会声誉,受到人民的真心爱戴。建国后对他们给予比较优厚的待遇和福利,是应该的也是必要的。人民心中有杆秤,知道感恩,知道是非。可是,如果和平年代的干部继承甚至高过他们的福利和待遇则是不公平的,这背离了党全心全意为人民服务的宗旨。

1956年社会主义改造完成后,国家进入社会主义建设时期,党根据形势和任务的变化,对干部制度也作了相应的调整。委任仍是任命干部的主要方式,但开始了选举尝试,要求干部参加劳动、下基层蹲点,避免干部脱离群众成为官老爷,这对干部的成长和培养起到了积极作用。1957年反右斗争扩大化后,党的政治路线一度偏离了正常轨道,干部工作也受到影响,一大批有才能的干部受到压制。1966—1976年的"文化大革命"中,干部工作不可避免地遭到严重破坏。

1978年党的十一届三中全会重新确立了正确的组织路线,1980年邓小平的《党和国家领导制度的改革》的讲话指明了干部制度改革的方向,废除领导干部职务终身制,打破论资排辈,能者上庸者下,实现新老干部正常交替。在改革开放初期,在领导干部的选拔任用上,运用选举制、聘任制、考任制等多种方式,得到了社会广泛认可。但改革开放40多年来,社会结构发生深刻变化,经济成分更加复杂,贫富差距持续扩大,意识形态领域斗争激烈,社会不安定因素不断增加。改革已经触及各个阶层的根本利益和传统社会制度的核心价值,积累了许多深层次矛盾。在向现代社会转型中,旧体制遗留的、新旧体制并存期间滋生的以及新体制内部固有的矛盾交错在一起,权力私有化、假公济私、买官卖官、官商勾结、权权交易、权钱交易、权色交易、权力寻租、近亲繁殖、劣币驱逐良币、利益固化的藩篱越扎越紧等不良社会现象并未得到根本遏制，不能不说党的干部工作面临比较严峻的形势。2012年党的十八大以来，以习近平同志为核心的党中央不忘初心，真抓实干，坚持全面依法治国，坚持全面从严治党，坚持正确的选人用人导向，干部工作呈现良好发展的态势。

党的干部制度主要包括以下方面：

(1) 干部选拔制度

把什么人选拔进干部队伍是搞好干部制度建设的第一关。这一关不把牢，后面的相关制度建设就是白费功夫。而这一关恰恰又是最难的。对干部的要求，党章和其他党内法规都有明确规定，但这些规定都是原则性的，在实际操作中弹性很大，执行好坏完全依赖于各级党组织的责任心。即使不能做到百分之百正确，也要把不好的方面降到最低，历届党中央在选人用人问题上都是强调又强调，生怕出现颠覆性错误。2002年党中央颁布的《党政领导干部选拔任用工作条例》，在规范干部选拔任用工作，建立健全科学的选拔任用机制，防止和纠正选人用人上不正之风等方面，发挥了重要作用。根据党的十八大后的新形势，2014年党中央印发修订的《党政领导干部选拔任用工作条例》，把信念坚定、为民服务、勤政务实、敢于担当、清正廉洁作为好干部标准，更加注重民主基础、群众公认和基层导向。2016年党的十八届六中全会通过的《关于新形势下党内政治生活的若干准则》对如何选择使用干部又提出了更加具体的要求，各级党组织务必认真学习严格执行，这关系到党的千秋大业。

坚持正确的选人用人导向，必须严格标准、健全制度、完善政策、规范程序，使选出来的干部组织放心、群众满意、干部服气。

选拔任用干部必须坚持党章规定的干部条件，坚持德才兼备、以德为先，坚持五湖四海、任人唯贤，坚持信念坚定、为民服务、勤政务实、敢于担当、清正廉洁的好干部标准。把公道正派作为干部工作核心理念贯穿选人用人全过程，做到公道对待干部、公平评价干部、公正使用干部。选人用人必须强化党组织的领导和把关作用，落实干部选拔任用工作纪实制度，确保每个环节都规范操作。组织部门要严格按政策、原则、制度办事，实事求是考察评价干部，敢于为干部说公道话，敢于抵制选人用人中的违规行为，形成能者上、庸者下、劣者汰的选人用人导向，千万不能出现逆淘汰。加强选人用人监督问责，对用人失察失误的严肃追究责任，发现腐败将严惩不贷。

党的各级组织必须自觉防范和纠正用人上的不正之风和种种偏向，一经发现问责到底。坚决禁止跑官要官、买官卖官、拉票贿选等行为，坚决禁止向党伸手要职务、要名誉、要待遇行为，坚决禁止向党组织讨价还价、不服从组织决定的行为。坚决禁止个别领导干部以组织名义故意打压有能力的干部，一经查实将严肃处理。坚决纠正唯票、唯分、唯生产总值、唯年龄等取人偏向，坚决克服由少数人在少数人中选人的倾向。领导干部要带头执行党的干部政策，不准任人唯亲、搞亲亲疏疏，不准封官许愿、跑风漏气、收买人心，不准个人为干部提拔任用打招呼、递条子。领导干部不得干预曾经工作生活过的地方、曾经工作过的单位和不属于自己分管领域的干部选拔任用工作，有关地方和单位党组织要抵制这种违反党的组织原则的行为。

任何人不准把党的干部当作私有财产，党内不准搞人身依附关系。领导干部特别是高级干部不能搞家长制，要求别人唯命是从，特别是不能要求下级办违反党纪国法的事情；下级应该抵制上级领导干部的这种要求并向更上级党组织直至党中央报告，不应该对上级领导干部无原则服从，要吸取原中共中央政治局常委周永康腐败案件的惨痛教训，要警钟长鸣。规范和纯洁党内同志交往，领导干部对党员不能颐指气使，党员对领导干部不能阿谀奉承。

干部是党的宝贵财富，必须既严格教育、严格管理、严格监督，又在政治上、思想上、工作上、生活上真诚关爱，鼓励干部干事创业、大胆作为。建立容错纠错机制，宽容干部在工作中特别是改革创新中的失误。坚持惩前毖后、治病救人，正确对待犯错误的干部，帮助其认识和改正错误。不得混淆干部所犯错误性质或夸大错误程度对干部作出不适当的处理，不得利用干部所犯错误泄私愤、打击报复。要严格依纪依法办事，不得包庇干部的违纪、违法或犯罪行为。

党的各级组织和领导干部必须牢记空谈误国、实干兴邦，践行正确政绩观，发扬钉钉子精神，力戒空谈，察实情、出实招、办实事、求实效，做到守土尽责。各级领导干部要无私无畏，做到面对矛盾敢于迎难而上，面对危险敢于挺身而出，面对失误敢于承担责任。党的各级组织要旗帜鲜明为敢于担当的干部担当，为敢于负责的干部负责，绝不能袖手旁观或态度模糊。对不担当、不作为、敷衍塞责的干部要严肃批评，必要时给予组织处理或党纪处分；对失职渎职的要严肃问题，造成严重后果的要严肃追责，依纪依法处理。

（2）干部管理制度

党内干部实行分级分类管理。1983年10月，中组部下发的《关于改革干部管理体制若干问题的规定》提出了分级分类管理和"管少、管好、管活"的原则。1984年7月，中央决定改革过去下管两级变为下管一级的管理体制，干部分级分类管理体制得以确立。

中央对中央机关和国家机关部委、省（自治区、直辖市）及部分中央直属企事业单位的主要领导干部实行直接管理。省、自治区、直辖市党委对省委机关和省政府机关厅（局）、地（市、州、盟）以及部分企事业单位的主要领导干部实行直接管理。中央机关和国家机关的部委一般直接管理司（局）和部分企事业单位的主要领导干部。省（自治区、直辖市）委机关和政府机关的厅（局）一般直接管理处以及部分企事业单位的主要领导干部。根据党的干部分级管理体制，凡在各级党政机关、企事业单位中担任主要领导职务的干部，都应开列职务名称表，分别由中央和各级党委分级管理，层层负责。

（3）干部考核奖惩制度

干部的考核制度是对干部的历史和现状进行考察核实并作出结论的规范规定。干部考核的关键是考核标准科学合理，能够做到优胜劣汰，避免劣币驱逐良币的逆淘汰现象。根据《党政领导干部选拔任用工作条例》规定，主要全面考察干部的德、能、勤、绩、廉。

突出考察政治品质和道德品行，深入了解理想信念、政治纪律、坚持原则、敢于担当、开展批评和自我批评、行为操守等方面情况。要把是否同党中央保持一致、维护党中央权威作为考察的重点。

注重考察工作实绩，深入了解履行岗位职责、推动和服务科学发展的实际成效。考察地方党政领导班子成员，应当把有质量、有效益、可持续的经济发展和民生改善、社会和谐进步、文化建设、生态文明建设、党的建设等作为考核评价的重要内容，更加重视劳动就业、居民收入、科技创新、教育文化、社会保障、卫生健康等的考核，强化约束性指标考核，加大资源消耗、环境保护、消化产能过剩、安全生产、债务状况等指标的权重，防止单纯以经济增长速度评定工作实绩。考察党政工作部门领导干部，应当把执行政策、营造良好发展环境、提供优质公共服务、维护社会公平正义等作为评价的重要内容。

加强作风考察，深入了解为民服务、求真务实、勤勉敬业、奋发有为，反对形式主义、官僚主义、享乐主义和奢靡之风等情况。

强化廉政情况考察，深入了解遵守廉洁自律有关规定，保持高尚情操和健康情趣，慎独慎微，秉公用权，清正廉洁，不谋私利，严格要求亲属和身边工作人员等情况。

各级党委（党组）应当根据实际，制定具体考察标准。具体标准不能因人设置条件，一定要严格遵循党内法规和国家法律。对以组织名义培植亲信排斥异己的个别领导干部，一定要严肃查处。对干部考核，要结合国家公务员制度，平时考核和年度考核相结合。在换届前和每届任期中期，对党委、政府及其工作部门的领导成员，各进行一次民主评议，摸清基本情况。对干部考核，一定要走群众路线，要深入群众，听取群众对干部的意见。综合分析各方面意见，作出准确判断。考核是奖惩的依据。奖惩制度要进一步完善，并落实到位。

（4）干部的调配和任免制度

干部调配制度，是指调动、分配干部的一系列规定，内容包括干部调配的原则、范围、方法、流程和纪律等。干部交流轮岗是经常性的工作，完善党的干部调配制度，合理使用人才，把合适的人放到合适的岗位，避免久任一地或一职易形成小圈子小集团。干部的任免制度，是指关于干部的任职、免职的相关规定。任免主要包括升任、转任、降任、免任四种。干部任免，要严格依照党规国法进行。

（5）干部的教育和培训制度

为了造就高素质干部队伍，按照党章和国家公务员法，党的各级干部都要到相应的党校或指定的学校接受教育培训。1982年10月，党中央、国务院在《关于中央党政机关干部教育工作的决定》中规定，领导干部一般要做到每3年离职学习半年；把干部培训和使用相结合；干部离职学习期间，各种待遇同在工作岗位上的干部一样。1989年，中央印发《关于建立健全省部级在职领导干部学习制度的通知》，要求各省、自治区、直辖市党委、政府和中央、国家机关各部委的领导干部，每届任期内，须到中央党校进修一次；对拟任省部级领导职务的后备人选，在提任前应到中央党校接受为期1年的系统训练。1995年，中央在《党政领导干部选拔任用暂行条例》中规定，被提拔担任党政领导职务的干部应具备的资格之一，就是必须经过党校、行政院校或其他培训机构3个月以上的培训。同年，中央还发布了《1996—2000年全国干部教育培训规划》。

为了推进干部教育培训工作科学化、制度化、规范化，培养造就高素质干部队伍，推动学习型政党建设，2006年中央颁布了《干部教育培训工作条例（试行）》。党的十八大以来，形势任务和干部队伍状况发生了很大变化，该试行条例已经不能完全适应新的要求，中央决定对其修订。2015年10月18日，中央印发《干部教育培训工作条例》，自2015年10月14日起施行，

2006 年的《干部教育培训工作条例（试行）》予以废止。条例体现了中央关于干部教育培训工作的新精神新要求，吸收了干部教育培训实践中创造的新经验新成果，根据新形势新任务对干部教育培训制度进行了改进完善，是做好干部教育培训工作的基本遵循。条例的颁布实施，对培养造就信念坚定、为民服务、勤政务实、敢于担当、清正廉洁的好干部，推动学习型、服务型、创新型马克思主义执政党建设和学习型社会建设，推进国家治理体系和治理能力现代化，具有十分重要的意义。中央要求各级党委（党组）和有关部门要认真学习、大力宣传、严格遵守执行，要进一步加强理想信念和党性教育，完善培训内容，改进培训方式，整合培训资源，优化培训队伍，全面提高培训质量和效益，真正把培养造就高素质执政骨干队伍的任务落到实处，为实现中华民族伟大复兴的中国梦提供强有力的政治思想保证、人才保证和智力支持。

三　各民主党派

各民主党派特指八个政党，即中国国民党革命委员会、中国民主同盟、中国民主建国会、中国民主促进会、中国农工民主党、中国致公党、九三学社和台湾民主自治同盟，它们是历史的产物。各民主党派不是在野党和反对党，而是参政党、执政党共产党的亲密友党。中国宪法没有规定公民可以自由组建政党的权利，任何公民不得组建全国性政党。台湾、香港特别行政区、澳门特别行政区的居民可以自由组建政党，是历史原因形成的，但他们不能到中国大陆发展党员。

（一）组织结构

各民主党派的组织结构一般包括中央、地方和基层三大部分。

1. 中央组织

中央组织一般由全国代表大会、中央委员会、中央常务委员会、主席会议、若干职能机构和非职能机构（各专门委员会）等组成。

各民主党派的全国代表大会和中央委员会是它们的最高权力机构和领导机构。全国代表大会（台盟是全盟代表大会）一般每 5 年举行一次，由中央委员会召集，由代表大会选举的主席团主持，必要时可以提前或推迟召开。出席全国代表大会的代表名额和产生办法，由中央委员会或中央常务委员会决定。全国代表大会的职权一般是：①听取和审议中央常务委员会工作报告；②讨论并决定本党的方针、任务及其他重要事项；③修改本党章程；④选举中央委员会。

中央委员会由全国代表大会选举产生，每届任期5年。中央委员会的名额由全国代表大会决定。全国代表大会提前或延期举行，其任期相应地缩短或延长。中央委员会每年举行一次全体会议，由中央常务委员会召集，必要时可提前或延期召开。中央委员会在全国代表大会闭会期间，领导全党工作。其职权一般是：①贯彻执行全国代表大会的决议；②听取和审议中央常务委员会的工作报告；③讨论和决定本党的工作方针和任务；④选举中央委员会主席、副主席、常务委员，组成中央常务委员会；⑤任命中央秘书长。中央委员会一般设主席一人、副主席若干人和秘书长一人，他们同时也是中央常务委员会的主席、副主席和秘书长。

中央常务委员会由中央委员会选举产生，在中央委员会全体会议闭会期间，行使中央委员会职权，召集并主持中央委员会全体会议。中央常务委员会的名额由中央委员会决定，其任期与中央委员会任期相同。中央常务委员会任命副秘书长若干人协助秘书长工作，根据工作需要决定中央工作机构的设置及重要人事任免。各民主党派中央常务委员会会议一般由主席召集和主持，每年召开的次数不一，各自依据情况而定。民革中央常务委员会会议一般每3个月举行一次。民建中央常务委员会会议每年至少举行四次。农工党中央常务委员会全体会议每年至少举行两次，由主席会议决定。民盟中央常务委员会会议每季度举行一次，必要时可提前或延期举行。民进中央常务委员会会议原则上每季度举行一次，必要时可提前或延期举行。九三学社中央常务委员会会议由主席会议召集并主持，原则上每季度举行一次。致公党中央常务委员会会议每年举行几次，致公党章程未作规定。台盟中央常务委员会会议每年举行几次，台盟章程也未作规定。

主席会议由中央委员会主席、副主席和秘书长组成。主席会议在中央常务委员会会议闭会期间，主持中央领导工作。有的民主党派还规定由中央委员会主席、专职副主席、秘书长组成主席办公会议，研究和决定需要及时处理的重要问题。主席会议或主席办公会议均由中央委员会主席或由其委托一位副主席召集并主持。

关于中央名誉职务的设立和产生，各民主党派的规定不一。民革、民盟、民进、民建、致公党和台盟等章程规定，中央委员会全体会议推举中央名誉主席、名誉副主席和顾问。农工党章程规定，由全国代表大会推举中央名誉主席，由中央委员会推举中央名誉副主席和顾问。九三学社章程规定，中央名誉主席、名誉副主席和顾问由全国代表大会推举产生。

各民主党派中央都设立了若干职能机构和非职能机构，在中央委员会的领导下开展工作。例如，九三学社设置了办公厅、组织部、宣传部、社会服务部、参政议政部、研究室等中央工作部门；经济委员会、科技委员会、农林委员会、教育文化委员会、社会与法制委员会、医药卫生委员会、人口资源环境委员会、院士委员会、海外联络委员会、妇女委员会等中央专门委员会。

2. 地方组织

民主党派的地方组织一般分为三级：①省、自治区、直辖市一级；②省（自治区）辖市、直辖市的区、地级市、自治州一级；③县、县级市、地级市的区一级。各民主党派的地方组织设置并不一致，如台湾民主自治同盟的地方组织就是：①省、自治区、直辖市一级；②地级市、直辖市的区一级。

民主党派的地方组织机构一般由地方各级代表大会、各级委员会、常务委员会，主委会议，若干职能机构和专门委员会等组成。

民主党派地方组织的领导机关是同级的代表大会或党员大会和它产生的委员会。各级地方组织的代表大会每5年举行一次，由同级委员会召集，必要时可以提前或延期举行。地方各级代表大会或党员大会的职权是：①贯彻执行全国代表大会、中央委员会和上级组织的决议和决定；②听取和审议同级委员会的工作报告；③讨论并决定同级委员会的重要事项；④选举同级委员会。

地方各级委员会在同级代表大会或党员大会闭会期间，领导本地区的全部党务工作。地方各级委员会每届任期5年，如同级代表大会或党员大会提前或延期举行时，其任期相应改变。地方各级委员会的职权主要是：①贯彻执行上级组织和同级代表大会或党员大会的决议，定期向上级组织报告工作；②审议工作报告；③讨论决定本地区的有关重要事项；④选举同级委员会主任委员、副主任委员和常务委员，组成常务委员会（不设常务委员会的地方组织不选举常务委员）⑤任命同级委员会秘书长。常务委员会设置与否，根据实际情况而定。各级地方委员会主任委员主持同级委员会、常务委员会的工作，副主任委员协助主任委员工作。地方各级委员会主任、副主任委员同时是同级常务委员会主任、副主任委员，任期与同级委员会相同。地方各级委员会秘书长同时是同级常务委员会秘书长。

地方各级委员会产生的常务委员会，在地方委员会全体会议闭会期间，行使地方委员会职权，领导本地区的党务工作，在下届同级代表大会或党员大会开会期间继续工作，直到下届委员会产生新的常务委员会为止。地方各级常务委员会每届任期与同级委员会相同。其职权主要是：①贯彻执行上级组织和同级委员会的决议和决定；②听取和审议各工作部门的工作报告；③讨论决定本地区党的工作；④决定地方委员会副秘书长、各工作部门主要负责人（不设常务委员会的地方由同级委员会决定）。不设常务委员会的地方组织，在下届代表大会或党员大会开会期间，主任、副主任委员和秘书长继续工作，直到下届委员会产生新的主任、副主任委员和秘书长为止。

地方各级委员会主任、副主任委员和秘书长组成主任委员会议（台盟未设），简称主委会议，领导地方各级组织的日常工作。主委会议一般由主任委员召集和主持。在地方各级委员会闭会期间，不设常务委员会的地方组织由主委会议行使委员会的职权。

地方各级委员会根据实际需要设置若干工作机构和非职能部门的专门委员会，其负责人选由同级委员会或常务委员会决定，各委员会委员均为兼职。例如，九三学社上海市委工作机构设置，职能部门是办公室、研究室、联络部、宣传部、组织部和科教部，由秘书长负责；非职能部门为十个工作委员会，即文教工作委员会、科技工作委员会、医卫工作委员会、妇女工作委员会、地区工作委员会、联络工作委员会、老年工作委员会、经济工作委员会、政法工作委员会、上海市政协学习委员会九三学社学习分会，分别由副主委负责。

民主党派在各自章程中，对某些方面的规定不尽相同。例如，关于地方各级委员会的产生，民革、民盟规定地方各级委员会委员名额由上一级组织决定；民建、民进、农工党、致公党、九三学社和台盟规定由同级代表大会或委员会全体会议决定，报上一级组织备案或批准。关于地方组织机构中专门委员会的设置情况也有区别。例如，民盟某市委设置了教育、医疗、法制、老年、青年、经济、学习、科技、妇女、文史资料、联络、区县工作和文化等13个委员会；民进某市委设置了学习、经济、科技、高等教育、普通教育、新闻出版、文化艺术、医疗卫生、妇女、"三胞"联络、离退休会员和文史资料等12个委员会；致公党某市委设置了学习、联络、参政议政和妇女等5个委员会。专门委员会的设置不同，是因为每个民主党派所联系的阶层和服务的人群不同，实事求是地反映了各自的工作重点。

3. 基层组织

民主党派基层组织一般包括基层委员会、总支部、支部、小组。对每个党派而言，基层组织都是实现政治任务的基础。民主党派都把学习执政党共产党的指导思想作为其基层组织的基本任务。共产党每一次重大理论变革，民主党派几乎都会修改章程作出相应规定。这并不影响民主党派的独立性，只是表明其自愿团结在共产党周围。

(1) 民革基层组织

民革章程规定，凡基层单位有党员5人以上者，经上一级地方组织批准，可以成立支部。3人以上者，可以成立小组，也可以加入邻近地区或相近行业的支部。根据工作需要，同一单位、行业、地区设有两个以上支部的可以设总支部或基层委员会。党员因特殊原因不能编入支部的，由所属组织直接联系。

支部、总支部、基层委员会由党员大会选举产生，每届任期3至5年。必要时经上一级地方组织批准，可以提前或延期换届。委员的名额和人选，须报上一级地方组织批准。支部、总支部、基层委员会由主任委员、副主任委员、委员组成。主任委员、副主任委员由委员会推选。支部、总支部、基层委员会贯彻民主集中制，实行在主任委员主持下的集体领导与个人分工负责相结合的原则。定期开展活动，健全组织生活。

基层组织的基本任务是：①发扬自我教育优良传统，推动和组织党员学习邓小平理论、"三个代表"重要思想、习近平新时代中国特色社会主义思想、科学发展观，学习和践行社会主义核心价值观，继承和发扬孙中山爱国、革命、不断进步精神，不断提高党员的思想政治素质；②推动和组织党员学习本党章程和历史，遵守章程规定，继承和发扬民革优良传统；③调动党员的积极性、创造性，教育和鼓励党员做好本职工作，协助本单位完成有关任务；积极参加本党各级组织的工作和活动；④维护和执行本党纪律，开展批评与自我批评，教育和监督党员遵纪守法、廉洁奉公；维护党员的合法权益；⑤反映群众的意见和要求，反映社情民意；⑥教育党员自觉抵制社会不良倾向，维护社会稳定，坚决同违法犯罪和破坏安定团结局面的行为作斗争；⑦发现、培养并向上级组织推荐优秀人才；⑧发展党员，收缴党费，讨论对党员的奖励和处分。

(2) 民盟基层组织

民盟章程规定其基层组织是：基层委员会、总支部委员会、支部委员会（或地方委员会的直属支部委员会、直属小组）。基层组织按盟员所在单位、系统、行业或地区建立。根据工作需要，可建立基层委员会、总支部委员会、支部委员会。支部委员会可划分小组。地方委员会可根据不同情况设立直属支部或直属小组。因特殊情况不能编入支部的盟员，由所属民盟组织直接联系。

基层委员会、总支部委员会、支部（或直属支部）委员会由盟员大会或盟员代表会议选举，委员会名额由上一级组织决定。基层委员会、总支部委员会、支部（或直属支部）委员会推选主任委员、副主任委员以及组织、宣传等委员。直属小组（或支部所属小组）推选组长，征得上一级组织同意后，可推选副组长。基层委员会、总支部委员会、支部（或直属支部）委员会、直属小组长，每届任期5年，必要时可以提前或延期改选。基层组织的建立、合并、撤销，须报上一级组织批准。

基层组织的基本任务是：①组织盟员学习政治理论，学习时事政策，学习民盟章程和民盟历史；②传达并贯彻上级组织的决议、决定，根据上级组织的工作布置，围绕所在单位的中心任务，开展组织活动；③反映盟员对国家和地方的大政方针以及所在单位工作的意见和建议，发挥民主监督作用；④培养推荐民盟的后备干部；⑤关心盟员的工作、学习和生活，开展思想政治工作，推动盟员做好本职工作，组织盟员参加面向社会的活动；⑥反映盟员及民盟所联系的知识分子的意见和要求，维护其合法权益；⑦维护和执行民盟的纪律，讨论对盟员的奖励和处分；⑧吸收盟员，收缴盟费。⑨加强同盟员所在单位、系统、行业或地区中国共产党基层组织或地方组织的联系。

（3）民进基层组织

民进章程规定其基层组织是：基层委员会、总支部委员会、支部委员会。会员人数5人以上的可成立支部。会员人数较多的支部可设小组。省、自治区、直辖市委员会根据工作需要可在会员人数较多的单位或按会员的业务系统设立基层委员会或总支部委员会。本会中央和各级地方组织可根据不同情况，设立直属支部或直属小组。不能编组的会员，应由其所属会的组织直接联系。

基层委员会、总支部委员会和支部委员会的委员由会员大会选举产生，委员名额由上一级组织决定。基层委员会、总支部委员会和支部委员会设主任委员、副主任委员，并根据实际情况，设组织、宣传等委员，由委员会选举。小组可推选组长一人。基层委员会、总支部委员会和支部委员会每届任期5年。必要时经上级组织批准，可提前或延期换届。基层组织的建立、撤并和所选出的负责人，须报上级组织批准。

基层组织的任务是：①贯彻执行上级组织的决议和决定，组织会员积极参加本会的各项活动；②结合本单位的中心任务开展活动，推动会员努力做好本职工作，为社会主义经济建设、政治建设、文化建设、社会建设贡献力量；③了解会员对国家大政方针和地方重要事务的意见和建议，向上级组织和有关方面反映；④组织会员过好组织生活，加强政治学习，关心会员的工作、学习和生活，增强团结，共同进步；⑤做好所联系群众的工作，积极反映社情民意；⑥教育会员遵纪守法，讨论对会员的表扬、奖励和处分；⑦对申请入会对象进行考察和培养，做好发展会员的工作；⑧收缴会费。

(4) 民建基层组织

民建章程规定其基层组织是：支部、总支部和基层委员会。有会员5人以上，可以成立支部。根据工作需要，一个单位、行业、地区设有两个以上支部的，可以设立总支部或基层委员会。支部、总支部、基层委员会的建立、撤销和合并，由上一级组织决定。在必要的时候，中央和地方委员会可以设立直属支部、总支部、基层委员会；省、自治区、直辖市委员会可设直属工作委员会。由于特殊原因不能编入支部的会员，由有关地方组织直接与之保持联系。

支部委员会、总支部委员会、基层委员会由支部会员大会、总支部会员大会、基层委员会会员大会或会员代表大会选举产生，任期3至5年。委员名额由上一级地方组织决定，必要时可以增补。支部委员会、总支部委员会、基层委员会设主任委员一人，副主任委员若干人，由委员会推选产生。不满7人的支部不设委员会，只选举主任委员一人，在必要的时候可选举副主任委员一人。支部委员会、总支部委员会和基层委员会选出的主任委员、副主任委员，应报上一级地方组织批准。

基层组织是实现会的政治任务的基础，它的基本任务是：①贯彻执行上级组织的决议和决定，组织会员参加各项会务活动；②充分调动会员的积极性和创造性，围绕所在地区、单位的中心任务，努力做好本职工作，为社会主义现代化建设事业服务；③组织会员对国家的大政方针和地方重要事务以及群众生活中的重要问题开展调查研究，提出意见和建议，反映社情民意；④定期举行组织生活，结合会员的社会实践，开展思想政治工作，帮助会员进行自我教育，关心会员的工作、学习和生活，反映会员的意见和要求，互相学习、互相帮助、团结友爱，不断取得新的进步；⑤维护和执行会的纪律，讨论对会员的表扬、奖励和处分；⑥吸收会员，收缴会费。

(5) 农工党基层组织

农工党章程规定，其基层组织是指各级组织所辖的小组、支部、支部委员会、总支部委员会、基层委员会。

凡有党员3人以上，可以成立小组，党员5人以上，可设立支部，在有党员9人以上的支部，可以建立支部委员会。根据工作需要，在同一单位、业务系统或地区，可以建立总支部委员会。高等院校、科研院所或同一业务系统内的组织，必要时可建立基层委员会。基层组织的设立、合并或撤销，由上一级地方组织决定。党员因特殊原因不能编入基层组织的，由有关组织直接联系。支部委员会由支部党员大会选举产生，总支部委员会、基层委员会由党员大会或代表大会选举产生，委员名额由上一级地方组织决定。支部委员会、总支部委员会、基层委员会选举主任委员、副主任委员，不设委员会的支部选举主任和副主任，小组选举组长，任期均为5年。

基层组织的任务是：①接受中共基层党委和本党上级组织的领导，贯彻本党上级组织的决议、决定，参加组织活动，对上级组织的工作提出建议和批评。②组织党员学习政治理论，学习中国共产党和国家的路线、方针、政策，学习本党的历史、章程和文件，开展思想政治工作。③配合所在单位的中心工作，鼓励党员立足岗位建功立业；围绕经济社会发展和国计民生，开展调查研究和社会实践活动，为本党参政议政工作建言献策。④遵照本党章程，健全基层工作制度，开展形式多样、富有实效的组织活动，增强组织的凝聚力。⑤关心党员的思想状况和工作、生活情况，依法维护党员权益，按组织系统反映他们的意见和建议，协调关系、化解矛盾。⑥严格按照本党组织发展工作的规定，做好党员的发展、后备人才的考察、培养和推荐工作。⑦每年要总结工作，制定年度计划，讨论对党员的表扬、奖励和处分等重要事项。⑧收缴党费，定期公布党费使用情况。

（6）致公党基层组织

致公党章程规定，其基层组织是党的基层委员会、总支部委员会、支部委员会、小组。凡有党员3人以上可成立小组，5人以上可建立支部委员会。有两个以上支部的单位、行业、地区，可设立总支部委员会。党员人数较多的单位，可设立基层委员会。基层组织的建立、合并和撤销，由上一级地方组织决定。中央和省、自治区、直辖市委员会认为有必要并在条件具备时，可以设立直属基层委员会、直属总支部、直属支部。

党小组选举组长一人，任期3年。基层委员会、总支部委员会、支部委员会分别由基层、总支部、支部党员大会选举产生，每届任期3到5年，委员名额由上一级组织决定。基层委员会、总支部委员会、支部委员会各设主任委员一人，副主任委员若干人，分别在基层委员会委员、总支部委员会委员、支部委员会委员中选举产生。不设委员会的支部，由党员大会选举主任委员和副主任委员。基层组织的负责人经选举产生后，均需报上一级地方组织批准。

基层组织的任务是：①组织党员学习马克思列宁主义、毛泽东思想、邓小平理论、"三个代表"重要思想、科学发展观，学习习近平新时代中国特色社会主义思想，学习宪法、法律法规、方针政策和时事政治，学习本党历史和章程。②根据上级组织的决议、决定，结合本单位、本地区的实际情况，积极主动开展各项活动。③积极引导党员做好本职工作，并围绕本单位、本地区的中心工作，充分发挥协调关系、化解矛盾、促进工作和维护社会稳定的积极作用。④组织党员积极参加社会主义经济建设、政治建设、文化建设、社会建设，深入开展调查研究，反映情况，提出意见，为本党开展参政议政、民主监督和社会服务活动提供信息和建议。⑤组织党员定期过好组织生活，做好思想政治工作，增强团结，共同进步。⑥关心党员的工作、学习和生活，为党员服务，向上级组织和有关部门反映党员和所联系的归侨、侨眷、留学回国人员及海外侨胞的意见、要求和建议。⑦执行和维护党的纪律，讨论对党员的表扬、奖励和处分。⑧吸收党员，收缴党费。

(7) 九三学社基层组织

九三学社章程规定，其基层组织有：直属小组、支社和委员会。基层组织的领导成员每届任期5年。在同一单位、系统或地区有社员3人以上，可建立直属小组；有社员7人以上，可建立支社；在社员人数较多的单位、系统或省辖市的区，有3个支社以上时，可设立委员会。直属小组设组长一人，必要时可设副组长一人；支社和委员会设主任委员一人、副主任委员和委员若干人；均由民主选举产生。

基层组织是社的工作的重要基础，其主要任务是：①根据上级组织的决议和指示精神，结合本单位、本系统、本地区的中心任务开展工作；②组织社员结合实际学习马克思列宁主义、毛泽东思想、邓小平理论、"三个代表"重要思想和科学发展观，学习习近平新时代中国特色社会主义思想，学习有关方针、政策以及社章、社史，学习科学、文化、法律和业务知识，提高社员的素质；③努力发挥我社组织的特点和优势，在推动社员做好本职工作的同时，注重调查研究，围绕国家大政方针、社会重大问题开展议政活动，并按社的组织系统反映意见、建议；④关心社员的工作、学习和生活，发现、培养并向上级组织推荐优秀人才；⑤联系群众，协调关系，加强团结，认真开展组织生活；⑥发展社员，收缴社费。

(8) 台盟基层组织

台盟章程规定，盟员3人以上可成立基层组织。根据工作需要和盟员人数，并经上级委员会批准，分别设立盟的总支部委员会、支部委员会或小组，按盟员所在单位、职业系统、工作或居住地区建立。

总支部委员会、支部委员会由总支部、支部盟员大会选举产生，每届任期5年。经上级委员会批准，选举可以提前或延期举行。总支部委员会、支部委员会设主任委员一人，委员若干人，必要时可设副主任委员。主任委员、副主任委员由总支部、支部委员会选举产生。小组可以推选组长。

盟的基层组织的任务是：①贯彻上级组织的决议和决定；②组织盟员学习马克思列宁主义、毛泽东思想、邓小平理论、"三个代表"重要思想和科学发展观，学习习近平新时代中国特色社会主义思想，中国共产党和国家的各项方针政策特别是对台方针政策，对盟员进行思想教育，开展盟内的批评和自我批评，协调关系，加强团结；③根据上级组织的要求，结合本盟基层工作开展活动；④推动盟员做好本职工作，并根据需要和可能，组织盟员参加面向社会的活动；⑤反映盟员及所联系台胞的意见和要求，帮助他们解决实际问题，并积极反映基层的社情民意；⑥发展盟员；⑦收缴盟费；⑧维护和执行盟的纪律，决定对盟员的奖励和处分。

（二）主要制度

民主党派首先是政党，其次是参政党。这个性质决定了民主党派的一切制度建设都是围绕提升自身能力和参政议政水平展开。民主党派的制度包括组织、机关、干部、纪律、参政议政等各个方面。

1. 组织制度

（1）民主集中制

民主集中制是民主党派的根本组织原则，规定在各自章程中，内容大致相同。以民盟为例，民主集中制体现在：①个人服从组织，少数服从多数，下级组织服从上级组织，全盟服从中央。②各级代表大会的代表和委员会委员，在发扬民主、充分协商的基础上，采用无记名投票差额或等额方式选举产生。地方组织和基层组织的负责人在不能用选举方式产生的特殊情况下，因工作需要可以由上一级组织任免。各级委员会委员的选举方式，由同级代表大会（或盟员大会）决定。③最高领导机关，是全国代表大会。全国代表大会闭会期间，由其所产生的中央委员会领导全盟工作。地方各级领导机关，是地方各级代表大会（或盟员大会）。地方各级代表大会（或盟员大会）闭会期间，由其所产生的委员会领导地方盟务工作。各级委员会对同级的代表大会（或盟员大会）负责并报告工作。④建立集体领导、民主集中、个别酝酿、会议决定的原则和程序,完善议事、工作决策机制,使民主集中制规范化。⑤上级组织实施对下级组织的领导,并经常听取下级组织和盟员的意见,了解情况,及时处理他们提出的问题。下级组织要贯彻执行上级组织的决定,向上级组织反映情况,请示和汇报工作,同时也要独立处理职责范围内的事务。上下级之间要互通信息,互相监督。⑥民盟各级组织负责人在同一职务上可连选连任两届,特殊情况下可连选连任三届。

(2)"三个为主"原则

组织发展是民主党派自身建设的重要内容,其基本方针是"三个为主"原则,即以重点分工为主、以大中城市为主、以有一定代表性的人士为主。这个方针是中国共产党和民主党派长期协商的产物。

1950年3月,中共中央建议:各民主党派要将巩固和发展相结合,有计划、有步骤地发展;各民主党派在社会上应有适当分工,各党派之间的关系可适当调整;各民主党派的发展对象是面向群众,重点放在中下层,集中在大、中城市发展,建立一定的规模。民主党派表示基本赞同,但对发展对象重点放在"中上层"还是"中下层"意见不一。经过反复论证,各民主党派和中共都认为,各民主党派代表的各阶级、阶层的中上层特别是上层有代表性的人物在这些阶级阶层中具有较显著影响,争取了他们更有利于发挥较大的政治作用。1952年,中央统战部在《关于协助民主党派发展党员的办法的报告》中,将民主党派的发展重点纠正为"以中上层为主",并强调应"首先着重吸收一批在社会上有影响的上层分子"。各民主党派接受了中共的建议,并根据发展方针,确定了各自的活动范围和发展对象,先后展开了整顿和发展组织工作。

经过一段时期以后,有些民主党派成员提出,关于组织发展的方针政策限制了民主党派的发展,建议进行修改。1956年,中央统战部印发了《关于民主党派工作的几个问题的指示(草案)》,指出"对于民主党派发展组织的问题,应当尊重它们独立平等的地位,由它们自己去决定方针和步骤,在它们所联系的社会基础上自由发展。"强调不要把各民主党派协商确定的重点分工理解成为机械的划分范围;各民主党派发展对象以它们所联系的阶级、阶层的中上层为主;发展地区以大、中城市为主,不等于只能在中上层和大、中城市发展,不能把"为主"理解成"唯一"。由于1957年开展反右斗争,该文件并未执行,"文化大革命"结束前各民主党派组织发展基本处于停滞状态。

"文化大革命"结束后,各民主党派开始恢复活动,组织发展问题也提上了议事日程。1983年,中央统战部与各民主党派负责人就组织发展等问题进行协商，形成了《关于民主党派组织发展座谈会纪要》。《纪要》指出：①各民主党派今后仍继续维持原有的重点分工，即民革为原国民党和与国民党有历史联系的人士，民盟为文教界（着重高等院校）人士，民建为同民建有历史联系或有密切工作联系的从事工商企业和其他经济工作的人士，民进为中小学教师、师范院校和文化出版界人士，农工党为医药卫生界人士，致公党为归国华侨和侨眷人士，九三学社为科学技术界人士，台盟为居住在大陆的台湾省籍人士。②各民主党派的发展对象，仍维持原商定的、以各自所联系的人群中的中上层为主的原则。即发展各自所联系的人群中有一定代表性的人士，并注意在有代表性的中年人中发展。③发展地区仍以大中城市为主，并根据各自的力量和条件，在工作对象较多的小城市发展成员，建立组织。一般不在县发展，过去已建立县级组织的也不撤销。在新疆、内蒙古等边疆少数民族地区，目前只在主要城市发展成员，建立组织。西藏仍不发展民主党派成员。④针对各民主党派组织发展中的分工交叉问题，可以参照贵州省委统战部同各民主党派协商提出的"遵守协议，照顾历史，尊重自愿，协商解决"的原则。

1986年，中央统战部在《关于新时期党对民主党派工作的方针任务的报告》中，对1983年提出的民主党派"一般不在县发展"作出修改，提出"鉴于当前统战工作已深入到县，今后民主党派在一部分经济文化较发达、民主党派发展对象集中的县城可以有计划有步骤地发展成员，建立组织。"1989年，按照邓小平的提议，由中共和各民主党派共同组成文件起草小组，研究制定了《中共中央关于坚持和完善中国共产党领导的多党合作和政治协商制度的意见》，明确规定："各民主党派要注意提高成员的素质。吸收新成员要注意政治质量，德才并重。发展组织要坚持已协商确定的范围和对象，坚持以大中城市、有一定代表性的人士为主。"

1993年7月，中央统战部向中央报送的《关于新形势下统一战线工作调研综述》中，第一次使用了"三个为主"（坚持已协商确定的重点分工范围，主要在中高级知识分子有一定代表性的人士中吸收成员，坚持以大中城市为主）的提法。同年11月，中央统战部部长王兆国在第十八次全国统战工作会议上第一次正式提出，"支持民主党派有计划地稳步发展成员，在发展中要注重质量，继续坚持'三个为主'"。1994年，中央统战部就贯彻《关于民主党派组织发展工作有关问题的通知》情况的通报中，明确提出"以大中城市为主，以中上层人士为主，以协商确定的重点分工为主"，是民主党派组织发展已坚持多年的重要原则。1996年3月，中央统战部邀请八个民主党派负责人就组织发展若干问题进行协商，形成了《关于民主党派组织发展若干问题座谈会纪要》。《纪要》提出，民主党派组织发展的基本方针是："坚持'三个为主'，注重政治素质，发展与巩固相结合，有计划地稳步发展"。至此，各民主党派组织发展的"三个为主"方针正式确立。1997年，各民主党派召开全国代表大会时，都将"三个为主"发展方针写入了各自章程。

2004年，八个民主党派在《关于进一步做好民主党派组织发展工作座谈会纪要》中强调，在组织发展中应着重把握好"三个为主"、注重质量、保持特色、组织发展与后备干部队伍建设相结合的原则。2005年《中共中央关于进一步加强中国共产党领导的多党合作和政治协商制度建设的意见》中再次重申"三个为主"原则。

民主党派组织发展的程序大致相同。例如，民盟章程规定，从事文化教育以及科学技术和其他工作的中国知识分子，自愿遵守中国民主同盟章程，可以申请加入中国民主同盟。吸收盟员，须由本人提出书面申请，经两位盟员介绍，由基层组织考察、讨论通过后，报设区的市、直辖市的区、自治州及其以上委员会审核批准，逐级上报，由民盟中央备案。必要时，设区的市、直辖市的区、自治州及其以上委员会可以直接吸收盟员。台盟章程规定，凡居住在祖国大陆的台湾省人士，愿意遵守本章程者，可以申请加入本盟。盟员必须拥护中国共产党的领导，坚持中国特色社会主义，为建设富强民主文明和谐的社会主义现代化国家和实现祖国完全统一而奋斗。发展盟员要贯彻巩固和发展相结合的方针，注重素质，有领导、有计划地稳步发展，坚持以大中城市、中上层、有一定代表性的人士为主。申请入盟者，须提出书面申请，由盟员二人介绍，经组织考察和盟的基层组织通过，报盟的省、直辖市委员会审核批准，并报盟中央备案。盟中央必要时可直接发展盟员。

（3）退党及组织关系转移

民主党派对党员的退党和组织关系转移的规定基本相似。例如，农工党章程规定，党员有退党自由的权利。党员要求退党，须书面申请，经基层组织讨论通过，报上级地方组织批准，并层报中央备案。党员无正当理由连续一年不参加组织活动、不与组织联系，也不缴纳党费的，经教育无效，基层组织可以建议上一级地方组织注销其党籍。注销党籍应层报中央备案。党员迁移到另一个地方，须办理转移组织关系手续，如迁移到无本党组织的地方，应与原地方组织保持联系。致公党章程规定，党员有退党的自由。党员要求退党，须书面申请，经基层组织讨论通过，报上一级地方组织批准，并逐级呈报中央备案。党员没有正当理由，长期不参加组织生活、不与党组织联系和不履行党员义务，经批评教育无效者，由支部大会讨论通过，劝其退党，报上一级地方组织批准，注销其党籍，并逐级呈报中央备案。党员迁往异地居住、工作时，须办理组织关系转移手续。党员如迁至没有本党组织的地方，应与原地方组织保持联系，或请求原地方组织将其组织关系转移到与新居住地邻近地方组织。

2. 党员制度

民主党派在各自章程中对党员的权利义务、纪律处分作了规定，由于党派工作重点不同会有一些细微区别，内容大致相同。

党员的权利主要是：①选举权、被选举权、表决权；②参加本党的会议和活动，阅读本党的相关文件，对本党工作提出建议和批评；③参加本党有关国家大政方针和地方重大问题的讨论，并提出意见或批评；④向本党的各级组织提出请求、批评和建议；⑤当合法利益遭到侵犯或损害时，要求本党以组织形式出面加以解决。

党员的义务主要是：①遵守国家宪法法律，维护国家利益，保守国家秘密；②遵守本党章程，执行组织的决议决定，完成组织交办的任务；③参加国家政治生活，学习共产党相关文件，发扬社会主义民主，维护社会主义法制；④努力学习，不断提高思想政治水平和业务水平，做好本职工作；⑤密切联系群众，及时反映群众意见，在所联系的群众中发挥骨干、带头和桥梁作用；⑥参加组织生活，交纳党费。

违反法律或本章程的党员以及工作中成绩优异的党员，对他们的奖惩各民主党派章程都有相应规定。例如，民建章程规定，会员在为社会主义现代化建设服务，参加政治活动、社会活动和会务活动中有显著成绩的，经基层组织核实并讨论通过后，报请上一级地方组织给予表彰。对有重大贡献的，可由省、自治区、直辖市委员会报请中央委员会给予表彰。会员应自觉遵守会的纪律。会员违反法律、政纪和会的纪律，应按其具体情节和对待错误的态度，分别给予警告、严重警告、撤销会内职务、留会察看、开除会籍的处分。留会察看一般不超过两年。会员在留会察看期间没有表决权、选举权和被选举权。会员经过留会察看确已改正错误的，恢复其会员的权利；坚持错误不改的，开除会籍。对会员的警告、严重警告、撤销会内职务、留会察看的处分，须经支部会员大会讨论通过，经省辖市委员会批准，报省、自治区、直辖市委员会备案；对会员给予开除会籍的处分，须经支部会员大会讨论，由省辖市委员会审核，省、自治区、直辖市委员会批准，并报中央委员会备案。对中央委员会委员的纪律处分，须经中央委员会讨论决定。对地方各级委员会委员的纪律处分,须经同级委员会讨论决定,报上一级组织批准,并报中央委员会备案。各级组织对会员的处分,应实事求是地查清事实。所要作出的处分决定,必须书面通知本人,听取本人说明情况和申辩。如果本人不服决定,可以提出申诉。各级组织对会员的申诉,应认真负责处理。

3. 机关制度

民主党派的机关制度主要包括职能部门和非职能部门的设置和运行程序,各职能部门及其干部的职责和机关会议制度。关于机关职能部门设置,由于各自特色每个党派稍有不同,大体设办公室、组织部、宣传部、联络部、研究室等机构。

机关工作在秘书长的直接领导下开展,每个职能部门是平行的。办公室的主要职责是协助机关首长(秘书长)布置工作,综合协调机关内部事务,代表机关联系公务,接受任务,传达上级指示等。办公室工作一般包括文秘和行政事务性工作。组织部主管组织建设和人事干部管理。宣传部主管宣传教育工作。联络部主管社会联系工作。研究室主要负责调查研究、起草文件、参政议政等事宜。

机关工作会议由秘书长负责,秘书长和各职能部门负责人组成,处理机关日常工作。它的主要职能是:①讨论和落实常务委员会议、主任委员会议的决议或决定;②听取各职能部门的工作汇报;③商讨各职能部门的工作问题和对策;④讨论研制工作计划,检查执行情况;⑤协调并推动各职能部门和各专门工作委员会工作;⑥担负委员会全体会议、常务委员会议、主任会议及其他会议的具体准备工作;⑦讨论研究机关专职干部的考核、管理等问题;⑧讨论研究机关日常重要工作、文件、报告及其他有关事项。机关工作会议一般每周一次,由秘书长或由其委托其他负责人召集主持。机关工作会议的时间、议题和内容由秘书长提出并决定。机关职能部门业务会议原则上由本部门全体工作人员参加,也可邀请秘书长或其他部门人员出席。机关职能部门业务会议主要职能包括:①根据机关会议的布置,落实本部门的工作计划和人员分工;②讨论并提出本部门的工作计划和建议;③制定本部门岗位责任制,检查执行情况;④检查本部门工作进展情况,及时总结经验教训;⑤考核本部门干部;⑥开展批评和自我批评,协调解决本部门工作人员思想问题。职能部门业务会议由各部门负责人召集并主持,议题由负责人确定,一般每周举行一次。

4. 参政议政制度

在社会主义建设和发展时期,民主监督和参政议政是民主党派作为参政党的基本职能。共产党与民主党派互相监督,是共产党领导的多党合作制度的必然要求。由于共产党处在执政地位,更加需要自觉接受民主党派的监督。这对改善党的领导、巩固执政地位、提高执政能力有着重要作用。参政议政是民主党派对政治、经济、文化和社会生活中的重要问题以及人民群众普遍关心的问题,开展调查研究,反映社情民意,进行协商讨论。通过调研报告、提案、建议案或其他形式,向共产党和国家机关提出意见和建议。参政议政主要体现在:参加国家政权,并在各级权力机关、政府和司法机关、人民政协担任领导职务;参与国家大政方针的协商和决策;参与国家事务的管理;参与对国家方针、政策、法律、法令执行情况的检查和监督。

民主党派参政议政已经形成了稳定有效、形式多样的渠道:

①民主协商会。中共主要领导人邀请民主党派主要负责人和无党派代表人士就中共提出的大政方针问题进行协商。这种会议不定期,一般每年举行一次。

②双月座谈会。中共每两个月举行一次与民主党派、无党派人士座谈会,通报或交流重要情况,传达重要文件,听取他们的建议和批评,或讨论某些专题。对重大事件随时作出通报。如共产党的重要会议精神,对人大、政府、政协及党外人士的安排,重要政策、法规出台前的协商讨论等。有的座谈会可委托中共全国政协党组举行。

③对口联系和"四大员"制度。教委、科委、经委、卫计委、侨办、台办等政府部门与有关民主党派建立对口联系制度。民主党派成员主要来自社会中上层,是各类专业人才扎堆的地方。政府有关部门就专业性问题同有关民主党派对口协商,在作出重要决策前征求他们的意见。民主党派成员还被安排在政协参事室发挥咨询作用。一批有专门知识的民主党派成员、无党派人士受邀担任特约监督员、检察员、审计员和教育督导员。民主党派成员和无党派人士还被吸收参加政府监察、审计、工商、税务等部门的重大案件的调查和工作检查,参与中共党组织、政府或政协统一组织的检查、巡视、考察等。

④专题调研。专题调研形式多样,可由某个民主党派单独进行,几个民主党派联合进行或者民主党派为主、中共和无党派人士为辅共同进行。专题调研针对某些急需解决的现实问题,调研人员多为该领域的相关专家,所提的方案操作性很强,政府采信率高。

⑤政协提案。有集体提案和个人提案两种。集体提案一般在政协会议开会之前提交,个人提案一般在会议期间提交。每年政协根据形势特点和提案

质量，在民主党派提案中评选出一号提案、重点提案等，次年开会前还要评选上年的优秀提案。一般重点提案必须送交政府主要领导，作为重点解决的问题。非重点提案由政协开会时现场处理。书面提案一般 2 至 3 个月内能得到处理问题的答复。自 1979 年五届全国政协一次会议决定恢复提案制度以来，全国政协收到的提案，绝大多数来自民主党派委员，内容涉及社会生活各个方面。

⑥参加人大。人民代表大会是民主党派参政议政和民主监督的重要场所。民主党派的人大代表参加人民代表大会，履行人大代表职责。在人大、人大常委会和人大各专门委员会中，民主党派都占有适当比例。有专长的民主党派成员也会应邀担任相应专门委员会顾问。中共人大党组成员与担任人大领导职务的民主党派人士会经常交流思想，交换意见。人大及其常委会组织关于特定问题的调查委员会，人大各专门委员会组织有关问题的调查研究，也会吸收人大代表中的民主党派成员参加，并可聘请民主党派的专家参加。

⑦担任一府两院职务。民主党派的成员可以担任政府（包括政府部门）、法院和检察院的领导职务。要充分发扬民主，大力提拔民主党派成员担任一府两院领导职务。在各个国家机关尤其重要岗位上，民主党派成员鲜见身影，既不符合现代民主政治的基本要求，也不利于中国社会主义事业的建设和发展。应当继承发扬中华人民共和国成立初期民主党派在各个国家机关担任重要职务的优良传统，大胆使用民主党派党员。

⑧担任政协职务。人民政协是民主党派参政议政的重要场所。在政协常委和政协领导成员中民主党派占有很高的比例。政协各专门委员会有民主党派成员参加。政协机关中有一定数量的民主党派成员担任专职领导干部。中共和政府有关部门同政协及有关专门委员会建立联系，充分发挥民主党派成员在决策咨询中的作用。

⑨社会服务。各民主党派根据各自特点，发挥各自优势，开办各类学校，开展各种咨询服务，参与支边扶贫、社区建设等活动。

⑩议政日制度。议政日，就是每年规定某个时间专门收集和听取民主党派成员和群众对各级国家机关或社会组织以及对它们工作的意见、批评和建议。通过议政日活动，民主党派及其所联系的阶层群众的呼声、意见、建议能及时得到反映。议政日活动促进了参政议政的规范化、常态化。今后要更多利用新兴媒介、网络平台大范围收集社情民意。民主党派在人大、政协会上的提案，很多来自议政日活动时大家的建议，在此基础上分类整理或进一

步调研而成。

参政议政是民主党派的主要职责。民主党派成员要戒除官僚主义习气，不要总是习惯在办公室听汇报，而是要深入到所联系的阶层和群众中去，耐心倾听他们的呼声，积极反映他们的意见；要放眼世界，学习一切先进政党建设的有益经验，切实提高参政议政水平。

5. 举荐制度

为了更好地参政议政，民主党派可以定期或不定期地向一府两院、人大、政协或本党积极举荐有成就的本党派成员。民主党派大多建立了自己的后备人才库，只要国家需要随时可以提供相应人才。为了确保后备队伍的质量和数量，民主党派应不拘一格选拔人才。要坚持德才兼备、以德为先的选拔标准，培养和提高参政议政能力。

民主党派后备人才库来源主要有：①从本党各级干部中选拔；②从政府机关、科研院所、医疗卫生、大中型企业等中担任领导职务的党员中选拔；③从已当选为人大代表、政协委员的党员中选拔；④从有成就的中青年党员中物色有培养前途的成员；⑤组织发展和选拔有机结合，有计划、有步骤发展一批代表性人物，对一些社会影响较大的无党派代表性人士积极主动地做好工作；⑥中共各级统战部推荐的人才。干好事业，人才是保证，干部是关键，储备人才和干部是基础。通过不断扩大人才规模数量，就为参政议政形成了一个具有一定政治道德素养和文化知识层次的、梯形年龄结构的后备人才库。

民主党派举荐人才主要有两大去向：一是向本党外部举荐。如向统战部和有关机构推荐符合任职条件的党员担任政府部门实职或单位领导，推荐担任人大代表候选人或政协委员等。二是向本党内部举荐。如结合本党的换届、考察，举荐一批新人进入各级委员会。举荐职位一般是逐级提升，不越级举荐。举荐后是否正式任用，由有关部门对被举荐人考查后决定。在与有关部门的长期合作中，举荐已经规范化和制度化。民主党派要利用好举荐制度，充分发挥本党成员在参政议政、民主监督和社会服务等方面的主动性、积极性和创造性。

注释

[1] 邓小平说："一九五七年反右派斗争还是要肯定。三大改造完成后以后，确实有一股势力、一股思潮是反社会主义的，是资产阶级性质的，反击这股思潮是必要的。我多次说过，那时候有的人确实杀气腾腾，想要

否定共产党的领导,扭转社会主义的方向,不反击,我们就不能前进。错误在于扩大化。"见邓小平《对起草〈关于建国以来党的若干历史问题的决议〉的意见》(1980年3月—1981年6月),《邓小平文选》第2卷,人民出版社1994年版,第294页。

第四章

中央与地方的关系

国家权力在横向上的分配即立法权、行政权、司法权或其他权力的配置，叫作国家政权组织形式或政体。国家权力在纵向上的分配即中央和地方的权限划分，叫作国家结构形式。中央和地方的关系，是指国家采取何种结构形式，合理划分中央政府和地方政府的权限。它主要包括两个方面内容：(1) 权限划分。一般地，法律对中央权限和地方权限进行了明确的划分，凡是关乎国家的整体利益和社会的普遍利益的事务由中央政府处置，涉及国家的局部利益和地方的特殊利益的事务由地方政府处置。(2) 剩余权力。剩余权力是指法律规定不明确的国家权力，在采取不同结构形式的国家有不同的归属。

一 国家结构形式

国家结构形式也叫中央和地方关系模式。可分为单一制和复合制两大类。复合制又分为联邦制和邦联制。单一制又分为中央集权型和地方分权型。在当代国家结构形式中，单一制和联邦制是主要形式。

（一）复合制

复合制国家是指两个以上享有主权的国家组成的国家联盟，按其联合的程度又可分为联邦和邦联。

1. 联邦制

联邦是指由两个以上共和国或邦、州联合组成的统一国家，联邦成员（共和国或邦、州）先于统一的联邦国家。联邦成员在联邦国家成立前单独享有主权，在组成联邦国家时各联邦成员把一部分权力交给联邦国家，同时又保留一部分管理该成员国内部事务的权力，联邦国家的权力来自各联邦成员的让与。

在联邦国家内，各联邦成员除服从联邦国家的宪法、法律和联邦中央政府外，还有自己的宪法、法律和中央政府。联邦中央政府统一行使的权力和各成员国政府所保留的权力都由联邦宪法明确界定。

联邦成员保留的权力主要有：（1）每个联邦成员有权制定和修改本成员单位的宪法，无须联邦中央政府的批准；（2）联邦成员在加入联邦国家前有自己的区域范围，在加入联邦后未经其同意不得改变；（3）联邦成员的公民除联邦国家国籍外还保留本成员国国籍；（4）各联邦有加入和退出联邦的权力；（5）有的联邦成员还保留对外交往的权力，但大多数联邦成员不具有外交上的主权资格；（6）联邦宪法中规定不明确的权力属于联邦成员。

美国是世界上最典型的联邦制国家。印度、瑞士、巴西、俄罗斯等国家都实行联邦制。

2. 邦联制

邦联是一种松散的国家联盟，各成员国在保有对内主权与对外主权的前提下，出自共同利益而建立一种国家关系。

邦联是历史产物，美国在建立联邦制前曾实行过邦联制。目前符合邦联的国家形式，只有俄白联盟是唯一的例子，1996年4月俄白两国成立了俄白共同体，1997年4月两国总统又决定把俄白共同体改为俄白联盟，1998年12月两国签署了统一为国家的宣言。而欧盟、东盟是一种具有邦联性质的国际组织，而不是邦联制的国家。

（二）单一制

单一制国家是指由若干不享有独立主权的地方行政区域组成统一主权的国家，国家主权由中央政府行使。按中央和地方权力分配程度的差异，单一制可细分为中央集权型和地方分权型两种。中央集权型表明权力主要集中在中央，地方分权型表明地方自主权很大。

在单一制国家里，国家本身就是一个整体，国家主权先于地方行政区域而存在。各地方行政区域接受中央统一领导，没有脱离中央而独立的权力。国家只是为了便于管理而设置不同的行政区域并建立地方政府，地方政府的权力来自中央授权而并非地方固有。

在单一制国家里，全国只有一部宪法，中央政府统一行使国家的立法权、行政权、司法权，地方政府在立法、行政、司法等各个方面的自主权或自治权由国家宪法规定或中央政府直接授予或委托。在对外交往中，单一制国家是唯一的主权主体，其领土范围内没有其他类似国家的组织存在。

中国是世界上典型的单一制国家。法国、英国、日本等国家也是单一制国家。

单一制和联邦制的区别：(1) 组成单位。单一制国家划分为各个地方行政区，联邦制国家则由各个联邦成员组成。地方行政区是国家按一定原则进行区域划分的结果，国家主权先于各个行政区存在。联邦成员国则先于联邦国家存在。(2) 主权属性。单一制国家地方行政区从来就不是政治实体，不具有任何主权特征。联邦成员国在联邦国家成立之前是享有主权的政治实体，加入联邦之后，虽然不再有完全独立的主权，但是在联邦宪法规定的范围内，联邦成员的主权仍受到法律保护。(3) 权力来源。联邦成员国在组成联邦制国家时，是各自把权力交与联邦政府，同时又保留了一部分管理该成员国内部事务的权力。联邦政府统一行使的权力和各成员国的中央政府所保留的权力都由联邦宪法明确界定。联邦的权力是来源于各成员国的转让。而在单一制国家里，国家本身是一个统一整体，只是为了便于管理，才把领土划分成若干行政区域，并据以建立起地方政权。各地方行使的权力来源于中央授权，并非地方固有。(4) 剩余权力。法律规定不明确的权力，在联邦制国家属于联邦成员，在单一制国家属于中央政府。

单一制和联邦制是当代国家结构的主要模式，二者无优劣之分。一个国家采用何种模式主要取决于该国历史和国情，过分推崇一种模式而贬抑另一种模式毫无科学依据。地方分权不是联邦制独有的，单一制内也有分权；中央集权不是单一制独有的，联邦制内也有集权。将分权当成联邦制或将集权当成单一制都是错误的。

由于利益驱动，中央要求集权，地方要求分权，二者总是处于博弈的状态。"对每一个强大而有力的东西来说，总有着一种越出它自己的范围而发展的本能倾向——和一种特殊诱惑"[1]，因此真正的问题在于，无论采用单一制还是联邦制的国家，都面临着如何分配二者的权力、解决二者的张力以及随着变化保持二者动态平衡等共同命题。单一制或联邦制国家都会根据社会发展变化，综合各种因素，不断调整二者权限，使二者关系始终能处在和谐的状态。

---

[1] ［法］马里旦：《人和国家》，霍宗彦译，商务印书馆1964年版，第16页。

二 中国特色的单一制

中国选择单一制国家结构形式,是中国的历史和国情决定的。中国有着两千多年以封建君主专制为特征的中央集权历史,浸润其中的人们对中央集权有着高度认同感。中国共产党将马克思主义作为党的指导思想和国家意识形态。恩格斯指出:"集权是国家的本质、国家的生命基础,而集权之不无道理正在于此。每个国家必然要力求实现集权,每个国家,从专制君主政体起到共和政体止,都是集权的。美国是这样,俄国也是这样。没有一个国家可以不要集权,联邦制国家需要集权,丝毫也不亚于已经发达的集权国家。只要存在着国家,每个国家就会有自己的中央,每个公民只是因为有集权才履行自己的公民职责。"① 恩格斯主张"无产阶级只能采取单一而不可分的共和国的形式"②,实行以无产阶级民主集中制为基础的中央集权制,即无产阶级的中央集体集权以及在中央政权统一领导下的地方自治,这样的国家结构形式利于国家职能的有效执行。中华人民共和国成立初期,政治上面临巩固新生政权的任务,经济上面临复苏与发展的挑战,外交上面临帝国主义的敌视和破坏,同时作为社会主义典型的苏联实行计划经济和中央高度集权的政治体制。这些主客观因素促使中华人民共和国选择单一制国家结构形式,实行计划经济,并在各领域建立高度集中的管理体制。

(一) 历史渊源

在中国历史上,国家统一的思想发端很早,并且几千年来绵延不绝。例如,梁惠王曾经问孟子:"天下恶乎定?"孟子回答说:"定于一";③ 墨子曾经说过:"国君唯能一同国之义,是以国治也……天子唯能一同天下之义,是以天下治也";④韩非子认为:"事在四方,要在中央"。⑤ 先人的这些国家统一的思想被后人继承和发扬光大并成了主流,是中国几千年来大一统的思

---

① 恩格斯:《集权与自由》,《马克思恩格斯全集》第41卷,人民出版社1982年版,第396页。
② 恩格斯:《1891年社会民主党纲领草案批判》,《马克思恩格斯选集》第4卷,人民出版社1995年版,第413页。
③ 《孟子·梁惠王章句上》。
④ 《墨子·尚同》。
⑤ 《韩非子·扬权》。

想渊源。

秦朝结束了自春秋战国以来五百年诸侯分割的局面，成为中国历史上第一个中央集权制国家。秦朝创立帝制和以三公九卿[1]为代表的中央官制，废除分封制代以郡县制，彻底打破自西周以来的世卿世禄制度，强力维护国家统一，强化中央对地方的控制，推行车同轨、书同文、行同伦而统一文化风俗，加强了大一统的凝聚力，奠定了中国大一统王朝的政治基础。此后中国社会的发展，在政治、经济、文化、制度等社会各个方面，历朝历代都把中央集权作为地方分权（分封）的对立面而不断加以巩固和发展。虽然地方分权力量的对抗无法从根本上消除，历史上也出现过短暂的分裂时期，但是中央集权的大一统态势从未被撼动，统一始终是中国社会发展的主流。

如果说秦始皇在制度上确立了中央集权的大一统，那么汉武帝则从思想上确立了中央集权的大一统。汉武帝接受董仲舒提出的"罢黜百家，独尊儒术"[2]的主张，将儒家思想上升为社会正统思想即国家意识形态。提倡中央集权的大一统是儒家的基本思想，汉武帝以后历代统治者在两千多年的封建统治中都尊奉儒家思想的治国理念。

大一统的制度和思想对中华民族"多元一体"① 格局的形成具有至关重要的作用。广袤的中华大地上，原先存在诸多孤立的民族单元，他们经过不断的接触、交往、混合和融合，同时也有分裂和消亡，同质性因素逐渐积累，形成一个你中有我、我中有你的多元统一体。具体地说，秦汉的统一，是以汉族为主体的统一，在中央集权政府的专制统治下，各民族同质性因素的发展获得了强大的推动力。

但是，在中国封建社会时期，自给自足的自然经济占主导地位，民族相对分散，加之疆域辽阔，各个民族的发展很不平衡。所以，中国统一与中华民族多元一体格局的发展经历了一个螺旋式上升过程，即统一——分裂—统一的两个历史大循环。第一个循环是从秦汉的统一到魏晋南北朝的分裂，再到隋唐的统一；第二个循环是从隋唐的统一到五代宋辽金西夏的分裂，再到元明清的统一。在这两次大循环中，中原地区经历了三次民族大混杂、大混合。汉族深入到原视为蛮荒异域的边远地区的各个少数民族当中，汉族充实了少数民族，少数民族也充实了汉族。1840年鸦片战争以前，中华民族自主发展，没有外部力量威胁到各民族的共同利益，中华民族的一体性表现得并不明显。当外国侵略者试图灭亡中国的时候，中华民族面临生死抉择。在救亡

---

① 费孝通主编：《中华民族多元一体格局》，中央民族学院出版社1989年版，第7页。

图存时中华民族的一体性和自觉性得到了充分展示,人人都意识到自己是中华民族的不可分割的一分子,民族兴亡个个有责。

一部中国社会发展史,从一定意义上讲,就是中国人民要求统一、反对分裂的历史。中央与地方的矛盾在历史上造成了无数次的分裂局面,这无不令当时的炎黄子孙痛心疾首。但每一次分裂都不是为了成立单独的民族国家而是为了再统一,暂时成立一个新的王朝或政权是为了聚集力量统一全国。春秋五霸争雄是为了恢复周王朝的天下;三国鼎立不是与对方永久抗衡,而是为了再统一而建国号,最终三分归晋;唐末藩镇割据盛行,但藩镇长官在名义上接受唐王朝的统治,不与唐王朝分治。五千年的历史证明:分裂国家是中国历史上最大的禁忌,谁分裂国家,将遭千古骂名,千夫所指;在中国的政治角斗场上,只有爱国者才可能成为赢家;国家统一、社会稳定是人民安居乐业的基础,中央集权制是保持国家稳定、连续、统一的基石。统一中国,千古美誉,世人称赞。从秦始皇到汉武帝,从唐宗宋祖到一代天骄成吉思汗,从康熙乾隆到孙中山,从"国家兴亡,匹夫有责"到"家事国事天下事,事事关心"这种永久的、粘连国家统一的爱国主义心理是谁也改变不了的,也正是这种爱国主义心理坚强地维系了数千年文明古国的超稳定结构,使古老大一统的中国像绵延不绝的万里长城。由于台湾问题,今天中国还未完全实现统一,这是中华民族的心痛。但台湾迟早是要回到祖国怀抱的,这是中国的历史传统使然。

(二) 中国共产党的探索

虽然单一制传统对选择近代国家结构形式有重要影响,但是近代中国饱受外敌入侵和军阀混战的痛苦,已经千疮百孔,选择何种国家结构形式成了一个难题。中国共产党为此进行了艰辛探索。

清朝末年,中央集权统治已经完全陷入了危机。从戊戌变法开始,思想家们想通过政治变革救亡图存,于是重新思考国家结构形式问题。自从西方列强用炮火打开国门后,人们对比西方的先进强大和中国的落后弱小,认为这与中国中央集权统治密切相关,必须学习西方,改革国家结构形式。主要有两种主张,即地方自治和联邦制。

孙中山先生是地方自治的主要倡导者。他不想从根本上改变中国传统的单一制国家结构形式,意在调整中央与地方之间的关系,即由中央集权的单一制变为地方分权的单一制,中央权力缩小,地方权力扩大。孙中山先生的这个设想,符合民主政治的基本理念,也顺应了现代政治发展的大方向。由于中国几千年封建思想根深蒂固,社会大众素质跟不上时代步伐,人们一时难以接受因而遭到了失败。

联邦制则引起了人们更大的兴趣,20世纪20年代中国有过联邦制问题的大争论。虽然当时中国正处于军阀割据的混乱状态,但要求统一是全民的心愿。由于美国成功实行了联邦制,欧洲国家竞相仿效,大家认为联邦制是世界政治发展的趋势。在这种大背景下,无疑很多人把中国的统一和发展也寄托在联邦制上。

中国共产党也受到联邦制争论的影响,早期把建立联邦制共和国作为党的奋斗目标。另外,当时第一个社会主义国家苏联用联邦制形式解决了多民族组成的国家问题,具有示范作用。当时国内"联省自治运动"席卷全国,一些党员参与了该运动,并认为这是结束军阀混战、赶走帝国主义、实现国家独立和统一的重要途径。这就使得早期中国共产党坚信联邦制的准确性,忽视了传统惯性的消极作用。

从中国共产党二大开始到抗日战争结束,中国共产党曾多次提出建立"中华联邦共和国"或"中华苏维埃联邦"的主张。中国共产党二大宣言提出,党的奋斗目标之一就是"用自由联邦制,建立中华联邦共和国"。这是中共依据列宁为1920年6月共产国际第二次代表大会草拟的《民族和殖民地问题提纲初稿》中关于联邦制是各民族劳动者走向完全统一的过渡形式这一思想,第一次提出用联邦制解决国内问题的方案。在第二次国内革命战争时期,中共在一些文件中重申建立联邦制国家的主张。例如《中华苏维埃共和国宪法大纲》规定要建立"中华苏维埃联邦"。中国共产党一再提出联邦制,这是由于中国共产党早期"对于中国的历史状况和社会状况、中国革命的特点、中国革命的规律不了解,对于马克思列宁主义的理论和中国革命的实践没有统一的理解而来的"①。

抗日战争开始后,中国共产党在探索国家结构形式过程中有了新的认识。一方面,中国共产党及其领导下的革命政府继续主张联邦制。七大党章仍明确规定中国共产党在目前阶段的任务是"为解除外国帝国主义对于中国民族的侵略,为肃清本国封建主义对于中国人民大众的压迫,为建立独立、自由、民主、统一与富强的各革命阶级联盟与各民族自由联合的新民主主义联邦共和国而奋斗"。另一方面在中共一些重要文件中也出现了中国境内少数民族

---

① 毛泽东:《〈共产党人〉发刊词》(1939年10月4日),《毛泽东选集》第2卷,人民出版社1991年版,第611页。

与汉族联合建立统一的国家的提法。毛泽东在1938年中共六届六中全会报告中不提联邦制,而是提"允许蒙、回、藏、苗、瑶、彝、畬各民族与汉族有平等权利,在共同对日原则下,有自己管理自己事务之权,同时与汉族联合建立统一的国家"①。1940年4月和7月,中共中央西北工作委员会先后拟定并原则上经中共中央书记处批准的《关于回民族问题的提纲》和《关于抗战中蒙古民族问题提纲》都强调中国各少数民族与汉族"在平等原则之下共同联合抗日,并实现建立统一的三民主义的新共和国的目的"②。1945年毛泽东在七大报告《论联合政府》中反对大汉族主义,指出:"一九二四年,孙中山先生在其所著的《中国国民党第一次全国代表大会宣言》里说:'国民党之民族主义,有两方面之意义:一则中国民族自求解放;二则中国境内各民族一律平等。''国民党敢郑重宣言,承认中国以内各民族之自治权,于反对帝国主义及军阀之革命获得胜利以后,当组织自由统一的(各民族自由联合的)中华民国。'中国共产党完全同意上述孙先生的民族政策。"③抗战时期,中共较少直接提及联邦制,而是更多强调中国境内各民族自由联合建立统一的国家,但是没有明确提出单一制的国家结构形式。

在几十年的革命实践中,中国共产党对国情的认识逐步深化,更加意识到国家统一的必要性和重要性。当新民主主义革命即将在全国取得胜利的时候,在国家结构形式上,新中国究竟是照搬苏联模式还是建立有中国特色的模式是摆在中国共产党面前的一个现实问题。长期主持中共中央民族工作的李维汉同志认为,联邦制不符合国情,建议采取单一制的国家结构,同时在统一的中华人民共和国内实行民族区域自治制度。中共中央采纳了他的建议。

1949年9月中国人民政治协商会议第一次全体会议通过了起临时宪法作用的《共同纲领》第15条规定:"各级政权机关一律实行民主集中制。其主要原则为:人民代表大会向人民负责并报告工作。人民政府委员会向人民代表大会负责并报告工作。在人民代表大会和人民政府委员会内,实行少数服从多数的制度。各下级人民政府均由上级人民政府加委并服从上级人民政府。全国各地方人民政府均服从中央人民政府。"第16条规定:"中央人民政府与地方人民政府间职权的划分,应按照各项事务的性质,由中央人民政府委员会以法令加以规定,使之既利于国家统一,又利于因地制宜。"第51条规

---

① 《进一步贯彻民族区域自治的政策》,《人民日报》1953年9月8日社论。
② 史筠:《民族法制研究》,北京大学出版社1989年版,第118页。
③ 毛泽东:《论联合政府》(1945年4月24日),《毛泽东选集》第3卷,人民出版社1991年版,第1084页。

定:"各少数民族聚居的地区,应实行民族的区域自治,按照民族聚居的人口多少和区域大小,分别建立各种民族自治机关。凡各民族杂居的地方及民族自治区内,各民族在当地政权机关中均应有相当名额的代表。"《共同纲领》正式确立了有中国特色的单一制国家结构。

中华人民共和国选择单一制国家结构,是历史的和现实的、国内的和国际的、理论的和实践的、主观的和客观的等诸因素共同作用的产物。

(1) 历史传统

中国自秦朝开始就是一个中央集权的国家。各民族生息繁衍,互相融合,形成了不可分割的联系,国家统一和社会稳定是大家的共同愿景。尤其是从1840年鸦片战争到1949年中华人民共和国成立,各族人民在同西方列强和国内封建主义、官僚资本主义进行斗争的过程中,明确意识到本民族是中华民族大家庭不可缺少的一员,中华民族的整体利益高于一切,从而日益自觉结成一个民族整体,共同培育了中华民族的自觉意识和民族觉悟。于是,中华民族从一个自在的民族实体上升到一个自觉的民族实体。新民主主义革命取得全国胜利,结束了军阀割据、战乱绵延、地域封闭、民族分割、一盘散沙的局面,实现了中华民族的大统一和大团结,为新中国选择单一制国家结构形式奠定了坚实的社会基础。

(2) 意识形态

马克思主义是中国共产党确立的党的指导思想和国家意识形态。马克思主义从无产阶级革命的特点及其肩负的历史使命出发,认为在一般条件下,无产阶级应当坚持建立集中统一的单一制国家。恩格斯说:"民主主义的无产阶级不仅需要资产阶级最初实现的那种中央集权,而且还应当使这种中央集权在更大的范围内得到实行。在法国革命的短时期内,当山岳派执政的时候,无产阶级掌握了国家政权,它用榴霰弹和断头台等一切手段实行了中央集权。民主主义的无产阶级如果要重新确立自己的统治,就应当不仅使各个国家也都中央集权化,而且应当尽快地使所有文明国家统一起来。"[①] 因此,马克思主义原则上反对联邦制,只有在特定情况下,才把联邦制作为一种例外,作为走向完全统一的一种过渡形式。

(3) 制度渊源

中华人民共和国政权体制发端于土地革命战争时期根据地人民政权。人

---

① 恩格斯:《瑞士的内战》,《马克思恩格斯全集》第4卷,人民出版社1958年版,第392页。

民政权的建构过程是先下后上、先地方后中央。当新中国中央政权建立时,地方政权已在全国许多地方建立。在革命战争年代形成的各解放区政权由于受军事体制影响,在组织架构上是集中统一的。各时期根据地或解放区的各级政权都有自己的人民代表机构,但它们的实际权力有限。新中国政权建设借鉴了战争时期的政权建设经验。

中国革命的胜利离不开中国共产党的坚强领导。中国共产党实行高度集中统一的组织体制。党的组织体制必然影响以党为领导核心的政权机构。这种内在关系不是一国现象,而是世界现象。党的组织体制与政权机构越密切,党的组织体制对政府机构的影响就越大。其中,民主集中制是党一贯坚持的根本原则,中华人民共和国成立后也作为政权机构的根本原则。民主集中制在政权机构中体现在两方面:横向权力配置,实行议行合一,各级人民代表大会都由民主选举产生,对人民负责,受人民监督。国家行政机关、审判机关和检察机关都由人民代表大会选举产生,对它负责,受它监督;纵向权力分配,中央和地方的国家机构职权的划分,遵循在中央的统一领导下,充分发挥地方的主动性、积极性的原则。

(4) 经济体制

1949年3月中国共产党七届二中全会上已经确定了中华人民共和国成立后社会主义革命和建设的经济体制,就是革命胜利以后迅速地恢复和发展生产,通过对农业、手工业、资本主义工商业的社会主义改造,逐步确立以公有制为主体的社会主义经济,"使中国稳步地由农业国转变为工业国,把中国建设成一个伟大的社会主义国家"。①当时所设想的社会主义经济就是社会主义计划经济。②与计划经济相适应的政权体制就是高度集中统一的中央集权制。当时的中国积贫积弱,必须有一个强有力的中央政权有效调控社会资源,以对抗各种威胁和开展建设。

上述分析表明,1949年新中国选择单一制国家结构形式是明智的、理性的,不仅承继了历史传统,而且适应了现实需要。它是国家持续统一、防止任何形式分裂和社会永续发展的基本保障。

---

① 毛泽东:《在中国共产党第七届中央委员会第二次全体会议上的报告》(1949年3月5日),《毛泽东选集》第4卷,人民出版社1991年版,第1437页。

② 参见薄一波《若干重大决策与事件回顾》上册,中共中央党校出版社1993年版,第21—28页。

(三) 集分结合

国家宪法法律并未规定单一制国家结构制度，但是按照单一制的概念特征，大家公认中国采用单一制国家结构形式。不同于一般单一制国家中央与地方权限的统一划分，中国还存在两种特殊类型的地方政权：民族区域自治地方和特别行政区，它们的权力不但大于一般地方政权，而且有些权力比联邦制下的州或成员国的权力还要大。

1. 单一制下的民族区域自治

单一制国家结构形式一般适宜于民族关系并不复杂的国家。可是，中国是一个多民族的国家，历史上大汉族主义盛行，各少数民族均不同程度受到汉族的压迫或歧视。中华人民共和国成立后，这种思想仍旧存在，有些地方民族关系还很不正常。毛泽东指出："在民族关系上存在的问题，并不是什么大汉族主义的残余的问题，而是严重的大汉族主义的问题。"[①] 解决好民族关系问题，是实现国家完整统一的关键。因此，在实行中央统一领导的单一制中，对少数民族地方必须特殊对待，否则，不但不能改善民族关系，而且还会引发新的问题。

中国共产党在领导民族民主革命的过程中，逐步将马克思主义关于国家结构和民族问题的基本原理同中国的民族关系的实际状况结合起来，选择了民族区域自治制度。这样，既承继了中华民族延续几千年统一的历史渊源，又肯定了民族结构中主体的多元平等。

民族区域自治的基本原则是：各民族自治区域都是国家不可分离的一部分；各民族自治机关都是中央政府统一领导下的一级地方政权。民族自治地方政权与一般地方政权的区别在于，除拥有一般地方政权的职权外，还享有自治权。这是民族区域自治的核心和实质。但是，从中华人民共和国成立以来民族区域自治的实践来看，中央和民族自治机关的关系与中央和一般地方政权的关系的区别并不明显。大概有三方面原因：（1）从体制上说，民族自治机关都是中央政府统一领导下的一级地方政权，尽管宪法和民族区域自治法规定其享有广泛的自治权，但实际上自治权的大小最终取决于中央政府的集权和放权。（2）对民族自治地方自身而言，由于历史和文化的原因，经济和社会发展基础比较薄弱，很多地方是边远和贫困地区，对中央政府的依赖

[①] 毛泽东：《批判大汉族主义》（1953年3月16日），《毛泽东文集》第6卷，人民出版社1999年版，第269页。

性很强。这种依赖性在一定程度上限制了自治权的行使和发挥。(3) 从经济运行模式看，国家长期实行计划经济，民族自治地方的经济和社会发展统一纳入国家的经济和社会发展计划中，自然就会影响自治权的充分行使。随着市场经济体制在全国的建立，民族自治地方的经济和社会发展具有更大的空间和灵活性，民族自治地方的自主权也会得到加强和发展，从而会形成单一制下独具特色的中央与地方关系模式。

2. 单一制下的特别行政区

特别行政区是在"一国两制"思想的指导下，为解决香港、澳门、台湾问题，实现国家完全统一而采取的一项重大举措。"一个国家，两种制度"的构想是邓小平首先提出的，其核心是：在中华人民共和国内，港澳台地区作为特别行政区，其原有的资本主义制度长期不变，享有高度自治权。现行宪法第31条规定："国家在必要时设立特别行政区。在特别行政区内实行的制度按照具体情况由全国人民代表大会以法律规定。"在"一国两制"思想指导下，依据宪法规定，国家先后解决了香港、澳门问题，制定了香港和澳门特别行政区基本法，设立了香港和澳门特别行政区。特别行政区的实践表明，"一国两制"具有强大生命力，必定会成为解决台湾问题的最佳方案。

特别行政区虽然享有高度自治权，但它是中华人民共和国不可分离的一部分，直辖于中央人民政府。属于国家主权和国家利益的事务由中央管理，特别行政区必须服从。属于特别行政区的地方性事务，由特别行政区自己管理，除基本法规定应由中央监督的以外，中央不加干涉。基本法规定不明确的权力，属于中央。特别行政区与一般地方政权和民族自治地方机关的最大不同，就是实行资本主义制度。这种不同是基于港澳台由于历史形成的特殊情况的特殊对待。

特别行政区可以不实行国家主体制度，这种高度自治权已经超越了联邦制下州或成员国的权力，因此，有人质疑中国的单一制国家结构，认为中国已发展成为联邦制国家。这种观点是站不住脚的：(1) 权力性质不同。特别行政区的高度自治权，不是特别行政区固有的而是中央政府授权的，其性质是国家主权派生的地方权力，是非主权性的。特别行政区表面上享有和联邦成员类似的权力，有些方面甚至超过联邦成员，但两者性质完全不同。联邦成员本身就是主权国家，在参加联邦时分出一部分主权给联邦外一般还保留了一部分主权。它享有的自治权带有主权性质。联邦成员一般有退出联邦的权力，特别行政区就没有这个权力。无论特别行政区权力多大，都是中央管辖下的地方机关，这种自治权不同于联邦成员的自治权。(2) 判断一个国家的结构制度必须着眼于国家的整体状况，不能拿个别地方和特殊事件以偏概全。不能因为特别行政区实行资本主义制度就说中国是资本主义国家，不能因为特别行政区实行三权分立制度就说全国人民代表大会制度已经变质。中国还是社会主义国家，人民大表大会制度还是中国的根本政治制度。特别行政区只是一个例外，无法改变国家的性质。中国只有一部宪法、一个中央政府、一种国籍。不管特别行政区自治权多大，都是国家的一级地方政权，必须服从中央政府的统一领导。因此，特别行政区的建立，并未改变中国单一制的国家结构形式。

由此可知，中华人民共和国自成立以来就实行单一制的国家结构制度，只是这种单一制具有鲜明的中国特色：（1）在少数民族聚居地区实行民族区域自治制度，解决了汉族和少数民族关系问题；（2）在港澳（台）地区实行特别行政区制度，解决了历史遗留问题。

三 构建合理的中央与地方关系

中华人民共和国国采取单一制国家结构形式，所有地方行政区域，包括民族区域自治地方、特别行政区和还未统一的台湾省，都是中华人民共和国不可分割的部分。要在单一制的国家结构形式内，吸取历史上的经验和教训，根据中国的国情和历史传统、民族习惯来构建合理的中央与地方的关系。这里讨论中央和一般地方的关系，中央和特别行政区、民族区域自治机关的关系在其他章节中阐述。

（一）中央集权

在单一制国家，如何处理中央和地方的关系，主动权在中央。改革开放前，中央对集权和分权的调节，一方面是适应国民经济发展的要求，另一方面取决于党政关系和政治形势的发展。在大多数时候，后者作用是主要的，没有形成稳定协调的中央和地方关系。

1949—1953年。中华人民共和国成立时，中央人民政府委员会具有权力机关和行政机关的双重性质。国家行政体制，中央是中央人民政府委员会下辖政务院；地方实行大区、省、县、乡四级或大区、省、县、区、乡五级，其中比较特殊的是大区建制。当时实行这一建制的主要考虑是，新政权刚建立，各地情况不一，发展不平衡，有的地方还需要实行军事管制。这就决定了应当给地方较大自主权，实行党政军一体化管理，以便因地制宜，制定各地政策。随后，全国划分为东北、华北、华东、中南、西北、西南六大行政区。实行大区制，也便于刚成立的中央人民政府对全国进行组织和协调。除华北人民政府并入中央外，其他五个大行政区都设有大区一级的行政机构。当时的大区人民政府或军政委员会是本辖区内最高一级的地方政府，享有一定的地方立法权，同时也是中央人民政府的代表机关。1952年11月，中央人民政府为加强集中统一领导，准备启动大规模的计划经济建设，决定将大区人民政府（或军政委员会）一律改为行政委员会，不再作为一级政权机关，而仅作为中央人民政府的代表机关。这样，各大区原有的地方自主权就被收归中央（通过其代表机关）行使。

1954—1955年。1954年，中华人民共和国第一部宪法和地方组织法颁布实施，此前第一个五年计划已开始执行，这为进一步规范中央和地方的关系提供了基础。

宪法规定，国务院是最高国家行政机关，统一领导全国各级地方人民政府的工作。在此时期，出于集中协调全国资源以适应第一个五年计划下大规模发展经济的需要，1954年6月中共中央就通过政治局扩大会议决议撤销大区一级党政机关，各大区行政委员会随同各中央局、分局一并撤销。至10月份，各行政大区及其相关党政机构已不复存在，在中央与省、市之间减少了一个行政层次。原属各大区的权力有相当一部分集中到中央。中央还撤销或合并了一些省和大部分直辖市，中央直接领导的省级行政单位大大减少。这样，中央不再通过代表机关而是直接实施对省的领导和控制，中央权力进一步集中和加强。大行政区撤销后，在反对分散主义和地方主义的方针指导下，也出于确立以指令性计划统揽全局的经济管理体制的需要，中央政府一些部门也开始把更多的权力集中上来。第一个五年计划时期的绝大部分资金集中在中央手里，中央财政收入占总收入的80%，中央财政支出占总支出的75%。①

"五四宪法"确立一级立法体制。宪法规定全国人大是唯一立法机关，省一级机关不具有立法权。宪法还确定了人民法院上下级之间的监督关系和人民检察院上下级之间的领导关系。

1956—1958年。在中央高度集权的体制下，人、财、物和产、供、销由中央各有关部门统管，造成"条条专政"，从而限制了地方，管死了企业。

---

① 吴山、姜红主编：《块块经济学》，海洋出版社1990年版，第1—2页。

地方对此十分不满，纷纷要求放权让利。1956年毛泽东发表《论十大关系》，专门谈到中央和地方的关系，指出发挥中央和地方两个积极性比只有一个中央积极性好，只要不影响国家的集中统一，就应当向地方适度放权。如何看待中央和地方、地方和地方之间利益的辩证关系，毛泽东指出："我们要统一，也要特殊。为了建设一个强大的社会主义国家，必须有中央的强有力的统一领导，必须有全国的统一计划和统一纪律，破坏这种必要的统一，是不允许的。同时，又必须充分发挥地方的积极性，各地都要有适合当地情况的特殊。……而是为了整体利益，为了加强全国统一所必要的特殊。"[1]"正当的独立性，正当的权利，省、市、地、县、区、乡都应当有，都应当争。这种从全国整体利益出发的争权，不能叫做地方主义，不能叫做闹独立性。"[2]

1956年10月，中共中央、国务院联合下达《国务院关于改进国家行政体制的决议（草案）》，该草案遵循毛泽东发挥地方积极性的指导思想，提出了两方面的改革设想：（1）划分中央与各省（自治区、直辖市）的管理权限，划分省（自治区、直辖市）与县（自治县）以及县（自治县）与乡（自治乡）的行政管理权限；（2）扩大地方各级的行政管理权力和财政权力。

1958—1965年。在1958年大跃进运动中也出现了放权大跃进，并且很快就陷入了困境。由于权力下放过猛、过多、过散，出现了中央对地方失控、上级对下级失控的局面，全国的经济和社会发展混乱无序，刚确立的管理体制遭到了破坏。为了扭转这种局面，中央在1959年上半年开始调整和收权。1960年，中央首先决定在全国范围重新建立六个中央局，作为中央派出机构，加强对各省、市、自治区党委的领导。接下来，中央以"大权独揽，小权分散"为指导原则进行收权，中央再度回到高度集权的状态。

20世纪50年代后期的放权是将一部分属于中央政府及其所属部门的权力下放给地方，而60年代的收权主要不是将下放的权力收归中央政府及其所属部门，而是收归党的系统。1961年1月，中共中央在《关于调整管理体制的若干暂行规定》中明确指出："经济管理的大权应该集中到中央、中央局和省（市、自治区）委三级。最近两三年内，应该更多的集中到中央和中央

---

[1] 毛泽东：《论十大关系》（1956年4月25日），《毛泽东文集》第7卷，人民出版社1999年版，第32页。

[2] 毛泽东：《论十大关系》（1956年4月25日），《毛泽东文集》第7卷，人民出版社1999年版，第33页。

局。"1964年，毛泽东提出，在一切部门中都必须实行党委领导的制度。后来，中央和地方、地方和地方之间的行政关系在很大程度上被党内组织关系所取代，出现了严重的党政不分、以党代政现象，中央集权发展成为党的中央集权。

1966—1976年。这是"文化大革命"期间，国家的政治与行政体制严重瘫痪，并发生畸变。党中央高度集权，个人崇拜风气蔓延，但是地方处于无政府状态，国民经济面临严重危机。与此相应，国家结构形式在这些制度中不能得到准确反映。

1977—1979年。"文化大革命"结束后，为了扭转经济上的局面，全面恢复生产，从1977年开始，进一步调整中央和地方的权力和财政关系。尤其在财政税收上，中央规定了地方财政安排范围和规范了地方财政行为。

综上所述，改革开放前的30年，单一制国家结构形式虽然得到了一贯坚持，但是中央和地方的关系的内涵在不断地变化之中，国家权力在纵向上的配置长期处于一种不平衡的状态。主要表现为：（1）中央和地方之间的关系陷入集权—分权—再集权—再分权的循环之中，处在"一统就死，一放就乱"的两难境地。（2）政府间关系一直受到"条块"矛盾左右。集权，就会"条条专政"；放权，就会"块块搞活"。不论集权还是放权，都是拆东墙补西墙，双方的矛盾不仅没有解决反而加剧。（3）党内的组织关系往往代替政府间的行政关系，不但加剧了中央集权倾向，而且使得政府间的职权无法合理配置。（4）在中央集权下，中央和地方的权限划分，不是依据各自职能而定，而是依据中央对权力的集放程度而定，具有很强的随意性。纵向权力配置出现的问题，归根结底是体制的问题。不改变原有的经济、政治体制，就不可能构建中央和地方的合理关系。权力频繁变动，单一制国家结构的优点也无法体现出来。从1978年中共十一届三中全会开始，中国进入了改革开放时期，为解决该难题提供了契机。

（二）央地协作

1978年中国共产党十一届三中全会后，中国进入了以经济体制改革为先导的社会全面改革开放的时代。四十多年的改革开放取得了举世瞩目的成就，经济、政治和社会结构发生了深刻变化。当前，中国正处在由计划经济向市场经济、专制人治政治向民主法治政治、封闭半封闭的传统社会向全方位开放的现代社会过渡的社会转型时期，处在全面建成小康社会的关键时期，面临诸多新情况和新问题。

1. 社会基本态势

（1）经济基础和社会结构发生深刻变化

改革开放前，中国实行计划经济和全民所有制，国有经济和准国有的集体经济是国家的经济基础，其他经济成分几乎绝迹。在用户口把城市和农村分割为二元后，整个城市非农业经济被组成为一个规模巨大的企业，企业主就是党政机关，城市居民都是该企业的雇员，国有企业实际上只是进行成本核算的基层生产单位。

国有企业作为党政机关的附属物，基本任务是贯彻执行上级的一切指示和命令，至于生产什么、如何生产以及为谁生产都由党政机关通过计划指令决定，企业没有自主权。同时国有企业也是党和国家权力体系的基层组织，承担着广泛的社会职能，对其职工提供从生到死的全方位社会服务。

国有企业按照隶属关系，由各级党政机关分别经营，在每级机关经营它们的权利又被众多部门分割。于是统一的企业所有权被割裂，各个党政部门按照自己的利益来行使所有权，企业的绩效是各部门行使权利的综合结果，但各部门实际上只行使权利而不承担相应义务。国有企业面对的不是市场竞争而是党政机关，满足的不是市场需求而是党政机关下达的任务。由于决定企业生存和发展的权力掌握在国家手中，企业总是通过与党政机关的谈判来改变约束条件。在收入分配上搞平均主义，忽视地区间、行业间、企业间和个人间的利益差别。

农村实行集体经济，"三级所有，队为基础"的体制是改革开放前农村的基本经济制度。至于生产什么、生产多少以及生产资料由谁供应，由各级党政部门决定，生产计划层层下达，各级领导催种催收。计划是上级主管部门按更上一级和自己的意图制定，作为生产者的农民只能被动接受。国家对粮、棉、油菜子等主要农产品实行统购包销，由国家商业部门和准国有的供销社垄断经营，只保留有限的集市贸易，严禁长途贩运。农民是这种体制的主要受害者，他们被限制在土地上，失去了支配自己财产的权利和从事其他事业的自由，干多干少一个样，干好干坏一个样。

由此经济基础决定的中国社会结构是一种国家本位的稳定结构。整个社会可以分为工人阶级、农民阶级和知识分子阶层三大部分，全部统一在各级党政机关的领导之下，社会矛盾比较固定单一，稳定是社会的最大优势，但社会发展缺乏动力和活力。

在保持计划经济用行政命令配置资源总体制不变的前提下，改革开放前中国一直采取由上而下放权让利的措施来搞活国有经济，改革的重点是在各级行政机关之间划分权益和扩大企业自主权。这种体制下放改革，毫无例外地以造成混乱和随后重新集中告终。

改革开放后，人们逐步解放了思想，国家除继续采取一些修补办法维持国有经济运转外，把主要精力放到推行农村家庭承包经营制、发展非国有经济以及对外开放方面，寻找计划体制外新的经济增长点和改革突破口。这是中国经济体制改革的第一阶段，从1979年一直到1993年，经济学家称之为增量改革。[1]

经过10多年的增量改革，国有经济一统天下的局面被打破，非国有经济成为国民经济中不可或缺的力量，对解决就业、促进发展和维护稳定作出了重要贡献。但同时通过行政命令和指令性计划配置稀缺资源的计划体制依旧存在，该体制既不能应对瞬息万变的市场信息也不能调动企业和职工的积极性。面对按市场机制运行的有效率的非国有企业，计划体制下的国有企业困难重重，新旧体并存不利于所有企业的公平竞争。解决这种困境，要么回到计划经济体制，在改革成为不可逆转的趋势和经济全球化背景下，这显然不可能；要么顺应市场要求改革国有企业，这当然是明智的抉择。1994年开始对财税、金融、外汇管理、企业制度、社会保障体系等方面进行的改革，中国改革开放进入了整体推进的第二阶段。

2001年中国加入世贸组织，中国经济融入世界市场经济体系。2007年中国颁布实施了《物权法》，按照市场经济的要求，对国家、集体和私人的财产实行平等的法律保护。

中国市场经济体制已经建立但不够发达，市场在国家宏观调控下对资源配置的基础性作用逐步扩大；公有制为主体，私有、外资、股份制等多种所有制并存；按劳分配为主体，资本、技术、管理等生产要素按贡献参与分配等多种分配方式并存。由此经济基础决定的社会结构是一种多元主体的开放流动结构。到世纪之交，中国社会结构分化为十大阶层，即国家与社会管理者、经理人员、私营企业主、专业技术人员、办事人员、个体工商户、商业服务业员工、产业工人、农业劳动者、城乡无业失业半失业者；这些阶层分属于五个社会等级，即社会上层、中上层、中中层、中下层、底层，形成现代化的社会阶层结构的雏形。但按照现代社会要求，这些社会阶层中该缩小的没有小，该扩大的没有大，社会中间层规模依然过小，农业劳动者阶层规模过大。社会贫富分化悬殊和分配不公现象严重，

---

[1] 参见吴敬琏《当代中国经济改革》，远东出版社2003年版，第55页。

改革开放成果过于集中在部分地区、部分行业和少数人手上。[1] 这是现阶段中国经济社会的基本状况。

（2）适应经济社会发展要求的政治体制还未形成

中国改革的确定目标，是实现经济发展和社会全面进步，建成富强民主文明和谐美丽的社会主义现代化国家。改革初期，中国采取了经济改革优先于政治改革的策略，避免了大的社会震动。但是，经济改革带来的经济基础和社会结构的变化，必然要求建筑其上的政治体制相应变化。经济改革推进到一定阶段，不适应经济基础的旧政治体制就会成为新经济体制有效运转和继续改革的障碍。政治是经济的集中体现和反映，没有相应的政治改革就无法完成经济改革，政治改革不可逾越。但经济基础的改变并不必然导致政治体制的变化，政治体制有着相对的独立性和特殊性，政治改革比经济改革更为复杂敏感。

改革开放前，中国的政治体制是高度集权的政治体制，权力高度集中且作用无限。"这种现象，同我国历史上封建专制主义的影响有关，也同共产国际时期实行的各国党的工作中领导者个人高度集权的传统有关。"[2] 中国有几千年专制统治的历史，专制主义在社会各阶层有着深远影响。中华人民共和国成立初期中国仿效苏联建立了高度集中的政治体制，虽然这在当时有一定合理性，但人们长期错误以为社会主义应当对经济、政治、文化以及社会各方面实行高度集权的管理体制。

这种高度集中的政治体制存在官僚主义现象普遍、党政不分和权力过分集中、家长制作风盛行、特权阶层滋生等一系列弊端。[3] 实质上这是一种人治的制度模式，同社会主义平等理念格格不入，也违背了经济社会发展的客观要求。中共十一届三中全会以来，中央和地方各级政府颁布了一系列法律法规，陆续进行了局部的立法、行政和司法体制改革，着力理顺党和政府、中央和地方、政府和企业以及政府各部门之间等关系。但是，高度集权的政治体制依旧存在，严重阻碍了市场经济正常秩序的建立，主要表现为：①利用行政干预市场的权力进行权钱交易。在改革推进中，由于配置资源的市场机制和行政机制并存，一些人就利用二者之间的漏洞"寻

---

[1] 参见陆学艺主编《当代中国社会阶层研究报告》，社会科学文献出版社 2002 年版。
[2] 邓小平：《党和国家领导制度的改革》（1980 年 8 月 18 日），《邓小平文选》第 2 卷，人民出版社 1994 年版，第 329 页。
[3] 邓小平：《党和国家领导制度的改革》（1980 年 8 月 18 日），《邓小平文选》第 2 卷，人民出版社 1994 年版，第 320—343 页。

租""设租",谋取私利。寻租现象从行政领域向立法、司法等社会一切存在权力作用的领域渗透。②利用财产关系的调整谋取私利。经济转型时期是一个所有制结构大变动、利益关系大调整时期。由于原来公共财产的产权界定不明晰,而产权的重新界定由政府主导进行,在权力运行受不到严格监督和约束的情况下,一些权力拥有者就可能侵夺公共财产。③利用市场的不规范牟取暴利。市场经济有缺陷,市场失灵难以避免。在市场交易中,因为双方的信息不对称,信息强势者能够利用信息优势损害信息劣势者而获利,因此就需国家权力规范交易行为。中国市场经济还处在建立之中,既要面对市场经济固有矛盾产生的问题,如蒙骗消费者、欺诈舞弊等;也要面对市场关系尚未建立所造成的问题,如欺行霸市、特权垄断等。解决这些问题都离不开国家权力,由于国家权力缺乏有效制约,这就为权力使用者牟取私利提供了机会。

国家权力要从市场竞争领域转向公共服务领域并在民主法治轨道上运行,才符合市场经济的本质要求,市场经济体制的建立离不开民主法治政治体制。由于民主法治在社会中没有应有权威,一部分人在重复过去人治政治体制下的行为方式且处处受益,另一部分人则用民主法治的思维行事却步履维艰;人治的观念和民主法治的观念、人治的势力和民主法治的势力相互冲突,各种矛盾错综复杂;人治的政治体制正被摒弃但由于历史惯性还顽固地存在,民主法治政治体制虽具活力但未真正建成。中国正处在人治政治体制向民主法治政治体制的转型的关键时期,充满许多不确定因素。这是中国政治体制的现状。

(3) 中央与地方的权力结构不合理问题依然存在

改革开放前中国高度集中的政治体制在中央与地方关系上的主要表现,就是实行条块结合、以条为主的行政管理体制。中华人民共和国成立初期国家建立了同计划经济相适应的行政管理体制,中央政府把配置资源和组织生产的行政权力通过计划下达给中央政府各职能部门组织实施,在中央形成条条管理;中央政府各职能部门又将计划下达给地方政府相应职能部门,在地方形成块块管理;上下级地方政府又通过计划层层下达,最后到达生产企业,一切权力来自上级最终来自中央政府。纵观改革开放前30年中央与地方的关系,虽然国家不断通过权力收放来化解二者矛盾,但二者关系始终未达到平衡,总是处于"一统就死、一死就放、一放就乱、一乱就统"循环往复的困境。之所以如此,邓小平指出,其根本原因在于权力高度集中的政治体制,它是造成一切弊端的总根源。① 在该体制中，中央和地方职能不清，中央高度集权，可以随意改变地方职权，地方政府的主体地位和自身利益在制度上没有保障，不能发挥正常功能。

为了减少改革的阻力和找到改革突破口，改革开放初期中国选择了在传统计划经济体制外的非国有经济领域和个别地方先行的办法。同时，在原有政治体制下国家仍旧通过权力下放（主要是行政性分权）来扩大地方权力的方式，为经济体制改革的顺利进行提供必要的政治环境。①实行财政大包干，扩大地方政府财权。改革首先在江苏、四川两地试点，在此基础上，1980年国务院颁布实施了关于"划分收支、分级包干"的财政管理体制的暂行规定。这种"分灶吃饭"的财政体制赋予了地方实质性的财政自主权。1985年国务院决定实行"划分税种、核定收支、分级包干"的新模式，由于确立了以税种划分为分成包干的基础，这次改革在一定意义上为后来分税制的实行奠定了基础。1988年国家实行"财政大包干"，这是"分灶吃饭"体制的继续和发展。②从根本制度上保证地方权益。改革前中央与地方的关系可以说是一种委托代理关系，地方缺乏自主权。1982年宪法改变了地方被动的局面，宪法规定了中央和地方的职权范围，并赋予了省级地方权力机关一定立法权，加强了地方主体性和独立性。③扩大地方政府事权。从1984年起中央陆续颁发文件向地方下放各种具体权力，扩大城市政府经济管理权限。通过设置经济特区和沿海开放城市，赋予了这些地方国家机关更多权力。这一系列权力下放措施尤其是财政包干制强化了地方政府作为经济发展的主体地位，但很快就暴露出既损害中央政令统一又促成地方保护主义的弊端。一是强化了对市场割据的激励，妨碍了统一市场的形成。到20世纪80年代中期，地方政府从自身利益出发对上对下采取截然不同的政策。② 地区间相互封锁、分割市场、保护本地企业等地方保护主义行为蔓延，严重阻碍国内统一市场的形成。当时中国经济是"诸侯经济"。③ 二是出现"弱中央、强地方"的失控现象。国家财政收入基础不稳，但仍然要承担绝大部分原有任务，于是赤字大量增长，甚至无力支撑基本的公共服务。财政包干制导致地方财政机构向本地利益倾斜。政府把一些应该由财政支出的社会公益项目甩给有关单位

---

① 参见邓小平《党和国家领导制度的改革》（1980年8月18日），《邓小平文选》第2卷，人民出版社1994年版，第327—334页。

② 该方面的实证研究参见张闫龙《财政分权与省以下政府间关系的演变》，《社会学研究》2006年第3期。

③ 参见吴敬琏《当代中国经济改革》，远东出版社2003年版，第54页。

自行解决,导致"预算外"收支规模不断扩大和腐败日益加剧,引起社会的强烈不满。①

针对财政包干制出现的各种弊端,在借鉴国外分税制[3]财政体制成功经验的基础上,1993年中国共产党十四届三中全会《关于建立社会主义市场经济体制的若干问题的决定》提出,1994年全国范围内实行分税制。主要内容是:①在政企职责分离的基础上,明确省、县(市)和乡(镇)政府的职能,按职能划分各级政府的事权;②根据事权与财权统一的原则,依照各级政府的事权,确定它们各自支出的范围;③根据受益性质和征管有效性原则,合理划分税种收入;④逐步建立按计算公式进行的中央财政对地方财政的转移支付制度,以便逐步缩小地区间政府服务水平的差距。

分税制实质就是在中央与地方的财政分割上有一个合理的分配比例。其最基本的原则和内容有三个:在划分事权的基础上划分税种;中央与地方分开机构收税;中央要集中必要的财力。依据分税制的基本要求,财政收入分为中央税、地方税、中央和地方共享税三种。关税、增值税、工商统一税、外资和合资企业的工商统一税、债务收入等为中央税;农业税、房产税、地方国有企业所得税、集体企业所得税、个人所得税等为地方税;产品税、营业税、资源税等为中央与地方共享税。在少数民族地区实行中央和地方的"二八"分享,其他地方一律"五五"分享。财政支出也同样分成三类:归中央统筹的基本建设投资、科技投入、国防、外援支出、行政管理费等归中央财政支出;地方统筹的基本建设投资、地方企业的挖潜改造和新产品开发费等归地方财政支出;还有一项是中央专项支出。

分税制是市场经济国家普遍实行的一种制度,是处理中央与地方财政分配关系的比较规范的办法,是一次中央和地方的"共赢"方案。分税制的"统一税法、公平税负、简化税制、合理分权"的准则以及税收的中性原则,有利于保证中央财政收入的稳步增长,有利于增强国家的宏观调控能力,同时也有利于打击地方保护主义,防止地方经济割据。但是,在提高中央财力,强化中央调控权的同时必须注意两点:一是强化应建立在市场机制充分发挥作用的基础上,不应等于经济性集权,不应等于传统职能的复归;二是强化中央财政并不意味着弱化地方财政,即使基础性设施的建设和外部经济性强的产业的投资也不能由中央全部包下来,而应由中央和地方共同承担。

分税制是中华人民共和国成立以来中央与地方利益格局调整最为明显、

---

① 吴敬琏:《当代中国经济改革》,远东出版社2003年版,第254—257页。

影响最为深远的制度创新,是适应市场经济内在要求的财政运行体制,与以往历次财政体制改革有本质区别。从运行情况看,分税制对作为独立主体的中央和地方政府所必备的物质基础提供了基本的制度保障。分税制通过建立各级政府各司其职、各负其责、各得其利的约束机制和费用分担、利益分享的归属机制,理顺了各级政府间责权关系。合理的纵向财力分配机制,不但加强了中央宏观调控的能力和中央转移支付的力度,限制了地方保护和市场封锁,而且调动了地方的积极性,促进了地方政府经济行为的合理化。

但分税制只是涉及国家行政权的财权方面,还有待进一步完善,对其他权力配置影响十分有限。事实上中国实行分税制以来中央高度集权的政治体制并未改变,中央与地方的权力结构不合理问题依然存在。但分税制改革的启示在于,顺应市场经济要求、借鉴国外经验和结合中国实际,采取整体着眼、局部着手、循序渐进的策略,通过具体制度创新的方式,就可以平稳解决经济和政治体制改革中出现的各种问题。随着分税制的推行和其他配套制度的改革,将使过去中央高度集权、部分权力在中央与地方之间随意循环、地方过分依赖中央的局面向新型中央适度集权、地方适当分权、集权分权对立统一的状态转变提供契机,中央能够确立应有权威,地方能够拥有真正分权,中央与地方的关系将会更趋合理和规范。

(4) 地方保护主义仍是社会顽疾

1990年代以来,中国的地方保护主义方兴未艾。地方保护主义的实质是为了局部利益损害整体利益。地方保护主义的表现形形色色、五花八门,如在经济上,搞大而全、小而全的经济体系和地区垄断的市场体系,盲目建设,重复引进,投资分散化,项目小型化;在执法领域,地方审判机关利用权力,背离事实和法律规定,偏袒本地当事人,损害外地当事人的利益;等等。地方保护主义如此猖獗,愈演愈烈,究其根源在于:①狭隘的地方利益是地方保护主义产生的内在动力。改革开放以来,中央一再"放权让利",地方自主权日益扩大,地方政府独立性日益增强,地方利益相对独立化。由于中央宏观调控能力的弱化和中央与地方事权关系的模糊,导致了地方政府片面追求地方利益而牺牲国家利益。②地方政府的合法性来源的变化。随着地方人民代表大会制度的完善,地方政府的合法性来源从主要来自于中央政府,逐步转到同时也来自于地方的人民代表大会,甚至后者更为重要;地方政府的行为从基于中央授权,转到也基于地方选民授权,必须对选民负责方面来。不完善的地方性立法助长了地方保护主义的滋长。③理论和制度的不完善给地方保护主义提供了可乘之机。中央实行放权让利是在理论上还没有形成社会主义市场经济的改革模式、更没有认识到中央政府对国民经济应该实行何种管理形式的情况下展开的，突出地表现在没有强调中央政府的职能和权限、甚至削弱了这些权限；或者使得地方政府有能力争取相应的对策来改变中央宏观政策的管理目标，即所谓"上有政策，下有对策"。结果会出现大地方、小中央，或强地方、弱中央的现象，最突出表现在整个中央财政收入只占国家财政总收入的小部分。④法制不健全，中央与地方权限不明确，也给地方保护主义提供了缺口。

地方保护主义有着非常严重的危害性：①它颠倒了整体与局部之间的关系，不同程度地肢解了社会主义的统一市场，影响着生产要素的合理流动和优化组合。②它瓦解了中央宏观调控应有的威力，使中央权威受到挑战。中央的法规政策不能得到遵守和执行，中央的指令不能"算数"或不能"完全算数"。中央权威的弱化不仅严重影响政府对社会生活的整合能力和行政能力，而且也是导致国家的政治分裂、政权解体的重大隐患，危害性极大。③地方保护主义使一些企业不知不觉地丧失了竞争力，造成经济效益低下，不利于企业的优胜劣汰。地方保护主义是发展中国家政治改革和经济现代化中的顽疾，必须下大力气方能解决。

2. 构建中央与地方的和谐关系

40多年的改革开放虽然取得了巨大成就，但在社会诸多领域已触及到各个阶层的根本利益和传统社会制度的核心价值，积累了许多深层次矛盾，阻力与动力并存，改革正处在关键时期。如果不继续改革就难以完成社会转型，但改革必须顾及这些矛盾的复杂性和关联性，同时还要应对复杂多变的国际政治经济环境，防止外部势力的捣乱和破坏。无论社会任何方面的进一步改革，稍有不慎就会引起社会动荡。停顿倒退没有出路，深化改革要冒更大风险，社会各个方面的改革都面临如此困境。因此，要充分估计社会转型时期的各种利害因素，遵循社会主义民主法治政治体制改革的总体目标，积极稳妥地推进中央与地方关系的合理化。

（1）理顺党政关系，改变执政方式

正确处理执政党与政府的关系是合理构建中央和地方关系的基础和前提。

在反思过去执政实践和借鉴西方先进国家执政经验的基础上，1978年中共十一届三中全会加深了对现代政治文明的认识，确立了党政各司其职、依法执政的指导思想。

党政各司其职的依据就是：在社会主义社会，共产党和政府是有着本质区别的两个组织系统，共产党和政府之间存在职能差异，共产党是政治组织，不是国家权力机关、行政机关和司法机关，不应当代替或直接行使国家机关的职能。2014年中共十八届四中全会作出《中共中央关于全面推进依法治国若干重大问题的决定》，开始了全面依法治国的新征程，更加强调了依法执政的指导思想。依法执政顺应了世界民主政治发展的总趋势和市场经济运行的客观规律，是中国共产党对执政方式艰辛探索后确定的具有重大战略意义的治国方针，是新时期中国共产党在处理党政关系方面正确的制度抉择。

在中国实现依法执政，关键是要处理好党的领导与依法执政的关系以及党的政策与国家法律的关系。有人认为，既然法律体现的是执政党意志，那么执政党意志应当高于法律，依法执政反而不利于甚至是否定党的领导，把依法执政与党的领导人为地对立起来。其实二者本质上是统一的。党把自己同人民意志相符的各项主张上升为国家意志并用法律形式表现出来，政府依法管理国家和社会就是间接地贯彻党的意志。党从过去具体繁重的国家社会事务中解脱出来，能够专注党的自身建设，提高党的执政能力和领导水平。由于不再受到党的直接干预而是有了法律制度的保障，政府之间的职权分配可以更加规范，各级政府可以更加有效地开展工作。另外，法律和政策虽然没有根本性冲突，但分歧不可避免。虽然宪法确立了法律最高地位，但现实中党的政策比法律更有权威，很多国家机关及其工作人员已经习惯按政策办事而不是依法办事。这是背离依法执政的本意的，又回到了原来党政不分的状态。为了从根本上防止党政不分，可以考虑制定《党政关系法》，为依法执政提供制度保障。

（2）顺应社会发展，构建合理的中央与地方的权力结构

历史证明，国家结构形式同市场经济和民主法治政治没有必然联系，只要中央与地方的权力分配合乎它们的要求，采用单一制或联邦制结构的国家都能建立市场经济体制和民主法治政治体制。中国采用单一制结构形式，这是符合中国历史和国情的正确选择。因此，要反对那些试图照搬西方模式来改变中国单一制国家结构形式的想法和做法，同时也要反对那些将马克思主义经典理论教条化而不顾社会发展因循守旧的思想和行为。在单一制结构内合理配置中央政府与地方政府的职权，这对建立中国特色的社会主义市场经济体制和民主法治政治体制的改革目标而言，既是必然要求又是必要条件。

构建合理的中央与地方的权力结构是一个逐步完善的经验过程，不能按照理想设计进行，只能从人们在实践中不断达成的共识出发：①以人民的权利和宪法为本。"人民的权利，是国家权力的基础和源泉，在人民作为整体

时，它享有国家的一切权力；在人民作为个体时，他（她）享有广泛的权利"。① 权力不是先天存在的也不是国家固有的，而是来源人民让与的部分权利。人民通过宪法建立国家，把让与国家的部分权利规定在宪法中，是为了更好地实现和保障自己更为重要的权利。但国家权力一旦形成后就具有相对独立性，它由国家机构而不是由整体的或个体的人民行使，其力量远比人民的权利大，既能保护也能侵犯人民的权利。基于国家权力的双重性，现代人民把是否有利于维护人民的权利或者是否合乎宪法作为判断国家权力是否正当的最终标准。②基于利益性质划分中央与地方的职权。在国家中，既存在适宜由中央政府管辖的国家整体利益和社会普遍利益，又存在适宜由地方政府管辖的局部利益和地方特殊利益，还存在适宜中央与地方共同管辖的关联利益。这些不同利益的客观存在是划分中央政府和地方政府职权的基础，"凡事物有全国一致之性质者，划归中央；有因地制宜之性质者，划归地方"，② 关联利益的管辖应当具体情况具体对待。相应地，国家权力可分为：中央专有权力、地方专有权力、中央与地方共享权力。根据利益性质将国家权力分类，这只是为如何配置中央政府和地方政府的职权提出理由，并不说明地方政府权力的来源发生了变化，因此不违背单一制下地方政府权力来自中央授权而并非地方固有的基本要义。在单一制结构下构建中央集权与地方分权的合理关系，不在于二者权力的多少，关键在于二者的权力分配是否符合利益性质，并且要随着利益性质的变化不断调整二者的权力分配。③充分发挥两个积极性的原则。这个原则是中共中央一贯强调的。在新的形势下，必须更好地坚持发挥中央和地方两个积极性方针。只有把中央和地方两个积极性都发挥好，才能使国家的各项事业健康地向前发展。发挥两个积极性就是既要承认"小河有水大河满"，又要承认"大河无水小河干"，并把"大河""小河"变成为一条完整的河。④中央与地方关系法治化。纵观世界各国尤其是发达国家，都是按照民主法治政治体制的要求，由宪法和相应法律对其进行规定，同其相关的问题严格依法处理。人们已经充分认识到，没有比法律更好的制度、比法治更好的方式用来构建中央与地方的合理关系。

要按照合理的中央与地方关系的基本原则，实现中央集权与地方分权的有机结合，发挥中央和地方两个积极性。实现地方自主权要与地方主义区分开，积极争取与全国整体利益一致的地方利益，不叫地方主义。地方自主权

---

① 刘瀚主编：《依法治国基本方略》，学习出版社 2001 年版，第 17 页。
② 孙中山：《国民政府建国大纲》，《孙中山选集》，人民出版社 1981 年版，第 603 页。

也要与地方割据分开，地方割据是指地方政府凭借自己的经济等实力，称雄一方，脱离中央的统一领导，各自为政，从而在自己的势力范围内享有完整独立的税收权、物资权、人事权等其他权力。要坚决采取有效措施反对地方割据。

要强化中央权威。加强中央对地方的控制权是中央政府的职责要求。中央政府的主要职责有：国家的独立和安全，国家主权与领土完整的维护，公民权利的保障，国家政治、经济、社会的整体协调发展，宏观经济稳定和经济发展的维持，合理、公正收入分配的建立和维护，社会救济，重大危机处理等等。中国正在进行的经济体制改革的目标是建立社会主义市场经济体制。市场经济的实行，并不意味着"管得越少的政府便是最好的政府"，因为纯粹的市场经济如同纯粹的计划经济一样，都存在着一些本身无法克服的缺陷，如不稳定性、垄断性、不合理性等等，这就要求政府采取有效措施加以解决，以保证市场经济的顺利运行。可见，在市场经济体制下，政府的作用不但不能削弱，而且还要进一步强化，政府与市场是现代市场经济中不可或缺、分工协作的两种最基本的制度安排。二者存在着一个基本的协调关系：只有以市场为基础，充分尊重社会公众的自由选择，政府才能发挥主导作用；同时，也只有在政府合理发挥其应有职能的前提下，市场才能健康运行。这一切都离不开强有力的中央政府，离不开中央对地方的控制。

加强中央对地方的控制，并非要削弱地方应有的、合法的权力和利益，而是按照社会主义市场经济规律和民主法治的要求，强化中央的权威。（1）强化中央政府的监督功能。监督的方式很多，主要有：立法监督，规定地方立法权限，审查地方立法；政策监督，建立地方政策呈报制度；行政监督，对地方行政行为进行监督，以保证其公正和合理；财政控制，财政控制是广泛运用的一种监控形式。（2）依法树立中央政府权威。中央权威的运用主要是通过颁布和制定法规政策来实现的。既要保证制定法规政策的严肃性，克服制定政策的盲目性和随意性；又要保证执行法规政策的严肃性，坚持原则性和灵活性的统一；不允许以任何借口搞违背中央政策的"对策"，防止解释政策法规的实用主义和庸俗化，以保持法规政策的严肃性和权威性。对抵制法规政策执行的人加以严厉制裁，提高政策和法规政策的威慑力，是阻止中央权威弱化的根本途径。（3）加强党的执政能力建设。处于现代化中的国家的稳定取决于这个国家执政党的力量，中央政府的权力运作能力同样取决于执政党的弱势或强势。世界上发生动乱的国家主要是政党软弱的多党制国家和没有有效政党的国家。一个国家的中央政府之所以强大有力，是因为这个国家有强大、统一、稳定的政党。(4) 坚决反对地方保护主义。在认识了地方保护主义的危害性之后，必须考虑反对地方保护主义的措施。首先，统一认识，树立"全国一盘棋"的思想。邓小平曾强调指出："中央要有权威。改革要成功，就必须有领导有秩序地进行。"[①] 市场经济要求统一的市场、统一的规则、统一的法制，有效的宏观调控，不然就乱套了。因此，要加强对社会主义市场经济和社会主义法治基本知识的学习和宣传。其次，在局部和全局的关系上，要着眼于全局看问题，把思想真正统一到全国工作的大局上来。只有着眼于全局才能正确认识形势，同样只有着力于局部才能解决问题。事情有大道理，有小道理。有些问题从局部看，从眼前看，利益很明显，理由很充分，但从全局看，从长远看，于改革和发展的大道理无益甚至有害。小道理就必须服从大道理。再次，反对地方保护主义，领导是关键。要提高各级政府领导人对地方保护主义的危害性的认识，使他们正确区分地方保护主义和地方自主权的界限，自觉抵制地方保护主义。地方保护主义的保护伞是地方政府及其领导人，如果地方政府及其领导人撤走保护伞，那么地方保护主义将无藏身之地。最后，依法健全中央的宏观调控职能，增强中央政策的有效性，保证中央权力的高效率运行。

1982年宪法对中央与地方的立法权限作了原则规定：中央与地方均享有立法权，地方立法不得违背中央立法，下位法不得违背上位法，一切立法都不得违背宪法。宪法是国家的根本大法，具有最高权威。但宪法的个别规范要随着社会发展进行修正。中国曾于1988年、1993年、1999年、2004年、2018年先后5次对1982年宪法个别规范进行了修正。但在未修正前，国家机关不得借口社会发展违背这些规范，宪法的最高权威不容侵犯。法治国家的实践表明，这种做法非但不会阻碍社会发展，反而会为社会良性发展提供有力的宪法保障。2000年国家根据宪法颁布实施了立法法，中央与地方的立法权限更加明确具体。只要遵循宪法和立法法，中央和地方就既能独立行使各自立法权，又能形成上下良性互动的立法运行机制。

行政机关在以改革为动力的社会转型中发挥重要作用。首先，市场化改革是制度的重新安排，意味着利益关系的大调整，必然遭到原有既得利益者的阻碍和反抗，这就要求行政机关运用经济、行政、法律等各种手段消除它们。其次，市场机制的有效运转需要一定的基础条件，市场机制本身也存在

---

① 邓小平：《中央要有权威》（1988年9月12日），《邓小平文选》第3卷，人民出版社1993年版，第277页。

诸如市场失灵的缺陷，这就要求行政机关必须发挥应有的职能。再次，在转型期间，由于市场制度的不完善，经济协调方面的缺失比成熟市场体制下市场失灵的范围更加宽泛，行政机关需要起到的作用也就更大。但由于行政机关在市场机构外进行活动可能造成的低效率，行政机关组织本身的内在性有可能偏离社会公共目标，行政机关所应有的增加预算、增加复杂性和控制信息等特性，行政机关干预派生的外在性，收入和权力分配不平等，以及滥用权力进行腐败等原因，行政机关也会出现失灵问题。在中国转型时期这些问题会更加明显，由于行政机关工作人员大多数是既得利益者，他们甚至会成为继续改革的阻力。因此，如何正确划分市场作用和行政作用的范围、如何在市场机制和行政手段之间进行适当搭配，是经济体制转型的关键，也是行政职能转变的关键。要借鉴市场经济发达国家的有益经验，把原来计划经济体制下全能的行政职能转变为适合市场经济体制的有限职能。行政机关逐步退出一般竞争性领域，逐步减少盈利性、经营性领域的投资与资助；实行政企分开，用现代企业制度改组国有企业，把经营性事业单位推向市场；通过增加对教育、科技、卫生、公共安全、社会保障、基础设施建设等的保障力度，逐步建立起为全社会提供公共物品服务的职能体系。在行政职能转变的同时，按照权力与责任相一致的原则，继续完善分税制和相关制度的配套改革，合理分配中央与地方之间的行政职权。

司法机关（法院和检察院）和司法权结构是：中央设置最高司法机关，根据行政区域设置地方各级司法机关，根据需要设置专门司法机关，并规定各自职权；各级司法机关依法独立行使司法权，但同时须对本级人大及其常委会负责并报告工作；下级法院接受上级法院的监督，地方各级法院和专门法院统一接受最高法院的监督，下级检察院接受上级检察院的领导，地方各级检察院和专门检察院统一接受最高检察院的领导。司法权的基本功能是依法裁判，司法权运作所追求的价值是司法公正。司法公正是维护社会公正的最后一道防线，当一切社会矛盾和纠纷在其他途径和方式不能解决时，人们就只能通过司法渠道并希望得到公正处理。司法独立是实现司法公正防止司法腐败重要的制度保障。中国宪法和法律规定，法院和检察院依法独立行使职权，不受行政机关、社会团体和个人干涉，但同时必须接受党的政治、组织和思想领导，接受人大和舆论等的监督；地方法院要接受最高法院的监督，地方检察院要接受最高检察院的领导；司法人员在办案过程中，要接受司法机关内部的领导和安排。因此，中国的司法独立，是司法机关的部分独立，而且不包括上下级机关之间以及司法人员的独立。一方面，司法不公现象很多，其实这跟司法没有真正独立有关。社会对司法的满意度就低，人们担心一旦独立司法会更腐败，所以就越不让司法独立。另一方面，司法越是不独立，就越是容易出现司法腐败，结果就越不能得到人们的信任。司法不独立和司法腐败互为条件，形成恶性循环，这是目前中国司法的困境。法治国家的实践表明，虽然影响司法公正的主客观因素很多，但实现司法公正的基础和根本在于是否存在司法独立的制度安排。司法具有被动性，司法改革不会引起社会的过度反应。因此，要按照司法公正和独立的要求，明确规定司法机关只服从法律、上下级司法机关之间独立行使司法权、司法人员独立办案与错案追究、司法预算单列等一系列改革措施，保障中央和地方司法权的独立运行。

中央与地方关系的建构，一方面要坚持中央与地方适度分权，另一方面还要建立中央与地方的协作关系。在分清了哪些方面要集权，哪些方面宜分权之后，还需要寻找一个适当的形式，使两者相互作用，相辅相成，使之对整个体制的存在和发展都起到积极的作用。当然，中央与地方协作的前提是保证中央政令的统一，保证中央的权威。在强化中央的权威中，应充分、切实尊重地方的权益，保持地方的效率和活力。充分尊重地方的正当和特殊的利益，是发挥地方积极性的基础。无视、不尊重地方利益，分权便失去意义。尊重地方权益，也是中央政府合法性权威的主要来源。在中央与地方应分工合作和相互协商的问题上，毛泽东有过精辟的论述。1955年3月毛泽东在《在中国共产党全国代表会议上的讲话》中指出："只有中央各部门和地方党委齐心协力，分工合作，第一个五年计划才能够完满地实现"。[①] 1956年在《论十大关系》中他又指出："我们要提倡同地方商量办事的作风。党中央办事，总是同地方商量，不同地方商量从来不贸下命令。在这方面，希望中央各部好好注意，凡是同地方有关的事情，都要先同地方商量，商量好了再下命令"。[②] 通过相互协商，可以有效地解决中央与地方之间存在的矛盾。

（3）以宪法为基础，完善中央与地方的利益协调机制

作为行使权力的主体，中央和地方既有利益和谐又有利益冲突。利益和谐是中央与地方关系稳定的基础，利益冲突是中央与地方关系变化的动力。由于构成利益内容的资源稀缺、或者由于一方利益的实现会导致另一方利益

---

① 毛泽东：《在中国共产党全国代表会议上的讲话》（1955年3月），《毛泽东文集》第6卷，人民出版社1999年版，第397页。

② 毛泽东：《论十大关系》（1956年4月25日），《毛泽东文集》第7卷，人民出版社1999年版，第31—32页。

的损害、或者二者合作中产生的利益具有不确定性、或者一方侵犯了另一方利益以及其他因素,不可避免地造成中央和地方之间各种利益冲突,在社会转型时期尤其如此。这些利益冲突的解决导致新的中央与地方关系的形成,同时产生新的利益和谐和利益冲突,循环往复,推动中央与地方关系向前发展。要以宪法为基础,逐步建立和完善中央与地方的立法权、行政权和司法权冲突解决的具体机制。

中央立法影响地方的主要问题,一是中央对已经落后社会发展的法律法规未及时修改,束缚了地方的积极性;二是由于中央立法的内容大多会涉及到千差万别的地方利益,而地方无权参与立法过程,导致中央制定的部分法律不能很好地反映地方的利益要求,给法律实施带来了困难。可以通过立法协商机制来解决这些问题,具体协商措施应该制度化、规范化和经常化。地方立法有两种形式,一是根据宪法和法律赋予的立法权限进行的职权立法,一是根据特定法律的授权或有立法权的国家机关的专门授权进行的授权立法。地方立法影响中央的主要问题是,地方在追求地方利益最大化的过程中会出现越权立法的情况,加之地方立法对社会的影响更加直接和具体,如果得不到及时纠正就会严重损害中央权威和法制统一。可以通过严格执行事先或事后的立法审查制度来解决地方立法中的问题。

要贯彻依法行政,各级行政机关要在法定职权内活动。中央行政机关要定期清查不合时宜的法规政策,定期检查地方行政机关的规章制度,通过依法适时调整中央行政机关和地方行政机关的权利和义务来化解二者之间的矛盾。现代经济学认为,市场经济条件下的行政机关职能是负责组织提供公共物品。在不同群体消费不一样情况下,如果要求所有人都消费相同水平的国家公共物品,结果就是资源配置的无效率。如果由地方行政机关提供公共物品也有利弊,优点在于可以鼓励地方行政机关的创新和更好地满足地方需要,缺点在于容易忽视外部利益和没有规模效益。因此,不能简单地由中央行政机关提供国家公共物品,由地方行政机关提供地方公共物品,要根据最优规模来调整由谁提供公共物品的种类和范围,并相应规定各自的权利和义务。中央行政机关依法处理地方行政机关时,要给予其申诉的机会。

由于受到地方保护主义的干扰或者自身就是其中的一部分,地方司法机关拒不执行或阻挠执行中央司法机关的终审裁判的情况时有发生,严重损害了司法权和中央司法机关的权威。如果是司法体制外部因素的作用,就必须继续深化司法改革乃至政治体制改革解决,显然这是目前司法机关自身力不能及的。但司法机关可以把受到干扰的情况向上级司法机关或能制约干扰因素的国家机关反映，通过国家机关内部的权力运作达到执行目的。如果是司法机关内部因素导致的，中央司法机关可以通过行使宪法赋予的监督或领导职权加以解决。中央司法机关应该定期到地方司法机关检查程序法、实体法、法定职权以及终审裁决的执行情况。中央司法机关与地方司法机关之间的问题，虽然有体制性因素的作用，但在现有政治体制下，在司法系统内可以找到相对合理的解决方法。

在社会转型过程中，旧体制遗留的、新旧体制并存期间滋生的以及新体制内部固有的矛盾，都会集中体现在中央与地方的关系上，为中央与地方关系的改革增加难度。因此，如何适应社会主义市场经济体制和民主法治政治体制改革目标的需要构建合理的中央与地方关系，是一个非常复杂的问题。改革开放已是中国社会不可逆转的发展趋势，带来了社会全方位的转型，问题和机遇同在，人们回不到过去也关起不了国门，只能往前走；在社会转型中，构建中央政府与地方政府的合理关系，对建立中国特色的社会主义市场经济体制和民主法治政治体制的改革目标而言，既是必然要求又是必要条件；要在党和国家的统一领导下，深入贯彻落实习近平新时代中国特色社会主义思想，结合具体国情和借鉴国外经验，反对照搬西方或因循守旧，也反对急躁冒进或停滞不前，通过法制形式，采用具体制度创新方式，积极稳妥地建立中央政府与地方政府对立统一的和谐关系。

注释

[1] 秦朝总结了战国以来各国官僚制度，建立起了一套适应封建统一国家需要的中央政府制度，即三公九卿制度。三公，指丞相、太尉、御史大夫。九卿，指奉常、廷尉、治粟内史、典客、郎中令、少府、卫尉、太仆、宗正。三公职责：丞相，辅佐皇帝处理全国事务，是皇帝的助手。从秦开始，丞相正式成为官职，为中央政府中皇帝之下的最高长官；太尉，协助皇帝掌管全国军队；御史大夫，为丞相的助手，掌图籍章奏，监察百官，是皇帝的耳目。三公之间互不统属，直接隶属于皇帝，便于皇权集中。三公之下的九卿职责为：廷尉，掌司法；治粟内史，掌国家财政税收；奉常，掌宗庙祭祀礼仪；典客，处理国内各少数民族事务和对外关系；郎中令，掌管皇帝的侍从警卫；少府，掌管专供皇室需要的山海地泽收入和官府手工业；卫尉，掌宫廷警卫；太仆，掌宫廷车马；宗正，掌皇帝宗族事务。三公九卿均由皇帝任免，不得世袭。

[2] 汉初实行黄老之学，无为而治，出现了文景盛世。但在景帝时代出

现了吴楚七国之乱，国家面临着分裂危险。汉武帝即位时下诏征求治国方略，景帝时任博士的董仲舒根据《公羊春秋》的记载，在《举贤良对策》中系统地提出了"天人感应""大一统"学说和"诸不在六艺之科、孔子之术者，皆绝其道，勿使并进。""罢黜百家，独尊儒术"的主张。他认为，汉代政权虽然统一了但不稳固，只有思想统一了才能维护与巩固政权，统一思想是大一统的关键，应该用孔子的儒家思想统一天下。汉武帝采纳了他的建议，使儒家思想成为中国社会正统思想，从此对中国政治思想产生了深远影响。

[3] 分税制是实行"财政联邦主义"的市场经济国家通常采用的预算制度。它的特点是，按照各级政府预算的事权在各级政府间划分支出范围和按照各种税种的性质在各级预算之间划分收入来源，同时用中央政府对各下级政府的转移支付来平衡不同地区公共服务水平。

第五章

人民代表大会制度

任何政权都是国体和政体的统一体。国体是指国家性质或阶级本质，是社会各阶级、阶层在国家中的地位所反映出来的国家根本属性。国体包括两个方面，一是各阶级、各阶层在国家中所处的统治与被统治地位，二是各阶级、阶层在统治集团内部所处的领导与被领导地位。统治阶级的性质决定着国家的性质。政体是指国家政权的组织形式，是指统治阶级采取何种形式来组织自己的政权机关。国体是内容，政体是形式，国体决定政体，政体表现国体。但二者并非是简单的对应关系。由于受自然环境、历史文化、民族关系、社会结构、阶级阶层区分、经济基础和国际环境等内外因素的综合作用，同一类型国体可以采取不同政体，同一类型政体也可以表现不同国体。

一 中国特色的根本政治制度

人民民主专政是中华人民共和国的国体。人民代表大会是中华人民共和国的政体。人民民主专政制度和人民代表大会制度是中国根本政治制度，决定并制约着其他一切政治制度。

（一）历史沿革

人类社会进入国家后，出现了奴隶主专政、封建主专政、资产阶级专政和无产阶级专政四种国体，而政体形式则多种多样。

一般而言，政体可以分为两大类：君主制和共和制。君主制（Monarchy）是指国家元首为世袭君主的政体。君主包括国王、皇帝、天皇、苏丹、天子等，君主拥有至高无上的权力，君主的意志就是法律，君主不受任何约束，君主实行终身制和世袭制。君主制是人类历史上最古老、最普遍的政体，具体形式并不单一，也并非一成不变。按君主权力是否受到一定限制，君主可分为无限君主制和有限君主制。无限君主制的典型是君主专制制。有限君主制包括等级君主制[1]和君主立宪制。奴隶制国家普遍实行君主专制制，如古代埃及、巴比伦、中国的夏商和西周。君主专制制也是封建制国家最主要的政体。在欧洲封建社会，许多国家的君主专制制是由贵族君主制经等级君主制转变而来的。在资本主义时期，君主制是资产阶级与封建贵族妥协的产物，主要表现形式为君主立宪制。君主立宪是在保留君主制的前提下，通过立宪，树立人民主权、限制君主权力、实现事务上的共和主义但不采共和政体，可分为二元制君主立宪制[2]和议会制君主立宪制[3]。君主制在当代已经日趋衰落。[4]今天君主大多徒有虚名没有实权，但是君主的存在背离了现代文明的平等精神。

共和制（Republic）与君主制相对，又称民主共和制、民主国或民国。republic起源自拉丁文res publica，意思是"人民的公共事务"。19世纪日本人取《史记·周本纪》"召公、周公二相行政，号曰共和"的共和二字翻译并流传开来。他们认为从周厉王失政到周宣王执政，西周历经了没有周王的君主专制，而是由周公和召公共同执政十四年，执政年号"共和"比较贴近republic概念。

共和制是指国家权力机关由选举产生并有一定任期的政体。最早的共和政体可以追溯到西亚的阿卡德（Akkad）。最著名的古代共和国，则是公元前509年建立的罗马共和国。在现代民主制度出现之前，还有许多国家采用共和政体，比如中世纪的威尼斯共和国。这说明"共和"未必一定是"民主"的。古代的共和名义上是所有公民（不包括没有公民权的奴隶）共享的制度，但实际上多是贵族共和，只有贵族才有参政的权力。现代共和制建立在民主基础之上，强调所有公民参与国家事务的管理。参与过程可能是直接民主，或者通过代议制的间接民主。因此，现代共和制又叫民主共和制。

根据立法机关与行政机关的关系，民主共和制可分为议会共和制、总统共和制、半总统共和制，主要实行于资本主义国家：（1）议会共和制。议会拥有立法、组织和监督政府（内阁）等权力。政府（内阁）由占议会多数席位的政党或政党联盟来组织，政府对议会负责。当议会通过对政府不信任案时，政府就得辞职或呈请国家元首解散议会，重新选举。作为国家元首的总统只是名义虚位，几乎没有实权。实行议会共和制的国家有：德国、新加坡、印度、意大利等。（2）总统共和制。总统既是统帅军队的国家元首，又是总揽行政权力的政府首脑。当选的总统组织政府。议会拥有立法和监督政府等权力。实行总统共和制的国家有：韩国、美国、巴西、印度尼西亚等。

(3) 半总统共和制。总统领导外交和军事，不对议会负责。总理领导政府并向议会负责。总统命令要由总理及有关部长副署。议会可以通过不信任案迫使总理辞职。总统在征得议会领袖同意的前提下可以解散议会。总统对议会通过的法案无否决权。实行半总统共和制的国家有：法国、蒙古、葡萄牙、俄罗斯等。社会主义国家也实行共和制，由于国情不一样，表现形式也是多样，如苏联的苏维埃、南斯拉夫的代表团制、中华人民共和国的人民代表大会制度。

1. 中华人民共和国成立前

1840年鸦片战争以前，君主专制制在中国已有两千多年的历史。但从鸦片战争开始，西方资本主义列强用大炮轰开闭关锁国的清政府的大门，中国逐渐成为半殖民地半封建社会，君主专制制岌岌可危。选择什么样的政体才能挽救灾难深重的民族和国家是摆在中华儿女面前的严峻问题。无数仁人志士为此进行了艰辛探索。

(1) 从君主专制制到民主共和制

鸦片战争后，西方资本主义新鲜空气吹了进来，西学东渐。对比腐朽落后的封建制度，魏源、徐继畬、冯桂芬等一批先进知识分子介绍西方现代文明的资本主义制度，令被封建思想禁锢了几千年的国人大开眼界，开启了民智。魏源的《海国图志》宣扬美国既不专制又不世袭的民主制度，盛赞瑞士民主政治为"西土之桃花源"。虽然他们对资本主义制度还处在一知半解的地步，但西方因此强大的事实让他们从中看到了中华民族救亡图存的希望所在。

1894年开始的中日甲午战争，1895年以清政府北洋水师全军覆没、被迫同日本签订丧权辱国的《马关条约》而告终。甲午战败，大多归结于清政府的腐败无能。其实这只是表面现象。早期强大的清朝到了晚期如此不堪一击，究其根源是社会形态落后了。与其说日本战胜了中国，不如说资本主义战胜了封建主义。民族危机感弥漫中华大地，中华民族到了生死存亡的十字路口。甲午战争前后，资产阶级改良派已经旗帜鲜明地提出了"宪政"口号，试图通过西方的宪政制度来挽救此时奄奄一息的中国。康有为的《孔子改制考》、郑观应的《盛世危言》、梁启超的《变法通议》、谭嗣同的《仁学》等不仅对封建制度尖锐批判，而且对西方的宪政制度大力赞美。他们推动并积极参与1898年戊戌变法[5]。虽然变法改良及其立宪君主制的理想被扼杀，但是宪政、三权分立的资产阶级政治理念以先进思想的面目在社会广泛传播，影响了无数先进分子。

20 世纪初,以孙中山、黄兴为首的革命派的思想代替以康有为、梁启超为首的改良派的思想,成为社会的主流意识形态。严复翻译的赫胥黎的《天演论》、卢梭的《民约论》等资产阶级思想家的著作在社会上产生了很大影响。但是,在中国究竟采取君主立宪制还是民主共和制的问题上,先进知识分子内部开始产生分裂。严复、杨度、刘师培等曾是进步思想的代表者主张君主立宪,反对推翻清政府的革命,走向了保守和反动。而孙中山、黄兴、宋教仁等资产阶级革命派,主张推翻清朝统治,建立资产阶级民主共和国。

面对改革变法的浪潮,以慈禧为首的晚清政府顽固派并非无动于衷,而是积极应对,想通过立宪修律来维护特权。1908 年 8 月,慈禧以光绪帝的名义颁布中国历史上第一部宪法性文件《钦定宪法大纲》,共计 23 条,由"君上大权"和"臣民权利义务"两部分构成。《钦定宪法大纲》由宪政编查馆沈家本等人参照 1889 年明治天皇颁布的《日本帝国宪法》制定,删去了日本宪法中限制君权的有关条款,充分体现了"大权统于朝廷"的立法旨意。《钦定宪法大纲》以法律的形式规定了君上大权,意味皇权法定,再把臣民的权利义务作为附则,表现了清朝统治者重君权轻民权的一贯性,但它在中国法律史上第一次明确规定了臣民的权利和义务。《钦定宪法大纲》所确立的君主立宪制并非未给人民带来民主权利,只是使君权宪法化,因而激起朝野的不满,立宪派也大失所望。梁启超认为,这个宪法大纲是"吐饰耳目,敷衍门面"。《钦定宪法大纲》虽带有浓厚的封建性,但与旧有的传统法典不同,它打破了中华法系的传统结构,使宪法作为根本大法独立于刑法、民法等普通法律之外,规定了国家与社会制度的基本原则,具有一定的正能量。

1911 年的辛亥革命开创了完全意义上的近代民族民主革命,推翻了统治中国几千年的君主专制制度,建立了共和政体。封建专制的清政府终于被推翻,资产阶级民主共和国中华民国宣告成立,中国第一部资产阶级性质的宪法《临时约法》问世,孙中山就任中华民国临时大总统。辛亥革命传播了民主共和理念,极大推动了中华民族思想解放,以巨大的震撼力和影响力推动了中国社会变革。

但辛亥革命的任务远没有完成。中华民国成立后不久,革命果实就被袁世凯窃取。袁世凯在辛亥革命期间逼清帝溥仪退位,以和平的方式推翻清朝,成为中华民国临时大总统。1913 年镇压二次革命,同年当选为首任中华民国大总统,1914 年颁布《中华民国约法》。1915 年 12 月宣布自称皇帝,改国号为中华帝国,建元洪宪,史称"洪宪帝制"。称帝遭到各方反对,引发护国运动,袁世凯不得不在做了 83 天皇帝之后宣布取消帝制。1916 年 6 月 6

日病亡。后继者再无力搞帝制，以身试法的张勋辫子军复辟丑剧草草收场。但"真内战、假共和"的军阀混战愈演愈烈，段祺瑞的卖国、曹锟的贿选等都在葬送着中国新生的民主政治。伴随着军阀混战的局面，此时思想界的斗争也异常激烈。复辟与反复辟、改良与革命、立宪与共和、资本主义与社会主义，中国的民主政治该往何处去，各种力量较量着。但令革命者欣慰的是，民主共和的观念已深入人心，主导了历史潮流。

（2）从旧民主主义共和制到新民主主义共和制

1919年五四运动是旧民主主义革命和新民主主义革命的分水岭，一批激进的民主主义者逐渐接受了马克思主义学说，1921年中国共产党诞生了，从此中国革命进入中国共产党主导的时代。

马克思主义是建立在对资本主义全面批判基础上的新型学说。马克思在充分肯定资本主义对人类社会的历史贡献的同时，深刻揭示了资产阶级国家的剥削本质，无情批判了资本主义民主制度的虚伪性。在总结1848年欧洲革命和1871年巴黎公社的基础上，马克思对无产阶级专政的国家政体也有过阐述。

首先，无产阶级专政的国家应当实行民主共和制，"对无产阶级来说，共和国和君主国不同的地方仅仅在于，共和国是无产阶级将来进行统治的现成的政治形式"。①

其次，无产阶级专政国家必须按议行合一的原则组织国家政权。作为这一新型政权最早实践的巴黎公社，巴黎公社当时由巴黎全市20个选区直接选出的86个委员组成公社委员会，在公社委员会下设立了相当于政府各部的10个委员会。公社负责立法和决定所有重大问题。公社委员兼任各委员会负责人，集代表与官员于一身。马克思说："公社是由巴黎各区通过普选选出的市政委员组成的。这些委员是负责任的，随时可以罢免。其中大多数自然都是工人或公认的工人阶级代表。公社是一个实干的而不是议会式的机构，它既是行政机关，同时也是立法机关。警察不再是中央政府的工具，他们立刻被免除了政治职能，而变为公社的负责任的、随时可以罢免的工作人员。所有其他各行政部门的官员也一样。从公社委员起，自上至下一切公职人员，都只能领取相当于工人工资的报酬。从前国家的高官显宦所享有的一切特权以及公务津贴，都随着这些人物本身的消失而消失

---

① 恩格斯：《恩格斯致保·拉法格》，《马克思恩格斯选集》第4卷，人民出版社1995年版，第734页。

了。社会公职已不再是中央政府走卒们的私有物。不仅城市的管理。而且连先前由国家行使的全部创议权也都转归公社。"① 议行合一体制原则上有利于体现和保障人民主权。人民选举产生并加以监督的代表机关，既行使立法权又行使行政权，甚至包括最高审判权和最高检察权，这样人民通过代表机关牢固地控制着国家权力。

列宁在十月革命后提出政权建设方案时，在"一切权力回归苏维埃"的思想指导下，贯彻议行合一原则，但已有改变。1918年宪法确立的人民主权的政权形式是，全俄苏维埃代表大会享有最高权力，同时由它产生一个人民委员会，由人民委员会专门行使行政权，并向代表大会及其常设机构中央执行委员会负责。在1924年宪法和1926年宪法中，苏维埃代表大会的职权主要集中在立法和监督上，行政权、审判权、检察权则由专门机构行使，表明发展了巴黎公社体制。

最后，建立无产阶级民主共和国是"现代革命的内容"。马克思为人类描绘了一个人人自由平等的共产主义世界。他认为实现这一理想的前提就是用无产阶级民主共和政体代替资产阶级民主共和政体。他说："愤恨资产阶级专政，要求改造社会，要把民主共和机构保存起来作为实现这种改造的工具，团结在作为决定性革命力量的无产阶级周围，——这就是所谓社会民主党即红色共和党的一般特征。"②

五四运动后，在中国共产党的积极宣传下，马克思列宁主义在中国得到了迅速而广泛的传播。痛感资产阶级专政理论和中国革命实践的不和谐，中国的先进分子自觉团结在中国共产党周围，接受了马克思主义的无产阶级专政理论的一些基本理念：①一切权力属于工人阶级，实行无产阶级专政；②普遍平等的选举；③按"议行合一"形式组织政权，代表机构选举任命官员并实行监督。从此，旧民主主义共和制过渡到新民主主义共和制。在新民主主义革命中，中国共产党按照无产阶级专政理论，先后创建了工人代表会议、工农兵代表苏维埃、参议会和人民代表会议等各种新民主主义政体形式，为新中国确立人民代表大会的政体形式提供了有益的经验。

（3）从苏维埃制到人民代表大会制

1917年列宁领导的俄国十月革命取得了胜利，建立了苏维埃制。十月革

---

① 马克思：《法兰西内战》，《马克思恩格斯选集》第3卷，人民出版社1995年版，第55—56页。

② 马克思：《1848年至1850年的法兰西阶级斗争》，《马克思恩格斯选集》第1卷，人民出版社1972年版，第477页。

命的胜利是无产阶级革命的首次胜利,苏维埃制是世界上第一个社会主义民主共和政体。苏维埃制是列宁将马克思主义政体思想与俄国革命实践相结合的产物。列宁关于社会主义国家人民代表机关建设的思想主要是对巴黎公社原则的强化:保证普遍、平等、直接、无记名的投票;代表机关应当掌握全部权力,集立法与行政于一身;代表机关的代表必须接受人民的监督和人民的随时撤换。苏俄革命震动了全世界,苏俄的政权形式成了全世界无产阶级学习的榜样。

在第一次国内革命战争时期,中国共产党在革命运动中建立了自己的代表机关。1925年省港工人大罢工后,25万工人选出代表800余人组成"罢工工人代表大会",作为领导罢工的权力机构。1927年3月上海工人第三次武装起义胜利后,成立了上海市最高权力机关"市民代表会议"。湖南等地农民成立了农村的权力机关"农会","地主权力既倒,农会便成了唯一的权力机关,真正办到了人们所谓'一切权力归农会'。连两公婆吵架的小事,也要到农民协会去解决。一切事情,农会的人不到场,便不能解决。农会在乡村简直独裁一切,真是'说得出,做得到'。"①

大革命失败后,转移到各地的革命力量纷纷武装起义建立了一个个红色革命根据地和工农民主政权。随着革命形势的发展和革命力量的壮大,1931年,中国共产党模仿苏维埃制,在革命根据地江西瑞金召开了中华工农兵苏维埃第一次全国代表大会,到会的各革命根据地民主选举的代表610人,来宾500余人。大会宣布中华苏维埃共和国成立,通过《中华苏维埃共和国宪法大纲》。该文明确规定"工农民主政权是属于工人、农民、红军兵士及一切劳苦民众的",全国工农兵苏维埃代表大会是最高权力机关,全国苏维埃中央执行委员会在大会闭会期间执行大会职权,中央执行委员会组织人民委员会负责日常政务。大会选举了毛泽东、朱德、刘少奇等63人组成的中央执行委员会,组织了人民委员会。工农民主政权和工农兵代表大会政权的最初尝试,为新中国的人民政权建设提供了有益经验。

抗日战争时期,面对民族危亡,中国共产党号召建立抗日民族统一战线共同御敌。各革命根据地积极响应,纷纷建立抗日民主政权。毛泽东指出:"在抗日时期,我们所建立政权的性质,是民族统一战线的。这种政权,是一切赞成抗日又赞成民主的人们的政权,是几个革命阶级联合起来对于汉奸

---

① 毛泽东:《湖南农民运动考察报告》(1927年3月),《毛泽东选集》第1卷,人民出版社1991年版,第14页。

和反动派的民主专政。"① 抗日民主政权是地方政权，由于国共合作，它们都要服从国民党中央政府，采用国民党地方参议会的组织形式，同时接受中共中央的统一领导。各级参议会由抗日根据地人民选举产生，参议员受选民监督，对选民负责。除了民选参议员以外，同级政府根据需要聘请一部分有代表性的人士，但为数极少。各级参议会是各级政权的最高权力机关，由它选出同级政府，后者对前者负责并报告工作。抗日民主政权人员构成一般采用"三三制"，即共产党员、党外进步人士和中间分子各占三分之一。"三三制"与苏维埃制相比，更符合抗战时的国情需要。

解放战争时期，国内阶级矛盾激烈冲突，内战席卷全国，原来的抗日民主政权逐渐演变为人民民主政权。由于各地革命基础大不相同，所以这一阶段人民民主政权的组织形式也大不一样。在解放区的农村，开展了声势浩大的土地改革运动，建立起农会或贫民团。在此基础上，建立由选民直接选举产生的区、乡（村）两级人民代表会议，组织人民政府。在比较成熟的老解放区还召开了县级以上的人民代表会议。在新解放的城市里，开始由军事管制委员会管理，然后逐步创造条件，召开民主协商性质的各界人民代表会议。与会代表由各民主党派、人民团体、少数民族协商推选产生，也有部分特邀代表。在全国尚未解放的特殊时期，各界代表会议代行人民代表大会职权。

新民主主义革命时期的民主政权，是中国共产党将马克思列宁主义与中国实际相结合的产物，是具有中国特色的政体模式。苏维埃制将人民的范围严格界定为工农兵，而在中国革命的每个阶段，人民的范围都根据形势有所变化，最终形成了有广泛社会基础的人民代表大会制度，这是对苏维埃制的继承和发展。1940年毛泽东就在《新民主主义论》中指出："没有适当形式的政权机关，就不能代表国家。中国现在可以采取全国人民代表大会、省人民代表大会、县人民代表大会、区人民代表大会直到乡人民代表大会的系统，并由各级代表大会选举政府。但必须实行无男女、信仰、财产、教育等差别的真正普遍平等的选举制，才能适合于各革命阶级在国家中的地位，适合于表现民意和指挥革命斗争，适合于新民主主义的精神。这种制度即是民主集中制。只有民主集中制的政府，才能充分地发挥一切革命人民的意志，也才

---

① 毛泽东：《抗日根据地的政权问题》（1940年3月6日），《毛泽东选集》第2卷，人民出版社1991年版，第741页。

能最有力量地去反对革命的敌人。"①1945年毛泽东在《论联合政府》中又重复强调了《新民主主义论》中的这些基本观点："新民主主义的政权组织，应该采取民主集中制，由各级人民代表大会决定大政方针，选举政府。它是民主的，又是集中的，就是说，在民主基础上的集中，在集中指导下的民主。只有这个制度，才既能表现广泛的民主，使各级人民代表大会有高度的权力；又能集中处理国事，使各级政府能集中地处理被各级人民代表大会所委托的一切事务，并保障人民的一切必要的民主活动。"②"中国现阶段的历史将形成中国现阶段的制度，在一个长时期中，将产生一个对于我们是完全必要和完全合理同时又区别于俄国制度的特殊形态，即几个民主阶级联盟的新民主主义的国家形态和政权形态。"③中国的民主政治建设终于摆脱了对西方民主政治模式或者苏俄民主政治模式的简单照搬照抄，真正有了中国人民自己的主见。

中华人民共和国成立前后，由于军事行动还未完全结束，土地改革还未完全完成，人民群众还未充分组织起来，新生政权还不稳固，不具备进行普选、召开各级人民代表大会的条件，因此，解放战争时期的人民代表会议制度在一段时期内继续在全国施行。

1949年9月，中国共产党倡导召开了由各阶层人民、各民主党派、各人民团体的代表参加的中国人民政治协商会议第一次全体会议，宣告了中华人民共和国成立。中国人民政治协商会议代行全国人民代表大会职权，通过了具有宪法性质的《共同纲领》，确定中华人民共和国的国体是人民民主专政，政体是人民代表大会。会议制定了《中华人民共和国中央人民政府组织法》，选举产生了以毛泽东为主席的中央人民政府。中华人民共和国成立后，按照《共同纲领》规定，实行了一些过渡性的措施：在中央，由中国人民政治协商会议的全体会议代行全国人民代表大会的职权；在地方，由各界人民代表会议逐步代行地方人民代表大会的职权；在初解放地区，一律实行军事管制，由中央人民政府或前线军政机关委托人员组织军事管制委员会和地方政府，

---

① 毛泽东：《新民主主义论》（1940年1月），《毛泽东选集》第2卷，人民出版社1991年版，第677页。1940年《新民主主义论》中并未出现"人民代表大会"而是"国民大会"，"人民代表大会"是后来出版毛泽东著作时修订而为。参见杨建党《〈新民主主义论〉并未初步形成理论形态的人民代表大会制度》，《人大研究》2007年第9期。

② 毛泽东：《论联合政府》（1945年4月24日），《毛泽东选集》第3卷，人民出版社1991年版，第1057页。

③ 毛泽东：《论联合政府》（1945年4月24日），《毛泽东选集》第3卷，人民出版社1991年版，第1062页。

领导人民建立革命秩序,镇压反革命活动,在条件许可时,再召集各界人民代表会议。各界人民代表会议的代表主要由各界人民、各民主党派、各人民团体、当地驻军以及下级人民代表会议推选产生,也有军管会和人民政府邀请的代表。各界人民代表会议定期召开。休会期间,设协商委员会,协助人民政府实行人民代表会议的决议,并负责筹备下届人民代表会议。至1952年下半年,全国绝大多数地区召开了各级人民代表会议,为在全国建立人民代表大会制度奠定了基础。

人民代表大会制既坚持了马克思列宁主义的议行合一的基本原则,又结合中国实际发展了巴黎公社和苏维埃体制。所谓坚持,表现在人民代表大会是国家权力机关,集中统一行使国家权力,人民代表大会产生国家行政、审判和检察机关并监督它们的工作。所谓发展,表现在人民代表大会制定法规和决定重大问题,行政、审判、检察等专门机关执行人大的法律和决定。立法权和行政权等权力在实际操作中保持相对的独立性,国家权力机关并不直接干涉或代替行政机关等的职权;人大常委会组成人员不得担任行政、审判、检察机关的职务,不同国家机关的人员有所区分。总之,一切权力全部由人民代表大会掌握,人民代表大会制坚持了议行合一制;立法权和行政权等权力由不同机关行使,人民代表大会制发展了巴黎公社制;立法机关工作人员和行政机关等工作人员不得相互兼职,人民代表大会制又发展了苏维埃制。这样,既强调"议""行"等全部国家权力通过"合一"于人民代表大会,最终"合一"于人民,又注意"议""行"在具体机构设置、具体人员配置等方面的相对独立,以适宜于操作与监督。应该说,人民代表大会制度具有鲜明的中国特色。

2. 中华人民共和国成立后

(1) 改革开放前

经过中华人民共和国成立后几年的努力,大陆基本解放,土地改革基本完成,人民群众的组织程度和觉悟水平大大提高,国家开始进入大规模建设时期。至1952年底,新生政权已基本巩固,进行全国普选、召开各级人民代表大会的条件已经基本具备。

1952年12月24日,周恩来在政协全国委员会常委会第四十三次会议上,代表中国共产党提出了召开全国和地方各级人民代表大会的建议。1953年1月13日,中央人民政府委员会第二十次会议作出关于召开全国及地方各级人民代表大会的决议。会议决定成立以毛泽东为主席的宪法起草委员会,以周恩来为主席的选举法起草委员会。1953年2月11日,中央人民政府委员会第二十二次会议通过了中国第一部《全国人民代表大会及地方各级人民代表大会选举法》。宪法草案先后征求了各民主党派、各人民团体和社会各方面的代表人物、北京 500 多名高级干部和各大行政区、省、自治区、直辖市 8000 多人的意见,又经过了全国人民三个月讨论,准备工作充分而有序。征求宪法草案的意见过程可以说是民主集中制的典范。

1953 年至 1954 年 8 月,根据《选举法》的相关规定,全国开展了第一次普选,逐级召开了乡、县、省(直辖市、自治区)人民代表大会,选举产生了地方各级国家机关,并由省、自治区、直辖市人民代表大会选举了出席全国人民代表大会的代表。

1954 年 9 月 15—28 日,中华人民共和国第一届全国人民代表大会第一次会议在北京召开,毛泽东致开幕词,刘少奇作《关于中华人民共和国宪法草案的报告》,周恩来作《政府工作报告》。大会通过了中华人民共和国第一部宪法,选举毛泽东为国家主席,刘少奇为全国人大常委会委员长,根据主席提名决定周恩来为国务院总理。大会还通过了《全国人民代表大会组织法》《国务院组织法》《人民法院组织法》《人民检察院组织法》《地方各级人民代表大会和地方各级人民政府组织法》。根据这些法律,产生了全国人大常委会、国务院、最高人民法院和最高人民检察院。人民代表大会制度在全国从地方到中央通过普选系统地建立起来了。

人民代表大会制度确立后的最初十余年,各级人民代表大会及其他国家机关基本正常运行。[6] 从 1954 年至 1966 年,全国人大一共召开了三届。除 1961 年外,全国人大每年举行一次全体会议。1959 年 4 月第二届全国人大第一次会议选举刘少奇为国家主席。1965 年 1 月第三届全国人大第一次会议通过周恩来总理的《政府工作报告》,提出将中国建设成为一个具有现代农业、现代工业、现代国防和现代科学技术的社会主义强国的目标。以人民代表大会制度为核心的各项民主制度相继在全国范围内建立起来,为社会主义建设提供了有力的制度支持。但是,从 1957 年下半年开始的反右斗争扩大化,"左"的错误思潮在国家政治生活中蔓延,人民代表大会制度逐步削弱,出现了不正常现象。譬如:全国人大的立法工作几乎停顿;全国性和地方性的重大事项不再提请各级人大及其常委会讨论决定;个别人大代表在宪法赋予的职权范围内发表的意见被当作右派言论加以批判等。

1966 年"文化大革命"爆发,其后近十年没有召开一次全国人大会议。党和国家的民主生活处于极端不正常的状态,民主制度遭到前所未有的破坏。1970 年 3 月,毛泽东提议召开四届人大,由于遭到林彪、江青反革命集团的重重阻挠，直至 1975 年 1 月才召开。这次会议修改通过的宪法具有严重缺陷：以"无产阶级专政下继续革命的理论"为指导思想；肯定了大搞阶级斗争的基本路线；用革命委员会取代各级人民委员会（政府）；撤销了人民检察院等。大批曾由各级人大选举产生的领导人包括国家主席刘少奇被批斗甚至迫害致死，地方各级人大及其产生的政府、公检法机关被砸烂。这是十年浩劫，人民代表大会制度遭受严重摧残。

（2）改革开放后

党中央英明果断，一举粉碎了"四人帮"反革命集团，"文化大革命"结束，党和国家的政治生活重新回到了民主法治的正确轨道。1978 年 2—3 月，第五届全国人大第一次全体会议召开，人大制度恢复运行。1978 年 12 月，中共十一届三中全会召开，中国进入改革开放的新时代。"文化大革命"的混乱无序使大家深刻意识到民主法治的弥足珍贵，民主法治建设必须加速推进，"使各级人民代表大会及其常设机构成为有权威的人民权力机关"[①]。改革开放以来，人民代表大会制度取得了长足发展。

理性规范的制度安排是人大制度能够顺利实施的基础。围绕人大工作，国家相继出台和修改了一系列法律法规，建立起包括选举、议事、运行、操作等各方面的、多层次的相互配套的规则和程序。1982 年第五届全国人大五次会议，以 1954 年宪法为基础，修改通过了新宪法，先后于 1988 年、1993 年、1999 年、2004 年和 2018 年通过了五个宪法修正案，至今有效。现行宪法适应新的历史条件和社会发展要求，对国家基本制度、公民基本权利义务、国家机构等一系列基本问题作出了明确规定，对国家政治生活起到了定海神针的作用。

现行宪法扩大了全国人大常委会的职权，增设了全国人大的专门委员会。1979 年修改后的《地方各级人民代表大会与地方各级人民政府组织法》规定县级以上人大设立常委会，规定了地方立法权并得到宪法确认，经过了 1982 年、1986 年、1995 年、2004 年、2015 年 5 次修订后，地方各级人大的组织和运行更加规范化、程序化。1992 年制定了《全国人民代表大会和地方各级人民代表大会代表法》，经过了 2009 年、2010 年、2015 年 3 次修订，规定了人大代表的选举、职权、活动方式和特有保障等，人大代表的角色定位更加清晰合理。各级人大及其常委会的《议事规则》《组成人员守则》等行为

[①]《中国共产党中央委员会关于建国以来党的若干历史问题的决议》，人民出版社 1981 年版，第 56 页。

规范的颁布实施，大大促进了人大工作的规范化、法治化。

各级人大组织机构进一步完善。根据宪法和相关法律的规定，自1979年下半年起，县级以上地方各级人大相继建立了常委会。赋予了省级人民代表大会及其常务委员会、较大的市的人民代表大会及其常务委员会制定地方性法规的职权，后又扩展到地级市。全国人大陆续恢复和新建了民族委员会、法律委员会、财政经济委员会、教育科学文化卫生委员会、外事委员会、华侨委员会、内务司法委员会、环境与资源保护委员会、农业与农村委员会等9个专门委员会。全国人大常委会建立了负责处理常委会重要日常工作的委员长会议。完善了全国人民代表大会常务委员会的职权，规定了全国人民代表大会及其常务委员会共同行使国家立法权，共同监督宪法实施。地方各级人大及其常委会本着必要、精简的原则，也建立了少量工作机构。改变了农村人民公社政社合一的体制，恢复设立了乡政权。

各级人大及其常委会的工作日趋规范化、正常化。依照宪法和相关法律法规，全国人大每年召开一次会议，地方各级人大每年至少召开一次会议，各级人大常委会每年召开数次会议。通过会议的方式，各级人大及其常委会代表人民行使国家权力。随着经验的积累，有关会议、发言、调查、表决等一系列制度不断成型和规范化。

其中最突出的是立法工作。截至2014年年底，全国已经制定现行宪法和有效法律240多件、行政法规730多件、地方性法规8500多件、自治条例和单行条例800多件，以宪法为核心的中国特色社会主义法律体系初步形成。除国家立法工作外，各级人大在对宪法、法律实施的监督和对行政、审判、检察机关的工作监督逐步落实到位，国家监察制度改革迈出实质性步伐，履行了宪法规定的各项职权，保证了人民民主的健康发展，推动了国家治理体系现代化。

人大代表的作用越来越大，地位越来越高。直接选举人民代表大会代表的范围扩大到了县，实行了普遍的差额选举制度。人大代表本应对人民、对宪法法律负责，不断提高自身素质，以便更好地履行代表职责。应该说，改革开放四十年以来，大部分人大代表是称职的、合格的。但也出现了辽宁贿选案[7]、湖南衡阳贿选案[8]、四川南充贿选案[9]等破坏人大制度的极端恶劣的案件。这些案件动摇国家根基，人民感到震惊，引起了党和国家的高度重视，得到了及时严厉查处。

人民代表大会制度作为中华人民共和国的政权组织形式，是中国共产党在领导中国人民长期革命斗争中，运用马列主义关于人民主权的一般原理，借鉴国际共产主义运动积累起来的关于无产阶级专政的历史经验，结合中国的具体历史条件逐步建立起来的，是近代以来中国人民长期奋斗的历史逻辑、理论逻辑、实践逻辑的必然结果。世界上没有完全相同的政治制度模式，政治制度不能脱离特定社会政治条件和历史文化传统来抽象评判，不能定于一尊，不能生搬硬套外国政治制度模式。人民代表大会制度在国家政治生活中发挥着越来越重要的作用，彰显着强大的生命力。随着中国政治体制改革的深入和全面依法治国的推进，人民代表大会制度的前景会更加光明灿烂。

（二）党领导下的人民民主

中国共产党领导一切是中国的政治现实。党的领导是中国特色社会主义民主政治最根本的特征。人民代表大会制度是坚持党的领导、人民当家作主、依法治国有机统一的根本政治制度安排。

1. 含义与原则

人民代表大会制度，是指全国各族人民按照民主集中制的原则，依法定期选举产生自己的代表，组成各级人民代表大会作为行使国家权力的机关，并由人民代表大会组织其他国家机关，实现人民民主专政任务的政权组织形式。

人民代表大会制度的主要内容，现行宪法作了明确规定：①宪法序言确认了中国共产党领导地位的历史合法性。②"中华人民共和国的一切权力属于人民"（第2条），人民是一切国家权力的源泉。③"中华人民共和国是工人阶级领导的、以工农联盟为基础的人民民主专政的社会主义国家"，"社会主义制度是中华人民共和国的根本制度。禁止任何组织或者个人破坏社会主义制度"（第1条）。这种国家性质（国体）决定了人民代表大会制度的性质。④"中华人民共和国公民在法律面前一律平等"（第33条）；"中华人民共和国实行依法治国，建设社会主义法治国家"，"国家维护社会主义法制的统一和尊严"，"一切法律、行政法规和地方性法规都不得同宪法相抵触"，"一切国家机关和武装力量、各政党和各社会团体、各企业和事业组织都必须遵守宪法和法律。一切违反宪法和法律的行为，必须予以追究"，"任何组织或者个人都不得有超越宪法和法律的特权"（第5条）。人民用以宪法为核心的法律体系来保护自己和治理国家。⑤"人民行使国家权力的机关是全国人民代表大会和地方各级人民代表大会"，"人民依照法律规定，通过各种途径和形式，管理国家事务，管理经济文化事业，管理社会事务"（第2条）。⑥"全国人民代表大会和地方各级人民代表大会都由民主选举产生，对人民负责，受人民监督"，"国家行政机关、监察机关、审判机关、检察机关都由人民代表大会产生，对它负责，受它监督"（第3条）；"中华人民共和国主席、副主席由全国人民代表大会选举"，并根据全国人大及其常委会的决定行使职权（第79条）。⑦"中华人民共和国各民族一律平等"，"各少数民族聚居的地方实行区域自治，设立自治机关，行使自治权。各民族自治地方都是中华人民共和国不可分离的部分"（第4条）。⑧"国家在必要时得设立特别行政区。在特别行政区内实行的制度按照具体情况由全国人民代表大会以法律规定"（第31条）。⑨"中华人民共和国的武装力量属于人民"（第29条）；"中华人民共和国中央军事委员会领导全国武装力量"，"中央军事委员会实行主席负责制"（第93条）；"中央军事委员会主席对全国人民代表大会和全国人民代表大会常务委员会负责"（宪法第94条）。⑩"中华人民共和国的国家机构实行民主集中制的原则"，"中央和地方的国家机构职权的划分，遵循在中央的统一领导下，充分发挥地方的主动性、积极性的原则"（宪法第3条）。以上十个方面相互贯通、结合，就是中国的人民代表大会制度。

人民代表大会制度贯穿了以下几个基本原则。

（1）人民主权

人民是国家权力的所有者，一切国家权力来自人民。人民为了有效行使权力，以直接或间接的方式选举代表组成各级人民代表大会统一行使。人民代表大会又通过选举或决定，代表人民将部分立法权、行政权、监察权、审判权、检察权、军事领导、国家元首权等分别委托给人大常委会、人民政府、监察委员会、法院、检察院、中央军委、国家主席等国家机关，由它们各自行使。国家机关行使权力的合法性基础就是通过选举行为体现的直接的或间接的人民授权。

人民授权是人民委托官员行使国家权力，人民委托的只是国家权力的使用权，人民一直拥有国家权力的所有权。权力委托不等于权力丧失，人民有权利通过各种有效的途径监督自己的代表以及所有的国家官员，要求他们尽职履责，当好人民公仆，为人民行使好国家权力；人民也有权力以主人的身份直接或通过人民代表大会间接地撤换官员，以保障人民权力永远在人民的控制之下。

由于国家权力的所有权和使用权是分离的，官员应当代表但有可能代替人民行使国家权力，以致其滥用权力甚至强奸民意的行为不可避免。国家权力的法律化和法治化是近代以来西方资本主义对国家治理现代化的重大贡献。

人民把自己的意志上升为国家意志并用法律表现出来,法律规范同国家权力有关的一切活动,法律具有至高地位,任何组织和个人都没有居于法律之上的特权,没有法律依据或不依法行使的国家权力都是非法无效的。法律不会朝令夕改,人民对国家权力运行的结果有着稳定的预期,法律不再是传统社会中官员恣意行使国家权力的工具而是人民牢固控制国家权力的武器。

一切权力属于人民是人民大表大会制度的核心、灵魂和基石。只有切实遵循这一根本原则,才能保证人民代表大会制度始终代表人民意志,才能保证一切国家权力始终为人民服务。

(2) 党的领导

中华人民共和国是由工人阶级领导的、以工农联盟为基础的人民民主专政的社会主义国家。国家性质决定工人阶级在国家政治生活中的领导地位。工人阶级的领导又是通过自己的先锋队中国共产党来实现的。没有共产党,就没有新中国,这是谁也不能否定的历史事实。人民正是在共产党的领导下经过革命斗争,才从剥削阶级手中夺回包括国家权力在内的各种权力。中华人民共和国成立后,正是共产党组织和支持人民当家作主,建立起包括人民代表大会制度在内的各项民主制度。中国几千年的封建社会传统和小农经济基础形成了极其松散的社会结构,在进行以社会化大生产为特征的现代化建设中,需要共产党的号召力和凝聚力,团结带领人民沿着共同目标前进。

坚持党的领导和人民当家作主在本质上是统一的,党的领导是人民当家作主的根本保证,人民当家作主是党的领导的根本目的。要处理好二者的关系,既不能借口党的领导剥夺人民当家作主的权利,也不能借口人民当家作主否定党的领导的正当性。

在中国政治生活中,党是居于领导地位的,加强党的集中统一领导,支持人大、政府、监察委、政协和法院检察院依法依章程履行职能、开展工作、发挥作用,这两个方面是统一的。要改进党的领导方式和执政方式,保证党领导人民有效治理国家;扩大人民有序政治参与,保证人民依法实行民主选举、民主协商、民主决策、民主管理、民主监督;维护国家法制统一、尊严、权威,加强人权法治保障,保证人民依法享有广泛权利和自由。巩固基层政权,完善基层民主制度,保障人民知情权、参与权、表达权、监督权。健全依法决策机制,构建决策科学、执行坚决、监督有力的权力运行机制。各级领导干部要增强民主意识,发扬民主作风,接受人民监督,当好人民公仆。

党要支持和保证人民通过人民代表大会行使国家权力。发挥人大及其常委会在立法工作中的主导作用,健全人大组织制度和工作制度,支持和保证人大依法行使立法权、监督权、决定权、任免权，更好发挥人大代表作用，使各级人大及其常委会成为全面担负起宪法法律赋予的各项职责的工作机关，成为同人民群众保持密切联系的代表机关。完善人大专门委员会设置，优化人大常委会和专门委员会组成人员结构，使其能更好地为人民看管好国家权力。

各级党组织和全体党员要带头尊法学法守法用法，任何组织和个人都不得有超越宪法法律的特权，绝不允许以言代法、以权压法、逐利违法、徇私枉法。严厉打击党组织和党员的一切违法行为。

（3）民主集中制

民主集中制是由宪法规定的国家机构的根本原则。在处理国家机关与人民的关系、权力机关与其他机关的关系、中央机关与地方机关的关系以及国家机关的活动中，必须遵循民主集中制。

人民与国家机关的关系是委托关系。选民或选举单位通过直接民主或间接民主的形式，选举代表组成各级人民代表大会。各级人民代表大会又通过选举或决定产生同级其他国家机关。所有国家机关都必须经常保持同人民群众的密切联系，倾听他们的意见和建议，接受人民群众的监督，夯实国家机关的民主基础。

国家权力机关与其他国家机关的关系是从属关系。人民代表大会是国家权力机关，根据人民授权，集中代表人民意志，统一执掌全部国家权力。全国人民代表大会是国家最高权力机关，进行国家立法，讨论并决定国家重大事项，组织中央一级人大常委会、主席、行政、监察、审判、检察和军事等国家机关，分别授予相应职权。地方各级人民代表大会是本地区最高权力机关，有权讨论决定本地区重大事项，组织本级的行政、监察、审判、检察等国家机关，分别授予相应职权。各级人大和本级其他国家机关之间，不是平行关系，而是从属关系。其他国家机关产生于、从属于本级人大，从本级人大得到授权，并对其负责和受其监督。在权力结构上而言，人大制度的民主集中制体现了议行合一原则。同时，在不同国家机关之间实行必要的分工，以便充分发挥各个机关的职能。从该角度看，人大制度的民主集中制又是对巴黎公社议行合一模式的突破或发展。巴黎公社在当时特定条件下，同一机构中的同一批人员既立法又从事行政等活动。

中央机关与地方机关的关系是领导关系。地方各级国家机关都要接受中央国家机关的统一领导。中央国家机关制定的宪法、法律、行政法规以及决定、决议等，地方各级国家机关必须执行。全国人大常委会对省级人大常委会，上级人大常委会对下级人大及其常委会进行指导和法律监督（不是领导）。国务院对地方各级人民政府实行统一领导，上级政府对下级政府实行领导。国家监察委员会对地方各级监察委员会的工作，上级监察委员会对下级监察委员会的工作实行领导。最高人民法院对地方各级人民法院的审判工作，上级人民法院对下级人民法院的审判工作实行监督。最高人民检察院对地方各级人民检察院的工作，上级人民检察院对下级人民检察院的工作实行领导。这种上对下的领导与监督有利于维护中央权威性和国家整体性。

为了充分发挥地方的主动性和积极性，国家立法法规定：省、自治区、直辖市的人大及其常委会根据本地区的实际情况和实际需要，在不同宪法、法律、行政法规相抵触的前提下，可以制定地方性法规；设区的市的人大及其常委会根据本市的具体情况和实际需要，在不与宪法、法律、行政法规和本省、自治区的地方性法规相抵触的前提下，可以制定地方性法规，报省、自治区的人大常委会批准后施行。省、自治区、直辖市、设区的市的人民政府可以根据法律、行政法规和本省、自治区、直辖市的地方性法规，制定地方政府规章。自治区、自治州、自治县的人民代表大会可以根据当地民族的具体情况制定自治条例和单行条例。特别行政区的立法机关有权根据特别行政区基本法自主地制定本行政区的法律。这些规定符合幅员辽阔、人口众多、各地发展极不平衡的国情，兼顾中央和地方两个积极性，是正确的。

民主集中制原则还体现在国家机关的决策过程中。任何国家机关在决策时都必须充分发扬民主，在民主基础上集中正确意见作出决议，再贯彻执行。在不同国家机关中，民主集中制的表现形式又有所差别。在国家权力机关中，对一切重大问题必须经过充分讨论，然后付诸表决，按少数服从多数原则作出决定，这叫集体负责制（合议制或委员会制）。集体负责制保证了立法民主，有效防止了独裁专断。在国家行政机关中，对一切重大问题进行充分讨论后，行政首长有权采纳正确意见作出最后决策，叫作首长负责制。首长负责制保证了行政机关在民主基础上必要的工作效率，防止议而不决而误事。

（4）依法治国

法律面前一律平等，任何主体都要遵守法律，任何违法行为都要受到追究，法律在社会生活中具有至高地位。人民的权利受宪法法律保护，国家机关的一切活动都要在宪法法律规定的范围内进行。对人民而言，法无规定即自由。但对国家而言，法无规定即禁止。

1997年中共十五大正式提出"依法治国，建设社会主义法治国家"的基本方略，1999年九届全国人大二次会议将其作为宪法修正案载入宪法。2014

年中共十八届四中全会作出《中共中央关于全面推进依法治国若干重大问题的决定》，开始了全面依法治国的新征程。法治顺应了世界民主政治发展的总趋势和市场经济运行的客观规律，是党对执政方式艰辛探索后确定的具有重大战略意义的治国方针。

中共十九大报告指出，全面依法治国是国家治理的一场深刻革命，必须坚持厉行法治，推进科学立法、严格执法、公正司法、全民守法。国家成立中央全面依法治国领导小组，加强对法治中国建设的统一领导。加强宪法实施和监督，推进合宪性审查工作，维护宪法权威。推进科学立法、民主立法、依法立法，以良法促进发展、保障法治。建设法治政府，推进依法行政，严格规范公正文明执法。深化司法体制配套综合改革，全面落实司法责任制，努力让人民群众在每一个司法案件中都感受到公平正义。加大全民普法力度，建设社会主义法治文化，树立宪法法律至上、法律面前人人平等的法治理念。

（5）民族平等

中国是一个多民族国家。坚持各民族一律平等，维护和发展各民族之间平等、团结、互助、友爱的关系，对巩固国家统一、建设社会主义事业、实现各民族共同繁荣发展都有极其重要的意义。

人民代表大会制度坚持了民族平等、民族团结、各民族共同繁荣的民族关系的基本原则，并体现在宪法法律之中。在全国人大代表中，各少数民族都应当有适当名额的代表，人口特少的民族至少也应有一名代表。全国人大常委会和地方各级人大中，都应当有适当名额的少数民族代表。这样的硬性规定可以保障各民族通过自己的代表，平等地决定和管理国家事务。各级国家机关通过职权活动，保障少数民族的权利，帮助他们加速经济和社会发展。全国人大和国务院，分别设立专门从事民族工作的机构。在民族事务较为突出的地区，地方国家机关也都设立类似机构。这样就从组织上保证民族平等、团结、共同繁荣原则的实现。为了更好地发展少数民族地区，在各少数民族聚居的地方实现民族区域自治，设立自治机关，行使自治权。

2. 特色与优势

人民代表大会制度是中国的根本政治制度，是中国共产党长期进行人民政权建设的经验总结，是中国人民当家作主的重要途径和最高实现形式。它反映人民民主专政的国家性质，符合国情，既能保障全体人民统一行使国家权力，充分调动人民群众当家作主的积极性和主动性，又有利于国家政权机关分工合作，协调一致地组织社会主义建设。人民民主专政就是无产阶级专政。无产阶级的提法容易局限于马恩经典学说中纯粹的工人阶级或列宁领导建立的苏维埃政权中工农兵代表,而人民的提法更具灵活性,其内涵也更加广泛。

人民代表大会制度的特点具体表现为:

(1) 人民代表大会制度从国家形式上实现了人民民主即社会主义民主,具有更加广泛的社会基础。人民民主在中华人民共和国成立初期,不仅包含工农联盟,而且包括工人阶级与民族资产阶级的联盟;在社会主义建设和发展时期则是包含全体社会主义劳动者、社会主义事业的建设者、拥护社会主义的爱国者和拥护祖国统一的爱国者。它确认人民是国家主人的法律地位,保证人民行使管理国家的最高权力。全国和地方各级人大都是人民行使国家权力的机关。它们都由民主选举产生,对人民负责,受人民监督。

(2) 全国和地方各级人民代表大会在国家机构体系中处于首要地位。全国人民代表大会是最高国家权力机关,行使修改宪法、监督宪法的实施、制定和修改刑事、民事、国家机构的和其他的基本法律等职权。中华人民共和国主席、国务院、中央军事委员会、国家监察委员会、最高人民法院、最高人民检察院都是由全国人民代表大会产生,对它负责,受它监督。全国人民代表大会常务委员会是全国人民代表大会的常设机关,对全国人民代表大会负责。地方各级人大是地方各级国家权力机关,地方各级人民政府、监察委、法院、检察院由本级地方各级人大产生,对它负责,受它监督。

(3) 中央、地方国家机构都是按照民主集中制原则建立起来的,既保证了人民享有广泛的民主权利,又保证了国家权力的集中统一。

(4) 中央和地方国家机构的职权划分,遵循在中央的统一领导下,充分发挥地方的主动性、积极性的原则。这样,有利于中央国家机构对地方国家机构在工作上进行正确的领导,同时又有利于地方国家机构根据地方本身的特点发展地方。

人民代表大会制度体现的是无产阶级专政的性质,一切资本主义国家的代议制体现的是资产阶级专政的性质,二者在本质上是不同的。在形式上,人民代表大会制度与西方国家实行的总统制、议会制也有明显区别。这种区别主要体现在宪法和法律赋予人民代表大会的最高地位和权力上:人民代表大会是国家权力机关,其他国家机关由它产生,对它负责,由它监督;全国人民代表大会有权修改宪法;其他国家机关无权监督人民代表大会,更没有解散人民代表大会并进行提前选举的权力;国家主席或地方首长也无权否决或拒签人民代表大会通过的法律、法规或决定。资本主义国家的代议制遵循立法、行政、司法"三权分立制衡"原则,无论是总统制国家的议会还是议会制国家的议会,都不具有高于其他国家机关的法律地位和权力,并且相互牵制。美国是典型的总统制国家,它的国会、总统和联邦最高法院的法律地位是平行的,在宪法上不允许有高于其他权力的权力存在。英国是议会制国家的典型,政府与议会形成相互依赖的关系,政府由议会产生并对议会负责,政府只有获得议会信任才可继续执政;但在议会和政府关系僵持的特殊情况下,政府可以解散议会重新举行大选。因此,相对于资本主义国家的代议制,人民代表大会制度具有明显的效率优势。这一点邓小平同志说得很清楚:"社会主义国家有个最大的优越性,就是干一件事情,一下决心,一做出决议,就立即执行,不受牵扯。我们说搞经济体制改革全国就能立即执行,我们决定建立经济特区就可以立即执行,没有那么多互相牵扯,议而不决,决而不行。就这个范围来说,我们的效率是高的,我讲的是总的效率"。[①]

人民代表大会制度的优势还体现在以下几方面:

(1) 它便于人民行使管理国家的权力。各级人民代表大会都应由民主选举产生,具有广泛性、先进性和代表性。人大代表都应反映人民群众的利益和要求,代表人民讨论决定国家和地方的大事,选举产生国家和地方国家机关的领导成员,组成行政、监察、审判、检察等国家机关,并且可以依法对这些机关的领导成员实行罢免。人大代表都应向人民负责,受人民监督,选民或选举单位可以依法随时撤换不称职的人大代表。这种集选举、监督和罢免于一体的制度,能够始终保证国家权力掌握在人民手中,始终保证人民的主人地位。

(2) 它可以结合民主和效率两者之长。人民代表大会代表人民意志统一行使国家权力,同时又明确划分行政权、监察权、审判权、检察权和军事权,既保证了国家权力的统一,又使各个国家机关各司其职、分工合作、密切配合。重大事项由国家权力机关充分讨论,民主决定,以求真正集中和代表人民的意志和利益,而在执行上则实行严格的责任制,以求提高工作效率,避免议而不决、决而不行。

(3) 它有利于发挥中央和地方两个积极性。按照民主集中制的组织原则,中央和地方的关系是整体和局部的关系。局部要服从整体,下级要服从上级,地方要服从中央。同时又要遵循在中央统一领导下,充分发挥地方的主动性、积极性。这样,中央和地方两个积极性的有机结合,并充分发挥出

[①] 邓小平:《改革的步子要加快》(1987年6月12日),《邓小平文选》第3卷,人民出版社1993年版,第240页。

来，以加快社会主义现代化事业的发展。

（4）它有利于发展社会主义民族关系。中国是一个由56个民族组成的大家庭。汉族是主体，其他都是少数民族。少数民族虽然数量众多，但其人口占全国人口的比例很少。因此，新中国没有模仿苏联采用联邦制，而是实行民族区域自治制度，用以保障各少数民族的合法权益。民族区域自治制度是人民代表大会制度的重要组成部分，有利于建立和发展平等、团结、互助、友爱的社会主义民族关系。

人民代表大会制度的特色和优势，只是一种潜在功能，并不表示实际成效。要使人民代表大会制度的特色和优势充分体现出来，有赖于切实改革现有的政治体制，祛除束缚其功能发挥的各种藩篱。

（三）人大制度的完善

人民代表大会制度确立以来，虽然发展曲折，但是从根本上保障了人民的幸福安康和社会的稳定发展。实践证明，它是人民当家作主参与国家管理的适当形式，符合中国国情。改革开放以来，人大制度更是取得了长足发展。但不可否认，制约人大制度功能发挥的各种因素依然存在，人大制度的应有功能地位还远未到位。当前，要在习近平新时代中国特色社会主义思想的指导下，借鉴古今中外一切有益的民主政治制度，锐意推进政治体制改革，逐步完善人大制度。

1. 理顺执政党和人大的关系

中国共产党是中国的执政党，领导一切。人民代表大会是中国的权力机关，在国家权力体系中居于最高地位。共产党和人大谁最大？或者说如何处理党和人大的关系？这是中国政治体制改革中最核心最复杂的问题，必须回答，无法回避。以往的实践中，出现过党干预人大过多、甚至越俎代庖的违背民主的现象。如何才能做到既坚持共产党的领导，又保证人大正常工作？根本的办法就是法治，共产党依法执政，人大依法工作，法律是解决二者争议的唯一准绳。

中国共产党自觉提出并不断重申"党必须在宪法和法律的范围内活动"的原则。中共十三大根据邓小平理论，进一步提出了"党政分开"原则。中共十五大提出"依法治国、建设社会主义法治国家"的基本方略。中共十八大以来习近平提出"全面依法治国"的指导思想，真抓实干法治建设。法治原则和党政分开原则为理顺党和人大的关系，使二者各司其职，逐步走向全面法治化指明了方向。

(1) 党对人大实行政治领导

各级人大及其常委会坚持党的领导，这是人大制度的一项基本原则。这种领导主要是政治领导，即党支持和组织人民群众通过人民代表大会这种形式当家作主，支持各级人大及其常委会的工作，保证他们积极主动、独立负责地行使职权。其主要表现是：党经常分析和把握国家发展的态势，适时指明政治方向，提出政治原则。中共中央就全国重大问题，地方党组织就地方重大问题，作出决策，并向人大提出建议；党组织经常培养和发现德才兼备的人才，作为各级国家机关的重要干部人选，向人大推荐；人大经过审议，若获通过，党的建议或推荐便转化成为国家权力机关的立法或决议、决定，也就成为国家意志，由国家暴力保障其实施；党组织经常指示和监督在人大中的本党党组和党员，要求他们忠实地代表人民，并团结非中共人士合作共事；党组织经常向人民群众，首先是自己的党员宣传人民代表大会制度，要求本党党员带头支持人大工作，维护人大权威，人大权威就是人民权威。各级人大及其常委会应自觉接受党的领导。人大及其常委会的中共党组，在重大问题上应事先请示上级党组织。

(2) 党不得包办人大工作

党组织不是国家权力机关，不能直接行使国家权力，不能替代人大工作。党组织与人大是政治上的领导与被领导关系，而不是国家权力系统中的上下级服从关系，也不是中共党内或行政系统内上下级的隶属关系。因此，党不能直接对人大发号施令。2004年9月16日，中共中央总书记胡锦涛在纪念全国人大成立50周年大会上讲话指出："党关于国家事务的重要主张，属于全国人民代表大会职权范围内的、需要全体人民一体遵行的，要作为建议向全国人民代表大会提出，使之经过法定程序成为国家意志。各级党组织和全体党员都要模范地遵守宪法和法律。国家政权机关领导人员要经过人民代表大会的法定程序选举和任命，并接受人民代表大会及其常务委员会监督。"中共党组织集体作出的决策、推荐的干部，对人大而言只是一种建议。人大按法定程序经审议、修改、通过后，将中共党组织的建议与人民意志结合起来形成国家意志，并以国家权力机关颁布的决议或法律的形式对全社会产生普遍约束力。如果人大经过审议未予通过，而中共党组织认为自己的建议是恰当的，则可以通过合法渠道进一步宣传，使更多人大代表认识其正确性，以便再次建议时能获得通过。

(3) 党要带头遵守宪法、法律和各项决议

中国共产党带领人民制定宪法法律，也要带头遵守宪法法律，为人民作

出表率。各级党组织不但应在全国人大及其常委会制定的宪法法律范围内活动，而且应带头遵守全国人大和同级地方人大作出的各项决议。各级人大是人民的代议机关，是宪法规定的国家权力机关。尊重人民，遵守宪法，就必须同时尊重人大，遵守人大制定的法律和作出的决议。人大本来就是党领导人民建立的，人大通过的许多法律与决议实际上也包含党的主张。因此，尊重人大、遵守人大的各项法律和决议，也就是维护党的领导、遵守党的纪律。

2. 强化人大对其他国家机关的监督

监督就是对权力的制约。人性是有弱点的，如果缺乏有效的制约，人的自私自利就会无限膨胀。权力是人自私自利的最好的催化剂。绝对的权力必然导致绝对的腐败，这是被人类历史反复证明的、颠扑不破的真理。随着实践的深入，对权力制约的规范化、制度化、法律化越来越引起人们的重视，务必加强人大对其他国家机关的监督。

监督是人大的一项重要职能。按照宪法规定，人大监督职能主要包括法律监督和工作监督两个方面。前者是指监督国家行政、监察、审判、检察等机关以及下一级国家权力机关实施宪法、法律、行政法规和地方性法规的情况；后者是指监督国家行政、监察、审判、检察等机关在工作中执行国家权力机关决议、决定的情况。

2006年，十届全国人大常委会依据宪法制定颁布了《中华人民共和国各级人民代表大会常务委员会监督法》，强调了人大常委会监督的主体地位，规定了听取和审议人民政府、人民法院和人民检察院的专项工作报告；审查和批准决算，听取和审议国民经济和社会发展计划、预算的执行情况报告，听取和审议审计工作报告；法律法规实施情况的检查；规范性文件的备案审查；询问和质询；特定问题调查；撤职案的审议和决定等内容。经过人大工作者的不懈努力和社会各界有识之士的共同呼吁，人大监督有了专门法律，监督将更加有力。

（1）"一府两院"专项工作报告的听取审议

各级人大常委会每年选择若干关系改革发展稳定大局和群众切身利益、社会普遍关注的重大问题，有计划地安排听取和审议本级人民政府、人民法院和人民检察院的专项工作报告。

常务委员会听取和审议本级政府、法院和检察院的专项工作报告的议题来源：①本级人大常委会在执法检查中发现的突出问题；②本级人大代表对政府、法院和检察院工作提出的建议、批评和意见集中反映的问题；③本级人大常委会组成人员提出的比较集中的问题；④本级人大专门委员会、常务委员会工作机构在调查研究中发现的突出问题;⑤人民来信来访集中反映的问题;⑥社会普遍关注的其他问题。

政府、法院和检察院可以向本级人大常委会要求报告专项工作。常务委员会听取和审议专项工作报告前,委员长会议或者主任会议可以组织本级人大常务委员会组成人员和本级人大代表,对有关工作进行视察或者专题调查研究。常务委员会可以安排参加视察或者专题调查研究的代表列席常务委员会会议,听取专项工作报告,提出意见。常务委员会听取和审议专项工作报告前,常务委员会办事机构应当将各方面对该项工作的意见汇总,交由本级政府、法院或者检察院研究并在专项工作报告中作出回应。政府、法院或者检察院应当在常务委员会举行会议的二十日前,由其办事机构将专项工作报告送交本级人大有关专门委员会或者常务委员会有关工作机构征求意见;政府、法院或者检察院对报告修改后,在常务委员会举行会议的十日前送交常务委员会。常务委员会办事机构应当在常务委员会举行会议的七日前,将专项工作报告发给常务委员会组成人员。

专项工作报告由政府、法院或者检察院的负责人向本级人大常委会报告,政府也可以委托有关部门负责人向本级人大常委会报告。常务委员会组成人员对专项工作报告的审议意见交由本级政府、法院或者检察院研究处理。政府、法院或者检察院应当将研究处理情况由其办事机构送交本级人大有关专门委员会或者常务委员会有关工作机构征求意见后,向常务委员会提出书面报告。常务委员会认为必要时,可以对专项工作报告作出决议;本级政府、法院或者检察院应当在决议规定的期限内,将执行决议的情况向常务委员会报告。常务委员会听取的专项工作报告及审议意见,政府、法院或者检察院对审议意见研究处理情况或者执行决议情况的报告,向本级人大代表通报并向社会公布。

(2)决算的审查批准,计划、预算、审计报告的听取审议

国务院应当在每年六月,将上一年度的中央决算草案提请全国人大常委会审查和批准。县级以上地方各级政府应当在每年六月至九月期间,将上一年度的本级决算草案提请本级人大常委会审查和批准。决算草案应当按照本级人大批准的预算所列科目编制,按预算数、调整数或者变更数以及实际执行数分别列出,并作出说明。国务院和县级以上地方各级政府应当在每年六月至九月期间,向本级人大常委会报告本年度上一阶段国民经济和社会发展计划、预算的执行情况。

国民经济和社会发展计划、预算经人大批准后,在执行过程中需要作部

分调整的，国务院和县级以上地方各级政府应当将调整方案提请本级人大常委会审查和批准。严格控制不同预算科目之间的资金调整。预算安排的农业、教育、科技、文化、卫生、社会保障等资金需要调减的，国务院和县级以上地方各级政府应当提请本级人大常委会审查和批准。国务院和县级以上地方各级政府有关主管部门应当在本级人大常委会举行会议审查和批准预算调整方案的一个月前，将预算调整初步方案送交本级人大财政经济委员会进行初步审查，或者送交常务委员会有关工作机构征求意见。

常务委员会对决算草案和预算执行情况报告，重点审查下列内容：①预算收支平衡情况；②重点支出的安排和资金到位情况；③预算超收收入的安排和使用情况；④部门预算制度建立和执行情况；⑤向下级财政转移支付情况；⑥本级人大关于批准预算的决议的执行情况。除此之外，全国人大常委会还应当重点审查国债余额情况；县级以上地方各级人大常委会还应当重点审查上级财政补助资金的安排和使用情况。

常务委员会每年听取和审议本级政府提出的审计机关关于上一年度预算执行和其他财政收支的审计工作报告。

常务委员会组成人员对国民经济和社会发展计划执行情况报告、预算执行情况报告和审计工作报告的审议意见交由本级政府研究处理。政府应当将研究处理情况向常务委员会提出书面报告。常务委员会认为必要时，可以对审计工作报告作出决议；本级政府应当在决议规定的期限内，将执行决议的情况向常务委员会报告。常务委员会听取的国民经济和社会发展计划执行情况报告、预算执行情况报告和审计工作报告及审议意见，政府对审议意见研究处理情况或者执行决议情况的报告，向本级人大代表通报并向社会公布。

国民经济和社会发展五年规划经人大批准后，在实施的中期阶段，政府应当将规划实施情况的中期评估报告提请本级人大常委会审议。规划经中期评估需要调整的，政府应当将调整方案提请本级人大常委会审查和批准。

(3) 法律法规实施的检查

各级人大常委会每年选择若干关系改革发展稳定大局和群众切身利益、社会普遍关注的重大问题，有计划地对有关法律、法规实施情况组织执法检查。常务委员会执法检查工作由本级人民代表大会有关专门委员会或者常务委员会有关工作机构具体组织实施。常务委员会根据年度执法检查计划，按照精干、效能的原则，组织执法检查组。执法检查组的组成人员，从本级人大常委会组成人员以及本级人大有关专门委员会组成人员中确定，并可以邀请本级人大代表参加。

全国人大常委会和省、自治区、直辖市的人大常委会根据需要，可以委托下一级人大常委会对有关法律、法规在本行政区域内的实施情况进行检查。受委托的人大常委会应当将检查情况书面报送上一级人大常委会。执法检查结束后，执法检查组应当及时提出执法检查报告，由委员长会议或者主任会议决定提请常务委员会审议。执法检查报告包括下列内容：①对所检查的法律、法规实施情况进行评价，提出执法中存在的问题和改进执法工作的建议；②对有关法律、法规提出修改完善的建议。

常务委员会组成人员对执法检查报告的审议意见连同执法检查报告，一并交由本级政府、法院或者检察院研究处理。政府、法院或者检察院应当将研究处理情况由其办事机构送交本级人大有关专门委员会或者常务委员会有关工作机构征求意见后，向常务委员会提出报告。必要时，由委员长会议或者主任会议决定提请常务委员会审议，或者由常务委员会组织跟踪检查；常务委员会也可以委托本级人大有关专门委员会或者常务委员会有关工作机构组织跟踪检查。常务委员会的执法检查报告及审议意见，政府、法院或者检察院对其研究处理情况的报告，向本级人大代表通报并向社会公布。

(4) 规范性文件的备案审查

行政法规、地方性法规、自治条例和单行条例、规章的备案、审查和撤销，依照立法法的有关规定办理。县级以上地方各级人大常委会审查、撤销下一级人大及其常委会作出的不适当的决议、决定和本级政府发布的不适当的决定、命令的程序，由省、自治区、直辖市的人大常委会参照立法法的有关规定，作出具体规定。

县级以上地方各级人大常委会对下一级人大及其常委会作出的决议、决定和本级政府发布的决定、命令，经审查，认为有下列不适当的情形之一的，有权予以撤销：①超越法定权限，限制或者剥夺公民、法人和其他组织的合法权利，或者增加公民、法人和其他组织的义务的；②同法律、法规规定相抵触的；③有其他不适当的情形，应当予以撤销的。

最高人民法院、最高人民检察院作出的属于审判、检察工作中具体应用法律的解释，应当自公布之日起三十日内报全国人大常委会备案。国务院、中央军事委员会和省、自治区、直辖市的人大常委会认为最高人民法院、最高人民检察院作出的具体应用法律的解释同法律规定相抵触的，最高人民法院、最高人民检察院之间认为对方作出的具体应用法律的解释同法律规定相抵触的，可以向全国人大常委会书面提出进行审查的要求，由常务委员会工作机构送有关专门委员会进行审查、提出意见。其他国家机关和社会团体、企业事业组织以及公民认为最高人民法院、最高人民检察院作出的具体应用法律的解释同法律规定相抵触的，可以向全国人大常委会书面提出进行审查的建议，由常务委员会工作机构进行研究，必要时，送有关专门委员会进行审查、提出意见。全国人大法律委员会和有关专门委员会经审查认为最高人民法院或者最高人民检察院作出的具体应用法律的解释同法律规定相抵触，而最高人民法院或者最高人民检察院不予修改或者废止的，可以提出要求最高人民法院或者最高人民检察院予以修改、废止的议案，或者提出由全国人大常委会作出法律解释的议案，由委员长会议决定提请常务委员会审议。

（5）询问和质询

各级人大常委会会议审议议案和有关报告时，本级政府或有关部门、法院或者检察院应当派有关负责人员到会，听取意见，回答询问。

全国人大常委会组成人员十人以上联名，省、自治区、直辖市、自治州、设区的市人大常委会组成人员五人以上联名，县级人大常委会组成人员三人以上联名，可以向常务委员会书面提出对本级政府及其部门和法院、检察院的质询案。质询案应当写明质询对象、质询的问题和内容。质询案由委员长会议或者主任会议决定交由受质询的机关答复。委员长会议或者主任会议可以决定由受质询机关在常务委员会会议上或者有关专门委员会会议上口头答复，或者由受质询机关书面答复。在专门委员会会议上答复的，提质询案的常务委员会组成人员有权列席会议，发表意见。委员长会议或者主任会议认为必要时，可以将答复质询案的情况报告印发常务委员会会议。提质询案的常务委员会组成人员的过半数对受质询机关的答复不满意的，可以提出要求，经委员长会议或者主任会议决定，由受质询机关再作答复。质询案以口头答复的，由受质询机关的负责人到会答复。质询案以书面答复的，由受质询机关的负责人签署。

（6）特定问题调查

各级人大常委会对属于其职权范围内的事项，需要作出决议、决定，但有关重大事实不清的，可以组织关于特定问题的调查委员会。

委员长会议或者主任会议可以向本级人大常委会提议组织关于特定问题的调查委员会，提请常务委员会审议。五分之一以上常务委员会组成人员书面联名，可以向本级人大常委会提议组织关于特定问题的调查委员会，由委员长会议或者主任会议决定提请常务委员会审议，或者先交有关的专门委员会审议、提出报告，再决定提请常务委员会审议。调查委员会由主任委员、副主任委员和委员组成，由委员长会议或者主任会议在本级人大常委会组成人员和本级人大代表中提名，提请常务委员会审议通过。

调查委员会可以聘请有关专家参加调查工作。与调查的问题有利害关系的常务委员会组成人员和其他人员不得参加调查委员会。调查委员会进行调查时，有关的国家机关、社会团体、企业事业组织和公民都有义务向其提供必要的材料。提供材料的公民要求对材料来源保密的，调查委员会应当予以保密。调查委员会在调查过程中，可以不公布调查的情况和材料。调查委员会应当向产生它的常务委员会提出调查报告。常务委员会根据报告，可以作出相应的决议、决定。

（7）撤职案的审议和决定

县级以上地方各级人大常委会在本级人大闭会期间，可以决定撤销本级政府个别副省长、自治区副主席、副市长、副州长、副县长、副区长的职务；可以撤销由它任命的本级政府其他组成人员和法院副院长、庭长、副庭长、审判委员会委员、审判员、检察院副检察长、检察委员会委员、检察员，中级人民法院院长，人民检察院分院检察长的职务。

县级以上地方各级政府、法院和检察院，可以向本级人大常委会提出对以上国家机关工作人员的撤职案。

县级以上地方各级人大常委会主任会议，可以向常务委员会提出对以上国家机关工作人员的撤职案。县级以上地方各级人大常委会五分之一以上的组成人员书面联名，可以向常务委员会提出对以上国家机关工作人员的撤职案，由主任会议决定是否提请常务委员会会议审议；或者由主任会议提议，经全体会议决定，组织调查委员会，由以后的常务委员会会议根据调查委员会的报告审议决定。

撤职案应当写明撤职的对象和理由，并提供有关的材料。撤职案在提请表决前，被提出撤职的人员有权在常务委员会会议上提出申辩意见，或者书面提出申辩意见，由主任会议决定印发常务委员会会议。撤职案的表决采用无记名投票的方式，由常务委员会全体组成人员的过半数通过。

相对于立法工作，人大监督工作还远不尽如人意，直接影响立法效果，影响人大功能的发挥。对法律实施的监督尤其是违宪违法行为的纠正远未到位，以致出现了辽宁贿选案这种动摇人大制度根本的恶性案件，如果早发现早处理就不至于后果如此严重。要把人大监督工作放到同立法工作同等重要的位置，加强监督法实施。发现的重大典型违宪、违法案件要及时处理并公布于众，彰显监督威力。

3. 密切人大和人民群众的联系

人民代表大会是国家权力的中心，是接受人民委托、代表人民意志、行使国家权力的代议机构。在监督其他国家机关的同时，各级人大及其常委会必须接受人民的监督，防止自身脱离人民蜕变为官僚机构。因此，密切人大和人民群众的联系是人大的基本职责所在。

（1）明确人大代表职责

人大代表是荣誉，更是责任，要自觉履行法定义务，密切联系本选区选民或原选举单位的人民群众，认真倾听和反映他们的意见，自觉接受他们的监督。

全国各级人大代表260多万人，是一支庞大的队伍，也是一种重要的力量。人大代表要少往上看多朝下看，贴近群众，运用微信、短信这种便利的网络形式同选民保持零距离、零时间沟通，也可以通过座谈、调研、访问、视察、定期接待选民的方式，收集人民群众的各种意见和声音，并及时传达给国家权力机关，成为国家权力机关立法和决策的重要依据。

为了有效防止人大代表脱离人民，应推广"代表向选民报告工作"和"选民评议代表"的制度，将代表接受选民监督乃至接受选民罢免的规定落到实处。要严厉打击拉票贿选行为，绝不允许市场交易的规则腐蚀人大制度。关于人大代表"专职化"的问题，理论界和实务界有各种意见，有人说好，也有人说不好。但是有一点可以肯定，若实行代表专职化，至少能保障代表有充分时间和精力去联系选民。目前可行的是，应当进一步提高人大常委会中专职委员的比例。

（2）人大活动适宜全方位公开

人大是人民的代议机构，人民有权利知道它的运行过程。要积极向人民群众宣传人民代表大会制度的理论和知识，公开各级人大及其常委会的活动情况。由于封建残余思想的遗毒很深，广大人民群众对传统的家长制的危害认识不清，甚至麻木不仁，民主意识非常薄弱，对人民代表大会的性质、地位、作用等基本知识缺乏必要的了解。宣传和教育工作是一项长期而艰巨的任务，人大机关在这方面应起模范带头作用，普及人大基本知识。只有人民群众不断提高民主自觉程度，人大制度才有更加坚实的群众基础。

除了人大代表的言传身教和报刊图书的宣传教育外，最有效的途径就是增加各级人大及其常委会活动的透明度，祛除神秘感。现在每次人大全体会议均有电视、网络平台等媒介及时报道，可以考虑增加有深度的专题报道，公布大会选举、任命的投票过程和结果，发表会议记录，当然法定保密情况除外。

不少地方人大已经建立了旁听制度，但流于形式的过多，需要进一步完善。有的地方人大不再分派和指定旁听者，而在选民报名后进行选民资格审查，再按报名先后及预设名额决定旁听者，可以推广。

各级人大要利用一切科技手段，增加人大活动的公开性，使广大人民群众尽可能多地了解人大的工作。这样，就能激化人民群众关心、支持、监督人大的政治热情，促进国家治理能力的现代化。

4. 加强人大自身建设

人民代表大会制度健全与否，在很大程度上取决于各级人大及其常委会的自身建设，体现在组成人员、机构设置、工作制度等方面。

(1) 组成人员

人大的地位和作用要求它的组成人员必须具备比普通群众更好的素质，包括民主素质、法律素质、道德素质、文化素质等各个方面。要严格按照选举法规定，严把选举关，把真正为人民着想、为人民做实事的代表选出来，不让投机分子有可乘之机。要严厉打击破坏选举的一切行为，绝不允许人民神圣的选举权受到玷污。

在继续按地区选举代表的同时，辅之以按界别选举和其他方式产生部分代表。候选人的提名和产生办法必须符合选举法的原则精神。对产生的人大代表要进行适当的培训，提高他们的参政议政能力。坚决杜绝将人大代表当作荣誉性职务照顾安排的现象。各级党组织对人大代表的政治审核要严格依法进行，绝不允许借口党的领导指挥或干扰正常的选举工作，一经发现必须严肃处理。这是全面依法治国和全面从严治党的基本要求，绝不允许在实际工作中变味走样。

要继续改变"名额过多，素质不高"的状况。人大代表素质参差不齐，有些人大代表提不出议案，有些人大代表只会开会举手，有些人大代表发表雷人观点，有些人大代表将人大职务娱乐化，不一而足。有人提出，为了提高议事效率，要减少代表数量，提高代表质量。也有人持反对意见，认为中国的人大代表名额为世界之最情有可原，因为中国人口众多、民族众多、各地发展极不平衡，代表数量多正是体现了人民性和广泛性。不管怎样，提高代表素质是大家的共识。

(2) 组织机构

中国人大是一院制的组织体系，总体上发挥了积极作用。由于人大的职权太大，无论立法还是监督都是关乎国计民生的大事，这就要求人大工作务必小心谨慎，否则就会铸成大错。

全国人大是最高国家权力机关，其他一切国家机关都由它产生向它负责，这就意味着没有任何国家机关能监督全国人大。这种机构设置原本是维护人民主权的至高地位。但是，人民和人大毕竟不是一回事，人大和人民在本质上是统一的，人大应当按人民意志办事，同时人大又是一个独立于人民的机构，人大的决定不一定全是人民意志。至少在理论上这种可能性是存在的。虽然存在群众监督、舆论监督、媒体监督、社会监督等各种监督形式，但是没有任何外部力量足以监督人大。因此，如何监督人大按人民意志办事就是一个盲点。然而，在维护人民主权的至高性和一院制总体框架的前提下，在人大体制内部设置一种自我制约机制，不失为良策。内部制约可以参考国外的两院制的一些作法，到底采取怎样的具体形式可以继续探讨。总之，内部制约可以使立法和决策更加科学，能避免决策性失误。

应继续完善人大各专门委员会，真正发挥其应有功能。这些年来，随着民主法治建设的推进，如何建立切实可行的违宪审查机制机构一直是全社会关注的热点。目前世界上已有70多个国家建立了宪法委员会或宪法法院。宪法监督机构专门化已成为世界各国宪法监督的趋势。在中国建立一个什么样的宪法监督机构，意见纷呈，见仁见智。有的认为成立与全国人大常委会并列的宪法法院，有的认为建立一个违宪审查的全国人大专门委员会，有的甚至提出中国应有一个与全国人大并列的宪法法院，等等。根据中国的实际情况，在全国人大增设一个专门委员会的作法是可取的，可以叫做宪法监督委员会或违宪审查委员会。这个机构按宪法和法律关于专门委员会的规定产生和组成，可以吸收一批专家，特别是宪法和法律专家作顾问，在全国人大及其常委会的领导下开展违宪审查工作。各级人大的专门委员会应充实更多的专家类人员，以适应人大日益专业化的工作任务。要健全各级人大及其常委会的办事机构和研究机构，提高人大工作质量。

（3）工作机制

从某种程度上讲，人大功能发挥的程度同人大工作机制密不可分。过去，宪法和有关组织法对各级人大及其常委会的工作程序规定比较粗。随着各级人大及其常委会的《议事规则》纷纷出台，这种状况有所改观，但离实际要求还有很大差距，应当进一步细化，使其更具操作性，使人大及其常委会的各项工作有章可循。

人大工作，事关的都是国家大事。既然是国家大事，就不能有半点马虎。应当将人大所有工作规范化、制度化、法律化、程序化。从一定意义上说，民主政治就是程序政治，民主制度离不开合法程序的支持。对于以会议为主要工作方式的人大而言，尤其需要加强程序建设，人大的一切活动都要按法定程序操作，否则就是无效。

中国的民主政治建设，必须在党领导下有步骤、有秩序地进行，不能脱离现实抱不切实际的想法，不坚持党的领导什么事都做不了，任何操之过急的作法和无所作为的态度都会丧失来之不易的大好局面。只有面对现实，一步一个脚印，扎实工作，积小胜为大胜，逐步完善人大制度。要坚持党的领导、人民当家作主和依法治国的有机统一。党的领导是人民当家作主和依法治国的根本保证，人民当家作主是社会主义民主政治的本质特征，依法治国是党领导人民治理国家的基本方式，三者统一于中国社会主义民主政治伟大实践。党对人大的领导，就是严格按照宪法和法律的要求，支持和保证人大履行自己的法定职能。共产党关于国家事务的重要主张，要作为建议向人大提出，使之经过法定程序成为国家意志，并以法律的形式向全社会公布。这样做，既符合现代法治国家的要求，又有利于把共产党的主张与人民的意志统一起来、有利于更好地动员和组织人民群众贯彻执行共产党的主张、保证共产党始终站在时代前列带领人民前进。面对新形势新任务，各级人大及其常委会要始终同人民群众保持密切联系，抓住机遇，加强自身建设，加强和改进立法工作，加强监督工作，促进依法行政、公正司法和全民守法，努力开创人大工作新局面。

二　全国人民代表大会

(一) 全国人大

1. 性质和地位

全国人民代表大会，简称全国人大。现行宪法第57条规定："中华人民共和国全国人民代表大会是最高国家权力机关。它的常设机关是全国人民代表大会常务委员会。"第58条规定："全国人民代表大会和全国人民代表大会常务委员会行使国家立法权。"宪法的规定，表明了全国人民代表大会的性质和它在整个国家机构中的地位。

作为最高国家权力机关的全国人民代表大会，是国家权力的最高体现者。它集中代表全国各族人民的意志和利益，行使国家立法权和决定国家生活中的重大问题。因此，全国人民代表大会在国家机构体系中居于首要地位，其他任何国家机关都不能超越于全国人民代表大会之上，也不能和它相提并论。

全国人民代表大会及其常务委员会通过的法律和决议，其他国家机关都必须遵照执行。

2. 组成和任期

宪法规定，全国人民代表大会由省、自治区、直辖市、特别行政区和军队选出的代表组成；各少数民族都应当有适当名额的代表；全国人民代表大会代表的选举由全国人民代表大会常务委员会主持。

全国人民代表大会的代表以间接方式选举产生，名额以一定的人口比例为基础，同时又适当照顾某些民族、地区和单位。全国人大的组成情况，有一个变化过程，总体上是朝着民主的方向发展。

1953年选举法规定，全国人大由省人民代表大会、中央直辖市和人口在50万以上的省辖工业市人民代表大会、中央直辖少数民族行政单位（当时只有内蒙古自治区直辖于中央）、人民武装部队以及国外华侨选出的代表组成。城市与乡村比例是：各省应选代表的名额，按每80万人选代表1人，城市按每10万人选代表1人。根据该规定，第一、二届全国人大代表总数均为1226人。

1963年12月，第二届全国人大第四次会议对于第三届全国人大代表名额作了新的规定。全国人大由省、自治区、直辖市、人口在30万以上的工业城市、人口虽不足30万但产业工人及其家属人口在20万以上的工业城市、工矿区和林区以及军队、归国华侨（不再是"国外华侨"）选出的代表组成。第三届全国人大代表总数为3037人。

1975年召开的第四届全国人大，由省、自治区、直辖市和军队的代表组成。该届全国人大代表不由普选产生，而是由中央分配名额，再由各省级革命委员会"协商"指派，总数为2885人。工业城市、工矿区、林区以及华侨不再作为全国人大的选举单位。

1978年召开的第五届人大，是由省、自治区、直辖市和人民解放军选出的代表组成。原选出代表3500人，其中3人被发现有严重错误，由原选举单位撤销代表资格，其余3497人代表资格有效。

1979年修订通过的《选举法》规定，全国人大由省、自治区、直辖市的人大和人民解放军选出的代表组成，代表总额不超过3500人。经1986年底修改后，规定为不超过3000人，此后一直维持这个规模。1982年12月，第五届全国人大第五次会议通过关于第六届全国人大代表名额和选举问题的决议案。决议具体规定，农村按人口每104万人选举1名代表，市镇按人口每13万人选1名代表，人口特少的省、自治区代表不得少于15人；台湾省暂选代表13人，由各省、自治区、直辖市和人民解放军的台胞中选出，其余依法应选的名额予以保留；人民解放军应选代表265名；全国少数民族应选代表名额应占总名额的12%左右；归国华侨应选代表35人。依照此规定，当选第六届全国人大代表的人数为2978人。

1987年4月，第六届全国人大第五次会议决定，第七届全国人大代表的总名额以及省、自治区、直辖市、人民解放军、少数民族、华侨选举的代表名额，均与第六届相同。第七届全国人大召开时，各选举单位实际选出代表2975名，缺额3名。经资格审查，全国人大常委会确认2970名代表资格有效。

1992年4月，第七届全国人大第五次会议决定，第八届全国人大代表的组成情况与第七届基本相同。根据此决定，共选出代表2979名，其中两名选出后不久逝世。经审查，当选代表资格全部有效。

1998年3月，全国各省、自治区、直辖市、香港特别行政区、人民解放军按照选举法的规定，共选出第九届全国人大代表2980名，其中1人当选后逝世。经审查，全体代表资格有效。重庆市和香港特别行政区均为第一次独立组团参加全国人大会议。2000年3月，澳门特别行政区第一次独立组团参加第九届全国人大第三次会议。

2003年2月，第十届全国人大代表由各省、自治区、直辖市、香港特别行政区、澳门特别行政区、人民解放军选举产生，共2985名。经审查，2985名代表资格全部有效。其中福建省选出的1名代表因病逝世，第十届全国人大实有代表2984人，截至2008年2月28日第十届全国人民代表大会实有代表2961人。2004年3月，第十届全国人大二次会议通过了宪法修正案，决定在宪法第59条第1款关于全国人大的组成中增加"特别行政区"。鉴于香港、澳门已经回归祖国并相继建立特别行政区，作这样的修改是合理的。按照修改后的宪法规定："全国人民代表大会由省、自治区、直辖市、特别行政区和军队选出的代表组成。各少数民族都应当有适当名额的代表。"

2008年3月，第十一届全国人大代表由各省、自治区、直辖市、香港特别行政区、澳门特别行政区、人民解放军选举产生，共2987名。经审查，2987名代表资格全部有效。

2013年2月，第十二届全国人大代表由各省、自治区、直辖市、香港特别行政区、澳门特别行政区、人民解放军选举产生，共2987名。经审查，2987名代表资格全部有效。

2018年3月，第十三届全国人大代表由各省、自治区、直辖市、香港特别行政区、澳门特别行政区、人民解放军选举产生，共2980名。经审查，2980名代表资格全部有效。

全国人大的组成，以区域代表和职业代表相结合并以区域代表为主，只有解放军是职业代表，即军队系统是单独选举全国人大代表。今后可适当增加由更多职业系统选出的职业代表，做到社会各个阶层都有自己的代表，尤其不能忽视代表社会进步的新兴阶层的诉求，从而使全国人大具有更加全面广泛的代表性。全国人大代表来自各地区、各民族、各阶层、各党派、各年龄、各行业等。例如，第九届全国人大代表中，工人和农民代表563名，占代表总数的18.89%；知识分子代表628名，占代表总数的21.07%；干部代表988名，占代表总数的33.16%；解放军代表268名，占代表总数的8.99%；香港特别行政区代表35名，占代表总数的1.21%；归国华侨37名，占代表总数的1.24%；中共党员2130名，占代表总数的71.48%；民主党派和无党派爱国人士460名，占代表总数的15.44%；少数民族代表428名，占代表总数的14.36%；妇女代表650名，占代表总数的21.81%。[①] 这种广泛的代表性，有利于集中人民群众各方面的意见和要求。

从第六届开始，全国人大代表的知识结构、年龄结构和新老代表比例日趋合理。例如，第七届全国人大代表中，具有大专以上文化程度的1662名，占代表总数的56%，高于第六届大专以上文化程度的代表占44.5%的比例；各类专业技术人员占代表总数的35.4%。这说明全国人大代表的文化程度有了明显提高。代表中18—40岁的有408人，占代表总数的13.8%；41—55岁的有1316人，占代表总数的44.3%；56—60岁的有540人，占代表总数的18.1%；60岁以上的有707人，占代表总数的23.8%。由此可知，中青年代表占绝大多数（2/3以上），体现了代表的年轻化。代表中新当选的与连任的比例为5∶2，这有利于代表的更新，也有利于保持国家权力机关工作的连续性和稳定性。

人大代表的每一次重大变化，都集中体现了国家民主政治建设的重要成就。第十二届全国人大代表的选举就是一个鲜明的事例。

十二届全国人大代表选举的最大特点是首次实行城乡按相同人口比例进行选举，这对中国民主政治而言是一次重大进步。从1953年第一部选举法颁布实施到1995年之前，中国农村与城镇每一人大代表所代表的人口比例为8∶1。1995年全国人大常委会修改选举法将这一比例调整为4∶1。随着城镇

---

① 《光明日报》1998年3月1日。

化进程不断加速，人口结构发生深刻变化，中国城镇化率在2009年已接近50%。在这个大背景下，2010年，十一届全国人大三次会议修改选举法，明确规定实行城乡按相同人口比例选举人大代表这一重要原则。实行城乡按相同人口比例选举人大代表，需要对各省区市的全国人大代表名额重新分配，即每一全国人大代表代表相同的城乡人口数。根据人口总数和代表总额，十二届全国人大代表选举按城乡约每67万人分配1名代表名额。

实行城乡同比选举，实现人人平等、地区平等、民族平等，是十二届全国人大代表选举的基本原则。在中国，同级行政区域的法律地位应当平等，不论人口多少，在国家权力机关中都应有一定数量代表，应有相同的地区基本名额数。十二届全国人大代表选举确定的地区基本名额数为8名，确保人口较少的地区有一定数量的代表。通过对比十二届与十一届全国人大代表数量可以发现，一些省份的代表数量增加了，一部分省份的代表数量下降了。十二届全国人大代表选举坚持民族平等。在选出的代表中，少数民族代表409名，占代表总数的13.69%，全国55个少数民族都有本民族的代表。

基层代表数量增加。十一届全国人大五次会议上关于十二届全国人大代表名额和选举问题的决定规定，十二届全国人大代表中，基层代表特别是一线工人、农民和专业技术人员代表的比例要比上届有所上升，在城务工的农民代表人数要比上届有较大幅度增加，党政领导干部代表的比例要比上届有所降低。十二届全国人大代表选举实现了"两升一降"目标。一线的工人、在城务工的农民代表401名，占代表总数的13.42%，比十一届全国人大提高了5.18个百分点，其中在城务工的农民代表数量大幅增加；专业技术人员代表610名，占代表总数的20.42%，提高了1.2个百分点；党政领导干部代表1042名，占代表总数的34.88%，降低了6.93个百分点。十二届全国人大代表中妇女代表699名，占代表总数的23.4%，比十一届全国人大提高了2.07个百分点。基层代表有丰富基层经历，与人民群众联系最紧密，对改革发展、改善民生、维护社会和谐稳定等有着最直接、最真实的体会和感受，他们会更加积极主动地反映人民群众的意愿，有力推动人民群众最关心、最直接、最现实的问题的解决。

青年代表引人关注。青年是祖国的未来、民族的希望。十二届全国人大代表名单，有"80后"代表74名，"90后"代表两名。年龄最小的代表陈若琳生于1992年。其中，有的是生产一线工人，有的是偏远农村领导，有的是科研人员，有的是解放军战士。他们来自基层，是各行业各领域的青年才俊。青年兴则事业兴，青年强则国家强。无论在哪个时代，青年都是社会上最富生命力与创造力的群体。吸引更多的青年走进最高国家权力机关，有利于优化代表结构，充分发挥他们的聪明才智，激励广大青年树立服务国家与人民的远大志向。

党政领导干部代表数量大幅度下降。如果人大代表中来自基层的工人、农民、专业技术人员的数量偏低，而各级领导干部的比重过高，不利于表达广大百姓的诉求，也不利于监督国家权力的运行。十一届全国人大代表中，省级政府组成部门领导干部的比例大幅下降，比上一届减少了三分之一，使代表结构进一步优化。五年之后，十二届全国人大代表中的党政领导干部总数继续下降，降幅达到近7个百分点。降低党政领导干部代表比例，是保证和支持人民通过人民代表大会行使国家权力的直接体现之一，有利于扩大人大代表的覆盖面，调动基层群众参政议政的积极性和主动性，也会促进国家的决策部署更加切合实际需要，更好地体现人民的意志、利益和愿望。

港澳台代表依法选举产生。在第十二届全国人大代表选举中，香港选出代表36名，澳门选出代表12名。当选代表都是拥护宪法和基本法、拥护"一国两制"、爱国爱港、爱国爱澳的人士。台湾省十二届全国人大代表，由各省区市和中央国家机关、中国人民解放军中的台湾省籍同胞组成的协商选举会议选举产生，采用差额选举和无记名投票的方式选举产生了13名代表。当选代表都是拥护祖国统一、推动两岸交流、坚决反对"台独"的人士，具有广泛的代表性。

全国人大的任期，是指每届全国人大担任最高国家权力机关的法定期限。1954年宪法规定为每届4年，从1975年宪法开始至今为每届5年。为了保证两届全国人大之间的顺利衔接，1982年宪法恢复了1954年宪法的有关规定，即全国人大任期届满的两个月以前，全国人大常委会必须完成下届全国人大代表的选举。如果遇到不能进行选举的非常情况，由全国人大常委会以全体组成人员的三分之二以上的多数通过，可以推迟选举，延长本届全国人大的任期。在非常情况结束后一年内，必须完成下届全国人大代表的选举。

3. 主要职权

人大在不同层次上执掌国家权力。人大除将行政权、监察权、审判权、检察权、武装力量指挥权等国家权力授予其他国家机关外，自己还直接行使一部分国家权力。人大直接行使的国家权力，通常称之为人大的"职权"。宪法对全国人大职权的规定前后有所变化。1954年宪法列举的全国人大职权有14项，1975年宪法列举5项，1978年宪法列举10项，1982年宪法列举15项。现行宪法是1982年宪法，全国人大的职权主要规定在宪法第58条、

第62条、第63条、第64条、第65条、第71条等条款中，可以概括为以下五个方面。

(1) 国家立法权

全国人大可以修改宪法，制定和修改刑事、民事、国家机构的和其他的基本法律。现行宪法规定：宪法的修改由全国人民代表大会常务委员会或者1/5以上的全国人民代表大会代表提议，并由全国人民代表大会以全体代表2/3以上的多数通过。法律和其他议案由全国人民代表大会以全体代表的过半数通过。

(2) 最高任免权

全国人民代表大会有权选举全国人民代表大会常务委员会委员长、副委员长、秘书长和委员；选举中华人民共和国主席、副主席，中央军委主席，国家监察委员会主任，最高人民法院院长，最高人民检察院检察长；有权根据国家主席的提名决定国务院总理的人选；根据国务院总理的提名决定国务院副总理、国务委员、各部部长、各委员会主任、审计长、秘书长的人选；根据中央军委主席的提名决定中央军委副主席、委员的人选。对于以上人员，全国人民代表大会有权依照法律规定予以罢免。按照规定，罢免案必须有全国人民代表大会3个以上的代表团或1/10以上的代表提出，由主席团提请大会审议，并经全体代表的过半数同意，才能通过。

(3) 最高决定权

包括审查和批准国民经济和社会发展计划和计划执行情况的报告；审查和批准国家预算和预算执行情况的报告；批准省、自治区、直辖市的建置；决定特别行政区的设立及其制度；经国务院总理提出，决定国务院各部、各委员会的设置、撤销或者合并；决定战争与和平问题等。

(4) 最高监督权

对宪法实施的监督权。为了保证宪法真正得到贯彻执行，必须对宪法进行切实的监督。内容包括两方面：一是对各项法律、行政法规、地方性法规以及各种规章是否符合宪法的原则和条文规定，实行审查监督；二是对一切国家机关、武装力量、各政党和各社会团体、各企事业组织以及所有公民活动是否违宪进行监督。

对其他国家机关的监督权。这种监督权是国家最高形式的监督权。宪法规定：全国人民代表大会常务委员会对全国人大负责并报告工作，全国人大有权改变或撤销全国人大常委会的不适当的决定；国务院对全国人大负责并报告工作；中央军委、最高人民法院、最高人民检察院都对全国人大负责。

它们都由全国人民代表大会产生，对它负责，受它监督。听取和审议全国人大常委会、国务院、最高人民法院、最高人民检察院的工作报告，是全国人大行使监督权的基本形式。质询是另一重要形式，在全国人大会议期间，一个代表团或30名以上的代表联名，可以书面提出对国务院和国务院各部门的质询案。再一个重要形式是，全国人大认为必要的时候，可以组织特定问题的调查委员会，并根据其报告，作出相应的决议。调查委员会进行调查时，一切有关的国家机关、社会团体和公民都有义务向它提供必要材料。

（5）应当由最高国家权力机关行使的其他职权

宪法不可能完全列举全国人民代表大会的职权，但国家生活中确实存在许多特别重大的问题必须由全国人大处理，现行宪法规定的此项职权就为全国人民代表大会处理这些问题提供了法律依据。

4. 会议制度

全国人民代表大会是会议性质的机关。全国人民代表大会开展工作的基本形式是召开全国人民代表大会会议，以全体会议的决议行使职权。宪法和全国人大组织法对全国人大的会议作了原则性规定。1989年七届全国人大二次会议通过了《全国人民代表大会议事规则》，使全国人大会议更加规范化、程序化、制度化。

全国人民代表大会会议分例行会议和临时会议两种。例会每年召开一次。全国人民代表大会常务委员会认为必要，或者有1/5以上的全国人民代表大会代表提议，可以临时召集全国人民代表大会会议。实践中尚无召开临时会议的先例。例会的召开日期，法律原来没有规定。从1985年以前历次全国人大会议的实际情况看，除10月份以外，每个月都召开过例会。自1985年六届全国人大三次会议开始，每年例会均在3月份开幕。现在，全国人大议事规则明文规定，全国人大例会须在每年第一度举行。历次全国人大会议的持续时间，平均每次约15天。最长的有26天（一届全国人大二次会议），最短的只有5天（四届全国人大一次会议）。现在一般维持在15—20天。

全国人大会议由全国人大常委会召集。每届全国人大第一次会议，在本届全国人大代表选举完成后的两个月内，由上届全国人大常委会召集。全国人大会议必须有2/3以上的代表出席，方能举行。因病或其他特殊原因不能出席的全国人大代表，必须请假。每次会议开始前，应统计并报告出席人数。

按照法律规定，结合实际情况，可以将全国人大会议的召集和进行过程归纳为三个阶段：会前准备阶段（会议召集阶段）、预备会议阶段、正式会议阶段。

（1）会前准备阶段

这一阶段主要有四个方面的工作。

第一，全国人大常委会必须完成的七项任务：

①确定全国人大会议的开会日期，提出会议议程草案。

②对新当选代表进行资格审查，并公布新当选代表名单。现行全国人大组织法改变了以往在代表到会后才有全国人大所属的代表资格审查委员会审查其资格的作法，规定由全国人大常委会下设资格审查委员会，在全国人大会议召开前，先审查新当选代表资格。每届全国人大第一次会议之前，须审查新当选的全部代表资格；此后每届的其他几次会议之前，只审查补选代表资格，一般数量不多。审查的内容包括代表是否依法享有被选举权、是否严格依法产生等方面。全国人大常委会根据代表资格委员会提出的报告，确认代表资格有效，或确认某些代表当选无效。代表资格审查结束后，全国人大常委会须在全国人大召开前公布新当选代表名单。公布代表名单，表明代表资格被确认有效，有利于将代表置于人民群众的监督之下。

③提出本次全国人大会议的主席团和秘书长名单草案。

④决定本次全国人大会议的列席人员名单。列席人员有三种类型。第一类是法定列席人员，即全国人大组织法明文规定的列席人员，包括国务院的组成人员、中央军委的组成人员、最高人民法院院长、最高人民检察院检察长。第二类是决定列席人员，即由全国人大常委会决定的、允许列席本次全国人大会议的其他机关团体的负责人，或有社会影响的人员。第三类是惯例列席人员，即按照惯例确定的列席人员。由于全国人大与全国政协基本上同时召开例会，自1959年起，不是全国人大代表的全国政协委员均被邀请列席全国人大会议。另外按惯例，每届全国人大举行第一次会议时，不是本届代表的上届全国人大常委会组成人员也被邀请列席会议。

⑤将开会日期和建议会议讨论的主要事项通知代表，并将准备提请会议审议的法律草案发给代表。此项工作须在全国人大会议举行的一个月前完成，全国人大临时会议除外。其目的是为了让代表有比较充足的时间，围绕大会议题进行会前视察、调查研究，广泛听取人民群众意见，做好赴会准备，提高会议的质量和效率。

⑥充分准备向全国人大全体会议的报告稿。

⑦会议的其他准备事项。

第二，全国人大代表的工作。在接到全国人大常委会发出的会议通知后，全国人大代表即按选举单位组成代表团。各代表团全体会议推选代表团团长、副团长。团长负责召集并主持代表团全体会议。副团长协助团长工作。代表团可以分设若干代表小组,代表小组会议推选小组召集人。

第三,中央一府两院的准备工作。国务院、最高人民法院、最高人民检察院充分准备向全国人大全体会议的报告稿。国务院有关主管部门(发改委、财政部)应当在全国人大会议举行的一个月前,就国民经济和社会发展计划及计划执行情况、国家预算及预算执行情况的主要内容,向全国人大财经委和有关专门委员会汇报。

第四,全国人大的有关专门委员会(财经委)要对国务院有关部门的上述汇报进行初步审查。

(2) 预备会议阶段

全国各方面代表团赴京集中,然后召开全国人大预备会议。1957年6月,一届全国人大四次会议首次举行预备会议,从此形成惯例。现行全国人大组织法规定,全国人大每次会议前须举行预备会议。预备会议由全国人大常委会主持。每届全国人大第一次会议的预备会议,由上届全国人大常委会主持。预备会议的任务主要有两项,选举本次全国人大会议的主席团和秘书长,通过本次全国人大会议的议程和关于会议其他准备事项的决定。

主席团是临时性机构,负责主持全国人大会议。主席团通常由160名左右的成员组成。主席团的决定,由主席团全体成员过半数通过。全国人大议事规则对主席团成员在主席团每次会议上的发言规定了时间限制,即每个人可以就同一议题发言两次,第一次不超过15分钟,第二次不超过10分钟。经会议主持人许可,发言时间可以适当延长。秘书长是临时性职务,与副秘书长一起组成会议秘书处。秘书长领导会议秘书处,办理主席团交付的事项和处理会议日常事务工作。本次会议结束后主席团和秘书长随即撤销。

预备会议期间,各代表团审议全国人大常委会提出的主席团和秘书长名单草案、会议议程草案以及关于会议的其他事项,并提出意见。全国人大常委会委员长会议根据各代表团提出的意见,可以对主席团和秘书长名单草案、会议议程草案以及关于会议的其他准备事项提出调整意见,提请预备会议审议。实践中,预备会议一般在正式会议开幕前一天举行,各代表团审议的时间有限,但全国人大常委会在提出上述各项草案前一般已做了比较充分的酝酿和讨论。

预备会议结束后,即由全国人大常委会委员长召集主席团首次会议。会议的主要任务是:①推选主席团常务主席若干人,一般由全国人大常委会委员长、副委员长和秘书长组成。负责召集并主持主席团以后的会议,并可以就属于主席团职权范围内的事项向主席团提出建议，对本次全国人大会议日程安排作必要的调整。②推选主席团成员若干人分别担任每次全体会议的执行主席。③决定副秘书长的人选。④决定本次全国人大会议的日程。⑤决定本次全国人大会议表决议案的方法。⑥决定代表提出议案的截止日期。全国人大会议期间，代表提出的议案由秘书处整理归类，提出初步处理意见后报会议主席团决定，最后向大会全体代表报告。为了有充裕的时间完成此项工作，使每一份议案都能得到认真处理，规定提案截止日期是必要的。提案截止时间一般确定在正式会议开幕后的第八天（也有第六天、第九天）的下午6时。⑦决定其他需要由主席团首次会议决定的事项。

（3）正式会议阶段

全国人大正式会议由主席团主持。法律规定，会议公开举行，在必要的时候也可以举行秘密会议。举行秘密会议，须经主席团征求各代表团意见后，由有各代表团团长参加的主席团会议决定。自1954年至2018年共举行了52次全国人大会议，除第二届第三、第四次会议，第三届第一次会议和第四届第一次会议外，其余各次均为公开举行。有人提出，人大不宜召开秘密会议，应一概否定使用秘密会议的形式。在会议形式的问题上，对全国人大会议而言，在审议通过有关决议的过程中，坚持公开原则，保障公民知情权，提高政治透明度，有利于促进国家政治生活的民主化。在审议某些特殊重要事宜的情势下，譬如战争与和平的问题，召开秘密会议也是可以和必要的。

代表在全国人大各种会议上的发言，由大会秘书处整理简报印发会议，并可以根据本人要求，将发言记录或者摘要印发会议。会议期间，秘书处和有关代表团应为少数民族代表准备必要的翻译。

大会全体会议设旁听席，以增强会议的开放性。旁听不同于列席，主要有两项内容：一是全国人大会议设旁听席，非人大代表的社团代表或群众代表在会场内旁听；二是通过电视、广播、网络等新闻媒介如实转播会议情况。以往，仅允许大会工作人员、驻华使节及中外记者旁听有关的全体会议。七届全国人大一次会议后，中外记者获准旁听代表团（小组）会议。公民的旁听，尤其是公民个人自由申请旁听（区别于有组织地安排公民旁听），尚待创造条件付诸实施。随着改革开放向纵深发展，全国人大会议的透明度日益增强。每次全国人大会议都会及时报道会议情况，通过电视、网络公开转播大会开幕式、闭幕式、新闻发布会、记者招待会和部分代表发言的实况。旁听制度虽已写进全国人大议事规则，但在实践中还要不断落实和完善。

全国人大会议的议程，一般包括以下四个方面的内容。

第一，立法。全国人大行使国家立法权，立法是其重要工作。

第二，听取和审议有关报告和计划。

依照法律规定，全国人大每年举行会议时，全国人大常委会、国务院、最高人民法院、最高人民检察院应当向大会提交工作报告，经各代表团审议后，会议可以作出相应的决议。其程序一般为：①大会全体会议听取上述各项报告。②各代表团全体会议或代表小组会议进行审议。③秘书处集中各代表团意见，报主席团，并转达各报告提出的机关，以便修改报告。④秘书处根据代表意见和主席团要求，起草有关报告的决议草案。⑤各项决议草案发至各代表团征求意见。⑥秘书处根据代表意见，对各项决议草案进行修改后，提请主席团审议。⑦最后，大会全体会议表决。

依照法律规定，全国人大每年举行会议时，国务院应当向大会提交关于国民经济和社会发展计划及计划执行情况的报告、关于国家预算及预算执行情况的报告，并将国民经济和社会发展计划的主要指标（草案）、国家预算收支表（草案）和国家预算执行情况表（草案）一并印发会议。各代表团全体会议、代表小组会议对其进行审议，并由全国人大财经委和有关的专门委员会进行审查。财经委根据各代表团和有关专门委员会的意见，对关于国民经济和社会发展计划及计划执行情况的报告、关于国家预算及预算执行情况的报告进行审查，并向主席团提出审查结果报告。主席团审议通过财经委报告后，即将此报告印发会议，并将关于国民经济和社会发展计划的决议草案、关于国家预算和预算执行情况的决议草案提请大会全体会议表决。

各代表团全体会议审议政府工作报告和审查关于国民经济和社会发展计划及计划执行情况的报告、关于国家预算及预算执行情况的报告的时候，国务院和国务院各部门负责人应当分别参加会议，听取意见，回答问题。

第三，审议和表决议案。

依照法律规定，全国人大主席团，全国人大常委会，全国人大各专门委员会，国务院，中央军事委员会，最高人民法院，最高人民检察院，可以向全国人大提出属于全国人大职权范围内的议案，由主席团决定列入会议议程。一个代表团或者30名以上的代表联名，也可以向全国人大提出属于全国人大职权范围内的议案，由主席团决定是否列入会议议程，或者先交有关的专门委员会审议、提出是否列入会议议程的意见，再由主席团决定是否列入会议议程，并将主席团通过的关于议案处理意见的报告印发会议。专门委员会审议时，可以邀请提案人列席会议、发表意见。以代表团名义提出的议案，须由代表团全体代表过半数通过。列入会议议程的议案，提案人和有关的全国人大专门委员会、全国人大常委会工作部门应当提供相关资料。

大会审议议案的一般程序为：提案人向会议提出关于议案的说明；各代表团全体会议、代表小组会议对议案进行审议；主席团可以将议案交付有关的专门委员会进行审议、提出报告，由主席团审议决定提请大会全体会议表决。议案表决方式由主席团决定，可以采用投票方式、举手方式或其他方式。经表决，议案由全体代表过半数通过。表决结果由会议主持人当场宣布。

列入会议议程的议案，如在交付表决前，提案人要求撤回的，经主席团同意，会议对该议案的审议即行终止。如在审议中有重大问题需要进一步研究的，经主席团提出，由大会全体会议决定，可以授权全国人大常委会审议决定，并报全国人大下次会议备案或提请全国人大下次会议审议。

依照法律规定，主席团常务主席可以召开代表团团长会议，就议案和有关报告的重大问题听取各代表团的审议意见，进行讨论，并将讨论的情况和意见向主席团报告。考虑到有些重大问题专业性比较强，如将各代表团中熟悉某一问题的代表集中起来讨论，就有利于提高审议的质量，所以在各代表团分别审议的基础上，主席团常务主席可以就某些重大的专门性问题，召集各代表团推选的有关代表进行讨论。国务院有关部门负责人参加会议，汇报情况，回答问题。会议讨论的情况和意见应当报告主席团。全国人大议事规则对代表团团长以及代表团推选的代表在主席团每次会议上的发言，也规定了时间限制，与主席团成员在主席团每次会议上的发言时间限制相同。

主席团可以召开大会全体会议进行大会全体发言，就议案和有关报告发表意见。要求在大会全体会议上发言的，应当在会前向秘书处报名，由大会执行主席安排发言顺序。在大会全体会议上临时要求发言的，经大会执行主席许可，方可发言。全国人大议事规则规定，代表在大会全体会议上发言的，每人可以发言两次，第一次不超过10分钟，第二次不超过5分钟。

专门委员会审议议案和有关报告，涉及专门性问题的时候，可以邀请有关方面的代表和专家列席会议，发表意见。专门委员会可以决定举行秘密会议。

各代表团审议议案和有关报告时，有关部门应当派负责人到会，听取意见，回答代表的询问。主席团和专门委员会对议案有关报告进行审议的时候，国务院或者有关机关负责人应当到会，听取意见，回答询问，并可以对议案或者有关报告作补充说明。

第四，重要人事任免。

选举或决定国家机关领导人是每届全国人大第一次会议最引人注目的事

情。其余各次会议也会有一些人事任免任务。

依照法律规定，全国人大常委会委员长、副委员长、秘书长、委员，国家主席、副主席，中央军委主席，最高人民法院院长，最高人民检察院检察长的人选，均由主席团提名；国务院总理的人选，由国家主席提名；国务院其他组成人员的人选，由总理提名；中央军委其他组成人员的人选，由军委主席提名。

中国共产党是中国的执政党，领导国家一切政治生活。国家机关的人选，事先都要经过中共党组织的审查同意，这是中国的政治特色。每次全国人大换届前，中共中央在反复研究并广泛听取政协、各民主党派等多方面意见的基础上，提出关于最高国家机关领导人员的一整套人选名单。然后，中共中央再广泛听取各民主党派、无党派人士的意见。在全国人大召开会议时，即作为建议提请大会主席团和有权提名的人员。最后，经研究讨论后，分别作为主席团、国家主席、国务院总理和中央军委主席依法向大会提出的候选人。这一做法已得到长期坚持和反复遵循，成为一种具有规范性、稳定性的惯例。

全国人大议事规则规定，候选人的提名人应当向会议介绍候选人的基本情况，并对代表提出的问题作必要的说明。依照法律规定，主席团及有关方面提出的各类人选，须经各代表团酝酿和协商后，再由主席团根据多数代表的意见，确定正式候选人名单。凡主席团提名的正式候选人名单，提交全体代表选举；凡有国家主席、国务院总理和中央军委主席提名的人选，提交全体代表表决。全国人大组织法曾规定，选举（表决）的方式由主席团决定。实践中原多为无记名投票，也用举手方式。全国人大议事规则在总结实践经验的基础上，明确规定，全国人大会议选举或决定任命，一律采用无记名投票方式。并规定，大会全体会议选举或者表决任命案的时候，设秘密写票处。对选举或表决各类人选，法律未明文规定是等额选举还是差额选举。第七届全国人大第一次会议，对全国人大常委会组成人员的人选首次实行了差额选举。从此历届全国人大第一次会议在选举全国人大常委会组成人员时，都坚持了这一作法。这种作法值得肯定和加强。

在选举和表决中，代表对候选人与被提名的人选可以表示赞成、反对或弃权。在选举中，还可以另选他人。选举或者表决结果由会议主持人当场宣布，候选人与被提名的人选的票数应当公布。得票数超过全体代表的半数的，方可当选或通过。会议选举或者决定任命的具体办法，由大会全体会议通过。

人事任免包括接受辞职。全国人大议事规则规定，全国人大举行会议期间，全国人大常委会组成人员，国家主席、副主席，国务院组成人员，中央军委组成人员，最高人民法院院长和最高人民检察院检察长提出辞职的，由主席团将其辞职请求交各代表团审议后，提请大会全体会议决定。大会闭会期间提出辞职的，由全国人大常委会处理。

人事任免还包括罢免。主席团、3个以上代表团或1/10以上的代表联名，可以提出对于本届全国人大常委会组成人员、国家主席、副主席，国务院组成人员，中央军委组成人员，最高人民法院院长和最高人民检察院检察长的罢免案。罢免案应当写明罢免理由，并提供有关的材料。罢免案由主席团交各代表团审议后，提请大会全体会议表决；或者由主席团提议，经大会全体会议决定，组织调查委员会，由全国人大下次会议根据调查委员会的报告审议决定。罢免案提请大会全体会议表决前，被提出罢免人员有权在主席团会议和大会全体会议上提出申辩意见，或书面提出申辩意见，由主席团印发会议。

以上四个方面的议程，均在会议主席团统一主持下，由全体代表共同完成。另外，全国人大会议期间，代表或代表团还有权依照法律规定的程序，分别开展质询、提案、提出建议批评等活动。

（二）全国人大常委会

1. 性质和地位

全国人大实行一院制，由全体会议统一行使最高国家权力，有别于其他一些国家的代议机关分设上院、下院或参议院、众议院。全国人大代表人数较多，绝大多数代表不脱离原来的工作单位，这就决定了全国人大不可能像有些国家的议会那样经常召开全体会议行使职权。因此，需要建立一个常设机关，以便在全国人大全体会议闭会期间，能经常召开会议，行使最高国家权力。这个常设机关就是全国人民代表大会常务委员会，简称全国人大常委会。

全国人大常委会同全国人大是从属关系，由全国人大选举产生，对全国人大负责，受全国人大监督，向全国人大报告工作。全国人大有权罢免常委会组成人员，改变或撤销常委会不适当的决议。在全国人大闭会期间，国务院、国家监察委、最高人民法院、最高人民检察院对全国人大常委会负责并报告工作，接受监督。

2. 组成和任期

全国人大常委会，由全国人大选举委员长一人、副委员长若干人、秘书长一人、委员若干人组成。委员长主持常委会会议和常委会的工作。副委员长、秘书长协助委员长工作。副委员长受委员长的委托，可以代行委员长的部分职权。委员长因为健康情况不能工作或者缺位的时候，由常委会在副委员长中推选一人代理委员长的职务，直到委员长恢复健康或者全国人大选出新的委员长为止。法律没有规定全国人大常委会名额，历届人大常委会的组成人数有所变化。从近几届情况看，副委员长为20人左右，委员为150人左右。

全国人大常委会组成人员候选人，由本届全国人大第一次会议主席团从代表中提出，然后经各代表团协商后，再由主席团根据多数代表的意见，确定正式候选人，最后交全国人大全体会议选举产生。自1988年七届全国人大以来，常委会委员开始实行差额选举，但委员长、副委员长、秘书长仍是等额选举。差额选举更能体现民主的价值。俗话说，不怕不识货，就怕货比货。不但重要的领导职务可以实行差额选举，而且差额的比例还要适当提高。

为了保障各民族的平等权利，宪法规定，全国人大常委会组成人员中，应当有适当名额的少数民族代表。第八届全国人大常委会中少数民族代表有20人，占12.9%。其中副委员长4人，占全部副委员长的21%。第九届全国人大常委会中少数民族代表有22人，占14.2%。其中副委员长4人，占全部副委员长的21%。

宪法和全国人大组织法规定，全国人大常委会的组成人员不得担任国家行政机关、监察机关、审判机关、检察机关的职务。如担任上述职务，则必须辞去全国人大常委职务。全国人大常委会组成人员的专职化，一是有利于全国人大常委会有效地监督其他最高国家机关，厘清监督的主客体之间的关系。宪法授权全国人大常委会监督一府一委两院和中央军委的工作，如果全国人大常委兼任这些机关的职务，那么这部分人就具有监督者和被监督者的双重身份，自己监督自己的制度设计在实践中不可能取得良好的监督效果。二是有利于集中精力搞好常委会的工作，保证全国人大常委会的工作不被其他国家机关的工作挤占。行政机关、监察机关、审判机关、检察机关等国家机关工作极其繁忙，一旦兼任其中职务，势必牵制很大精力，影响在全国人大常委会的工作。全国人大常委会的法定权力很大，经常性的工作日益增多，这就要求其组成人员必须集中精力搞好本职工作。正因为不得兼职的规定，全国人大常委会组成人员中有相当一部分成为专职委员。具体表现在，越来越多的常委会成员被编入常设的全国人大专门委员会中。例如，第七届全国人大常委会组成人员进入各专门委员会的人数占组成人员总数的74%。他们专职从事人大工作，有足够的时间和精力参与国家立法，参与常委会和专门委员会的各项工作。

全国人大常委会的每届任期和全国人大任期相同，为5年，委员长、副委员长连任不得超过两届。全国人大常委会的任期在下一届全国人大常委会产生后才能结束。它要负责召集下一届全国人大第一次会议，使全国人大的工作衔接起来，不致因交接而中断。

3. 职权

全国人大常委会的职权，经历了一个逐步扩大的过程。

1954年宪法规定，全国人大是行使国家立法权的唯一机关。全国人大常委会不能制定法律，只能制定法令。"法令"一词本来是法律和命令的统称，1954年后的用法是指国家机关在职权范围内制定的具有法律效力的规范性文件。这一概念界定比较模糊，与法律的区别何在，一直很不清楚。现行宪法已不再使用"法令"一词。

实践表明，作为全国人大的常设机关的全国人大常委会如果没有一定的立法权，就不能适应国家立法工作的需要。因此，1955年7月召开的第一届全国人大第二次会议通过决议，授权常委会依照宪法精神，根据实际需要，可以适时地制定部分性质的法律（当时称为"单行法规"）。1959年4月召开的第二届全国人大第一次会议，进一步授权常委会可以根据情况的发展和工作的需要，对全国人大制定的法律中一些已经不适用的条文，适时地加以修改，作出新的规定。

全国人大常委会职权的设置跟当时的政治形势密切相关。由于受"文化大革命"影响，1975年宪法不仅没有继续扩大全国人大常委会的职权，反而取消了不少全国人大常委会的原有职权，如对其他最高国家机关的监督权及组成人员的任免权、对国家重大事项的决定权等。1978年宪法恢复了全国人大常委会原有的部分职权，并首次赋予它"解释宪法"的职权。

1978年中共十一届三中全会以后，中国进入改革开放新时代，民主法治作用更加突出。新的形势要求最高国家权力机关在立法、监督、任免和决定重大事项等方面能及时、有效地行使职权，为改革开放保驾护航。可是，拥有最高权力的全国人大每年只开一次会议，其常委会虽然可以经常开会，但其权力有限，尤其不能制定法律，因此不能满足实际需要。有关方面曾经考虑过一些相应的改进措施，譬如增加会议次数或延长会期。但是，近三千人大代表分布于全国各地，不便经常召集；国家经济力量不够雄厚，三千人大代表长期脱产开会也不现实；人大代表一旦脱离基层太久，也不利于和人民群众保持密切联系。那么，能否在增会的同时进行减员，将全国人大代表减至千人左右？当时考虑的结果是，中国人数巨大，地域宽广，民族众多，人大代表少了不便于广泛听取和反映广大人民群众的要求。经过反复研究，1982年修改宪法时，决定将原来属于全国人大的一部分职权移交给全国人大常委会，扩大全国人大常委会的职权。

彭真同志在1982年11月26日五届全国人大五次会议上《关于中华人民共和国宪法修改草案的报告》中说："全国人大常委会是人大的常设机关，它的组成人员也可以说是人大的常务代表，人数少，可以经常开会，进行繁重的立法工作和其他经常工作。……适当扩大全国人大常委会的职权是加强人民代表大会制度的有效办法。"[①] 这样，常委会就能弥补人大代表多、开会少、会期短的不足，充分发挥最高国家权力机关的职能，以满足社会发展的需要。

1989年4月，七届全国人大二次会议制定的全国人大议事规则，又进一步扩大了全国人大常委会的人事任免权。

全国人大常委会的职权，可以归纳为以下几个方面。

（1）国家立法权

现行宪法第58条规定："全国人民代表大会和全国人民代表大会常务委员会行使国家立法权"。这表明全国人大常委会正式拥有国家立法权。全国人民代表大会常务委员会有权制定除由全国人民代表大会制定的基本法律以外的其他法律，并在全国人民代表大会闭会期间，对全国人民代表大会制定的基本法律有权进行部分补充和修改，但不得同该法律的基本原则相抵触。这样既保证了全国人民代表大会得以集中精力搞好基本法律的制定和修改工作；又能使全国人民代表大会常务委员根据社会发展的需要，经常性地进行立法工作。

（2）宪法和法律的解释权

凡是宪法、法律条文本身需要进一步明确或做补充规定的，由全国人大常委会分别进行解释或加以补充规定。这种解释或补充规定与所解释、所补充的法律规范本身具有同等的法律效力。全国人大常委会对宪法、法律的解释是一种立法活动，不同于司法解释、行政解释，前者是立法解释等同法律，后者是适用法律的解释不得违反法律。

（3）监督权

首先是监督宪法的实施。根据现行宪法，全国人民代表大会和全国人民

---

① 彭真：《关于中华人民共和国宪法修改草案的报告》（1982年11月26日），《彭真文选》，人民出版社1991年版，第455页。

代表大会常务委员会都具有监督宪法实施的权力,这是对1954年宪法的发展。其次是有权审查和监督行政法规、地方性法规的合宪性和合法性,监督国家机关的工作,包括:监督国务院、国家监察委、中央军委、最高人民法院和最高人民检察院的工作;撤销国务院制定的同宪法、法律相抵触的行政法规和命令;撤销省、自治区、直辖市国家机关制定的同宪法、法律和行政法规相抵触的地方性法规和决议;依法对国务院和国务院各部、委提出质询案等。

(4) 决定权

在全国人民代表大会闭会期间,审查和批准国民经济和社会发展计划以及国家预算在执行过程中所必须作的部分调整方案;批准自治区人大制定的自治条例和单行条例;决定同外国缔结的条约和重要协定的批准和废除;规定军人和外交人员的衔级制度和其他专门衔级制度;规定和决定授予国家的勋章和荣誉称号;决定特赦;在全国人大闭会期间,如果遇到国家遭受武装侵犯或者履行国际间共同防止侵略的条约的情况,决定战争状态的宣布;决定全国总动员或者局部动员;决定全国或者个别省、自治区、直辖市进入紧急状态。

(5) 任免权

在全国人大闭会期间,根据国务院总理的提名,决定部长、委员会主任、审计长、秘书长的人选;根据最高人民法院院长的提名,任免最高人民法院副院长、审判员、审判委员会委员和军事法院院长;根据最高人民检察院检察长的提名,任免最高人民检察院副检察长、检察员、检察委员会委员、军事检察院检察长,并且批准省、自治区、直辖市的人民检察院检察长的任免;决定驻外全权代表的任免;在全国人大闭会期间,根据中央军委主席的提名,决定中央军委其他组成人员的人选;接受全国人大常委会组成人员,国家主席、副主席,国务院和中央军委组成人员以及最高人民法院院长,最高人民检察院检察长的辞职,并有权在上述组织正职缺位时从各该组织副职中决定代理人选。

(6) 组织权

包括主持全国人大代表的选举;召集全国人大会议;主持全国人大预备会议;审查代表资格;在全国人大闭会期间领导全国人大各专门委员会的工作等。

(7) 全国人大授予的其他职权

根据社会发展的需要,全国人大可以把自己行使的权力授权全国人大常委会行使。例如，第八届全国人大第一次会议决定授权全国人大常委会设立香港特别行政区筹备委员会的准备工作机构。

根据宪法规定，全国人大常委会拥有广泛而重要的职权，在国家政治生活中地位高、作用大。全国人大常委会职权的扩大，有利于进一步发挥人大制度的功能，推动中国的民主政治的发展。

当然，也有人担心，全国人大常委会拥有如此多的职权，是否会削弱全国人大的作用，是否会凌驾于全国人大之上。这种担心不无一定道理，但完全没有必要。首先，常委会是人大的常设机构，是人大的组成部分，而不是人大之外的机构。将人大全体会议行使的部分职权交由其常委会行使，能够使这些职权更经常、更有效地发挥作用。其次，根据宪法规定，最重要的职权仍由全国人大执掌。譬如，修改宪法，制定基本法律；选举国家主席、副主席；中央军委主席；决定总理、副总理、国务委员等；审查、批准国民经济和社会发展计划及计划执行情况的报告以及国家预算和预算执行情况的报告；决定特别行政区的设立及其制度等。最后，常委会处在人大的监督之下。依照宪法规定，全国人大有权选举和罢免全国人大常委会的组成人员；全国人大常委会对全国人大负责并报告工作；全国人大有权改变或者撤销其常委会不适当的决定；在全国人大闭会期间，全国人大常委会对全国人大制定的法律进行补充修改时，"不得同法律的基本原则相抵触"（1982年全民讨论宪法修改草案时，有人提出，在扩大全国人大常委会的职权时，应当充分保证全国人大作为最高国家权力机关的地位。宪法修改委员会采纳了此建议，在宪法草案中增加了该规定）。所有这些，都从宪法上保证了全国人大常委会不能滥用权力，不能超越或凌驾于全国人大之上。

宪法规定，全国人大常委会在全国人大闭会期间行使全国人大的部分职权。实际情况是，全国人大闭会期间，其常委会执掌着其绝大部分职权。这就产生了一个问题，全国人大闭会期间，最高国家权力机关常设机关的存在能否代表最高国家权力的存在并发挥作用？即使全国人大常委会能避免最高国家权力机关这一权力主体在闭会期间的整体消失，但在全国人大常委会闭会期间，最高国家权力机关是否依然存在？这是一个在理论上和实践中存在分歧的问题。这里以为，闭会期间依然存在最高国家权力机关，会议仅是全国人大及其常委会行使职权的方式，开会与否并不影响其作为权力主体的事实。

4. 会议制度

根据民主集中制的原则，全国人大常委会实行少数服从多数的合议制的领导体制，通过会议形式集体行使职权。全国人大常委会会议，1954年全国人大组织法规定为每月召开两次。实践中，每开半天或一天就作为一次计算。第一届全国人大常委会在四年半的实际任期中，共召开过110次会议。现行全国人大组织法和全国人大常委会议事规则规定，全国人大常委会一般每两个月召开一次会议。第七届全国人大常委会（1988.4—1993.3）共举行31次会议，每次会期7—10天左右。自第七届起，全国人大常委会会议召开时间相对稳定，一般安排在双月的下旬举行。委员长会议认为必要时，可临时召集常委会会议，及时决定有关事项。

全国人大常委会会议的工作程序，在宪法和全国人大组织法中有一些原则性的规定。根据这些规定，总结常委会工作的实践经验，第六届全国人大常委会于1987年11月制订了《全国人民代表大会常务委员会议事规则》。议事规则对会议的召开、议案的提出和审议、听取和审议工作报告、质询、发言和表决等，在程序上作了比较具体明确的规定，使得全国人大常委会会议更加规范化、程序化。

全国人大常委会会议由委员长召集并主持。委员长可以委托副委员长主持会议。常委会举行会议时，必须有常委会全体组成人员的过半数出席才能举行。举行会议时，常委会组成人员除因病或其他特殊原因请假外，均应出席会议。

举行全国人大常委会会议的主要准备工作有：①由委员长会议拟定常委会会议议程草案，以备提请常委会全体会议决定；②举行会议7日以前，将开会日期、建议会议讨论的主要事项通知常委会组成人员。临时召集的会议，可以临时通知。

下列人员可以列席会议：国务院、国家监察委、中央军委、最高人民法院和最高人民检察院的负责人，全国人大各专门委员会中不是常委会委员的副主任委员、委员和顾问；各省、自治区、直辖市的人大常委会主任或副主任一人；与常委会议题有关的全国人大代表；其他有关部门的负责人。

从第七届全国人大常委会第二次会议起，常委会建立了旁听制度。每次会议都邀请工会、妇联和共青团等群众组织的人员旁听。同时，在每次开会前都举行新闻发布会，向中外记者介绍准备提交会议的议程草案以及会议安排情况，向外界公开会议的有关内容。

常委会会议形式有全体会议、分组会议和联组会议三种。

全体会议是常委会依法行使职权的基本会议形式，由全体常委会委员和列席人员参加。主要是听取有关议案的说明和行政机关、审判机关和检察机关的工作报告，并在审议后，由常委会组成人员以表决的方式集体作出决定。全体会议上每个人发言不得超过10分钟。

分组会议是出席和列席常委会会议的全体人员分成若干小组，以小组为单位分别召开会议，主要是审议议案和工作报告。分组会议人数较少，便于充分发表意见。分组会议对议案或者有关报告审议时，应当通知有关部门派人到会，听取意见，回答询问。

联组会议是为了听取有关专门委员会的审议报告，交流分组会议情况，讨论重大问题（特别是有争议的问题），由各分组成员、列席成员全体参加的会议。联组会议不进行表决。在联组会议上，每个发言者第一次发言不得超过15分钟，第二次对同一问题的发言不得超过10分钟。事先提出要求，并经会议主持人同意的，可以延长发言时间。联组会议对议案或有关工作报告进行审议时，应当通知有关负责人到会，听取意见，回答询问。联组会议是第六届全国人大常委会创造的一种行之有效的会议形式。

随着社会进步，全国人大常委会民主议事的气氛越来越浓。在全体会议、分组会议和联组会议上各种不同意见的相互交流，实际上已成了辩论质证，是常委会的民主决策和科学决策的重要保证。

根据全国人大组织法和全国人大常委会议事规则，全国人大常委会在举行会议，审议、通过法律案和其他议案，选举和罢免国家机构组成人员时，均须遵守以下四个程序：①提出议案。全国人民代表大会常务委员会会议期间，全国人民代表大会各专门委员会、国务院、中央军事委员会、最高人民法院、最高人民检察院，以及常务委员会组成人员10人以上联名，可以向常务委员会提出议案。②审议议案。国家机关提出的议案，由委员长会议决定提请常务委员会会议审议，或者先交有关专门委员会审议、提出报告，再提请常务委员会会议审议；常务委员会组成人员提出的议案，由委员长会议决定是否提请常务委员会会议审议，或者先交有关的专门委员会审议、提出报告，再决定是否提请常务委员会会议审议。对列入议程的议案，提出议案的机关，有关专门委员会和常务委员会的有关工作部门应提供有关资料，在听取议案说明后再分组审议，并交有关专门委员会进行审议。属于法律草案还要交法律委员会统一审议，由法律委员会向下次或以后的常委会会议提出审议结果和报告，并将其他有关专门委员会的审议意见印发常委会由常委会再次进行审议。③对议案的审议取得较为一致意见后，召开全体会议，由常委会组成人员进行表决。列入常委会会议议程的议案，在交付表决前，提案人要求撤回的，经委员长会议同意，对该议案的审议即行终止。在审议中有重大问题需要进一步研究的议案，经委员长或者委员长会议提出，联组会议或者全体会议同意，可以暂不付表决，交专门委员会进一步审议，提出审议报告。常委会表决议案，采用无记名方式、举手方式或其他方式。当今对议案一般采取按表决器的方式进行表决。表决分为赞成、反对、弃权三种选择。交付表决的议案，有修正案的，先表决修正案。表决议案由常委会全体组成人员过半数通过。表决结果由会议主持人当场宣布。④公布法律、决议。通过表决的法律案和其他议案就成为正式的法律和决议。法律由国家主席以发布命令的形式公布，其他决议由常委会以公告公布或国家主席以命令形式公布。

另外，在常务委员会会议期间，常务委员会组成人员10人以上，可以联名向常务委员会书面提出对国务院、最高人民法院、最高人民检察院和国务院各部、各委员会的质询案，由委员长会议决定交受质询机关书面答复，或者由受质询机关的负责人在常务委员会会议上或者有关的专门委员会会议上口头答复。在专门委员会会议上的答复，提出质询案的常务委员会组成人员可以列席会议，发表意见。

5. 委员长会议及其他机构

全国人大常委会作为全国人大常设机关，有大量日常工作需要设置相应的工作机构去承担。全国人大常委会设委员长会议、代表资格审查委员会、秘书处、工作委员会和办公厅。

委员长主持全国人大常委会的工作，召集全国人大常委会会议。副委员长、秘书长协助委员长工作。委员长、副委员长、秘书长组成委员长会议，处理全国人大常委会的重要日常工作。例如，决定常委会每次会议的会期，拟定会议议程草案；对向常委会提出的议案和质询案，决定交由有关的专门委员会审议或者提请常委会会议审议；指导和协调各专门委员会的日常工作等。委员长会议还可以向常委会提出属于常委会职权范围内的议案。但委员长会议本身不能代替全国人大常委会行使国家权力，不能作出作为国家意志的决议、决定。全国人大行使国家权力的机构只有全体会议与常委会两个层次，不能将委员长会议理解为全国人大行使国家权力的第三层次机构。

代表资格审查委员会，原为全国人大所属的一个专门委员会，按照现行全国人大组织法的规定，改为全国人大常委会的下设机构。该委员会的主任委员、副主任委员和委员的人选，由委员长会议在常务委员会组成人员中提名，并由常务委员会会议通过。实践中，主任委员通常由常委会一名副委员长兼任。代表资格审查委员会负责审查全国人大代表的资格，并将审查意见报告常委会，由常委会确认代表的资格或确定某些代表的当选无效。

秘书处，由全国人大常委会秘书长、副秘书长和全国人大各专门委员会分管常务工作的副主任委员组成，在委员长领导下，主要负责联系、协调全国人大各专门委员会、全国人大常委会办公厅及各工作委员会的工作。它是1988年4月根据全国人大常委会委员长会议决定成立的。全国人大常委会秘书长是全国人大常委会的组成人员、委员长会议成员，担负繁重工作。秘书长由全国人大从代表中选举产生，副秘书长由委员长提请全国人大常委会任命，协助秘书长工作。

工作委员会，由主任、副主任和委员若干人组成，协助常委会办理某项专门性工作，还可以根据委员长会议的委托，代表常委会拟定议案草案，并向常委会会议作说明。其成员由委员长提请常委会任免，不限于全国人大代表。目前，全国人大常委会的工作委员会有法制工作委员会、预算工作委员会、香港特别行政区基本法委员会等。法制工作委员会是常委会和法律委员会双重领导下专门负责立法工作的服务机构。法制工作委员会由主任、副主任若干人、秘书长等人组成，下设6个专业局级机构，有研究室、国家法行政法室、民法室、刑法室、经济法室和办公室。业务局室分工负责有关方面的法律草案起草、修改工作。1988年底全国人大常委会决定成立预算工作委员会，其主要职责是协助全国人大财经委承担全国人大及其常委会审查预决算、预算调整方案和监督预算执行方面的具体工作；受全国人大常委会委员长会议委托，承担有关财政、预算、税收等方面法律草案的起草工作和有关法规备案审查制度的具体工作；协助全国人大财经委承担有关法律草案审议方面的具体工作等。1997年7月，全国人大常委会成立香港特别行政区基本法委员会，简称香港基本法委员会。它的任务是就有关香港特别行政区基本法第17条、第18条、第158条、第159条实施中的问题进行研究，并向全国人大常委会提供意见。由12名委员组成，内地和香港委员各6人，任期5年。所有委员均由全国人大常委会任命。下设办公室、研究室。它每年都会召开一些非正式的会议，就香港基本法实施中的问题交换意见。

办公厅是常委会的综合性办事机构，在秘书长的领导下工作。办公厅的各下属机构，分工研究、处理有关的日常具体事务。目前，办公厅下设10个局室：秘书局、研究室、联络局、外事局、新闻局、信访员、人事局、人大干部培训中心、行政管理局、人民大会堂管理局，另有中国民主法制出版社为所属事业单位。

（三）全国人大专门委员会

1. 性质和组成

全国人大为了更好地行使国家权力，依照宪法规定设立若干专门委员会，作为它的重要的辅助性机构，从事某方面的专门性工作。全国人大专门委员会受全国人大领导，在全国人大闭会期间受全国人大常委会领导。专门委员会不是直接行使国家权力的机关，但具有宪法赋予的研究、审议、拟定有关议案的权力。

委员会是各国议会通行的机构设置。议会内设的委员会一般包括常设委员会（Standing Committees）和特别委员会（Special Committees）。常设委员会是长期设置的机构，负责某个专门领域的议案的调查、研究和处理，也称专门委员会。特别委员会是为了某项特别调查而设立的临时委员会，任务完成即行撤销。全国人大的专门委员会是常设委员会。根据1954年宪法规定，全国人大设立了民族委员会、法案委员会、预算委员会和代表资格审查委员会。其中民族委员会和法案委员会在全国人大闭会期间接受协助全国人大常委会的工作，具有常设机构的性质。预算委员会和代表资格审查委员会是在全国人大会议期间进行工作的临时机构。实践表明，设立专门委员会对全国人大有效行使最高国家权力很有必要。但是，1975年宪法取消了该规定。1978年宪法原则规定，全国人大及其常委会"可以根据需要设立若干专门委员会"，这是中国宪法中第一次出现"专门委员会"的名称。

1982年宪法总结了这方面的经验，并借鉴外国代议机构设立专门委员会的作法，明确规定："全国人民代表大会设立民族委员会、法律委员会、财政经济委员会、教育科学文化卫生委员会、外事委员会、华侨委员会和其他需要设立的专门委员会。"1983年召开的第六届全国人大正式成立了上述6个专门委员会，第七届全国人大增设了内务司法委员会，第八届全国人大增设了环境与资源保护委员会，第九届全国人大增设了农业和农村委员会。全国人大目前共设有9个专门委员会，根据需要今后还可以增设其他专门委员会。

各专门委员会的组成人员，包括主任委员、副主任委员和委员的人选，由全国人大主席团在代表中提名，全国人大全体会议通过。第九届全国人大各专门委员会一般设主任委员1人，副主任委员5—6人。全国人大闭会期间，全国人大常委会可以补充任命专门委员会的个别副主任委员和部分委员，由委员长会议提名，常委会会议通过。各专门委员会主任委员主持委员会会议和委员会的工作，副主任委员协助其工作。各专门委员会可以根据工作需要，任命专家若干人为顾问。顾问可以列席委员会会议，发表意见。顾问由全国人大常委会任免。

各专门委员会组成人员数量不多。以第九届全国人大各专门委员会为例，组成人员最多的是教育科学文化卫生委员会，共34人，其中主任委员1人，副主任委员6人，委员27人。组成人员最少的是外事委员会，只有15人。9个专门委员会的平均人数只有23人。后来一直保持在这个规模。专门委员会虽然队伍精干，但毕竟难以适应繁重工作的需要，今后应当进一步充实各专门委员会的力量。

2. 任务和特点

按照宪法规定，各专门委员会的任务是，在全国人大及其常委会的领导下，研究、审议和拟定有关议案。

审议包括：①审议全国人大主席团或全国人大常委会交付的有关议案。②审议全国人大主席团或者全国人大常委会交付的质询案，听取受质询机关对质询案的答复，必要的时候向全国人大主席团或全国人大常委会提出报告。③审议全国人大常委会交付的被认为同宪法、法律相抵触的国务院的行政法规、决定和命令，国务院各部委的命令、指示和规章，省、自治区、直辖市的人大及其常委会制定的地方性法规和决议，以及省、自治区、直辖市的人民政府的决定、命令和规章，提出报告。④审议向全国人大及其常委会提出的有关法律草案。法律委员会则负责统一审议向全国人大及其常委会提出的法律草案。⑤民族委员会还审议自治区报请全国人大常委会批准的自治条例和单行条例，向全国人大常委会提出报告。

拟定议案，不但可以受全国人大主席团或全国人大常委会委托进行某个方面的议案起草，而且可以依法提出属于全国人大或全国人大常委会职权范围内的、同本专门委员会有关的议案。

研究，是指对属于全国人大及其常委会职权范围内同本委员会有关的问题进行调查研究，提出问题。民族委员会还可以对加强民族团结问题进行调查研究，提出建议。各专门委员会的调查研究形式多样，既包括深入基层、倾听群众意见，也包括听取行政、审判、检察、监察等有关部门的工作汇报，了解情况，进行磋商。

围绕法定任务，全国人大专门委员会还要加强同全国人大代表和地方人大专门委员会的联系，努力搞好自身建设工作。专门委员会的工作，不是代替全国人大及其常委会行使职权，而是向它们提出报告、议案和建议。这些报告、议案和建议并未具有法律效力的最后决议，而是提请全国人大及其常委会决策的重要参考意见。只有全国人大及其常委会通过的决议，才具有法律效力。专门委员会在审议议案和有关报告中涉及专门性问题时，可以邀请有关方面的代表和专家列席会议，发表意见。专门委员会根据特殊需要，还可以举行秘密会议。

全国人大及其常委会的主要任务是立法和监督，因此，积极参与立法和协助进行监督是专门委员会的工作重点。

专门委员会在立法工作方面的任务主要有四项：①牵头和组织起草法律案。随着社会的发展，立法任务相当繁重，大量的法律案由国务院及其部委、最高人民法院和最高人民检察院等机关起草，专门委员会有选择性地起草一些法律案。这就难以避免非专门委员会机关起草法律案时挟带部门利益而影响立法公正。八届全国人大以来，加强了专门委员会起草法律案的工作分量，这是提高立法质量保证立法公平的重要举措。②加强与其他法律案起草部门的联系，及时了解法律起草过程中的问题，提出意见和建议，督促和帮助它们及时完成法律起草任务。③参与修改法律。法律要适应社会发展而调整。修改法律，是世界各国立法的惯例。专门委员会会同有关部门，在调查研究和论证的基础上，积极参与修改法律的工作。④审议法律案。每部法律草案，都会涉及相关领域的专业性问题，审议难度比较大。专门委员会可以充分发挥自身的专业性优势，针对法律起草中的分歧和难点提出审议意见。这样，有利于提高全国人大审议法律案的质量。

专门委员会协助全国人大及其常委会开展法律监督和工作监督，主要是做好三方面工作：①除了参加常委会统一组织的执法检查外，还要组织和本专门委员会业务有关的法律实施情况的检查监督。要突出执法检查的重点，通过典型事例来督促行政机关、司法机关依法活动。执法检查中要结合舆论监督、群众监督、社会监督等各种监督形式，扩大执法检查的影响。②经常听取国务院有关部门、最高人民法院、最高人民检察院的工作报告。可以就某项工作、某个问题及时听取有关部门的工作汇报，进行专题性的工作监督，增强监督的针对性和实效性。③做好地方性法规的备案审查工作。对违反宪法法律的地方性法规要及时提出纠正意见，坚决维护国家法制的统一性。

专门委员会工作有两个明显的特点和优势：①专业性。专门委员会是按照专业原则组建的，其成员大多是熟悉本专门委员会业务的专家学者或有丰富实践经验的领导干部，这就使各专门委员会拥有各自的专业优势。②经常性。全国人大一般每年举行一次会议，全国人大常委会每两个月举行一次会议，而专门委员会的工作是经常性的，在全国人大及其常委会闭会期间仍然开展工作。这就便于它们对有关议案进行充分研究，深入调查，广泛听取各方面意见，仔细比较各种方案，为全国人大及其常委会审议和通过有关议案作好准备。实践中，专门委员会承担了全国人大及其常委会的大量辅助性工作，成为它们的得力助手。专门委员会工作对人大履行职能起到了重要作用。

3. 会议和机构

专门委员会的会议与全国人大及其常委会的会议性质不同。全国人大及其常委会是国家权力机关实体，其会议能行使国家权力，能进行立法和直接作出具有法律效力的决议。专门委员会是国家权力机关的常设工作机关，其会议只是国家权力机关的内部机构，不具有行使国家权力的功能，不能直接作出具有法律效力的决议。但专门委员会的会议能为全国人大及其常委会的会议进行大量准备工作，主要向它们提出议案，为各项议案提供必要的资料；处理全国人大主席团和全国人大常委会交付审议的议案，并作出审议报告。

专门委员会的会议有全体会议和主任委员会议两种。全体会议主要讨论决定本委员会职权范围内的重大问题；研究讨论常委会会议或委员长会议交付的各项工作；听取国务院、国家监察委、最高人民法院和最高人民检察院有关部门的工作汇报等。全体会议由主任委员召集。作出决定的会议，须全体委员过半数参加才能举行，表决议案须全体委员过半数通过。不作决定的会议，有三分之一的委员参加即可。全体会议一般每月一次，也有每两月一次的，必要时可以召开临时会议。主任委员会议的主要任务是研究处理委员会日常的主要工作，包括落实常委会会议或委员长会议交办的事项；确定委员会全体会议的议题；决定委员会的工作计划等。有的委员会规定主任委员会议可以提出本委员会工作范围内的议案交委员会全体会议审议，并决定委员会组成人员提出的议案是否提交委员会全体会议审议。主任委员会议一般每半月召开一次，有的则不定期地召开。

各专门委员会都有自己的一套办事机构，一般设有办公室、研究室和若干业务室。但法律委员会除外，法律委员会只设了一个小的办公室，以法制工作委员会为自己的办事机构。专门委员会办事机构的主要任务是为本专门委员会研究、审议和拟定议案服务；对报送全国人大常委会备案的地方性法规拟定有关专门委员会的审议意见稿；负责专门委员会全体会议、主任委员会议的筹备和会务工作；承办专门委员会同外国议会对口委员会交往的具体事务；开展调查研究等。

全国人大及其常委会认为必要的时候，可以组织关于特定问题的调查委员会,并且根据调查委员会的报告,作出相应的决议。

全国人大会议期间,主席团、三个以上的代表团或者十分之一以上的代表联名,可以提议组织关于特定问题的调查委员会,由大会主席团提请大会全体会议决定。特定问题的调查委员会由主任委员、副主任委员和委员若干人组成,由主席团在代表中提名,提请大会全体会议通过。特定问题的调查委员会可以聘请有关专家参加调查工作。

调查委员会进行调查的时候,一切有关的国家机关、社会团体和公民都有义务向它提供必要的材料。提供材料的机构和人员要求对材料来源保密的,调查委员会应当保密。调查委员会在调查过程中,可以不公布调查的情况和材料。完成任务后,调查委员会即行撤销。

特定问题的调查委员会可以看作是全国人大一种临时性的专门委员会,它是发挥最高国家权力机关监督职能的一种强有力的组织形式。在实践中,全国人大及其常委会从未成立过关于特定问题的调查委员会。这既说明最高国家权力机关慎用此权力,不到万不得已不轻易使用;又说明国家最高权力机关对此种监督形式重视不够,在一定程度上影响了最高国家权力机关监督职能的有效行使。

(四) 国家立法

立法,是指特定主体依据一定的职权和程序,运用一定的技术,制定、认可、修改、补充和废止法这种特定的社会规范的活动。立法程序,是指特定主体在立法活动中必须遵循的法定步骤和方法。行使立法职权的特定主体就是立法主体,立法主体行使立法职权以外的其他职权时的活动的步骤和方法,不是立法程序。在立法过程中,立法主体要遵循许多步骤和方法,但只有法定的步骤和方法属于立法程序。立法主体一般是指有权的国家机关,首先和主要是指专门的、法定的立法机关,同时也包括宪法、法律授权可以行使部分立法权的其他机关。[1]现行宪法规定,全国人大及其常委会行使国家立法权。2000年3月九届全国人大三次会议通过的《立法法》对立法的一系列问题进行了规范。全国人大组织法、全国人大议事规则、全国人大常委会议事规则也有相关规定。国家立法权是全国人大及其常委会的主要职权,因此,人们将全国人大及其常委会称作国家立法机关。

---

[1] 参见周旺生主编《立法学》,法律出版社1998年版,第82、252页。

1. 立法权限

(1) 全国人大的立法权限

根据宪法规定，全国人大的立法权有：①修改宪法；②制定和修改刑事、民事、国家机构的和其他的基本法律。

宪法是国家根本大法，规定国家根本制度，是一切立法依据，只能由代表全国各族人民共同意志和根本利益的全国人大制定和修改。

基本法律是指除宪法以外最重要的规范性文件，涉及国家整体范围内的重要事项，是规定和调整社会生活中各个方面带有根本性、全面性关系的主要法律。对基本法律和非基本法律的划分，没有达成共识。一般是从立法主体角度加以区分，应该或实际上由全国人大制定和修改的宪法以外的各种规范性文件统称为基本法律，应该或实际上由全国人大常委会制定和修改的各种规范性文件统称为非基本法律。这种划分虽然不能准确地反映二者在内容上的应有差别，即不能明确解释为什么有的法律草案应由全国人大审议通过，而有的法律草案只能由全国人大常委会审议通过。实践中，这种区分更不明显，是否由全国人大或全国人大常委会通过，并非完全依据法律草案内容的重要性程度，而是恰逢全国人大召开期间法律草案相对成熟已达通过的条件就提请全国人大审议。这就不难解释《工会法》由全国人大审议通过属于基本法律，《土地管理法》由全国人大常委会审议通过属于非基本法律。这种立法随意性，有待于深入研究和立法机关的纠正，否则基本法律就会失去应有权威，也有损国家法制的整体权威。

有关刑事的、民事的基本法律，即刑法、民法、刑事诉讼法、民事诉讼法。刑法规定何种行为构成犯罪并给予何种刑罚。民法调整平等主体之间的人身关系和财产关系。刑事诉讼法规定办理刑事案件的程序。民事诉讼法规定办理民事案件的程序。这些法律直接关系到国家职权的稳固、社会秩序的稳定和人们生活的安宁。

有关国家机构的基本法律，即国家机构的组织法和选举法等。主要有全国人大组织法、全国人大议事规则、国务院组织法、地方组织法、人民法院组织法、人民检察院组织法、选举法等。这些法律规定了立法、行政和司法机关的产生、组成、任期、地位和职权。

其他的基本法律，包括工会法、兵役法、婚姻法、义务教育法、预算法、合同法等全国人大制定的重要法律。这些法律都涉及人们社会活动的基本内容，对人们的生存和发展具有重要意义。

(2) 全国人大常委会的立法权限

根据宪法规定，全国人大常委会的立法权有：①解释宪法；②制定和修改应当由全国人大制定的法律以外的其他法律；③在全国人大闭会期间，对全国人大制定的法律进行部分补充和修改，但是不得同该法律的基本原则相抵触；④解释法律。

从1978年中共十一届三中全会以来，为适应改革开放发展的要求，历届全国人大及其常委会都将立法工作摆在重要位置，立法硕果累累。1982年颁布实施的现行宪法，经1988、1993、1999、2014、2018年五次修正，已更加完善。截至2014年底，全国人大及其常委会已制定现行宪法和有效法律240多件，加上行政法规730多件、地方性法规8500多件、自治条例和单行条例800多件，中国特色社会主义法律体系已经基本形成，有力推动了市场经济发展和社会进步，在政治、经济、文化、社会生活等各个方面实现了有法可依。但是，中国的法律还不尽完备，离建成完整的社会主义民主法治国家的要求还差很远，全国人大及其常委会的立法任务还相当繁重。当前，全国人大及其常委会既要深刻领会中共十八届四中全会关于全面依法治国若干重大问题的决定精神和中共十九大精神，以习近平新时代中国特色社会主义思想为指导，又要紧跟时代步伐，着眼全球，立足国内，借鉴先进，实事求是，从实际出发，保质保量地推进立法工作。

2. 立法原则

立法原则是指立法主体进行立法活动的准绳。立法活动作为全国人大及其常委会的重要工作，必须遵循一些原则。遵循一定的原则，有助于立法者从整体上把握立法，使立法活动以及立法同它所调整的对象之间有一种一以贯之的精神品格在发挥作用。

立法原则总是时代精神和阶级本质的反映。每一大的历史时代，甚至每一历史时期的不同阶级，都会有相应的立法原则。全国人大及其常委会的立法原则，可以从性质和内容的结合上区分为多种。根据立法法，宪法原则、法治原则、民主原则、科学原则尤为重要。

（1）宪法原则

宪法具有最高法律效力，是规定诸如国家性质、社会基本制度、公民基本权利和义务、国家机构等这些带有根本性、全局性问题的根本大法。其他所有法律都要以宪法为立法依据，并不得同宪法相抵触。离开甚至背离宪法，立法乃至整个法律制度和法律秩序就必然混乱。因此，各国立法都强调正确处理立法与宪法的关系，强调立法应当以宪法为根据或不得同宪法相抵触。1982年中国宪法也明确规定："一切法律、行政法规和地方性法规都不得同宪法相抵触。"

立法应当以宪法为根据或不得同宪法相抵触，作为一项立法原则，可以称其为立法的宪法原则。立法应当遵循宪法原则，这是当今各国立法最基本的准则之一。由于宪法是近代以来发展起来的一种法律形式，而近代以来各国国家制度和社会制度虽然存在差异，但都是近代以来的主流文明所产生和发展起来的国家制度和社会制度，因而它们是有文明的共通性的。这种文明的共通性体现到宪法中，就是各国宪法尽管呈现自己的特色，却存在一些共同的基本原则，表现在：人民主权原则；权力制约原则；基本人权原则；法治原则。各国立法遵循宪法原则，就是要以宪法确立的原则为指导，体现这些原则。中国立法应当遵循宪法的基本原则，无疑也要遵循这些原则。

然而，国家立法法所确立的立法应当遵循的宪法原则中，并没有明确包含上面这些内容。从立法法的规定看，立法应当遵循的宪法原则，主要是政治原则，即指中国共产党在社会主义初级阶段的"一个中心，两个基本点"的基本路线，以经济建设为中心，坚持四项基本原则，坚持改革开放。立法应当遵循宪法的基本原则，就是应当以执政党的这条基本路线指导立法。这条基本路线是历史和现实的经验的总结，是中国国情的体现。1993年八届人大一次会议通过的宪法修正案正式确立了这条基本路线，成为宪法的基本原则。立法以这样的宪法基本原则为原则，使国家立法的宪法原则成为世界上独具特色的宪法原则。如果立法法在确立国家立法的宪法基本原则时，能够既体现各国宪法基本原则的共性，又有自己的个性，那么国家立法的宪法原则更加完美。因此，国家立法的宪法原则有待进一步完备。

立法法以"一个中心、两个基本点"为内容的宪法基本原则，作为国家立法的首要基本原则，这就意味着：①立法应当服务经济建设这个中心，应当积极制定经济方面的法律、法规，积极建设社会主义市场经济法律体系。改革开放以来，立法实践非常重视这一点，制定了相当数量的经济法律、法规，社会主义市场经济法律体系基本形成。②立法应当坚持四项基本原则。四项基本原则是立国之本。社会主义制度是国家的根本制度，人民民主专政是国家的根本性质，立法的社会主义方向和人民民主专政性质不能改变，立法应当维护和发展社会主义和人民民主专政的各项事业。党的领导是各项事业取得胜利的根本保证。立法坚持党的领导，主要是坚持以党的路线、方针和政策指导立法，而不是代替立法机关和其他立法主体的立法。马克思列宁主义、毛泽东思想、邓小平理论、习近平新时代中国特色社会主义思想，是各项事业的指针，也是立法的指针，当前尤其要注重以习近平新时代中国特色社会主义思想指导立法。③立法应当促进改革开放。改革开放是强国之路。

随着改革开放的发展,社会生活发生重大而深刻的变化,产生大量的新的社会关系需要立法调整。同时,立法也应当积极确认改革开放的大政方针,任何改革都要于法有据、名正言顺地进行;将改革开放的成果和成功经验确立和巩固下来,为深化改革开放准备条件;通过制定有关法律、法规,为改革开放提供制度保障。

(2) 法治原则

立法的法治原则是指,立法主体必须在法律规定的范围内进行立法活动。立法法正式确立了中国立法的法治原则,即"立法应当依照法定的权限和程序,从国家整体利益出发,维护社会主义法制的统一和尊严。"该原则一方面反映了各国立法的共性方面,即"立法应当依照法定权限和程序";另一方面反映了中国立法的个性,即"从国家整体利益出发,维护社会主义法制的统一和尊严"。

坚持法制统一,是单一制国家立法区别于联邦制国家立法的重要特征。中国是单一制国家,立法应当坚持法制统一原则。首先,立法坚持法制统一原则有厚重的历史渊源,中国数千年历史长河中,除了间或存在少数分裂割据的时期外,国家法制是统一的。其次,立法坚持法制统一原则符合中国的政治现实。中国共产党及其领导下的国家政权的方针政策只有依靠统一的法制才能贯彻执行。再次,立法坚持法制统一原则是中国社会转型成功的需要。中国的经济体制、政治体制、文化体制、科技体制、社会体制等方面的改革,所走的都是政府推进型道路,而政府推进的一个基本途径就是以统一的法制促进和保障这些事业取得成功。最后,立法坚持法制统一原则同立法和法制的本质相吻合。当代中国的立法和法制,根本上是为了保障和实现人民的共同意志和共同利益,这就要求有统一的立法和法制。

立法的法治原则的共性和个性密不可分。一方面,立法要依照法定权限和程序进行,需要坚持法制统一原则,由统一的机关和统一的法律来规定立法权限和程序。立法法详细具体地规定了国家立法的权限和程序,特别是集中地列举了只能由法律规定的十个方面的事项:国家主权方面的事项;各级人民代表大会、人民政府、人民法院和人民检察院的产生、组织和职权;民族区域自治制度、特别行政区制度、基层群众自治制度;犯罪和刑罚;对公民政治权利的剥夺、限制人身自由的强制措施和处罚;对非国有财产的征收;民事基本制度;基本经济制度以及财政、税收、海关、金融和外贸的基本制度;诉讼和仲裁制度;必须由全国人大及其常委会制定法律的其他事项。立法法的这一具体列举,明确和统一了国家立法的专属范围。立法法也比较集中地规定了除特别行政区和台湾地区以外的各有关地方的立法权限和立法程序架构。另一方面，立法要坚持法制统一原则，也需要依照法定的权限和程序进行。在中国，法律只有最高国家权力机关即全国人大及其常委会才能制定，行政法规、地方性法规、部门规章和政府规章都不得同法律相抵触。各立法机关或立法主体都应当丢弃以往那种立法行为往往不规范的做法，而遵循相应的立法程序。

立法坚持法制统一原则，就要从国家整体利益出发，充分考虑和维护人民的根本利益和长远利益，拒绝只强调本部门、本地方利益的狭隘的部门保护主义和地方保护主义。立法坚持法制统一原则，还要保持法律体系内部的和谐一致，不同层次的法律、法规、规章之间应当保持在遵循宪法原则和精神的前提下的和谐一致，下位法不得同上位法相抵触；各种部门法之间也应当保持和谐，尽可能地相互配合、补充以求相得益彰；在整个法律体系中，要尽可能地防止出现矛盾，对已存在的各种法律矛盾，应当依法予以消除。

（3）民主原则

立法中坚持民主原则，是反映人民意志和社会规律的要求。立法要反映人民意志，就要使人民成为立法的主人。立法要反映社会规律，就要让最有社会实践经验的人民参与立法。如果只由少数人闭门造法，即便所立之法最完备，也难以体现人民意志和社会规律。立法中坚持民主原则，也是人民监督立法的需要。立法权是制定利益分配规则的权力，人民参与立法可以有效防止立法权滥用现象的发生。

立法遵循的民主原则，主要体现在三个方面：①立法主体的广泛性。为了更好为人民行使立法权，立法主体要多元化，中央与地方、权力机关与其他机关应当有合理的立法权限划分和有效的制约监督。②立法内容的人民性。要以维护人民利益为宗旨，而不是以领导人意志或少数人意志为依归，立法就是确认人民的权利。③立法过程的民主化。在立法过程中要执行群众路线，使人民能够通过适当的途径，全程参与立法，有机会在立法过程中表达自己的真实意愿。

民主原则是各国立法的普遍原则。国家立法贯彻民主原则，要从中国的实际出发，将民主原则的普遍性同具体国情相结合。①要合理划分立法权限和合理行使立法权。既要注意保障全部立法权归于人民，又要注意现阶段由于人民的政治觉悟、文化水平、管理能力的千差万别以及国家经济实力并不雄厚、地域宽广不可能集中等客观条件的制约，还不能由人民直接行使立法权，只能将立法权委托给人民代表或有关主体代为行使。②要从制度上保障人民的民主权利。中国的封建专制遗毒极深，民主传统极少，公民权利意识薄弱，官本位思想严重。应当注意以立法的形式反对封建特权和专制，不允许任何个人、组织和国家机关侵犯人民的合法权益，特别要注意用立法肯定和保障人民当家作主的民主权利。③要在立法过程和立法程序方面民主。立法要面向社会大众，他们能有效参与和监督立法。立法反映人民大众的意志和利益应当客观公正，要把各方面的矛盾、问题、意见都摆出来，要多方征求意见，尽可能把正确的意见集中起来，使立法真正代表广大人民的共同意志和共同利益。④要注意民主与集中相结合。在立法的本质、内容和目的上，立法要反映经过集中的人民的共同意志，立法不是反映人民的所有意志，而是反映经过选择的有必要提升为国家意志的人民的共同意志。在立法权方面，要由全国人大及其常委会行使国家立法权，其他法律不得同宪法和法律相抵触。在立法过程中，既要保障群众通过听证会、微信、短信、广播、报刊、电视、网络等多种渠道和形式广泛参与立法，也要加强专门机关的现代化建设，充分发挥专门机关、智库、专家和其他有关人员的作用。

(4) 科学原则

立法遵循科学原则，有助于提升立法质量和产生良法，克服立法中的主观随意性和盲目性，避免或减少错误和失误，降低立法成本，提高立法效益。因此，现代国家一般都重视立法的科学原则。

中国成文法历史悠久，立法经验丰富，但主要是统治者运用立法的方式治国安邦维护家天下的经验，其中科学立法的因素不多。在人治社会里，统治者意志决定一切，即便有一些科学立法的经验，也难以贯彻到立法实践中。改革开放以来，关于立法的科学化问题，有关学者已有论述，但并未引起立法实践部门和人员的重视。由于立法的不科学，立法质量不高，导致大量的法律不是良法，难以在现实生活中取得良好实效。要转变这种状况，就要重视科学立法。

立法遵循科学原则，首先要立法观念的科学化。要把立法当科学看待，以科学的立法观念影响立法，消除似是而非祸害立法的所谓新潮观念和过时观念。构造立法蓝图，做出立法决策，采取立法措施，应当自觉运用科学理论来指导。对立法实践中出现的问题和经验教训，应当给予科学解答和理论总结。其次需要从制度上解决问题。要建立科学的立法权限划分、立法主体设置和立法运行体制。整个立法制度应当合乎社会和立法发展规律，合乎国情、民情和社情，合适、合理、完善。立法主体应当由高素质的立法者和立法工作人员组成。再次是更具直接意义的，是要解决方法、策略和其他技问题。从方法说，立法要坚持从实际出发和注重理论指导相结合，客观条件和主观条件相结合，原则性和灵活性相结合，稳定性、连续性和适时变动性相结合，总结借鉴和科学预见相结合，中国特色和社会发展趋势相结合。从策略说，要正确处理立法的超前、滞后和同步的关系。要按照客观规律的要求来确定立法指标。要尽可能选择最佳的立法形式、内容和最佳的法案起草者。要顾及全局并做到全面系统，同时还要分清轻重缓急，合理安排各个项目的先后顺序。一方面要及时将那些被实践业已证明行之有效的、基本成熟的政策和经验，用法律的形式固定下来。另一方面，对那些尚不成熟的政策和经验，则不能勉强地作为法律固定下来。对于那些有一定把握，尚需时日进一步实践和探索的政策和经验，可视具体情况采取不同做法，加快立法步伐，适应实际需要，避免立法滞后。从其他要求说，要注意各种法之间的纵向、横向关系的协调一致，法的内部结构的协调一致。要注意立法的可行性，立法的内容要能为人广泛接受，宽严适度易于为人遵守。要特别注意避免和消除立法中的混乱等弊病。

总之，立法的科学化，就是在具体立法过程中，要充分发挥专门的立法机关和立法专家的作用，他们的专业工作和专业知识使他们比其他机关和人员更易遵循立法规律，更易避免或减少立法失误，更易创制有益人民群众的良法，从而实现法律是让人遵守的立法目的。

3. 立法程序

根据宪法、全国人大组织法、全国人大议事规则、全国人大常委会议事规则和立法法的有关规定，全国人大及其常委会立法程序包括四个阶段：提出法律案、审议法律案、通过法律案、公布法律。

（1）提出法律案

一般而言，议案是由特定组织和人员向立法机关提出来的各种议事提案的总称，立法议案是关于制定、认可、修改、补充和废止某项法律的正式提案，是议案的一种。议案概念中的"法律"，是从最广义上使用的，包括效力不同的宪法、法律、法规、自治条例和单行条例、规章等等。立法议案又叫法案或法律案。从立法程序上讲，只有依法拥有专门权限的机关和人员，才可以向立法机关提出立法议案。提出立法议案（法律案）是立法程序的开始，为提出立法议案所做的准备工作不属于立法程序。立法议案中一般都包含事先拟订的法律草案，它是立法议案的重要内容；也有只提出立法建议的，待建议通过后再准备法律草案。向全国人大及其常委会提出的法案，是关于宪法和法律的法律案。一般的机关和人员，虽然可以通过网络、报刊、书信或口头方式提出对某个立法的建议,甚至可以自己拟定法律草案。立法机关应当集思广益,尽可能吸取其中的合理因素。但这些建议和草案不能直接列入立法机关的议程,不能和拥有专门权限的机关和人员所提出的法律案以及法律草案相提并论。

中华人民共和国成立初期,没有明确规定由谁向全国人大及其常委会提出法案的问题。在实践中曾提出过议案主要有中国人民政治协商会议全国委员会、政务院、中央人民政府法制委员会、最高人民检察署、选举法起草委员会等机构。1954年召开的第一届全国人民代表大会第一次会议通过的《全国人民代表大会组织法》第8条规定,国家主席、副主席、全国人大代表、主席团、常务委员会和各委员会、国务院,都可以向全国人大提出议案(其中包括法案),但除五个有关国家机构的组织法(《全国人民代表大会组织法》《国务院组织法》《地方各级人民代表大会和地方各级人民委员会组织法》《人民法院组织法》《人民检察院组织法》)以外,到"文化大革命"以前,全国人大通过的法律都是由国务院提出法案的。"文化大革命"期间,立法工作几乎停顿,正常的立法程序无从谈起。"文化大革命"结束后,立法工作重新走上正轨。从1976年粉碎"四人帮"到1982年宪法颁布,第五届全国人大第二、三、四次会议通过的13项法律中有12项法案是由全国人大常委会提出的,只有1项法案是由国务院提出的。

第五届全国人大第五次会议后,根据宪法和全国人大组织法的规定,有权向全国人大提出法律案的有:全国人大主席团、全国人大常委会、国务院、中央军事委员会、最高人民法院、最高人民检察院、全国人大各专门委员会、一个代表团或30名以上全国人大代表联名。有权向全国人大常委会提出法律案的有:委员长会议、国务院、中央军事委员会、最高人民法院、最高人民检察院、全国人大各专门委员会、常委会组成人员10人以上联名。从立法实践中看,提出法案主要是全国人民代表大会常务委员会、各专门委员会和国务院。

宪法的修改,只能由全国人大常委会或者1/5以上的全国人大代表提议。实践中,对宪法的全面修改一般由专门成立的宪法修改委员会负责起草宪法修改草案,并向全国人大提出。宪法部分内容的修正案多由全国人大常委会向全国人大提出。中国共产党作为执政党,往往率先提出修改宪法的建议。这种建议先由中共中央提请全国人大常委会,经全国人大常委会审议后,以常委会的名义拟定宪法修正案,向全国人大提出。这已成为宪法修改的惯例。刑事、民事、国家机构的和其他的基本法律的法律案向全国人大提出。属于全国人大制定的法律以外的其他法律、在全国人大闭会期间对全国人大制定的法律的部分补充和修改的法律案，向全国人大常委会提出。根据立法法的规定，向全国人大及其常委会提出法案的主要事项是：①国家主权的事项；②各级人民代表大会、人民政府、人民法院和人民检察院的产生、组织和职权；③民族区域自治制度、特别行政区制度、基层群众自治制度；④犯罪和刑罚；⑤对公民政治权利的剥夺、限制人身自由的强制措施和处罚；⑥对非国有财产的征收；⑦民事基本制度；⑧基本经济制度以及财政、税收、海关、金融和外贸的基本制度；⑨诉讼和仲裁制度；⑩必须由全国人大及其常委会制定法律的其他事项。

宪法修正案以外的法律的起草，一般由提出法律案的人员或机关主持，并吸收一定的其他人员和机关，特别是法律专家参加；也可以由全国人大或其常委会设立专门性的临时起草工作机构主持，如香港、澳门两个特别行政区基本法的起草委员会。在以往的实践中，大多数法律都是由国务院牵头起草的。近年来，全国人大专门委员会、全国人大常委会的法制工作委员会、人民团体也常常牵头起草有关法律。1992年8月，经济学家厉以宁受命主持起草《证券法》，开启了专家学者主持法律起草工作的先例。

根据立法法的规定，向立法机关提出的法案，必须经历一定的法律程序被列入立法机关的议程后，才能进行审议。

向全国人大提出的法律案：①全国人大主席团提出的法律案，由全国人大会议审议。②全国人大常委会、国务院、中央军事委员会、最高人民法院、最高人民检察院和全国人大各专门委员会提出的法律案，由主席团决定列入会议议程。③一个代表团或30名以上全国人大代表联名提出的法律案，由主席团决定是否列入会议议程，或者先交有关的专门委员会审议、提出是否列入会议议程的意见，再决定是否列入会议议程。专门委员会审议时，可邀请提案人列席会议，发表意见。④向全国人大提出的法律案，在全国人大闭会期间可先向常务委员会提出，经常务委员会依照有关程序审议后，决定提请全国人大会议审议，由常务委员会向大会全体会议作说明，或者由提案人向大会全体会议作说明。⑤常务委员会决定提请全国人大会议审议的法律案，应当在会议举行的一个月前将法律草案发给代表。

向全国人大常委会提出的法律案：①委员长会议提出的法律案，由常务委员会会议审议。②国务院、中央军事委员会、最高人民法院、最高人民检察院和全国人大各专门委员会提出的法律案，由委员长会议决定列入常务委员会会议议程，或者先交有关的专门委员会审议、提出报告，再决定列入常务委员会会议议程。如果委员长会议认为法律案有重大问题需要进一步研究，可以建议提案人修改完善后再向常务委员会提出。③常委会组成人员 10 人以上联名提出的法律案，由委员长会议决定是否列入常务委员会会议议程，或者先交有关的专门委员会审议、提出是否列入会议议程的意见，再决定是否列入常务委员会会议议程。不列入常务委员会会议议程的，应当向常务委员会会议报告或者向提案人说明。专门委员会审议时，可邀请提案人列席会议，发表意见。④列入常务委员会会议议程的法律案，除特殊情况外，应当在会议举行的 7 日前将法律草案发给常委会组成人员。

（2）审议法律案

审议法律案是指立法机关对已经列入议事日程的法律案正式进行审查和讨论。审议法律案是立法程序的最重要阶段，直接关系到法律案能否成为法律。

根据立法法的规定，审议向全国人大提出的法律案的步骤是：①列入全国人大会议议程的法律案，大会全体会议听取提案人的说明后，由各代表团进行审议。各代表团审议法律案时，提案人应当派人听取意见，回答询问。各代表团审议法律案时，根据代表团的要求，有关机关、组织应当派人介绍情况。②列入全国人大会议议程的法律案，由有关的专门委员会进行审议，向主席团提出审议意见，并印发会议。③列入全国人大会议议程的法律案，由法律委员会根据各代表团和有关的专门委员会的审议意见，对法律案进行统一审议，向主席团提出审议结果报告和法律草案修改稿，对重要的不同意见应当在审议结果报告中予以说明，经主席团会议审议通过后，印发会议。④列入全国人大会议议程的法律案，必要时，主席团常务主席可召开各代表团团长会议或召集各代表团推选的有关代表进行讨论，就法律案中的重大问题听取他们的审议意见，并将讨论的情况和意见向主席团报告。⑤列入全国人大会议议程的法律案，在交付表决前提案人要求撤回的，应当说明理由，经主席团同意，并向大会报告，对该法律案的审议即行终止。⑥法律案在审议中有重大问题需要进一步研究的，经主席团提出，由大会全体会议决定，可以授权常务委员会根据代表的意见进一步审议，作出决定，并将决定情况向全国人大下次会议报告；也可以授权常务委员会根据代表的意见进一步审议，提出修改方案，提请全国人大下次会议审议决定。⑦法律草案修改稿经各代表团审议，由法律委员会根据各代表团的审议意见进行修改，提出法律草案表决稿，由主席团提请大会全体会议表决。

根据立法法的规定，审议向全国人大常委会提出的法律案的步骤为：

①"三读程序",即列入常委会会议议程的法律案,一般应当经三次常委会会议审议后再交付表决。常委会会议第一次审议法律案,在全体会议上听取提案人的说明,由分组会议进行初步审议。常委会会议第二次审议法律案,在全体会议上听取法律委员会关于法律草案修改情况和主要问题的汇报,由分组会议进一步审议。常委会会议第三次审议法律案,在全体会议上听取法律委员会关于法律草案审议结果的报告,由分组会议对法律草案修改稿进行审议。常委会审议法律案时,根据需要,可以召开联组会议或者全体会议,对法律草案中的主要问题进行讨论。②列入常委会会议议程的法律案,各方面意见比较一致的,可以经两次常委会会议审议后交付表决;部分修改的法律案,各方面的意见比较一致的,也可经一次常委会会议审议即交付表决。③常委会分组会议审议法律案时,提案人应当派人听取意见,回答询问;根据小组的要求,有关机关、组织应当派人介绍情况。④列入常委会会议议程的法律案,由有关的专门委员会进行审议,提出审议意见,印发常委会会议。有关的专门委员会审议法律案时,可邀请其他专门委员会成员列席会议,发表意见。⑤列入常委会会议议程的法律案,由法律委员会根据常委会组成人员、有关的专门委员会的审议意见和各方面提出的意见,对法律案进行统一审议,提出修改情况的汇报或者审议结果报告和法律草案修改稿,对重要的不同意见应当在汇报或者审议结果报告中予以说明。对有关专门委员会的重要意见未采纳的,应当向其反馈。法律委员会审议法律案时,可邀请有关的专门委员会成员列席会议,发表意见。⑥专门委员会审议法律案时,应当召开全体会议审议,根据需要,可要求有关机关、组织派有关负责人说明情况。专门委员会之间对法律草案的重要问题意见不一致时,应当向委员长会议报告。⑦列入常委会会议议程的法律案,法律委员会、有关的专门委员会和常务委员会工作机构应当听取各方面的意见。听取意见可采取座谈会、论证会、听证会等多种形式。常委会工作机构应当将法律草案发送有关机关、组织和专家征求意见,将意见整理后送法律委员会和有关的专门委员会,并根据需要,印发常委会会议。⑧列入常委会会议议程的重要的法律案,经委员长会议决定,可以将法律草案公布,征求意见。各机关、组织和公民提出的意见送常委会工作机构。⑨列入常委会会议议程的法律案,常委会工作机构应当收集整理分组审议的意见和各方面提出的意见以及其他有关资料,分送法律委员会和有关的专门委员会,并根据需要,印发常委会会议。⑩列入常委会会议议程的法律案,在交付表决前,提案人要求撤回的,应当说明理由,经委员长会议同意,并向常委会报告,对该法律案的审议即行终止。⑪法律案

经常委会三次会议审议后，仍有重大问题需要进一步研究的，由委员长会议提出，经联组会议或全体会议同意，可以暂不付表决，交法律委员会和有关的专门委员会进一步审议。⑫列入常委会会议审议的法律案，因各方面对制定该法的必要性、可行性等重大问题存在较大意见分歧搁置审议满两年的，或因暂不付表决经过两年没有再次列入常委会会议议程审议的，由委员长会议向常委会报告，该法律案终止审议。⑬法律草案修改稿经常委会会议审议，由法律委员会根据常委会组成人员的审议意见进行修改，提出法律草案表决稿，由委员长会议提请常委会全体会议表决。

在立法实践中，即使向全国人大提出的法律案，一般也先由全国人大常委会听取说明，进行讨论修改，然后再提请全国人大审议。全国人大常委会初步审议应由全国人大制定的法律草案，其最后的表决不是通过，而是将法律草案提请全国人大审议通过。这一作法已成惯例，构成法外制度。因此，由全国人大全体会议审议通过的法律，一般至少先经过了一次常委会会议审议，有助于提高立法质量。

（3）通过法律案

审议法律案结束后，经立法机关全体会议表决，赞成者达到法定人数后，法律案才能通过并成为正式法律。

1949年的《中国人民政治协商会议组织法》和《中央人民政府组织法》规定，通过决议（包括法律案）须有半数代表出席，才可开会；须有出席者过半数同意，才可通过决议（包括法律案）。1954年宪法规定，法律和其他议案由全国人大以全体代表的过半数通过，宪法的修改则须全国人大以全体代表的2/3多数通过。但1975年和1978年宪法取消了这一决定。直到1982年宪法，才恢复并补充了这一规定。修改宪法须由全国人大常委会或1/5以上的全国人大代表提议，并由全国人大代表以全体代表的2/3多数通过才有效。其他法律案由全体人大代表的过半数通过即可。全国人大常委会审议的法律案和其他议案，由常委会以全体组成人员的过半数通过。立法法对通过法案的规定与宪法的规定一致。

关于表决方式，除宪法修改要采取投票方式外，其他法律案可采用投票方式、举手方式、按电子表决器等方式。全国人大代表或全国人大常委会组成人员对法律草案的表决采用的是整体表决方式，未采用逐条表决方式。在充分审议的基础上进行整体表决，虽然效率很高，但也会出现表决的两难情况。比如人大代表对法律草案整体上赞成，只是反对其中的某一（或几）条，那么在整体表决时，不管人大代表赞成还是反对，都不能完整反映其对法律草案的意志。单一的整体表决方式在一定程度上具有程序简单化的缺陷,值得关注和改进。

在对法律草案的审议过程中应最大限度发扬民主,当意见基本一致后才付诸表决。因此,绝大多数法律草案一次表决就能通过。也有一次通不过的,1989年10月,《城市居民委员会组织法(草案)》在表决中得票不足全国人大常委会组成人员的半数而未获通过。经再次研究和修改,在当年12月的常委会会议上才获通过。

(4) 公布法律

通过表决的法律案即成正式法律,但要付之实施,必须经立法机关决定并在专门的报刊上公布。

1954年宪法规定,根据全国人大的决定由中华人民共和国主席公布法律;1975年宪法没有规定公布法律的机关;1978年宪法规定,根据全国人大或人大常委会的决定由人大常委会委员长公布法律;1982年宪法规定,根据全国人大和全国人大常委会的决定,由国家主席公布法律。立法法对公布法律的规定与宪法的规定一致。

根据近几年公布法律的实践看,公布的法律和国家主席的命令通常均登在《人民日报》和《全国人大常委会公报》上。

法律公布和法律实施关系密切。凡是未经正式公布的法律,一律不得付诸实施。法律公布的时间与法律实施(即法律生效)的时间不一定一致。主要有两种情况:有的法律自公布之日起生效,开始实施;有的法律公布后,规定一定时期后才生效。这是为了充分做好实施法律的准备工作。法律开始生效的日期,有的在法律文本的末尾写明,有的在国家主席的命令中标明。

(五) 全国人大代表

1. 性质和地位

人民代表大会代表,简称人大代表,是人民群众通过直接或间接选举的形式选举出来的,受人民群众委托,组成各级人民代表大会,直接行使国家权力的公民。全国人民代表大会代表是最高国家权力机关组成人员,地方各级人民代表大会代表是地方各级国家权力机关组成人员。全国人民代表大会和地方各级人民代表大会代表,代表人民的利益和意志,依照宪法和法律赋予本级人民代表大会的各项职权,参与行使国家权力。[11]人大代表究竟是一种什么角色,长期以来,一部分选民甚至人大代表本人都不是很明白。有的将人大代表当作一般的好人、道德模范、先进工作者、劳动模范或政府官员。

在理论界也是意见不一,有人将人大代表认定为人民派往国家权力机关的使者,似乎国家权力机关在人民派出其使者即人大代表之前就已存在,而不是有了人大代表才组成国家权力机关。其实,人大代表是人民权力的受托者以及人民利益和意志的表达者,是国家权力的直接行使者。

现代中国,人民是国家主人,人大代表就是国家主人的代表。人大代表法规定,人大代表"代表人民的利益和意志,依照宪法和法律赋予本级人民代表大会的各项职权,参加行使国家权力"。人大代表和人民中的其他成员一样都有权行使国家权力,但其他成员主要通过人大代表间接行使国家权力,人大代表则通过组成国家权力机关(人民代表大会)直接行使国家权力。人大代表通过普选接受人民的权力委托,成为人民权力的受托者。人大代表的权力来源于人民的委托,所以应当首先表达人民的意志,成为人民意志的表达者;人大代表还应根据人民的意志行使国家权力,成为国家权力的直接行使者;任何单个的人大代表都不能独自就某项国家事务作出决定,也不能独自向其他国家机关发布指令,人大代表必须成为国家权力机关的组成人员,集体行使国家权力。

人大代表与共产党员一样,以为人民服务为宗旨。但是,共产党是工人阶级的先进分子,是由共产党组织按照党章要求吸收入党的。人大代表则是各阶级、基层的人民群众中具有代表性的人物,是由选民和选举单位依法选举产生的。共产党员参加本党一个组织并在其中积极工作,人大代表则组成各级国家权力机关直接行使国家权力。

人大代表与国家行政、司法等机关成员一样,是人民的公仆,对人民负责,受人民监督。但人大代表在行政、司法机关面前,是以国家主人(人民)的代理者身份出现的。人大代表参与行使整体意义上的国家权力,行政、司法等国家机关成员则行使由这一整体意义上的国家权力派生出来的国家行政权、司法权等。由人大代表组成的国家权力机关,有权任免和监督其他国家机关的主要成员。从人大代表与其他国家机关及其工作人员的关系来看,人大代表是委托者,其他国家机关及其工作人员是受托者,完成人大代表委托的工作。否则,人大代表有权收回委托权力,重新委托给自己信赖的其他工作人员。

人大代表与劳动模范、先进工作者、战斗英雄等社会知名人士一样,都受到人民尊重,拥有崇高的社会荣誉。但是,劳动模范等仅仅是一种荣誉称号,表明某人曾经在本职岗位上成绩突出,得到了人民和政府的肯定和表彰。而人大代表不是荣誉称号,它虽然也意味着人民的信任和肯定,但更重要的是表明某人肩负着人民的重托，作为国家权力机关中的一员，代表人民直接参与行使国家权力。

从人大代表的法定角色与人大代表自身的政治面貌、职业阶层之间的关系来看，除非自身本来就是由本政治组织或职业阶层选出的人大代表，否则，人大代表在各级人民代表大会上均应以选举自己的原选区或地区人民群众的意志行事，不得以本组织、本职业的利益和愿望行事。各政治组织和职业阶层也不得以人大代表在人大会议上的行为违背本政治组织、本职业阶层的宗旨或纪律为由，对其指责或处分。

总之，人大代表与人民中的其他成员，包括共产党员、公职人员、社会名流等，它们之间的根本区别在于是否能组成国家权力机关并直接参与行使国家权力。人大代表中不乏共产党员、各类社会名流等，他们也直接参与行使国家权力。但是，他们之所以能直接参与行使国家权力，并非在于他们的党员身份或其他荣誉，而在于他们是人民选举的人大代表。代表人民直接参与行使国家权力是人大代表最根本的职责，也是它与人民中其他成员之间的本质区别。

人大代表应该时刻意识到自己只是人民的代表。人民代表大会不是代表"代表"的大会，而是代表"人民"的大会。人大代表与人民形成了特定的代表与被代表的关系，这就要求人大代表在国家权力机关中直接参与行使国家权力时，必须代表人民的利益和意志，绝不允许盗用人民的名义为自己的私利服务。人大代表是人民的受托者，人民群众委托人大代表直接行使国家权力。人大代表必须忠实地根据人民群众的意愿行事，接受人民群众的监督。否则，人民群众有权收回自己的权力，重新将它委托给人民群众自己信任的人。

人大代表参与行使国家权力时，如何处理全局利益和局部利益的关系问题，存在截然不同的意见。有的认为，任何一名人大代表在性质上都是全局的而不是某个局部的代表。任何一位人大代表都应代表全国的整体利益，而不是代表选出他的某个局部（省、自治区、直辖市、特别行政区或军队）的利益。有的认为，人大代表由相应的局部选出，必须代表局部参与行使国家权力，否则就失去了从各方面、各地区选出的意义。这里以为，人大代表在反映人民的要求和利益时，应着重反映本选区或原选举单位的具体利益和要求，即代表局部。因为只有在大量具体利益的基础上，才能求出最大公约数，提炼出人民的共同意志和共同利益。但是，在审议和表决某项议案时，应着重考虑本级人大所属的整个行政区域（全国、省级、市级、县级、乡级）的整体利益，即代表全局。若某项议案虽不符合本选区或原选举单位的利益，但在全局上是非常必要的，就应当赞成，不能完全以局部利益为由反对。与此同时仍可积极反映局部利益，通过合法的利益表达途径，在不损害整体利益的前提下，希望以"但书"的形式考虑局部的特殊利益。反之，某项议案虽对本选区或原选举单位有利，但有害于全局，就应当反对。因此，人大代表既要代表本选区或原选举单位的局部利益，又要代表本级行政区域的全局利益，局部服从全局。

根据宪法和相关法律规定，全国人大代表的作用主要体现在三个方面：①反映和维护人民群众的利益。全国人大代表应当代表全国人民的利益，为人民着想，坚决维护广大人民群众的根本利益。②表达与整合人民群众意志的作用。在全国人大会议期间，全国人大代表代表人民集体行使立法、决定、监督和任免等职权，认真对待人民和党的共同意志上升为国家意志，并最终用合法的形式表现出来。③联系人民群众的作用。全国人大代表由选民和选举单位间接选举产生，是人民群众和国家立法、行政、司法等机关的桥梁和纽带。

人大代表行使职权、履行职责，必须具备较高的个人素质。这不但关系到国家权力机关的效能，而且影响到它的权威，对国家民主法治建设影响重大。一般而言，人大代表应当具备现代政治文明的基本常识，有强烈的代表意识、良好的文化素养、民主法治素养，有较高的参政议政能力，有高度的事业心、责任感和一定的身体素质。

2. 权利和义务

人大代表作为公民，享有与其他公民相同的法律权利，承担相同的法律义务。人大代表在履行代表职能时，享有宪法和法律赋予的某些特有的权利，并承担特有的义务。

全国人大代表的权利，除了在全国人大会议期间享有的"与会权"（出席全国人大全体会议、代表团全体会议、小组会议；被推选或邀请列席全国人大主席团会议、专门委员会会议等）、"审议权"（审议列入会议议程的各项议案和报告）、"选举表决权"（参加对全国人大主席团提名的全国人大常委会组成人员，国家主席、副主席，中央军委主席，国家监察委主任，最高人民法院院长，最高人民检察院检察长的人选的选举；参加表决决定国务院组成人员和中央军委副主席、委员的人选；参加表决通过全国人大各专门委员会组成人员的人选）外，还有以下五方面权利：

（1）提案权

人大代表有权依照法律规定的程序，向本级人民代表大会提出议案。提案权是人大代表一项重要权利。1954年的宪法、全国人大组织法和地方组织法就有这方面规定。现行宪法明确规定，全国人大代表有权依照法律规定的程序提出属于全国人大职权范围内的议案。现行代表法规定，各级人大代表有权依照法律规定的程序向本级人大提出属于本级人大职权范围内的议案。议案一般涉及重大问题，一旦列入会议议程并审议通过，就必须遵循。因此，提案是一件很严肃的事情，必须依照法律规定的程序进行。

根据全国人大组织法规定，全国人大代表向全国人大提出议案，要遵守以下规定：①必须是一个代表团或30位以上代表联名。②必须在全国人大会议主席团规定的提交议案的截止日期之前提出。为了从时间上保障大会能对各项议案进行研究整理并列出相应的处理意见，每次全国人大会议均由主席团提出一个提交议案的截止时间，一般为开幕后一周或十天左右。此后提交的议案将转交全国人大常委会处理。③议案应当写明案由、案据和方案。④提出的议案由主席团决定是否列入大会议程，或者先交有关专门委员会审议、提出意见，再决定是否列入大会议程。⑤列入议程的议案在交付大会表决前，提案人要求撤回的，经主席团同意，对该议案的审议即行终止。⑥对于全国人大常委会的组成人员，国家主席、副主席，国务院和中央军委的组成人员，国家监察委员会主任，最高人民法院院长和最高人民检察院检察长的罢免案，须有三个以上代表团或十分之一以上的代表提出，由主席团提请大会审议。⑦五分之一以上的全国人大代表有权提议修改宪法，或提议召集全国人大的临时会议。⑧三个以上代表团或十分之一以上的代表联名，可以提议组织特定问题调查委员会，由主席团提请全国人大全体会议决定。

（2）建议、批评权

全国人大代表有权向全国人大及其常委会提出对各方面工作的建议、批评和意见。这里所谓各方面工作，包括各类国家机关、人民团体及有关单位等的建议。建议、批评和意见在实践中统称为书面意见。书面意见和议案有着明显的区别，前者涉及内容具体而广泛，常常超出了人大及其常委会的职权范围，法律对提出建议、批评和意见未作"联名"的规定。全国人大代表提出的建议、批评和意见，由全国人大常委会办公厅交有关部门研究处理并负责答复。

在实践中，有些全国人大代表并不明白议案和书面意见之间的区别，提交的议案实际上只是书面意见。例如，第九届全国人大第一次会议共收到议案830件，其中代表团提出的议案26件，30名以上代表联名提出的议案804件。经大会秘书处同有关工作部门商议，建议将其中190件议案交有关专门委员会审议，提出是否列入全国人大会议或全国人大常委会会议议程的意见，由全国人大常委会审议决定。另外640件作为建议、批评和意见，由全国人大常委会办公厅交有关机关、组织认真研究处理，并负责答复代表。

(3) 质询权

全国人大代表在全国人大开会期间，有权根据法律规定的程序，对有关国家机关的工作提出质问，被质问的机关必须负责答复。1954年宪法和有关组织法曾规定各级人大代表享有"质问"权。1975年宪法取消了该方面规定。1978年宪法重新恢复，并改称"质询"。1982年宪法明确规定，全国人大代表在全国人大开会期间，有权依照法律规定的程序提出对国务院或者国务院各部、各委员会的质询案，受质询的机关必须负责答复。现行代表法规定，全国人大会议期间，一个代表团或30名以上的代表联名，有权书面提出对国务院及其各部委、国家监察委、最高人民法院和最高人民检察院的质询案。质询案按照主席团的决定由受质询机关答复。提出质询案的代表半数以上对答复不满意的，可以要求受质询机关再作答复。

根据代表法、全国人大组织法和全国人大议事规则等规定，全国人大代表行使质询权的程序是：①必须在全国人大会议期间。②质询对象可以是国务院及其各部委、国家监察委、最高人民法院或最高人民检察院。③质询者必须是一个代表团或30名以上的代表联名。④必须以书面形式提出质询案，质询案应当写明质询的对象、问题和内容。⑤质询案由主席团决定交受质询机关答复。⑥答复方式由主席团决定。一般由受质询机关书面答复，或者由受质询机关负责人在主席团会议、有关的专门委员会会议或有关的代表团会议上口头答复。⑦在主席团会议或有关专门委员会会议上答复的，提质询案的代表团的团长或者代表有权列席会议，并发表意见。⑧提出质询案的代表半数以上对答复不满意的，可以提出要求，经主席团决定，由受质询机关再作答复。⑨质询案以书面形式答复的，受质询机关的负责人应当签署，由主席团决定印发会议。

(4) 询问权

全国人大代表在审议议案或报告时，有权对国务院及其各部委、国家监察委、最高人民法院和最高人民检察院提出询问。询问与议案或报告有关，一般是由事实不清、理由不充分或其他原因引起的。

质询和询问在形式上都是提出问题并要求回答，但二者区别很大：①内容不同，质询须是重大问题，询问可以是一般问题。②目的不同。质询是人大代表对一府一委两院某方面工作不满意，需要给予批评、质问，甚至追究责任；询问是人大代表对议案或报告的有关内容不熟悉、不理解，需要了解情况。③性质不同。质询是国家权力机关监督一府一委两院的一种方式，带有一定的强制性；询问是国家权力机关与政府等机关沟通情况的一种途径，不带强制性。④程序不同。法律对质询有多方面的程序规定，对询问的规定则较少。

实践中，全国人大代表提出质询案的很少。这说明，一方面由于质询案事关重大，一般不轻易提出；另一方面，大家对质询这种监督方式还不够重视。有时可能甚至需要提出质询，也会出于种种考虑改为提出询问。这实际上混淆了质询和询问的性质与功能界限。一些新闻报道中常将二者混同。今后需要加以改进。

（5）视察权

全国人大代表有权依法对本级或下级国家机关及有关单位的工作进行视察，通过实地观察和调查，监督并促进它们的工作。

1955年8月，全国人大常委会就作出了关于全国和省级人大代表视察工作的决定。现行相关法律规定，全国人大代表的视察，由全国人大常委会统一安排。全国人大代表在视察过程中，可以提出约见本级或下级有关国家机关的负责人。被约见者或其委托人应当听取代表的建议、批评和意见。实践中，除每年由全国人大常委会集中安排视察外，全国人大代表也可以在原选举单位的人大常委会组织下进行视察，甚至可以利用业余时间或结合工作，持代表证就地进行经常性的分散的视察。可以一人单独视察，也可以几个人联合视察。视察时，可以向被视察单位提出建议、批评和意见，但不直接处理问题。

近些年来，全国人大代表经常开展视察活动，创造了"会前视察""专题视察""应邀视察""随机视察""连续视察"等多种形式。这些视察活动，有利于代表更好地参政议政，及时反映人民的意见和要求，协助和促进政府开展各方面的工作。

全国人大代表行使代表职权时，其权利和义务是统一的。宪法和相关法律规定全国人大代表的义务主要是：

（1）模范守法义务

人大代表要在自己所参加的生产、工作和社会活动中，协助宪法和法律的实施，协助人民政府的工作。出席全国人大会议，参加代表活动，遵守全国人大的议事规则及有关规定。

（2）保守机密义务

人大代表直接参与行使最高国家权力，必然会不同程度涉及有关国家机密,这些机密直接关系到国家的安全、社会秩序的稳定。为了国家和人民的利益,人大代表更应提高警惕,严守国家机密。

(3) 联系群众义务

人大代表要真正代表人民,就必须自觉地通过各种途径密切联系群众,以便及时听取、了解并反映人民群众的意见和要求。人大代表通过广泛联系群众,也便于了解国家宪法、法律的贯彻实施情况,及时沟通人民群众和国家机关之间的关系。

全国人大代表大多数是兼职的,在他们日常的生产和生活中,自热而然地同周围群众发生联系,获得某些意见和要求。但这是一种小范围的自然联系。作为全国人大代表,应有意识地通过各种途径,积极主动地广泛联系原选举单位的人民群众,坚持自觉联系。

全国人大代表听取人民群众的意见和要求后,可通过全国人大常委会把人民的要求转达有关部门,也可以由代表直接向有关部门反映,或者在下次全国人大或其常委会的会议上,通过质询、询问、提案或建议、批评和意见等形式提出。人大代表不宜直接干预政府或其他国家机关的工作,不直接处理问题。

(4) 接受监督义务

人大代表应当代表人民的意志和利益去直接行使国家权力。但是,代表能否真正地、始终地代表人民,必须通过对代表的监督加以保证。通过监督,还能警醒代表,使他们牢记人民的委托,当好人民的代言人。对人民而言,监督代表是一种不可或缺的权利。对代表而言,接受选民或原选举单位的监督是一种不可推卸的义务。宪法、选举法、代表法等相关法律规定,全国人大代表接受原选举单位的监督。全国人大代表应当采取多种便捷方式经常听取人民群众对自己的意见和要求,回答原选举单位对代表工作和代表活动的询问。

3. 特殊保障权

人大代表作为人民权力的受托者,享有法律规定的特殊保障的权利,以保证人大代表合法有效地履行代表职能,实现人民当家作主。这种特殊保障权利是人大代表能否完成代表职责的必要条件,虽属于人大代表的权利,但和前述的一般权利有所不同,故专门论述。全国人大代表参与直接行使最高国家权力时享有四个方面特殊保障权。

(1) 发言、表决免责权

现行宪法规定,全国人大代表在全国人大各种会议上的发言和表决不受法律追究。全国人大组织法也作了相应的规定。任何机关和个人若对全国人大代表在全国人大各种会议上的发言和表决追究法律责任，其行为直接构成违宪和违法。

人大是通过会议形式集体行使国家权力的，参加人大会议并行使代表职权是人大代表最基本最重要的活动方式。人大代表要如实地反映人民群众的要求，真正从人民群众的利益出发，负责地参加对各项议案的审议和表决。如果人大代表心存顾忌，不能畅所欲言，就不利于人大及其常委会在充分民主的基础上行使国家权力。人大代表的发言、表决免责保障，就能从法律上确保人大代表排除外界干扰。

（2）人身特别保护权

人大代表的人身除享有基本的法律保障外，在执行代表职务时还受法律的特别保护。1954年宪法和相关组织法对全国人大代表的这一权利作了规定。1975年和1978年宪法均取消了这一规定。1982年宪法恢复并修改了全国人大代表的人身特别保护权利。现行宪法规定，全国人大代表，非经全国人大会议主席团许可，在全国人大闭会期间非经全国人大常委会许可，不受逮捕或者刑事审判。代表法、全国人大组织法等根据宪法也作了相应规定。宪法和法律赋予人大代表人身特别保护权，有利于维护人大代表的崇高地位，防止对人大代表打击报复、非法关押等事件发生，有利于人大代表正常开展工作。

（3）物质帮助和时间保障权

根据宪法和有关法律规定，人大代表在执行代表职务时，有权依照法律规定享受国家给予的补贴和物质上的便利。全国人大代表除少数成为全国人大常委会专职成员外，绝大部分是兼职代表，平时不脱离本职工作。他们从自己原有的工作中获得劳动报酬，不因为担任人大代表而另取薪水。全国人大常委会专职委员，一般也在当选人大代表前的原单位领取工资。考虑到全国人大代表在执行职务时，需要一定的活动经费，而且可能付出一定的劳动时间，影响了个人的经济收入，因此法律规定，全国人大代表在出席人大会议和执行其他属于代表的职务时，国家根据实际需要给予适当的补贴和物质上的便利。全国人大代表在全国人大会议期间的工作和在全国人大闭会期间的活动，都是执行代表职务。代表执行职务时，所在单位必须给予时间保障，并按正常出勤对待，享有所在单位的工资和其他待遇。无固定工资收入的代表执行职务时，根据实际情况由本级财政给予适当补贴。法律规定，全国人大代表的活动经费，应当列入本级财政预算。全国人大代表享有物质帮助上的保障，有利于其切实履行代表职责。

（4）其他特殊保障权

法律规定，全国人大常委会应当为全国人大代表执行代表职务时提供服务，应当采取多种方式同全国人大代表保持联系。为了便于执行职务，全国人大可以为全国人大代表制发代表证。

少数民族代表执行代表职务时，有关部门应当在语言文字、生活习惯等方面给予必要的帮助和照顾。对身体有缺陷的人大代表，也要给予相应的帮助和照顾。

一切组织和个人都必须尊重全国人大代表的权利，支持他们的代表工作。法律规定，凡是有义务协助代表执行代表职务而拒绝履行义务的，有关单位应当给予批评教育，甚至给予行政处分。凡是阻碍代表依法执行代表职务的，根据情节，由所在单位或上级机关给予行政处分，或者依照治安管理处罚条例第19条的规定处罚；以暴力、威胁方法阻碍代表依法执行代表职务的，依照刑法第277条的规定追究刑事责任；对代表依法执行代表职务进行打击报复的，由所在单位或上级机关责令改正或者给予行政处分；国家工作人员进行打击报复构成犯罪的，依照刑法第254条的规定追究刑事责任。

4. 辞职、停职、罢免和资格终止

现行选举法规定，全国人大代表可以向选举他的人大的常委会书面提出辞职，辞职被接受的，其代表资格即告终止。全国人大常委会组成人员、全国人大各专门委员会组成人员，辞去代表职务的请求被接受的，其常委会组成人员、专门委员会组成人员的职务相应终止，由全国人大常委会予以公告。

现行代表法规定，全国人大代表有下列情形之一的，暂时停止执行代表职务，即停职：因刑事案件被羁押正在接受侦查、起诉和审判的；被依法判处管制、拘役或者有期徒刑而没有附加剥夺政治权利，正在服刑的。前款所列情形在代表任期内消失后，恢复执行代表职务。

全国人大代表受原选区或原选举单位的监督，监督中最严厉的手段是罢免。选民有权罢免自己选出的代表是巴黎公社的重要原则。中国从1953年的选举法、1954年的宪法，就一直有这方面的规定。现行相关法律规定，选民或选举单位都有权依法罢免自己选出的代表。罢免代表，由选民直接选出的，须经原选区过半数的选民通过；由各级人大选出的，须经该级人大过半数的代表通过，若在人大闭会期间，须经该级人大常委会组成人员的过半数通过。被罢免的代表有权出席罢免该代表的会议或者书面申诉意见。罢免人大代表必须依法进行。

现行选举法对罢免各级人大代表的程序有较为具体的规定。其中，罢免全国人大代表的主要程序是：①省级人大举行会议时，大会主席团或者十分之一以上的代表联名，可以提出对本级人大选出的全国人大代表的罢免案；在省级人大闭会期间，常委会主任会议或者常委会的五分之一以上组成人员联名，可以向常委会提出对由本级人大选出的全国人大代表的罢免案。②罢免案应当写明罢免理由。③省级人大举行会议时，被提出罢免的代表有权在主席团会议和大会全体会议上提出申辩意见，或者书面提出申辩意见，由主席团印发会议；罢免案经会议审议后，由主席团提请全体会议表决。④省级人大常委会举行会议时，被提出罢免的代表有权在主任会议和常委会全体会议上提出申辩意见；罢免案经会议审议后，由主任会议提请常委会全体会议表决。⑤罢免代表，采取无记名投票的表决方式。⑥罢免案经本级人大代表的过半数通过，或者经本级人大常委会组成人员的过半数通过。⑦罢免全国人大代表的决议，须报送全国人大常委会备案。⑧全国人大常委会组成人员和全国人大各专门委员会组成人员的代表职务被罢免后，其常委会或专门委员会组成人员的职务相应撤销，由全国人大主席团或常委会予以公告。实践中，全国人大代表除个别因违法犯罪被原选举单位罢免外，很少因不能胜任代表职务等原因被罢免的。之所以如此，一方面是因为全国人大代表的大多数都能认真地履行代表职责，另一方面是因为原选举单位对于动用罢免权十分谨慎，加之操作中也很难把握全国人大代表是否胜任的尺度。

全国人大代表，经全国人大常委会进行资格审查，并经确认其代表资格、予以公告后，即在整个任期内具有全国人大代表的资格。但法律同时规定，有下列情形之一者，其全国人大代表的资格即被终止：①本人提出辞职并被接受的；②未经批准，两次不出席全国人大会议的；③被罢免的；④丧失中华人民共和国国籍的；⑤依法被剥夺政治权利的。全国人大代表资格的终止，由全国人大常委会代表资格审查委员会报全国人大常委会，并由全国人大常委会予以公告。

三　地方各级人民代表大会

中国的地方国家权力机关分为四级：①省级（省、自治区、直辖市）人民代表大会；②地级（设区的市、自治州）人民代表大会；③县级（县、自治县、不设区的市、市辖区）人民代表大会；④乡级（乡、民族乡、镇）人民代表大会。县级以上地方各级人大都设常委会。

（一）县级以上地方各级人大

1. 性质和地位

县级以上地方各级人大是本行政区域内的地方国家权力机关，在同级国家机构中处于最高地位。这种最高地位体现在：①它不但在同级国家机关中首先产生，而且是同级其他国家机关产生的前提和基础。县级以上地方各级政权中的一府一委两院，都由同级人大选举产生，对它负责，受它监督。②它依法对本行政区域内的政治、经济、文化、科技、教育等各方面重大事项所作出的决定，同级其他国家机关都必须遵照执行，无权更改或拒绝执行。

2. 组成和任期

省级与地级人大由下一级人大选举产生的代表组成，即由选民间接选举产生。县级人大由选民直接选举产生的代表组成。

县级以上地方各级人大代表的名额几经变动。1953年第一部选举法规定，省人大代表名额：人口在2000万以下者，选代表100—400人；人口超过2000万者，选代表400—500人；人口和县数特少的省，代表名额得少于100人，但最少不得少于50人；人口和县数特多的省，代表名额得多于500人，但最多不得超过600人。各县应选省人大代表的名额：人口在20万以下者，选代表1—3人；人口超过20万至60万者，选代表2—4人；人口超过60万者，选代表3—5人。省辖市、镇和省境内重要工矿区，按人口每2万人选代表一人，其人口不足2万人但满1万人者亦得选代表1人。人民武装部队应选省人大代表的名额为3—15人。对其他几级地方人大代表名额也有具体规定。

1979年选举法不再对地方各级人大代表的名额作具体规定，而是统一规定为：地方各级人大代表的名额，由各省、自治区、直辖市的人大常委会，按照便于召开会议、讨论问题和解决问题，并且使各民族、各地区、各方面都能有适当数量的代表的原则自行决定，并报全国人大常委会备案。自治州、县、自治县人大代表的名额，由本级人大常委会按照农村每一代表所代表的人口数四倍于镇每一代表所代表的人口数的原则分配。人口特少的人民公社、镇，也应有代表参加。直辖市、市、市辖区的农村每一代表所代表的人口数，应多于市区每一代表所代表的人口数。省、自治区人大代表的名额，由本级人大常委会按照农村每一代表所代表的人口数五倍于城市每一代表所代表的人口数的原则分配。

1986年修改选举法时，全国人大常委会提出了一个方案，当时并未写入选举法，规定省级人大代表名额基数为300名，省和自治区每15万人可以增加一名代表，直辖市每25000人可以增加一名代表；设区的市和自治州人大代表基数为200名，每25000人可以增加一名代表；县级人大代表基数为100名，每5000人可以增加一名代表。据此，各地人大代表名额总量都有所减少，但全国大多数地方并未完全按此方案执行。在以后的实践中，各省级人大常委会逐渐采纳了全国人大常委会的建议，在提高代表素质的同时，适当减少了地方各级人大代表的名额。1995年2月，全国人大常委会修改选举法时，基于对地方人大应当进一步规范化、制度化和精简化的考虑，决定适当减少代表名额，以便于地方人大更加充分地讨论问题，提高议事效率，并正式在选举法中具体规定了地方各级人大代表的名额。

1979年颁布、1980年1月1日实施的选举法，历经1982年、1986年、1995年、2004年、2010年、2015年六次修订。按照修改后的选举法规定，地方各级人大代表名额基数与按人口数增加的代表数相加，即为地方各级人大代表总名额，同时规定了人大代表总数的上限。县级以上地方各级人大代表名额为：①省、自治区、直辖市的代表名额基数为350名，省、自治区每15万人可以增加一名代表，直辖市每25000人可以增加一名代表；但是，代表总名额不得超过1000名；②设区的市、自治州的代表名额基数为240名，每2500人可以增加一名代表；人口超过1000万的，代表总名额不得超过650名；③不设区的市、市辖区、县、自治县的代表名额基数为120名，每5000人可以增加一名代表；人口超过165万的，代表总名额不得超过450名；人口不足5万的，代表总名额可以少于120名；④乡、民族乡、镇的代表名额基数为40名，每1500人可以增加一名代表；但是，代表总名额不得超过160名；人口不足2000的，代表总名额可以少于40名。此外，选举法还规定，自治区、聚居的少数民族多的省，经全国人大常委会决定，代表名额可以另加5%。聚居的少数民族多或者人口居住分散的县、自治县、乡、民族乡，经省、自治区、直辖市的人大常委会决定，代表名额可以另加5%。关于代表名额的这一规定，是考虑了少数民族的特殊性，适当照顾符合社会进步的要求，也使不同地区的同级人大代表的总数不致相差太大。

省、自治区、直辖市的人民代表大会代表的具体名额，由全国人大常委会依法确定。设区的市、自治州和县级的人大代表的具体名额，由省、自治区、直辖市的人大常委会依法确定，报全国人大常委会备案。乡级的人大代表的具体名额，由县级的人大常委会依法确定，报上一级人大常委会备案。

地方各级人大的代表总名额经确定后，不再变动。如果由于行政区划变动或者由于重大工程建设等原因造成人口较大变动的，该级人大的代表总名额依法重新确定。

地方各级人大代表名额，由本级人大常委会或者本级选举委员会根据本行政区域所辖的下一级各行政区域或者各选区的人口数，按照每一代表所代表的城乡人口数相同的原则，以及保证各地区、各民族、各方面都有适当数量代表的要求进行分配。在县、自治县的人大中，人口特少的乡、民族乡、镇，至少应有代表一人。地方各级人大代表名额的分配办法，由省、自治区、直辖市人大常委会参照全国人大代表名额分配的办法，结合本地区的具体情况规定。

中国地方各级人大代表规模庞大。以2003年换届选举后产生的人大代表为例，省级两万多名，地级11万多名，县级约57万名，乡级210多万名，加上全国人大代表2984名，中国五级人大的代表总数达280多万名，比1995年选举法修改以前的350万名减少约20%。此后，全国所有的人大代表规模维持在280万名左右。

县级以上地方各级人大的任期，前后有过变化。1954年宪法和相关法律规定，省人大每届任期4年，直辖市、县、市辖区等人大每届任期2年。1975年宪法规定，省级人大每届任期5年，地区、自治州、市、县、自治县、市辖区的人大每届任期3年，农村人民公社、镇的人大每届任期2年。1982年宪法和地方组织法规定，由选民直接选举代表组成的县、乡两级人大每届任期3年，由下一级人大选举代表组成的省级和地级人大每届任期5年。1992年中共十四大修改党章时，将县级党委的任期由3年改为5年。1993年第八届全国人大第一次会议修改宪法时，为了使县级人大每届任期与同级党委每届任期保持一致，使县级领导班子保持相对稳定，根据中共中央建议，相应将县级人大每届任期3年改为5年。根据修改后的宪法规定，1995年地方组织法对此作了相应修改。于是，县、乡两级人大的任期不一致，换届选举不能同步进行，直接选举的次数过于频繁，耗费的人力、财力、物力增长。另外，对县、乡两级领导班子的配备、经济和社会发展计划的安排带来了诸多不便。各地要求县、乡两级人大的任期一致的呼声渐高。2002年中共十六大修改党章，将党的基层委员会每届任期3年或4年改为3年至5年，使乡镇党委和其他基层党委的任期与上级党委的任期相一致。相应地，第十届全国人大第二次会议通过的宪法修正案，对宪法第98条修改为"地方各级人民代表大会每届任期五年"。现在，地方各级人大每届任期均为5年，其任期从本届人大第一次会议开始，到下届本级人大第一次会议为止。

3. 主要职权

根据宪法、地方组织法、立法法等相关法律的规定，县级以上地方各级人大的职权可以概括为以下五个方面。

（1）保障权

主要有：①保证宪法、法律、行政法规在本行政区域内的执行；②保护国家和集体财产、公民私有合法财产以及各种经济组织的合法权益；③保障公民的人身权利、民主权利和其他各种合法权利。

（2）地方立法权

地方立法权，是指有关地方国家权力机关根据宪法和法律的规定，依照一定程序，制定、修改或废止地方性法规的职权。地方立法权是由1979年7月第五届全国人大第二次会议修改通过的地方组织法首次规定的。地方组织法历经1982年、1986年、1995年、2004年和2015年5次修订，地方立法权逐步扩大，现规定，省、自治区、直辖市、设区的市的人大及其常委会拥有地方立法权。

2000年3月第九届全国人大第三次会议通过、2015年第十二届全国人大第三次会议修订的立法法第72条对地方立法权作了更为详尽的规定：①自治区、直辖市的人大及其常委会根据本行政区域的具体情况和实际需要，在不同宪法、法律、行政法规相抵触的前提下，可以制定地方性法规。②设区的市的人大及其常委会根据本市的具体情况和实际需要，在不同宪法、法律、行政法规和本省、自治区的地方性法规相抵触的前提下，可以对城乡建设与管理、环境保护、历史文化保护等方面的事项制定地方性法规，法律对设区的市制定地方性法规的事项另有规定的，从其规定。设区的市的地方性法规须报省、自治区的人大常委会批准后施行。省、自治区的人大常委会对报请批准的地方性法规，应当对其合法性进行审查，同宪法、法律、行政法规和本省、自治区的地方性法规不抵触的，应当在四个月内予以批准。③省、自治区的人大常委会在对报请批准的设区的市的地方性法规进行审查时，发现其同本省、自治区的人民政府的规章相抵触的，应当作出处理决定。④除省、自治区的人民政府所在地的市，经济特区所在地的市和国务院已经批准的较大的市以外，其他设区的市开始制定地方性法规的具体步骤和时间，由省、自治区的人大常委会综合考虑本省、自治区所辖的设区的市的人口数量、地域面积、经济社会发展情况以及立法需求、立法能力等因素确定，并报全国人大常委会和国务院备案。⑤自治州的人大及其常委会可以依照本条第二款规定行使设区的市制定地方性法规的职权。自治州开始制定地方性法规的具体步骤和时间，依照前款规定确定。⑥省、自治区的人民政府所在地的市，经济特区所在地的市和国务院已经批准的较大的市已经制定的地方性法规，涉及本条第二款规定事项范围以外的，继续有效。

截至2014年底，中国已经制定地方性法规8500多件、自治条例和单行条例800多件。地方立法是中国政治体制改革的一个重要成果。它有利于在中央统一领导下，适当扩大地方自主权，充分发挥地方的积极性和主动性；有利于在保证国家法制统一的前提下，因地制宜地制定符合地方发展实际的规范性文件；有利于补充国家立法的不足，为国家立法提供先行先试的经验，推动国家法制建设。

（3）重大事项决定权

包括：①审议和批准本行政区域内的国民经济和社会发展计划、预算及其执行情况的报告；②讨论、决定本行政区域内的政治、经济、教育、科技、文化、卫生、环境和资源保护、民族、民政等工作的重大事项。县级以上地方各级人大可以发布职权范围内的有关决议。

（4）选举和罢免权

县级以上地方各级人大全体会议选举并有权罢免上一级人大代表；选举并有权罢免本级人大常委会正副主任、秘书长和常委会其他组成人员；选举并有权罢免本级政府的正副职领导人（省长、副省长，自治区主席、副主席，市长、副市长，州长、副州长，县长、副县长，区长、副区长）；选举并有权罢免本级监察委主任、人民法院院长和人民检察院检察长，选出或决定罢免人民检察院检察长，须报经上级人民检察院检察长提请该级人大常委会批准。

（5）监督权

包括：①听取和审查本级人大常委会的工作报告；②听取和审查本级人民政府和人民法院、人民检察院的工作报告；③改变或撤销本级人大常委会不适当的决议；④撤销本级人民政府不适当的决定和命令。此外，法律还授予县级以上地方各级人大有权通过质询、询问、组织特定问题调查委员会等形式，对本级一府一委两院进行监督。

4. 会议制度

县级以上地方各级人大与全国人大一样，遵循民主集中制原则，实行合议制，通过会议形式集体行使职权。现行地方组织法规定，地方各级人民代表大会会议每年至少举行一次，经过五分之一以上代表提议，可以临时召集本级人民代表大会会议。实践中,县级以上地方各级人大全体会议一般每年召开一次。为了选举新一届全国人大代表,一些省级人大在每届任期的最后一年往往多召开一次全体会议。对地方人大会议的召开日期和会议持续时间,法律未作统一规定。现实中,县级以上地方各级人大会议一般都在第一季度召开,时值全国人大会议前后。地方人大会议若在上一级人大会议召开前举行,有利于将本级人大所关注的问题反映到上一级人大,反之,若在上一级人大闭会后召开,则有利于将上一级人大会议的精神带到本级人大会议,便于贯彻执行。如何确定人大会议的召开日期,是一个见仁见智的问题。省级人大开会时间为7—10天左右,地、县级为5—7天左右。

关于县级以上地方各级人大的会议程序和议事规则,法律仅作原则规定,但各地人大已陆续出台具体的议事规则,已逐步规范化。

(1) 会议的举行

地方组织法规定,县级以上地方各级人大会议由本级人大常委会负责召集,并由它主持每次人大会议的预备会议。每届人大的第一次会议,必须在本届人大代表选举完成后的两个月内由上届本级人大常委会召集。在每次人大例会召开前,人大常委会负责大会各项准备工作。主要是:召集各选举单位的代表组成代表团;由各代表团组织代表对人大常委会提出的大会主席团和秘书长名单草案、会议议程草案、拟提交大会审查的政府工作报告征求意见稿,以及关于会议的其他准备事项进行讨论,提出意见;举行预备会议。

法律没有规定地方各级人大举行会议时必须组成代表团。但是在实践中,县级以上地方各级人大举行会议时,一般都参照全国人大的作法组成代表团。代表团的好处在于,便于会议的有效组织,便于代表审议讨论问题,便于代表依法行使职权。

预备会议由全体代表组成,主要议程是:选举本次大会的主席团和秘书长,主席团人数一般为全体代表总数的8%—10%;通过会议议程和其他准备事项的决定。预备会议期间,根据各代表团在审议过程中提出的意见,由本级人大常委会主任会议对主席团和秘书长名单草案、会议议程草案以及关于会议的其他准备事项提出调整意见,提请预备会议表决。

一般在预备会议结束后,主席团立即举行全体会议,从主席团成员中推选常务主席若干人和每次大会全体会议的执行主席若干人,并决定下列事项:副秘书长人选,会议日程,表决议案和通过决议、决定的办法,代表提出议案的截止时间,其他需要决定的事项。主席团的主要职责是:主持本次人大会议;领导人大各专门委员会的工作;向大会提出议案和各项决议草案;组织审议列入会议议程的议案和有关报告；依法提出本级国家机关领导人员的人选；主持会议选举，提出选举具体办法草案；决定议案、罢免案、质询案的审议程序和处理意见；发布公告以及其他需要由主席团决定的事项。

县级以上地方各级人大举行会议时，有关人员可以列席会议。与全国人大一样，列席人员有三种类型：①法定列席人员。同级地方人民政府组成人员和人民法院院长、人民检察院检察长依法列席会议。②决定列席人员。有关国家机关、团体的负责人，经本级人大常委会决定，可以列席本级人大会议。③惯例列席人员。一般在一府两院向大会作工作报告时，同级政协委员可以列席会议。

随着社会的发展，很多地方人大已建立公民旁听制度，经由下一级人大和各群众团体协商推荐，邀请部分选民旁听人大会议。参加旁听的选民人数各地不尽一致。上海市每年邀请30名左右市民旁听市人大会议，约占代表总数的3.5%。旁听选民参加大会全过程，虽然没有表决权，但可以增强人民当家作主的责任感和主人意识。

大会期间，根据需要，可以设立法案委员会，负责审议列入会议议程的不属于人大专门委员会审议的地方性法规草案。为保证大会的顺利进行，还设立大会秘书处。秘书处在秘书长领导下，办理主席团交付的事项和处理会议的日常事务。秘书处一般设立会务组、保卫组、行政组、文件起草组、会议报到组、信访接待组、大会值班室等若干工作机构。有选举任务时，还要成立组织选举组。

（2）议案的提出和审议

主席团、本级人大常委会、本级人大各专门委员会、本级一府一委两院都可以向大会提出属于本级人大职权范围内的议案，由主席团决定列入会议议程。代表在大会期间，在规定的提案截止时间前提出属于大会职权范围内的议案，由主席团决定是否列入大会议程，或者先交有关专门委员会或议案审查委员会审查，提出意见，再由主席团决定是否列入大会议程。代表在向大会提出议案时，应当写明要求解决的问题、理由和方案。若提出立法案，还应当包括法规草案或者立法要旨及其说明。有关专门委员会（第一次会议时为议案审查委员会）在审查代表提出的议案时，可以邀请提案的组织者列席会议，发表意见。大会秘书处应当将主席团通过的关于代表提出的议案审查和处理意见的报告印发代表。有些县级以上人大规定，提出议案的代表半数以上对议案审查与处理意见有异议的，可以在主席团最后一次会议召开的两小时前，向主席团书面提出复议申请，主席团接到复议申请后，应当予以复议并作出相应决定；或者交同级人大常委会在大会闭会后的第一次常委会会议上复议，作出决定。主席团或者同级人大常委会应当将复议的决定答复提案人。

列入大会议程的议案，由主席团交各代表团审议，最后由主席团决定提请大会全体会议表决。若在交付表决前，提案人要求撤回的，经主席团同意，会议对议案的审议即行终止。代表10人以上联名，可以对列入大会议程的议案或准备交付大会表决的决议草案提出书面修正案。修正案最迟必须在大会表决前举行的主席团会议前两小时提出，由主席团决定是否提交代表团审议和提请大会表决，或者先交有关专门委员会审议，提出意见，再由主席团决定是否提交代表团审议和提请大会表决。列入大会议程的地方性法规案，大会全体会议听取法规草案说明后，由各代表团审议。有关专门委员会或法案委员会根据各代表团的审议意见对法规草案进行审议，并向主席团提出审议结果报告和法规草案修改稿。经主席团审议通过后，印发代表，并将修改后的地方性法规草案提请大会全体会议表决。代表在审议中对议案、决议和决定草案有重要不同意见的，经主席团提出，由出席会议的代表过半数同意，可以暂不交付表决。若较多代表对提请表决的议案、决议和决定草案中的部分条款有不同意见，经主席团决定，可以将部分条款分别交付大会全体会议表决，表决结果当场宣布。

为了加强对代表提出议案的审理，一些县级以上人大规定，代表10人以上联名提出的议案，经主席团审议决定不列入本次大会议程的，交有关专门委员会或同级人大常委会主任会议，在大会闭会后审议。有关专门委员会或者常委会主任会议应当在大会闭会后三个月内提出审议结果报告，提请常委会审议。若议案内容不属于本级人大职权范围内的，由主席团决定作为代表建议、批评和意见处理。

（3）对工作报告、计划和预算的审查

县级以上人大每年举行例会时，同级人大常委会、一府两院应当分别提出工作报告，提请大会审查。政府提请大会审查的报告至少有三个，即政府工作报告、计划报告和预算报告。为了提高审查质量，一些地方人大不断创新作法：要求政府有关部门向代表提供有关专题材料；组织代表参加专题审议，政府主管领导到场听取代表意见并答疑；对代表普遍关心的问题，请政府主要领导在全体会议上作补充发言等。在充分审查的基础上，由全体会议作出相应决议。

为了提高会议的质量和效率，在举行大会的一个月前，一些县级以上地方人大尤其省级人大规定，政府有关部门应当就本行政区域上年度的国民经济和社会发展计划、预算执行情况及本年度国民经济和社会发展计划、预算编制的主要情况和内容，向同级人大财经委和有关专门委员会汇报，并提供详细资料。人大有关专门委员会在进行初步审查时，一般都会邀请有关方面代表和专家列席会议，发表意见。然后，向政府有关部门提出意见，政府有关部门应当再将处理情况及时向有关专门委员会汇报。政府的有关报告应当在大会预备会议前，一般在各代表团组团活动时，印发至代表手中。各代表团进行初步审查，讨论意见由各代表团直接向政府文件起草部门反映。

人大财经委根据各代表团和有关专门委员会的审查意见，对于本级政府提交的国民经济和社会发展计划及计划执行情况的报告、关于预算的报告进行审查，向主席团提出审查结果报告。每届人大第一次会议，则由大会的国民经济和社会发展计划、预算审查委员会履行该项职责。经主席团审议通过后，印发代表，并将关于本级政府提交的国民经济和社会发展计划的决议草案、关于预算的决议草案提请各代表团进行审议，再经主席团通过后提请大会全体会议表决。

（4）选举、罢免和接受辞职

每届人大的第一次会议的一项主要内容就是选举本级国家机关的领导人员，其后各次会议上也会有一些人事任免事项。

依照法律规定，县级以上地方各级人大选举决定本级人大常委会组成人员、人大专门委员会组成人员和上一级人大代表、人民政府正副职领导人员、监察委主任、人民法院院长和人民检察院检察长。产生各类国家机关候选人的法定渠道为：①大会主席团提出；②本级人大代表联名（县级10人、地级20人、省级30人以上）提出候选人。

关于主席团提名候选人，1954年地方组织法没有规定。1979年修订的地方组织法规定了主席团可以提名候选人。1995年对地方组织法进行修订时，有人提出将主席团提名的规定修改为政党提名，未被采纳。这是因为政党直接提名政府和司法机关人员与国际通行做法相悖，不符合民主法治的本意。政党推选的候选人可以通过主席团提出。实践中，主席团提名的候选人百分之一百由中共党组织推荐。这是中国的政治现实，这是党管干部原则的体现和保证。

关于代表提名候选人，经历了一个不断发展完善的过程。1954年地方组织法规定，政府正副职领导人员、县级以上地方各级人大常委会组成人员、法院院长和检察院检察长的人选，由本级人大主席团或代表联名提名，但没有规定联名人数。为了使代表联名提名的候选人相对集中，1986年修改地方组织法时，明确规定代表10人以上联名可以提出候选人。1995年修改地方组织法时，作了现在的规定。

主席团或代表联名提出的候选人具有同等法律地位，都必须依法列入候选人名单，交代表酝酿讨论，不能厚此薄彼。主席团和代表联名提名的候选人数均不得超过应选名额。这主要是为了避免候选人过多、过于分散及提名不够慎重等现象。

县级以上人大选举产生上一级人大代表，其候选人由上一级各政党、各人民团体联合或者单独推荐，或者由人大代表10人以上联名推荐。候选人名额，应多于应选代表名额1/5至1/2。人大各专门委员会的主任委员、副主任委员和委员人选由主席团在本级人大代表中提名。凡提名推荐候选人，应当书面向会议介绍候选人的基本情况和提名或推荐理由，并对代表提出的问题作必要的口头或书面说明。提名、酝酿上述各类候选人的时间均不得少于两天。对选举时间如此规定，是为了发扬民主，使代表有较充分的时间酝酿和讨论候选人。

县级以上人大全体会议选举本级国家机关领导人员，一般采取差额选举。这是1986年修改选举法时首次规定的。从等额选举到差额选举的规定，可以说是中国民主政治建设迈出的重要一步，来之不易。法律规定，地方人大常委会主任、秘书长，一府一委两院正职领导人的候选人一般应为2名。人大常委会委员的候选人数要比应选人数多1/10至1/5。若提名人数符合法定的差额数，由主席团将全部候选人名单提交全体代表酝酿讨论后，进行预选，根据在预选中得票多少的顺序，按照大会选举前制定通过的本次会议选举办法规定的差额数，正式确定候选人名单，进行选举。如果常委会主任、秘书长、省级政府正职和一委两院正职候选人只有一人，也可以等额选举。若补选常委会组成人员，省级政府正副职或者同级监察委主任、法院院长、检察院检察长以及出缺的人大代表时，候选人人数可以多于应选人数，也可以等于应选人数。法律如此规定，并不意味着想等额选举就可以等额选举，而是在提出的候选人确实只有一个的特殊情况下，才可以等额选举。这也体现了注重民主实质，不拘泥于民主形式的求实精神。但在实践中，该规定确实为等额选举开了绿灯，差额选举也就勉为其难了。上述各候选人获得全体代表过半数选票，始得当选。若遇过半数选票的候选人数超过应选名额时，得票多的当选。选举结果由会议主持人当场宣布。获得全体代表过半数选票的人数少于应选名额时，不足的名额另行选举。另行选举时，可以根据在第一次投票时得票多少的顺序确定候选人，也可以按照选举办法规定的程序另行提名、确定候选人。经大会决定，不足名额的另行选举，可以在本次大会或下一次大会进行。实践中，不少地方人大在选举前，根据代表要求，由主席团安排正式候选人与代表见面、座谈，为其当选创造条件。

地方组织法规定，县级以上地方各级人大举行会议时，主席团、常委会或者十分之一以上代表联名，可以提出对本级人大常委会组成人员、政府组成人员、监察委主任、法院院长、检察院检察长的罢免案，由主席团提请大会审议。罢免案应当写明罢免理由。被提出罢免的人员有权在主席团会议或者大会全体会议上提出申辩意见，或者书面提出申辩意见。在主席团会议上提出的申辩意见或者书面申辩意见，由主席团印发会议。经会议审议后，或者提请全体会议表决；或者由主席团提议，经全体会议决定，组织调查委员会，由本级人大下次会议根据调查委员会的报告审议决定。选举和表决罢免案，均采用无记名投票方式。罢免案以全体代表过半数赞成为通过。

县级以上地方各级人大常委会组成人员和政府领导人员、监察委主任、法院院长、检察院检察长，可以向本级人大提出辞职，由大会决定是否接受辞职。检察院检察长的辞职，须报请上一级人民检察院检察长提请该级人大常委会批准。常委会组成人员、人大专门委员会成员在其代表职务被原选举单位罢免时，其常委会组成人员、专门委员会成员的职务相应撤销，并由主席团或同级人大常委会予以公告。

（5）质询和询问

县级以上人大举行会议时，代表10人以上联名可以书面对本级政府及其所属部门以及本级法院、检察院提出质询案。质询案由大会主席团决定交由受质询机关在主席团会议、大会全体会议或者专门委员会会议上口头答复，或者由受质询机关书面答复。在主席团会议或者专门委员会会议上答复的，提质询案的代表有权列席会议，发表意见；以口头答复的，由受质询机关负责人到会答复；以书面答复的，有关答复由受质询机关的负责人签署，由主席团印发会议或提质询案的代表。如果提出质询案的代表过半数对受质询机关的答复不满意怎么处理？法律没有具体规定。实践中，各地的地方性法规一般都规定，代表可以提出重新答复的要求，由主席团交由受质询机关再作答复。如果受质询机关认为质询案涉及的问题比较复杂，在会议期间答复有困难的，或者提出质询案的代表半数以上对再次答复仍不满意的，经主席团决定，可以在大会闭会后的一定时间内（如一些地方人大规定为两个月），由受质询机关在常委会会议或者有关专门委员会会议上作出答复，提质询案的代表有权列席会议，发表意见。常委会根据答复情况和代表意见，必要时可作出决定。这样既保障了代表的监督权，又不影响受质询机关的正常工作，防止没完没了。若在主席团对质询案作出处理决定前，提案人要求撤回的，对该质询案的审议即行终止。

询问是代表在大会期间审议议案和报告时了解情况的一种方式。实践中，代表主要是对提交大会审议的报告提出询问，且主要是在代表团全体会议或分组会议上提出。代表提出询问后，由有关机关派人到代表团回答询问，作出说明。如果询问涉及的问题比较复杂，由受询问机关提出要求，经主席团或有关代表团同意，可以在人大全体会议闭会后作出答复。

（6）大会发言

对代表可否要求在进行审议的全体会议上发言，法律未作具体规定，但不少地方人大仿照全国人大做法对此有明确规定。

例如，《上海市人民代表大会议事规则》规定：代表要求在进行大会审议的全体会议上发言的，应当在会前向秘书处报名，由大会执行主席安排发言顺序。在进行大会审议的全体会议上临时要求发言的，经大会执行主席许可，始得发言。代表在大会每次全体会议上发言的，每人就同一议题可以发言两次，第一次不得超过十分钟，第二次不得超过五分钟。主席团成员或者列席主席团会议的代表在主席团每次会议上发言的，每人可以就同一议题发言两次，第一次不得超过十五分钟，第二次不得超过十分钟。在进行大会表决和选举的全体会议上，代表不进行大会发言。代表在市人民代表大会各种会议上的发言，由大会秘书处整理简报印发代表。

实践中，许多地方人大对大会发言持谨慎态度，一些地方人大已有多年未安排代表作大会发言。这种作法其实不妥，要让更多的代表说话，要有不同的意见和看法，天塌不下来。安排代表在大会上发言，不仅是人民民主形式的体现，更是人民民主实质的要求，还是提高大会审议质量的重要手段。代表在全体会议上的发言，有利于弥补分团、分组讨论存在的不足，加强全体代表之间的沟通和交流，对集思广益、启发思考、深入审议、优化目标具有促进作用。

5. 专门委员会

1954年地方组织法、1979颁布并经1982年重新修订的地方组织法都没有规定地方人大设立常设性的专门委员会，只是规定在会议期间可以设立代表资格审查委员会、议案审查委员会和其他需要设立的委员会。地方人大设立常设性的专门委员会据查最早由上海市第七届人大常委会第四次会议开始。

1979年12月，上海市第七届人大第二次会议选举产生了市七届人大常委会。此后，经过几个月的实践，不少委员提议设立若干专门委员会，常委会组成人员分别参加有关专门委员会，以便于开展日常工作。1980年5月，上海市第七届人大常委会第四次会议通过了《上海市人民代表大会常务委员会关于设立四个专门委员会的决定》，后改为市人民代表大会的专门委员会。1986年12月，第六届全国人大常委会第十八次会议对地方组织法作了修改，规定省、自治区、直辖市、自治州、设区的市的人大根据需要，可以设立若干专门委员会。此后，全国许多地方人大都根据实际工作需要设立了法制委员会、财经委员会、教科文卫委员会、代表资格审查委员会等专门委员会。一些省、市人大还设立了农村经济委员会、城市建设环境保护委员会、民族华侨宗教委员会等。县级人大没有设立专门委员会，但在其常委会下设有一般工作机构。

地方组织法对地方人大专门委员会的性质未作具体表述，只是规定根据需要"可以"设置，不像宪法对全国人大设立专门委员会的规定那样肯定，由此导致人们对它的性质和地位的认识不尽一致。有人认为，地方人大专门委员会是参谋咨询机构，没有实际的职权。有人认为，地方人大专门委员会和全国人大专门委员会一样都是本级人大的重要组成部分，是重要的议事层次，是为人大及其常委会行使职权服务的常设性专门工作机构。后一种看法更有道理。根据法律规定，地方人大专门委员会的设立及其组成人员是由地方人大全体会议批准并选举产生的，它在会议期间为大会服务，在闭会期间受常委会领导，是人大及其常委会行使职权的重要议事层次。在实践中，专门委员会的作用是一般办事部门不能替代的。人大及其常委会行使职权的基本形式是举行会议，会议议题较多，涉及面较广，而会期又不能太长，如果缺乏深入细致的经常性工作，会议期间就难以进行深入的讨论和审议。专门委员会的工作具有经常性、专门性的特点，又能与一府一委两院保持经常性联系，因而可以弥补上述不足，提高人大及其常委会决策的科学性和民主度。

从各地实践看，专门委员会的主要任务是：审议本级人大及其常委会交付的质询案，听取受质询机关对质询案的答复，并提出报告；审议本级人大及其常委会交付的人民政府颁布的被认为不适当的规章、命令、规定，以及下一级人大及其常委会作出的被认为与宪法、法律、法规相抵触的决议、决定，并提出报告；参加本级人大常委会组织的，对人民政府、监察委、人民法院、人民检察院执行法律、法规和人大及其常委会决议、决定情况的监督检查；协助常委会加强执法监督，根据需要可以听取人民政府、监察委、法院、检察院有关部门工作情况的专题汇报；联系人大代表和人民群众，听取和本委员会有关的意见和建议，有关重大问题报告常委会，并提出处理意见等。

各专门委员会的主任委员、副主任委员和委员的人选，由主席团在代表中提名，大会通过。在大会闭会期间，常委会可以补充任命有关专门委员会的个别副主任委员和部分委员，由常委会主任会议提名，常委会全体会议通过。

县级以上地方各级人大可以组织关于特定问题的调查委员会。组织特定问题的调查委员会，需要由主席团或者十分之一以上代表联名提议，由主席团提请全体会议决定。特定问题调查委员会由主任委员、副主任委员和委员若干人组成。主任委员、副主任委员由主席团在代表中提名，其他成员可以从有关专业人员中吸收参加，提请全体会议通过。为了有利于开展调查工作，各地地方性法规一般规定，特定问题调查委员会可以聘请有关专家参加调查工作。特定问题调查委员会应当向本级人大提交调查报告，人大可以据此作出相应决议。人大也可以授权其常委会听取特定问题调查委员会的报告，常委会可以据此作出相应决议，报下次人大会议备案。

（二）县级以上地方各级人大常委会

依照宪法和地方组织法的规定，县级以上地方各级人大常委会是本级人大的常设机关，是地方国家权力机关。它在本级人大闭会期间，独立行使本行政区域内地方国家权力机关的职能。

1. 发展历程

县级以上地方各级人大常委会的建立是社会发展的需要，是人大制度的进一步完善，也是民主法治建设的必然结果。

从县级以上地方各级人大常委会的提出到建立，经历了一个较长的过程。1954年制定第一部宪法时就有人提出，地方各级人大应同全国人大一样设立常委会。由于当时处于中华人民共和国成立初期，缺乏地方政权建设的实践经验，考虑到地方各级人大不行使立法权，日常工作不像全国人大那样繁重，所辖区域相对较小，人口相对较少，人大比较容易召集全体会议行使职权，因此不再规定设立地方人大常委会。当时，有关法律将本应是地方人大常设机构的某些职能，如主持人大选举、召集人大会议，赋予了地方政府（人民委员会）。

1957年5月，全国人大常委会机关党组向中共中央报告，提出在县级以上地方各级人大可以考虑一律设立常委会,并提出了常委会职权范围的初步意见,后因国家发动了"反右派斗争"而被搁置。1965年,中共中央和全国人大常委会提出县级以上地方各级人大设立常委会的问题,又因"文化大革命"爆发再次被搁置。

1975年宪法规定,地方各级革命委员会是地方各级人大的常设机构,同时又是地方各级人民政府。1978年宪法规定,地方各级人大会议由本级革命委员会召集。因此,有很长一段时期,地方各级人民政府,既是地方各级人大的执行机关,又是地方各级人大的常设机关。这种体制在实践中存在两大弊端:①人大作用无法发挥。虽然法律规定地方各级人民政府兼管地方人大常设机构的某些任务,但是由于地方政府本身行政工作相当繁重,无暇顾及人大的各项职能。因此,各级地方政府很少真正关心或支持人大工作,很少有时间去联系人大代表,组织代表的职权活动。②权力监督形同虚设。依据法律,政府是人大的执行机关,对人大负责,受人大监督。但在地方人大闭会期间,执行机关又成了权力机关的常设机关,于是政府集监督与被监督于一身,等同于自己监督自己。地方人大闭会期间,政府以人大常委会的身份任免部分政府组成人员,等同于自己任免自己,政府成员无法形成对人大负责的意识。因此,各级地方人大实际上成了本级政府的附属物,丧失了地方国家权力机关的地位和职能。

为了避免这些弊端,从制度上和组织上保证人民当家作主的权利,1979年7月,第五届全国人大第二次会议通过关于修正1978年宪法若干规定的决议,规定县级以上地方各级人大设立常委会,并写入了同时通过的地方组织法。至此,县级以上地方各级人大常委会正式获准确立。1982年宪法确认了该举措,明确规定县级以上地方各级人大常委会的性质、组成和职权。

省、地两级人大常委会由主任、副主任若干人、秘书长、委员若干人组成。县级人大常委会由主任、副主任若干人和委员若干人组成。常委会主任因健康情况不能工作或缺位的时候,由常委会在副主任中推选一人代行主任职务。常委会组成人员不得担任国家行政机关、监察机关、审判机关和检察机关的职务。如担任上述职务,必须辞去常委会委员职务,便于常委会充分行使监督其他国家机关的职能。

关于地方各级人大常委会组成人员的名额,根据有利于召开会议以及有利于讨论决定问题等原则,地方组织法作了明确规定:省级35—65人,人口超过8000万的省不超过85人;地级13—35人,人口超过800万的设区的市不超过45人;县级11—23人,人口超过100万的县不超过29人。省级人大常委会组成人员的具体名额，由本级人大依法按人口的多少确定。地、县两级人大常委会的具体名额，由省级人大常委会依法按人口多少确定。每届人大常委会组成人员名额一经确定，在本届人大任期内不再变动。

县级以上地方各级人大常委会每届任期与本级人大每届任期相同，均为5年。它行使职权到下届本级人大选出新的常委会为止。

2. 主要职权

县级以上地方各级人大常委会的职权，根据地方组织法规定，可以归纳为以下六个方面：

（1）组织本级人大工作

县级以上地方各级人大常委会参与本级人大的各项组织工作，包括领导和主持本级人大代表的选举，召集本级人大会议，在本级人大闭会期间领导各专门委员会的工作，联系本级人大代表，组织代表开展活动，补选上一级人大出缺的代表或罢免个别人大代表。

（2）确保法律法规和上级人大及其常委会决议的遵守和执行

县级以上地方各级人大常委会在本行政区域内，保证宪法、法律、行政法规、上级人大及其常委会的决议的遵守和执行。实践中，它还必须保证上级人大及其常委会通过的地方性法规的遵守和执行。

（3）地方立法权

省、自治区、直辖市的人大会常委会在本级人大闭会期间，根据本行政区域的具体情况和实际需要，在不同宪法、法律、行政法规相抵触的前提下，可以制定和颁布地方性法规，报全国人大常委会和国务院备案。

设区的市的人大常委会在本级人大闭会期间，根据本市的具体情况和实际需要，在不同宪法、法律、行政法规和本省、自治区的地方性法规相抵触的前提下，可以制定地方性法规，报省、自治区的人大常委会批准后施行，并由省、自治区的人大常委会报全国人大常委会和国务院备案。

（4）重大事项决定权

包括：①讨论、决定本行政区域内的政治、经济、教育、科学、文化、卫生、环境和资源保护、民政、民族等工作的重大事项；②根据本级人民政府的建议，决定对本行政区域内的国民经济和社会发展计划、预算的部分变更；③决定授予地方的荣誉称号等。

（5）人事任免权

①在本级人大闭会期间，决定副省长、自治区副主席、副市长、副州长、副县长、副区长的个别任免；在省长、自治区主席、市长、州长、县长、区

长和人民法院院长、人民检察院检察长因故不能担任职务的时候，从本级人民政府、人民法院、人民检察院副职领导人员中决定代理的人选；决定代理检察长，须报上一级人民检察院和人民代表大会常务委员会备案。

②根据省长、自治区主席、市长、州长、县长、区长的提名，决定本级人民政府秘书长、厅长、局长、委员会主任、科长的任免，报上一级人民政府备案。

③按照人民法院组织法和人民检察院组织法的规定，任免人民法院副院长、庭长、副庭长、审判委员会委员、审判员，任免人民检察院副检察长、检察委员会委员、检察员，批准任免下一级人民检察院检察长；省、自治区、直辖市的人大常委会根据主任会议的提名，决定在省、自治区内按地区设立的和在直辖市内设立的中级人民法院院长的任免，根据省、自治区、直辖市的人民检察院检察长的提名，决定人民检察院分院检察长的任免。

④在本级人大闭会期间，决定撤销个别副省长、自治区副主席、副市长、副州长、副县长、副区长的职务；决定撤销由它任命的本级人民政府其他组成人员和人民法院副院长、庭长、副庭长、审判委员会委员、审判员，人民检察院副检察长、检察委员会委员、检察员，中级人民法院院长，人民检察院分院检察长的职务。

另外，在本级人大闭会期间，县级以上地方各级人大常委会组成人员、人民政府领导人员、监察委主任、人民法院院长、人民检察院检察长，可以向本级人大常委会提出辞职，由常委会决定是否接受辞职。常委会决定接受辞职后，报本级人大备案。人民检察院检察长的辞职，须报上一级人民检察院检察长提请该级人大常委会批准。

（6）监督权

包括：①监督本级人民政府、监察委、人民法院和人民检察院的工作，联系本级人民代表大会代表，受理人民群众对上述机关和国家工作人员的申诉和意见；②撤销下一级人大及其常委会的不适当的决议；③撤销本级人民政府的不适当的决定和命令。

3. 会议制度

县级以上地方各级人大常委会贯彻执行民主集中制，通过会议形式集体行使职权。定期召开例会是地方各级人大常委会行使职权的法定形式。地方组织法规定，县级以上地方各级人大常委会每两个月至少举行一次，由常委会主任召集。常委会会议前的准备工作主要有：拟定会议议程，围绕议题开展调查研究，准备相关材料，下达会议通知，召开新闻发布会，并于会议召开前一星期举行主任会议，确定将提请全体会议讨论通过的会议议题。县级以上地方各级人大常委会的会期，一般省级2—6天不等，地级4天左右，县级0.5—2天左右。常委会的决议，由常委会组成人员的过半数通过。

常委会会议须由常委会组成人员过半数出席方能举行。根据宪法和地方组织法，县级以上地方各级人大常委会会议的一般议题为：

（1）听取审议一府一委两院的阶段性工作报告或专题报告

听取并审议同级人民政府、监察委、人民法院和人民检察院的阶段性的工作报告或专题报告，是县级以上地方各级人大常委会会议的重要内容，也是对同级国家机关实施监督的最主要方式。阶段性工作报告一般应由一府一委两院的正职领导人到会汇报，若因故不能到会的，可委托副职领导人到会报告。涉及某方面工作的专题报告，一般由分管的副职领导人或主管部门负责人到会报告。

实践中，一些省、市往往由人大专门委员会先对一府一委两院的报告进行初审，提出书面审议意见，然后再提请常委会会议审议。专题报告的内容，多为本行政区域内全局性的重大问题和人民群众普遍关心的热点问题，如本地国民经济和社会发展计划、预算的执行情况，市政建设重点工程进展情况，医疗保险、养老保险、住房保障等重大改革事项，重大事故发生原因和处理情况等。随着中国民主法治建设的推进，一些地方人大常委会主体意识的增强，其对地方政府的监督取得了实质性进展。例如，1998年5月2日，《经济日报》报道了一份武汉市政府报告被市人大常委会会议驳回的情况。武汉市政府向市人大常委会提交了《关于武汉市再就业工程实施情况的报告》，常委会会议审议认为，该报告不明晰，目标不具体，数字不一致，成绩讲过头。因此，市人大常委会作出决议，责成市政府重新研究再就业实施工作，并要求限期修改报告。

（2）审议有关议案，通过相应决议

县级以上地方各级人大常委会的主任会议可以向本级人大常委会提出属于常委会职权范围内的议案，由常委会会议审议。县级以上地方各级人民政府、人大各专门委员会，可以向本级人大常委会提出属于常委会职权范围内的议案，由主任会议决定提请常委会会议审议，或者先交有关专门委员会审议，提出报告，再提请常委会会议审议。有些省制定的人大常委会议事规则规定，省高级人民法院和人民检察院也可向本级人大常委会提出属于常委会职权范围内的议案。省、地两级人大常委会组成人员5人以上联名，县级人大常委会组成人员3人以上联名，可以向本级常委会提出属于常委会职权范围内的议案，由主任会议决定是否提请常委会会议审议，或者先交有关专门委员会审议、提出报告，再决定是否提请常委会审议。

（3）听取并审议关于人大组织工作的报告

主要听取和审议：关于人大常委会闭会期间组织人大代表视察、进行有关调查的情况及其结果的报告；有关专门委员会对本级人大会议主席团交付的代表议案审议结果的报告；代表资格审查委员会关于本级人大代表变动情况和新选出的代表资格审查结果的报告；关于代表书面意见办理情况的报告；关于选举本级人大代表或上级人大代表的决定以及选举结果的情况报告；关于召开本级人大会议的决定等。

（4）人事任免

法律没有对地方人大常委会人事任免的具体程序作出规定。但是，地方人事任免已经形成了一套相对稳定的程序：在中共党组织的建议或同意下（党管干部原则），一府一委两院的正职领导人或由有关方面依法提名拟任人选，人选的考核材料和履历表必须在人大常委会审议前一定日期报送；人大常委会收到材料后，须及时组织人员（一般由常委会人事工作委员会）对拟任人选听取常委会委员及有关方面的意见，然后在主任会议上进行初步审议；有些地方还对拟任人选进行法律知识考试，以增进对候选人法治水平的了解；常委会召开会议时，由人事部门介绍对拟任人选的初步审议意见；拟任人选本人到会和常委会会议全体人员见面，有的地方还需发表一旦任命后的职务计划并回答委员们的提问；常委会进行分组审议，将分组审议情况报告主任会议；主任会议最后决定提请常委会全体会议表决通过；择日会议由常委会主任向任命对象颁发任命证书，任命对象宣誓就职。

地方组织法规定，新的一届人民政府领导人员依法选举产生后，应当在两个月内提请本级人大常委会任命人民政府秘书长、厅长、局长、委员会主任、科长，并且须报上一级政府备案。任命代理检察长，须报上一级人民检察院和人大常委会备案。

（5）制定和颁布地方性法规

根据地方组织法和立法法的规定，省、自治区、直辖市、设区的市的人大常委会拥有地方立法权，经常性立法，程序如下：

①法规议案的提出。本级人大常委会主任会议、各专门委员会、本级人民政府、监察委、人民法院、人民检察院或人大常委会成员5人以上联名，有权向常委会提出地方性法规议案。实践中，地方性法规议案多由本级政府提出，或由政府根据人大会议期间代表提出的立法议案拟定法规草案，提请

人大常委会审议。一些特别重要的地方性法规草案须经同级中共地方党委原则通过后,再提交人大常委会。这是一种长期遵循的法外制度。由人大常委会主任会议讨论决定,或先交人大有关专门委员会审议、提出报告,再由主任会议决定是否将法规草案列入常委会会议议程。

②法规草案的审议。列入常委会会议议程的法规议案,须在会议召开前送常委会组成人员审阅。实践中,一些省级人大常委会规定,法规议案须提前一个月送交常委会。会议召开时,先由提出议案的有关机关负责人就该法规议案作出说明,然后由会议工作人员宣读法规草案(此为"一读");随后进行分组审议,委员在分组会议上对法规草案提出的意见,由人大有关专门委员会汇总整理,并与起草部门一起对法规草案进行修改,再提请下一次或以后的常委会会议审议;当主任会议认为法规草案基本成熟时,便决定提请人大常委会全体会议进行二审,此时须再由工作人员在全体会议上对法规草案修改稿进行宣读(此为"二读")。二审之后,法规草案经有关专门委员会修改后,经主任会议决定,提请以后的常委会全体会议审议并正式通过,此时须再由工作人员在全体会议上对法规草案修改二稿进行宣读(此为"三读")。常委会认为事关全局的重要法规草案,则应提请本级人大全体会议审议。

③法规草案的通过与公布。通过地方性法规有两种称呼:一种叫作通过,即对本级人民政府或人大专门委员会等提请常委会审议的地方性法规草案予以通过;一种叫作批准,即省级人大常委会对省、自治区的设区的市的人大及其常委会制定的地方性法规予以批准。省级人大常委会通过的地方性法规,一般由常委会发布公告,公布于本级人大会刊或常委会公报,同时在本地区有权威的报纸上发表。省、自治区、直辖市的人大常委会通过的地方性法规,须报全国人大常委会和国务院备案。设区的市的人大常委会制定的地方性法规,报省、自治区的人大会常委会批准后施行,并由省、自治区的人大常委会报全国人大常委会和国务院备案。这是法制统一的需要。

(6)质询

在常委会会议期间,省、自治区、直辖市、自治州、设区的市的人大常委会组成人员5人以上联名,县级的人大常委会组成人员3人以上联名,可以向常委会书面提出对本级政府、监察委、法院、检察院的质询案。质询案必须写明质询对象、质询的问题和内容。

质询案由主任会议决定交由受质询机关在常委会全体会议上或者有关的专门委员会会议上口头答复,或者由受质询机关书面答复。在专门委员会会议上答复的，提质询案的常委会组成人员有权列席会议，发表意见；主任会议认为必要的时候，可以将答复质询案的情况报告印发会议。

质询案以口头答复的，应当由受质询机关的负责人到会答复；质询案以书面答复的，应当由受质询机关的负责人签署，由主任会议印发会议或者印发提质询案的常委会组成人员。

4. 工作机构

县级以上地方各级人大常委会的工作机构，主要有主任会议、代表资格审查委员会、特定问题调查委员会、法制工作委员会、预算工作委员会等工作机构以及其他办事机构。

省、自治区、直辖市、自治州、设区的市的人大常委会主任、副主任和秘书长组成主任会议；县、自治县、不设区的市、市辖区的人大常委会主任、副主任组成主任会议。主任会议处理常务委员会的重要日常工作。常委会主任因为健康情况不能工作或者缺位的时候，由常委会在副主任中推选一人代理主任的职务，直到主任恢复健康或人大选出新主任为止。

县级以上的地方各级人大常委会设立代表资格审查委员会。代表资格审查委员会的主任委员、副主任委员和委员的人选，由常委会主任会议在常委会组成人员中提名，常委会会议通过。代表资格审查委员会审查代表的选举是否符合法律规定。

主任会议或者五分之一以上的常委会组成人员书面联名，可以向本级人大常委会提议组织关于特定问题的调查委员会，由全体会议决定。调查委员会由主任委员、副主任委员和委员组成，由主任会议在常委会组成人员和其他代表中提名，提请全体会议通过。调查委员会应当向本级人大常委会提出调查报告。常委会根据调查委员会的报告，可以作出相应的决议。

法制工作委员会的主要任务是会同有关专门委员会对常委会一审后的法规草案进行修改；对专门委员会提请常委会审议的法规草案和对本级人大代表在大会期间提出的立法议案提出审议意见等。法制工作委员会由主任委员、副主任委员和委员组成，由主任会议在常委会组成人员和其他代表中提名，提请全体会议通过。

预算工作委员会的主要任务是听取同级政府预算的编制以及执行情况的报告，协助财经委做好预算初步审查的具体工作。对预算执行情况和其他财政收支情况审计中发现的问题进行跟踪监督，做好监督预决算、预决算调整方案和预算执行方面的具体工作。

常委会根据工作需要，设立办事机构和其他工作机构。办事机构负责处理常委会的日常工作。省级人大常委会一般设办公厅和研究室，由常委会秘书长领导；地级、县级人大一般设办公室。

省、自治区的人大常委会可以在地区设立工作机构。市辖区、不设区的市的人大常委会可以在街道设立工作机构。工作机构负责联系街道辖区内的人大代表，组织代表开展活动，反映代表和群众的建议、批评和意见，办理常委会交办的监督、选举以及其他工作，并向常委会报告工作。

5. 上下级的监督、指导和联系

依照宪法，各级人大向人民负责，而不是向上级人大负责。因此，全国人大常委会同省级人大常委会、上一级人大常委会同下一级人大常委会都不存在领导与被领导的关系。但是，这并非说上下级人大常委会之间没有任何关系。1984年5月28日彭真在一次讲话中指出："全国人大常委会对省级人大常委会，是法律监督的关系，不是领导关系，有些方面有指导作用，有些方面是工作联系。"① 该讲话准确反映了宪法的原则精神，适应于地方人大常委会之上下级间的关系。

（1）法律监督

法律监督关系在宪法、地方组织法、立法法中都有规定，表现在三个方面：①县级以上地方各级人大及其常委会在本行政区域内保证宪法、法律、行政法规和上级人大及其常委会决议的遵守和执行；县级以上地方各级人大常委会有权撤销下一级人大及其常委会不适当的决议。②有关省、自治区、直辖市、设区的市的人大及其常委会在制定和颁布地方性法规中的法规生效规定，也体现了法律监督关系。③人大常委会有权纠正本行政区域内下级人大换届选举中的违法事件。主要有三种处理方式：一是督促有关部门自行纠正。例如，1984年湖北省在县、乡换届选举中，某地人大选举国家机关工作人员时一律实行等额选举，明显违反选举法。省人大常委会发现后提出纠正意见，并督促有关部门自行纠正。二是直接宣布选举结果无效。例如，湖南省人大常委会2013年12月27日至28日召开全体会议，对在衡阳市十四届人大一次会议期间，以贿赂手段当选的56名省人大代表，依法确认当选无效并予以公告。衡阳市有关县（市、区）人大常委会28日分别召开会议，决定接受512名收受钱物的衡阳市人大代表辞职。三是监督有关国家机关对破坏选举的行为依法制裁。例如，1984年7月山西省人大常委会从群众来信中

---

① 王汉斌：《彭真同志对我国社会主义民主与法制建设的卓越贡献》，《民主与法制》1997年第22期。

了解到本省高平县某镇公安派出所少数干警在选举中非法拘留选民、殴打群众，即向省公安厅发出通报。省公安厅查实后，责成县公安局对有关责任人进行处罚。破坏选举的案件类型多种多样，现在尤以贿选案件最为突出。

(2) 工作指导

人大常委会上下级之间的工作指导关系主要体现在：①省、自治区、直辖市、设区的市、自治州的人大常委会指导本行政区域内县级以下人大代表的直接选举工作；②县级以上地方各级人大都是上一级人大代表的选举单位，在本级人大闭会期间，常委会补选上一级人大出缺的代表和撤换个别代表。在补选和撤换个别代表时，要征求上级人大常委会的同意。③指导地方立法、执法工作。在上级人大或其常委会制定的法规中，明确规定或授予下级人大常委会制定规范性文件的权力；回答下级人大常委会工作中的问题，保证法律、法规的执行；不断完善立法，为下级人大及其常委会的工作提供法律依据。

(3) 工作联系

人大常委会上下级之间的工作联系表现在：①通过人大代表沟通上下级人大常委会之间的联系。法律规定，间接选举的人大代表，同原选举单位（下级人大及其常委会）保持密切联系，受原选举单位监督，可以列席原选举单位的人大会议。原选举单位有权罢免自己选出的代表，上级人大常委会还可通过委托下级人大常委会联系自己的代表，加强上下级人大常委会之间的联系。②邀请下级人大常委会主任或副主任列席本级常委会会议，加强上下级人大常委会之间的联系。③通过受理人民群众的申诉和意见，加强上下级人大常委会之间的联系。④上级人大常委会在立法和调研工作中，邀请下级人大常委会派人参加或协助工作。⑤通过共同做好换届选举工作来加强上下级人大常委会之间的联系。⑥其他渠道，包括召开下级人大常委会主任会议、工作经验交流会、理论研讨会、为下级人大常委会培训干部等。

(三) 乡级人大

乡级人大是人民代表大会制度的基础，是乡镇人民行使民主权利的基本形式。作为基层国家权力机关，乡级人大在基层政权中处于中心地位，乡镇人民政府是它的执行机关，向它负责，受它监督。

1. 组成与任期

依照选举法，乡、民族乡、镇的人大代表由选民直接选举产生。其代表名额基数为40名，每1500人可以增加一名代表；但是，代表总名额不得超过160名；人口不足2000的，代表总名额可以少于40名。聚居的少数民族多或者人口居住分散的乡、民族乡，经省、自治区、直辖市的人大常委会决定，代表名额可以另加5%。乡级人大代表的具体名额，由县级人大常委会确定，报上一级人大常委会备案。代表总名额经确定后，不再变动。由于行政区划变动或者由于重大工程建设等原因造成人口较大变动的，代表总名额依法重新确定。

乡、民族乡、镇的人大每届任期5年。乡级人大设主席，并可以设副主席1至2人。主席、副主席由本级人大在代表中选出，任期同本级人大每届任期相同。

乡级人大举行会议的时候，选举主席团。由主席团主持会议，并负责召集下一次的本级人大会议。乡级人大主席、副主席为主席团的成员。主席团在本级人大闭会期间，每年选择若干关系本地区群众切身利益和社会普遍关注的问题，有计划地安排代表听取和讨论本级人民政府的专项工作报告，对法律、法规实施情况进行检查，开展视察、调研等活动；听取和反映代表和群众对本级人民政府工作的建议、批评和意见。主席团在闭会期间的工作，向本级人大报告。乡级人大每届第一次会议，在本届人大代表选举完成后的两个月内，由乡镇的上次人大主席团召集。

随着县级以上地方各级人大常委会的设立并日益发挥重要作用，乡级人大要不要设立常设主席团的问题一再被提出。在1995年对地方组织法进行修改的过程中，许多地方人大向全国人大常委会提出，要求明确赋予乡级人大主席团类似常委会的某些职权。全国人大常委会认为，不宜规定乡级人大设立常设主席团，主要理由是：①乡镇政权是中国最基层的政权组织，与群众的联系最紧密，群众对乡镇政权的工作也最了解、最关心。因此，乡镇政权应更多地发挥由选民直接选举的人大代表的作用，应更直接地反映群众的意见和要求，层次不宜过多。②乡镇的管辖范围比较小，人大代表数量也比较少，召集人大代表开会比较方便。③乡镇政权的主要任务是执行国家和上级地方国家机关的法律、法规、规章、决定、决议、指示和命令，需要决策的事项相对较少。④司法机关和政府职能部门都只设到县一级，乡镇一般不设立一级法院、检察院和政府的职能部门。乡镇政权作为中国政权的最基层，受县级政权的直接监督指导，乡镇人大的监督范围相对较小。⑤县级以上各级人大主席团，其职责都是主持会议。乡镇人大主席团常设化，跟宪法和有关法律规定的人大体制不衔接。

但是，乡镇人大没有常设机构，在实践中也遇到不少问题。一方面，乡镇政府组成人员因工作调动变动频繁，事关乡镇发展的重大问题日益增多，这些需要经常通过乡镇人大会议讨论决定。另一方面，乡镇人大由于没有常设机关，乡镇人大代表又因职业变动游离性增大，这导致乡镇人大事实上难以经常召开全体会议行使职权。任何措施都是利弊共存，两害相权取其轻，这个代价是必不可少的。

2. 主要职权

地方组织法赋予乡级人大13项职权，可以归纳为以下五个方面：

（1）保证权。保证宪法、法律、行政法规和上级人大及其常委会决议的遵守和执行。

（2）决定权。决定本乡镇的重要事项。

（3）选举权。选举本乡镇的人大主席、副主席，乡长、副乡长，镇长、副镇长。

（4）监督权。监督本乡镇政府遵守和执行宪法、法律、法规和国家方针、政策；监督本乡镇政府对上级人大及其常委会和本级人大决议、决定的贯彻执行；监督本乡镇政府对本乡镇各项事业的建设计划、工作计划和重大经济决策实施以及财政预算的执行；监督本乡镇政府及其所属部门对人大代表的建议、批评和意见的办理；监督本乡镇政府工作人员的履职情况。

（5）罢免权

在乡镇人大举行会议时，主席团或者五分之一以上代表联名，可以对人大主席、副主席，乡长、副乡长，镇长、副镇长提出罢免案，由主席团提请大会审议。

3. 主席、副主席

地方组织法明文规定，乡、民族乡、镇人大设主席，并可以设副主席1至2人。主席、副主席是乡镇人大主席团的成员。主席、副主席由乡级人大从代表中选举产生，任期与本级人大每届任期相同。乡级人大主席、副主席不能同时担任其他国家机关的职务，如果担任了其他国家机关的职务，必须向本级人大辞去主席、副主席的职务。这样的法律规定是出于权力制约的需要，有利于主席、副主席专事人大工作，有利于人大对其他国家机关的监督。

乡级人大主席、副主席的主要职责是：在本级人大闭会期间，负责联系本级人大代表；组织代表开展活动；反映代表和群众对本级人民政府工作的建议、批评和意见；负责处理主席团的日常工作。实践中，乡级人大主席、副主席还担负着其他一些必须由其承担的任务，如联系本级人大主席团成员；召集并主持主席团会议讨论、决定下一次人大全体会议的有关事宜；与本级党委的联系；参加乡镇长办公会议；同县人大常委会进行沟通联系等。由于法律没有赋予乡镇人大主席更多的职权，它实际上所起的只是一个人大"联络员"的作用。乡镇人大主席无权以乡镇人大的名义行使乡镇人大的职权，也无权动用乡镇人大的印章。

4. 会议制度

乡级人大全体会议的筹备及其召开的有关程序与内容与县级以上地方各级人大全体会议大体一致，主要不同点在于：①乡级人大全体会议召开时，不选举大会秘书长，也不设副秘书长。②代表5人以上联名，即可向本级人大提出属于本级人大职权范围内的议案。③代表向本级人大提出的建议、批评和意见，直接由大会主席团交有关机关和组织研究处理并负责答复。④大会期间，五分之一以上代表联名，可以对人大主席、副主席，以及本级人民政府的正副职提出罢免案。⑤乡级每届人大第一次会议必须通过代表资格审查委员会，此委员会行使职权至本届人大届满为止。

5. 乡级人大的趋势

随着国家民主法治建设的提速和政治体制改革的推进，乡镇人大体制正受到实践和理论两个方面的挑战。

实践中出现了基层直选。1998年底，四川省遂宁市市中区步云乡在区委的支持下，进行了全乡选民直接选举乡长的试验，选举结果由乡人大通过决议确认。这是中华人民共和国成立以来，大陆第一位由选民直接选举产生的政府官员。有人乐观地认为，直选乡长是中国扩大基层民主的一次有益尝试，很可能预示基层民主发展的趋势。但问题在于，这一试验对乡镇人大选举产生同级镇政府领导成员的制度构成了挑战。按照人大制度的内在逻辑，乡镇人大选举产生乡镇政府领导人员，这意味着乡镇政府向乡镇人大负责，受乡镇人大监督。如果乡镇政府领导人员不再由乡镇人大选举产生，是否意味着前者不再向后者负责并受到监督？是否意味着乡镇人大的职权削减甚至没有存在的必要？这些都是涉及国家机构的基本问题，需要认真对待。能否直选中国基层政权领导人，中国共产党的态度很关键。能否直选中国基层政权官员，不要轻易肯定或否定，而要顺应社会发展的前进方向和人民大众的共同愿景，充分尊重群众的首创精神，深入研究后决定。

乡镇政权的形成，有历史的原因。随着中国改革开放的进一步深化，构建合理高效的政权体制是推进国家治理体系现代化的基本要求。有人认为在市场经济比较完备、科技日新月异、信息高度发达的今天，乡级政权的职能可以被社会其他组织替代或上交给上一级政权；大量的乡级政权官员的存在，给人民和国家造成了沉重负担，应当予以精简或干脆撤销。基层政权是国家政权的基础，如何对待乡级基层政权，需要进行大量调查研究工作，方可作出合理判断。乡级政权的改革，要稳中求变、逐步推进，不可急躁冒进、一蹴而就。

（四）地方各级人大代表

地方各级人大代表经选民或选举单位依法选举产生，是地方各级国家权力机关组成人员，代表人民的利益和意志，依照宪法和法律赋予本级人大的各项职权，直接参与行使地方国家权力。

1. 权利和义务

地方各级人大代表除具有公民的权利义务外，还有作为人大代表特有的权利义务。地方各级人大代表的法定权利有：

（1）提案权

在本级人大开会期间，有权依法联名向本级人大提出属于本级人大职权范围内的议案。这是人大代表非常重要的一项权利。根据地方组织法规定，县级以上地方各级人大代表10人以上联名，乡级人大代表5人以上联名，可以向本级人大提出议案。提案的一般程序为：议案应当写明案由、案据和方案；议案由主席团决定是否列入大会议程；列入议程的议案在交付大会表决前，提案人要求撤回的，经主席团同意，对该议案的审议即行终止。

县级以上地方各级人大会议期间，十分之一以上代表提名，有权提出对本级人大常委会组成人员、人民政府组成人员、监察委主任、人民法院院长、人民检察院检察长的罢免案。乡级人大会议期间，五分之一以上代表联名，有权提出对本级人大主席、副主席及人民政府领导人员的罢免案。上述罢免案由本级人大主席团提请大会审议。县级以上地方各级人大十分之一以上代表联名，有权要求本级人大依法组织关于特定问题的调查委员会。地方各级人大五分之一以上代表联名，有权提议召集本级人大的临时会议。

人大代表的提案依法定属性可分为：①立法案。即提请本级人大制定、修改或废止地方性法规的议案。②重大事项决议案。即提请本级人大就某重大事项进行审议并作出决议的议案。重大事项一般是指本行政区域内属于本级人大职权范围内的涉及改革、发展、稳定和民生的重大问题。③罢免案。指向本级人大提出罢免有关国家机关工作人员职务的议案。④临时召集大会案。即向县级以上人大常委会或乡级人大主席团提出要求临时召开本级人大会议的议案。⑤特定问题调查案。即向本级人大提出关于组织特定问题调查委员会的议案。

（2）审议权

审议列入本级人大会议议程的议案和报告，提出意见和建议。

（3）表决权

对交付本级人大表决的议案进行表决，可以赞成、反对或弃权。

（4）提名权

省级人大代表30人以上联名，设区的市和自治州的人大代表20人以上联名，县级人大代表10人以上联名，可以提出本级人大常委会组成人员、人民政府组成人员、监察委主任、人民法院院长和人民检察院检察长的候选人。乡级人大代表10人以上联名，可以提出本级人大主席、副主席，人民政府领导人员的候选人。

（5）选举权

参加应有本级人大产生的有关国家机关组成人员的选举或罢免。

（6）建议、批评权

人大代表有权向本级人大及其常委会提出对本行政区域内各类国家机关、人民团体及有关单位等各方面工作的建议、批评和意见。"建议、批评和意见"在实践中被称作"书面意见"。书面意见和议案有明显区别，前者涉及的问题具体而广泛，常常超越人大及其常委会的职权范围。法律对提出建议、批评和意见未作"联名"的规定。代表提出的建议、批评和意见，由本级人大常委会的办事机构（乡级人大由主席团）交有关机关和组织研究处理并负责答复。

（7）询问权

本级人大会议期间，代表在审议议案和报告时，可以书面向本级国家机关提出询问。询问的内容应与议案或报告有关，可以是本级人大职权范围内的重大问题，也可以是其他相关问题。

（8）质询权

本级人大会议期间，代表可以依法向本级人民政府及其所属各部门、监察委、人民法院、人民检察院书面提出质询案，被质询的机关必须答复。地方各级人大举行会议的时候，代表10人以上联名可以书面提出质询案，由主席团决定交由受质询机关在主席团会议、大会全体会议或有关的专门委员会会议上口头答复，或者由受质询机关书面答复。在主席团或专门委员会会议上答复的，提出质询案的代表有权列席会议，发表意见；主席团认为必要时，可以将答复质询案的情况报告印发会议。质询案口头答复的，应由受质询机关的负责人到会答复；以书面答复的，应由受质询机关的负责人签署，由主席团印发会议或提出质询案的代表。

（9）监督权

代表可以应邀参加本级人大常委会组织的视察、执法检查、评议一府一委两院以及本级人大及其常委会决定的特定问题调查等活动。

地方各级人大代表享有法定权利的同时，必须履行法定义务：

（1）遵守法律

代表必须模范地遵守宪法和法律，保守国家秘密。人大代表作为国家权力机关的组成人员，应当知法守法，崇法护法，自觉带头依法办事。这既是代表的义务，也是成为代表的必要条件。代表在平时的工作岗位上，在生产和社会的实践活动中，应积极宣传和遵守宪法、法律，执行人大及其常委会的有关决议，协助宪法和法律的实施，监督和推动各类国家机关的工作。

（2）认真履职

代表应当参加本级人大的全体会议、代表团全体会议和小组会议。参加本级人大会议和参加代表的各项活动，是人大代表应尽的基本义务，也是人大代表履行职权的主要形式。代表必须按照有关法律和本级人大议事规则、规定，按时出席人大会议，参加闭会期间的各项代表活动，除因病或其他特殊情况确实无法出席以外，都不得缺席。未经批准两次不出席本级人大会议的，由本级人大代表资格审查委员会报本级人大常委会（乡级报本级人大），由本级人大常委会（乡级由本级人大）发布公告，宣布其代表资格终止。

（3）联系群众

代表应同选举单位和原选区选民以及广大群众保持密切联系，积极了解社情民意，如实反映大家的诉求。人大代表是一种荣誉，更是一份责任。人大代表要真正代表人民，就要深入到人民群众中去，经常听取和反映人民群众的意见和要求。代表通过广泛联系人民群众，也便于了解国家法律、法规的实施情况，及时沟通人民群众和本级国家机关之间的联系

（4）接受监督

代表要诚恳接受选民或选举单位的监督。选民选出自己的代表，是为了让他们代表大家共同的意志和利益去直接参与行使国家权力。因此，监督代表是选民必不可少的一项权利，接受选民监督是代表不可推卸的义务。监督中最严厉的手段是罢免代表。由选民直接选出的，须经原选区过半数的选民通过；由各级人大选出的，须经该级人大过半数通过。被罢免的代表可以出席上述会议或者书面申诉意见。罢免的决议，须报上一级人大常委会备案。

对人大代表的罢免或撤换，要保持严肃性，必须依照法定的程序和要求进行。

2. 职务保障

为保障代表依法行使职权不受干扰，代表履职受法律保护：

（1）免责权

在本级人大各种会议上的发言和表决，不受法律追究。

（2）特别人身保护权

县级以上地方各级人大代表，非经本级人大主席团许可，在本级人大闭会期间，非经本级人大常委会许可，不受逮捕或刑事审判。如果因为是现行犯被拘留，执行拘留的公安机关应立即向该级人大主席团或人大常委会报告。对县级以上各级人大代表，如果采取法律规定的其他限制人身自由的措施，如行政拘留、监视居住、留置等，也应当经本级人大主席团或常委会许可。

（3）物质帮助权

地方各级人大代表在出席人大会议和执行代表职务的时候，国家根据需要给予往返的旅费和必要的物质上的便利或者补贴。

3. 代表资格

代表职务是指代表身份。例如，全国人大代表身份，就是代表的职务。以此类推，省人大代表、市人大代表、县人大代表或乡人大代表等的身份，都是代表的职务。人大常委会主任、副主任或委员，专门委员会组成人员，乡镇人大主席、副主席等，也是代表职务的组成部分。代表职务决定代表的权利和义务。

代表职务以代表资格得以确定为前提条件。法律规定，是否具有代表资格，须经代表资格审查。这种审查主要是审查代表选举过程中各个环节是否符合选举法和地方组织法的有关规定，对符合法律规定的，确认代表当选资格有效；反之，确定当选代表资格无效。县级以上各级人大代表资格的审查工作，由本级人大常委会代表资格审查委员会进行审查。人大常委会根据代表资格审查委员会提出的报告，确认当选的代表资格有效，或者确定个别代表的当选无效。乡镇人大代表的资格，由本级人大代表资格审查委员会进行审查。本级人大根据代表资格审查委员会提出的报告，确认当选代表资格有效，或者确定个别代表的当选无效。

四 选举制度

选举，是指某个群体的成员，依照一定程序，根据自己的真实意志，选择一些成员担任某项公共职务的行为。选举对应于委任。选举是自下而上的选择，是民主的体现；委任是自上而下的选择，多为专制的表现。选举是民主的主要形式但并非唯一形式，选举不能等同于民主。为了标榜民主而把与公职有关的一切活动都规定为选举的形式，实际上又实行不了，可能导致民主流于形式而失去实质，成为假民主。民主的本质应是人民大众有自己真正的决定权，决定权既可以用肯定的方式选举来行使，也可以用否定的方式罢免来行使。这两种决定权只要有一种能得到充分行使，人民就实现了真正的民主。

现代社会，大多数国家主张人民主权，宣称一切国家权力属于人民，只有人民才能行使国家权力。但是，人民不可能行使一切国家权力。于是，人民通过选举，将属于人民的国家权力委托给由人民选出的代表所组成的国家代表机关去直接行使，或委托给人民选出的立法机关、行政机关和司法机关等去分别行使。从该意义上而言，选举是人民进行权力委托的行为，是各种国家机关取得合法性的途径，是现代代议制民主的基础。没有选举，就没有代议制政府，就没有现代民主政治。选举是公民最基本的政治权利。选举制度作为规范国家权力委托行为的制度，是现代国家政治制度的一个重要组成部分，务必认真对待。

中国是社会主义民主政治国家，正处于社会主义初级阶段，人民群众通过直接或间接地选举各级人大代表组成各级人民代表大会，来实现对国家的管理。因此，选举是人民群众参与国家管理的基本途径，是培养和提高人民群众政治参与意识和能力的重要渠道；选举制度是人大制度的基础，是中华人民共和国重要的政治制度之一。

（一） 历史变迁

1. 1953年《选举法》

中华人民共和国的选举制度发端于新民主主义革命时期革命根据地的选举制度。在土地革命战争、抗日战争和解放战争时期，中国共产党领导中国人民创建了革命根据地及其政权，实行了革命政权的选举制度，为形成新中国的选举制度进行了有益尝试。

土地革命战争时期，中华苏维埃共和国先后颁布了《宪法大纲》（1931年11月）、《选举细则》（1931年11月）、《选举委员会的工作细则》（1931年12月）、《苏维埃暂行选举法》（1933年8月）等，这些法规确立了当时工农民主政权的选举制度。该选举制度具有以下几个特征：①选举权和被选举权只给劳动群众,如工人、雇员、贫农、中农、独立劳动者、城市贫民等;不给剥削者和反革命分子,如地主、富农、资本家、豪绅、高利贷者、国民党政府及其他反动政府的警察、侦探、宪兵、官僚、军阀及一切反对工农利益的反动分子。②选举权平等。当时选举法规定,凡居住在中华苏维埃共和国境内的劳动群众,在选举日满16岁,不分男女、宗教信仰、民族,都享有选举权和被选举权。选举年龄规定为16岁,对动员广大青少年投身革命起到了促进作用。许多城乡苏维埃中妇女代表占代表总数的25%以上,个别城市达50%以上。③直接选举和间接选举并用。乡等基层行政单位的苏维埃代表由选民直接选举产生,区以上各级苏维埃由下一级苏维埃代表大会和红军所选出的代表组成。④实行候补代表制。由于战争环境下,代表的流动性大,并时有代表牺牲,而补选代表有困难,因此在选举正式代表的同时,加选候补代表,每5名正式代表增选候补代表1名。⑤选举一律举手表决,获得过半数赞同者当选。⑥代表受选民和原选举单位监督,选民有权撤换代表。

抗日战争时期,抗日民主政权实行的选举制度,比土地革命战争时期的有所发展,其基本精神是团结抗日,保证一切抗日人民的选举权和被选举权,以建立、巩固和发展抗日民主政权,争取抗战胜利。1940年8月,中共中央北方分局发布了《晋察冀边区目前施政纲领》。1941年5月,陕甘宁边区政府公布了《陕甘宁边区施政纲要》,随后又颁布了《陕甘宁边区各级参议会组织条例》和《陕甘宁边区各级参议会选举条例》等重要法规。根据上述纲领和法规,当时选举制度的基本特征是:①享有选举权和被选举权的人比土地革命战争时期更加普遍。不但工农劳动群众享有选举权和被选举权,而且一切愿意抗日、拥护抗日民主政权的人,包括赞成抗日的地主、富农、资本家、开明绅士等,也享有选举权和被选举权。只剥夺有卖国行为,经政府缉办在案的,经军法处或法院判决剥夺公民权又尚未恢复的人的选举权和被选举权。②采用直接选举、差额选举和无记名投票的方式。③对以暴力、威胁、欺骗等非法手段妨碍选举自由者,依法惩处。④对边区境内少数民族的选举权给予特殊照顾。在产生代表的人口比例上采取了有利于少数民族的措施。⑤各抗日政党和团体均有竞选自由。《陕甘宁边区各级参议会选举条例》规定:"各抗日政党、抗日群众团体可提出候选人名单及竞选政纲,进行竞选运动,在不妨碍选举秩序下不得加以干涉和阻止。"

解放战争时期的选举制度继承和发展了土地革命战争时期和抗日战争时期的选举的历史经验。解放战争初期,老解放区的政权组织形式仍为参议会,边区、县、乡参议会的参议员仍按普遍、平等、直接和无记名投票方式选举产生。随着解放战争转入战略反攻,在已经解放的城市普遍召开了各界人民代表会议。会议代表主要是由地区、民主党派、人民团体、部队和少数民族等方面推选的,也有部分代表是特邀的。1946年颁布的《陕甘宁边区宪法原则》等法规,规定人民享有普遍的、平等的选举权,采用直接的和无记名投票的方式选举各级代表,各级人民代表会议选举政府人员,各级政府向各级人民代表会议负责,各级代表向选民负责。随着人民民主统一战线的巩固和发展,一切反对帝国主义、国民党反动统治和赞成土地改革的、不反共的民主阶层以及爱国民主人士均有代表参加人民代表会议。

各个时期根据地的选举制度虽然还不太完善,但当时所采用的某些原则和方式是值得称赞的。譬如,在不同历史条件下尽可能追求选举权的普遍性;坚持男女平等;直接选举和间接选举相结合;对少数民族给予特殊照顾;抗日政党和团体之间的竞选;土地革命战争时期的候补代表制;差额选举等,在今天看来都很先进并超前。

1949年9月,中国人民政治协商会议第一次全体会议制定了《共同纲领》,规定新中国实行人民代表大会制度和普选制度。建国伊始,由于军事行动在大陆尚未完全结束,土地改革尚未全面完成,人民群众尚未充分组织起来,开展普选产生各级人民代表大会的条件还不具备。因此,《共同纲领》规定,在政权组织形式和选举制度方面采取一些过渡性措施。在中央,由中国人民政治协商会议全体会议代行全国人民代表大会的职权;在地方,由地方各级各界人民代表会议代行地方各级人民代表大会的职权。当时法律规定,凡反对帝国主义、封建主义、官僚资本主义,赞成共同纲领,年满18岁之公民,除患精神病及被褫夺公权者外,不分民族、阶级、性别、信仰,均得当选代表。同时,法律还规定了各级各界代表会议代表产生的程序和方法。这些构成了中华人民共和国成立初期带有过渡性质的选举制度。当时,各级各界代表会议的代表主要由下一级人民代表会议协商推选产生,或由各民主党派、人民团体、当地驻军自行协商推选产生,或有军管会、地方人民政府共同商定邀请而来。限于历史条件一般采取举手表决的方式。

1952年底,开展普选产生各级人大的条件逐渐成熟。1953年1月,中央人民政府委员会通过了《关于召开全国人民代表大会及地方各级人民代表大会的决议》,指出:"必须依照共同纲领的规定,及时地召开由人民用普选方法产生的全国人民代表大会,代替现在由中国人民政治协商会议的全体会议执行全国人民代表大会职权的形式,用普选的地方各级人民代表大会,代替现在由地方各界人民代表会议代行人民代表大会职权的形式,俾能进一步地加强人民政府与人民之间的联系，使人民民主专政的国家制度更加完备，以适应国家计划建设的要求。"与此同时，建立了选举法起草委员会。1952年2月，中央人民政府委员会通过了《中华人民共和国全国人民代表大会及地方各级人民代表大会选举法》，这是新中国的第一部选举法。《选举法》继承了革命根据地民主选举的历史传统，汲取了中华人民共和国成立初期新中国政权建设的实践经验，也借鉴了国外选举制度的有益因素，根据当时的国情，对中国实行普选的基本原则、程序和方法等作了具体的规定，从而形成了具有中国特色的选举制度。

1953年的《选举法》体现了一个很重要的指导思想，就是既强调发扬民主又坚持从实际出发。选举作为人民当家作主的标志，必然要求充分发扬民主。但是，民主的实现程度受到经济、政治、文化、历史等诸多条件的制约。如果无视现实的困难，急于追求高度的民主，只能流于形式而与实质无补，甚至会陷于形式主义而有碍于实质民主的实现。周恩来当年就指出："人民代表大会代表，我们现在还不是普遍实行直接的、秘密的选举，全国的经济和文化水平还没有发展到具备这样的条件。"① 因此，在强调发扬民主的同时必须坚持从中国的实际出发，要符合中国国情。这一指导思想至今仍有合理性。

1953年的《选举法》颁布实施后，全国开展了中华民族有史以来第一次普选活动。全国进行基层选举的地区人口共计571434511人，登记选民有323809684人，占选举地区18周岁以上人口总数的97.18%。实际参加投票的选民有278093100人。实际参加投票的选民数与选民总数之比，即参选率，为85.88%。全国共选出基层人大代表5609144人，组成了基层人民代表大会，进而选举产生了县级以上地方各级人民代表大会和全国人民代表大会。

2. 1979年《选举法》

1953年的《选举法》实施后的最初十几年中，选举制度的贯彻执行基本正常。总体而言，各级人大能依法按期改选。但在"文化大革命"期间，全国一片混乱，选举制度遭到了严重破坏，全国几乎没有进行过真正的选举，各级人民代表大会的活动也停止了。

1978年中共十一届三中全会以后，党和国家的工作重点转移到了社会主义现代化建设上来，开始恢复和发展社会主义民主和法制。实践表明，当物

---

① 周恩来：《专政要继续，民主要扩大》，《周恩来选集》（下卷），人民出版社1984年版，第207页。

质文明和精神文明有了一定改善后,应该从完善制度着手,促进民主程度的提高,保障人民当家作主的意愿。1979年7月,第五届全国人大第二次会议关于修正宪法若干规定的决议中,规定将直接选举的范围扩大到县级,并规定选举各级人大代表一律实行无记名投票。与此同时,在修改1953年《选举法》的基础上,颁布了新的《选举法》,这是中华人民共和国的第二部《选举法》。

1979年的《选举法》与1953年的《选举法》相比,民主程度有所提高,规定的内容更加科学合理,主要变化有:①规定直接选举的范围扩大到县级;②规定一律实行差额选举;③将原规定的无记名投票和举手表决并用,改为一律实行无记名投票;④将原规定的按选民居住情况划分选区,改为可按生产单位、事业单位、工作单位和居住状况划分选区;⑤将原规定的只有不属于党派、团体的选民或代表才能联合或单独提出代表候选人名单,改为任何选民或代表只要1人提出,3人以上附议,都可推荐代表候选人;⑥规定如果所提候选人名额过多,难以确定正式候选人时,可以进行预选;⑦将原规定的候选人以获得出席选民或代表的过半数票始得当选,改为须获全体选民或全体代表的过半数票始得当选;⑧规定每个少数民族至少要有1名全国人大代表;⑨规定可以采用各种形式宣传代表候选人;等等。

1982年12月,第五届全国人大第五次会议根据刚通过的新宪法的有关内容和选举实践的经验,对选举法作了符合实际的第一次修改,主要有:①将条文中的"人民公社"改为"乡、民族乡","人民公社管理委员会"改为"乡、民族乡人民政府";②将原规定的"华侨代表的产生办法另订"改为"全国人民代表大会和归侨人数较多地区的地方人民代表大会,应当有适当名额的归侨代表";③将原规定的"另行选举"的当选票数同样须过半数改为不得少于选票的三分之一;④对少数民族的选举,在每一代表所代表的人口数方面,作了进一步有利于体现民族平等的规定;⑤对候选人的介绍方式,强调由选举委员会向选民介绍;等等。

1983年3月,第五届全国人大常委会根据《选举法》的原则和精神,颁布了《关于县级以下人民代表大会代表直接选举的若干规定》。它具体规定了选举委员会的职权、选区的大小、选民推荐的代表候选人的限额,并提出提名的候选人都应列入候选人名单而不得增减等。这个规定是落实选举法的有益补充,有很强的操作性。

1986年12月,第六届全国人大常委会第十八次会议根据实际需要,对选举法进行第二次修正,主要有:①规定经登记确认的选民资格长期有效;

②将选民或代表1人提出、3人附议推荐代表候选人改为选民或者代表须有10人以上联名方可推荐代表候选人；③取消预选；④直接选举中正式代表候选人应多于应选代表的差额，由"二分之一至一倍"改为"三分之一至一倍"；⑤全国人大代表名额改为不超过3000人；⑥规定每一选民接受代为投票的委托不得超过3人；⑦规定直接选举时，选区全体选民过半数参加投票，选举有效。将直接选举中代表候选人获得全体选民过半数的选票始得当选，改为获得参加选举的选民过半数的选票始得当选；等等。

1995年2月，第八届全国人大常委会第十二次会议对选举法进行了第三次修正，主要有：①规定地方各级人大的代表总名额由"基数"与按人口情况而定的"增数"构成，并具体规定了各级的"基数"和"增数"的标准；②规定未来的香港、澳门两个特别行政区均应选出全国人大代表，应选代表的名额和代表产生的办法，由全国人大另行规定。③调整了农村每一代表所代表的人口数与城镇每一代表所代表的人口数之间的比例为4:1；④规定各级人大中应当有适当数量的妇女代表，并应逐步提高妇女代表的比例；⑤调整了选民名单与（初步）候选人名单公布的日期；⑥恢复了间接选举中的"预选"；⑦完善了"另行选举""代表辞职"和"罢免代表"的具体程序；⑧调整了乡级选举委员会的隶属关系；等等。

2004年10月，第十届人大常委会对选举法作了第四次修正，主要有：①重新规定对正式代表候选人不能形成较为一致意见的，进行预选；②规定选举委员会可以组织代表候选人与选民见面，回答选民提出的问题；③将原选区选民联名提出罢免县级人大代表的要求的联名人数由"30人以上"修改为"50人以上"；④进一步完善"对破坏选举的制裁"的规定；等等。

2010年3月，第十一届全国人大第三次会议对选举法进行了第五次修正，主要有：①取消城乡选举差别，实现同票同权。实行城乡按相同人口比例选举人大代表，是此次选举法修改最引人注目的地方。②确保基层代表数量，解决"官多民少"现象。近几届全国人大代表构成中，工人和农民的代表比例呈下降趋势，尤其生产工作一线的工人、农民代表人数偏少。针对该问题，法律明确规定："全国人民代表大会和地方各级人民代表大会的代表应当具有广泛的代表性，应当有适当数量的基层代表，特别是工人、农民和知识分子代表。"③保障选民自由表达，选举时应当设有秘密写票处。投票是选举过程的关键环节，虽然此前规定了无记名投票制度，但不足以保证公民自由行使自己的权利，因此选举法明确规定："选举时应当设有秘密写票处。"④避免"身兼两地人大代表"现象出现。2008年，富豪梁广镇同时担任广东云浮市和广西百色市两地人大代表的报道引起社会广泛关注，大家意见不一。选举法明确规定："公民不得同时担任两个以上无隶属关系的行政区域的人民代表大会代表。"⑤代表候选人应当与选民见面，增加选民对代表候选人的了解。将"选举委员会可以组织代表候选人与选民见面，回答选民的问题"修改为"选举委员会根据选民的要求，应当组织代表候选人与选民见面，由代表候选人介绍本人的情况，回答选民的问题"。⑥保障依法选举，加大制裁破坏选举行为的力度。针对基层选举工作中出现的违反法定程序，妨碍选民和代表自由行使选举权的情况，选举法增加一条规定："全国人民代表大会和地方各级人民代表大会的选举，应当严格依照法定程序进行，并接受监督。任何组织或者个人不得以任何方式干预选民或者代表自由行使选举权。"为了及时查处以暴力、威胁、贿赂等破坏选举的行为，选举法增加规定："主持选举的机构发现有破坏选举的行为或者收到对破坏选举行为的举报，应当及时依法调查处理；需要追究法律责任的，及时移送有关机关予以处理。"⑦增设选举机构专章，明确选举委员会职责。鉴于选举委员会在直接选举中的重要作用，选举法增设了选举机构专章，对选举委员会的产生、回避、职责和工作要求等分别作出具体规定。选举法规定：不设区的市、市辖区、县、自治县的选举委员会的组成人员由本级人民代表大会常务委员会任命；乡、民族乡、镇的选举委员会的组成人员由不设区的市、市辖区、县、自治县的人民代表大会常务委员会任命；选举委员会的组成人员为代表候选人的，应当辞去选举委员会的职务。⑧对代表辞职程序作出明确规定。人大代表辞职的操作程序，选举法作了具体规定："全国人民代表大会代表，省、自治区、直辖市、设区的市、自治州的人民代表大会代表，可以向选举他的人民代表大会的常务委员会书面提出辞职。常务委员会接受辞职，须经常务委员会组成人员的过半数通过。接受辞职的决议，须报送上一级人民代表大会常务委员会备案、公告。县级的人民代表大会代表可以向本级人民代表大会常务委员会书面提出辞职，乡级的人民代表大会代表可以向本级人民代表大会书面提出辞职。县级的人民代表大会常务委员会接受辞职，须经常务委员会组成人员的过半数通过。乡级的人民代表大会接受辞职，须经人民代表大会过半数的代表通过。接受辞职的，应当予以公告。"等等。

2015年8月，十二届全国人大常委会第十六次会议对选举法进行了第六次修正，针对近几年选举工作中存在的问题，对当选代表的合法性审查有了更加严格的规定，保证人大代表选举的完整性和独立性，不受外部势力干涉，并接受人民更加严格的监督。主要表现在以下几方面：①增加一条，作为第三十四条："公民参加各级人民代表大会代表的选举，不得直接或者间接接受境外机构、组织、个人提供的与选举有关的任何形式的资助。"违反前款规定的，不列入代表候选人名单；已经列入代表候选人名单的，从名单中除名；已经当选的，其当选无效。②将第四十四条改为第四十五条，增加一款，作为第二款："当选代表名单由选举委员会或者人民代表大会主席团予以公布。"③增加一条，作为第四十六条："代表资格审查委员会依法对当选代表是否符合宪法、法律规定的代表的基本条件，选举是否符合法律规定的程序，以及是否存在破坏选举和其他当选无效的违法行为进行审查，提出代表当选是否有效的意见，向本级人民代表大会常务委员会或者乡、民族乡、镇的人民代表大会主席团报告。""县级以上的各级人民代表大会常务委员会或者乡、民族乡、镇的人民代表大会主席团根据代表资格审查委员会提出的报告，确认代表的资格或者确定代表的当选无效，在每届人民代表大会第一次会议前公布代表名单。"④将第五十一条第一款、第五十三条第一款中的"全国人民代表大会和省、自治区、直辖市、设区的市、自治州的人民代表大会"修改为"县级以上的各级人民代表大会"。⑤将第五十四条改为第五十六条，增加一款，作为第五款："对补选产生的代表，依照本法第四十六条的规定进行代表资格审查。"

总之，中华人民共和国成立以来，颁布了两部选举法（1953年和1979年），对中国的民主政治建设发挥了积极作用。现行选举法1979年制定，其间经过1982年、1986年、1995年、2004年、2010年和2015年的六次修正，民主性、科学性和可操作性逐步提高，更加有利于坚持和完善人民代表大会制度，保障人民充分行使国家权力。随着选举实践经验的不断积累，中国的选举制度也会继续向前发展。

（二）选举原则

选举是人民代表大会制度的基础，是人民行使国家权力的主要体现。选举制度中有五大基本原则，贯穿在选举法的每个条文之中，也落实到了选举实践的每个环节和每个步骤之中。这些基本原则，既是人民民主的基石，也是人民民主的标志。

1. 普遍原则

普遍原则，是指选举权和被选举权的普遍性。选举权，是指公民选举国家机关代表的权利。被选举权，是指公民被选为国家代表机关代表的权利。这是公民参与国家管理的最基本的政治权利。

宪法和选举法明确规定：中华人民共和国年满18周岁的公民，不分民族、种族、性别、职业、家庭出身、宗教信仰、教育程度、财产状况和居住期限，都有选举权和被选举权。依照法律被剥夺政治权利的人没有选举权和被选举权。经对历届选举的粗略估计，年满18周岁的中国公民，具有选举权和被选举权的占97%以上。

中华人民共和国公民，是指具有中华人民共和国国籍的人。中华人民共和国的任何一名公民，均不得因其财产的多寡，在一地居住时间的长短，民族、种族、宗教信仰的不同，性别、职业和家庭出身的差异以及教育程度的高低等因素而被剥夺选举权和被选举权。

法律还规定，各级人大应当有适当数量的妇女代表，并应逐步提高妇女代表的比例；全国人大和归侨人数较多地区的地方人大，应有适当名额的归侨代表。即使旅居国外的中华人民共和国公民，只要在县级以下人民代表大会代表选举期间在国内的，按选举法规定也可以参加原籍地或者出国前居住地的选举。这些都充分表明，在中国享有选举权和被选举权的范围是广泛和普遍的。在选举实践中，要为公民行使权利创造条件，绝不能漠视任何公民的选举权和被选举权。

2. 平等原则

平等原则，是指每个选民都在平等的基础上参加选举，不允许任何选民有任何特权，也不允许任何选民受到任何限制。主要表现在两个方面：①一个选民在一次选举中只有一次投票权，只能投一次票，这体现了公民之间的平等，这是绝对平等。《选举法》规定："每一个选民在一次选举中只有一个投票权。"这种平等的权利不受任何限制，而且有法律和物质保障。②相同的选民在一次选举活动中，应当选出大致相同的代表。《选举法》规定："全国人民代表大会代表名额，由全国人民代表大会常务委员会根据各省、自治区、直辖市的人口数，按照每一代表所代表的城乡人口数相同的原则，以及保证各地区、各民族、各方面都有适当数量代表的要求进行分配。"考虑到各种实际的因素，地区之间、民族之间只有相对平等才是合理的。

自1953年以来，中国农村和城市每一名全国人大代表所代表的人口数比例为8∶1。1995年全国人大常委会修改选举法时将该比例缩小到4∶1。随着户籍制度改革和城市化进程加快，城市人口数量大幅增加，如果再按以前比例分配人大代表名额就显失公平，因此，2010年全国人大修改选举法时第一次将城乡人口比例规定为1∶1，实行城乡按相同人口比例选举人大代表，从制度上确立了公民平等的选举权。实行城乡同比选举是中国社会发展和进步的体现，有助于在社会上普及选举平等意识，促进城乡一体化发展，极大地激发农民的政治参与热情，加快推进民主政治发展和社会转型。

选举法体现了地区平等原则，各行政区不论人口多少，都能按比例选举一定数量的代表，保障各地方在国家权力机关有平等的参与权。例如，十二届全国人大代表选举确定的地区基本名额数为 8 名，确保人口较少的地区有一定数量的代表；全国人大代表选举按城乡约每 67 万人分配 1 名代表名额。

选举法体现了民族平等原则，人口再少的民族，也有一名代表。选举法规定，人口特少的民族，至少应有全国人大代表 1 人。在少数民族聚居的地方，每一聚居的少数民族都应有代表参加当地的人民代表大会。聚居境内同一少数民族的总人口数不足境内总人口数 15% 的，每一代表所代表的人口数可以适当少于当地人民代表大会每一代表所代表的人口数，但不得少于二分之一；实行区域自治的民族人口特少的自治县，经省、自治区的人大常委会决定，可以少于二分之一。人口特少的其他民族，至少应有代表 1 人。聚居境内同一少数民族的总人口数占境内总人口数 15% 以上、不足 30% 的，每一代表所代表的人口数，可以适当少于当地人大每一代表所代表的人口数，但该少数民族的应选代表名额不得超过代表总名额的 30%。散居的少数民族应选当地人大的代表，每一代表所代表的人口数可以少于当地人民代表大会每一代表所代表的人口数。例如，十二届全国人大代表选举坚持民族平等，在选出的代表中，少数民族代表 409 名，占代表总数的 13.69%，全国 55 个少数民族都有本民族的代表。

3. 直接选举和间接选举相结合原则

由选民直接通过投票等方式，选举产生国家代表机关的代表，叫作直接选举。由下一级代表机关代表选民的意志，选举产生上一级国家代表机关的代表，叫作间接选举。前者是选民选代表，是选民意志的直接表达。后者是代表选代表，是选民意志的间接表达。直接选举有利于增强人民当家作主的意识和责任感，激发人民的政治热情，提高政治素质和政治才能。间接选举的最大弊端在于代表有可能违背选民的真实意志，把自己的意志强加到选民头上。

现行法律规定，县乡两级人大由选民直接选举；设区的市、省和全国三级人大则实行间接选举，由下级人大代表选举上级人大代表。1954 年选举法规定的直选范围仅为乡镇，1979 年选举法把直选范围扩大到了县、自治县、不设区的市和市辖区。这与当时的经济社会发展水平相适应。民主方式的选择绝不能脱离现实条件，因此，国家一直采用直接选举和间接选举相结合的方式。

从理论上讲，直接选举的级别层次越高，反映民主的程度越高。直接选举能达到哪一级，要根据国家的经济、政治、文化、教育、科技、交通、通信等各方面的实际条件来决定。早在1953年，当时的选举法草案说明人邓小平就说过：随着我们经济文化的发展，直接选举的层级要逐步地提高，直至实行全国的直接选举。这个目标是确定的。但是，现阶段中国还不具备直选全国人大代表的条件。就全国大多数地区而言，直选市级、省级人大代表的条件也未具备。因此，要经历一个较长时期的发展，在各方面条件基本成熟后，才可把直选普遍扩大到市级、省级，最后扩大到全国一级。

4. 秘密投票原则

秘密投票即无记名投票，是指选举人采取不公开的方式，在选票上只注明自己选中的人而不签署自己的姓名，并亲自将选票投入密封票箱的行为。秘密投票意味着选民在完全自主的情况下进行选举，完全不受外界干预。同秘密投票相对的，是记名投票或以起立、欢呼、举手等公开方式代替投票。这些公开表明自己意愿的方法，有较大的局限性，只能在少数特定的情况下采用。

依照1953年《选举法》规定，乡、镇、市辖区和不设区的市人大代表和乡、镇出席县人大代表的选举，采用以举手投票的方法，也可以采用无记名投票的方法；县以上各级人大的选举，采用无记名投票的方法。当时对基层选举作出这样灵活的规定，主要是考虑到群众中有大批文盲，如果一律采用无记名投票，会给选举带来一定困难。后来，随着扫盲运动的展开和中小学教育的普及，人民大众的文化水平普遍提高。从1958年到1963年的几次基层选举中，大多数地区采用了无记名投票方法。到了1979年制订新的《选举法》时，中国已经基本具备一律采用无记名投票进行选举的条件，因此规定："全国和地方各级人民代表大会代表的选举，一律采用无记名投票的方法。"鉴于中国一些农村，尤其是边远地区，仍有不少文盲，因此又规定："选民如果是文盲或者因残疾不能写票的，可以委托他信任的人代写。"为了保证代表、选民能够充分表达自己的意愿，各级人大代表的选举时不但实行无记名投票，而且选举时设立秘密写票处。

在以往的选举实践中，个别地方曾出现过无记名投票后查笔迹的现象。这是严重违反民主原则的行为，有悖选举法的基本精神，不利于选民或代表的自由选择。因此，有必要强调，任何主体不得在任何时候追查选举人的选举行为。只有这样，才能真正消除选民的顾虑，按照自己的意愿选举自己满意的人大代表。

5. 差额选举原则

差额选举，是指候选人多于应选人的选举形式。现代民主国家一般都实行差额选举，并将其作为选举的一项基本原则。在中国，差额选举是中共十一届三中全会后政治民主发展的一个重大步骤。1979年选举法第一次在法律中明确规定代表的差额选举原则，规定各级人大代表的选举，一律采用差额选举的方式；1995年修改该法时，又明确规定实行预选后仍然要实行差额选举的方式。

差额选举，相对于等额选举（候选人等于应选人），无疑是民主的进步，可以做到好中选优，具体有三大优点：①选民有了选择的余地，有利于真正实现选民的意愿，有利于避免少数领导人按照个人意志，安排人选，保证当选的现象。②给选举注入竞争机制，便于优秀人才脱颖而出。既然是差额选举，必然出现有人当选、有人落选的现象，也就是说，每一个候选人都面临着两种可能。③对人大代表提出更高要求，当选者来之不易，激励他们全心全意为选民服务。

为了确保贯彻上述原则，《选举法》作出两项保障性规定：第一，经费保障。全国人大和地方各级人大的选举经费，由国库开支。这就为广大选民和代表行使选举权和被选举权提供了物质条件。第二，司法保障。为保障选民和代表自由行使选举权和被选举权，《选举法》还专章规定，对下列行为之一，破坏选举，违反治安管理规定的，依法给予治安管理处罚；构成犯罪的，依法追究刑事责任：①以金钱或者其他财物贿赂选民或者代表，妨害选民和代表自由行使选举权和被选举权的；②以暴力、威胁、欺骗或者其他非法手段妨害选民和代表自由行使选举权和被选举权的；③伪造选举文件、虚报选举票数或者有其他违法行为的；④对于控告、检举选举中违法行为的人，或者对于提出要求罢免代表的人进行压制、报复的。国家工作人员有所列违法行为的，还应当依法给予行政处分。以违法行为当选的，其当选无效。主持选举的机构发现有破坏选举的行为或者收到对破坏选举行为的举报，应当及时依法调查处理；需要追究法律责任的，及时移送有关机关予以处理。

（三）选举程序

1. 选举机构

1953年《选举法》规定，从中央到地方各级都设立选举委员会，作为办理选举事宜的机关。1979年《选举法》规定，从中央到地方分两种情况，直接选举由本级选举委员会主持，间接选举由本级人大常委会主持。直接选举从宣传选举法、培训骨干、划分选区、登记选民、提出候选人到投票等过程，工作量很大，必须设立一个专门机构来主持。间接选举不存在划分选区、登记选民这些任务，工作量相对较少，由本级人大常委会主持即可。全国人大常委会主持全国人大代表的选举。省、自治区、直辖市、设区的市、自治州的人大常委会主持本级人大代表的选举。不设区的市、市辖区、县、自治县、乡、民族乡、镇设立选举委员会，主持本级人大代表的选举。

选举委员会是主持和办理选举工作的临时机构，选举工作一旦完成即行撤销。现行选举法规定：①不设区的市、市辖区、县、自治县的选举委员会受本级人大常委会的领导。乡、民族乡、镇的选举委员会受不设区的市、市辖区、县、自治县的人大常委会的领导。②省、自治区、直辖市、设区的市、自治州的人大常委会指导本行政区域内县级以下人大代表的选举工作。③不设区的市、市辖区、县、自治县的选举委员会的组成人员由本级人大常委会任命。乡、民族乡、镇的选举委员会的组成人员由不设区的市、市辖区、县、自治县的人大常委会任命。④选举委员会的组成人员为代表候选人的，应当辞去选举委员会的职务。实践中，各地多以地方性法规规定选举委员会组成人员的来源和名额。例如，《上海市区县及乡镇人大代表直接选举实施细则》规定："区、县选举委员会由15人至29人组成，由各政党、各人民团体和有关主管部门的负责人参加。乡镇选举委员会由9人至13人组成。"

选举委员会履行下列职责：①划分选举本级人大代表的选区，分配各选区应选代表的名额；②进行选民登记，审查选民资格，公布选民名单；受理对于选民名单不同意见的申诉，并作出决定；③确定选举日期；④了解核实并组织介绍代表候选人的情况；根据较多数选民的意见，确定和公布正式代表候选人名单；⑤主持投票选举；⑥确定选举结果是否有效，公布当选代表名单；⑦法律规定的其他职责。法律还规定，选举委员会应当及时公布选举信息。

选举委员会可以设立办事机构，一般都设有办公室，由有关部门派人参加。办公室通常设秘书组、联络组、宣传组、组织组、选民登记和选举事务组等，各组负责办理选举中的某项具体事务。有些地方的选举委员会还设立派出机构。例如，有些市规定，各市辖区的选举委员会可以按照街道、企业事业单位或者系统设立精干的选举工作组，作为区选举委员会的派出机构，负责指导所辖选区的选举工作。各个选区则成立选举工作小组，负责本选区的选举事务。

2. 直接选举

选民选代表的直接选举，主要程序是：划分选区；选民登记；提出初步候选人；确定和介绍正式候选人；投票；宣布选举结果。

（1）划分选区

选举委员会成立后，就应拟订选举工作计划，确定选举日期，并着手划分选区。所谓选区，是指选民进行直接选举、产生代表的基本单位，也是代表联系选民、开展经常性工作的基本单位。

1953年《选举法》规定："按照居民居住情况划定选举区域。"当时的中央选举委员会还具体规定："划分选区时，必须照顾路程的远近。每一选区的大小，一般以直径不超过20华里为原则，特殊情形者例外。"这一规定适合于中华人民共和国成立初期的实际情况。

经过几十年的社会主义建设，中国城镇就业人口大为增多，大多数选民都属于一定的工作或学习单位，其中不少人的居住地和工作或学习的地点并不一致。他们对本单位的人事比较熟悉，而对居住地区的情况了解相对较少。因此，1979年《选举法》修改为："选区应按生产单位、事业单位、工作单位和居住状况划分。"1986年进一步修改为："选区可以按居住状况划分，也可以按生产单位、事业单位、工作单位划分。"据此，城镇中有单位的选民一般在本单位所属选区参加选举，无单位的选民在其居住地区参加选举。这样，便于选民提出代表候选人并选出自己满意的代表，也便于代表任期内联系选民并接受选民的监督。此外，以生产、工作或事业单位划分选区，还便于各选区统一安排选举。

选举法规定："不设区的市、市辖区、县、自治县、乡、民族乡、镇的人民代表大会的代表名额分配到选区，按选区进行选举。""选区的大小，按照每一选区选一名至三名代表划分。""本行政区域内各选区每一代表所代表的人口数应当大体相等。"在农村，选县级人大代表时一般由几个村联合划分为一个选区，人口特多的村或者人口少的乡，可单独划为一个选区；选乡级人大代表时，一般由几个村民小组合为一个选区，人口多的村民小组或人口少的村，也可单独划为一个选区。在城镇，一般有三类选区：①由一个生产、工作或事业单位或一个居民区单独建立的选区，叫独立选区；②由几个单位联合组成的选区，叫联合选区；③由一个居民区与该地区内的若干单位联合组成的选区，叫混合选区。一个选区往往又划为若干选民小组，由选民推选产生小组长。选举活动中的有些内容，如学习文件、及时传达信息、介绍候选人等，均在选民小组中进行。

(2) 选民登记

选区划定后，一般由选举委员会主持培训各选区的选举工作人员，并向选民宣传《选举法》，然后按选区对选民进行登记。选民登记是对每一个选民是否具有选举权和被选举权的选民资格的法律认可。任何公民必须依法进行登记，经过资格审查，被编入选民名单，加以公布，才能成为选民。

选举委员会负责选民资格审查。第一，核准是否具有中华人民共和国国籍。第二，核准是否"年满十八周岁"这个法定年龄。计算方法是，从出生之日起到选举之日止。第三，依法保障享有选举权和被选举权的公民的选举权利，依法剥夺被剥夺政治权利的人的选民资格。依照法律，因危害国家安全或其他严重刑事犯罪案被羁押，正在受侦查、起诉、审判的人，经人民检察院或者人民法院决定，在被羁押期间停止行使选举权利，他们不得列入选民名单。而下列人员准许行使选举权利：①被判处有期徒刑、拘役、管制而没有附加剥夺政治权利的；②被羁押，正在受侦查、起诉、审判，人民检察院或者人民法院没有决定停止行使选举权利的；③正在取保候审或者监视居住的；④正在受拘留处罚的。他们所属原选区应将其登入选民名单。

选民登记中，应慎重对待精神病患者。1953年《选举法》曾将精神病患者列为"无选举权和被选举权"者之一。1979年《选举法》对此作了修改。选举权和被选举权是公民的一项基本政治权利，凡没有被依法剥夺政治权利且年满十八周岁的公民均享有选举权和被选举权。鉴于某些精神病患者已经丧失行使选举权和被选举权的行为能力，现行选举法规定："精神病患者不能行使选举权利的，经选举委员会确认，不列入选民名单。"不列入选民名单不等于无选举权。

选民登记的工作量很大。以往每进行一次选举，都得重新全面登记一次，耗时过长。因此，经1986年全国人大常委会修改的《选举法》规定："选民登记按选区进行，经登记确认的选民资格长期有效。每次选举前对上次选民登记以后新满十八周岁的、被剥夺政治权利期满后恢复政治权利的选民，予以登记。对选民经登记后迁出原选区的，列入新迁入的选区的选民名单；对死亡的和依照法律被剥夺政治权利的人，从选民名单上除名。"市场经济的高度发达引起人员的频繁流动，对选民登记工作会带来一定困难。因此，各级选举委员会一般在有关选举工作细则或通知中，区分不同情况，依法作出灵活变通的处理决定和方法，确保选民登记工作的顺利进行。

现行《选举法》规定："选民名单应在选举日的二十日以前公布，实行凭选民证参加投票选举的，并应当发给选民证。"公布选民名单的意义在于：

①以选举委员会的名义，公开确认选民资格；②将选民登记工作置于群众监督之下，让群众复审。规定公布期限，是为了确保有较充裕时间发动选民，发扬民主，开展好后面各项工作。

对选民名单有不同意见的，选举法作了明确规定，确保每个选民都能得到法律的公正对待。《选举法》规定："对于公布的选民名单有不同意见的，可以在选民名单公布之日起五日内向选举委员会提出申诉。选举委员会对申诉意见，应在三日内作出处理决定。申诉人如果对处理决定不服，可以在选举日的五日以前向人民法院起诉，人民法院应在选举日以前作出判决。人民法院的判决为最后决定。"

（3）提出代表候选人

提出与确定代表候选人，是整个选举工作中极为重要的环节，是进行投票选举的基础，必须充分发扬民主，严格依法进行。

依照选举法，县、乡两级人大代表候选人按选区提名产生。提名的途径有三种：①各政党、各人民团体单独推荐；②各政党、各人民团体联合推荐；③选民10人以上联名推荐。推荐者应向选举委员会介绍代表候选人的情况。接受推荐的代表候选人应当向选举委员会如实提供个人身份、简历等基本情况。提供的基本情况不实的，选举委员会应当向选民通报。各政党、各人民团体联合或者单独推荐的代表候选人的人数，每一选民参加联名推荐的代表候选人的人数，均不得超过本选区应选代表的名额。

由各选区选民和各政党、各人民团体提名推荐的代表候选人，经选举委员会汇总后，都应列入代表候选人名单，选举委员会不得调换或增减。代表候选人名单及代表候选人的基本情况在选举日的15日以前公布，并交各该选区的选民小组讨论、协商，确定正式代表候选人名单。实践中，由政党、人民团体以及10人以上选民推荐的候选人，其总数往往很多，一个选区可达数十乃至数百名。如果据此由选民投票，选票必定分散，难以操作。因此选举法规定，如果所提代表候选人的人数超过法定的最高差额比例（代表候选人的人数应多于应选代表名额1/3至1倍），由选举委员会交各该选区的选民小组讨论、协商，根据较多数选民的意见，确定正式代表候选人名单。实践中，各地都能依法实行差额选举，但正式代表候选人的确定过程不易把握。有些选区认真组织选民讨论协商，然后由选举委员会讨论汇总，汇总后再由选民讨论协商，再汇总，经历几上几下。与此同时，选举委员会还召开不同类型的选民座谈会，广泛听取各种意见。最后，由选举委员会根据多数选民的意见，确定正式代表候选人名单，深得选民认同。有些选区没有认真组织选民讨论协商，只是由少数人决定正式代表候选人名单，结果引起选民的不满。有些选区重视发扬民主，与选民反复协商讨论，耗时耗力，使得部分选民产生厌烦情绪。

现行选举法规定，对正式代表候选人不能形成较为一致意见的，进行预选，根据预选时得票多少的顺序，确定正式代表候选人名单。关于直选中的预选，1979 年《选举法》曾有过规定。1986 年修改选举法时，考虑到一些地广人稀、山高路远的地区，选民集中起来开展预选比较困难，因此删去了有关预选的规定。2004 年修改选举法时再次恢复预选，是因为预选有着有利的一面，既可防止选民反复讨论久议不决，也可防止少数人暗箱操作。当然，对预选也要克服简单化倾向，不能在选民未作充分讨论的前提下直接预选，只能在选民认真协商讨论后仍不能形成较为一致意见的，才能启动预选程序。

在确定正式代表候选人的过程中，有些地方为了确保当选代表有广泛代表性和合理结构，往往给选区下达"代表性"指标，要求或指定将某行业或某领域的人物列入正式代表候选人名单，其实是违背选民意愿和选举法原则的，这是需要引起高度重视的问题。

正式代表候选人名单及代表候选人的基本情况应当在选举日的 7 日以前公布。这是为了让选民有较多时间了解候选人，为投票作准备。为了使选民了解候选人，必须加强对候选人的介绍。选举法规定，选举委员会应当向选民介绍代表候选人的情况。推荐代表候选人的政党、人民团体和选民可以在选民小组或者代表小组会议上介绍所推荐的代表候选人的情况。选举委员会根据选民的要求，应当组织代表候选人与选民见面，由代表候选人介绍本人的情况，回答选民的问题。据此，有些选区通过电视、网络等媒介，广泛介绍候选人，取得了良好效果；有些选区忽视候选人介绍环节，致使选民中出现盲目投票现象。但是，在选举日必须停止代表候选人的介绍。

为了确保选举的独立性，选举法规定，公民参加各级人大代表的选举，不得直接或者间接接受境外机构、组织、个人提供的与选举有关的任何形式的资助。违反规定的，不列入代表候选人名单；已经列入代表候选人名单的，从名单中除名；已经当选的，其当选无效。

（4）投票

投票是选举工作的决定性环节，是选民行使选举权的直接表现。投票决定谁当代表，由谁代表人民组成行使国家权力的机关。投票应当严格依照法定程序进行，并接受监督。任何组织或者个人都不得以任何方式干预选民自由行使选举权。

在选民直接选举人大代表时，选民根据选举委员会的规定，凭身份证或者选民证领取选票。选举委员会应当根据各选区选民分布状况，按照方便选民投票的原则设立投票站，进行选举。选民居住比较集中的，可以召开选举大会，进行选举；因患有疾病等原因行动不便或者居住分散并且交通不便的选民，可以在流动票箱投票。

实践中，有一个选区设一个投票站或召开一个选举大会的，也有一个选区设几个投票站或分别召开几个选举大会的。流动票箱要便于存在特殊情况不能去投票站的选民投票。由于选区多，又是同日投票，不可能做到所有选举都由选举委员会成员亲自到场主持，选举委员会可以委派专人主持投票站或选举大会的选举。投票之前，主持人应统计并宣布出席的选民人数，讲明注意事项，当众检查票箱，并组织选民推选出监票、计票人员。代表候选人不宜主持选举，也不宜担任监票和计票人员。代表候选人的近亲属不得担任监票人、计票人。在选民直接选举人大代表时，选区全体选民的过半数参加投票，选举有效。如果选民未达到这一法定人数，须改期进行选举。

各级人大代表的选举，一律采用无记名投票的方法。选举时应当设有秘密写票处。选民如果是文盲或者因残疾不能写选票的，可以委托他信任的人代写。选举人对于代表候选人可以投赞成票，可以投反对票，可以另选其他任何选民，也可以弃权。选民如果在选举期间外出，经选举委员会同意，可以书面委托其他选民代为投票。每一选民接受的委托不得超过3人，并应当按照委托人的意愿代为投票。

根据法律规定，被判处有期徒刑、拘役、管制而没有附加剥夺政治权利的；被羁押，正在受侦查、起诉、审判，人民检察院或者人民法院没有停止其行使选举权利的；正在取保候审或监视居住的；正在受拘留处罚的人员参加选举，由选举委员会和执行监禁、羁押、拘留的机关共同决定，可以在流动票箱投票，或者委托有选举权的亲属或其他选民代为投票。被判处拘役、受拘留处罚的人，也可以在选举日回原选区参加选举。

（5）计票并宣布选举结果

投票结束后，由选民推选的监票、计票人员和选举主持人将投票人数和票数加以核对，作出记录，并由监票人签字。

每次选举所投的票数，多于投票人数的无效，等于或者少于投票人数的有效。凡遇到选举无效，须当即宣布，并重新组织投票。在确认投票有效后，便开始计票，统计投票结果。

每一选票所选的人数，多于规定应选代表人数的作废，等于或者少于规定应选代表人数的有效。

代表候选人始得当选的法定票数，先后有过不同的规定。1953年《选举法》规定，选举大会和各级人大须有选民或者代表的过半数出席，始得开会选举。各级人大代表候选人获得出席选民或代表半数以上选票时，始得当选。1979年《选举法》改为："各级人民代表大会的代表候选人，获得选区全体选民或者选举单位的代表过半数的选票时，始得当选。"这样规定虽然更能保证当选代表具有广泛的群众基础，但也使得候选人较多的选区当选代表的名额往往少于应选代表的名额，从而进行第二次甚至第三次选举。工作量太大，既不便于操作，也影响选民参加投票选举的积极性。鉴于此，1986年底修改的《选举法》规定：在选民直接选举人大代表时，选区全体选民的过半数参加投票，选举有效。代表候选人获得参加投票的选民过半数的选票时，始得当选。法律还规定：①获得过半数选票的代表候选人的人数超过应选代表名额时，以得票多的当选。如遇票数相等不能确定当选人时，应当就票数相等的候选人再次投票，以得票多的当选。②获得过半数选票的当选代表的人数少于应选代表的名额时，不足的名额另行选举。另行选举时，根据在第一次投票时得票多少的顺序，按照法定的差额比例（候选人数多于应选人数的1/3至1倍），确定候选人名单。如果只选1人，候选人应为2人。另行选举时，代表候选人以得票多的当选，但是得票数不得少于选票的1/3。

各选区计票结束后，应公布选举结果。必要时，须及时组织"再次投票"或"另行选举"。若另选后仍未选出不足的名额，一般作"名额暂缺"处理。然后，由选举委员会依照选举法规定，确认选举结果是否有效，并予以公布。人大代表正式产生，选举工作完成。选举委员会对选举工作进行总结并将有关文书材料归档后，即告撤销。

依照选举法，直选人大代表在任期内因故出缺，由原选区补选。代表资格终止的，缺额另行补选。补选出缺的代表时，代表候选人的名额可以多于应选名额（差额选举），也可以等于应选名额（等额选举）。补选的具体办法，由省级人大常委会决定。

3. 间接选举

间接选举是一种由代表选代表的选举形式，即下一级人大代表投票选举上一级人大代表。现行选举法规定："全国人民代表大会的代表，省、自治区、直辖市、设区的市、自治州的人民代表大会的代表，由下一级人民代表大会选举。"

代表候选人按选举单位提名产生。提名途径有三种：①各政党、各人民团体单独推荐；②各政党、各人民团体联合推荐；③选民10人以上联名推荐。推荐者必须向大会主席团介绍候选人的情况。县级以上地方各级人大在选举上一级人大代表时，代表候选人不限于该级人大代表。候选人名单提出后，由选举单位的大会主席团将依法提出的代表候选人名单及其基本情况印发全体代表酝酿、讨论。

正式候选人名额依法应多于应选代表名额的1/5至1/2。候选人数符合法定比例时，直接进行投票选举。如果候选人数超过法定最高差额比例的，先进行预选，根据预选时得票多少的顺序，按照本级人大依选举法确定的具体差额比例，确定正式候选人名单，再进行投票选举。为了充分发扬民主，保证选举人有较充裕的时间了解候选人，选举法规定："县级以上的地方各级人民代表大会在选举上一级人民代表大会代表时，提名、酝酿代表候选人的时间不得少于两天。"

人大主席团应当向代表介绍候选人的情况，推荐代表候选人的政党、人民团体和代表可以在代表小组会议上介绍所推荐的代表候选人的情况。但是，在选举日必须停止对代表候选人的介绍。实践中，由于电视、网络、报刊等媒介发达，不少地方在介绍候选人的方式和内容上有所创新，介绍效果比以前有所提高。

人大主席团主持投票。依照法律，出席会议的代表人数超过该级人大全体代表的半数，方能进行。投票之前，应宣布到会的代表人数，当众检查票箱，推选出计票、监票人员。投票一律采用无记名方式，设立秘密写票处。投票结束后，核对票数，所投票数多于投票人数的无效；等于或少于投票人数的有效。代表候选人获得全体代表过半数的选票，始得当选。法律还规定：①获得过半数选票的代表候选人的人数超过应选代表名额时，以得票多的当选。如遇票数相等不能确定当选人时，应当就票数相等的候选人再次投票，以得票多的当选。②获得过半数选票的当选代表的人数少于应选代表的名额时，不足的名额另行选举。另行选举时，根据在第一次投票时得票多少的顺序，按照法定的差额比例，确定候选人名单。如果只选1人，候选人应为2人。另行选举时，代表候选人以得票多的当选，代表候选人获得全体代表过半数的选票，始得当选。

选举结果由大会主席团根据选举法规定，确认是否有效，并予以公布。至此，间接选举工作完成。

依照法律规定，代表在任期内因故出缺或资格终止的，其缺额由原选举单位补选，原选举单位闭会期间，可以由其常委会补选。补选采取差额或等额等具体办法,由省级人大常委会决定。

(四) 特殊选举

现行宪法规定:"全国人民代表大会由省、自治区、直辖市、特别行政区和军队选出的代表组成。各少数民族都应当有适当名额的代表。"由此可知,全国人大的组成以区域代表与职业代表相结合并以区域代表为主,其中只有军队是职业代表。特别行政区和人民解放军有自身的特殊性,台湾省还没有回到祖国的怀抱,因此,它们选举产生全国人大代表的办法依法不同于一般地区的做法。

1. 香港特别行政区全国人大代表的选举

根据"一国两制"方针建立的香港特别行政区和澳门特别行政区,在本区域内不实行人民代表大会制度,不建立人民代表大会组织。但是,作为国家行政区域,香港、澳门的中国公民有权和全国人民一道参与行使国家权力,参与管理国家事务。因此,两个特别行政区应选派各自代表,作为全国人大的组成人员,直接参加行使国家权力。特别行政区选派的全国人大代表不干预特别行政区内部的事务。

1995年修订的《选举法》规定,香港、澳门特别行政区应选全国人大代表的名额和代表产生办法,由全国人大另行规定。1997年3月,第八届全国人大第五次会议通过了《中华人民共和国香港特别行政区选举第九届全国人民代表大会代表的办法》(简称《办法》)。《办法》规定:①香港特别行政区应选全国人大代表36名,代表必须是香港居民中的中国公民,由全国人大常委会主持选举。②成立选举会议,推选11名选举会议成员组成主席团,主席团从其成员中推选常务主席1人。主席团主持选举会议。③选举会议成员10人以上联名可以提出代表候选人。④候选人应多于应选人数1/5至1/2,进行差额选举;提名的候选人名额如果没有超过应选名额1/2的差额比例,直接进行投票选举。提名的候选人名额如果超过应选名额1/2差额比例,由选举会议全体成员进行投票,根据候选人得票多少的顺序,按照不超过1/2的差额比例,确定正式候选人名单,进行投票选举。⑤采用无记名投票方式。选举会议进行选举时,所投的票数多于投票人数的无效,等于或者少于投票人数的有效。每一选票所选的人数,多于应选人数的作废,等于或者少于应选人数的有效。代表候选人以得票多的当选。如遇票数相等不能确定当选人时,应当就票数相等的候选人再次投票,以得票多的当选。⑥选举结果由主席团予以宣布并报全国人大常委会代表资格审查委员会,全国人大常委会根据代表资格审查委员会提出的报告,确认代表资格,公布代表名单。

根据《办法》规定,香港特别行政区选举会议由三部分组成,即香港特别行政区第一届政府推选委员会中的中国公民、不是推选委员会委员的香港居民中的第八届全国政协委员和香港特别行政区临时立法会议员中的中国公民组成,但本人提出不愿参加的除外,共424名成员。全国人大常委会主持选举会议的第一次会议推选选举会议主席团。主席团公布实施"第九届全国人民代表大会代表具体选举办法"。"具体选举办法"规定,代表必须是年满18周岁的香港居民中的中国公民;代表候选人由选举会议成员10人以上(含10人)联名提名,并由提名的选举会议成员填写代表候选人提名表;依据候选人应多于应选人数1/5至1/2的比例差额选举,以无记名方式投票;选举日期定于1997年12月8日,选举结果由选举会议主席团宣布。

经过几个月时间的准备,1997年11月13日至28日,香港特别行政区进行了选举第九届全国人大代表的提名工作,共有139人领取了代表参选人登记表,其中72人符合"具体选举办法"中关于候选人的规定,被提名为候选人,并于12月2日公布。由于代表候选人数超过法定最高人数54名,主席团于12月6日举行选举会议全体会议进行预选,出席会议的410名选举会议成员以无记名投票方式,选出54名正式代表候选人。12月8日,419名选举会议成员最后选出36名第九届全国人大代表。这些代表来自工商界、专业界、政界和基层,具有广泛的代表性。整个选举过程公开、公平、公正,参选者都以个人身份参选,不代表任何党派或团体。

香港特别行政区第九届全国人大代表选举的成功,不但为本行政区以后选举全国人大代表积累了实践经验,而且为以后澳门特别行政区选举全国人大代表提供了有益的借鉴。

2. 澳门特别行政区全国人大代表的选举

1999年3月,第九届全国人大第二次会议通过了《中华人民共和国澳门特别行政区选举第九届全国人民代表大会代表的办法》(简称《办法》)。《办法》规定,澳门特别行政区第九届全国人大代表选举由全国人大常委会主持,代表名额为12名。澳门特别行政区成立以前,已由广东省人大选举产生的5名澳门地区九届全国人大代表,在澳门特别行政区成立后,即成为澳门特别行政区九届全国人大代表。澳门特别行政区依照《办法》应选举7名九届全国人大代表。原由广东省人大选举产生的5名代表,如果在按照《办法》选举澳门特别行政区九届全国人大代表之前出现空缺,将空缺的名额列为按照《办法》应选的名额一并进行选举。

《办法》规定了澳门特别行政区九届全国人大代表选举的条件和和方法。澳门特别行政区选举的九届全国人大代表必须是年满18周岁的澳门居民的中国公民。澳门特别行政区成立九届全国人大代表选举会议。选举会议由《全国人民代表大会关于澳门特别行政区第一届政府、立法会和司法机关产生办法的决定》中规定的第一届政府推选委员会中的中国公民，没有参加推选委员会的澳门地区九届全国人大代表，以及不是推选委员会委员的澳门特别行政区居民中的九届全国政协委员和澳门特别行政区立法会议员中的中国公民组成，但本人提出不愿参加的除外。选举会议成员名单由全国人大常委会公布。选举会议举行全体会议，须有全体成员过半数出席。选举会议第一次会议由全国人大常委会召集，推选9名选举会议成员组成主席团，主席团从其成员中推选常务主席1人。主席团主持选举会议。选举会议根据主席团的提议，依照《办法》制定具体选举措施。提名候选人、差额选举、无记名投票、投票结果的认可等规定，与香港特别行政区选举全国人大代表的规定一致。

澳门特别行政区九届全国人大代表可以向全国人大常委会提出辞职，由全国人大常委会决定接受辞职后予以公告。代表因故出缺，由选举澳门特别行政区九届全国人大代表时未当选的代表候选人，按得票多少顺序依次递补。

3. 台湾省全国人大代表的协商选举

世界上只有一个中国，就是中华人民共和国。因为台湾省还没有解放，中国尚未完全统一，这是中国人民的心痛。台湾省是中国不可分割的一部分。台湾省现状是国共内战遗留的历史问题，属于中国内政，中国人民有智慧、有能力妥善解决这个问题。

台湾省作为中华人民共和国的一个行政区域，台湾人民有权选派全国人大代表参与行使国家权力，参与管理国家事务。鉴于目前状况，台湾省出席全国人大的代表，其名额和选举方式由全国人大有关决议作出专门规定，一般采用协商选举方式。1982年，第五届全国人大第五次会议通过的关于第六届全国人大代表名额和选举问题的决议中规定："台湾省暂时选举代表13人，由在各省、自治区、直辖市和中国人民解放军的台湾省籍同胞中选出，其余依法应选的名额予以保留。"以后每届全国人大的相关决定基本不变。

例如，2012年，第十一届全国人大常委会第二十六次会议审议通过《台湾省出席第十二届全国人民代表大会代表协商选举方案》。《方案》规定，台湾省暂时选举第十二届全国人民代表大会代表13名，由各省、自治区、直辖市和中央国家机关、中国人民解放军中的台湾省籍同胞组成的协商选举会议选举产生，采用差额选举和无记名投票的方式进行。《方案》指出，全国30个省、自治区、直辖市和中央国家机关、人民解放军中，现有台胞44449人，确定协商选举会议人数为122人，根据台胞的分布情况分配名额，由各省、自治区、直辖市和中央国家机关、中国人民解放军中的台湾省籍同胞中协商选定。参加协商选举会议人员的选定工作于2012年12月底以前完成。协商选举会议定于2013年1月在北京召开，会期约一周。《方案》要求，协商选举会议要发扬民主，酝酿代表候选人应考虑各方面的代表人士，适当注意中青年、妇女、少数民族等方面的人选。协商选举会议由全国人大常委会委员长会议指定召集人召集。

4. 军队全国人大代表的选举

许多国家规定，军人服役期间不参政，没有选举和被选举的权利，以保持军队的政治中立。而中国人民解放军是中国共产党缔造并领导的人民武装力量，是人民民主专政的坚强后盾，不存在政治中立问题，军人同其他中国公民一样享有选举权和被选举权在内的各种政治权利。军队选举人大代表是中国选举制度的一大特色。但是，由于军队是担任军事任务的武装集团，有许多不同于地方的特点，因此，军队选举人大代表就需要根据军队的特殊性另行制定选举办法。军队代表是唯一不按地区而按职业系统选举产生的代表。

根据1979年《选举法》关于"人民解放军单独进行选举，选举办法另订"的规定，1981年，第五届全国人大常委会第十九次会议通过了《中国人民解放军选举全国人民代表大会和地方各级人民代表大会代表的办法》。为了适应社会发展的需要，选举法进行了多次修改。为适应这种变化，军队选举办法也分别于1996年、2012年作了相应修订。修订后人民解放军选举人大代表的办法，对参加军队选举的选举委员会、代表名额的决定和分配、选区和选举单位、代表候选人的提出、选举程序、对代表的监督罢免和补选等作了新的规定。由于军队不参加乡级人大代表选举，故定名为《中国人民解放军选举全国人民代表大会和县级以上地方各级人民代表大会代表的办法》。

军队选举全国人大和县级以上地方各级人大代表的基本原则、选举人和候选人的资格、提名、投票以及对代表的监督、罢免、补选等方面，与地方选举大体一致，但也有以下不同的方面。

（1）参加军队选举的范围和条件

根据解放军选举办法规定，参加军队选举的范围是：人民解放军现役军人，在军队安置和待移交地方安置的离休、退休人员，在军队工作的文职人员、职员、职工、非现役公勤人员以及行政关系在军队的其他人员，参加军队选举；驻军的驻地距离当地居民的居住地较远，随军家属参加地方选举有困难的，经选举委员会或者军人委员会批准，可以参加军队选举。驻地方工厂、铁路、水运、科研等单位的军代表，在地方院校学习的军队人员，可以参加地方选举。

（2）选举委员会的组成和职责

依照解放军选举办法，人民解放军及人民解放军团级以上单位设立选举委员会。人民解放军选举委员会领导全军的选举工作，其他各级选举委员会主持本单位的选举工作。连和其他基层单位的军人委员会，主持本单位的选举工作。

人民解放军选举委员会的组成人员，由全国人民代表大会常务委员会批准。其他各级选举委员会的组成人员，由上一级选举委员会批准。下级选举委员会受上级选举委员会的领导。选举委员会任期五年，行使职权至新的选举委员会产生为止。

人民解放军选举委员会由11至19人组成，设主任1人，副主任1至3人，委员若干人。其他各级选举委员会由7至17人组成，设主任1人，副主任1至2人，委员若干人。

团级以上单位的选举委员会组织、指导所属单位的选举：①审查军人代表大会代表资格；②确定选举日期；③公布人大代表候选人名单；④主持本级军人代表大会或者军人大会的投票选举；⑤确定选举结果是否有效，公布当选的人大代表名单；⑥主持本级军人代表大会或者军人大会罢免和补选人大代表、接受人大代表辞职。

选举委员会下设办公室，具体承办本级有关选举的日常工作。办公室设在政治机关，工作人员由本级选举委员会确定。

（3）代表名额的决定和分配

人民解放军应选全国人民代表大会代表的名额，由全国人民代表大会常务委员会决定。各总部、大军区级单位和中央军事委员会办公厅应选全国人民代表大会代表的名额，由人民解放军选举委员会分配。各地驻军应选县级以上地方各级人民代表大会代表的名额，由驻地各该级人民代表大会常务委员会决定。有关选举事宜，由省军区、警备区、军分区、人民武装部分别与驻地的人民代表大会常务委员会协商决定；大军区所在的省、自治区、直辖市，统一由大军区负责与该级人民代表大会常务委员会协商决定。

（4）选区和选举单位的划分

驻军选举县级人大代表，由驻该行政区域的现役军人和参加军队选举的其他人员按选区直接选举产生。选区按该行政区域内驻军各单位的分布情况划分。选区的大小，按照每一选区选1—3名代表划分。

驻军应选的设区的市、自治州、省、自治区、直辖市人大代表，由团级以上单位召开军人代表大会选举产生。各总部、大军区级单位和中央军事委员会办公厅的军人代表大会，选举全国人大代表。

人民解放军师级以上单位的军人代表大会代表，由下级军人代表大会选举产生。下级单位不召开军人代表大会的，由军人大会选举产生。旅、团级单位的军人代表大会代表，由连和其他基层单位召开军人大会选举产生。军人代表大会由选举委员会召集，军人大会由选举委员会或者军人委员会召集。军人代表大会每届任期五年。军人代表大会代表任期从本届军人代表大会举行第一次会议开始，到下届军人代表大会举行第一次会议为止。

解放军选举人大代表有着非常重要的意义。首先，有利于调动广大官兵主动参与管理国家事务、参加社会主义现代化建设的积极性和创造性。其次，增强人民代表大会的代表性，有助于在国家权力机关中反映广大官兵的共同诉求。再次，有助于协调军地、军民、军政之间的各种关系，加强和巩固国家安全和社会稳定。当然，军队选举中还存在一些不尽如人意的地方，要在发展中不断加以改进。

注释

[1] 等级君主制是王权借助等级代表会议实施统治的一种政权形式，贵族和市民阶层共同参政，并在一定程度上分享权力。在等级君主制时期司法和军事等方面的权利渐渐集中到中央，等级代表会议则主要掌控国家赋税的批准权和分摊权，市民阶层的利益和要求开始受到重视。这是西欧封建制度的重要特征之一。11世纪以后，随着西欧大陆城市的复兴和商品经济的活跃，12世纪后，英、法等国王权呈加强之势。以国王为代表的中央集权势力和新兴的市民阶层在共同利益的驱使下，力图携手打破封建割据局面。13世纪下半叶起，英、法相继出现了新的权力机构——等级代表会议。与会者大多为教会贵族、世俗贵族（国王和亲兵）和城市市民。等级君主制随之登上历史舞台。等级君主制相对于中世纪早期的政治混乱和割据状态而言，具有历史进步意义，推动了社会经济的进一步发展。

[2] 二元君主制产生于现代资本主义发展较晚、封建地主阶级长期拥有巨大势力的国家，是资产阶级与地主阶级联合专政的一种统治形式，较议会制君主立宪制带有更多的封建专制君主制的色彩。但本质上仍属于资本主义

民主政治框架。其主要特征是：世袭君主为国家元首，拥有实权，由君主任命内阁成员，政府对君主负责，议会行使立法权但君主有否决权。1871—1918年的德意志帝国和1889—1945年的日本是二元君主制的典型国家。20世纪80年代，约旦、摩洛哥、莱索托、斯威士兰、科威特、巴林等少数中东国家仍保留这种制度。在这种政体形式下，国家虽然制定了宪法，设立了议会，但君主仍然保持封建专制时代的权威，单独掌握着国家权力，是权力中心和最高的实际统治者。宪法是钦定的，是君主意志的反映。议会是君主的咨询机构，立法权是形式的，君主不仅拥有否决议会立法的权力，而且还通过任命或指定议员控制议会。内阁是君主行使行政权的机构，首相由君主任命。

[3] 议会制君主立宪制主要特点是：议会不仅是国家的最高立法机关，而且是最高国家权力机关，由议会选举产生的政府首脑组织政府，是真正的国家权力中心。君主是象征性的国家元首，其职责多是礼仪性的。1688年英国光荣革命中，国王是被议会请来的，国王的权力来源不再是神而是议会了。资产阶级和新贵族利用他们所控制的议会，通过一系列的法律来限制王权。1689年10月，议会通过了《权利法案》。法案规定：国王无权废止法律，不得侵犯议会的的征税权，不经议会同意，国王不得组织常备军，国王不得干涉议会言论自由，未按法律程序，不得拘捕臣民，必须定期召开议会。这些法令的意义在于限制王权，扩大议会的权力。其结果是把实际权力转移到了议会手中，确立了议会权力高于王权，司法权独立于王权的原则，从而奠定了君主立宪制的法律基础。

[4] 至今还保留有君主政体的还有不少国家，如：①亚洲的马来西亚、科威特、约旦、阿曼、卡塔尔、巴林、沙特阿拉伯、柬埔寨、不丹、日本、泰国、文莱等；②欧洲的英国、卢森堡、挪威、瑞典、西班牙、丹麦、荷兰、比利时、摩纳哥、安道尔、列支敦士登等；③非洲的摩洛哥、莱索托、斯威士兰等；④大洋洲的汤加。

[5] 戊戌变法又称百日维新，是指1898年6月11日至9月21日维新派人士通过光绪帝进行倡导学习西方，提倡科学文化，改革政治、教育制度，发展农、工、商业等的政治改良运动。甲午战争后，帝国主义掀起了瓜分中国的狂潮，纷纷在各地开设租借，抢夺资源。以康有为、梁启超为代表的改良派（又称维新派）发动了具有爱国救亡意义的变法维新运动，他们幻想在不推翻封建统治的前提下，实行变法维新，通过改良使中国走上资本主义道路。戊戌变法因损害到以慈禧太后为首的守旧派（顽固派）的利益而遭到强

烈抵制与反对。1898年9月21日慈禧太后等发动戊戌政变，光绪帝被囚至中南海瀛台，康有为、梁启超分别逃往法国、日本，戊戌六君子谭嗣同、康广仁、林旭、杨深秀、杨锐、刘光第被杀，历时103天的变法失败。戊戌变法是中国近代史上一次重要的政治改革，也是一次思想启蒙运动，促进了思想解放，对社会进步和思想文化的发展，促进中国近代社会的进步起了重要推动作用。

[6] 据统计，从1949年至1966年17年间，中国人民政治协商会议、全国人民代表大会及其常务委员会制定的纲领、宪法和法律，只有34件，其他均为条例、简则、决议、决定等。参见吴大英、刘瀚等《中国社会主义立法问题》，群众出版社1984年版，第242页。

[7] 辽宁拉票贿选案是指在2011年辽宁省委常委换届选举和2013年辽宁省两会换届辽宁省全国人大代表选举、第十二届辽宁省人大常委会副主任选举搞拉票贿选等非组织活动涉嫌破坏选举犯罪等系列案件。2016年9月17日，辽宁省第十二届人民代表大会第七次会议筹备组发布公告称，辽宁省第十二届人民代表大会第一次会议选举全国人大代表过程中，有45名当选的全国人大代表拉票贿选，有523名辽宁省人大代表涉及此案。2017年3月28日至30日，沈阳、鞍山、抚顺15个基层法院分别对辽宁41名涉拉票贿选人员作出一审宣判。辽宁拉票贿选案是中华人民共和国成立以来查处的第一起发生在省级层面、严重违反党纪国法、严重违反政治纪律和政治规矩、严重违反组织纪律和换届纪律、严重破坏人大选举制度的重大案件，是对人民代表大会制度的挑战，是对社会主义民主政治的挑战，是对国家法律和党的纪律的挑战，触碰了中国特色社会主义制度底线和中国共产党执政底线。依纪依法彻查和处理辽宁拉票贿选案，充分体现了中央坚定不移推进全面依法治国、全面从严治党的鲜明态度和坚定决心，维护了人民代表大会制度的权威和尊严，维护了社会主义法治的权威和尊严。

[8] 衡阳破坏选举案是一起严重的以贿赂手段破坏选举的违纪违法案件。2012年12月28日至2013年1月3日，衡阳市召开第十四届人民代表大会第一次会议，出席会议的代表527名（本届人民代表大会共有529名代表，有2名代表因故未出席会议），从93名代表候选人中差额选举产生76名湖南省人大代表。会议期间，部分候选人为当选湖南省人大代表送钱拉票，造成对代表选举工作的严重破坏。从2013年2月开始，就有群众陆续向中央有关部门、中共湖南省委及相关部门举报，引起了中共湖南省委的高度重视。中共湖南省委随即要求中共湖南省纪委调查。中共湖南省纪委经过初步调查，

获取了部分市人大代表在市人大会议期间收受湖南省人大代表候选人送钱送物的情况和证据。4月上旬，中共湖南省委听取了案件初步调查情况汇报，认为案情重大，性质严重，必须彻底查清，给社会一个交代、给人民一个交代；要求办案机关一定要以事实为根据，以法律为准绳，坚决严肃、扎实稳妥地做好案件查处工作，把此案办成经得起人民和历史检验的铁案。中共湖南省委成立了由中共湖南省委主要领导任组长的衡阳破坏选举案调查处理工作领导小组，中共湖南省纪委成立了专案组。6月中旬，专案组赴衡阳市开展全面调查，获取了大量书证、物证，基本查清了案件事实：衡阳破坏选举案共有56名当选的湖南省人大代表存在送钱拉票的行为，涉案金额达1.1亿余元人民币，有518名衡阳市人大代表和68名工作人员收受钱物。涉案钱物已退缴到位。经调查认定，衡阳破坏选举案涉嫌违反党纪政纪已被立案调查的有466人。本次给予纪律处分409人，由纪检监察机关按照管理权限和程序进行处理；暂缓给予纪律处分的57人，其中39人已移送检察机关立案侦查，18人需进一步审查甄别。对在调查过程中发现的其他关联人员涉嫌违纪的，将由湖南省纪委指导衡阳市纪委调查处理。

[9] 2011年10月，时任仪陇县委书记杨建华通过拉票贿选当选南充市委常委。2015年9月15日四川省对涉案人员全部作出严肃处理。杨建华被判处有期徒刑20年，时任南充市委书记刘宏建犯玩忽职守罪，被判有期徒刑3年。此次南充拉票贿选案涉案金额达1671.9万元，所涉477人全部受到严肃处理，其中被"双开"并移送司法机关的33人，受党纪政纪处分的共344人。

[10] 全国共有各级人民代表大会48462个，其中，全国人大1个，省、直辖市、自治区人大31个（不包括香港特别行政区、澳门特别行政区和台湾省），地级（市、盟）人大335个，市辖区人大727个，县（旗）人大2141个，乡镇人大45227个；共有人大代表330多万人。据统计，1993年至2000年3月，全国人大代表共向全国人大及其常委会提出议案5864件，提出建议、批评和意见21352件，较好地履行了全国人大代表的职责。资料来源：李铁映：《论民主》，人民出版社、中国社会科学出版社2001年版，第176页。

第六章

人民政治协商制度

人民政治协商制度，是指在中国共产党的领导下，各政党、人民团体、少数民族和社会各界的代表，以中国人民政治协商会议为组织形式，经常就国家的大政方针进行民主协商的一种制度。它是中国共产党将马克思主义的统一战线理论同中国的具体实际相结合的产物，是中国共产党与各民主党派和社会各界人士长期团结奋斗的重大理论成果和实践成果。它是中国的一项基本政治制度，是中国特色社会主义政治制度的重要组成部分。

一 中国特色的基本政治制度

（一）人民政协制度的创立

人民政治协商制度伴随着中国人民政治协商会议的产生而产生。它是中国共产党统一战线的伟大胜利，是中国人民进行长期革命斗争的必然结果。

抗日战争胜利前夕，中国正处在"向何处去"的历史关口。国共两党几乎在同一时期召开了全国代表大会。中共七大从1945年4月23日开至6月11日，国民党"六大"则从1945年5月5日开至21日。毛泽东在中共七大上作《论联合政府》的报告，响应全国人民和社会各界人士的强烈要求，呼吁结束国民党反动派的独裁统治，提出"在广泛的民主基础之上，召开国民代表大会，成立包括更广大范围的各党各派和无党无派代表人物在内的同样是联合性质的民主的正式的政府，领导解放后的全国人民，将中国建设成为一个独立、自由、民主、统一和富强的新国家。一句话，走团结和民主的路线，打败侵略者，建设新中国"[①] 的正确主张。提出"民主的联合政府"，显

[①] 毛泽东：《论联合政府》（1945年4月24日），《毛泽东选集》第3卷，人民出版社1991年版，第1029—1030页。

然是对国民党一党专政的挑战,国民党"六大"很快就作出强烈的反应,坚决拒绝中共建立联合政府的建议,决定于11月12日召开"国民大会"。蒋介石还在政治总报告中说:"今天的中心工作在于消灭共产党!日本是我们外部的敌人,中共是我们国内的敌人!"

从1945年1月以来,国民党军队一直没有放松对中共武装力量的打压。国共之间剑拔弩张的架势吓坏了中间人士,他们担心大规模内战发生。黄炎培与褚辅成、冷遹、左舜生、傅斯年、章伯钧、王云五等7名参政员于6月2日致电毛泽东、周恩来,希望国共继续商谈,从速完成团结。中共中央十分体谅他们的良苦用心,于16日复函,恳切表示出和平的意愿,"倘因人民渴望团结,诸公热心呼吁,促使当局醒悟,放弃一党专政,召开党派会议,并立即实行最迫切的民主改革,则敝党无不乐于商谈。"电报还邀请他们前往延安。7月1日,黄炎培等6人从重庆起程飞赴延安(临走那天,王云五病了,未能成行)。他们去延安考察,不是以国民参政会参政员的名义,也不是以党派的名义(褚辅成、左舜生、章伯钧分别属于国民党、青年党、中华民族解放行动委员会),而是以个人的名义。中共中央对和平表示出积极态度,甚至作出一定的妥协,准备在万不得已的情况下,只要国民党改变反共政策,可以考虑承认"独裁加若干民主"的解决方式。1945年8月5日,中国民主同盟发表《在抗战胜利声中的紧急呼吁》,提出"民主统一,和平建国"的口号,抗战胜利是"中国建立民主国家千载一时的机会",民盟的任务"就是研讨怎样把握住这个千载一时的机会,实现中国的民主,把中国造成一个十足道地的民主国家"。黄炎培等6人从延安回到重庆后,把中共方面关于国共商谈的意见向国民党最高当局"很坦白地据实报告",完成了在国共之间传递信息的使命。黄炎培还与胡厥文、章乃器、施复亮、李烛尘等共同筹备组织中国民主建国会,宣称愿"以纯洁平民的协力,不右倾,不左袒,替中国建立起来一个政治上和平奋斗的典型",主张对美苏采取平衡政策,对国共取调和态度,要求政治民主、经济和思想自由。第三党负责人章伯钧向记者发表谈话,要求国民党"立即结束党治,实行民主,给人民以民主权利,并承认现有一切抗日民主党派合法地位"。针对社会各界的呼声,国民党蒋介石表示愿意谈判。而对于谈判,国共两党均有自己的目的。谈判之前,蒋介石军队由于抗战大多退回西北、西南地区,共产党还没做好打内战的准备,谈判可以拖延时间,调动军队。如果共产党不去,蒋介石就可以说共产党拒绝和平谈判,从而发起内战,责任都在共产党。而当时的共产党对国民党还抱有一定幻想,想尽一切可能争取国内和平,希望可以实现和平、民主的建国目标，同时通过谈判揭穿国民党蒋介石的假和平的阴谋。

在第二次世界大战中崛起的美国，企图建立由美国主宰的世界秩序。美国对华政策的目标是建立一个表面上保持独立，实际上听命于美国的中国，以便"遏制"苏联。因此，从第二次世界大战后期起，美国的对华政策由"援华抗日"转变为"扶蒋反共"。苏联为避免爆发新的战争，保持其远东的安宁环境，在诸多问题上采取妥协退让政策，承认美国在远东的领导地位，支持在蒋介石的领导下统一中国，并于1945年8月14日签订了《中苏友好同盟条约》。苏联领导人一方面防止美国插手中国东北，一方面向国民政府表示，中共没有能力领导统一中国，只承认并支持国民政府这个"唯一合法政府"，甚至向中共表示，"如果打内战，中华民族有毁灭的危险。"

1945年8月28日，毛泽东率领中共代表团飞抵重庆，和国民党开展了艰难的"重庆谈判"。同年10月10日，国民党终于在《政府与中共代表会谈纪要》（即《双十协定》）上签字。重庆谈判的举行和《双十协定》的签订，在中国革命史上留下了深远影响，它表明国民党方面承认了中共的地位，承认了各党派的会议，不但使中共关于和平建设新中国的政治主张被全国人民所了解，而且为今后国共两党关系的发展留下了宝贵的历史经验。重庆谈判的破产是不可避免的历史结局，但它公开提出的政治民主化、军队国家化、党派平等合法化的三条原则是辛亥革命以来中国政治实践经验教训的真实总结。

1945年11月27日，美国任命马歇尔将军以总统特使身份赴华"调处"国共争端。美国总统杜鲁门在交给马歇尔的训令中规定：一方面，要他"运用美国的影响"，"努力说服中国政府，召开一个包括主要党派的代表所组成的全国会议，以获致中国之统一"；另一方面，要继续从各方面支持和扶助国民党政府，立即帮助它将军队运到东北，并做好运往华北的准备。12月15日，马歇尔起程来华。同日，杜鲁门总统发表美国对华政策声明，表示赞成中国"召开全国主要政党代表的国民会议，以谋早日解决目前的内争——以致获中国之统一"。他认为国民政府是一党专政，"假使这个政府扩大其基础，容纳国内其他政治力量的分子，那么中国的和平、团结和民主的改革才能推进"，但同时又强调："自主性的军队例如共产党军队那样的存在，乃与中国政治团结不相符合，且实际上使政治团结不能实现。广泛代议制政府一经设立，上述自治性的军队及中国的一切武装部队，应有效地合成为国民军。"声明还表示："当中国由上述的途径走向和平与团结的时候，美国准备用各种合理的办法，来协助国民政府复兴中国，改进农业和工业经济，并建立一个力促对维持和平和秩序尽其本国及国际责任之军事组织。"①

1945年12月27日,苏、美、英三国外长莫斯科会议发表关于中国问题的公报,在重申"不干涉中国内部事务之政策"前提下,宣称"在国民政府下,有一统一民主之中国,国民政府各级机构中民主党派之广泛参与以及内部冲突之停止,均属必要"。②

中共中央对美国的基本立场和关于召开中国各党派会议的主张,作了认真分析,认为"虽然美国政策在基本上仍然是扶助蒋介石的(这是美国一贯政策,罗斯福亦如此,我们不可存幻想)",但"美国政策的这些变动,对中国人民要求和平民主的当前斗争是有利的"。③

1946年1月10日,中共代表同国民党政府代表正式签订停战协定。同日,双方下达于1月13日午夜生效的停战令。根据停战协定,在北平设立由国民党、共产党和美国三方各一名代表所组成的军事调处执行部,负责监督执行停战协定。停战协定的签订和实施,在一定程度上限制了国民党军队的调动和向解放区的进攻,因而有利于人民。但是,国民党方面在美国的授意下坚持在停战协定中将东北地区排除在外,表明国民党蓄意在东北大打。蒋介石在下达停战令前后密令军队"迅速抢占战略要点",彻底暴露了其对停战的虚伪态度。

1946年1月10日至31日,国民党政府在重庆举行了政治协商会议(即"旧政协")。政协会议的中心议题,是关于政治民主化和军队国家化的问题。参加政治协商会议的代表共38名,其中国民党代表8名,共产党代表7名,中国民主同盟代表9名,无党派代表9名,中国青年党代表5名。国民党及其追随者(从民主同盟中分离出来的青年党)代表大地主、大资产阶级的利益。民主同盟代表民族资产阶级、小资产阶级及其知识分子的利益。无党派人士中以代表中间势力者居多。中共同以民盟为代表的中间派,在反对国民党一党专政、反对内战、要求和平民主这些基本问题上,有许多共同点。在会议召开之前,民盟代表同中共代表约定:双方携手合作,互相支持。会议期间,中共代表经常同民盟代表和无党派民主人士在会下磋商,在一系列问题上和他们采取联合行动。这个会议通过了五项协议:①政府组织案;②和平建国纲领案;③国民大会案;④宪法草案案;⑤军事问题案。这些协

---

① 《新华日报》1945年12月17日。
② 《国际条约集》(1945—1947),世界知识出版社1959年版,第125—126页。
③ 《中央关于美国对华政策的变动和我党对策的指示》(1945年12月19日),中央档案馆编:《中共中央文件选集》第15册,中共中央党校出版社1991年版,第494页。

议的通过，是中国共产党同各民主党派、民主人士亲密合作，并同国民党中坚持民主进步的人士共同努力的结果。这些协议有利于人民而不利于国民党反动派的独裁统治，是"中国民主革命一次伟大的历史胜利"，"由于这些决议的成立及其实行，中国在全国范围内即将开始脱离国民党一党专政，而走上国家制度民主化的第一步"。[1]

对于停战协定和政协协议，中国共产党决心严格遵守和履行。中国共产党的这种真诚态度，受到各民主党派和社会各界人士的普遍赞扬。但是，国民党政府一方面表示承认这些协定协议，企图利用这些协议来进行和平欺骗，另一方面则积极备战，在美国大量的经济和军事援助下，准备发动全国规模的内战。停战协定和政协协议，被国民党统治集团彻底撕毁。中国人民在中国共产党的领导下，进行了伟大的人民解放战争。

在人民解放战争由战略防御转向战略进攻的大好形势下，1947年12月25日，中共中央指出："中国新民主主义的革命要胜利，没有一个包括全民族绝大多数人口的最广泛的统一战线，是不可能的。不但如此，这个统一战线还必须是在中国共产党的坚强的领导之下。没有中国共产党的坚强领导，任何革命统一战线也是不能胜利的。"[2] 1948年4月底，中共中央发布了纪念"五一"国际劳动节口号，号召"各民主党派和各民主团体及社会贤达，迅速召开新的政治协商会议，讨论并实现召集人民代表大会，成立民主联合政府"。"五一"口号一提出，立即得到各民主党派、各人民团体、无党派人士、各少数民族和海外华侨的热烈响应。1948年8月始，代表各民主党派和各民主阶层的人士，从全国各地和海外陆续来到解放区。大批民主党派领导人、工商业家、文化界人士，纷纷从西南、西北、华中、上海等地转到香港，再经青岛、大沽、大连，然后到河北省平山集合。1949年3月，毛泽东在中共七届二中全会上宣布，召开新的政治协商会议和成立民主联合政府的一切条件已经成熟。1949年6月15日至19日，新政协筹备会在北平召开了第一次会议，中国共产党等23个单位的134位代表参加，选出毛泽东、朱德、李济深等21人组成筹备会常务委员会。常委会推选毛泽东为主任，周恩来、李济深、沈钧儒、郭沫若、陈叔通为副主任，李维汉为秘书长（后因病由林伯渠代理）。会议决定在常委会领导下设立六个小组，分别完成下列各项任务：①拟定参加新政协的单位及其代表名额；②起草新政协的组织条例；③起草

---

[1]《延安权威人士在政协会议闭幕时发表的评论》，《解放日报》1946年2月1日。
[2] 毛泽东：《目前形势和我们的任务》（1947年12月25日），《毛泽东选集》第4卷，人民出版社1991年版，第1257页。

共同纲领；④拟定中华人民民主共和国[1]政府方案；⑤起草宣言；⑥拟定国旗、国歌及国徽方案。通过这些小组的工作，迅速完成了召开新政协及建立民主联合政府的工作。1949年9月17日，筹备会召开了第二次会议，基本通过由各小组分头起草的政协组织法草案、共同纲领草案、政府组织法草案等，会议一致通过将新政治协商会议改名为中国人民政治协商会议。

新政协筹备会在中华人民共和国建国史上意义非凡，它解决了中华人民共和国成立初期必须解决的若干重大政治问题：①人民政协和民主党派是否长期存在的问题。有人认为待人民代表大会召开之后，就不再需要人民政协这种组织了；由于各党派团结一致，推动新民主主义很快地发展，党派存在就不会很久了。在中国共产党的领导下，经过充分讨论和协商，最后达成共识："在普选的全国人民代表大会召开以后，政协会议还将对中央政府的工作起协商、参谋和推动的作用。"① ②共同纲领中是否明确规定社会主义前途的问题。经过讨论后认为，这个前途是肯定的，毫无疑问的，但应该经过解释、宣传，特别是让实践来向全国人民证明这是中国唯一最好的前途，"所以现在暂时不写出来，不是否定它，而是更加郑重地看待它。"② ③国家的名称问题。通过征求各种意见并协商，最后确定为"中华人民共和国"。

1949年9月21日至30日，中国人民政治协商会议第一届全体会议在北平召开。参加会议的代表分为党派、区域、军队、团体、特邀等五大类，前4类共45个单位，其中正式代表510人，候补代表77人；连同特邀代表75人在内，共46个单位662人。其中，中共党员占44%，非共产党员占56%，包括民主党派成员约占30%，工农代表和无党派人士共占26%。这次会议代表的特点是：具有政治上的先进性和极其广泛的代表性；既坚持扩大与巩固统一战线，又保证共产党的领导，实现共产党同各方面人士的合作。这次政协会议代表全国各族人民的意志，代行全国人民代表大会职权，通过三个重要法案：①《中国人民政治协商会议共同纲领》。《共同纲领》是全体代表在总结了中国人民百年来反对帝国主义、封建主义和官僚资本主义的革命斗争经验的基础上，制订出来的一部新民主主义的建国纲领。它除了序言以外，共分7章60条，包括总纲、政权机关、军事制度、经济政策、文化教育政策、民族政策和外交政策。它确定了新中国的国体和政体，决定了国家当时在各个方面的重大方针政策。它在中华人民共和国成立初期具有临时宪法的

---

① 《周恩来统一战线文选》，人民出版社1984年版，第146页。
② 《周恩来统一战线文选》，人民出版社1984年版，第147页。

作用,是全国各党派、团体和社会各界人士共同的行为准则。②《中华人民共和国中央人民政府组织法》。它规定"中华人民共和国的政府是基于民主集中制原则的人民代表大会制的政府",确定了中央人民政府委员会、政务院、人民革命军事委员会、最高人民法院和最高人民检察署等政府机构的设置,并明确提出"在普选的全国人民代表大会召开前,由中国人民政治协商会议的全体会议执行全国人民代表大会的职权"。③《中国人民政治协商会议组织法》。它规定了参加人民政治协商会议的单位和代表产生的办法,规定了人民政治协商会议的职权以及它在全国人民代表大会召开后将继续发挥其统一战线组织的作用。这次政协会议宣告了中华人民共和国的成立,选举了中国人民政治协商会议全国委员会,选举了中华人民共和国中央人民政府委员会,选举毛泽东为中央人民政府委员会主席,朱德、刘少奇、宋庆龄、李济深、张澜、高岗为副主席,周恩来、陈毅等56人为委员。这次会议作出了四个重要决议:①确定五星红旗为中华人民共和国国旗;②确定《义勇军进行曲》为中华人民共和国代国歌;③决定改北平为北京,确定北京为中华人民共和国首都;④决定采用公元纪年。第一届中国人民政治协商会议第一次全体会议是"新民主主义运动的一次总结"①,这标志着100多年来中国人民争取民族独立和人民解放运动取得了历史性的伟大胜利,标志着爱国统一战线和全国人民大团结在组织上完全形成,标志着中国共产党领导的多党合作和政治协商制度正式确立。

(二) 人民政协制度的发展

人民政协制度创立至今,大致可分为中华人民共和国成立初期、"五四宪法"时期、"文化大革命"时期、改革开放以来这四个阶段。每个阶段政协工作的重点随着党和国家中心任务的变化而变化。

1. 中华人民共和国成立初期(1949年9月—1954年9月)

中国人民政治协商会议虽然不是国家机关,但是由于中华人民共和国成立初期特殊的历史条件,作为国家最高权力机关的全国人民代表大会尚未建立,按照《共同纲领》规定,中国人民政治协商会议全体会议代行全国人民代表大会的职权。政协组织法规定,政协全体会议闭幕后,设立政协全国委员会。其职权主要有:保证实行政协全体会议及全国委员会的决议;协商并提出对中央人民政府的建议案;协助政府动员人民参加人民民主革命及国家

---

① 《周恩来统一战线文选》,人民出版社1984年版,第135页。

建设的工作；协商并决定下届政协全体会议的参加单位、名额及代表人选，并召集之；指导地方民主统一战线的工作；协商并处理其他有关政协内部合作的事宜等。政协全国委员会不同于政协全体会议，它不代行全国人大的职权。

第一届政协全国委员会（全国政协）一共召开了四次会议。第一次会议选举毛泽东为政协全国委员会主席，周恩来、李济深、沈钧儒、郭沫若、陈叔通为副主席，选举28人为全国委员会常务委员，李维汉为秘书长。从第一次到第四次会议，先后通过了"以十月一日为中华人民共和国开国的国庆纪念日"的建议案，请中央人民政府采纳实施；中华人民共和国土地改革法草案，建议中央人民政府委员会审核通过后颁布实施；中华人民共和国国徽图案，建议中央人民政府采用；关于抗美援朝的决议等，并听取了中央人民政府、政务院、最高人民法院、人民革命军事委员会等国家机关的政治报告或工作报告。会议期间还逐步建立了政协全国委员会的一系列工作机构和工作制度。

在这一阶段，人民政协协助政府做了不少工作。譬如，贯彻执行对资本主义工商业的利用、限制、改造的政策；协助政府动员人民开展土地改革、镇压反革命和在党政机关工作人员中开展的"三反"（反贪污、反浪费、反官僚主义）运动、在私营工商业者中"五反"（反行贿、反偷税漏税、反盗骗国家财产、反偷工减料、反盗窃国家经济情报）运动；推动和组织各界人士赴朝鲜慰问中国人民志愿军，并为和平解决朝鲜问题作出努力；积极开展维护世界和平、促进国际合作的活动；帮助知识分子在实践中进行自我教育和自我改造，为召开全国人民代表大会作准备等。总之，在中华人民共和国成立初期的5年里，人民政协对团结全国各族人民反对国内外敌人，实现和巩固国家的统一，恢复和发展国民经济，实现从新民主主义到社会主义的转变，巩固人民民主专政，发展人民民主统一战线，发挥了极其重要的作用。

2. "五四宪法"时期（1954年10月—1966年5月）

1953年7月，中共中央召开第四次全国统战会议，针对当时有人怀疑甚至否定人民政协在全国人大召开之后还应该保留和坚持的问题，强调做好统一战线工作，使人民民主统一战线得到巩固和发展，是顺利推进社会主义各项事业的必要条件。会议明确指出，统一战线不但必须坚持，而且还应加强；人民政协不但不应取消，而且还应进一步巩固和加强。1954年9月，第一届全国人民代表大会第一次会议在北京召开，并通过了《中华人民共和国宪法》。从此，人民政协不再代行国家权力机关的职权，但作为中国共产党领导的统一战线组织将继续发挥作用。从此，人民政协进入新的历史发展阶段。

1954年12月，第二届全国政协第一次会议制定了《中国人民政治协商会议章程》。《章程》总纲中明确指出，今后中国人民政治协商会议作为团结全国各族人民、各民主阶级、各民主党派、各人民团体、国外华侨和其他爱国民主人士的人民民主统一战线的组织，仍然需要存在。《章程》还规定了人民政协的组织总则，全国委员会、地方委员会的设置以及上下级关系等内容。这次会议以及1959年4月、1964年12月先后召开的第三、四届全国政协的第一次会议均选举毛泽东为全国政协名誉主席，周恩来为全国政协主席。1954年10月17日，第二届全国政协筹备会议召开，毛泽东在分组讨论的情况简报上再次充分肯定人民政协的重要性和必要性，并在10月19日的座谈会上指出："人民代表大会是权力机关"，"人大的代表性当然很大，但它不能包括所有方面"，"有了人大，并不妨碍我们成立政协进行政治协商"。[①] 这一时期，全国政协前后经历了第二届、第三届、第四届，全国政协委员人数从二届时的559人增加到三届时的1071人，四届时的1199人。

在周恩来的直接领导和李维汉的具体主持下，全国政协积极开展各项工作，在国家建设的各个方面发挥了应有作用。譬如，协助政府实现过渡时期的总路线，推动资本主义工商业、农业、手工业的社会主义改造；开展政协委员视察工作；推动和贯彻党的知识分子政策以及"长期共存、互相监督"方针；调整统一战线内部关系以及团结和调动一切积极因素为社会主义事业服务等。同时，努力尝试开拓人民政协民主自由、生动活泼的政治局面。[②] 但是，从1957年起，由于反右运动的扩大化，人民政协工作受到了"左"的错误思潮的影响，并且愈演愈烈。1963年至1965年间在意识形态领域开展错误的政治批判，不仅减少了政协各工作组的活动，而且严重破坏了"百花齐放、百家争鸣"的精神氛围。

3. "文化大革命"时期（1966年6月—1976年10月）

这一时期人民政协的工作同党和国家的其他工作一样，遭受到了前所未有的挫折和损失。为了保护政协机关免遭冲击，全国政协根据周恩来的指示，于1966年8月30日零时起停止办公。各级政协也被迫陷于瘫痪，有的甚至被"扫地出门"，连会址也被占用。十年动乱中，大批政协委员和各界爱国人士遭到打击和迫害，政协制度和统一战线被严重破坏。"文化大革命"期

[①] 《建国以来毛泽东文稿》第4册，中央文献出版社1990年版，第633页。
[②] 参见《李维汉选集》，人民出版社1987年版，第452—456页。

间，周恩来采取了大量措施保护了各界民主人士。直到1971年底，人民政协工作才局部恢复。

4. 改革开放以来（1976年10月—）

这个阶段是人民政协终于走上了健康发展轨道，政协工作逐步正规化、制度化。

1977年12月，第四届全国政协常务委员会举行第七次扩大会议，讨论中共中央提出的在召开第五届全国人大的同时，召开第五届全国政协会议的建议。这次会议为顺利召开新时期以来第一届全国政协会议作了重要准备。

1978年2月，第五届中国人民政治协商会议全国委员会第一次会议在北京召开，标志着中断十年之久的政治协商制度正式恢复。第五届全国政协委员一共1988人，比上届委员人数增加了三分之二，代表了八个民主党派的委员（不包括代表其他方面的民主人士成员）有245名，占13%。这次会议选举邓小平为全国政协主席，并通过了新的章程。新的章程进一步阐明了人民政协的性质和新的历史阶段的任务，规定了自愿学习的原则和坚持"双百方针"的精神，在政协历史上第一次将"政治协商"和"民主监督"作为政协主要职能。

1978年12月中共十一届三中全会召开以后，中国进入改革开放的新时代，对国家各个方面的工作提出了新的要求。1979年10月19日，邓小平在全国政协、中共中央统战部宴请出席各民主党派和全国工商联代表大会代表讲话时强调："在我国新的历史时期，我们的革命的爱国的统一战线也进入了一个新的历史发展阶段。统一战线仍然是一个重要法宝，不是可以削弱，而是应该加强，不是可以缩小，而是应该扩大。它已经发展成为全体社会主义劳动者、拥护社会主义的爱国者和拥护祖国统一的爱国者的最广泛的联盟。新时期统一战线的任务，就是要调动一切积极因素，团结一切可以团结的力量，为在本世纪内把我国建设成为现代化的社会主义强国而共同奋斗，还要为促进台湾回归祖国，完成祖国统一大业而共同努力。"① 1982年12月第五届全国人大第五次会议通过了《中华人民共和国宪法》，第一次以根本大法的形式肯定了爱国统一战线和人民政协的性质、地位和作用。同时举行的第五届全国政协第五次会议通过了人民政协的第三部章程。这部章程反映了新时期统一战线的基本方针政策，规定了新时期人民政协的性质、作用、任务

---

① 邓小平：《各民主党派和工商联是为社会主义服务的政治力量》（1979年10月19日），《邓小平文选》第2卷，人民出版社1994年版，第203页。

和组织原则，为健全政治协商制度、全面开创人民政协工作的新局面发挥了重要作用。此后，人民政协在参政议政、协助执政党和政府落实政策和为四个现代化建设服务等方面作出了重要贡献。

1983年6月，召开了第六届全国政协第一次会议。第六届全国政协委员共2039人，组成单位增加到31个。委员的构成比第五届有了很大变化和发展，主要体现在：①共产党员的比例从60%降到40%，非共产党员占了大多数；②知识分子数量大幅度增加，而且选入了一批在四化建设中作出显著成绩的比较年轻的代表人物；③台胞联谊会和港澳同胞新增为政协的参加单位，台湾和港澳爱国同胞的委员人数是历届政协中最多的；④委员中有台湾国民党当局在大陆上的爱国亲属，有著名历史人物的后裔，有为中国革命和建设事业长期工作的中国籍的国际友人。这个崭新阵容，生动体现了中国社会主义建设事业的新发展以及中华民族的大团结和大统一。这次会议选举邓颖超为全国政协主席。此后，人民政协在推动社会主义精神文明建设、贯彻"一国两制"和开展人民外交等方面作了大量有益工作。

1988年3月，召开了第七届全国政协第一次会议。本届全国政协委员共2081人。这次会议民主气氛浓厚，许多委员对人民关心的物价、教育、科技、社会风气等问题畅所欲言，对政府工作中的缺点直言不讳地提出批评，体现了强烈的参政议政的政治热情。这次会议选举李先念为全国政协主席。1989年12月30日，中共中央在广泛征求各民主党派等各方面意见的基础上颁布了《中共中央关于坚持和完善中国共产党领导的多党合作和政治协商制度的意见》。《意见》再一次强调"人民政协是我国爱国统一战线组织，也是共产党领导的多党合作和政治协商的一种重要组织形式。人民政协应当成为各党派、各人民团体、各界代表人物团结合作、参政议政的重要场所"。这对于坚持中共十三大提出的"一个中心、两个基本点"党的基本路线，推进社会主义民主政治建设，维护社会安定团结，发展最广泛的爱国统一战线，坚持和完善政协制度，具有重要的现实意义和深远的历史影响。

1993年3月，召开了第八届全国政协第一次会议。本届全国政协委员共2093人，委员构成有如下特点：①为适应经济建设和改革开放的需要，增加了由82人组成的经济界；②保证新老合作和交替。这届委员中，上届留任1040人，新委员1053人，委员平均年龄下降了4岁。③代表性更加广泛。中共党员831名，民主党派成员和其他方面人士1262名。民族成分由46个增加到56个，少数民族委员增加了19名。港澳同胞、台湾同胞和海外华侨的比例大幅度增加。④委员知识层次有了更大提高。一大批专家、学者、能人，特别是中青年科技业务骨干进入了政协"人才库、智力库"。首次增加了非公有制经济的代表。全体委员中大专学历以上1321人，占63.2%，有高级职称的1175人，占56.1%。这次会议选举李瑞环为全国政协主席。此后，政协围绕经济建设这个中心，在集中民情民意民智的基础上，对国家一系列重大决策提供了有力支持，为香港顺利回归作出了重要贡献，并努力推进政协工作规范化、制度化，逐步形成了新形势下的工作机制。本届全国政协在广泛征求各界意见的基础上于1994年修改了《中国人民政治协商会议章程》，在政协职能方面除原来的"政治协商"和"民主监督"外增加了"参政议政"，并进一步完善了章程的各项规章制度。此外，还修订了《中国人民政治协商会议全国委员会常务委员会工作规则》《中国人民政治协商会议全国委员会专门委员会通则》等规章制度。1998年1月，第八届全国政协常委会第二十三次会议协商通过了第九届全国政协的组成单位和名单，新一届政协委员包括34个界别，共2196人，为人民政协跨世纪发展作了必要准备。

1998年3月，召开了第九届全国政协第一次会议。李瑞环再次当选全国政协主席。与会委员对经济和社会发展中存在的若干重大问题深表关注，并就稳定和加强农业、深化国有企业改革、推进下岗职工的再就业工程、防范和化解金融风险、改善社会风气和社会治安状况、遏制腐败现象蔓延滋长以及大力发展科技教育文化事业等问题，提出了建设性的意见和建议。在深化经济体制改革、发展社会主义市场经济的条件下，积极稳妥地进行政府机构改革十分必要。搞好机构改革，是完善中国共产党和国家领导制度的重要措施，也是政治体制改革的重要内容。希望通过改革，逐步建立起适应社会主义市场经济体制的办事高效、运转协调、行为规范的有中国特色的行政管理体制。1997年香港顺利回归祖国并保持繁荣稳定的局面，标志着"和平统一、一国两制"方针的巨大成功。与会委员支持政府为实现澳门的平稳过渡、顺利交接和繁荣稳定所作的一切努力，热切期待1999年澳门的回归。希望台湾当局认真回应中国共产党的郑重呼吁，及早进行政治谈判，由两岸中国人自己解决祖国的统一问题。会议号召，人民政协的各级组织和参加政协的各党派、各团体和各族各界人士，高举邓小平理论伟大旗帜，坚持社会主义初级阶段的基本路线和纲领，切实履行政治协商、民主监督、参政议政的职能，努力团结一切可以团结的力量，调动一切积极因素，齐心协力，扎实工作，为把建设有中国特色社会主义的伟大事业全面推向21世纪而努力奋斗。

第十届全国政协委员共2238人，2003年1月23日由第九届全国政协常委会第 20 次会议通过产生。2003 年 3 月，召开了第十届全国政协第一次会议。贾庆林当选全国政协主席。会议认为，中国共产党领导的多党合作和政治协商制度是国家一项基本政治制度。人民政协要围绕完成中共十六大提出的各项任务，切实履行政治协商、民主监督和参政议政职能，巩固和发展民主团结、生动活泼、安定和谐的政治局面，为促进社会主义物质文明、政治文明和精神文明建设，不断推进中国特色社会主义伟大事业做出应有的贡献。加快推进社会主义现代化、实现全面建设小康社会奋斗目标的有利条件很多，但也存在着不容忽视的困难和问题。面对复杂多变的国际形势和艰巨繁重的国内建设任务，必须居安思危，增强忧患意识；必须始终保持谦虚谨慎、不骄不躁、艰苦奋斗的作风，团结一致，奋发进取，集中力量把国家建设好。香港和澳门回归祖国，丰富了"一国两制"的理论和实践，充分证明"一国两制"的方针是正确的，具有强大的生命力。早日实现祖国的完全统一，事关中华民族的根本利益，是包括广大台湾同胞在内的全体中华儿女的共同愿望。与会委员坚决拥护"和平统一、一国两制"的基本方针和现阶段发展两岸关系、推进祖国和平统一进程的八项主张，坚决支持在一个中国原则基础上恢复两岸对话与谈判，加强两岸人员的往来和经济文化等领域的交流，实现两岸直接通邮、通航和通商，坚决反对任何旨在分裂祖国的言行。和平与发展仍是当今时代的主题。维护和平，促进发展，事关各国人民的福祉，是各国人民的共同愿望，也是不可阻挡的历史潮流。世界多极化和经济全球化趋势在曲折中发展。中国面临的国际环境依然是机遇大于挑战，但国际形势中的不确定因素有所增加。参加人民政协的各党派团体和各族各界人士，坚决支持中国政府奉行独立自主的和平外交政策，反对各种形式的霸权主义和强权政治，反对一切形式的恐怖主义。人民政协的各参加单位、各级组织和广大委员，围绕团结和民主两大主题切实履行职能，解放思想，实事求是，与时俱进，开拓创新，为实现中共十六大提出的全面建设小康社会的目标，为实现中华民族的伟大复兴而努力奋斗。

  第十一届全国政协委员共 2237 人，2008 年 1 月 25 日由第十届全国政协常委会第 20 次会议通过产生。2008 年 3 月，召开了第十一届全国政协第一次会议。贾庆林再次当选全国政协主席。会议认为，要深入学习贯彻中共十七大精神，要深刻理解科学发展观的科学内涵、精神实质、根本要求，坚定不移地走科学发展道路，发挥协调关系、汇聚力量、建言献策、服务大局的重要作用，为实现全面建设小康社会的宏伟目标而不懈奋斗。人民民主是社会主义的生命，必须更高地举起人民民主的旗帜，切实保证国家一切权力属于人民;必须始终坚持中国共产党的领导、人民当家作主、依法治国有机统一,坚定不移地走中国特色社会主义政治发展道路;必须深化政治体制改革,不断适应国家经济社会发展的新形势和保障人民民主权利、维护社会公平正义的新要求。要深刻认识加强和改进政协工作对于发展社会主义民主政治的重要作用,切实加强政治协商、民主监督、参政议政的制度建设,推动政治协商纳入决策程序,完善民主监督机制,提高参政议政实效,为深化政治体制改革、推进社会主义政治制度自我完善和发展作出新的更大贡献。会议就国家经济社会发展中的重要问题和人民群众普遍关心的问题,进行了讨论协商。要广泛宣传改革开放30周年取得的伟大成就,认真总结改革开放的成功经验,深刻领会改革开放是决定当代中国命运的关键抉择,是发展中国特色社会主义、实现中华民族伟大复兴的必由之路,深刻领会只有改革开放才能发展中国、发展社会主义、发展马克思主义,才能切实促进社会公平正义、实现人的全面发展,进一步坚定坚持中国特色社会主义道路、坚持中国特色社会主义理论体系的信心和决心,奋力开拓中国特色社会主义更为广阔的发展前景。要认真总结人民政协伴随改革开放伟大事业一道前进的光辉历程,最大限度地激发参加人民政协的各党派团体和各族各界人士投身改革开放的积极性、主动性、创造性,在改革开放的伟大进程中推动人民政协事业蓬勃发展。要广泛团结海内外中华儿女,为开创两岸关系和平发展新局面、促进中华民族伟大复兴贡献力量。人民政协要继续肩负起时代赋予的使命,必须继承和发扬历届政协的优良传统,坚持中国共产党的领导,坚持团结和民主两大主题,坚持把促进发展作为履行职能的第一要务,坚持把实现好、维护好、发展好最广大人民的根本利益作为工作的出发点和落脚点,坚持推进履行职能的制度化、规范化、程序化,坚持全面加强自身建设,在推动国家各项事业的发展中创造新的辉煌。广大政协委员要珍惜崇高荣誉,常怀爱民之心,常谋富民之策,常为利民之举,努力在人民政协这个大舞台上创造出无愧于时代、无愧于人民的新业绩。

第十二届全国政协委员共2237人,2013年2月1日由第十一届全国政协常委会第20次会议通过产生。2013年3月,召开了第十二届全国政协第一次会议。俞正声当选全国政协主席。会议认为,人民政协要把深入学习贯彻中共十八大精神作为当前和今后一个时期首要政治任务,全面准确地学习领会十八大的鲜明主题、精神实质和战略部署,引导参加人民政协的各党派团体和各族各界人士不断增强中国特色社会主义的道路自信、理论自信、制度自信。要认真学习贯彻十八大关于统一战线和人民政协的新论述新要求,自觉把政协工作放到党和国家工作全局中谋划和推进,不断提高履行职能的成效和水平。坚持走中国特色社会主义政治发展道路,必须坚持中国共产党的领导、人民当家作主、依法治国有机统一,发展更加广泛、更加充分、更加健全的人民民主。社会主义协商民主是中国人民民主的重要形式。要充分发挥人民政协作为协商民主重要渠道作用,认真落实中共中央关于把政治协商纳入决策程序、协商于决策之前和决策之中的规定,协助党委和政府搞好在人民政协同各民主党派、各族各界人士的协商。积极推进政治协商、民主监督、参政议政制度建设,深入进行专题协商、对口协商、界别协商、提案办理协商,不断丰富协商形式,完善民主监督机制,拓宽社会各界有序政治参与的渠道和平台,推进协商民主广泛、多层、制度化发展。会议就中国经济社会发展中的重大问题和人民群众普遍关心的问题,进行了认真协商讨论。要以更大的政治勇气和智慧不失时机地深化重要领域改革,统筹推进经济、政治、文化、科技、社会、生态等方面的体制改革,不断推进中国特色社会主义制度自我完善和发展。坚持"和平统一、一国两制"方针,贯彻两岸关系和平发展重要思想,切实加强与台湾各界的交往、对话、合作,巩固和深化两岸关系和平发展的政治、经济、文化、社会基础,努力促进两岸同胞团结奋斗。进一步开辟渠道、拓展领域、完善机制,深化对外友好交往,大力开展公共外交,积极为促进中国人民和世界人民的友谊作出贡献。要认真贯彻落实中共中央关于改进工作作风、密切联系群众的八项规定,厉行勤俭节约,反对奢侈浪费,坚持廉洁奉公,展现新一届政协的新作风、新气象、新作为。要高举中国特色社会主义伟大旗帜,求真务实,锐意进取,开拓创新,为全面建成小康社会、实现中华民族伟大复兴而共同奋斗。

  第十三届全国政协委员共 2158 人,2018 年 1 月 24 日由第十二届全国政协常委会第 24 次会议通过产生。2018 年 3 月,召开了第十二届全国政协第一次会议。汪洋当选全国政协主席。会议强调,人民政协要把学习贯彻中共十九大精神作为首要政治任务,把学习贯彻习近平新时代中国特色社会主义思想作为重中之重,牢固树立"四个意识",坚定"四个自信",坚持中国共产党的领导,坚决维护习近平总书记的核心地位,坚决维护中共中央权威和集中统一领导。要深入学习贯彻习近平总书记在民盟、致公党、无党派人士、侨联界委员联组会上发表的重要讲话精神,开展纪念中共中央发布"五一口号"70 周年活动,不忘多党合作建立之初心,坚定不移走中国特色社会主义政治发展道路,把最广泛的爱国统一战线巩固好、发展好,把中国共产党领导的多党合作和政治协商制度坚持好、完善好,把人民政协这一政治组织和民主形式的独特优势运用好、发挥好。人民政协要坚持一切活动以宪法为根本准则,切实增强尊崇宪法、学习宪法、遵守宪法、维护宪法、运用宪法的思想自觉和行动自觉。要认真贯彻落实中共中央关于深化党和国家机构改革的决定,自觉服从服务于改革大局,扎实推进全国政协机构改革实施工作。人民政协要认真学习宣传贯彻新修订的政协章程,严格依照章程履行职能,进一步建立健全人民政协制度体系,不断提高工作水平。会议期间,委员们围绕当前年经济社会发展重大问题进行了认真协商讨论,提出了意见建议,以全面深化改革的实际行动庆祝改革开放40周年。赞成中共中央新时代党的建设各项部署,全面贯彻中共十九大和十九届二中、三中全会精神,把习近平新时代中国特色社会主义思想作为统揽各项工作的总纲,把坚持和发展中国特色社会主义作为巩固共同思想政治基础的主轴,把为决胜全面建成小康社会、夺取新时代中国特色社会主义伟大胜利献计出力作为工作主线,围绕"五位一体"总体布局和"四个全面"战略布局,选准议题扎实调研,深入协商集中议政,强化监督助推落实,确保本届政协工作起好步、开好局。人民政协要坚持一致性和多样性统一,找到最大公约数,画出最大同心圆。进一步为民主党派和无党派人士在政协履职创造条件,做好党外知识分子、非公有制经济人士和新的社会阶层人士工作。深化民族团结进步教育,铸牢中华民族共同体意识,促进各民族交往交流交融。坚持宗教的中国化方向,积极引导宗教与社会主义社会相适应。坚持"一国两制"方针,严格依照宪法和基本法办事。坚持一个中国原则,在"九二共识"基础上推动两岸关系和平发展。加强同海外侨胞团结联谊。开展对外友好交往,为推动构建新型国际关系、推动构建人类命运共同体作出贡献。大兴调查研究之风,深入基层、深入群众,把矛盾问题搞清搞透,把意见建议提准实实,做到言之有据、言之有理、言之有度、言之有物,切实解决一些调研议政活动浮于表面、深入实际不够等形式主义问题。加强专门委员会建设,加强机关建设。加强对地方政协工作指导。更加紧密地团结在以习近平同志为核心的中共中央周围,为决胜全面建成小康社会、夺取新时代中国特色社会主义伟大胜利、实现中华民族伟大复兴的中国梦而努力奋斗。

二 人民政协的功能职责

中国人民政治协商会议(the Chinese People's Political Consultative Conference，缩写 CPPCC），简称人民政协，是中国人民爱国统一战线的组织，是中国共产党领导的多党合作和政治协商的重要机构，是中国政治生活中发扬社会主义民主的一种重要形式。团结和民主是中国人民政治协商会议的两大主题。

（一）性质与任务

中国人民在长期的革命、建设和改革进程中，结成了由中国共产党领导的，有各民主党派、无党派人士、人民团体、少数民族人士和各界爱国人士参加的，由全体社会主义劳动者、社会主义事业的建设者、拥护社会主义的爱国者和拥护祖国统一的爱国者组成的，包括香港特别行政区同胞、澳门特别行政区同胞、台湾同胞和海外侨胞在内的最广泛的爱国统一战线。在民主革命时期，统一战线是中国共产党领导全国人民推翻帝国主义、封建主义、官僚资本主义的统治，取得革命胜利的三大法宝之一。在社会主义建设和改革时期，统一战线仍然是在中国共产党的领导下，团结带领全国各族人民，建设社会主义现代化强国，实现中华民族伟大复兴和完成祖国统一大业的一个重要法宝。政治协商制度是中国特色的人民爱国统一战线的政治制度。中国人民政治协商会议就是中国人民爱国统一战线的组织。

1949 年 9 月，中国人民政治协商会议第一次会议通过的《共同纲领》明确规定，人民政协"为人民民主统一战线的组织形式"。其组织成分包括工人阶级、农民阶级、革命军人、知识分子、小资产阶级、民族资产阶级、少数民族、国外华侨及其他爱国民主分子的代表。在以后的发展中，中国的政治经济形势和社会条件发生了重大变化，人民政协的组织成分、历史任务也在不断改变。但是，人民政协作为统一战线组织的性质并没有改变。这可以从政协的三个章程和 1982 年的宪法中得到印证。1954 年 12 月制定的人民政协章程，关于人民政协性质的提法与《共同纲领》相同。1978 年 3 月制定的人民政协章程，把人民政协的性质规定为"中国共产党领导下的革命统一战线的组织"。1982 年 12 月制定的人民政协章程规定"中国人民政治协商会议是中国人民爱国统一战线的组织"。1982 年 12 月制定的宪法规定"中国人民政治协商会议是有广泛代表性的统一战线组织"。

人民政协与人大有着重要区别：①性质不同。政协是统一战线组织，是社会组织，不是国家机关。人大是国家权力机关，是各类国家机关中最重要的机关。②职能不同。政协的基本职能是政治协商、民主监督与参政议政，不行使国家权力。人大的职能是直接行使国家权力，包括立法权、重大事项决定权、选举或决定任命以及罢免其他国家机关的组成人员,监督这些机关及其工作人员的权力。③产生不同。政协是由各政党、各人民团体、社会各界协商、推选或特别邀请的代表组成。人大是由各地方与解放军分别选举的代表组成。④代表性不同。政协委员不代表自己所在区域而代表所属政党、团体、界别。人大代表只有解放军代表代表本职业,其他绝大多数代表代表自己所在的区域。⑤作用不同。政协的决议不具有法律效力,只能作为国家机关决策或改进工作的参考。人大制定的法律和形成的决议具有法律效力,其他国家机关和一切社会组织必须执行。

有人提出,政协应当像人大那样有权审议法律草案。民主立法是中国立法的基本原则。在实践中,许多法律在制定过程中都广泛听取包括各民主党派、各人民团体在内的社会各方面的意见,充分发扬了民主。这些意见通过各类渠道汇总到国家立法机关。但这些意见不同于审议,因为审议法案是立法活动,拥有审议权的只有国家立法机关即全国人大及其常委会。政协如果拥有审议法案的权力,就混淆了统一战线组织和国家立法机关的关系。

也有人提出,将政协改为最高国家权力机关的"上议院"。这涉及国家机构体制的重大变动。中华人民共和国成立时,中国没有照搬苏联最高苏维埃两院制的模式,是因为中国的民族状态有别于苏联的情况,不需要设立"民族院"。后来又有人主张将政协改成全国人大的"上议院",另一院则为"下议院"。

1954年9月,第一届全国人大召开后,政协全体会议执行人大职权的任务结束。对于这一历史性变化,有人担心以后政协就不会再有多大作用,有的怀疑政协是否还有存在的必要,也有人认为政协仍应是权力机关或半权力机关。对此,毛泽东于10月17日写了《关于政协的性质和任务的谈话提纲》,12月19日又召集参加政协二届一次会议的部分党内外人士座谈,对这些问题谈了自己的意见。毛泽东指出:"召开全国人民代表大会以后,有些人认为政协的作用不大了,政协是否还需要成了问题。现在证明是需要的。政协全国委员会委员五百五十九人当中,当全国人民代表大会代表的一百四十人,只占总数的四分之一,还有四分之三不是人大代表,可以通过政协容纳许多人来商量事情很需要。虽然全国和地方的人民代表大会、国务院和各省市人民委员会各方面都容纳了许多人,但是还需要政协全国委员会和政协地方委员会。主要的问题是政协的性质问题,是国家机关还是人民团体?政协的性质有别于国家权力机关——全国人民代表大会,它也不是国家的行政机关。有人说,政协全国委员会的职权要相等或大体相等于国家机关,才说明它是被重视的。如果这样说，那末共产党没有制宪之权，不能制定法律，不能下命令，只能提建议，是否也就不重要了呢？不能这样看。如果把政协全国委员会也搞成国家机关，那就会一国二公，是不行的。要区别各有各的职权。政协是全国各民族、各民主阶级、各民主党派、各人民团体、国外华侨和其他爱国民主人士的统一战线组织，是党派性的，它的成员主要是党派、团体推出的代表。"①

1987年4月16日，邓小平在会见香港特别行政区基本法起草委员会委员时指出："关于民主，我们大陆讲社会主义民主，和资产阶级民主的概念不同。西方的民主就是三权分立，多党竞选，等等。我们并不反对西方国家这样搞，但是我们中国大陆不搞多党竞选，不搞三权分立、两院制。我们实行的就是全国人民代表大会一院制，这最符合中国实际。如果政策正确，方向正确，这种体制益处很大，很有助于国家的兴旺发达，避免很多牵扯。当然，如果政策搞错了，不管你什么院制也没有用。"② 从毛泽东、邓小平的讲话来看，政协不能搞成"上议院"，主要是从坚持民主集中制，避免国家权力机关分散和相互牵扯，讲究效率角度考虑的。另外，如果政协改为"上议院"，政协成了国家机关，中国就失去了发挥国家机关以外的政协特有政治作用这样的特色与优势。政协本身是统一战线组织而不是国家机关，可以从国家机关之外通过适当途径为国家机关决策提供高层次的咨询与参谋，并对国家机关进行民主监督。

人民政协的任务，总的而言，是为实现党和国家在各个历史时期的总任务而奋斗。

人民政协为新中国的建立作出了重大贡献。在中华人民共和国成立初期，毛泽东将"协商国际问题""商量候选人名单"和"提意见"列为政协的主要任务。③ 中华人民共和国成立后，人民政协为恢复和发展国民经济、巩固新生人民政权、推动各项社会改革、促进社会主义革命和建设作出了历史性贡献。1954年，全国人民代表大会召开后，人民政协作为多党合作和政治协商机构、作为统一战线组织继续发挥重要作用，在完成社会主义改造、推动各种社会力量为实现国家总任务而奋斗、活跃国家政治生活、调整统一战线

---

① 毛泽东：《关于政协的性质和任务》（1954年12月19日），《毛泽东文集》第6卷，人民出版社1999年版，第384—385页。
② 邓小平：《会见香港特别行政区基本法起草委员会委员时的讲话》（1987年4月16日），《邓小平文选》第3卷，人民出版社1993年版，第220页。
③ 参见毛泽东《关于政协的性质和任务》（1954年12月19日），《毛泽东文集》第6卷，人民出版社1999年版，第385页。

内部关系、扩大国际交往等方面发挥了重要作用,为推进新中国各项建设贡献了力量。

中共十一届三中全会以后,中国进入改革开放时代。1979年,邓小平同志在政协第五届全国委员会第二次会议上指出:"新时期统一战线和人民政协的任务,就是要调动一切积极因素,努力化消极因素为积极因素,团结一切可以团结的力量,同心同德,群策群力,维护和发展安定团结的政治局面,为把我国建设成为现代化的社会主义强国而奋斗。"① 以邓小平同志为核心的中国共产党第二代中央领导集体明确提出新时期人民政协的性质和任务,确立中国共产党同各民主党派长期共存、互相监督、肝胆相照、荣辱与共的方针,推动人民政协性质和作用载入宪法。1993年,以江泽民同志为核心的中国共产党第三代中央领导集体将中国共产党领导的多党合作和政治协商制度确立为中国的基本政治制度,通过修改宪法明确这一制度将长期存在和发展,进一步明确了人民政协的性质、主题、职能。2006年,以胡锦涛同志为总书记的中共中央颁发了《中共中央关于加强人民政协工作的意见》等文件,为新世纪新阶段人民政协事业发展提供了理论基础、政策依据、制度保障。

中共十八大以来,以习近平同志为核心的中共中央高度重视人民政协工作,强调要进一步准确把握人民政协性质定位,充分发挥人民政协作为协商民主的重要渠道作用,围绕团结和民主两大主题,推进政治协商、民主监督、参政议政制度建设。人民政协在继承中发展、在发展中创新,紧紧围绕中心、服务大局,聚焦全面深化改革凝聚共识、汇集力量、建言献策,作出了新的积极贡献。

在习近平新时代,党和国家的总任务是:沿着中国特色社会主义道路,集中力量进行社会主义现代化建设。中国各族人民将继续在中国共产党领导下,在马克思列宁主义、毛泽东思想、邓小平理论、"三个代表"重要思想、科学发展观、习近平新时代中国特色社会主义思想指引下,坚持人民民主专政,坚持社会主义道路,坚持改革开放,不断完善社会主义的各项制度,发展社会主义市场经济,发展社会主义民主,健全社会主义法治,贯彻新发展理念,自力更生,艰苦奋斗,逐步实现工业、农业、国防和科学技术的现代化,推动物质文明、政治文明、精神文明、社会文明、生态文明协调发展,把我国建设成为富强民主文明和谐美丽的社会主义现代化强国,实现中华民

---

① 邓小平:《新时期的统一战线和人民政协的任务》(1979年6月15日),《邓小平文选》第2卷,人民出版社1994年版,第187页。

族伟大复兴。在现阶段，人民政协根据这一总任务和自身实际情况，为自己规定的具体任务是：在热爱中华人民共和国、拥护中国共产党的领导、拥护社会主义事业、共同致力于中华民族伟大复兴的政治基础上，尽一切努力，进一步巩固和发展爱国统一战线，调动一切积极因素，团结一切可能团结的人，同心同德，群策群力，以经济建设为中心，维护和发展安定团结的政治局面，不断促进社会主义物质文明、政治文明、精神文明和生态文明的协调发展，为实现我国各族人民的根本任务而奋斗。

（二）主要职能

人民政协的主要职能是政治协商、民主监督和参政议政。1989年1月27日，第七届全国政协常委会第四次会议通过了《政协全国委员会关于政治协商、民主监督的暂行规定》。1995年1月14日，第八届全国政协常委会第九次会议通过了《政协全国委员会关于政治协商、民主监督、参政议政的规定》，对政治协商、民主监督和参政议政的目的、内容、形式等重要事项作了明确规定。政治协商、民主监督、参政议政的目的是：发扬社会主义民主，反映社会各方面的意见和要求，为参加人民政协的各民主党派、无党派爱国人士、人民团体、少数民族人士和各界爱国人士发挥作用开辟畅通的渠道，集思广益，促进国家重大决策的科学化与民主化；监督国家宪法、法律和方针政策的贯彻执行，协助并推动国家机关改进工作，提高效率，克服官僚主义，反对腐败现象；推动社会主义物质文明、社会主义精神文明和社会主义民主法制的建设，促进社会主义市场经济和社会生产力的发展；协调社会各方面的关系，促进各方面的相互沟通和理解，加强在共产党领导下各党派的团结合作；贯彻执行"和平统一、一国两制"的方针，促进祖国统一大业的实现。

1. 政治协商

政治协商是对国家和地方的大政方针以及政治、经济、文化和社会生活中的重要问题在决策之前进行协商和就决策执行过程中的重要问题进行协商。协商的结果虽然不具有法律效力，但对执政党和国家的科学决策能起到重要的咨询和参谋作用。

政治协商的主要内容包括：国家在社会主义物质文明建设、社会主义精神文明建设、社会主义民主法治建设和改革开放中的重要方针政策及重要部署，政府工作报告，国家财政预算，经济与社会发展规划，国家政治生活方面的重大事项，国家的重要法律草案，中共中央提出的国家领导人人选，国家省级行政区划的变动，外交方面的重要方针政策，关于统一祖国的重要方针政策，群众生活的重大问题，各党派之间的共同性事务，政协内部的重要事务以及有关爱国统一战线的其他重要问题。

政治协商的主要形式有：政协全国委员会的全体会议，常务委员会会议，主席会议，常务委员专题座谈会，各专门委员会会议，根据需要召开的各党派、无党派爱国人士、人民团体、少数民族人士和各界爱国人士的代表参加的协商座谈会等。

政治协商是中华人民共和国成立以来中国政治生活的一大优良传统。第一届全国政协的主要工作之一就是就一些有关国家大政方针和统一战线的重大问题进行协商，取得决议，再由中央人民政府委员会制成法律法令并公布实施。1949年10月至1954年12月期间，全国政协及其常委会经常举行会议，通过决议。此外，还有其他各种会议，包括由秘书长、各工作组组长、副秘书长和正副秘书长组成的工作会议，各工作组的会议，各党派推派代表参加的双周座谈会等不同层次、不同范围、不同形式和内容的会议。这些会议都开展了政治协商。1954年第一届全国人大召开后，政治协商仍然是每届人民政协的主要职能之一。一些重要问题，经常拿到政协征求意见，进行协商。1982年11月24日至12月11日，召开了第五届全国政协第五次会议。这次会议明确提出政治协商是人民政协的主要职能之一，正式确立了政治协商的规范化、常态化的地位。从此，人民政协继承和发扬政治协商传统，逐步转变和加强政治协商职能，并使之经常化、制度化，取得了良好效果。

有事好商量，众人的事情由众人商量，是人民民主的真谛。协商民主是实现中共领导的重要方式，是中国社会主义民主政治的特有形式和独特优势。人民政协是社会主义协商民主的重要渠道和专门协商机构，人民政协就有关国家的大政方针、政治生活和社会经济发展的各项重大问题进行协商讨论，对推动中国的社会主义民主政治建设具有不可替代的作用。

2. 民主监督

民主监督是对国家宪法、法律和法规的实施，重大方针政策的贯彻执行、国家机关及其工作人员的工作，通过建议和批评进行监督。

民主监督的主要内容包括：国家宪法与法律、法规的实施情况，中共中央与国家领导机关制定的重要方针政策的贯彻执行情况，国民经济和社会发展计划及财政预算执行情况，国家机关及其工作人员履行职责、遵守法纪、为政清廉等方面情况，参加政协的各单位和个人遵守政协章程和执行政协决议的情况。

民主监督的主要形式有：政协全国委员会的全体会议、常务委员会议或主席会议向中共中央、国务院提出建议案，各专门委员会提出建议或有关报告；委员视察，委员提案，委员举报或以其他形式提出批评和建议；参加中共中央、国务院有关部门组织的调查和检查活动。

人民政协成立之初，并不具有民主监督的职能。1954年毛泽东在谈到人民政协存在的必要性时，开始把给政府提意见明确列为政协五项任务之一。监督正式作为一项职能是随着1956年"长期共存、互相监督"方针的提出而逐步确立的。在同年9月召开的中共八大上，邓小平就此指出："这些党外的民主人士，能够对于我们党提供一种单靠党员所不容易提供的监督，能够发现我们工作中的一些我们所没有发现的错误和缺点，能够对于我们的工作作出有益的帮助。"[①] 当时中共中央统战部部长李维汉进一步指出："我们应当在中华人民共和国宪法的基础上发扬统一战线中民主传统，主要是政治协商、共同工作、互相监督和自我教育的传统"，"必须创造一切条件，以便利民主党派和无党派人士对我们进行监督……并形成制度。"[②] 1980年"民主监督"一词首次明确提出，中共中央在转发《全国统战部长座谈会纪要》中写道："政协是我国政治体制中贯彻社会主义民主、实行互相监督的重要形式，它的主要任务应当是实行政治协商和民主监督。"

民主监督作为社会主义民主的形式，在国家政治生活中发挥着越来越重要的作用。

3. 参政议政

1995年颁布实施的《政协全国委员会关于政治协商、民主监督、参政议政的规定》将"参政议政"正式列为人民政协的第三大职能。参政议政是政治协商和民主监督的拓展和延伸。主要侧重于人民群众关心、党政部门重视、政协有条件做的课题，组织调查和研究，积极主动地向党政领导机关提出建设性的意见；通过多种方式，广开言路，广开才路，充分发挥委员专长和作用，为改革开放和社会主义现代化建设献计献策等。

参政议政是人民政协的优良传统，也是衡量人民政协工作成绩的重要标准。人民政协虽然不是国家机关，但是它通过提出各种意见和建议来参政议政，这是中国社会主义民主建设的伟大创造，对决策的民主化和科学化具有独特的优势：①政协联系范围广，包括国内外各界代表人物，可以集中各个

[①] 邓小平：《关于修改党的章程的报告》（1956年9月16日），《邓小平文选》第1卷，人民出版社1994年版，第225页。

[②] 李维汉：《进一步加强党的统一战线工作》，《人民日报》1956年9月26日。

方面群众的意见、要求和愿望;②政协定位超脱,不受部门和地区利益的局限,可以较客观地反映真实情况;③政协人才济济,汇集了各个领域的专家学者和领导骨干,可以从多方面提出高层次的建设性意见。

长期以来,人民政协密切联系群众,开展经常性的视察、调研工作,尽可能地多了解基层情况,掌握第一手材料,使参政议政更广泛地体现社情民意,符合实际工作的要求。

每年3月全国人大会议、全国政协会议的"两会"已成为中国人民政治生活中的大事,社会反响强烈。随着政协三大职能的较好实现,人民政协的影响已远播海内外。为了更好发挥政协作用,政协的各项工作还须进一步规范化、制度化、程序化。

(三) 政协提案

人民政协履行政治协商、民主监督和参政议政职能的一项具体方式就是提案。提案,是参加政协的单位或政协委员就国家大政方针、重大事务、群众生活和统一战线中的重大问题提出的并经政协提案委员会审查立案的书面意见,既有为国家机关出谋划策的建设性意见,又有对国家机关及其工作人员的批评性意见。人民政协成立以来,各级政协委员通过提案提出很多好的意见和建议,对于巩固人民民主专政政权、恢复和发展国民经济、促进社会主义现代化建设和各项事业的发展、推进改革开放、推进国家治理体系和治理能力的现代化、维护社会安定团结、促进人民福祉以及实现中华民族的伟大复兴,发挥了积极作用。

政协委员提案和人大代表提案有着重要区别。人民代表大会是国家权力机关,人大代表提出议案是行使国家权力的表现,人大代表提案经人民代表大会通过后,具有法律效力,相应主体都要遵照执行。人民政协是统一战线组织,政协委员提案不具有法律效力,仅供国家机关决策和改进工作的参考。虽然国家机关有权利不理会政协意见,但是这并不等于政协提案不重要。事实证明,只要政协建议有益,批评正确,就能够发挥重要作用。随着人民政协地位越来越高,政协委员提案也越来越受到党和国家机关的高度重视,作用日趋明显。

全国政协一届一次会议共14件提案,其中关于新中国在联合国地位的提案,被中央人民政府迅速采纳实施。二到四次会议共193件提案。全国政协二至四届,共提出1341件提案。1966年"文化大革命"开始,政协工作被终止,政协提案工作也被迫中断。1976年政协工作恢复的头两年,即至1978

年全国政协五届一次会议都没有开展提案工作。1979年全国政协五届二次会议恢复提案工作至今，政协提案工作进入了快速发展时期。据不完全统计，从1979年到1998年，全国政协委员提出的上报提案共3万多件，其中已经得到解决、基本得到解决或被列入计划即将解决的占90%左右，部分解决或留待参考的占5%，因条件限制无法解决的占5%。

改革开放以来，在政协委员提案大发展的形势下，提案工作的制度化也有了明显进步。1983年，六届全国政协二次会议，决定设立常设性提案委员会，在常委会领导下负责提案工作。会内会外任何时候都可以受理提案，这标志着提案工作已经发展成为政协的一项日常工作。提案委员会及其办公室的工作程序，一般分为征集、签审、转发、催办、回复、反馈、检查、汇总等。承办部门办理委员提案的程序，主要分为接受、阅理、登记、分析、沟通、审核、复函等。六届全国政协第三次会议提出了对委员提案实行"三不限制"原则，即内容不限、人数不限、时间不限，大大推进了各级政协的提案工作。从1985年起，绝大部分政协提案由全国人大常委会办公厅、国务院办公厅和全国政协办公厅联合交办，并逐步加强与承办单位的沟通合作，使办理提案的渠道更加顺畅。1988年七届全国政协制定了提案工作试行条例。1991年1月11日七届全国政协常委会第十二次会议通过了《中国人民政治协商会议全国委员会提案工作条例》，1994年10月8日八届全国政协常委会第八次会议首次修订，2000年2月29日九届全国政协常委会第八次会议再次修订，2005年2月28日十届全国政协常委会第八次会议第三次修订。提案工作条例为政协提案工作规范化、制度化、程序化，形成新气象，开创新局面，起到了非常重要的推动作用。

三　人民政协的组织体系

（一）组成

人民政协的组成，包括政协的组成单位（参加单位）和政协的组成人员（委员）。就组成单位而言，人民政协是由共产党、各民主党派、各人民团体等方面的代表为基础组成的。具体的组成单位前后曾有变化。譬如，第一届政协全体会议中，解放军和各地区分别为组成单位，而自第二届全国政协起它们就不再是组成单位，1964年12月召开的第四届全国政协会议又增加了6

个军队方面的单位以及上海市。又如,自1983年第六届全国政协起,为了进一步扩大和加强统一战线,台胞联谊会和港澳同胞也分别被列为组成单位;1993年第八届全国政协为适应经济发展和改革开放形势,增加了经济界为组成单位。

根据1982年12月通过的并经1994年、2000年、2004年、2018年修订的政协章程规定,政协全国委员会由中国共产党、各民主党派、无党派人士、人民团体、各少数民族和各界的代表,香港特别行政区同胞、澳门特别行政区同胞、台湾同胞和归国侨胞的代表以及特别邀请的人士组成,设若干界别。凡赞成政协章程的党派和团体,经政协全国委员会常务委员会协商同意,可参加全国委员会。个人经政协全国委员会常委会协商邀请,亦可参加全国委员会。每届政协全国委员会的参加单位由上届全国委员会常委会协商决定。每届全国委员会任期内,有必要增加或变更参加单位时,由本届常委会协商决定。

政协地方委员会的组成,根据当地情况,参照全国委员会的组成决定。例如,政协上海市第十三届委员会参加单位由中共上海市委同本市各民主党派、人民团体和无党派人士协商提出建议,然后由2017年12月22日召开的政协上海市十二届三十九次常委会议决定。参加单位30个,分别是:中共上海市委、民革上海市委、民盟上海市委、民建上海市委、民进上海市委、农工党上海市委、致公党上海市委、九三学社上海市委、台盟上海市委;无党派人士;共青团上海市委、上海市总工会、上海市妇女联合会、上海市青年联合会、上海市工商业联合会、上海市科学技术协会、上海市归国华侨联合会、上海市台湾同胞联合会;文化艺术界、科学技术界、社会科学界、经济界、教育界、体育界、新闻出版界、医药卫生界、对外友好界、社会福利和社会保障界、少数民族界;特别邀请人士。

关于政协委员的产生,政协章程规定,每届政协的全国委员会或地方委员会的委员名额和人选,由上届政协全国委员会常委会或地方委员会常委会协商决定。

由于中国共产党是领导一切的,各级政协委员的名额和人选都要事先经过中共党组织的考察和同意。实践中,参加政协的各个组成单位,首先酝酿协商提出自己方面参加政协的委员名单,属于中共的汇总到同级中共党委组织部;属于非中共的汇总到同级中共党委统战部。接着,中共党委组织部、统战部分别同有关党派、团体和各界、各方面反复协商,确定名单后,填写提名理由、人选简历、突出事迹、主要著述、政绩等,一并提交同级政协主席会议协商讨论，通过后，正式提交政协常委会讨论。提名工作严肃且复杂，既要考虑上下平衡，又要考虑左右比例，还要考虑代表的广泛性、知名人物的全面性，尽力做到统筹兼顾、不偏不倚、公开透明、公正合理、社会认可。

一般情况下，政协换届和县级以上地方人大换届同时进行。实践中，各级中共组织在两大班子换届时，都会临时成立人事工作小组，具体负责该项工作。人事工作小组的任务是，研究确定人事工作原则，审定经过多方协商产生的拟提交政协讨论的政协委员名额和人选，及时解决换届过程中出现的问题。于是，在中共领导下，经过多方多轮协商，保证每次换届工作的顺利进行，保证人事工作的合理性和全面性。例如，跨世纪的第九届全国政协的人选，是由中共中央及各省、自治区、直辖市中共党委和各民主党派中央、各人民团体先经过半年多时间反复协商，综合平衡，提出建议名单，然后由第八届全国政协常委会第二十三次会议协商决定。第九届全国政协包括34个单位，共2196名委员，比第八届全国政协一次会议的委员人数增加了103人。其中，连任委员1045人，新任委员1151人，是历届委员中更新率最高的一次。中共党员877人，占总额的39.9%；非中共党员1319人；八个民主党派委员共653人，占29.7%；妇女委员341人，占15.5%；55个少数民族均有自己的代表，共257人，占11.7%。与八届相比，九届委员平均年龄下降近两岁，港澳人士和非公有制经济代表人士有所增加。尤为突出的是，有100多位中国科学院和中国工程院的院士进入九届全国政协，展现了当代科技专家在人民政协中的地位。九届全国政协委员中还有40多位大学校长、副校长，其中包括香港的5位大学校长，体现了教育在人民政协中的地位。

政协委员一般在各级政协换届时产生。但每届政协任期内，有必要增加或者变更参加单位、委员名额和决定人选时，经本届主席会议审议同意后，由常委会协商决定。增补原因主要有：①换届时，如有遗漏，需要补充；②其间发现重要人物适合为政协委员，增补后对工作有利；③政协委员中由于自然减员或违法犯罪被开除，需要补充新成员；④各党派、团体和政协、统战部主要负责人易人，为有利工作增补委员。增补委员仍然需要经过有关方面慎重提名，由中共党委组织部和统战部汇总名单后，提交相同层级政协常委会协商讨论。

参加各级政协的单位和个人，都有遵守和履行政协章程的义务；都有遵守和履行政协会议的决议的义务，如有不同意见，在坚决执行的前提下可声明保留。各级政协委员在本会会议上有表决权、选举权和被选举权，有对本会工作提出批评和建议的权利。参加各级政协的单位和个人，有通过本会会议和组织充分发表各种意见、参加讨论国家大政方针和各该地方重大事务的权利，对国家机关和国家工作人员的工作提出建议和批评的权利，以及对违纪违法行为检举揭发、参与调查和检查的权利。在政协会议上民主党派成员可以本党派名义活动，而在人大会上只能以人大代表身份不能以政协委员身份活动。参加各级政协的单位和个人，有声明退出的自由。参加各级政协的单位和个人，如果严重违反政协章程或全体会议和常务委员会的决议，由各级政协常委会分别依据情节给予警告处分，或撤销其参加各级政协的资格。受警告处分或撤销参加资格的单位或个人，如果不服，可以请求复议。

（二）全国委员会

人民政协的组织体系，先后有所变化。1949年9月27日通过的《中国人民政治协商会议组织法》规定，中国人民政协分"全体会议""全国委员会"和"全国委员会常务委员会"三个层次。1954年12月25日通过的《中国人民政治协商会议章程》将其改为"全国委员会"和"全国委员会常务委员会"两个层次，不再有"中国人民政协全体会议"层次。该体系延续至今。政协全国委员会（全国政协）每届任期5年。如遇非常情况，由常委会以全体组成人员以三分之二以上的多数通过，可延长任期。

全国政协设主席、副主席若干人和秘书长；设副秘书长若干人，协助秘书长进行工作；设立办公厅，在秘书长领导下进行工作。

政协全国委员会全体会议每年举行一次，常委会认为必要时可临时召集。政协全国委员会全体会议的职权是：①修改中国人民政治协商会议章程，监督章程的实施；②选举全国委员会的主席、副主席、秘书长和常务委员；③听取和审议常务委员会的工作报告；④讨论本会重大工作方针、任务并作出决议；⑤参与对国家大政方针的讨论，提出建议和批评。

政协全国委员会设常务委员会主持会务。常务委员会由全国委员会主席、副主席、秘书长和常务委员组成，其候选人由参加政协全国委员会的各党派、团体、各民族和各界人士协商提名，经全国委员会全体会议选举产生。

根据《中国人民政治协商会议全国委员会常务委员会工作规则》（1988年6月9日政协第七届全国委员会常务委员会第二次会议通过，1996年6月14日政协第八届全国委员会常务委员会第十七次会议修订，2005年2月28日政协第十届全国委员会常务委员会第八次会议修订）规定，全国政协常委会行使下列职权：①解释政协章程，监督章程的实施；②协商决定下届全国委员会的参加单位、委员名额和委员人选及界别设置。协商决定本届全国委员会增加或者变更的参加单位、委员名额和人选；③召集并主持全国委员会全体会议。每届第一次全体会议前召开全体委员参加的预备会议，选举第一次全体会议主席团，由主席团主持第一次会议；④在非常情况下决定全国委员会是否延长任期。由常务委员会以全体组成人员的三分之二以上多数通过，得延长任期；⑤组织实现政协章程规定的任务；⑥执行全国委员会全体会议的决议；⑦全国委员会全体会议闭会期间，审查通过提交中共中央、全国人大常委会、国务院的重要建议案；⑧常务委员会组成人员增加或者变更时，常务委员会提出建议名单，由全国委员会全体会议决定；⑨根据秘书长的提议，任免全国委员会副秘书长；⑩决定政协全国委员会工作机构的设置和变动，并任免其领导成员；⑾根据政协章程决定对参加政协的单位和个人的纪律处分事项。

常务委员会的会议按规定有常务委员会全体会议、主席会议、常务委员专题座谈会三种，每一种会议都有各自的规范和任务。

1. 常务委员会全体会议

常务委员会会议一般每季度举行一次，必要时可临时举行。会议的议程草案和日程由主席会议拟定，于会前半个月将会议的有关事项通知常务委员会组成人员。临时举行的会议，可以临时通知。会议由全国委员会主席主持，也可由主席委托的副主席主持。

会议的主要任务是：①审议全国委员会及常务委员会会务和工作中的重大事项；②协商讨论中共中央和国家重大方针政策及社会生活中的重大问题，听取中共中央、国务院以及有关部门的负责人对有关重要问题的报告或说明，提出建议和意见；③审议提交全国委员会全体会议的文件；④审议重要的建议案、提案、视察报告、调查报告、出访报告和其他报告。

会议时，不是常务委员的政协全国委员会副秘书长、各专门委员会副主任，办公厅研究室主任及各局级单位负责人列席。会议时，视会议内容和需要，可邀请有关的全国政协委员，各省、自治区、直辖市和副省级市政协负责人列席；必要时，邀请有关党政部门负责人和其他有代表性的人士参加。

会议必须有全体组成人员的三分之二多数出席方能举行。会议要发扬社会主义民主，对议题进行充分协商讨论，全面反映委员发表的各种意见和建议。会议的议案或其他需要表决的事项，须经常务委员会全体组成人员过半数通过方能生效。

会议采取全体会议和分组会议相结合的方式。根据会议议题，可按界别编组，也可混合编组。在全体会议上，根据需要可安排发言。各党派、团体、专门委员会、委员个人或联名均可提交发言材料，申请发言，由会议统筹安排。常务委员会组成人员因病或其他特殊原因不能出席会议时，须请假。

2. 主席会议

常务委员会会议闭会期间，由主席、副主席、秘书长组成的主席会议主持常务委员会的日常工作。会议一般每月举行一次，必要时可临时召集。会议议程由主席提出，或由秘书长或秘书长会议提出，报主席决定。会议由主席主持，也可由主席委托的副主席主持。

会议的主要任务是：①常务委员会闭会期间，讨论处理常务委员会的重要的会务工作；②协商讨论中国共产党和国家的大政方针以及群众普遍关心的重大问题，提出建议和意见；③审查以全国政协名义向中共中央、全国人大常委会、国务院提出的重要建议案；④决定常务委员会召开会议的日期、议程，审议提交常务委员会会议的文件；⑤讨论决定委员视察、参观和调查等重要活动；⑥审议专门委员会年度计划。

全国政协副秘书长、各局室主要负责人以及与议程有关的其他负责人列席主席会议。

3. 常务委员专题座谈会

常务委员专题座谈会不定期举行。座谈会的日期、议题由主席或有关分工的副主席提出，也可由秘书长或秘书长会议根据常务委员会的建议提出，提请主席或有关副主席决定。座谈会由主席或有关副主席主持，也可由主席委托其他副主席主持。

座谈会的主要任务是：①就某项专门问题听取有关部门的报告，并协商讨论，提出建议和批评；②听取重要的视察报告、专题调查报告、提案报告等，并进行讨论座谈，提出补充建议和意见。座谈会根据议题需要，邀请有关的常务委员、专门委员会委员和副秘书长、各局室负责人参加。

以上三种会议需要邀请中共中央、国务院领导或有关部门领导作报告或说明问题时，要提前向中共中央或国务院提出报告题目和报告人的建议。

全国政协根据工作需要，设立若干工作机构，由常务委员会决定。根据中共十三大提出的"要加强政协自身的组织建设，逐步使国家大政方针和群众生活重大问题的政治协商和民主监督经常化"的要求，1988年6月9日第七届全国政协常委会第二次会议通过了《中国人民政治协商会议第七届全国委员会专门委员会组织通则》，决定全国政协设置14个专门委员会。它们分别是：提案委员会、学习委员会、文史资料委员会、经济委员会、教育文化员会、科学技术委员会、医卫体委员会、法制委员会、民族委员会、宗教委员会、妇女青年委员会、华侨委员会、祖国统一联谊委员会、外事委员会。每届全国政协会根据形势变化对专门委员会的设置稍作调整。根据《中国人民政治协商会议章程》第49条"中国人民政治协商会议全国委员会根据工作需要，设立若干专门委员会及其他工作机构，由常务委员会决定"的规定，2018年3月16日政协第十三届全国委员会常务委员会第一次会议通过，政协第十三届全国委员会设置10个专门委员会：提案委员会、经济委员会、农业和农村委员会、人口资源环境委员会、教科卫体委员会、社会和法制委员会、民族和宗教委员会、港澳台侨委员会、外事委员会、文化文史和学习委员会。

专门委员会是政协全国委员会全体会议闭会期间组织委员进行经常性活动的工作机构。专门委员会的任务是，在常委会和主席会议领导下，具体组织实施政协全体会议和常委会提出的各项任务，并就国家和地方的政治、经济、文化、社会、科技、宗教等各个方面的重要问题提出意见和建议。专门委员会是人民政协进行政治协商、民主监督的一种形式，专门委员会的重要建议可分别提交常委会全体会议或主席会议讨论，形成建议案，报送党和国家机关参考。每个专门委员会根据自己的特点制定工作简则，明确自己的任务。

专门委员会根据需要，可分设小组进行活动，小组不是一级机构，小组不对外，有常设小组和专题小组。各小组根据本专门委员会的年度计划进行活动，重要情况向本专门委员会汇报。常设小组设组长、副组长，专题小组只设召集人，由本专门委员会指定。专题小组成员不固定，根据需要临时邀请。某专题结束后，该专题小组即自行撤销。专门委员会发扬民主的议事原则，进行充分协商，不强求一致。在专门委员会举行各种座谈会、专题调查、专题研讨等活动时，每位委员都有发表不同意见的平等权利，而且可以如实向领导和有关部门反映或公开发表。专门委员会不定期举行会议，会议须作记录，并印发会议纪要。专门委员会根据精简原则单独或联合设置精干的办事机构，负责专门委员会的秘书工作。这些办事机构是全国政协机关的组成部分，在秘书长统一领导下开展工作。

（三）地方委员会

人民政协地方委员会的设置，前后也有所变化。1949年通过的政协组织法规定在中心城市、重要地区及省会，经政协全国委员会决议，得设立政协地方委员会,为该地区各民主党派及人民团体的协商并保证实行决议的机关。根据政协全国委员会的决定,在普选的省、市人大召开之前,由省、市人民代表会议所产生的省、市协商委员会代行政协省、市地方委员会常委会的职权。鉴于形势的发展,1954年制定的政协章程规定省、自治区、直辖市和市设政协地方委员会,其他地方有必要时也可设政协地方委员会。1978年3月制定的政协章程,基本上沿用了这一规定,只是对"市设政协地方委员会"不再作硬性规定。1982年12月在制定新的政协章程时,对政协地方委员会的设置作了如下规定:省、自治区、直辖市设中国人民政治协商会议的省、自治区、直辖市委员会;自治州、设区的市、县、自治县、不设区的市和市辖区,凡有条件的地方,均可设立中国人民政治协商会议各该地方的地方委员会。根据1996年的统计,全国各级地方政协组织已达4040个。政协的省、自治区、直辖市、自治州、设区的市的地方委员会每届任期均为5年。县、自治县、不设区的市和市辖区的地方委员会每届任期原为3年,1994年后改为5年。

县级政协是目前中国最基层的政协组织。它与全国政协和省级政协相比有如下特点:①县级政协更加接近乡镇。因此,县级政协都把工作向乡镇延伸,扩大政协作用的范围。许多地方,在政协委员较多的乡镇,成立政协委员活动组,以政协委员为主体,适当吸收一些当地各方面的人才,在政治、经济、文化等方面,为乡镇党委和政府当参谋。乡镇政协委员活动小组的活动,活跃了乡镇的民主生活,促进了乡镇的民主政治建设。②县级政协委员大多数来自基层,与基层群众有密切联系,能够经常及时反映他们的愿望和呼声。县级政协的政治协商、民主监督、参政议政的内容,虽然在层次上比不了全国政协和省市级政协,但协商讨论的问题往往更加实在和具体,也就更容易落实。③县级政协直接为发展乡镇经济服务,积极开展政策咨询、经济咨询、科技咨询等,工作效果比较明显。在咨询服务的基础上,积极发挥政治协商、民主监督和参政议政的作用。许多县级政协,利用委员的代表性强、联系面广、包容性大的优势,积极牵线搭桥,促进联合,引进技术、人才、资金和设备,在发展当地经济、文化等方面作出了日益显著的贡献。

政协各级地方委员会设主席、副主席若干人和秘书长。政协各级地方委员会全体会议每年至少举行一次。其职权是:①选举地方委员会的主席、副主席、秘书长和常务委员;②听取和审议常务委员会的工作报告;③讨论并通过有关的决议;④参与对国家和地方事务的重要问题的讨论,提出建议和批评。

政协各级地方委员会设常务委员会主持会务。常务委员会由地方委员会主席、副主席、秘书长和常务委员组成,其候选人由参加各该地方委员会的各党派、团体、各民族和各界人士协商提名,经全体会议选举产生。地方委员会常务委员会行使下列职权:①召集并主持地方委员会全体会议;每届第一次全体会议前召开全体委员参加的预备会议,选举第一次全体会议主席团,由主席团主持第一次全体会议;②组织实现中国人民政治协商会议章程规定的任务和全国委员会所作的全国性的决议以及上级地方委员会所作的全地区性的决议;③执行地方委员会全体会议的决议;④地方委员会全体会议闭会期间,审议通过提交同级地方人民代表大会及其常务委员会或人民政府的重要建议案;⑤根据秘书长的提议,任免地方委员会的副秘书长;⑥决定地方委员会工作机构的设置和变动,并任免其领导成员。

政协各级地方委员会的主席主持常务委员会的工作。副主席、秘书长协助主席工作。主席、副主席、秘书长组成主席会议,处理常务委员会的重要日常工作。主席会议受常务委员会的委托,主持下一届第一次全体会议预备会议。政协各级地方委员会可以按照需要设副秘书长一人至数人,协助秘书长进行工作。省、自治区、直辖市的地方委员会设立办公厅,专门委员会及其他工作机构的设置,按照当地实际情况和工作需要,由常务委员会决定。自治州、设区的市、县、自治县、不设区的市和市辖区的地方委员会的工作机构的设置,按照当地实际情况和工作需要,由常务委员会决定。

(四) 上下级关系

政协章程规定,政协地方委员会对全国委员会的全国性的决议,下级地方委员会对上级地方委员会的全地区性的决议,都有遵守和履行的义务;政协全国委员会对地方委员会的关系和地方委员会对下级地方委员会的关系是指导关系。指导关系不是领导关系。全国政协自第六届起,加强了对地方政协的联系和指导。多次召开专业性工作会议,组织各地方政协交流工作情况和经验,研讨共同性问题。全国政协常委会多次就需要各级政协共同贯彻执行的重大方针政策问题作出决议。全国政协各工作机构也逐步加强了与地方政协相应机构之间的经常性联系与协作,有些工作机构还同有关的地方政协联合组织活动,取得了良好效果。这种有益的联系和活动也正在逐步走向制度化、规范化、程序化和经常化。

四　人民政协制度的完善

人民政协植根于中国历史文化，产生于近代以后中国人民革命斗争，发展于中国特色社会主义实践，是具有鲜明中国特色的制度安排。人民政协与人大、政府互为补充，相辅相成，是实现国家富强、民族振兴、人民幸福的重要力量。在幅员辽阔、人口众多、各地发展不均衡不充分的多民族、多党派的当代中国，关系国计民生的重大问题，在党的集中统一领导下，由人民政协进行协商，广泛反映各民主党派、人民团体以及各族各界代表人士的意见，由人大行使国家权力进行决策，由政府执行实施，由全社会监督权力运行，这样的制度安排充分体现了人民民主。人民政协对党和国家实现决策的民主化、科学化，避免或减少决策失误，保证各项方针政策的贯彻执行，都具有十分重要的意义。但也应当看到，政协工作中还存在一些不尽如人意的地方，政协制度的某些具体环节还不能适应社会发展的需要。

2014年，中共中央总书记习近平同志在庆祝人民政协成立65周年大会上发表了重要讲话，这篇讲话为人民政协制度的完善指明了方向。

（一）加强党的领导

中国共产党的领导是包括各民主党派、各团体、各民族、各阶层、各界人士在内的全体中国人民的共同选择，是中国特色社会主义最本质的特征，也是人民政协事业发展进步的根本保证。人民政协事业要沿着正确方向发展，就必须毫不动摇地坚持中国共产党的领导。

一方面，参加政协的各民主党派、各人民团体和各界人士，在任何条件下都不是西方多党制下的那种反对党或反对派，不论是建言献策还是批评监督，都要有助于加强中共的领导。另一方面，各级政协中的中共组织和党员，都肩负着重要的政治责任，要坚持中共"长期共存，互相监督，肝胆相照，荣辱与共"的方针，善于同民主党派成员、无党派爱国人士合作共事，要尊重他们享有宪法和政协章程规定范围内的政治自由、组织独立和法律地位平等。既把握党的领导这个正确方向，又要不非法干涉他们的正常活动。

中国共产党各级党委要重视和支持人民政协事业发展，把人民政协政治协商作为重要环节纳入决策程序，会同政府、政协制定实施协商年度工作计划，对明确规定需要协商的事项必须经协商后提交决策实施。要加强人民政协民主监督，完善民主监督的组织领导、权益保障、知情反馈、沟通协调机制。要推进人民政协参政议政更加深入务实开展，委托政协开展重大课题调研，邀请政协委员参与重大项目研究论证，完善参政议政成果采纳落实机制，更好发挥人民政协建言资政作用。要高度重视政协领导班子建设，改进委员产生机制，真正把代表性强、议政水平高、群众认可、德才兼备的优秀人士吸收到委员队伍中来。要适应经济社会发展和统一战线内部结构变化，深入研究更好发挥政协界别作用的思路和办法，扩大团结面、增强包容性，拓展有序政治参与空间。

坚持和完善中国共产党领导的多党合作和政治协商制度，完善工作机制，搭建更多平台，为民主党派和无党派人士在政协更好发挥作用创造条件。要全面贯彻党的民族政策和宗教政策，积极引导各族群众增强对伟大祖国的认同、对中华民族的认同、对中华文化的认同、对中国特色社会主义道路的认同，充分发挥宗教界人士和信教群众在推动经济社会发展中的积极作用，促进民族团结、宗教和睦。要坚定不移贯彻"一国两制""港人治港""澳人治澳"、高度自治的方针，推动全面准确落实基本法，推动内地同香港、澳门的交流合作，维护香港、澳门长期繁荣稳定。要坚持"两岸一家人"，拓展同台湾岛内有关党派团体、社会组织、各界人士的联系和沟通，推动两岸关系和平发展。要加强同海外侨胞、归侨侨眷的联系，维护他们的合法权益，支持他们积极参与和支持祖（籍）国现代化建设与和平统一大业，促进中国同世界各国的文化交流。高举和平、发展、合作、共赢旗帜，按照国家对外工作总体部署，加强同各国人民、政治组织、媒体智库等友好往来，为促进人类和平与发展的崇高事业作出积极贡献。

人民政协是国家治理体系的重要组成部分，要适应全面深化改革的要求，以改革思维、创新理念、务实举措大力推进履职能力建设，努力在推进国家治理体系和治理能力现代化中发挥更大作用。人民政协要提高政治把握能力，坚定理想信念，增进政治认同，提高运用科学理论分析判断形势、研究解决问题的能力和水平。要提高调查研究能力，坚持问题导向，深入实际摸清真实情况，集合众智提出解决办法，努力使对策建议有的放矢、切中要害。要提高联系群众能力，创新群众工作方法，畅通和拓宽各界群众的利益诉求表达渠道，发挥好桥梁纽带作用。要提高合作共事能力，发扬求同存异、体谅包容的优良传统，贯彻民主协商、平等议事的工作原则，尊重和包容不同意见的存在和表达，以民主的作风团结人，不断增进思想共识、加强合作共事。

人民政协要充分发挥代表性强、联系面广、包容性大的优势，紧紧围绕党和国家的中心任务，聚焦推动科学发展、全面深化改革中的重大问题和群众最为关切的问题，深入进行调查研究，努力为改革发展出实招、谋良策。要积极宣传改革发展的大政方针，引导所联系群众支持和参与改革发展，正确对待新形势下改革发展带来的利益格局调整，为改革发展添助力、增合力。各级政协机关及其工作人员要敢于讲真话、讲诤言，及时反映真实情况，勇于提出建议和批评，帮助查找不足、解决问题，推动各项改革发展举措落到实处。

（二）深化协商民主

人民民主是社会主义的生命，人民政协是人民民主的重要形式。人民政协以宪法、政协章程和相关政策为依据，以党领导的多党合作和政治协商制度为保障，集协商、监督、参与、合作于一体，是社会主义协商民主的重要渠道。社会主义协商民主，是中国社会主义民主政治的特有形式和独特优势，是中国共产党的群众路线在政治领域的重要体现。中共十八大提出，在发展中国社会主义民主政治的进程中，要完善协商民主制度和工作机制，推进协商民主广泛多层制度化发展。中共十八届三中全会强调，在党的领导下，以经济社会发展重大问题和涉及群众切身利益的实际问题为内容，在全社会开展广泛协商，坚持协商于决策之前和决策实施之中。这些重要论述和部署，为中国社会主义协商民主发展指明了方向。

人民政协要发挥作为专门协商机构的作用，把协商民主贯穿履行职能全过程，推进政治协商、民主监督、参政议政制度建设，不断提高人民政协协商民主制度化、规范化、程序化水平，更好协调关系、汇聚力量、建言献策、服务大局。要拓展协商内容、丰富协商形式，建立健全协商议题提出、活动组织、成果采纳落实和反馈机制，更加灵活、更为经常开展专题协商、对口协商、界别协商、提案办理协商，探索网络议政、远程协商等新形式，提高协商实效，努力营造既畅所欲言、各抒己见，又理性有度、合法依章的良好协商氛围。

1. 协商民主是中国特色社会主义民主政治

中国共产党领导人民实行人民民主，就是保证和支持人民当家作主。保证和支持人民当家作主不是一句口号或一句空话，要落实到国家政治生活和社会生活之中，保证人民依法有效行使管理国家事务、管理经济和文化事业、管理社会事务的权力。

实现民主的形式丰富多样，不能拘泥于刻板的模式，更不能说只有一种评判标准。人民是否享有民主权利，要看人民是否在选举时有投票的权利，也要看人民在日常政治生活中是否有持续参与的权利；要看人民有没有进行民主选举的权利，也要看人民有没有进行民主决策、民主管理、民主监督的权利。社会主义民主不仅需要完整的制度程序，而且需要完整的参与实践。人民当家作主必须具体地、现实地体现到党执政和国家治理上来，具体地、现实地体现到党和国家机关各个方面、各个层级的工作上来，具体地、现实地体现到人民对自身利益的实现和发展上来。

有事好商量，众人的事情由众人商量，找到全社会意愿和要求的最大公约数，是人民民主的真谛。涉及人民利益的事情，要在人民内部商量好怎么办，不商量或者商量不够，要想把事情办成办好是很难的。要坚持有事多商量，遇事多商量，做事多商量，商量得越多越深入越好。涉及全国各族人民利益的事情，要在全体人民和全社会中广泛商量；涉及一个地方人民群众利益的事情，要在这个地方的人民群众中广泛商量；涉及一部分群众利益、特定群众利益的事情，要在这部分群众中广泛商量；涉及基层群众利益的事情，要在基层群众中广泛商量。在人民内部各方面广泛商量的过程，就是发扬民主、集思广益的过程，就是统一思想、凝聚共识的过程，就是科学决策、民主决策的过程，就是实现人民当家作主的过程。这样做起来，国家治理和社会治理才能具有深厚基础，也才能凝聚起强大力量。

古今中外的实践都表明，保证和支持人民当家作主，通过依法选举、让人民的代表来参与国家生活和社会生活的管理是十分重要的，通过选举以外的制度和方式让人民参与国家生活和社会生活的管理也是十分重要的。人民只有投票的权利而没有广泛参与的权利，人民只有在投票时被唤醒、投票后就进入休眠期，这样的民主是形式主义的。

在人口众多、幅员辽阔的社会主义中国，关系国计民生的重大问题，在党的领导下进行广泛协商，体现了民主和集中的统一；人民通过选举、投票行使权利和人民内部各方面在重大决策之前进行充分协商，尽可能就共同性问题取得一致意见，是中国社会主义民主的两种重要形式。在中国，这两种民主形式不是相互替代、相互否定的，而是相互补充、相得益彰的，共同构成了中国社会主义民主政治的制度特点和优势。

协商民主是中国社会主义民主政治中独特的、独有的、独到的民主形式，它源自中华民族长期形成的天下为公、兼容并蓄、求同存异等优秀政治文化，源自近代以后中国政治发展的现实进程，源自党领导人民进行革命、建设、改革的长期实践，源自中华人民共和国成立后各党派、各团体、各民族、各阶层、各界人士在政治制度上共同实现的伟大创造，源自改革开放以来中国在政治体制上的不断创新，具有深厚的文化基础、理论基础、实践基础、制度基础。

协商民主深深嵌入了中国社会主义民主政治全过程。中国社会主义协商民主，既坚持了党的领导，又发挥了各方面的积极作用；既坚持了人民主体地位，又贯彻了民主集中制的领导制度和组织原则；既坚持了人民民主的原则，又贯彻了团结和谐的要求。中国社会主义协商民主丰富了民主的形式、拓展了民主的渠道、加深了民主的内涵。

2. 协商民主是党的群众路线在政治领域的重要体现

党来自人民、服务人民，这就决定了党领导人民建立的中华人民共和国必须紧紧依靠人民治国理政、管理社会。党在自己的工作中实行群众路线，坚持一切为了群众、一切依靠群众，从群众中来，到群众中去，把自己的正确主张变为群众的自觉行动。宪法规定，国家的一切权力属于人民，一切国家机关和国家工作人员必须依靠人民的支持，经常保持同人民的密切联系，倾听人民的意见和建议，接受人民的监督，努力为人民服务。无论是党执政，还是国家机关施政，都必须坚持贯彻群众路线，紧紧依靠人民。

一个政党，一个政权，其前途命运最终取决于人心向背。党和国家的全部发展历程表明，党和国家之所以能够取得事业的成功，靠的是始终保持同人民群众的血肉联系、代表最广大人民根本利益。如果脱离群众、失去人民拥护和支持，最终也会走向失败。必须把人民利益放在第一位，任何时候、任何情况下，与人民群众同呼吸共命运的立场不能变，全心全意为人民服务的宗旨不能忘，坚信群众是真正英雄的历史唯物主义观点不能丢。

全心全意为人民服务，始终代表最广大人民根本利益，是能够实行和发展协商民主的重要前提和基础。党章规定：党除了工人阶级和最广大人民群众的利益，没有自己特殊的利益。党及其领导的国家是代表最广大人民根本利益的，其一切理论和路线方针政策，其一切工作部署和工作安排，都应该来自人民，都应该为人民利益而制定和实施，应该也能够广泛听取人民内部各方面的意见和建议。在党统一领导下，通过多种形式的协商，广泛听取意见和建议，广泛接受批评和监督，可以广泛达成决策和工作的最大共识，有效克服党派和利益集团为自己的利益相互竞争甚至相互倾轧的弊端；可以广泛畅通各种利益要求和诉求进入决策程序的渠道，有效克服不同政治力量为了维护和争取自己的利益固执己见、排斥异己的弊端；可以广泛形成发现和改正失误和错误的机制，有效克服决策中情况不明、自以为是的弊端；可以广泛形成人民群众参与各层次管理和治理的机制，有效克服人民群众在国家政治生活和社会治理中无法表达、难以参与的弊端；可以广泛凝聚全社会推进改革发展的智慧和力量，有效克服各项政策和工作共识不高、无以落实的弊端。这就是协商民主的独特优势。

民主不是装饰品，不是用来做摆设的，而是要用来解决人民要解决的问题的。党的一切执政活动，国家的一切治理活动，都要尊重人民主体地位，尊重人民首创精神，拜人民为师，把政治智慧的增长、治国理政本领的增强深深扎根于人民的创造性实践之中，使各方面提出的真知灼见都能运用于治国理政。

要坚持把实现好、维护好、发展好最广大人民根本利益作为一切工作的出发点和落脚点，党和国家的重大工作和重大决策必须识民情、接地气。要以人民群众利益为重、以人民群众期盼为念，真诚倾听群众呼声，真实反映群众愿望，真情关心群众疾苦。要坚持工作重心下移，深入实际、深入基层、深入群众，做到知民情、解民忧、纾民怨、暖民心，多干让人民满意的好事实事，充分调动人民群众的积极性、主动性、创造性。

3. 协商民主要全方位落地生根

发展好社会各项事业，巩固国家安定团结的政治局面，促进政党关系、民族关系、宗教关系、阶层关系、海内外同胞关系和谐发展，一个很重要的条件就是必须通过民主集中制的办法，广开言路，博采众谋，集思广益，动员大家一起行动。

社会主义协商民主，应该是实在的而不是摆设的，应该是全方位的而不是局部的，应该是全国上下都要做的而不是局限在一地一域的。构建程序合理、环节完整的社会主义协商民主体系，确保协商民主依法、依规、有序开展。

协商就要真协商，真协商就要协商于决策之前和决策之中，根据各方面的意见和建议来决定和调整党和国家的决策和工作，从制度上保障协商成果落地，使党和国家的决策和工作更好顺乎民意、合乎实际。要强调协商主体的平等地位，没有人会因为权力与资源的缺乏而处于不公平的劣势地位，各种不同的意见都能得到真实表达，平等参与协商正是党的领导的表现。要通过各种途径就改革发展稳定重大问题特别是事关人民群众切身利益的问题进行广泛协商，既尊重多数人的意愿，又照顾少数人的合理要求，广纳群言、广集民智，增进共识、增强合力。要拓宽党、人大、政府、政协、民主党派、人民团体、基层组织、企事业单位、社会组织、各类智库等的协商渠道，深入开展政治协商、立法协商、行政协商、民主协商、社会协商、基层协商等多种协商，建立健全提案、会议、座谈、论证、听证、公示、评估、咨询、网络等多种协商方式，不断提高协商民主的科学性和实效性。

改革开放以来，中国政治、经济、文化等社会的各个领域已发生复杂而深刻的变化，经济成分、组织形式、就业渠道、分配方式等发生了很大变化，民主观念、法治思想、公民意识等现代政治文明知识普及，社会分层也随之发生变化。在保持政协精英协商特色的基础上，应适当扩大政协委员的代表性和政协参加单位的广泛性。①要照顾非政府组织的利益诉求。随着中国向现代社会转型发展，社会管理体制改革不断深化，社会资源配置发生很大变化，社区和非政府组织在社会治理中的地位日益凸显。现有的政协组成单位中，无非政府组织的席位。原有的妇联、工会等虽有非政府组织的属性，但并非真正意义的非政府组织，也不是改革开放以后产生的。政协委员中虽有一些非政府组织和社区的成员，但人数太少，难以反映和表达自己的意见。非政府组织属于新鲜事物，鉴于其在社会治理中的积极作用，应扩大他们在政协中的名额。②增加非公企业和农民工委员在工会界别中的人数。随着城市化进程推进、国有企业改革深化、非公有制企业的发展以及农村人口向非农产业的转移，传统意义上的工人阶级已经发生了很大变化。现有工会界别委员仍由国企工会人士担任，没有反映现代工人多样的格局，应增加非公企业的代表和农民工代表。③在农业界别中增加真正的农民委员。农民界别是政协最早的界别之一，第一届全国政协中就有农民委员。而现在全国政协农业界别中没有一个真正意义上的农民委员，都是官员和相关专家及学者。这种情况在地方政协中同样存在。三农问题仍旧是党和国家的重大问题，对三农问题最有发言权的应该是农民。随着时代的发展，农民中也出现了一些精英人物。增加农民委员既可以扩大参加协商的主体，也不会改变政协精英协商的特色。

人民群众是社会主义协商民主的重点。涉及人民群众利益的大量决策和工作，主要发生在基层。要按照协商于民、协商为民的要求，大力发展基层协商民主，重点在基层群众中开展协商。凡是涉及群众切身利益的决策都要充分听取群众意见，通过各种方式、在各个层级、各个方面同群众进行协商。完善基层组织联系群众制度，加强议事协商，做好上情下达、下情上传工作，保证人民依法管理好自己的事务。推进权力运行公开化、规范化，完善党务公开、政务公开、司法公开和各领域办事公开制度，让权力在人民监督下运行。

注释

[1] 后来中国人民政治协商会议第一届全体会议决定国名为中华人民共

和国。1949年9月7日,周恩来在《关于人民政协的几个问题》的报告中说:在中央人民政府组织法的草案上去掉了中华人民民主共和国的'民主'二字,去掉的原因是感觉到'民主'与'共和'有共同的意义,无须重复,作为国家还是用'共和'二字比较好。"

第七章

元首制度

中华人民共和国实行集体元首制，由国家主席和全国人大常委会结合行使国家元首职权。主席是国家机构的重要组成部分，属于国家权力机关的范畴。主席是由经过法定程序产生的一个人组成的国家权力机关，主席职权虽由个人行使但不是属于个人的私人权利，而是属于国家机关主席的公共权力。国家主席的一切活动都是行使国家权力的行为，宪法对国家主席的活动有着严格的规定。国家主席地位特殊，代表国家进行国事活动，但是一般不独立决定任何具体国家事务，而是根据全国人大及其常委会的决定行使法定职权。

一 元首制度的历史演变

（一）元首的渊源

"元首"一词，从字面上解，有头脑、为首者、创始人、国家领导人等多种含义。在政治领域，元首一般是指国家领导人，但是其含义在古今也有着明显差异。

古代的国家元首是君主，其独揽立法权、行政权和司法权等全部最高国家权力。在中国古代文献中，元首一词很早就出现了，《尚书·益稷》中曰："元首明哉，股肱良哉，庶事康哉"。这里的元首指君，股肱指臣，意即：君主圣明，众臣便会贤良，百姓便可安康。其他古文献中也不乏类似例子。例如，《汉书·丙吉传》中也称"君为元首"；《后汉书·郎（皑页）传》写道："三公上应台阶，下同元首"，并注云："《尚书》目君为元首，臣作股肱。言三公上应天之台阶，下与人君同体也"。在中国古代漫长的历史时期里，虽然社会制度历经变迁，国家的性质和形式变化也相当大，但君主作为国家元首，却世代绵延，未曾改易。这从清朝政府1908年公布的《钦定宪法大纲》的规定就可见一斑，其中有"大清皇帝统治大清帝国，万世一系，永永尊戴"；"君上神圣尊严，不可侵犯"。① 至于外国的历史上元首的称谓，最早在宪法上使用的首推1831年的比利时王国宪法。该宪法规定，国王是国家元首，未经议会两院同意，不得担任他国元首。至于外国的元首在事实上的存在，比起比利时宪法来要久远得多，可以追溯到荷马史诗时代的巴息力斯以及古埃及的国王"法老"。由此可知，古代历史上的元首一般都是指国家最高权力的体现者——君主。

近代以来，除少数传统痕迹明显的国家外，一般的国家元首已不再是全部最高国家权力的垄断者，而是国家（主权）对内对外的最高代表，亦即国家的象征。现代社会的国家元首概念是从资产阶级国家的建立开始的。资产阶级反对封建专制统治，否定君主集权，把分权学说作为组织政权机关的指导思想。最早提出分权理论的英国思想家洛克主张行政权与立法权的分权制衡。② 其后法国思想家孟德斯鸠提出了立法、行政、司法"三权分立"学说。③ 在此基础上，资产阶级革命家孙中山先生提出了立法、行政、司法、考试、弹劾（监察）"五权分立学说"。④ 但不管分权学说的具体内容如何，这些思想家和政治家均主张国家权力应该在几个国家机关之间进行分配，而不能集中于像过去君主那样的个人手中。现代很多国家都通过宪法来规定本国元首，譬如意大利宪法第87条规定：共和国总统为国家元首并代表国家之团结一致。也有国家没有在宪法中明文规定国家元首的职位，但在实际生活中不难看出谁是该国元首。例如，世界公认美国总统是美国元首，虽然美国宪法并未这样明确规定。还有国家由于宪法上没有明文规定国家元首，故在"谁是国家元首"问题上难以达成一致。例如，二战后日本宪法只写明"天皇是日本国的象征，是日本国民整体的象征"。"象征"是否意味着国家元首，在日本学界意见纷呈，莫衷一是。⑤ 一般而言，关于国家元首的产生、任期、职权等方面的法律规定或政治惯例，统称为国家元首制度。

---

① 《宪政编查馆会奏遵拟宪法大纲及议院选举各法并逐年应行筹备事宜折》，见《大清法规大全·宪政部》卷四，转引自叶孝信主编《中国法制史》（新编本），北京大学出版社1996年版，第368页。

② 参见［英］洛克《政府论》（下），叶启芳 瞿菊农译，商务印书馆1964年版，第89—91页。

③ 参见［法］孟德斯鸠《论法的精神》（上），张雁深译，商务印书馆1961年版，第155—157页。

④ 参见孙中山《五权宪法》，《孙中山选集》，人民出版社1981年版，第485—498页。

⑤ 参见许崇德《国家元首》，人民出版社1982年版，第12页。

从世界范围看，国家元首有各种不同的情况，可作如下分类：①根据国家性质，可分为资产阶级国家元首和社会主义国家元首。②根据产生方式，主要分为世袭的国家元首与选任的国家元首两大类型。一般而言，君主制国家（包含君主立宪制国家）元首属于前一类，共和制国家元首属于后一类。当代社会，选任的元首明显多于世袭的元首。③根据任期，可分为终身元首与限任元首两大类型。通常是，世袭元首为终身元首，选任元首为限任元首。④根据组成，可分为单一元首和集体元首两大类型。前者由一人独任，后者由地位基本平等的二人以上同时担任。

国家元首，作为对内对外的最高代表（国家象征）行使元首权。世界各国元首行使的权力差别很大，很难作出统一的概括。但从大多数国家的实际情况看，常见的元首权大致有以下八项：①公布法律权。许多国家规定，法律经立法机关通过后，得由国家元首公布。不经元首公布，法律不能生效。其中有些国家，元首公布法律，纯粹是履行一道手续，并不包含对法律批准或不批准的意义。而另外一些国家，元首有权不批准立法机关通过的法律，即行使否决权。对不批准的法律，也就不予公布。反之，元首公布某项法律，即同时意味着批准该项法律。②发布命令权。元首发布命令实际上是补充立法的一种重要方式。由于它比较灵活，故常被许多国家采用。但是，命令一般不能用来改变法律或停止法律的效力。③召集代议机关权。有些国家规定，由元首召集代议机关的会议。④最高外交权。如派遣或召回驻外全权代表；接受外国使节；宣战与媾和等。⑤统率武装权。除少数国家外，一般都规定国家元首有权指挥和调动海陆空等一切武装力量。当然有些仅是名义上的"三军统帅"。⑥任免高级官员权。包括任免政府总理（首相）、各部部长（大臣）。也有些国家还有权任免法官、任免宪法监督机关的部分成员等。⑦赦免权。包括大赦和特赦。⑧最高荣典权。即授予国家的最高荣誉，如授予特定单位或个人以勋章、奖章或各种荣誉称号。①

（二）当代中国元首制度的变迁

宪法和法律没有明文规定谁是国家元首。但是，根据宪法和法律的有关规定，新中国的国家元首制度大致经历了以下几个阶段：

1. 1949—1954 年

根据起临时宪法作用的《中国人民政治协商会议共同纲领》和《中央人

---

① 参见许崇德《国家元首》，人民出版社1982年版，第68—89页。

民政府组织法》的规定，中国人民政治协商会议全体会议代行全国人民代表大会的职权，选举产生中央人民政府委员会。中央人民政府委员会对外代表中华人民共和国，对内领导国家政权。其具体职权包括：制定并解释国家的法律，颁布法令，并监督其执行；规定国家的施政方针；废除或修改政务院与国家的法律、法令相抵触的决议和命令；批准或废除或修改中华人民共和国与外国订立的条约和协定；处理战争及和平问题；批准或修改国家的预算和决算；颁布国家的大赦令和特赦令；制定并颁布国家的勋章、奖章，制定并授予国家的荣誉称号；任免驻外国的使节；任免政务院组成人员以及政务院所属机构的负责人；任免人民革命军事委员会组成人员以及人民解放军领导人员；任免最高人民法院和最高人民检察署的组成人员；筹备并召开全国人民代表大会等。

不难发现，中央人民政府委员会的职权大体上可以分为两类：一类属于最高国家权力机关的职权，如制定并解释国家的法律，监督法律、法令的执行，废除或修改政务院与国家的法律、法令相抵触的决议和命令等；另一类属于国家元首的职权，如颁布法令，颁布国家的大赦令和特赦令，颁布国家的勋章、奖章，授予国家的荣誉称号，任免国家领导人员等。前一类职权表明，中央人民政府委员会是当时政协全体会议闭会期间的最高国家权力机关；后一类职权则表明，中央人民政府委员会同时又是国家元首。董必武在中国人民政治协商会议第一次全体会议作《说明〈中央人民政府组织法〉的报告》中已经指出："中央人民政府委员会的职权，各国宪法多规定为国家元首的职权"。

中央人民政府委员会共由中央人民政府主席1人、副主席6人、委员56人以及委员互选秘书长1人组成。每两月举行一次会议。法律规定，中央人民政府主席主持中央人民政府委员会会议，领导中央人民政府的工作；在中央人民政府委员会闭会期间的工作：有权签发中央人民政府公告，公布法令，代表中华人民共和国接受外国使节；兼任人民革命军事委员会主席，统率全国武装力量。可见，中央人民政府主席在当时的国家政治生活中具有重要作用。但是，主席仍旧是中央人民政府委员会的组成人员，而不是独立的国家机关。因此，不能认为中央人民政府委员会和中央人民政府主席结合起来行使国家元首职权，而只能说中央人民政府委员会集体行使元首职权，它是中华人民共和国成立初期的集体元首。

2. 1954—1978 年

根据1954年宪法规定，在全国人民代表大会之下，不设中央人民政府委员会,而设全国人民代表大会常务委员会和国家主席。毛泽东在宪法起草委员会第一次会议上解释当时设国家主席的初衷时说,中国是一个大国,设主席,目的是为了使国家更加安全。有议长,有总理,又有个主席,就更安全些,不至于三个地方同时都出毛病。设主席,在国务院和常委会之间有个缓冲作用。[1]宪法明确规定了国家主席的地位、职权、产生和任期等问题,它既不是最高国家权力机关的组成人员,也不是最高国家行政机关的组成人员,而是一个相对独立的国家机关。它根据全国人大或其常委会的决定,公布法律和法令,任免国务院组成人员,任免国防委员会副主席、委员,授予国家的勋章和荣誉称号,发布大赦令和特赦令,发布戒严令,宣布战争状态,发布动员令等。它对外代表中华人民共和国,接受外国使节,根据全国人民代表大会常务委员会的决定派遣和召回驻外全权代表,批准同外国缔结的条约等。由此看来,国家主席根据全国人大或其常委会的决定,行使各项元首职权。

国家元首的职权采取集体行使的方式,刘少奇曾在《关于中华人民共和国宪法草案的报告》中对此作了说明,"适应我国的实际情况,并根据中华人民共和国成立以来建设最高国家权力机关的经验,我们的国家元首职权由全国人民代表大会所选出的全国人民代表大会常务委员会和中华人民共和国主席结合起来行使。我们的国家元首是集体的国家元首。""不论常务委员会或中华人民共和国主席,都没有超越全国人民代表大会的权力。""我们国家的大事不是由一个人或少数几个人来决定的。"① 由全国人大常委会和国家主席共同行使国家元首职权,符合中国国情,是具有中国特色的国家元首制度。

1954年9月召开的第一届全国人大第一次会议选举毛泽东为中华人民共和国第一任国家主席,朱德为副主席。1956年起,毛泽东根据主要领导人划分为一线与二线的考虑,曾多次提出他不再担任下届国家主席候选人的建议。1958年底,中共八届六中全会作出决议同意毛泽东的建议,当时《人民日报》还公布了这个决议。② 在1959年4月召开的第二届全国人大第一次会议上和1965年1月召开的第三届全国人大第一次会议上,刘少奇两次当选为国家主席。这两次会议均选举宋庆龄、董必武为副主席。

3. 1978—1982年

1976年10月粉碎了"四人帮",1977年8月召开的中共十一大宣布

---

① 《刘少奇选集》(下卷),人民出版社1985年版,第157页。
② 参见金春明《"文化大革命"史稿》,四川人民出版社1995年版,第331页。

"文化大革命"结束。为了适应新时期国家民主与法制建设的需要，必须对1975年宪法进行修改。1978年3月5日，五届全国人大一次会议通过了1978年宪法，但仍未恢复国家主席的职位。在全国武装力量统帅权、国务院总理人选提名权的归属上，承袭了1975年宪法的规定。将派遣和召回驻外全权代表、接受外国使节、批准同外国缔结的条约的职权，改由全国人大常委会委员长行使。另外，还恢复了公布法律和法令以及授予国家荣誉称号的职权，也由委员长行使。由于全国人大常委会委员长不是一个独立的国家机关，而是全国人大常委会的主要组成人员。因此，该阶段国家元首职权主要由全国人大常委会行使。也就是说，全国人大常委会是国家的集体元首。

在此阶段中，虽未设立国家主席的职位，但使用过"国家名誉主席"的称号。1981年5月16日，五届全国人大常委会第十八次会议代表全国人民的意愿，通过了《关于授予宋庆龄同志中华人民共和国名誉主席荣誉称号的决定》。在新民主义革命时期，在筹建新中国的活动中，宋庆龄作出过重要贡献，成为中国共产党的挚友。她从1949年起，先后担任中央人民政府副主席、国家副主席、全国人大常委会副委员长。她于1981年5月15日加入中国共产党。入党后第二天被授予国家名誉主席的荣誉称号。1981年5月29日，宋庆龄名誉主席与世长辞。以后国家从未授予"国家名誉主席"的荣誉称号。

由于"解放思想，实事求是"的思想路线和"实践是检验真理的唯一标准"的原则还没有得到确认，"两个凡是"的错误思想还继续禁锢着人们的头脑，中共十一届三中全会还未召开，1978年宪法并没有完全摆脱1975年宪法的影响，仍然存在着许多问题，在其通过并公布实施后不久虽两次进行局部修改，还远不能适应时代的需要。但1978年宪法的效力延续到1982年12月通过新宪法时才告结束。

4. 1982年至今

1978年12月召开的中共十一届三中全会作出了把全党的工作重心转移到社会主义现代化建设上来的战略部署，提出了要进一步扩大人民民主和加强社会主义法制的要求。1981年6月召开的中共十一届六中全会，全面总结了建国以来特别是"文化大革命"的经验教训，充分肯定了中共十一届三中全会以来逐步确立的适合于中国国情的路线、方针和政策，完成了全党和全国人民在指导思想上的拨乱反正。中共十一届三中全会以后，中国进入了改革开放新时代，各项事业蒸蒸日上。1978年宪法没有也不可能反映这些变化，更不可能适应社会进一步发展所提出的要求，因此对1978年宪法的修改势在必行。

1980年9月，五届全国人大三次会议接受中共中央建议，决定修改宪法，并成立了宪法修改委员会。宪法修改委员会在广泛征求并认真研究各方面意见基础上，于1982年2月提出《中华人民共和国宪法修改草案》讨论稿，经再一次征求意见并进行修改后于1982年4月提交全国人民代表大会常务委员会第二十三次会议通过，并决定将宪法修改草案公布并交付全国各族人民讨论。在历时4个月的全民讨论中，广大群众表现了高度的政治热情和积极性，提出了大量的意见。经宪法修改委员会对该草案再次修改后，决定提请第五届全国人大五次会议审议。开会期间，全体代表又进行了热烈讨论并作了多处修改之后，于1982年12月4日五届全国人大五次会议正式通过并公布实施。

在各种层次、各个方面广泛讨论修改宪法的过程中，对于要不要恢复设置国家主席职位的问题，存在截然相反的两种意见。一种意见认为，没有必要再设国家主席。理由是：多年未设，各项工作照常进行；重新设立，会增加一个国家机关和一批工作人员，不符合精简机构的精神；不设，有利于防止个人迷信和专断，有利于国家政治生活民主化；还有，就是毛泽东反对设置该职位。另一种意见认为，应当恢复设置国家主席职位。依据是：设国家主席是具有中国特色的政治制度，符合人民的习惯和心理；取消国家主席是在极不正常的政治形势下发生的，随着国家政治、经济生活日趋正常化，健全国家政治制度，恢复国家主席职位应是顺理成章之事；重设国家主席，还有利于国家机关合理分工和开展对外工作。[①]

实践证明，恢复国家主席职位具有多方面重大意义，主要表现在以下三方面：

（1）有利于开展国际交往。当今世界越来越成为一个不能分开的整体，国与国之间的联系日趋密切。随着改革开放的深化，中国国际地位日益提高，中国的对外交往更加频繁。按照国际惯例的"对等"原则，外国的国家元首派来中国的特命全权大使，须由中国的国家元首接受国书；外国的国家元首访问中国，须由中国的国家元首出面接待，并进行回访。国家主席职位的设立，有利于开展国家的主权外交活动。另外，还有许多重大涉外问题，如缔约、废约、宣战、媾和等，也须国家元首作为主权国家的最高代表，出面

[①] 参见全国人大常委会办公厅研究室政治组编《中国宪法精释》，中国民主法制出版社1995年版，第54、230页。

处理。

（2）有利于健全国家政治制度。最高国家行政首脑的提名，应属于国家事务。依据1954年宪法，国务院总理人选由国家主席提名，经全国人大决定后，再由国家主席任命。总理受命于国家，这是理所当然之事。然而，1975年宪法取消了国家主席职位，总理人选由中共中央提议，显然是党政不分、以党代政，是政治体制方面的混乱现象。恢复国家主席职位，总理人选仍由国家主席提名、任命，有利于理顺党政关系，实行党政分开。恢复国家主席职位，也符合全国各族人民的习惯和愿望。特别是"毛主席"在人民心目中的崇高地位，使得人民群众对国家有一个主席都很习惯，在感情上亦能接受。

（3）有利于国家机关的分工。没有国家机关之间的合理分工，就不能有效、协调地管理好全部的国家事务。在中国，国家主席是一个独立的国家机关，负有重要职责。在取消国家主席的情况下，一些原由国家主席承担的任务，如接待外国元首来访，接受外国使节递交的国书以及公布法律、发布命令等，只得交由全国人大常委会委员长和国务院总理分担。这样势必加重他们的负担，分散他们的精力。有了国家主席，全国人大常委会委员长和国务院总理就可以从一部分礼节性、程序性的工作中摆脱出来，集中精力搞好本职工作，加强最高国家权力机关和最高国家行政机关的建设。公布法律、发布命令等由立法机关之外的国家主席行使，更能表明法律是上升为国家意志的人民意志，更能体现法律的权威性。

二　国家主席

（一）地位和作用

国家主席是国家机构的重要组成部分，它与全国人大及其常委会、国务院、中央军委、国家监察委、最高人民法院和最高人民检察院同属中央国家机构。国家主席在国家机构体系中处在什么样的地位，必须依据宪法规定来判断，而不能以其他标准下结论。

宪法规定，作为最高国家权力机关的全国人大及其常委会所制定的法律和决议，须由国家主席代表国家予以公布；国家主席享有国家的最高代表权，代表国家进行外事活动。因此，从国家活动的程序性、礼仪性和象征性上看，国家主席具有最高的地位。由于国家主席不仅由全国人大选举产生，而且全国人大还有权罢免国家主席和副主席；国家主席的大部分职权都必须根据全国人大及其常委会的决定去行使。因此，从国家活动的实质意义上而言，国家主席处于最高国家权力机关的从属地位。由于国家主席有权向全国人大提出国务院总理人选，并根据全国人大及其常委会的决定，任免国务院的组成人员。因此，国家主席的地位明显高于国务院，更不用说中央军委、国家监察委、最高人民法院和最高人民检察院了。

有人认为，"我国的国家主席在政治生活中正起着类似西方国家的虚位元首的作用"，中国的国家元首基本上属于"虚位的个体元首类型"[①]。学界有"虚位元首"和"实位元首"之说。那些"临朝不理政"的元首叫作虚位元首，而那些"总揽统治权"的元首称为实位元首。如果说像英国（女王）、日本（天皇）这种"临朝不理政"的虚位元首的确存在的话，那么在现代社会，那种"总揽统治权"的实位元首则根本不存在。现代国家元首是从资产阶级民主产生以来出现的，而资产阶级政权组织原则的指导思想就是分权学说，分权的主要宗旨就是防止集权专制统治的再现。实行分权原则的现代资本主义国家绝不会允许一个"总揽统治权"的实位元首的存在。在分权体制下，立法、行政、司法等三个机关只能分别代表国家权力的一部分，谁也不能代表整体意义上的最高国家权力（主权）。然而，日趋频繁的现代国际关系又需要各国有一个国家主权的代表以适应国际交往的需要。一方面，不允许存在一个实际的"总揽统治权"的元首；另一方面，又需要一个国家主权角色的代表。于是，只在象征意义上而不是实际意义上代表国家主权的现代元首便应运而生。在一定意义上，现代国家元首的概念发端于对外交往的需要，权威的《布莱克维尔政治学百科全书》就把国家元首解释为"是外国使节向其呈递国书的人"[②]。这里实际上将国家元首视为一个国家的象征，而不是国家主权的实际代表。由此可知，"一般而言，国家元首的'有效权力'——借用白哲特的用语——所具有的重要性要小于他的'荣誉权力'所具有的重要性。"[③]

人们通常将美国总统看作是"总揽统治权"的实位元首的例证。可是，美国是实行分权原则的典型国家。总统的权力最大也不可能且没有达到"总

[①] 李步云主编：《宪法比较研究》，法律出版社1998年版，第747页。
[②] ［英］戴维·米勒、韦农·波格丹诺：《布莱克维尔政治学百科全书》，邓正来译，中国政法大学出版社1992年版，第315页。
[③] ［英］戴维·米勒、韦农·波格丹诺：《布莱克维尔政治学百科全书》，邓正来译，中国政法大学出版社1992年版，第315页。

揽统治权"的地步,虽然二战后总统的权力确有膨胀趋势,毕竟最高立法权和最高司法权不在他手中。如果以"总揽统治权"作为实位元首的特征,那么美国总统就难以归入实位元首的类型。如果以美国总统拥有最高行政权作为实位元首之依据,就应当注意到这样一个事实:美国"总统扮演着六种稍有不同而又经常重叠和互相混杂的角色"①。拥有最高行政权力是源自其行政首脑之角色,而非来自其国家元首之角色。如果从国家元首的角色看,美国总统也不过是"国家的象征"而已,即"总统是国家的象征性的元首,……作为国家元首,总统有许多礼仪上的职责"②。

由此看来,现代国家没有"总揽统治权"的实位元首。现代国家的元首就其职位本身而言,只是国家主权的象征。如果"象征"是"虚位"之意,那么所有现代国家元首均是"虚位"元首。既然无"实位"元首之存在,也就无所谓"虚""实"之别,也就无所谓"虚位"元首的类型了,也就不应有"我国国家主席类似西方国家虚位元首的作用"之说了。

虽然刘少奇对1954年宪法草案作说明时明确指出中国实行集体元首制,但是学术界对中国实行的是集体元首制还是单一元首制主要有三种观点:①赞成刘少奇所说的,中国实行的是集体元首制,国家主席只是集体元首的一个组成部分,国家主席和全国人大常委会结合起来行使元首权,或者说国家主席根据全国人大及其常委会的决定行使元首权。②中国实行的是集体元首制,但国家主席是集体元首的"个人代表""单一表现形式",即集体元首、单一(个人)代表。③中国实行的是单一元首制,国家主席就是中国国家元首。孰是孰非,应当进行理性分析,看哪种观点更符合中国的实际情况。

众所周知,作为最高国家权力(主权)的象征,或者作为国家对内对外的最高代表,是国家元首最基本的特征。中国宪法规定,国家主席"代表中华人民共和国,进行国事活动,接受外国使节",显然表明国家主席是中国的最高代表。中国宪法同时规定,国家主席根据全国人大及其常委会的决定,公布法律,任免国务院组成人员,授予国家的勋章和荣誉称号,发布特赦令,宣布进入紧急状态,宣布战争状态,发布动员令,派遣和召回驻外全权代表,批准和废除同外国缔结的条约和重要协定。这就说明国家主席是作为最高国家权力的代表,去进行"公布""任免""授予""发布""宣布""派遣"

---

① [美]加里·沃塞曼:《美国政治基础》,陆震纶等译,中国社会科学出版社1994年版,第46页。
② [美]加里·沃塞曼:《美国政治基础》,陆震纶等译,中国社会科学出版社1994年版,第46页。

"召回""批准"和"废除"的活动。因此,国家主席就是中国的国家元首。

现代世界大多数国家的元首,主要是在国家活动的程序性、礼仪性和象征性方面行使职权,发挥作用。作为国家最高代表,元首具有至高无上的威仪和尊严。国家元首主要参与礼仪性、程序性和象征性的活动,一般不行使重大决策方面的实权。现在中国的国家主席职位,就宪法的规定而言,不拥有立法、行政、军事等方面实际权力,其职权和作用主要体现在国家对内对外活动的程序性、礼仪性和象征性方面,属于典型的现代元首的职权和作用。

应当说,全国人大及其常委会行使的一系列实质性的立法权、决定权却不属于现代国家元首的职权,其在政治生活中应当发挥的立法、决策作用也不属于现代国家元首的作用。但是,之所以说中国国家主席根据全国人大及其常委会的决定,开展"公布""任免""授予""发布""宣布""派遣""召回""批准"和"废除"等活动就是集体行使国家元首权,主要是采用元首权是最高国家权力这个含义。最高权力当然包含实际的最高权力和形式的最高权力,只是现代国家元首主要行使形式的最高权力而已。至于形式的最高权力,在中国也不全是由国家主席行使。例如,宪法以及宪法修正案的公布,就由全国人大或全国人大主席团公布,而不是由国家主席公布。

一般而言,由一人独任国家元首的,叫单一元首。由地位相等的二人以上组成同一机关担任国家元首的,叫作集体元首。在中国,全国人大常委会和国家主席结合起来,集体行使元首权,只是前者行使实质性的元首权,后者行使形式性的元首权。虽然国际惯例仅把后者当作现代国家的元首权,按照此定义只有国家主席才是中国的国家元首,但是,中国却把全国人大常委会和国家主席共同当作国家元首,主要基于中国实行人民民主的国家根本制度的考虑,强调人民民主权威,不主张突出个人权威,毕竟国家主席由一个人担任。中国是一个有着两千多年封建专制历史的国家,人民对"君临天下"抱有高度警惕。如果单一国家元首拥有实权,所有的问题最终由一人决策,如何防止个人意志代替人民意志上升为国家意志,如何防止个人利益代替人民利益上升为国家利益,如何保证人民民主防止个人独裁,制度上无法制约,只能依赖于单一元首的个人自觉和社会责任感。但历史证明,人是变化的,人是靠不住的。因此,绝对不能将国家安危维系在一个人身上。这就不难理解,为什么现代国家元首不行使实质性的国家权力,也就不难理解中国实行集体的国家元首制。

(二) 产生与任期

通常情况下,各国元首产生的方法或者载于宪法,或者由专门的法律如王位继承法等予以规定。由于各国的政治、经济、文化、历史、宗教等方面的差异，对出任国家元首的资格以及元首产生的原则、方法和程序，各国的规定千差万别，很难一言以蔽之。尽管如此，但粗略区分为世袭制和选举制两大类是可行的。凡国家元首的任职按照血缘关系依法世代相传者称为世袭制。世袭制是君主国普遍实行的制度，不仅古代君主国如此，近现代君主立宪国，如英国、荷兰、瑞典等国的元首亦如此。国家元首的选举制多为共和国所采用。各国选举元首的方法差别很大，而且程序十分繁杂，大致可分为由公民投票直接选举产生和由代议机构间接选举产生。中华人民共和国主席、副主席由全国人民代表大会间接选举产生。

1. 任职资格

按照现行宪法规定，国家主席、副主席的任职资格是：①必须是中华人民共和国公民，即必须具有中华人民共和国国籍。这方面不像有些国家作出"出生于本土""居住本国 XX 年"等严格限制。实践中，并未出现过不在中国出生者当选国家主席或副主席的情况。②必须享有选举权和被选举权。除依法被剥夺政治权利的以外，凡年满 18 周岁的中国公民都享有选举权和被选举权。③必须年满 45 周岁。由于国家主席、副主席是极其崇高的职位，必须由政治成熟、经验丰富、在国内外享有声誉的人担任。这些条件往往与一定的年龄、阅历分不开。世界各国对国家元首的任职年龄都有相应的规定，都规定在 30 至 50 岁之间。① 现行宪法对国家主席、副主席的年龄规定比 1954 年宪法规定提高了 10 岁。

2. 任免程序

国家主席、副主席由全国人民代表大会选举产生。法律规定，国家主席、副主席的候选人由全国人大主席团提名。实践中，往往是中共中央在广泛听取各民主党派、各社会团体的负责人意见后，先提出主席、副主席候选人的建议名单，经全国人大主席团讨论通过后，即以主席团的名义依法在某届全国人大的第一次会议上提出。主席团在提出候选人时，还向会议介绍候选人的基本情况，并对代表提出的问题作必要的说明。在全国人大各代表团酝酿协商的基础上，主席团根据多数代表的意见确定正式候选人名单，再提交全国人大全体会议采用无记名投票方式，等额选举国家主席、副主席。今后，随着社会的进步和人民的民主法治素养提高，可以考虑采取差额选举的方式，通过竞争产生国家主席、副主席。

---

① 参见何华辉《比较宪法学》，武汉大学出版社 1988 年版，第 255 页。

依照现行宪法规定，1983年召开的六届全国人大一次会议选举李先念为国家主席，乌兰夫为国家副主席[2]；1988年召开的七届全国人大一次会议选举杨尚昆为国家主席，王震为国家副主席；1993年召开的八届全国人大一次会议选举江泽民为国家主席，荣毅仁为国家副主席；1998年召开的九届全国人大一次会议选举江泽民为国家主席，胡锦涛为国家副主席；2003年召开的十届全国人大一次会议选举胡锦涛为国家主席，曾庆红为国家副主席；2008年召开的十一届全国人大一次会议选举胡锦涛为国家主席，习近平为国家副主席；2013年召开的十二届全国人大一次会议选举习近平为国家主席，李源潮为国家副主席；2018年召开的十三届全国人大一次会议选举习近平为国家主席，王岐山为国家副主席。

全国人大有权罢免国家主席、副主席。法律规定，全国人大主席团、全国人大三个以上的代表团或者十分之一以上的代表，可以提出对国家主席、副主席的罢免案。罢免案应当写明罢免理由，并提供有关材料，由主席团交各代表团审议后，提请大会全体会议表决；或者由主席团提议，经大会全体会议决定，组织特定问题调查委员会进行调查后，再由全国人大下次会议根据特定问题调查委员会的报告进行审议决定。法律规定，罢免案提请大会全体会议表决前，被提出罢免的人员有权在主席团会议和大会全体会议上提出申辩意见，或者书面提出申辩意见，由主席团印发会议。

3. 任期和任职

1954年宪法在起草时，曾规定国家主席、副主席的任期比全国人大的任期多一年。但经过讨论，为了方便，更适合中国的习惯，在修改稿中将主席任期改为与全国人大的任期相同。① 1982年宪法仍作这样的规定，国家主席、副主席的任期与全国人大一样，每届5年，国家主席、副主席行使职权至下届全国人大选出的国家主席、副主席就职为止。

1982年宪法对国家主席、副主席的就职仪式没有专门规定。因此，一直有学者建议，为了充分显示国家主席的崇高地位，充分表明国家主席忠于人民，忠于国家，忠于宪法，应借鉴一些国家相应职务（如总统）的就职仪式。由宪法规定国家主席就职必须举行庄重的就职仪式，手护宪法，庄严宣誓。誓词应当由宪法明文规定。

宪法宣誓制度在国外由来已久。1919年德国《魏玛宪法》首次确认国家公职人员就职宣誓制度以后，很多国家如德国、意大利、新加坡、芬兰、希

---

① 参见张友渔《宪政论丛》（下），群众出版社1986年版，第49页。

腊、荷兰、葡萄牙、南非等国的宪法中都明确规定,官员任职前要进行忠于宪法的宣誓。据不完全统计,在142个有成文宪法的国家中,规定相关国家公职人员必须宣誓拥护或效忠宪法的有97个。

学界关于宪法宣誓制度的建议最终引起了党和国家的高度重视。2014年10月23日中共第十八届中央委员会第四次全体会议通过了《中共中央关于全面推进依法治国若干重大问题的决定》,决定拟建立宪法宣誓制度,凡经人大及其常委会选举或者决定任命的国家工作人员正式就职时公开向宪法宣誓,培养领导干部对宪法的忠诚。2015年7月1日十二届全国人大常委会十五次会议通过了《全国人民代表大会常务委员会关于实行宪法宣誓制度的决定》,并于2018年2月24日十二届全国人大常委会三十三次会议进行修订,规定"各级人民代表大会及县级以上各级人民代表大会常务委员会选举或者决定任命的国家工作人员,以及各级人民政府、监察委员会、人民法院、人民检察院任命的国家工作人员,在就职时应当公开进行宪法宣誓",宣誓誓词为"我宣誓:忠于中华人民共和国宪法,维护宪法权威,履行法定职责,忠于祖国、忠于人民、恪尽职守、廉洁奉公,接受人民监督,为建设富强民主文明和谐美丽的社会主义现代化强国努力奋斗!"2018年3月11日,十三届全国人大一次会议通过的宪法修正案,将宪法第二十七条增加一款,作为第三款:"国家工作人员就职时应当依照法律规定公开进行宪法宣誓。"

2018年3月17日,由十三届全国人大一次会议选举产生的国家主席习近平在人民大会堂进行宪法宣誓,宣誓仪式由全国人大主席团主持。这是中国国家主席首次依法进行宪法宣誓,意义深远。国家主席是中国的国家元首,是中华人民共和国的象征。举行庄重的宪法宣誓仪式,有利于增强国家主席忠于宪法的观念,有利于提高国家主席的尊严和威望,进而有利于在国际上确立中华人民共和国走向现代民主法治社会的良好形象。

关于国家主席、副主席的任期,1982年宪法第一次作了"限任"规定,即连续任职不得超过两届。1980年3月,中共十一届五中全会明确提出"废止干部职务实际上存在的终身制"这一重大决策。同年8月,邓小平在《党和国家领导制度的改革》的讲话中,进一步指出了形成干部领导职务终身制的原因,提出了克服这一弊端的基本思路。1982年底五届全国人大五次会议通过的现行宪法不仅规定了国家主席、副主席,而且还规定了全国人大常委会委员长、副委员长,国务院总理、副总理、国务委员,最高人民法院院长,最高人民检察院检察长一律实行限任制,连续任职不得超过两届。这是中国政治体制改革的一项重大举措,具有非常深远的历史意义和政治影响:①有利于防止国家干部队伍的老化,促进新生力量的成长,使最高领导班子始终充满活力,适应繁重的领导工作。新陈代谢是事物发展的规律,江山代有能人出,一代更比一代强。②有利于防止个人专断和个人崇拜,保证民主集中制的贯彻执行。领导人随着年岁增长,深入实际、接触群众难免受到限制,如果继续身居高位,就容易发生个人专断,权力过于集中。尤其是当他的威望不断提高,在宣传中又处处突出个人,就容易造成个人崇拜,影响民主集中制的贯彻落实。实行限任制后,可以使最高领导人不致因年岁过高而脱离群众、脱离实际,从而从制度上消除产生个人专断和个人崇拜的可能性。③有利于保持国家方针政策的连续性和稳定性。在限任制下,最高领导层可以按规定正常交替,平稳衔接,不至于因一位终身任职的领导人突然出缺而造成领导层的"断裂",在制度上保证国家发展方向不会发生颠覆性变化。

2018年1月19日,中共十九届二中全会审议通过了《中共中央关于修改宪法部分内容的建议》。其中《建议》对国家主席的任职规定作出调整,提出将宪法第七十九条第三款"中华人民共和国主席、副主席每届任期同全国人民代表大会每届任期相同,连续任职不得超过两届",修改为:"中华人民共和国主席、副主席每届任期同全国人民代表大会每届任期相同。"十二届全国人大常委会根据中共中央的修宪建议,提出宪法修正案,提请十三届全国人大一次会议审议。2018年3月11日,十三届全国人大一次会议通过了宪法修正案。

中共中央修宪建议公布后,《人民日报》发表了署名为"轩理"的《保证党和国家长治久安的重大制度安排》的文章,① 认为"在国家主席任职规定上作出调整,是健全党和国家领导体制的制度性安排"。这是目前对该问题最权威的解释,内容如下:

"《建议》提出,将宪法第七十九条第三款'中华人民共和国主席、副主席每届任期同全国人民代表大会每届任期相同,连续任职不得超过两届',修改为:'中华人民共和国主席、副主席每届任期同全国人民代表大会每届任期相同。'这是党中央在全面总结党和国家长期历史经验基础上,从新时代坚持和发展中国特色社会主义全局和战略高度提出的健全党和国家领导体制的重大举措,对于坚持和加强党的全面领导,坚持和维护党中央权威和集中统一领导,更好发挥宪法在新时代推进全面依法治国、推进国家治理体系和治理能力现代化中的国家根本法作用,具有重要意义。"

---

① 《保证党和国家长治久安的重大制度安排》,《人民日报》2018年3月1日第3版。

"中国共产党、中华人民共和国、中国人民解放军领导人'三位一体'的领导体制，是我们党在长期执政实践中逐步探索出的治国理政的成功经验。国家主席制度是党和国家领导体制的重要组成部分。从党章和宪法相关规定来看，1982年党的十二大通过的《中国共产党章程》和后来历次修正后的党章，对党的中央委员会规定每届任期五年，对党的中央委员会总书记和中央军事委员会主席没有规定连续任职不得超过两届。1982年宪法即现行宪法第九十三条第四款，对中华人民共和国中央军事委员会规定每届任期同全国人民代表大会每届任期相同，没有规定连续任职不得超过两届。在国家主席任职规定上作出修改，有利于保持中国共产党、中华人民共和国、中国人民解放军领导体制的一致性，使'三位一体'领导体制在宪法上得以贯彻和体现。"

"在国家主席任职规定上作出修改，是着眼于健全党和国家领导体制，在宪法上作出制度安排。这一修改，不意味着改变党和国家领导干部退休制，也不意味着领导干部职务终身制。从20世纪80年代起，我国干部退休制度已经建立并在实践中不断完善。1982年十二大党章至2017年十九大党章都有一条明确规定：'党的各级领导干部，无论是由民主选举产生的，或是由领导机关任命的，他们的职务都不是终身的，都可以变动或解除。''年龄和健康状况不适宜于继续担任工作的干部，应当按照国家的规定退、离休。'党的总书记、党的中央军委主席、国家中央军委主席、国家主席的任职规定保持一致，是符合我国国情、保证党和国家长治久安的制度设计，是保证中国共产党、中华人民共和国、中国人民解放军领导人'三位一体'的制度安排，有利于坚持和加强党的全面领导，有利于完善党和国家领导制度，有利于坚持和维护党中央权威和集中统一领导，是中国特色社会主义政治优势和制度优势的重要体现。"

4. 辞职与补缺

国家主席、副主席依法可以提出辞职请求。在全国人大会议期间提出的，由全国人大主席团将其辞职请求交各代表团审议后，提请大会全体会议决定是否接受辞职。在全国人大闭会期间提出的，由全国人大常委会委员长会议将其辞职请求提请常委会审议决定，全国人大常委会接受国家主席或副主席辞职的，应当报请全国人大下次会议确认。

依据宪法，国家主席缺位的时候，由副主席继任主席的职位。所谓缺位，是指因去世、辞职或被罢免而使职位出现空缺的情况。副主席继任主席职位，即原副主席自然成为主席，不需履行任何法律手续，直到主席原来任期届满时再由下届全国人大选出新的主席为止。国家副主席缺位时，由全国人大补选。国家主席、副主席都缺位时，由全国人大补选。在补选以前，由全国人大常委会委员长暂时代理主席职位。

（三）基本职权

一般情况下，国家主席不参与决定国家事务的活动，本身也不独立决定任何国家事务，只是在全国人大或全国人大常委会对国家事务作出决定以后，予以宣布或执行。国家主席行使职权实际上只是履行特定的法律形式和程序，使国家事务的处理，无论在内容上还是在形式上都更加完备，显示其严肃性与权威性。依据宪法，国家主席拥有以下职权：

1. 对内职权

（1）公布法律

根据全国人大及其常委会的决定，公布法律。公布法律是立法程序中的最后一个阶段。如果法律未经国家主席公布就不能生效。仅仅从该意义上说，国家主席也参与立法活动。但是，中国国家主席不拥有制定法律的实际权力，即使公布法律，也不包含批准或不批准法律的权力。不像有些国家议会通过法律后，总统可以行使否决权。也就是说，全国人大及其常委会制定的法律，国家主席必须签令公布。

（2）任免国务院组成人员

向全国人大提名国务院总理人选，并根据全国人大及其常委会的决定，任免国务院总理、副总理、国务委员、各部部长、各委员会主任、审计长、秘书长。

（3）荣典权

根据全国人大常委会的决定，授予国家的勋章和荣誉称号。

（4）发布命令

根据全国人大及其常委会的决定，发布特赦令，宣布进入紧急状态，宣布战争状态，发布动员令。

特赦是赦免的一种，是指国家对已宣告罪刑的特定罪犯免除其刑罚的执行。特赦与大赦不同，大赦作为赦免的一种，是指国家对某种犯罪免除其刑罚。已受宣告罪刑的，使其宣告无效，已受追诉而未受罪刑宣告的，撤销其追诉。大赦赦免罪，可使犯罪者的犯罪行为在法律上归于消灭，特赦仅赦免特定罪犯的刑，不能消灭其罪；大赦可以免除刑罚的执行，也可以免除刑事追诉，法院判决前后均可行使，特赦仅免除刑罚的执行，只能行使于法院判决之后；大赦适应于犯有受赦免之罪的所有罪犯，故不需公布被赦人的名单，特赦只适应于被赦免刑罚执行的特定罪犯，故需公布被赦人的名单。中国1954年宪法曾规定，国家主席根据全国人大的决定发布大赦令。但在后来的实践中没有实行过大赦。现行宪法不再规定大赦，而是保留了国家主席根据全国人大常委会的决定发布特赦令。自1959年以来，全国人大常委会曾作出七次特赦决定，前六次均由国家主席发布特赦令。

紧急状态是指战争、内乱、重大事故以及突发性公共事件或者严重自然灾害等因素导致的，严重危及国家的统一、安全或社会秩序的紧急情势。在出现此类状态后，通常需要采取非常措施，包括对公民的权利和自由不同程度地加以限制。世界上多数国家都有关于"紧急状态"的规定。中国1954年宪法和2004年以前的现行宪法未作出这一规定，但有"决定戒严""发布戒严令"等相关内容。"戒严"是在发生严重危及国家统一、安全或者社会公共安全的动乱、暴乱或者严重骚乱，不采取非常措施不足以维持社会秩序、保护人民的生命和财产安全的紧急状态时采取的一种非常措施。2003年抗击"非典"的经验教训使中国意识到完善应对各类紧急状态法律制度的必要性和紧迫性。"戒严"所针对的情况属于"紧急状态"，但"紧急状态"适应范围更宽，它还包括严重自然灾害、突发公共卫生事件、人为重大事故等非常状态。为此，2004年3月十届全国人大二次会议通过的宪法修正案，将宪法中有关全国人大常委会、国家主席、国务院决定全国或部分地区戒严或宣布戒严令的内容，相应地改为决定全国或部分地区"进入紧急状态"或"宣布进入紧急状态"。

宣布战争状态，是指国家因遭受武装侵犯或必须履行国际间共同防止侵略的条约，宣布处于战争状态。按照现行宪法规定，全国人大有权决定战争与和平的问题。在全国人大闭会期间，全国人大常委会有权决定战争状态的宣布。根据全国人大及其常委会的决定，国家主席宣布战争状态。

动员，是指国家采取各种紧急措施，由平时状态转入战时状态，统一调动一切可以利用的人力、物力、财力为战争服务。动员按其内容分，包括武装力量动员、国民经济动员、人民防空动员和政治动员。动员按其范围分，包括全国总动员（即在全国范围内进行的全面动员）和局部动员（即在部分地区或部门进行的动员）。局部动员有可能发展成为总动员。按现行宪法规定，全国人大常委会有权决定全国总动员或局部动员。国家主席根据全国人大常委会的决定，发布动员令。

2. 对外职权

（1）进行国事活动，接受外国使节

元首外交是国际交往中的一种重要形式。2004年3月，十届全国人大二次会议通过的宪法修正案，增加了国家主席代表国家进行国事活动的职权。这为中国开展元首外交提供了更为明确的宪法依据。中国实行集体元首的国家制度，实质性的元首职权由全国人大常委会行使，同时国务院行使国家行政权。因此，国家主席在行使此项权力时要谨慎，以免对现有的稳定的权力配置体制造成太大影响。

外国使节，包括大使、公使等，是派遣国元首的外交代表。按照国际惯例，应受到驻在国元首的隆重接见。接见时，外国使节亲自向驻在国元首递交由本国元首签署的国书正本（副本应在抵达驻在国时即交驻在国外交部）。一般在驻在国元首正式接受国书后，外国使节才算正式赴任。不仅如此，接受国书，还包含对派遣国及其政府的承认之意。因此，代表国家接受外国使节，是国家主席一项非常重要的对外职权。

（2）派遣和召回驻外全权代表

根据全国人大常委会的决定，派遣和召回驻外全权代表。按照国际惯例，国家主席派遣和召回驻外全权代表，同时包含签署派遣国书（也叫就任国书）和召回国书（也叫辞任国书）。

（3）批准和废除条约和协定

根据全国人大常委会的决定，批准和废除同外国缔结的条约和重要协定。条约是指国际法主体间（主要是国家间）达成的、确定其相互权利义务的协议。广义指国际法主体间缔结的各种协议，狭义指具有重要政治性的、以"条约"为名的国际协议。协定是指国家间或国际组织间为解决专门性或临时性问题而签订的契约性的条约，如文化交流协定、贸易协定、停战协定等。条约和协定都有一定的缔结程序。现行宪法规定，国务院可与外国缔结条约或协定，全国人大常委会作出批准或废除的决定后，由国家主席予以公布。

3. 职权变化

现行宪法规定的国家主席职权，相比1954年宪法和全国人大组织法的有关规定，除了不再发布大赦令并以"宣布进入紧急状态"取代"发布戒严令"外，还有几点变化。

（1）1954年宪法规定，国家主席统率全国武装力量，担任国防委员会主席，并有权提名国防委员会副主席和委员的人选。国防委员会是军事方面的咨询性质的机构，不是武装力量的领导机关。现行宪法规定，中华人民共和国中央军事委员会领导全国武装力量，中央军委实行主席负责制，而没有规定国家主席统率全国武装力量。

（2）1954年宪法规定，国家主席在必要的时候召开最高国务会议，并担任最高国务会议主席。最高国务会议，是指由国家主席召开的，由国家副主席、全国人大常委会委员长、国务院总理和其他有关人员参加的，不定期地协商和研究国家重大事务的会议。它不是最高国家权力机关，也不是最高国家行政机关，它对于国家重大事务的意见并不具有法律效力，只是由国家主席提交全国人大及其常委会、国务院或其他有关部门讨论并作出决定。如果这些机关认为意见不妥，可以不予执行。但是，实际生活中最高国务会议具有重大的政治影响力，往往会受到有关方面的高度重视。有学者认为，最高国务会议"实际上起到了最高政治动员会、政策宣讲会和最高层统战会的作用"[①]。据统计，从1954年宪法实施到1966年发动"文化大革命"为止的十二年中，国家主席一共召开过20次最高国务会议。其中毛泽东主席召开16次，刘少奇主席召开4次，每次会议都提出了对于国家重大事务的意见。例如，1956年1月25日，最高国务会议讨论了中共提出的《1956年到1969年全国农业发展纲要草案》。同年5月2日，毛泽东主席在最高国务会议（扩大）上作了《关于正确处理人民内部矛盾的问题》的讲话，等等。[②] 现在已经有了多种政治协商的渠道和方式，最高国务会议这种形式已没有继续存在的必要。所以，现行宪法明确规定政府工作集中归国务院领导，由国务院对全国人大及其常委会负责。这些变化，有利于明确中央国家机关之间的分工，使国家主席摆脱了具体事务，处于比较超脱的地位，从而更能显示主席职位的尊严。

（3）国家主席、副主席缺位的填补办法更加完备。1954年宪法只规定国家主席缺位时，由副主席继任主席的职位，而对副主席缺位及主席、副主席都缺位应怎么办未作规定。现行宪法弥补了这些不足。另外，1954年全国人大组织法规定，国家主席、副主席还有权向全国人大提出议案，1982年制定的全国人大组织法不再作此规定。1954年宪法仅规定任期为4年，能否连选连任未予规定。1982年宪法对国家主席的任期和连任问题有更加明确的规定，国家主席每届任期为5年，可以连选连任，但不得超过两届（2018年宪法修正案废除了两届的规定）。

---

① 王劲松：《中华人民共和国政府与政治》，中共中央党校出版社1995年版，第79页。
② 参见李步云主编《宪法比较研究》，法律出版社1998年版，第744页。

根据现行宪法，国家主席在军事和行政事务方面，不拥有相关职权，这符合现代国家元首不拥有国家实权的基本特征。政治实践中，国家主席和中央军委主席两个职务可以由一人兼任，但这并不意味着国家主席职位本身具有军事方面的职权。

4. 副主席代行主席的部分职权

1982年宪法与1954年宪法一样，在设立国家主席职位的同时，设置了国家副主席。国家副主席没有独立的职权，他与国家主席的地位和权力并不相等。现行宪法规定，国家副主席协助主席工作，受主席委托可以代行主席的部分职权。为何这样规定，1954年宪法的起草者之一张友渔先生曾对该宪法草案的相关条文作过解释。他说："主席可以委托副主席代行主席的部分职权，这是我国的特殊规定。在其他国家的宪法中都规定，当主席（或总统）在任时，副主席（或副总统）只能协助主席（或总统）进行工作，而不能代行主席（或总统）的部分职权。当主席（或总统）不能行使职权时（如去世），副主席（或副总统）才能行使主席（或总统）的职权。我们根据我国具体情况作了特殊的规定。副主席代行主席的部分职权，主席就可以拿出更多的时间考虑更重要的事情。"① 这段话对理解现行宪法的相同规定仍具有参考价值。在实践中，中国国家主席休假或出访期间，均由副主席根据主席委托代行主席的部分职权，如接受外国使节和国书、接待外宾等。这时，副主席所处理的国家事务具有与主席处理的国家事务同等的法律效力。

注释

[1] 1954年宪法起草初期，曾将全国人大常委会领导人叫作"议长"，后改为"委员长"。参见全国人大常委会办公厅研究室政治组编《中国宪法精释》，中国民主法制出版社1996年版，第229—230页。

[2] 当时，"考虑到对港、台和海外影响，拟定廖承志任副主席。因廖于会前去世而改由乌兰夫任六届全国人大期间的国家副主席"，见王劲松《中华人民共和国政府与政治》，中共中央党校出版社1995年版，第74页。

---

① 张友渔：《宪政论丛》（下），群众出版社1986年版，第51页。

第八章

行政制度（上）

行政是指一定的社会组织，通过组织、控制、协调、管理等多种手段发生作用的活动。只要某个社会组织（如企业、公司、学校）进行了这些活动，都可以叫作行政。但是，政治学中的行政特指国家行政，是指国家行政机关运用组织、领导、规划、人事、协调、财务等各种手段管理社会公共事务的活动，既不是一般社会组织的活动，也不是个人的活动，而是对应于立法机关、司法机关或其他国家机关的活动。国家行政的实质就是国家行政机关管理公共事务的活动，既别于立法机关制定法律的活动，也别于司法机关裁判案件的活动。

一 行政制度的历史沿革

（一）概念与特征

国家行政制度，是指国家为了实现管理社会公共事务的职能而规定的关于国家行政机关的产生、职权、领导、运行等方面的准则。行政制度是国家最重要的政治制度之一。

行政制度的核心是各级各类行政机关职权的分配。任何行政制度的设计、建立与改革、完善，都是着眼于行政职权的确定和划分。而行政职权的确定和划分是否科学合理，不但直接制约着行政活动的效果，而且会对社会各方面的发展与进步产生深刻影响。

行政制度的主体是各级各类行政机构。没有一定的行政机构，管理公共事务的行政职能就无法执行。但是，行政机构设置不当，又会阻碍行政职能的有效贯彻和落实。

一个国家的行政制度是多种因素共同作用的产物。这些因素，在各个国家不完全相同,所以造就了不同于他国而各具特色的行政制度。当代中国行政制度是在中国共产党的领导下,以马克思主义为理论指导,总结革命根据地政权建设的经验,并结合本国经济制度、政治制度、民族传统、历史文化以及借鉴苏联模式等内外因素的前提下逐渐形成的。

当代中国行政制度到底具有哪些特征,角度不同自然结论有别。有学者提出,它的主要特点是人民当家作主和党的统一领导;也有学者提出,它的主要特点是集权;还有学者认为,能否像西方政府那样用一句话概括其特征,如内阁制、总统制、半内阁半总统制、委员会制,中国则是"二元主体制",即党和政府都在公共管理的第一线;等等,不一而足。这些论点都反映了当代中国行政制度的某些特征,有一定的道理。如何看待当代中国行政制度的特征,是一个见仁见智的问题。但众所周知,当代中国行政制度至少有两个非常明显的特征,就是高度集中的管理模式以及行政与政治的高度一体化。

1. 高度集中的管理模式

集中式管理是中国行政制度的一个显著特征。这既是中国历史文化、政治传统长期影响的结果,也是中国在面积广、人口多、民族多、底子薄、各地发展不均衡、资源有限的条件下,便于集中全国的有生力量,调动各方面积极因素,集中力量办成事情的客观要求。但在相当一段时间内,出现了过分集中的倾向。虽然在特定的历史条件下这种行政管理体制曾经发挥过积极作用,但是随着社会政治、经济、文化的发展,过分集中管理的弊端日益明显。中共十一届三中全会以来,过分集中受到权力下放、地方分权等改革开放的洗礼,逐步向适度分权转化。在这个过程中,也曾出现过某些方面分权过度过快的问题,导致中央宏观调控能力的减弱、管理失灵、地方保护主义抬头蔓延等不良现象。在实践探索中,人民越来越清楚地意识到,在中国这样一个复杂的超大社会中,集中式管理必不可少,否则一盘散沙,什么事也干不成。需要改变的不是"集中",而是"过分"集中。需要追求的不是将权力下放得越多越好,而是找到一个集分适度的平衡点。但这个"度"的把握,又是一个难题。

2. 行政与政治高度一体化

行政与政治的高度一体,对行政系统严格执行政治系统的意图、方针、政策,保持决策制定与执行的一致性,具有重要意义。但弊端也是明显的,由于政治系统的直接指挥,也就是执政党决策,行政机关执行,不但造成行政机关缺乏必要的独立意识,而且导致行政管理的体制机制不健全、不科学,无法真正实现现代民主法治意义上的责、权、利三者相统一的依法行政。尤其在规章制度建设方面，缺少从上到下完备系统的行政法规体系和落实到位的个人负责制，对行政机关及其工作人员没有严格明确的职责权限规定。

（二）形成与发展

中华人民共和国的行政制度，直接发端于革命根据地政权制度，建国之初受到了苏联模式的强烈影响。但是为了适应社会发展的需要，它还是在不断地调整和变化之中。

1. 中华人民共和国成立后至改革开放前

在革命根据地的政权制度建设中，已经蕴含着国家行政制度的一些基本原则，如党的领导、精简廉洁、人民群众参与管理并监督等。正是在总结革命根据地政权制度建设的经验基础上，1949年9月29日，中国人民政治协商会议通过的《共同纲领》确定了国家行政制度的基本原则。1949年10月1日，中央人民政府成立。1949年10月21日，作为国家政务的最高执行机关的政务院成立。1949年12月2日，中央人民政府委员会颁布《政务院及所属各机关组织通则》，列举规定了政务院所属"厅、司、处、科、局、室、所及会的职掌"。1949年12月6日，政务院通过了《大行政区人民政府委员会组织通则》，确定它为一级政权，列举规定了它的所属机构和7项职权。1950年，政务院先后公布了省、市、县、大城市区、乡（行政村）人民政府组织通则。1951年政务院作出《关于调整机构紧缩编制的决定（草案）》，进行中华人民共和国成立后第一次精兵简政。1952年8月8日，中央人民政府委员会通过了《民族区域自治纲要》。短短几年，从中央到地方的国家行政制度基本成型。

1954年9月20日，第一届全国人大通过了宪法、国务院组织法、地方组织法等法律，标志着中华人民共和国行政制度的正式形成。宪法规定，国务院，即中央人民政府，是最高国家权力机关的执行机关，是最高国家行政机关。地方各级人民委员会，即地方各级政府，是地方各级人大的执行机关，是地方各级国家行政机关。同时，宪法、国务院组织法、地方组织法对各级国家行政机关的职权、组成、活动程序等作了明确规定。从1954年底，用了一年多的时间，对中央和地方各级机关进行了一次较大规模的精简。1955年11月2日，国务院颁发《监察部组织简则》，确定其为行政监督机关。在这前后，国务院还分别制定了国务院所属机构，如劳动部、体委、秘书厅、计量局、法制局、人事局、档案局、专家局、机关事务局等机构的组织条例。从1955年到1959年，国务院还先后颁发了内蒙古、新疆、西藏、广西、宁夏等民族自治区以及自治州、自治县的政权组织条例，颁发了行政工作人员任免与奖惩的办法和暂行规定。1956年重新调整中央与地方的权限关系，同年召开的全国体制会议提出：改进国家行政体制的首要步骤，是先划分中央和各省、自治区、直辖市的行政管理职权，并且对地方的行政管理权予以适当扩大，然后再逐步划分省和县、县和乡的行政管理职权。这次改革一直持续到1960年。所有这些法律制度，构成了当时中国基本的国家行政制度。国家行政活动开始走上规范化、制度化的轨道。

20世纪60年代初期，为适应国民经济调整的需要，进行了"精简加集中"的行政体制改革。可是好景不长，1966年开始的"文化大革命"给国家行政制度带来了严重破坏。"中央"文化大革命"领导小组"一度凌驾于最高国家行政机关之上，国务院各部门的工作基本上处于瘫痪状态。地方各级国家行政机关被各级"革命委员会"所取代。国家行政制度遭到了严重践踏。直到1975年第四届全国人大召开后，国家行政制度才得到部分恢复。

2. 改革开放以来

1976年10月，结束了十年动乱。1978年中共十一届三中全会以后，中国进入改革开放时代。国门一旦打开，中国的发展就和世界的发展紧密地联系在一起。1981年中共十一届六中全会通过了《关于建国以来党的若干历史问题的决议》，彻底否定了"文化大革命"。国家着手各方面的制度建设，行政制度建设也取得了明显成效。这主要包括两方面的内容：①对"文化大革命"的破坏进行拨乱反正，恢复原来行之有效的行政制度。1979年，全国人大常委会正式作出决定，对建国以来的行政法规进行认真清理，凡不与现行法律冲突的继续有效，陆续选编印发了《中华人民共和国组织法规》《中华人民共和国行政法规》等。②顺应改革开放的要求，不断改革国家行政制度，探索建立新的行政体制。1982年至1984年，全国从上到下精简了国家行政机构。1982年宪法和新的国家行政机关组织法根据新的形势和历史经验，对行政组织、行政职权、行政领导体制等重新作了规定。从此，国家行政制度的改革一直没有停止过，它随着社会的发展而发展。可以说每一次改革都是实践的要求。

20世纪70年代以来，国外相继出现了以"新公共管理运动""公共选择理论"和"治理理论"为代表的政府行政改革理论，并在美、英、法、澳大利亚、新西兰等国家取得了成功。它们的主要内容是：①政府职能进一步优化。重新界定政府职能，政府从大量社会事务中解脱出来，将这些职能交还社会，由社会经济组织或中介组织去承担，政府则依法予以监督。②公共服务的市场化和社会化。政府充分利用市场和社会的力量，推行公共服务市场化和社会化。③适当分权。分散政府管理职能，缩小政府行政范围，必然要求实行分权与权力下放。④引入现代化管理技术，实现政府管理的现代化，建立一个"市场化""企业化"的政府。国外行政体制改革的理论与实践，对中国行政体制改革具有积极意义。实践中，中国的行政体制改革也借鉴了国外行政改革理论与实践的有益经验和做法。

（1）行政体制改革的进程

中共十一届三中全会以后，中国进入中国特色社会主义时期。按照中国特色社会主义的总目标和总要求，伴随着中国的全面改革，遵循市场经济规律，顺应世界发展大势，国家行政体制不断发展与完善。纵观40年来中国行政体制改革，大体可归为三个阶段。

第一阶段，从1978年中共十一届三中全会召开至1992年中共十四大召开之前，主要是冲破建立在计划经济基础之上高度集中的行政管理模式，试水新的行政体制。

1982年和1988年实施了两次集中的行政体制改革。1982年进行的国务院机构改革，重点是适应工作重点转移，提高政府工作效率，精简调整机构。国务院部门机构改革完成后，进行了地方机构改革，重点是精简庞大臃肿的机构，克服官僚主义，提高工作效能。1987年11月，中共十三大规定了政治体制与行政体制改革的目标和步骤，提出行政体制改革的关键是转变政府职能，并确立了建设国家公务员制度的目标。1988年4月，七届全国人大一次会议通过了国务院机构改革方案，并且提出了逐步建立具有中国特色的功能齐全、结构合理、运转协调、灵活高效的行政管理体系的目标。总体上看，通过这一阶段改革，初步摆脱了与高度集中的计划经济体制相适应的行政管理模式，解放和发展了社会生产力。

第二阶段，从1992年中共十四大召开至2012年中共十八大召开之前，主要是按照发展社会主义市场经济的要求，积极探索建立适应社会主义市场经济的行政体制。

1992年10月召开的中共十四大提出按照政企分开和精简、统一、效能的原则，改革现行行政管理体制和党政机构，切实做到转变职能、理顺关系、精兵简政、提高效率。综合经济部门的工作重点转到加强宏观调控上来。撤并某些专业经济部门和职能交叉重复或业务相近的机构，大幅度裁减非常设机构。精减机关人员，严格定编定员。统筹规划，精心组织，上下结合，分步实施，三年内基本完成。把人员精减同提高工作效率和发展社会生产力结合起来，既改善机关人员结构，提高人员素质，又使大批人才转移到第三产业和其他需要加强的工作岗位上去，成为现代化建设的生力军。加快人事劳动制度改革，逐步建立健全符合机关、企业和事业单位不同特点的科学的分类管理体制和有效的激励机制。这方面的改革要同机构改革、工资制度改革相结合。尽快推行国家公务员制度。1993年3月召开的八届全国人大一次会议批准了国务院机构改革方案。主要内容是：①转变职能，推进政企分开。②明确部门职权，理顺权责关系。着力理顺国务院部门之间尤其是综合经济部门之间以及综合经济部门与专业经济部门之间的权责关系，调整中央与地方权限。③精简机构，压缩人员编制。

1997年9月召开的中共十五大提出要按照社会主义市场经济的要求，转变政府职能，实现政企分开，把企业生产经营管理的权力切实交给企业；根据精简、统一、效能的原则进行机构改革，建立办事高效、运转协调、行为规范的行政管理体系，提高为人民服务水平；把综合经济部门改组为宏观调控部门，调整和减少专业经济部门，加强执法监管部门，培育和发展社会中介组织。深化行政体制改革，实现国家机构组织、职能、编制、工作程序的法定化，严格控制机构膨胀，坚决裁减冗员。深化人事制度改革，引入竞争激励机制，完善公务员制度，建设一支高素质的专业化国家行政管理干部队伍。1998年3月召开的九届全国人大一次会议通过了国务院新一轮机构改革方案。主要内容是：①进一步调整部门职能。②进一步精简机构编制。

2002年11月召开的中共十六大提出进一步转变政府职能，改进管理方式，推行电子政务，提高行政效率，降低行政成本，形成行为规范、运转协调、公正透明、廉洁高效的行政管理体制。依法规范中央和地方的职能和权限，正确处理中央垂直管理部门和地方政府的关系。按照精简、统一、效能的原则和决策、执行、监督相协调的要求，继续推进政府机构改革，科学规范部门职能，合理设置机构，优化人员结构，实现机构和编制的法定化，切实解决层次过多、职能交叉、人员臃肿、权责脱节和多重多头执法等问题。按照政事分开原则，改革事业单位管理体制。2003年3月召开的十届全国人大一次会议审议通过了国务院机构改革方案，使得国家行政体制的改革能够于法有据、依法进行。

2007年10月召开的中共十七大提出加快行政管理体制改革，建设服务型政府，着力转变职能、理顺关系、优化结构、提高效能，形成权责一致、分工合理、决策科学、执行顺畅、监督有力的行政管理体制。健全政府职责体系，完善公共服务体系，推行电子政务，强化社会管理和公共服务。加快推进政企分开、政资分开、政事分开、政府与市场中介组织分开,规范行政行为,加强行政执法部门建设,减少和规范行政审批,减少政府对微观经济运行的干预。规范垂直管理部门和地方政府的关系。加大机构整合力度,探索实行职能有机统一的大部门体制,健全部门间协调配合机制。精简和规范各类议事协调机构及其办事机构,减少行政层次,降低行政成本,着力解决机构重叠、职责交叉、政出多门问题。统筹党委、政府和人大、政协机构设置,减少领导职数,严格控制编制。加快推进事业单位分类改革。2008年3月召开的十一届全国人大一次会议审议通过了国务院机构改革方案。党对国家行政体制改革的主张通过法定程序上升为国家意志,既保证了党的领导,又符合依法执政。2008年2月召开的中共十七届二中全会提出了到2020年建立起中国特色社会主义行政管理体制的改革目标,此后,行政改革取得了新突破。政府职能转变取得积极进展,在探索实行职能有机统一的大部门体制方面迈出新步伐,集中解决了在宏观调控、资源环境、市场监管、文化卫生等方面70余项部门职责交叉和关系不顺问题。

第三阶段,从2012年中共十八大以来,推进政府治理现代化,主要任务是推进简政放权、放管结合、优化服务等改革,行政体制改革向纵深推进。

2012年11月召开的中共十八大提出按照建立中国特色社会主义行政体制目标,深入推进政企分开、政资分开、政事分开、政社分开,建设职能科学、结构优化、廉洁高效、人民满意的服务型政府。深化行政审批制度改革,继续简政放权,推动政府职能向创造良好发展环境、提供优质公共服务、维护社会公平正义转变。稳步推进大部门制改革,健全部门职责体系。优化行政层级和行政区划设置,有条件的地方可探索省直接管理县(市)改革,深化乡镇行政体制改革。创新行政管理方式,提高政府公信力和执行力,推进政府绩效管理。严格控制机构编制,减少领导职数,降低行政成本。推进事业单位分类改革。完善体制改革协调机制,统筹规划和协调重大改革。2013年3月召开的十二届全国人大一次会议审议通过了国务院根据中共中央建议形成的机构改革方案,依法稳步推进行政体制改革。

中共十八大以后,中国进入全面建成小康社会的决胜阶段,2013年11月召开的中共十八届三中全会提出了全面深化改革的总目标:发展和完善社会主义制度,着力推进国家治理体系和治理能力现代化。行政体制改革围绕这一总目标,加快建立中国特色社会主义行政体制。中共十八届三中全会提出:"必须切实转变政府职能,深化行政体制改革,创新行政管理方式,增强政府公信力和执行力,建设法治政府和服务型政府。"主线是深入推进政企分开、政资分开、政事分开、政社分开，持续推进简政放权、放管结合、优化服务等改革，建设职能科学、结构优化、廉洁高效、人民满意、规范运行的服务型政府。

2017年10月召开的中共十九大提出深化机构和行政体制改革。统筹考虑各类机构设置，科学配置党政部门及内设机构权力、明确职责。统筹使用各类编制资源，形成科学合理的管理体制，完善国家机构组织法。转变政府职能，深化简政放权，创新监管方式，增强政府公信力和执行力，建设人民满意的服务型政府。赋予省级及以下政府更多自主权。在省市县对职能相近的党政机关探索合并设立或合署办公。深化事业单位改革，强化公益属性，推进政事分开、事企分开、管办分离。2018年召开的十三届全国人大一次会议审议通过了国务院机构改革方案，行政体制改革在中国特色社会主义进入习近平新时代时大踏步前进。

（2）行政体制改革的主要内容

改革开放以来的国家行政体制改革，是在党和国家的统一领导下，坚持顶层设计和统筹规划的基本原则，以建设为民服务型政府为目的，在推进经济体制改革、社会体制改革、文化体制改革和政治体制改革等全面改革的情况下，逐步加深对行政体制的性质、特点、关系、目标和任务的认识，从根本上摒弃了高度集中的行政管理模式，基本上建立了与中国特色的社会主义市场经济和社会主义民主政治相适应的行政体制。改革的主要内容是：

第一，按照民主集中制原则，逐步理顺中央和地方的关系

如何配置中央政府与地方政府的权限，一直是中国行政体制改革中的重大问题。民主集中制是宪法规定的国家机构的根本原则。按照民主集中制原则，谋求实现中央和地方在行政权力上的"集"与"分"关系的适度与统一，实现宏观行政与微观行政之间的"控"与"治"关系的有效与合理，实现全局行政与局部行政之间的"统"与"兼"关系的有序与和谐，因此：①凡是适合下面办的事情，都应由下面决定和执行；凡人民团体和企事业单位能办的事情，就不要政府来办；凡是地方政府能办的事情，就不要中央政府来办；凡是下一级政府能办的事情，就不要上一级政府来办。②维护中央适当的权威，防止地方保护主义的出现和蔓延。在改革高度集中的行政体制过程中，上级下放权力是必要的，但下放权力应以不影响上级政府权威为限，否则就会走向失控的局面，最终会影响中央政府的权威和统一领导。

第二，转变政府职能，逐渐理顺政府与企事业单位的关系

中华人民共和国成立以来，由于缺乏建设社会主义的经验，很长一段时

间内将生产资料公有制与发展商品经济、计划手段与市场手段相对立，忽视价值规律的作用，逐步形成高度集权的计划经济体制，而与之相适应的中央政府的经济职能，则是按产品对象设置管理部门。按条块隶属关系管理企业，造成政企职责不分，政府对企业管得过多，管得过死。从传统的计划经济转向社会主义市场经济，必然要求按照市场经济的要求转变政府职能。这不仅是贯穿于改革开放以来中国行政体制改革的一条主线，也是中国行政体制改革的核心。

1980年代以来，政府在转变经济管理职能方面逐步推进。1986年六届全国人大四次会议通过的《关于第七个五年计划的报告》规定了政府六个方面的经济职能，即"统筹规划，掌握政策，组织协调，提供服务，运用经济调节手段，加强检查监督"。中共十四大提出，转变政府职能的根本途径是政企分开。中共十六大明确提出，政府职能主要是经济调节、市场监管、社会管理和公共服务。中共十八大以来，中国行政体制改革以简政放权为突破口，加快政府职能转变，使市场在资源配置中起决定性作用和更好发挥政府作用，切实推动政府职能向创造良好发展环境、提供优质公共服务、维护社会公平正义转变。中共十九大以来，深化党和国家机构改革是推进国家治理体系和治理能力现代化的一场深刻变革。2018年中共十九届三中全会通过的《中共中央关于深化党和国家机构改革的决定》指出："转变政府职能，是深化党和国家机构改革的重要任务。要坚决破除制约使市场在资源配置中起决定性作用、更好发挥政府作用的体制机制弊端，围绕推动高质量发展，建设现代经济体系，加强和完善政府经济调节、市场监管、社会管理、公共服务、生态环境保护职能，调整优化政府机构职能，全面提高政府效能，建设人民满意的服务型政府。"

改革开放以来的几十年行政体制改革，行政机构的职能不断优化、逐步规范。政府对微观经济运行的干预明显减少，企业作为市场竞争主体地位得到确立，市场配置资源的决定性作用明显增强，新型的宏观调控体系逐步健全，社会管理和公共服务职能不断加强，实现了从计划经济条件下的机构职能体系向社会主义市场经济条件下的机构职能体系的重大转变。但是，完全符合市场经济规律的要求的行政体制还有待加强和完善。

第三，精简政府机构部门，提高行政管理水平

机构繁杂，冗员庞大，效率低下是历届政府的通病。为了降低行政成本，提高行政效率，改革开放以来，中国分别在1982年、1988年、1993年、1998年、2003年、2008年、2013年和2018年进行了8次大的政府机构改

革。总的趋势和要求是根据经济社会发展变化和全面履行政府职能的需要，明确划分、合理界定政府各部门职能，不断理顺行政组织纵向、横向以及部门之间的关系，健全部门间协调配合机制。通过合理调整机构设置，优化人员结构，既要解决有些部门机构臃肿、人浮于事的问题，又要解决有些部门因职能加强而出现的编制过少、人员不足问题，做到职能与机构相匹配、任务与人员编制相匹配。

1982年的政府机构改革，其历史性进步可概括为：开始废除领导干部职务终身制；精简了各级领导班子；加快了干部队伍年轻化建设步伐。2008年政府机构改革的一个重要特点，是积极推进大部门改革。这次改革对职能相近、管理分散的机构进行合并，对职责交叉重复、相互扯皮、长期难以协调解决的机构进行合并调整。同时，对职能范围过宽、权力过分集中的机构进行适当分设，以改变部门结构失衡和运行中顾此失彼的现象。2013年进行的政府机构改革，进一步优化了部门设置，协调了部门关系，不断完善了决策权、执行权、监督权既相互统一又相互协调的行政运行机制，建立了以宏观调控部门、市场监管部门、社会管理和公共服务部门为主体的政府机构框架，机构设置和职责体系趋于合理。2018年进行的政府机构改革，进一步合理配置宏观管理部门职能，深入推进简政放权，完善市场监管和执法体制，改革自然资源和生态环境管理体制，完善公共服务管理体制，强化事中事后监管，提高行政效率。每次政府机构改革实际上都是由经济体制改革推动，以适应社会发展和完善社会主义市场经济需要为目标，对行政管理体制进行调整与改革。

改革开放以来，中国政府主动适应国内外环境变化和经济社会发展要求，不断提高行政管理水平，坚持以人民为中心，利用市场机制，采用现代科技手段，简化行政程序，调整管理流程，将政府规划、政策引导、法规制定、经济激励、信息服务等多种管理方式相结合，使行政管理更加科学化、人性化、简便化和效能化。尤其是中共十八大以来，面对风云变幻的国际大环境，面临经济由增量向高质转型的关键时期，积极创新宏观调控方式，明确守住稳增长、保就业的下限和防通胀的上限，保障经济运行在合理区间。集中精力转方式、调结构，适时适度预调和微调，提高宏观调控的针对性和协调性。将政府管理由事前审批更多地转为事中事后监管，堵塞监管缝隙和漏洞，加大对违法违规者的处罚力度，着力营造公平竞争的市场环境。健全公共服务体系，推进基本公共服务均等化、普惠化、便捷化，推进城乡区域基本公共服务制度统一。推进非基本公共服务市场化改革，引入竞争机制，扩大购买服务。加强电子政务建设，着力推进"互联网+政务服务"，更好地为人民群众服务。

第四，适应社会发展，调整行政区划

改革开放以来，为了不断适应经济快速发展、城镇化进程和生产关系变化，党和国家先后进行了包括建立特区、新建省（直辖市）、撤地建市、县改市、市领导县、县改区等一系列行政区划改革。受城镇化进程、中心城市空间拓展、人口集聚与增长、交通和通信条件改善以及政策等各种因素的综合作用，中国行政区划调整主要采取五种方式：建制变更、行政区拆分、行政区合并、建制升格以及新设立行政区。其中，大规模撤地设市是改革开放以来最重要的一次国家行政区划调整。从1979年开始到1997年暂时停止，党和国家两次调整设市标准，不但影响了区划变更的进程周期，而且促进了经济社会发展。

第五，改革人事制度，加强公务员队伍建设

人事制度改革是行政体制改革的重要内容。中共十三大和七届全国人大一次会议决定建立和推行国际通行的国家公务员制度。公务员是政府治理的主体，其素质和能力直接影响政府的执行力和公信力。针对公务员的工作和管理国务院拟定了一套系统的法规草案。1989年初，国务院选择了审计署等6个部门进行综合试点。1990年又在哈尔滨、深圳市进行地方政府公务员制度的试点。在调查研究和取得试点工作经验的基础上，1993年4月，国务院通过并颁布了《国家公务员暂行条例》，并于同年10月起施行，这标志着中国公务员制度的初步形成。此后，全国各地自上而下逐步开始建立和推行国家公务员制度。公务员管理法律法规体系逐步健全，政风建设和廉政建设不断推进，公务员队伍整体素质和能力明显提高，基本形成了一支爱岗敬业、忠于职守、素质优良、作风过硬、勤政廉政的公务员队伍，为进一步建成完善的中国特色社会主义行政体制奠定了良好的基础。

第六，加强法纪建设，推进法治清廉政府建设

依法行政，建设法治政府是现代行政体制的基本要求。改革开放以来，中国逐步实现了从全能政府向有限政府，从管制政府向法治政府的转变。公民的权利意识和法治观念不断增强，法治政府建设取得了明显进步。1989年通过的《行政诉讼法》可以说是法治政府建设的里程碑。2004年3月，国务院发布《全面推进依法行政实施纲要》，明确提出用10年左右的时间，基本实现建设法治政府的目标。此后，法治政府建设步伐加快，《行政许可法》《行政诉讼法》《行政复议法实施条例》等一系列法律法规颁布实施。2014

年中共十八届四中全会通过《中共中央关于全面依法治国若干重大问题的决定》，深入推进依法行政，加快建设法治政府，明确要求"各级政府必须坚持在党的领导下、在法治轨道上开展工作，创新执法体制，完善执法程序，推进综合执法，严格执法责任，建立权责统一、权威高效的依法行政体制，加快建设职能科学、权责法定、执法严明、公开公正、廉洁高效、守法诚信的法治政府"。法治政府雏形初现，行政法规不断健全，行政执法体制改革不断深化，行政执法组织体系更加健全，行政执法程序化、规范化水平明显提高，行政行为实施的法制化、规范化、公开化程度大幅提高，普罗大众能基本知晓并监督行政权力的运行。

人民的政府必定是廉洁的政府。党和国家坚持不懈地推进廉洁政府建设，在查办大案要案、惩处腐败分子、强化对领导干部的监督、治理商业贿赂、纠正损害群众利益的不正之风、加强制度等方面取得了一些进展。国务院每年召开廉政工作会议，对政府系统的反腐败和廉政建设作出部署。全国各地区、各部门都把反腐败和廉政建设纳入经济社会发展总体规划，寓于各项改革和重要政策措施之中。通过制定建设廉洁政府的一系列法律制度，包括制定《中华人民共和国政府采购法》《中华人民共和国反垄断法》《中华人民共和国招标投标法》，规范行政自由裁量权，发挥市场在资源配置中的决定性作用，着力防止腐败行为的发生。推进行政审批制度、干部人事制度改革以及司法体制和工作机制的改革，推进财政、投资、金融、资源等体制改革，依法查处腐败案例，积极开展反腐败国际交流与合作。通过体制机制创新，廉洁政府建设成效开始显现，人民更加坚定了中国能实现清廉政府的梦想。

二 行政组织制度

行政组织是管理社会公共事务的主体。行政组织有广义和狭义之分。广义的是指各种为达到共同目的而负有执行性管理职能的组织系统，既包括各类企事业单位、人民团体、群众组织、社会组织、政党中负有管理职能的组织系统，也包括国家立法机关、司法机关、监察机关中各类负有执行性职能的部门及国家的整个行政组织系统；狭义的是指依法建立的、行使国家行政权力、管理社会公共事务的国家行政机关，即政府组织机构实体。这里讨论的行政组织是指狭义范畴的行政组织。同行政组织相关的一系列规定就是行政组织制度。

（一）法律地位

国家行政机关的法律地位，是指法律规定的国家行政机关和其他国家机关、群团组织、企事业单位以及公民发生的法律关系中所拥有的权限和责任。国家行政组织的法律地位由宪法与一系列法律法规所规定。这种法律地位在公务员开展行政活动、实施行政管理过程中与其他国家机关、社会组织以及公民发生行政法律关系的过程中体现出来。

1. 行政机关与执政党

中国共产党是中国的唯一执政党，是中国的领导核心，对国家行政机关进行政治领导。党对国家行政机关的领导，主要通过两个方面来实现：①党根据社会发展规律和人民大众的需要制定大政方针作为政府工作的指南，同时对涉及各个领域的国家行政机关活动的合法性实施全面监督。②一部分党员通过法定程序成为行政机关工作人员直接参加各级行政机关，在行政活动中贯彻执行党的路线、方针和政策。

中国共产党领导是中国特色社会主义最本质的特征。国家行政机关接受党的领导是一项不可动摇的原则。但是党的领导不是直接指挥或发号施令，而是发挥总揽全局、协调各方的作用，坚决支持和保证国家行政机关在宪法和法律规定的范围内独立自主地开展工作。如何进一步加强和完善党对行政机关的领导，明确党政各自的具体职能，对于行政机关积极主动、独立负责、协调一致地工作十分重要。

2. 行政机关与人民代表大会

各级人大是"议行合一"的国家权力机关。各级国家行政机关则是同级人大的执行机关，由人大产生并授权，对人大负责，受人大监督，向人大报告工作。人大对行政机关不仅有人事任免权，而且有权依照法定程序对本级行政机关及其所属部门进行监督，如提出质询案、改变或撤销本级政府不适当的决定、命令等。但是，行政机关和人大又有明确的职权划分。人大不包办行政事务。行政机关不但在处理国家行政事务中享有广泛的自由裁量权，而且可以通过对人大及其常委会的工作报告、提案等在一定程度上影响人大的立法和决策。不过，行政机关对人大的这种影响不能改变行政机关从属于人大的地位，这是由"议行合一"的原则决定的，体现了人民权力的至高性和绝对权威。

3. 行政机关与社会组织

行政机关与社会组织的关系主要表现为行政机关依照宪法、法律和行政法规，对政协、各民主党派、工会、共青团、妇联以及村民和居民自治组织等一切社会组织进行行政管理。而各社会组织则依据宪法法律对行政机关及其工作人员的行政行为进行民主监督。例如，人民政协对国家大政方针和地方的重要举措以及经济建设、政治建设、文化建设、社会建设、生态文明建设中的重要问题，在决策之前和决策实施之中进行协商；对国家宪法、法律和法规的实施，重大方针政策、重大改革举措、重要决策部署的贯彻执行情况，涉及人民群众切身利益的实际问题解决落实情况，国家机关及其工作人员的工作等，通过提出意见、批评、建议的方式进行的协商式监督；对政治、经济、文化、社会生活和生态环境等方面的重要问题以及人民群众普遍关心的问题，开展调查研究，反映社情民意，进行协商讨论。通过调研报告、提案、建议案或其他形式，向中国共产党和国家机关提出意见和建议。

4. 行政机关与公民

行政机关与公民的关系是经常的、广泛的、普遍的、复杂的。行政机关制定的行政法规、规章等对公民具有约束力，公民必须遵照执行。对于不履行或拒绝履行的公民，行政机关可依法进行行政处罚或其他制裁。当然，行政法规、规章等对国家机关及其工作人员同样具有约束力。行政机关的工作人员与公民中的大多数（人民群众）是公仆和主人的关系，行政机关的权力最终是人民给的，行政机关要为人民服务，为人民办事。人民群众一定要有主人翁的意识，履行宪法规定的神圣权利，即一切国家权力属于人民，人民依照法律规定，通过各种途径和形式，管理国家事务，管理经济和文化事业，管理社会事务，并对国家机关及其工作人员进行监督。为了充分发挥人民群众的这种监督作用，党和政府设立了专门的信访机构，专门受理公民的批评、建议和申诉、控告和检举案件。此外，公民还可以向政府机关提出意见、要求和批评、建议。行政机关与公民（人民群众）之间这种管理和被管理、服务与被服务、被监督和监督的关系，是中国特色社会主义民主的体现。

（二）设置原则

在中国革命、建设、改革、开放的过程中，逐步形成了一些行之有效的国家机构设置的基本原则。"精简、统一、效能"原则是党和国家对机构编制工作的一贯要求。早在延安时期，毛泽东同志就提出，"精兵简政"是严格的、彻底的、普遍的，必须达到精简、统一、效能、节约和反对官僚主义五项目的。[1]中华人民共和国成立后，在长期的改革和管理实践中，反复强调精简、统一、效能，并将其作为国家机构编制管理工作的基本原则。改革开放以来，为了适应经济社会的发展国家不断调整行政机构的设置，并且法治在国家治理能力和治理体系的现代化中发挥了不可替代的作用。因此，行政机构设置原则可以概括为以下五项：

1. 动态适应原则

行政机关的设置不是一次性活动，而是一项经常性工作。行政机关与社会发展的不适应是绝对的，适应是相对的。从不适应到适应是在运动中实现的，随着社会的发展，适应又会变为不适应，只有根据社会需要不断调整行政机关的结构，才能达到重新适应。

随着经济、政治、文化、科技等社会各方面的发展，适时而科学地设立、调整和改革行政机构，以适应社会向政府提出的要求，这是行政机关设置的最基本原则。中华人民共和国成立以来，国家行政机关为了适应社会发展的要求，已经进行了多次调整，尤其从建立社会主义市场经济体制以来，行政机关开展以转变职能为目标的改革，大幅度减少了经济管理部门，深入推进简政放权。例如，2018年《中共中央关于深化党和国家机构改革的决定》强调："减少微观管理事务和具体审批事项，最大限度减少政府对市场资源的直接配置，最大限度减少政府对市场活动的直接干预，提高资源配置效率和公平性，激发各类市场主体活力。清理和规范各类行政许可、资质资格、中介服务等管理事项，加快要素价格市场化改革，放宽服务业准入限制，优化政务服务，完善办事流程，规范行政裁量权，大幅降低制度性交易成本，鼓励更多社会主体投身创新创业。全面实施市场准入负面清单制度。保障各类市场主体机会平等、权利平等、规则平等，营造良好营商环境。"这种规定就是动态适应原则的体现。

2. 精简原则

宪法规定，一切国家机关实行精简的原则。地方组织法规定，地方各级人民政府根据工作需要和精干的原则设置必要的工作部门。2018年《中共中央关于深化党和国家机构改革的决定》强调："统筹设置党组机构。根据坚持党中央集中统一领导的要求，科学设定党和国家机构，准确定位、合理分工、增强合力，防止机构重叠、职能重复、工作重合。党的有关机构可以同职能相近、联系紧密的其他部门统筹设置，实行合并设立或合署办公，整合优化力量和资源，发挥综合效益。"由此看来，精简原则是指依法设置国家机关，严格控制机构编制，定员定岗，国家机关之间职责明确，层次清楚。精简不能简单理解为数量上的减少，主要是指切实转变政府职能，减少行政运行成本，提高行政运行效能。

中华人民共和国成立以来，在坚持该原则的过程中，曾把同一类事务合并由一个机构管理，撤销重叠机构，合并业务相近的机构，撤销工作任务交叉的部门，使行政组织尽可能分工合理，职责明确。严格考核制度，坚持裁减多余的和不称职人员，不断提高领导干部素质，优化领导人员结构，力图建立优秀人才脱颖而出的机制，争取做到工作人员精干和管理幅度的适当。几十年来，行政机关在贯彻精干原则方面做了大量工作，但由于完备的市场经济体制还未最终形成、传统官僚制度的惯性依然强大等一系列因素的综合作用，导致了在行政机构和部门的设置上出现了撤了又设、并了又分、精简了又膨胀的不理想状况。

3. 统一原则

统一原则，主要包括两层含义：①机构编制管理工作的高度统一，党中央、国务院统一领导全国范围内的机构编制管理工作，地方各级党委、政府管理本行政区域的机构编制，机构编制管理机关在同级党委、政府领导下负责具体的管理工作；②职责体系和机构设置的有机统一，从党委和政府整体上所负担的责任出发，通盘考虑职责的具体配置和机构的具体设置，使之适应党委、政府职能的全面高效履行，并且形成部门间协调配合机制，使各部门的工作形成一盘棋，服从和服务于党和国家中心工作的大局。

中国是一个统一的多民族国家，各级各类行政机关都要在中央行政机关的领导下，统一行使国家行政权。设置国家行政机构，必须使之形成能够上下贯通、左右协调的统一体。上下贯通并未要求上下级组织一一对应，完全对口，而是要求各级行政组织服从中央的统一领导，保证中央各项政策的正确执行，不允许打折扣或变通执行，中央的权威不允许挑战。当然，上下贯通也并不是中央或上级机构可以随意干预地方或下级机构的正常活动，中央不能包揽一切，实际上也不可能包揽一切。坚持统一的原则，就必须处理好统一领导与分级管理的关系，上下机构的设置，既要有利于中央各项政策的贯彻执行，又要有利于地方积极性的发挥。左右协调是指不同地方的同级行政机构要按同样的标准设置，要便于相互之间的工作配合，特殊情形下的差别设置不得超出法定范围，也要有利于相互之间的工作。

4. 法治原则

2018年《中共中央关于深化党和国家机构改革的决定》强调："依法治国是党领导人民治理国家的基本方式。必须坚持改革与法治相统一、相促进，坚持依法治国、依法执政、依法行政共同推进，坚持法治国家、法治政府、法治社会一体建设，依法依规完善党和国家机构职能，依法履行职责，依法管理机构和编制。既发挥法治规范和保障改革的作用，在法治下推进改革，做到重大改革于法有据，又通过改革加强法治工作，做到在改革中完善和强化法治。"依法治国的基本方略决定了各级国家行政机关必须依法行政，法治原则对行政机构设置的基本要求是：①依法确立行政组织体系。中央和地方的政府层级，各级政府的工作部门，一律由组织法规定。②依法规定行政机关设立和撤销的程序。行政机构的设立、撤销和合并，必须依法进行。③依法规定行政机构的人员编制，不得违法超编安排。

5. 效能原则

效能原则是指机构编制工作通过科学规范部门职能，合理设置机构，优化人员编制，不断改善机构编制资源的配置效率，形成权责一致、分工合理、决策科学、执行顺畅、监督有力的行政管理体制，促进党委、政府整体效能的提高。效能原则关键在于：①分工合理。职能划分科学、合理，是保证行政效能的前提。②权责一致。责任与职权是机构的两大要素，两者的相互关系状况，直接制约着机构的效能。一个机构负有多大责任，就应赋予多大职权，反之，有多大职权，就应该承担多大责任。追求高效能是各级政府的目标。行政组织设置是否科学、合理是能否实现高效能的基础。如果机构设置不合理、任务不明确、职责不相称、分工不清楚、管理幅度和层次不恰当、人员编制不科学，高效能就无从谈起。

行政组织设置的这五项原则是一个统一的整体，它们相互联系、相互制约。为了避免行政组织设置中的各种弊端，应当综合考虑和遵守这些原则，只有这样才能建立一个具有中国特色的、功能齐全、结构合理、运转协调、灵活高效的行政组织体系。

（三）结构类型

行政组织的结构，是指依法设立的国家行政机构的纵横排列的组合方式。按照这种方式，可将行政组织的结构分为三种类型。

1. 垂直结构

垂直结构即纵向结构，最顶端的是国务院，即中央人民政府，是最高国家行政机关，下辖省级（省、自治区、直辖市）人民政府。省级政府下辖政府的情况有三种：①两级制。仅在于直辖市的市区，即直辖市—区政府。区下设的街道办事处是派出机关，不是一级政权机关。②三级制。它包括：直辖市—区（县、自治县）—乡（镇）政府；省（自治区）—地级市—区政府；省（自治区）—地级市（自治州）—县级市政府；省（自治区）—县

(自治县、县级市) —乡（镇）政府等。③四级制。它包括省（自治区）—地级市—区—乡（镇）政府；省（自治区）—地级市（自治州）—县（自治县）—乡（镇）政府。当然，垂直结构也包括同一级政府职能部门内部的纵向层级关系。垂直结构的上下关系是领导和被领导的关系。一般而言，越处在上级的行政组织，权力与责任就越大。行政机关虽然下级必须服从上级，但并不意味着上级可以代替下级行使职权，上下级的行为都要符合法律规定。

2. 平行结构

平行结构即横向并列结构。该结构主要分为两种情况：一种是行政地位相同，但置于不同行政区域的政府之间的关系，如各省、自治区、直辖市政府之间的关系，各地级市政府之间的关系，各县级政府之间的关系，各乡级政府之间的关系，等等；另一种是同一级人民政府内部各职能部门之间的并列关系，如国务院各部、委、办之间的关系，省（自治区、直辖市）政府内的各厅、局之间的关系，同一厅、司、局内的各处、室之间的关系，等等。平行结构之间的各种关系是分工合作、配合互助的关系。各平行组织所承担的职责不同，如公安、检察、法院、监察、司法、医疗、卫生、教育等，任何一个部门职能的履行都离不开其他职能部门的配合。没有相互协调，合作与共，行政组织的价值都不可能得到真正体现。

3. 网络结构

网络结构即矩阵结构，这是为了实现特殊目标或执行特定业务从不同的组织机构中选派人员而组成的非常设性组织。它是一种多元结构的组织，组织中若干这种专门小组的横向领导系统和原来的纵向领导系统就组成了一个网络结构。如国家或地区建设某个重大工程或处理应急事件期间设立的"XX项目办公室"或"XX项目指挥所"。该组织的成员，既受原各自不同组织的领导，又受现非常设性组织的领导。网络结构可以将各职能部门的专业人员集中起来，集思广益，高效完成某项任务，但也会发生因双重领导易破坏指挥统一、因职责不清易产生推过揽功的现象，甚至还会产生任务完成后机构还在、人浮于事等弊端。

（四）职能配置

行政组织是国家行政管理活动的主体，是各项行政任务的实际承担者。为了有效完成任务，各级各类行政组织的内部机构不但有明确的职责划分，而且随着经济社会发展会作相应的结构、职责调整。一般而言，在一级行政机构内按其职能配置可分为五种类型：

1. 领导机构

领导机构是行政组织的首脑机关，是领导、统辖全局的决策核心，是各级人民政府最高层次的行政部门。国务院和地方各级人民政府组成人员实际上也就是所谓的"领导机构"的组成人员。领导机构在整个行政组织系统中起中枢统率作用。它的主要职责是制定行政组织的发展总目标、长远规划，以及施政方针与政策，并统一领导所辖区域的行政工作。

2. 办公机构

办公机构是协助行政首长主要掌管本级政府内综合性工作的机构。国务院与省级人民政府的办公机构叫作"办公厅"，其他政府的办公机构叫作"办公室"。办公机构的职能概而言之就是参与政务、掌管事务和搞好服务。但从具体承担的行政职能来看，中央政府与地方政府的办公机构之间，以及同一级政府办公机构之间都存在一定差异。一般来说，办公机构层次越高，其承担的职责也就越广泛。例如，国务院办公厅除协助总理、副总理、国务委员处理国务院的日常工作外，还要联系各省、自治区、直辖市的人民政府和国务院各部门及直属机构、办事机构等，而乡（镇）政府办公机构的职能则要微观得多。办公机构除有各自特点之外，还存在着共同的基本职能，如信息管理、组织协调、会议管理、文书档案管理等。

3. 专业管理机构

专业管理机构是在行政领导机构的直接领导下，负责组织和管理某一方面行政业务的机关，即各级政府所属的职能部门，如部、委、厅、局、处等。由于专业分工不同，每个专业管理机关职能差别很大。例如，各级国家公安机关的职责是：预防、制止和侦查违法犯罪活动；防范、打击恐怖活动；维护社会治安秩序，制止危害社会治安秩序的行为；管理交通、消防、危险物品；管理户口、居民身份证、国籍、出入境事务和外国人在中国境内居留、旅行的有关事务；维护国（边）境地区的治安秩序；警卫国家规定的特定人员、守卫重要场所和设施；管理集会、游行和示威活动；监督管理公共信息网络的安全监察工作；指导和监督国家机关、社会团体、企业事业组织和重点建设工程的治安保卫工作，指导治安保卫委员会等群众性治安保卫组织的治安防范工作。而中国人民银行的职责，则是制定货币政策、信贷利率政策、汇率政策和储蓄政策，编制信贷计划，运用货币政策和法律，维护金融秩序等。

4. 咨询机构

咨询机构是各级人民政府设立的参谋、智囊机构。例如，国务院设立的研究室、发展研究中心和参事室等；各省市政府设立的经济研究中心、三农研究中心、政策法规研究中心、理论研究中心等。它们的主要职能是调查研究、了解情况，为领导机构反映客观真实的社情民意，提供符合实际、切实可行的对策建议。咨询机构与办公机构有某些共同的职能：为领导机构出主意、提建议、当参谋。但它们之间的最大区别在于，办公机构必须按领导的意图办事，使领导的指示、意见得到最有效的贯彻，而咨询机构更侧重于对一些问题作前瞻性和预测性研究。研究对策的提出，是研究者基于客观现实独立思考的结果。因此，咨询机构不是简单地贯彻领导指示，不能将其等同于办公机构或秘书班子。

5. 派出机构

派出机构是一级政府根据业务管理的需要，按法律规定或经上级机关批准，在所辖区域内设立的代表机构。这种机构不是一级国家行政机关，而是派出它的行政机关的分支机构，如省政府派出的行政公署、县政府派出的区公所、市辖区政府和县级市政府派出的街道办事处等。它们代表派出它们的那级政府指导所属区域的工作，主要职责是：指导检查并监督下级机关贯彻执行上级机关的有关指示和决定，完成上级机关下达的其他具体工作任务等。

三 行政领导制度

行政领导活动并非个人意志驱使下的任意行为，而是遵循一定规则的非人格化的组织行为。同时，规范领导活动的有关规定不会朝令夕改或千变万化，而是具有相对的长期性和稳定性。与行政领导活动相关的领导权限、领导机构、领导关系、领导方式等一系列规定，就是行政领导制度。行政领导制度多种多样，按照不同标准可以分为不同类型。最常见的标准就是根据最高决策人数的多少，将其分为委员会制和首长负责制。当代中国行政领导制度，是在长期的革命、建设和发展中逐步形成的，先后经历了委员会制和首长负责制。

（一）委员会制

委员会制，又叫合议制，是指将组织的最高决策权力交给两位以上的负责人行使。

1949年通过的《中央人民政府组织法》规定，政务会议，须有政务委员过半数出席始得开会，须有出席的政务委员过半数同意始得通过决议。这表明，当时的政务院实行委员会制，政务院总理主持全院工作，副总理和秘书长协助总理执行职务，而政务院的重要决策须经政务会议集体讨论决定。由总理、副总理、秘书长、政务委员组成的政务会议，每星期举行一次，由总理负责召开。总理根据需要，或者三分之一以上政务委员的请求，得提前或延期召开会议。政务会议表决时，总理与每位政务委员都是平等的一票，须有出席政务会议的政务委员过半数同意始得通过决议。因此，政务院的最高决策权并不属于总理一人，而是属于全体政务委员。后来，按照1954年通过的《国务院组织法》规定，国务院的各部部长、各委员会主任也作为国务院组成人员参与国务院会议集体决策。一般认为，此后的国务院行政领导体制为部长会议制也属于委员会制范畴。

委员会制的长处，在于能够集思广益，考虑问题比较周详，各委员分工合作，集体负责，便于发挥群体智慧和力量，既可以减轻主要领导者的负担，又可以避免个人专制和滥用权力的现象发生。委员会制的短处在于，行动迟缓，效率较低，权力分散，责任易混。由于各委员的思想、知识、智慧等方面的差异，易出现久议不决、决策迟缓、无人负责的现象。

（二）首长负责制

首长负责制，又叫独任制，是指将组织的最高决策权力交给一位负责人行使。

1982年宪法规定，国务院实行总理负责制，各部、各委员会实行部长、主任负责制，地方各级人民政府实行省长、市长、县长、区长、乡长、镇长负责制。这是中国在总结三十多年行政管理的经验教训的基础上提出来的，其要旨在于突出行政首长在决策中的作用，明确行政首长对于决策应负的责任，提高实践中的行政效率与效能。

首长负责制是指在民主讨论的基础上，各级首长有权对本级政府工作中的重大问题作出最后决定，并对这些决定以及他所领导的全部工作负有全面责任，可概括为"三权一责"。

1. 全面领导权

各级行政机关一把手对本级政府工作拥有全面领导权。在国务院，总理对国务院的工作进行全面领导，副总理、国务委员协助总理工作，副总理、国务委员、秘书长、各部部长、各委员会主任、审计长等均向总理负责，总理代表国务院向全国人大及其常委会负责。国务院各部部长、委员会主任领导本部门工作，对国务院负责，副部长、副主任协助部长、主任工作。在各级地方人民政府，行政首长对本级政府的工作进行全面领导，副职领导协助正职领导工作或受正职领导委托分管某方面的工作。

2. 最后决定权

各级行政首长对本级行政机关的事务拥有最后决定权。在国务院，由总理召集和主持国务院全体会议和常务会议。国务院工作中的重大问题，必须经国务院常务会议或全体会议讨论，在充分讨论的基础上，由总理集中正确意见，作出最后决定。在地方各级人民政府，由行政首长召集并主持本级人民政府的常务会议或全体会议。在会议充分讨论之后，由行政首长集中正确意见，对政府中的重大问题作出最后决定。按照首长负责制的要求，对集体讨论中的不同意见，不采取少数服从多数的表决方式，而是由行政首长最后定夺。这是首长负责制的最大特点，也是其与委员会制的最大区别。

必须正确对待行政机关的首长负责制和集体领导的关系。首长负责制是一种领导制度，而领导集体的分工负责只是一种运作方式。一方面，集体领导意在防止个人专断，集体领导不能代替首长负责制，不能借口集体领导而剥夺行政首长应当享有的权力。另一方面，行政首长也不能借口集体领导而推卸应有责任，行政首长握有权力，就要承担责任，权力有多大责任也就有多大，这符合权责相称的原则。领导集体内的个人负责有两方面含义，一是对工作负责，行政首长授权领导集体某成员主管某工作领域。这是工作层面上的负责。二是对行政首长本人负责，不得违背行政首长的意志，对行政首长的最终决定权负责。

3. 人事提名权

各级行政机关负有本级政府组成人员的提名权。总理有权向全国人大或其常委会提名副总理、国务委员、各部部长、各委员会主任、审计长、秘书长的任免人选。地方各级行政首长有权向本级人大常委会提名本级政府的秘书长、厅长、局长、主任、科长的任免。

4. 全面责任

各级行政首长对本级政府工作负全面责任。总理对国务院的所有工作负全面责任。国务院发布的决定、命令和行政法规，向全国人大及其常委会提出的议案，任免行政人员，均由总理签署。地方各级人民政府行政首长对本级人民政府的工作全面负责，以本级人民政府名义向本级人大及其常委会提出的议案，向上级人民政府提出的请示、报告，向下级人民政府发出的指示、指令等，均由本级行政首长签署。行政首长的"签署"本身就是责任的体现。在委员会制条件下，各级政府的行政首长与其他组成人员对集体作出的决定都负有同等责任；而在首长负责制条件下，行政首脑则通过"签署"对其全部工作负全部责任。

在国家行政系统，除普遍实行首长负责制的领导制度外，仍然有一些综合性职能较强的委员会，实行集体领导的委员会制。例如，国家发展改革委员会，就被确定实行委员会制。它是一个国民经济和社会发展的最大综合管理部门，也是一个高层次的宏观管理机构。委员会成员除正副主任外，还包括国务院综合部门的主要负责人。有关国民经济和社会发展中的一些重大问题，由委员会协商讨论和决定。

委员会制和首长负责制各有利弊，不存在绝对意义上优劣之别。一般而言，属于速决性、执行性、技术性、纪律性、事务性、突发性等一类的领导活动，宜采用首长负责制的方式处理；属于方针政策、规划制定以及立法性、协调性、综合性、方向性等一类的领导活动，宜采用委员会制方式处理。实践中，这两种体制相互渗透，首长制的行政首长经常通过各种专门委员会协助处理问题，而委员会制也向责任主体明确化的方向发展。

（三）首长负责制与民主集中制的关系

宪法规定，一切国家机构实行民主集中制的原则。作为国家机构的重要组成部分，各级国家行政机关必须遵循这个根本原则，同时国家行政机关又实行首长负责制。首长负责制与民主集中制并不矛盾，必须正确理解二者之间的关系。

第一，民主集中制否定的是排斥民主的官僚集中制和拒绝集中的无政府主义，它决不排斥个人负责制。列宁不但最早提出民主集中制，而且十分重视在国家机构中建立责任制。他指出，苏维埃机关中的一切管理问题应通过集体讨论决定，同时要极明确地规定每个担任苏维埃职务的人对执行一定的任务和实际工作所担负的责任。他还主张在一些经济领导部门，要赋予个别领导人员"无限的"权力，认为苏维埃（即社会主义的）民主制与实行个人负责制之间，决无任何原则上的矛盾。借口集体领导而无人负责，是最危险的祸害。由此可知，国家行政机关首长负责制与民主集中制的要求是一致的。随着社会主义事业的推进，适应社会发展变化多样的趋势，依法赋予一些行政领导人更多的自由裁量权也是必需的。

第二，不同的国家机构在执行民主集中制时可以有不同的形式，无需千篇一律。首长负责制就是民主集中制在国家行政机关的表现形式。国家行政机关所担负的国家职能，决定了它在执行民主集中制时，在形式上不同于国家权力机关。国家权力机关表决任何议案都必须坚持少数服从多数的原则，须多数赞成始得通过。而国家行政机关主要是执行国家权力机关的生效决议，面对千头万绪的行政事务，需要日理万机的行政能力，其核心是效率问题。如果行政机关在开展工作时，事无巨细都反复讨论，没有多数人的同意就不能执行，就会深陷于"开不完的会""画不完的圈"。一旦决策通过后付诸实施，又会因"集体决策"而强调"集体负责"，最终导致"无人负责"。实践中，国家行政活动的确存在这类现象，严重影响行政效率，助长官僚主义，费时误事，贻害无穷。1982年宪法规定行政首长负责制，主要出发点就是要克服"集体扯皮""无人负责""效率低下"等弊端。

第三，中国实行的首长负责制，是以民主为基础的个人负责制，决不同于那种否定民主的个人独裁制。这是因为：①行政首长要经过法定程序选举或决定产生，随时随地受到国家权力机关、上级行政机关和人民群众的监督。行政首长如果违反人民意志，人民就有权罢免其行政职务。②行政首长必须在国家的宪法法律范围内活动。宪法法律是国家权力机关在充分发扬民主的基础上形成的，行政首长不得违法或越法行使职权。③行政首长的最后决定权是以民主为前提的。行政首长在决定重大行政事务时，都须先交法定的会议民主讨论，然后才集中正确的意见，作出最后决定。中国行政首长负责制的理想目标，就是兼采"委员会制"和"首长负责制"的长处而避免二者各自的弱点：既重视民主讨论又强调首长最终决定权，既避免委员会制效率不佳的缺陷又避免首长的个人专断。

综上分析，国家行政机关实行首长负责制，不但与民主集中制不矛盾，而且正是在行政机关健全民主集中制的体现。但这只是理想的状态，不等于社会现实。由于社会复杂程度往往远超制度设计当时的想象，首长负责制在运行中虽然有一些成功经验，但是也存在诸多不尽如人意的地方。例如，有的首长不敢担当而不敢使用最后决定权，习惯于集体表决，少数服从多数；有的敢于拍板专断却不重视集体的正确意见；有的干脆听命于同级党委，既不集体决定也不首长决定；不一而足。因此，行政首长负责制的完善还有很长的路要走，既需要制度的继续完善，又需要首长个人素质的提高，还需要全社会的包容、理解和支持。

四 行政决策制度

行政决策制度也叫行政决策体制,是指行政机构及其工作人员在履行行政决策职能的过程中所形成的组织体系和必须遵循的有关规定。建立科学合理的行政决策制度,是正确进行行政决策的基本条件,也是现代科学行政的制度保障。

(一) 行政决策构成

行政决策随着社会经济条件的变化而变化。在传统的小生产经济条件下,行政决策带有明显的高度集权、长官意志、凭经验办事等特点,这在当时有一定的合理性。在现代化大生产条件下,行政决策体制必然发生了深刻变化。按照现代科学行政的要求,行政决策由中枢系统、信息系统、咨询系统和审批反馈系统构成。

1. 行政决策中枢系统

在现代行政决策的组织体制中,有一个承担全面决策责任并行使最后决策权的核心集团,即行政决策中枢系统,也叫行政中心,它由拥有行政决策权的领导机构及其人员组成。行政决策中心的任务主要是领导协调和控制整个决策过程,确认决策问题和决策目标,然后最终抉择方案,即"断"。行政决策的正确与否同行政决策中枢系统有着重要的关系。

中国行政决策中枢系统的"断",除决策问题本身外,还受到几个方面的影响和制约:①执政党。中国共产党的影响是全方位、全过程,不仅为政府决策提供指导思想、行动纲领和目标方向,而且为政府决策推荐行为主体、规定社会目的和进行监督等方面。②权力机关。各级人大通过立法、质询等活动从宏观上、整体上规定行政决策的方向。③监察、司法机关。它们通过行使职务犯罪调查权和行政案件审判权,可以调查行政工作人员的违法行为和宣布特定的行政行为违法无效,从而间接地干预、影响行政决策。④社会舆论。它们通过对行政决策的合理性、公平性、可行性和社会效益的披露和评价,来影响行政决策的制定过程、选择标准和实施方式。行政决策中枢系统综合以上因素,然后作出适当的决策方案。

2. 行政决策信息系统

信息是行政决策的基础,行政决策信息系统在行政决策过程中起着基础作用，属"神经系统"。现代社会信息量大且变化快，现代科学行政决策必须掌握较为全面、准确和及时的信息。行政决策信息系统的主要任务是收集和加工处理各类行政信息，为决策中枢系统和咨询系统服务。行政决策信息系统包括各级各类信息中心、办公厅（室）等综合信息部门及调研部门。由于电子信息技术的高速发展，大数据、云计算等科技手段的广泛运用，中国行政决策的信息的收集、加工、处理正逐渐从单一性、粗放性、一般性、静态性、零散性、独立性向系统性、精确性、专业性、动态性、连续性和集成性转化。

3. 行政决策咨询系统

咨询系统是为行政决策服务的辅助机构，主要由各专业科学研究机构和政策研究机构及其人员组成，又叫作行政决策的"智囊团""思想库""头脑公司"或"脑库"。咨询系统首先是发现问题并向决策者提出问题，引起决策者的注意并将该问题提上议事日程，其次是拟定决策方案，再者是协助中枢系统对决策方案进行评估。当前，中国各种研究咨询机构大量涌现并发挥重要作用。如国务院研究室、国务院各部委、各省市政府设立的政策研究室等。政府系统外的咨询人员，如科学院、社会科学院以及高校的专家、学者等，在行政决策中也发挥越来越重要的作用。

4. 行政决策审批反馈系统

行政决策审批系统由行政决策中枢系统之上或之外的有权机构组成，依法对行政决策的有效性进行审批控制的组织体系。当前中国行政决策审批控制系统有：全国和县级以上地方各级人大常委会；中央和地方各级国家行政机关。

行政决策反馈系统在组织上与信息系统基本上是合一的，或者说包含在信息系统之中。它的任务是把决策实施情况和问题及时反馈到决策中心，以便进行调整和跟踪，以便逐渐接近目标。目前，国家行政决策反馈系统不够健全，在许多情况下，执行过程的状况完全由执行者自己反馈，以致出现了"虚报""瞒报""谎报""数字出干部、干部出数字"等不正常现象。要解决这一问题，必须加强反馈机制建设。一方面，要严格行政机关内部的反馈责任，对不按规定反馈者要严肃处理，该行政制裁就行政制裁，触犯刑法的须移送司法机关。另一方面，政府可以通过购买服务，通过竞标方式引进独立的第三方机构收集信息，并与系统内部反馈信息进行对照，以保证反馈数据和事实的真实性，以服务正确决策。

（二）行政决策程序

行政决策是政府的一种行政行为，遵循科学的决策程序是减少决策失误的重要保证。长期以来，国家行政决策虽无规范的程序，但那些成功的决策往往符合科学决策的一般步骤。改革开放以来，国家开始重视现代行政学的研究，并且在行政决策实践中越来越注意科学决策的基本程序，即确定目标、设计备选方案、方案的评估和择优、试点和完善既定方案等。

1. 确定决策目标

行政决策的战略目标，是指关系到国家或地方全局的经济社会发展的重大战略目标。国家层面的战略目标，一般由中共中央提出，经全国人大审议后确立，而实现国家战略目标的一般性决策目标由中央人民政府确定。地方层面的战略目标，一般由地方各级党委提出，经地方各级人大审议后确立，而实现地方战略目标的一般性决策目标则由地方各级人民政府确定。中国行政决策目标的形成，既要讲政治，即体现党的意见，坚持了党的领导；又要讲法治，即得到权力机关的批准，坚持了依法执政。这种作法的优点在于，一是始终保证党在国家中的领导地位，保证经济社会发展正确的政治方向；二是充分体现人民当家作主的国家主人地位，各级人大的对决策目标的审议可以最大限度保证决策目标的科学性，避免引发"满盘皆输"的局面，如1950年代"大跃进"一类全局性的经济社会发展战略的失误。

2. 设计备选方案

决策的根本就是选择，就是在多个不同甚至相互对立的方案中选出最佳的方案。方案并不是越多越好，但是多个选择方案总比一个选择方案更能使大家看清问题的全貌，有比较才有选择。例如，1950年代在建立广西壮族自治区的过程中，曾出现过两种不同意见，一个是"合"的方案，即将广西全省改为自治区；另一个是"分"的方案，即保留广西省建制，管辖原广西省东部地区，另把广西西部壮族聚居地区划分出来成立自治区。中央经过慎重考虑，最终选择了"合"的方案。又如，1960年代初期在三峡工程问题上，也曾出现过不同意见，最终党中央、国务院考虑到当时的经济、技术条件暂时未上马该项目。改革开放以来，社会情形更加复杂，行政方案的拟定工作更加受到各级行政部门的重视，许多省、市政府规定没有两个以上备选方案不能作出决策，国家的重大决策也都事先在不同范围内公开，将各种方案交由各民主党派、人民团体和社会大众进行讨论，并认真听取意见。

3. 方案评估与择优

方案的评估和择优就是对备选方案进行最优选择，各级各类行政机关及其领导要对各方案的成本、副作用等进行对比分析。中国行政决策方案选优过程要求体现民主集中制和首长负责制、集体讨论和首长拍板相结合的原则。1982年宪法规定各级国家行政机关实行行政首长负责制，行政机关对本级机关管辖的重大行政事务具有最后决定权，但首长负责制不等于行政首长可以在不同的方案之间随意选择。相反，要求行政首长必须先把问题交有关会议充分讨论，同时，注意吸收来自各咨询机构的意见。为了强化决策责任，减少决策失误，提高决策水平，规范决策行为，很多地方还颁布了重大行政决策的地方性规定。

4. 试点和完善既定方案

重大行政决策作出后，先在局部范围内试点是一种行之有效的常规方法。譬如，农村家庭联产承包责任制、企业承包制、股份制的试点，现代企业制度的试点，国家公务员制度的试点，国家监察制度的试点，等等。试点是部分实践已有决策的过程，也是发现不足、完善方案的过程。在试点以后由点及面，再在更大范围内执行决策。

中华人民共和国成立以来，中国的行政决策积累了许多有益经验，但也存在不少问题，突出表现为"长官意志""家长意志""特权意识""一把手权威"等因素在决策过程中影响过大，决策的主观性、随意性仍旧很严重，法纪观念不强。由此给国家和人民带来巨大损失的事件屡见不鲜，中共十八大以来的强力反腐所取得的累累硕果就证明了这一点。因此，要实现决策的科学化、民主化、制度化，受到多方面因素的制约，还有很长的路要走。

（三）行政决策实施

行政决策制度，从广义上讲，不仅包括如何作出决策的制度，而且涉及如何实施决策的制度。在中国，对行政决策的执行很少有明文的规定，但在长期的实践中，已经形成了一套反复遵循、相对稳定的作法。

1. 广泛宣传动员

任何一项行政决策，不可能惠及所有人，不可能兼顾所有利益，总有一部分人的某种利益会受到损害。通过对行政决策的宣传、解释和动员，获取社会的广泛支持，减少执行阻力。这种方式是中国共产党在长期的革命、建设、改革和发展中积累的宝贵经验。动员群众，号召群众，获得广大群众对政府行政决策的理解和支持，是决策有效实施的基础。政府行政决策内容的宣传解释，一般有层层传达、传媒宣传、具体解释、个别指导等方式方法。

2. 认真贯彻执行

在广泛动员的基础上，由各职能部门按决策要求分头落实，并由一位分管的行政领导全面负责决策的实施。中国各级地方政府，一般都实行分口管理的制度。例如，省级政府机构按其工作领域分为综合、经济、文教卫、政法、科技等口，每个口由一名副省级干部分管，大的决策实施任务，由他领导，综合落实。因为行政决策的范围十分广泛，涉及政治、经济、文化等各个领域，并且管理地域十分辽阔，人口众多，地区差别也大，所以由熟悉业务的分管副职领导具体负责，将决策执行责任到人，保证行政决策的落实。

3. 及时检查纠偏

在行政决策的执行过程中，会有一部分决策制定人员参与执行，并进行必要的记录、观察与调整工作。如果遇到一些事前未能估计到的因素或出现偏离目标的情况，必须立即将这类因素纳入系统中去实施信息反馈。通过信息反馈，提出各种补充、修正和完善决策的方法和措施。如果主客观条件发生重大变化，以致必须重新确定目标时，就必须进行追踪决策。所谓追踪决策，就是对原有决策目标或方案进行根本性修正，它具有回溯分析、非零起点、双重优化和心理效应强等特点。例如，中共十一届三中全会后，果断地停止执行盲目冒进的经济建设规划，对整个国民经济实行"调整、改革、整顿、提高"的方针，就是一种"推倒重来"的追踪决策。这种纠偏，完全依靠原决策者的力量是不够的，还必须依靠专家和其他新生力量的共同努力才能实现。在一般情况下，决策实施过程都是依靠实施单位的行政管理人员，由他们理解决策的基本要义，对遇到的问题作出及时处置并反馈。

4. 总结经验教训

对决策实施的结果，应当及时进行总结、评估、表彰，以鼓励先进，寻找差距，以利再战。决策实施的评估，要本着实事求是的原则和客观公正的态度，充分发扬民主、采取自上而下和自下而上相结合，领导、群众、专家相结合的方法，对决策实施的全过程和结果作出切合实际、优劣分明的评价。这是前一决策的终点，后一决策的起点。对行政决策实施后果的经验教训的总结，是行政决策实现科学化、程序化不可缺少的重要环节。

五 行政区划制度

行政区划是行政区域划分的简称，是国家为了进行分级管理而实行的区域划分。有时，人们将"行政区划"和"行政区域"相互通用，而实际上二者是有所不同的。"行政区域"是静态的概念，是国家为设置各级政权机关，实现对全国的管理而划分的各类区域。"行政区划"则是动态的概念，是国家根据政权建设、经济建设和行政管理的需要，遵循有关的法律规定，充分考虑政治、经济、文化、教育、国防、历史、地理、人口、民族、风俗等各种社会因素，按照一定的原则，将全国领土划分为若干层次、大小不同的行政区域。由此看来，行政区划是一种行政行为，而行政区域则是这种行为的结果。

（一）划分原则

行政区划是否科学，对一个国家的政治、经济、文化、教育、民族等各个方面的发展将产生深刻影响，甚至关系到国家的长治久安。因此，行政区划是一项十分严肃的行政事务，务必慎重对待。行政区划必须遵循一定原则，而一旦完成则要尽可能保持稳定，不得朝令夕改或反复变动。必须变更时，应严格遵循既有原则和法定程序进行。根据宪法规定和行政区划的实践，可以发现中国的行政区划主要遵循以下几个原则：

1. 政治原则

要有利于人民参与国家事务的管理。各级行政区域的划分，首先必须考虑保障人民群众切实享有管理国家和社会事务的民主权利，要考虑到便利人民群众行使选举权、被选举权等政治权利，便利人民群众了解和参与管理国家事务、监督国家机关的工作。因此，在确定行政区划的层次时，不宜过多，这样有利于上情下达，下情上达，相互沟通；在考虑区、县、乡、镇的区域划分时，辖区范围不宜过宽，因为这是广大人民群众参与国家事务管理最直接的基层政权组织，人民群众毕竟精力和时间有限，范围过宽会影响参与、监督的效果。

2. 经济原则

要有利于国家经济建设。行政区划要考虑到各地区的自然环境、经济资源，尽可能将自然资源条件、经济基础和发展方向类似的地区划分在同一区域，把经济中心及其直接影响的地区纳入同一行政区域，这样有利于综合开发利用，提高管理效率和统一领导。当前，中国省、市、县级行政区域基本上是一级完整的经济区。两千多个县级行政区，分别以县城为中心，通过交通、流通环节将县城内工业、农业、商业与广大城乡联结在一起，形成一个具有一定规模的经济地域单元。随着社会主义市场经济的发展，行政区划要特别注意统筹兼顾，避免同质性发展，坚持多样化和特色发展，防止"大而全"或"小而全"等问题的产生。

3. 民族原则

要有利于各民族的平等、团结和发展。中国是个多民族的国家，在各少数民族聚居地方实行区域自治，促进各民族共同繁荣昌盛，是党和国家的一贯方针。行政区划要尽可能将少数民族聚居的区域划定为自治区、自治州、自治县和民族乡，以保证民族区域自治政策的贯彻实施，保障各少数民族根据本民族、本地区的实际情况，管理自己的事务。

4. 生态原则

要有利于保护国家生态环境。中国有960万平方公里的陆地国土面积，有300万平方公里海洋国土面积，各地方的自然条件差异较大，如何使国土资源与生态区域保持一致，是行政区划必须予以充分考虑的。行政区划既要有利于充分利用行政手段，合理开发利用区域国土资源，协调区域内资源开发利用中的矛盾，又要有利于环境的综合整治和自然生态的保护。

5. 主权原则

要有利于维护祖国的统一和稳定。由于历史的原因，中国的香港、澳门长期被外国侵略者占领，曾经的内战导致台湾与祖国长期处于分离状态。为了实现国家的统一，同时又能照顾历史和现实，中国在行政区划方面，采取了必要的灵活措施。当香港、澳门回归祖国后，在那里设立不同于一般行政区域的特别行政区，允许长期保留原有的资本主义制度，并实行高度自治。实践证明，特别行政区的设立是成功的，是有利于祖国的统一和稳定的。

（二）区划演变

中华人民共和国成立以来，行政区划曾作过多次调整，可分为四个阶段：

1. 1949—1954年

1949年中华人民共和国成立到1954年第一届全国人大召开，行政区划处于探索时期，变化较多。

首先，在省级以上，中华人民共和国成立前后相继建立了华北、东北、西北、华东、中南、西南六大行政区，简称"大区"，分别设立军政委员会或人民政府，既作为最高一级的地方政权机关，又作为中央人民政府派出的代表机关，各自管辖若干省级行政单位。1952年，大区改设行政委员会，仅作为中央人民政府的代表机关领导和监督地方政府，而不再是一级地方政权。1954年6月，中央撤销了六大行政区的建制。大行政区建制的变化，即从"双重"性质到"单一"性质到最后撤销，与1953年启动的大规模的计划经济建设需要加强中央集权体制相适应。当时，出现了高岗、饶漱石联盟曾以大区为基地要挟中央的事件。该事件是中央决定取消大区,改为各省直属中央的直接原因之一。

其次,在省一级,将原有的36个省、1个"地方"调整为新疆、青海、西康、云南、甘肃、绥远、察哈尔、四川、黑龙江、宁夏、广东、广西、湖南、湖北、松江、陕西、贵州、江西、河北、河南、山西、福建、热河、辽东、辽西、山东、浙江、吉林、平原、台湾等30个省和1个"地方"(西藏);另设相当于省级的12个直辖市:本溪、抚顺、鞍山、沈阳、北京、天津、上海、南京、广州、西安、重庆、汉口;还设一个"地区"(昌都)、5个行署区(旅大、苏南、苏北、皖南、皖北)和1个自治区(内蒙古)。不久,将四川省分设为川南、川北、川东、川西等4个行署区。各设行政公署,相当于省级人民政府;将旅大行署区撤销,旅大改为直辖市。1952年,根据新的形势需要,又先后撤销8个行署区,恢复江苏、安徽、四川三省,并将南京改为江苏省辖市;同时,撤销平原、察哈尔两省,其行政区域划归他省。1953年7月,决定将长春、哈尔滨由省辖市改为直辖市,此时直辖市已达14个。1954年6月,为适应大规模经济建设,决定将辽西、辽东合为辽宁省,将松江、黑龙江合为黑龙江省,将宁夏、甘肃合为甘肃省,并将除北京、天津、上海以外的11个直辖市改为省辖市。同年,为贯彻民族平等原则,决定撤销绥远省,将其行政区域并入内蒙古自治区。到1954年底,全国省级行政区域有26个省、1个自治区、三个直辖市、1个"地方"和1个"地区"。

2. 1954—1966年

1954年第一届全国人大召开到1966年"文化大革命"开始前,行政区划渐趋成型,民族自治地方蓬勃发展。

首先,在省一级,1955年3月,决定设立西藏自治区筹备委员会,并将昌都地区划归该委员会管辖;7月,决定撤销西康、热河两省,其行政区域分别划归他省;10月1日,建立新疆维吾尔自治区。1958年2月11日,决定将天津市改为河北省辖市;3月15日,成立广西僮族自治区(1965年10月12日,国务院批准更名为广西壮族自治区);10月25日,成立宁夏回族自治区。1965年9月9日,成立西藏自治区。至"文化大革命"前,全国省级行政区域有22个省、5个自治区和两个直辖市。

其次,在省级以下,根据1954年宪法关于行政区划的规定,将中华人民共和国成立初期建立的地级、县级自治区改为自治州、自治县,并另外增设了数十个自治州、自治县。同时,根据宪法规定,建立了一批民族乡。民族乡是指在相当于乡的少数民族聚居地方建立的一级行政区域。它不属于民族自治地方，不设民族自治机关，不行使民族自治权。但它又不同于一般的乡，应当特别注意照顾当地少数民族的特殊需要。

此外，从1958年起，在农村普遍以"政社合一"（即将农村基层政权机关的功能与作为农业生产管理组织的功能相合并）的人民公社取代乡、民族乡，而且大幅度扩大农村基层行政区域的范围。1957年全国有97000多个乡，到1958年被并为26578个公社。根据1959年全国人大常委会的有关决议精神，直辖市和个别省的若干地级市（较大的市）开始实行市管县体制。

3. 1966—1976年

这是"文化大革命"期间，行政区划工作处于党政不分状态。值得一提的是，1967年1月2日，中共中央批准将天津市由省辖市重新升为直辖市。因此，全国省级行政区域有22个省、5个自治区、3个直辖市。1969年7月5日，中共中央批准将内蒙古自治区的部分区域划归辽宁、吉林、黑龙江、宁夏、甘肃五省（自治区）。1975年宪法把原有省级国家行政机关的派出机关专员公署所管辖的区域"专区"改为"地区"，作为省与县之间的一级行政区域，相应地设置了一级政权机关（革命委员会）。

4. 1976年以来

1976年"文化大革命"结束，1978年中共十一届三中全会的召开标志着中国进入了改革开放时代，从此行政区划工作走上了健康发展的轨道。

首先，在省一级，1979年5月30日，经中共中央、国务院批准，恢复了内蒙古自治区在1969年7月以前的行政区域范围。1982年宪法第一次规定，国家在必要时设立特别行政区。1997年7月1日，英属殖民地香港回到祖国怀抱，香港特别行政区成立。1999年12月20日，葡属殖民地澳门回到祖国怀抱，澳门特别行政区成立。

其次，在省级以下，1978年宪法规定，"地区"不再作为一级行政区域；直辖市、较大的市分为区、县。1983年开始的地级行政区划改革，"地区"改制为"市"，出现地级市，省辖市改称为"地级市"，同时将一部分县改为市（大多为县级市），至此由之前的地管市、地管县演变为"市管市""市管县"的体制。按1982年宪法规定，在农村实行政社分开，恢复了乡、民族乡的建制；1984年起，在部分地区开始实行乡、镇合并，以镇管村的体制。至2005年，除直辖市、海南省以及部分省实行局部的省直管县、县级市（也称省辖县）以外，国家仍以"四级行政区划制度"（省级、市级、县级、乡级）为主。

行政区划的变更，须经法定机关审批才能有效。根据1982年宪法和

1985年1月15日国务院颁布的《关于行政区划管理的规定》,有权审批行政区划变更的是全国人大、国务院和省级人民政府。①全国人大的审批权限:一是审议、批准省、自治区、直辖市的设立、撤销、更名;二是决定特别行政区的设立。②国务院的审批权限:一是审批省、自治区、直辖市的行政区域界线的变更,省、自治区人民政府驻地的迁移;二是审批自治州、县、自治县、市、市辖区的设立、撤销、更名和隶属关系的变更以及自治州、县、自治县、市人民政府驻地的迁移;三是审批自治州、自治县的行政区域界线的变更,县、市的行政区域界线的重大变更;四是审批凡涉及海岸线、海岛、边疆要地、重要资源地区及特殊情况地区的隶属关系或行政区域界线的变更。③省、自治区、直辖市人民政府的审批权限:一是根据国务院授权,审批县、市、市辖区的部分行政区域界线的变更(批准变更时,同时报送民政部备案);二是审批乡、民族乡、镇的设立、撤销、更名和行政区域界线的变更,乡、民族乡、镇人民政府驻地的迁移。

(三) 区划改革

根据宪法规定,中国行政区划一般有四个层级,即省级(包括直辖市、省、自治区、特别行政区),地级(包括地级市、地区、自治州、盟),县级(包括市辖区、县级市、县、自治县、旗、自治旗、特区、林区),乡级(包括区公所、镇、乡、苏木、民族乡、民族苏木、街道)。就全国的行政区划体制而言,大体上是四级制和三级制并存。截至2017年全国共有:①34个省级单位,包括23个省、5个自治区、4个直辖市与两个特别行政区;②334个地级单位,包括294个地级市、30个自治州、7个地区与3个盟;③2851个县级单位,包括1445个县、117个自治县、49个旗、3个自治旗、367个县级市、868个市辖区、1个林区、1个特区;④乡级行政区共40497个,包括11626个乡、1034个民族乡、20117个镇、7566个街道、151个苏木、1个民族苏木、两个县辖区公所。

由此可知,中国的行政区域可分为三种类型:①一般的行政区域,即省、直辖市、县、市、市辖区、乡、民族乡、镇等;②民族自治地方,即省一级的自治区,省级与县级之间的(地级)自治州、县一级的自治县;③特别行政区。此三种行政区域的重要区别在于所设置的地方政权机关的权限不同。总的来说,特别行政区的权限大于民族自治地方的权限,民族自治地方的权限又大于一般行政区域的权限。

少数特殊称谓的行政区域,如新疆生产建设兵团、盟、旗、自治旗、特区、林区等，它们对应不同的行政级别。新疆生产建设兵团是新疆维吾尔自治区的重要组成部分，承担着国家赋予的屯垦戍边职责，实行党政军企合一体制，是在自己所辖垦区内，依照国家和新疆维吾尔自治区的法律、法规，自行管理内部行政、司法事务，受中央政府和新疆维吾尔自治区双重领导，是国务院计划单列的省（部）级单位，享有省级的权限。兵团实行党政军企高度统一的特殊管理体制。兵团各级都建有中国共产党的组织，发挥着对兵团各项事业的领导作用。兵团设有行政机关和政法机关，自行管理内部行政、司法事务。兵团是一个"准军事实体"，设有军事机关和武装机构，沿用兵团、师、团、连等军队建制和司令员、师长、团长、连长等军队职务称谓，涵养着一支以民兵为主的武装力量。兵团也称为"中国新建集团公司"，是集农业、工业、交通、建筑、商业，承担经济建设任务的国有大型企业。兵团的党、政、军、企四套领导机构与四项职能合为一体。盟是地级行政区，是内蒙古自治区特有的行政区域，共有3个。旗是相当于县一级的行政区域，全国有49个，全在内蒙古自治区。自治旗，是相当于县一级的民族自治地方，全国有3个，也全部在内蒙古自治区。全国有1个特区（在贵州省）、1个林区（在湖北省），均属县一级行政区域。

在行政区划的实际运行中，会不断出现新情况、新问题，这是社会发展的正常现象。对于行政区划未来的发展，存在很多意见，但以下几个问题关注度很高。

第一，关于"市辖市""市辖乡、镇""市辖区辖乡、镇"等新体制问题。随着地级市（较大的市）领导县体制的推广，一些县又改为县级市，便出现了"市辖市"体制；随着县改为县级市或直辖市、较大的市的市辖区后，又出现了市辖乡、镇和市辖区辖乡、镇的体制；随着农村基层行政区划的变革，还出现了"镇辖乡"体制。这些新体制的出现适应了改革和发展的需要。从改革的角度而言，这个是值得肯定的，但是行政体制的宪法依据就存在问题。改革发展需要行政区划有所创新，而依法行政又要求行政区划和其他行政行为一样必须于法有据。如果行政区划的创新会突破宪法规定，或者行政区划的创新缺乏宪法依据时，将如何处置？对待这个问题，不能先斩后奏，而要用法治方式进行处理。具体作法是，应当先充分调研论证，然后由全国人大修改宪法有关内容，再依法作出行政区划方面的创新。这样做，既可适应改革发展的需要，又有利于维护宪法和法制的权威。如果通过违宪方式进行行政区划的创新，最终背离了国家倡导的依法治国、依法行政的原则和精神。

第二，关于行政区域过大、层次过多的问题。有不少专家认为，中国的省级行政区过大，一省管理的范围和人口，从平均数来说相当于欧洲的一个国家。因为行政幅度过宽，难免造成层次过多，中国的行政区域基本都在三级或四级之间，且以四级居多。他们认为，层次过多是造成机构臃肿、官僚主义、行政效率低下的重要原因，建议将省级区域划小，省级区域数量应当像中华人民共和国成立初期那样增加到50个左右。众所周知，省级区域划小是一件关系到国家行政体制的大事，必须予以充分科学论证，必须进行充分调查研究，决不能贸然行事。省级行政区域的总数以多少为适当，必须要有利于中央政府有效控制与管理地方政府为主要考量，同时也要有利于发挥地方的积极性、主动性和创造性。另外，增加省级行政区域，必然会引起新一轮国家机构膨胀。因此，如无特别需要，省级行政区域数量宜维持现状。

第三，关于调整和规范行政区域称谓的问题。随着国家经济建设和对外开放的推进，如上所述出现了"市辖市"的体制。这一体制在一定程度上促进了当地的经济和社会的发展。但是，从称谓上人们无法分清不同行政级别的市，给工作和生活带来诸多不便之处。有学者借鉴吸取了中国古代行政区划的称谓，建议将直辖市改称"道"、地级市改称"府"，同时保留县级市的"市"。这种区分有一定必要性。例如，中华人民共和国成立初期不同级别的民族自治地方一概称为"自治区"，后来1954年宪法将不同级别的民族自治地方分别规定了不同称谓："自治区""自治州"和"自治县"，这样就一目了然。对不同级别的市规定不同称谓，确实方便了社会大众。但是，使用何种称谓，须认真研究，不赞成使用"道""府""郡"或"州"的古代称谓，而是要与时俱进，与世界接轨，使用合乎时代的称谓。

注释

[1] 精兵简政，是1941年11月李鼎铭等在陕甘宁边区第二届参议会上提出的。同年12月，中共中央发出"精兵简政"的指示，要求切实整顿党、政、军各级组织机构，精简机关，充实连队，加强基层，提高效能，节约人力物力。这是在抗日根据地日益缩小的情况下，克服财政经济严重困难和休养生息民力的一项极其重要的政策。参见毛泽东《一个极其重要的政策》(1942年9月7日)，《毛泽东选集》第3卷，人民出版社1991年版，第883页。

第九章

行政制度（下）

人民政府是各级国家行政机关的通称，是同级人民代表大会的执行机关。人民政府包括中央人民政府和地方各级人民政府。国务院是中央人民政府。省级、地级、县级、乡级的人民政府是地方各级人民政府。地方各级人民政府接受国务院的统一领导，对本级人民代表大会和上一级人民政府负责并报告工作，依法管理本行政区域的行政事务。

一　中央人民政府

（一）概述

1. 国务院的性质与地位

现行宪法规定："中华人民共和国国务院，即中央人民政府，是最高国家权力机关的执行机关，是最高国家行政机关。"这既明确了国务院的性质，又明确了国务院在整个国家机构体系中的地位。

国务院即中央人民政府。"政府"这个概念在国内外都有广义和狭义之分，狭义仅指国家行政机关，广义则指一切国家政权机关，既包括国家行政机关，又包括国家立法机关和司法机关。中国从1949年到1954年9月间，都在广义上使用"政府"一词。根据中国人民政治协商会议第一届全体会议通过的《中华人民共和国中央人民政府组织法》规定，当时的中央政府，是指对外代表中华人民共和国、对内领导国家政权的中央人民政府委员会，以及由它组织并从属于它的四大机构，即作为国家政务最高执行机关的政务院，作为国家军事最高统辖机关的人民革命军事委员会，作为国家最高审判机关的最高人民法院和作为国家最高检察机关的最高人民检察署。由此可知，当时的中央人民政府是指整个中央一级的国家政权机关，政务院只是其中的一个机关。1954年9月第一届全国人大召开后,开始在狭义上使用"政府"概念。1954年宪法将政务院改称为国务院,可以说政务院是国务院的前身。二者的主要区别是,政务院无军事行政管理方面的职能,不设国防部,而国务院则下设国防部,以担负国防建设和军事管理方面的职能。

国务院是最高国家权力机关的执行机关,这就确定了国务院对全国人大及其常委会的从属地位。1975年宪法由于受党政不分的影响没有规定国务院是最高国家权力机关的执行机关,但1954年宪法、1978年宪法和1982年宪法都有此规定。中国的一切权力属于人民,人民行使国家权力的机关是全国人大和地方各级人大。作为最高国家权力机关的全国人大及其常委会将人民意志上升为国家意志并以法律、决议、决定的形式表现出来。这些法律、决议和决定,大部分是由全国人大产生的国务院来执行的。经全国人大批准的国民经济和社会发展计划、国家预算也是由国务院组织实施的。因此,国务院是全国人大的执行机关。

作为最高国家权力机关的执行机关,国务院向全国人大负责,接受全国人大的监督并向其报告工作。在全国人大每次会议上,国务院总理须作政府工作报告,提请大会审议。国务院还向会议提出关于国民经济和社会发展计划及计划执行情况的报告、关于国家预算及预算执行情况的报告。在全国人大闭会期间,国务院对全国人大常委会负责并报告工作。在全国人大常委会的会议上,国务院及其有关部门也经常就某些重大事项作工作报告,请求常委会审议。国民经济和社会发展计划、国家预算经全国人大批准后,在执行过程中需作部分调整的,国务院也须将调整方案提请全国人大常委会审议和批准。宪法规定,全国人大常委会有权撤销国务院制定的同宪法、法律相抵触的行政法规、决定和命令。

国务院作为最高国家权力机关的执行机关,从属于全国人大及其常委会,这充分体现了中国人大制度所贯彻的"议行合一"原则,根本上区别于西方的"三权分立"原则。

国务院是最高国家行政机关,这就明确了国务院在整个国家行政体系中的最高领导地位。为了执行国家的宪法和法律,贯彻本级人大通过的决议,直接承担管理整个国家和社会事务的职责,从中央到地方都设立了各级人大的执行机关即国家行政机关,形成了从中央到地方各级的完整统一的国家行政体系。在这个行政体系中,国务院处于最高地位,行使国家最高行政权,统一领导各部委和地方各级人民政府。中国是单一制国家,全国只有一个中央人民政府即国务院,全国地方各级人民政府都是国务院统一领导下的国家行政机关,都服从国务院。国务院根据宪法和法律制定的行政法规、发布的决议和命令,地方各级人民政府都必须执行。国务院有权改变或撤销地方各级政府不适当的决定和命令。国务院作为国家最高行政机关,通过对宪法和法律地贯彻执行,对国家各领域行政事务的管理,以及对国务院各部委和地方各级政府工作的领导,有效实现国家意志,保证国家行政活动的统一。

2. 国务院的组成和任期

国务院的组成在中华人民共和国成立以来几经变化。中华人民共和国成立初期,国务院前身政务院由总理1人、副总理若干人、秘书长1人和政务委员若干人组成。政务院总理主持政务工作,副总理协助总理工作。秘书长主持政务院内日常事务,并办理总理和副总理交办的事项。当时的政务院总理、副总理、政务委员和秘书长以及副秘书长,各委员会的主任委员、副主任委员、委员,各部的部长、副部长,科学院的院长、副院长,各署的署长、副署长及银行的行长、副行长均由中央人民政府委员会任命。政务委员得兼任各委员会的主任和各部的部长,非政务委员兼任的主任、部长不属政务院的组成人员。

1954年宪法规定,国务院由总理1人、副总理若干人、各部部长、各委员会主任和秘书长组成。可见,各部部长、各委员会主任都作为国务院的组成人员,比政务院的组成人员有了扩大。但国务院不再设置政务委员类型的职务。全国人大根据国家主席的提名,决定国务院总理的人选;根据国务院总理的提名,决定国务院其他组成人员的人选。在全国人大闭会期间,全国人大常委会有权决定国务院副总理、各部部长、各委员会主任、秘书长的个别任免。当时国务院每届任期4年,与全国人大相同。

1975年宪法在国务院组成人员中取消了秘书长一职,同时规定国务院每届任期为5年。国务院总理、副总理和其他组成人员的任免均由全国人大根据中共中央的提名决定。

1978年宪法部分纠正了1975年宪法中党政不分和职责不明的情况,规定国务院由总理、副总理若干人、各部部长和各委员会主任组成。总理主持国务院工作,副总理协助总理工作,但国务院总理的人选仍由全国人大根据中共中央的提名决定。根据国务院总理的提议,决定国务院其他组成人员的人选。在全国人大闭会期间,全国人大常委会根据国务院总理的提议,决定任免国务院的个别组成人员。国务院每届任期为5年。

1982年宪法规定,国务院由总理、副总理若干人、国务委员若干人、各部部长、各委员会主任、审计长和秘书长组成,每届任期5年。现行宪法纠正了1975年宪法和1978年宪法中有关国务院组成人员任免方面的党政不分的规定。现行宪法首次规定，总理、副总理、国务委员连续任职不得超过两届。这有利于废除实际上存在的领导职务终身制，有利于政府机构新老干部的正常交替。国务院实行总理负责制，总理领导国务院工作，副总理和国务委员协助总理工作。总理召集和主持国务院常务会议与全体会议。总理、副总理、国务委员和秘书长都是国务院常务会议的成员。现行宪法规定国务院设国务委员一职，并恢复了国务院秘书长的职务，新设了审计长的职务。国务委员职务，是1982年上半年国务院机构改革中为减少副总理职数而设置的，其地位相当于副总理级。国务委员既可以兼任部长或委员会主任，也可以是专职委员。国务委员起初是由副总理转任的，现在大多是从原部长主任中提升的。副总理和国务委员受总理或国务院常务会议委托，负责某些方面的工作或者某一重要的专项任务。在对外活动中，经总理委托，国务委员可以代表总理进行重要的外事活动。国务院秘书长在总理的领导下，负责处理国务院的日常工作，领导国务院办公厅的工作，沟通和协调国务院与下属机构之间的工作关系。审计长负责领导新设置的国务院审计署工作。在国务院组成人员中增设审计长一职，是为了加强审计监督，以预防和查处国家财政经济活动中的违法违纪行为。国务院总理由国家主席提名，国务院其他组成人员由国务院总理提名，均须经全国人大决定后，由国家主席任免。在全国人大闭会期间，国务院的部长、委员会主任、审计长、秘书长的人选，由总理提名，全国人大常委会决定，国家主席任免。

国务院组成人员可以向最高国家权力机关提出辞呈。根据《全国人民代表大会议事规则》的规定，全国人大举行会议期间，国务院的组成人员提出辞职的，由大会主席团将其辞职请求交各代表团审议后，提请大会全体会议决定；大会闭会期间提出辞职的，由委员长会议将其辞职请求提请全国人大常委会审议决定。全国人大常委会接受国务院总理、副总理、国务委员辞职的，应当报请全国人大下次会议确认。

国务院总理缺位时，全国人大常委会可以在国务院副总理中决定代理人选。

最高国家权力机关有权罢免国务院组成人员。全国人大主席团、三个以上的代表团或者十分之一以上的代表，有权提出对国务院组成人员的罢免案。罢免案提出后，由大会主席团交各代表团审议，然后提请大会全体会议表决。如果全国人大全体代表的过半数同意罢免，罢免案便得以通过。在罢免案提请大会全体会议表决前，被提出罢免的人员有权在主席团会议和大会全体会议上提出申辩意见，或者书面提出申辩意见。

3. 国务院的主要职权

国务院作为国家最高行政机关拥有的职权前后有过多次变化。

中华人民共和国成立初期，政务院根据中国政协共同纲领、国家的法律、法令和中央人民政府委员会规定的施政方针，行使下列职权：①颁布决议和命令，并审查其执行；②废除或修改各委、部、会、院、署、行和各级政府与国家的法律、法令和政务院的决议、命令相抵触的决议和命令；③向中央人民政府委员会提出议案；④联系、统一并指导各委、部、会、院、署、行及所属其他机关的相互联系，内部组织和一般工作；⑤领导全国各地方人民政府的工作；⑥任免各省、市以上的除应属中央人民政府委员会任免范围以外的主要行政人员。

1954年，政务院改为国务院后，职权范围明显有了扩大，比较突出的是增加领导武装力量的建设，批准自治州、县、自治县、市的划分，扩大管理经济文化建设方面的职权。

由于特殊形势，1975年宪法对国务院职权的规定很笼统，且较以前有明显减少。

1978年宪法恢复了国务院的一些职权，但仍比1954年宪法的规定少的多。

1982年宪法在恢复1954年宪法所列国务院职权的基础上，又扩大了国务院的职权。例如，制定行政法规的权力；批准省、自治区、直辖市的区域划分的权力；决定省、自治区、直辖市的范围内部分地区的戒严的权力；审定行政机构的编制的权力等。其中有些职权在1954年宪法中是属于全国人大或其常委会的。

根据现行宪法规定，国务院具有十八项职权，大致可归为六个方面：

(1) 行政立法权

国务院的全部活动，都是为了保证宪法、法律和最高国家权力机关的决议、决定的贯彻执行。在贯彻执行过程中，国务院不仅有权根据宪法和法律规定行政措施、发布决定和命令，而且有权制定行政法规。制定行政法规属于行政立法范畴。从权力的性质而言，国务院的职权属于行政权。人们感到疑惑的是，国务院行政立法属于行政权还是属于立法权？这个问题有一定的特殊性，站在不同角度有不同回答。可以把它当作立法权，也可以把它当作行政权，还可以把它当作行政权和立法权的结合。但人们一般是站在行政权的角度来理解国务院的行政立法的，认为国务院作为最高国家行政机关，只是在宪法和法律规定的范围内制定行政法规,并且所制定的行政法规不得同宪法和法律相抵触;行政立法权虽是国务院的重要职权,但国务院的主要职权是行政权;行政机关拥有一定的立法权不但不影响立法机关的权威,反而对立法机关更好地行使立法权是必要的补充。

(2) 行政提案权

国务院根据行政管理活动中出现的新情况、新问题,有权向全国人大或其常委会提出议案,建议最高国家权力机关通过审议国务院所提议案制定或者修改法律,增设或者撤销行政机构,任免国务院有关组成人员等。

(3) 行政领导权

这是国务院职权的主体部分,主要包括两方面的内容:①统一领导全国行政机关的工作。规定各部和各委员会的任务和职责,统一领导各部和各委员会的工作,并且领导不属于各部和各委员会的全国性的行政工作;统一领导全国地方各级国家行政机关的工作,规定中央和省、自治区、直辖市的国家行政机关的职权的具体划分。②统一领导和管理全国内政外交行政事务。编制和执行国民经济和社会发展计划和国家预算;领导和管理经济工作和城乡建设、生态文明建设;领导和管理教育、科学、文化、卫生、体育和计划生育工作;领导和管理民政、公安、司法行政等工作;管理对外事务,同外国缔结条约和协定;领导和管理国防建设事业;领导和管理民族事务,保障少数民族的平等权利和民族自治地方的自治权利;保护华侨的正当的权利和利益,保护归侨和侨眷的合法的权利和利益;批准省、自治区、直辖市的区域划分,批准自治州、县、自治县、市的建置和区域划分;依照法律规定决定省、自治区、直辖市的范围内部分地区进入紧急状态等。

(4) 行政监督权

国务院有权监督全国各级国家行政机关是否忠实贯彻执行宪法、法律和国务院行政法规等。国务院有权改变或者撤销各部、各委员会发布的不适当的命令、指示和规章;改变或者撤销地方各级国家行政机关的不适当的决定和命令。

(5) 人事权

国务院有权审定行政机构的编制,依照法律规定任免、培训、考核和奖惩行政人员。

(6) 最高国家权力机关的授权

全国人民代表大会和全国人民代表大会常务委员会授予的其他职权。

(二) 机构设置

国家行政机构是按照当时经济社会的要求设置的。随着经济社会的发展,原有的行政机构或其中的一部分就会落后甚至阻碍经济社会的发展。因此，必须不断地改革其中不合理的成分，降低行政成本，提高行政效率，使其适应经济社会的发展。但行政机构一旦建立起来，就有一定的稳定性，有着自身的发展趋势，总是处于不断的膨胀壮大之中。这种矛盾在改革开放前国务院分别在1951—1954年、1954—1956年、1956—1959年、1960—1965年、1966—1976年的五次机构精简中表现得尤为明显。机构精简的本质是适应计划经济的需要构建高度集权的行政体制，并对其进行修修补补式的改造，但每次精简都包含着"分设—合并—再分设""撤销—重建—再撤销""精简—膨胀—再精简"，不断循环往复的三个"怪圈"。改革开放以来，国务院的机构设置仍处于不断调整之中，分别在1982年、1988年、1993年、1998年、2003年、2008年、2013年和2018年进行了八次较大规模的机构改革。改革的实质是适应社会主义市场经济的需要，对现有行政体制进行根本性的改造。当前国务院机构已能初步适应社会主义市场经济的需要，但随着社会进步还会不断调整。[1]

1. 改革开放以前

（1）1951—1954年的第一次精简

从中华人民共和国成立到1954年9月第一届全国人大召开期间，由政务院主持国家行政工作。根据《中央人民政府组织法》规定，政务院下设政治法律、财政经济、文化教育、人民监察4个委员会和30个分别主管一方面行政工作的部级机关（部、会、院、署、行），设立1个秘书厅，负责办理政务院日常事务。4个委员会是居于政务院和部级机关之间的中间层次。政法委、财经委、文教委分别负责指导若干相关的部级机关。其中，政法委指导内务部、公安部、司法部、法制委员会和民族事务委员会的工作；财经委指导财政部、贸易部、重工业部、燃料工业部、纺织工业部、食品工业部、轻工业部、铁道部、邮电部、交通部、农业部、林垦部、水利部、劳动部、人民银行和海关总署的工作；文教委指导文化部、教育部、卫生部、科学院、新闻总署和出版总署的工作。监察委不具体指导部级机关，而是负责监察全国各级国家机关与公务人员的行政行政，指导全国各级监察机关的工作，并接受和处理人民对国家机关及其公务人员的控告。另外，外交部、情报总署、华侨事务委员会和秘书厅直属政务院领导。这样，中华人民共和国成立初期的政务院下设35个机构，工作人员约1万。

中华人民共和国成立初期，政务院还在各大行政区（大区）设立它的代表机关——大区人民政府或军政委员会。这些机关同时又作为最高一级地方政权机关。

中华人民共和国成立初期国家机构的设置在很大程度上借鉴了前苏联的模式,因此机构庞大、重叠,人员太多。1950年中央国家机关编制员额达到2万余人。1951年11月中共中央发出了《关于全党必须紧缩编制、精简机构的指示》,同年12月政务院通过了《关于调整机构紧缩编制的决定(草案)》,开始了建国后国家行政机构的第一次精简。当时的主要背景是,国民经济恢复工作已提前完成,全国大规模计划经济即将推行。计划经济需要加强中央集权,以保证中央可在全国范围内统一计划,统一调配人力、物力、财力等各类资源,完成若干重大建设项目。因此,这次改革的出发点是进一步加强中央集权。首先,将东北行政区人民政府委员会和华东、中南、西南、西北四个军政委员会以及华北事务部统一改为行政委员会,作为中央人民政府在各地区进行领导和监督的代表机关。也就是在大区取消一级地方政权的设置,将原属地方政权的权力上收至中央。其次,为了适应发展计划经济,加强中央对全国经济管理的领导,在中央人民政府委员会之下,增设了与政务院平行的国家计划委员会,其任务是负责审查、草拟和核定计划。国家计划委员会的设立,打破了《中央人民政府组织法》规定的中央人民政府组织机构的总体格局,给政务院及以后的国务院的机构的依法设置带来了负面影响。再次,政务院内部,从重工业部中分出第一机械工业部、第二机械工业部;把贸易部分设为商业部和对外贸易部;从财政部分设出粮食部;从教育部中分设出高等教育部、体育运动委员会和扫盲工作委员会;增设地质部和建筑工程部;撤销新闻总署和情报总署。至此,政务院已初步设置了按行业或产品进行管理的机构并基本形成了部门管理模式。至1953年底,政务院工作部门增加到42个,其中经济管理部门22个,人员编制急剧增加。

(2) 1954—1956年的第二次精简

1954年9月,第一届全国人大第一次会议召开后,政务院改为国务院。与政务院时期相比,国务院机构设置有如下变化:①撤销了政务院与各部之间实际存在的一个层级,即政治法律、财政经济、文化教育、人民监察4个委员会;撤销了法制委员会、扫盲工作委员会等机构。②增设国家建设委员会、国防部、地方工业部和监察部。③重新确定了部、委之间的分工。部侧重于国家一个方面行政工作的管理,其中管理经济工作的部按专业化设置;委属于综合性管理机构,实行委员会制。部、委管理方式分为垂直领导和对口领导两种,前者为其设置在地方的企事业单位和管理部门实行以中央为主地方为辅的双重领导;后者主要通过指导方针、工作规划、督促检查等手段,由地方各级政府的对口部门进行对口管理。④增设政法、文教、重工业、轻工业、财贸金融、交通、农林水利、对私改造八个办公室，分别协助总理管理若干个部、委。⑤按照《国务院组织法》规定，第一次设立国家统计局、国家计量局等20多个直属机构，主办各项业务工作。⑥原与政务院平级的国家计划委员会成为国务院的组成部门。1954年底，国务院设部委机构35个，直属机构20个，办公室8个，秘书厅1个，共64个。

1955年春，中共中央和国务院决定对国家机构进行精简，这是建国后国家机构的第二次精简，1956年1月中央国家机关完成整编精简任务。为了进一步加强中央政府对经济建设的领导，推动国民经济各部门有计划按比例均衡发展，国务院机构又作了一次较大调整。此次调整主要是按行业与产品对口管理的要求，增设了一批机构。例如，撤销重工业部和燃料工业部，分设、增设冶金工业、化学工业、建筑材料工业、煤炭工业、电力工业、石油工业、森林工业和第二机械工业（原子能）等8个工业部门，以及电机制造、农垦、水产、城市服务、城市建设等部门。到1956年底，国务院已设部委48个，直属机构24个，办公室8个和1个秘书厅，共81个部门，工作人员达到5万多。国务院机构数量达到了建国以来的第一次高峰。国务院的这套机构设置，明显突出了按行业、按产品对口管理的特点。中央政府有关机构不仅要指导地方政府的相应机构，而且还直接管理企事业单位。这样，将地方的权力，企事业的管理权，越来越集中到中央政府。这与当时推行计划经济体制的需要是分不开的，也与苏联管理模式的影响有着密切联系。于是，中央过分集权造成的抑制地方积极性的矛盾便日益显露出来。

（3）1956—1959年的第三次精简

对中央集权抑制地方积极性的现象，毛泽东同志于1956年4月在《论十大关系》中进行了严厉批评。他说："现在几十只手插到地方，使地方的事情不好办。立了一个部就要革命，要革命就要下命令。各部不好向省委、人民委员会下命令，就同省、市的厅局联成一线，天天给厅局下命令。这些命令虽然党中央不知道，国务院不知道，但都说是中央来的，给地方压力很大。表报之多，闹得泛滥成灾。这种情况，必须纠正。"[1]

根据毛泽东一系列讲话精神，1956年5月国务院召开了全国体制会议，10月份作出了《关于改进国家行政体制的决议（草案）》。1957年11月，

---

[1] 毛泽东：《论十大关系》（1956年4月25日），《毛泽东文集》第7卷，人民出版社1999年版，第31页。

国务院发出了《关于改进工业管理体制的决定》《关于改进商业管理体制的决定》《关于改进财政管理体制的决定》。新中国成立以来第三次国家机构精简开始。1958年2月，一届全国人大五次会议通过了《关于调整国务院所属组织机构的决定》。这次机构调整的出发点主要是，中央向地方下放权力，把以中央部门的"条条"管理为主改为以地方的"块块"管理为主。为此，国务院进行了如下机构调整：①撤销了国家建设委员会；②一机部、二机部和电机部合并为第一机械工业部，三机部改为二机部；③电力工业部和水利部合并为水利电力部；④建筑材料工业部、建筑工程部和城市建设部合并为建筑工程部；⑤轻工业部和食品工业部合并为轻工业部；⑥林业部和森林工业部合并为林业部；⑦商业部改为第一商业部，城市服务部改为第二商业部；⑧设立对外文化联络委员会，撤销对外文化联络局；⑨高等教育部和教育部合并为教育部。1958年9月，中共中央发出了《关于改进计划管理体制的规定》。1959年国务院继续进行机构精简：①撤销了司法部、监察部；②撤销了国务院法制局、国务院人事局、中央机要局、国务院专家局；③撤销了第一至第八办公室，同时设立政法办公室、财贸办公室、文教办公室、农林办公室、工业交通办公室，协助总理分管国务院所属部门工作。到1959年召开第二届全国人大一次会议时，国务院机构由原来81个减为60个，其中，部委39个，直属机构14个，办公机构6个，秘书厅1个，人员减少到3.6万。这是国务院机构的第一次大减。

（4）1960—1965年的第四次精简

1958年开始的精简机构，强调下放中央权力，一时见到一些成效，调动了地方积极性。但是不久就发现，中央协调能力减弱，宏观调控失序，加上当时"大跃进"等"左"的运动和思潮的干扰，这次机构调整未能达到预期目的。

"大跃进"运动和紧随其后的三年自然灾害给中国国民经济带来了严重困难。1960年冬，中共中央决定对国民经济实行"调整、巩固、充实、提高"的八字方针，重新强调集中统一领导，要求将过去一段时间下放的权力适当收回，解决由于1958年冒进行动造成的混乱局面，同时进行第四次精简机构。1961年1月，中共中央发出了《关于调整管理体制的若干暂行规定》，强调提出经济管理的大权应该集中到中央、中央局和省（自治区、直辖市）三级。由于行政管理、生产指挥、人事安排等一系列权力都集中到了中央，各主管部门的管理范围和工作量大增，必然要增加管理机构和人员数量。

国务院在加强计划、基建、财政、信贷、物资的集中统一管理的同时，上收了一批曾下放的民用企业和所有的国防工业企业。收权使国务院机构设置逐步细化。例如，先后分设了第三机械工业部（国防工业）、第四机械工业部（无线电工业）、第五机械工业部（兵器工业）、第六机械工业部（造船工业）、第七机械工业部（航天工业）和国务院国防工业办公室。从1960年到1965年，国务院增设、分设了20个部门，增加机关人员6000余人。到1965年底，国务院机构总数达到79个，其中部委49个、直属机构22个、办公机构7个和1个秘书厅，工作人员达到达4.1万，成为建国以来机构设置的第二次高峰。实践证明，当时进行的机构调整，对于加强中央集权，克服国民经济暂时困难，保证国民经济的稳定和发展起到了积极作用。

(5) 1966—1976年的第五次精简

1966年5月"文化大革命"爆发后，国家机关普遍受到冲击，领导干部纷纷被揪斗，全国陷入严重动乱。为稳定局势，从1967年5月开始，中共中央先后决定对国务院所属的一些部门实行军管，或划归军队领导，或派驻军代表。国务院各部门在"左"的思潮压力下，于1970年内将大部分直属企业、事业单位下放给地方管理，并对机构进行大裁并，国务院机构由79个裁并为32个，其中部委机构由49个减少到26个，直属机构由23个减少到5个，办公机构由7个减少到1个，工作人员由"文化大革命"前的4.1万人裁减到1万人。裁并后，国务院实际只管理19个部门，其他13个部门分别划归中央"文化大革命"小组和军委办事组领导。由于这次机构精简是在极不正常的政治背景下进行的，极大地损害了政府工作。

1975年1月，四届全国人大一次会议召开，周恩来在政府工作报告中重申中国在本世纪末实现农业、工业、国防和科学技术现代化的宏伟目标。会后，邓小平主持中共中央和国务院的日常工作，继续对经济管理工作进行整顿，强调适当集中管理权限，加强国家对经济的集中统一领导。为此，国务院机构作了相应调整，恢复和增设了两个部、7个直属机构和1个办公机构。到1975年底，国务院机构增至52个，其中部委29个，直属机构19个，办公机构4个，工作人员扩大到2.3万。

2. 改革开放以来

1976年10月，粉碎了"四人帮"，10年"文化大革命"结束，中国进入新一轮历史发展时期。从1977年起，中国对经济体制进行了局部调整，加强了铁路、邮电、民航等部门的集中统一领导。国务院也陆续上收了"文化大革命"中下放的关系国民经济全局的重点企业和部分财政、税务、物资的管理权，因此，继续恢复、增设和调整了一批机构。

1978年3月5日，五届全国人大一次会议决定恢复和增设下列部门：国家经济委员会，国家民族事务委员会，民政部，石油化学工业部分设为石油工业部和化学工业部，轻工业部分设为纺织工业部和轻工业部，供销合作总社列入国务院工作部门序列，中国人民银行由国务院直属机构改为与部、委同样的地位。1978年中共十一届三中全会以后，随着大批下放到"五·七"干校和农村劳动锻炼的工作人员相继回到国家机关，许多机构被恢复，并且还增设了一些新的机构。经党中央批准，国务院设置了下列机构：国家农垦总局（由农林部代管），国家医药管理总局（由卫生部代管），国家标准总局（由国家经济委员会代管），国务院外国专家局（由外交部代管），国家广播电视工业总局（由第四机械工业部代管，毛主席纪念堂管理局（由国务院办公室代管），工商行政管理总局（由国务院财贸小组代管），国家计量总局（由国家科学技术委员会代管）。以后，国务院又陆续恢复、增设和调整了一些机构。据统计，从1976年到1981年的5年中，国务院机构先后恢复增设了48个，从原来76个增加到100个，其中部委52个，直属机构达43个，办公机构5个，工作人员5.1万；另外还有45个非常设机构。国务院的机构设置达到建国以来的最高峰。

（1）1982年国务院机构改革

改革开放初期国务院机构数量的增加，有一定的客观原因。由于"文化大革命"造成国民经济比例严重失调，调整和恢复经济成为当务之急。而在计划经济体制下，要调整和恢复经济，主要依靠政府集中管理。但是，国务院工作部门设置过多，也造成了部门林立、机构臃肿、层次重叠、职责不清、人浮于事、官僚主义和工作效率低下的状况，严重影响了党和政府方针、政策的贯彻执行。1980年，邓小平在《党和国家领导制度的改革》针对该现象进行了尖锐批评。他说："机构臃肿，人浮于事，办事拖拉，不讲效率，不负责任，不守信用，公文旅行，互相推诿，以至官气十足"，"都已达到令人无法容忍的地步"。①

1981年12月，根据中共中央的建议，第五届全国人大第四次会议决定从1982年起对国务院机构进行改革。1982年1月，邓小平同志在中央机构精简会议上指出，"精简机构是一场革命。精简这个事情可大啊！如果不搞这场革命，让党和国家的组织继续目前这样机构臃肿重叠、职责不清，许多

---

① 邓小平：《党和国家领导制度的改革》（1980年8月18日），《邓小平文选》第2卷，人民出版社1994年版，第327页。

人员不称职、不负责,工作缺乏精力、知识和效率的状况,这是不可能得到人民赞同的,包括我们自己和我们下面的干部。这确是难以为继的状态,确实到了不能容忍的地步,人民不能容忍,我们党也不能容忍"。① 在这次会议上,邓小平同志对精简机构的原则、方法、进程等许多具体问题都作了指示。1982年3月8日、5月4日和8月23日,五届全国人大常委会第二十二次会议、第二十三次会议和第二十四次会议分别通过了《关于国务院机构改革问题的决议》《关于国务院部委机构改革实施方案的决议》和《关于批准国务院直属机构改革实施方案的决议》。这次机构改革主要是撤委并部、减少直属机构,并注意到经济发展对政府机构改革提出的要求,力求为将来的经济体制改革创造条件。因此,经济管理部门的改革幅度较大,其中部分经济管理机构改成了经济实体。这次改革中唯一新设的机构是国家体制改革委员会。经过调整,国务院机构由100个减为61个。其中,部委由52个裁并为43个,直属机构由42个裁并为15个,办公机构由5个裁并为3个。人员编制从原来的5.1万人减为3万人。

(2) 1988年国务院机构改革

1982年国务院机构改革是"文化大革命"后第一次精简机构,应该说取得了一些成绩。但是,由于经济体制尚未发生根本变革,政府职能还未转变,这次改革同以往一样是精简机构和减少编制,着眼于机构本身的撤、减、并以及隶属关系上的变更,无法从根本上解决问题。事实上,稍过不久,国务院机构又呈现逐步增加的趋势。到1987年底,国务院机构又增至72个,其中部委45个,直属机构22个,办事机构4个,办公厅1个,工作人员5万多。

1984年10月,中共十二届三中全会通过了《中共中央关于经济体制改革的决定》,强调了政企分开的必要性。邓小平在1986年的一系列谈话中特别强调政治体制改革和机构改革的重要性。1987年10月中共十三大决定,在深化经济体制改革的同时,进行政治体制改革。国家机构(主要是政府机构)改革是政治体制改革的重要组成部分,主要内容是:①国家机构庞大臃肿,层次过多,职责不清,互相扯皮,是形成官僚主义的重要原因,必须下决心对国家机构自上而下地进行改革,并建议国务院立即着手制定改革中央人民政府机构改革方案,提请七届全国人大一次会议审议批准后实施。②要

---

① 邓小平:《精简机构是一场革命》(1982年1月13日),《邓小平文选》第2卷,人民出版社1994年版,第396页。

避免重走过去"精简—膨胀—再精简—再膨胀"的老路,机构改革必须抓住转变政府职能这个关键,按照经济体制改革和政企分开的要求,合并裁减专业管理部门和综合部门内部的专业机构,使人民政府对企业由直接管理为主变为间接管理为主;从机构配置的科学性和整体性出发,适当加强决策咨询和调节、监督、审计、信息部门,转变综合部门的工作方式,强化宏观调控职能,淡化微观管理职能。要贯彻精简、统一、效能的原则,清理整顿行政性公司和近几年升格的机构,撤销因人设事的机构,裁减人浮于事部门的人员。③要改变工作方式,依法行政,提高行政效率,完善运行机制,加速行政立法。

1988年4月,七届全国人大一次会议批准了国务院机构改革方案并决定当年付诸实施。这次改革与过去历次改革不同的是,第一次提出"机构改革必须抓住转变职能这个关键",并明确提出建立国家公务员制度,与机构改革配套进行。其基本要求是:转变职能,下放权力,调整结构,精简人员;减少政府直接干预企业经营活动的职能,增强政府宏观调控职能;改变机构设置不合理和行政效率低下的状况。改革的重点是那些与经济体制改革关系密切的经济管理部门,特别是其中的专业管理部门和综合部门内的专业机构。改革采取了自上而下,先中央人民政府后地方人民政府,分步实施的方式进行。根据七届全国人大一次会议决议,国务院部委由原有的45个减为41个,撤销12个,新组建9个,保留32个,转为事业单位的1个;直属机构从22个减为19个;办事机构由4个调整为7个;办公厅1个;共68个工作部门。其中,有32个部门共减少1.5万多人,有30个部门共增加5300人,增减相抵,机构改革后的国务院人员编制比原来减少了9700多人。此外,国务院原有82个非常设机构减到43个。由于1989年政治风波,一些改革内容中止,改革没有达到预期效果。

(3) 1993年国务院机构改革

1992年春,邓小平视察南方(武汉、深圳、珠海、上海)并发表了一系列讲话,为改革开放指明了方向。1992年10月,中共十四大明确提出建立社会主义市场经济体制的目标。1990年代初,国家机构实际上又膨胀了,光国务院工作部门就由1988年机构改革后的68个增加到70个,加上归口部委管理的国家局16个,则为86个。中共十四大报告指出:"党政机构臃肿,层次重叠,许多单位人浮于事,效率低下,脱离群众,阻碍企业经营机制的转换,已经到了非改不可的地步。各级党委和政府必须统一认识,按照政企分开和精简、统一、效能的原则,下决心对现行行政管理体制和党政机构进行改革"。随后，中共十四届二中全会审议通过了党政机构改革方案。

1993年3月，八届全国人大一次会议审议通过了国务院机构改革方案。改革重点是转变政府职能，实行政企分开，加强宏观调控、社会保障和监督职能，弱化微观管理职能，以适应建立社会主义市场经济体制的需要。按照改革方案，国务院原有18个专业经济部门，撤销7个，新组建6个，总量减少不多。当时主要考虑到社会主义市场经济体制建设刚起步，专业经济部门的改革需要一个适应过程。经过改革，国务工作部门从原有的86个减少到59个。其中，组成部门41个（含国务院办公厅），直属机构由19个调整为13个，办事机构由9个调整为5个；人员减少20%。国务院不再设置部委归口管理的国家局，国务院直属事业单位调整为8个，国务院的非常设机构由85个减少到26个。另外，国务院还设置了国务院台湾事务办公室与国务院新闻办公室。

1993年国务院机构改革是提出建立社会主义市场经济体制后的第一次改革。以往的改革比较注重中央与地方政府的权力调整，没有触动政府和企业的关系，而这次机构改革强调转变政府职能，实行政企分开，强调微观放开和宏观加强，还强调机构改革同干部人事制度改革配套进行，在"三定"（定职能、定机构、定编制）之后，随即推行国家公务员制度。由于社会主义市场经济的建立是一个渐进过程，机构改革是经济体制改革和政治体制改革的中间环节，这次机构改革进行了有益探索，也取得了一些成绩。

(4) 1998年国务院机构改革

1997年9月，中共十五大报告又一次提出机构改革。十五大报告认为，机构庞大，人员臃肿，政企不分，官僚主义严重，直接影响改革的深入和经济的发展，影响党和群众的关系；这个问题亟待解决，必须通盘考虑，组织力量，抓紧制定方案，积极推进。

1998年3月，九届全国人大一次会议审议通过了国务院机构改革方案。这次机构改革根据中共十五大精神，改革的目标是：建立办事高效、运转协调、行为规范的政府行政管理体系，完善国家公务员制度，建设高素质的专业化行政管理队伍，逐步建立适应社会主义市场经济体制的有中国特色的政府行政管理体制。改革的原则是：按照社会主义市场经济的要求，转变政府职能，实现政企分开，把政府职能切实转变到宏观调控、社会管理和公共服务方面来，把生产经营的权力真正交给企业。按照精简、统一、效能的原则，调整政府组织机构，实行精兵简政。加强宏观经济调控部门，调整和减少专业经济部门，适当调整社会服务部门，加强执法监管部门，发展社会中介组织。按照权责一致的原则，调整政府部门的职责权限，明确划分部门之间的职责分工，相同或相近的职能交由同一个部门承担，克服多头管理、政出多门的弊端。按照依法治国、依法行政的要求，加强行政体系的法制建设。这次机构改革的重点是国务院的组成部门。经过改革，国务院部委由40个减为29个，直属机构17个，办事机构5个，加上国务院办公厅，共计52个；另设有部委管理的国家局19个。机关人员编制由3.2万人减为1.6万人，约减少50%。

1998年的国务院机构改革幅度之大，引起了全社会关注，取得了比较好的效果。但是，由于社会主义市场经济体制是一个逐步完善的过程，这次改革仍然是一次过渡性的改革，市场经济的发展必将对政府机构提出新的要求，新的机构改革也就不可避免。

（5）2003年国务院机构改革

2002年11月，中共十六大明确指出了深化行政管理体制改革的任务。十六大报告指出，进一步转变政府职能，改进管理方式，推行电子政务，提高行政效率，降低行政成本，形成行为规范、运转协调、公正透明、廉洁高效的行政管理体制。依法规范中央和地方的职能和权限，正确处理中央垂直管理部门和地方政府的关系。按照精简、统一、效能的原则和决策、执行、监督相协调的要求，继续推进政府机构改革，科学规范部门职能，合理设置机构，实现机构和编制的法定化，切实解决层次过多、职能交叉、机构臃肿、权责脱节和重复多头执法等问题。按照政事分开原则，改革事业单位管理体制。随后，中共十六届二中全会审议通过了《关于深化行政管理体制和机构改革的意见》，并建议国务院根据这个意见形成《国务院机构改革方案》，提交十届全国人大一次会议审议。

2003年3月，十届全国人大一次会议审议通过了国务院机构改革方案。这次改革以邓小平理论和"三个代表"重要思想为指导，改革的重点是：①深化国有资产管理体制改革，设立国务院国有资产监督管理委员会（简称国资委）；②完善宏观调控体系，将国家发展计划委员会改组为国家发展和改革委员会；③健全金融监管体制，设立中国银行业监督管理委员会（简称银监会）；④继续推进流通管理体制改革，组建商务部；⑤加强食品安全和安全生产监管体制建设，在国家药品监督管理局的基础上组建国家食品药品监督管理局，将国家经济贸易委员会管理的国家安全生产监督管理局改为国务院直属机构；⑥为加强人口发展战略研究，推动人口与计划生育工作的综合协调，将国家计划生育委员会更名为国家人口和计划生育委员会；

⑦不再保留国家经济贸易委员会、对外贸易经济合作部。经过改革，除国务院办公厅外，国务院组成部门设置 28 个，国务院直属特设机构 1 个，国务院直属机构 18 个，国务院办事机构 4 个，国务院直属事业单位 14 个，国务院部委管理的国家局 10 个，另有国务院议事协调机构和临时机构 27 个。

2003 年国务院机构改革，是在经济体制改革不断深入和中国加入 WTO 的背景下进行的，坚持积极稳妥的改革方针，进一步贯彻转变政府职能、实行政企分开的原则，加强了市场监管力度。但是，机构改革是一项相当复杂的系统工程，不可能一蹴而就，要达到行政管理体制和机构改革的预期目标，还有大量工作要做，要持之以恒地进行改革。

(6) 2008 年国务院机构改革

2007 年 10 月，中共十七大提出加快行政管理体制改革，建设服务型政府。着力转变职能、理顺关系、优化结构、提高效能，形成权责一致、分工合理、决策科学、执行顺畅、监督有力的行政管理体制。健全政府职责体系，完善公共服务体系，推行电子政务，强化社会管理和公共服务。加快推进政企分开、政资分开、政事分开、政府与市场中介组织分开，规范行政行为，加强行政执法部门建设，减少和规范行政审批，减少政府对微观经济运行的干预。规范垂直管理部门和地方政府的关系。加大机构整合力度，探索实行职能有机统一的大部门体制，健全部门间协调配合机制。精简和规范各类议事协调机构及其办事机构，减少行政层次，降低行政成本，着力解决机构重叠、职责交叉、政出多门问题。统筹党委、政府和人大、政协机构设置，减少领导职数，严格控制编制。加快推进事业单位分类改革。随后，中共十七届二中全会审议通过了《关于深化行政管理体制改革的意见》和《国务院机构改革方案》，同意将《国务院机构改革方案》提交十一届全国人大一次会议审议。

2008 年 3 月，十一届全国人大一次会议通过了国务院机构改革方案。这次改革的主要任务是，围绕转变政府职能和理顺部门职责关系，探索实行职能有机统一的大部门体制，合理配置宏观调控部门职能，加强能源环境管理机构，整合完善工业和信息化、交通运输行业管理体制，以改善民生为重点，加强与整合社会管理和公共服务部门。主要内容包括：①合理配置宏观调控部门职能。国家发展和改革委员会要进一步转变职能，减少微观管理事务和具体审批事项，集中精力抓好宏观调控。财政部要改革完善预算和税政管理，健全中央和地方财力与事权相匹配的体制，完善公共财政体系。中国人民银行要进一步健全货币政策体系，加强与金融监管部门的统筹协调，维护国家金融安全。国家发展和改革委员会、财政部、中国人民银行等部门要建立健全协调机制，形成更加完善的宏观调控体系。②加强能源管理机构。设立高层次议事协调机构国家能源委员会。组建国家能源局，由国家发展和改革委员会管理。将国家发展和改革委员会的能源行业管理有关职责及机构，与国家能源领导小组办公室的职责、国防科学技术工业委员会的核电管理职责进行整合，划入该局。国家能源委员会办公室的工作由国家能源局承担。不再保留国家能源领导小组及其办事机构。③组建工业和信息化部。将国家发展和改革委员会的工业行业管理有关职责，国防科学技术工业委员会核电管理以外的职责，信息产业部和国务院信息化工作办公室的职责，整合划入工业和信息化部。组建国家国防科技工业局，由工业和信息化部管理。国家烟草专卖局改由工业和信息化部管理。不再保留国防科学技术工业委员会、信息产业部、国务院信息化工作办公室。④组建交通运输部。将交通部、中国民用航空总局的职责，建设部的指导城市客运职责，整合划入交通运输部。组建国家民用航空局，由交通运输部管理。国家邮政局改由交通运输部管理。保留铁道部，继续推进改革。不再保留交通部、中国民用航空总局。⑤组建人力资源和社会保障部。将人事部、劳动和社会保障部的职责整合划入人力资源和社会保障部。组建国家公务员局，由人力资源和社会保障部管理。不再保留人事部、劳动和社会保障部。⑥组建环境保护部。不再保留国家环境保护总局。⑦组建住房和城乡建设部。不再保留建设部。⑧国家食品药品监督管理局改由卫生部管理。明确卫生部承担食品安全综合协调、组织查处食品安全重大事故的责任。

经过以上调整，除国务院办公厅外，国务院设置组成部门27个，直属特设机构1个，直属机构15个，办事机构4个，部委管理的国家局16个，直属事业单位14个。国务院正部级机构减少4个。

（7）2013年国务院机构改革

2012年11月，中共十八大提出要深化行政体制改革。深入推进政企分开、政资分开、政事分开、政社分开，建设职能科学、结构优化、廉洁高效、人民满意的服务型政府。深化行政审批制度改革，继续简政放权，推动政府职能向创造良好发展环境、提供优质公共服务、维护社会公平正义转变。稳步推进大部门制改革，健全部门职责体系。创新行政管理方式，提高政府公信力和执行力。严格控制机构编制，减少领导职数，降低行政成本。推进事业单位分类改革。完善体制改革协调机制，统筹规划和协调重大改革。随后，中共十八届二中全会审议通过了《国务院机构改革和职能转变方案》，建议国务院将该方案提交十二届全国人大一次会议审议。

2013年3月,十二届全国人大一次会议通过了关于国务院机构改革和职能转变方案。这次国务院机构改革,重点围绕转变职能和理顺职责关系,稳步推进大部门制改革,实行铁路政企分开,整合加强卫生和计划生育、食品药品、新闻出版和广播电影电视、海洋、能源管理机构。主要内容是:①实行铁路政企分开。将铁道部拟订铁路发展规划和政策的行政职责划入交通运输部。组建国家铁路局,由交通运输部管理,承担铁道部的其他行政职责。组建中国铁路总公司,承担铁道部的企业职责。不再保留铁道部。②组建国家卫生和计划生育委员会。将国家人口和计划生育委员会的研究拟订人口发展战略、规划及人口政策职责划入国家发展和改革委员会。国家中医药管理局由国家卫生和计划生育委员会管理。不再保留卫生部、国家人口和计划生育委员会。③组建国家食品药品监督管理总局。保留国务院食品安全委员会,具体工作由国家食品药品监督管理总局承担。国家食品药品监督管理总局加挂国务院食品安全委员会办公室牌子。新组建的国家卫生和计划生育委员会负责食品安全风险评估和食品安全标准制定。农业部负责农产品质量安全监督管理。将商务部的生猪定点屠宰监督管理职责划入农业部。不再保留国家食品药品监督管理局和单设的国务院食品安全委员会办公室。④组建国家新闻出版广电总局。不再保留国家广播电影电视总局、国家新闻出版总署。⑤重新组建国家海洋局。为加强海洋事务的统筹规划和综合协调,设立高层次议事协调机构国家海洋委员会,负责研究制定国家海洋发展战略,统筹协调海洋重大事项。国家海洋委员会的具体工作由国家海洋局承担。为推进海上统一执法,提高执法效能,国家海洋局以中国海警局名义开展海上维权执法,接受公安部业务指导。⑥重新组建国家能源局。不再保留国家电力监管委员会。

这次改革,国务院正部级机构减少4个,其中组成部门减少2个,副部级机构增减相抵数量不变。改革后,除国务院办公厅外,国务院设置组成部门25个。

(8) 2018年国务院机构改革

2017年10月,中共十九大提出深化机构和行政体制改革。统筹考虑各类机构设置,科学配置党政部门及内设机构权力、明确职责。统筹使用各类编制资源,形成科学合理的管理体制,完善国家机构组织法。转变政府职能,深化简政放权,创新监管方式,增强政府公信力和执行力,建设人民满意的服务型政府。赋予省级以下政府更多自主权。在省市县对职能相近的党政机关探索合并设立或合署办公。深化事业单位改革，强化公益属性，推进政事分开、事企分开、管办分离。2018年2月，中共十九届三中全会审议通过了《关于深化党和国家机构改革的决定》和《深化党和国家机构改革方案》，同意把《深化党和国家机构改革方案》的部分内容按照法定程序提交十三届全国人大一次会议审议。

2018年3月，十三届全国人大一次会议通过了国务院机构改革方案。这次机构改革，是全面贯彻习近平新时代中国特色社会主义思想、推进国家治理体系和治理能力现代化的一场深刻变革。主要内容是：①关于国务院组成部分调整：组建自然资源部，不再保留国土资源部、国家海洋局、国家测绘地理信息局；组建生态环境部，不再保留环境保护部；组建农业农村部，不再保留农业部；组建文化和旅游部，不再保留文化部、国家旅游局；组建国家卫生健康委员会，不再保留国家卫生和计划生育委员会。不再设立国务院深化医药卫生体制改革领导小组办公室；组建退役军人事务部；组建应急管理部，不再保留国家安全生产监督管理总局；重新组建科学技术部；重新组建司法部，不再保留国务院法制办公室；优化水利部职责，不再保留国务院三峡工程建设委员会及其办公室、国务院南水北调工程建设委员会及其办公室；优化审计署职责，不再设立国有重点大型企业监事会；监察部并入新组建的国家监察委员会，不再保留监察部、国家预防腐败局。②关于国务院其他机构调整：组建国家市场监督管理总局，不再保留国家工商行政管理总局、国家质量监督检验检疫总局、国家食品药品监督管理总局；组建国家广播电视总局，不再保留国家新闻出版广电总局；组建中国银行保险监督管理委员会，不再保留中国银行业监督管理委员会、中国保险监督管理委员会；组建国家国际发展合作署；组建国家医疗保障局；组建国家粮食和物资储备局，不再保留国家粮食局；组建国家移民管理局；组建国家林业和草原局，不再保留国家林业局；重新组建国家知识产权局；调整全国社会保障基金理事会隶属关系；改革国税地税征管体制。

经过改革，国务院正部级机构减少8个，副部级机构减少7个，除国务院办公厅外，国务院设置组成部门26个，直属特设机构1个，直属机构10个，办事机构2个，直属事业单位9个，部委管理的国家局16个。精简后的国务院机构，更加符合市场经济的要求，更加有利于降低行政成本和提高行政效率。但随着社会发展变化，机构改革还会继续下去。

3. 机构种类

自1954年国务院成立以来，国务院机构设置种类有过变化。当前主要有以下几类：

(1) 组成部门

国务院组成部门是指由国务院组成人员担任行政首长的机构。包括国务院办公厅和各部、委、行、署。

各部、委、行、署也叫国务院职能部门，有时通称"部委机构"。它们是国务院机构中的主体。在国务院统一领导下，相对独立地行使某一方面国家行政权力，负责领导和管理全国该方面的行政事务。它们根据宪法、法律和国务院的行政法规、决议、命令，在本部门的权限内，发布命令、指示和规章。它们的设立、撤销或合并，须经总理提出，由全国人大决定。在全国人大闭会期间，由全国人大常委会决定。它们的行政首长，由总理提名，全国人大或其常委会决定，国家主席任免。国务院设哪些部、委、行、署，1954年以来的宪法均无具体规定。现行的《国务院组织法》和《国务院行政机构设置和编制管理条例》也没有具体规定国务院机构的名称和数量。这样虽然有利于党和国家根据实际情况灵活设置机构，但是不利于依法控制机构的数量和规模，也不利于规范机构的名称和职责。

国务院办公厅是国务院的日常办公机构，主要协助国务院领导处理国务院日常工作。国务院办公厅由秘书长领导，副秘书长若干人协助秘书长工作。国务院办公厅名称前后有所变化，1949年为政务院秘书厅，1954年为国务院秘书厅，1970年为国务院办公室，1980年以来为国务院办公厅。当前国务院办公厅设9个职能司局：秘书一局，秘书二局，秘书三局，国务院应急管理办公室（国务院总值班室），督查室，电子政务办公室，人事司，行政司，财务室（副司局级），另设有机关党委和离退休干部局。

国务院的各部、委、行、署设正职1名，副职2—4名，委员会另设委员5—10名。国务院各组成部门的司局级内设机构的领导职数为一正二副。

国务院设立的部、委员会，一律叫作"中华人民共和国XX部"或"中华人民共和国XX委员会"，简称"XX部"或"XX委员会"。例如，中华人民共和国公安部，简称：公安部。部和委员会相比，部的管理业务一般比较专门，其管理对象一般只涉及本部门，例如，外交部，教育部，司法部。但也有少数部的业务和管理对象涉及到其他管理部门，例如，财政部，人力资源和社会保障部。委员会的管理业务一般带有综合性，其管理对象通常涉及很多部门甚至所有部门，例如，国家发展和改革委员会。

当前，除国务院办公厅外，国务院的组成部门共有26个，分别是：外交部，国防部，国家发展和改革委员会，教育部，科学技术部，工业和信息化部，国家民族事务委员会，公安部，国家安全部，民政部，司法部，财政部，人力资源和社会保障部，自然资源部，生态环境部，住房和城乡建设部，交通运输部，水利部，农业农村部，商务部，文化和旅游部，国家卫生健康委员会，退役军人事务部，应急管理部，中国人民银行，审计署。

教育部对外保留国家语言文字工作委员会牌子。科学技术部对外保留国家外国专家局牌子。工业和信息化部对外保留国家航天局、国家原子能机构牌子。自然资源部对外保留国家海洋局牌子。生态环境部对外保留国家核安全局牌子。

（2）直属特设机构

国务院国有资产监督管理委员会。

国有资产监督管理委员会从十届全国人大一次会议批准的国务院机构改革方案后就一直设置，为国务院直属正部级特设机构。国务院授权国有资产监督管理委员会代表国家履行出资人职责。根据党中央决定，国有资产监督管理委员会成立党委，履行党中央规定的职责。国有资产监督管理委员会的监管范围是中央所属企业（不含金融类企业）的国有资产。

（3）直属机构

国务院行政工作虽有部、委分工承担，但仍有部分工作不能归入它们。因此，国务院设置了若干直属机构。直属机构的行政首长不是国务院组成人员，直属机构也不是国务院的组成机构。直属机构是在国务院直接领导下，负责领导和管理全国某一方面专业性较强的行政事务的机构。国务院设置直属机构始于1954年，后多次变动，现在规模为10个左右。直属机构的地位低于部委，但又高于部委内设的司局，一般为副部级。其行政首长经国务院常务会议讨论决定，由总理任免。他们有时可以列席国务院全体会议。直属机构也设立一定的会议制度。直属机构的设立、撤销或合并，由国务院常务会议决定。

国务院直属机构凡涉外的，一般冠有"中华人民共和国"字样，例如中华人民共和国海关总署；凡业务范围较广的，一般冠有"国家"字样，例如国家市场监督管理局；凡业务范围较窄的，一般冠有"国务院"字样，例如国务院参事室。当前国务院直属机构有10个，分别是：中华人民共和国海关总署，国家市场监督管理总局，国家体育总局，国家国际发展合作署，国务院参事室，国家税务总局，国家广播电视总局，国家统计局，国家医疗保障局，国家机关事务管理局。

国家市场监督管理总局对外保留国家认证认可监督管理委员会、国家标准化管理委员会牌子。国家新闻出版署（国家版权局）在中央宣传部加挂牌子，由中央宣传部承担相关职责。国家宗教事务局在中央统战部加挂牌子，由中央统战部承担相关职责。

国务院参事室具有统战性、荣誉性、顾问性的特点。国务院参事室在国务院秘书长的领导下进行工作。参事，主要从民主党派和无党派爱国人士中选择有代表性、有社会影响者担任。参事的基本职责是：经常向政府反映社会各方面人士的意见和要求，研究有别部门送来的法律、法规草案，参加爱国统一战线工作，处理领导交办的工作。

（4）办事机构

办事机构不是国务院的组成机构。它是国务院根据工作需要和精简原则，协助总理办理专门事项、直接向总理负责的机构。国务院办事机构的级别一般等同于部、委，为正部级。办事机构的设立、合并或撤销，由国务院决定。办事机构的行政首长由国务院总理任免。国务院办事机构在其名称前均冠有"国务院"字样。目前国务院办事机构有2个：国务院港澳事务办公室，国务院研究室。

国务院侨务办公室在中央统战部加挂牌子，由中央统战部承担相关职责。国务院台湾事务办公室与中共中央台湾工作办公室、国家互联网信息办公室与中央网络安全和信息化委员会办公室，一个机构两块牌子，列入中共中央直属机构序列。国务院新闻办公室在中央宣传部加挂牌子。

（5）直属事业单位

国务院直属事业单位是在国务院的领导下，办理特定具体事项的单位。国务院直属事业单位不列入国务院的行政序列，一般也没有行政管理职能，但经国务院授权，国务院的直属事业单位也可具有某些行政管理职能。例如，中国气象局经国务院授权，就承担全国气象工作的行政管理职能。国务院直属事业单位的设立没有专门的法律规定，其设立、撤销由国务院决定。长期以来，国务院一直设有此类机构，成为了惯例。

目前国务院的直属事业单位有9个，分别为：新华通讯社，中国社会科学院，国务院发展研究中心，中国气象局，中国证券监督管理委员会，中国科学院，中国工程院，中央广播电视总台，中国银行保险监督管理委员会。国家行政学院与中央党校，一个机构两块牌子，作为中共中央直属事业单位。

（6）部委管理的国家局

国务院部委管理着一些国家局。国家局的设立和撤销没有专门的法律规定，由国务院根据需要来决定。国家局的设立始于1988年。部委管理的国家局不是部委的内设司局，而是负责国家某方面工作的行政管理机关，具有相对的独立性。主管的部委对国家局工作中的重大方针、政策、工作部署等重大事项实施管理，并由主管部委的部长（主任）对国务院负责。国家局原则上不直接向国务院请示工作，但可以提供信息，反映情况。国家局有需要请示国务院的事项，应由主管部委向国务院呈文。遇有紧急情况，国家局直接向国务院请示时，应同时报告主管部委。国家局也可根据法律和国务院的行政法规、决定、命令，在其权限内拟定部门规章、指示、命令，经其主管部委审议通过后，由主管部委或主管部委授权国家局对外发布。部长、委员会主任有权纠正、制止国家局不适当的决定。国家局的级别既有副部级，也有司局级。

当前国务院部委管理的国家局16个，分别为：国家信访局（由国务院办公厅管理）、国家能源局（由国家发展和改革委员会管理）、国家烟草专卖局（由工业和信息化部管理）、国家林业和草原局（由自然资源部管理）、中国民用航空局（由交通运输部管理）、国家文物局（由文化和旅游部管理）、国家煤矿安全监察局（由应急管理部管理）、国家药品监督管理局（由国家市场监督管理总局管理）、国家粮食和物资储备局（由国家发展和改革委员会管理）、国家国防科技工业局（由工业和信息化部管理）、国家移民管理局（由公安部管理）、国家铁路局（由交通运输部管理）、国家邮政局（由交通运输部管理）、国家中医药管理局（由国家卫生健康委员会管理）、国家外汇管理局（由中国人民银行管理）、国家知识产权局（由国家市场监督管理总局管理）。

国家移民管理局加挂中华人民共和国出入境管理局牌子。国家林业和草原局加挂国家公园管理局牌子。国家公务员局在中央组织部加挂牌子，由中央组织部承担相关职责。国家档案局与中央档案馆、国家保密局与中央保密委员会办公室、国家密码管理局与中央密码工作领导小组办公室，一个机构两块牌子，列入中共中央直属机关的下属机构序列。

(7) 议事协调机构

议事协调机构，是指为了完成某项特殊性或临时性任务而设立的跨部门的协调机构。国务院议事协调机构承担跨国务院行政机构的重要业务工作的组织协调任务，其设立、撤销或者合并由国务院机构编制管理机关提出方案，报国务院决定。国务院议事协调机构议定的事项，经国务院同意，由有关的行政机构按照各自的职责负责办理。在特殊或者紧急的情况下，经国务院同意，国务院议事协调机构可以规定临时性的行政管理措施。国务院的议事协调机构原叫"非常设机构"，直到1993年国务院正式文件中才出现"议事协调机构"。

1997年8月国务院颁布的《国务院行政机构设置和编制管理条例》对议事协调机构的设立和撤销仅作了原则性规定：①设立国务院议事协调机构，应当严格控制；可以交由现有机构承担职能的或者由现有机构进行协调可以解决问题的，不另设立议事协调机构。②设立国务院议事协调机构，应当明确规定承担办事职能的具体工作部门；为处理一定时期内某项特定工作设立的议事协调机构，还应当明确规定其撤销的条件或者撤销的期限。

议事协调机构的设立应当严格控制，一般不设实体性办事机构，不单独确定编制，所需要的编制由承担具体工作的行政机构解决。其主要行政首长一般由分管该事项的国务院领导人员担任，具体办事机构一般设在对该事项负主要责任的部门。

国务院常设机构职能相对稳定和面临问题需要跨部门协调的这种矛盾，使议事协调机构这种设置、废除灵活的机构成为必要。但是，议事协调机构的存在和发展，对国务院的管理体制提出了某种挑战。这类机构的设立，增加了多头指挥的现象，甚至会出现议事协调机构凌驾于实体部门之上的情况，在一定程度上也削弱了常设职能机构的作用。因此，有必要立法明确规定议事协调机构的职责权限，规范其与职能部门的关系。

以上七类国务院机构中，前四类的设置有宪法、国务院组织法的依据，而后三类没有明确的法律依据，而是根据需要设定。前四类的法律依据也很原则，操作弹性较大，难以起到有效的规范作用。这些都不利于贯彻机构设置的法治原则，也是长期以来机构改革成果难以巩固的一个重要原因。因此，应当在总结实践经验的基础上加强机构设置的立法研究。

（三）行政立法

行政立法有广义和狭义之分。广义是指国家立法机关、地方立法机关和行政机关本身为行政立法，立法主体是多元的，是"多方为行政立法"。狭义仅指行政本身为行政立法，立法主体是单一的，是"行政为自己立法"，是拥有行政立法权的行政机关在宪法法律规定的范围内为规范行政活动制定规则的活动。20世纪以来，特别是第二次世界大战以来，经济和科技迅猛发展，社会关系日趋复杂，整个社会运行的节奏加快，对国家机关在管理社会生活方面提出越来越广泛的要求。一方面，行政机关必须在法律规定的范围内行使自己的权力，法律没有规定的对行政机关来说就是禁止的。另一方面，法律的产生总有一个过程，有时社会需要某个法律，但法律却没有制定出来或立法机关正在制定之中，这就使得行政机关不能有效地行使管理社会的职能。如果赋予行政机关一定的立法权限就能很好地解决这个问题。行政立法的优点首先在于行政机关及其各部门分工比较细密明确，对于其所管理的领域具有较丰富的专业知识和技术，能够胜任行政立法工作；其次由于它的议事程序比较灵活简便，使得行政立法能适应多变的和快节奏的现代社会生活的要求。行政立法的缺点在于行政机关有可能越权立法或滥用自己的立法权力，因此要加强立法监督来防止这种情况发生。

1954年、1975年、1978年的宪法未明确规定行政机关有行政立法权，1982年宪法才开始明文规定行政机关的行政立法权。行政立法权是国务院的一项重要职权。宪法第89条规定，国务院根据宪法和法律，规定行政措施，制定行政法规，发布决定和命令。宪法第90条规定，国务院各部、各委员会根据法律和国务院的行政法规、决定、命令，在本部门的权限内，发布命令、指示和规章。规定行政措施、发布决定、指示和命令不属于行政立法，只有制定行政法规和发布规章属于行政立法。前者主要针对一时一事，其内容没有普遍性；后者针对一大类行政事务，具有普遍性和稳定性。另外，行政法规和规章的产生有严格的立法程序，表现形式上具有明显规范化、条款化的特点，具有法律的基本特征。因此，国务院的行政立法与全国人大及其常委会的立法具有某些共性：它们都是全国人民意志的集中体现；都是规定人们的行为应该如何的社会规范；都适用于全国范围；都以国家强制力为后盾；都具有规范性、普遍性、统一性和稳定性的特点。

行政措施不属于行政立法的范畴，但其是行政机关依法经常性行使权力的表现，同公民的生活息息相关。国务院行政措施一般是指国务院及其所属机构为执行宪法、法律、行政法规、规章及有关国际条约而单方面所做的具体行政行为。根据2001年1月1日起施行的《国家行政机关公文处理办法》的规定，行政措施一般表述为命令（令）、决定、公告、通告、通知、通报、议案、报告、请示、批复、意见、函、会议纪要等，并对其具体含义做出了比较明确的阐释。这种阐释和界定，对于行政工作规范化和依法行政具有十分重要的意义。相对于行政法规和规章而言，行政措施时效短、稳定性弱、行文上较灵活、效力低。

1. 行政立法权限

有一种观点，将国务院制定行政法规、向全国人大及其常委会提出立法建议或法律草案以及对有关法规、规章的备案审查、改变或撤销有关行政机关不适当的规章及命令全部纳入国务院行政立法权限。显然，这是不妥的。

制定行政法规是属于国务院的行政立法权，其他任何机关无此职权，这是毫无异议的。向全国人大及其常委会提出立法建议或法律草案，至多可以在某种意义上视作参与最高国家权力机关的部分立法活动，绝不能作为国务院的行政立法权限，否则就混淆了立法权限与立法建议权、立法提案权的界线，无论理论还是实践方面都是不可取的。同样，立法备案审查及处理也不宜纳入国务院行政立法权限，也至多可以在某种意义上视作参与被审查机关的部分立法活动，否则就混淆了立法备案审查和立法权限的界线，恐怕也是有弊无利。因此，国务院的行政立法权限就是国务院制定、修改或废止行政法规的权力。

1982年以前，"行政法规"概念相对于刑事法规、民事法规而言，泛指国家机关制定的有关行政管理的所有法律、法令、法规、规章等。1982年宪法正式将行政法规限定为国务院所制定的具有法律效力的规范性文件。所谓行政法规，是指国务院根据宪法法律或最高国家权力机关的授权而制定的各类规范性文件的总称。部委的行政立法必须以宪法、法律和国务院行政法规、决定和命令为依据，必须在本部委职权范围内进行。法律未作规定的，国务院也未发布过有关决定、命令的，以及涉及几个部门职权范围的，则由行政法规予以调整。涉及几个部门职权的，也可由这些部委共同制定规章，经国务院批准后以共同名义发布，具有与行政法规相同的法律效力。各部门规章的效力低于行政法规。

2. 行政立法分类

根据不同的标准，对行政立法可作不同的分类。

（1）根据立法权来源的划分

根据行政立法权的来源，可把它分为职权行政立法和授权行政立法。职权行政立法是指行政机关依据宪法、立法法以及相关法律赋予的立法权限进行的立法。授权行政立法是指行政机关依据特定的法律或法规的授权或者有立法权的国家机关的专门授权所进行的立法。通常把特定的法律或法规的授权称为一般授权，把有立法权的国家机关的授权称为特别授权。如《中华人民共和国矿产资源法》第52条的规定"本法实施细则由国务院制定"，属于一般授权行政立法；又如，1985年以后，国务院根据全国人人常委会《关于授权国务院在经济体制改革和对外开放方面可以制定暂行规定或者条例的决定》制定了一系列有关改革开放的规范性文件，属于特别授权行政立法。

（2）根据行政立法内容的划分

根据行政立法的内容，可以把行政立法分为执行性行政立法和创制性行政立法。为了执行宪法和法律、法规或上级行政机关发布的规范性文件而进行的行政立法就是执行性行政立法。行政机关根据宪法和法律赋予的立法权限或者有立法权的国家机关的授权，在制定法律的条件还不够成熟时就法律尚未规定的事项制定规范性文件，确定某项新的权利义务，就是创制性行政立法。创制性行政立法的主体一般是国务院。立法法第56条规定，应当由全国人民代表大会及其常务委员会制定法律的事项，国务院根据全国人民代表大会及其常务委员会的授权决定先制定的行政法规，经过实践检验，制定法律的条件成熟时，国务院应当及时提请全国人民代表大会及其常务委员会制定法律。

（3）根据行政立法主体的划分

根据行政立法的主体，可以把行政立法分为中央行政立法和地方行政立法。中央行政立法是指国务院制定行政法规和国务院各部、委员会、中国人民银行、审计署和具有行政管理职能的直属机构制定规章。地方行政立法是指省、自治区、直辖市和设区的市的人民政府制定规章。

3. 行政立法类型

行政机关依法制定的规范性文件，可分为行政法规和规章两类。

（1）行政法规

行政法规是指国务院依法制定的具有法律效力的规范性文件，也是国务院所颁发的所有文件中地位最高的规范性文件。2002年1月1日施行的《行政法规制定程序条例》第4条规定：行政法规的名称一般称"条例"，也可以称"规定""办法"等；国务院根据全国人民代表大会及其常务委员会的授权决定制定的行政法规，称"暂行条例"或者"暂行规定"；国务院各部门和地方人民政府制定的规章不得称"条例"。"条例"一般是指对某一方面的行政工作，通过严格的条文形式作出比较全面、系统规定的规范性文件，非经正式撤销或修改，国务院及其部委所有的文件都不得与其相抵触，如《普通高等学校设置暂行条例》。"规定"一般是指对某一方面的行政事务作部分规定的规范性文件，如《国务院关于进一步推进科技体制改革的若干规定》。"办法"一般是指对某一方面行政工作中的某项具体事务做出规定的规范性文件，如《互联网信息服务管理办法》。同时，对于涉外的"条例""规定""办法"，前面一般要署"中华人民共和国"等字样。

（2）规章

规章是指国务院各部委和地方人民政府依法制定的具有法律效力的规范性文件。根据现行宪法和立法法的有关规定：国务院各部、委员会、中国人民银行、审计署和具有行政管理职能的直属机构，可以根据法律和国务院的行政法规、决定、命令，在本部门的权限范围内，制定规章，这类规章叫做国务院部门规章（简称部门规章）；省、自治区、直辖市和较大的市的人民政府，可以根据法律、行政法规和本省、自治区、直辖市的地方性法规，制定规章，这类规章叫做地方人民政府规章（简称地方规章）。

国务院各部委的规章，根据其不同内容和名称可分为"实施细则""规定"和"办法"等三种。"实施细则"一般为执行法律和国务院的行政法规而制定发布的。"规定"和"办法"，一般是主管部门根据法律和国务院行政法规，结合本部门或本行业的实际情况而制定发布的具体规定和实施办法。

4. 行政立法程序

国务院行政法规的制定步骤一般为：立项、起草、审查、决定、公布。

国务院法制机构于每年年初根据国家总体工作部署对各部门报送的行政法规立项申请汇总研究，拟订国务院年度立法工作计划，报国务院审批。

行政法规由国务院组织起草，国务院年度立法工作计划确定行政法规由国务院的一个部门或者几个部门具体负责起草工作，也可以确定由国务院法制机构起草或者组织起草。

起草部门将行政法规送审稿报送国务院审查时，一并报送行政法规送审稿的说明和有关材料。报送国务院的行政法规送审稿由国务院法制机构负责审查。国务院法制机构认真研究各方面的意见，与起草部门协商后，对行政法规送审稿进行修改，形成行政法规草案和对草案的说明，并提出提请国务院常务会议审议的建议；对调整范围单一、各方面意见一致或者依据法律制定的配套行政法规草案，可以采取传批方式，由国务院法制机构直接提请国务院审批。行政法规草案由国务院常务会议审议，或者由国务院审批。

审议通过后，报请总理签署国务院令公布施行。行政法规签署公布后，要及时在国务院公报和在全国范围内发行的报纸上刊登，在国务院公报上刊登的行政法规文本为标准文本。行政法规应当自公布之日起30日后施行，涉及国家安全、外汇汇率、货币政策的确定以及公布后不立即施行将有碍行政法规施行的可以自公布之日起施行。行政法规在公布后的30日内由国务院办公厅报全国人民代表大会常务委员会备案。

5. 行政立法效力

行政法规和部门规章的效力有时间效力、空间效力和对人的效力之分。

（1）时间效力

时间效力是指行政法规或规章何时生效和何时失效。生效的时间有三种：①自发布之日起生效。目前国务院行政法规和部门规章大部分采取这种规定。②行政法规和部门规章规定从发布以后的一段时间的某一天开始生效。③以行政法规和部门规章到达时间开始生效。中国地域辽阔，对边远交通不发达地区而言，基层行政机关和有关当事人收到行政法规和部门规章文本的时间，大都在发布之日数天以后。考虑到这一情况，因此，有些行政法规和部门规章的生效时间往往规定为该文件到达之日。

（2）空间效力

除了特别规定以外，行政法规和部门规章在中华人民共和国的领土、领空和领海以内均有效。特别规定主要有两种情况。一种情况是其明确规定它只适应于某些特定区域，如有关经济特区、自贸区等特定区域。另一种情况是其明确规定它不适应于某些特定区域。例如，《中华人民共和国海关对外国企业、新闻等常驻机构和常驻人员进出口物品的管理规定》第10条规定："本规定不适应于经济特区。"

（3）对人的效力

除特别规定外，国务院行政法规和部门规章适应于国内所有人，包括中国公民、境内的外国人和无国籍人。特别规定主要指两种情况。一种情况是其明确规定只适应于特定的人。例如，《国务院关于国家行政机关工作人员的奖惩暂行规定》只"适应于各级国家行政机关中经地方各级人民代表大会选举担任国家行政职务的人员，和各级国家行政机关任命的工作人员，以及企事业单位中由国家行政机关任命的工作人员"。另一种情况是其规定不适应于特定人。例如，《中华人民共和国居民身份证试行条例》明确规定不适应于在中国境内的外国公民和无国籍人。

6. 行政立法等级

法律是有等级的，虽然不同的国家机关制定的规范性文件有时都叫做法律，但它们的效力却有高低之别。弄清了法律的等级，也就弄清了行政法规和规章的地位。

现行宪法和立法法对法律的等级和效力作了明确规定：

第一，宪法具有最高的法律效力，一切法律、行政法规、地方性法规、自治条例和单行条例、规章都不得同宪法相抵触。

第二，法律的效力高于行政法规、地方性法规和规章。

第三，行政法规的效力高于地方性法规和规章。

第四，地方性法规的效力高于本级和下级地方政府规章，省、自治区的人民政府制定的规章的效力高于本行政区域内的较大的市的人民政府制定的规章。

第五，自治条例和单行条例依法对法律、行政法规、地方性法规作变通规定的，在本自治地方适用自治条例和单行条例的规定。经济特区法规根据授权对法律、行政法规、地方性法规作变通规定的,在本经济特区适用经济特区法规的规定。

第六,部门规章之间、部门规章与地方政府规章之间具有同等效力,在各自的权限范围内行使。

第七,同一机关制定的法律、行政法规、地方性法规、自治条例和单行条例、规章,特别规定与一般规定不一致的,适用特别规定;新的规定与旧的规定不一致的,适用新的规定。法律、行政法规、地方性法规、自治条例和单行条例、规章不溯及既往,但为了更好地保护公民、法人和其他组织的权利和利益而作的特别规定除外。

第八,法律之间对同一事项的新的一般规定与旧的特别规定不一致,不能确定如何适用时,由全国人大常委会裁决。行政法规之间对同一事项的新的一般规定与旧的特别规定不一致,不能确定如何适用时,由国务院裁决。

第九,地方性法规、规章之间不一致时,由有关机关依照下列规定的权限作出裁决:①同一机关制定的新的一般规定与旧的特别规定不一致时,由同一机关解决;②地方性法规与部门规章之间对同一事项的规定不一致,不能确定如何适用时,由国务院提出意见,国务院认为应当适用地方性法规的,应当决定在该地方适用地方性法规的规定;认为应当适用部门规章的,应当提请全国人大常委会裁决;③部门规章之间、部门规章与地方政府规章之间对同一事项的规定不一致时,由国务院裁决;④根据授权制定的法规与法律规定不一致,不能确定如何适用时,由全国人大常委会裁决。

第十,法律、行政法规、地方性法规、自治条例和单行条例、规章有下列情形之一的,必须予以改变或者撤销:①超越权限的;②下位法违反上位法规定的;③规章之间对同一事项的规定不一致,经裁决应当改变或者撤销一方的规定的;④规章的规定被认为不适当,应当予以改变或者撤销的;⑤违背法定程序的。

改变或者撤销法律、行政法规、地方性法规、自治条例和单行条例、规章的权限是:①全国人大有权改变或者撤销它的常委会制定的不适当的法律,有权撤销全国人大常委会批准的违背宪法和立法法第66条第二款规定的自治条例和单行条例;②全国人大常委会有权撤销同宪法和法律相抵触的行政法规,有权撤销同宪法、法律和行政法规相抵触的地方性法规,有权撤销省、自治区、直辖市的人大常委会批准的违背宪法和立法法第66条第二款规定的自治条例和单行条例;③国务院有权改变或者撤销不适当的部门规章和地方政府规章;④省、自治区、直辖市的人大有权改变或者撤销它的常委会制定的和批准的不适当的地方性法规；⑤地方人大常委会有权撤销本级人民政府制定的不适当的规章；⑥省、自治区的人民政府有权改变或者撤销下一级人民政府制定的不适当的规章；⑦授权机关有权撤销被授权机关制定的超越授权范围或者违背授权目的的法规，必要时可以撤销授权。

如下图：

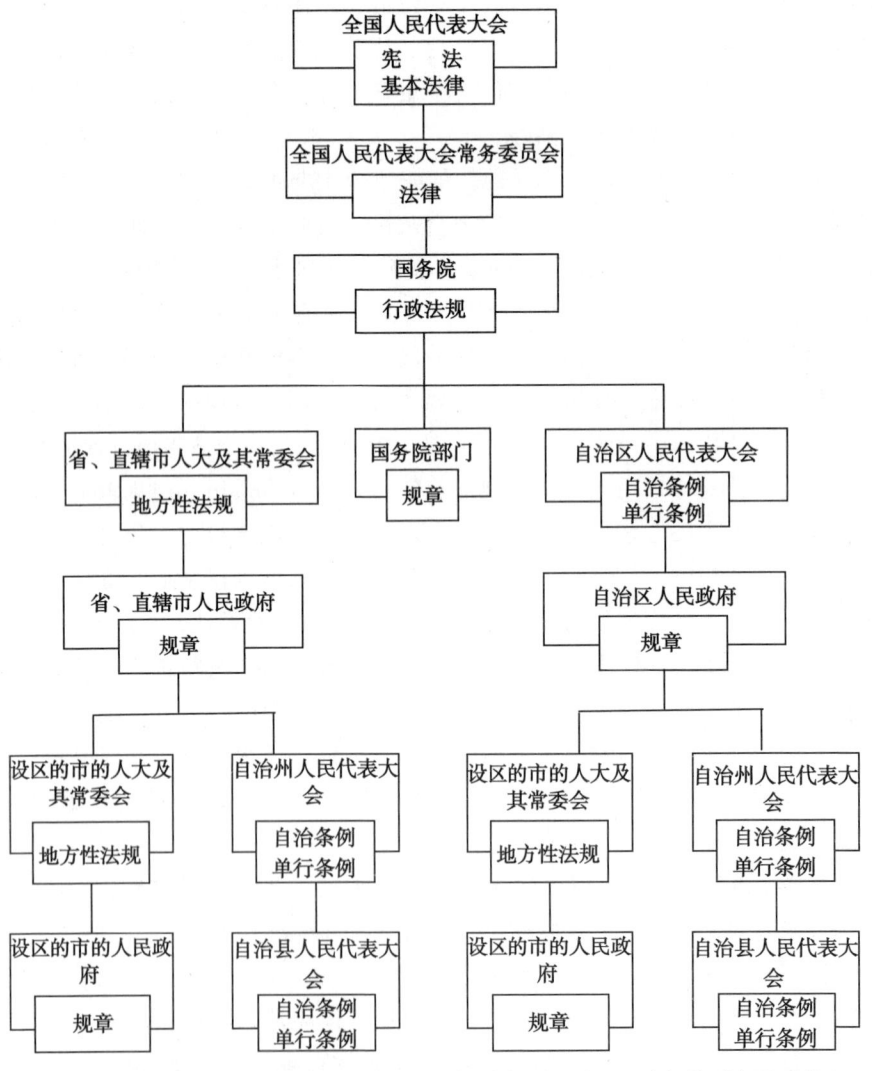

```
                    全国人民代表大会
                      宪  法
                      基本法律
                         │
                    全国人民代表大会常务委员会
                           法律
                         │
                       国务院
                       行政法规
         ┌───────────────┼───────────────┐
省、直辖市人大及其常委会   国务院部门    自治区人民代表大会
     地方性法规             规章          自治条例
                                          单行条例
         │                                  │
   省、直辖市人民政府                   自治区人民政府
        规章                                规章
    ┌────┴────┐                        ┌────┴────┐
设区的市的人大  自治州人民代表大会   设区的市的人大  自治州人民代表大会
及其常委会       自治条例            及其常委会      自治条例
地方性法规       单行条例            地方性法规      单行条例
    │              │                    │             │
设区的市的人民   自治县人民代表大会  设区的市的人民  自治县人民代表大会
政府             自治条例            政府            自治条例
规章             单行条例            规章            单行条例
```

说明：本表根据现行宪法和立法法编制。香港特别行政区、澳门特别行政区的立法体制由《中华人民共和国香港特别行政区基本法》《中华人民共和国澳门特别行政区基本法》分别规定。台湾省回归祖国后，其立法体制可能会另行规定。

二　地方各级人民政府

地方政府是指按照行政区域设置的地方各级国家行政机关。由于历史传统和现实国情的复杂性和特殊性，中国地方政府的设置在坚持中央政府统一领导的前提下采取灵活多样的形式。主要分为三大类型：第一类是一般地方政府，第二类是民族区域自治地方政府，第三类是特别行政区政府。台湾是中国固有领土，由于历史原因还没有回到祖国怀抱，回来后台湾采取何种地方政府形式则另当别论。民族区域自治地方政府和特别行政区政府在其他章节阐述，这里主要阐述一般地方政府，包括省级、地级、县级和乡级的人民政府。

（一）省级人民政府

省级人民政府包括省人民政府和直辖市人民政府。

1. 省人民政府

（1）性质与地位

省人民政府是最高一级地方政府，具有双重从属性质。

第一，省人民政府从属于本省国家权力机关。省人民政府是同级国家权力机关的执行机关。它除了执行全国人大及其常委会通过的法律、决议、决定外，还必须执行本级人大及其常委会制定的地方性法规、通过的决议和决定，且必须向本级人大负责并报告工作。在本级人大闭会期间，向本级人大常委会负责并报告工作。这表明它从属于本级人大及其常委会。

第二，省人民政府从属于最高国家行政机关。中国实行单一制的国家结构形式，全国各级人民政府都是国家行政组织体系的有机组成部分，都必须服从中央人民政府即国务院的领导。省人民政府作为地方国家行政机关，必须服从国务院的统一领导，执行国务院制定的行政法规和发布的决定和命令，并向国务院负责并报告工作。这表明它从属于中央人民政府。

第三，省人民政府是最高一级地方政府。中华人民共和国成立初期，省人民政府一度受大行政区人民政府或军政委员会领导。1952年大行政区改制后，省人民政府便一直接受国务院（1954年9月前为政务院）的直接领导，成为最高一级地方人民政府。它统一领导辖区内市、县、乡、镇等地方各级人民政府的工作，统一领导辖区内经济文化建设和各种行政事务。中国的省级人民政府,平均领导90多个县级人民政府,辖区内平均人口4000多万。为了适应各省人民政府日益增长的管理经济文化建设的需要,国家对中央与各省的关系作了多次调整,逐步扩大了省人民政府的职权。随着国家治理体系和治理能力建设的深入开展,省人民政府在同一领导辖区内经济文化建设与行政事务方面的作用将进一步增强。

(2) 组成与职权

省人民政府的组成,不同历史阶段情况有所不同。1949年至1954年宪法颁布前,设省人民政府委员会,由主席1人、副主席若干人和委员若干人组成,由中央人民政府任命。1954年宪法颁布后,设省人民委员会即省人民政府,是省人民代表大会的执行机关,也是省国家行政机关。省人民代表大会选举省长、副省长、委员组成省人民委员会,每届任期4年。

"文化大革命"期间,省革命委员会集省的国家权力机关和行政机关于一体,实行"党政合一"领导体制,这是极不正常的政治形势下的产物。当时的省革命委员会由中央批准任命,由主任1人、副主任若干人和委员若干人组成。1977年,各省召开人民代表大会,选举省革命委员会。1978年宪法规定,地方各级革命委员会,即地方各级人民政府,是地方各级人民代表大会的执行机关,是地方各级国家行政机关。1979年7月,五届全国人大二次会议修改了1978年宪法,将地方各级革命委员会改为地方各级人民政府。

1982年宪法和1979年通过并经修订的地方组织法,在总结国家行政制度建设的经验教训的基础上,对省人民政府的组成和职权作了新的规定。

省人民政府由省长、副省长、秘书长和政府各职能部门首长组成。省长、副省长由省人民代表大会选举,候选人由省人民代表大会主席团或代表联合提名。省长一般由差额选举产生,如果候选人只有一个的,也可以等额选举。副省长必须进行差额选举。候选人超过法定的差额数的,可以先预选,根据预选结果确定正式候选人名单,然后进行正式选举。

在本省人民代表大会闭会期间,省长因故不能担任职务时,由省人大常委会决定代理省长人选,直到省人民代表大会下次会议时再进行补选。副省长的人数各省不等,一般为3—6人。在省人大闭会期间,省人大常委会可以决定个别副省长的任免。省长提出秘书长和政府各职能部门的首长名单,由省人大常委会决定任命。

省人民政府与省人民代表大会相同,每届任期5年。

省人民政府一方面要通过自上而下的行政传导贯彻执行中央的决策、命令,另一方面要对辖区内的行政事务进行领导和管理,谋求地方的安定和发展，即传导贯彻与主动推动的统一。现行地方组织法赋予了县级以上地方各级人民政府10项职权。据此，省人民政府的职权大体可以归为五个方面：

第一，执行权，即执行本省人大及其常委会的决议，执行国务院的决定和命令，并保证其在本行政区域内的贯彻实施。

第二，规制权，即根据法律、行政法规和本省的地方性法规，规定行政措施，发布命令和决定，制定行政规章。

制定行政规章的职权，是1979年以后赋予省级人民政府的。省级人民政府制定的行政规章，依据其不同内容冠以"实施细则""规定"或"办法"等名称，但不得称作"条例"。行政规章作为一种规范性文件，有比较严格的制定程序。一般先由主管部门或专门起草小组提出草案；经办公厅研究，列入省级人民政府常务会议或全体会议议程；经充分讨论和修改后决定；由省长或自治区主席或市长签发，并在报纸或专门性刊物上发表，同时报国务院和本级人大常委会备案。国务院或本级人大常委会认为省级人民政府发布的行政规章不适当，有权予以改变或撤销。

第三，管理权，即全面领导和管理本行政区域内经济文化建设和各项行政事务。例如，执行国民经济和社会发展计划、预算，管理本行政区域的经济、教育、科学、文化、卫生、体育、环境资源保护、城乡建设、财政、民政、公安、民族事务、司法行政、行政工作；领导所属各工作部门和下级人民政府的工作；依法任免、培训、考核、奖惩国家工作人员。

第四，保护权，即保护社会主义的全民所有制的财产和劳动群众集体所有的财产，保护公民私人所有的合法财产，维护社会秩序，保障公民的人身权利、民主权利和其他权利；保护各种经济组织的合法权益；保障少数民族的权利和尊重少数民族的风俗习惯，帮助本行政区域内各少数民族聚居的地方依照宪法和法律实行区域自治，帮助各少数民族发展政治、经济和文化建设事业；保障宪法和法律赋予妇女的男女平等、同工同酬和婚姻自由等权利。

第五，监督权，即改变或撤销所属各工作部门不适当的命令、指示和下级人民政府不适当的决议、命令。

（3）机构设置

国务院只有通过省级人民政府，才能实现对地方各级政府的统一领导。因此，除主管外交、国防等全国性事务的行政机构外，省级人民政府与国务院的机构设置大体一致。

中华人民共和国成立初期，《省人民政府组织通则》规定，应根据省区域大小与工作需要设立行政机构。在政法方面，可设民政厅、公安厅和民族事务委员会；在财经方面，可设财政、工商、交通、农林、劳动等厅、局、处；在文教方面，可设文教、卫生、新闻出版等厅、处，并设人民监察委员会。1954年地方组织法规定，按照需要，省政府可设立各厅、局、处或者委员会，并可设立办公厅。1954年12月，国务院发布《关于各省人民委员会设置工作部门和办公机构的决定》，指出：各部门的机构、编制和名称，必须按照各个省的具体情况和每一部门的实际工作需要，本着精简、节约的原则进行调整，该分设的分设，不该分设的就合并，该称厅的称厅，不该称厅的可称局或处。组织的层次不可重叠，人员编制决不能扩大。1956年11月，国务院作出决定，今后省人民政府行政机构的设立、增减或者合并的工作，一律由国务院编制委员会统一负责审批。

  1978年中共十一届三中全会以前，虽然地方组织法和有关规定对省人民政府的机构设置提出了很多原则性指导和限制，但是由于计划经济体制和部门管理体制等因素的影响，省人民政府管理经济的机构随着行业分工的细化而不断增加。如工业管理局从中华人民共和国成立初期的1个发展到近10个。而随着局的增加，在其上又设立归口管理机构。如安徽省政府农委下辖农业、水利、林业三个厅，而农业厅又下辖农业、水产、畜牧业、农机等管理局。也有的省在教育卫生办公室下设工农教育委员会、体育运动委员会、卫生局、高等教育局等。这些委、办，一般称为"二级半"机构，称为省长与政府行政机构之间的中间层次。机构重叠、职责不清，以致效率低下、官僚主义严重。

  中共十一届三中全会以后，中国进入改革开放时代，为适应建立社会主义市场经济体制的需要，国家行政机构进行了多次由上而下的改革。省人民政府的机构也多次进行局部性调整。但是随着社会主义市场经济体制的逐步建立和地方经济社会的发展，省人民政府机构无论在职能配置上还是在人员编制上，都暴露出诸多不适应的问题：①对区域经济的宏观管理和行业管理薄弱；②直接管理和具体审批事务过多；③党政部门之间、政府部门之间、职能部门和非常设机构之间以及上下级政府之间分工不清，管理层次过多，职能交叉重复，关系不顺；④机构设置过多，分工过细，缺乏规范；⑤机关人员过多，领导职数超限配备，财政负担沉重；⑥行政法规不健全，行政行为不规范。针对这些存在的问题，省级人民政府从2000年开始进行了以下几方面的机构改革：①转变管理职能，一是加强宏观调控职能，二是削弱直接管理职能，三是强化服务功能；②理顺各方面关系，一是理顺省与市县的关系，二是理顺政府各部门之间的关系，三是理顺党政工作部门之间的关系；

③精简工作机构，一是大力精简现设机构，二是明确机构设置限额和必设机构，三是规范机构的级别；④精简人员，一是重新审定人员编制，二是确定党委、人大、政府、政协等机关人员编制比例，三是中央设在省的机构改革与省政府的机构改革、人员精简同步进行。

在综合多年地方政府机构改革经验教训的基础上，2007年国务院颁布实施了《地方各级人民政府机构设置和编制管理条例》。这是中华人民共和国成立以来第一部规范地方机构编制管理的行政法规，通过立法解决机构设置中的经常性问题。①对于行政机构职责不清、推诿扯皮等问题，《条例》规定：一是地方各级政府行政机构应当以职责的科学配置为基础，综合设置，做到职责明确、分工合理、机构精简、权责一致，决策和执行相协调。二是地方各级政府行政机构职责相同或者相近的，原则上由一个行政机构承担。行政机构之间对职责划分有异议的，应当主动协商解决。协商一致的，报本级政府机构编制管理机关备案；协商不一致的，应当提请本级政府机构编制管理机关提出协调意见，由机构编制管理机关报本级政府决定。②对于超编进人问题，《条例》规定：依照国家规定程序设置的机构和核定的编制，是录用、聘用、调配工作人员、配备领导成员和核拨经费的依据。县级以上各级政府应建立机构编制、人员工资与财政预算相互制约的机制，在设置机构、核定编制时，应充分考虑财政的供养能力。机构实有人员不得突破规定的编制。禁止擅自设置机构和增加编制。对擅自设置机构和增加编制的，不得核拨财政资金或者挪用其他资金安排其经费。机构编制管理机关应按照编制的不同类别和使用范围审批编制。地方各级政府行政机构应使用行政编制，事业单位应使用事业编制，不得混用、挤占、挪用或者自行设定其他类别的编制。同时，对超编进人等违反规定的行为，《条例》也设定了相应的法律责任及处罚措施。③对事业单位的机构编制管理问题。对事业单位的机构编制进行管理，历来是地方机构编制管理的重要组成部分，也是管理中的薄弱环节，有必要通过立法加以规范。由于各地事业单位的情况千差万别，不宜实行统一管理模式。同时为解决事业单位机构编制管理中存在的一些问题，需要加大管理的力度，《条例》规定：地方的事业单位机构和编制管理办法，由省级政府机构编制管理机关拟定，报国务院机构编制管理机关审核后，由省级政府发布。事业编制的全国性标准由国务院机构编制管理机关会同财政部门和其他有关部门制定。④如何保证《条例》的有效实施问题。《条例》一方面要求加强对机构编制管理法规执行情况的监督检查；另一方面强调追究违法行为的法律责任。《条例》明确了机构编制管理机关和监察机关的监督检查职责和程序；要求机构编制管理机关应定期评估机构和编制的执行情况，并将评估结果作为调整机构编制的参考依据；规定了对机构编制违法违规行为的举报制度。为切实惩治机构编制管理中的违法行为，《条例》针对擅自设立、撤销、合并行政机构或者变更规格、名称，擅自改变行政机构职责，违反规定审批机构、编制等八种违法行为，规定了相应的法律责任。

省人民政府的行政机构受省政府统一领导，并且依法接受国务院主管部门的业务指导或领导。大体分三种情况：一是如商业、卫生、财政等厅局，受省人民政府统一领导，同时受国务院商业、卫生、财政等部的业务指导；二是如审计、公安、国家安全等厅局，受省人民政府和国务院有关部、署的双重领导；三是如邮电局、铁路局等受省人民政府和国务院有关部的双重领导，而以国务院各部的领导为主。

有些省人民政府除对应国务院机构设置工作部门外，还有它的派出机关。地方组织法规定："省、自治区的人民政府在必要的时候，经国务院批准，可以设立若干派出机关。"省政府的派出机关一般称为"行政公署"，简称"行署"，也称为"专员公署"，简称"专署"，其行政领导称作"行署专员"[3]。行署由省、自治区政府任命的专员1人、副专员若干人组成。它不是一级政府，不拥有一级政府必需的财政权、规划权和行政决策权。其基本职责是代表省人民政府指导若干县或县级市（总称为"地区"）的工作，协调省与市、县之间的关系。但是，在实践中，地区行政公署大多起着接近一级政府的作用，并且也已经拥有了一级政府的工作机构。如有经济、计划、科技、体育运动等委员会，有民政、公安、司法、劳动人事、财税、商业、卫生、文化、广播电视、审计、统计、工商行政管理、物价、工业、交通、城乡建设等局处。工作部门在40—50个之间，工作人员数百人。1980年代以前，各省均有省政府派出机关。随着中国城乡经济的发展和行政体制改革的推进，1983年以来，先后在一些经济比较发达的地区试行地市合并，即将设在同一地区的行政公署与地级市政府实行机构合并，由市政府统一领导周围各县。1982年，中国共有地区行政公署170个，1991年底减少至148个，截至2017年10月还剩下10个。随着经济社会的发展和地方政府机构改革的进一步深化，这些派出机构最终有可能全部被撤销。

2. 直辖市人民政府

直辖市人民政府属于城市政府。所谓城市，就是以集聚经济效益为特征的集约人口、集约经济、集约科学文化的空间地域系统。所谓集约，就是高度密集。由于高度密集，就会出现许多不同于农村的特点。

(1) 城市与城市政府

城市是一个复杂的有机体。作为人类文明进步重要标志的城市，一方面集中了人类的智慧和成就，另一方面也集中了整个社会和时代所具有的各种矛盾，其参变量之多，运动规律之复杂，输入和输出的信息量之巨大，是农村根本不可比拟的。城市的高度密集，决定了城市矛盾的高度集中和交错。城市具有多功能、多层次、高度综合的性质。在城市大系统中，包含着宏观和微观、静态和动态、时间和空间、外部条件和内部功能等各方面的相互作用、相互制约，这就使城市问题具有动态、关联和整体的明显特点。另外，城市与周围地区之间的关系极为紧密。一个城市的形成与发展，总是和周围的自然资源、社会结构、经济状况分不开的，如果人为地割断这些联系，把城市作为一个孤立的点，城市的战略发展就失去了支撑。中华人民共和国成立后至改革开放前，由于忽视社会发展的规律，用行政手段管理经济，割断了城市横向联系的脉络，使许多城市成了相对封闭、单打独斗、内部循环的小系统，既限制了自身发展，也在很大程度上失去了城市应有的对周边地区的辐射作用和带动作用。

中国的城市已有近4000年历史，但在法律上将市（镇）作为一个单列的地方行政建制，则是20世纪初以后的事情。中国市建制最早出现于清末。1909年初，清政府为了挽救即将没落的封建统治，仿效西欧、日本，颁布了《城镇乡地方自治章程》。这是中国历史上第一次将城镇区域与乡村区域分别开来，城乡形成了不同的行政系统。1921年7月和9月，中华民国北京政府分别公布《市自治制》和《市自治制施行细则》。从此中国市建制形成一种模式，市的地位被确定为自治团体，是"法人"。从首都、省会、商埠、县治城厢以至满1万以上人口的城镇区域均可设市；并按城镇的不同地位，划分为特别市与普通市两种。特别市的地位相当于县，普通市由县领导。北京政府时期的市制主要特点是市为一区域性自治团体，仍属中国市制的初创阶段。1928年7月，中华民国南京政府公布《特别市组织法》与《市组织法》，1930年5月即令废止，另行制定《市组织法》。将市分为"直隶于行政院"与"隶属于省政府"两种。1928年至1947年的20年间，是中国市制形成的重要阶段，到1947年6月底，国民政府的院、省辖建制市已有69个，包括南京、上海、北平、青岛、汉口、西安、重庆、广州、沈阳等12个院辖市以及徐州、连云港、杭州、南昌、长沙等57个省辖市（其中有9个在台湾省）。

中华人民共和国成立后，曾一度将北京、天津、上海、南京、武汉、广州、重庆、西安、沈阳、长春、哈尔滨、旅大、鞍山、抚顺、本溪等市设为中央直辖市，由大行政区管理。大行政区撤销后，除北京、天津、上海外，其他均改为省辖市。1955年，国务院发布了《关于设置市、镇建制的决定》和《关于城乡划分标准的规定》两个文件。其规定：①市，是属于省、自治区、自治州领导的行政单位。聚居人口10万以上的城镇，可以设置市的建制。聚居人口不足10万的城镇，必须是重要工矿基地、省级国家机关所在地、规模较大的物资集散地或者边远地区的重要城镇，并确有必要时方可设置市的建制。市的郊区不宜过大。人口在20万以上的市，如确有分设区的必要，可以设市辖区。人口在20万以下的市，一般不应设市辖区。②省领导的工矿基地规模较大、聚居人口较多，可以设置市的建制。工矿基地规模小、人口不多，在市的附近，且在经济建设上与市的联系密切的，可划为市辖区。1950年代初、1960年代初，一些地方不顾这些原则规定，滥设市建制，并且大幅度实行地市合并，以市管县，超过了农业生产的负担能力，给社会发展带来了不少困难。1963年12月，《中共中央、国务院关于调整市镇建制、缩小城市郊区的指示》发布后，撤销了不够设市条件的市，缩小市的郊区，按规定市总人口中农业人口所占比重一般不应超过20%，不及20%，一般不动；超过25%，应该压缩。

　　为了适应经济社会改革发展的需要，1986年4月发布了《国务院批转民政部关于调整设市标准和市领导县条件报告的通知》，提出了新的设市标准：①非农业人口6万以上，年国民生产总值2亿元以上，已经成为该地区经济中心的镇，可以设置市的建制。②少数民族地区和边远地区的重要城镇，重要工矿科研基地，著名风景名胜区，交通枢纽，边境口岸，虽然非农业人口不足6万，年国民生产总值不足2亿元，如确有必要，也可以设置市的建制。③总人口50万以上的县，县人民政府驻地所在镇的非农业人口10万以上，常住人口中农业人口不超过40%，年国民生产总值3亿元以上，可以撤县设市。④总人口50万以上的县，县人民政府驻地所在镇的非农业人口一般在12万以上，年国民生产总值4亿元以上，可以撤县设市。⑤自治州人民政府或地区（盟）行政公署驻地所在镇，非农业人口虽然不足10万、年国民生产总值不足3亿元，如确有必要，也可以设市撤县。根据新的设市标准，截至2014年，中国大陆（含港澳）目前有4个直辖市，两个特别行政区（两个城市），283个地级市和374个县级市，共有663个城市。改革开放前中国城市化率水平（市区非农业人口占全国总人口的比重）一直在8%左右徘徊，而截至2016年底则达到了57.4%。

由于城市的特殊性，作为地方政府的城市政府，也具有一般地方政府所没有的特点：①城市政府职能非常广泛。城市和农村是两类不同性质的地区。相比农村，城市具有面积小、人口密、社会经济发展水平较高、工商业发达、交通便捷、信息灵通、居民生活高度社会化等特点，因此城市政府的职能也就更加广泛。城市政府的职能既包括城市政府作为地方政府固有的职能，如地方发展规划、经济建设、文教卫生等，也包括城市政府的专有职能，如公用事业、市政设施的建设和管理等。此外，许多城市政府还承担上级政府授予的其他职能。城市生活高度社会化的特点，要求城市政府提供的服务必须是面对面的，如果不能提供直接服务，就会给居民生活带来不便，影响工作和生活，破坏正常的城市社会秩序。②城市政府组织形式的多样化。"城市政府"和"市政府"是两个既有联系又有区别的概念。城市相对农村而言，只要在非农村地方设置的政府，就是城市政府，在中国包括直辖市政府、地级市政府、县级市政府，也包括镇政府。而"市"是宪法以一定规模的城市为基础和条件所确定的一种行政区域，所以市政府只包括直辖市政府、地级市（较大的市或设区的市）政府和县级市政府。由于城市形式差别很大，因此不同的城市，或者同一城市不同的历史时期，其政府组织形式就各不相同。如特大城市的政府与镇的政府的结构形式就差别巨大，即便同一级城市政府（如地级市政府），因为所处的地理条件不同，所以承担的职能以及相应设立的政府组织形式也有较大的差别。城市政府组织形式的多样化是城市政府的一大特征，至于选择何种组织形式，取决于该城市的功能、权限、历史传统、社会经济发展水平等诸因素。

根据不同的标准，城市政府可以划分为不同的类型。

第一，按城市规模划分。城市规模主要是指城市的人口数量的多少。中华人民共和国成立以来，适应经济社会发展，国家对城市规模划分标准进行过多次调整。1955年国家建委《关于当前城市建设工作的情况和几个问题的报告》首次提出大中小城市的划分标准，即"五十万人口以上为大城市，五十万人以下、二十万人以上为中等城市，二十万人口以下的为小城市"，此后直到1980年国家建委修订的《城市规划定额指标暂行规定》又对城市划定标准进行了调整，重点将城市人口100万人以上的命名为特大城市。1984年国务院颁布的《城市规划条例》又回归到1955年的标准，1989年七届全国人大常委会通过的《城市规划法》在明确1984年标准的基础上，指出城市规模按照市区和近郊区非农业人口计算。2007年十届全国人大常委会通过的《城乡规划法》自2008年1月1日起施行，《城市规划法》同时废止，其中并没有对城市规模加以界定。

2014年国务院印发《关于调整城市规模划分标准的通知》，对原有城市规模划分标准进行了调整，明确新的城市规模划分标准以城区常住人口为统计口径，将城市划分为五类七档：①城区常住人口50万以下的城市为小城市，其中20万以上50万以下的城市为Ⅰ型小城市，20万以下的城市为Ⅱ型小城市；②城区常住人口50万以上100万以下的城市为中等城市；③城区常住人口100万以上500万以下的城市为大城市，其中300万以上500万以下的城市为Ⅰ型大城市，100万以上300万以下的城市为Ⅱ型大城市；④城区常住人口500万以上1000万以下的城市为特大城市；⑤城区常住人口1000万以上的城市为超大城市。(以上包括本数，以下不包括本数)。

根据规模，城市政府可分为超大城市政府、特大城市政府、大城市政府、中等城市政府、小城市政府。城市规模不同，城市政府的机构设置、选举方式、职能配置等就有差异。

第二，按城市功能划分。城市功能是指城市在国家或地区中所发挥的政治、经济或文化作用，它反映城市的个性和特点。依据城市功能，城市可分为政治中心城市、商业城市、金融城市、旅游城市等类型，城市政府也分为相应类型的政府。该分类有利于确定城市政府的职能重点，每个城市都有自己的主攻方向，避免走同质化的发展道路。

第三，按行政等级划分。中国实行单一制的国家结构形式，城市因隶属关系不同而具有不同的行政等级，从而城市政府就具有不同的行政等级，并划分为不同类型：①直辖市政府。其行政地位相当于省、自治区政府，由中央直接领导。②副省级市政府。其行政地位介于省级与地级之间。1994年，中央编制委员会根据部分省会市和6个计划单列市的经济、政治地位及其中心城市的作用，报经中共中央和国务院同意，确定广州、武汉、哈尔滨、沈阳、成都、南京、西安、长春、济南、杭州、重庆、大连、青岛、深圳、厦门、宁波共16个市为副省级市。经八届全国人大二次会议通过，重庆市已于1997年3月改为直辖市。目前全国共有15个副省级城市。副省级市在隶属关系上仍由所在省的省政府领导。在大多数政治学、行政学著作中，副省级市通常被列入地级市一类，一并分析。③地级市政府。介于省与县之间，相当于自治州一级政府，由省、自治区直接领导，可以辖县和县级市。④县级市政府。相当于县政府，一般由地级市政府、自治州政府领导或由省及自治区的派出机关行政公署代管。⑤镇政府。相当于乡政府，由县或县级市政府领导。

第四，按国家对城市实行的经济政策划分。可分为经济特区政府、对外开放城市政府和计划单列市政府。改革开放以来，为了促进经济快速发展，国家将地处沿海且接近港、澳、台地区的深圳、珠海、汕头、厦门等4个城市确定为经济特区城市。特区的"特"在于实行特殊的经济政策和特殊的管理体制：着重发展外向型经济；所需资金主要依靠境外筹措；产品主要出口外销；对外商实行经济上的优惠政策；政府拥有较大的自主权等。为了进一步推动改革开放，继1980年中央决定试办4个经济特区后，又于1984年决定进一步开放大连、上海等14个沿海港口城市；1992年中央批准东北和西南地区的13个边境城市、沿长江的5个城市和18个省区的省会城市对外开放。国家给予这些对外开放城市政府的主要政策是：①扩大这些城市和地区对外开放的管理权限；②对投资的外商实行经济优惠政策等。

计划单列市是指在现行行政隶属关系基本不变的前提下，其国民经济和社会发展计划单独列入全国计划之中的市。国务院在编制国民经济和社会发展计划时，将这些城市的指标单独列出并直接下达到这些城市，同时抄送这些市所属的省。在计划表式上，先将这些市单列，然后加到各市所在省的计划中，从而成为所在省计划的组成部分。这样，单列市的计划指标形式上记于省计划的名下，实际是从外部增加了省的计划名额。将某些地级市的计划实行单列，该做法始于1960年代，改革开放后有了新的发展。1991年，国家已有计划单列市14个，即哈尔滨、长春、沈阳、大连、广州、重庆、成都、武汉、西安、南京、青岛、宁波、厦门、深圳。1993年中共中央在党政机构改革的方案及实施意见中提出，除重庆、深圳、大连、青岛、宁波、厦门仍保留计划单列市外，其余8个省会城市不再实行计划单列。1997年3月重庆成为直辖市后，计划单列市减为5个。计划单列市政府的经济管理权限与省级政府基本相同，它根据国家直接下达的计划指标，由自己直接管理；单列市的行政经费除了一部分来自本市财政收入外，其余的各项专门补助经费都直接来自于国务院及所属各个部门，而不是像其他地级市那样来自省政府；国家下达的计划和省、市协调制订的计划由单列市政府具体安排执行，其具体程序与直辖市行政的运行基本相似。设置计划单列市的目的是，提高若干中心城市在国民经济管理体系中的地位，以利于促进其经济发展，增强其经济实力，并发挥其对周围地区经济的辐射和带动作用。实践中，计划单列市的设置取得了一定成效，但也产生了一些新情况，如增加了这些市与所在省的摩擦，其未来走向仍值得关注。

除以上分类外，按是否设区划分，可分为设区的市与不设区的市，等等。

（2）直辖市的特征

"直辖"即古之"直隶"。直辖市是中央政府直接管辖的城市，是国家设置于城市地区的地方行政建制，其行政地位相当于省。目前中国设置了北京、天津、上海、重庆等4个直辖市。直辖市是中国经济发展和现代化建设的龙头，不同于省、自治区，也不同于一般城市，而是具有特殊地位和意义的超大城市，具有三个方面的显著特征：

首先，直辖市是全国政治、经济和文化的中心城市，具有很强的辐射作用。北京是全国的政治、文化和国际交往的中心，是中国的首都，承担着为中央及其直属机关的各项工作提供可靠保障的重要职责。北京的形象直接代表着国家形象，它的发展、稳定和改革的现状会对全国产生重要影响。天津是环渤海地区经济中心。上海的经济发展一直处在全国领先地位。1992年，邓小平在谈到长江流域发展战略时指出，这个连接中国11个省（市、区）、跨越东、中、西部三大经济带、辐射数亿人口的长江，一旦腾飞起来，整个中国的经济腾飞就有了保证。而长江巨龙的龙头是上海，龙尾是重庆。

其次，直辖市政府的管理任务要远重于省、自治区政府。一般而言，省、自治区政府是单纯的省级行政区域政府，管理全省事务，不直接管理所在城市事务，而是通过所辖的市、地区对社会、经济、文化等工作进行管理。直辖市作为城市政府，直接承担着城市管理的职责。因此，直辖市政府除设立与省、自治区政府大体相同的机构外，还必须设立市政建设和管理的工作部门。直辖市对社会事务和经济活动的管理，既有间接管理的一面，又有直接管理的一面；既有方针政策指导和决策性工作，又有很多具有执行性事务和组织工作。

最后，直辖市的行政地位高于其他各类城市。直辖市同省、自治区一样，系地方最高一级的行政单位，享有地方立法权。

总之，直辖市在国民经济和社会发展中具有重要地位，发挥着工业生产基地、商品流通枢纽和金融、信息、科技、教育、文化中心等多种作用。

（3）组成与结构

直辖市人民政府是本市国家权力机关的执行机关，是市的国家行政机关。它与省、自治区政府一样，都是最高一级地方人民政府。直辖市人民政府由市长、副市长、秘书长及政府所属委、办、局的主要负责人组成，每届任期5年。市长、副市长由市人民代表大会选举产生，在市人大闭会期间，副市长的个别人选可以由市人大常委会决定任命。市政府的其他组成人员由市长提名，市人大常委会决定任命。

直辖市政府的职权，在宪法和地方组织法中是与县级以上地方各级政府职权一并表述的。它与省政府一样有制定地方行政规章的权力，但又有别于省政府的职权。在直辖市人民政府内部，按业务性质划分为综合、城建、财贸、工交、文教卫生、政法等部门，称之为"口"。其办事机构称为委、办，由副市长分管，以协助市长对整个市政府的领导。归口主管的副市长有权对某些问题代表市长作出决定。

直辖市人民政府下设区、县。市辖区之下设街道办事处，作为区政府的派出机关。县之下设乡、镇，有些市辖区之下也有辖乡、镇的。市与区、县是领导与被领导的关系。但市政府对区政府和县政府的管理和控制在程度上是有区别的。县有相对独立性，市政府主要对其进行宏观上的领导和指挥，并不直接插手县内工作。由于城区管理具有统一性、整体性的特点，区政府不可能对辖区事务承担全部管理职责，有些事务必须由市政府直接管理。如市辖区不设公安局，而由市公安局设置分局管理区内治安。一般而言，市辖区所承担的具体职责，取决于市政府的需要，凡市政府认为会影响市整体运转的、市本身可以承担的事务，市政府不一定交区政府承担。

(4) 管理与机构

直辖市人民政府除进行一般的政务管理外，主要承担着繁重而又艰巨的城市管理任务。可以说城市管理是直辖市人民政府的主要职责，包括城市经济、土地与住房、基础设施、公共服务、人口、民政、社会治安、文化教育、旅游、环境卫生、涉外事务等方面的管理。

直辖市政府机构设置对应于国务院机构设置，每次国家进行机构改革，直辖市政府都会作出相应变动。为了符合国家提出的建设社会主义市场经济体制目标的需要，直辖市政府机构在1993年的国家机构改革中进行了大幅度精简。到1996年，当时的三个直辖市北京、天津、上海在转变职能、理顺关系、精兵简政、提高效率等方面都有了新的进展。在这次改革中，撤销了专业经济管理部门和各类行政性公司，基本上将机械、电子、仪表、化工、冶金、纺织、轻工、医药等工业经济部门全部成建制地转为企业集团、经营性公司或以国有资产经营管理为主要职能的公司，它们原来的行业管理和行政管理职能转给政府综合部门或有关职能部门。将管理农场、水产、畜牧、农机等专业部门改为经济实体或事业单位。将保密、档案、机要、信访、文物、电影等一些职能单一、业务量不大的部门归并有关部门，形成合力。经过上述调整，三个直辖市政府所属工作机构一般有：办公厅、计委、经委、体改委、教委、科委、民委、公安局、民政局、司法局、财政局、人事局、劳动局、交通局、商业局、外经贸委、物资局、文化局、广播电视局、卫生局、体委、计生委、审计局、统计局、工商物价局、技术监督局、环保局、规划土地局、新闻出版局、外事局（办）、税务局、房管局、市政公用局、粮食局等。这次机构改革虽然取得了阶段性成果，但是还远不能适应市场经济发展的要求，机构重叠庞大、人浮于事的问题还未根本改变，政企不分、政资不分的问题依然存在，制度不健全、行政行为不规范等问题依旧突出。

随着每届全国代表大会对党和国家机构以及全国人大对国务院机构进行一次大的机构改革，直辖市政府相应地会对一些工作部门进行合并或撤销。目前，直辖市政府机构一般有：办公厅、发改委、经信委、商委、教委、科委、民委、公安局、民政局、司法局、财政局、人社局、住建委、农委、环保局、国土局、水务局、文广局、卫计委、审计局、外事办、国资委、地税局、工商局、技监局、食药监局、统计局、新闻出版局、体育局、旅游局、知识产权局、绿化市容局、交通委、安监局、粮食局、监狱管理局、社团管理局等。

2018年，中共十九届三中全会通过了《中共中央关于深化党和国家机构改革的决定》，十三届全国人大一次会议通过了国务院机构改革方案，新一轮党和国家机构改革正在进行中。在这次改革中，直辖市政府机构设置必然要作出相应调整。

（二）地级市人民政府

地级市是指由省、自治区直接管理的、具有地区性中心意义的较大城市。其行政地位相当于地区行政公署，故称为地级市。地级市是由一级政府所管辖的一级行政区域，而地区不是一级行政区域。地区行政公署是省、自治区政府的派出机关。这里所说的地级市包括副省级市。地级市城区内一般划成若干（市辖）区，故地级市大多属于"设区的市"。地级市的规模大于县级市而小于直辖市，故又属于"较大的市"。

1. 组成与分类

地级市人民政府是本市国家权力机关的执行机关，是市的国家行政机关。地级市人民政府由市长、副市长和秘书长、局长、委员会主任等组成，每届任期5年。地级市人民政府的市长、副市长均由本市人大选举产生。在人大闭会期间，副市长的个别任免，由本级人大常委会决定。地级市人民政府的其他组成人员如秘书长、局长、委员会主任的人选，根据市长提名，由本市人大常委会决定，并报省、自治区人民政府备案。

地级市政府的职权,在宪法和地方组织法中同样与县级以上各级地方人民政府的职权一并列举。但在现实生活中,不同的地级市政府所享有的职权差异不小。按职权的差别,地方市政府至少可以分为三类:①有权制定行政规章的市政府,即设区的市政府,包括省、自治区人民政府所在地的市和国务院批准的较大的市的政府。②拥有省级经济管理权的市政府,即计划单列市政府。③在对外开放方面享有更多自主权的市政府,主要是指经济特区的地级市政府和对外开放城市中的地级市政府。有的地级市政府兼为三类中的二类或三类。

地级市人民政府的机构设置一般对应省级人民政府的机构设置,有局(处)、委员会和办公室等四十个左右工作部门。局(处)是主管专门业务的工作机构,如审计局、教育局、财政局等。委员会是具有综合职能的工作机构,如发展与改革委员会,科学技术委员会等。办公室有政府办公室、外事办公室等。实行市领导县行政体制后,地级市政府普遍加强了领导和指导农村工作的职能部门,如农村工作委员会、小城镇规划建设办公室等。

2. 形式与功能

当前地级市行政体制主要有五种形式:①地级市下设市区、郊区和县,其下有街道、乡镇。②地级市下设县、街道,县下设乡、镇。③地级市下设区、乡、镇,区下设街道。④地级市下设县级市、区和县,其下有街道、乡(镇)。⑤地级市下设管理区和乡、镇,管理区是地级市的派出机构。

地级市行政结构的不同状况是1980年代以来国家为了发挥城市的辐射和带动作用,实行市管县体制和推进撤县改市模式逐渐形成的。1980年代以后设置的地级市,主要途径是:一是将地级市与地区合并,实行市领导县体制;二是将地区所在的县级市升格为地级市,管辖原地区所属的县,实行市领导县体制;三是将新设的县级市升格为地级市。三种不同途径导致现在的地级市体制不完全一样,而且管辖范围有很大差别。

地级市各种不同结构,就意味着其工作侧重点不一样。辖县的地级市到底领导几个县市为宜,尚无科学依据。有的地级市领导20多个县市,如保定市,谓之"小马拉大车";有的地级市只领导一个县市,如淮南市、淮北市,谓之"大马拉小车";有的地级市只辖区不辖县,如内蒙古乌海、山东莱芜、湖北鄂州等。要根据功能属性合理划分地级市和辖县、辖区的职责权限,既发挥地级市的领导作用,又发挥辖县和辖区的积极性。

市管县体制到底是利大于弊还是弊大于利,历来颇受争议。

中华人民共和国成立时就有了地级市的正式建制。市辖县体制在1950年代初就已存在,在1950年代末第一次得到迅速发展,目的是以市带动周围农村发展。1959年9月,全国人大常委会通过《关于直辖市和较大的市可以领导县、自治县的决定》,从法律上确认了地级市辖县的体制。此后,市辖县有了较大发展。但从1960年代起,出现过低潮。1978年、1982年的宪法规定,直辖市和较大的市分为区、县,从宪法上确认了地级市领导县的体制。1983年,地方机构改革中,不少地方实行地市合并,使市领导县体制再次迅速发展。当年底全国就有126个市管辖534个县级单位。现在已经全面确立了市管县体制,尚存的10个管县的地区行政公署有可能被全部撤销。从改革的实践看,市管县体制取得了一定成效。在以城市为中心建立自然经济发展区,发挥中心城市的龙头作用,以城市带动乡村经济发展,为城乡一体化、最终消除城乡差别等方面奠定了基础。

但在发展中,市管县体制也面临着一些困难,其中城乡合治是否可行是市管县体制成功与否的关键。市管县体制展现了中国历史上实行的城乡合治的前景。但是,数百万人口的乡村区域和千头万绪的城市区域的浩繁事务,给这种行政管理体制造成了城市和乡村两个不同的工作对象和工作重心。因为这两个工作对象涉及的内容差别很大,所以在平时工作中地级市政府基本上处于两手抓状态,一手抓农村建设,一手抓城市建设;在政府机构设置上也基本分成两套,一套是城市管理,一套是农村管理,二者之间基本处于互不相关的状态。有人甚至认为,1980年代以来农村经济增长缓慢,与全国普遍实行城乡合治、实行市管县以及类似的县改市改革不无关系。面对此种状况,有人认为市管县体制仅适应于城乡经济一体化的城郊地区,而与城市经济未形成一体化的农村地区,则应实行区域性的农村政府体制,而不应实行城乡合治的市管县体制。

面对市管县体制在实践中遇到的问题,确实需要认真对待。体制改革绝非小事,也非易事,不宜轻言放弃市管县体制,放弃同样会产生新的问题。因此,要综合各方面因素,通盘考虑并逐步解决其中的问题,重点要关注以下几个方面:①要合理确定市管县的幅度,幅度的确定要有充足的理由;②要改变观念作法,改变过去单纯领导城市和工业、商业或单纯领导农村和农业的工作方式与工作习惯,应把城乡两方面的工作视为相互联系的整体,做到两者兼顾;③要完善管理,要特别注意建立规范的城郊及辖县机构系统,实现对农村各项事业的行政管理和行政信息的传导与反馈;④要尊重各自利益,要注意搞好城乡协调发展的基础,城市化的社会发展方向不可能最终导致农村的消失,既防止和克服市侵占、剥夺县的经济利益现象的发生,也要防止和克服单纯指望城市经济支援农村经济的依赖思想。

（三）县级人民政府

县级人民政府包括县人民政府、县级市人民政府和市辖区政府。

1. 县人民政府

（1）组成与职权

县人民政府是县人民代表大会的执行机关，是县国家行政机关。县人民政府由县人民代表大会选举的县长、副县长和由县长提名、由县人大常委会决定任命的县人民政府所属各办、委、局的主要负责人组成。县人民政府每届任期5年。

从宪法和地方组织法的规定看，县人民政府的职权，除了不能制定行政规章外，与省人民政府的职权基本相同。这种法定的统一职权规定得过于笼统、原则，没有突出强调或细化它对农村管理的职能，而管理农村是县人民政府的工作重点。

为了快速改变农村面貌，县人民政府应当加强以下几方面工作：①加强对农业和农村工作的指导和协调。县人民政府工作的重点在农村，要加强对县域经济的规划、协调和指导工作，要因地制宜发展农林牧副渔各业，要努力开发高效高产优质农业。要按照市场经济规律办事，强化市场在农村经济中的决定性作用。要严格依法办事，切实保护农民的合法权益。要实施精准扶贫，小康社会不许有一个人掉队。②强化对农业产前、产中和产后的服务。县属各部门特别是涉农工作部门，要从过去以管理为主转向以服务为主，积极发展农业社会化服务体系，为农户提供市场信息、技术培训、贷款、购买生产资料、田间技术指导和产品的收购、储存、加工、销售等方面的全方位和全过程服务。从当地实际出发，打破城乡、部门和所有制限制，创新要素配置方式，释放生产潜能，推行贸工农、种养加、产供销一体化的综合经营体制。③促进各部门转变职能。县域经济中计划调节的成分很少，市场调节的比重较大；国有企业较少，集体企业、私营企业和个体户较多。各经济管理部门应利用该有利条件，适时将生产经营管理职能交给企业；将属于市场调节的职能还给市场；将技术服务、信息咨询等职能交给社会服务组织承担；将属于乡镇的职权下放给乡镇。属于县政府及其各职能部门的行政管理职能要适当集中，进行综合治理。

（2）机构设置

县人民政府的工作部门对应上级政府的机构设置，有办、委、局（科），设主任、局长或科长，并可设置副职若干名。1983年机构改革时，中共中央、国务院有关通知规定，县人民政府的领导班子设县长1人，副县长2至4人；县政府机构根据党政合理分工的精神和精简的原则，大力简化和紧缩，重叠机构一律撤销，业务相近的坚决合并，工作量不大、能够合署办公的合署办公，分工不清、互相扯皮的加以调整，条件已经具备改为经济组织和事业单位的就不再作为国家行政机关，政企要分开，不搞行政性公司，不搞政、企、事不分的一个单位两块牌子的机构。此后，县人民政府的工作部门一般在40个左右。

1993年8月，国务院推出了县级机构改革方案。该方案将全国的县根据经济发展和人口、面积等因素划分为四类，分别规定了机构设置数和人员编制数。一类是经济发达、人口众多的县，其党政机构设置30个左右，人员编制750人；二类是经济比较发达、人口比较多的县，三类是经济和人口居中的县，这两类县的机构设置25个左右，人员编制分别控制在650人和500人左右；四类是经济不发达和人口较少的县，其机构设置20个左右，人员编制控制在350人左右。对经济特别贫困或人口特别少的县作为特殊情况对待，其机构设置可以精干一些。这一方案还规定：党委、政府与其他机关之间的编制比例为15∶78∶7。1999年开始的地方机构改革方案规定，较大的县政府工作部门减至25个左右，中等县18个左右，小县14个左右，贫困县或人口特别少的县机构更加精干。以后每次国家机构改革都会涉及地方机构改革，县人民政府工作部门也会适应国家形势作出适当的调整。

县人民政府在必要的时候，经省人民政府批准还可以设立派出机构——区公所。中华人民共和国成立初期，区的设置分两种情况：一是作为一级政权的区人民政府；二是作为县政府派出机关的区公所。1954年地方组织法不再规定有区政府的建制，但仍保留区公所建制。农村人民公社时期，以乡或以区改社，但在四川、湖南、湖北、山东等省仍有一些区的建制。1980年代初，在实行政社分开的过程中，大部分省建乡不设区，也有设区建乡的。区公所作为县政府的派出机关，由区长、副区长、秘书及助理员若干人组成。其中副区长1—2人，秘书1人，助理员一般5—7人。有些区还设有副区级巡视员1—2人。这些成员由县人民政府任命。区公所的主要职责是，奉县政府之命，指导、监督与协助所辖乡、镇人民政府的工作。区公所下设工作机构包括区公安派出所、区财政所、区税务所、区粮管所、区供销社、区食品所、区银行营业所、区工商行政管理所、区邮电所、区法庭、区教育组、区水电所等。这些单位的业务由县的有关业务部门领导，行政上由区公所领导。

1986年，国务院规定，为了加强农村基层政权建设，减少管理层次，提高工作效率，除边远山区、交通不便的地区外，县以下一般不再设立区公所。一些地方根据本地区行政管理的需要，逐步推行区公所与区级镇合并的行政体制。实行区镇合并的地方，区公所就不复存在。截至2017年，全国仅剩两个区公所，一个是河北省张家口市涿鹿县的南山区，另一个是新疆维吾尔自治区喀什地区泽普县的奎依巴格区。区公所在计划经济时代为巩固农村基层政权发挥了积极作用，已完成其历史使命而逐渐退出历史舞台。

2. 县级市人民政府

（1）组成与类型

县级市大多为小城市。自从1980年代国家推行撤县改市以来，县级市激增。县级市行政地位相当于县，有部分县级市在领导干部配备上达到副地级。

县级市人民政府是本市国家权力机关的执行机关，是市的国家行政机关。县级市人民政府由市长、副市长和委员会主任、局长等组成。每届任期5年。市长、副市长由市人民代表大会选举产生。在市人大闭会期间，市人大常委会可以决定个别副市长的任免。市政府其他组成人员的任免，根据市长提名，由市人大常委会决定，并报上一级政府备案。

中华人民共和国成立时，全国设置68个县级市，由省、自治区或行政公署领导，当时设市的标准为城市人口超过5万者。1951年中央规定9万人口以下的城镇一般不设市，特殊情况需报经国务院批准。同时规定某些原来的县城可改为县辖市。1955年国务院发布《关于设置市、镇建制的决定》，规定了设市标准，即"聚居人口10万以上的城镇，可以设置市的建制。聚居人口不足10万的城镇，必须是重要工矿基地、省级地方国家机关所在地、规模较大的物资集散地或者边远地区的重要城镇，并确有必要时方可设置市的建制。"1959年县级市增加到103个。1963年中央调整了市镇建制标准，将部分10万人以下的市撤销了市建制，县级市减少到99个，1965年减少到88个。1986年，国务院降低设市标准，规定非农业人口6万以上，年国民生产总值2亿元以上，已成为该地区经济中心的镇，可以设市。于是县级市逐年增加。1993年5月，国务院再次调整设市标准，县改市继续大量增加，1997年全国县级市442个。2014年国务院印发《关于调整城市规模划分标准的通知》，对原有城市规模划分标准进行了调整，截至2017年，全国县级市达367个。

县级市主要有三种类型。第一种是县级市下辖乡、镇和街道办事处。第二种是县级市下仅辖乡、镇。第三种是县级市下只有派出机构街道办事处。

早期的县级市大多由"切块建市"而成，即将较发达的县辖镇从县中"切"出，改建为市。这些县级市一般不辖乡镇。推行撤县改市（整县改市）后的县级市则继续管辖原有的乡镇。县级市政府所在的城区一般设若干街道办事处，作为市政府派出机构。城区较小的县级市则不设街道办事处。

（2）县改市之利弊

实践中，县改市主要有两种模式，即"整县改市"和"切块建市"，各有利弊。

1983年国家大规模推行"整县改市"的模式，即将已具有一定城市特征的县，整体性改为县级市。这种做法的好处在于：减少"切块建市"的新设市与原有县之间在人、才、物、驻地等方面的矛盾，便于统一管理；可以避免县、市机构重叠、交叉、扯皮等在权责分配中的问题，减少县、市的管理单位；解决了"切块建市"腹地过少、缺乏发展余地的问题；等等。但这种模式的弊端也是明显的，主要有：①不少地方"整县改市"后，广大地域仍是农村，依然发挥不了城市的政治、经济、教育、科技、交通等中心功能。②不少县改市后，在思想观念、办事作风、工作重心上没有转变，依然用领导县即领导农村的方法来领导城市，工作长时间无起色，徒有"市"名。有些市则是一百八十度大转变，将人力、物力、财力不适当地全部转移到工业和城市建设上，减少了对农业的投入，削弱了农田水利基本建设，严重阻碍了农业生产的发展。③为"整县改市"而赶浪潮，不顾本县实际情况，滋生虚报浮夸之风。④"整县改市"的最大问题是脱离了中国处于社会主义初级阶段的实际。在大片不发达农村占主导地位的县推行"整县改市"，不利于解决中国农村现阶段的一系列矛盾。如果无休止地进行"整县改市"，再过几十年，中国即将成为无县国，这不符合中国国情，农业是国家的根本和基础，国家不能没有县。现在世界上很多发达国家仍然保留着相当数量的县，以保障农业生产的发展和管理。这是值得中国借鉴的。虽然中国城市化水平已接近60%，中国的建制市会越来越多，但"整县改市"的模式不宜大规模推广。

有人对"切块建市"模式提出三大弊端：一是无法解决市与县的矛盾，首先是驻地的矛盾；二是腹地较少，没有基地，没有发展余地；三是"切块建市"，另设县级市，势必大量增加县（市）级的管理单位，不要多长时间，中国社会将会多出几百个、甚至上千个县级单位，人民群众将不堪重负，那是非常危险的。但坚持"切块建市"的人认为，这些弊端在计划经济时代是免不了的，但在市场经济条件下没有存在的基础，理由是：①关于市与县的矛盾,"切块建市"存在,"整县改市"也存在,而且前者是一时的矛盾,后者是久远的矛盾,前者比后者好处理一些。②关于腹地与基地,在计划经济时代市与其腹地、农副业基地是靠计划和行政手段捆绑在一起的,在市场经济条件下则是依靠市场调节。实践证明,市场调节比单纯的计划管理和行政捆绑效果要好得多。现在,实行社会主义市场经济的中国不应再固守和沿用计划时代的捆绑式建市模式。③增加大量县(市)级管理单位,是经济发展必然产生的现象。但管理单位增多,行政干部不一定要增加。目前庞大的行政干部队伍已严重阻碍社会主义市场经济的发展。按市场经济要求建立的切块市(当然不排斥少量城市化高度发展的县仍可整县改市),会相应地形成"小政府,大社会"的局面。届时县、市数量增加了,而行政干部会比现在要少,工作效率还会更高。况且中国,现有的县和县级市规模都过大,管理人口多,面积大,将现有的2000多个县、市增加到3000个甚至4000个是必要的。

实际上,"切块建市"和"整县改市"都有利弊,这既有计划经济体制遗留的矛盾,也有行政组织本身在发展过程中的惯性问题。这些矛盾和问题的解决,并非一朝一夕、一劳永逸。无论"切块建市"还是"整县改市",都只是手段,最终目的是为了经济社会的发展和人民生活水平的提高。如果"切块建市"不能发挥城市应有的辐射功能,"整县改市"不能消除传统体制的固有弊端,那么实践中就不能盲目地一哄而上,追赶潮流。如果这两种方式在一个地方确实能发挥积极作用,那么就不能无所作为。因此,要一切从实际出发,具体情况具体分析,因地制宜,积极稳妥地推行"切块建市"或"整县改市"。

3. 市辖区人民政府

市辖区是国家在市所辖的城区设置的一种地方行政建制,是城市地区的一种基层行政单位。1950年11月,国家相继颁布《大城市区各界人民代表会议组织通则》和《大城市区人民政府组织通则》,明确规定设市的大城市在城区设置区一级行政单位。1954年宪法规定"直辖市和较大的市分为区",确认了区在地方行政体制中的法律地位。为区别于县在农村地区派出机关的"区",城区内的区就叫作市辖区。

(1) 组成和任期

市辖区人民政府是本区国家权力机关的执行机关,是区的国家行政机关。市辖区政府由区长、副区长若干名以及区政府所属的委、办、局主要负责人组成。区长、副区长由本区人民代表大会选举产生,各委、办、局主要负责人由区长提名，区人大常委会决定任命。在区人大闭会期间，区人大常委会可以决定个别副区长的任免。市辖区政府每届任期5年。

市辖区的职权，在宪法和地方组织法中，作为县级以上地方各级人民政府职权一并列举。它没有制定地方行政规章的权力。实践中很长一段时间内，市辖区政府的职权相当有限，虽然也是一级政府，但是相比同是隶属市政府的县政府而言，职权小得多。有的市辖区领导认为，以往的区政府实际上只能算作半级政府，明显与一级政府的地位不符。市辖区作为整个城区的一个部分，它的管理有特殊性，就是在许多方面必须服从整个城区管理所要求的整体性、集中性和统一性。因此，从城市管理的特点看，市辖区政府的职权不可能和县政府的职权完全一样。但是，在以往很长时间里，对城区管理的整体性、集中性和统一性的认识也有失偏颇，使得城市管理权限过分集中在市政府，区政府权力过于窄小。

自1980年代后期开始，为了适应改革开放与社会发展需要，不少市政府，尤其是超大城市、特大城市、大城市的政府纷纷向自己所辖的区政府放权，使市辖区政府开始从"半级政府"向"一级政府"转化。随着实际职权的扩大，市辖区政府在城市管理、市政建设等方面发挥了日益明显的作用。进入21世纪以后，由于城市发展的需要，很多城市裁撤或合并了一些市辖区，市辖区管理范围越来越大。但是长期以来，市辖区政府明显感觉到不堪重负。一些超大城市、特大城市、大城市的市辖区政府又纷纷向街道办事处下放权力。

市辖区政府的机构设置一般对应于市政府的机构设置。直辖市所辖的区人民政府与地级市所辖的区人民政府在行政地位上是有区别的。直辖市的区人民政府属于地级，而地级市的区人民政府属于县级。

（2）街道办事处

市辖区、县级市的人民政府，为便于行政管理依法在辖区内设置派出机关——街道办事处。它只存在于城区。街道办事处的行政首长为派出它的政府委任的主任1人和副主任若干名。依据1954年全国人大常委会制定的《城市街道办事处组织条例》的规定，街道办事处的主要职权是：办理派出它的政府交办的有关居民工作的事项；指导居民委员会的工作；反映居民的意见和要求等。街道办事处内部都设有若干科（股），配备若干名助理。一般街道办事处设有办公室、行政科、城管科，较大的街道办事处还设有民政科、文教卫生科、计生办和综合治理办等办事机构和职能机构。

实践中，街道办事处的功能早已超过上述条例的规定，其承担各方面的工作，基本上与区政府行政范围相同，如要组织安排区人大选举、居民法治教育、民事调解、物价监督、个体摊贩管理、街道经济实体的业务以及计划生育、人口普查、环境卫生、市容市貌等各方面的繁杂事务，成为区政府必不可少的助手和各项工作的落脚点。街道办事处下属的基层群众性自治组织——居民委员会又为街道办事处承担大量繁琐的具体事务性的工作。

超大城市、特大城市和大城市的街道办事处的定位问题，一直是探讨城区行政体制改革的热点问题。改革开放以来，街道办事处的作用发生了很大变化，它已不仅仅是承办上级政府交办的各项工作，而是要对辖区内许多经济、社会的事务承担行政管理责任。随着区政府的放权，这一趋势尤为明显。街道办事处是继续扮演办事处角色还是升格为一级政府，大致有三种不同意见。一是认为街道办事处应成为一级政府，整个城市城区实行市——区——街道"三级政府，三级管理"模式；二是保持街道办事处仍作为区政府派出机关不变，在现有基础上适度扩大它的职权范围；三是缩小区的范围，增加市辖区的数量，减轻街道办事处的行政负担。实践表明，第三种方案行不通，不但市辖区的数量没有增加，反而在减少。第一种方案涉及到修改宪法、法律问题，也不足取。第二种方案则是比较务实的解决方案。

（四）乡级人民政府

乡级人民政府包括乡（民族乡）人民政府和镇人民政府。

1. 乡（民族乡）人民政府

（1）乡建制沿革

乡人民政府是中国农村基层国家权力机关的执行机关，是农村基层国家行政机关。乡建制在中国地方行政制度史上源远流长，作为地方区划名称始于周。公元前221年秦始皇统一中国后，为了确保中央集权，便于行政管理，废除分封制，在全国划分了郡、县、乡三级行政区域，分别置官予以管理。乡作为基层行政建制得以初步确定。在以后两千多年的历史中，乡建制虽历经变化，但最终确定为县下的基层行政建制，并一直沿袭至今。

新中国建立后，乡建制进入了一个新的发展时期。1950年12月，政务院制定了《乡（行政村）人民政府组织通则》，在全国普遍建立了乡（行政村）政权。1954年1月，中央人民政府内务部发出了《关于健全乡政权组织的指示》，规定乡人民政府应设立生产合作、文教卫生、治安保卫、人民武装、民政、财粮、调解等委员会，加强了乡的行政工作。1954年宪法正式规定乡、民族乡设农村基层人民政府。民族乡是指相当于乡的少数民族聚居地方建立的一级行政区域。它不属于民族自治地方，不设民族自治机关，不行使民族自治权。但它又不同于一般的乡，应注意当地少数民族的风俗习惯和特殊需要。

1958年以后，全国掀起了人民公社化运动，乡建制被政社合一的人民公社所取代，乡政府不复存在。人民公社存在的二十多年的历史表明，它既削弱了农村基层政权建设，也不利于农村经济发展。1978年中国改革开放以来，农村实行经济体制改革；公社建制同农村政治、经济、社会的发展更加不相适应。1982年宪法重新规定乡、民族乡设人民代表大会和人民政府。至1985年2月，全国完成了政社分开、重建乡政权的任务。

（2）组成和职权

乡、民族乡政府由乡、民族乡人民代表大会选举产生的乡长1人、副乡长若干人组成。每届任期5年。在很长一段时期里，乡政府下设一职一人的民政、公安（有派出所的乡不设此职）、司法、财政、文教卫生、计划生育、乡镇建设等助理员。由文书、统计员、会计员组成乡政府办公室。由部长、干事组成人民武装部。这些工作人员和工作部门在接受乡政府统一领导的同时，接受上级政府主管部门的业务指导。其中计划生育、文教卫生等助理员，由乡政府和上级主管部门双重领导。由县政府设在乡的财政、工商、税务等机构，归县、乡双重领导，以乡为主。随着乡经济社会的发展，一些地方开始在乡政府内设工作机构，称为"股""组"或"委"，以招考和合同形式选聘机关工作人员，乡政府机构日益膨胀。

按照地方组织法的规定，乡、民族乡、镇的人民政府的职权主要是：①执行本级人民代表大会的决议和上级国家行政机关的决定和命令，发布决定和命令；②执行本行政区域内的经济和社会发展计划、预算，管理本行政区域内的经济、教育、科学、文化、卫生、体育事业和财政、民政、公安、司法行政、计划生育等行政工作；③保护社会主义的全民所有的财产和劳动群众集体所有的财产，保护公民私人所有的合法财产，维护社会秩序，保障公民的人身权利、民主权利和其他权利；④保护各种经济组织的合法权益；⑤保障少数民族的权利和尊重少数民族的风俗习惯；⑥保障宪法和法律赋予妇女的男女平等、同工同酬和婚姻自由等各项权利；⑦办理上级人民政府交办的其他事项。

（3）机构改革和取消农业税

1993年8月，国务院推出乡镇机构改革方案，根据经济发展、人口和面积等因素，将全国的乡镇划分为三类，具体分类方案由各省、自治区、直辖市根据分类标准制定。经济发达、规模大的乡镇，机关人员编制控制在45人以内；经济发展水平和规模大小居中的乡镇，机关人员编制控制在30人以内；经济不发达和规模小的乡，机关人员编制控制在15人以内。有些乡，特别是经济贫困、规模很小的乡，机关人员编制还可以更少一些。全国乡镇机关的编制总数控制在200万人左右。

通过这次改革，乡政府机构人员有所减少，但不久就反弹，机构膨胀，人浮于事，效率低下，农民不堪重负，已成为影响当时社会稳定的一个重要因素。农民负担重是1990年代群众反映最强烈的问题之一，有些农民甚至交不起农业税，农村乱象丛生，群体性事件居高不下，农民是当时全国最大的弱势群体，不少有志之士甚至发出了"官逼民反"的警告。如有的地方，提留统筹费并没有真正按规定减下来；有的地方平摊农业物产税、屠宰税的问题十分突出；有的地方和部门仍在向农民乱收费、乱集资、乱罚款和乱摊派；有的地方乡、村负债严重，向农民转嫁债务的现象有所蔓延。农民负担重的问题长期得不到根本解决，并不时出现反弹，原因是多方面的。其中一个重要原因就是乡镇机构庞大，吃"皇粮"的人太多。不少地方乡镇机构臃肿，少则近百人，多则数百人，农民负担不起。

农民负担重的问题引起了党和国家的高度重视。要切实解决农民负担，就要大刀阔斧精简乡镇机构。中央要求，1999年要在冻结乡镇机构和人员编制的基础上，加紧清理、解聘超编人员；对乡镇一级机构，可设可不设的不设；可合设的，不分设。鼓励村级各类组织的干部交叉兼职，最大幅度减少拿补贴的干部人数，以压缩管理费用和干部报酬。中央已经意识到，要彻底减轻农民负担，断绝乡政府的乱作为的借口，取消农业税则是根本措施。

农业税是国家对一切从事农业生产、有农业收入的单位和个人征收的一种税，俗称"公粮"。中国历史上有记载的农业税收为春秋时期（前594年）鲁国实行的"初税亩"，汉代叫"租赋"，唐朝称"租庸调"，国民政府时期叫"田赋"。西方国家称地租税或土地税。农业是古代社会最主要的生产部门，农业税是古代社会国家最主要的税收，是财政收入的主体。发展到资本主义社会后，随着工业、商业的发展，农业在国民经济中的比重不断下降。当代世界多数国家的农业税已不是主要税收，而是作为财政收入的辅助手段。

农业税被农民称为"皇粮国税"。其间历朝对税制多次进行改革，历史上就出现过"两税法""一条鞭法""摊丁入亩"等改革，以扩大纳税面，让有地产、有钱财的人多纳税。但是，由于吏治腐败，负担最终转嫁到农民头上。这就是农民负担越减越重的"黄宗羲定律"。尽管如此，中国农民一直认为纳税是一种义务，对农业税没有抵触情绪。

中华人民共和国成立后，中国政府也未停止征收农业税。中国为传统的农业国，农业税收一直是国家统治的基础，国库收入主要来自农业税收。1958年第一届全国人大常委会通过了《中华人民共和国农业税条例》并实施至今。1983年开征农林特产农业税。1994年国务院发布《关于对农业特产收入征收农业税的规定》，农业税制实际包括农业税、农业特产税和牧业税等三种形式。全国的平均税率规定为常年产量的15.5%；各省、自治区、直辖市的平均税率，在征收农业税（正税）的时候结合各地区的不同经济情况，分别加以规定。几十年来，农业税一直是国家财力的重要基石。1950年农业税占当时财政收入的39%，可以说是财政的重要支柱。1979年这一比例降至5.5%。2004年农业税占各项税收的比例进一步降至1%。据统计，从1949年至2000年的52年间，农民给国家缴纳了7000多亿公斤粮食。

从2000年开始，中国开始了以减轻农民负担为中心，取消"三提五统"等税外收费、改革农业税收为主要内容的农村税费改革。从安徽开始试点并逐步扩大范围，到2003年在全国铺开。主要内容是：取消乡统筹、农村教育集资等专门向农民征收的行政事业性收费和政府性基金、集资，取消屠宰税，取消统一规定的劳动义务工；调整农业税和农业特产税政策；改革村提留征收使用办法。2004年开始，取消牧业税和除烟叶外的农业特产税；实行取消农业税试点并逐步扩大试点范围，对种粮农户实行直接补贴、对粮食主产区的农户实行良种补贴和对购买大型农机具的农户给予补贴；吉林、黑龙江等8个省份全部或部分免征了农业税，河北等11个粮食主产区降低农业税税率3个百分点，其他地方降低农业税税率1个百分点。2005年上半年，中国22个省免征农业税；2005年年底28个省区市及河北、山东、云南三省的210个县（市）全部免征了农业税。2005年12月，十届全国人大常委会第十九次会议通过决定，自2006年1月1日起废止《农业税条例》。自公元前594年开征至2006年结束，农业税在中国存在了整整2600年，终于退出历史舞台。

中华人民共和国成立以来，国家的农业征税、缴税成本一直很高，这种成本有时候甚至超过了税收本身。以农业税为载体，派生出从农民、农村、农业摄取剩余的税费的品种多得令人眼花缭乱。农业税的取消使这种到处向农民伸手的体制得到了根本改变。这种制度性变革是党和国家对城乡经济和社会发展不均衡政策做出的重大调整，是对农民的一次彻底解放。取消农业税是改革开放取得的一项巨大成果，在中国现代历史上将留下浓墨重彩的一笔。

2. 镇人民政府

组成与机构

小城镇介于城乡之间，地位特殊，有狭义和广义两种。狭义的小城镇是指除设市以外的建制镇，包括县城。建制镇是农村一定区域内政治、经济、文化和生活服务的中心。1984年国务院转批的民政部《关于调整建制镇标准的报告》中关于设镇的标准是：①凡县级地方国家机关所在地，均应设置镇的建制。②总人口在2万以下的乡，乡政府驻地非农业人口超过20%的，可以建镇；总人口在2万以上的乡、乡政府驻地非农业人口占全乡人口10%以上的亦可建镇。③少数民族地区，人口稀少的边远地区，山区和小型工矿区，小港口，风景旅游，边境口岸等地，非农业人口虽不足20%，如确有必要，也可设置镇的建制。广义的小城镇，除了狭义所指的县城和建制镇外，还包括了集镇。1993年国务院发布的《村庄和集镇规划建设管理条例》的规定，集镇是指乡、民族乡人民政府所在地和经县级人民政府确认由集市发展而成的作为农村一定区域经济、文化和生活服务中心的非建制镇。集镇无疑是今后农村城市化的重点。这里讲的小城镇是狭义上的。

截至2016年底，全国共有建制镇20654个，刨掉县城所在地城关镇，真正的小城镇为18099个，全国每10人就有6人居住在镇域范围内。在18099个小城镇中，有近12000个小城镇人口不足5万人，有1068个镇人口规模超3万，其中70个小城镇人口规模超过10万，有4个镇人口规模超过了100万。其中，10万人以上的镇，85%以上分布在中部。

镇的行政地位和乡平级。虽然有些镇，如县政府所在地的镇，可能高配副县级镇长，但镇的行政地位仍然是乡级。在1950年代至1970年代，中国曾设置过一些县级镇，后陆续改为县级市。云南畹町镇（县级）设于1952年，直到1985年才改为市。镇具有一定程度的城市特征，属于城市体系中的最低层次，是农村的区域经济中心、社会文化中心。镇作为工商业集聚点，对于周围农村的经济发展有一定的吸引力和辐射力。为了更好地发挥城镇带动农村发展的功能，国家逐步推行了乡镇合并或撤乡建镇而由镇领导村的体制。

镇人民政府是本镇国家权力机关的执行机关，是镇的国家行政机关，是中国最基层的政府。镇人民政府设镇长、副镇长，镇长、副镇长由本级人民代表大会选举产生，每届任期5年。镇人民政府工作人员原来按一职一人的原则设立，一般设有民政、司法、财政、文教卫生、计划生育、生产建设、村镇建设等助理员或文书各一人,以及人民武装干事、公安特派员若干人。随着经济发展,镇政府和乡政府一样,也开始出现"股""组""委"之类的内设机构,人员开始增多,机构日益膨胀。

镇政府的职权与乡政府的一样,但二者的管理重点不一样。镇政府主要不是管理农业生产,而是管理工业、手工业和商业等。镇政府还有城镇发展规划、市政建设和管理等方面的职权。随着经济社会的发展,镇政府的职能实际上已发生很大变化,例如,城镇规划、基础设施、居民生活设施等建设、管理任务越来越繁重;资源环境管理提到重要日程;外来人口的管理、计划生育、社会治安管理任务日益突出;科技教育、文化方面的管理事务越来越多;等等。总之,镇政府管理的范围更广了,工作量更大了,管理要求也更高了。今后,要按照党和国家机构改革的要求,根据实际需要,依法合理配置镇政府的工作部门和人员。

注释

[1]《北京青年报》2003年3月7日A2版,记者常晓华、顾钱江报道:国家行政事业单位人员由财政供养的人数达4500万之多,平均28个人养1个"吃皇粮的"。中国历史上需要财政供养的人与普通百姓之比,两汉为1:945,唐朝为1:500,清朝康熙时期为1:91,中华人民共和国成立之初为1:600,1978年约为1:50,而目前是1:28。机构臃肿已严重阻碍了经济发展。

[2]"三支两军"是解放军在"文化大革命"中,执行支左、支农、支工、军训、军管任务的简称,是人民解放军介入"文化大革命"的标志。支左是指"文化大革命"前期,部队支持地方被称为左派的一些组织;支农、支工是到地方贯彻党中央"抓革命、促生产"的规定,支援农业和工业生产;军管是部队对一些要害部门、单位、系统等实行军事管制;军训则是派军队对大中专院校进行军训。

[3] 行政公署制度产生于抗日战争和解放战争时期,几经变化。抗日战争和解放战争时期,中国共产党在革命根据地建立的行政公署是地方政权机关,如胶东行政公署等。中华人民共和国成立初期建立的行政公署,是相当于省级的地方政权机关,如皖南、皖北、苏北、苏南、川东、川西等人民行政公署,1952年撤销。1954年地方组织法规定省人民政府可以按地区设立行政公署,作为自己的派出机关,由行政专员和副专员领导工作。1978年宪法规定,省革命委员会可以按地区设立行政公署,作为自己的派出机构。由

任命产生的专员和副专员代表省革命委员会指导所属行政区内若干县一级人民政府的工作。1982年宪法对省级人民政府的派出机关未作规定，但该年修改通过的地方组织法规定了省、自治区根据需要可以设立派出机关。20世纪80年代以来，许多省、自治区实行市地合并改革，采用市管县的体制，行政公署逐渐减少。

第十章

民族区域自治制度

中华人民共和国是全国各族人民共同缔造的统一的多民族国家。民族区域自治是中国共产党运用马克思列宁主义解决中国民族问题的基本政策，是国家的一项基本政治制度。民族区域自治是在国家统一领导下，各少数民族聚居的地方实行区域自治，设立自治机关，行使自治权。实行民族区域自治，体现了国家充分尊重和保障各少数民族管理本民族内部事务权利的精神，体现了国家坚持实行各民族平等、团结和共同繁荣的原则。

一 符合中国实际的民族制度

（一）中国的民族格局

中国的民族格局是中华民族多元统一的民族格局，有着几千年的历史渊源。从时间上追溯，4000年前汉民族前身华夏族的孕育以至成形，是中华民族发展史上的一个里程碑；秦汉以来直至近代的鸦片战争是中国形成统一的多民族国家、中国各民族形成中华民族的历史发展过程，在这2000年中，各民族之间接触、交往、摩擦、融合同化，以儒家文化为基础，以统一的中央集权政府管理为杠杆，坚强地维系了文明古国的超稳定结构，有了中华民族各兄弟成员的共同向心律动；从1840年到1949年，饱受外敌侵略的耻辱，中华民族从一个自在的民族实体逐渐萌发和滋长了中华民族的自觉意识和民族觉悟而上升为一个自觉的民族实体，形成了今天的民族格局。

中华民族格局具有自己鲜明的特点：①汉族是中华各民族的主体，它在中华民族多元一体格局中起着凝聚核心的作用。正是这样一个凝聚核心的存在，为这样一种民族格局的形成提供了可能性。经过汉族和各少数民族共同努力，最终形成多元统一的中华民族格局。②中华各民族以汉族为主体，各民族分布状况为交错聚居或杂居而且是大杂居、小聚居，汉语成为全国范围内的通用语言，这些是中华民族多元一体格局的现实性体现。③中华各民族在政治、经济、社会、文化诸方面的发展水平极不平衡，汉民族的各方面的大发展对各少数民族有一种天然的、强大的吸引力。古代，各民族的经济文化始终呈现多元区域不平衡发展，但最终却汇聚于中原，形成一个又一个的发展高峰；同时，汉民族高度发达的经济文化持续不断地向边疆地区辐射与扩散，中国各民族的同质性因素日益发展。在现代，汉民族人口众多且科学技术先进，而少数民族人口稀少却地大物博，这就决定了各民族只有互为依托、取长补短，才能实现共同繁荣。因此，中华民族多元一体的格局的形成又是必然的。④这一格局的形成不仅是因为中国各民族之间有较大的凝聚力，而且是因为中华各民族之间没有太大的离心力，各民族之间能和睦相处、互相理解和宽容，没有强烈的排斥、对立和隔阂心理，同国外反华势力相互勾结的极少数民族分裂分子在中国根本就没有市场。

（二）民族区域自治制度的形成与发展

1. 生成

中国自古以来就是一个多民族的国家，民族问题不可避免。中国共产党意识到民族问题的重要性，从成立起就探索解决国内民族问题的模式。

1922年7月，中共二大提出了民族平等和民族自决的原则，把解决民族问题的任务同中国革命联系在一起，强调以联邦制方式解决国家的民族问题。中共二大宣言中指出："蒙古西藏回疆三部实行自治，成为民主自治邦"，"用自由联邦制，统一中国本部、蒙古、西藏、回疆，建立中华联邦共和国"。① 1931年11月，中华苏维埃第一次全国代表大会通过的《中华苏维埃共和国宪法大纲》规定："中国苏维埃政权承认中国境内少数民族的民族自决权，一直承认到各弱小民族有同中国脱离，自己成立独立国家的权利。蒙古、回、藏、苗、黎、高丽人等，凡是居住在中国地域内，他们有完全自决权：加入或脱离中国苏维埃联邦，或建立自己的自治区域。中国苏维埃政权在现在要努力帮助这些弱小民族脱离帝国主义国民党军阀王公喇嘛土司等的压迫统治而得到完全自主，苏维埃政权更要在这些民族中发展他们自己的民

---

① 《中国共产党第二次全国大会宣言》，中央档案馆编：《中共中央文件选集 第一册（一九二一——一九二五）》，中共中央党校出版社1989年版，第115—116页。

族文化和民族语言"。① 这种解决民族问题的方法和理论,是盲目学习苏俄的结果,不符合中国中央集权制国家结构的历史传统和各民族交错聚居或杂居的现实分布状况,注定是行不通的。在后来的长征途中,随着对少数民族状况有了较为深入的认识,中国共产党对解决民族问题的思考更加成熟,提出不能到处搬用苏联模式组织少数民族政权,基本上抛弃"民族自决"和"联邦制"思想,并将"建立自己的自治区域"付诸实践。1936 年 5 月,陕甘宁豫海县回族自治政府的成立就是一次成功的少数民族区域自治的实践。

抗日战争和解放战争时期,中国共产党对民族问题进行了更深入的探索和思考。1938 年 9 至 11 月召开的中共六届六中全会明确了中国单一制国家结构的思路和民族平等原则。1938 年 10 月,毛泽东在中共六届六中全会作的《论新阶段》报告中较系统阐述了民族区域自治思想,指出:"第一,允许蒙、回、藏、苗、瑶、夷、番各民族与汉族有平等权利,在共同对日原则之下,有自己管理自己事务之权,同时与汉族联合建立统一的国家。第二,各少数民族与汉族杂居的地方,当地政府须设置由当地少数民族的人员组成的委员会,作为省县政府的一部门,管理和他们有关的事务,调节各族间的关系,在省县政府委员中应有他们的位置。第三,尊重各少数民族的文化、宗教、习惯,不但不应强迫他们学习汉文汉语,而且应赞助他们发展用各族自己言语文字的文化教育。第四,纠正存在着的大汉族主义,提倡汉人用平等态度和各族接触,使日益亲善密切起来,同时禁止任何对他们带侮辱性与轻视性的言语,文字与行动。上述政策,一方面,各少数民族应自己团结起来争取实现,一方面应由政府自动实施,才能彻底改善国内各族的相互关系,真正达到团结对外之目的,怀柔羁縻的老办法是行不通了的"。② 至此,中国共产党关于在统一的国家内实行民族区域自治的政策大体形成。同时这个报告的原则阐述,几乎涉及了当今实行的民族区域自治制度的基本内容。1941 年 5 月,中共边区中央局提出、中共中央政治局批准的《陕甘宁边区施政纲领》规定:"依据民族平等原则,实行蒙回民族与汉族在政治经济文化上的平等权利,建立蒙回民族的自治区,尊重蒙回民族的宗教信仰与风俗习

---

① 《中华苏维埃共和国宪法大纲》,中央档案馆编:《中共中央文件选集 第七册(一九三一)》,中共中央党校出版社 1991 年版,第 775—776 页。
② 毛泽东:《论新阶段》,中央档案馆编:《中共中央文件选集 第十一册(一九三六———一九三八)》,中共中央党校出版社 1991 年版,第 619—620 页。

惯"，① 第一次明确了在单一制国家结构中实行民族区域自治的指导思想。1946年4月，陕甘宁边区第三届参议会第一次大会通过的《陕甘宁边区宪法原则》规定："边区各少数民族，在居住集中地区，得划成民族区，组织民族自治政权，在不与省宪抵触的前提下，得订立自治法规。"这使民族区域自治，虽然是局部的但毕竟是第一次用法律形式确定下来。按照上述规定，陕甘宁边区政府在一些少数民族聚居区建立了自治政权；在海南等解放区也建立了民族自治政权。1947年5月1日，省一级的内蒙古自治区成立，标志着中国共产党对解决民族问题的道路探索阶段的结束，为民族区域自治制度的确立和推行提供了宝贵经验，奠定了坚实的基础。

1949年9月29日，中国人民政治协商会议第一届全体会议通过的《中国人民政治协商会议共同纲领》明确规定："各少数民族聚居的地区，应实行民族的区域自治，按照民族聚居的人口多少和区域大小，分别建立各种民族自治机关。凡各民族杂居的地方及民族自治区内，各民族在当地政权机关中均应有相当名额的代表"。② 这样，民族区域自治成为解决中国民族问题的基本政治制度，并以宪法性文件的形式最终确定下来。

中国共产党选择民族区域自治制度解决国内民族问题，除了中国选定单一制国家结构形式的原因时涉及的历史传统、理论基础等与选择民族区域自治制度密切相关外，还有两个重要因素也直接决定了民族区域自治制度的确立。

（1）中国民族分布的特点决定了必须实行民族区域自治制度。中国历史上，由于多次民族迁徙、屯田、移民戍边，以及朝代更替等原因，造成各民族交互聚居、杂居、散居，早已在全国形成了以汉族为主的各民族大杂居、小聚居的的局面。这种民族分布状况，反映了中国各民族之间、特别是少数民族和汉族之间的相互依存关系，要想分别使各民族建立各自的民族国家，既不适宜也不可能。中国共产党领导中国各族人民取得革命胜利后解决民族问题的政治形式只能采取民族区域自治。正如周恩来所说："中国民族多，而又相互杂居，这样的民族分布情况，就不可能设想采取如同苏联那样的民族共和国办法，因为构成一个民族共和国，需要构成一个独立的经济单位，

---

① 《陕甘宁边区施政纲领》，中央档案馆编：《中共中央文件选集 第十三册（一九四一——一九四二）》，中共中央党校出版社1991年版，第93页。

② 《中国人民政治协商会议共同纲领》，中央档案馆编：《中共中央文件选集 第十八册（一九四九）》，中共中央党校出版社1992年版，第595页。

绝大多数的民族人口要聚居。"① 因此,"在中国适宜于实行民族区域自治,而不宜于建立也无法建立民族共和国。历史发展没有给我们造成这样的条件,我们就不能采取这样的办法。历史发展给我们造成了另一种条件,就是中国各民族杂居的条件。这种条件适宜于民族合作,适宜于实行民族区域自治。"②

(2) 各民族相互合作、共同发展需要实行民族区域自治制度。由于历史和自然的原因,中国经济社会的发展很不均衡。就全国而言,人口占90%以上的汉族主要居住在东部和中部地区,居住面积不到国土面积的50%,经济、文化相对比较发达,但资源短缺。人口不到10%的少数民族主要居住在西部、北部地区,居住面积超过国土面积的50%,且大多属于祖国的边疆或边境国防要冲地带,有些民族跨境而居。少数民族聚居地区地大物博,自然资源丰富,可社会生产力不发达,有的少数民族在解放前还停留在狩猎、捕鱼以及刀耕火种的发展阶段。这种情况决定了各民族只有充分合作、团结互助、互相支持,才能实现共同发展。而这只有在统一的国家内实行民族区域自治制度,才能将民族和地域结合起来,打破区域的民族壁垒,使得各民族、各地区的优势结合起来,有利于民族合作,实现各民族的共同繁荣与发展。正如周恩来所说:"在中国这个民族大家庭中,我国采取民族区域自治政策,是为了经过民族合作、民族互助,求得共同的发展、共同的繁荣。"③

2. 推行

《共同纲领》的制定为实行民族区域自治制度提供了法律依据,新中国的成立为民族区域自治制度在全国的推行奠定了政治基础。这一推行的实践经历了一个曲折的历史过程。这一过程大体上又分为三个时期。

第一个时期,1949年10月至1958年12月,为民族区域自治制度全面推行时期。这一时期又可分为两个阶段。

第一阶段是从中华人民共和国成立到1954年宪法的制定。中华人民共和国成立后,党和政府非常重视推行民族区域自治的工作。一方面,进行全国性的民族调查和识别工作,疏通民族关系,宣传党的民族政策,为推行民族

---

① 周恩来:《关于我国民族政策的几个问题》,《周恩来选集》下卷,人民出版社1984年版,第256页。

② 周恩来:《关于我国民族政策的几个问题》,《周恩来选集》下卷,人民出版社1984年版,第257页。

③ 周恩来:《关于我国民族政策的几个问题》,《周恩来选集》下卷,人民出版社1984年版,第261页。

区域自治制度作必要的思想、干部准备；另一方面，在一些民族地区建立民族自治区。其间1952年8月，中央人民政府颁布了《中华人民共和国民族区域自治实施纲要》。该纲要根据《共同纲领》对民族区域自治制度作了比较全面的规定，规定了民族自治区的建立、自治机关的自治权、处理民族自治区内民族关系的原则和上级人民政府领导的原则。该纲要连同1953年9月公布的《关于推行民族区域自治经验的基本总结》，对民族区域自治的推行起到了巨大作用，至1954年9月在全国少数民族聚居的地方建立的民族自治区达153个。这一阶段民族区域自治的一个显著特点是，所建立的民族自治地方，不论层级，不论大小，一律称之为"自治区"。

第二阶段是从1954年9月宪法的公布到1958年底。1954年新中国第一部宪法以国家根本大法形式对民族区域自治制度进一步作了比较全面的规定。一方面，重申"各少数民族聚居的地方实行区域自治"，强调"各民族自治地方都是中华人民共和国不可分割的部分"；另一方面，对自治机关组织的基本原则、自治机关的自治权、上级国家机关如何领导和帮助民族自治地方等问题作了原则性规定，特别是明确规定了民族自治地方的自治机关管理本地方的财政、组织本地方的公安部队、制定自治条例和单行条例以及使用当地民族通用的一种或几种语言文字执行职务等四项自治权。根据过去几年推行民族区域自治实践的成果和经验，1955年国务院依据宪法颁布了《国务院关于改变地方民族民主联合政府的指示》，将民族这种地方规定为自治区、自治州、自治县，不再将县与乡之间的少数民族聚居区称为民族自治地方。这是新中国成立后民族区域自治体制的一次重大变化，这种新的自治体制一直延续至今。这一阶段，对原有不规范的自治区进行了调整、改建，新建了一些民族自治地方。新疆完成了各个民族聚居区建立民族自治地方的任务，甘肃省基本完成建立民族自治地方的任务，云南、宁夏、湖南、广西、广东、黑龙江也都建立了一部分民族自治地方。到1956年9月，全国已建立内蒙古和新疆维吾尔两个自治区、27个自治州和43个自治县。到1958年，广西壮族自治区和宁夏回族自治区成立。至此，实行自治的民族达到了31个，所涉地域比较广阔，而且在自治地方的组织形式、规模、行政地位、自治权利等方面更加规范，符合多种类型民族聚居区和杂居区的实际情况。

第二个时期，从1958年12月至1966年5月，为民族区域自治制度曲折推行时期。

从1957年开始，国家政治形势发生很大变化，全国各条战线出现了"左"的错误。在民族工作上，"左"的错误相对较迟，但毕竟无法避免。从

1958年到1960年达到了高峰。由于"左"的指导思想，在"以阶级斗争为纲"的口号下，把"民族问题的实质是阶级问题"当作了普遍真理；在"大跃进"和"人民公社化"的影响下刮起了一股"民族融合风"；在反对地方民族主义斗争中又犯了扩大化的错误。在"左"的错误干扰下，从1958年底到1961年4月，不但没有建立一个民族自治地方，而且原有的自治县有些被撤销、合并，有的自治州也有因同专署、行署合署办公而降低了其行政地位。1961年西北民族工作会议开始对民族工作中的错误进行了纠正，虽然中共八届十中全会后中止了纠"左"工作，但这个时期民族区域自治仍然能在曲折中推行。这一时期建立了西藏自治区（1956年成立筹备委员会，1965年正式成立），在云南建立了4个自治州、6个自治县，在贵州、四川陆续建立了9个自治县，在湖南将1952年建立的湘西苗族自治州改建为湘西土家族苗族自治州，在广东建立了5个自治县，在辽宁、吉林、内蒙古先后建立了6个自治县（旗）。到这个时期末已有38个民族实行了自治。

第三个时期，从1966年6月至1976年10月，是民族区域自治制度的推行遭到严重挫折的时期。

从1966年6月开始的十年"文化大革命"给中国各项事业带来了灾难。由于"左"倾错误思潮泛滥，特别是林彪、"四人帮"的罪恶活动，民族区域自治制度受到严重破坏。1975年宪法虽然承认民族区域自治制度，但因删去了1954年宪法中"各少数民族聚居的地方实行区域自治"的总原则，导致实际上否定了少数民族聚居区是建立民族自治地方的基础；又因删去了1954年宪法明确规定的民族自治地方的自治机关的各项自治权，只是原则性规定民族自治地方的自治机关"可以依照法律规定的权限行使自治权"，使民族区域自治徒有外壳而无实质内容。在实践中，民族区域自治的推行被打断，原有的民族自治地方被任意撤销和合并，全国各级民族自治地方的领导人绝大多数由汉族人员担任，自治权也是仅有名义而事实上不能行使；制造了大量冤假错案，使大批民族干部受到迫害；等等。

3. 恢复和发展

1978年中共十一届三中全会后，中国进入改革开放时代，民族区域自治制度得到恢复，并进入新的发展时期。

在这一时期，一方面，国家开始全面纠正"文化大革命"及之前的"左"的错误，平反冤假错案，改正在反右派运动和反对地方民族主义运动中错划的"地方民族主义分子""右派分子"，为错捕、错划的人恢复名誉，为不幸致死者昭雪；进一步落实党的民族政策、宗教政策和统战政策，努力消除十年动乱对党的民族工作造成的消极后果。另一方面，在民族工作和民族区域自治的指导思想上进行拨乱反正。党重新肯定了民族问题存在的长期性、复杂性，摈弃了在民族问题上"以阶级斗争为纲"的错误方针，批判了社会主义时期民族问题的实质是阶级问题的错误理论，明确社会主义时期的民族关系主要是劳动人民之间的关系，再次重申民族区域自治是一项长期的基本国策。在拨乱反正的基础上，提出将民族自治地方的工作和民族工作的着重点转移到社会主义现代化建设上面来，开创社会主义新局面。

在中共十一届三中全会的路线、方针、政策的指引下，1982 年 12 月修改通过的宪法，吸收了 1978 年以后民族工作中拨乱反正的重大成果，继承和发展了 1954 年宪法关于民族区域自治制度的规定，进一步完善了民族区域自治制度。1984 年 5 月，六届全国人大二次会议通过了《中华人民共和国民族区域自治法》，对民族区域自治制度作了全面系统的规定，民族区域自治走上了法治化和规范化的轨道，民族区域自治制度进入新的发展时期。2001 年 2 月，九届全国人大常委会第二十次会议对民族区域自治法进行了修订。修订后的民族区域自治法根据建立社会主义市场经济体制的新形势，适应改革、发展和稳定的要求，促进民族地区加快发展和加强民族团结的原则，在基本保持原来框架的基础上，增加和充实了许多新的内容：进一步确立了民族区域自治制度在国家政治制度中的地位，将其明确定位为"国家的一项基本政治制度"；更加详细地规定了民族区域自治地方自治机关的自治权；强化了上级国家机关的职责；增加了保障民族区域自治法实施的规定。

中共十一届三中全会以后，不仅在 1979 年 7 月恢复了内蒙古自治区原有的管辖区域，在 1980 年代对青海、四川、湖北等一些自治州、自治县的区划和隶属关系进行了调整，而且在全国范围内新建了两个自治州、62 个自治县，过去没有建立过民族自治地方的满族、畲族、仫佬族、毛南族、保安族、仡佬族、布朗族、普米族等少数民族单独或与其他少数民族联合建立了自治县。截至目前，全国共建立各种类型民族自治地方 156 个，其中自治区 5 个，自治州 30 个，自治县（旗）121 个。全国 55 个少数民族中有 45 个实行民族区域自治，除人口很少、居住区域很小或很分散的赫哲族、乌孜别克族、塔塔尔族、俄罗斯族、门巴族、珞巴族、阿昌族、基诺族、德昂族、高山族等 10 个少数民族外，其他少数民族在自己的居住地区，只要具备条件的，都建立了不同行政级别的民族自治地方。

（三）民族区域自治制度的中国特色

民族区域自治是中国共产党运用马克思列宁主义解决民族问题的基本政

策，是一项基本政治制度，是经过实践证明的在多元统一民族格局和单一制国家结构中正确处理民族关系的行之有效的制度，必须长期坚持、巩固和发展。民族区域自治制度符合中国国情，显示出巨大的优越性，既保障了少数民族自主管理本民族事务的权利，又有利于国家统一、各民族团结和共同繁荣。它具有统一性、结合性、二重性、广泛性、保障性等鲜明的中国特色。

1. 统一性

民族区域自治的统一性体现在版图的统一和政令的统一。

民族区域自治地方是中华人民共和国不可分离的一部分，与国家是部分和整体的关系。国家根本大法宪法赋予民族自治地方的自治机关依照宪法行使自治权，根据本地方实际情况贯彻执行国家的法律政策。各民族自治机关都是上级国家机关和中央领导下的一级地方政权，自治机关和中央国家机关的关系是地方和中央的关系。自治机关的一切活动，上级国家机关的政令在民族自治地方的执行，都要统一于国家宪法，不得违宪。这种统一性，有力保证了自治机关与上级及中央国家机关的从属关系，也有利于自治机关行使自治权。

2. 结合性

民族区域自治的结合性体现在民族自治与区域自治的结合以及经济与政治的结合上。

民族区域自治是以聚居区为基础建立起来的少数民族的自治。区域自治是其存在和发展条件的，如果脱离了一定区域，既无法行使自治权，也不利于各民族的团结和发展。民族自治和区域自治的结合，可以使少数民族采取多种形式，建立多层次的民族自治地方，不仅使聚居区的民族能够享受到自治权，而且使杂居的民族也能够享受到自治权。这就使得中国的民族区域自治，既有别于资本主义国家按区域划分的地方自治，又不同于前苏联的民族共和国，而是在集中统一的主权国家内民族自治与区域自治有机结合的特定的政治形式。

经济与政治的结合，是民族区域自治结合性特点的又一体现。所谓经济，就是民族自治地方的建立，要有利于促进少数民族经济的发展，有利于迅速改变地方经济落后的状况。所谓政治，就是在坚持各民族平等、团结和共同繁荣的原则的基础上，充分尊重和保障自治机关管理本地方事务的自治权。民族区域自治法关于根据当地民族关系、经济发展等条件，并参照历史情况等因素建立民族自治地方，在自治机关的民族构成上反映少数民族大分散小集中的分布特点，坚持和有利于实现各民族平等团结与共同繁荣等各项规定，充分体现了民族区域自治是经济与政治的有机结合。

3. 二重性

民族区域自治的二重性，是指自治机关与一般的地方国家政权机关相比，既有共同性又有特殊性，是共同性与特殊性的统一。

民族自治地方的人民代表大会和人民政府，是在中央统一领导下的地方国家权力机关和行政机关，并行使宪法赋予的职权。这是它与一般地方国家权力机关和行政机关的共同性。自治机关的特殊性表现在：民族自治地方的人民代表大会和人民政府实行民族化，依法享有和行使自治权。自治机关的民族化是民族区域自治的表现形式和标志，它包括自治机关的主要负责人应由实行区域自治的民族的公民担任；自治机关在执行公务时，应当使用当地通用的一种或几种民族语言文字，还要注意民族形式。自治权则是民族区域自治的核心和实质。没有民族化和自治权，也就没有真正民族区域自治。自治机关的共同性和特殊性是密切结合、相互依存的。如果片面强调共同性，忽视特殊性，不尊重甚至损害自治权，就会导致大民族主义，主要是大汉族主义的错误倾向；如果借口民族特点，片面强调特殊性，忽视国家整体利益，就会导致地方民族主义的错误倾向。这两种倾向都必须克服和避免。

4. 广泛性

民族区域自治的广泛性，主要体现为自治权的广泛性和自治民族的广泛性。

自治机关的自治权，内容非常广泛，涉及政治、经济、文化等社会的各个方面，并且随着社会主义事业的发展逐步得到扩大。例如，1952年的民族区域自治实施纲要中，有关自治权涉及面虽然广泛，但具体规定只有11条；1984年通过的民族区域自治法则增加为27条；2001年修订的民族区域自治法，虽然有关自治权条数未变，但内容更加丰富。

民族区域自治具有的结合性特点，使人口多的少数民族和人口少的少数民族、大聚居的少数民族和小聚居的少数民族，都能建立相应的民族自治地方，设立自治机关，行使自治权，因此实行民族区域自治的少数民族十分广泛。依据宪法和民族区域自治法，已有45个少数民族建立了民族自治地方，实行民族区域自治。同一少数民族，由于其分散聚居的特点，不仅可以在这个地方建立这个民族的自治地方，在另一个地方还可以建立这个民族的自治地方。回族是典型的分散聚居的少数民族，不但在宁夏建立了回族自治区，而且在甘肃省、新疆维吾尔自治区分别建立了临夏回族自治州、昌吉回族自治州，在河北、贵州、云南、甘肃、青海、新疆还建立了11个自治县。

5. 保障性

这主要是指法律规定上级国家机关负有领导和帮助职责，为自治机关行使自治权，消除民族事实上的不平等提供保障。

少数民族地区的经济、文化一般比较落后，这是历史造成的。实行民族区域自治，建立民族自治地方，赋予自治机关在政治、经济、文化等各个方面的自治权，一方面，是让各民族都享有当家作主、管理国家的平等权利，实现各民族的政治平等；另一方面，是通过自治机关行使各项法定自治权，充分调动少数民族的积极性，加快民族自治地方的各项事业的发展，逐步消除民族间的事实上的不平等。要消除民族自治地方经济文化的落后状况，除了少数民族和民族自治地方的努力外，国家的大力扶持及经济文化比较发达地区的支援，特别是加强上级国家机关的领导和帮助，则是一个极为重要的因素。

二　民族区域自治制度的主要内容

民族区域自治是在国家的统一领导下，各少数民族聚居的地方实行区域自治，设立自治机关，行使自治权。它是中国特色社会主义政治制度的重要组成部分。依照宪法和民族区域自治法，民族区域自治制度的主要内容如下：

（一）民族自治地方

民族自治地方是指一个或多个少数民族在其聚居的地方实行区域自治的行政区域。建立一定行政层次的民族自治地方是民族区域自治制度的基本内容。

1. 建立民族自治地方的原则

建立民族自治地方，涉及到民族构成、区域界线、行政地位、内部关系、上下关系和名称等问题，应遵循以下原则：

（1）少数民族聚居原则

该原则是指建立民族自治地方，不是以民族为基本条件，而是以少数民族聚居区为基本条件。少数民族聚居区是指少数民族相对集中、人口较多的地方。中国民族分布的特点是大杂居、小聚居，一个民族完全聚居在一个地方的几乎没有。因此，《共同纲领》、1954年宪法、1982年宪法均强调"各少数民族聚居的地方实行区域自治"；民族区域自治法则进一步规定："少数民族聚居的地方，根据当地民族关系、经济发展等条件，并参酌历史情况，可以建立一个或者几个少数民族聚居区为基础的自治地方。"所谓民族关系，主要指民族构成、分布状况、民族人口、民族特点以及当地各民族之间在政治、经济、文化和社会生活各方面的关系。所谓经济发展条件，主要指自然条件、经济结构、生产力水平等。民族自治地方的建立，既要考虑到少数民族聚居区经济发展的实际状况，又要有利于少数民族聚居区未来的发展繁荣。少数民族聚居区是经历漫长的历史过程而形成的，参酌历史情况就是要考虑历史上的民族关系状况、区域划分、经济联系状况、行政管理关系等。

民族区域自治法还规定："民族自治地方内其他少数民族聚居的地方，建立相应的自治地方或民族乡。"这个规定的目的就是"从大聚居的民族到小聚居的民族，几乎都成了相当的自治单位，充分享受了民族自治权利"①。如果聚居地区较少，不能建立一级民族自治地方，则可以建立相应的民族乡。根据宪法、民族区域自治法和其他相关法律规定，民族自治地方和非民族自治地方都可以建立民族乡。根据国务院1983年《关于建立民族乡问题的通知》，只要少数民族人口占到全乡总人口的30%（个别特殊的可以低于这个比例），可以成立民族乡。民族乡是县以下的乡级行政区域，又不同于一般的乡；虽不是民族自治地方，但宪法规定："民族乡的人民代表大会可以依照法律规定的权限采取适合民族特点的具体措施。"由此可知，建立民族乡是实行民族区域自治的重要补充。

（2）民族自治地方名称合法原则

如何确立民族自治地方的名称是建立民族自治地方的一个重要问题，正如周恩来所说："名称问题好像是次要，但在中国民族区域自治问题上却是很重要的，这里有一个民族合作的意思在里面。"② 中国的民族区域自治是民族自治和区域自治的结合，不标明地方名称就不知道在什么地方实行自治，特别是由于中国同一民族并不集中聚居于某一地方，聚居在不同地方实行自治，不标明地方名称就难以辨别；不标明民族名称，就不知道是哪个民族实行区域自治；不标明行政地位就不知道是哪级民族自治地方、享有哪些自治权和依照哪种程序行使自治权。民族区域自治法明确规定了民族自治地方名称的构成原则："除特殊情况外，按照地方名称、民族名称、行政地位的顺

---

① 周恩来：《关于我国民族政策的几个问题》，《周恩来选集》下卷，人民出版社1984年版，第258页。

② 周恩来：《关于我国民族政策的几个问题》，《周恩来选集》下卷，人民出版社1984年版，第260页。

序组成。"如果实行联合自治的民族较多的，可以使用"各族"一词概括。这是民族自治地方区别于一般行政地方的重要标志。

实践中，不按法定顺序确定自治地方名称的，有两种特殊情况：一是内蒙古自治区和西藏自治区没有标明自治民族的名称，因为内蒙古、西藏的名称是双关的，既是地名又是族名，没有必要再标明民族名称；二是由于某些少数民族人口较少，聚居地理位置比较特殊，在全国其余地区几乎无聚居情况，这些自治地方的名称则仅有民族名称和行政地位组成，例如鄂伦春自治旗、鄂温克自治旗等。民族区域自治法对自治地方名称的原则规定，是对几十年来民族自治地方命名情况的科学总结，也反映了历史上已经形成的命名的特殊情况。

（3）依法设置原则

建立民族自治地方，必须依照民族区域自治法规定的程序，即"民族自治地方的建立、区域界线的划分、名称的组成，由上级国家机关会同有关地方的国家机关，和有关民族的代表充分协商拟定，按照法律规定的程序报请批准"。民族自治地方的建立，关系到当地各民族群众的感情和切身利益，关系到民族团结和社会稳定等一系列重大问题。因此，对需要拟定的事项，必须慎重对待，协商充分，否则可能引起破坏民族团结和共同发展的不良后果。拟定方案必须依法充分协商并报请批准。根据宪法规定，自治区的建立必须报经全国人民代表大会批准；自治州、自治县的建立必须报经国务院批准。

（4）相对稳定原则

该原则是指民族自治地方一经建立，其区域界线一经确定，即受法律保护，不得轻易变动，以保持其相对稳定。民族自治地方的区域界线标明了自治机关行使自治权的地域范围，关系到民族自治地方政治、经济、文化的发展，涉及到民族利益和民族感情。因此，民族区域自治法规定："民族自治地方的区域界线一经确定，不得轻易变动。"但稳定也是相对的。如果因为情况变化，或者事先考虑不周，或者由于国家建设和少数民族发展繁荣的需要，对已经确定的区域界线可以作必要的调整和变动。为此，民族区域自治法还规定："确实需要撤销、合并或者变动的，由上级国家机关的有关部门和民族自治地方的自治机关充分协商拟定，按照法定程序报请批准。"

2. 民族自治地方的类型

对已经建立民族自治的地方，依据一定标准可以分为几种类型。

（1）按行政地位划分

以行政地位为标准，现在的民族自治地方类型与过去不同。1954年宪法颁布以前，各种行政地位的民族自治地方都叫民族自治区。按照《民族区域自治实施纲要》的规定，"各民族自治区的行政地位，即相当于乡（村）、区、县、专区或专区以上的行政地位。"也就是说，当时的民族自治地方类型包含省、专区、县、区、乡（村）5级。

1954年宪法颁布后，民族自治地方一直分为自治区、自治州、自治县。根据现行宪法和民族区域自治法的规定，自治区是专指相当于省一级的民族自治地方，是和省、直辖市平行的一级行政区域单位，自治区的自治机关行使省一级地方国家机关的职权，同时行使自治权。自治州是和设区、县的市平行的一级行政区域单位，自治州的自治机关行使设区、县的市的地方国家机关的职权，同时行使自治权。自治县是和县平行的一级行政区域单位，自治县的自治机关行使县一级地方国家机关的职权，同时行使自治权。

（2）按民族聚居情况划分

以民族聚居情况为标准，民族自治地方大体上有三种类型：①以一个少数民族聚居区为基础建立的自治地方。实行区域自治的少数民族只有一个，在其辖区内没有其他少数民族实行区域自治的地方，如吉林省延边朝鲜族自治州、青海省玉树藏族自治州。这种类型在整个自治地方中占有较大比例。②以一个人口较多的少数民族聚居区为基础，包括其他一个或几个人口较少的少数民族聚居区建立的自治地方。在其辖区内，还建有若干个少数民族自治地方。如内蒙古自治区、新疆维吾尔自治区、广西壮族自治区等。其中，新疆维吾尔自治区含蒙、柯尔克孜、回、哈萨克等少数民族的4个自治州，含蒙、回、哈萨克、锡伯、塔吉克等少数民族的6个自治县。③以两个或两个以上的少数民族聚居区为基础联合建立的民族自治地方。如云南省文山壮族苗族自治州、青海省海西蒙古族藏族自治州、甘肃省积石山保安族东乡族撒拉族自治县、贵州省威宁彝族回族苗族自治县、云南省元江哈尼族彝族傣族自治县。最具代表性的是广西龙胜各族自治县、隆林各族自治县。

无论上述何种类型的民族自治地方，往往都包含一部分汉族或其他少数民族人口。

（二）民族自治机关

实行民族自治的地方，设立自治机关。自治机关是民族自治地方的地方国家机关，是享有和行使自治权的主体，是国家机关体系的重要组成部分。

现行宪法规定，民族自治地方的自治机关是自治区、自治州、自治县的人民代表大会和人民政府，即只有其权力机关和行政机关才是自治机关。自治区、自治州、自治县的人民代表大会是民族自治地方的国家权力机关,是民族自治地方各族人民行使自治权的最重要的组织形式。民族自治地方人民代表大会常务委员会作为人民代表大会的常设机关,也属于自治机关的范畴,在本级人大闭会期间,它是行使国家权力的经常性机关。民族自治地方的人民政府都是本级人民代表大会的执行机关,是本级国家行政机关,与本级人大一样是行使自治权的自治机关,是代表民族自治地方的各族人民行使自治权和实现自治权的最直接形式。民族自治地方的人民法院、人民检察院、监察委员会是自治地方的审判机关、检察机关和监察机关,分别行使审判权、检察权、监察权,但不是自治机关,不能行使自治权。

为了保障实行区域自治的民族在自治地方当家作主的权利,维护自治地方各民族团结,宪法和民族区域自治法对自治机关的组成作了特别规定:

1. 关于民族自治地方人大及其常委会的组成

宪法、民族区域自治法、选举法对民族自治地方的人大及其常委会组成作了特别规定。

现行宪法规定:"自治区、自治州、自治县的人民代表大会中,除实行区域自治的民族的代表外,其他居住在本行政区域内的民族也应当由适当名额的代表。自治区、自治州、自治县的人民代表大会常务委员会中应当有实行区域自治的民族的公民担任主任或者副主任。"

民族区域自治法规定:"民族自治地方的人民代表大会中,除实行区域自治的民族的代表外,其他居住在本行政区域内的民族也应当有适当名额的代表。民族自治地方的人民代表大会中,实行区域自治的民族和其他少数民族代表的名额和比例,根据法律规定的原则,由省、自治区、直辖市的人民代表大会常务委员会决定,并报全国人民代表大会常务委员会备案。民族自治地方的人民代表大会常务委员会中应当有实行区域自治的民族的公民担任主任或者副主任。"

选举法对民族自治地方人口较少的少数民族在当地人大中的代表名额和比例,作了具有一定照顾性质的规定:"有少数民族聚居的地方,每一聚居的少数民族都应有代表参加当地的人民代表大会。聚居境内同一少数民族的总人口数占境内总人口数百分之三十以上的,每一代表所代表的人口数应相当于当地人民代表大会每一代表所代表的人口数。聚居境内同一少数民族的总人口数不足境内总人口数百分之十五的,每一代表所代表的人口数可以适当少于当地人民代表大会每一代表所代表的人口数,但不得少于二分之一;实行区域自治的民族人口特少的自治县,经省、自治区的人民代表大会常务委员会决定，可以少于二分之一。人口特少的其他聚居民族，至少应有代表一人。聚居境内同一少数民族的总人口数占境内总人口数百分之十五以上、不足百分之三十的，每一代表所代表的人口数，可以适当少于当地人民代表大会每一代表所代表的人口数，但分配给该少数民族的应选代表名额不得超过代表总名额的百分之三十。"这些规定，主要是基于中国各民族自治地方的民族构成十分复杂的事实，体现了各民族平等和对少数民族适当照顾的原则，也为省、自治区、直辖市的人大及其常委会对民族自治地方人大各民族代表名额和比例作出具体规定提供了法律依据。

2. 关于民族自治地方人民政府的组成

民族自治地方的人民政府实行自治区主席、自治州州长、自治县县长负责制，他们分别主持本级人民政府的工作。为了保障实行区域自治的民族当家作主，宪法、民族区域自治法都明确规定自治区主席、自治州州长、自治县县长由实行区域自治的民族的公民担任。民族区域自治法还进一步规定，自治区、自治州、自治县的人民政府的其他组成人员，应当合理配备实行区域自治的民族和其他少数民族的人员。

3. 关于自治机关所属工作部门工作人员的构成

民族区域自治法规定，民族自治地方的自治机关所属工作部门的干部中，要合理配备实行区域自治的民族和其他少数民族的人员。因此，凡基本符合条件的自治民族和其他少数民族的人员，要优先录用为自治机关所属工作部门的工作人员。他们来自本民族，了解本民族本地区的特点，同本民族群众联系密切，熟悉本民族的历史和现状，知晓本民族语言文字和风俗习惯，理解本民族的思想感情和愿望要求，通过他们可以更好地加强自治机关同少数民族的联系，更好地开展自治机关的各项工作。

为了便于工作和有利于联系当地群众，虽然民族自治地方的人民法院、人民检察院不是自治机关，但是民族区域自治法规定："民族自治地方的人民法院和人民检察院的领导成员和工作人员中，应当有实行区域自治的民族的人员。"

（三）民族自治权

自治权是民族自治地方的自治机关依照宪法、民族区域自治法和其他相关法律规定的权限，结合当地民族政治、经济、文化的特点，自主地管理本地方事务的一种特定的民族权利和国家权力。自治权是民族区域自治制度的核心内容，既是自治机关享有管理本地方事务的自主权的主要标志，也是衡量民族区域自治程度的重要尺度。

依据宪法、民族区域自治法和相关法律规定，民族自治权可以归纳为以下几个方面：

1. 立法自治权

立法自治权，是指自治地方的人民代表大会，依照当地民族的政治、经济、文化的特点，制定自治条例、单行条例等地方性自治法规的权力。自治条例规定有关本民族区域自治的基本问题，单行条例规定有关本地方某一方面的具体事项。立法自治权居自治权之首位。

关于立法自治权，1954年宪法规定："自治区、自治州、自治县的自治机关可以依照当地民族的政治、经济和文化的特点，制定自治条例和单行条例，报请全国人民代表大会常务委员会批准。"1982年宪法在1954年宪法的基础上规定："民族自治地方的人民代表大会有权依照当地民族的政治、经济和文化的特点，制定自治条例和单行条例。自治区的自治条例和单行条例，报全国人民代表大会常务委员会批准后生效。自治州、自治县的自治条例和单行条例，报省或者自治区的人民代表大会常务委员会批准后生效，并报全国人民代表大会常务委员会备案。"根据宪法，民族区域自治法又作了更为详细的规定。

2. 变通权

变通权是指自治机关在报经上级国家机关批准后，有权结合本地方的政治、经济、文化的实情，对上级国家机关的决议、决定、命令和指示，作出变通执行或者停止执行的权力。

根据现行法律规定，直接赋予自治机关变通权的，主要有三种情形：①由特定法律授予变通权。即变通权直接源自特定法律的授权，并只能由被授权的自治机关对该法律依照法定程序行使变通权。例如，《刑法》《婚姻法》《民事诉讼法》《森林法》《继承法》《妇女儿童权益保障法》等对在民族自治地方的实施都作了明确的变通规定。②由特定行政法规授予变通权。即变通权直接源自特定行政法规的授权，并只能由被授权的自治机关的人民政府对该行政法规依照规定的程序行使变通权。③对上级国家机关的决议、决定、命令、指示的变通权。它直接源自民族区域自治法第20条的规定："上级国家机关的决议、决定、命令和指示，如有不适合民族自治地方实际情况的，自治机关可以报经该上级国家机关批准，变通执行或者停止执行。"这里的自治机关，是指自治地方的人大及其常委会以及人民政府。这里上级国家机关既可以是中央国家机关，也可以是地方国家机关。

3. 经济自治权

经济自治权主要包括财政管理自治权和经济管理自治权。

民族自治地方的财政是一级财政，是国家财政的组成部分，是民族自治地方政府为了实现其职能并行使自治权的经济基础。宪法规定，民族自治地方的自治机关有管理地方财政的自治权。凡是依照国家财政体制属于民族自治地方的财政收入，都应当由民族自治地方的自治机关自主地安排使用。民族区域自治法进一步将财政管理自治权规定为：①凡是依照国家财政体制属于民族自治地方的财政收入，都应当由民族自治地方的自治机关自主地安排使用。民族自治地方在全国统一的财政体制下，通过国家实行的规范的财政转移支付制度，享受上级财政的照顾。民族自治地方的财政预算支出，按照国家规定，设机动资金，预备费在预算中所占比例高于一般地区。民族自治地方的自治机关在执行财政预算过程中，自行安排使用收入的超收和支出的节余资金。②民族自治地方的自治机关对本地方的各项开支标准、定员、定额，根据国家规定的原则，结合本地方的实际情况，可以制定补充规定和具体办法。自治区制定的补充规定和具体办法，报国务院备案；自治州、自治县制定的补充规定和具体办法，须报省、自治区、直辖市人民政府批准。③民族自治地方的自治机关在执行国家税法的时候，除应由国家统一审批的减免税收项目以外，对属于地方财政收入的某些需要从税收上加以照顾和鼓励，可以实行减税或者免税。自治州、自治县决定减税或者免税，须报省、自治区、直辖市人民政府批准。④民族自治地方根据本地方经济和社会发展的需要，可以依照法律规定设立地方商业银行和城乡信用合作组织。

宪法规定：民族自治地方的自治机关在国家计划的指导下，自主地安排和管理地方性的经济建设事业。国家在民族自治地方开发资源、建设企业的时候，应当照顾民族自治地方的利益。民族区域自治法进一步规定：①民族自治地方的自治机关在国家计划的指导下，根据本地方的特点和需要，制定经济建设的方针、政策和计划，自主地安排和管理地方性的经济建设事业。②民族自治地方的自治机关在坚持社会主义原则的前提下，根据法律规定和本地方经济发展的特点，合理调整生产关系和经济结构，努力发展社会主义市场经济。民族自治地方的自治机关坚持公有制为主体、多种所有制经济共同发展的基本经济制度，鼓励发展非公有制经济。③民族自治地方的自治机关根据法律规定，确定本地方内草场和森林的所有权和使用权。民族自治地方的自治机关保护、建设草原和森林，组织和鼓励植树种草。禁止任何组织或者个人利用任何手段破坏草原和森林。严禁在草原和森林毁草毁林开垦耕地。④民族自治地方的自治机关依照法律规定，管理和保护本地方的自然资源。民族自治地方的自治机关根据法律规定和国家的统一规划，对可以由本地方开发的自然资源，优先合理开发利用。⑤民族自治地方的自治机关在国家计划的指导下，根据本地方的财力、物力和其他具体条件，自主地安排地方基本建设项目。⑥民族自治地方的自治机关自主地管理隶属于本地方的企业、事业。⑦民族自治地方依照国家规定，可以开展对外经济贸易活动，经国务院批准，可以开辟对外贸易口岸。与外国接壤的民族自治地方经国务院批准，开展边境贸易。民族自治地方在对外经济贸易活动中，享受国家的优惠政策。

4. 人事管理自治权

大力培养、配备少数民族干部和各种专业人才是发展少数民族地区的长远之计，是成功实行区域自治的关键因素。为此，民族区域自治法赋予民族自治地方充分的人事管理自治权：①民族自治地方的自治机关根据社会主义建设的需要，采取各种措施从当地民族中大量培养各级干部、各种科学技术、经营管理等专业人才和技术工人，充分发挥他们的作用，并且注意在少数民族妇女中培养各级干部和各种专业技术人才。民族自治地方的自治机关录用工作人员的时候，对实行区域自治的民族和其他少数民族的人员应当给予适当的照顾。民族自治地方的自治机关可以采取特殊措施，优待、鼓励各种专业人员参加自治地方各项建设工作。②民族自治地方的企业、事业单位依照国家规定招收人员时，优先招收少数民族人员，并且可以从农村和牧区少数民族人口中招收。

5. 文化、教育、科技、卫生、体育管理自治权

民族区域自治法规定了民族自治地方的自治机关在文化、教育、科技、体育等方面的自治权：①自主地发展具有民族形式和民族特点的文学、艺术、新闻、出版、广播、电影、电视等民族文化事业，加大对文化事业的投入，加强文化设施建设，加快各项文化事业的发展。民族自治地方的自治机关组织、支持有关单位和部门收集、整理、翻译和出版民族历史文化书籍，保护民族的名胜古迹、珍贵文物和其他重要历史文化遗产，继承和发展优秀的民族传统文化。②根据国家的教育方针，依照法律规定，决定本地方的教育规划，各级各类学校的设置、学制、办学形式、教学内容、教学用语和招生办法。自主地发展民族教育，扫除文盲，举办各类学校，普及九年义务教育，采取多种形式发展普通高级中等教育和中等职业技术教育，根据条件和需要发展高等教育，培养各少数民族专业人才。为少数民族牧区和经济困难、居

住分散的少数民族山区，设立以寄宿为主和助学金为主的公办民族小学和民族中学，保障就读学生完成义务教育阶段的学业。办学经费和助学金由当地财政解决，当地财政困难的，上级财政应当给予补助。招收少数民族学生为主的学校（班级）和其他教育机构，有条件的应当采用少数民族文字的课本，并用少数民族语言讲课；根据情况从小学低年级或者高年级起开设汉语文课程，推广全国通用的普通话和规范汉字。各级人民政府要在财政方面扶持少数民族文字的教材和出版物的编译和出版工作。③自主地决定本地方的科学技术发展规划，普及科学技术知识。④自主地决定本地方的医疗卫生事业的发展规划，发展现代医药和民族传统医药。加强对传统病、地方病的预防控制工作和妇幼卫生保健，改善医疗卫生条件。⑤自主地发展体育事业，开展民族传统体育活动，增强各族人民的体质。

民族自治地方的自治机关积极开展和其他地方的教育、科学技术、文化艺术、卫生、体育等方面的交流和协作。自治区、自治州的自治机关依照国家规定，可以和国外进行教育、科学技术、文化艺术、卫生、体育等方面的交流。

6. 其他自治权

自治权涉及社会发展各个方面，依据宪法、民族区域自治法等相关法律规定，除上述内容外，还包括：①自治机关依照国家军事制度和当地的实际需要，经国务院批准，可以组织本地方维护社会治安的公安部队。②自治机关在执行职务的时候，依照本民族自治地方的自治条例的规定，使用当地通用的一种或者几种语言文字，同时使用几种通用的语言文字执行职务的，可以以实行区域自治的民族的语言文字为主。③自治机关根据法律规定，制定管理流动人口的办法。民族自治地方实行计划生育和优生优育，提高各民族人口素质。④少数民族都有使用和发展自己的语言文字的自由，都有保持或者改革自己的风俗习惯的自由。⑤自治机关根据法律规定，结合本地方的实际情况，制定实行计划生育的办法。等等。

平等团结互助和谐的社会主义民族关系已经确立并将持续加强，国家将尽一切努力促进各民族的共同繁荣。有权利也就应当有义务，宪法、民族区域自治法在赋予自治机关自治权的同时，也规定了其相应的法定义务，主要有以下几个方面：

第一，保障义务。自治机关保障本地方内各民族都享有平等权利；保障本地方内各民族公民都享有宪法规定的公民权利。

第二，帮助与照顾义务。自治机关帮助聚居在本地方的其他少数民族，建立相应的自治地方或民族乡；帮助本地方各民族发展经济、教育、科学、文化、卫生、体育事业；照顾本地方散居民族的特点和需要。

第三，协商义务。自治机关在处理涉及本地方各民族的特殊问题时，必须与他们的代表充分协商，尊重他们的意见。

第四，教育义务。自治机关教育和鼓励各民族的干部互相学习语言文字，民族自治地方的国家工作人员，能够熟练使用两种以上当地通用的语言文字的，应当给予奖励；教育本地方的各民族公民履行应尽的公民义务；对本地方内各民族公民进行爱国主义、共产主义和民族政策的教育，倡导社会主义核心价值观，教育各民族的干部和群众互相信任、互相学习、互相帮助和互相尊重语言文字、风俗习惯、宗教信仰，共同维护国家统一和民族团结。

第五，保护环境义务。自治机关应当保护和改善生活环境和生态环境，防止污染和其他公害，实现人口、资源和环境的协调发展。

（四）上级国家机关的职责

自治机关行使自治权需要一定的外部条件，而上级国家机关的领导和帮助则是关键因素。宪法、民族区域自治法明文规定了上级国家机关对民族自治地方领导和帮助的职责。这里的上级国家机关，不仅包括中央国家机关，还包括相应的省、直辖市地方国家机关，对于自治区内的自治州和自治州内的自治县来说，自治区和自治州也是上级国家机关。

上级国家机关对民族自治地方的领导和帮助是法定义务。宪法第4条第2款规定："国家根据少数民族的特点和需要，帮助各少数民族地区加速经济和文化的发展。"民族区域自治法不仅在总则第8条规定："上级国家机关保障民族自治地方的自治机关行使自治权，并且依据民族自治地方的特点和需要，努力帮助民族自治地方加速发展社会主义建设事业。"而且专章"上级国家机关的职责"，以19条篇幅规定了上级国家机关对民族自治地方的领导和帮助的职责，可以归结为三个方面：

1. 政治方面

上级国家机关有关民族自治地方的决议、决定、命令和指示，应当适合民族自治地方的实际情况。如果有不适合的，自治机关可依法变通执行或停止执行。应当对各民族的干部和群众加强民族政策的教育，经常检查民族政策和有关法律的遵守和执行，保证政令统一。

2. 经济方面

上级国家机关应当帮助、指导民族自治地方经济发展战略的研究、制定和实施,从财政、金融、物资、技术和人才等方面,帮助各民族自治地方加速发展经济等事业。国家制定优惠政策,引导和鼓励国内外资金投向民族自治地方。上级国家机关在制定国民经济和社会发展计划的时候,应当照顾民族自治地方的特点和需要。

国家根据统一规划和市场需求,优先在民族自治地方合理安排资源开发项目和基础设施建设项目。国家在重大基础设施投资项目中适当增加投资比重和政策性银行贷款比重。国家在民族自治地方安排基础设施建设,需要民族自治地方配套资金的,根据不同情况给予减少或者免除配套资金的照顾。国家帮助民族自治地方加快实用科技开发和成果转化,大力推广实用技术和有条件发展的高新技术,积极引导科技人才向民族自治地方合理流动。国家向民族自治地方提供转移建设项目的时候,根据当地的条件,提供先进、适用的设备和工艺。

国家根据民族自治地方的经济发展特点和需要,综合运用货币市场和资本市场,加大对民族自治地方的金融扶持力度。金融机构对民族自治地方的固定资产投资项目和符合国家产业政策的企业,在开发资源、发展多种经济方面的合理资金需求,应当给予重点扶持。国家鼓励商业银行加大对民族自治地方的信贷投入,积极支持当地企业的合理资金需求。

上级国家机关从财政、金融、人才等方面帮助民族自治地方的企业进行技术创新,促进产业结构升级。上级国家机关应当组织和鼓励民族自治地方的企业管理人员和技术人员到经济发达地区学习,同时引导和鼓励经济发达地区的企业管理人员和技术人员到民族自治地方的企业工作。国家设立各项专用资金,扶助民族自治地方发展经济文化建设事业。国家设立的各项专用资金和临时性的民族补助专款,任何部门不得扣减、截留、挪用,不得用以顶替民族自治地方的正常的预算收入。

上级国家机关根据国家的民族贸易政策和民族自治地方的需要,对民族自治地方的商业、供销和医药企业,从投资、金融、税收等方面给予扶持。国家制定优惠政策,扶持民族自治地方发展对外经济贸易,扩大民族自治地方生产企业对外贸易经营自主权,鼓励发展地方优势产品出口,实行优惠的边境贸易政策。

随着国民经济的发展和财政收入的增长,上级财政逐步加大对民族自治地方财政转移支付力度。通过一般性财政转移支付、专项财政转移支付、民族优惠政策财政转移支付以及国家确定的其他方式,增加对民族自治地方的资金投入,用于加快民族自治地方经济发展和社会进步,逐步缩小与发达地区的差距。

上级国家机关在投资、金融、税收等方面扶持民族自治地方改善农业、牧业、林业等生产条件和水利、交通、能源、通信等基础设施；扶持民族自治地方合理利用本地资源发展地方工业、乡镇企业、中小企业以及少数民族特需商品和传统手工业品的生产。

上级国家机关应当组织、支持和鼓励经济发达地区与民族自治地方开展经济、技术协作和多层次、多方面的对口支援，帮助和促进民族自治地方经济、教育、科学技术、文化、卫生、体育事业的发展。

国家在民族自治地方开发资源、进行建设的时候，应当照顾民族自治地方的利益，作出有利于民族自治地方经济建设的安排，照顾当地少数民族的生产和生活。国家采取措施，对输出自然资源的民族自治地方给予一定的利益补偿。国家引导和鼓励经济发达地区的企业按照互惠互利的原则，到民族自治地方投资，开展多种形式的经济合作。

上级国家机关应当把民族自治地方的重大生态平衡、环境保护的综合治理工程项目纳入国民经济和社会发展计划，统一部署。民族自治地方为国家的生态平衡、环境保护作出贡献的，国家给予一定的利益补偿。任何组织和个人在民族自治地方开发资源、进行建设的时候，要采取有效措施，保护和改善当地的生活环境和生态环境，防治污染和其他公害。

上级国家机关隶属的在民族自治地方的企业、事业单位依照国家规定招收人员时，优先招收当地少数民族人员。在民族自治地方的企业、事业单位，应当尊重当地自治机关的自治权，遵守当地自治条例、单行条例和地方性法规、规章，接受当地自治机关的监督。上级国家机关非经民族自治地方自治机关同意，不得改变民族自治地方所属企业的隶属关系。

国家和上级人民政府应当从财政、金融、物资、技术、人才等方面加大对民族自治地方的贫困地区的扶持力度，帮助贫困人口尽快摆脱贫困状况，实现小康。

3. 科教文卫等方面

上级国家机关帮助民族自治地方从当地民族中大量培养各级干部、各种专业人才和技术工人；根据民族自治地方的需要，采取多种形式调派适当数量的教师、医生、科学技术和经营管理人员，参加民族自治地方的工作，对他们的生活待遇给予适当照顾。

国家加大对民族自治地方的教育投入，并采取特殊措施，帮助民族自治地方加速普及九年义务教育和发展其他教育事业，提高各民族人民的科学文化水平。国家举办民族高等学校，在高等学校举办民族班、民族预科，专门或者主要招收少数民族学生，并且可以采取定向招生、定向分配的办法。高等学校和中等专业学校招收新生的时候，对少数民族考生适当放宽录取标准和条件，对人口特少的少数民族考生给予特殊照顾。各级人民政府和学校应当采取多种措施帮助家庭经济困难的少数民族学生完成学业。国家在发达地区举办民族中学或者在普通中学开设民族班，招收少数民族学生实施中等教育。国家帮助民族自治地方培养和培训各民族教师。国家组织和鼓励各民族教师和符合任职条件的各民族毕业生到民族自治地方从事教育教学工作，并给予他们相应的优惠待遇。

三　民族区域自治制度的完善

实行民族区域自治，对发挥各族人民当家作主的积极性，发展平等、团结、互助、和谐的社会主义民族关系，巩固国家的统一，促进民族自治地方和全国社会主义建设事业的发展，都起了巨大的作用。今后，要在习近平新时代中国特色社会主义思想指导下，不断完善民族区域自治制度，使这一制度在国家的社会主义现代化建设进程中发挥更大的作用。

（一）经济自治权

社会主义市场经济体制是中国改革开放的一项创举。1992年邓小平南方谈话时提出要进行社会主义市场经济体制改革，1992年中共十四大正式确立社会主义市场经济体制的改革目标，2017年中共十九大指出要加快完善社会主义市场经济体制。正确对待社会主义市场经济体制条件下的自治权，对于坚持和完善民族区域自治制度，推动民族自治地方经济社会发展，具有十分重要的理论意义和现实意义。

1950年，邓小平就说得很清楚："实行民族区域自治，不把经济搞好，那个自治就是空的。少数民族是想在区域自治里得到些好处，一系列的经济问题不解决，就会出乱子。……政治要以经济做基础，基础不坚固还行吗？"[①] 现在搞社会主义市场经济，发展民族自治地方的经济成为解决民族问

[①] 邓小平：《关于西南少数民族问题》（1950年7月21日），《邓小平文选》第1卷，人民出版社1994年版，第167页。

题的关键，经济自治权的有效行使直接关系到民族自治地方的经济社会发展。为了充分实现经济自治权，可以在财政、经济管理等方面进一步深化落实。

在财政管理方面，要进一步落实中央政府关于加快中西部地区发展步伐、关于大力支持少数民族地区经济建设的各项政策；按照民族区域自治法的有关规定，进一步完善对民族自治地方的财政转移支付制度，使其能够及时有效享受上级财政的照顾。

在经济管理方面，按照民族区域自治法规定可以由自治地方开发的自然资源，中央应大力支持自治机关优先合理开发利用；自治机关在自主安排基本建设项目时，有关主管部门在法定权限内要积极支持和配合，甚至依法可以适当放宽限制。

自治地方究竟有多大的经济自治权合适，这是一个见仁见智的问题。只要不违背民族区域自治法，只要能推动民族自治地方的经济发展，只要有利于民族自治地方经济社会发展和人民安居乐业，就要最大限度授权民族自治地方发展地方经济。

（二）政治定位

中国实行单一制的国家结构形式，所有民族区域自治地方都是国家不可分离的一部分，所有民族自治机关都是中央统一领导下的地方政权机关，民族自治权服从于国家主权。没有国家的统一和强大作为坚强后盾，就不会有真正意义上的民族区域自治。因此，实行民族区域自治制度，一定要正确对待整体与局部、主权与自治权、中央与地方的关系。

社会主义制度是中国的根本制度。社会主义制度决定了全国各族人民之间在根本利益上是一致的，决定了民族自治地方利益与国家整体利益、局部利益与全局利益在根本上是一致的。中国正在进行社会主义市场经济建设，要求建立起统一的大市场，要全国一盘棋。如果实行地区封闭、地方保护，就不可能形成统一的大市场，就无法建立真正的市场经济体制。民族自治地方的经济建设要纳入到全国的市场体系，而不能另搞一套。民族自治地方的一切建设，都得服从国家发展的大局，不得损害国家的整体利益。

民族自治地方必须有大局、整体和统一的意识，这并不损害应有的自治意识。在社会主义市场经济体制下，不但存在根本利益一致前提下的具体利益差异，而且存在历史造成的发展水平的差异，这就要求民族自治地方要有求新求变的自治意识。民族自治地方的自治意识目前还不够自觉，主要表现在：①已制定的自治条例和单行条例过多地照搬照抄法律、行政法规、规章以及政策性文件的有关条文，没能充分反映民族自治地方的特殊情况。②往往把自治的内涵和外延局限于民族自治机关的建立和自治机关民族化等方面，忽视了其全面性。在实践中，习惯于传统计划经济体制下的做法，上面怎么说下面怎么做，不能根据实际情况进行及时调整，即使对法律直接授权变通的，自治机关也较少作出变通。

在社会主义市场经济条件下，自治机关应当主动树立较为成熟的自治意识：①权利意识。如果上级国家机关未能充分考虑民族自治地方的特殊性，甚至出现侵犯民族自治地方的合法权益的情形时，自治机关应当积极申辩、交涉，甚至拒绝执行，以维护宪法、法律赋予的自治权。②变通意识。上级国家机关的决议、决定、命令和指示，如果不适合民族自治地方的实际情况的，应当在调查研究的基础上，以充分的事实和理由，积极取得上级的批准，行使变通权。国家政策不可能面面俱到，没有变通意识，自治权的实现就会大打折扣。

（三）加强上级国家机关的帮助

上级国家机关帮助自治地方经济社会发展，是党和国家的一贯主张，写入了党章和宪法法律，体现了社会主义制度的优越性，也体现了民族区域自治制度的优越性，对自治机关行使自治权，促进民族自治地方的经济社会发展具有重要意义。

以前在计划经济体制下，党和国家曾制定了一系列帮助民族自治地方发展经济社会的优惠政策和措施，在人力、财力、物力上大力支持民族自治地方的基本建设，取得了比较好的效果。但是，随着国家改革开放的深化和社会主义市场经济体制的不断完善，原有国家对民族自治地方原有的帮助和照顾政策和措施已经满足不了新的形势发展要求。

在社会主义市场经济体制下，市场应当起决定性作用。上级国家机关在帮助民族自治地方时，既要符合市场经济的一般规律，又要发挥社会主义制度的优越性，二者不可偏颇。上级国家机关对民族自治地方的扶持和帮助是一项法定义务，政治性强、敏感性大、事关国家大局。中华人民共和国成立后，各少数民族地区有力地支援了国家建设，同样为整个国家发展出过力。上级国家机关的帮助，实际上有相当部分是少数民族自身创造的价值的回馈。大多数自治地方处于边境，他们为保卫祖国、巩固边疆付出了特有代价。应当清醒意识到，少数民族是中华民族的重要组成部分，他们的命运和利益与整个国家连在一起。他们为国家建设、国家安全作出过牺牲和贡献过力量,上级国家机关依法给予他们必要帮助合情合理。少数民族地区发展得越好,国家发展也就越好,二者是相辅相成的。

一些上级国家机关把民族自治地方依法提出给予优惠政策或放权让利,错误地看作是向上级国家机关"争权夺利"。其实,依法提出给予优惠政策或放权让利的要求是民族自治权的体现,而给予优惠政策或放权让利则是上级国家机关的法定义务。

市场经济最大特点就是公平竞争,优胜劣汰。但是,党和国家从"九五"计划开始,宏观政策上就向少数民族聚居的中西部地区倾斜,一些上级机关就错误地认为,这对民族自治地方已经公平了,它们不需要再帮助了。众所周知,由于历史、自然的原因,民族自治地方的经济、文化发展仍然相对落后,有的地区还处于自然经济状态下,交通通信不便捷,社会分工不发达,经济基础脆弱,市场发育不健全,自我发展能力低,贫困程度常人难以想象。如果不从实际出发,不进行国家援助,完全将民族自治地方推向市场大海中去所谓的公平竞争,非但不能发展民族自治地方,反而让其处于更加被动的局面。给予自治地方特殊政策、灵活措施,进行精准扶持,自治地方才慢慢有资本和资格参与市场竞争来发展强大自身。另外,市场也存在失灵的情形,这就要求国家加强宏观调控来克服市场的局限性。其中,宏观调控就要求国家考虑民族自治地方的特点和需要,使其得到应有的优惠政策或放权让利。

(四) 法治建设

一方面,社会主义市场经济本质上是法治经济,法治保障了正常的市场秩序;另一方面,依法治国是国家的基本方略,国家的一切工作都应纳入法治轨道。在社会主义市场经济条件下,要运用法治方式来实现民族自治权,贯穿立法、执法、司法、守法等所有环节。

民族区域自治法是实行民族区域自治制度的基本法律,要紧跟时代步伐,及时予以修订。另外,作为一部基本法律,它的许多规定原则性较强,需要国务院及有关部门、自治区和辖有自治州、自治县的省、直辖市的人民代表大会及其常务委员会,根据民族区域自治法的规定,结合本机关、本地区的实际情况,制定实施民族区域自治法的行政法规、规章、具体措施和办法,为民族区域自治法的贯彻执行提供具有可操作性的制度保障。

法律的权威和生命力在于执行。有关民族区域自治的规定,即使写得最好，如果不能落实到实践中，也就是废纸一张。当然，写得好的规定更有利于执行，怕的是无论写得好或差都不执行。因此，一切社会主体，包括机关、组织、单位和个人，都要在行动中不折不扣地遵守民族区域自治法，对违反民族区域自治法的所有行为都要依法严肃认真处理。

第十一章

特别行政区制度

1949年中华人民共和国成立以来，如何实现祖国的完全统一始终是困扰中华民族的难题。邓小平开创性地提出"一国两制"的伟大构想，为祖国的统一大业指明了方向，并促成了特别行政区制度的形成。宪法第31条规定："国家在必要时得设立特别行政区。在特别行政区内实行的制度按照具体情况由全国人民代表大会以法律规定。" 1997年7月1日、1999年12月20日香港和澳门先后回归祖国，这充分证明了特别行政区制度的可行性和优越性。就目前而言，特别行政区制度仍是台湾问题的最佳解决方式。

一 "一国两制"与特别行政区制度

(一) "一国两制"理论的生成

"一个国家，两种制度"，简称"一国两制"，就是一个国家，根据其宪法和法律的规定，在国家的一部分地区实行不同于其他地区的政治、经济和社会制度。但是，这些地区仍旧是统一国家的组成部分，这些地方的政府仍旧是国家的地方政府，不行使国家主权。

"一国两制"是以邓小平同志为代表的中国共产党和中国政府坚持实事求是的思想路线，根据世界的现实、历史状况和中国的实际，为解决历史遗留下来的香港、澳门和台湾问题，实现祖国和平统一而确定的一项基本方针和制度。"一国两制"作为邓小平理论的组成部分，是对马克思主义的重要发展和贡献。

1. "一国两制"理论的形成背景

"一国两制"的科学构想是根据世界的现实提出来的。当代世界最根本的现实，就是一个统一世界市场，两种主要社会制度。第二次世界大战以后，社会主义制度在十几个国家相继建立。由于资本主义发展不平衡，使得社会主义首先在经济并不发达的国家取得胜利。这就意味着目前社会主义力量还不够强大，短期内不可能取代资本主义，其最终战胜资本主义还有一段相当艰难漫长的道路要走。当今世界，资本主义国家占有大多数，它们的生产力水平很高，科技发达，制度也较完善。虽然资本主义社会无产阶级和资产阶级的固有矛盾无法调和，但经过某些调整会有所缓和，社会发展的实践也证明了这一点。社会主义制度还非常年轻，缺乏实践经验，需要长时间的摸索和完善。这就决定了社会主义制度与资本主义制度两种制度作为特定历史阶段的矛盾统一体，在一个相当长时期内并存发展，不仅是可能的，而且是必然的。世界范围内两种社会制度的共存和竞争，也为一个统一国家内两种社会制度的共存与竞争提供了借鉴的可能性。

世界的现实性还在于两种不同的社会制度拥有一个共同的世界市场。随着现代科技的高速发展，尤其交通、通信的高度发达，生产要素世界范围内的流动更加便捷，生产分工突破了国家界限。这是一个全面开放的世界，经济全球化不可避免，各国经济之间的相互渗透、相互依存、相互竞争已成为经济发展的基本态势。由此决定了当代世界和平力量在增长，和平与发展已成为当代世界的两大主题。因此，用和平方式解决一些国际问题，缓和国际紧张局势，推动和平与发展时代的到来，是人心所向、大势所趋。这正是用和平方式解决台湾、香港、澳门问题的国际背景。

"一国两制"的科学构想，是在尊重历史的条件下提出来的。台湾、香港和澳门，历来是中国不可分割的组成部分。它们与大陆的分离，是一定历史条件造成的，是中华民族忧患苦难历史的遗留，给国家和人民带来了极大痛苦。分离的痛苦难以长期忍受，中国应该统一，必须尽快统一，是炎黄子孙的共同夙愿。只有实现了祖国统一，才可能最大限度集中全民族的智慧和力量，去实现国家的富强、民族振兴，才能在世界上扬眉吐气、不受制于人。但是又必须承认这样的历史状况，即自1949年以来，中国大陆已经建立比较巩固的社会主义制度，而台湾、香港和澳门还在实行资本主义制度。两种社会制度的差异乃至对立，是实现祖国和平统一中不可回避的历史课题。从经济上看，台湾、香港和澳门的资本主义经济发展程度比较高，人均产值超过大陆，他们担心国家统一后会影响其生活水平；从政治上看，台湾、香港和澳门同胞已经习惯于资本主义制度及其生活方式，他们对社会主义制度不了解，有的人还可能怀疑或反对社会主义制度。历史条件造成的这种复杂现状表明，以某一种制度和平统一中国并不现实。

中国必须从实际出发，寻求一个能够照顾各方面利益的、能够为各方面所接受的祖国和平统一方案，这个方案就是"一个国家，两种制度"的科学构想。

"一国两制"的科学构想，又是依据中国现代化建设的客观实际提出来的。1978年中共十一届三中全会以来，中国进入了改革开放时期，党和国家的中心任务就是进行现代化建设，实现民族振兴。为此就必须最大限度地调动一切积极力量，就必须创造一个有利于现代化建设的政治经济环境。中国在1980年代初面临着现代化建设、和平统一祖国以及维护世界和平三大任务。而这三大任务又都同能否妥善解决历史遗留的台湾、香港和澳门问题直接相关。国际经济发展的趋势表明，环太平洋地区的地位、作用日益凸显，而台湾、香港和澳门则处于太平洋地区的中心，经济政治战略地位重要。妥善解决台湾、香港和澳门问题，有利于环太平洋地区和世界的和平与稳定，也有利于中国的社会主义现代化建设。

2. "一国两制"理论的形成过程

"一个国家、两种制度"的构想是在中共十一届三中全会以后逐步形成的，大致经历了和平统一祖国战略思想的确立、和平统一祖国具体方针政策的全面阐述以及正式形成"一国两制"理论三个阶段。

(1) 和平统一祖国战略思想的确立

1950年代下半期，毛泽东、周恩来就提出了"第三次国共合作"与"和平谈判"解决台湾问题的设想。1955年5月，周恩来在全国人大常委会会议上提出：中国人民解决台湾问题有两种可能的方式，即战争的方式和和平的方式；中国人民愿意在可能的条件下，争取用和平的方式解决问题。1956年4月，毛泽东又提出"和为贵""爱国一家""爱国不分先后"等主张。1958年，毛泽东在为国防部起草的《告台湾同胞书》中，庄严宣告了中国共产党和中华人民共和国政府关于解决台湾问题的方针、立场和基本态度。由于当时世界社会主义和资本主义两大阵营处于对抗的"冷战"阶段，意识形态尖锐对立，某些外国势力的干预，这些主张未能付诸实现。

自1970年代末开始，国际国内形势发生一些重要变化。1978年12月15日，中美签署两国建立外交关系的公报，实现了关系正常化。1978年12月18—22日，中国共产党召开十一届三中全会，决定把党和国家的工作重心转移到经济建设上来。全会对解决台湾问题作了比较乐观的估计，认为"随着中美关系正常化，我国神圣领土台湾回到祖国怀抱、实现统一大业的前景，已经进一步摆在我们的面前。全会欢迎台湾同胞、港澳同胞、海外侨胞，本着爱国一家的精神,共同为祖国统一和祖国建设的事业继续作出积极贡献"。① 与此同时,海峡两岸、港澳以及海外的中国人,都殷切希望两岸合作,共同振兴中华。

1979年元旦,中美两国正式建立外交关系。同日,五届全国人大常委会发表了《中华人民共和国全国人民代表大会常务委员会告台湾同胞书》,宣布了和平统一祖国的大政方针。《告台湾同胞书》指出:"在解决统一问题时要尊重台湾现状和台湾各界人士的意见,采取合情合理的政策和办法,不使台湾人民蒙受损失","我们寄希望于一千七百万台湾人民,也寄希望于台湾当局。台湾当局一贯坚持一个中国的立场,反对台湾独立。这就是我们共同的立场,合作的基础,我们一贯主张爱国一家。统一祖国,人人有责。希望台湾当局以民族利益为重,对实现祖国统一的事业作出宝贵的贡献","中国政府已经命令人民解放军从今天起停止对金门等岛屿的炮击。台湾海峡目前仍然存在着双方的军事对峙,这只能制造人为的紧张。我们认为,首先应当通过中华人民共和国政府和台湾当局之间的商谈结束这种军事对峙状态,以便为双方的任何一种范围的交往接触创造必要的前提和安全的环境","我们希望双方尽快实现通航通邮,以利双方同胞直接接触,互通信息,探亲访友,旅游参观,进行学术文化体育工艺观摩"。② 1979年1月30日,邓小平在访问美国时明确宣布,今后不再用解放台湾这个提法了,只要台湾回归祖国,我们将尊重那里的现实和现行制度。这时实际上已经提出了"一国两制"的构想。

(2) 和平统一祖国具体方针政策的阐述

1981年9月30日,全国人大常委会委员长叶剑英向新华社记者发表谈话,阐明关于台湾同祖国大陆实现和平统一的九条方针政策,指出"国家实现统一后,台湾可作为特别行政区,享有高度的自治权,并可保留军队","台湾现行社会、经济制度不变,生活方式不变,同外国的经济、文化关系不变,私人财产、房屋、土地、企业所有权、合法继承权和外国投资不受侵犯"。③ 这是对"一国两制"内涵的第一次明确表述。

---

① 《中国共产党第十一届中央委员会第三次全体会议公报》,中共中央文献研究室编:《三中全会以来重要文献选编》(上),人民出版社1982年版,第3页。
② 《中华人民共和国全国人民代表大会常务委员会告台湾同胞书》1979年1月1日,《三中全会以来重要文献选编》(上),人民出版社1982年版,第36—37页。
③ 叶剑英:《关于台湾回归祖国实现和平统一的方针政策》,《三中全会以来重要文献选编》(下),中共中央文献研究室编,人民出版社1982年版,第966页。

(3) "一国两制"理论的正式形成

1982年1月11日,邓小平在接见美国华人协会主席李耀基时说,叶剑英委员长所谈的九条方针,实际上就是"一个国家、两种制度",在国家统一的前提下,国家的主体实行社会主义制度,台湾实行资本主义制度。在这次谈话中,邓小平第一次明确使用了"一个国家、两种制度"的概念。同年9月24日,邓小平在会见英国首相撒切尔夫人时就收回香港主权的谈话,提出用"一个国家,两种制度"的方式来解决香港问题。

1982年12月4日,五届全国人大五次会议通过的宪法第31条规定:"国家在必要时得设立特别行政区,在特别行政区内实行的制度按照具体情况由全国人民代表大会以法律规定。"这就为用"一国两制"方针来指导建立特别行政区提供了法律依据。

1983年6月4日,全国政协主席邓颖超在六届政协一次会议开幕词中指出:"我们尊重历史,尊重现实,我们充分考虑台湾各族人民的愿望和台湾当局的处境","祖国统一后,台湾作为特别行政区,可以实行同大陆不同的制度,两者互为补充,互相支援。"

1983年6月26日,邓小平在会见美国新泽西州西东大学教授杨力宇时进一步指出:"我们不赞成台湾'完全自治'的提法,自治不能没有限度。既有限度就不能'完全'。'完全自治'就是'两个中国',而不是一个中国。制度可以不同,但在国际上代表中国的,只能是中华人民共和国。我们承认台湾地方政府在对内政策上可以搞自己的一套。台湾作为特别行政区,虽是地方政府,但同其他省、市以至自治区的地方政府不同,可以有其他省、市、自治区所没有而为自己所独有的某些权力,条件是不能损害统一的国家的利益。"① 而且"祖国统一后,台湾特别行政区可以有自己的独立性,可以实行同大陆不同的制度。司法独立,终审权不须到北京。台湾还可以有自己的军队,只是不能构成对大陆的威胁。大陆不派人驻台,不仅军队不去,行政人员也不去。台湾的党、政、军等系统,都由台湾自己来管。中央政府还要给台湾留出名额。"②

1984年1月16日,中国政府按照"一国两制"的构想阐述了对香港的基本政策:①1997年中国对香港恢复行使主权后,香港仍然继续实行资本主

---

① 邓小平:《中国大陆和台湾和平统一的设想》(1983年6月26日),《邓小平文选》第3卷,人民出版社1993年版,第30页。

② 邓小平:《中国大陆和台湾和平统一的设想》(1983年6月26日),《邓小平文选》第3卷,人民出版社1993年版,第30页。

义制度；②由香港人治理香港，不是北京派人治理香港；③对香港政策长期不变，1997年后至少50年不变；④全国人大将通过体现上述内容的香港特别行政区基本法，香港将按基本法办事。1984年2月22日，邓小平在会见美国乔治城大学战略与国际问题研究中心代表团时，进一步明确了"一个国家，两种制度"的内涵，指出"统一后，台湾仍搞它的资本主义，大陆搞社会主义，但是是一个统一的中国，一个中国，两种制度。香港问题也是这样，一个中国，两种制度。"① 1984年5月15日，国务院总理在六届全国人大二次会议上所作的《政府工作报告》阐述了"一国两制"构想，并获得全会通过。这意味着"一国两制"已成为既定的基本国策。

1984年的6月22日、23日，邓小平在会见香港同胞时对"一国两制"构想作了精辟论述。他说："中国政府为解决香港问题所采取的立场、方针、政策是坚定不移的。我们多次讲过，我国政府在一九九七年恢复行使对香港的主权后，香港现行的社会、经济制度不变，法律基本不变，生活方式不变，香港自由港的地位和国际贸易、金融中心的地位也不变，香港可以继续同其他国家和地区保持和发展经济关系。我们还多次讲过，北京除了派军队以外，不向香港特区政府派出干部，这也是不会改变的。我们派军队是为了维护国家的安全，而不是去干预香港的内部事务。我们对香港的政策五十年不变，我们说这个话是算数的。"② 他说："我们对香港的政策长期不变，影响不了大陆的社会主义。中国的主体必须是社会主义，但允许国内某些区域实行资本主义制度，比如：香港、台湾。大陆开放一些城市。允许一些外资进入，这是作为社会主义经济的补充，有利于社会主义生产力的发展。"③ 他说："'一个国家，两种制度'的构想是我们根据中国自己的情况提出来的，而现在已经成为国际上注意的问题了。中国有香港、台湾问题，解决这个问题的出路何在呢？是社会主义吞掉台湾，还是台湾宣扬的'三民主义'吞掉大陆？谁也不好吞掉谁。如果不能和平解决，只有用武力解决，这对各方都是不利的。实现国家统一是民族的愿望，一百年不统一，一千年也要统一的。怎么解决这个问题，我看只有实行'一个国家，两种制度'。……我们采取'一个国家，两种制度'的办法解决香港问题，不是一时的感情冲动，也不

---

① 邓小平：《稳定世界局势的新办法》（1984年2月22日），《邓小平文选》第3卷，人民出版社1993年版，第49页。

② 邓小平：《一个国家，两种制度》（1984年6月22日、23日），《邓小平文选》第3卷，人民出版社1993年版，第58页。

③ 邓小平：《一个国家，两种制度》（1984年6月22日、23日），《邓小平文选》第3卷，人民出版社1993年版，第59页。

是玩弄手法,完全是从实际出发的,是充分照顾到香港的历史和现实情况的。"① 他说:"要相信香港的中国人能治理好香港。"② 但是,"港人治港有个界线和标准,就是必须由以爱国者为主体的港人来治理香港。未来香港特区政府的主要成分是爱国者,当然也要容纳别的人,还可以聘请外国人当顾问。什么叫爱国者?爱国者的标准是,尊重自己的民族,诚心诚意拥护祖国恢复行使对香港的主权,不损害香港的繁荣和稳定。只要具备这些条件,不管他们相信资本主义,还是相信封建主义,甚至相信奴隶主义,都是爱国者。我们不要求他们都赞成中国的社会主义制度,只要求他们爱祖国,爱香港。"至此,明确完整的"一国两制"理论正式形成,成为解决香港、澳门和台湾问题的指导方针。

(二) 特别行政区制度的基本含义

"一国两制"理论指导了特别行政区制度的建立。所谓特别行政区制度,是指在统一的中华人民共和国内,在大陆实行社会主义制度,在香港、澳门、台湾建立特别行政区,实行资本主义制度,享有高度自治权,但不拥有国家主权。

1. 特别行政区是国家的地方行政区域

"一国"是"一国两制"的前提和基础。所谓"一国"就是"一个中国",就是合法的中华人民共和国,一个最高国家权力机关即全国人民代表大会,一个中央人民政府即国务院。在恢复对香港、澳门行使主权和台湾回归祖国后,国家依照宪法在那里设立特别行政区。特别行政区是国家的地方行政区域,是一级地方政府,直接受中央人民政府管辖。特别行政区的基本法,由全国人民代表大会制定。特别行政区的立法机关可以根据基本法规定,按既定程序制定法律,但要报全国人大常委会备案。特别行政区的行政长官在当地通过选举或协商产生,再由中央人民政府任命。特别行政区的外交事务,由国家统一管理,香港特别行政区和澳门特别行政区的防务,也将由国家派军队负责,但驻军军费不由特别行政区负责,负责防务的部队不干预特别行政区的内部事务。这些规定表明,中华人民共和国是国家主权的实体,特别行政区是国家不可分割的一部分。

---

① 邓小平:《一个国家,两种制度》(1984年6月22日、23日),《邓小平文选》第3卷,人民出版社1993年版,第59—60页。

② 邓小平:《一个国家,两种制度》(1984年6月22日、23日),《邓小平文选》第3卷,人民出版社1993年版,第60页。

2. 特别行政区的资本主义制度与祖国大陆的社会主义制度长期并存

在一个中国的前提下，大陆的社会主义制度和香港、澳门、台湾的资本主义制度，实行长期共存，共同发展。邓小平说："'一国两制'除了资本主义，还有社会主义，就是中国的主体、十亿人口的地区坚定不移地实行社会主义。主体地区是十亿人口，台湾是近两千万，香港是五百五十万，这就有个十亿同两千万和五百五十万的关系问题。主体是很大的主体，社会主义是在十亿人口地区的社会主义，这是个前提，没有这个前提不行。在这个前提下，可以容许在自己身边，在小地区和小范围内实行资本主义。我们相信，在小范围内容许资本主义存在，更有利于发展社会主义"。① 两种制度不但要长期并存，而且"要确定整个国家的主体是社会主义，否则怎么能说是"两制"呢？那就变成了'一制'了"。②

3. 特别行政区享有高度自治权

"一国两制"下的特别行政区享有高度的自治权，由本地人管理本地人。

特别行政区同其他省、自治区、直辖市有相同的一面，即都是中国的地方政府。但不同的是，特别行政区拥有其他省、自治区、直辖市所不具有的高度自治权。这种高度自治权，除了表现为特别行政区可以实行独立的经济社会制度和生活方式外，还表现在：①享有行政管理权、立法权、独立的司法权和终审权。立法机关和政府机构均由当地人组成。现行法律基本不变。全国人大及其常委会制定的法律，除了有关国防、外交的法律以及其他有关体现国家统一和领土完整并且不属于特别行政区高度自治范围的法律外，其他均不在特别行政区实施。而特别行政区的立法机关，在不与特别行政区基本法相抵触的前提下，可以制定、废除和修改法律。特别行政区立法机关制定的法律须报全国人大常委会备案，但备案不影响该法律生效。②享有独立的地方财政权，如独立的税收制度。特别行政区的财政收入全部用于自身需要，无须上缴中央人民政府。中央人民政府也不在特别行政区征税。香港将继续保持其自由港、单独的关税地区和金融中心的地位。继续开放外汇、黄金、证券市场、资金进出自由，港币继续流通、自由兑换。③享有独立的外事权。特别行政区可以"中国台湾""中国香港""中国澳门"的名义单独同各国、各地区以及有关国际组织保持和发展经济、文化联系，签订双边和

---

① 邓小平：《中国是信守诺言的》（1984 年 12 月 19 日），《邓小平文选》第 3 卷，人民出版社 1993 年版，第 103 页。

② 邓小平：《会见香港特别行政区基本法起草委员会委员时的讲话》（1987 年 4 月 16 日），《邓小平文选》第 3 卷，人民出版社 1993 年版，第 219 页。

多边经济、文化、科技等协定,参加各种民间国际组织,还可以自行签发出入本特别行政区的旅行证件。外事权和外交权不同,外交权属于中央人民政府,即在国际上代表中国的只能是中央人民政府。中华人民共和国外交部已在香港特别行政区设立特派员公署,处理外交事务。

如果台湾建立特别行政区,还可以有自己的军队,大陆不派军队和行政人员驻台。特别行政区政府和台湾各界代表人士还可以担任国家政权机构的领导职务,参与国家管理。

特别行政区享有的高度自治权,有些方面甚至超出联邦制国家成员国的权力,但它没有改变中国单一制国家结构制度,只是使单一制具有鲜明的中国特色而已。

(三)"一国两制"的重大意义

1. 理论意义

"一国两制"的理论意义在于:第一,它是统一战线理论的发展。统一战线思想要求无产阶级及其政党在完成各项任务、工作时,要团结一切可以团结的力量,要善于化不利为有利,既要坚持马克思主义的原则性,又要讲究策略灵活性。"一国两制"正是以此为指导,团结国内外一切积极因素,形成最广泛的统一战线,减少阻力,避免破坏,比较稳妥地完成统一祖国的伟大任务。第二,它是利用资本主义因素来建设社会主义理论的发展。在实行"一国两制"的过程中,大陆的社会主义是主体,而港、澳、台地区的资本主义仍然存在,两种制度之间取长补短,共同促进以社会主义为主体的整个民族的繁荣昌盛。第三,它是和平共处理论的发展。和平共处理论从处理不同社会制度和不同国家之间的相互关系,扩展到了处理一个国家内部的不同社会制度之间的相互关系。正如邓小平同志指出,运用"一国两制"的办法来解决国家统一问题也是一种和平共处,和平共处原则不仅在处理国际关系问题上,而且在处理一个国家自己的内政上,都是一个好办法。[①]

2. 现实意义

"一国两制"的现实意义在于:第一,它有利于祖国统一,保障领土和主权的完整。按照"一国两制"的原则来解决香港、澳门和台湾问题,就是结束了国家分裂的局面,彻底保证了领土和主权的完整。第二,它有利于用和

---

① 参见邓小平《和平共处原则具有强大生命力》(1984年10月31日),《邓小平文选》第3卷,人民出版社1993年版,第96—97页。

平的方式去解决历史遗留的问题,既保持了港、澳、台地区的繁荣与稳定,又促进了祖国大陆的社会主义建设。第三,它为和平解决国际争端树立了典范。在当前存在诸多争端的国际社会中,正确处理国与国之间的关系显得尤为重要。"一国两制"是和平共处原则在处理国家内部不同制度之间问题的灵活运用,为那些处于分裂状态的国家的和平统一、进而解决国际争端提供了宝贵的借鉴。

二 特别行政区的筹建

(一) 香港特别行政区的筹建

1. 历史背景

香港包括香港岛、九龙和"新界"三部分,面积 1066 平方公里,清朝时属广东省新安县管辖。1842 年 8 月,清政府在鸦片战争中战败,被迫与英国签订《南京条约》,割让香港岛给英国。1856 年英国联合法国发动第二次鸦片战争,1860 年英法联军攻入北京,强迫清政府签订《北京条约》,据此英国又得到九龙半岛界线街以南的中国领土。1898 年 6 月,英国再次强迫清政府签订《展拓香港界址专条》,强行租借深圳河以南、九龙半岛界线街以北地区及附近的 200 多个岛屿(后统称为"新界"),为期 99 年。

1941 年 12 月 7 日,日本偷袭珍珠港,发动太平洋战争,旋即又突袭香港。12 月 25 日,港督宣布投降。从此香港受日本人统治,直至 1945 年 9 月,历时 3 年 8 个月。1947 年,英国国会同意香港设立布政司,改革政制。此后,由于有利的国际环境和自由港地位,香港经济得到迅速发展,并逐步发展成为国际性的现代化的大都市。

2. 中国立场

中华人民共和国成立后,中国政府曾多次阐述对香港问题的基本立场:香港是中国的领土,中国不承认帝国主义列强强加的三个不平等条约;对于该历史问题,应在适当时机通过谈判和平解决,未解决前则维持现状。应中国政府要求,1972 年 11 月第 27 届联大通过决议,同意中国对香港始终拥有主权的说法,在殖民地区名单里删去了香港和澳门。

3. 中英谈判及《联合声明》

随着 1997 年临近,英国据以统治"新界"的所谓法律依据将不复存在,解决香港问题的时机成熟了。对于解决香港问题,中国政府认为必须坚持两条原则:第一,一定要在1997年收回香港,恢复行使主权;第二,在恢复行使主权的前提下,要尽可能保持香港的稳定和繁荣。根据"一国两制"的科学构想,中国政府制定了解决香港问题的十二条基本方针。

1982年9月,英国首相撒切尔夫人应邀访华。中国领导人正式通知英方,中国政府决定在1997年收回香港地区。撒切尔夫人则坚持三个不平等条约仍然有效,提出如果中国同意英国1997年后继续管治香港,英国可以考虑中国的主权要求。1982年9月24日,邓小平在会见撒切尔夫人时充分表达了中国政府在收回香港问题上的坚定立场:"关于主权问题,中国在这个问题上没有回旋余地。坦率地讲,主权问题不是一个可以讨论的问题。现在时机已经成熟了,应该明确肯定:一九九七年中国将收回香港。就是说,中国要收回的不仅是新界,而且包括香港岛、九龙。中国和英国就是在这个前提下来进行谈判,商讨解决香港问题的方式和办法。如果中国在一九九七年,也就是中华人民共和国成立四十八年后还不把香港收回,任何一个中国领导人和政府都不能向中国人民交代,甚至也不能向世界人民交代,如果不收回,就意味着中国政府是晚清政府,中国领导人是李鸿章!我们等待了三十三年,再加上十五年,就是四十八年,我们是在人民充分信赖的基础上才能如此长期等待的。如果十五年后还不收回,人民就没有理由信任我们,任何中国政府都应该下野,自动退出政治舞台,没有别的选择。所以,现在,当然不是今天,但也不迟于一、二年的时间,中国就要正式宣布收回香港这个决策。我们可以再等一、二年宣布,但肯定不能拖延更长的时间了。"[①] 双方同意通过外交途径就解决香港问题进行商谈,开启了中英谈判解决香港问题的序幕。

经过历时2年22轮谈判,1984年9月26日,《中华人民共和国和大不列颠及北爱尔兰联合王国政府关于香港问题的联合声明》在北京草签。《联合声明》全文当天在北京、香港和伦敦公布,迅即得到香港各界人士、海外侨胞和国际舆论的拥护和赞赏。12月19日,中英两国政府正式签署《联合声明》。1985年4月10日,六届全国人大三次会议批准了《联合声明》。此前英国议会也批准了《联合声明》。1985年5月27日,两国政府代表在北京互换批准书,《联合声明》即日起宣告生效。

为了保证1997年政权的顺利交接,中英两国政府决定双方各由4名小组

[①] 邓小平:《我们对香港问题的基本立场》(1982年9月24日),《邓小平文选》第3卷,人民出版社1993年版,第12—13页。

成员、每方可派不超过 20 名的工作人员组成中英联合联络小组。联合联络小组在《联合声明》生效时成立，以香港为主要驻地，工作到 2000 年 1 月 1 日止。小组的职责为：①就《联合声明》的实施进行磋商；②讨论 1997 年政权顺利交接有关的事宜；③就双方商定的事项交换情况并进行磋商。联合联合小组未能取得一致意见的问题，提交两国政府通过协商解决。从联合联络小组成立到 1997 年 7 月 1 日政权交接，小组审议的事项先后有所不同。在前半段时期，主要审议的事项包括：两国政府为使香港特别行政区作为独立关税地区保持其经济联系，特别是为确保香港特别行政区继续参加关税及贸易总协定、多种纤维协定及其他国际性安排所需采取的行动；两国政府为确保同香港有关的国际权利与义务继续适用所需采取的行动。在后半段时期内，由于临近政权交接，双方有必要进行更密切的合作，主要审议的事项包括：①为 1997 年顺利过渡所要采取的措施；②为协助香港特别行政区同各国、各地区及有关国际组织保持和发展经济、文化关系并就此类事项签订协议所需采取的行动。

联合联络小组是联络机构而不是权力机构，不参与香港或香港特别行政区的行政管理，也不对其起监督作用。小组成员和工作人员只在其职责范围内进行活动。经双方协议，联合联络小组可决定设立专家小组，以处理需要专家协助的具体事项。

4.《香港特别行政区基本法》颁布

中国政府在《联合声明》第 3 条第 12 项宣布："关于中华人民共和国对香港的上述基本方针政策和本联合声明附件一对上述基本方针政策的具体说明，中华人民共和国全国人民代表大会将以中华人民共和国香港特别行政区基本法规定之，并在五十年内不变。"

六届全国人大三次会议批准《联合声明》生效后，又决定成立香港特别行政区基本法起草委员会。起草委员会向全国人大负责，在全国人大闭会期间，向全国人大常委会负责。同年 6 月 18 日，六届全国人大常委会十一次会议通过了香港特别行政区基本法起草委员会名单，由包括香港同胞在内的各方面人士和专家共 59 人组成。此外还成立了以香港各界人士为主体的基本法咨询委员会。经过两年多的紧张工作，1988 年 4 月下旬写出了《香港特别行政区基本法（草案）》征求意见稿，公布于报刊，征求意见。1989 年 2 月，全国人大常委会公布了修改后的基本法草案，在香港和内地广泛征求意见。

1990 年 1 月 23 日，七届全国人大常委会十二次会议通过将《香港特别行政区基本法（草案）》提交七届全国人大三次会议审议的决议。1990 年 4

月4日，七届全国人大三次会议通过了《香港特别行政区基本法》，同时还通过了几个有关决定。一个是"关于《中华人民共和国香港特别行政区基本法》的决定"。该决定指出："香港特别行政区基本法是根据《中华人民共和国宪法》按照香港的具体情况制定的，是符合宪法的。香港特别行政区设立后实行的制度、政策和法律，以香港特别行政区基本法为依据。"该决定还规定，香港特别行政区基本法自1997年7月1日起实施。另一个是"关于设立香港特别行政区的决定"。该决定包含两项内容：一项是自1997年7月1日起设立香港特别行政区，另一项是明确香港特别行政区的区域包括香港岛、九龙半岛，以及所辖的岛屿和附近海域。该决定还规定由国务院另行公布香港特别行政区的行政区域图。

5. 中英双方的斗争与合作

从1984年12月19日中英两国政府正式签署《联合声明》之日起，香港就进入了政权交接的过渡时期。但这段时期并未风平浪静。由于1989年至1991年苏联解体、东欧剧变后，英国政府错误地估计形势，以为社会主义中国迟早会瓦解，因此在对华政策上有了变化，在香港问题上的立场大后退。1994年4月18日英国国会外交事务委员会公布的题为《1997年前后的英中关系》的报告书说："如果我们认为北京政权自然会维持到九七年的话，那是不明智的。"撤回港督卫奕信，委派彭定康为第28任港督，是英国政府政策调整的一个标志。

彭定康到任后的一个最大动作，就是打着"发展香港民主"的幌子，抛出对香港现行政治体制作出重大改变的一套政制改革方案，简称"政改方案"，其实质就是要在1995年最后一届立法局选举中推行变相的全面直选。实际上，基本法已按照循序渐进和均衡参与等原则设计了香港民主逐步发展的进程，英方在撤走之前搞所谓的"民主"无非是要搞乱香港。在香港立法机关方面，中英双方也设计了一个"直通车"方案，即如果港英1995年的最后一届立法局的组成符合基本法的有关规定，产生出来的60名议员经过一个简单的确认程序，可以直接过渡成为香港特别行政区第一届立法会的议员，任期一直到1999年。由于英方背信弃义，双方就香港1994—1995年选举安排问题举行的会谈破裂。于是，香港最后一届立法局的产生办法和组成违反了基本法和全国人大有关决定的规定，"直通车"安排最终被放弃。1994年8月31日，全国人大常委会作出决定，指出港英最后一届三级政府架构，即立法局、市政局和区议会，将于1997年6月30日随英国对香港行政管理的结束而终止。

双方斗争的另一个焦点是"人权法案"。基本法中规定，英国于1976年签署的《公民权利和政治权利国际公约》和《经济、社会与文化权利的国际公约》适应于香港的规定继续有效，并通过香港特别行政区的法律予以实施。但是，1989年10月以后，英方不顾中国的一再反对，急忙在1991年6月由港英立法局通过了《香港人权法案条例》，赋予"人权法案"凌驾于香港其他所有法律之上的特殊地位，实质就是架空了基本法。英方接着以"人权法案"为依据，大肆修改香港原有法律，想搞乱原有的法治秩序。例如，原来的《公安条例》规定举行游行集会必须事先向警方申请牌照，这时却改为只要事先知会警方即可。在《社团条例》中，废除了禁止香港的政治性组织或团体与外国政治性组织或团体建立联系的规定，这也违背了基本法第23条的规定。中国同英方的斗争绝不妥协。1993年7月16日，香港特别行政区筹备委员会预备工作委员会成立后，对香港所有现行法律进行审查。在此基础上，香港特别行政区筹备委员会经过审议作出决定，向全国人大常委会提出了关于处理香港原有法律的建议。1997年2月23日，八届全国人大常委会二十四次会议通过了《全国人民代表大会常务委员会关于根据〈中华人民共和国香港特别行政区基本法〉第160条处理香港原有法律的决定》，正式宣布《香港人权法案条例》中有关"凌驾地位"的条款以及对《公安条例》《社团条例》的重大修改不采用香港特别行政区法律。

英方在打出"民主""人权"这些政治牌的同时，还打出了经济牌，最明显的就是新机场问题。1989年秋，英方在未同中方进行任何磋商的情况下，突然提出要耗资1270亿港元（1989年价格）建一个新机场。这将用去香港大部分的财政储备，到时香港特别行政区的储备只剩50亿港元。整个工程跨越"九七"，而且完工后还要留下大量债务由特别行政区政府承担。这势必造成未来特别行政区政府严重财政困难。英方无权在过渡期单方面就香港跨越"九七"的重大事务作出决定，为此中方提出了强烈抗议，并要求将新机场等多个跨越"九七"的重大项目列入中英联合联络小组的磋商范围。经"中英机场委员会"的磋商，对原有方案进行了修改，才使新机场问题得以妥善解决。

在斗争的同时也进行了合作，解决了与香港过渡期有关的一系列具体问题。例如，经过磋商，为1997年7月1日后香港以适当方式关贸总协定等30多个国际组织的问题一一作出了安排；中国驻军进驻香港需要解决的营房、宿舍、靶场、港口、机场等军事用地等问题，英方同意将原英军使用的14处军事用地无偿交中国驻军使用，并负责在移交前对有关建筑物和设施予以保护且及时维修。这些问题的解决，保证了政权平稳过渡，稳定了人心。

6. 香港特别行政区第一届政府和临时立法会的成立

香港特别行政区是中国第一个特别行政区，事关重大，必须慎重对待。1990年4月4日，七届全国人大三次会议通过的《全国人民代表大会关于香港特别行政区第一届政府和立法会产生办法的决定》，明确"香港特别行政区第一届政府和立法会根据体现国家主权、平稳过渡的原则产生"。这符合中国宪法和香港实际情况，也符合中英联合声明精神。

1993年7月16日，全国人大常委会成立了香港特别行政区筹备委员会预备工作委员会。在两年半的时间里，预备工作委员会就香港的政治、经济、文化、法律、社会及保安等各个领域的有关问题进行了系统的调查研究，并同香港各界人士共同提出一些方案和建议，最后形成46份书面建议和意见，为筹备委员会的工作打下了良好基础。

1996年1月26日，香港特别行政区筹备委员会成立。筹委会由150名委员组成，其中内地委员56名，主要是负责处理香港事务或与香港事务有关部门的负责人和专家；香港委员94名，占委员总数的63%。香港委员来自香港社会各界，代表性相当广泛，既有商界的代表，也有专业人士、基层组织的代表，还有前港府的高官等。

1996年11月2日，筹委会从来自社会各界（工商、金融界；专业界；劳工、基层、宗教等界；原政界人士、香港地区全国人大代表、香港地区全国政协委员的代表）共5789名候选人中，选出全部由香港永久性居民组成的400名委员组成了香港特别行政区第一届政府推选委员会。在选举香港特别行政区第一任行政长官的问题上，按全国人大有关规定，筹委会采取协商后提名选举的办法，在此基础上产生了吴光正、董建华和杨铁梁三位候选人。筹委会专门组织了候选人答问大会，由候选人分别介绍各自的施政纲领，并现场回答各界特别推选委员会委员的提问，最后选出董建华为第一届行政长官。这种选举方式既不同于西方的竞选模式，又充分考虑了民主的因素，增进了推选委员会委员和香港社会对候选人的了解。社会舆论称它"创造了香港的选举文化"。行政长官选举透明度高，程序民主，体现了公平、公正和公开的原则，是香港特别行政区民主的一个良好开端。1996年12月16日，国务院召开第十一次全体会议作出决定，任命董建华为香港特别行政区第一任行政长官。1997年1月24日，香港特别行政区行政长官董建华公布第一届行政会议15名成员名单。接着，2月21日，根据董建华的提名，国务院任命香港特别行政区第一届政府的23名主要官员，其中22人是当时香港政府官员。这样，特别行政区第一届政府的架构已具雏形。

1996年12月21日，香港特别行政区第一届推选委员会以无记名投票方式选举产生了香港特别行政区临时立法会60名议员，其中11人为非中国籍或在国外有居留权的议员，33人为现任立法局议员。根据筹委会1996年3月24日通过的决定，临时立法会在香港特别行政区第一任行政长官产生后组成并开始工作，一直工作至香港特别行政区第一届立法会产生时为止，时间不超过1998年6月30日。临时立法会的任务是：①根据基本法的规定，制定为确保香港特别行政区的正常运作所必不可少的法律，并根据需要修改、废除法律；②根据政府的提案，审核、通过财政预算；③批准税收和公共开支；④听取行政长官的施政报告并进行辩论；⑤同意香港特别行政区终审法院法官和高等法院首席法官的任命；⑥临时立法会主席参与对全国人民代表大会常务委员会香港特别行政区基本法委员会6名香港委员的提名；⑦其他在香港特别行政区立法会产生前必须由临时立法会处理的事项。临时立法会在1997年7月1日前通过的有关法律从香港特别行政区成立之日起实施。

1997年2月1日，筹委会又通过一项决定，以补充1996年3月24日的决定。2月1日决定规定：临时立法会在1997年6月30日前根据基本法的规定，并依照筹委会先前通过的决定的规定，制定议事规则和表决程序；审议通过法案等；在香港特别行政区成立时，对已通过的法案进行确认，并报行政长官签署，公布实施，完成立法程序。

临时立法会自1996年12月21日成立至1998年5月24日香港特别行政区首届立法会选举产生后，便正式结束了工作。1998年4月8日，临时立法会举行最后一次会议，通过《告别法案》，宣布"本会已完成历史使命，祝愿第一届立法会顺利产生"。临时立法会共进行46次会议，处理63项法案及300多项附属法案。在监管公共开支方面，审计通过了过渡时期1997年至1998年及特区政府编制的1998年至1999年两份财政预算案。临时立法会一直以高度透明的方式，在监督政府的政策和运作方面，发挥了立法会的制衡作用，还为首届立法会的产生进行了立法工作。可以说临时立法会的工作卓有成效，成绩斐然。

7. 香港特别行政区首届立法会的选举

1997年7月，香港特别行政区政府公布了第一届立法会选举的具体安排。9月28日，临时立法会三读通过了《立法会条例》，规定特别行政区第一届立法会共设60个议席，其中分区直选产生20名议员，功能团体产生30名议员，由4个界别800人的选举委员会选举产生10名议员。议员候选人必须是香港特别行政区永久性居民,并符合法律规定的条件。10月31日,香港特别行政区政府颁布《选举管理委员会规例》,对第一届立法会选举的选民登记、编制选民登记册等问题作了详细规定。由行政长官委任的以胡国兴大法官为主席的选举管理委员会独立地监督这次选举。1998年1月17日,选举管理委员会派出2至3万"选民登记大使",逐户上门登记选民,拉开了选举的序幕。

1998年4月3日,香港特别行政区第一届立法会选举委员会界别分组选举工作结束,588名来自工商、劳工、专业、社会服务等界别分组的人士当选为选举委员会委员,他们与77位港区全国人大代表和临时立法会议员、40位宗教界别分组提名产生的委员、95位4个界别分组的候选人自动当选的委员,共同组成800人的选举委员会,于同年5月24日投票选举产生第一届立法会的10名议员。

1998年5月24日,香港特别行政区第一届立法会选举在496个投票站同时举行。这次选举选民登记人数、投票人数和投票率都创下了新纪录。其中,选民登记人数至1998年3月13日已达279.5万,比1995年立法局选举时增加130多万,投票人数为156万,地区直选投票率达53.29%,功能界别选举投票率达63.5%,选举委员会选举投票率高达98.75%。5月25日,60名议员全部产生。

香港遭受英国殖民统治长达150多年,过去从未实行过真正的民主选举,港人无民主可言。香港回归祖国后,实行"一国两制""港人治港"、高度自治,港人真正当家作主,香港永久性居民都拥有选举权和被选举权。首届立法会的成功选举为香港民主迈出了重要一步,为香港今后的发展奠定了良好基础。

1998年7月2日,首届立法会举行第一次全体会议,以无记名投票方式选举范徐丽泰担任首任立法会主席,并于7月8日开始工作。

按照基本法为立法会选举定下的10年时间表,首届立法会任期2年,第二届立法会2000年产生,任期4年,直选议席由20个增加到24个,2004年第三届立法会的选举,直选议员增至30个。基本法规定,立法会的产生办法根据香港特别行政区的实际情况和循序渐进的原则而规定,最终达到全部议员由普选产生的目标。直至2016年9月4日第六届立法会的选举,由地方选区和功能界别选区各选出35名议员,共70名议员,直选比例达50%。这种渐进式普选策略既保持了香港平稳又顺应了香港的发展,不失为一种良策。

(二) 澳门特别行政区的筹建

1. 历史背景

澳门自古以来就是中国领土，位于广东省珠江口西侧，包括澳门半岛、氹仔岛和路环岛，陆地面积32.8平方公里，原属广东省香山县（今中山市）管辖。1553年，葡萄牙殖民者借口曝晒水货物，强行上岸租占澳门。1887年12月1日，葡萄牙与清朝政府签订《中葡会议草约》和《中葡和好通商条约》，正式通过外交文书占领澳门并将此辟为殖民地。

2. 中葡谈判及《联合声明》

中国政府对澳门问题的基本方针一贯是，收回澳门，恢复对澳门行使主权，并保持澳门的繁荣和稳定。1979年2月8日，中国与葡萄牙建立外交关系，双方对此已有谅解。1984年2月，国家主席李先念访葡，曾就澳门前途问题同葡领导人交换意见。1985年5月，葡萄牙总统访华，再次与中国总理就解决澳门问题进行友好磋商，并同意于1986年在北京举行正式外交谈判。经过四轮谈判，1987年4月13日，《中华人民共和国政府和葡萄牙共和国政府关于澳门问题的联合声明》在北京签署，宣布中国将于1999年12月20日对澳门恢复行使主权。澳门问题的解决，是继香港问题解决之后又一具有历史意义的重大事件，再一次证明了"一国两制"具有强大的生命力。经中葡两国议会的批准，并互换批准书，中葡《联合声明》于1988年1月15日正式生效，从此澳门进入过渡期。

为保证中葡《联合声明》的有效实施，为澳门政权的交接创造有利条件，两国政府同意在《联合声明》生效之日起至1999年12月19日止的过渡期内进行友好合作，并组成了"中葡联合联络小组"和"中葡土地小组"。

联合联络小组为两国政府间进行联络、磋商和交换情况的机构。双方各指派一名大使级的组长和另外四名小组成员。每方还可指派必要的专家和工作人员。联合联络小组的职责为：就《联合声明》及其附件的实施进行磋商；就与1999年澳门政权交接的有关事宜交换情况并进行磋商；就两国政府为使澳门特别行政区保持和发展对外经济、文化等关系所需采取的行动进行磋商；就双方商定的其他事项交换情况并进行磋商。联合联络小组不能取得一致意见的问题提交两国政府协商确定，联合联络小组不干预澳门的行政管理，也不对之起监督作用。联合联络小组从《联合声明》生效时成立，工作至2000年1月1日。

中葡土地小组自《联合声明》生效时成立，工作至1999年12月19日。

澳门政府批出土地的契约不得超过 2049 年 12 月 19 日，且每年只限批 20 公顷，批地所得收入与日后成立的特别行政区政府平分，作为特区政府储备金存入澳门注册的银行。

3. 《澳门特别行政区基本法》的颁布

1988 年 4 月 13 日，七届全国人大一次会议决定成立澳门特别行政区基本法起草委员会，负责基本法的起草工作。同年 9 月 5 日，七届全国人大常委会三次会议批准成立了澳门特别行政区基本法起草委员会，由 48 名知名人士组成。在广泛征求大家意见的基础上，起草委员会在 1993 年 1 月 15 日完成全部起草工作。同年 3 月 31 日，八届全国人大一次会议通过了《澳门特别行政区基本法》及其附件，自 1999 年 12 月 20 日实施。

4. 澳门特别行政区第一届政府的组建

依照八届全国人大一次会议通过的《全国人民代表大会关于澳门特别行政区第一届政府、立法会和司法机关产生办法的决定》规定："全国人民代表大会设立澳门特别行政区筹备委员会，负责筹备成立澳门特别行政区的有关事宜，根据本决定规定第一届政府、立法会和司法机关的具体产生办法。" 1998 年 5 月 5 日，全国人大澳门特别行政区筹备委员会在北京成立，由 60 位澳门委员和 40 位内地委员组成，澳门回归工作进入实质性阶段。

筹委会的核心任务是根据全国人大的有关决定，组建一个有广泛代表性的、全部由澳门永久性居民组成的共 200 人的推选委员会。1999 年 4 月 9 日至 10 日，筹委会召开第七次全体会议，以无记名和差额选举的方式产生了 185 名澳门特别行政区第一届政府推选委员会委员。同时，根据全国人大的有关规定，4 名具有澳门永久性居民身份的澳门地区全国人大代表，都是推选委员会委员。澳门地区全国政协委员以协商互选方式产生了 11 名推选委员会委员。至此，澳门特别行政区第一届政府推选委员会的 200 名委员全部产生。

1999 年 4 月 23 日，澳门特别行政区第一届政府推委会第一次会议在澳门举行，以无记名投票方式选举产生了何厚铧和区宗杰为第一任行政长官候选人。5 月 7 日和 8 日，推委会听取了两位候选人的施政纲领，回答了委员们的提问。5 月 15 日，推委会第三次会议选举何厚铧为澳门特别行政区第一任行政长官。5 月 20 日，国务院任命何厚铧为澳门特别行政区第一任行政长官。随后，何厚铧开始组建特别行政区政府的工作。澳门特别行政区第一届立法会和司法机关的组建工作也同时有序进行。

1998 年 11 月 12 日，中葡联合联络小组决定设立政权交接仪式工作小组，澳督批准设立澳门移交办公室，推动并协调政权移交仪式的有关活动。"九九"后澳门的涉台问题，中央人民政府作了明确规定：凡属涉及到国家主权和两岸关系的事务，由中央人民政府安排处理，或者由澳门特别行政区政府在中央人民政府的指导下处理。澳台两地的民间交往，澳门同胞、台湾同胞的正当权益都应予以维护，以促进两地共同发展。

5. 妥善解决三大问题

要实现澳门的平稳过渡，还需妥善解决澳门历史上遗留下的人才、语言、法律三方面的特殊问题，即公务员本地化、中文官语化和法律本土化的问题。

在中葡联合声明签署以前，澳门政府科长以上公务员几乎都是葡萄牙籍居民或葡后裔居民，中国居民只占极少数，法官、检察官、律师中没有中国居民，华人人才严重流失；葡文是澳门唯一官方语文，占澳门人口95%以上的中国居民使用的中文没有法律地位；澳门使用的法律多是葡萄牙为澳门制订或从葡萄牙延伸到澳门的法律，全文使用葡文立法等。

在中葡双方合作和努力下，至1997年7月底三大问题的解决取得了一些进展。在人才问题上，公务员本地化和人才培训有所推进，以中文为母语的本地公务员进入政府中高层的人数有所增加。在落实关于中文官方地位的外交协议上，澳府已要求各部门使用中葡双语表格和设立翻译职位等。在法律本土化方面，澳门五大法典中刑法典、刑事诉讼法典已由中葡协商并完成本土化，1990年以来制定的法律多数已有了中文本，1996年还有了第一批华人法官、检察官。但这些进展与实现平稳过渡的要求还有较大差距，还需继续努力。

三 特别行政区的政治体制

（一）香港特别行政区的政治体制

1. 行政长官

（1）地位和作用

香港特别行政区行政长官是香港特别行政区的首长，代表香港特别行政区。香港特别行政区行政长官依照基本法的规定对中央人民政府和香港特别行政区负责。行政长官的法律地位是双重的，一方面，作为香港特别行政区的首长，是香港特别行政区的最高地方长官；另一方面，作为政府首长，他负责领导香港特别行政区政府。

（2）产生与任期

香港特别行政区行政长官由年满40周岁，在香港通常居住连续满20年并在外国无居留权的香港特别行政区永久性居民中的中国公民担任。对行政长官的年龄和居住期限作了一定的限制，主要是考虑到行政长官的地位高，影响大，任务重。

基本法规定，行政长官在当地通过选举或协商产生，并要由中央人民政府任命。行政长官代表特别行政区，并对特别行政区负责，其人选应当在当地通过选举或协商产生。同时，行政长官作为国家的一个地方政府首长，应当对中央人民政府负责。为体现国家主权，应当由中央人民政府任命。

行政长官每届任期为5年，可连任1次。基本法还对行政长官作出了要求：①依法宣誓；②拥护基本法，效忠中华人民共和国香港特别行政区；③廉洁奉公，尽忠职守。行政长官在就任时，应向香港特别行政区终审法院首席法官申报财产，记录在案。

香港特别行政区基本法规定行政长官有下列情形之一者必须辞职：①因严重疾病或其他原因无力履行职务。②因两次拒绝签署立法会通过的法案而解散立法会，重选的立法会仍以全体议员2/3多数通过的争议的原案，而行政长官仍拒绝签署。③因立法会拒绝通过财政预算案或其他重要法案而解散立法会，重选的立法会继续拒绝通过所争议的原案。

行政长官短期不能履行职务时，由政务司长、财政司长、律政司长依次临时代理其职务。行政长官缺位时，依次由政务司长、财政司长、律政司长代理其职务。行政长官缺位时，应在6个月内依法产生新的行政长官。

（3）职权

依照基本法规定，行政长官行使下列职权：①领导特别行政区政府；②负责执行基本法和依照基本法适用于特别行政区的其他法律；③签署立法会通过的法案、公布法律；签署立法会通过的财政预算案，将财政预算、决算报中央人民政府备案；④决定政府政策，发布行政命令；⑤提名并报请中央人民政府任命下列主要官员：各司司长、副司长，各局局长，廉政专员，审计署署长，警务处处长，入境事务处处长，海关关长；建议中央人民政府免除上述官员职务；⑥依照法定程序任免各级法院法官；⑦依照法定程序任免公职人员；⑧执行中央人民政府就基本法规定的有关事务发出的命令；⑨代表香港特别行政区政府处理中央授权的对外事务和其他事务；⑩批准向立法会提出有关财政收入或支出的动议；⑪根据安全和重大公共利益的考虑，决定政府官员或其他负责政府公务的人员是否向立法会或其属下的委员会作证和提供证据；⑫赦免或减轻刑事罪犯的刑罚；⑬处理请愿、申诉事项。

(4) 行政会议、廉政公署与审计署

香港特别行政区行政会议是协助行政长官决策的机构，由行政长官主持。虽然它本身不是决策机构，也不同于行政机关，却是行政长官决策中必经的一环。行政会议的意见对行政长官的决策有影响力，但无约束力。

行政会议制度的主要内容是：①行政会议的职能是协助行政长官决策；②行政会议的成员由行政长官从行政机关的主要官员、立法会议员和社会人士中委任，其任免由行政长官决定，其任期应不超过委任他的行政长官的任期。③行政会议成员由在外国无居留权的香港特别行政区永久性居民中的中国公民担任；行政长官认为必要时可邀请有关人士列席会议；④行政会议由行政长官主持；⑤行政长官在作出重要决策、向立法会提交法案、制定附属法规和解散立法会前，须征询行政会议的意见，但人事任免、纪律制裁和紧急情况下采取的措施除外；⑥行政长官如不采纳行政会议多数成员的意见，应将具体理由记录在案。

特别行政区设立廉政公署和审计署，独立工作，对行政长官负责。廉政公署的任务是反对贪污、提倡廉洁，主要是清查政府部门的贪污行为。审计署的职责是审核政府账目，确保政府的财政和会计账项正确适当。

2. 行政机关

香港特别行政区政府是香港特别行政区行政机关，特别行政区政府的首长是特别行政区行政长官。特别行政区政府设置政务司、财政司、律政司三大司和各局、处、署。

特别行政区政府依照基本法规定行使职权：制定并执行政策，管理各项行政事务；办理基本法规定的中央人民政府授权的对外事务；编制并提出财政预算、决算；提出法案、议案，拟定行政法规；委派官员列席立法会并代表政府发言，并对立法会负责；定期向立法会作施政报告；答复立法会议员的质询。征税和公共开支必须经立法会批准。律政司主管刑事检察工作，不受任何干扰。

3. 公务人员

(1) 范围

根据基本法规定，公务人员是指在香港特别行政区政府各部门任职的人员，不仅包括事务类公务人员，也包括政务类公务人员即政府各部门的主要官员。公务人员包括：①作为香港特别行政区永久性居民的公务人员；②在外国无居留权的香港特别行政区永久性居民中的中国籍公务人员；③特别行政区成立前在香港政府各部门，包括警察部门任职的公务人员；④原香港公务人员中的或持有香港特别行政区永久性居民身份证的英籍和其他外籍公务人员；⑤从香港特别行政区以外聘请的英籍和其他外籍公务人员。香港特别行政区公务人员的范围，既保留了香港原有公务人员制度的特色，又顾及了香港特别行政区的实际情况。

（2）管理

基本法规定，香港原有关于公务人员的招聘、雇用、考核、纪律、培训和管理的制度，包括负责公务人员的任用、薪金、服务条件的专门机构，除有关给予外籍人员特权待遇的规定外，予以保留。

为了保障"一国两制"的贯彻实施，基本法对公务人员的任用规定了四项原则：①在香港特别行政区政府各部门任职的公务人员，必须是香港特别行政区永久性居民，但该法第101条对外籍公务人员另有规定者或法律规定某一职级以下者不在此限；②香港特别行政区成立前在香港政府各部门，包括警察部门任职的公务人员均可留用；③香港特别行政区政府可任用原香港公务人员中的或持有香港特别行政区永久性居民身份证的英籍和其他外籍人士担任政府部门的各级公务人员，但下列各职级的官员必须由在外国无居留权的香港特别行政区永久性居民中的中国公民担任：各司司长、副司长、各局局长、廉政专员、审计署审计长、警务处处长、入境事务处处长、海关关长；④香港特别行政区政府可聘请英籍和其他外籍人士担任政府部门的顾问，必要时可从香港特别行政区以外聘请合格人员担任政府部门的专门和技术职务，这些外籍人士只能以个人身份受聘，对特别行政区政府负责。这些原则，既坚持国家对香港特别行政区的主权，又考虑香港特别行政区政府的正常运转和良好管理，对于稳定民心，保持香港的持续繁荣，具有积极意义。

（3）宣誓

根据基本法第104条规定，香港特别行政区行政长官、主要官员、行政会议成员、立法会议员、各级法院法官和其他司法人员在就职时必须依法宣誓拥护中华人民共和国香港特别行政区基本法，效忠中华人民共和国香港特别行政区。

4. 立法会

（1）产生与任期

香港特别行政区立法会是香港特别行政区的立法机关，行使立法权。

立法会议员由在外国无居留权的香港特别行政区永久性居民中的中国公

民担任，非中国籍的香港特别行政区永久性居民和在外国有居留权的香港特别行政区永久性居民也可当选为立法会议员，但其所占比例不得超过立法会全体议员的20%。

立法会由选举产生，直接选举和间接选举相结合。直接选举，就是由全体选民一人一票选举立法会议员。间接选举，就是由香港工商界、金融界、专业界、劳工、社会服务、宗教等界的功能团体选举立法会议员，以及一个有广泛代表性的选举委员会选举立法会议员。关于直接选举和间接选举的比例，根据香港特别行政区的实际情况循序渐进，最终达到全部议员由普选产生的目标。

立法会主席由年满40周岁，在香港通常居住连续满20年并在外国无居留权的香港特别行政区永久性居民中的中国公民担任，由立法会议员互选产生。

立法会除第一届任期为2年外，每届任期4年。

（2）职权

依照基本法规定，立法会享有广泛的职权，主要有以下几个方面：

①立法权

立法会有制定、修改和废除法律的权限。立法会制定法律以基本法为依据，凡属自治范围的事项均可立法。有关国家外交和其他按照基本法不属于香港特别行政区自治范围内的法律，立法会无权制定，必须适用国家的有关法律。

②审批权

立法会有审核财政预算、批准税收的权限。立法会和原来只是总督咨询机构的立法局不同，它独立行使职权，可以否决行政机关提出的预算法案。如立法会拒绝批准政府提出的财政预算法案，可由行政长官向立法会申请临时拨款。如果由于立法会已被解散而不能批准拨款，行政长官可在选出新的立法会前的一段时期内，按上一财政年度的开支标准，批准临时短期拨款。立法会通过的财政预算案，须行政长官签署后生效，并报中央人民政府备案。

③监督权

立法会有听取施政报告，进行辩论的权限。立法会对行政机关的施政报告的辩论是侧重政策方面的监督，通过辩论使政策更加全面，符合实际，防止和纠正偏差。对行政机关工作提出质询，是侧重于施政过程中的具体情况、具体问题的监督，纠正实施过程中的失误，以保证政策的正确执行。立法对行政的监督，目的是通过监督协助行政机关做好工作。行政机关接受立法机关的监督并取得支持,以免互相扯皮,影响行政工作效率。

④弹劾权

立法会有对行政长官的弹劾权。行政长官如有严重违法和渎职行为,立法会可以进行弹劾。弹劾分为两个阶段。第一阶段是提出弹劾案,议员提出弹劾动议,经调查弹劾事实,立法会以全体议员三分之二多数通过,弹劾案成立。第二阶段是报请中央人民政府决定。中央人民政府在研究立法会提出的弹劾理由和证据的基础上,作出行政长官去留的决定。采取这种严格程序,是为要体现它的严肃性,防止弹劾案轻易发动而影响行政长官的威望。

⑤其他

其他职权:同意终审法院法官和高等法院首席法官的任免,接受特别行政区居民申诉并进行处理的权限等。

(3) 立法程序

立法会的立法程序包括:①提出法案。除行政机关可以拟定并提出法案、议案、附属法规外,立法会议员也享有立法提案权,但草案内容需不涉及公共开支和政治体制或政府运作;凡涉及政府政策的法案,必须得到行政长官的书面同意,立法会议员才可提出。②审议法案。前香港立法局采用英国议会的三读程序,当下香港特别行政区立法会审议法案的方式,基本法只作了原则规定,即立法会议事规则由立法会自行规定,但不得与基本法相抵触。因此,立法会可根据香港实际情况,保留原来议事规则中的一些优点或作一些调整。③通过法案。基本法规定,除本法另有规定外,立法会对法案和议案的表决采取下列程序:政府提出的法案,如获得出席会议的全体议员的过半数票,即为通过。立法会议员个人提出的议案、法案和对政府法案的修正案均须分别经功能团体选举产生的议员和分区直接选举、选举委员会选举产生的议员两部分出席会议议员过半数通过。④批准、公布法律。立法会通过的法案,须经行政长官签署、公布,才能生效。

香港特别行政区立法会制定的法律须报全国人大常委会备案,全国人大常委会如发现其不符合基本法或法定程序,可以发回重议,但不作修改。发回重议的法律立即失效。

5. 司法机关

基本法规定,原来在香港实行的司法体制,除因设立香港特别行政区终审法院而产生变化外,予以保留。香港特别行政区的司法机关是香港特别行政区各级法院,包括终审法院、高等法院、区域法院、裁判署法庭和其他专门法庭。

(1) 法院

终审法院：香港特别行政区享有的高度自治权包括司法方面的终审权。终审法院负责受理对香港各级法院的最后一级上诉，不必上诉至北京。

高等法院：香港特别行政区高等法院相当于香港原有的最高法院，分为原讼法庭和上诉法庭两部分，即高等法院和上诉法院。高等法院设有民事法庭和刑事法庭，享有民事和刑事两方面的审判权。上诉法院审理高等法院和地方法院判决上诉的民事和刑事案件与对土地审裁处的裁判上诉的案件。

区域法院：香港特别行政区区域法院相当于香港原有的地方法院，它是一级中层法院，在民事、刑事方面都只有有限的审判权力。

裁判署法庭：香港特别行政区裁判署法庭相当于香港原有的裁判司法院（裁判司署）。裁判司法院基本上是刑事法院，所有公诉罪的诉讼程序都始于它。

各专门法庭：专门法庭是专门审理某一类案件的法庭，包括土地审裁处、小额钱债审裁处、劳资审裁处、色情物品审裁处、死囚裁判法院和儿童法院。

(2) 法官

终审法院和高等法院的首席法官，应由在外国无居留权的香港特别行政区永久性居民中的中国公民担任。法官任用遵循以下原则：①法官和其他司法人员，应根据其本人的司法和专业才能选用；②法官和其他司法人员，可以从其他普通法适用地区聘用；③香港特别行政区成立前在香港任职的法官和其他司法人员，均可留用。

法官只有在无力履行职责或行为不检的情况下，行政长官才可根据终审法院首席法官任命的不少于三名当地法官组成的审议庭的建议，予以免职。终审法院的首席法官只有在无力履行职责或行为不检的情况下，行政长官才可任命不少于五名当地法官组成的审议庭进行审议，并可根据其建议，依照法定程序予以免职。

(3) 审判原则

香港特别行政区法院的审判原则是：①独立审判原则。即法院独立进行审判，不受任何干涉，司法人员履行审判职责的行为不受法律追究。②遵循判例原则。即法官就其受理的案件作出的决定，对下级法院法官在处理类似案件时具有约束力。这是英美法系的特点。自从香港回归后，由于终审权的变化，英国枢密院在1997年后所立的判例，不再具有约束力，只具有参考价值。③公平诉讼程序原则。它包括控诉、申诉、上诉、辩护等权利及公开审判、无罪推定等原则和制度。④陪审制原则。陪审是香港特别行政区居民的一项司法权利和义务。审判过程中，法律适用问题由法官决定，案件事实由陪审团认定。

(4) 适用法律

法院裁判须依据以下法律：①基本法；②予以保留的香港原有法律；③香港特别行政区立法机关制定的法律；④根据基本法在香港特别行政区实施的全国性法律。同时，考虑到香港原有的司法历史，法院还可以参考其他普通法适用地区的司法判例。

(5) 与其他地区和国家的司法联系

香港特别行政区可以与全国其他地区的司法机关通过协商依法进行司法方面的联系和相互提供协助。在中央人民政府协助或授权下，香港特别行政区可与外国就司法互助关系作出适当安排。

6. 区域组织

香港特别行政区基本法规定，香港特别行政区可设立非政权性的区域组织，接受香港特别行政区政府就有关地区管理和其他事务的咨询，或负责提供文化、康乐、环境卫生等服务，区域组织的职权和组成方法由法律规定。

香港特别行政区的政治体制既保证了国家主权完整，又体现了高度自治原则；既吸收了原来港英政制的合理成分，又抛弃了其浓厚的殖民色彩；既考虑了香港政制的历史延续，又注重香港社会的发展现实，在制度架构和权力配置上具有鲜明的特色，符合香港居民和全国人民的共同意愿，为香港的持续繁荣稳定提供了强有力的制度保障。

根据基本法，香港特别行政区司法机关独立行使司法权。行政长官只有以特别行政区首长的身份，根据当地法官和法律界及其他方面知名人士组成的独立委员会推荐任命法官的权力。行政长官只有在法官无力履行或者行为不检的情况下，才可根据终审法院首席法官任命的不少于三名当地法官组成的审议庭的建议予以免职。行政长官作为特别行政区政府首长基本上没有对司法主导的问题，行政机关就更不存在行政主导。

根据基本法，行政长官与立法会之间是互相制衡、互相配合的关系。如行政长官认为立法会通过的法案不符合香港特别行政区的整体利益，可在三个月内将法案发回立法会重议；立法会如以不少于全体议员的三分之二多数再次通过原案，行政长官必须在一个月内签署公布；如果行政长官拒绝签署立法会再次通过的法案，或者立法会拒绝通过政府所提出的财政预算和其他重要法案，经协商仍不能取得一致意见，并且在其一任期内只能解散立法会一次。当然，立法会对行政长官解散立法会有相应的制约权。基本法规定，因为立法会拒绝通过财政预算案或关系到香港特别行政区整体利益的法案而解散立法会，重选的立法会仍拒绝通过所争议的原案，行政长官必须辞职。

立法会有权弹劾行政长官。根据基本法规定，如立法会全体议员的四分之一联合动议，指控行政长官有严重违法或渎职行为而不辞职，经立法会通过调查，立法会可委托终审法院首席法官负责组成独立的调查委员会，并担任主席。调查委员会负责进行调查，并向立法会提出报告。如该调查委员会认为有足够证据构成上述指控，立法会以全体议员三分之二多数通过，可提出弹劾案，报请中央人民政府批准。

行政长官对立法会负责。基本法规定，香港特别行政区政府必须遵守法律，对香港特别行政区立法会负责。这里虽未明文规定行政长官对立法会负责，但作为香港特别行政区政府首长，自然负有对立法会负责的法律义务。

由上述分析可知，立法会与行政长官（含行政机关）相互制约的权力大体上是平衡的，不足以得出行政主导的结论。这与港英时期香港总督集立法、行政、司法大权于一身的情形有重大区别。在港英时期，港督既是英王在香港统治权的象征和代表，又是香港政府首长，拥有相当广泛的权力。在立法方面，港督有权任免部分立法局议员，主持立法局会议，有权签署或否决立法局通过的法案。在司法方面，港督有权任命由"司法人员竞选委员会"推荐的最高法院法官——首席按察司；对任何判刑罪犯，有权对其实行赦免或减刑，对判处死刑的犯人，可将案件提交给行政局复查，并可不受行政局建议的约束，自行决定任何赦免或缓期执行。立法局本来就不是真正的立法机构，根据《英皇制诰》规定，英国国会有权为香港订立法律，也有权驳回制订的法律；立法局虽然规定有权通过法律，控制公共开支及监察行政机关工作，但法案的动议权主要在布政司署，而且批准权又在总督，因此，立法局只是协助港督决策和立法的最高咨询机构。正是在该意义上，港英时期是行政主导的政治体制。

香港特别行政区的立法、行政、司法三权之间的关系与港英时期已完全不同。依据基本法的规定，行政长官与立法会、司法机关之间的权力基本平衡且相互制约，虽然行政权比较主动，但是不存在行政主导问题。

（二）澳门特别行政区的政治体制

1. 行政长官

行政长官是澳门特别行政区的首长，对澳门特别行政区负责。澳门特别行政区基本法规定，行政长官由年满40周岁，在澳门通常居住连续满20年的澳门特别行政区永久性居民中的中国公民担任。这种规定不仅体现了国家主权，而且有利于改变原来澳门总督不熟悉澳门事务、不懂大多数澳门居民使用语言、不利在澳门开展工作的状况。基本法还规定，行政长官任职期内不得具有外国居留权，不得从事私人营利活动；就任时应向特别行政区终审法院院长申报财产并记录在案。

行政长官在当地通过选举或协商产生，由中央人民政府任命。每届任期5年，可连任一次。《特别行政区行政长官的产生办法》规定，2009年及以后行政长官的产生办法如需修改，须经立法会全体议员三分之二多数通过，行政长官同意，并报全国人民代表大会常务委员会批准。

行政长官的职权是：①领导澳门特别行政区政府；②负责执行基本法和依照基本法适用于澳门特别行政区的其他法律；③签署立法会通过的法案，公布法律；签署立法会通过的财政预算案，将财政预算报中央人民政府备案；④决定政府政策，发布行政命令；⑤制定行政法规并颁布执行；⑥提名并报请中央人民政府任命下列主要官员：各司司长、廉政专员、审计长、警察部门主要负责人和海关主要负责人；建议中央人民政府免除上述官员职务；⑦委任部分立法会议员；⑧任免行政会委员；⑨依照法定程序任免各级法院院长和法官，任免检察官；⑩依照法定程序提名并报请中央人民政府任命检察长，建议中央人民政府免除检察长的职务；依照法定程序任免公职人员；执行中央人民政府就基本法规定的有关事务发出的指令；代表澳门特别行政区处理中央授权的对外事务和其他事务；批准向立法会提出有关财政收入或支出的动议；根据国家和澳门特别行政区的安全或重大公共利益的需要，决定政府官员或其他负责政府公务的人员是否向立法会或其所属的委员会作证和提供证据；依法颁授澳门特别行政区奖章和荣誉称号；依法赦免或减轻刑事罪犯的刑罚；处理请愿、申诉事项。

除以上职权外，基本法还赋予了行政长官立法否决权、解散立法会权、临时拨款权。行政长官如认为立法会通过的法案不符合澳门特别行政区的整体利益，可在90日内提出书面理由并将法案发回立法会重议。立法会如以不少于全体议员三分之二多数再次通过原案，行政长官必须在30日内公布或依照基本法第52条的规定处理。行政长官遇到下列情形之一时，可解散立法会：①行政长官拒绝签署立法会再次通过的法案；②立法会拒绝通过政府提出的财政预算案或行政长官认为关系到澳门特别行政区整体利益的法案，经协商仍不能取得一致意见。但行政长官在解散立法会前，须征询行政会的意见，解散时应向公众说明理由；行政长官在一任期内只能解散立法会一次。

行政长官在立法会未通过政府提出的财政预算时，可按上一财政年度的开支标准批准临时短期拨款。

行政长官有下列情形之一者必须辞职：①因严重疾病或其他原因无力履行职务；②因两次拒绝签署立法会通过的法案而解散立法会，重选的立法会仍以全体议员的三分之二多数通过所争议的法案，而行政长官在30日内拒绝签署；③因立法会拒绝通过财政预算案或关系到澳门特别行政区整体利益的法案而解散议会，重选的立法会仍拒绝通过所争议的原案。

行政长官短期不能履行职务时，由各司司长按各司的排列顺序临时代理其职务。行政长官出缺时，应在120日内依照基本法规定产生新的行政长官。行政长官出缺期间的职务代理，也由各司按法定排序代理，并报中央人民政府批准。代理行政长官必须符合基本法对行政长官的要求。

行政会是协助行政长官决策的机构。行政会委员由行政长官从政府主要官员、立法会议员和社会人士中委任。行政会委员的任期不超过委任他的行政长官的任期，但在新的行政长官就任前，原行政委员会暂时留任。行政会委员由澳门特别行政区永久性居民中的中国公民担任。行政会委员人数为7—11人。行政长官认为必要时可邀请有关人士列席行政会会议。行政会由行政长官主持。行政会会议每月至少举行一次。行政长官在作出重要决策，向立法会提交法案，判定行政法规和解散立法会前，须征询行政会的意见，但人事任免、纪律制裁和紧急情况下采取的措施除外。行政长官如不采取行政会多数委员的意见，应将具体理由记录在案。

廉政公署独立工作，廉政专员对行政长官负责。特别行政区设立的廉政公署与澳葡体制下的反贪污暨行政违法性高级专员公署的性质和任务类似。

审计署独立工作，审计长对行政长官负责。审计署的工作性质与澳葡体制下的审计法院相似，但两者的性质不同，前者是行政组织，后者是司法组织。

2. 行政机关

澳门特别行政区政府是澳门特别行政区的行政机关。行政首长是澳门特别行政区行政长官。特别行政区政府设司、局、厅、处。

政府的主要官员由在澳门通常居住连续满15年的澳门特别行政区永久性居民中的中国公民担任。主要官员就任时应向澳门特别行政区终审法院院长申报财产，记录在案。

行政机关主要行使下列职权：制定并执行政策；管理各项行政事务；办理中央人民政府授权的涉外事务；编制提出财政预算、决算；提出法案、议案、草拟行政法规；委派官员列席立法会会议听取意见或代表政府发言。

澳门特别行政区政府必需遵守法律，对澳门特别行政区立法会负责；执行立法会通过并已生效的法律；定期向立法会作施政报告；答复立法会议员的质询。

3. 立法会

立法会议员由澳门特别行政区永久性居民担任。立法会多数议员由选举产生。立法会议员就任时应依法申报经济状况。立法会除第一届另有规定外，每届任期 4 年。立法会如经行政长官解散，须于 90 日内依照有关法律规定重新产生。

基本法规定，立法会的职权有：①依照基本法和法定程序制定、修改、暂停实施和废除法律；②审核、通过政府提出的财政预算案，审议政府提出的预算执行情况报告；③根据政府提案决定税收，批准由政府承担的债务；④听取行政长官的施政报告并进行辩论；⑤就公共利益问题进行辩论；⑥接受澳门居民申诉并作出处理；⑦如立法会全体议员三分之一联合动议，指控行政长官有严重违法或渎职行为而不辞职，经立法会通过决议，可委任终审法院院长负责组成独立的调查委员会调查。调查委员会如认为有足够证据构成上述指控，立法会以全体议员三分之二多数通过，可提出弹劾案，报请中央人民政府决定；⑧在行使上述各项职权时，如有需要，可传召和要求有关人士作证和提供证据。

立法会议员的权利是：①立法会议员依照基本法规定和法定程序提出议案。凡不涉及公共开支、政治体制或政府运作的议案，可由立法会议员个别或联名提出。凡涉及政府政策的议案，在提出前必须得到行政长官的书面同意。②立法会议员有权依照法定程序对政府的工作提出质询。③立法会议员在立法会会议上的发言和表决，不受法律追究。④立法会议员非经立法会许可不受逮捕，但现行犯不在此限。

立法会议员如有下列情形之一，经立法会决定，即丧失其立法会议员的资格：①因严重疾病或其他原因无力履行职务；②担任法律规定不得兼任的职务；③未得到立法会主席同意，连续 5 次或间断 15 次缺席会议而无合理解释；④违反立法会议员誓言；⑤在澳门特别行政区内或区外犯有刑事罪行，被判处监禁 30 日以上。

立法会举行会议的法定人数为不少于全体议员的二分之一。除法律另有规定外，立法会的法案、议案由全体议员的过半数通过。立法会通过的法案，须经行政长官签署、公布，方能生效。立法会议事规则由立法会自行制定，但不得与基本法相抵触。

4. 司法机关

澳门特别行政区司法机关包括法院和检察院。

澳门特别行政区法院行使审判权。法院独立进行审判，只服从法律，不受任何干涉。

澳门特别行政区设立初级法院、中级法院和终审法院。终审权归属澳门特别行政区终审法院。初级法院可根据需要设立若干专门法庭。原刑事起诉法庭的制度继续保留。澳门特别行政区设立行政法院。行政法院是管辖行政诉讼和税务诉讼的法院。不服行政法院裁决者，可向中级法院上诉。

从基本法对法院组织及其职权的有关规定看，既有对原澳门法院体制的继承和保留，如保留原有刑事起诉法庭、行政法院等；又有创新和发展，如设立澳门特别行政区终审法院。不再设立审计法院，原审计法院的工作转到特别行政区的审计署。总之，基本法对法院的具体组织、职权及运作的规定比较原则，为未来澳门特别行政区自主建立适合自己的审判体制留下了较大的空间。

澳门特别行政区各级法院的法官，根据当地法官、律师和知名人士组成的独立委员会的推荐，由行政长官任命。法官的选用以其专业资格为标准，符合标准的外籍法官也可聘用。法官只有在无力履行其职责或行为与其所任职务不相称的情况下，行政长官才可根据终审法院院长任命的不少于三名当地法官组成的审议庭的建议，予以免职。

终审法院法官的免职由行政长官根据立法会议员组成的审议委员会的建议决定。终审法院法官的任免须报全国人大常委会备案。

各级法院的院长由行政长官从法官中选任。终审法院院长由澳门特别行政区永久性居民中的中国公民担任。终审法院院长的任免须报全国人大常委会备案。

各级法官依法进行审判，除法律另有规定外，不听从任何命令或指示。法官在任职期间，不得兼任其他公职或任何私人职务，也不得在政治性团体中担任任何职务。

澳门特别行政区检察院独立行使法律赋予的检察职能，不受任何干涉。检察长由澳门特别行政区永久性居民中的中国公民担任，由行政长官提名，报中央人民政府任命。检察官由检察长提名，由行政长官任命。检察院的组织、职权和运作由法律规定。

基本法还对澳门特别行政区司法的其他有关问题作了原则规定。如原在澳门实行的司法辅助人员的任免制度予以保留。特别行政区政府可参照原在澳门实行的办法,作出有关当地和外来的律师在特别行政区执业的规定。特别行政区可与全国其他地区的司法机关通过协商进行司法方面的联系和相互提供帮助。在中央人民政府的授权下,澳门特别行政区可与外国就司法互助关系作出适当安排。

5. 市政机构

基本法规定,澳门特别行政区可设立非政权性的市政机构。市政机构受政府委托为居民提供文化、康乐、环境卫生等方面的服务,并就有关上述事务向特别行政区政府提供咨询意见。市政机构的职权和组成由法律规定。

基本法明确地将市政机构定位为非政权性组织,这意味着它是一个带有服务性和咨询性的社会组织。由于它受政府委托为居民提供服务,因此是受政府指导的社会组织。市政机构可以在原澳葡市政机构基础上改造和发展,继承优点,克服缺点,推陈出新。

6. 公务人员

特别行政区的公务人员必须是澳门永久性居民。但基本法第98条和99条规定的公务人员,以及澳门聘用的某些专业技术人员和初级公务人员除外。第98条规定:"澳门成立时,原在澳门任职的公务人员,包括警务人员和司法辅助人员,均可留用,继续工作,其薪金、津贴、福利待遇不低于原来的标准,原来享有的年资予以保留。依照澳门原有法律享有退休金和赡养费待遇的留用公务人员,在澳门特别行政区成立后退休的,不论其所属国籍或居住地点,澳门向他们或其家属支付不低于原来标准的应得的退休金和赡养费。"第99条规定:"澳门可任用原澳门公务人员中的或持有澳门永久性居民身份证的葡籍和其他外籍人士担任各级公务人员,但本法另有规定者除外。澳门有关部门还可聘请葡籍和其他外籍人士担任顾问和专业技术职务。上述人员只能以个人身份受聘,并对澳门负责。"基本法对公务人员的管理原则是:公务人员应根据其本人的资格、经验和才能予以任用和提升;澳门原有关于公务人员的录用、纪律、提升和正常晋级制度基本不变,但得根据澳门社会的发展加以改进。

从基本法对公务人员的有关规定可知,除了特别行政区领导层特别是高级领导者的任职资格规定稍高外,基本上没有改变原来的公职人员任用和管理制度。这种做法,既照顾到了原澳葡公职人员的利益和要求,又体现了"澳人治澳"的原则和精神,减少了公职人员变动过大可能引起的社会震荡,有利于澳门特别行政区的政治稳定和经济发展。

(三) 中央在特别行政区的职权

中国实行单一制的国家结构形式。特别行政区和其他行政区都是中华人民共和国不可分割的一部分，是中国地方政府的有机组成部分。特别行政区设立的前提是，承认世界上只有一个中国，中华人民共和国中央人民政府是国际上唯一代表中国的合法政府，特别行政区不能脱离统一的国家管辖而独立存在。特别行政区虽享有高度自治权，但不能行使国家主权，凡同国家主权有关的权力，都由中央行使。

第一，负责管理与特别行政区有关的外交事务。中央人民政府负责管理与特别行政区有关的外交事务，中华人民共和国外交部在特别行政区设立机构处理外交事务，中央人民政府授权别行政区依照基本法的有关规定自行处理有关的对外事务。

第二，负责管理特别行政区的防务。中央人民政府负责管理特别行政区的防务，特别行政区政府负责维持本地的社会治安，中央人民政府派驻特别行政区负责防务的军队不干预特别行政区的地方事务。特别行政区政府在必要时，可向中央人民政府请求驻军协助维持社会治安和救助灾害。驻军人员除须遵守全国性的法律外，还须遵守特别行政区的法律。驻军费用由中央人民政府负担。

第三，任命行政长官和主要官员。中央人民政府依照基本法有关规定任命特别行政区行政长官和行政机关的主要官员。特别行政区行政长官在当地通过选举或协商产生，由中央人民政府任命。行政长官提名并报请中央人民政府任命主要官员。"主要官员"即相当于"司级"的官员。

第四，须特别行政区报中央备案的事项。这些事项是：①特别行政区立法会制定的法律须报全国人大常委会备案，备案不影响该法律的生效。全国人大常委会在征询其所属的特别行政区基本法委员会后，如认为特别行政区立法机关制定的任何法律不符合基本法关于中央管理的事务及中央和特别行政区的关系的条款，可将有关法律发回，但不作修改。经全国人大常委会发回的法律立即失效。该法律的失效，除特别行政区的法律另有规定外，无溯及力。②行政长官须将财政预算、决算报中央人民政府备案。③终审法院的法官和高等法院首席法官的任免，须报全国人大常委会备案。

第五，须经中央授权、许可或批准后特别行政区政府才能实施的事项。这些事项涉及政治、经济、文化、外交等社会生活的各个方面。

第六，对基本法的解释权和修改权。基本法的解释权属于全国人民代表大会常务委员会，全国人大常委会授权特别行政区法院在审理案件时对基本法关于特别行政区自治范围内的条款自行解释。基本法的修改权属于全国人民代表大会。基本法的修改提案权属于全国人大常委会、国务院和特别行政区。特别行政区的修改议案，须经特别行政区的全国人大代表三分之二多数、特别行政区立法会全体议员三分之二多数和特别行政区行政长官同意后，交由特别行政区出席全国人民代表大会的代表团向全国人民代表大会提出。

第七，在特定情况下将有关全国性法律在特别行政区实施。除基本法规定的全国性法律外，全国性法律一般不在特别行政区实施。但在全国人大常委会决定宣布战争状态或因特别行政区内发生特别行政区政府不能控制的危及国家统一或安全的动乱而决定特别行政区进入紧急状态时，中央人民政府可发布命令将有关全国性法律在特别行政区实施。

第十二章

监察制度

监察主要是监督各级国家机关及其工作人员的工作并检举违法失职的机关及其工作人员，但不同时期监察的内容和方式有所不同。监察制度是当代中国政治制度的重要组成部分。2012年11月中共十八大以来，以习近平同志为核心的中共中央作出了深化国家监察体制改革的重大政治体制改革决策部署。2018年3月，十三届全国人大一次会议通过了《中华人民共和国监察法》，施行对所有行使公权力的公职人员监察全覆盖的监察体制。

一 国家监察法的产生

(一) 监察制度的演变

中国的监察制度历史悠久。战国时期，职掌文献史籍的御史官就有明显的监察职能。秦朝在中央设立御使大夫，掌握天下文书和监察，地方派驻监察御史，负责监察郡内各项工作。御史大夫地位崇高，与丞相、太尉比肩位列三公。御史大夫只对皇帝负责，从中央到地方的监察机构形成单线垂直的相对独立的体系，监察与行政相对独立与分离，监察机构与政府机构相对独立和分离，监察官员与政府官员相对独立和分离。自秦朝始，国家统一的监察制度形成，之后逐步完善和发展。各个朝代监察官职的名称不尽相同，但是监察宗旨从未改变。中国古代的监察制度历时两千多年，是加强中央对地方的控制、强化皇权、巩固封建统治的重要手段，保证了国家权力的正常运行。但在封建君主专制制度下，监察制度只是封建皇权的附属品，其能否发挥正常作用完全取决于皇帝的意志，属于典型的专制人治制度。

中华人民共和国的监察制度始终跟中国共产党的纪律检查制度紧密联系在一起，二者难以分离。这是中国的政治现实，也是中国的政治特色。中华人民共和国成立前,中国共产党就在不断探索和试验纪检监察制度。中共一大党章强调了纪律,中共五大选举产生了中央监察委员会,土地革命战争时期设立中央党务委员会行使纪检监察职能,中共七大党章规定了党的监察委员会。中华人民共和国成立后,中共纪检制度和国家监察制度正式建立,并逐步发展和完善。中共十九大以前,党和国家的纪检监察制度的发展可划分为以下三个阶段:

1. 纪检监察制度的建立与发展(1949—1965)

中华人民共和国成立初期,国家监察主要由行政监察机关与司法机关的检察机关负责。

1949年9月,中国人民政治协商会议第一次全体会议通过的《共同纲领》第19条规定:"在县市以上的各级人民政府内,设人民监察机关,以监督各级国家机关和各种公务人员是否履行其职责,并纠举其中之违法失职的机关和人员。"1949年10月,中央人民政府委员会第三次会议决定,成立中央人民政府政务院人民监察委员会,其具体职责为"监察全国各级国家机关和各类公务人员是否违反国家政策、法律、法令或损害人民及国家的利益,并检举纠正其中违法失职的机关和人员;指导全国各级监察机关的监察工作,颁发决议和命令,并检查其执行;接受及处理人民和人民团体对各级国家机关和各种公务人员违法失职行为的控告"[①]。同年11月,在原华北人民监察院的基础上成立了政务院监察委。1951年7月,政务院颁布实施各级人民监察委员会通则。之后地方各级人民监察委相继建立,至1953年底共推动建立大行政区、省(市)、市(专署)、县(市)四级人民监察机构3586个。1954年9月,一届全国人大一次会议召开,会议决定政务院改为国务院,原政务院人民监察委员会改为国家监察部,作为国务院的一个行政部门。

1949年10月,隶属于中央人民政府委员会的最高人民检察署成立,其职能之一是对国家机关工作人员的贪污受贿和渎职侵权行为进行法律监督,设立第一处负责一般监督工作。1954年9月《人民检察院组织法》通过后,最高检调整内设机构,按照各项法律监督职权进行分工,设置了一般监督厅,继续负责反贪污贿赂和反渎职侵权两项工作。1962年,最高检再次调整内设机构,内设三个业务厅中的三厅负责查处严重违法乱纪行为等案件。

国家在设立监察机构对人民政府及公务人员进行监督的同时,党的纪检

[①] 中共中央组织部、中共中央党史研究室、中央档案馆编:《中国共产党组织史资料》附卷1,中共党史出版社2000年版,第78页。

制度也在建设之中。1949年11月，中共中央发出《关于成立中央及各级党的纪律检查委员会的决定》。《决定》指出：中国共产党已经成为全国范围内执政的党，为了更好地执行党的政治路线和各项具体政策，密切联系群众，克服官僚主义，决定成立党的中央和各级纪律检查委员会，并决定中央纪律检查委员会在中央政治局领导之下工作。《决定》规定，各中央局、分局、省委、区党委、市委、地委、县委均设立纪律检查委员会，并须设置一定的工作机关，开展经常性的工作。1950年，中央纪委对县级以下的基层党组织的纪检机构也作了规定，要求设立党委的基层要设纪律检查委员会或纪律检查委员，党的总支和支部要设纪律检查委员。

如何处理各级纪委与上级纪委、同级党委的关系是纪委领导体制问题。1950年2月，中共中央发布的《关于党的各级纪律检查委员会与党委关系的指示》指出：各级纪委是各级党委的一个工作部门，直接在各级党委的领导下进行工作；上级纪委在工作上、业务上对下级纪委有指导关系，但其指示或决定同下级党委意见不同时，则应提请同级党委会做决定。这表明，各级纪委受同级党委的领导，纪委系统内是指导而非领导关系。1954年，中央纪委进一步提出，中央纪律检查委员会是中央在执行党的纪律方面的助手，是检查和处理违纪党员和党组织的办事机构，中央纪律检查委员会在中央政治局领导下工作，地方各级纪委在上级纪委和同级党委的指导下工作。

1955年3月，中共全国代表会议通过了《关于成立党的中央和地方监察委员会的决议》，决定成立中央和地方各级监察委员会，代替中央和地方各级纪律检查委员会。这与政府系统的监察机关名称上重合，这预示着二者合并的可能性。《决议》规定了中央和地方各级监察委的产生方式，即中央监察委由本次党的全国代表会议选举，报中共中央全会批准；党的地方各级监察委由同级党的代表大会或代表会议选举，报上一级党委批准。由党代表会议产生而非由党委或党委会议产生，人事上不受同级党委的制约。《决议》强调了上级监察委与下级监察委领导与被领导的关系，改变了原来各级纪委完全受同级党委管理、上级纪委下级纪委的工作无权直接过问的做法。《决议》规定，下级监察委应向上级监察委报告工作，上级监察委有权审查、批准和改变下级监察委对案件所作的决定；对党员违反国家法律、法令的行为，除应依法受人民法院审理或由政府监察机关惩处外，其应受党纪处分的，由党的监察委负责处理。这种以纪委系统为主的领导体制加大了监察委的权力。《决议》相对加强了监察委对同级党委的独立性。《决议》规定党的各级监察委在各级党委指导下进行工作；地方监察委在对上级和同级党委委员进行监察时,以及在对上级和同级党委所管理的干部给予撤销工作以上处分时,应分别征得上级和同级党委的同意,但地方监察委认为同级党委的决定不适当时,有权向上级党委提出申诉。这实际上加强了监察委对同级党委的独立性。可见,党的监察委员会比原来的纪律检查委员会地位更高、职权更大。原来的纪委只监察党组织和党员违反党纪的行为,而监察委员会除此之外,还要检查处理违反国家法律法令的案件和各级党组织遵纪守法的情况。中共八大党章还将违反共产主义道德的案件纳入监察之列。

中共监察委运行一段时间后,国家监察部被撤销。撤销的原因在于党政不分,正如 1959 年 4 月二届全国人大一次会议通过的《关于撤销司法部监察部的决议》指出:"监察部自设立以来,在维护国家纪律、监督国家行政机关工作人员方面做了许多工作。根据几年来的经验,这项工作必须在各级党委领导下,由国家机关负责,并且依靠人民群众,才能做好。因此,监察部亦无单独设置之必要。建议撤销监察部,今后对于国家行政机关工作人员的监督工作,一律由各有关国家机关负责进行。"地方各级国家监察机构与党的监察委合并。

从 1949 年至 1959 年期间,中共纪检机构和政府的行政监察机构的设置是分开的,但二者职能有重合之处。当时地方各级纪委和人民监察委虽是两套机构,但人员安排大多重合,纪检书记往往是监察委主任,其他工作人员也高度重合,很多地方是两套班子一套人马。基于该情况,1952 年 2 月,中共中央发布的《关于加强纪律检查工作的指示》指出,各级党委纪委与各级人民监察委可酌情实行合署办公,分工合作,互相辅助,加强联系,做好工作。安徽省最早试行省党的纪委与省人民监察委合署办公,之后下级部分单位也开始合署办公。1955 年底,安徽省党政监察机构分开办公,但在中共八届二中全会关于增产节约紧缩编制的号召下,1957 年又恢复合署办公。1958 年底到 1959 年初,全国大部分省(市)开始试行党政监察机构合署办公。从 1959 年撤销国家监察部开始,党纪国法通通由党监管。

2. 纪检监察制度的坎坷命运(1966—1976 年)

从 1966 年 5 月至 1976 年 10 月为"文化大革命"期间。"文化大革命"是新中国历史上一场空前浩劫,给中国共产党和国家的制度建设带来灾难性的破坏。

在"砸烂公检法"的口号下,到 1968 年上半年,检察制度遭到彻底破坏,检察工作被迫停止。同年 12 月,全国各级检察院先后被撤销。1975 年修订的宪法规定"检察机关的职权由各级公安机关行使",在宪法上确认了检察机关的撤销。

"文化大革命"发动后,中共中央监察委员会也成为革命对象。1969年4月,中共九大党章取消了党的监察机关的条款,党的各级监察委员会正式被撤销。除各级党委继续担负监察工作外,各种名目的派别组织和群众组织搞了大量的所谓审查处理的活动,党的监察工作处于毫无章法的状态,错误审查导致大量冤假错案的发生。

3. 纪检监察制度的恢复和完善（1976—2016年）

1976年10月,中央一举粉碎了"四人帮",标志着"文化大革命"正式结束,党和国家的工作逐步走上正轨。1978年12月中共十一届三中全会开启了中国改革开放时代。

1978年修订的宪法规定,在国家机构中恢复设置人民检察院。随后,最高人民检察院成立,同时组建地方各级人民检察院。1979年颁布的《刑事诉讼法》规定,贪污罪、侵犯公民民主权利罪、渎职罪由人民检察院立案侦查和决定是否提起公诉。1982年,最高人民检察院调整内设机构,设立二厅负责原法纪检察厅和经济检察厅业务。1988年,最高人民检察院将二厅分设为经济检察厅和法纪检察厅,分别负责反贪污贿赂和渎职侵权工作。为了更好地领导各级检察机关查处贪污贿赂案件,1989年,最高检将经济检察厅更名为贪污贿赂检察厅。1992年最高检在贪污贿赂检察厅内设预防处。1995年,最高检贪污贿赂检察厅更名为反贪污贿赂总局,内设预防处变更为贪污贿赂犯罪预防中心。2000年,最高检成立了职务犯罪预防厅,最高检法纪检察厅更名为渎职侵权检察厅。2005年,最高人民检察院决定地方各级检察院渎职侵权检察机构统一更名为反渎职侵权局。由于存在机构设置不合理、力量分散、案多人少、统筹乏力等问题,2015年最高人民检察院整合反贪污贿赂总局、反渎职侵权局和职务犯罪预防厅,组建了新的反贪污贿赂总局。各省级检察院并没有进行相应整合,仍然保持反贪、反渎、预防职务犯罪三个机构的独立设置。

1986年12月,六届全国人大常委会第十八次会议决定恢复并确立国家行政监察体制,批准设立监察部。1987年6月监察部成立。主要职责是：监督检查国务院各部门及其工作人员、省级政府的主要负责人和中央直属企事业单位中国家行政机关任命的领导干部贯彻执行国家法律、法规和政策以及决定、命令的情况；受理对其违反国家法律、法规以及违反政纪行为的检举、控告；调查处理其违反国家法律、法规以及违反政纪的行为,受理其不服行政处分的申诉,以及法律、法规规定的其他由监察部受理的申诉。到1988年底，省、地、县三级地方政府的监察机关先后完成组建。按照党政分开原则，此时的监察机关与纪委分别开展执行行政纪律和党纪的工作。由于国家公务员大部分都是党员，这样的职能划分其实很难分开。为了减少职能交叉重叠，1993年中纪委与监察部合署办公，实行一套工作机构、两个机关名称的体制，履行党的纪律检查和政府行政监察两种职能，对党中央全面负责。监察部仍属于国务院系列，受国务院领导。地方各级纪检、监察机构随后也按中央要求实行合署办公、调整内设机构。1990年国务院发布的《行政监察条例》是首个关于行政监察的规范性文件，为行政监察工作提供了制度保障。1997年八届全国人大常委会第二十五次会议通过的《行政监察法》推动了行政监察的法制化。2004年，国务院颁布《行政监察法实施条例》，对《行政监察法》做了解释和补充，并规定监察机关对派驻机构和人员实行统一管理。2010年新修订的《行政监察法》进一步明确了监察对象、监察方式和对派驻机构的统一管理等内容。为了推进预防腐败工作的开展，也是为了履行《联合国反腐败公约》的义务，促进预防腐败及相关国际合作，2007年9月国家预防腐败局成立。该局受国务院直接领导，负责全国的预防腐败工作。国家预防腐败局下设办公室作为办事机构，该办公室又是中纪委、监察部的内设预防腐败室。国家预防腐败局成立之后，省级以下地方政府的预防腐败机构相继组建。到2012年，全国已建立18个省级预防腐败机构。2014年，中央纪委监察部进行内设机构改革，将预防腐败室和外事局整合为国际合作局。

中共十一届三中全会决定恢复成立中央纪律检查委员会。1979年1月，中纪委成立后召开第一次全体会议，认真总结了党的纪律检查机构成立发展的历史经验，并对新时期纪检工作的基本问题做出了规定，讨论并拟订了《关于党内政治生活的若干准则》（草稿）和通过了《中共中央纪律检查委员会关于工作任务、职权范围、机构设置的规定》。1982年中共十二大党章专门写入了"党的纪律"和"党的纪律检查机关"两章，提高了纪检机关及其工作的政治地位，具有里程碑意义。十二大党章规定，中央和地方各级纪委均由相应的党的代表大会选举产生。一定意义上而言，从十二大以后，纪委已经不再隶属于同级党委，虽属同级党委领导但不再是同级党委的工作部门，而是与同级党委平行的机构，纪委和党委都是由党代会选举产生，都必须向党代会做报告工作，这样从制度上保证纪委可以对同级党委实行一定监督。从十二大后，党的纪委独立性加强，纪检监察工作步入正轨。1992年中共十四大决定实行党的纪检机关和国家监察机关合署办公，1993年中纪委与监察部合署办公，合署后的中央纪委履行党的纪律检查和政府行政监察两项职能，对党中央全面负责。2002年中共十六大强调从源头上预防腐败，将"组织协调反腐败工作"作为纪委主要任务写入党章，并对各级纪委经常性工作进行了补充规定，强调"对党员领导干部行使权力进行监督""保障党员权利"以及"协助党的委员会加强党风建设和组织协调反腐败工作"。2005年中央印发了《建立健全教育、制度、监督并重的惩治和预防腐败体系实施纲要》，确立了"标本兼治、综合治理、惩防并举、注重预防"的反腐倡廉工作方针。

（二）监察制度的困境

由上可知，中共十九大前中国的监察体制，可以概括为"三驾马车"模式：纪委为主导、检察院为保障、政府监察机关为补充，三轨并行、相对独立、分工运作、协作配合。[①] 实践表明，这个监察体制，在预防和惩治腐败的同时，还存在着一些亟待解决的问题。

1. 纪委"双规"合法性存疑

"双规"或"两规"，是一种纪委查办案件的特殊组织措施和调查手段。它源自行政监察的"两规"或"两指"。1990年国务院颁发的《行政监察条例》明确规定：监察机关在案件调查中有权"责令有关人员在规定的时间、地点就监察事项涉及的问题做出解释和说明"。1997年八届全国人大常委会二十五次会议通过了《行政监察法》，《行政监察条例》同时废止。《行政监察法》规定：监察机关有权"责令有违反行政纪律嫌疑的人员在指定的时间、地点对调查事项涉及的问题做出解释和说明"。《行政监察法》中的"两指"代替了《行政监察条例》中的"两规"。1993年中纪委、监察部合署办公后，"双规"的使用范围扩大。1994年中纪委印发的《中国共产党纪律检查机关案件检查工作条例》正式规定了"双规"措施，使"双规"在党内的使用有了党内法规的依据。

根据中纪委作出的规定，县级以上（含县级）纪检部门才能使用"双规"手段，"双规"的对象为违纪且需要立案查处的党员。"双规"的一般程序是，由承办党员违纪案件的纪委调查组在通过案件初查掌握调查对象的一个或数个足以立案的违纪事实后向纪委常委会提出"双规"建议，经纪委常委会同意后采用。对特殊人员的"双规"还须其任命机关同意，如对党政组

[①] 参见秦前红等《国家监察制度改革研究》，法律出版社2018年版，第3页。

成部门一把手"双规"要报请同级党委同意,如果涉及同级党委的组成人员须报上级纪检部门并移送上级纪检部门管辖,中央委员必须报请中央同意。有些地方的纪检部门对"双规"还作了更为严格的规定,如湖南将"双规"审批权收归市一级纪检部门。

"双规"由承办案件的调查组负责执行。一般从办案机关抽调部分工作人员对其全程"陪护",名义上为照顾其饮食起居,实际上为防止其与外界联系或自残、自杀等行为的发生。"双规"地点一般选择在交通方便、环境清静的地方。根据中纪委的规定,严禁使用司法机关的羁押场所作为"双规"地点。"双规"费用标准按地区经济水平、选择地点和涉案人员的级别而定,费用负担按照"个人问题个人负责,单位问题单位负责,没有问题纪委负责"的原则处理。被规人员的主要任务是交代违纪问题。除不能与外界联系外,其他权利均有保障,伙食水平也与陪护人员一样。办案机关应当告知被规人员所在单位的纪检部门,并由单位纪检人员通知被规人员家属,"双规"的地点与时间应当保密以防止干扰办案。

被双规当事人都明白,如果不掌握基本证据或一定线索,纪委不会无缘无故双规自己。一旦被双规,当事人用来腐败的权力就会暂时中止,一些知情者、受害者因不再受其权力的淫威而会大胆向组织揭发控告,一些涉案人员也会因失去保护伞而慌张且露出马脚。更重要的是,由于信息不对称,当事人失去了与外界的联系,无法掌控案情进展,心理上被动无助,心理防线很容易崩溃,有利于案件突破。在查处党员干部职务犯罪中,检察机关因无充分证据又必须依法办事且不好直接出面的情况下,为防止串供、毁灭证据等情况的发生,一般由纪委出面先行采取"双规"措施。"双规"的威慑力和积极作用是显而易见的。

但是,"双规"中存在一些不符合法治原则和精神的问题:一是"双规"不是法定的强制措施,随意性太大,甚至滥用"双规"的案列也屡见不鲜;二是纪委也不是法定国家机关,无权限制公民人身自由;三是"双规"期间取得的证据属于法律予以排除的非法证据,不受法律保护。因此,"双规"的合法性问题,一直备受社会各方面的争议。如何解决党纪国法衔接的障碍,就成为了国家监察制度建设中的一个十分迫切的任务。

2. 监察资源分散导致监察乏力

人们发现,改革开放以来社会公共生活中存在一个值得反思的普遍现象,即规范公共权力的法律制度越来越多的同时公共权力失范的现象却并未随之减少。[1] 权力的诱惑实在是太大了，否则不会有那么多无良之辈穷其一生去疯狂钻营。造成腐败的原因是多方面的，但是跟监察机构资源分散导致监管乏力是分不开的。纪委的纪律审查不覆盖非党公务人员，政府监察仅限于行政系统，而司法检察消极被动。纪委、行政监察和司法检察分属不同系统，虽然每个系统自身从上到下都形成了庞大体系，但是它们相互之间边界模糊、职能重叠、标准不一、各行其是，以致整个监察系统没能形成一个权威高效、完整封闭的环。

纪委与监察、检察之间地位不平等且职能重叠，既加重了纪委负担，也弱化了行政监察和司法检察的地位，监察和检察似是纪委的附庸。大量腐败案件由纪委直接查办，行政监察的权力就得不到有效发挥。司法检察以党内纪检为前置，检察机关的作用则弱化。腐败案件经纪委初步调查后移交检察机关正式侦查，重复侦查又造成反腐资源的极大浪费。

由于纪委的绝对主导地位，在腐败案件的查处中还大量存在"法纪不分"甚至"以纪代法"的情况，一些腐败官员因此逃脱了法律制裁。纪委调查是检察院侦查党员干部案件的前提，纪委只有发现涉嫌犯罪的才移送检察机关处理。一些党员干部存在违法情节，但是纪委出于"保护干部"或其他因素考虑，仅采取党纪政纪处分就结案了，并不移送检察机关处理。因此，人民不无担忧，党纪的优先适用就可能成为腐败分子的"保护伞"。[1]

行政监察存在独立性不足的制度缺陷。行政监察实行双重领导的管理体制，监察机关是政府内部监督机构，既对同级政府行使监督职能又受同级政府和上级监察机关的领导。监察机关作出的重要监察决定和提出的重要监察建议，需要报经本级政府和上一级监察机关同意。这种自己给自己看病的"自我监督""同体监督"或"内部监督"体制，其症结在于决策权、执行权与监督权合为一体，不可能达到监督的效果，因为"唯有权力分解才能实现制衡，唯有权力制衡才能实现有效监督和制约"[2]。这种监督体制还是"小弟监督大哥"的下级监督、同级监督，因为监察机关要接受同级政府领导并向其汇报工作。如果监察机关人员敢对同级政府尤其一把手或实权部门实施监督，即使掉不了脑袋也会掉乌纱帽。实践表明，如果下级监察机关得不到上级的支持，它对同级的监督将会寸步难行。内部监督效果的好坏，不取决于无关痛痒的监督，全在于行使权力者的道德自觉。即便所有官员都是正人

---

[1] 参见程竹汝《论政治体制改革的重点与国家治理体系现代化》，《上海行政学院学报》2014年第2期。

[2] 秦前红等：《国家监察制度改革研究》，法律出版社2018年版，第4页。

君子，也不能保证权力不被滥用，何况每个人都有人性的弱点，哪能抵得住权力如此强大的诱惑。如同你告诉一个正在玩刀的三岁小孩千万不要伤了自己一样，那是完全保证不了的。因此，寄希望通过内部监督解决腐败问题，如同痴人说梦。

司法检察存在公信力不足的制度缺陷。在刑事司法领域，现代国家多采取侦查、起诉、审判三者独立运行、相互制衡的体制。中国也是这样，公安机关行使侦查权、检察院行使起诉权，法院行使审判权，三者分工负责、互相配合、互相制约。但是在职务犯罪方面，由于检察院可以自行侦查，检察机关就集侦查主体与侦查监督对象于一身，其本质是"同体监督"，这种检察监督模式无法回答检察机关对自身行使侦查权如何实现有效监督的问题。[①] 另外，检察机关对公安机关行使侦查权的监督，是通过批捕程序进行审查，这种事后审查机制根本无法防止公安侦查阶段刑讯逼供、虐待当事人现象的发生，检察监督的公信力被质疑。司法实践的真实情况是，公安机关非常强势、审判带给了法院决定性地位，而检察院则比较弱势，何况党的政法委还直接指导协调三者的关系，检察院的监督功能就更无用武之地了。

党的纪委、行政监察、司法检察等专门的监察机构都不能有效防范权力腐败现象的发生，其他监督的手段和方式，如人大监督、政协监督、社会监督、舆论监督等，就更难以发挥作用了。在权力腐败日益猖獗且加速蔓延的态势下，监察体制已到非改不可的地步了。

（三）监察体制改革

不惩治腐败，就会亡党亡国。中共十八大以来，党中央加大了反腐败力度，坚持反腐败无禁区、全覆盖、零容忍，查处了一大批违纪违法官员。在查处腐败案件的过程中，原有监察体制的弊端暴露无遗，反腐力量分散，监察范围过窄，党纪法规脱钩，权责不一致，无法形成合力，不但影响个案查处，而且妨碍整个监察系统资源整合。另外，高压式、运动式的反腐只能使腐败势力有所收敛，并不能从根本上动摇腐败势力。要对腐败标本兼治，就必须深化国家监察体制改革，进行资源整合，实现对所有公职人员监察全覆盖。

1. 制定监察法的过程

2013年1月，习近平在中共十八届中央纪委二次全会上指出："要继续

[①] 参见刘计划《侦查监督制度的中国模式及其改革》，《中国法学》2014年第1期。

全面加强惩治和预防腐败体系建设，加强反腐倡廉教育和廉政文化建设，健全权力运行制约和监督体系，加强反腐败国家立法，加强反腐倡廉党内法规制度建设，深化腐败问题多发领域和环节的改革，确保国家机关按照法定权限和程序行使权力。要加强对权力运行的制约和监督，把权力关进制度的笼子里，形成不敢腐的惩戒机制、不能腐的防范机制、不易腐的保障机制。"①制定国家监察法是深化国家监察体制改革的内在要求和重要环节。习近平在中共十八届六中全会和十八届中央纪委五次、六次、七次全会上均对此提出明确要求。例如，2016年1月习近平在中共十八届中央纪委六次全会上指出："完善监督制度，做好监督体系顶层设计"，"扩大监察范围，整合监察力量，健全国家监察组织架构，形成全面覆盖国家机关及其公务员的国家监察体系。"② 2016年10月，中共十八届六中全会提出："各级党委应当支持和保证同级人大、政府、监察机关、司法机关等对国家机关及公职人员依法进行监督，人民政协依章程进行民主监督，审计机关依法进行审计监督。"③中共中央政治局、中共中央政治局常务委员会和中央全面深化改革领导小组也多次专题研究深化国家监察体制改革、国家监察相关立法问题，确定了制定监察法的指导思想、基本原则和主要内容，明确了国家监察立法工作的方向和时间表、路线图。

按照中共中央部署要求，监察法立法工作由中央纪委牵头抓总，在最初研究深化国家监察体制改革方案时即着手考虑将行政监察法修改为国家监察法问题。中央纪委与全国人大常委会、中央统战部、中央政法委、中央深化改革领导小组办公室、中央机构编制办公室等有关方面进行了多次沟通。全国人大常委会党组坚决贯彻落实中共中央关于深化国家监察体制改革的决策部署，高度重视监察立法工作。十二届全国人大常委会将监察法起草和审议工作作为最重要的立法工作之一。2016年10月，中共十八届六中全会闭幕后，中央纪委机关会同全国人大常委会法制工作委员会即共同组成国家监察立法工作专班。2016年11月，中共中央办公厅印发《关于在北京市、山西省、浙江省开展国家监察体制改革试点方案》，国家监察体制改革从顶层设计进入实践操作阶段，从体制机制、制度建设上先行先试、探索实践，为在

---

① 习近平：《把权力关进制度的笼子里》2013年1月22日，《习近平谈治国理政》，外文出版社2014年版，第389页。

② 习近平：《在第十八届中央纪律检查委员会第六次全体会议上的讲话》，人民出版社2016年版，第24页。

③ 《中国共产党第十八届中央委员会第六次全体会议公报》，人民出版社2016年版，第18页。

全国推开积累经验。2016年12月,十二届全国人大常委会第二十五次会议通过了《全国人民代表大会常务委员会关于在北京市、山西省、浙江省开展国家监察体制改革试点工作的决定》,国家监察体制改革由党的意志和党内决策转化为国家意志和法律规定。[2]在前期工作的基础上,工作专班进一步开展调研和起草工作,吸收改革试点地区的实践经验,听取专家学者的意见建议,反复修改完善,形成了监察法草案。

2017年6月15日,习近平主持中央政治局常委会会议,审议并原则同意全国人大常委会党组关于监察法草案几个主要问题的请示。2017年6月下旬,十二届全国人大常委会第二十八次会议对监察法草案进行了初次审议。初次审议后,根据中共中央同意的相关工作安排,全国人大常委会法制工作委员会将草案送23个中央国家机关以及31个省、自治区、直辖市人大常委会征求意见;召开专家会,听取了宪法、行政法和刑事诉讼法方面专家学者的意见。改革试点工作一年后,2017年10月中共十九大报告提出:"深化国家监察体制改革,将试点工作在全国推开,组建国家、省、市、县监察委员会,同党的纪律检查机关合署办公,实现对所有行使公权力的公职人员监察全覆盖。制定国家监察法,依法赋予监察委员会职责权限和调查手段,用留置取代'两规'措施。"① 同年10月,中共中央办公厅根据中共十九大的指示精神印发《关于在全国各地推开国家监察体制改革试点方案》,部署在全国范围内深化国家监察体制改革的探索实践。同年11月,十二届全国人大常委会第三十次会议通过《全国人民代表大会常务委员会关于在全国各地推开国家监察体制改革试点工作的决定》,国家监察体制改革试点工作在全国有序推开,至2018年3月,省、市、县三级监察委员会已经全部组建成立。

中共十九大后,根据中共十九大精神和全国人大常委会组成人员的审议意见以及人大代表、政协委员等各方面意见,立法专班对草案作了修改完善。2017年11月7日至12月6日,监察法草案在中国人大网全文公开,征求社会公众意见。2017年12月,十二届全国人大常委会第三十一次会议对监察法草案进行再次审议,认为草案贯彻落实了中共中央关于深化国家监察体制改革的重大决策部署,充分吸收了常委会组成人员的审议意见和各方面意见,已经比较成熟,决定将监察法草案提请十三届全国人大一次会议审议。

2018年1月18日至19日,中共十九届二中全会审议通过了《中共中央

---

① 习近平:《决胜全面建成小康社会 夺取新时代中国特色社会主义伟大胜利》,《中国共产党第十九次全国代表大会文件汇编》,人民出版社2017年版,第54页。

关于修改宪法部分内容的建议》。1月29日至30日，十二届全国人大常委会第三十二次会议决定将《中华人民共和国宪法修正案（草案）》提请十三届全国人大一次会议审议。监察法草案根据宪法修改精神作了进一步修改。2018年1月31日，全国人大常委会办公厅将监察法草案发送十三届全国人大代表。代表们对草案进行了认真研读讨论，总体赞成草案，同时提出了一些修改意见。全国人大法律委员会召开会议，对草案进行了审议，根据全国人大常委会组成人员和代表们提出的意见作了修改，并将修改情况向全国人大常委会委员长会议作了汇报。2018年2月8日，习近平主持召开中央政治局常委会会议，听取了全国人大常委会党组的汇报，原则同意《关于〈中华人民共和国监察法（草案）〉有关问题的请示》并作出重要指示。根据中共中央指示精神，对草案作了进一步完善。在上述工作基础上，形成了提请十三届全国人大一次会议审议的《中华人民共和国监察法（草案）》。

2018年3月11日，十三届全国人大一次会议通过宪法修正案，在宪法中增设"监察委员会"。2018年3月20日，十三届全国人大一次会议表决通过了《中华人民共和国监察法》，国家主席习近平签署予以公布实施，《中华人民共和国行政监察法》同时废止。

2. 制定监察法的意义

制定国家监察法，主要有以下五个方面的重要意义：

一是贯彻落实中共中央关于深化国家监察体制改革决策部署的重大举措。深化国家监察体制改革是中央作出的事关全局的重大政治体制改革，是强化党和国家自我监督的重大决策部署。改革的目标是，整合反腐败资源力量，加强党对反腐败工作的集中统一领导，构建集中统一、权威高效的中国特色国家监察体制，实现对所有行使公权力的公职人员监察全覆盖。深化国家监察体制改革是组织创新、制度创新，必须打破体制机制障碍，建立崭新的国家监察机构。制定监察法是深化国家监察体制改革的内在要求和重要环节。监察法是反腐败国家立法，是一部对国家监察工作起统领性和基础性作用的法律。制定监察法，使党的主张通过法定程序成为国家意志，党的反腐工作法律化，对于创新和完善国家监察制度，实现立法与改革相衔接，以法治思维和法治方式开展反腐败工作，意义重大、影响深远。

二是坚持和加强中共对反腐败工作的领导，构建集中统一、权威高效的国家监察体系的必然要求。中国共产党领导是中国特色社会主义最本质的特征，是中国特色社会主义制度的最大优势。推进各领域改革都是为了完善和发展中国特色社会主义制度，巩固党的执政基础、提高党的执政能力。以零容忍态度惩治腐败是中国共产党鲜明的政治立场，是党心民心所向，必须始终坚持在党中央统一领导下推进。国家监察体制机制在这次改革前存在着明显不适应问题。监察范围过窄，党内监督已经实现全覆盖，而依照行政监察法的规定，行政监察对象主要是行政机关及其工作人员，还没有做到对所有行使公权力的公职人员全覆盖。反腐败力量分散，党的纪律检查机关依照党章党规对党员的违纪行为进行审查，行政监察机关依照行政监察法对行政机关工作人员的违法违纪行为进行监察，检察机关依照刑事诉讼法对国家工作人员职务犯罪行为进行查处，反腐败职能既分别行使，又交叉重叠，没有形成合力。同时，检察机关对职务犯罪案件既行使侦查权，又行使批捕、起诉等权力，缺乏有效监督机制。深化国家监察体制改革，组建党统一领导的反腐败工作机构即监察委员会，就是将行政监察部门、预防腐败机构和检察机关查处贪污贿赂、失职渎职以及预防职务犯罪等部门的工作力量整合起来，把反腐败资源集中起来，把执纪和执法贯通起来，攥指成拳，形成合力。体现专责和集中统一不够。制定监察法，明确监察委员会的性质、地位，明确"各级监察委员会是行使国家监察职能的专责机关"，从而与党章关于"党的各级纪律检查委员会是党内监督专责机关"相呼应，通过国家立法把党对反腐败工作集中统一领导的体制机制固定下来，构建党统一指挥、全面覆盖、权威高效的监督体系，把制度优势转化为治理效能。

三是总结中共十八大以来反腐败实践经验，为新形势下反腐败斗争提供坚强法治保障的现实需要。中共十八大以来，党中央坚持反腐败无禁区、全覆盖、零容忍，以雷霆万钧之势，坚定不移"打虎""拍蝇""猎狐"，不敢腐的目标初步实现，不能腐的笼子越扎越牢，不想腐的堤坝正在构筑。在深入开展反腐败斗争的同时，深化国家监察体制改革试点工作积极推进。通过国家立法赋予监察委员会必要的权限和措施，将行政监察法已有规定和实践中正在使用、行之有效的措施确定下来，明确监察机关可以采取谈话、讯问、询问、查询、冻结、调取、查封、扣押、搜查、勘验检查、鉴定、留置等措施开展调查。尤其是用留置取代"两规"措施，并规定严格的程序，有利于解决长期困扰大家的法治难题，彰显全面依法治国的决心和自信。改革的深化要求法治保障，法治的实现离不开改革推动。通过制定监察法，把中共十八大以来在推进党风廉政建设和反腐败斗争中形成的新理念新举措新经验以法律形式固定下来，巩固国家监察体制改革成果，保障反腐败工作在法治轨道上行稳致远。

四是坚持党内监督与国家监察有机统一，坚持走中国特色监察道路的创制之举。权力必须受到制约和监督。在中国，党的机关、人大机关、行政机关、政协机关、监察机关、审判机关、检察机关等，都在党中央统一领导下行使公权力。在国家监督体系中，党内监督和国家监察发挥着十分重要的作用。党内监督是对全体党员尤其是对党员干部实行的监督，国家监察是对所有行使公权力的公职人员实行的监督。中国80%的公务员和超过95%的领导干部是共产党员，这就决定了党内监督和国家监察具有高度的内在一致性，也决定了实行党内监督和国家监察相统一的必然性。这种把二者有机统一起来的监督制度具有鲜明的中国特色。中共十八大以来，党中央坚持全面从严治党，在加大反腐败力度的同时，完善党章党规，实现依规治党，取得历史性成就。完善国家监督体系，既要加强党内监督，又要加强国家监察。深化国家监察体制改革，成立监察委员会，并与党的纪律检查机关合署办公，代表党和国家行使监督权和监察权，履行纪检、监察两项职责，加强对所有行使公权力的公职人员的监督，从而在党和国家形成巡视、派驻、监察三个全覆盖的统一的权力监督格局，形成发现问题、纠正偏差、惩治腐败的有效机制，为实现党和国家长治久安走出了一条中国特色监察道路。这次监察体制改革确立的监察制度，也体现了中华民族传统制度文化，是对中国历史上监察制度的一种借鉴，是对当今权力制约形式的一个新探索。制定监察法，就是通过立法方式保证依规治党与依法治国、党内监督与国家监察有机统一，将党内监督同国家机关监督、民主监督、司法监督、群众监督、舆论监督贯通起来，不断提高党和国家的监督效能。

五是加强宪法实施，丰富和发展人民代表大会制度，推进国家治理体系和治理能力现代化的战略举措。宪法是国家的根本法，在总体保持宪法连续性、稳定性、权威性的基础上，十三届全国人大一次会议对宪法作出部分修改，把党和人民在实践中取得的重大理论创新、实践创新、制度创新成果上升为宪法规定，实现了宪法的与时俱进。这次宪法修改的重要内容之一，是增加有关监察委员会的各项规定，对国家机构作出了重要调整和完善。通过完备的法律保证宪法确立的制度得到落实，是宪法实施的重要途径。在十三届全国人大一次会议上，先通过有增设"监察委员会"内容的宪法修正案，然后再审议监察法草案，及时将宪法修改所确立的监察制度进一步具体化，是中国共产党依宪执政、依宪治国的具体表现。人民代表大会制度是中国的根本政治制度，是坚持党的领导、人民当家作主、依法治国有机统一的根本政治制度安排。人民行使国家权力的机关是全国人民代表大会和地方各级人民代表大会。监察法根据宪法修正案将行使国家监察职能的专责机关纳入国家机构体系，明确监察委员会由同级人大产生，对它负责，受它监督，拓宽了人民监督权力的途径，提高了社会主义民主政治制度化、规范化、法治化水平，丰富和发展了人民代表大会制度的内涵，推动了人民代表大会制度与时俱进，对推进国家治理体系和治理能力现代化具有深远意义。

二　监察主体与监察对象

(一) 监察原则

监察原则是监察法的基础性原理，为监察规则提供基础性或本源的综合性规则或原理，是监察行为、监察程序、监察决定的决定性准则。监察规则是具体的监察规范，是规定监察法上的权利和义务的标准，或者赋予监察过程中某种事实状态的法律含义或地位。监察原则与规则都是调整监察活动的行为规范，二者的处分只是相对的，仅是程度问题，二者之间存在一个不明晰的边缘地带，究竟属于原则还是规则难以定位。在监察过程中，监察规则优先适用，而监察原则例外适用。因为原则的抽象性程度高于规则，规则是原则的具体化。在理论上应当假定规则正确体现了原则精神，在存在规则的场合下应当优先适应规则，特殊情形下才允许排斥规则适用原则，否则便否定了立法的正当性。在没有可适用的规则尤其是排斥规则而适用原则时，监察主体有充分说明理由的义务。因为这时的监察主体承担了立法者和监察者的双重职能，适用原则有相当的主观性。为了最大限度防止监察主体对监察法的侵害，保障监察对象的法定权利，监察主体有义务向社会和当事人充分说明适应原则的理由。

新颁布实施的监察法总则明确了监察工作的指导思想和领导体制、监察工作的原则和方针，概括起来，就是坚持党的领导与依法独立监察这两个基本原则。

1. 党的领导

宪法明文规定："中国共产党领导是中国特色社会主义最本质的特征。"在中国，党是领导一切的，任何脱离党的领导的想法都是不现实的、错误的和危险的，党的领导贯穿于监察活动始终。坚持中国共产党对国家监察工作的领导，以马克思列宁主义、毛泽东思想、邓小平理论、"三个代表"重要思想、科学发展观、习近平新时代中国特色社会主义思想为指导，构建集中统一、权威高效的中国特色国家监察体制。坚持党的领导、人民当家作主、依法治国的有机统一，坚持统筹推进"五位一体"总体布局和协调推进"四个全面"战略布局，加强党对反腐败工作的集中统一领导，实现对所有行使公权力的公职人员监察全覆盖，使依规治党与依法治国、党内监督与国家监察有机统一，推进国家治理体系现代化。

2. 依法独立监察

主要表现在：①监察立法合法，监察法根据宪法制定。②监察权力法定，监察法明确了监察机关的地位和职权。各级监察委员会是行使国家监察职能的专责机关，依照监察法对所有行使公权力的公职人员进行监察，调查职务违法和职务犯罪，开展廉政建设和反腐败工作，维护宪法和法律的尊严。监察委员会依照法律规定独立行使监察权，不受行政机关、社会团体和个人的干涉。监察机关办理职务违法和职务犯罪案件，应当与审判机关、检察机关、执法部门互相配合，互相制约。监察机关在工作中需要协助的，有关机关和单位应当根据监察机关的要求依法予以协助。③监察活动必须依法。国家监察工作严格遵照宪法和法律，以事实为根据，以法律为准绳；在适用法律上一律平等，保障当事人的合法权益；权责对等，严格监督；惩戒与教育相结合，宽严相济。国家监察工作坚持标本兼治、综合治理，强化监督问责，严厉惩治腐败；深化改革、健全法治，有效制约和监督权力；加强法治教育和道德教育，弘扬中华优秀传统文化，构建不敢腐、不能腐、不想腐的长效机制。

（二）监察主体

监察主体是指行使国家监察权的国家机关及其工作人员。

1. 监察机关

国家各级监察委员会是国家的监察机关，行使国家监察权。国家设立国家监察委员会和地方各级监察委员会。国家监察委员会是国家最高监察机关。地方各级监察委员会是指省、自治区、直辖市、自治州、县、自治县、市、市辖区设立的监察委员会。

（1）国家监察委的产生与任期

国家监察委员会由全国人民代表大会产生，负责全国监察工作。国家监察委员会由主任、副主任若干人、委员若干人组成，主任由全国人民代表大会选举，副主任、委员由国家监察委员会主任提请全国人民代表大会常务委员会任免。国家监察委员会主任每届任期同全国人民代表大会每届任期相同，连续任职不得超过两届。国家监察委员会对全国人民代表大会及其常务委员会负责,并接受其监督。

2018年3月18日,十三届全国人大一次会议选举杨晓渡为首届国家监察委员会主任。

(2) 地方各级监察委的产生与任期

地方各级监察委员会由本级人民代表大会产生,负责本行政区域内的监察工作。地方各级监察委员会由主任、副主任若干人、委员若干人组成,主任由本级人民代表大会选举,副主任、委员由监察委员会主任提请本级人民代表大会常务委员会任免。地方各级监察委员会主任每届任期同本级人民代表大会每届任期相同,无连续任职的届数限制。地方各级监察委员会对本级人民代表大会及其常务委员会和上一级监察委员会负责,并接受其监督。

地方各级监察委先于国家监察委成立。2016年中央办公厅印发《关于在北京市、山西省、浙江省开展国家监察体制改革试点方案》,部署在3省市设立各级监察委员会。2017年10月十九大结束后,中办印发的《关于在全国各地推开国家监察体制改革试点方案》要求,在2017年底2018年初召开的省、市、县人民代表大会上产生三级监察委员会,使改革与地方人大换届工作紧密衔接。同年11月4日,十二届全国人大常委会第三十次会议通过《全国人民代表大会常务委员会关于在全国各地推开国家监察体制改革试点工作的决定》,规定:"监察委员会由本级人民代表大会产生。监察委员会主任由本级人民代表大会选举产生;监察委员会副主任、委员,由监察委员会主任提请本级人民代表大会常务委员会任免。"其后,试点地区监察委员会由主任、副主任若干人、委员若干人组成,其中,监察委员会主任由纪委书记兼任,副主任均由纪委副书记兼任,委员主要由纪委常委兼任。2017年底2018年初,多省份县市两级监察委纷纷挂牌亮相,随着省级人大会的密集召开,各地的省级监察委也密集组建。截至2018年2月,在各地省级人大会上,经过相应选举程序,全国31省份省级监察委主任全部出炉,31位省级监察委主任同时也是当地省级纪委书记。

监察委员会作为新的国家机构,宪法将其与政府、中央军委、司法机关并列,说明它是与"一府一委两院"平行的国家机关。从此,人大监督"一府一委两院"的模式变为人大监督"一府二委两院"的模式。监察法明确规定,监察委员会依法独立行使监察权,不受行政机关、社会团体和个人的干涉。监察委员会作为同级政府的平行机关,有别于原来隶属政府的行政监察机关,可以对同级政府实行强有力的监察,因为政府才是监察的重点。

2. 监察机关职责

有权必有责，有责必有权。职责是对使用职权的基本要求，无责任的职权就是特权，职权无应有约束就可能被滥用。职权是履行职责的基本条件，没有职权就一定无法履行职责，但有了职权不一定能履行职责。放弃职权，不依法行使职权，就是放弃责任。不依法履行职责，就是失职，就应当追究法律责任。总之，职责和职权是职务主体职务行为的两个方面，二者是统一的。一切公权力机关，都要按照权责一致的要求，使用好人民授予的权力。

监察委员会实行垂直领导。国家监察委员会领导地方各级监察委员会的工作，上级监察委员会领导下级监察委员会的工作。监察委接受党的领导，同党的同级纪委合署办公。监察委同党的纪委合署办公，没有违背党政分开原则。党政分开是依法治国的基本要求，是科学配置国家权力的前提条件。如果党政不分，就没有必要既设置党的纪委又设置国家监察委，分开设置就是坚持党政分开原则，合署办公则是前述国情所致。

监察委员会依照监察法和有关法律规定履行监督、调查、处置职责：①对公职人员开展廉政教育，对其依法履职、秉公用权、廉洁从政从业以及道德操守情况进行监督检查；②对涉嫌贪污贿赂、滥用职权、玩忽职守、权力寻租、利益输送、徇私舞弊以及浪费国家资财等职务违法和职务犯罪进行调查；③对违法的公职人员依法作出政务处分决定；对履行职责不力、失职失责的领导人员进行问责；对涉嫌职务犯罪的，将调查结果移送人民检察院依法审查、提起公诉；向监察对象所在单位提出监察建议。作为行使国家监察职能的专责机关，各级监察委对所有行使公权力的公职人员进行监察并依法作出相应的处理决定。

各级监察委员会可以向本级中国共产党机关、国家机关、法律法规授权或者委托管理公共事务的组织和单位以及所管辖的行政区域、国有企业等派驻或者派出监察机构、监察专员。监察机构、监察专员对派驻或者派出它的监察委员会负责。被派驻或被派出的机关不得以任何名义干预干扰派驻或派出的监察机构或监察专员正常的监察活动。派驻或者派出的监察机构、监察专员根据授权，按照管理权限依法对公职人员进行监督，提出监察建议，依法对公职人员进行调查、处置。监察活动事关监察对象的前途命运，千万马虎不得，派驻或者派出的监察机构、监察专员必须严格依法监察，不得越法或非法进行监察活动。

国家实行监察官制度，依法确定监察官的等级设置、任免、考评和晋升等制度。由于监察法刚实施不久，这些具体制度还有待制定完善。可以参照法官、检察官的一些成熟做法,借鉴域外的有益经验,不断总结实践经验,逐步形成一套符合中国国情的监察官制度。

(三) 监察对象

1. 监察范围

为了实现党和国家关于对所有行使公权力的公职人员监察全覆盖的要求,监察法规定,监察机关对下列公职人员进行监察:①中国共产党机关、人民代表大会及其常务委员会机关、人民政府、监察委员会、人民法院、人民检察院、中国人民政治协商会议各级委员会机关、民主党派机关和工商业联合会机关的公务员,以及参照《中华人民共和国公务员法》管理的人员;②法律、法规授权或者受国家机关依法委托管理公共事务的组织中从事公务的人员;③国有企业管理人员;④公办的教育、科研、文化、医疗卫生、体育等单位中从事管理的人员;⑤基层群众性自治组织中从事管理的人员;⑥其他依法履行公职的人员。

监察法对国家公职人员的全覆盖,不仅是刑法中所说的国家工作人员,也不仅是行政法所说的国家公务人员,而是指拿国家工资的人、由国家公共财政供养的所有人员。监察范围如此宽泛,不但被监察的人员数量庞大,而且存在一些很难监察的特殊岗位或环节。

(1) 如何监督同级党委的领导干部

党的领导是中国政治最本质的特征。监察委员会要接受党的领导,党的领导是由党的领导干部具体执行的,我领导你的权力大还是你监督我的权力大?我领导你怎么监督还是你监督我怎么领导?同级监察委对同级党委的领导干部监督如何实现?地方监察委主任一般由纪委书记兼任,同时又是党委领导班子的成员,监督能否影响班子的团结?如果同级监察委监督不了同级党委的干部,国家监察委监督不了党的最高领导干部,即使监察法规定了全覆盖而实践中落实不了则意义又何在?要真正做到监督全覆盖,还必须有可操作性的具体措施,尤其对党的领导干部的活动要有详细的监督规定。仅有国家法律规定远远不够,还要有配套的党内法规制度。实践中党内法规对党的领导干部的作用更加直接。

解决中国的社会问题,关键在于执政掌权的中国共产党。只要中国共产党带头做到了,一切问题就迎刃而解。而解决党内问题,关键又在于党的领导干部这个"关键少数","关键少数"的关键又是各级党的部门"一把手"。"一把手"主管全面工作,权力就是暴力,官大一级压死人,部下和下级哪来的力量监督上司和上级？目前为止，对"一把手"的监督还没有形成有效的、可控的、可操作性的制度约束，只能希望党的各级"一把手"认真学习习近平新时代中国特色社会主义思想，主动接受人民和法纪的监督。对极少数破坏党纪国法且社会反响强烈的害群之马，一定要严肃查处并正告天下，杀一儆百。

其实，财产公开是对"关键少数"最好的监督办法。一切腐败都是利益交换，最终都会体现在财产中。实践表明，没有比财产公开成本更低、效果更好的反腐败措施。事实胜于雄辩，党政干部尤其是高级干部带头公开家庭财产是立党为公、执政为民的标志。改革开放以来，官员职业阶层积累了一定数量财富。有人担心，官员有那么多财产，一旦公开会造成局势不稳。这种担心纯属多余，改革开放的红利惠及了全社会，官员财产只要合理合法，无论多少，人民都能理解，不公开反而增加了人民的担忧和疑惑。财产公开的阻力越大，财产公开的必要性就越大，人民的期望值也就越高，这是检验反腐败是否彻底的试金石。《尚书》云：民之所欲，天必从之。民心不可违，得民心者得天下，失民心者失天下。

中国正处在传统社会向民主法治社会转型的关键时期，国情极其复杂特殊，存在很多不确定因素，理论上清晰或者法治国家已有的卓有成效的做法，在中国的法治实践中就不一定行得通。千万不要以为有了监察全覆盖的规定就可以一劳永逸解决中国干部的腐败问题，这仅是一个良好开端，今后要走的路还很漫长，一定要保持足够的耐心和信心。

（2）如何监督人大及其常委会的工作人员

人民代表大会制度是中国的根本政治制度。宪法第2条规定，国家的一切权力属于人民，人民行使国家权力的机关是全国人民代表大会和地方各级人民代表大会；人民依照法律规定，通过各种途径和方式，管理国家事务，管理经济和文化事业，管理社会事务。民主集中制是国家机构的根本组织原则。根据宪法第3条规定，其有三个方面的含义：①在人民与国家权力机关的关系上，遵循由人民选举产生国家权力机关，国家权力机关对人民负责、受人民监督的原则；②在国家权力机关和其他国家机关的关系上，遵循其他国家机关由国家权力机关产生，对它负责、受它监督的原则；③在中央和地方的国家机构的职权划分上，遵循在中央统一领导下，充分发挥地方的主动性、积极性的原则。依照人大制度和民主集中制的国家机构组织原则，国家的一切权力属于人民，人民行使国家权力的机关是各级人大，行政、监察、审判、检察等其他国家机关由人大产生，对它负责，受它监督，人大处于绝对统治地位,"代表人民行使对国家的统治权,由它来产生其他国家机关,它是其他国家机关权力的直接来源"①。监察机关相对于人大的从属地位意味着它无权且无法监督人大机关。

自治是代议制的基本原则,代议机关有行使职权的自主性和独立性,不受行政机关、司法机关等其他国家机关的干涉。人大作为代议机关,必须遵循自治原则。同时,分权制衡是国家权力架构的基本原则,代议机关、行政机关和司法机关之间相互牵制以达平衡目的。但分权制衡有一定的限度,"权力制衡所允许的各权彼此干预之程度是有限制的,即所为之干预不得破坏权力之均衡。各权均各自拥有其不可侵犯性与不可让渡性的'核心领域';若许一权干预他权的'核心领域',无异于有制无衡,使一权任诸他权指挥、'宰割',离制衡之本意相去甚远。"② 例如,在以美国为典型代表的宪法司法审查国家,司法部门在宪法审查中采取消极主义态度,尽量对立法机关或行政机关的立法或行政行为就相关事务的判断保持适度尊重,从而维护和保障权力分立的宪治结构。③ 自治原则和分权制衡原则表明,人大存在监察机关不可侵犯的自治领域,这是"监察权行使的禁区"④。否则,人大不但失去了作为国家权力机关的优越性,而且失去了作为代议机关的自主性。

监察法规定监察委员会可以监察人大及其常委会机关的公务员,实际上就明确了对人大的监督限度。但是,"将监察机关之监察对象限于人员仍然不够。尚需在监察权可涉及的对象与范围上作进一步的限制,即监察范围以权力机关职权之'核心领域'为限,以及履行代表职责之民意代表不得为监察的对象。"⑤ 一般而言,中国人大及其常委会"核心领域"的职权主要为立法权、决定权、任免权和监督权,[3]这些权力不容监察机关干预,即使存在瑕疵,也应当由其自身或上级权力机关予以纠正。人大代表作为人民的代表,其在履行代表职责时的一切权利应当得到尊重,如宪法规定的言论自由权、发言表决不受追究权以及人大代表人身的特殊保护权,不得接受监察。将人大代表排除在监察对象之外,并不意味着其一切行为免受监察。如果人大代表存在贪污贿赂等职务违法和职务犯罪行为,与履行代表职责无直接关联,

---

① 蔡定剑:《中国人民代表大会制度》,法律出版社2003年版,第27页。
② 许宗力:《国会议事规则与国会议事自治》,许宗力:《法与国家权力》,(台北)月旦出版股份有限公司1993年版,第308页。
③ 参见刘练军《消极主义:宪法审查的一种哲学立场》,法律出版社2010年版,第193页。
④ 秦前红等:《国家监察制度改革研究》,法律出版社2018年版,第144页。
⑤ 秦前红等:《国家监察制度改革研究》,法律出版社2018年版,第146页。

则应当受到监察,如对辽宁贿选案、衡阳贿选案中的人大代表的严厉查处。当然,人大内部不属于人大代表的公务员,如人大设置的各种委员会以及办公厅、秘书局等各种辅助性的工作机构和服务部门,其中的非人大代表的工作人员属于监察对象。

但是中国人大代表的构成很复杂,监察实践面临难题。中国的人大代表很多都是兼职代表,他们同时是党政机关的官员,具有双重身份。如果监察委不监督人大代表,那么兼职人大代表的官员也不受监督吗?如果受到监督,是否不许监督官员在人大开会期间的活动?如何界定人大开会期间和官员履职期间?这些问题不但需要理论上的探讨,更需要对实践操作经验的总结,决不能简单化,否则将破坏正常的权力运行机制。

(3) 如何监督司法人员

司法公正是社会最后的公正,司法腐败是社会最严重的腐败,是压死骆驼的最后一根稻草。司法腐败体现在每一个具体案件中,任何一个冤假错案都可能毁掉当事人的一生,其对当事人及其家庭造成的伤害无法弥补,更不用说它对执政党和国家形象、民主法治的破坏,它动摇了社会的正常秩序,它会让善良的人们感觉暗无天日而失去生活的意义。人们对司法腐败极其痛恨,监察机关对司法人员进行强有力的监督是非常必要的。

国家监察体制改革,将监察权从行政权和检察权中分离出来,形成与行政权、审判权、检察权平行并列的监察权。宪法规定,国家行政机关、监察机关、审判机关、检察机关都由人大产生,对它负责,受它监督。宪法同时规定,审判机关独立行使审判权,检察机关独立行使检察权。在法律规定的范围内,审判机关和检察机关还有独立的自由裁量权。司法独立(在国外主要指法官独立和审判独立,中国还包括检察官独立和检察独立)是现代法治的一项基本原则,也是中国宪法规定的基本原则。因此,监察机关对司法人员的监察,不得影响司法独立原则的执行。也就是说,监察机关不得干涉法官和检察官依法进行的审判活动和检察活动,只能限于他们个人的违法违纪行为而不能涉及案件的职务活动。

但是,"法官的个人行为和裁判行为通常难以严格界分,且个人行为往往会影响到裁判行为,进而影响到裁判的结果。"[①] 不但职务行为和个人行为难以区分,而且纯粹的个人行为也会对职务行为产生影响,甚至可以说:"在

---

① 刘田玉:《民事检察监督与审判独立之关系的合理建构》,《国家检察官学院学报》2004年第1期。

法官作出判决的瞬间，被别的观点，或者被任何形式的外部权势或压力所控制或影响，法官就不复存在了。宣布决定的法官，其作出的决定哪怕是受到其他意志的微小影响，他也不是法官。"① 为了确保司法独立，德国《法官法》第 26 条就规定，法官只在不影响其独立性的范围内接受职务监督。② 中国监察机关在对法官或检察官进行监察时，也应当尊重司法独立原则，避免影响他们的职务活动。

司法人员，除了法官和检察官之外，还包括司法行政人员和司法辅助人员。2013 年 11 月，中共十八届三中全会审议通过的《中共中央关于全面深化改革若干重大问题的决定》明确提出完善司法人员分类管理制度。随着司法体制改革的深入，司法机构的工作人员被区分为法官、检察官，司法辅助人员和司法行政人员三大类。司法辅助人员和司法行政人员不从事裁判案件的活动，他们无疑是监察机关的监察对象。监察机关可以监督法官、检察官职务范围外的个人行为，但不得监督他们裁判案件的职务活动。对错误裁判的纠正，可以借助法院和检察院的上诉、抗诉、申请再审等司法救济程序来实现。

对司法人员的监察，应当充分考虑司法工作的特殊性和严肃性。司法是保障社会公正的最后一道防线，司法必须具有难以撼动的权威。一旦司法没有权威，尤其是当审判结果没有权威时，司法公信力就会遭到毁灭性打击。对司法人员的监察，尤其是对法官的监察，一定要严格依法进行。如果没有确凿的证据表明，法官在利用职权与当事人进行利益交换可能导致枉法裁判时，就应当充分尊重法官的独立审判权。在裁判案件的活动中，只要法官的决定在法定的自由裁量权之内并且是依法定程序作出的，即使监察委认为有失社会公平都不能否决，法官法定的独立审判权不容侵犯。对法官的监察，是为了更好地促使法官公正办案，而不是影响法官独立办案。司法独立是司法公正的基本条件，司法独立不一定达到司法公正，但没有司法独立就更难产生司法公正，对司法人员尤其是法官的监察要慎之又慎。

2. 监察管辖

监察管辖是指各级监察机关之间以及不同地区的监察机关之间，受理监察案件的职权范围和具体分工。监察法对监察管辖有明确的规定。按照不同的标准可以对监察管辖进行多种分类，主要有级别管辖、地域管辖、移送管

---

① ［英］罗杰·科特威尔:《法律社会学导论》，彭小龙译，中国政法大学出版社 2015 年版，第 205 页。

② 参见刘练军《司法要论》，中国政法大学出版社 2013 年版，第 345 页。

辖、指定管辖等。

级别管辖和地域管辖是最重要和最常见的管辖。级别管辖是指上下级监察机关之间受理监察案件的职权范围和具体分工,是监察案件在纵向上的分配。地域管辖、专属管辖、协议管辖等都不能违反级别管辖的规定。地域管辖又叫区域管辖或土地管辖,是指同级监察机关对各自辖区监察案件的受理和分工。地域管辖是在级别管辖的基础上,横向上确定案件由哪个监察机关受理。监察法规定,各级监察机关按照管理权限管辖本辖区内所有公职人员所涉监察事项。上级监察机关可以办理下一级监察机关管辖范围内的监察事项,必要时也可以办理所辖各级监察机关管辖范围内的监察事项。

指定管辖,是指上级监察机关以裁定的方式将某个案件交由某个下级监察机关受理。上级监察机关的指定管辖,下级监察机关必须执行。监察法规定,上级监察机关可以将其所管辖的监察事项指定下级监察机关管辖,也可以将下级监察机关有管辖权的监察事项指定给其他监察机关管辖。监察机关之间对监察事项的管辖有争议的,由其共同的上级监察机关确定。

移送管辖,是指地方监察机关受理某一案件后,发现对该案无管辖权,依照法律相关规定,将该案件移送给有管辖权的监察机关。移送管辖通常发生在同级监察机关之间,但也不排除在上、下级监察机关之间移送。监察法规定,监察机关认为所管辖的监察事项重大、复杂,需要由上级监察机关管辖的,可以报请上级监察机关管辖。

三 监察权限与监察程序

(一) 监察权限

1. 监察权的性质

纵观近代以来各国宪法,基本上都将国家权力分为立法权、行政权和司法权。虽然具体的国家机关不一定对应这三种权力,可以设置多个国家机关,但是无论多少个国家机关,权力究竟是立法权、行政权或司法权的性质是明确的。实践证明,三权之分是合理的,立法权是表达民意制定规则的权力,行政权是执行规则具体作为的权力,司法权是解决纠纷进行判断的权力。这次监察体制改革,将原来行政机关下的行政监察机构、检察院的反贪、反腐、预防职务犯罪机构合并成新的监察委员会,与人大、政府、司法机关并列[4],

行使国家监察权。那么,监察权是三权中的哪种权力还是三权之外独立的权力,颇受争议。

依照西方宪政国家的理论和实践,国家权力基本上分为立法权、行政权或司法权三大类,任何领域的具体国家权力都属于其中的一类。① 例如,在美国,监察权属于行政权,美国联邦政府以及各州政府,均设立了监察长办公室,负责政府内部的行政监察工作。中国监察体制改革以前也属于该模式,国务院监察部和地方各级监察机关负责行政机关内部的监察,监察权属于行政权。现在行政监察上升为国家监察,如果将监察权仍归结为行政权,既没有反映监察机关与行政机关的平行地位,也没有体现监察权独立于行政权的属性。

中国监察权来自部分行政权和部分司法权,将其作为行政权或司法权是不恰当的,作为行政权与司法权的混合也是不恰当的。现行宪法规定,国家行政机关、监察机关、审判机关、检察机关都由人民代表大会产生,对它负责,受它监督。既然宪法确认了监察机关的独立地位,监察权的独立性就不容质疑。如果认为监察权属于行政权或司法权或二者的混合,实质上就是否认监察机关的独立性,就背离了宪法规定。立法权、行政权和司法权的三权之分是西方宪政国家权力配置的一种模式,也得到了全世界的认可。但这并不意味着它是不能变化的唯一模式。每个国家都有自己的特殊性,在此基础上作出适当变化也是合理的。中国人大设置行使国家监察职能的专责机关,实行对所有行使公权力的公职人员的监察全覆盖,监察权独立于行政权和司法权是必要的。将监察权作为一种与立法权、行政权和司法权并列独立的权力,既遵守了权力分置的宪法原则,又体现了中国的具体国情。

2. 监察权的分类

为了保证监察机关有效履行监察职能,监察法规定了各级监察机关必要的权限。这些权限是全方位的,可大致分为以下三类:

(1) 监督调查权

监察机关行使监督、调查职权,有权依法向有关单位和个人了解情况,收集、调取证据。有关单位和个人应当如实提供。监察机关及其工作人员对监督、调查过程中知悉的国家秘密、商业秘密、个人隐私,应当保密。任何单位和个人不得伪造、隐匿或者毁灭证据。

监察机关在调查职务违法和职务犯罪时,可以采取谈话、讯问、询问、

---

① 参见张千帆《宪法学导论——原理与应用》,法律出版社2014年版,第287页。

查询、冻结、搜查、调取、查封、扣押、勘验检查、鉴定等措施。

对可能发生职务违法的监察对象，监察机关按照管理权限，可以直接或者委托有关机关、人员进行谈话或者要求说明情况。在调查过程中，对涉嫌职务违法的被调查人，监察机关可以要求其就涉嫌违法行为作出陈述，必要时向被调查人出具书面通知。对涉嫌贪污贿赂、失职渎职等职务犯罪的被调查人，监察机关可以进行讯问，要求其如实供述涉嫌犯罪的情况。在调查过程中，监察机关可以询问证人等人员。

监察机关调查涉嫌贪污贿赂、失职渎职等严重职务违法或者职务犯罪，根据工作需要，可以依照规定查询、冻结涉案单位和个人的存款、汇款、债券、股票、基金份额等财产。有关单位和个人应当配合。冻结的财产经查明与案件无关的，应当在查明后三日内解除冻结，予以退还。

监察机关可以对涉嫌职务犯罪的被调查人以及可能隐藏被调查人或者犯罪证据的人的身体、物品、住处和其他有关地方进行搜查。在搜查时，应当出示搜查证，并有被搜查人或者其家属等见证人在场。搜查女性身体，应当由女性工作人员进行。监察机关进行搜查时，可以根据工作需要提请公安机关配合。公安机关应当依法予以协助。

监察机关在调查过程中，可以调取、查封、扣押用以证明被调查人涉嫌违法犯罪的财物、文件和电子数据等信息。采取调取、查封、扣押措施，应当收集原物原件，会同持有人或者保管人、见证人，当面逐一拍照、登记、编号，开列清单，由在场人员当场核对、签名，并将清单副本交财物、文件的持有人或者保管人。对调取、查封、扣押的财物、文件，监察机关应当设立专用账户、专门场所，确定专门人员妥善保管，严格履行交接、调取手续，定期对账核实，不得毁损或者用于其他目的。对价值不明物品应当及时鉴定，专门封存保管。查封、扣押的财物、文件经查明与案件无关的，应当在查明后三日内解除查封、扣押，予以退还。监察机关在调查过程中，可以直接或者指派、聘请具有专门知识、资格的人员在调查人员主持下进行勘验检查。勘验检查情况应当制作笔录，由参加勘验检查的人员和见证人签名或者盖章。监察机关在调查过程中，对于案件中的专门性问题，可以指派、聘请有专门知识的人进行鉴定。鉴定人进行鉴定后，应当出具鉴定意见，并且签名。

（2）留置权

留置是监察机关对被调查人的人身自由的一项严厉制裁。

监察法规定，被调查人涉嫌贪污贿赂、失职渎职等严重职务违法或者职务犯罪，监察机关已经掌握其部分违法犯罪事实及证据，仍有重要问题需要进一步调查，并有下列情形之一的，经监察机关依法审批，可以将其留置在特定场所：①涉及案情重大、复杂的；②可能逃跑、自杀的；③可能串供或者伪造、隐匿、毁灭证据的；④可能有其他妨碍调查行为的。对涉嫌行贿犯罪或者共同职务犯罪的涉案人员，监察机关可以依照规定采取留置措施。留置场所的设置、管理和监督依照国家有关规定执行。

（3）处置权

监察机关需要采取技术调查、通缉、限制出境措施的，经过严格的批准手续，按照规定交有关机关执行。监察机关可视监察对象认罪态度情节作出从宽处罚建议。

监察机关调查涉嫌重大贪污贿赂等职务犯罪，根据需要，经过严格的批准手续，可以采取技术调查措施，按照规定交有关机关执行。批准决定应当明确采取技术调查措施的种类和适用对象，自签发之日起三个月以内有效；对于复杂、疑难案件，期限届满仍有必要继续采取技术调查措施的，经过批准，有效期可以延长，每次不得超过三个月。对于不需要继续采取技术调查措施的，应当及时解除。

依法应当留置的被调查人如果在逃，监察机关可以决定在本行政区域内通缉，由公安机关发布通缉令，追捕归案。通缉范围超出本行政区域的，应当报请有权决定的上级监察机关决定。监察机关为防止被调查人及相关人员逃匿境外，经省级以上监察机关批准，可以对被调查人及相关人员采取限制出境措施，由公安机关依法执行。对于不需要继续采取限制出境措施的，应当及时解除。

涉嫌职务犯罪的被调查人主动认罪认罚，有下列情形之一的，监察机关经领导人员集体研究，并报上一级监察机关批准，可以在移送人民检察院时提出从宽处罚的建议：①自动投案，真诚悔罪悔过的；②积极配合调查工作，如实供述监察机关还未掌握的违法犯罪行为的；③积极退赃，减少损失的；④具有重大立功表现或者案件涉及国家重大利益等情形的。职务违法犯罪的涉案人员揭发有关被调查人职务违法犯罪行为，查证属实的，或者提供重要线索，有助于调查其他案件的，监察机关经领导人员集体研究，并报上一级监察机关批准，可以在移送人民检察院时提出从宽处罚的建议。

监察机关依照本法规定收集的物证、书证、证人证言、被调查人供述和辩解、视听资料、电子数据等证据材料，在刑事诉讼中可以作为证据使用。

人民法院、人民检察院、公安机关、审计机关等国家机关在工作中发现公职人员涉嫌贪污贿赂、失职渎职等职务违法或者职务犯罪的问题线索，应当移送监察机关，由监察机关依法调查处置。被调查人既涉嫌严重职务违法或者职务犯罪，又涉嫌其他违法犯罪的，一般应当由监察机关为主调查，其他机关予以协助。

有关单位拒不执行监察机关作出的处理决定，或者无正当理由拒不采纳监察建议的，由其主管部门、上级机关责令改正，对单位给予通报批评；对负有责任的领导人员和直接责任人员依法给予处理。有关人员违反本法规定，有下列行为之一的，由其所在单位、主管部门、上级机关或者监察机关责令改正，依法给予处理：①不按要求提供有关材料，拒绝、阻碍调查措施实施等拒不配合监察机关调查的；②提供虚假情况，掩盖事实真相的；③串供或者伪造、隐匿、毁灭证据的；④阻止他人揭发检举、提供证据的；⑤其他违反本法规定的行为，情节严重的。

监察对象对控告人、检举人、证人或者监察人员进行报复陷害的；控告人、检举人、证人捏造事实诬告陷害监察对象的，依法给予处理。构成犯罪的，依法追究刑事责任。

（二）监察程序

监察权不得随便行使，必须按照监察法规定的步骤和方法进行，这就是监察程序。监察程序是约束监察主体、保护监察对象权益的重要机制，防止监察权非法行使，保证监察活动的合法性。监察法对监督调查、留置、决定等一切监察活动都规定了相应的程序。监察机关对于报案或者举报，应当接受并按照有关规定处理。对于不属于本机关管辖的，应当移送主管机关处理。监察机关应当严格按照程序开展工作，建立问题线索处置、调查、审理各部门相互协调、相互制约的工作机制。监察机关应当加强对调查、处置工作全过程的监督管理，设立相应的工作部门履行线索管理、监督检查、督促办理、统计分析等管理协调职能。

1. 监督调查工作程序

为保证监察机关正确行使权力，监察法对监督调查工作程序作了严格规定。

监察机关对监察对象的问题线索，应当按照有关规定提出处置意见，履行审批手续，进行分类办理。线索处置情况应当定期汇总、通报，定期检查、抽查。需要采取初步核实方式处置问题线索的，监察机关应当依法履行审批程序，成立核查组。初步核实工作结束后，核查组应当撰写初步核实情况报告，提出处理建议。承办部门应当提出分类处理意见。初步核实情况报告和分类处理意见报监察机关主要负责人审批。

经过初步核实，对监察对象涉嫌职务违法犯罪，需要追究法律责任的，监察机关应当按照规定的权限和程序办理立案手续。监察机关主要负责人依法批准立案后，应当主持召开专题会议，研究确定调查方案，决定需要采取的调查措施。立案调查决定应当向被调查人宣布，并通报相关组织。涉嫌严重职务违法或者职务犯罪的，应当通知被调查人家属，并向社会公开发布。

监察机关对职务违法和职务犯罪案件，应当进行调查，收集被调查人有无违法犯罪以及情节轻重的证据，查明违法犯罪事实，形成相互印证、完整稳定的证据链。严禁以威胁、引诱、欺骗及其他非法方式收集证据，严禁侮辱、打骂、虐待、体罚或者变相体罚被调查人和涉案人员。

调查人员采取讯问、询问、留置、搜查、调取、查封、扣押、勘验检查等调查措施，均应当依照规定出示证件，出具书面通知，由二人以上进行，形成笔录、报告等书面材料，并由相关人员签名、盖章。调查人员进行讯问以及搜查、查封、扣押等重要取证工作，应当对全过程进行录音录像，留存备查。调查人员应当严格执行调查方案，不得随意扩大调查范围、变更调查对象和事项。对调查过程中的重要事项，应当集体研究后按程序请示报告。

2. 留置工作程序

为了严格规范留置措施，保护被调查人的合法权益，监察法明确了留置程序。

监察法规定了留置权的行使主体和行使方式。监察机关采取留置措施，应当由监察机关领导人员集体研究决定。设区的市级以下监察机关采取留置措施，应当报上一级监察机关批准。省级监察机关采取留置措施，应当报国家监察委员会备案。

对留置时间有严格的规定。留置时间不得超过三个月。在特殊情况下，可以延长一次，延长时间不得超过三个月。省级以下监察机关采取留置措施的，延长留置时间应当报上一级监察机关批准。监察机关发现采取留置措施不当的，应当及时解除。监察机关采取留置措施，可以根据工作需要提请公安机关配合。公安机关应当依法予以协助。

对被调查人采取留置措施后，应当在二十四小时以内，通知被留置人员所在单位和家属，但有可能毁灭、伪造证据，干扰证人作证或者串供等有碍调查情形的除外。有碍调查的情形消失后，应当立即通知被留置人员所在单位和家属。

留置期间应保障被调查人正常生活。监察机关应当保障被留置人员的饮食、休息和安全，提供医疗服务。讯问被留置人员应当合理安排讯问时间和时长，讯问笔录由被讯问人阅看后签名。被留置人员涉嫌犯罪移送司法机关后，被依法判处管制、拘役和有期徒刑的，留置一日折抵管制二日，折抵拘役、有期徒刑一日。

3. 处置工作程序

监察机关在监督、调查工作结束后，应根据不同情况作出不同的处理结论。监察机关要本着实事求是原则，以事实为依据，以法律为准绳，不冤枉一个好人，也不放走一个坏人，全程阳光执法，及时纠正监察活动不合法的情形，主动接受全社会的监督。

监察机关根据监督、调查结果，依法作出如下处置：①对有职务违法行为但情节较轻的公职人员，按照管理权限，直接或者委托有关机关、人员，进行谈话提醒、批评教育、责令检查，或者予以诫勉；②对违法的公职人员依照法定程序作出警告、记过、记大过、降级、撤职、开除等政务处分决定；③对不履行或者不正确履行职责负有责任的领导人员，按照管理权限对其直接作出问责决定，或者向有权作出问责决定的机关提出问责建议；④对涉嫌职务犯罪的，监察机关经调查认为犯罪事实清楚，证据确实、充分的，制作起诉意见书，连同案卷材料、证据一并移送人民检察院依法审查、提起公诉；⑤对监察对象所在单位廉政建设和履行职责存在的问题等提出监察建议。

监察机关经调查，对没有证据证明被调查人存在违法犯罪行为的，应当撤销案件，并通知被调查人所在单位。

监察机关经调查，对违法取得的财物，依法予以没收、追缴或者责令退赔；对涉嫌犯罪取得的财物，应当随案移送人民检察院。

监察机关在调查贪污贿赂、失职渎职等职务犯罪案件过程中，被调查人逃匿或者死亡，有必要继续调查的，经省级以上监察机关批准，应当继续调查并作出结论。被调查人逃匿，在通缉一年后不能到案，或者死亡的，由监察机关提请人民检察院依照法定程序，向人民法院提出没收违法所得的申请。

监察对象对监察机关作出的涉及本人的处理决定不服的，可以在收到处理决定之日起一个月内，向作出决定的监察机关申请复审，复审机关应当在一个月内作出复审决定；监察对象对复审决定仍不服的，可以在收到复审决定之日起一个月内，向上一级监察机关申请复核，复核机关应当在二个月内作出复核决定。复审、复核期间，不停止原处理决定的执行。复核机关经审查，认定处理决定有错误的，原处理机关应当及时予以纠正。

四　对监察主体的监督

孟德斯鸠说："一切有权力的人都容易滥用权力，这是万古不易的一条经验"。① 监察机关的权力如此之大，如果得不到监督也就必然走向腐败，因此，如何保证监察机关的权力得到正确行使，不能不引起社会的广泛关注。

监察法规定坚持中国共产党对国家监察工作的领导。党的领导是最有力的监督。党的监督是全方位的，不但体现在重要的人事安排和大政方针上，而且体现在党的纪检机关和国家监察机关合署办公上。在每个具体案件中，党依纪处理，监察机关依法处理，法纪相互衔接。但是，党的领导也体现在党对案件的意见。党的领导不至于越法干预，依法监察不至于违背党的意见，如何处理党的纪检机关和国家监察机关的关系是一个复杂棘手的问题。除了党的监督，监察法还通过规定人大监督、自我监督、司法制约等方式从制度上保障监察权的正确行使。另外，监察机关怎样才能得到有效监督，香港廉政公署的做法值得借鉴。

（一）香港廉政公署的有益做法

20世纪70年代以前，香港社会贪腐状况非常严重，人们不堪承受，激起了全民公愤。1974年2月17日，香港廉政公署（Independent Commission Against Corruption，缩写ICAC）应运而生，原称"总督特派廉政专员公署"，香港回归后更名为"香港特别行政区廉政公署"，由专员、副专员及其他委任人员组成。它是一个独立于政府机关的反贪机构，其职员不属于政府公务员体系，专员直接向政府最高首长行政长官一个人负责，并依据《香港特别行政区基本法》第五十七条全权独立处理香港的一切反贪工作。为有效揭发、调查和打击贪污，廉政公署获《廉政公署条例》《防止贿赂条例》及《选举（舞弊及非法行为）条例》三个法例授予的特别权力。廉政公署的调查对象初期仅为公务员，接着扩展至公共事业机构，再进行到包括所有私人机构。廉政公署成立以来，以执法、预防及教育等三管齐下的方法打击贪污，维护香港公平正义和安定繁荣，获得了香港政府及广大市民的广泛支持，使

---

① ［法］孟德斯鸠：《论法的精神》（上），张雁深译，商务印书馆1961年版，第154页。

得香港成为全球最廉洁的地方之一,也为祖国内地有效反腐提供了宝贵经验。

制度比人更可靠。廉政公署有广泛的调查权力,其自身的清廉除了个人自律外,必须有良好的内外监督制约机制,无缝隙防止权力滥用。这些机制包括以下九个方面:

1. 廉政专员的任命监督

廉政专员由行政长官任免,只向行政长官一人负责。这是行政长官对廉政公署的直接监督,廉政专员需定期向特区行政会议汇报廉政公署的工作。

2. 四个咨询委员会的监督

为了加强对廉政公署的监督,组建了四个咨询委员会,分别为贪污问题咨询委员会、审查贪污举报咨询委员会、防止贪污咨询委员会、社区关系市民咨询委员会。四个委员会的委员多由特首委任的社会贤达和专业人士组成,主席均由非政府官员担任。

(1) 贪污问题咨询委员会

作为独立非官方组织,该委员会负责监察廉政公署的整体工作方针及在政策上提供意见。具体为:监察廉政公署在执行职务、人员编制及行政事务上的政策;就廉政专员根据《廉政公署条例》第8(2)条所考虑采取的行动提供意见;听取廉政专员报告廉署对属员所采取的纪律处分;审核廉政公署每年的开支预算;在廉政公署年报呈交行政长官前予以审阅;每年向行政长官提交委员会的工作报告;有需要时,向行政长官反映委员会所关注有关廉署运作或所面对的任何问题。

(2) 审查贪污举报咨询委员会

作为独立非官方组织,该委员会审议廉署每宗案件,少至百元多至几亿的案件都要经过该会审议,非经该会同意廉署不得停止调查。可以随时向廉署作个别质询。委员会负责监察廉政公署的调查工作,具体为:听取廉政专员报告廉署接获的所有贪污举报及廉署如何处理这些举报;听取廉政专员报告所有历时超过一年或需要动用大量资源的调查个案之进展;廉政专员须尽早向委员会报告由其授权进行搜查的次数及理由,并解释急需进行搜查的原因;听取廉政专员报告疑犯获廉署保释超过六个月的所有个案听取廉政专员报告廉署已完成调查的个案;并就律政司决定不予检控或警戒的案件,建议应采取的行动;听取廉政专员报告在廉署管辖范围内所作检控的结果及其后的上诉结果;就廉署管辖范围内进行调查所得到的资料,向廉政专员建议那些资料应送交有关部门、公共机构、其他机构或个别人士,或在特殊情况下,如有关资料于委员会开会前因有需要而经已递交,则委员会在其后会议中,须就该行动进行审议；就廉政专员向委员会提出的其他事项，或主动就任何事项提供意见；向行政长官反映任何值得关注的执行处运作或该委员会所面对的任何问题；向行政长官提交年报，内容须向公众发表。

（3）防止贪污咨询委员会

作为独立非官方组织，主要监督防止廉政公署的贪污处。该委员会负责向廉政公署建议防贪研究的优先次序及审阅所有完成的防贪研究报告。具体为：听取及要求廉政公署报告有关政府部门、公共机构及私营机构在工作常规及程序上可能助长贪污的地方，并向廉政专员建议应予以审查的项目及审查的先后次序；研究根据审查结果而作出的各项建议，并就进一步行动向廉政专员提供意见；监察根据该咨询委员会的意见而作出的建议如何实施。

（4）社区关系市民咨询委员会

作为独立非官方组织，主要监督廉政公署的社区关系处。该委员会负责向廉政公署建议推行倡廉教育及争取社会各界支持廉政工作的策略，具体为：向廉政专员建议如何争取公众支持打击贪污及如何教育公众认识贪污的害处；听取及要求廉政公署社区关系处报告为达致上述目标而进行的工作；监察公众对廉署工作的反映以及对贪污所持的一般态度。

3. 行政长官或行政会议的监督

廉政公署直接向行政长官负责，廉政专员也定期向行政会议汇报。

4. 立法会监督

依据香港基本法，立法会有权赋予或撤销廉政公署的权力，并要求廉政专员出席立法会会议，也有权要求廉政专员就其政策及经费问题接受议员质询。

5. 独立检控权

廉政公署有广泛的调查权但没有检控权，所调查案件是否提交法庭，须由对行政长官负责的律政司长决定。调查后检控与否属于律政司司长的权力。调查和检控权分立，可以确保不会单以廉政公署的判断而作检控决定，防止滥用权力。

6. 司法监督

司法独立可确保廉政公署不会越轨。在司法监督下，廉政公署行使某些权力前，必须事先获得法庭的准许。同时，廉政公署会谨慎研究法官就调查工作所提出的意见或批评，并检讨执法程序，确保权力不被滥用。

7. 传媒和公众的监督

舆论的力量不可忽视，香港言论自由，公众通过传媒监察，加强廉政公署的监督。

8. 廉政公署事宜投诉委员会监督

廉政公署事宜投诉委员会独立运作，监察及覆检所有涉及廉署及廉署人员的非刑事投诉，以及监察针对廉署的职务投诉。该委员会成员由行政长官委任，主席由行政会议成员出任，其他委员包括行政会议及立法会成员和社会贤达。

9. 内部监察

廉政公署要求职员恪守最高的诚信水平。廉政公署自成立以来已设有一个内部调查及监察单位，名为 L 组。专责调查监督廉政公署工作人员，以确保自身清廉高效。廉政公署人员如被指称涉及贪污或相关的刑事罪行，L 组会进行调查。L 组总部并不在廉政公署总部大楼，至于他们在哪里，有些什么职员，就连很多在职的廉政公署人员都不一定知道。

（二）人大监督

宪法规定，国家监察委员会对全国人民代表大会和全国人民代表大会常务委员会负责，地方各级监察委员会对产生它的国家权力机关和上一级监察委员会负责。监察法进一步规定，各级监察委员会应当接受本级人民代表大会及其常务委员会的监督。各级人民代表大会常务委员会听取和审议本级监察委员会的专项工作报告，组织执法检查。县级以上各级人民代表大会及其常务委员会举行会议时，人民代表大会代表或者常务委员会组成人员可以依照法律规定的程序，就监察工作中的有关问题提出询问或者质询。

历来的监督工作都是人大工作的薄弱环节，人大没有体现权力机关应有的最高权威。虽然其中的原因错综复杂，但是与人大本身没有用足用实法定的最高监督权力不无关系。人大监督不能仅停留在宪法和监察法规定的层面，而是要落实到监督的实践中去。人大要像重视立法工作一样重视监督工作。之所以要加强监察，就是因为权力腐败相当严重，必须有强有力的监察机关来专责惩治腐败。但是深化改革后监察机关的权力如此之大，它照样有腐败的可能，人民不无担忧它对社会和个人的重大影响。因此，让监察机关真正在人大监督下工作常态化，人民心里就会踏实。因为人民清楚，人大是人民的人大，不是人民代表的人大，也不是党的人大，人大的一切工作都是为了维护人民的利益。只有让监察机关感受到了人大监督的威力，它才会更好地行使监察权。如果人大监督不到位，其他监督就更无能为力了。

(三) 自我监督

国家监察法与中共纪律检查机关监督执纪工作规则相衔接，将实践中行之有效的做法上升为监察法规范。监察法规定，监察机关通过设立内部专门的监督机构等方式，加强对监察人员执行职务和遵守法律情况的监督，建设忠诚、干净、担当的监察队伍。监察人员必须模范遵守宪法和法律，忠于职守、秉公执法，清正廉洁、保守秘密；必须具有良好的政治素质，熟悉监察业务，具备运用法律、法规、政策和调查取证等能力，自觉接受监督。

对于监察人员打听案情、过问案件、说情干预的，办理监察事项的监察人员应当及时报告。有关情况应当登记备案。发现办理监察事项的监察人员未经批准接触被调查人、涉案人员及其特定关系人，或者存在交往情形的，知情人应当及时报告。有关情况应当登记备案。

办理监察事项的监察人员有下列情形之一的，应当自行回避，监察对象、检举人及其他有关人员也有权要求其回避：①是监察对象或者检举人的近亲属的；②担任过本案的证人的；③本人或者其近亲属与办理的监察事项有利害关系的；④有可能影响监察事项公正处理的其他情形的。监察机关涉密人员离岗离职后，应当遵守脱密期管理规定，严格履行保密义务，不得泄露相关秘密。监察人员辞职、退休三年内，不得从事与监察和司法工作相关联且可能发生利益冲突的职业。

监察机关及其工作人员有下列行为之一的，被调查人及其近亲属有权向该机关申诉：①留置法定期限届满，不予以解除的；②查封、扣押、冻结与案件无关的财物的；③应当解除查封、扣押、冻结措施而不解除的；④贪污、挪用、私分、调换以及违反规定使用查封、扣押、冻结的财物的；⑤其他违反法律法规、侵害被调查人合法权益的行为。受理申诉的监察机关应当在受理申诉之日起一个月内作出处理决定。申诉人对处理决定不服的，可以在收到处理决定之日起一个月内向上一级监察机关申请复查，上一级监察机关应当在收到复查申请之日起两个月内作出处理决定，情况属实的，及时予以纠正。

对调查工作结束后发现立案依据不充分或者失实，案件处置出现重大失误，监察人员严重违法的，应当追究负有责任的领导人员和直接责任人员的责任。事后责任追究制就是为了保证监察工作的严肃性，尽量降低监察权滥用的可能性。监察权行使具有一定秘密属性，监察机关可能以案件涉及党和国家秘密等为由，不及时披露或干脆不披露案情进展，无形之中排斥了外部监督，没有充分公开的权力行使就加大了权力滥用和权力寻租的可能性。通过事后追究的制度设置，虽然不能杜绝监察权滥用，但是至少增大了监察权滥用成本。

监察机关应当依法公开监察工作信息，接受民主监督、社会监督、舆论监督。监察工作具有一定的秘密性，但不是秘密机关，只要不影响公正办案，一切信息都要依法公开，主动接受全社会监督。民主监督是人民政协的三大职能（政治协商、民主监督、参政议政）之一，人民政协通过对监察工作的批评和建议来促进监察机关的工作。社会监督或公众监督，是除国家机关以外的社会组织和公民对监察工作提出自己的意见与看法，帮助监察机关改进工作。舆论监督实际上是社会监督的一种形式，作为公民宪法权利（监督权）的体现和常见形式，是社会公众运用各种传播媒介对监察工作表达信念、意见和态度的活动。舆论是社会公众对监察工作所反映的多数意见之集合，是一种社会评价和社会心理的集中体现。舆论监督常与新闻媒体联系在一起，但不能与新闻媒体画等号。新闻不一定是舆论，新闻媒体只是传播意见进而形成舆论的工具，新闻媒体的监督只是舆论监督的一种而非全部，舆论只是借助于传播工具实现其监督的目的。虽然这些监督都是外部监督，不具有法律约束力，但是外部监督代表了社会大众的意见，对监察机关也是一种压力，对公正监察有积极作用。

（四）司法制约

孟德斯鸠说："从事物的性质来说，要防止滥用权力，就必须以权力约束权力。"[①] 人类社会的历史和实践已经证实，除了权力自身，还没有任何一种社会力量能更好地约束权力，以权制权就是以毒攻毒，是防止权力腐败最有效的方式。

宪法和监察法明确了监察机关与审判机关、检察机关、执法部门互相配合、互相制约的机制。对监察机关的制约，主要是人民法院和人民检察院。

对监察机关移送的案件，人民检察院依照《中华人民共和国刑事诉讼法》对被调查人采取强制措施。人民检察院经审查，认为犯罪事实已经查清，证据确实、充分，依法应当追究刑事责任的，应当作出起诉决定。人民检察院经审查，认为需要补充核实的，应当退回监察机关补充调查，必要时可以自

---

① ［法］孟德斯鸠：《论法的精神》（上），涨雁深译，商务印书馆1961年版，第154页。

行补充侦查。对于补充调查的案件，应当在一个月内补充调查完毕。补充调查以两次为限。人民检察院对于有《中华人民共和国刑事诉讼法》规定的不起诉的情形的，经上一级人民检察院批准，依法作出不起诉的决定。监察机关认为不起诉的决定有错误的，可以向上一级人民检察院提请复议。

监察机关在收集、固定、审查、运用证据时，应当与刑事审判关于证据的要求和标准相一致。以非法方法收集的证据应当依法予以排除，不得作为案件处置的依据。

被调查人员是否职务违法或犯罪，由人民法院最后裁定。无论监察机关的证据、结论如何，都必须经过人民法院的裁判才能定性。任何人，不经人民法院的依法审判，都不能定罪。人民法院的独立审判权，有力地钳制了监察机关的监察活动，保障了当事人合法权益。

（五）明确违法责任

监察法明确了监察机关及其工作人员的违法责任，这是对他们最有力的监督。

监察机关及其工作人员有下列行为之一的，对负有责任的领导人员和直接责任人员依法给予处理：①未经批准、授权处置问题线索，发现重大案情隐瞒不报，或者私自留存、处理涉案材料的；②利用职权或者职务上的影响干预调查工作、以案谋私的；③违法窃取、泄露调查工作信息，或者泄露举报事项、举报受理情况以及举报人信息的；④对被调查人或者涉案人员逼供、诱供，或者侮辱、打骂、虐待、体罚或者变相体罚的；⑤违反规定处置查封、扣押、冻结的财物的；⑥违反规定发生办案安全事故，或者发生安全事故后隐瞒不报、报告失实、处置不当的；⑦违反规定采取留置措施的；⑧违反规定限制他人出境，或者不按规定解除出境限制的；⑨其他滥用职权、玩忽职守、徇私舞弊的行为。违反监察法规定，构成犯罪的，依法追究刑事责任。

监察机关及其工作人员行使职权，侵犯公民、法人和其他组织的合法权益造成损害的，依法给予国家赔偿。由于监察工作的复杂性，不可能保证每一个监察案件都是正确的，但有错必纠是必须的。造成的伤害有些是无法弥补的，但是事后补偿不失为减轻伤害的有效方式。国家赔偿，既保障了公民合法权益又减轻了对当事人的伤害，是一种可行的制度安排。国家赔偿对监察人员也是一种警戒，使他意识到监察错误对国家和当事人的严重后果。

五　反腐败国际合作

腐败是运用公权谋取私利的行为。腐败无处不在，是世界各国存在的通病。腐败会破坏一个国家的社会秩序，导致社会风气腐化、坏人横行、官民矛盾突出、人际关系冷漠等社会黑暗现象，严重的腐败还会直接导致一个国家的政权倒台。反腐败已成为国际社会的一项共同事业，不但各国反腐毫不松懈，而且联合国出台了公约来促进反腐的国际合作。

（一）联合国反腐败公约

随着世界经济的发展和交往，腐败犯罪逐渐成为全球性的问题。联合国大会于2000年12月通过决议，要求为谈判制订一项有效的反腐败国际法律文书设立一个特设委员会。联合国随后成立了《联合国反腐败公约》（Anti-Corruption Convention）特委会和相关的政府间专家工作组，负责公约起草工作。特委会先后举行了七届会议，于2003年10月1日在维也纳举行的第七届会议确定并核准了《联合国反腐败公约》草案。2003年10月31日，第58届联合国大会全体会议审议通过了《联合国反腐败公约》，同年12月9日至11日在墨西哥南部城市梅里达举行的联合国国际反腐败高级别政治会议上开放供各国签署，并在第30个签署国批准后第90天生效。同年12月10日，中国政府在该公约上签字。2005年10月27日，十届全国人大常委会第十八次会议批准加入该公约。截至2005年9月，已有33个国家批准了该公约。该公约于2005年12月14日正式生效，于2006年2月12日对中国生效。

《联合国反腐败公约》确立了反腐败五大机制：①预防机制：包括规定专门的预防腐败机构，建立科学的非选任公职人员的管理制度，建立以透明、竞争、客观为标准的公共采购制度，简化行政程序，防止私营部门的腐败，促进社会参与，打击洗钱活动等。②刑事定罪和执法机制：刑事定罪方面，《公约》将贿赂外国公职人员及国际公共组织官员、贪污、挪用、占用受托财产、利用影响力交易等行为确定为犯罪。对腐败的制裁，除刑事定罪外，还包括取消任职资格、没收非法所得等，反腐败专门机关还有权采取特殊侦查手段。保护措施包括保护举报人、证人、鉴定人、被害人，对因腐败而受到损害的人员或实体予以赔偿或补偿等。③国际合作机制：《公约》规定缔约国应当就打击《公约》规定的犯罪进行国际合作，包括引渡、司法协助、执法合作等。引渡须满足两个基本条件,一是被引渡人有本《公约》所涵盖的犯罪行为;二是请求国和被请求国同为本《公约》缔约国,且符合双重犯罪原则。④资产追回机制:《公约》规定缔约国应当对外流腐败资产的追回提供合作与协助,包括预防和监测犯罪所得的转移、直接追回财产、通过国际合作追回财产、资产的返还和处置等。⑤履约监督机制:《公约》规定设立缔约国会议,负责监督《公约》的实施。

《联合国反腐败公约》是联合国历史上通过的第一个用于指导国际反腐败斗争的法律文件,对预防腐败、界定腐败犯罪、反腐败国际合作、非法资产追缴等问题进行了法律上的规范,对各国加强国内的反腐行动、提高反腐成效、促进反腐国际合作具有重要意义。

作为公约缔约国,中国积极参加反腐败国际合作会议,介绍中国的履约情况。

2006年12月10日至14日,联合国反腐败公约第一届缔约国会议在约旦死海举行,55个缔约国、29个签署国及多个联合国专门机构派代表出席,十多个国家派部长级代表团与会。中国由外交部和监察部率团与会,外交部、监察部、全国人大外事委、中央政法委、最高人民检察院、驻维也纳代表团主管人员参加组团。会议主要审议了履约审查、技术援助、资产追回和国际公共组织官员贿赂四项实质性议题,通过了八项决议。会议决定设立三个不限成员名额的政府间专家工作组,分别就建立履约审查机制问题、资产追回问题、技术需求优先事项以及协调和调动资源问题进行专家级讨论和研究,并向第二届缔约国会议提出建议。会议还决定举行一次国际公共组织官员贿赂问题国际对话会议,对国际公共组织官员贿赂的刑事定罪及豁免、管辖权问题进行开放式对话,并向第二届缔约国会议报告有关情况。

2008年1月28日至2月1日,联合国反腐败公约第二届缔约国会议在印尼巴厘举行。78个缔约国、32个观察员国家、50多个国际机构、国际组织和非政府组织参加会议。中国由外交部和监察部共同率团出席。会议审议了履约审查、技术援助、资产追回和国际公共组织官员贿赂四项实质性议题,举行了刑事定罪、预防腐败、国际合作三个专家协商会和立法者、民间社会、私营机构、媒体等数个论坛,通过了七项决议。关于履约审查,决议明确履约审查机制应当是技术性质、有助于促进预防措施、资产追回和国际合作等方面的建设性合作,决定在下次缔约国会议前至少举行两次工作组会议,就履约审查机制职权范围、行为准则等问题提出建议。关于资产追回,决议决定资产追回问题工作组在下次缔约国会议前至少举行两次会议,确定将工作组报告中的各项结论和建议付诸实施的方式和渠道，并研究在资产追回方面建立互信，促进交流、鼓励合作的方法等。关于技术援助，决议确认了技术援助的重要性，明确应按受援国的请求确定技术援助的需要。

2009年11月9日至13日，联合国反腐败公约第三届缔约国大会在卡塔尔首都多哈举行。131个国家政府代表团、16个政府间国际组织参加会议。中国由外交部和监察部率团与会。中国代表团介绍了中国履行公约的最新进展，表达了中国愿与世界各国团结合作、共同推动国际反腐败斗争向前发展的良好愿望，呼吁各国进一步加强引渡、司法协助和资产返还等国际合作，为全球经济复苏和发展创造廉洁透明的法治环境。中国支持建立公约履约审议机制，但该机制必须以切实促进缔约国履行公约为目的，必须以不干涉内政为前提。中国代表团强调，中国始终把反对和防止腐败作为关系中国特色社会主义事业兴衰成败和国家长治久安的大事来抓。近年来，中国政府确立了标本兼治、综合治理、惩防并举、注重预防的反腐倡廉战略方针，不断完善惩治和预防腐败体系。中国的反腐倡廉坚持为经济社会发展服务，以维护公众的基本权益为根本出发点，着力增强行政权力运行的规范性和透明度。大会分别就履约审议机制、资产追回和技术援助通过决议，并决定正式建立履约审议机制，于2010年开始对缔约国实施公约情况进行审议。

2011年10月24日至28日，联合国反腐败公约第四届缔约国会议在摩洛哥古城马拉喀什拉开帷幕，来自公约缔约国、签署国及多个联合国专门机构和非政府组织的代表约1500人出席会议。中国政府代表团出席大会。本次会议将审议各国履行公约的情况。同时与会代表还将就预防腐败、如何追回被腐败分子带到境外的资产以及技术援助等问题进行讨论。中国代表介绍了中国自公约第三次缔约国大会建立公约审议机制以来，继续全面实施公约的情况；强调中国政府高度重视反腐败，为惩治和预防腐败不遗余力，认真履行公约规定的各项义务，在立法、行政和司法方面采取了一系列措施。中国在加强国内反腐败制度建设的同时大力推进反腐败国际合作，已与33个国家缔结了引渡条约，与47个国家缔结了刑事司法协助条约，并与有关国家根据公约、双边条约或者在互惠基础上就多起案件开展了有效合作。中国代表团呼吁各国本着打击腐败的共同政治意愿，切实履行公约义务，扩大国际合作，有效惩治腐败犯罪，重申了中国政府积极履约、全面惩治和预防腐败的郑重承诺，愿与国际社会一道，推动履约审议机制顺利运行，促进联合国反腐败公约的有效、全面实施。

2013年11月25日，联合国反腐败公约第五届缔约国大会在巴拿马城召开，共139个缔约国1500余名代表与会。中国派出由外交部、中央纪委监察部、最高人民检察院组成的代表团参加了会议，并分别在一般性辩论、预防腐败、国际合作、资产返还等议题下作大会发言，阐明中国的主张和关切。中国代表团在"一般性辩论"和"预防腐败"议题下，就中国共产党和中国政府贯彻落实习近平总书记关于加强党风廉政建设和反腐败斗争的一系列重要指示精神，坚定不移改变作风、坚定不移惩治腐败所取得的成效，向大会作了重点介绍。就落实第四届缔约国大会有关决议、中国修订《刑事诉讼法》、推进权力公开透明运行、查处腐败案件、推动《公约》实施等方面工作情况作了全面介绍。代表团还在"国际合作"与"资产返还"议题下作专题发言，强调三点主张：①增强政治互信和合作意识，就各自关切的问题充分沟通，尽最大诚意克服障碍，共同推进合作；②将合作意愿落实到个案中，探索切实有效的合作路径和方式；③简化程序和证据要求，加强各国执法机关的联系，开展调查合作。中国代表团对第四届缔约国大会以来，公约秘书处和相关缔约国在推进防止利益冲突立法、拟订公共采购示范法、预防洗钱、利用网络等大众媒体反腐败、建立公私伙伴关系预防腐败等方面所做的努力给予了积极评价。

2015年11月2日至6日，联合国反腐败公约第六届缔约国会议在俄罗斯圣彼得堡举行。来自160多个国家以及十多个国际组织的代表参加了会议。中国派团与会。中国代表团指出，中国共产党将反腐败视为实现社会公平正义、维护法律尊严、依法治国的重大问题。近两年来，中国共产党以猛药去疴、重典治乱的决心和刮骨疗毒、壮士断腕的勇气深入推进反腐败工作，取得了重大成果。中国共产党将反腐败国际追逃追赃工作纳入反腐败斗争总体部署，大力促进和推动反腐败国际合作，决不允许外逃腐败分子逍遥法外。中国代表团强调，反腐败是全球治理的热点和难点，加强国际合作打击腐败日趋成为一种刚性需求，并提出三点主张：①秉持务实态度，增强公约实效，深化反腐败国际合作。各国应该共同维护公约权威性和严肃性，切实履行公约，切实服务于国际反腐败事业。②重视资产追回，积累合作成果。缔约国应该克服司法制度差异等困难，充分利用公约开展资产追回合作，不断铲除腐败分子犯罪的经济诱因。③维护公约履约审议机制规则，做好第二周期审议，促进健康发展。第一周期履约审议运行总体平稳，第二周期机制运作仍应严格遵守政府间进程、缔约国主权平等、不干涉内政等原则，支持从第一周期汲取经验，不断改进和完善机制。本届会议召开正值公约生效10周年，公约的权威性和影响力不断增强。会议还讨论了公约履约审议、预防腐败、国际合作、资产追回等议题，中国代表团积极参加各议题相关工作，倡导各国大力加强合作，服务各国反腐败追逃追赃需要。

2017年11月6日，联合国反腐败公约第七届缔约国大会在奥地利首都维也纳开幕，中国代表团出席会议，阐明中方立场。中国代表团指出，中国高度重视反腐败工作，不断完善国内反腐败法规制度，强化权力监督并积极开展反腐败国际合作，为反腐败全球治理贡献中国方案。中国代表团就加强反腐败国际合作提出三点建议：①坚持平等互利，兼顾各方利益，共商反腐败大计。各国要秉承尊重主权、不干涉内政的基本原则，坚持以有效促进履约为目的改善公约机制。②强化公约作用，克服制度差异，共建反腐败机制。各国应立足反腐败需要，加强资产追回等公约机制建设和创新。③深化国际合作，惠及国计民生，共享反腐败成果。各国应着眼世界长远发展和全人类福祉，强化共识、践行承诺、相互协作，打造共商共建共享的国际反腐败治理体系。

（二）反腐败国际合作

如何进行反腐败国际合作，监察法有了明确规定，为涉外监察提供了法律依据。

国家监察委员会统筹协调与其他国家、地区、国际组织开展的反腐败国际交流、合作，组织反腐败国际条约实施工作。国家监察委员会组织协调有关方面加强与有关国家、地区、国际组织在反腐败执法、引渡、司法协助、被判刑人的移管、资产追回和信息交流等领域的合作。国家监察委员会加强对反腐败国际追逃追赃和防逃工作的组织协调，督促有关单位做好相关工作：①对于重大贪污贿赂、失职渎职等职务犯罪案件，被调查人逃匿到国（境）外，掌握证据比较确凿的，通过开展境外追逃合作，追捕归案；②向赃款赃物所在国请求查询、冻结、扣押、没收、追缴、返还涉案资产；③查询、监控涉嫌职务犯罪的公职人员及其相关人员进出国（境）和跨境资金流动情况，在调查案件过程中设置防逃程序。

开展反腐败国际合作，重点就是要防范"裸官"。"裸官"是指配偶已移居国（境）外，或者没有配偶、子女已移居国（境）外的国家工作人员。不能指望"裸官"对国家和人民忠诚，就是因为不忠诚才裸，一有风吹草动就会外逃。在2012年全国两会上，在谈到广受社会关注的裸官问题时，全国人大代表、中央党校教授林喆曾说，从媒体曝光的情况看，从1995年到2005年，中国有118万官员的配偶和子女在国外定居，有必要弄清楚这些裸官的配偶和子女到国外定居留学的费用是从哪里来的。中国到底有多少裸官，具体数字无法统计，但是数量肯定是不少的。"裸官"败坏了官场风气，严重损害了官员在人民心目中的正面形象。一方面，要大力开展国际合作，不惜一切代价将潜逃海外的贪官缉拿归案，追讨因腐败转移到海外的资产；另一方面，要扎牢制度的笼子，防止"裸官"继续成功外逃。

注释

[1] 从 1982 年到 2007 年，受到党纪处罚的 13 万至 19 万党员中近 80%最多只是被警告，20%被开除党籍，"受到刑事起诉的不到 6%"，最多只有 3%的官员被判处徒刑。参见 Pei M, Corruption Threatens China's Future, Washington, DC: Carnegie Endowment for International Peace, 2007, p.4. 从 2008 年到 2012 年的 5 年间，全国纪检监察机关每年立案查处案件约 13 万件，移送司法机关处理 4000 余件，不到立案总数的 4%；检察机关每年查处职务犯罪案件约 5 万件，属纪检监察移送的不到 10%。参见吴建雄、李春阳《健全国家监察组织架构研究》，《湘潭大学学报》（哲学社会科学版）2017 年第 1 期。

[2] 重大制度的改革与变动存在"合法性"或"合宪性"问题。对该问题，复旦大学国际关系与公共事务学院教授浦兴祖先生有过深入思考，关于 2018 年 1 月 18 日发文《建议将〈立法法〉第十三条基本精神上升为宪法规范》。全文如下：（一）改革的变动性与法律的稳定性，是一对需要正确处理的矛盾。实践中，许多改革举措颇具正当性、必要性，但很可能会与宪法法律的某些既有规定相冲突。改革开放之初，由于法治思维与法治建设严重滞后，往往默许甚至鼓励一些重大改革举措（如包产到户、批租土地）放胆突破当时宪法法律的相关规定。——事出无奈。非如此，就会阻碍改革开放的进程，阻挡社会发展的步伐。法学界曾将此类"改革冲破法律"的现象称为"良性违宪/违法"。后来，正是这些"良性违宪/违法"倒逼了宪法法律相关规定的修改，从而使宪法法律在很大程度上顺应了改革开放的大势，成为了深化改革开放的支持力量与保障力量。但是，当今新时代，既要全面深化改革，敢于探索创新，又要全面推进依法治国，维护法制统一和法律尊严。这就决定了"良性违宪/违法"已不足取。为此，中共十八届四中全会的《决定》提出：实现立法和改革决策相衔接，做到重大改革于法有据、立法主动适应改革和经济社会发展需要。在笔者看来，理想的状态是，立法（修法）应当超前于改革实践，主动为改革预设法律依据，从而使"重大改革于法有

据"。不过，这里存在一个两难问题：有些立法（修法）恰恰需要"先行先试"的改革为之提供实践依据。而先于立法（修法）的"先行先试"实践又有可能突破原有的宪法法律，走向"（良性）违宪/违法"。那末，立法（修法）与改革实践，究竟该孰先孰后？为了破解这个"鸡和蛋"的难题，中共十八届四中全会的《决定》还提出：实践条件还不成熟、需要先行先试的，要按照法定程序作出授权。——这就是说，先制定授权"先行先试"的法定"程序"，以此使符合法定程序的"先行先试"具有合法性，从而避免违宪/违法，——哪怕是"良性"的。（二）按照十八届四中全会这一要求，2015年3月15日第十二届全国人民代表大会第三次会议在修改《立法法》时，增加了一条新规定：全国人民代表大会及其常务委员会可以根据改革发展的需要，决定就行政管理等领域的特定事项授权在一定期限内在部分地方暂时调整或者暂时停止适用法律的部分规定。此一法定程序，为全国人大常委会于2013年8月30日通过的《关于授权国务院在中国（上海）自由贸易试验区暂时调整有关法律规定的行政审批的决定》、于2014年12月28日通过的关于授权国务院在四个自贸区（或其扩展区域）暂时调整有关法律规定的行政审批的决定，追加了法律依据。乍一看，凡符合《立法法》上述规定的"先行先试"重大改革，就"于法有据"了。然而，细察可知，全国人大在《立法法》中增加这一规定，其本身是缺乏宪法依据的，甚至是与宪法的有关规定相抵触的。请见我国宪法第五条中的规定："国家维护社会主义法制的统一和尊严。一切法律、行政法规和地方性法规都不得同宪法相抵触。一切国家机关……都必须遵守宪法和法律。一切违反宪法和法律的行为，必须予以追究。""一切国家机关"，自然包括作为最高国家权力机关的全国人大及其常委会。因此，全国人大及其常委会也必须遵守宪法和法律，无权制定"同宪法相抵触"的法律规定。而在事实上，全国人大在《立法法》中增加上述规定，允许"在部分地方暂时调整或者暂时停止适用法律"，就与宪法规定的"国家维护社会主义法制的统一和尊严"原则相抵触，违背了"一切法律……都不得同宪法相抵触"的禁令。这就决定了《立法法》的上述规定有悖合宪性，也就决定了依据这一规定而由全国人大常委会所作出的授权国务院在自贸区暂时调整（实为暂停实施）有关法律规定的决定，同样不合宪。质言之，有悖合宪性的《立法法》上述规定不能作为"先行先试"重大改革的法律依据，凡按此规定所得出的所谓"于法有据"结论，均不能成立。（三）那末，如何才能切实做到"先行先试"的重大改革"于法有据"？笔者认为，应当将《立法法》第十三条的"基本精神"吸收到宪法内，使之上升为宪法的一条"例外规定"或曰"但书"。这样，一方面宪法依然规定着"维护法制的统一和尊严"原则以及"不得相抵触"的禁令，——坚持了普遍性；另一方面，宪法的这一"例外规定"（但书）又可给旨在保障"先行先试"的《立法法》第十三条，提供宪法依据，——顾及了特殊性。据此，全国人大或其常委会再为"先行先试"作出相关决定，便是合宪合法了，"重大改革于法有据"也就无可置疑了。依笔者理解，《立法法》第十三条的"基本精神"在于，最高国家权力机关可以（依法）决定通过必要方式准许某些地方在一定期限内进行突破某些法律规定的试点，积累正反两方面的经验，为"是否需要修改法律和如何修改法律"提供实践依据。从一定意义上讲，由最高国家权力机关作出此类决定的地方，实际上会成为阶段性的立法试验区。不过，有学者指出，《立法法》第十三条的现有表述，容易使人误以为"某些地方享有法律豁免特权"。为了避免这一误读，笔者主张，宪法在吸收《立法法》第十三条"基本精神"时，宜表述为："全国人民代表大会及其常务委员会为了适应改革发展的需要，获取是否及如何修改法律的实践依据，可以决定……"。笔者还注意到，《立法法》第十三条的现有表述中，虽用了一个"等"字，但还是限定在"行政管理"及其类似领域内。问题是，新时代的改革需要攻坚战、啃硬骨头、涉深水区，有些改革很可能会触及到较之"行政管理"更为宏观的层面。比如国家监察体制改革的试点，将人大产生并监督的"一府两院"改变为"一府一委两院"，这就明显超越了"行政管理"领域，而事关国家体制的改革了。怎样使如此重大的改革也能做到"于法有据"，是需要审慎研究的。前一时期，法学界对于宪法尚未修改，《国家监察法》的制定却在加速推进，众议纷呈。其实，除了《国家监察法》的制定，全国人大常委会先后作出国家监察体制改革"在三个省市试点"和"推向全国试点"的两个决定，是否拥有合宪性基础，也是值得斟酌的。依笔者所见，在将《立法法》第十三条"基本精神"上升为宪法规范时，应一并考虑为"行政管理"之外更宏观的体制改革的"先行先试"提供宪法依据、合宪性基础。这就要求最高立法机关在修宪吸收《立法法》第十三条"基本精神"之同时，对相关文字表述作出审慎严格的调整。在中共中央领导下，宪法的新一轮修改已进入快车道。笔者郑重建议本次修宪能将《立法法》第十三条的"基本精神"上升为宪法规范。具体而言，应当将这项新规范置于宪法（总纲）第五条内，作为其第六款。完成了这一步，"重大改革于法有据"才可获得坚强的宪法支撑。

[3] 这些是人大的主要职权，但并未穷尽列举人大的所有职权，参见蔡

定剑《中国人民代表大会制度》，法律出版社2003年版，第259页。

[4] 2016年10月，《中国共产党第十八届中央委员会第六次全体会议公报》明确了监察机关在国家机构中的地位："各级党委应当支持和保证同级人大、政府、监察机关、司法机关等对国家机关及公职人员依法进行监督，人民政协依章程进行民主监督，审计机关依法进行审计监督。"见《中国纪检监察》2016年第21期。2018年3月，十三届全国人大一次会议通过的宪法修正案予以确认。

第十三章

司法制度

司法制度是政治制度的重要组成部分。中国司法制度是在承继中国传统法律文化的优秀成果、借鉴人类法治文明和总结司法实践经验的基础上逐步建立起来的，并随着社会的发展而不断完善，总体上与社会主义初级阶段的基本国情相适应，符合人民民主专政的国体和人民代表大会制度的政体。中国司法制度主要包括审判制度、检察制度、侦查制度、律师制度、执行制度、公证制度、仲裁制度、调解制度、法律援助制度、国家赔偿制度等。

一 概述

（一）司法制度的概念

人们对司法以及司法制度的认识有着不同的意见，可以归结为以下五种观点：

第一种观点认为，司法是法院的职权行为，是法官的执法活动，① 或者说司法就是"法院或法官的审判活动"②，因此，司法制度是指审判制度。

第二种观点认为，除了审判活动，检察活动也是司法活动，"从严格的意义上说，法院或者包括检察机关才是真正的名副其实的司法机关。"③ 因此，司法制度是指审判制度和检察制度。

第三种观点认为，在办理刑事案件时，公安机关与法院、检察院分工合作、相互制约，公安机关的侦查行为也属于司法行为。因此，司法制度不仅包括审判制度、检察制度，而且还包括侦查制度。

---

① 参见熊先觉《中国司法制度》，中国政法大学出版社1986年版，第4页。
② 鲁明健主编《中国司法制度教程》，人民法院出版社1991年版，第1页。
③ 熊先觉：《中国司法制度》，中国政法大学出版社1986年版，第6页。

第四种观点认为,"执法即司法"①。以此为据,司法制度就是一切国家机关或某些社会组织从事执法活动的性质、职权、构成、程序等规范的总和。

第五种观点认为,除了司法机关外,某些经法律授权的组织也承担了司法职能,因此司法制度还包括这些法律授权组织的有关活动原则和规范。

上述五种观点中,第五种观点比较切合社会实际。由于社会生活的复杂多样性,司法权已经不完全为法院和法官所垄断、为国家所专有,一些社会组织也在某种意义上分享着一定的司法权。"因此,那种认为只有国家审判机关(法院)才是司法机关,法官的执法活动才是司法,是一种传统的陈腐观念,不符合我国的司法实践,不足为取。"②但是"至于把司法与执法完全等同起来的观点,也值得商榷"③,因为"如果说执法就是司法,那就无所谓司法了。因此,一方面应从实际出发,不囿于司法就是法院的审判活动这种传统的司法观念,另一方面,也不应把司法与行政机关的执法等同起来"④。基于该认识,司法制度就是"国家司法机关和法律授权的专门组织应用法律,处理诉讼案件和非讼案件的制度。它是这些机关和组织的性质、任务、职权、组织体系、活动原则和工作制度的总称"⑤。

人类社会是由个人、群体等各种主体组成的,各种主体有着共同的利益也有着不同的利益。在人类社会的发展进程中,由于利益的驱使,各种主体之间必然存在冲突。人们在解决冲突的多种多样方法中,最终选择了由一定的国家机关和社会组织通过法律解决冲突的方法。这种用法律解决冲突的活动就叫司法,进行司法的国家机关就是司法机关,进行司法的社会组织就是司法组织,同解决冲突有关的一切法律制度就是司法制度。

古今中外,司法主体的认定因时而异,因地不同,但主要有法律认定、习惯认定和功能认定三种。所谓法律认定,即司法主体是国家通过法律明确授权的机关和组织;习惯认定则是虽无明确的法律授权,但在长期的执法活动中习惯上行使着司法权,又被国家和社会所接受的机关和组织;功能认定是指,某些本身并非司法机关的组织,事实上承担了部分司法职能,发挥了司法机关和组织的作用,因而在一定意义上被认定为司法机关和组织。

司法起源于冲突,现代国家的冲突主要有:①公民、法人、非法人组织

---

① 鲁明健主编:《中国司法制度教程》,人民法院出版社1991年版,第2页。
② 熊先觉:《中国司法制度》,中国政法大学出版社1986年版,第4页。
③ 熊先觉:《中国司法制度》,中国政法大学出版社1986年版,第4页。
④ 鲁明健主编:《中国司法制度教程》,人民法院出版社1991年版,第2页。
⑤ 鲁明健主编:《中国司法制度教程》,人民法院出版社1991年版,第3页。

相互之间的民事纠纷；②公民、法人、非法人组织危害国家、社会的刑事犯罪；③国家行政机关与公民、法人和非法人组织之间因行政管理活动而引起的行政争议。司法的目的是预防和解决社会冲突，制止和惩罚各种违法犯罪活动，以保证社会有一个稳定和谐的发展秩序。

司法的特点是由一种特定机关和组织以特定手段和形式进行的特殊的执法活动。特定机关和组织已如前述。特定手段和形式主要表现为处理诉讼案件和非讼案件。行政与司法均属执法，但行政是积极作为，即通过主动行为引导人们遵守法律，保证法律的贯彻和实施；而司法则是消极作为，即在个人或组织未依法行为或触犯法律之后，被动采取各种法律手段，以制止和惩罚的形式告诫个人或社会组织遵守法律，司法过程主要表现为处理诉讼案件和非讼案件的过程。诉讼案件包括各种民事、刑事、行政的诉讼案件。非讼案件包括公证、仲裁、调解等活动。

综上所述，司法制度就是关于宪法和法律授权或在习惯和功能上被国家和社会承认的特定机关和组织，应用法律处理诉讼案件和非讼案件的职权、任务、程序、工作制度等各个方面法律规范的总称。

根据当代中国的法律规定和司法实践，人们往往从广义和狭义两个方面来使用司法、司法机关、司法制度的概念。狭义的司法是指发生冲突的主体向特定国家机关提起诉讼，特定国家机关依法处理诉讼案件的活动；特定国家机关就是狭义的司法机关，在国外仅指法院，在中国还包括检察院；狭义的司法制度是指同法院（和检察院）处理诉讼案件有关的一切法律制度。广义的司法是指一定的国家机关和社会组织依法参与、处理诉讼和非讼案件的活动；广义的司法机关是指公安机关（含国家安全机关）、法院、检察院以及司法行政管理机关（包括下属的劳动改造机关即监狱机关）；参与司法的社会组织也可称作司法组织，主要有律师、公证和仲裁组织；广义的司法制度是指同诉讼和非讼案件有关的一切法律制度，主要包括审判制度、检察制度、侦查制度、执行制度、公证制度、仲裁制度、律师制度、调解制度、陪审员制度、国家赔偿制度等。在任何一个国家，审判制度都是司法制度的核心。

（二）人民司法制度的产生和发展

人民司法制度是中国共产党领导中国人民在长期的革命、建设、改革和发展的社会实践中逐步建立和发展起来的，根据其生成演变的特征，可划分为以下几个阶段：

1. 中华人民共和国成立之前（1921—1949年）

中华人民共和国成立以前是人民司法制度的萌芽时期。

在第一次国内革命战争时期，在中国共产党领导的工人运动和农民运动中，人民司法制度就出现了萌芽。在这些工农运动中都建立了具有革命政权性质的革命组织，并设立了具有司法职能的机构。

在第二次国内革命战争即土地革命战争时期，人民司法制度初具雏形。1931年11月，在江西瑞金成立了"中华苏维埃共和国"并组建了中央工农民主政府。为了镇压反革命，保卫工农民主政权，维护根据地的革命秩序，先后颁布了许多法律、法令、条例、决议、训令，并依此成立了相应的司法机构。

在抗日战争时期，人民司法制度有了新的发展。1937年8月，中共中央公布了"抗日救国十大纲领"。为适应抗日民族统一战线的需要，革命政权的组织形式作了相应改变，审判机构、审判制度也相应变化。各边区、专区、县均设置审判机关，作为同级政府的组成部分，兼管司法行政事宜。为便利群众诉讼，一些边区又在所辖各分区设立高等法院分庭。在司法制度上，实行侦查、逮捕、审判由公安、检察和法院统一行使的原则；法律面前平等的原则；重证据不轻信口供的原则。同时，实行上诉制、陪审制、公开制、辩护制、两审终审制、复核制等。还建立了民间调解、行政调解和司法调解等调解制度。

在解放战争时期，各解放区基本上沿袭了抗日战争时期的司法体制。同时也有一些新变化。1946年《陕甘宁边区宪法原则》"三、司法"条款规定：各司法机关独立行使职权，除服从法律外，不受任何干涉。在解放区，为了惩处破坏土地改革罪犯，根据1947年中国共产党颁布的《中国土地法大纲》，由各地农民大会或农民代表会选举与由政府委派的人员联合组成人民法庭，作为临时的审判机关。在实行军事管制的城市里，军管会下设军事法庭，主要任务是肃清敌伪残余势力，严惩战争罪犯、反革命分子和汉奸。大行政区、省（行署）、县（区）三级司法机关逐步建立。人民法院为统一审判机关，基本上实行三级两审终审制。1949年2月，中共中央发布了《关于废除国民党的六法全书与确定解放区的司法原则的指示》，指出解放区"在人民的法律还不完备的情况下，司法机关的办事原则，应该是：有纲领、法律、命令、条例、决议规定者，从纲领、法律、命令、条例、决议之规定；无纲领、法律、命令、条例、决议规定者，从新民主主义的政策"。此后，各解放区人民政府相继废除了旧的法律和司法制度，改组了旧的司法机关，为建立人民司法制度扫除了障碍，积累了经验，准备了条件。

2. 社会主义建设时期（1949—1976年）

中华人民共和国成立后至改革开放前，是人民司法制度的确立、发展和挫折时期。

1949年9月颁布的《中国人民政治协商会议共同纲领》和《中央人民政府组织法》，奠定了新中国的法制基石。《共同纲领》第17条规定："废除国民党反动政府一切压迫人民的法律、法令和司法制度，制定保护人民的法律、法令，建立人民司法制度。"根据《中央人民政府组织法》的规定，在中央设立最高人民法院、最高人民检察署、公安部和司法部，分别行使国家的审判、检察、侦查和司法行政的职权。中央人民政府于1949年12月颁布了《最高人民检察署试行组织条例》《公安部试行组织条例》和《司法部试行组织条例》，于1951年9月颁布了《人民法院暂行组织条例》《最高人民检察署暂行组织条例》和《地方各级人民检察署组织通则》等。1950年7月，政务院公布了《人民法庭组织通则》。这些法律条例规定了司法机关的性质、任务、职责权限、机构设置、领导关系和有关制度，初步构建起新中国的人民司法制度。据此，在各大行政区设最高人民法院分院、最高人民检察署分署、公安部和司法部，分别行使审判、检察、侦查和司法行政权力。在省、市、县一般设人民法院、人民检察署和公安局。在未设人民检察署的县则由县公安局代行检察权。在土地改革、"三反"（反贪污、反盗窃、反浪费）、"五反"（反行贿、反偷税漏税、反盗窃国家财产、反偷工减料、反盗窃国家经济情报）运动中设特别人民法庭，专门处理运动中的案件。1950年7月和1953年4月，召开过两次全国司法会议，在这期间全国开展了历时九个月的司法改革运动，清除人民司法机关中存在的旧法观点和旧司法作风，从思想上、政治上和组织上纯洁了人民司法队伍。

1954年9月，一届全国人大一次会议通过并颁布了新中国第一部宪法，[1]详细规定了国家各项具体制度，其中审判制度、检察制度等司法制度得到了充分肯定，同时颁布了《人民法院组织法》和《人民检察院组织法》。1954年12月，一届全国人大常委会颁布了《逮捕拘留条例》。这些法律条例在总结中华人民共和国成立初期司法制度建设及其实施经验的基础上，进一步规定了司法工作的原则和任务，司法机关的性质、地位、组成、职权和运行程序等，确立了合议制度、辩护制度、公开审判制度、人民陪审员制度、法律监督制度、人民调解制度，形成了中国司法制度的基本体系，标志着中华人民共和国司法制度的正式确立。

可是好景不长。当人民司法制度初步得以实施并将进一步发展时,从1957年下半年起,在"左"的思潮影响下,出现了轻视法制及其建设的趋势,宪法、人民法院组织法和人民检察院组织法中的一些正确的司法原则和制度,如"公民在适用法律上一律平等""人民法院独立进行审判,只服从法律""人民检察院独立行使检察权",以及辩护、律师、公证制度等,都遭到了错误批判。1958年,一些地区将公安、检察、法院三个机关合并为公安政法部,各地普遍将铁路和水运专门法院撤销,并取消了公证和律师制度。1959年,撤销了国务院所属司法部和法制局,各省、自治区、直辖市的司法厅(局)也随之撤销。1962年以后,人民法院、人民检察院逐步纠正"左"的错误,经过整顿,审判、检察工作基本恢复正常。1964年公证制度开始恢复。1966年5月至1976年10月的"文化大革命"时期,人民司法制度一度遭到严重破坏。从1968年开始,公、检、法被"砸烂",全国各级司法机关处于瘫痪状态,后实行军管。1969年正式撤销各级人民检察院。1975年宪法规定由公安机关行使检察机关的职权,从法律上完全取消了人民检察制度。

3. 改革开放时期(1976年10月—)

改革开放以来是人民司法制度的恢复、发展和改革时期。这一时期,通过立法建立健全了一系列重要司法制度,恢复或新建了部分司法机关或司法组织,并不断进行改革。

中国的司法工作,始终在中国共产党的领导下进行,这是司法工作的中国特色。改革开放以来,从1978年中共十一届三中全会到2017年中共十九大,都对司法保持了高度关注。党对司法工作的领导和重视,是国家司法工作得以正常开展和改革完善的政治保证。

1976年10月,中共中央一举粉碎了"四人帮",司法制度开始逐步恢复。1978年宪法肯定了1954年宪法确认的司法制度,恢复了人民检察院的组织和职权的规定。1978年12月,中共十一届三中全会在总结历史经验教训的基础上,进行拨乱反正,确立了发展社会主义民主、健全社会主义法制的基本方针,提出了"有法可依、有法必依、执法必严、违法必究"的社会主义法制建设"十六字方针",制定和修订了一系列基本法律,恢复建立和健全了一些重要的司法制度。20世纪90年代,中国确立了依法治国的基本方略,加快建设社会主义法治国家。2012年中共十八大以来,中国加快了全面依法治国的步伐。伴随着社会进步和全面依法治国进程,司法制度得到进一步完善和发展。

改革开放以来,通过立法建立和健全了一系列重要的司法制度。例如,通过修订《宪法》《人民法院组织法》《人民检察院组织法》，[2]制定《法官法》《检察官法》等，恢复与建立了有关审判和检察活动的一些原则与制度；通过制定或修改《刑法》《刑事诉讼法》《民法通则》《民事诉讼法》《行政诉讼法》，不断完善三大诉讼制度；通过修改或制定《律师法》《仲裁法》《公证法》《看守所条例》《监狱法》等，建立或健全了律师制度、仲裁制度、公证制度、监狱制度、检察机关提起公益诉讼制度；等等。

改革开放以来，恢复或新建了实施司法制度的司法机关或部分行使司法职能的社会组织。例如，从中央到地方恢复了各级人民检察院，恢复了各级司法行政机关，成立了各级国家安全机关；恢复或建立了律师事务所、公证机关、仲裁机构等；在法院系统恢复了专门法院设置，新建了行政审判庭、知识产权法院（庭）、巡回法庭；在检察院系统恢复了专门检察院设置，新建了反贪机构；等等。

改革开放以来，中国经济社会快速发展，社会大众的法治意识显著增强，司法环境发生深刻变化，司法工作不断遇到新情况新问题，必须通过司法体制改革加以解决。作为执政党，中国共产党非常重视司法工作，始终坚持"人民司法为人民"的宗旨，始终牢记司法公正的基本价值要求，与时俱进深化司法体制改革。特别是中共十八大以来，司法工作得到了进一步地加强。中共十八届三中全会审议通过的《中共中央关于全面深化改革若干重大问题的决定》首次提出了司法体制改革的目标与司法公正之间的关系，决定指出："深化司法体制改革，加快建设公正高效权威的社会主义司法制度，维护人民权益，让人民群众在每一个司法案件中都感受到公平正义。"为了保证司法公正，决定还进一步提出了"确保依法独立公正行使审判权、检察权""健全司法权力运行机制"以及"完善司法人权保障制度"。中共十八届四中全会把司法公正提升到更突出和更重要的位置，十八届四中全会《中共中央关于全面推进依法治国若干重大问题的决定》明确规定："公正是法治的生命线。司法公正对社会公正具有重要引领作用，司法不公对社会公正具有致命破坏作用。必须完善司法管理体制和司法权力运行机制，规范司法行为，加强对司法活动的监督，努力让人民群众在每一个司法案件中感受到公平正义。"中共十九大报告再一次强调："深化司法体制综合配套改革，全面落实司法责任制，努力让人民群众在每一个司法案件中感受到公平正义。"

（三）人民司法制度的基本特点

人民司法制度的最大特点就是坚持党的领导。在中国，"中国共产党领导人民建立新政权后，组建了公、检、法（包括国家安全机关）三大机关，长期以来被统称为'政法机关'。政法机关开展工作的一条根本指导思想就是坚持党的领导。"[1] 但是，"党对政法工作的领导主要是政治思想领导和方针政策的领导"[2]，并不表现为"党的组织包办、代替人民法院的日常业务工作"[3]，对公安、检察的业务也是如此。

中国是工人阶级领导的、以工农联盟为基础的人民民主专政的社会主义国家，人民代表大会制度是政权的组织形式。中国的国体和政体决定了司法权来自人民、属于人民、服务人民。人民法院、人民检察院由各级人民代表大会产生，对它负责，受它监督。

人民法院是国家的审判机关。国家设立最高人民法院、地方各级人民法院和军事法院等专门人民法院，依法审理民事、刑事、行政案件，开展民事、行政执行和国家赔偿等执法活动。最高人民法院监督地方各级人民法院和专门法院的审判工作，上级人民法院监督下级人民法院的审判工作。在诉讼活动中，实行审判公开、合议、回避、人民陪审员、辩护、两审终审等制度。人民检察院是国家的法律监督机关。国家设立最高人民检察院、地方各级人民检察院和军事检察院等专门人民检察院。最高人民检察院领导地方各级人民检察院和专门人民检察院的工作，上级人民检察院领导下级人民检察院的工作。人民检察院依法对刑事、民事、行政案件实行法律监督。

人民法院、人民检察院依法独立公正行使审判权和检察权，不受行政机关、社会团体和个人的干涉，但行使权力情况接受人大监督，并自觉接受人民政协的民主监督和社会的监督。司法独立是司法工作的基本原则，但中国的司法独立是有限的司法独立。依照《宪法》和《监督法》等有关规定，人大及其常委会有权通过审议工作报告、执法检查、询问质询等方式监督司法机关的工作，审判权和检察权都是处于权力机关监督之下的国家权力。人大监督是具有法律效力的监督，人大监督的意见司法机关应当服从。人大监督不得影响司法机关依法独立行使司法权，司法机关的法定权力不得以任何方式侵犯，人大监督只是为了保证司法机关正确行使司法权，而不是干扰受法律保护的正当的司法活动。民主监督和社会的监督不具有法律效力，不影响

---

[1] 刘松山：《彭真论党的领导与政法机构独立行使职权》，载《法学论坛》2013 年第 7 期。

[2] 乔石：《加强和改善党对政法工作的领导》，载《乔石谈民主和法制》（上），人民出版社 2012 年版，第 174 页。

[3] 许崇德主编：《中国宪法》，中国人民大学出版社 2010 年版，第 243 页。

司法机关对案件的裁判。但民主监督和社会的监督对司法机关提出了更高的要求，司法机关只有公正裁判，才能经得起社会的质疑，才能具有公信力。

人民法院、人民检察院和公安机关办理刑事案件，实行分工负责，互相配合，互相制约，以保证准确有效地执行法律。该原则是中国司法实践经验的总结。按照1954年宪法、法院组织法和检察院组织法的规定，在刑事诉讼中公安机关负责侦查，人民检察院负责审查起诉，人民法院负责审判，三机关分工负责，互相配合，互相制约。但在后来的司法实践中逐步出现了一种倾向，即只强调配合而忽视分工制约，从而影响司法公正。"文化大革命"时期，公检法被砸烂，搞所谓的"群众专政"，它们之间的分工制约更是无从谈起。基于深刻的教训，1979年刑事诉讼法规定了三机关"分工负责，互相配合，互相制约"，1982年又写入宪法。

所谓分工负责，是指在刑事诉讼活动中，公、检、法各机关应依法各司其职，各负其责，不能互相包办代替，也不能互相推诿。具体来说，对刑事案件的侦查、拘留、执行逮捕、预审，由公安机关负责；检察、批准逮捕、检察机关直接受理的案件的侦查、提起公诉，由人民检察院负责；审判由人民法院负责。分工负责是公检法三机关互相配合、互相制约，以保证办案质量的前提。如果将侦查、起诉、审判集中于一个机关办理，就会缺少监督和制约，就会产生各种弊端，就会加大冤假错案发生的机率。

互相配合是指公、检、法三机关在分工负责的基础上通力合作，互相支持，互通情况，充分发扬三个机关的集体智慧和整体力量，共同办好刑事案件。

互相制约，是指公、检、法三机关互相监督，共同防止和纠正办案过程中可能或者已经出现的偏差，维护司法公正。这是公检法机关内部关系的关键所在。互相制约包括公安与检察之间、检察与法院之间、公安与法院之间三个方面。但公安与法院之间一般不直接发生制约作用，如果公安对法院的判决有不同意见，可以通过检察院提起抗诉。因此，互相制约主要是公安与检察之间、检察与法院之间的制约。

公安与检察之间的制约表现在：公安机关在侦查案件中，认为需要逮捕犯罪嫌疑人时，应提请检察院审查，由检察院决定是否逮捕。公安机关侦查终结的案件，认为应当起诉的，应移送检察院进行审查，检察院审查后，应作出提起公诉或不起诉的决定。检察院审查案件，可以要求公安机关提供法庭审判所必需的证据材料；对于需要补充侦查的，可以退回公安机关补充侦查，也可以自行侦查。公安机关认为检察院作出的不起诉决定有错误时，可以要求检察院复议,如果意见不被接受,可以向上一级检察院提请复议。上级检察院应当及时作出决定,通知下级检察院和公安机关执行。检察院认为公安机关对应当立案侦查的案件不立案的,或者被害人认为公安机关对应当立案的案件不立案,向检察院提出的,检察院应当要求公安机关说明不立案的理由。检察院认为公安机关不立案理由不能成立的,应当通知公安机关立案,公安机关接到通知后应当立案。另外,检察院发现公安机关的侦查活动有违法情况时,应当通知公安机关予以纠正。

检察与法院之间的制约表现在:检察院认为被告人的犯罪事实已经查清,证据确实、充分,依法应当追究刑事责任的,应当作出起诉决定,按照审判管辖的规定,向法院提起公诉。法院对提起公诉的案件进行审查后,对于起诉书中有明确的指控犯罪事实并且附有证据目录、证人名单和主要证据复印件或者照片的,应当决定开庭审判。法院审判公诉案件,除适应简易程序外,检察院应当派员出席法庭支持公诉。检察人员在法庭审判过程中,发现提起公诉的案件需要补充侦查的,可以提出延期审理的建议,审判人员应予准许,但检察院应当在一个月以内补充侦查完毕。检察院发现法院审理案件违反法律规定的诉讼程序,有权向法院提出纠正意见。法院对于已经交付审判的案件,可以判处被告人无罪或者免于刑事处分。检察院认为法院的判决有错误时,可以提起上诉程序的抗诉或申诉程序的抗诉。

二 审判制度

(一) 法院的组织体系与职权

人民法院是国家的审判机关,依法独立行使国家审判权。

人民法院的前身是中国共产党领导的革命根据地的审判机关,正式定名于1948年。中华人民共和国成立后,人民法院在全国范围内相继建立。1951年9月,中央人民政府委员会通过《人民法院暂行组织条例》,第一次以法律的形式确认了人民法院的组织体系。该条例规定,全国设县级人民法院、省级人民法院和最高人民法院,基本上实行"三级二审制"。省级人民法院视需要设分院或分庭,在其辖区内行使省级人民法院的职权。最高人民法院在各大行政区或其他区域设分院或分庭,在其辖区内行使最高人民法院的职权。1954年通过的人民法院组织法规定,设地方各级人民法院、专门人民法院和最高人民法院。地方各级人民法院分为基层人民法院、中级人民法院和高级人民法院，实行"四级二审终审制"。这一体制得到了1979年人民法院组织法的重新肯定。

人民法院组织体系为：中央设最高人民法院，根据行政区划设地方各级人民法院，根据需要设专门人民法院。下级人民法院接受上级人民法院的监督，地方各级人民法院和专门人民法院统一接受最高人民法院的监督。各级人民法院对本级人大及其常委会负责并报告工作。上下级法院之间的关系不是领导关系而是监督关系，这是为了保障各级法院能够依法独立行使审判权。据此，上级法院不能直接指挥命令下级法院如何进行审判，只能对下级法院在审判活动中是否正确适用法律进行审查监督。这种监督主要体现在上级法院按照上诉程序、审判监督程序及死刑复核程序对下级法院具体案件的监督，纠正错误的裁判。

1. 最高人民法院

最高人民法院是国家最高审判机关。最高人民法院由院长一人，副院长、庭长、副庭长和审判员若干人组成。最高人民法院每届任期与全国人大相同，为5年。

最高人民法院主要职权有：①一审管辖权。法律规定由它管辖的或者它认为应当由自己审理的第一审案件（主要是在全国有重大影响的案件、最高人民法院认为应当由本院审理的案件）；②上诉管辖权。审判对高级人民法院、专门人民法院判决和裁定的上诉案件和抗诉案件；③审判监督权。监督地方各级人民法院和专门人民法院的审判工作，审判最高人民检察院按照审判监督程序提出的抗诉案件，依照审判监督程序提审或者指令下级人民法院再审地方各级人民法院和专门人民法院确有错误的生效判决、裁定；④司法解释权。对在审判过程中如何具体应用法律的问题，进行司法解释；⑤死刑核准权。死刑除依法由最高人民法院判决的以外，应当报请最高人民法院核准。⑥司法行政权。领导和管理地方各级人民法院的司法行政工作，主要包括法院干部的管理、培训；纪律检查；法院的设立、变更、撤销；法院组织机构的设置、人员编制的拟定、各项工作制度的建立等。

最高人民法院审理的一审、二审案件都是终局性的，它作出的判决和裁定，从宣布之日起立即发生法律效力。实践中，最高人民法院一审案件极少（至今仅审判过日本战犯案、林彪、江青两个反革命集团案等极为重大的案件），二审的也不多，它的主要职能是审判监督和法院系统的行政管理工作。

2. 地方各级人民法院

（1）高级人民法院

高级人民法院包括省、自治区、直辖市的高级人民法院。高级人民法院由院长一人，副院长、庭长、副庭长和审判员若干人组成。

高级人民法院的主要职权为：①一审管辖权，审判法律规定由它管辖的第一审案件（主要是在全省、自治区或直辖市有重大影响的案件）、下级人民法院移送审判的第一审案件；②上诉管辖权，审判对下级人民法院判决和裁定的上诉案件和抗诉案件、对海事法院判决和裁定的上诉案件；③审判监督权，监督下级人民法院的审判工作，审判省级人民检察院按照审判监督程序提出的抗诉案件，依照审判监督程序提审或指令下级人民法院再审下级人民法院确有错误的生效判决、裁定等。

（2）中级人民法院

中级人民法院包括在省、自治区内按地区设立的中级人民法院，在直辖市内设立的中级人民法院，省、自治区辖市的中级人民法院，自治州中级人民法院。中级人民法院由院长一人，副院长、庭长、副庭长和审判员若干人组成。

中级人民法院的主要职权为：①一审管辖权，审判法律规定由它管辖的第一审案件：在刑事案件方面，包括危害国家安全、恐怖活动案件，可能判处无期徒刑、死刑的案件；在民事案件方面，包括重大涉外案件，在本辖区有重大影响的案件和最高人民法院确定由中级人民法院管辖的案件；在行政案件方面，包括确认专利权的案件、海关处理的案件，对国务院各部门或者省、自治区、直辖市人民政府所作的具体行政行为提起诉讼的案件，本辖区内重大、复杂的案件、基层人民法院移送审判的第一审案件。②上诉管辖权，审判对基层人民法院判决和裁定的上诉案件和抗诉案件。③审判监督权，监督基层人民法院的审判工作，审判省级人民检察院分院、省辖市及自治州人民检察院按照审判监督程序提出的抗诉案件，依照审判监督程序提审或指令基层人民法院再审基层人民法院确有错误的生效判决、裁定。

（3）基层人民法院

基层人民法院包括县、自治县、不设区的市、市辖区的人民法院。基层人民法院由院长一人，副院长和审判员若干人组成。

基层人民法院的主要职权为：①一审管辖权，审判除法律规定由上级人民法院管辖的案件外的所有一审案件。②庭外处理权，处理不需要开庭审判的案件。③调解指导权，指导人民调解委员会的工作。

3. 专门人民法院

专门人民法院是在特定部门或地区设立的审理特定案件的法院。宪法和人民法院组织法除明确规定必须设立军事法院外，对于其他专门法院的设置未作具体规定，而是根据实际需要设立。根据实际需要，现已设立了海事法院、知识产权法院等专门人民法院。专门人民法院的组织和职权由全国人民代表大会常务委员会规定。

（1）军事法院

军事法院是国家在解放军中设立的最高审判机关，其工作受最高人民法院监督。

2016年7月，中央军委政法委在北京召开全军军事法院、军事检察院调整组建大会，明确了军事法院由过去按照军兵种和武警系统设置调整为区域化设置。军事法院分三级：①中国人民解放军军事法院高级法院，即中国人民解放军军事法院。②中国人民解放军军事法院中级法院，包括：东部战区军事法院、南部战区军事法院、西部战区第一军事法院、西部战区第二军事法院、北部战区军事法院、中部战区军事法院、中国人民解放军总直属军事法院。③中国人民解放军军事法院基层法院，包括：上海军事法院、南京军事法院、杭州军事法院、合肥军事法院、福州军事法院；长沙军事法院、广州军事法院、南宁军事法院、海口军事法院、昆明军事法院、驻香港部队军事法院；成都军事法院、拉萨军事法院；兰州军事法院、西宁军事法院、乌鲁木齐军事法院；呼和浩特军事法院、沈阳军事法院、哈尔滨军事法院、济南军事法院；北京军事法院、石家庄军事法院、郑州军事法院、武汉军事法院、西安军事法院；中国人民解放军直属军事法院。

军事法院依法审判下列案件：①现役军人和军队在编职员、工人违反军人职责案件和其他刑事犯罪案件；②最高人民法院授权的军内经济纠纷案件和指定管辖的案件；③受理遗弃伤员案、虐待俘虏案；④教育军人自觉遵守国家宪法、法律和军事法规。

（2）海事法院。

1984年11月，六届全国人大常委会第八次会议通过的《全国人民代表大会常务委员会关于在沿海港口城市设立海事法院的决定》，对海事法院的设置和运行作了详细的规定：①海事法院的设置或者变更、撤销，由最高人民法院决定；海事法院的审判机构和办事机构的设置，由最高人民法院规定。一般地，海事法院下设海事审判庭、海商审判庭及研究室和办公机构；设院长1人，副院长、庭长、副庭长和审判员若干。②海事法院对所在地的市人民代表大会常务委员会负责。海事法院的审判工作受所在地的高级人民法院监督。③海事法院管辖第一审海事案件和海商案件,不受理刑事案件和其他民事案件。各海事法院管辖区域的划分,由最高人民法院规定。对海事法院的判决和裁定的上诉案件由海事法院所在地的高级人民法院管辖。④海事法院院长由所在地的市人民代表大会常务委员会主任提请本级人民代表大会常务委员会任免。海事法院副院长、庭长、副庭长、审判员和审判委员会委员,由海事法院院长提请所在地的市人民代表大会常务委员会任免。

1989年5月,最高人民法院作出了《关于海事法院收案范围的规定》,对海事法院受理中国法人、公民之间,中国法人、公民同外国或地区法人、公民之间,外国或地区法人、公民之间的第一审海事商事案件的范围作了详细规定。

2003年8月,最高人民法院下发了《关于海事行政案件管辖问题的通知》,海事法院不审理行政案件、行政赔偿案件,亦不审查和执行行政机关申请执行其具体行政行为的案件。

目前,国家在广州、上海、武汉、天津、大连、青岛、宁波、厦门、海口和北海等港口城市设置了海事法院,其建制相当于地方的中级人民法院。对海事法院判决和裁定的上诉案件,由海事法院所在地的高级人民法院管辖。

(3) 知识产权法院

知识产权 (intellectual property),是指人们就其智力劳动成果所依法享有的专有权利,通常是国家赋予创造者对其智力成果在一定时期内享有的专有权或独占权 (exclusive right)。知识产权从本质上说是一种无形财产权,一般只在有限时间内有效。知识产权有两类:一类是著作权,也称为版权或文学产权),是指自然人、法人或者其他组织对文学、艺术和科学作品依法享有的财产权利和精神权利的总称。主要包括著作权及与著作权有关的邻接权;通常所说的知识产权主要是指计算机软件著作权和作品登记。另一类是工业产权,也称为产业产权,是指工业、商业、农业、林业和其他产业中具有实用经济意义的一种无形财产权,主要包括专利权与商标权。知识产权对人类社会发展的作用愈发巨大,保护知识产权就是保护人类经济社会发展的永恒动力。《世界知识产权组织公约》于1967年7月14日在斯德哥尔摩签订,于1970年4月26日生效,中国于1981年加入了该组织。

2013年4月,《中共中央关于全面深化改革若干重大问题的决定》提出"加强知识产权运用和保护,健全技术创新激励机制,探索建立知识产权法院"。2014年8月,十二届全国人大常委会第十次会议表决通过了《关于在北京、上海、广州设立知识产权法院的决定》。2014年11至12月，北京、上海、广州知识产权法院挂牌成立。

最高人民法院先后出台《知识产权法院法官选任工作指导意见（试行）》（2014年10月）、《知识产权法院案件管辖规定》（2014年10月）、《关于知识产权法院技术调查官参与诉讼活动若干问题的暂行规定》（2015年1月）、《中国知识产权司法保护纲要（2016—2020）》（2017年4月）、《知识产权法院技术调查官选任工作指导意见（试行）》（2017年8月）等文件，为知识产权法院的设立和运行奠定坚实基础。2018年9月，中共中央办公厅、国务院办公厅印发《关于加强知识产权审判领域改革创新若干问题的意见》，更是为知识产权法院在审判领域的改革创新指明了方向。知识产权法院深入贯彻落实国家知识产权战略和创新驱动发展战略，严格公正司法，加强队伍建设，各项工作取得明显成效，针对不断出现的新情况新问题，只有在深化改革中逐步解决。

（二）法院的机构设置

法院的机构设置是指法院内部的审判庭、审判组织和其他工作机构。

根据受理案件的性质不同，法院内部设置不同的审判庭，各庭设庭长、副庭长。各级法院一般设有刑事审判庭、民事审判庭和行政审判庭。此外，有的还设有立案庭、审判监督庭、执行庭。法院执行一直是一个老大难问题，为了加大对生效判决的执行力度，有的还专门设置执行局，执行局和执行庭合署办公，为法院的内设机构。分类设置审判庭有利于审判人员熟悉所分管的业务，积累经验，提高审判质量。

人民法院审判案件要通过一定的具体组织进行，这种代表人民法院对案件进行审理和裁判的组织，就称为审判组织。根据人民法院组织法、民事诉讼法、刑事诉讼法、行政诉讼法的规定，人民法院审判案件的组织形式有独任庭、合议庭、审判委员会三种。

1. 独任庭

独任庭是审判员一人审判案件的组织形式。独任庭只适用于基层法院或其派出法庭审理第一审案件。对这类简单的案件，由审判员一人进行，既可保证办案质量，又可以节省人力，便于法院集中精力处理比较重大、复杂的案件。但是，采取独任庭审判案件，不能简化诉讼程序，草率简单从事，仍应遵守公开、回避、辩护等各项制度，切实保障当事人和其他诉讼参加人的诉讼权利，保证办案质量。在行政诉讼中，不适用独任庭。

2. 合议庭

合议庭是一种集体审判案件的组织形式，即由审判员数人或审判员与陪审员数人组成合议庭审判案件。合议庭的组成因审级不同而不同。法院审判第一审案件的合议庭，由审判员组成，或者由审判员和陪审员组成。人民法院审理上诉或抗诉案件只能由审判员组成合议庭。但无论哪种形式，合议庭成员均须是单数，一般由3人组成，重大复杂案件可由5—7人组成。合议庭由院长或庭长指定审判员一人担任审判长。院长或庭长参加审判时，自己任审判长。审判长负责主持法庭的审判活动。合议庭的成员享有同等的权利，评议案件时，若意见分歧，应当少数服从多数，但少数人的意见应记入笔录，笔录由合议庭全体成员签名。

3. 审判委员会

审判委员会是中国特有的一种审判组织形式。审判委员会是相对稳定的机构，其委员一般都是法院内专业水平较高、审判经验较丰富的审判员，由院长提请本级人大常委会任免。各级法院都设有审判委员会。审判委员会是人民法院内部对审判工作实行集体领导的形式。其任务是总结审判经验，讨论处理重大的、疑难的、复杂的案件，以及其他有关审判工作的问题。审判委员会并不直接开庭审判案件，而是在合议庭审理的基础上进行，并应当充分听取合议庭对案件的说明，慎重考虑合议庭的评议结论。审判委员会实行民主集中制，在院长主持下开展活动，按少数服从多数的原则作出决定。审判委员会作出的决定，合议庭应当执行，但在判决书或裁定书上仍由合议庭成员署名。也就是说，对外仍由合议庭承担一切责任。一旦发生假案错案，如何区分审判委员会与合议庭的责任就很棘手。因此，对待审判委员会的存废，一直有不同的意见。

法院为了保障正常开展审判工作和内部管理工作，需要设置有关的工作机构，如办公室（厅）、信访接待部门、人事管理部门、政治工作部门、研究室等。

法院为了加强对法官的培训和管理，还需设立法官考评委员会，其职责是指导对法官的培训、考核、评议工作。各级法院的法官考评委员会由5—9人组成，本院院长担任主任。

（三）审判的原则与制度

在长期的审判实践中，法院形成了一系列适合中国国情的的审判原则与制度。

1. 审判原则

审判原则是反映审判活动本质的、在审判活动中必须遵循的基本准则。

(1) 独立审判原则

法院依照法律规定独立行使审判权，不受行政机关、社会团体和个人的干涉。但是，审判工作要接受中国共产党的领导，接受同级国家权力机关的监督，接受上级法院和检察院的监督，在公开审理时也要接受社会大众的监督。

(2) 公开审判原则

法院审理案件，除涉及国家机密、个人隐私和未成年人的案件外，一律公开进行。法院公开审理案件和宣告判决的，都允许群众旁听，允许新闻记者采访和报道有关审判的情况。对于公开审判的案件，法院还应当先期公布案由、当事人姓名以及开庭的时间、地点。公开审判有利于加强对审判活动的监督，也有利于公民通过实际案例接受法治教育。依法不公开审理的案件，也应当公开宣告判决。

(3) 适应法律平等原则

法院审理案件，对于一切公民，不分民族、种族、性别、职业、社会出身、宗教信仰、教育程度、财产状况、居住期限，在适用法律上一律平等，不允许有任何特权。为了保证各民族公民的平等权利，法律规定各民族公民有权用本民族语言文字进行诉讼。法院应为不通晓当地通用的语言文字的诉讼参与人提供翻译。在少数民族聚居或多民族共同居住的地区，应当用当地通用的语言文字进行审理，发布判决书、布告和其他文件。

对适应法律平等原则有一种错误认识，就是将其同法律的阶级性对立起来，认为实行这项原则，就是没有阶级观念，就是同敌人讲平等。这一错误认识必须予以澄清。法律的阶级性是指法律的本质，即法律反映哪个或哪些阶级的意志、维护哪个或哪些阶级的利益。而法律面前一律平等原则是指适用法律上的平等，是为了有效实施法律必须采取的原则。虽然法律是统治阶级意志的体现，但统治阶级也必须同被统治阶级一道共同遵守自己制定的法律，所谓"王子犯法，与庶民同罪"就是这个道理。只有认真实行这项原则，才可以使一切公民、法人、其他组织的合法权益都能得到法律上的保障，防止任何超越于法律之外、凌驾于法律之上、依言不依法、依钱不依法、依权不依法的现象发生，保证法律的正确实施，维护社会主义法制的统一和尊严，最终实现社会主义法治。

(4) 以事实为根据、以法律为准绳原则

法院应当在查清事实、分清是非的基础上准确适用法律，作出公正裁判。

这是实事求是的思想路线在审判工作中的体现。以事实为根据，就是要将案件处理建立在客观事实基础之上，全面收集证据。无论对被告有利还是不利的证据都要收集，反对刑讯逼供、轻信口供。以法律为准绳，就是要严格依法定程序办事，以法律作为是非曲直、确定违法犯罪与否以及如何处理的唯一尺度，不受任何个人、行政机关、团体、企事业单位的干扰影响。

（5）无罪推定原则

无罪推定，是指任何人在未经证实和判决有罪之前，应视其无罪。无罪推定所强调的是对被告人所指控的罪行，必须有充分、确凿、有效的证据；如果审判中不能证明其有罪，就应推定其无罪。这一原则是保障人权原则在审判中的具体表现。无罪推定作为封建社会有罪推定和刑讯逼供的对立物，是资产阶级革命胜利以后在否定中世纪纠问式诉讼制度的基础上形成并发展起来的一项司法原则。资产阶级思想家认为：在刑事诉讼中，相对于作为整体利益代表的检察官，作为个体利益的代表的被告人往往处于劣势和不利地位，如果不特别强调保护被告人权益，就不能保持这两种利益冲突中的平衡，就难以实现司法公正。

无罪推定原则已经为世界各国普遍接受，《世界人权公约》和《联合国公民权利与政治权利国际公约》也采信了该原则，对其成员国具有约束力。1996年3月八届全国人大四次会议修正通过的《中华人民共和国刑事诉讼法》第12条规定，"未经人民法院依法判决，对任何人都不得确定有罪"。该规定被认为是无罪推定原则精神在国家刑事诉讼法中的体现。但该规定不是完全的无罪推定，因为在人民法院依法判决被告人有罪前，既不认为被告人是罪犯，也不认为被告人没有犯罪嫌疑。无罪推定原则在中国的最终确立需要一个过程，但现行刑事诉讼法第12条的规定在中国的司法史上已经是一个了不起的进步。

2. 审判工作制度

（1）两审终审制度

这是指一个案件经过两级人民法院审判即告终结的制度。也就是说，对于地方各级法院审判的第一审案件的判决和裁定，如果当事人不服，可以在法定期间内向上一级法院提起上诉；人民检察院如果认为确有错误，可以按照法定程序向上一级人民法院抗诉。上一级人民法院对上诉或抗诉的案件，经过审理作出的判决或裁定称作二审判决或裁定，它们是终审的判决和裁定，是发生法律效力的判决和裁定，当事人不得再提出上诉，检察院也不得再按照第二审程序提出抗诉。最高人民法院所作的一审判决和裁定即为终审的判决和裁定，不允许上诉。地方各级人民法院的第一审判决和裁定，在法定上诉期内，如果当事人不上诉，人民检察院不抗诉，就发生法律效力，也告终结。

(2) 回避制度

这是指司法人员由于与案件或者案件当事人有某种特殊关系，可能影响案件的公证处理，不得参加办理该案件的一种制度。根据法律规定，审判人员、检察人员、侦查人员有下列情形之一的，应当自行回避，当事人及其法定代理人也有权要求他们回避：是本案的当事人或者当事人、诉讼代理人的近亲属的；本人或者他们的近亲属与本案有利害关系的；担任过本案的证人、鉴定人、辩护人或者附带民事诉讼当事人的代理人的；与本案当事人有其他关系，可能影响公证处理案件的。上述规定也适用于书记员、翻译人员和鉴定人员。

(3) 合议制度

这是指由审判员组成合议庭或者由审判员和人民陪审员组成合议庭，对案件进行集体审判的制度。法院审判第一审案件，除简单的民事案件、轻微的刑事案件和法律另有规定的案件可以由审判员一人审判外，都要组成合议庭进行。有选举权和被选举权的年满28周岁的公民，可以被选为人民陪审员，作为第一审的合议庭成员。人民陪审员在法院执行职务期间，是他所参加的审判合议庭的组成人员，同审判员享有同等权利。法院审判上诉和抗诉案件，必须由审判员组成合议庭。

(4) 辩护制度

辩护制度是刑事审判中特有的制度，是指犯罪嫌疑人、刑事被告人及其辩护人根据事实和法律反驳控诉人对他提出控告的一部或全部，以说明犯罪嫌疑人、被告人无罪，罪轻或者应当减轻、免除刑事责任的一项诉讼制度。这是国家赋予犯罪嫌疑人、被告人保护自己权利和合法利益的一种重要手段和一项民主权利，不得以任何理由进行剥夺。这项制度在宪法、人民法院组织法以及刑事诉讼法中都作出了明确规定。法律进一步规定，不仅犯罪嫌疑人、被告人有权获得辩护，而且人民法院要保证犯罪嫌疑人、被告人获得辩护。犯罪嫌疑人、被告人行使辩护权的方式有两种：一是自己进行辩护；二是委托他人进行辩护。

犯罪嫌疑人、被告人自己进行辩护可在诉讼过程中的任一阶段、时间进行，任何侦查人员、检察人员、审判人员都不得加以非法限制和剥夺。在侦查起诉阶段，犯罪嫌疑人、被告人有权知道被指控的罪行，并提出自己无罪、罪轻的辩解；有权申请侦查人员、检察人员或审判人员等回避；鉴定结论应告知犯罪嫌疑人、被告人，犯罪嫌疑人、被告人有权申请补充鉴定或重新鉴定；有权阅读讯问笔录，记载有遗漏或有差错的，可以提出补充或者改正等等。在法庭审理阶段，犯罪嫌疑人、被告人有权申请审判人员及有关人员回避；有权申请对证人、鉴定人发问；有权申请新的证人到庭，调取新的物证，申请重新鉴定或者勘验；有权在法庭上进行辩论；辩论终结，被告人有最后陈述的权利。自诉案件的被告人有权对自诉人提起反诉。一审判决宣告后，犯罪嫌疑人、被告人有权上诉，对上诉不得加重处罚。对已经发生法律效力的判决或裁定，犯罪嫌疑人、被告人有权申诉。对被告人提出的辩解和反证，司法人员必须认真查证核实，不能视为"抗拒"或"态度不好甚至恶劣"的行为。

犯罪嫌疑人、被告人除自己行使辩护权外，还可以委托下列人充当自己的辩护人为自己进行辩护：律师，人民团体或者犯罪嫌疑人、被告人所在单位推荐的，犯罪嫌疑人、被告人的监护人、亲友。在审判过程中，被告人为了维护自己的权益，可以拒绝辩护人继续为他辩护，也可另行委托辩护人辩护。法院有义务保证被告人获得辩护。对于公诉人出庭公诉的案件，被告人没有委托辩护人的，人民法院可以为他指定辩护人。被告人如果是聋、哑或者未成年人又没有委托辩护人的，人民法院应当为他指定辩护人。

（5）审判监督制度

又称为再审制度，是指法院发现已经发生法律效力的判决和裁定确有错误，依法进行重新审判的制度。各级人民法院院长对本院已经发生法律效力的判决和裁定，如果发现在认定事实上或者在适用法律上确有错误，必须提交审判委员会讨论。最高人民法院对各级人民法院已经发生法律效力的判决和裁定，上级人民法院对下级人民法院已经发生法律效力的判决和裁定，如果发现确有错误，有权提审或者指令下级人民法院再审。最高人民检察院对各级人民法院已经发生法律效力的判决和裁定，上级人民检察院对下级人民法院已经发生法律效力的判决和裁定，如果发现确有错误，有权按照审判监督程序提出抗诉，对人民检察院提出的抗诉案件，人民法院应当再审。再审按一审程序进行的，其判决和裁定是未生效的判决和裁定，可依法进入二审程序；再审按二审程序进行的，其判决和裁定是终审的判决和裁定。由于难以排除多种主客观因素的干扰，完全避免审判错误是很难的。因此，审判机关要以实事求是的态度对待已结的案件，及时发现冤假错案，并依法予以纠正。

除以上制度外，人民法院审判工作制度还有上诉制度、申诉制度、人民陪审员制度、死刑复核制度、审判委员会制度、国际司法协助制度等。

（四）法官与法院其他人员

1. 法官

1995年2月八届全国人大常委会第十二次会议通过了《法官法》，2001年6月九届全国人大常委会第二十二次会议进行第一次修订，2017年9月十二届全国人大常委会第二十九次会议进行了第二次修订。《法官法》为规范法官行为的法律。

（1）法官的职责与等级

根据法官法的规定，法官是指依法行使国家审判权的审判人员，包括最高人民法院、地方各级人民法院和军事法院等专门人民法院的院长、副院长、审判委员会委员、庭长、副庭长、审判员和助理审判员。

法官的职责是依法参加合议庭审判或独任审判案件以及其他法定职责。院长、副院长、审判委员会委员、庭长、副庭长除履行审判职责外，还应当履行与其职务相适应的职责。

中国法官分为十二级。最高人民法院院长为首席大法官，二至十二级法官分别为大法官、高级法官、法官。法官等级的确定，以法官所任职务、德才表现、业务水平、审判工作和工作年限为依据。

（2）法官的义务和权利

法官应当履行下列义务：①严格遵守宪法和法律；②审判案件必须以事实为根据，以法律为准绳，秉公办案，不得徇私枉法；③依法保障诉讼参与人的诉讼权利；④维护国家利益、公共利益，维护自然人、法人和其他组织的合法权益；⑤清正廉明，忠于职守，遵守纪律，恪守职业道德；⑥保守国家秘密和审判工作秘密；⑦接受法律监督和人民群众监督。

法官享有下列权利：①履行法官职责应当具有的职权和工作条件；②依法审判案件不受行政机关、社会团体和个人的干涉；③非因法定事由、非经法定程序，不被免职、降职、辞退或者处分；④获得劳动报酬，享受保险、福利待遇；⑤人身、财产和住所安全受法律保护；⑥参加培训；⑦提出申诉或者控告；⑧辞职。

（3）法官任职条件

按照《人民法院组织法》和《法官法》规定，担任法官必须具备下列条件：

①具有中华人民共和国国籍；年满 23 岁；拥护中华人民共和国宪法；有良好的政治、业务素质和良好的品行；身体健康；高等院校法律专业本科毕业或者高等院校非法律专业本科毕业具有法律专业知识，从事法律工作满二年，其中担任高级人民法院、最高人民法院法官，应当从事法律工作满三年；获得法律专业硕士学位、博士学位或者非法律专业硕士学位、博士学位具有法律专业知识，从事法律工作满一年，其中担任高级人民法院、最高人民法院法官，应当从事法律工作满二年。法官法颁布以前担任法官的，不符合学历要求的应当接受培训以达到要求。在学历条件确有困难的地方，经最高人民法院审核确定，在一定期限内可以将担任法官的学历条件放宽为高等院校法律专业专科毕业。

②通过法官资格考试。初任法官采用考试、考核的办法，按照德才兼备的标准，从通过国家统一法律职业资格考试取得法律职业资格并且具备法官条件的人员中择优提出人选。国家对初任法官实行统一法律职业资格考试制度，由国务院司法行政部门商最高人民法院等有关部门组织实施。

③各级人大常委会组成人员，各级国家行政机关、监察机关、检察机关以及企业、事业单位内任职的人员、律师不得兼任法官。

④曾因犯罪受过刑事处罚的和曾被开除公职的人员不得担任法官。

（4）法官的任免

中国长期以来实行选举制与任命制的法官选任方式。选举制适用于各级人民法院院长。最高人民法院院长由全国人大选举和罢免。地方各级人民法院院长由地方各级人大选举和罢免。任免制适用于除院长之外的审判人员。各级人民法院的副院长、审判委员会委员、庭长、副庭长、审判员由本院院长提请本级人大常委会任免。在省、自治区内按地区设立的和在直辖市内设立的中级人民法院院长，由省、自治区、直辖市人民代表大会常务委员会根据主任会议的提名决定任免，副院长、审判委员会委员、庭长、副庭长和审判员由高级人民法院院长提请省、自治区、直辖市的人民代表大会常务委员会任免。人民法院的助理审判员由本院院长任免。

（5）法官的保障

①职位保障。法官非因法定事由，非经法定程序，不被免职、降职、辞职或者处分。

②物质与人身保障。法官有权获得劳动报酬，享受保险、福利待遇；其人身、财产和住所安全受法律保护。

（6）法官的奖惩

法官在审判工作中有显著成绩和贡献的，或者有其他突出事迹的，应当给予奖励：①在审理案件中秉公执法，成绩显著的；②总结审判实践经验成果突出，对审判工作有指导作用的；③对审判工作提出改革建议被采纳，效果显著的；④保护国家、集体和人民利益，使其免受重大损失，事迹突出的；⑤勇于同违法犯罪行为作斗争，事迹突出的；⑥提出司法建议被采纳或者开展法制宣传、指导人民调解委员会工作，效果显著的；⑦保护国家秘密和审判工作秘密，有显著成绩的；⑧有其他功绩。奖励实行精神鼓励和物质鼓励相结合的原则，奖励分为嘉奖，记三等功、二等功、一等功，授予荣誉称号。

为了督促法官恪尽职守，依法审判，法官法详细列举法官不得有如下行为：散布有损国家声誉的言论，参加非法组织，参加旨在反对国家的集会、游行、示威等活动，参加罢工；贪污受贿；徇私枉法；刑讯逼供；隐瞒证据或者伪造证据；泄露国家秘密或者审判工作秘密；滥用职权，侵犯自然人、法人或者其他组织的合法权益；玩忽职守，造成错案或者给当事人造成严重损失；拖延办案，贻误工作；利用职权为自己或者他人谋取私利；从事营利性的经营活动；私自会见当事人及其代理人，接受当事人及其代理人的请客送礼；其他违法乱纪的行为。凡是有法律禁止行为的法官，应当给予处分，构成犯罪的，依法追究刑事责任。处分分为警告、记过、记大过、降级、撤职和开除。受撤职处分的，同时降低工资和等级。

2. 法院其他人员

除法官外，法院还有其他一些司法辅助人员。他们虽然不行使审判权，但他们的工作对于法院的审判和其他工作也是不可或缺的。这些人员主要有：

（1）书记员。书记员由各级人民法院根据工作需要配置，在庭长、审判员的领导下担任审判庭的记录工作并办理有关审判的其他事项。

（2）执行员。地方各级人民法院设执行员负责办理民事案件判卷和裁定的执行事项，办理刑事案件判卷和裁定中有关财产部分的执行事项。

（3）法医。地方各级人民法院设法医，运用医学技术对案件有关的事实和证据进行鉴定。当前，中、高级法院都设有法医室，基层法院则配备专门的法医人员。

（4）司法警察。各级人民法院设司法警察若干人。法警在法官的指令下办理维护法庭秩序，提押人犯，送达司法文书，对死刑犯执行枪决等有关事项。

三　检察制度

（一）检察院的性质、任务与职权

1. 检察院的性质

现行宪法和人民检察院组织法明确规定，人民检察院是国家的法律监督机关。由此可知，所谓检察，其真实含义就是法律监督。

中华人民共和国成立以来，随着政治经济形势的变化和司法实践的发展，人民检察院开展法律监督的职权范围和实施程序等有过相应的调整，但是"检察机关作为国家的法律监督机关，其性质是固定不变的"[①]。1951年9月中央人民政府颁布的《最高人民检察署暂行组织条例》和《地方各级人民检察署组织通则》中，虽然没有明确提出"法律监督"的概念，但是已经包含了法律监督职能。1954年制定的人民检察院组织法第一次明确提出了各项法律监督的概念。同时取消了人民检察院原有的参与行政诉讼的职权。由于"左"的思潮泛滥，从1950年代后期起，对于检察院要否坚持法律监督的问题展开过争论，实践中法律监督职能也遭到冲击。1979年修正通过的人民检察院组织法给检察机关的性质作了科学界定，明确规定：人民检察院是国家的法律监督机关。同时取消了检察院原有的参与民事诉讼等职权。人民检察院组织法的这一规定得到了1982年宪法确认，成为了宪法规范。2018年国家监察法出台后，检察机关的部分职能并入了监察法，但这并不影响其法律监督机关的性质。

各级检察机关作为行使法律监督权的专门机关，与国家行政机关、检察机关、审判机关平行并列，由国家权力机关产生，受国家权力机关监督，对国家权力机关负责。

2. 检察院的任务

根据人民检察院组织法和相关法律规定，检察院担负如下任务：

（1）通过行使检察权，镇压一切叛国的、分裂国家的和其他危害国家安全的活动，打击危害国家安全的犯罪嫌疑人和其他一切犯罪嫌疑人，维护国家统一，维护民族团结，维护人民民主专政制度，保障国家和社会长治久安。

[①] 李士英主编：《当代中国的检察制度》，中国社会科学出版社1988年版，第412页。

（2）通过行使检察权，维护社会主义法治，维护社会秩序、生产秩序、工作秩序、教学科研秩序和人民群众生活秩序，保护社会主义现代化建设的顺利进行。

（3）通过行使检察权，维护社会主义市场经济制度，保护社会主义全民所有制的财产和劳动群众集体所有的财产，保护公民私人所有的合法财产。

（4）通过行使检察权，保护公民的人身权利、民主权利和其他权利。

（5）通过检察活动和宣传教育活动，教育公民忠于社会主义祖国，践行社会主义核心价值观，自觉遵守宪法和法律，积极同违法犯罪行为作斗争。

3. 检察院的职权

检察权即法律监督权，其具体内容构成了检察院的职权。各级检察院通过行使职权来完成所担负的各项任务。检察院的职权，先后有过变化。1979年颁布的人民检察院组织法取消了提起和参与民事诉讼的职权，1982年颁布的民事诉讼法（试行）又规定检察院有权对法院的民事诉讼活动实行法律监督，1991年颁布的民事诉讼法更加具体地规定了对民事审判活动的法律监督。1996年修订颁布的刑事诉讼法，取消了检察院原有的关于免于起诉的决定权，而扩大了不起诉的决定权，同时增强了检察院对公安机关、国家安全机关立案活动的监督权。2018年修订颁布的刑事诉讼法，增加了对监察机关监察活动的监督权和司法实践中的一些成功作法的规定。检察院的职权可以归纳为以下几个方面：

（1）对叛国案、分裂国家案等重大案件的检察权。叛国案、分裂国家案以及严重破坏国家政策、法制统一实施的重大犯罪案件，是刑事案件中对国家危害最为严重的案件。检察院对这类案件行使检察权，以维护国家的统一和法制的统一。

（2）对刑事案件的侦查权。包含三方面内容：①对依法规定直接受理的刑事案件的侦查；②对公安机关、国家安全机关负责侦查的案件，认为需要复验、复查的，可以派检察人员参与；③对公安机关、国家安全机关负责侦查的案件，认为需要补充侦查的，可以自行补充侦查。

（3）立案监督权。检察院依法对公安机关、国家安全机关和本院直接受理案件的检察部门（即自行侦查部门）的立案活动实行监督。

（4）侦查监督权。检察院依法对公安机关、国家安全机关、国家监察机关的刑事侦查工作实行监督，包括审查批捕、审查起诉和对侦查活动、监察活动的监督。

（5）对刑事案件的公诉权。代表国家对刑事案件提起公诉和出庭支持公诉，追究被告人的刑事责任，是检察院的一项基本职权。只有当检察院提起公诉后，法院才能进行审判。法院审判公诉案件，检察院应当派员出庭支持公诉，但是依法适用简易程序的，检察院可以不派员出庭。

（6）对刑事案件的审判监督权。包括对法庭的审判活动实行监督，向法院提出纠正意见；对错误的判决和裁定提出抗诉，包括上诉程序的抗诉和审判监督程序的抗诉；检察长列席同级法院的审判委员会，直接表明检察机关对刑事案件的处理意见。

（7）对刑事判决执行的监督权和对监狱、看守所及劳改机关的监督权。

（8）对民事审判活动的监督权。包括按照审判监督程序提出抗诉以及出庭监督法院的再审活动。

（9）对行政诉讼的监督权。主要是按照审判程序提出的抗诉。

（10）司法解释权。最高人民检察院有权解释在检察工作中具体应用法律的问题。

（二）检察院的组织体系与机构设置

1. 组织体系

检察院的设置，与国家行政区划、法院的设置以及检察工作的需要相一致。检察院与法院的对等设置，适应了审判制度，保证诉讼活动及时顺利地进行。

宪法规定，国家设立最高人民检察院、地方各级人民检察院和军事检察院等专门人民检察院。最高人民检察院是国家最高检察机关，领导地方各级人民检察院和专门人民检察院的工作。各级人民检察院每届任期与本级人大相同，均为5年。

地方各级人民检察院，包括：①省、自治区、直辖市人民检察院；②省、自治区、直辖市人民检察院分院，自治州和省辖市人民检察院；③县、市、自治县和市辖区人民检察院。省、自治区、直辖市检察院分院，是一级检察机关，不是派出机关。省、自治区检察院分院设在省、自治区政府的派出机关——行政公署的所在地。有的直辖市设一个检察院分院，在全市区域内行使检察权；也有的设置两个检察分院，如上海市检察院第一分院、第二分院，分别在本市的部分区域内行使检察权。这些检察院分院与当地中级人民法院相对应。

省一级人民检察院和县一级人民检察院，根据工作需要，提请本级人大常委会批准，可以在工矿区、农垦区、林区等区域设置人民检察院，作为派出机构。为了加强检察院的基层工作,县、县级市、市辖区人民检察院可根据工作需要,报请本级人大常委会批准,在乡镇设置检察室,作为派出机构。

专门检察院有军事检察院等。军事检察院设置在中国人民解放军系统。2016年7月,中央军委政法委在北京召开全军军事法院、军事检察院调整组建大会,明确了军事检察院由过去按照军兵种和武警系统设置调整为区域化设置。军事检察院是国家设在军队中的法律监督机关,在中央军委政法委和最高人民检察院领导下,依法独立公正行使检察权。新的军事检察体系,打破了过去主要按照行政隶属关系设置的固有模式,建立了垂直领导管理体制机制,明确了着眼惩腐肃贪、打造强军兴军安全之盾、法治之剑的职责使命。

2. 机构设置

机构设置是指检察院的内部机构,包括检察委员会、业务机构和其他工作机构。

(1) 检察委员会

为了在检察院内部实行集体领导,各级检察院依法设置检察委员会。检察委员会实行民主集中制,在检察长的主持下,讨论决定重大案件和其他重大问题。按照最高人民检察院检察委员会2008年修订通过的《人民检察院检察委员会组织条例》的规定,各级人民检察院检察委员会由本院检察长、副检察长、检察委员会专职委员以及有关内设机构负责人组成。检察委员会委员应当具备检察官资格。各级人民检察院检察委员会委员的员额一般为:最高人民检察院为十七人至二十五人;省、自治区、直辖市人民检察院为十三人至二十一人;省、自治区、直辖市人民检察院分院和自治州、省辖市人民检察院为十一人至十九人;县、市、自治县和市辖区人民检察院为七人至十五人。各级人民检察院检察委员会委员人数应当为单数。检察委员会达不到最低员额标准的,应当报告上一级人民检察院。各级人民检察院检察委员会委员由本院检察长提请本级人大常委会任免。省、自治区、直辖市人民检察院分院的检察委员会委员由省、自治区、直辖市人民检察院检察长提请本级人大常委会任免。派出人民检察院的检察委员会委员由派出的人民检察院检察长提请本级人大常委会任免。

检察委员会的具体职责是:①审议、决定在检察工作中贯彻执行国家法律、政策和本级人民代表大会及其常务委员会决议的重大问题;②审议、通过提请本级人民代表大会及其常务委员会审议的工作报告、专题报告和议案;③总结检察工作经验,研究检察工作中的新情况、新问题;④最高人民检察院检察委员会审议、通过检察工作中具体应用法律问题的解释以及有关检察工作的条例、规定、规则、办法等；省级以下人民检察院检察委员会审议、通过本地区检察业务、管理等规范性文件；⑤审议、决定重大、疑难、复杂案件；⑥审议、决定下一级人民检察院提请复议的案件或者事项；⑦决定本级人民检察院检察长、公安机关负责人的回避；⑧其他需要提请检察委员会审议的案件或者事项。检察委员会的决定具有法律效力，以本院或者本院检察长的名义发布。

检察委员会的前身是中华人民共和国成立初期的检察委员会会议。当时法律规定，检察委员会会议以检察长为主席，会议讨论中意见不一致时，不是少数服从多数，而是检察长拥有最后决定权。1954年始，检察委员会会议改为检察委员会，规定在检察长领导下处理有关检察工作的重大问题。现行法律规定，检察委员会在检察长主持下活动，实行少数服从多数的原则，检察长不再拥有最后决定权。这是检察院内部体制的变化，在检察委员会检察长与其他成员地位平等。不同的是检察长职务本身的特性，法律规定地方各级检察院检察长在讨论重大案件时不同意多数检察委员会委员意见的，可以报请上一级检察院决定；在讨论重大问题时不同意多数检察委员会委员意见的，可以报请上一级检察院或者本级人大常委会决定。

（2）业务机构

检察院根据法律监督的不同对象、范围，设立相应的业务机构，包括：①刑事检察机构。主要是审查公安机关、国家安全机关、监狱、海关走私犯罪侦查局、军队保卫部门等侦查机关呈请批准逮捕和移送起诉的刑事案件；提起公诉、提出抗诉案件；出席法庭支持公诉，或支持抗诉；对侦查机关的立案活动、侦查活动、法院的审判活动是否合法实行监督。②监所检察机构。主要是对刑事判决、裁定的执行和监狱、看守所、劳动改造机关的活动是否合法进行监督。③民事、行政检察机构。主要是依法对民事和行政的裁判活动实行监督。④申诉控告检察机构。主要是受理控告、申诉案件，处理来信、来访事务。⑤技术机构。主要是对案件的证据进行技术检验、鉴定、复核。⑥研究机构。主要是调查研究社会治安状况、犯罪规律、检察工作中执行法律政策的基本情况，为决策咨询提供意见。最高人民检察院研究室还负责草拟司法解释文件，对国家制定和修改法律提出意见。⑦根据法律规定和工作需要，最高人民检察院可组成特别检察厅，对特别重大的案件行使检察权。

（3）其他工作机构

检察院为了进行内部管理和开展对外宣传，设立院办公室（厅）、政工机构、教育机构、宣传机构和行政管理机构等。

(三) 领导体制与检察活动原则

1. 领导体制

检察院的领导体制，是指各级检察机关在国家机构系统内的隶属关系。中华人民共和国成立以来，检察机关的领导体制几经变动。

建国之初，一度实行垂直领导。1949年12月，中央人民政府颁布的《最高人民检察署试行组织条例》规定："全国各级检察署均独立行使职权，不受地方机关干涉，只服从最高人民检察署之指挥。"不久，因发现垂直领导难以实施，便改为双重领导，即地方各级检察机关既受上级检察机关领导又受同级政府委员会领导。后来，为了适应大规模计划经济建设对中央集中统一领导的要求，1954年9月制定的人民检察院组织法又规定了垂直领导体制。

1978年宪法第三次修改检察院领导体制，规定"地方各级人民检察院对本级人民代表大会负责并报告工作"，"上级人民检察院监督下级人民检察院的检察工作"。1979年全国人大通过的修改宪法若干规定的决议和人民检察院组织法，将上下级人民检察院的关系由"监督"改为"领导"，规定最高人民检察院领导地方各级人民检察院和专门人民检察院的工作，上级人民检察院领导下级人民检察院的工作。同时规定各级人民检察院向同级人大及其常委会负责并报告工作。这是检察机关领导体制的第四次改变，1982年宪法肯定了这种领导体制，具有宪法规定的最高权威。

从理论上讲，各级检察机关接受同级国家权力机关的监督，有利于贯彻执行本级人大及其常委会的决议，保障当地地方性法规的执行和遵守，接受本级人大及其常委会的质询和视察，有利于地方各级检察院因地制宜地行使法律监督的职能。上级检察院领导下级检察院，地方各级检察院统一接受最高人民检察院的领导，有利于克服地方保护主义，保障国家检察权的统一和国家法制的统一。

2. 活动原则

检察院的检察活动原则与法院审判活动的原则基本相同，主要是：独立检察原则；适用法律平等原则；以事实为根据、以法律为准绳原则；依靠群众原则。检察院在贯彻这些原则时，因为业务不同又有自己的特点。

(1) 独立检察原则

宪法规定，人民检察院依法独立行使检察权，不受行政机关、社会团体和个人的干涉。但是独立并不意味着不受监督。检察机关的一切活动，都要接受党的领导，接受国家权力机关的监督，接受人民政协的民主监督和社会大众的监督。

（2）适用法律平等原则

检察院行使检察权，对任何人在适用法律上一律平等，不允许有任何特权。对于被控告犯罪的人，不论其社会地位、家庭出身、政治历史、经济状况、文化程度、职业、性别、民族、信仰或其他方面的差别如何，都必须严格依法追究法律责任，不允许有任何例外。

（3）以事实为根据、以法律为准绳原则

检察活动必须忠于事实，忠于法律。各级检察人员在法律监督活动中要深入实际，调查研究，了解案件各要素之间的真实联系，不猜测，不武断，下结论要有理有据。

（4）依靠群众原则

犯罪嫌疑人都生活在人民群众之中。要依靠群众检举、揭露违法犯罪。检察机关要高度重视其他机关、团体、企事业单位和公民个人所提供的犯罪事实或犯罪嫌疑人的线索。要依靠群众收集证据，查清案情，纠正违法，追究犯罪。任何违法犯罪行为都发生在一定的时间和空间内，都无法逃脱人民群众的视线。检察院在收集证据时，要认真听取群众意见，防止先入为主和主观主义错误，避免工作失误，及时准确收集证据，查明事实真相。要依靠群众开展社会治安综合治理。检察院要在打击严重刑事犯罪、经济犯罪的基础上，加强法制宣传，提高人民群众的法治素养，减少社会的违法犯罪。

（四）检察官与检察院其他人员

1. 检察官

1995年2月八届全国人大常委会第十二次会议通过了《检察官法》，2001年6月九届全国人大常委会第二十二次会议进行了修订。《检察官法》是规范检察官行为的法律。

（1）检察官的职责与等级

根据检察官法的规定，检察官是指依法行使国家检察权的检察人员，包括最高人民检察院、地方各级人民检察院和军事检察院等专门人民检察院的检察长、副检察长、检察委员会委员、检察员和助理检察员。

检察官的主要职责是，依法进行法律监督工作，代表国家进行公诉，对法律规定由检察院直接受理的犯罪案件进行侦查，以及法律规定的其他职责。检察长、副检察长、检察委员会委员除履行检察职责外，还应当履行与其职务相适应的职责。

检察官分为四类十二个级别：最高人民检察院检察长为首席大检察官，二至十二级检察官分别为大检察官、高级检察官、检察官。检察官等级的确定，以检察官所任职务、德才表现、业务水平、检察工作实绩和工作年限为依据。

（2）检察官的任免

各级人民检察院检察长均由本级人大选举和罢免。地方各级人民检察院检察长须报上一级人民检察院检察长提请该级人大常委会批准。对于不具备法定条件或者违反法定程序被选举为检察长的，上一级检察院检察长有权提请该级人大常委会不予批准。

各级人民检察院副检察长、检察委员会委员和检察员由本院检察长提请本级人大常委会任命。在省、自治区内按地区设立的和在直辖市内设立的人民检察院分院检察长、副检察长、检察委员会委员和检察员由省、自治区、直辖市人民检察院检察长提请本级人大常委会任免。人民检察院的助理检察员由本院检察长任命。军事检察院等专门人民检察院检察长、副检察长、检察委员会委员和检察员的任免办法，由全国人大常委会另行规定。

有关检察官的义务、权利、任职条件、保障、奖惩等与前述的法官的义务、权利、任职条件、保障、奖惩等基本相同或类似。

2. 检察院其他人员

各级检察院除检察官外，还有其他一些司法辅助人员。他们虽然不行使检察权，但是他们的作用相对于检察院开展法律监督活动与其他工作，并非可有可无。

检察院的其他人员主要包括书记员和司法警察。书记员的主要职责是，在检察员的指导下，依法办理案件的记录工作和有关事项。各级人民检察院的书记员，由本级人民检察院检察长任免。法警的主要职责是，维护检察机关秩序，协调业务部门工作，提押人犯，送达司法文书等有关事项。

四 侦查制度

（一）侦查的概念

1. 侦查的含义

侦查有多种含义。此处特指刑事侦查，即刑事诉讼中一个特定的阶段。

现行刑事诉讼法第 106 条条对侦查作出了明确的定义:"'侦查'是指公安机关、人民检察院在办理案件过程中,依照法律进行的专门调查工作和有关的强制性措施。"

侦查主要是公安机关(含国家安全机关)的任务。公安机关的组织体系为:国务院设公安部,组织和管理全国公安工作。各省、自治区、直辖市人民政府设公安厅(局)。各省和自治区的地区、自治州、各省和自治区辖市人民政府设公安局(处)。县、自治县人民政府设公安局,城市辖区人民政府设公安分局。城市街道、县属区、乡、镇人民政府设公安派出所,它们是公安局的派出机构,不是一级公安机关。另外,在军队系统设有保卫机构,在铁路、民航、林业、交通等系统和大型企业设有公安局(处)。公安机关具有双重性,一方面,它属于国家行政机关,担负着社会治安保卫工作;另一方面,它又属于司法机关,具有司法职能。宪法和刑事诉讼法规定,对刑事案件的侦查、拘留、预审,由公安机关负责,经人民法院决定或者人民检察院批准或决定逮捕的犯罪嫌疑人,一律由公安机关执行逮捕。国家安全机关的组织体系是:国务院设国家安全部,各省、自治区、直辖市人民政府设国家安全厅(局),在省、自治区、直辖市所辖地方根据需要设置国家安全机关或人员。国家安全机关在司法活动中,具有和公安机关相同的职权。

刑事诉讼法规定,刑事诉讼活动包括立案、侦查、提起公诉、审判。立案作为刑事诉讼的开始,只是一种开始追究犯罪嫌疑人的决定。而案件事实是否发生,犯罪嫌疑人是谁,犯罪的时间、地点、手段、情节、目的、动机、后果如何,都需要进行侦查后才能确定。可以说,没有侦查,也就没有提起公诉和审判,侦查是实现刑事诉讼的目的,办理刑事案件最基础的工作和重要的诉讼手段。侦查有以下几层含义:①侦查是公安机关和人民检察院的职权,其他任何机关或个人都不能行使。②侦查活动的内容就是法律规定的公安机关、人民检察院在办案过程中进行的专门调查工作和有关强制性措施。专门调查工作包括讯问犯罪嫌疑人、询问证人、勘验、检查、搜查、扣押物证、书证、鉴定、通缉等诉讼活动。强制性措施包括拘传、取保候审、监视居住、逮捕、拘留等限制、剥夺犯罪嫌疑人人身自由的各种方法。③侦查是一种诉讼活动,必须依法进行。必须遵守的法律主要是刑法、刑事诉讼法、警察法的有关规定。超越法律、滥用权力,都是非法的,严重的要承担刑事责任。

2. 侦查的任务

侦查有着明确的任务,主要是:①收集证据。证据是揭露犯罪、证实犯罪的重要手段,同时也是保护公民合法权益不受侵犯、防止冤假错案的重要保证。因此,证据在刑事诉讼中的地位和作用十分重要。只有掌握真凭实据,才能把案件事实建立在可靠的基础上,才能对被告人作出是否有罪和罪刑轻重的正确处理。侦查人员应当把收集证据作为侦查工作的头等重要任务,做到证据全面、充分。收集证据包括三方面的内容:一是发现证据;二是固定和提取证据;三是检验证据,即查证属实,作为定案根据。②查明案件事实。查明案件事实包括两方面:首先确定是否发生了犯罪;其次是如果发生了犯罪,必须弄清犯罪嫌疑人是谁,犯罪实施的时间、地点、手段、动机、目的、侵害的对象和所造成的后果,作案人实施犯罪行为时的年龄、精神状态等。③查缉案犯。犯罪分子作案后一般不会束手就擒,而是千方百计逃避法律制裁。有的毁灭罪证,串供逃匿;有的栽赃陷害,嫁祸于人;有的继续犯罪等。因此,有必要及时抓获罪犯,通缉追捕。④追缴赃物、赃款,收归国库或归还受损失的单位或个人。⑤防止和减少犯罪。通过侦查工作,进行有效的法制宣传,鼓舞群众同犯罪分子作斗争。并能威慑社会上的不稳定分子,查补工作中的漏洞,预防犯罪、减少犯罪的发生。

侦查具有重大意义。侦查就是同犯罪行为作斗争,及时有效地打击和制止犯罪、维护社会秩序;侦查是提起公诉和审判的基础,是一个很关键的诉讼阶段;侦查可以震慑社会上可能犯罪的人,也可以发现可能发生的犯罪隐患,从而减少犯罪,搞好社会治安。

(二) 侦查原则

侦查是刑事诉讼活动的一个重要阶段,除遵循刑事诉讼法的基本原则外,还应遵循自己的一些特有原则。

1. 迅速、及时

侦查工作本身的特点决定了侦查活动必须迅速、及时。因为犯罪嫌疑人总是想方设法掩盖罪行、逃避制裁,有的毁灭隐匿罪证、破坏现场、伪造证据,有的潜逃后继续犯罪,等等。另外,由于自然原因或其他人为原因,犯罪证据可能发生变化、消失。只有抓住时机迅速、及时地发现和取得罪证,才能查明案情、抓获犯罪嫌疑人,有力地打击和制止犯罪活动。

2. 客观、全面

客观就是一切从实际出发,按照客观事物的本来面目去认识、反映它。在侦查中,客观就是要做到重证据、重调查研究,不先入为主,不主观臆断,如实反映案件的客观真实情况。

在侦查中，要全面地调查了解和反映案件情况，而不能仅依据案件和某个情节或部分材料就下结论。所谓全面，就是既要注意调查和收集能够证明被告人有罪、罪重和加重其刑事责任的情况和证据，也要注意调查收集能够证明被告人无罪、罪轻、减轻其刑事责任的情况和证据；既要重视控诉方提出的证据、事实，也要重视被控诉方提出的证据和事实；并且还要搞清犯罪的具体情节。只有这样，才能获得全面确凿的证据，并在此基础上，对案件和事实作出准确判断。

3. 深入细致

深入细致就是要求认真观察，占有详细材料，并进行周密的分析研究。不能被假象所蒙蔽、所迷惑，尽可能取得原始证据，不能马虎草率。

4. 遵守法律

侦查应依合法方式进行，不能滥用职权。禁止刑讯逼供，严禁以威胁、利诱、欺骗和其他方式收集证据。采取拘留、逮捕等强制性措施应严格按法定条件和程序进行。[3]

5. 保守秘密

在侦查过程中，严禁向办案人员之外的人员泄露案件侦破的有关情况，如：证据材料，侦查线索，意图，措施，侦查对象，控告检举人、证人的有关情况，以免使侦查工作受到干扰和阻碍。侦查过程中为被告人辩护的律师应否介入、何时介入是一个值得研究的问题。

6. 依靠群众

犯罪行为、犯罪嫌疑人都离不开特定的社会环境而独立存在。群众的眼睛是雪亮的，侦查工作中依靠群众是迅速侦破案件的力量源泉。它能够减少错误，不犯错误，提高办案速度和办案质量。

（三）侦查程序

侦查程序，又叫侦查行为，是指侦查过程中的一些具体环节，主要有以下几个方面：

1. 讯问犯罪嫌疑人

这是侦查案件的必经程序。犯罪嫌疑人对自己是否实施了犯罪行为以及实施的细节最为清楚。通过讯问犯罪嫌疑人，一方面可以证实犯罪嫌疑人的犯罪行为，弄清其犯罪动机、目的、经过和细节；判断犯罪的性质，发现和追查新的犯罪事实及其他应当追究刑事责任的人。另一方面可以听取犯罪嫌疑人的申辩，保护犯罪嫌疑人的合法权益，保障无罪的人和其他依法不应被追究刑事责任的人不受刑事追究。

讯问犯罪嫌疑人必须由人民检察院或者公安机关的侦查人员进行。讯问的时候，侦查人员不得少于 2 人。对于不需要逮捕、拘留的犯罪嫌疑人，可以传唤到指定地点或者到他的住处、所在单位进行讯问，但是应当出示人民检察院或者公安机关的证明文件。

侦查人员讯问犯罪嫌疑人的时候，应当首先讯问犯罪嫌疑人是否有犯罪行为。让他陈述有罪的情节或者无罪的辩解，然后向他提出问题。犯罪嫌疑人对侦查人员的讯问应如实回答，但与本案无关的问题，有权拒绝回答。

对共同犯罪的同案犯罪嫌疑人，应分别进行讯问，以防止他们互相影响、串供。对未成年人和生理上有缺陷的犯罪嫌疑人，讯问时，可以通知犯罪嫌疑人的法定代理人到场。

讯问犯罪嫌疑人应当制作讯问笔录，并交犯罪嫌疑人核对，也可由犯罪嫌疑人书写供词，并由犯罪嫌疑人在笔录或供词上签名。

2. 询问证人、被害人

询问证人、被害人时，应告知他应当如实地提供证据、证言和有意作伪证或者隐匿罪证要负的法律责任，并应当个别进行。证人证言、被害人陈述的文字材料在证人、被害人核对无误后，由证人、被害人签名。

3. 勘验、检查

勘验、检查是侦查人员对与犯罪有关的场所、物品、尸体和人身进行查看，以发现和收集犯罪活动所遗留下来的各种痕迹和物品的一种诉讼活动和侦查行为。对死因不明的尸体，公安机关有权决定解剖，并通知死者家属到场。为了确定被害人、被告人的某些特征、伤害情况或者生理状态，可以对人身进行检查。在必要的时候，为了查明案情，可以进行侦查实验。但需经公安局长批准，并不得造成危险、侮辱人格或者有伤风化。

4. 搜查

搜查是侦查机关为了收集证据、查获犯罪人而对犯罪嫌疑人或有关人的人身以及可能隐藏犯罪分子或者罪证的物品、住处和其他地方进行搜索、检查的诉讼活动。

为了确保公民的人身自由和住处免受非法侵害，进行搜查，必须向被搜查人出示搜查证。但在执行拘留、逮捕时，遇有紧急情况，不另用搜查证也可进行搜查。搜查的情况应当作成笔录，由侦查人员和被搜查人或者他的家属、邻居或其他见证人签名或盖章。

5. 扣押物证、书证

对于在搜查、勘验中发现的可以证明犯罪嫌疑人有罪或者无罪的各种物品和文件，侦查人员应当扣押，加以妥善保管。对于扣押的物品和文件，侦查人员应当会同在场见证人或被扣押物品持有人查点清楚，并列清单一式一份，双方各持一份。对于被告人的邮件、电报、需要扣押时，应当经公安机关或者人民检察院批准方可通知邮电机关予以扣押。

6. 鉴定

为了查明案情，对案件中某些专门性问题，侦查人员应当指派或聘请有专门知识的人进行鉴定，然后写出鉴定结论，告知犯罪嫌疑人、被害人。如果犯罪嫌疑人、被害人提出申请，可以补充鉴定或者重新鉴定。鉴定结论作为法定证据，应当由鉴定人签名。

7. 通缉

通缉是公安机关通报缉拿依法应当逮捕而在逃的犯罪嫌疑人的一种侦查措施。

（四）强制措施

为了保证侦查工作的顺利进行，公安机关、人民检察院可以采取强制措施，依法对犯罪嫌疑人、被告人、现行犯和重大嫌疑分子暂时剥夺或限制其人身自由。刑事诉讼法规定了拘传、取保候审、监视居住、拘留、逮捕五种强制措施。

1. 拘传

拘传是侦查机关对未被羁押的犯罪嫌疑人、被告人采取的，强制其到指定地点接受讯问的一种方法。拘传的前提条件是经合法传唤无正当理由拒不到指定地点接受讯问。

2. 取保候审

取保候审是司法机关责令犯罪嫌疑人、被告人提供保证人，由保证人出具保证书，保证犯罪嫌疑人、被告人随传随到的一种强制措施。

3. 监视居住

监视居住是司法机关对犯罪嫌疑人、被告人采用的，命令其不得离开指定的区域，并对其活动予以监视和控制的强制方法。

4. 逮捕

取保候审和监视居住都是限制犯罪嫌疑人、被告人人身自由的强制措施，对罪行轻微而不用逮捕的犯罪嫌疑人、被告人适用。对主要犯罪事实已经查清，可能判处徒刑以上刑罚的犯罪嫌疑人、被告人，采用取保候审、监视居住尚不足以防止发生社会危险性的，应立即依法逮捕归案。逮捕是指司法机关把犯罪嫌疑人、被告人羁押起来，暂时剥夺其人身自由的一种强制性措施。逮捕犯罪嫌疑人、被告人，必须经人民检察院批准或者决定或者人民法院决定，由公安机关执行。对应当逮捕的犯罪嫌疑人、被告人，如果患有严重疾病，或者正在怀孕、哺乳自己婴儿的妇女，可以采用取保候审或者监视居住的方法。

5. 拘留

拘留是指公安机关在紧急情况下，对罪该逮捕的现行犯和重大嫌疑分子，依法决定采用的暂时剥夺其人身自由的强制措施。拘留只能由公安机关执行。所谓紧急情况，是指刑事诉讼法第80条规定的七种情况：①正在预备犯罪、实施犯罪或者在犯罪后被即时发觉的；②被害人或者在场亲眼看见的人指认他犯罪的；③在身边或者住处发现有犯罪证据的；④犯罪后企图自杀、逃跑或者在逃的；⑤有毁灭伪造证据或者串供可能的；⑥不讲真实姓名、住址，身份不明的；⑦有流窜作案、多次作案、结伙作案重大嫌疑的。拘留时应出示拘留证。在拘留后24小时以内，通知被拘留人的家属或者他的所在单位。公安机关也应在拘留后24小时之内进行讯问，在发现不应当拘留时必须立即释放，并发给释放证明。对需要逮捕的应在拘留后3日以内提请人民检察院批准。在特殊情况下，提请审查批准的时间可以延长1日至4日。对于流窜作案、多次作案、结伙作案的重大嫌疑分子，提请审查批准的时间可以延长至30日。如果证据不足的，可以取保候审或者监视居住。

五　律师制度

中国律师制度的发展历经坎坷。中华人民共和国成立初期，律师制度便初步形成，随着1954年宪法和人民法院组织法的颁布，律师制度得到进一步发展。可是，律师制度1957年后被取消，直到1978年中共十一届三中全会后才得以恢复。1980年8月，五届全国人大常委会第十五次会议审议通过的《律师暂行条例》标志着律师制度的恢复。1996年5月，在总结实践经验的基础上，八届全国人大常委会第十九次会议通过了《律师法》，律师制度进入了一个新的发展阶段。为了适应社会发展的需要，全国人大常委会先后于2001、2007、2012、2017年对律师法进行了四次修订。律师法对规范律师执业行为、保障律师依法执业权利发挥了重要作用。改革开放以来，律师事业发展迅速，为社会主义民主法治建设作出了贡献。截至2017年底，全国共有律师 36.5 万多人，律师事务所 2.8 万多家。

（一）律师和律师事务所

1. 律师

律师是指依法取得律师执业证书，接受委托或者指定，为当事人提供法律服务的执业人员。在中国，律师资格的取得可通过两种途径：①考试。通过国家统一法律职业资格考试取得法律职业资格。实行国家统一法律职业资格考试前取得的国家统一司法考试合格证书、律师资格凭证，与国家统一法律职业资格证书具有同等效力。②考核。具有高等院校本科以上学历，在法律服务人员紧缺领域从事专业工作满十五年，具有高级职称或者同等专业水平并具有相应的专业法律知识的人员，申请专职律师执业的，经国务院司法行政部门考核合格，准予执业。高等院校、科研机构中从事法学教育、研究工作的人员，符合本法第五条规定条件的，经所在单位同意，依照本法第六条规定的程序，可以申请兼职律师执业。

中国实行律师资格与律师执业相分离的制度。取得律师资格者，要从事律师职业，还必须取得执业证书。应当向设区的市级或者直辖市的区人民政府司法行政部门提出申请，并提交下列材料：①国家统一法律职业资格证书；②律师协会出具的申请人实习满一年考核合格的材料；③申请人的身份证明；④律师事务所出具的同意接收申请人的证明。申请兼职律师执业的，还应当提交所在单位同意申请人兼职从事律师职业的证明。受理申请的部门应当自受理之日起二十日内予以审查，并将审查意见和全部申请材料报送省、自治区、直辖市人民政府司法行政部门。省、自治区、直辖市人民政府司法行政部门应当自收到报送材料之日起十日内予以审核，作出是否准予执业的决定。准予执业的，向申请人颁发律师执业证书；不准予执业的，向申请人书面说明理由。

2. 律师事务所

律师事务所是律师的执业机构。设立律师事务所应当具备下列条件：①有自己的名称、住所和章程；②有符合本法规定的律师；③设立人应当是具有一定的执业经历，且三年内未受过停止执业处罚的律师；④有符合国务院司法行政部门规定数额的资产。

律师事务所是一种经营性的实体，其内部实行自愿组合，自收自支、自我发展、自我约束的机制。律师事务所有三种形式：

（1）国家出资设立的律师事务所，依法自主开展律师业务，以该律师事务所的全部资产对其债务承担责任。

（2）设立合伙律师事务所，应当有三名以上合伙人，设立人应当是具有三年以上执业经历的律师。合伙律师事务所可以采用普通合伙或者特殊的普通合伙形式设立。合伙律师事务所的合伙人按照合伙形式对该律师事务所的债务依法承担责任。成立三年以上并具有二十名以上执业律师的合伙律师事务所，可以设立分所，并对其分所的债务承担责任。

（3）设立个人律师事务所，设立人应当是具有五年以上执业经历的律师。设立人对律师事务所的债务承担无限责任。

设立律师事务所，应当向设区的市级或者直辖市的区人民政府司法行政部门提出申请，受理申请的部门应当自受理之日起二十日内予以审查，并将审查意见和全部申请材料报送省、自治区、直辖市人民政府司法行政部门。省、自治区、直辖市人民政府司法行政部门应当自收到报送材料之日起十日内予以审核，作出是否准予设立的决定。准予设立的，向申请人颁发律师事务所执业证书；不准予设立的，向申请人书面说明理由。

律师承办业务，由律师事务所统一接受委托，与委托人签订书面委托合同，按照国家规定向当事人统一收取费用并如实入账。律师事务所和律师应当依法纳税。法律严禁不具备律师资格的人设立律师事务所，严禁跟律师无关的非法业务或以诋毁其他律师事务所、律师或者支付介绍费等不正当手段承揽业务的不正当行为。律师事务所变更名称、住所、章程、合伙人等重大事项或者解散的，应当报原审核部门。

（二）律师的业务与权利义务

1. 律师的业务

律师的执业范围十分广泛，按其性质可分为诉讼业务和非诉讼业务：

（1）诉讼业务：①接受民事案件、行政案件当事人的委托，担任代理人，参加诉讼；②接受刑事案件犯罪嫌疑人、被告人的委托或者依法接受法律援助机构的指派，担任辩护人，接受自诉案件自诉人、公诉案件被害人或者其近亲属的委托，担任代理人，参加诉讼。

（2）非诉讼业务：①接受自然人、法人或者其他组织的委托，担任法律顾问。根据聘请方的不同性质，可分为政府法律顾问、企事业单位法律顾问和公民法律顾问。律师担任政府法律顾问，主要是为政府的重大决策及起草的各种规范性文件提供法律意见，以及代表政府参加诉讼。律师担任公民个人法律顾问是一项新兴业务，随着中国公民法治意识的提高，这项业务发展迅速。②接受委托，参加调解、仲裁活动。③接受委托，提供非诉讼法律服务。随着市场经济的发展，律师服务逐步进入证券、金融、房地产、知识产权保护、税务、贸易投资、移民等众多领域。④接受委托，代理各类诉讼案件的申诉；⑤解答有关法律的询问、代写诉讼文书和有关法律事务的其他文书。

2. 律师的权利和义务

在执行职务时，律师主要享有下列权利：①依法执业权。律师依法执行职务，受法律保护，任何机关、团体和个人不得妨碍、干涉或者威胁其行使合法权利。律师担任辩护人的，有权持律师执业证书、律师事务所证明和委托书或者法律援助公函，依照刑事诉讼法的规定会见在押或者被监视居住的犯罪嫌疑人、被告人。辩护律师会见犯罪嫌疑人、被告人时不被监听。②调查取证权。律师应当持律师事务所开具的介绍信和律师工作执照向有关组织和个人调查、收集与承办法律事务有关的证据材料，有关组织和个人应当协助提供有关材料，法律另有规定的除外。③质问证人、鉴定人的权利。在诉讼中，证人的证词、鉴定人的鉴定结论对于当事人利益关系甚大，律师为了有利于自己的委托人，应辨明证人、鉴定人陈述的真伪，有权对他们进行质问。④查阅卷宗权。律师为了维护当事人利益，了解案情和证据，有权向法院查阅、抄录、摄影案卷。⑤拒绝辩护、代理权。律师对侮辱自己人格或向律师提出无理要求的委托人，有权拒绝辩护和代理。⑥建议权。律师在执业中发现本地区机关、企业、事业单位、社会团体及其负责人在遵守法律、法规、规章方面存在问题，可以提出意见或建议，接到意见或建议的单位应认真研究处理。⑦收取酬金的权利。律师为当事人提供法律服务，有权收取酬金。酬金的标准由律师和当事人协商，但不得违背法令和律师协会章程，且必须通过律师事务所统一收取。

律师在民事诉讼、行政诉讼、刑事诉讼和非讼事件中还享有各自不同的权利。例如，在民事诉讼中，律师受委托担任代理人，享有诉讼中一切必要行为之权，如申请保全证据、申请财产保全、执行等，受委托人的特别授权可以承认、变更、放弃诉讼请求，进行和解，提出上诉或反诉。在刑事诉讼中，律师享有会见犯罪嫌疑人、被告人的权利，提起上诉的权利、辩护权。1996年3月八届全国人大四次会议修正通过的《刑事诉讼法》加强了公民人身权利的保障，特别是犯罪嫌疑人合法权利的保护。较之以前，律师活动的范围和权利大大增强。现行刑事诉讼法第33条第一款规定："犯罪嫌疑人自被侦查机关第一次讯问或者采取强制措施之日起，有权委托辩护人；在侦查期间，只能委托律师作为辩护人。被告人有权随时委托辩护人。"这样律师介入到侦查队伍，在公民被限制自由、受到强制措施时为其提供法律帮助，有助于辩护权的充分行使，减少刑讯逼供，促进文明办案和司法公正。

律师的义务主要有：①忠实于法律，依法履行职务。②对于法院所命令的职务，不得推辞，如承担法律援助义务。③遵守法庭秩序。④为维护当事人的合法权益尽守职责，不得在同一案件中为双方当事人担任代理人。⑤不得任意终止契约。律师一旦接受当事人的委托，即应签订契约，非有正当理由，不得终止。正当理由是指委托人违背契约条款、律师和委托人意见相悖等。⑥不得受让当事人之间争议的权利。律师是为解决当事人之间的权利争议而执行职务的，介入其中，很难保证公正合法地维护当事人的利益，流弊甚多。⑦不得为不正当行为，不得损害当事人的声誉。⑧损害赔偿。律师如果懈怠疏忽，致使委托人受损害，律师应当负赔偿责任。⑨回避的义务。律师与办理案件的法官、检察官、警察之间，有配偶、三亲等内姻亲、五亲等内血亲关系者，即应回避。曾担任法官、检察官的律师，从人民法院、人民检察院离任后两年内，不得担任诉讼代理人或者辩护人。⑩保密义务。律师应当保守在执业活动中知悉的国家秘密和当事人的商业秘密，不得泄露当事人的隐私。

（三）律师的规诫

律师应当遵守职业道德与行业纪律，否则要受到惩戒，承担法律责任。

律师职业道德主要有：①遵守宪法和法律；②依法忠实履行职责；③尽职尽责维护委托人的合法权益；④廉洁自律，克己奉公；⑤同行之间互敬互助，公平竞争；⑥以事实为根据，以法律为准绳；⑦接受国家、社会、当事人的监督。

律师职业纪律主要有：

①律师在与法院等司法机关交往中应遵循的规则。比如，不得进行损害审判机关、检察机关、公安机关和仲裁机关威信和名誉的行为；不得采用歪曲事实、曲解法律、伪造证据等手段影响和妨碍司法机关、仲裁机关、行政执法机关对纠纷案件的裁决和处理。

②律师在处理与委托人和对方当事人关系方面应遵循的规则。比如，不得故意提供虚假证据或者威胁、利诱他人提供虚假证据，妨碍对方当事人合法取得证据；不得接受对方当事人财物或者其他利益，与对方当事人或者第三人恶意串通，侵害委托人权益。

③律师在处理与同行的关系时应遵循的规则。比如，不得违反法定程序办理变更名称、负责人、章程、合伙协议、住所、合伙人等重大事项；不得以诋毁其他律师事务所、律师或者支付介绍费等不正当手段承揽业务。

④律师应遵循的其他执业纪律。比如，曾担任法官、检察官的律师，从人民法院、人民检察院离任后二年内，不得担任诉讼代理人或辩护人；不得帮助非律师以律师名义从事法律服务活动。

对违反职业道德与执业纪律的律师有四种惩戒方式：警告、没收违法所得、停止执业（三个月以上，一年以下）、吊销执业证书。其中情节严重，构成犯罪的，追究刑事责任。

司法行政机关统一负责律师的惩戒工作。司法行政机关和律师协会设立投诉电话、电邮、信箱，受理对律师的投诉。接到投诉后，司法行政机关应进行调查取证，分不同情况作出不同处理决定。对于停止执业和吊销律师执业证书的，当事人可要求召开听证会。被惩戒人对处罚决定不服的，可依法向上一级司法机关申请复议，也可直接向法院提起行政诉讼。

（四）律师的管理体制

律师制度恢复后，主要由司法行政机关负责律师的管理。律师法实施后，确立了司法行政机关的行政管理和律师协会行业管理相结合的律师管理体制。

司法行政机关的管理职能主要是：制定有关律师工作的规定和办法；审批律师事务所的设立和撤销；监督律师活动；组织法律资格统一考试和考核工作，决定律师资格的授予，负责执业证书的发放、年检注册登记，实施对律师的奖惩；指导、监督律师协会的工作。

律师协会是社会团体法人，是律师的自律性组织。律师协会的组织体系为：全国设立中华全国律师协会，省、自治区、直辖市设立地方律师协会，设区的市根据需要可以设立地方律师协会。律师协会章程由全国会员代表大会统一制定，报国务院司法行政部门备案。律师必须加入所在地的地方律师协会。加入地方律师协会的律师，同时是中华全国律师协会的会员。律师协会会员按照律师协会章程，享有章程赋予的权利，履行章程规定的义务。律师协会应当履行下列职责：①保障律师依法执业，维护律师的合法权益；②总结、交流律师工作经验；③制定行业规范和惩戒规则；④组织律师业务培训和职业道德、执业纪律教育，对律师的执业活动进行考核；⑤组织管理申请律师执业人员的实习活动，对实习人员进行考核；⑥对律师、律师事务所实施奖励和惩戒；⑦受理对律师的投诉或者举报，调解律师执业活动中发生的纠纷，受理律师的申诉；⑧法律、行政法规、规章以及律师协会章程规定的其他职责。律师协会制定的行业规范和惩戒规则，不得与有关法律、行政法规、规章相抵触。

六 其他制度

（一）执行制度

执行制度是司法制度的重要组成部分，它是法院生效判决的实现。执行制度包括民事执行制度、刑事执行制度、行政执行制度。实践中，也包括对行政处罚决定的执行制度。民事执行和行政执行由法院进行强制执行，程序简单。这里着重阐释刑事执行制度。刑事执行制度包括对各种刑罚的执行，主要是指死刑立即执行和交付监狱执行。

1. 死刑立即执行制度

死刑是剥夺犯罪分子生命的一种最严厉的刑罚。一旦错杀，即造成无法弥补的后果，因此法律对此规定了严格的执行程序。

对于核准的死刑立即执行的判决，应由最高人民法院院长签发执行死刑的命令，交付下级人民法院在七日内执行。执行时，人民检察院应当派员临场监督，指挥执行的审判人员应当对罪犯验明正身，讯问有无遗言、信札，然后交付执行人员执行死刑。

下级人民法院在接到执行死刑的命令后，如果发现：①判决可能有错误的；②或者在执行前罪犯揭发重大犯罪事实或者有其他重大立功表现可能需要改判的，或者罪犯正在怀孕，应当停止执行，并且立即报告交付执行的最高人民法院。第一项停止执行的原因消失后，必须报请最高人民法院院长再签发执行死刑的命令方能执行，由于第二项原因停止执行的，应当报请依法改判。

人民法院在将罪犯交付执行死刑后，执行处决前，发现执行死刑可能有错误时，应暂停执行死刑，并报请签发死刑命令的最高人民法院裁定。"可能有错误"主要是指判决、裁定可能有错误或者其他不能执行死刑的情况。

2. 交付监狱执行制度

1994年12月，八届全国人大常委会第十一次会议通过的《监狱法》是新中国的第一部监狱法典，是对1954年8月政务院通过的《劳动改造条例》

（简称《劳改条例》）的继承和发展。它明确规定了对罪犯执行刑罚的制度。这使中国《刑法》《刑事诉讼法》颁布实施15周年，一直没有刑事执行法典的状况成为历史。监狱法规定，国务院司法行政部门主管全国的监狱工作，司法部设监狱管理局，作为司法部管理全国监狱的职能部门。各省、自治区、直辖市的司法厅（局）主管本行政区域所辖范围内的监狱工作；省、自治区、直辖市的监狱管理局在当地司法厅（局）的领导下具体管理辖区内的监狱工作。

（1）收监

监狱是国家的刑罚执行机关。依照刑法和刑事诉讼法的规定，被判处死刑缓期二年执行、无期徒刑、有期徒刑的罪犯，在监狱内执行刑罚。因此，人民法院在审判后，对于被判处上述刑罚的罪犯，应当将执行通知书、判决书送达羁押该罪犯的公安机关，公安机关应当自收到执行通知书、判决书之日起一个月以内将该罪犯送交监狱执行刑罚。如果罪犯在被交付执行刑罚前，只剩余一年以下刑期的，由看守所代为执行，不再收监执行。

罪犯被交付执行刑罚时，交付执行的人民法院应当将人民检察院的起诉书副本、人民法院的判决书、执行通知书、结案登记表同时送达监狱。监狱没有收到上述文件的，不得收监。上述文件不齐全或者记载有错误的，作了生效判决的人民法院应当及时补充齐全或作出更正；对其中可能导致错误收监的，不予收监。

罪犯收监，监狱应当对其身体和所携带的物品进行严格检查。非生活必需品，由监狱代为保管或征得罪犯同意退回其家属，属于违禁品的，予以没收。经检查身体，被判处有期徒刑、拘役的罪犯如果有严重疾病需要保外就医的，或者怀孕或者正在哺乳自己婴儿的，可以暂不收监，由交付执行的人民法院决定暂予监外执行。对其中暂予监外执行有社会危险的，或者自伤自残的罪犯，应当收监。暂予监外执行的罪犯，由居住地公安机关执行刑罚，暂不收监的情形消失后，原判刑期尚未执行完毕的罪犯，由公安机关送交监狱收监执行。

（2）监外执行

对在监内服刑的被判处有期徒刑、拘役的罪犯，如果有严重疾病需要保外就医的或者怀孕或者正在哺乳自己婴儿的妇女，可以由监狱提出暂予监外执行的书面意见，报省级监狱管理机关批准。批准机关应当将批准暂予监外执行的决定通知公安机关和原判人民法院，并抄送人民检察院。人民检察院对此决定认为不当的，应当自接到通知之日起一个月内将书面意见送交批准机关，批准机关应立即对该决定进行核查。

对监外执行的罪犯，由原居住地公安机关执行。暂予监外执行的情形消失后，刑期未满的，应当及时通知监狱收监；刑期届满的，由原关押监狱办理释放手续。

（3）对申诉的处理

罪犯对生效判决不服的，可以通过监狱向人民法院或人民检察院提出申诉。监狱根据罪犯的申诉材料，认为判决可能有错误的，应当提请人民检察院或人民法院处理。人民检察院或人民法院应当自收到监狱提请处理意见书3日起3个月内将处理结果通知监狱。

（4）减刑、假释

对于被判处管制、拘役、有期徒刑或者无期徒刑的罪犯在服刑期间，确有悔改或者立功表现的，应当依法予以减刑、假释的时候，由执行机关提出建议书，报请人民法院审核裁定。有重大立功表现的，应当减刑。《监狱法》规定的重大立功表现有：①阻止他人重大犯罪活动；②检举监狱内外重大犯罪活动，经查证属实的；③有发明创造或者重大技术革新的；④在日常生产、生活中舍己救人的；⑤在抗御自然灾害或者排除重大事故中，有突出贡献的；⑥对国家和社会有其他重大贡献的。

减刑程序为：先由监狱向人民法院提出减刑建议，然后人民法院在收到减刑建议书之日起一个月内予以审核裁定；案情复杂或者情况特殊的，可以延长一个月。

对于被判处死刑缓期二年执行的罪犯在二年期满后，所在监狱应根据罪犯的表现和法律规定的减为无期徒刑、有期徒刑的条件及时提出减刑建议，报省级监狱管理机关审核后，提请高级人民法院裁定。

被判处有期徒刑的罪犯，执行原判刑期二分之一以上，被判处无期徒刑的罪犯，实际执行十年以上，如果确有悔改表现，不致再危害社会，可以假释。假释的程序为：监狱根据考核结果向人民法院提出假释建议，人民法院自收到假释建议书之日起一个月内予以审核裁定。人民法院决定假释的，监狱发给假释证明书，由公安机关对被假释的罪犯予以监督。对被假释的罪犯，依法实行社区矫正，由社区矫正机构负责执行。被假释的罪犯，在假释考验期限内有违反法律、行政法规或者国务院有关部门关于假释的监督管理规定的行为，尚未构成新的犯罪的，社区矫正机构应当向人民法院提出撤销假释的建议，人民法院应当自收到撤销假释建议书之日起一个月内予以审核裁定。人民法院裁定撤销假释的，由公安机关将罪犯送交监狱收监。构成新罪的，撤销假释，经审判把前罪没有执行的刑罚和后罪判处的刑罚按照数罪并罚的原则执行刑罚。

对于法院的减刑、假释裁定，应将裁定书副本送交人民检察院。人民检察院认为裁定不当的，应当在收到裁定书副本后二十日以内，向人民法院提出书面纠正意见。人民法院应当在收到纠正意见后一个月以内重新组成合议庭进行审理，作出最终裁定。

（5）释放和安置

罪犯服刑期满，由监狱发给释放证明书并按期释放，然后到公安机关办理户籍登记。对刑满释放人员，当地人民政府帮助其安置生活或给予救济。

（6）对罪犯的教育改造

对罪犯执行刑罚，不仅仅是对其进行惩罚，而且要将罪犯改造成为守法公民。因此，监狱对罪犯执行刑罚的过程，也是对其进行改造的过程。在这个过程中，要实行惩罚和改造、劳动和教育相结合的原则。

对罪犯实行教育改造，因人施教，分类教育，以理服人，采取集体教育和个别教育相结合、狱内教育与社会教育相结合的方法。既要对罪犯进行法制、道德、形势政策、前途等内容的思想教育，又要对其进行文化和职业技术教育，以适应罪犯刑满释放后就业需要。

有劳动能力的罪犯必须参加劳动。监狱根据个人情况，合理组织劳动，使其矫正恶习，养成劳动习惯，学会生产技能，并为释放后就业创造条件。罪犯的劳动时间参照国家有关法律规定进行，并享有劳动保护、劳动保险。

对于未满十八周岁的未成年犯，应当根据其年龄、生理、心理特点在未成年犯管教所执行刑罚。对未成年犯执行刑罚应当以教育改造为主。未成年犯的劳动，应适合其特点，以学习文化和生产技能为主。未成年犯也享有接受义务教育的权利。监狱应当配合国家、社会、学校等教育机构，为未成年犯接受义务教育提供必要的条件。

（二）公证制度

公证是公证机构根据自然人、法人或者其他组织的申请，依照法定程序对民事法律行为、有法律意义的事实和文书的真实性、合法性予以证明的活动。在中国，开展公证的目的是，预防纠纷，保障自然人、法人或者其他组织的合法权益。

中国的公证制度发展曲折。中华人民共和国成立初期，发展状况较好，1957年后被认为完成了历史使命，公证机关纷纷撤销。1980年起，公证制度才得以恢复。1982年4月国务院颁布了《公证暂行条例》，中国的公证制度进入新的发展时期。2000年8月司法部颁布了《司法部关于深化公证工作改革的方案》，推进公证机构向事业单位转制。顺应市场经济的要求，改革后的公证机构不再是行政机构，而是执行国家公证职能、自主开展业务、独立承担责任的公益性、非营利性的事业法人。2005年8月十届全国人大常委会第十七次会议通过了《公证法》，为适应社会发展的需要，于2015年、2017年先后进行了两次修正。

1. 公证机构与公证员

（1）公证机构

公证机构是依法设立，不以营利为目的，依法独立行使公证职能、承担民事责任的证明机构。公证机构按照统筹规划、合理布局的原则，可以在县、不设区的市、设区的市、直辖市或者市辖区设立；在设区的市、直辖市可以设立一个或者若干个公证机构。公证机构不按行政区划层层设立。各公证机构之间没有隶属关系，在各自所辖的范围内独立行使公证权，它们出具的公证书具有同等的法律效力。

设立公证机构，应当具备下列条件：①有自己的名称；②有固定的场所；③有两名以上公证员；④有开展公证业务所必需的资金。设立公证机构，由所在地的司法行政部门报省、自治区、直辖市人民政府司法行政部门按照规定程序批准后，颁发公证机构执业证书。公证机构的负责人应当在有三年以上执业经历的公证员中推选产生，由所在地的司法行政部门核准，报省、自治区、直辖市人民政府司法行政部门备案。

（2）公证员

公证员是在公证机构从事公证业务的执业人员。公证员的数量根据公证业务需要确定。省、自治区、直辖市人民政府司法行政部门应当根据公证机构的设置情况和公证业务的需要核定公证员配备方案，报国务院司法行政部门备案。

担任公证员，应当具备下列条件：①具有中华人民共和国国籍；②年龄二十五周岁以上六十五周岁以下；③公道正派，遵纪守法，品行良好；④通过国家统一法律职业资格考试取得法律职业资格；⑤在公证机构实习二年以上或者具有三年以上其他法律职业经历并在公证机构实习一年以上，经考核合格。

从事法学教学、研究工作，具有高级职称的人员，或者具有本科以上学历，从事审判、检察、法制工作、法律服务满十年的公务员、律师，已经离开原工作岗位，经考核合格的，可以担任公证员。

担任公证员，应当由符合公证员条件的人员提出申请，经公证机构推荐，由所在地的司法行政部门报省、自治区、直辖市人民政府司法行政部门审核同意后，报请国务院司法行政部门任命，并由省、自治区、直辖市人民政府司法行政部门颁发公证员执业证书。

公证员有下列情形之一的，由所在地的司法行政部门报省、自治区、直辖市人民政府司法行政部门提请国务院司法行政部门予以免职：①丧失中华人民共和国国籍的；②年满六十五周岁或者因健康原因不能继续履行职务的；③自愿辞去公证员职务的；④被吊销公证员执业证书的。

全国设立中国公证协会，省、自治区、直辖市设立地方公证协会。中国公证协会和地方公证协会是社会团体法人。中国公证协会章程由会员代表大会制定，报国务院司法行政部门备案。公证协会是公证业的自律性组织，依据章程开展活动，对公证机构、公证员的执业活动进行监督。司法行政部门依法对公证机构、公证员和公证协会进行监督、指导。

2. 公证的主要原则

（1）真实合法原则。公证机关依法对法律事实、有法律意义的文书和事实的真实性、合法性作出证明。公证机关在出证前必须审查当事人的身份和行使权利、履行义务的能力；审查当事人申请公证的事实和文书以及有关文件是否真实、合法。不合规的可拒绝公证。

（2）自愿公证与强制公证相结合的原则。自愿公证，是指当事人对公证与否有自由选择权，公证机关无权干涉。自愿公证是主要的公证形式。强制公证，是指法律规定或合同约定的应当采用公证形式的法律行为以及其他属于公证业务范围的事项，当事人必须向公证机关办理公证，否则不产生法律效力。

（3）独立公证原则。公证机关依法办理公证业务，不受他人的非法干涉。

（4）保密原则。公证人员对本公证机构办理的公证事务，应当保守国家秘密和当事人的秘密。保守秘密的规定也适用于接触公证事务的鉴定人、翻译、见证人和其他公职人员。

（5）回避原则。为保证公证活动的公正性，公证员不得办理本人、配偶或本人、配偶的近亲属申请办理的公证事务，与不许办理与本人或配偶有利害关系的公证事务。对于有应当回避情形的，公证员应自行回避，当事人也有权申请他们回避。

（6）使用本国和本民族语言文字的原则。法律规定制作公证文书应使用中文。在少数民族聚居或者多民族共同居住的地区，除涉外公证事项外，可使用当地民族通用的文字作成。

3．公证业务与管辖

（1）公证业务

依据《公证法》的规定，公证业务可概括为以下几个方面：

①证明法律行为。主要有：证明合同、委托、声明、遗嘱；证明继承权；证明财产赠与、分割；证明招标投标、拍卖；证明收养关系等。这是公证业务中数量最大、最常见的一种。

②证明有法律意义的事实。主要有：证明出生、婚姻状况、生存、死亡；证明亲属关系；证明出生、生存、死亡、身份、经历、学历、学位、职务、职称、有无违法犯罪记录等。

③证明具有法律意义的文书。包括：公司章程；文书上的签名、印鉴、日期，文书的副本、影印本与原本相符等。

④办理与公证有关的辅助性业务。主要有：保全证据；保管遗嘱、遗产或者其他与公证事项有关的财产、物品、文书；代写与公证事项有关的法律事务文书等。

⑤证明自然人、法人或者其他组织自愿申请办理的其他公证事项。

（2）管辖

公证事务由申请人户籍所在地、法律行为或者事实发生地的公证机构管辖。涉及财产转移的公证事务由申请人户籍所在地或者主要财产所在地的公证机构管辖。申请办理同一公证事务的若干个当事人的户籍所在地不在一个公证辖区，或者财产所在地跨几个公证辖区时，由当事人协商，可向其中任何一个公证机构提出申请。如当事人不能达成协议，由有关公证机构从便民出发协商管辖。公证机构之间如因管辖权而发生争议，由其共同上级司法行政机关指定管辖。司法部是各省、自治区、直辖市司法行政机关，有权指定管辖。中国驻外国大使馆、领事馆可以接受驻在国的中国公民的要求，办理公证事务。

4．公证程序

（1）申请与受理

除遗嘱和收养等公证事项必须由自己申办外，公民或法人可以委托代理人申办公证事项。申请应向有管辖权的公证处提出，并填写公证申请表，在申请表上签名或盖章。申请公证应提交有关材料，如身份证、授权委托书、需要公证的文书,与公证事项有关的产权证明或其他材料。公证处应对当事人的申请初步作出办理决定,符合条件的,应予受理。

(2) 审查

公证处重点审查当事人的人数、身份、资格、民事行为能力、当事人的意思表示和相应的权利,需公证的行为、事实或文书的内容是否真实、合法,需公证的文书内容是否完善,文字是否准确,签名、印鉴是否齐全等内容。

(3) 出证

对经过审查符合条件的公证由公证人出具公证证明。

(4) 特别程序

是指办理某些特殊的公证事项所应遵循的程序,如办理招标、投标、开奖、拍卖等公证事项,公证人必须亲临现场,对真实、合法的应当场宣读公证词,并在七日内作出公证书发给当事人。

(5) 复议

当事人对公证处作出的不予受理或拒绝公证或撤销公证书的决定不服,可在法定期限内向司法行政机关申请复议;对复议决定不服的,可在法定期限内向人民法院起诉。

5. 公证效力

当事人申请公证的法律行为、有法律意义的文书和事实经公证后有如下法律效力:

(1) 证据效力,也可称作证据能力,即具有法律上的证明资格的能力。如民事诉讼法规定,经过法定程序公证证明的法律行为,法律事实和文书,人民法院应当作为认定事实的根据,但有相反证据足以推翻公证证明的除外。

(2) 执行效力,是指具有强制执行的效力。经过公证证明有强制执行力的债权文书,一方当事人不按文书规定履行时,对方当事人可以向有管辖权的人民法院申请执行。

(3) 法律行为生效的要件效力。有些法律行为只有经过公证证明后才能生效,才具有法律约束力。如收养子女、中国公民同外国人办理婚姻登记等行为。

(4) 域外效力,是指公证书在域外使用时具有的法律效力。中国公民或法人发往域外使用的公证文书,经外交部和各省、市、自治区外事办公室或外国驻华使、领馆的认证,在使用国具有法律效力。

(三) 仲裁制度

平等主体的公民、法人和其他组织之间发生的合同纠纷和其他财产权益纠纷，可以仲裁。仲裁是指双方当事人自愿将争议交付由一名或数名仲裁员组成的仲裁庭，由其居中评判并作出对双方有约束力的判决。

对民事纠纷进行仲裁，是国际上通行的解决争议的一种制度。中国的仲裁制度在中华人民共和国成立初期就已存在，开始是对外贸易仲裁和海事仲裁，接着又建立了经济合同仲裁制度。但在计划经济体制下形成的仲裁制度有着仲裁机构不健全、仲裁规则不统一等问题，仲裁制度并未定型。仲裁制度的真正发展是在改革开放以后。1994年8月八届全国人大常委会第九次会议通过的《仲裁法》，为形成统一的仲裁制度提供了法律保障。为适应社会发展的需要，仲裁法又于2009年、2017年先后进行了两次修订。目前中国的仲裁主要有国内经济仲裁、涉外经济仲裁和劳动仲裁。

1. 国内经济仲裁

中国受理国内经济仲裁案件的组织是仲裁委员会。仲裁委员会可以在直辖市和省、自治区人民政府所在地的市设立，也可以根据需要在其他设区的市设立，不按行政区划层层设立。仲裁委员会由这些市的人民政府组织有关部门和商会统一组建。设立仲裁委员会，应当经省、自治区、直辖市的司法行政部门登记。

（1）仲裁原则

仲裁活动应当遵循以下原则：①协议仲裁原则。当事人（指法律地位平等的公民、法人和其他组织）采用仲裁方法解决他们之间的合同纠纷和其他财产权益纠纷，必须双方自愿，事先或事后达成仲裁协议。没有仲裁协议，一方申请仲裁的，仲裁机构不予受理。②排除法院管辖原则。当事人达成仲裁协议（指有效的仲裁协议）后，只能采用仲裁方式解决他们之间的争议。如果一方向人民法院起诉，人民法院不予受理。③依法仲裁原则。仲裁机构进行仲裁，必须以事实为根据，以法律为准绳，公平合理地解决纠纷。④仲裁独立原则。仲裁机构具有独立的法律地位，与行政执行机关、司法机关没有隶属关系。并且依法独立进行仲裁，不受行政机关、社会团体和个人的干涉。这是保证仲裁公正的必需条件。⑤一裁终局的原则。仲裁机构作出裁决后，即发生法律效力，当事人不得就同一纠纷再申请仲裁或向人民法院起诉。否则，仲裁机构或者人民法院不予受理。

（2）仲裁机构

仲裁机构是在各地设立的仲裁委员会。仲裁委员会的成立必须具备下列条件：①有自己的名称、住所和章程；②有必要的财产；③有该委员会的组成人员；④有聘任的仲裁员。仲裁委员会独立于行政机关，与行政机关没有隶属关系。仲裁委员会之间也没有隶属关系。

仲裁委员会由主任一人、副主任二至四人和委员七至十一人组成。仲裁委员会的主任、副主任和委员由法律、经济贸易专家和有实际工作经验的人员担任。仲裁委员会的组成人员中，法律、经济贸易专家不得少于三分之二。

仲裁委员会应当从公道正派的人员中聘任仲裁员。仲裁员应当符合下列条件之一：①通过国家统一法律职业资格考试取得法律职业资格，从事仲裁工作满八年的；②从事律师工作满八年的；③曾任法官满八年的；④从事法律研究、教学工作并具有高级职称的；⑤具有法律知识、从事经济贸易等专业工作并具有高级职称或者具有同等专业水平的。仲裁委员会按照不同专业设仲裁员名册。

中国仲裁协会是社会团体法人。仲裁委员会是中国仲裁协会的会员。中国仲裁协会的章程由全国会员大会制定。中国仲裁协会是仲裁委员会的自律性组织，根据章程对仲裁委员会及其组成人员、仲裁员的违纪行为进行监督。中国仲裁协会依照仲裁法和民事诉讼法的有关规定制定仲裁规则。

（3）仲裁协议

仲裁协议是当事人申请仲裁的必需文件，也是仲裁委员会受理仲裁的法律依据，没有仲裁协议，其受理即为非法。

仲裁协议包括合同中订立的仲裁条款和以其他书面方式在纠纷发生前后达成的请示仲裁的协议。仲裁协议必须记载下列内容：①请示仲裁的意见表示；②仲裁事项；③选定的仲裁委员会。订立仲裁协议的当事人必须是完全民事行为能力人，无民事行为能力人或限制民事行为能力人订立的仲裁协议无效。仲裁协议必须是双方真实意思的表示，一方采取胁迫手段，迫使对方订立的仲裁协议无效。当事人不得对婚姻、收养、监护、扶养、继承纠纷约定仲裁，也不得对依法应当由行政机关处理的行政争议约定仲裁，否则该仲裁协议无效。

仲裁协议独立存在。合同的变更、解除、终止或无效，不影响仲裁协议的效力。当事人对仲裁协议的效力有异议的，可以请求仲裁委员会作出决定或者请求人民法院作出裁定。一方向仲裁委员会申请，另一方向法院申请的，由法院作出裁定。

（4）仲裁程序

第一，申请和受理

当事人申请仲裁必须符合三个条件：①有仲裁协议；②有具体的仲裁请求和事实理由；③属于仲裁委员会的受理范围。仲裁委员会在收到仲裁申请书之日起五日内，认为符合上述三个条件的，即受理并通知当事人；认为不符合上述条件的，书面通知当事人不予受理，并说明理由。仲裁委员会将仲裁规则、仲裁员名册送达申请人和被申请人，向被申请人送达仲裁申请书副本。被申请人向仲裁委员会提交答辩书并将副本送达申请人。当事人可以申请对财产保全，委托律师和其他代理人进行仲裁活动。

第二，仲裁庭组成

仲裁庭可以由三名仲裁员或者一名仲裁员组成，由三名组成的，设首席仲裁员。当事人约定由三名仲裁员组成仲裁庭的，各自选定或各自委托仲裁委员会主任指定一名仲裁员，第三名仲裁员由当事人共同选定或者共同委托仲裁委员会主任指定，并担任首席仲裁员。当事人约定由一名仲裁员成立仲裁庭的，应由当事人共同选定或者共同委托仲裁委员会主任指定仲裁员。仲裁员和该案有某些关系，可能影响公正仲裁的，应当回避，当事人也有权提出回避申请。法律规定的回避事由为：①是该案当事人或者当事人、代理人的近亲属；②与本案有利害关系；③与本案当事人、代理人有其他关系，可能影响公正仲裁的；④私自会见当事人、代理人或者接受当事人、代理人的请客送礼的。仲裁员是否回避，由仲裁委员会主任决定，仲裁委员会主任担任仲裁员时，由仲裁委员会集体决定。

第三，开庭和裁决

仲裁应开庭进行，开庭时不公开，当事人另有协议的除外。当事人应在仲裁委员会通知的开庭日期到庭，申请人无正当理由不到庭或未经许可中途退庭的，可视为撤回仲裁申请，被申请人有前列情形的，可以缺席裁决。开庭时，当事人应当对自己的主张提供证据，有权进行辩论。辩论终结时，首席仲裁员或者独任仲裁员应当征询当事人的最后意见。当事人申请仲裁后，可以自行和解。达成和解协议的，可以撤回仲裁申请，也可以请求仲裁庭根据和解协议作出裁决书。仲裁庭在作出裁决前，可以先行调解，也应当在当事人请求调解时进行调解。调解不成的，应当及时裁决；调解达成协议的，仲裁庭应当制作调解书或者根据协议的结果制作裁决书，二者具有同等的法律效力，在签收前反悔的，仲裁庭应及时作出裁决。

第四，仲裁裁决的效力

仲裁裁决书自作出之日起即发生法律效力。但当事人自收到裁决书之日起六个月内，提出证据证明裁决有下列情形之一的，可以向仲裁委员会所在地的中级人民法院申请撤销裁决，人民法院经组成合议庭审查核实有下列情形之一的，应当裁定撤销：①没有仲裁协议的；②裁决的事项不属于仲裁协议的范围或者仲裁委员会无权仲裁的；③仲裁庭的组成或者仲裁的程序违反法定程序的；④裁决所依据的证据是伪造的；⑤对方当事人隐瞒了足以影响公正裁决的证据的；⑥仲裁员在仲裁该案时有索贿受贿、徇私舞弊、枉法裁决行为的。人民法院在审查时，认为该裁决违背社会公共利益的，也应当决定撤销。

第五，仲裁裁决的执行

当事人应当自动履行裁决。仲裁委员会不具有执行权，一方当事人不履行的，另一方面当事人可以向有管辖权的人民法院申请执行，受申请的人民法院应当执行。但是，根据《民事诉讼法》第二百一十三条，被申请人提出证据证明裁决有下列情形之一的，经人民法院组成合议庭审查核实，裁定不予执行：①当事人在合同中没有订立仲裁条款或者事后没有达成书面仲裁协议的；②裁决的事项不属于仲裁范围或者仲裁机构无权仲裁的；③仲裁庭的组成或者仲裁的程序违反法定程序的；④认定事实的主要证据不足的；⑤适用法律确有错误的；⑥仲裁员在仲裁该案时有贪污受贿、徇私舞弊、枉法裁决行为的。如果一方当事人申请执行裁决，同时另一方当事人申请撤销裁决的，人民法院裁定中止执行，待法院审查后，裁定终结执行或恢复执行。

2. 涉外经济仲裁

涉外仲裁主要指涉外经济贸易、运输和海事中发生的纠纷的仲裁。涉外仲裁委员会可以由中国国际商会组织设立。涉外仲裁委员会由主任一人、副主任若干人和委员若干人组成。涉外仲裁委员会的主任、副主任和委员可以由中国国际商会聘任。涉外仲裁委员会可以从具有法律、经济贸易、科学技术等专门知识的外籍人士中聘任仲裁员。涉外仲裁的当事人申请证据保全的，涉外仲裁委员会应当将当事人的申请提交证据所在地的中级人民法院。涉外仲裁的仲裁庭可以将开庭情况记入笔录，或者作出笔录要点，笔录要点可以由当事人和其他仲裁参与人签字或者盖章。当事人或被申请人提出证据证明涉外仲裁裁决有民事诉讼法第二百五十八条第一款规定的情形之一的，经人民法院组成合议庭审查核实，裁定撤销或不予执行。涉外仲裁委员会作出的发生法律效力的仲裁裁决，当事人请求执行的，如果被执行人或者其财产不在中华人民共和国领域内，应当由当事人直接向有管辖权的外国法院申请承认和执行。涉外仲裁规则可以由中国国际商会依照本法和民事诉讼法的有关规定制定。

3. 劳动争议仲裁

劳动争议仲裁是一项特殊的仲裁制度，由国家劳动法调整。中国的劳动争议仲裁机构是设在县、市、市辖区的劳动争议仲裁委员会。劳动争议仲裁委员会由劳动行政主管部门代表、同级工会代表、用人单位方面的代表组成。仲裁委员会的组成人员为单数,仲裁委员会主任由劳动行政主管部门的负责人担任。

劳动争议仲裁委员会处理中国境内的企业与职工之间的下列劳动争议:①因企业开除、除名、辞退职工和职工辞职、自动离职发生的争议;②因执行国家有关工资、保险、福利、培训、劳动保护的规定发生的争议;③因履行劳动合同发生的争议以及法律规定的其他劳动争议。劳动争议发生后,当事人可申请调解,也可以直接向劳动争议仲裁委员会申请仲裁。对仲裁裁决不服的,可以向法院起诉。

仲裁委员会处理劳动争议,实行仲裁员、仲裁庭制度。仲裁员一般为劳动行政主管部门或政府其他有关部门的人员、工会工作者、专家学者和律师。仲裁庭由三名仲裁员组成,简单的劳动争议案件也可由一名仲裁员处理。仲裁庭处理劳动争议应当先行调解,调解达成协议的,应制成调解书,调解书自送达之日起具有法律效力。调解未达成协议或送达前当事人反悔的,仲裁庭应及时作出裁决,并制成裁决书,送达双方当事人。当事人对裁决不服的,可以自收到裁决书之日起十五日内向法院起诉。一方当事人在法定期限内不起诉又不履行仲裁裁决的,另一方当事人可以申请法院强制执行。

(四) 调解制度

所谓调解,是指双方当事人以外的第三者,依据法律政策和社会公德,对纠纷双方进行疏导劝说,促使他们自愿达成协议,解决纠纷的活动。中国的调解制度起源于奴隶社会。中国当代的调解制度是指人民政权的调解制度,它已形成比较完整的调解体系,包括人民调解,行政调解,法院调解,仲裁调解、行业调解以及专业机构调解等多种调解方式。其中最具特色的是人民调解制度。

1. 人民调解制度的形成与发展

人民调解制度萌芽于第一次国内革命战争时期,在中国共产党领导下的反对封建土地制度的农会组织和在一些地区建立的局部政权组织中设立了调解组织,调解农民之间的纠纷。比如,1921年浙江萧山县衙前村农民协会宣言中规定了会员间纠纷的调解办法;1922年广东农民成立的"赤山约农会"下设"仲裁部",专门调解农会会员之间的纠纷。这是人民调解委员会最早的萌芽。广东、广西、江西、陕西、湖南、湖北等地相继建立的两万多个农会中，都设有调解组织。第二次国内革命战争时期，党建立的中华苏维埃共和国的区、乡两级政府，川陕省的区、乡级苏维埃政府都设有"裁判委员会"，负责办理民事案件，解决群众纠纷。抗日战争时期，人民调解制度得到进一步发展。当时的陕甘宁边区、山东抗日民主根据地、晋察冀边区、苏中区等地乡村都设有调解组织，并且称之为"人民调解委员会"，这个名称沿用至今。抗日民主政府和解放区的人民政府，根据各地情况分别颁布了调解的地方法规，如《山东省调解委员会暂行组织条例》《晋察冀边区行政村调解工作条例》《冀南区民刑事调解条例》和华北人民政府作出的《关于调解民间纠纷的决定》等。

中华人民共和国成立后，人民调解制度作为社会主义基层民主政治和司法制度的重要内容，得到了党和国家的高度重视。1950年，周恩来总理专门指示"人民司法工作还须处理民间纠纷，……应尽量采取群众调解的办法以减少人民讼争"。1953年第二届全国司法工作会议后，开始在全国区、乡党委和基层政权组织内有领导、有步骤地建立健全人民调解组织。1954年，中央人民政府政务院颁布了《人民调解委员会暂行组织通则》，在全国范围内统一了人民调解组织的性质、名称、设置，规范了人民调解的任务、工作原则和活动方式，明确规定人民调解委员会是群众自治性组织，要求人民调解必须依法及社会公德调解，遵守平等、自愿及不剥夺诉权的三原则。《人民调解委员会暂行组织通则》的颁布施行是中国人民调解制度发展史上的里程碑，标志着人民调解制度在中国最终确立。

1982年宪法第一百一十一条规定："居民委员会、村民委员会设人民调解、治安保卫、公共卫生等委员会，办理本居住地区的公共事务和公益事业，调解民间纠纷，协助维护社会治安，并且向人民政府反映群众的意见、要求和提出建议。"人民调解委员会的作用和地位得到了宪法确认。1989年国务院第四十次常务会议通过了《人民调解委员会组织条例》，把人民调解工作推进到了新的历史阶段。该条例规定人民调解的组织形式是人民调解委员会，人民调解的基本原则为合理合法原则、自愿平等原则和尊重诉权原则。人民调解委员会是村民委员会和居民委员会下设的调解民间纠纷的群众性组织，在基层人民政府和基层人民法院指导下进行工作，任务为调解民间纠纷，并通过调解工作宣传法律、法规、规章和政策，教育公民遵纪守法，尊重社会公德。人民调解委员会调解民间纠纷不收费。2002年最高人民法院和司法部依据法律分别做出了《关于审理涉及人民调解协议的民事案件的若干规定》和《人民调解工作若干规定》，不仅进一步加强了新时期的人民调解工作，而且完善了中国人民调解这一重要的民主和法律制度。确定人民调解协议具有民事合同性质，人民调解协议首次被赋予明确的法律效力，公民将不得随意撕毁、拒不履行双方自愿协商达成的调解协议。2002年中共中央办公厅、国务院办公厅批转了《最高人民法院、司法部关于进一步加强新时期人民调解工作的意见》，对于推进人民调解工作的改革和发展产生了积极的影响。

2. 人民调解的定义与特点

人民调解是指在人民调解委员会主持下，以国家法律、政策和社会公德为依据，对民间纠纷当事人进行说服教育，促使纠纷各方当事人互谅互让，自愿达成协议，消除纷争的群众自治活动。人民调解属于诉讼外调解，是人民司法工作的必要补充和得力助手。

人民调解具有以下几个特点：①人民性。人民调解是在社会主义国家人民民主专政的条件下产生并发展起来的。人民调解员经由人民群众选举或接受聘任，并具有一定的政策法律知识的人担任。调解的民间纠纷是人民内部矛盾。调解的依据是国家的法律、政策和社会公德。调解的目的是平息人民群众之间的纷争，增强人民内部团结，维护社会稳定，实现群众自治。②人民调解通过人民群众自我教育、自我管理、自我服务，化解自己内部的矛盾纠纷，是社会主义国家人民当家作主、行使管理社会事务的民主权利的重要体现。人民调解坚持平等自愿的原则，不强行调解。人民调解运用说服教育、耐心疏导、民主讨论和协商的方法，在查明事实，分清是非的基础上，依法帮助当事人达成调解协议。③人民调解坚持合法合理原则和不限制当事人诉讼权利原则。人民调解委员会无权强迫任何一方当事人接受调解或履行义务，更无权对当事人的人身或财产采取强制性措施。根据相关法律规定，对于人民调解协议，当事人应当履行，但如果一方当事人反悔，另一方当事人有权向法院提起诉讼。人民调解协议没有强制执行的效力，这体现了人民调解的自治性。④准司法性。人民调解是在依法设立的人民调解委员会的主持下进行的司法活动，不是群众自发的活动。人民调解委员会在法律规定的范围内调解民间纠纷，不得超越其职权范围。人民调解以事实为根据，以法律为准绳，判明是非，明晰权利义务，帮助当事人达成调解协议，并且接受基层司法行政部门和人民法院的指导与监督。

3. 人民调解的组织形式

人民调解委员会是调解民间纠纷的群众性组织。人民调解委员会采用下列形式设立：①农村村民委员会、城市（社区）居民委员会设立的人民调解委员会；②乡镇、街道设立的人民调解委员会；③企业事业单位根据需要设立的人民调解委员会；④根据需要设立的区域性、行业性的人民调解委员会。

人民调解员是经群众选举或者接受聘任，在人民调解委员会领导下，从事人民调解工作的人员。人民调解委员会委员、调解员，统称人民调解员。人民调解委员会由委员三人以上组成，设主任一人，必要时可以设副主任。在多民族聚居地区的人民调解委员会中，应当有人数较少的民族的成员。人民调解委员会中应当有妇女委员。

担任人民调解员的条件是：为人公正，联系群众，热心人民调解工作，具有一定法律、政策水平和文化水平。乡镇、街道人民调解委员会委员应当具备高中以上文化程度。人民调解员任期三年，每三年改选或者聘任一次，可以连选连任或者续聘。

4. 人民调解的原则

人民调解委员会调解民间纠纷，应当遵守下列原则：

①依法活动原则。依据法律、法规、规章和政策进行调解，法律、法规、规章和政策没有明确规定的，依据社会主义道德进行调解；②当事人自愿原则，在双方当事人自愿平等的基础上进行调解，不得强迫调解；③诉权不受侵犯原则。尊重当事人的诉讼权利，不得因未经调解或者调解不成而阻止当事人向人民法院起诉。

人民调解委员会调解的民间纠纷，包括发生在公民与公民之间、公民与法人和其他社会组织之间涉及民事权利义务争议的各种纠纷。但人民调解委员会不得受理调解下列纠纷：①法律、法规规定只能由专门机关管辖处理的，或者法律、法规禁止采用民间调解方式解决的；②人民法院、公安机关或者其他行政机关已经受理或者解决的。

人民调解委员会可以根据纠纷当事人的申请，受理调解纠纷；当事人没有申请的，也可以主动调解，但当事人表示异议的除外。人民调解委员会调解民间纠纷不收费。在人民调解活动中，纠纷当事人享有下列权利：①自主决定接受、不接受或者终止调解；②要求有关调解人员回避；③不受压制强迫，表达真实意愿，提出合理要求；④自愿达成调解协议。

经人民调解委员会调解解决的纠纷，有民事权利义务内容的，或者当事人要求制作书面调解协议的，应当制作书面调解协议。调解协议没有强制执行力，当事人不履行调解协议或者达成协议后又反悔的，人民调解委员会应当按照不同的情形，分别采取督促当事人履行，再次调解变更原协议内容或者撤销原协议，告知当事人请求基层人民政府处理以及就调解协议的履行、变更、撤销向人民法院起诉等处理方法。经人民调解委员会调解达成的、有民事权利义务内容，并由双方当事人签字或者盖章的调解协议，具有民事合同性质。当事人应当按照约定履行自己的义务，不得擅自变更或者解除调解协议。

5. 人民调解的作用

人民调解在社会主义民主法治建设中发挥着重要作用。

（1）预防和化解民间纠纷。人民调解员对当事人之间的纠纷，应当在查明事实、分清是非的基础上，根据当事人的特点和纠纷的性质、难易程度、发展变化的情况，采取灵活多样的方式，开展耐心、细致的说服教育工作，促使双方当事人互谅互让，引导当事人最终达成解决纠纷的调解协议。人民调解委员会要及时发现问题，要深入探究民间纠纷发生、发展和变化的规律，认真总结防止问题恶化的有效方法和经验，广泛开展矛盾纠纷大排查、专项治理、联防联调等各种形式的防激化活动，增强防激化工作效果。

（2）进行法制宣传。人民调解委员会应当利用调解纠纷的机会，有针对性地向当事人及周围群众宣传法律、法规和政策，同时结合人民群众所关心的实际问题进行释疑解惑。通过开展法制宣传教育，弘扬法治精神，弘扬社会公德，提高社会大众的法律意识和道德意识。

（3）加强基层民主政治建设。把人民调解与人民来信来访、社会治安综合治理等各项基层工作有机结合起来，及时向当地居民委员会、村民委员会以及基层人民政府反映民间纠纷发生和人民调解工作的情况，保护当事人的合法权益，进一步加强基层民主政治建设。

（五）法律援助制度

法律援助，又称法律扶助、法律救助，是国家在司法制度运行的各个环节和层次上，对因经济困难或其他因素无力支付法律服务费用的当事人或特殊案件的当事人减免收费，提供法律帮助。它是国家为实现司法公正、保障公民基本权利而采取的重要措施。

法律援助制度起源于15世纪的英国，先后经历了慈善事业阶段（18、19世纪）、个人权利阶段（20世纪前半段）和福利国家政策阶段（第二次世界大战以后），20世纪60年代以后逐渐被一些发展中国家所接受。中国的法律援助工作起步较晚，但发展迅速。1979年《刑事诉讼法》中就已经有了指定辩护的规定，但还不是严格意义上的法律援助制度。司法部于1994年正式提出建立法律援助制度，并于1995年着手实施。1996年颁布的《律师法》第四十二条规定："律师、律师事务所应当按照国家规定履行法律援助义务，为受援人提供符合标准的法律服务，维护受援人的合法权益"，这是中国法律援助制度的直接法律渊源。此外，陆续修订或制定的《刑事诉讼法》《未成年人保护法》《老年人权益保障法》《妇女权益保障法》和《残疾人保障法》以国家立法的形式对法律援助制度的基本原则和框架作了规定。1997年5月，司法部发布关于开展法律援助工作的通知，进一步扩大了法律援助的范围。1997年5月，中国法律援助基金会、司法部法律援助中心成立，标志着中国法律援助工作迈出了实质性步伐。2003年7月，国务院通过了《法律援助条例》，标志着中国系统的法律援助制度正式建立。2014年中共十八届四中全会作出全面推进依法治国若干重大问题的决定后，法律援助制度更加受到重视，得到进一步完善。

1. 法律援助机构

在中国，具体主管实施法律援助的机构是法律援助中心，它设在各级司法行政机关。司法部法律援助中心指导和协调全国的援助工作。律师事务所、公证机构、基层法律服务机构在本地区法律援助中心的统一协调下实施法律援助。中国法律援助有三个基本的资金来源，分别是政府出资，社会捐赠以及行业奉献（主要指义务办案）。

2. 法律援助对象

能够获得法律援助的对象只能是自然人，有以下几种情况：①中华人民共和国公民，有充分理由证明为保障自己合法权益需要帮助或确因经济困难，无能力或无完全能力支付法律服务费用（公民经济困难标准由各地参照当地政府部门的规定执行），可以申请法律援助。②盲、聋、哑和未成年人为刑事被告人或犯罪嫌疑人，没有委托辩护律师的，应当获得法律援助。其他残疾人、老年人为刑事被告人或犯罪嫌疑人，因经济困难没有能力聘请辩护律师的，可以获得法律援助。可能被判处死刑的刑事被告人没有委托辩护律师的，应当获得法律援助。③刑事案件中外国籍被告人没有委托辩护人，人民法院指定律师辩护的，可以获得法律援助。④经审查批准的法律援助申请人或符合条件、接受人民法院指定的刑事被告人、嫌疑人为受援人。在法律援助过程中，受援人可以了解为其提供法律援助活动的进展情况；受援人有事实证明法律援助承办人员未适当履行职责的，可以要求更换承办人。⑤受援人因所需援助案件或事项的解决而获得较大利益时，应当向法律援助机构支付服务费用。

3. 法律援助范围

主要包括下列事项：①刑事案件；②请求给予赡养费、抚养费、扶养费和劳动报酬的；③因工伤请求赔偿；④残疾人、未成年人、老年人追索侵权赔偿的；⑤请求国家赔偿的；⑥请求发给抚恤金、救济金的；⑦其他确需法律援助的。

4. 法律援助程序

要取得法律援助，需经过以下法定程序：①申请。必须持有关单位出具的申请人及家庭成员经济状况的证明、申请援助事项的基本情况以及身份证、户籍证明等材料，以书面形式向地方法律援助中心提出申请。②审查。法律援助中心接受当事人申请后，应当在二十日内进行审查。审查内容包括：是否由本法律援助中心受理；是否符合规定的法律援助受援条件。③批准。法律援助中心对符合条件者，应作出同意提供法律援助的书面决定，并指定具体承办法律援助的机构和人员。对不符合条件的，作出不予援助的决定，并通知申请人。

（六）国家赔偿制度

国家赔偿，又叫国家侵权赔偿，是国家对国家机关及其工作人员行使公权力的侵权行为对公民、法人和其他组织的合法权益造成的损害后果承担赔偿责任的活动。

为保障公民、法人和其他组织享有依法取得国家赔偿的权利，促进国家机关依法行使职权，八届全国人大常委会第七次会议于1994年通过了《国家赔偿法》，并于2010年、2012年进行了两次修订，规定了国家的赔偿范围、赔偿义务机关、赔偿方式和标准以及赔偿程序。

1. 行政赔偿

《国家赔偿法》规定了行政赔偿和刑事赔偿两种国家赔偿。行政赔偿是指行政机关及其工作人员违法行使行政职权，侵犯公民，法人和其他组织的合法权益并造成损害的，由国家承担赔偿责任的赔偿。行政赔偿是国家赔偿的主要组成部分。

（1）赔偿范围

行政赔偿的范围包括侵犯人身权和财产权，赔偿法作了明确规定。

行政机关及其工作人员在行使行政职权时有下列侵犯人身权情形之一的，受害人有取得赔偿的权利：①违法拘留或者违法采取限制公民人身自由的行政强制措施的；②非法拘禁或者以其他方法非法剥夺公民人身自由的；③以殴打、虐待等行为或者唆使、放纵他人以殴打、虐待等行为造成公民身体伤害或者死亡的；④违法使用武器、警械造成公民身体伤害或者死亡的；⑤造成公民身体伤害或者死亡的其他违法行为。

行政机关及其工作人员在行使行政职权时有下列侵犯财产权情形之一的，受害人有取得赔偿的权利：①违法实施罚款、吊销许可证和执照、责令停产停业、没收财物等行政处罚的；②违法对财产采取查封、扣押、冻结等行政强制措施的；③违法征收、征用财产的；④造成财产损害的其他违法行为。

但以下三种情形国家不承担赔偿责任：①行政机关工作人员与行使职权无关的个人行为；②因公民、法人和其他组织自己的行为致使损害发生的；③法律规定的其他情形。

（2）赔偿请求人和赔偿义务机关

谁受害谁获得赔偿，法律对赔偿请求人作了明确规定。赔偿请求人为受害的公民、法人和其他组织。受害的公民死亡，其继承人和其他有扶养关系的亲属有权要求赔偿。受害的法人或者其他组织终止的，其权利承受人有权要求赔偿。

谁侵权谁负责，法律对赔偿主体作了明确规定。行政机关及其工作人员行使行政职权侵犯公民、法人和其他组织的合法权益造成损害的，该行政机关为赔偿义务机关。两个以上行政机关共同行使行政职权时侵犯公民、法人和其他组织的合法权益造成损害的，共同行使行政职权的行政机关为共同赔偿义务机关。法律、法规授权的组织在行使授予的行政权力时侵犯公民、法人和其他组织的合法权益造成损害的，被授权的组织为赔偿义务机关。受行政机关委托的组织或者个人在行使受委托的行政权力时侵犯公民、法人和其他组织的合法权益造成损害的，委托的行政机关为赔偿义务机关。赔偿义务机关被撤销的，继续行使其职权的行政机关为赔偿义务机关；没有继续行使其职权的行政机关的，撤销该赔偿义务机关的行政机关为赔偿义务机关。经复议机关复议的，最初造成侵权行为的行政机关为赔偿义务机关，但复议机关的复议决定加重损害的，复议机关对加重的部分履行赔偿义务。

（3）赔偿程序

赔偿请求人根据受到的不同损害，可以同时提出数项赔偿要求。赔偿请求人要求赔偿应当先向赔偿义务机关提出，也可以在申请行政复议或者提起行政诉讼时一并提出。可以向共同赔偿义务机关中的任何一个赔偿义务机关要求赔偿，该赔偿义务机关应当先予赔偿。

要求赔偿要递交申请书并载明下列事项：①受害人的姓名、性别、年龄、工作单位和住所，法人或者其他组织的名称、住所和法定代表人或者主要负责人的姓名、职务；②具体的要求、事实根据和理由；③申请的年、月、日。

赔偿请求人书写申请书确有困难的，可以委托他人代书；也可以口头申请，由赔偿义务机关记入笔录。赔偿请求人不是受害人本人的，应当说明与受害人的关系，并提供相应证明。赔偿请求人当面递交申请书的，赔偿义务机关应当当场出具加盖本行政机关专用印章并注明收讫日期的书面凭证。申请材料不齐全的，赔偿义务机关应当当场或者在五日内一次性告知赔偿请求人需要补齐的全部内容。

赔偿义务机关应当自收到申请之日起两个月内，作出是否赔偿的决定。赔偿义务机关作出赔偿决定，应当充分听取赔偿请求人的意见，并可以与赔偿请求人就赔偿方式、赔偿项目和赔偿数额依法进行协商。赔偿义务机关决定赔偿的，应当制作赔偿决定书，并自作出决定之日起十日内送达赔偿请求人；决定不予赔偿的，应当自作出决定之日起十日内书面通知赔偿请求人，并说明不予赔偿的理由。

赔偿义务机关在规定期限内未作出是否赔偿的决定，赔偿请求人可以自期限届满之日起三个月内，向法院提起诉讼。赔偿请求人对赔偿的方式、项目、数额有异议的，或者赔偿义务机关作出不予赔偿决定的，赔偿请求人可以自赔偿义务机关作出赔偿或者不予赔偿决定之日起三个月内，向法院提起诉讼。法院审理行政赔偿案件，赔偿请求人和赔偿义务机关对自己提出的主张，应当提供证据。赔偿义务机关采取行政拘留或者限制人身自由的强制措施期间，被限制人身自由的人死亡或者丧失行为能力的，赔偿义务机关的行为与被限制人身自由的人的死亡或者丧失行为能力是否存在因果关系，赔偿义务机关应当提供证据。

赔偿义务机关赔偿损失后，应当责令有故意或者重大过失的工作人员或者受委托的组织或者个人承担部分或者全部赔偿费用。对有故意或者重大过失的责任人员，有关机关应当依法给予处分；构成犯罪的，应当依法追究刑事责任。

2. 刑事赔偿

刑事赔偿是指行使侦查、检察、审判职权的机关以及看守所、监狱管理机关及其工作人员在行使职权时，侵犯公民，法人和其他组织的合法权益并造成损害的，由国家承担赔偿责任的赔偿。刑事赔偿的范围也包括侵犯人身权和财产权，赔偿法作了明确规定。

行使侦查、检察、审判职权的机关以及看守所、监狱管理机关及其工作人员在行使职权时有下列侵犯人身权情形之一的，受害人有取得赔偿的权利：①违反刑事诉讼法的规定对公民采取拘留措施的，或者依照刑事诉讼法规定的条件和程序对公民采取拘留措施,但是拘留时间超过刑事诉讼法规定的时限,其后决定撤销案件、不起诉或者判决宣告无罪终止追究刑事责任的;②对公民采取逮捕措施后,决定撤销案件、不起诉或者判决宣告无罪终止追究刑事责任的;③依照审判监督程序再审改判无罪,原判刑罚已经执行的;④刑讯逼供或者以殴打、虐待等行为或者唆使、放纵他人以殴打、虐待等行为造成公民身体伤害或者死亡的;⑤违法使用武器、警械造成公民身体伤害或者死亡的。

行使侦查、检察、审判职权的机关以及看守所、监狱管理机关及其工作人员在行使职权时有下列侵犯财产权情形之一的,受害人有取得赔偿的权利:①违法对财产采取查封、扣押、冻结、追缴等措施的;②依照审判监督程序再审改判无罪,原判罚金、没收财产已经执行的。

但以下六种情形国家不承担赔偿责任:①因公民自己故意作虚假供述,或者伪造其他有罪证据被羁押或者被判处刑罚的;②依照刑法第十七条、第十八条规定不负刑事责任的人被羁押的;③依照刑事诉讼法第十五条、第一百七十三条第二款、第二百七十三条第二款、第二百七十九条规定不追究刑事责任的人被羁押的;④行使侦查、检察、审判职权的机关以及看守所、监狱管理机关的工作人员与行使职权无关的个人行为;⑤因公民自伤、自残等故意行为致使损害发生的;⑥法律规定的其他情形。

(1)赔偿请求人和赔偿义务机关

赔偿请求人为受害的公民、法人和其他组织。受害公民死亡的,其继承人和其他有扶养关系的亲属有权要求赔偿。受害的法人或其他组织终止的,其权利承受人有权要求赔偿。

行使侦查、检察、审判职权的机关以及看守所、监狱管理机关及其工作人员在行使职权时侵犯公民、法人和其他组织的合法权益造成损害的,该机关为赔偿义务机关。对公民采取拘留措施,依照本法的规定应当给予国家赔偿的,作出拘留决定的机关为赔偿义务机关。对公民采取逮捕措施后决定撤销案件、不起诉或者判决宣告无罪的,作出逮捕决定的机关为赔偿义务机关。再审改判无罪的,作出原生效判决的人民法院为赔偿义务机关。二审改判无罪,以及二审发回重审后作无罪处理的,作出一审有罪判决的人民法院为赔偿义务机关。

(2)赔偿程序

赔偿请求人要求赔偿应当先向赔偿义务机关提出,递交申请书并载明必要事项。

赔偿义务机关应当自收到申请之日起两个月内,作出是否赔偿的决定。赔偿义务机关作出赔偿决定,应当充分听取赔偿请求人的意见,并可以与赔偿请求人就赔偿方式、赔偿项目和赔偿数额依照本法第四章的规定进行协商。赔偿义务机关决定赔偿的,应当制作赔偿决定书,并自作出决定之日起十日内送达赔偿请求人;决定不予赔偿的,应当自作出决定之日起十日内书面通知赔偿请求人,并说明不予赔偿的理由。

赔偿义务机关在规定期限内未作出是否赔偿的决定,赔偿请求人可以自期限届满之日起三十日内向赔偿义务机关的上一级机关申请复议。赔偿请求人对赔偿的方式、项目、数额有异议的,或者赔偿义务机关作出不予赔偿决定的,赔偿请求人可以自赔偿义务机关作出赔偿或者不予赔偿决定之日起三十日内,向赔偿义务机关的上一级机关申请复议。赔偿义务机关是人民法院的,赔偿请求人可以向其上一级人民法院赔偿委员会申请作出赔偿决定。

复议机关应当自收到申请之日起两个月内作出决定。赔偿请求人不服复议决定的,可以在收到复议决定之日起三十日内向复议机关所在地的同级人民法院赔偿委员会申请作出赔偿决定;复议机关逾期不作决定的,赔偿请求人可以自期限届满之日起三十日内向复议机关所在地的同级人民法院赔偿委员会申请作出赔偿决定。

人民法院赔偿委员会处理赔偿请求,赔偿请求人和赔偿义务机关对自己提出的主张,应当提供证据。被羁押人在羁押期间死亡或者丧失行为能力的,赔偿义务机关的行为与被羁押人的死亡或者丧失行为能力是否存在因果关系,赔偿义务机关应当提供证据。人民法院赔偿委员会处理赔偿请求,采取书面审查的办法。必要时,可以向有关单位和人员调查情况、收集证据。赔偿请求人与赔偿义务机关对损害事实及因果关系有争议的,赔偿委员会可以听取赔偿请求人和赔偿义务机关的陈述和申辩,并可以进行质证。

人民法院赔偿委员会应当自收到赔偿申请之日起三个月内作出决定;属于疑难、复杂、重大案件的,经本院院长批准,可以延长三个月。

中级以上的人民法院设立赔偿委员会,由人民法院三名以上审判员组成,组成人员的人数应当为单数。赔偿委员会作赔偿决定,实行少数服从多数的原则。赔偿委员会作出的赔偿决定,是发生法律效力的决定,必须执行。

赔偿请求人或者赔偿义务机关对赔偿委员会作出的决定,认为确有错误的,可以向上一级人民法院赔偿委员会提出申诉。赔偿委员会作出的赔偿决定生效后,如发现赔偿决定违反本法规定的,经本院院长决定或者上级人民法院指令,赔偿委员会应当在两个月内重新审查并依法作出决定,上一级人民法院赔偿委员会也可以直接审查并作出决定。最高人民检察院对各级人民法院赔偿委员会作出的决定，上级人民检察院对下级人民法院赔偿委员会作出的决定，发现违反赔偿法规定的，应当向同级人民法院赔偿委员会提出意见，同级人民法院赔偿委员会应当在两个月内重新审查并依法作出决定。

赔偿义务机关赔偿后，应当向有下列情形之一的工作人员追偿部分或者全部赔偿费用：①刑讯逼供或者以殴打、虐待等行为或者唆使、放纵他人以殴打、虐待等行为造成公民身体伤害或者死亡的；②违法使用武器、警械造成公民身体伤害或者死亡的。③在处理案件中有贪污受贿，徇私舞弊，枉法裁判行为的。对违反法定情形的责任人员，有关机关应当依法给予处分；构成犯罪的，应当依法追究刑事责任。

3. 赔偿方式与标准

国家赔偿以支付赔偿金为主要方式。能够返还财产或者恢复原状的，予以返还财产或者恢复原状。

（1）侵犯人身权的赔偿方式和计算标准

第一，侵犯公民人身自由的，每日赔偿金按照国家上年度职工日平均工资计算。

第二，侵犯公民生命健康权的，赔偿金按照下列规定计算：①造成身体伤害的，应当支付医疗费、护理费，以及赔偿因误工减少的收入。减少的收入每日的赔偿金按照国家上年度职工日平均工资计算，最高额为国家上年度职工年平均工资的五倍；②造成部分或者全部丧失劳动能力的，应当支付医疗费、护理费、残疾生活辅助具费、康复费等因残疾而增加的必要支出和继续治疗所必需的费用，以及残疾赔偿金。残疾赔偿金根据丧失劳动能力的程度，按照国家规定的伤残等级确定，最高不超过国家上年度职工年平均工资的二十倍。造成全部丧失劳动能力的，对其扶养的无劳动能力的人，还应当支付生活费；③造成死亡的，应当支付死亡赔偿金、丧葬费，总额为国家上年度职工年平均工资的二十倍。对死者生前扶养的无劳动能力的人，还应当支付生活费。生活费的发放标准，参照当地最低生活保障标准执行。被扶养的人是未成年人的，生活费给付至十八周岁止；其他无劳动能力的人，生活费给付至死亡时止。

第三，致人精神损害的，应当在侵权行为影响的范围内，为受害人消除影响，恢复名誉，赔礼道歉；造成严重后果的，应当支付相应的精神损害抚慰金。

（2）侵犯财产权的赔偿方式和计算标准

侵犯公民、法人和其他组织的财产权造成损害的，按照下列规定处理：

①处罚款、罚金、追缴、没收财产或者违法征收、征用财产的，返还财产；②查封、扣押、冻结财产的，解除对财产的查封、扣押、冻结，造成财产损坏或者灭失的，依照本条第三项、第四项的规定赔偿；③应当返还的财产损坏的，能够恢复原状的恢复原状，不能恢复原状的，按照损害程度给付相应的赔偿金；④应当返还的财产灭失的，给付相应的赔偿金；⑤财产已经拍卖或者变卖的，给付拍卖或者变卖所得的价款；变卖的价款明显低于财产价值的，应当支付相应的赔偿金；⑥吊销许可证和执照、责令停产停业的，赔偿停产停业期间必要的经常性费用开支；⑦返还执行的罚款或者罚金、追缴或者没收的金钱，解除冻结的存款或者汇款的，应当支付银行同期存款利息；⑧对财产权造成其他损害的，按照直接损失给予赔偿。

赔偿费用列入各级财政预算。赔偿请求人凭生效的判决书、复议决定书、赔偿决定书或者调解书，向赔偿义务机关申请支付赔偿金。赔偿义务机关应当自收到支付赔偿金申请之日起七日内，依照预算管理权限向有关的财政部门提出支付申请。财政部门应当自收到支付申请之日起十五日内支付赔偿金。赔偿义务机关、复议机关和人民法院不得向赔偿请求人收取任何费用。对赔偿请求人取得的赔偿金不予征税。

请求国家赔偿的时效为两年，自赔偿请求人知道或应当知道国家机关及其工作人员行使职权时的行为侵犯其人身权、财产权之日起计算，但被羁押等限制人身自由期间不计算在内。在申请行政复议或者提起行政诉讼时一并提出赔偿请求的，适用行政复议法、行政诉讼法有关时效的规定。赔偿请求人在赔偿请求时效的最后六个月内，因不可抗力或者其他障碍不能行使请求权的，时效中止。从中止时效的原因消除之日起，赔偿请求时效期间继续计算。

七 司法体制改革

中国的司法体制总体上是适合中国国情的，在司法实践中发挥了积极作用。但是，在向现代社会全面转型、推进全面依法治国的进程中，司法体制中的一些缺陷逐渐暴露出来。为了适应社会发展的需要，就必须不断改革司法体制中不合时宜的部分。2018年2月，中共十九届三中全会在《关于深化党和国家机构改革的决定》中指出："深化司法体制改革，优化司法职权配置，全面落实司法责任制，完善法官、检察官员额制，推进以审判为中心的诉讼制度改革，推进法院、检察院内设机构改革，提高司法公信力，更好维护社会公平正义，努力让人民群众在每一个司法案件中感受到公平正义。"① 改革是当代中国的主旋律，一切都在改革当中。关于司法体制改革，不同社会群体各抒己见，见仁见智。虽然司法体制改革能否成功受制于诸多因素，但是关键在于思想认识、制度设置和具体实践是否真的到位。

（一）司法公正是社会公正的最后一道防线

美国哲学家罗尔斯指出："正义是社会制度的首要价值"。② 人们通常所说的公平、公正、正义，都是在同一个意义上使用的。人们都生活在制度下，人们的一切行为都要接受制度的调整，但制度是因为人的需要而存在、不是人因为制度的需要而存在，人是根本。因此，①制度必须是正义的，这是正义对制度的实质内容的要求。不管什么样的制度，不管它多么有效率，只要它不正义，就必须加以改造和废除，这是因为人人都平等拥有一种基于正义的不可侵犯性，决不能以社会整体或国家的名义去侵犯正义。为了一些人更大的利益而剥夺另一些人的权利是不正当的，不承认大多数人享有的较大利益能补偿强加于少数人的牺牲。人人平等地享有正义，忍受一种不正义只能是在必须用它来避免另一种更大的不正义的情况下才有可能。②制度面前人人平等，这是正义对制度的形式要求。在同样的制度面前，人人拥有平等的权利和义务，人人都必须遵守，从国家最高权力行使者到普通公民的任何人都没有超越或凌驾于制度上的特权，违反者都要得到制度同等程度的制裁。

众所周知，司法公正是社会公正的最后一道防线。当一切社会矛盾和纠纷在其他途径和方式不能解决时，人们就只能通过司法渠道并希望得到司法机关的公正处理。司法机关如果严格依法办事，保障了公民的合法权益，就实现了司法公正。如果司法机关不依法办事，正义得不到伸张，是非曲直得不到辨别，就是司法不公或司法腐败。习近平严厉指出司法不公的危害："英国哲学家培根说：'一次不公正的裁判，其恶果甚至超过十次犯罪。因为犯罪虽是无视法律——好比污染了水流，而不公正的审判则毁坏法律——好比污染了水源。'这其中的道理是深刻的。政法机关是老百姓平常打交道比较多的部门，是群众看党风政风的一面镜子。如果不努力让人民群众在每一个司法案件中都感受到公平正义，人民群众就不会相信政法机关，从而也不

---

① 《中共中央关于深化党和国家机构改革的决定》，人民出版社2018年版，第30页。
② ［美］罗尔斯：《正义论》，何怀宏等译，中国社会科学出版社1988年版，第1页。

会相信党和政府。"① 习近平还说:"执法司法中万分之一的失误,对当事人就是百分之百的伤害。"② 如果司法这道防线缺乏公信力,社会公正就会受到普遍质疑,社会和谐稳定就难以保障,司法公正对社会公正具有重要引领作用,司法不公对社会公正具有致命破坏作用。

在一定意义上说,公正是一切制度的生命。司法制度的最高价值是公正,其起点与归宿也是公正。如果法律能够体现广大人民群众的根本利益与共同意志,那么法律本身是公正的。但是,法律需要人去执行。如果司法机关及其工作人员由于各种原因造成司法实体的不公或司法程序的不公,那么公正的法律最终也只能导向不公正的司法结果。因此,要深刻地认识到,司法改革的根本目的,就是要革除阻碍司法公正的各种因素,切实保障公正的法律达到公正的司法结果,以司法公正推动社会公正,推进全面依法治国的进程。

(二) 司法独立是司法公正的制度保障

司法独立是西方资本主义国家宪政民主的一个基本原则,是立法、行政、司法三权分立学说的产物。司法独立虽然并没有统一的制度模式,但主要是指司法权独立、法院独立和法官独立。毫无异议,司法独立是确保法院公正审理案件的制度保障。

导致司法不公的因素很多。但不可否认,司法不独立即干涉司法机关独立行使司法权以及干涉司法人员独立办案是一个重要的制度性因素。

中国宪法和法律中并没有"司法独立"这一概念,但司法独立原则的积极影响还是存在的。现行宪法规定:"人民法院依照法律规定独立行使审判权","人民检察院依照法律规定独立行使检察权","不受行政机关、社会团体和个人的干涉"。不能说这些规定没有借鉴西方资本主义国家的司法独立原则。由于中国的实际情况与西方国家的有所不同,中国实行中国共产党的领导和议行合一的人民代表大会制度,中国不会完全照搬西方三权分立中的司法独立原则。中国的司法机关和司法活动,必须接受中国共产党领导、人大监督和社会各界的监督。鉴于中国宪法规定法院和检察院独立行使审判权和检察权与西方的司法独立原则存在质的差别,因此可将中国的司法独立原则表述为"独立司法原则",其实际含义就是宪法和法律所明确规定的:人

---

① 习近平:《严格执法,公正司法》(2014年1月7日),《十八大以来重要文献选编》(上),中央文献出版社2014年版,第718页。

② 习近平:《在中央政法工作会议上的讲话》(2014年1月7日),中共中央文献研究室编:《习近平关于全面依法治国论述摘编》,中央文献出版社2015年版,第96页。

民法院和人检察院依照法律规定独立行使审判权和检察权，不受行政机关、社会团体和个人的干涉。

为完善确保人民法院和人民检察院依法独立公正行使审判权和检察权的制度，2014年10月中共十八届四中全会通过的《关于全面推进依法治国若干重大问题的决定》提出"建立领导干部干预司法活动、插手具体案件处理的记录、通报和责任追究制度。任何党政机关和领导干部都不得让司法机关做违反法定职责、有碍司法公正的事情，任何司法机关都不得执行党政机关和领导干部违法干预司法活动的要求。对干预司法机关办案的，给予党纪政纪处分；造成冤假错案或者其他严重后果的，依法追究刑事责任"。建立领导干部干预司法活动、插手具体案件处理的记录、通报和责任追究制度，确实可以起到一定的震慑作用。

但是长期以来，县级以上各级党委设有政法委员会，党委通过政法委来领导司法工作。在实际操作中，就出现了有些地方党委干预具体司法事务的现象，妨碍了司法机关依法独立行使司法权的活动。因此，有学者提出："地方党委及其政法委员会不应干预法院、检察院的具体案件的审判和检察工作。"[①] 应当明确，党委的领导，主要是监督司法机关及其工作人员是否依法活动，不是干预他们具体办案。各级党委不得以任何理由干涉司法机关及其工作人员依法独立行使司法权，他们在法定的自由裁量权内处理具体案件的职权活动受宪法和法律保护，即使党委有不同意见也必须尊重他们的处理结果，否则就是违宪违法。

同样，人大的监督也不能干预司法机关及其工作人员依法行使司法权的职权活动。

虽然宪法规定司法机关独立行使司法权不受行政机关的干涉，但是由于地方司法机关的财政经费均由本级地方政府拨付，司法机关就难免要受制于本级政府，所谓"不受行政机关干涉"的"独立司法"原则就会落空。针对这个问题，司法部门和社会各界一直有人呼吁司法财政独立于行政机关，将司法财政经费拨付制度改为司法预算单列制度。具体的做法是：在中央预算中统一划出供应全国司法的一块，由国务院全额拨付给最高人民法院和最高人民检察院，再由两院分别逐级下拨至地方各级人民法院与人民检察院。这样也许可以从财政预算制度上避免行政对司法的干涉。如果中央财政给付司法的部分每年由全国人大审查批准，中央政府也就无法以财政经费为由干涉

[①] 王贵秀等：《政治体制改革和民主法制建设》，经济科学出版社1998年版，第322页。

最高司法机关，从而在体制上确保了司法独立。

司法独立的目的，无非是要促进和保障司法公正。要真正确保司法独立，主要是要正确处理党委、人大、政府和司法机关的关系，从制度和体制上保障司法机关及其工作人员依法独立行使宪法和法律规定的职权活动不受党委、人大、政府的非法干预。

（三）稳步推进司法体制各项改革

司法体制是政治体制的一部分。司法体制改革能否成功，不能单纯以为是司法机关一家的事情，而是要清醒地意识到这是党和国家的大事，既依赖于司法在政治体制中的定位是否正确，又依赖于司法体制内部的关系是否理顺。前者要求正确处理司法机关与权力机关、行政机关、监察机关以及党的领导的关系，这些关系宪法和法律已作了明确规定，只需严格依宪依法活动即可。后者要求司法机关要适应社会发展的需要，根据党和国家的机构改革部署，逐步完善保证公正独立司法的各项具体措施。

1. 健全司法人员的管理保障体制

司法活动归根到底是以司法人员为行为主体的活动。司法人员的政治水平、业务能力、道德品质等均会在不同程度上影响司法公正。据不完全统计，全国各级法院和各级检察院中大约有40%的法官、检察官在非业务部门工作，而真正在一线办案的人员并不多。因此，党和国家推出了法官、检察官员额制改革，旨在建立以法官、检察官为重心的司法人力资源配置模式，让优秀审判人才、检察人才向办案一线集聚，提高法官、检察官履职能力，加强法官、检察官职业化专业化建设；实现"让审理者裁判、由裁判者负责"，落实法官、检察官的办案实权，建立符合审判职业特点的审判权力运行机制和审判监督管理机制。

所谓法官、检察官员额制，是指法院、检察院在编制内根据办案数量、辖区人口、经济发展水平等因素确定的法院的法官、检察官的人员限额。员额一旦确定，在一定时期内不能改变，没有缺额就不能递补。目前司法机关已完成员额法官、检察官的遴选工作，但如何充分释放法官、检察官员额制的整体效能，还需要进一步加强系统集成和综合配套改革。

要严格遵守法官法和检察官法，建立健全司法人员履行法定职责保护机制。非因法定事由，非经法定程序，不得将法官、检察官调离、辞退或者作出免职、降级等处分。

2. 进一步优化司法职权配置

要健全公安机关、检察机关、审判机关、司法行政机关各司其职，侦查权、检察权、审判权、执行权相互配合、相互制约的体制机制。

要不断完善司法体制，推动实行审判权和执行权相分离的体制改革试点。完善刑罚执行制度，统一刑罚执行体制。改革司法机关人财物管理体制，探索实行法院、检察院司法行政事务管理权和审判权、检察权相分离。

最高人民法院设立巡回法庭，审理跨行政区域重大行政和民商事案件。目前，最高人民法院先后在深圳、沈阳、重庆、西安、南京、郑州等市设立了六个巡回法庭。探索设立跨行政区划的人民法院和人民检察院，办理跨地区案件。完善行政诉讼体制机制，合理调整行政诉讼案件管辖制度，切实解决行政诉讼立案难、审理难、执行难等突出问题。

改革法院案件受理制度，变立案审查制为立案登记制，对人民法院依法应该受理的案件，做到有案必立、有诉必理，保障当事人诉权。加大对虚假诉讼、恶意诉讼、无理缠诉行为的惩治力度。完善刑事诉讼中认罪认罚从宽制度。

完善审级制度，一审重在解决事实认定和法律适用，二审重在解决事实法律争议、实现二审终审，再审重在解决依法纠错、维护裁判权威。完善对涉及公民人身、财产权益的行政强制措施实行司法监督制度。检察机关在履行职责中发现行政机关违法行使职权或者不行使职权的行为，应该督促其纠正。探索建立检察机关提起公益诉讼制度。

明确司法机关内部各层级权限，健全内部监督制约机制。司法机关内部人员不得违反规定干预其他人员正在办理的案件，建立司法机关内部人员过问案件的记录制度和责任追究制度。完善主审法官、合议庭、主任检察官、主办侦查员办案责任制，落实谁办案谁负责。

加强职务犯罪线索管理，健全受理、分流、查办、信息反馈制度，明确纪检监察和刑事司法办案标准和程序衔接，依法严格查办职务犯罪案件。

3. 进一步严格司法机关依法活动

要健全事实认定符合客观真相、办案结果符合实体公正、办案过程符合程序公正的法律制度。加强和规范司法解释和案例指导，统一法律适用标准。

推进以审判为中心的诉讼制度改革，确保侦查、审查起诉的案件事实证据经得起法律的检验。全面贯彻证据裁判规则，严格依法收集、固定、保存、审查、运用证据，完善证人、鉴定人出庭制度，保证庭审在查明事实、认定证据、保护诉权、公正裁判中发挥决定性作用。

明确各类司法人员工作职责、工作流程、工作标准，实行办案质量终身负责制和错案责任倒查问责制，确保案件处理经得起法律和历史检验。

4. 保障人民群众参与司法

坚持人民司法为人民，依靠人民推进公正司法，通过公正司法维护人民权益。在司法调解、司法听证、涉诉信访等司法活动中保障人民群众参与。完善人民陪审员制度，保障公民陪审权利，扩大参审范围，完善随机抽选方式，提高人民陪审制度公信度。逐步实行人民陪审员不再审理法律适用问题，只参与审理事实认定问题。

构建开放、动态、透明、便民的阳光司法机制，推进审判公开、检务公开、警务公开、狱务公开，依法及时公开执法司法依据、程序、流程、结果和生效法律文书，杜绝暗箱操作。加强法律文书释法说理，建立生效法律文书统一上网和公开查询制度。

5. 加强人权司法保障

强化诉讼过程中当事人和其他诉讼参与人的知情权、陈述权、辩护辩论权、申请权、申诉权的制度保障。健全落实罪刑法定、疑罪从无、非法证据排除等法律原则的法律制度。完善对限制人身自由司法措施和侦查手段的司法监督，加强对刑讯逼供和非法取证的源头预防，健全冤假错案有效防范、及时纠正机制。

切实解决执行难，制定强制执行法，规范查封、扣押、冻结、处理涉案财物的司法程序。加快建立失信被执行人信用监督、威慑和惩戒法律制度。依法保障胜诉当事人及时实现权益。

落实终审和诉讼终结制度，实行诉访分离，保障当事人依法行使申诉权利。对不服司法机关生效裁判、决定的申诉，逐步实行由律师代理制度。对聘不起律师的申诉人，纳入法律援助范围。

6. 加强对司法活动的监督

完善检察机关行使监督权的法律制度，加强对刑事诉讼、民事诉讼、行政诉讼的法律监督。完善人民监督员制度，重点监督检察机关查办职务犯罪的立案、羁押、扣押冻结财物、起诉等环节的执法活动。司法机关要及时回应社会关切。规范媒体对案件的报道，不能出现未审先判的诱导社会大众的报道，防止舆论影响司法公正。

依法规范司法人员与当事人、律师、特殊关系人、中介组织的接触、交往行为。严禁司法人员私下接触当事人及律师、泄露或者为其打探案情、接受吃请或者收受其财物、为律师介绍代理和辩护业务等违法违纪行为，坚决惩治司法掮客行为，防止利益输送。

对因违法违纪被开除公职的司法人员、吊销执业证书的律师和公证员，终身禁止从事法律职业，构成犯罪的要依法追究刑事责任。

坚决破除各种潜规则，绝不允许法外开恩，绝不允许办关系案、人情案、金钱案。坚决反对和克服特权思想、衙门作风、霸道作风，坚决反对和惩治粗暴执法、野蛮执法行为。对司法领域的腐败零容忍，坚决清除害群之马。

注释

［1］虽然1954年宪法和后来的1975年宪法、1978年宪法和1982年宪法文本中并没有出现"司法"一词，但是，以审判机关、检察机关为司法主体的人民司法工作伴随着社会进步而不断得到发展和完善。

［2］1979年7月，五届全国人大二次会议通过了七部重要法律：《刑法》《刑事诉讼法》《地方各级人民代表大会和地方各级人民政府组织法》《全国人民代表大会和地方各级人民代表大会选举法》《人民法院组织法》《人民检察院组织法》《中外合资经营企业法》。其中法院组织法和检察院组织法是人民司法制度的重要制度基础。随后1982年宪法肯定了国家审判机关、国家检察机关的宪法地位，明确了人民法院、人民检察院在司法审判活动中不受行政机关、社会团体和个人的干涉。

［3］西方资本主义国家从人权原则出发，基于保护被告人的合法权益，对收集证据有着严格的法律要求，认为非法特别是不符合法定程序和方法或通过秘密手段获取的证据如同"毒树之果"，不具有法律效力。

第十四章

军事制度（略）

军事制度是政治制度的重要组成部分。中国人民军事制度是一个多部门、多层次构成的有机体系。就政治制度方面而言，主要是党和国家共同设立中央军事委员会的军事领导体制，由人民解放军现役部队和预备役部队、人民武装警察部队、民兵组成的人民武装力量体制，军队的政治工作制度，义务兵与志愿兵相结合、民兵与预备役相结合的兵役制度等。

一 概述（略）

（一）人民军事制度的形成与发展（略）

（二）人民武装力量的组成（略）

（三）走中国特色的精兵之路（略）

二 军事领导体制（略）

（一）党对军队的绝对领导（略）

（二）中央军事委员会（略）

（三）军内领导机关及其职权（略）

三　政治工作制度（略）

（一）人民军队的生命线（略）

（二）党委制（略）

（三）政治委员制度（略）

（四）政治机关制度（略）

四　兵役制度（略）

（一）"两个结合"的兵役制度（略）

（二）士兵服现役制度（略）

（三）干部制度与军官军衔制度（略）

（四）民兵与预备役制度（略）

（五）国防教育与国防动员制度（略）

第十五章

基层群众自治制度

基层群众自治制度,是城市居民(或农村村民)依照宪法和法律的规定,选举居住地区的成员组成居民委员会(或村民委员会),实行自我管理,自我教育,自我服务,自我监督的制度。它是在中华人民共和国成立后的民主实践中逐步形成起来的,首先从城市产生,然后推广到广大农村。2007年中共十七大报告首次将基层群众自治制度与人民代表大会制度、党领导的多党合作和政治协商制度、民族区域自治制度并列为国家基本政治制度。2014年习近平在庆祝全国人民代表大会成立60周年大会的讲话中强调:"我们要坚持和完善基层群众自治制度,发展基层民主,切实防止出现人民形式上有权、实际上无权的现象。"

一 城市居民自治制度

(一) 形成与发展

中国城市居民自治制度是中华人民共和国成立以来随着城市管理工作的需要逐步发展起来的。它的形成与发展可以分为以下几个阶段。

1. 初创阶段(1949—1954年)

1949年,随着新中国的诞生,作为民国时期国家政权在都市社会的基层组织制度——保甲制度[1]也随之废除。在都市基层政权的建立过程中,不少地方将原来的保改为街,将原来的甲改为闾,街设正副街长,闾设正副闾长。街闾实际上是基层行政组织。这对摧毁国民党的保甲制度,保持都市社会的稳定发挥了重要作用。随着都市各项工作走上正轨,社会秩序逐渐安定,为了适应形势的发展和居民生活的需要,各大城市后来设立了街道派出所。为了领导居民工作,每一派出所设民政干部二至三人。取代闾组织的情况在各大都市不大一样，如武汉为治安保卫委员会，天津是居民小组，上海是冬防队，等等。此时居民组织的主要领导人大多由街道派出所指定专职国家干部担任，其他成员则在当地居民中聘任。居民组织的主要任务是：传达政府的方针、政策和法规，防空、防特、防火、防盗，兼办一些居民的公益事项。由此可知，此时的居民组织设计上是后来居民委员会的雏形，它标志着基层居民组织开始由基层行政组织向基层自治组织转变。

1952年至1954年上半年，都市社会基层组织开始以基层群众自治组织的面貌出现。从1952年开始，各都市都开展了一场民主建政运动。这场运动的一项重要内容就是广泛发动群众，肃清反动政权的流毒，在提高广大居民政治觉悟的基础上进行建立具有自治性质的基层居民组织的试点。在这一活动中，首先在街道建立街公所（天津）或街政府（武汉），然后在街公所或街政府下建立居民自治组织——居民委员会。[①] 此时建立的居民委员会，包括正副主任在内的所有成员均从居民中产生，正副主任为专职干部，但都是义务的。居民委员会设主任、副主任、治保委员、调解委员、卫生委员等。

该期间居民委员会发生了两次变化。第一次是1952年8月11日公安部公布了《治安保卫委员会暂行条例》，于是各都市依据该条例在街道政府和派出所下设治安保卫委员会。治保会在基层政府和公安机关的领导下进行工作。在未设居委会的街道，治保会受派出所的具体领导。在已设居委会的街道，治保会受派出所和居委会的双重领导。第二次是1954年3月22日政务院颁布了《人民调解委员会暂行组织通则》，于是各都市依据该条例在街政府下设人民调解委员会。人民调解委员会在基层政府和人民法院的指导下进行工作。在已设居委会的街道，调解委员会受居委会的领导。这两次变化使业已建立的居委会组织机构更加健全，组织机能得到增强。居委会组织内部不仅有专职委员，而且有了专门的工作委员会；居委会不仅接受基层政府的领导，而且还接受公安部门和人民法院的领导或指导。

2. 建设阶段（1954—1958年）

1954年12月，一届全国人大常委会四次会议总结了天津、武汉等城市建立居民组织和开展居民工作的经验，根据新中国第一部宪法的精神，制定并通过了《城市居民委员会组织条例》，第一次以法律的形式颁布，居民委员会是"群众自治性的居民组织"，规定了居委会的任务、组织机构、工作

---

① 参见王劲松《中华人民共和国政府与政治》，中共中央党校出版社1995年版，第156页。

原则。此后，1956年开始全国性的建立居民委员会的工作。至1958年，城市居民自治顺利发展，被称为"黄金时期"。群众满意地称其为"自己的组织"。在该条例颁布的同时，还颁布了《街道办事处组织条例》，规定街道设办事处作为市辖区的派出机关，而非一级政府。并进一步明确了居民委员会和政府机关的关系。1955年12月，内务部和财政部联合发布《关于规定城市居委员会经费开支标准的联合通知》，进一步完善了《条例》的有关规定。

3. 挫折阶段（1958—1978年）

1958年后，在"政社合一""政企合一"思想的指导下，有些城市将街道办事处与居委会合为一体，从事工业、商业等活动，居委会在很大程度上成为了政府部门和企事业单位的办事机构，改变了自治的性质。"文化大革命"期间，居委会受到了极大破坏，绝大部分居委会被撤销，少数改为革命委员会，被赋予一级政权机关的性质，以配合当时的"阶级斗争"。造成的恶果是，居住区内人民内部矛盾和敌我矛盾这两类不同性质的矛盾被混淆，许多公民包括原居委会成员的民主权利被践踏，正常的人际关系搞乱了，邻里关系紧张，纠纷增多。

4. 恢复发展阶段（1978年以来）

中共十一届三中全会以后，经过拨乱反正，居委会得以恢复和发展。1980年，重新颁布了1954年的《城市居民委员会组织条例》《人民调解委员会暂行组织通则》和1952年的《治安保卫委员会暂行条例》，推动了各地居民委员会、人民调解委员会和治安保卫委员会的工作。1982年宪法第一次以根本大法的形式规定了居委会的性质、组织机构和基本任务：城市和农村按居民居住地区设立的居民委员会或者村民委员会是基层群众性自治组织。居民委员会、村民委员会的主任、副主任和委员由居民选举。居民委员会、村民委员会同基层政权的相互关系由法律规定。居民委员会、村民委员会设立人民调解、治安保卫、公共卫生等委员会，办理本居住地区的公共事务和公益事业，调解民间纠纷，协助维护社会治安，并且向人民政府反映群众的意见、要求和建议。

为了加强城市居民委员会的建设，由城市居民群众依法办理群众自己的事情，促进城市基层社会主义民主和城市社会主义物质文明、精神文明建设的发展，1989年12月26日七届全国人大常委会十一次会议通过了《城市居民委员会组织法》。该法的制定与公布，为城市居民委员会的建设提供了比较具体的、可操作性的法律依据。

（二）居民委员会

居民委员会是居民自我管理、自我教育、自我服务的基层群众性自治组织，既是人民民主专政和城市基层政权的基础，又是党和政府联系人民群众的桥梁和纽带。城市居民据此直接行使宪法赋予的管理本区经济、文化和社会事务的民主权利。

居委会根据居民居住状况，按照便于居民自治的原则，一般在一百户至七百户的范围内设立。居委会的设立、撤销、规模调整，由不设区的市、市辖区的人民政府决定。

不设区的市、市辖区的人民政府或者它的派出机关对居委会的工作给予指导、支持和帮助。居委会协助不设区的市、市辖区的人民政府或者它的派出机关开展工作。居委会的任务是：①宣传宪法、法律、法规和国家的政策，维护居民的合法权益，教育居民履行依法应尽的义务；②办理本居住区居民的公共事务和公益事业；③调解民间纠纷；④协助维护社会治安；⑤协助人民政府或者其的派出机关做好与居民利益有关的公共卫生、计划生育、优抚救济、青少年教育等项工作；⑥向人民政府或者其的派出机关反映居民的意见、要求和提出建议。居委会应当开展便民利民的社区服务活动，可以兴办有关的服务事业；管理本居委会的财产，任何部门和单位不得侵犯居委会的财产所有权。多民族居住地区的居委会，应当教育居民互相帮助，互相尊重，加强民族团结。

居委会由主任、副主任和委员共五至九人组成。多民族居住地区，居委会中应当有人数较少的民族的成员。居委会主任、副主任和委员，由本居住地区全体有选举权的居民或者由每户派代表选举产生；根据居民意见，也可以由每个居民小组选举代表二至三人选举产生。居委会每届任期三年，其成员可以连选连任。年满十八周岁的本居住地区居民，不分民族、种族、性别、职业、家庭出身、宗教信仰、教育程度、财产状况、居住期限，都有选举权和被选举权；但是，依照法律被剥夺政治权利的人除外。

居委会决定问题，采取少数服从多数的原则。居委会进行工作，应当采取民主的方法，不得强迫命令。居委会成员应当遵守宪法、法律、法规和国家的政策，办事公道，热心为居民服务。居委会根据需要设人民调解、治安保卫、公共卫生等委员会。居委会成员可以兼任下属的委员会的成员。居民较少的居民委员会可以不设下属的委员会，由居委会的成员分工负责有关工作。市、市辖区的人民政府有关部门，需要居委会或者它的下属委员会协助进行的工作，应当经市、市辖区的人民政府或者它的派出机关同意并统一安排。市、市辖区的人民政府的有关部门，可以对居委会有关的下属委员会进行业务指导。

居委会可以分设若干居民小组，小组长由居民小组推选。依照法律被剥夺政治权利的人编入居民小组，居委会应当对他们进行监督和教育。

机关、团体、部队、企业事业组织，不参加所在地的居委会，但是应当支持所在地的居委会的工作。所在地的居委会讨论同这些单位有关的问题，需要他们参加会议时，他们应当派代表参加，并且遵守居委会的有关决定和居民公约。这些单位的职工及家属、军人及随军家属，参加居住地区的居委会；其家属聚居区可以单独成立家属委员会，承担居委会的工作，在不设区的市、市辖区的人民政府或者它的派出机关和本单位的指导下进行工作。家属委员会的工作经费和家属委员会成员的生活补贴费、办公用房，由所属单位解决。

居委会的工作经费和来源，居委会成员的生活补贴费的范围、标准和来源，由不设区的市、市辖区的人民政府或者上级人民政府规定并拨付；经居民会议同意，可以从居委会的经济收入中给予适当补助。居委会的办公用房，由当地人民政府统筹解决。

（三）居民会议与居民代表会议

居民会议是城市基层群众自治组织的最高组织形式，是群众自治组织的权力机构。居民委员会组织法规定，居民会议由十八周岁以上的居民组成。居民会议可以由全体十八周岁以上的居民或者每户派代表参加，也可以由每个居民小组选举代表二至三人参加。必要时，可邀请所在地机关、团体、部队、企事业单位代表参加。

居民会议由居民委员会召集和主持。有五分之一以上的十八周岁以上的居民、五分之一以上的户或者三分之一以上的居民小组提议，应当召集居民会议。居民会议必须有全体十八周岁以上的居民、户的代表或者居民小组选举的代表的过半数出席，才能举行。会议的决定，由出席人的过半数通过。居民会议有权选举、撤换和补选居民委员会成员。涉及全体居民利益的重要问题，居民委员会必须提请居民会议讨论决定。居委会向居民会议负责并报告工作。居民会议讨论制定居民公约，并报不设区的市、市辖区的人民政府或者它的派出机关备案，由居委会监督执行。居民应当遵守居民会议的决议和居民公约。但居民公约的内容不得与宪法、法律、法规和国家的政策相抵触，否则违法无效。居委会办理本居住地区公益事业所需的费用，经居民会议讨论决定，可以根据自愿原则向居民筹集，也可以向本居住地区的受益单位筹集，但是必须经受益单位同意；收支账目应当及时公布，接受居民监督。

由于每个居民的活动时间是不确定等一系列因素，使得现实中居民会议的召开存在困难，因此，各地在探索实现城市基层民主、健全选举制度的过程中找到了居民代表会议这一可行的民主形式。如上海市黄浦区五里桥街道（原属卢湾区，现卢湾区并入黄浦区）就建立了居民代表会议制度，有效地发挥了它在民主选举、民主监督、民主决策和民主管理中的作用。但是，也要防止走向另外一个极端，就是只注重居民代表会议而忽视居民会议，将居民代表选举居委会作为唯一的方式。因此，在实施居民代表会议制度中，要加大对居民代表的监督，使他们具有深厚的民意基础，能够如实反映广大居民的意愿。

（四）居民自治制度的完善

经济是社会发展的基础但并未唯一因素，经济发展也受到社会其他方面的制约。中共十一届三中全会以来，中国开启了以经济改革为首的社会全方位改革，经济基础的改变必然会要求社会其他方面作相应的变革。经过四十年的发展，中国社会主义市场经济体制得以初步建立，社会结构随之发生深刻变化。但是，市场经济体制的建立并不意味着社会改革成功，计划经济体制下的社会管理模式已被打破但旧体制的惯性依旧存在，新的符合市场经济规律要求的民主法治的社会管理模式由于种种原因还未最终建立，如果不继续进行社会其他方面的配套改革，即使已有的经济改革成果也会得而复失，社会全方位的改革还任重道远。

计划经济向市场经济的转型，是经济基础的大变动，必然要求政治、法律等上层建筑作出积极回应，否则转型就无法最终完成。由于经济转型，原有计划经济体制下的政府职能、政企关系、政事关系、政社关系不会自动回应这种经济转型，必然会在政治生活、经济生活和社会生活等领域产生各种紊乱和失范。重构适应社会主义市场经济条件下的行政管理体制就不可回避，政府在社区中不再扮演以往的全能角色，许多原来由政府承担的职能将逐渐回归社会。在市场经济条件下，人的主动性、积极性和创造性得以调动。人的主体地位的提高，意味着人的主人翁意识的回归，参政热情会较前大涨。这就需要利益表达机制，畅通政治参与渠道，建立健全基层民主制度，充分发挥包括居委会在内的各种社会组织、团体的自治功能，使社会主义民主制度化、法律化、规范化、常态化。随着改革开放的深入，封闭的世界再也不存在了，这是一个开放多元的世界，好的坏的一起呈现在人们面前，人们接受的信息量大了，人们选择的机会多了，这就引发了传统与现代的冲突、东西方文化的碰撞以及在利益驱动下所产生的各种不平衡心态，这就要求用社会主义核心价值观进行整合，加强社会主义精神文明建设，把大家的心凝聚到实现中华民族伟大复兴的中国梦上。

改革开放以来，中国的城市化进程加快，旧城改造，新城建设，大量农村人口涌入城市，大量农村村民通过行政改制成为了城市居民。中国的城市特别是大都市的社区以第二、三产业为基础，人口聚集规模较大，社会结构相当复杂。伴随着经济改革引起的社会全方位变革，伴随着社会结构的整体性变迁，伴随着城市现代化的推进所进行的大规模基础设施的兴建、旧城区的改造和新城区建设，加强城市社区的建设和管理的重要性和紧迫性日益明显。这种复杂情况超过以往任何时期，对居委会工作带来了一系列严峻挑战。

原来计划经济体制下的单位是人们生产、学习、生活的主要场所，它是人们生活资料的主要来源，福利待遇的主要提供者，几乎承担了所有的社会职能，每个职工都是"单位的人"。不同单位之间的福利待遇是有差别的，有些单位连社会基本服务都难以满足，而有些单位提供了其他单位不能提供的丰厚待遇，这就显失社会公平。但单位的好处在于职工对所在单位的依赖，可以说没有单位就没有生存发展的空间。党和政府不是通过基层社区组织，而是通过一个个单位来实现对城市居民和城市社会的控制。随着市场化改革的不断深化，社会保障体系的逐步完善，单位开始摆脱了办社会的历史状况，不再提供应当由政府或其他专门组织供给的教育、医疗等社会基本服务，大大弱化了职工对单位的依赖，也疏远了职工和单位之间的感情。这样原来单位所承担的社会职能就退还到了社会。居委会处于城市社会最基层，不可能再推回给其他任何组织，这就使得居委会成为一些被剥离下来的原属政府职能的承担者。因此，单位体制的现代化转型，迫使居委会承担更多的社会控制和整合功能。

现在的城市是一个高度流动的社会。每个社区除常住人口外，都有一定数量的外来人口和流动人口，城市提供的社会基本服务，外来人口不一定全部享有。有目共睹的是，城市的高速发展离不开外来人口尤其是广大农民工兄弟姐妹的贡献，可以说，城市最苦、最累、最脏的活几乎都是农民工兄弟姐妹干的，但城市发展的成果并没有太多惠顾到他们。改革开放以来，城市的农民工已经到了第三代。第二代、第三代农民工几乎都在城市生活长大，但城市居民享有的福利他们几乎没有。由于适应了城市生活方式，城乡差距的鸿沟，这些农民工不可能再回到乡下，而他们又没有被城市真正接纳。这个农民工群体是一个数量极其庞大的群体，如果不解决他们在城市的归属问题，迟早都是整个社会稳定的巨大隐患。这个问题须引起党和政府的高度重视。人口结构的变化，无疑提高了社区管理的难度。面对外来人口、无单位人口（包括个体户和私营企业主）、老龄人口的增加对居民区的社会服务、社会治安、卫生健康等工作增加了压力，要求居委会能提供多样化的服务和管理。

城市现代化发展要求开展和加强以居民参与为主的社区建设活动。城市现代化的高速发展使得绝大多数城市面临着繁重的市场管理、市容保洁、园林绿化、生育健康、社会秩序、道路通畅、居民动迁等管理任务，任何政府和单位都无法承担如此繁重的任务。居民是城市的主人，城市的建设和发展，如果得不到普通居民的认可就会步履维艰。这不但需要居民的培养社区意识、社区情感，增强居民对居委会的认同感、归属感，而且需要居委会充分尊重和广泛听取居民的意见和建议，作出大家可接受的方案，还要充分发挥居民区内的企事业组织、居委会和社会团体的互助合作，实现资源共享，推动社区共建共管。

社区是居民的生活场所，是居民的家园。随着经济发展，居民的生活水平不断得到改善，居民的需求层次也在发生改变，这就要求通过比较良好的社区服务来提高居民的生活质量。人们对生活的要求是一个有低向高、由物质向精神层面不断递进的过程，符合社会发展的要求。随着居民收入的增加，消费结构的变化，恩格尔系数[2]不断下降，居民在文化娱乐上的开支越来越多，愈发注意健康的生活方式。这就要求整洁社区环境，加强社区服务，尤其是加强与居民日常生活密切相关的社区服务设施的建设和管理，使其能提供各种各样的便民、利民、健民、乐民的生活服务，从而不断满足居民日趋多样化的生活需要。

城市要有高楼大厦和霓虹灯等现代化设施，更要有遵纪守法、文明礼貌、高素质的现代化市民。城市由一个个社区构成，城市品位的高低，城市面貌的好坏，不仅取决于社区的物质建设，而且和社区的精神文明建设息息相关。国家对精神文明建设提出了具体要求，居委会应按此要求不断提高市民素质。只有市民素质提高了，城市的文明程度才会上升。然而在向现代社会的转型中，基层居委会面临着前所未有的困难：体制不顺，关系不畅，"上面千条线，下面一根针"。政府各部门下达任务，居委会应接不暇；财力不足，人手不够,对汹涌而至的社会事务穷于应付,上面不满意居民也不满意的情形时有发生;地位低下,物质匮乏,队伍不稳定;等等。为了应对现实的挑战,加强居委会的建设已经刻不容缓。

居委会虽然是基层居民自治性组织,但实践中却具有自治性和行政性的双重属性。一方面,在居委会和政府的关系上,实际上存在"领导"而非"指导"关系。街道和居委会之间依照法律规定是"指导"关系,但现实的运行中,很多居委会和街道常常是"领导和被领导"关系。从居委会干部的产生看,一般均由街道物色合适人选进入居委会担任主任职务,居民选举只是一个形式,甚至根本不进行选举而是指定的;从居委会的工作来看,几乎所有的工作都由街道布置,居委会的工作缺乏主动性、积极性、创造性;从经济上看,许多居委会干部的津贴、办公经费完全由街道来承担,这是居委会成为街道延伸机构的主要原因。经济是基础是一个浅显的道理,正所谓吃人嘴软,拿人手短,不得不受制于人。另一方面,居委会的社会权威,主要来自政府的权力而非居民群众的认同。居委会深入基层社会的合法性保障仍在于政府权力。没有一定的或强有力的政府权力,居委会工作的开展几乎寸步难行。街道或基层政府的一些职能的行使就缺乏了基层组织的保障。

居委会的行政属性,既有行政控制,如它成为政府或其派出机构的附属物;也有行政指导,接受政府或其派出机构在其所管辖的事务范围内依法依规作出的非强制性建议。前者是计划体制下的产物,以国家权力为后盾,无须居委会的同意而强制执行,同居民自治背道而驰;后者是促进居民自治发展的外部力量,不以国家权力为后盾,须征得居委会的同意和协助,并没有否认居委会自治。居委会具有行政性质,并不会因其行政性质湮没其自治性质,排斥或干扰自治性,而是为了保护其自治功能更好地发挥,自治功能是其行政工作的最终归宿。从数量上看,居委会自治性的工作是大量的、经常的,而其行政性事务是少量的,并且受到法律的严格规范。如法律明确规定政府及其职能部门对居委会进行"业务指导",并且"指导"须经过基层政府的"统一布置"。也就是说,政府对居委会的指导不能随意进行,其指导方式、指导范围须严格遵守法律规定,以免影响居委会自治。

对自治要有正确的认识。有些人错误地以为,自治应当是"完全自治""绝对自治",政府一点也不要干预,市场经济体制下的政府就是"管得越少的政府越是好政府"。世界上万事万物有机地联系在一起,相生相克,相辅相成。发展成熟的市场经济国家的实践表明,自治只是相对的,自治须有度,完全绝对的自治在世界上根本不存在。中国的行政体制改革是变"全能政府"为"有限政府",政府有所为也有所不为,属于市场的毫不吝啬地退还给市场,属于政府的就应该管制起来。市场具有决定作用,但市场也不是万能的,市场失灵的现象比比皆是,这就需要政府的宏观调控。有限政府不排除政府的宏观调控职能,政府的有限介入是中国现代化成功、推进基层民主的必要条件。在传统社会向现代社会的转型中,社会组织还没有正常发育、完善起来,社会自治力量弱小,社会情况复杂多变,它们难以形成合法有效的自我管理、自我约束的内在机制,改革过程中"一放就乱、一统就死"的恶性循环就说明了这一点。这就为政府的有限介入提供了一定的理据。

由此看来,居委会的行政性质并不一定是有害的,它在一定阶段具有合理性。尤其在社会转型过程中,行政性是服务自治性、培育居委会自组织能力的有力工具。随着社会主义市场经济的深入发展,国家治理能力和治理体系建设的全面推进,社会各个阶层群体的主体意识不断增强,基层社会组织的自组织能力的逐步提升,这些是基层政府权力退出社会领域的决定性因素,也是居委会自治性质得以确立的决定性力量。不过,这将是一个复杂的、变化的、漫长的过程,身处其中的每一个人都要有足够的耐心和信心。

二 村民自治制度

(一) 形成与发展

以村民委员会为主要表现形式的农村村民自治制度,是中共十一届三中全会以后随着中国广泛深刻的农村改革而出现并逐步发展起来的,是对家庭联产承包责任制的回应,是中国农村政治、经济以及社会发展的必然产物。中华人民共和国成立以来,中国的村级组织形式几经变迁,最后才形成现在的格局。根据历史发展过程可以分为以下四个阶段。

1. 村级政权(1949—1954年)

中华人民共和国成立初期,为了适应农村土地改革和剿匪、镇压反革命的需要,也为了使社会主义民主在农村基层打下牢固的基础,1950年政务院颁布了《乡(行政村)人民代表会议组织通则》《乡(行政村)人民政府组织通则》,规定行政村属于人民政权的基层组织,村人民政权由村人民代表会议(或人民代表大会)与村人民政府组成。村人民代表会议(或人民代表大会)是全村人民行使权力的机关。村人民代表会议由村人民政府召集,一般代行村人民代表大会职权,村人民政府既是村人民代表会议(或人民代表大会)的执行机关,又是政务院统一领导下的地方基层行政机关。

2. 村级政权的取消(1954—1958年)

1954年宪法颁布后,中国取消了村级政权,乡镇为农村基层政权单位。乡以下根据不同情况划分工作单位,一般以自然村或选区为单位,必要时再在自然村或选区下划分若干居民小组。人口居住集中的乡,由乡人民政府直接领导居民小组开展工作。地区辽阔、居住分散的乡,乡以下由若干自然村组成行政村,行政村之下按自然村划分居民小组。自然村、选区或行政村设代表主任,必要时也可设副主任,由自然村、选区或行政村内的乡人民代表互推产生,在乡人民政府的领导下负责召开所辖地区的代表及其他工作人员的工作会议,讨论执行乡人民政府(乡人民委员会)的决议,并检查执行情况。这一时期的村主任、副主任只是协助乡(镇)政府工作的人员。此外,行政村还设立若干工作机构,如调解委员会、治安保卫委员会,其主任一般也由乡人民代表兼任。由此看来,这一时期的村民自治的形式已基本具备,只不过缺乏宪法、法律的制度依据。

3. 人民公社(1958—1978年)

1958年,全国农村普遍实行人民公社化。"政社合一"的人民公社实行统一领导,三级(公社、生产大队、生产队)管理体制。

生产大队一般以行政村为单位建立,其重大事项由生产大队的社员代表大会决定,大会一年开两次,代表每年改选。生产大队设大队长及生产大队管理委员会,均由社员代表大会选举产生。生产大队管理委员会的主要职责是管理本大队范围内各生产队的生产工作和行政工作。生产大队一般设有治安保卫委员会,有的也设调解委员会。

生产队一般按自然村组建,它是人民公社的基层组织,生产队的一切重大事项均由生产队社员大会讨论决定。生产队设有队长、会计及其他管理委员和监察委员。

"文化大革命"期间,人民公社的三级社员代表大会和管理委员会均为革命委员会所取代。各级革命委员会既是各级社员代表大会的常设机关,又是该级人民政府。

4. 村民委员会(1978年以后)

中共十一届三中全会以后,中国农村实行了以家庭联产承包责任制为主要内容的经济体制改革。家庭联产承包责任制是农民以家庭为单位,向集体经济组织(主要是村、组)承包土地等生产资料和生产任务的农业生产责任制形式。在农业生产中农户作为一个相对独立的经济实体承包经营集体的土地和其他大型生产资料,一般做法是将土地等按人口或人劳比例分到农户经营,按照合同规定自主地进行生产和经营。其经营收入除按合同规定上缴一小部分给集体及缴纳国家税金外,全部归于农户。集体作为发包方除进行必要的协调管理和经营某些工副业外,主要是为农户提供生产服务。农村生产关系的这一重大调整,必然会引起农村上层建筑的重大变化。政社分开,撤社建乡,随之而来的就是农村上层建筑的一次大变动。政社分开后,乡设乡党委、乡人大、乡政府、乡经济组织。村民委员会在此基础上产生。

1982年宪法第一次以根本大法的形式规定了村民委员会的性质、组织机构和基本任务,全国出现了建立健全村民自治组织的热潮。1987年4月,六届全国人大五次会议原则通过了《村民委员会组织法(草案)》。此后,全国人大常委会根据全国人大的授权,对该组织法(草案)进一步审议修改。1987年11月,六届全国人大常委会二十三次会议通过了《村民委员会组织法(试行)》,这标志着村民自治活动进入了有法可依的新阶段。它对村民委员会的性质、任务、组织设置、工作方法以及与乡政府的关系等,都作了明确规定。它对各地村民自治制度的发展起到了很好的推动和保障作用。随着社会主义市场经济的逐步推行,社会主义民主政治的深入发展,村民委员会面临着新的机遇和挑战。为了保障农村村民实行自治,由村民依法办理自己的事情,发展农村基层民主,维护村民的合法权益,促进社会主义新农村建设,1998年11月九届全国人大常委会五次会议在总结十几年村民自治经验的基础上,修改了原有的村民委员会组织法(试行),依据宪法正式制定通过了《村民委员会组织法》,村民自治制度又有了新发展。为了进一步适应经济社会发展的需要,2010年10月十一届全国人大常委会第十七次会议进行了修订,村民自治制度更加完善。

(二) 村民会议与村民代表会议

村民自治是农村基层民主的体现。村民通过村民委员会、村民会议、村民代表会议这些组织形式来表达自己的意愿,实现自己管理本村事务的民主权利。

1. 村民会议

村民会议由本村十八周岁以上的村民组成。召开村民会议,应当有本村十八周岁以上村民的过半数,或者本村三分之二以上的户的代表参加,所作决定应当经到会人员的过半数通过;法律另有规定的,依照其规定。根据需要可以邀请驻本村的企业、事业单位和群众组织派代表列席。村民会议由村民委员会召集。有十分之一以上的村民或者三分之一以上的村民代表提议，应当召集村民会议。召集村民会议，应当提前十天通知村民。

根据村民委员会组织法的规定，村民会议的权力可以归纳为以下几个方面。

（1）制章权

村民会议可以制定和修改村民自治章程、村规民约，并报乡、民族乡、镇的人民政府备案。村民自治章程是本村村民自治的基本规范，全体村民应当遵守。村规民约是关于村民自治中有关具体事项的规定，是村民的共同约定，全体村民也应当遵守。村民自治章程、村规民约不得与宪法、法律、法规和国家的政策相抵触，不得有侵犯村民的人身权利、民主权利和合法财产权利的内容。如有违反，由乡、民族乡、镇的人民政府责令其改正。

（2）任免权

村民会议有权直接选举产生主任、副主任和委员组成村民委员会，也有权罢免村民委员会组成人员。

凡是年满十八周岁的村民，不分民族、种族、性别、职业、家庭出身、宗教信仰、教育程度、财产状况、居住期限，都有选举权和被选举权，但是依法被剥夺政治权利的人除外。村民委员会选举前，应当登记参加选举的村民名单：①户籍在本村并且在本村居住的村民；②户籍在本村，不在本村居住，本人表示参加选举的村民；③户籍不在本村，在本村居住一年以上，本人申请参加选举，并且经村民会议或者村民代表会议同意参加选举的公民。已在户籍所在村或者居住村登记参加选举的村民，不得再参加其他地方村民委员会的选举。登记参加选举的村民名单应当在选举日的二十日前由村民选举委员会公布。对登记参加选举的村民名单有异议的，应当自名单公布之日起五日内向村民选举委员会申诉，村民选举委员会应当自收到申诉之日起三日内作出处理决定，并公布处理结果。

村民委员会的选举，由村民选举委员会主持。村民选举委员会由主任和委员组成，由村民会议、村民代表会议或者各村民小组会议推选产生。村民选举委员会成员被提名为村民委员会成员候选人，应当退出村民选举委员会。村民选举委员会成员退出村民选举委员会或者因其他原因出缺的，按照原推选结果依次递补，也可以另行推选。

选举村民委员会，由登记参加选举的村民直接提名候选人。村民提名候选人，应当从全体村民利益出发，推荐奉公守法、品行良好、公道正派、热心公益、具有一定文化水平和工作能力的村民为候选人。候选人的名额应当多于应选名额。村民选举委员会应当组织候选人与村民见面，由候选人介绍履行职责的设想，回答村民提出的问题。选举村民委员会，有登记参加选举的村民过半数投票，选举有效；候选人获得参加投票的村民过半数的选票，始得当选。当选人数不足应选名额的，不足的名额另行选举。另行选举的，第一次投票未当选的人员得票多的为候选人，候选人以得票多的当选，但是所得票数不得少于已投选票总数的三分之一。选举实行无记名投票、公开计票的方法，选举结果应当当场公布。选举时，应当设立秘密写票处。登记参加选举的村民，选举期间外出不能参加投票的，可以书面委托本村有选举权的近亲属代为投票。村民选举委员会应当公布委托人和受委托人的名单。具体选举办法由省、自治区、直辖市的人民代表大会常务委员会规定。

以暴力、威胁、欺骗、贿赂、伪造选票、虚报选举票数等不正当手段当选村民委员会成员的，当选无效。对前述不正当手段妨害村民行使选举权、被选举权，破坏村民委员会选举的行为，村民有权向乡、民族乡、镇的人大和人民政府或者县级人大常委会和人民政府及其有关主管部门举报，由乡级或者县级人民政府负责调查并依法处理。

村民委员会成员丧失行为能力或者被判处刑罚的，其职务自行终止。村民委员会成员出缺，可以由村民会议或者村民代表会议进行补选。补选的村民委员会成员的任期到本届村民委员会任期届满时止。村民委员会应当自新一届村民委员会产生之日起十日内完成工作移交。工作移交由村民选举委员会主持，由乡、民族乡、镇的人民政府监督。

罢免村民委员会成员，须有本村五分之一以上有选举权的村民或者三分之一以上的村民代表联名提出，并说明要求罢免的理由。被提出罢免的村民委员会成员有权提出申辩意见。罢免村民委员会成员，须有登记参加选举的村民过半数投票，并须经投票的村民过半数通过。

（3）决定权

村民会议有权讨论决定涉及村民利益的事项。依照村民委员会组织法规定，下列事项须经村民会议讨论决定方可办理：①本村享受误工补贴的人员及补贴标准；②从村集体经济所得收益的使用；③本村公益事业的兴办和筹资筹劳方案及建设承包方案；④土地承包经营方案；⑤村集体经济项目的立项、承包方案；⑥宅基地的使用方案；⑦征地补偿费的使用、分配方案；⑧以借贷、租赁或者其他方式处分村集体财产；⑨村民会议认为应当由村民会议讨论决定的涉及村民利益的其他事项。村民会议可以授权村民代表会议讨论决定前款规定的事项。法律对讨论决定村集体经济组织财产和成员权益的事项另有规定的，依照其规定。

（4）评议权

村民会议有权审议村民委员会的工作报告，并评议村民委员会成员的工作。村民委员会成员以及由村民或者村集体承担误工补贴的聘用人员，应当接受村民会议或者村民代表会议对其履行职责情况的民主评议。民主评议每年至少进行一次，由村务监督机构主持。村民委员会成员连续两次被评议不称职的，其职务终止。

从村民会议拥有的职权可知，村民会议是本村村民自治的权力机关，决定本村的重大事项和重要人事安排。在那些村民委员会组织法实施得较成功、运作得较正常的乡村，村民会议具有较高的权威，村民能够切实感受到当家作主的地位，村委会成员也能切实感受民主监督的存在，那里的村民将村民会议称之为"小人大会"。当然，有些地区村民会议要么很少召集，要么召集起来也是走过场。虽然造成这种局面的原因很多，但是村民会议本身不便操作是一个重要因素。在一些较大的村，村民人数过多，居住过于分散，召集十分困难。另外，由于村民素质参差不齐，难以真正发扬民主，深入有效地讨论本村事务。

2. 村民代表会议

由于召集村民会议不易或者村民会议的效果不佳等原因，各地在贯彻执行《村民委员会组织法（试行）》的前十几年中，普遍建立了村民代表会议这一组织形式。1998年通过的《村民委员会组织法》充分肯定了这一做法，赋予村民代表会议以合法性。

依照法律规定，人数较多或者居住分散的村，可以设立村民代表会议，讨论决定村民会议授权的事项。村民代表会议由村民委员会成员和村民代表组成，村民代表应当占村民代表会议组成人员的五分之四以上，妇女村民代表应当占村民代表会议组成人员的三分之一以上。村民代表由村民按每五户至十五户推选一人，或者由各村民小组推选若干人。村民代表的任期与村民委员会的任期相同。村民代表可以连选连任。村民代表应当向其推选户或者村民小组负责，接受村民监督。村民代表会议由村民委员会召集。村民代表会议每季度召开一次。有五分之一以上的村民代表提议，应当召集村民代表会议。村民代表会议有三分之二以上的组成人员参加方可召开，所作决定应当经到会人员的过半数同意。

当前，全国60%以上的村建立了村民代表会议制度。村民通过推选代表参与村务决策和村务管理,在村民与村民代表之间形成了授权和代理关系,村民代表受村民授权代行村民权利、表达村民意愿并对村民负责的特殊村民。村民代表会议代表性强,召集方便,讨论充分,议事深入,可以充分表达各方面的意愿,因此村民代表会议形成的决策质量较高,民意基础也较好。由于其在接受村民会议的授权后,可以行使村民会议的部分权力,权威性较强。村民代表会议可以通过质询、审议、评议等方式,对村民委员会成员的不良行为实行监督约束。虽然村民代表会议的优点很多,但也存在违背村民真实意愿的可能性,因此不能取代村民代表会议。一些关乎全体村民利益或大多数村民关注的事项仍旧应由村民会议决定。

实践中,有些乡村还有一种被称作"村民议事会"的非正式组织,但是并未得到国家法律的认可。它是由村民中的少数精英人物组成的咨询性组织。它没有获得村民会议的授权,不能行使村民会议的部分权力。村民议事会的代表来源,有的是选举产生,有的是指定,也有的是选举和指定的结合。村民议事会的代表一般不对具体的村民负责,它与村民之间没有授权与代理关系。村民议事会强调议事和协商,和村民代表会议那样强调少数服从多数的原则有着本质区别。村民议事会的决定对村务决策仅具有参考作用,最终决策由村民会议作出。村民议事会通过对居住区各种精英人物的吸纳,让各种意见都有充分表达的机会,有利于平衡各方面的利益,从而提高村务决策的民意基础和社会权威,维护农村社会的稳定。需要警惕的是,由于少数精英能量很大,普通村民的意见往往得不到重视,因此要防止他们组成的议事会凌驾于村民会议或村民委员会之上,成为实际操纵村民自治的幕后力量。

(三) 村民委员会

1. 性质与任务

根据村民委员会组织法的规定,村民委员会是村民自我管理、自我教育、自我服务的基层群众性自治组织,实行民主选举、民主决策、民主管理、民主监督。

村民委员会的任务或职责是:①办理本村的公共事务和公益事业,如修桥、修路,兴办托儿所、敬老院,搞好公共卫生,开展群众性的文化娱乐活动等。②调解民间纠纷,促进村民团结、家庭和睦,协助维护社会治安。③向人民政府反映村民的意见、要求和提出建议。④支持和组织村民依法发展各种形式的合作经济和其他经济,承担本村生产的服务和协调工作,促进农村生产建设和经济发展。⑤依法管理本村属于村农民集体所有的土地和其他财产，引导村民合理利用自然资源，保护和改善生态环境。⑥尊重并支持集体经济组织依法独立进行经济活动的自主权，维护以家庭承包经营为基础、统分结合的双层经营体制，保障集体经济组织和村民、承包经营户、联户或者合伙的合法财产权和其他合法权益。⑦宣传宪法、法律、法规和国家的政策，教育和推动村民履行法律规定的义务、爱护公共财产，维护村民的合法权益，发展文化教育，普及科技知识，促进男女平等，做好计划生育工作，促进村与村之间的团结、互助，开展多种形式的社会主义精神文明建设活动。⑧支持服务性、公益性、互助性社会组织依法开展活动，推动农村社区建设。⑨在多民族村民居住的村，还应当教育和引导各民族村民增进团结、互相尊重、互相帮助。

2. 设立与组成

村民委员会根据村民居住状况、人口多少，按照便于群众自治，有利于经济发展和社会管理的原则设立。从中国的实际情况看，村委会设在自然村为宜。自然村是历史上自然形成的村民居住的基本单位，其中村民的生产、生活联系一般比较紧密，有较多的共同利益，是一个熟人社会，大家低头不见抬头见，便于实行村民自治。但是，中国幅员辽阔，各地发展极不平衡，自然村的大小、人口密度、经济社会发展水平差别很大，村委会的设置应当因地制宜，不能一刀切。从目前情况看，村委会的设立主要分为三种类型：①在一个自然村设立一个村委会；②在南方和一些山区自然村较小（二十户以下）的地方，在几个自然村设立一个村委会；③在北方一些地区，自然村往往拥有几百甚至上千农户，就在一个自然村分别设立几个村委会。就全国范围而言，第一种类型居多。村民委员会的设立、撤销、范围调整，由乡、民族乡、镇的人民政府提出，经村民会议讨论同意，报县级人民政府批准。

村民委员会由主任、副主任和委员共三至七人组成。村民委员会成员中，应当有妇女成员，多民族村民居住的村应当有人数较少的民族的成员。村民委员会主任、副主任和委员，由村民直接选举产生。任何组织或者个人不得指定、委派或者撤换村民委员会成员。村民委员会每届任期三年，届满应当及时举行换届选举。村民委员会成员可以连选连任。村民委员会成员不脱离生产，应根据工作情况，对他们给予适当补贴。

3. 组织机构

村民委员会根据需要设人民调解、治安保卫、公共卫生与计划生育等委员会。村民委员会成员可以兼任下属委员会的成员。人口少的村的村民委员会可以不设下属委员会，由村民委员会成员分工负责人民调解、治安保卫、公共卫生与计划生育等工作。人民调解委员会负责调解本村民事纠纷、经济纠纷、家庭纠纷，调解乡村社区的各种矛盾，维护乡村稳定。治安保卫委员会负责保护村民生命财产安全，打击各种犯罪活动，及时制止赌博、盗窃、斗殴等违法活动，消除村民生产、生活中的不安全因素，为乡村经济和社会发展提供良好的外部环境。公共卫生委员会，因地制宜定期组织环境卫生活动，搞好本村卫生工作的规划及组织实施，预防各种疾病的发生等。除了法定的几个委员会，有的地方还根据实际情况设立了民政委员会、妇女工作委员会、青年工作委员会等。

村民委员会可以根据村民居住状况、集体土地所有权关系等分设若干村民小组。小组长由村民小组会议推选。组长负责召集村民小组会议，组织本组村民开展自治活动。

4. 工作原则

村委会工作中凡涉及村民利益的有关事项，都必须提请村民会议讨论决定后方可办理。村委会应当实行少数服从多数的民主决策机制和公开透明的工作原则，建立健全各种工作制度。村委会开展工作，应当坚持群众路线，充分发扬民主，认真听取不同意见，坚持说服教育，不得强迫命令，打击报复。

5. 村务公开

村委会实行村务公开制度。村委会依法应当及时公布下列事项，接受村民监督：①由村民会议、村民代表会议讨论决定的事项及其实施情况；②国家计划生育政策的落实方案；③政府拨付和接受社会捐赠的救灾救助、补贴补助等资金、物资的管理使用情况；④村委会协助人民政府开展工作的情况；⑤涉及本村村民利益，村民普遍关心的其他事项。一般事项至少每季度公布一次；集体财务往来较多的，财务收支情况应当每月公布一次；涉及村民利益的重大事项应当随时公布。其中，财务公开应当是村务公开的重点。

村务公开的目的是让群众参与管理和监督村里的公共事务和公益事业。每一次村务公开后，村委会要及时广泛听取群众反映的意见。对群众提出的问题，要及时作出解释。对群众提出的要求，要及时予以答复。对大多数群众不赞成的事情，要坚决予以纠正。

公开的内容要简洁明了，便于群众了解。公开的形式和方法可以灵活多样，如张榜公布、有线广播、微信微博、召集村民会议或村民代表会议等。各村可在本村的公共活动场所或其他适当的地方，建立专门的公开栏，进行张榜公布。

村委会应当保证所公布事项的真实性，并接受村民的查询。村委会不及时公布应当公布的事项或者公布的事项不真实的，村民有权向乡、民族乡、镇的人民政府或者县级人民政府及其有关主管部门反映，有关人民政府或者主管部门应当负责调查核实，责令依法公布；经查证确有违法行为的，有关人员应当依法承担责任。

村应当建立村务监督委员会或者其他形式的村务监督机构，负责村民民主理财，监督村务公开等制度的落实，其成员由村民会议或者村民代表会议在村民中推选产生，其中应有具备财会、管理知识的人员。村委会成员及其近亲属不得担任村务监督机构成员。村务监督机构成员向村民会议和村民代表会议负责，可以列席村委会会议。

村委会和村务监督机构应当建立村务档案。村务档案包括：选举文件和选票，会议记录，土地发包方案和承包合同，经济合同，集体财务账目，集体资产登记文件，公益设施基本资料，基本建设资料，宅基地使用方案，征地补偿费使用及分配方案等。村务档案应当真实、准确、完整、规范。

村委会成员实行任期和离任经济责任审计，审计包括下列事项：①本村财务收支情况；②本村债权债务情况；③政府拨付和接受社会捐赠的资金、物资管理使用情况；④本村生产经营和建设项目的发包管理以及公益事业建设项目招标投标情况；⑤本村资金管理使用以及本村集体资产、资源的承包、租赁、担保、出让情况，征地补偿费的使用、分配情况；⑥本村五分之一以上的村民要求审计的其他事项。村委会成员的任期和离任经济责任审计，由县级人民政府农业部门、财政部门或者乡、民族乡、镇的人民政府负责组织，审计结果应当公布，其中离任经济责任审计结果应当在下一届村民委员会选举之前公布。

村委会或者村委会成员作出的决定侵害村民合法权益的，受侵害的村民可以申请人民法院予以撤销，责任人依法承担法律责任。村委会不依照法律、法规的规定履行法定义务的，由乡、民族乡、镇的人民政府责令改正。

6. 与党和政府的关系

村委会不是一级政权机关，也不是农村基层政府的附设机构。法律规定，乡、民族乡、镇的人民政府对村委会的工作给予指导、支持和帮助，但是不得干预依法属于村民自治范围内的事项。村委会协助乡、民族乡、镇的人民政府开展工作。乡、民族乡、镇的人民政府干预依法属于村民自治范围事项的，由上一级人民政府责令改正。

中国的村民自治，不是要摆脱党的领导，相反是在党的领导下进行的。

这是由中国的历史与现实国情决定的。因此法律规定，党在农村的基层组织，按照党章进行工作，发挥领导核心作用，领导和支持村民委员会行使职权；依照宪法和法律，支持和保障村民开展自治活动、直接行使民主权利。党的领导核心作用的含义是：农村基层党组织包括基层党委、党总支、党支部，应依法支持和保障村民自治，而不是取代村民自治或对村委会发号施令。

（四）村民自治制度的完善

中国是一个传统的农业社会，虽然1978年改革开放以来国家加快了城市化进程，至2017年中国的城镇化率已接近60%，但是依旧存在广大的农村地区。农村、农民、农业问题仍然是中国的大问题，它严重束缚政治、经济、文化等社会任何方面的发展。实行适合农村发展的制度，大力调动农民的积极性，推动传统农村向现代农村转型是党和政府的一贯方针。

1. 村民自治中存在的问题

1998年村民委员会组织法颁布实施一段时间后，有人经调查后就发现：就全国范围而言的村民自治，在三分之一的村里发展很好，三分之一的村里发展较好，三分之一的村里发展不好或不理想。村民自治是历史发展的必然。在市场经济驱动下村民广泛流动增长了见识、村民民主意识的觉醒、村民法治意识的提高等一系列因素的共同作用下，村民自治在中国日益走向成熟。但是村民自治中还存在一些亟待解决的问题。由于农村社区的特殊性，它不仅具有城市社区民主政治发展所遇到的一般问题，而且它与传统的联系更加紧密，血缘性、地域性更明显；由于农村经济发展相对落后于整个国家经济发展的进程，民主政治的进程也相应缺乏一定的经济基础；由于为了保持乡村社会的稳定和政策法律的贯彻执行，基层政权仍需要对乡村社会施加巨大影响。自治性与行政性的矛盾、自治性与家族性的纠葛、经济发展与民主进步的关系等这些问题都是村民自治中带有长期性、根本性的问题。由于这些复杂问题的存在，使得村民委员会组织法规定的村民自治难以在实践中真正执行到底，这不能不引起社会广泛关注，党和政府务必高度重视。

（1）自治性和行政性的矛盾

众所周知，村民委员会是村民自我管理、自我教育、自我服务的基层群众性自治组织，实行民主选举、民主决策、民主管理、民主监督。村民对本村的经济发展和社会进步应起主导作用，自治性应是其法理上的重要特征。但是，村落作为中国农村的微型社区，国家为了保持法律政策的畅通，基层政府为了保持国家法律政策的贯彻执行，必定要将其影响力延伸到村委会，村委会再通过其影响力波及到千家万户。村委会在这种上传下达中不可避免地具有一定的行政性。行政性和自治性的矛盾在乡村公共权力的运行中日益明显。一方面，许多村委会成员官本位思想严重，把自己当作国家干部，迷恋于原来计划体制下的行政命令，习惯于在政府的招牌下过日子，他们感到没有强大的行政权力作后盾，既得不到群众的广泛认可，也无法有效地开展工作。另一方面，许多基层政府认为，实行村民自治对他们而言可谓大权旁落，如同没有脚的螃蟹动弹不得，担心没有行政权的调控，乡村会陷入一片混乱，不仅法定的税收、健康卫生等任务难以完成，而且还会危及乡村的社会稳定。因此，他们倾向于对乡村实行超强控制，不仅村委会成员须事先征得他们同意，就连村规民约也得事先经过他们审查许可。如何对待自治性与行政性的关系，是村民自治面临的重大挑战。

（2）自治性和家族性的纠葛

中国乡村是地缘和血缘的结合体，是一个熟人社会，传统的家族村落文化源远流长，不能不影响到现代的村民自治制度。在家庭联产承包责任制推行以后，家庭曾经弱化了的经济功能又重新得到了恢复，在社会产业服务体系、社会保障体系还不健全的情况下，农户在生产生活中所遇到的困难必然会求助于有血缘关系的人们，这是千百年来的传统。"这种新体制（家庭联产承包责任制）的推行改变了乡村的基本组织形式和生活模式。其中最大的差别是农户家庭的生产性功能重新处于决定性地位。由于生产已经落实到各农户家庭来完成，农户家庭就必然成为生产组织的中心，过去被弱化的功能又重新得到强化"[①]，这就必然会促进家族势力的兴起。家族性的等级性、封闭性和自给性与自治性的平等性、开放性和流动性是传统与现代的分野，家族利益并非集体利益，族民也非村民。自治性与家族性的矛盾随着血缘关系的延续而延续，这在有些乡村已是不争的事实，有些乡村甚至某个家族说了算。如何调适自治性与家族性的关系，也是村民自治面临的重要问题。

（3）经济发展与民主进步的关系

经济和民主关系密切。一方面，经济为民主的发展提供了坚实的物质基础，如果没有经济的支撑，那么一切民主就只徒有形式，经济发展制约着民主进步。另一方面，民主又为经济的发展提供了宽松的外部环境，使经济发展具有更加强劲的动力，民主进步能促进经济更快的发展。虽然民主的发展受到各种因素的影响，但经济发展无疑是民主进步的必要条件。村民自治制

[①] 王沪宁：《当代中国村落家族文化》，上海人民出版社1991年版，第57页。

度的建立和发展,是中华人民共和国成立以来中国农村经济繁荣的产物,也是党和国家进一步推进民主政治而作出的一种制度创新。但是,必须清醒地认识到,由于各地的自然资源、经济水平、人文环境等因素差异太大,中国农村的经济发展极不均衡,有的地方如沿海地区的乡村早已步入了小康社会,个别乡村甚至达到了中等收入国家的水平,有的地方才刚刚解决温饱问题,有的地方则无法靠自身解决脱贫问题,不一而足。因此,在广大的中国农村普遍建立现代的民主制度必然会受到经济发展水平的制约,村民自治制度的逐步推进和村民民主权利的有效行使需要农村经济的大力发展。然而,经济发展并非一蹴而就,需要长时间不懈努力。因此,在一定时期,经济发展水平仍然是制约村民自治顺利推进的关键因素。

2. 改进村民自治的对策

村民自治的好坏反映了农村民主政治的基本生态,甚至可以说是整个社会民主政治的一个缩影。搞好村民自治,不但是中国民主政治建设的一个部分,而且夯实了民主政治的群众基础。因此,要按照民主政治的基本要求,结合中国各地农村的实际情况,借鉴国外乡村政治建设的有益做法,坚持原则性与灵活性相结合,逐步解决村民自治中存在的问题。

(1) 严格依法行政

关于行政性和自治性的矛盾问题,既有村委会的行政性问题,又有基层政府的行政性问题。基层政府的行政性问题具有全局性和根本性,因为村委会的行政性无非是基层政府权力运作的必然产物。因此,理顺基层政府与村委会的关系是解决问题的关键。

现代化是世界潮流,没有现代化就会被世界淘汰。西方国家早已完成了现代化进程,中国的发展已纳入了世界发展的体系,中国的现代化,在某种意义上说是外部压力被迫所致,而不是社会内生原动力引发。中国现代化的后发外生性,强大的政府权力能有效地调动政府资源、经济资源和社会资源去推动现代化的进程,整合各种矛盾,维护社会稳定,而且社会的力量弱小,缺乏自组织力,必然要求行政权力的介入、引导和支持,如果不意识到这一点就是对乡村社会组织力的盲目自信。问题在于,不是要不要行政权力,而是如何规范行政权力,如何把握行政权力干预自治性的合理度。

在原计划经济体制下,行政权力无所不管,政府全能,统揽社会的一切事务。这种过度的行政性不仅造成了政府行为的无效率,而且妨碍了社会自组织力的提高,造成了社会永远依附于政府的消极局面。市场经济体制下的行政性,应是一种适度的行政性,即在法律规定的范围内政府对社会的支持、引导和培育,也就是通常所说的行政指导,这种行政指导是推动社会发育成长的重要外部力量。合理规范政府行政行为不是要削弱乡村自治,而是要给乡村自治留下必要的成长空间。这就要求增强法治观念,确立依法行政思想,把基层政府的行政行为纳入到法治化轨道,一切行政行为都得于法有据,实现行政行为的合理化和规范化,把本属于乡村社会村民自治的权力退还给村民,建立和健全社会化服务体系和社会保障体系,为农村产业化提供产前、产中和产后服务,为村民的日常生活提供便捷服务。

(2) 合理引导家族势力

在中国广大农村地区,要想一下子彻底消除家族势力对当地的影响,几乎是不可能的,这是存续几千年的宗法制度的必然结果,家族主义根深蒂固。实践表明,宗法制度和现代政治制度格格不入,家族势力是阻碍在建立基层民主政治面前的一座大山。在村民自治中,对待家族势力,只有合理引导、规范家族势力的影响,充分发挥它的积极作用。

布莱克认为,从传统向现代的演进是传统性不断削弱和现代性不断增长的过程,现代化的过程是传统的价值观念在功能上对现代性要求不断进行适应的过程。① 因此,现代化并未要抛弃传统,事实上完全抛弃也是不可能的。家族主义作为中国农村一种传统的价值观,曾对中国这个超大型的农耕文明国家起了有效的稳定、聚合作用。在推进市场经济和民主政治的过程中,在经济关系和利益原则还不能完全取代血缘亲情成为编织农村社会关系网络时,只能扬长避短,充分发挥它在调解纠纷、维护社会稳定等方面的积极作用。要注意吸收家族权威到正式组织中来,或参加村委会,或进入村民代表大会、议事会,通过正规组织来约束他的行为,将他的消极作用减少到最低限度,同时也要防止家族控制这些组织。

(3) 加快农村经济发展

很难想象没有经济发展的民主会是一种什么样子,但至少不会是一种很佳的状态。搞好村民自治建设,就应当推进农村产业化进程,夯实村民自治的物质基础。农村经济的发展和产业化水平的提高,不仅能提高农民的生活水平,为村民自治提供坚强的物质保障,而且为乡村向城镇化发展提供了物质条件,乡村城镇化是乡村现代化的必要内容。要因地制宜,依法依规采取实质性措施,大力吸收外部资金投入,鼓励和吸引在城务工、业有所成的农

---

① 参见[美]布莱克《比较现代化》前言,杨豫、陈祖洲译,上海译文出版社1996年版,第18页。

民工或农民企业家回乡创业，带动村民共同富裕，为推进村民自治打下坚实的物质基础。

人的观念的改变，经济具有决定作用。发展农村经济，不仅仅是为农民的政治参与提供一定的物质手段，而是通过现代经济的发展来改变人的观念，促使广大农民从原来僵化陈旧的传统观念向开放多元的现代观念的转变，从被动地适应社会到主动寻求自己理想生活方式的转变。实际上，中国村民自治的迅速发展是在农村经济快速发展之后出现，摆脱贫困或富裕起来的农民不再满足过去的生活状态，村民自治正是回应他们民主诉求的表现形式。因此，在一定意义上说，推动农村经济的快速发展是更有效实施村民自治的物质性因素。这就意味着中国乡村的民主化进程只能是一个逐步发展、长期推进的过程，那种幻想一步到位，搞一刀切，是不切实际的浪漫想法，百害无一益，相当不利于村民自治的健康发展。

（4）提高农民的文化素质

文化素质是民主政治的基础。大家都明白，一群文化素质不高的人不可能建立现代化的民主政治制度。要不断提高农民的文化素质，逐步提高农民的政治认知能力。

文化素质的高低主要通过受教育的程度来衡量。目前，中国农村文盲、半文盲劳动力仍占很大的比重，主要为年龄偏大的那部分人。这是历史原因造成的，出生在多灾多难的旧中国的农民大多无条件接受教育，中华人民共和国成立初期充分接受教育的机会也不成熟，或者由于其他原因以致未入学或中断学业。虽然国家下大力气提高农民的文化教育程度，但任务异常艰巨，还远未达到理想的目标。至1993年，全国农村劳动力平均受教育程度为6.76年，农村文盲和半文盲劳动力仍占15.3%，小学文化程度的劳动力占38.2%，尚有19.2%的6—11岁儿童由于种种原因没有入学或中断了学业。[①] 至2003年，在农村劳动力中，初中及以下文化程度的占87.8%，高中及中专文化程度的占11.7%，大专以上文化程度的只占0.52%，文盲半文盲等低质量的农村劳动力较多；全国九年制义务教育平均完成率2002年仅为79.25%，2003年仅为79.57%。[②] 由于受教育程度不高，他们大多不可能形成正确的政治认知，利益表达方式也过于简单粗糙，容易受人左右摆布，参

[①] 农村经济年度分析课题组：经济绿皮书《1994年中国农村经济发展年度报告兼析1995年发展趋势》，中国社会科学出版社1995年版，第40页。

[②] 参见李莉《农民收入水平与受教育状况相关性分析》，载《广西社会科学》2006第7期。

政能力受到极大限制，严重影响了乡村民主化的进程。教育是国家发展的原动力，更是改变乡村的原动力，不只是党和政府要高度重视，还须引起社会各界的高度关注。因此，要大力提倡科教兴国、科教兴农的思想，大力发展农村教育事业，开展多种形式的扫盲活动，为推进乡村民主政治提供智力支持。

注释

[1] 保甲制度是中国封建社会长期延续的一种统治手段。中国封建社会尊奉儒家学说。儒家主张家国天下，将国家关系和宗法关系融合为一，家族观念被纳入君统观念之中。保甲制度最本质的特征是以"户"（家庭）为社会组织的基本单位。因此，就有了汉代的五家为"伍"，十家为"什"，百家为"里"；唐的四家为"邻"，五邻为"保"，百户为"里"，北宋王安石变法时提出了十户为一保，五保为一大保，十大保为一都保；元朝又出现了"甲"，以二十户为一甲，设甲生。到了清朝，终于形成了与民国时期十进位的保甲制极为相似的"牌甲制"，以十户为一牌，十牌为一甲，十甲为一保，由此建立起了封建皇朝对全国的严密控制。1912年南京中华民国政府成立以后，一些省区曾自发地推行保甲制度；1923年后曾有一段时间实行闾邻制，但效果不理想。1931年进攻红军的国民党"剿匪总司令部"认为，"剿共"不力的原因之一是当地民众不支持政府。为去此"弊端"，司令部所属党务委员会内专门设立了地方自卫处，研究并草拟保甲制度和保甲法规，同年6月首先在江西修水等四十三县试行；1932年8月司令部正式颁布了《豫鄂皖三省剿匪总司令部施行保甲训令》及《剿匪区各县编查保甲户口条例》，保甲制度在"剿匪"中正式建立。1934年经国民党中央政治会议议决，并由行政院通令各省市推行；1935年，南京、北平两大城市也先后推行保甲制度。基本形式为十户为甲，十甲为保。实际操作中城市与乡村、各地区可略有弹性。

[2] 恩格尔系数（Engel's Coefficient），是食品支出总额占个人消费支出总额的比重。19世纪德国统计学家恩格尔根据统计资料，得出消费结构的变化规律：一个家庭收入越少，家庭收入中用来购买食物的支出所占的比例就越大，随着家庭收入增加，用来购买食物的支出比例则会下降。由此可知，一个国家越穷，每个国民的平均收入中用于购买食物的支出所占比例就越大，随着国家富裕，这个比例呈下降趋势。

参考文献

《马克思恩格斯全集》第2卷，人民出版社1972年版。
《马克思恩格斯全集》第4卷，人民出版社1960年版。
《马克思恩格斯全集》第41卷，人民出版社1982年版。
《马克思恩格斯文集》（1—10卷），人民出版社2009年版。
《马克思恩格斯选集》（1—4卷），人民出版社1995年版。
《马克思恩格斯选集》（1—4卷），人民出版社1972年版。
马克思：《资本论》（1—3卷），人民出版社1975年版。
恩格斯：《家庭、私有制和国家的起源》，人民出版社1999年版。
《列宁选集》（1—4卷），人民出版社2012年版。
《斯大林文选（1934—1952年）》，人民出版社1962年版。
《孙中山选集》，人民出版社1981年版。
《孙中山全集》，中华书局1986年版。
《毛泽东选集》（1—4卷），人民出版社1991年版。
《毛泽东选集》（第5卷），人民出版社1977年版。
《毛泽东文集》（6—8卷），人民出版社1999年版。
《建国以来毛泽东文稿》（第4册），中央文献出版社1990年版。
《刘少奇选集》（上下卷），人民出版社1981、1985年版。
《周恩来选集》（上下卷），人民出版社1980、1984年版。
《周恩来统一战线文选》，人民出版社1984年版。
《邓小平文选》（1—2卷），人民出版社1994年版。
《邓小平文选（第3卷）》，人民出版社1993年版。
《江泽民文选》（1—3卷），人民出版社2006年版。
《胡锦涛文选》（1—3卷），人民出版社2016年版。
《习近平谈治国理政》，外文出版社2014年版。
《习近平谈治国理政》（第2卷），外文出版社2017年版。

《习近平关于全面依法治国论述摘编》，中央文献出版社2015年版。

李维汉：《李维汉选集》，人民出版社1987年版。

薄一波：《若干重大决策与事件回顾》，中共中央党校出版社1993年版。

乔石：《乔石谈民主和法制》（上下集），人民出版社2012年版。

李铁映：《论民主》，人民出版社、中国社会科学出版社2001年版。

《中国共产党第十九次全国代表大会文件汇编》，人民出版社2017年版。

《中共中央关于加强党的执政能力建设的决定》，人民出版社2004年版。

中共中央宣传部：《习近平新时代中国特色社会主义思想三十讲》，学习出版社2018年版。

《中共中央关于建国以来党的若干历史问题的决议》，人民出版社1981年版。

中共中央党史研究室：《中国共产党的九十年》，中共党史出版社 党建读物出版社2016年版。

中共中央党史研究室 胡绳主编：《中国共产党的七十年》，中共党史出版社1991年版。

中共中央党史研究室：《中国共产党历史第一卷（1921—1949）》（上下册），中共党史出版社2011年版。

中共中央党史研究室：《中国共产党历史第二卷（1949—1978）》（上下册），中共党史出版社2011年版。

中共中央组织部、中共中央党史研究室、中央档案馆编：《中国共产党组织史资料》附卷1，中共党史出版社2000年版。

中共中央文献研究室编：《三中全会以来重要文献选编》，人民出版社1982年版。

中央档案馆编：《中共中央文件选集 第一册（一九二一——一九二五）》，中共中央党校出版社1989年版。

中央档案馆编：《中共中央文件选集 第三册（一九二七）》，中共中央党校出版社1989年版。

中央档案馆编：《中共中央文件选集 第四册（一九二八）》，中共中央党校出版社1989年版。

中央档案馆编：《中共中央文件选集 第五册（一九二九）》，中共中央党校出版社1990年版。

中央档案馆编：《中共中央文件选集 第七册（一九三一）》，中共中央党校出版社1991年版。

中央档案馆编：《中共中央文件选集 第十一册（一九三六——九三八）》，中共中央党校出版社1991年版。

中央档案馆编：《中共中央文件选集 第十三册（一九四一——九四二）》，中共中央党校出版社1991年版。

中央档案馆编：《中共中央文件选集 第十五册（一九四五）》，中共中央党校出版社1991年版。

中央档案馆编：《中共中央文件选集 第十八册（一九四九）》，中共中央党校出版社1992年版。

全国人大常委会办公厅研究室编著：《人民代表大会制度建设四十年》，中国民主法制出版社1991年版。

全国人大常委会办公厅研究室编：《全国人大及其常委会大事记（1954—1987年）》，法律出版社1987年版。

全国人大常委会办公厅研究室政治组编：《中国宪法精神》，中国民主法制出版社1996年版。

中国人民解放军总政治部编：《邓小平新时期军队建设思想学习纲要》，解放军出版社1997年版。

周旺生主编：《立法学》，法律出版社1998年版。

刘瀚：《刘瀚文选》，法律出版社2004年版。

刘瀚主编：《依法治国基本方略》，学习出版社2001年版。

吴玉章：《法治的层次》，清华大学出版社2002年版。

浦兴祖主编：《中华人民共和国政治制度》，上海人民出版社2005年版。

浦兴祖主编：《当代中国政治制度》，上海人民出版社1990年版。

蔡定剑：《中国人民代表大会制度》，法律出版社2003年版。

陈明明：《在革命与现代化之间》，复旦大学出版社2015年版。

程竹汝：《政治文明：历史维度与发展逻辑》，上海人民出版社2004年版。

房宁：《民主的中国经验》，中国社会科学出版社2013年版。

房宁：《中国政治制度》，中国社会科学出版社2017年版。

费孝通主编：《中华民族多元一体格局》，中央民族学院出版社1989年版。

高兆明：《制度伦理研究——一种宪政正义的理解》，商务印书馆2011年版。

郭定平：《政党与政府》，浙江人民出版社1998年版。

郭晓东：《重塑价值之维：西方政治合法性理论研究》，华东师范大学出版社 2007 年版。

韩大元：《1954 年宪法与中国宪政》，武汉大学出版社 2008 年版。

何华辉：《比较宪法学》，武汉大学出版社 1988 年版。

黄炎培：《八十年来》，文史资料出版社 1982 年版。

黄峥：《刘少奇一生》，中央文献出版社 1995 年版。

季卫东：《通往法治的道路：社会的多元化与权威体系》，法律出版社 2014 年版。

金春明：《"文化大革命"史稿》，四川人民出版社 1995 年版。

李步云主编：《宪法比较研究》，法律出版社 1998 年版。

李强：《宪政与秩序》，北京大学出版社 2011 年版。

李士英主编：《当代中国的检察制度》，中国社会科学出版社 1988 年版。

李寿初：《权力——依法治权的法政治学分析》，中国社会科学出版社 2018 年版。

李寿初：《中国政治运行中的三大关系》，德国金琅学术出版社 2017 年版。

李寿初：《统治合法性》，德国金琅学术出版社 2016 年版。

李寿初：《公民不服从论》，德国金琅学术出版社 2016 年版。

李寿初：《法治的局限及其克服：公民不服从问题研究》，法律出版社 2009 年版。

李寿初：《中国政府制度》（第二版），中共中央党校出版社 2005 年版。

李寿初：《中国政府制度》，中央民族大学出版社 1997 年版。

林尚立：《国内政府间关系》，浙江人民出版社 1998 年版。

刘练军：《司法要论》，中国政法大学出版社 2013 年版。

刘练军：《消极主义：宪法审查的一种哲学立场》，法律出版社 2010 年版。

刘杰诚：《毛泽东与斯大林会晤纪实》，中共党史出版社 1997 年版。

刘永佶：《民主新论》，中国经济出版社 2012 年版。

鲁明健主编：《中国司法制度教程》，人民法院出版社 1991 年版。

陆学艺主编：《当代中国社会阶层研究报告》，社会科学文献出版社 2002 年版。

马宝成：《政治合法性研究》，中国社会出版社 2003 年版。

秦前红等：《国家监察制度改革研究》，法律出版社 2018 年版。

任剑涛：《政治学：基本理论与中国视角》，中国人民大学出版社 2009 年版。

桑玉成：《站在平原看高山——玉成论政》，复旦大学出版社 2015 年版。

沈岿：《公法变迁与合法性》，法律出版社 2010 年版。

史筠：《民族法制研究》，北京大学出版社 1989 年版。

苏力：《法治及其本土资源》，北京大学出版社 2015 年版。

王贵秀：《中国政治体制改革之路》，河南人民出版社 2004 年版。

王贵秀等：《政治体制改革和民主法制建设》，经济科学出版社 1998 年版。

王沪宁：《当代中国村落家族文化》，上海人民出版社 1991 年版。

王劲松：《中华人民共和国政府与政治》，中共中央党校出版社 1995 年版。

王人博、程燎原：《法治论》，广西师范大学出版社 2014 年版。

王绍光：《选举批判：对当代西方民主的反思》，北京大学出版社 2014 年版。

吴大英、刘瀚等：《中国社会主义立法问题》，群众出版社 1984 年版。

吴敬琏：《当代中国经济改革》，远东出版社 2003 年版。

吴山、姜红主编：《块块经济学》，海洋出版社 1990 年版。

萧公权：《宪政与民主》，中国人民大学出版社 2014 年版。

肖蔚云：《一国两制与香港基本法律制度》，北京大学出版社 1990 年版。

辛向阳：《新政府论》，中国工人出版社 1994 年版。

熊先觉：《中国司法制度》，中国政法大学出版社 1986 年版。

徐显明主编：《人权法原理》，中国政法大学出版社 2008 年版。

许崇德主编：《中国宪法》，中国人民大学出版社 2010 年版。

许崇德：《国家元首》，人民出版社 1982 年版。

许良英、王来棣：《民主的历史》，法律出版社 2015 年版。

许宗力：《法与国家权力》，台北月旦出版股份有限公司 1993 年版。

杨光斌：《让民主归位》，中国人民大学出版社 2015 年版。

叶孝信主编：《中国法制史》（新编本），北京大学出版社 1996 年版。

俞可平：《论国家治理现代化》，社会科学文献出版社 2014 年版。

袁峰：《理想政治秩序的探求》，学林出版社 2002 年版。

岳天明：《政治合法性问题研究：基于多民族国家的政治社会学分析》，中国社会科学出版社 2006 年版。

张恒山：《法理要论》，北京大学出版社 2009 年版。
张千帆：《宪法学导论：原理与应用》，法律出版社 2014 年版。
张千帆：《宪政原理》，法律出版社 2011 年版。
张文显：《法治与法治国家》，法律出版社 2011 年版。
张友渔：《宪政论丛》（上下册），群众出版社 1986 年版。
赵鼎新：《民主的限制》，中信出版社 2012 年版。
郑永年：《民主：中国如何选择》，浙江人民出版社 2015 年版。
周叶中：《代议制度比较研究》，商务印书馆 2014 年版。
［奥］凯尔森：《法和国家的一般理论》，沈宗灵译，中国大百科全书出版社 1996 年版。
［德］哈贝马斯：《在事实与规范之间：关于法律和民主法治国的商谈理论》，童世骏译，北京三联书店 2003 年版。
［德］哈贝马斯：《合法化危机》，刘北成、曹卫东译，上海人民出版社 2000 年版。
［德］黑格尔：《法哲学原理》，范扬、张企泰译，商务印书馆 1961 年版。
［德］康德：《法的形而上学原理——权利的科学》，沈叔平译，商务印书馆 1991 年版。
［德］康德：《道德形而上学原理》，苗力田译，上海人民出版社 1986 年版。
［德］曼海姆：《意识形态与乌托邦》，黎鸣等译，商务印书馆 2000 年版。
［德］韦伯：《经济与社会》，林荣远译，商务印书馆 1997 年版。
［德］施米特：《合法性与正当性》，冯克利等译，上海人民出版社 2015 年版。
［法］贡斯当：《古代人的自由与现代人的自由》，阎克文等译，商务印书馆 1999 年版。
［法］凯罗尔：《民意、民调与民主》，何滨、吴辛欣译，社会科学文献出版社 2015 年版。
［法］夸克：《合法性与政治》，佟心平、王远飞译，中央编译出版社 2008 年版。
［法］罗米伊：《希腊民主的问题》，高煜译，译林出版社 2015 年版。
［法］卢梭：《社会契约论》，何兆武译，商务印书馆 1980 年版。

［法］马里旦：《人和国家》，霍宗彦译，商务印书馆1964年版。

［法］孟德斯鸠：《论法的精神》（下册），张雁深译，商务印书馆1963年版。

［法］孟德斯鸠：《论法的精神》（上册），张雁深译，商务印书馆1961年版。

［法］托克维尔：《论美国的民主》，董果良译，商务印书馆1988年版。

［古罗马］西塞罗：《国家篇、法律篇》，沈叔平、苏力译，商务印书馆1999年版。

［古希腊］柏拉图：《法律篇》，张智仁、何勤华译，上海人民出版社2001年版。

［古希腊］柏拉图：《理想国》，郭斌和、张竹明译，商务印书馆1986年版。

［古希腊］亚里士多德：《政治学》，吴寿彭译，商务印书馆1965年版。

［荷兰］斯宾诺莎：《神学政治论》，温锡增译，商务印书馆1963年版。

［加］戴岑豪斯：《合法性与正当性：魏玛时代的施米特、凯尔森与海勒》，刘毅译，商务印书馆2013年版。

［美］爱波斯坦：《西方民主国家的政党》，何文辉译，商务印书馆2014年版。

［美］奥斯特罗姆：《民主的意义及民主制度的脆弱性》，陕西人民出版社2011年版。

［美］伯尔曼：《法律与革命——西方法律传统的形成》，贺卫方等译，中国大百科全书出版社1993年版。

［美］贝尔：《意识形态的终结》，张国清译，江苏人民出版社2001年版。

［美］波斯纳：《法理学问题》，苏力译，中国政法大学出版社2002年版。

［美］布莱克：《比较现代化》，杨豫、陈祖洲译，上海译文出版社1996年版。

［美］达尔：《论民主》，李凤华译，中国人民大学出版社2012年版。

［美］戴蒙德：《民主的精神》，张大军译，群言出版社2013年版。

［美］戴伊：《民主的反讽：美国精英政治是如何运作的》，林朝晖译，新华出版社2016年版。

［美］丹尼斯·朗：《权力论》，陆震纶等译，中国社会科学出版社2001

年版。

［美］德沃金：《认真看待权利》，信春鹰、吴玉章译，中国大百科全书出版社 1998 年版。

［美］富勒：《法律的道德性》，郑戈译，商务印书馆 2005 年版。

［美］弗里德里希：《超验正义——宪政的宗教之维》，周勇等译，北京三联书店 1997 年版。

［美］福山：《政治秩序的起源》，毛俊杰译，广西师范大学出版社 2014 年版。

［美］汉密尔顿、杰伊、麦迪逊：《联邦党人文集》，程逢如等译，商务印书馆 1980 年版。

［美］赫尔德：《民主的模式》（修订版），燕继荣等译，中央编译出版社 2008 年版。

［美］加尔布雷斯：《权力的剖析》，刘北成译，台湾时报文化出版公司 1992 年版。

［美］加里·沃塞曼：《美国政治基础》，陆震纶等译，中国社会科学出版社 1994 年版。

［美］卡恩：《政治神学：新主权概念四论》，郑琪译，译林出版社 2015 年版。

［美］拉米斯：《激进民主》，刘元琪译，中国人民大学出版社 2008 年版。

［美］罗尔斯：《政治自由主义》，万俊人译，译林出版社 2000 年版。

［美］罗尔斯：《正义论》，何怀宏等译，中国社会科学出版社 1988 年版。

［美］罗森鲍姆主编：《宪政的哲学之维》，郑戈等译，北京三联书店 2001 年版。

［美］麦克斯怀特：《公共行政的合法性》，吴琼译，中国人民大学出版社 2009 年版。

［美］麦金太尔：《谁之正义？何种理性？》，万俊人等译，当代中国出版社 1996 年版。

［美］摩尔：《专制与民主的社会起源》，王茁、顾洁译，上海译文出版社 2013 年版。

［美］诺齐克：《无政府、国家与乌托邦》，何怀宏等译，中国社会科学出版社 1991 年版。

[美］萨托利：《民主新论》，冯克利、阎克文译，上海人民出版社 2015年版。

［美］汤普森主编：《宪法的政治理论》，张志铭译，北京三联书店 1997年版。

［美］沃尔夫：《合法性的限度》，沈汉等译，商务印书馆 2005 年版。

［美］沃尔泽：《正义诸领域：为多元主义与平等一辩》，褚松燕译，译林出版社 2002 年版。

［美］沃特金斯：《西方政治传统——现代自由主义发展研究》，黄辉、杨健译，吉林人民出版社 2001 年版。

［美］夏皮罗：《民主理论的现状》，王军译，中国人民大学出版社 2013年版。

［美］夏皮罗：《政治的道德基础》，姚建华等译，上海三联书店 2006年版。

［美］熊彼特：《资本主义、社会主义与民主》，吴良健译，商务印书馆 1999 年版。

［美］雅诺斯基：《公民与文明社会》，柯雄译，辽宁教育出版社 2000年版。

［新西兰］罗珀：《民主的历史：马克思主义解读》，王如君译，人民日报出版社 2015 年版。

［意］马基雅维里：《君主论》，张志伟等译，陕西人民出版社 2001年版。

［英］边沁：《政府片论》，沈叔平等译，商务印书馆 1995 年版。

［英］宾汉姆：《法治》，毛国权译，中国政法大学出版社 2012 年版。

［英］波普尔：《开放社会及其敌人》，陆衡等译，中国社会科学出版社 1999 年版。

［英］波普：《历史决定论的贫困》，杜汝楫、邱仁宗译，华夏出版社 1987 年版。

［英］戴维·米勒、韦农·波格丹诺：《布莱克维尔政治学百科全书》，邓正来译，中国政法大学出版社 1992 年版。

［英］戴雪：《英宪精义》，雷宾南译，中国法制出版社 2001 年版。

［英］哈耶克：《自由秩序原理》，邓正来译，北京三联书店 1997 年版。

［英］霍布豪斯：《形而上学的国家论》，汪淑钧译，商务印书馆 1997年版。

[英]霍布斯：《利维坦》，黎思复、黎廷弼译，商务印书馆1985年版。

[英]科林伍德：《历史的观念》，何兆武、张文杰译，商务印书馆1997年版。

[英]杰弗里·巴勒克拉夫：《世界史便览》，北京三联书店1983年版。

[英]罗杰·科特威尔：《法律社会学导论》，彭小龙译，中国政法大学出版社2015年版。

[英]罗素：《权力论——新社会分析》，吴友三译，商务印书馆1991年版。

[英]洛克：《政府论》（上册），瞿菊农、叶启芳译，商务印书馆1982年版。

[英]洛克：《政府论》（下册），叶启芳、瞿菊农译，商务印书馆1964年版。

[英]密尔：《代议制政府》，汪瑄译，商务印书馆1982年版。

[英]密尔：《论自由》，程崇华译，商务印书馆1959年版。

[英]米尔恩：《人的权利与人的多样性》，夏勇等译，中国大百科全书出版社1995年版。

[英]斯金纳：《近代政治思想的基础》，奚瑞森、亚方译，商务印书馆2002年版。

[英]斯密：《道德情操论》，蒋自强等译，商务印书馆2004年版。

[英]维尔：《宪政与分权》，苏力译，北京三联书店1997年版。

[英]沃拉斯：《政治中的人性》，郑永年等译，浙江人民出版社1988年版。

[英]休谟：《人性论》，关文运译，商务印书馆1980年版。

[英]詹宁斯：《法与宪法》，龚祥瑞等译，北京三联书店1997年版。

Elizabeth H. Wolgast, 1987. *The Grammar of Justice*, Cornell University Press, New York.

Menachem Marc Kellner, *Democracy and Civil Disobedience*, *The Journal of Politics*, Vol. 37, No. 4 (Nov., 1975), Southern Political Science Association.

后　记

　　我与学术结缘，得益于刘瀚先生。2002年秋我考入中国社会科学院研究生院，师从中国社会科学院法学研究所刘瀚先生攻读法理专业博士学位。刘老是法学所前党委书记、副所长，当时担任中国社会科学院学术委员会委员、全国哲学社会科学规划项目政治学科专家组组长、中国法理学研究会会长、国际法律哲学与社会哲学协会中国分会会长等学术职务。刘老学识渊博，正直宽厚，随和亲切，遗憾的是刘老2004年季夏因病驾鹤西去。

　　刘老最后一次住院前跟我长谈了一次。他知道自己病重但很乐观，认为至少可以活个几年，能顺利地指导我完成学业。天不遂人愿，没想到两个月后他就走了。我跟随法学所吴玉章先生继续完成学业。刘老那天跟我谈了很多，我一直牢记于心。他强调，既然读了法理专业博士，既然会从事学术研究，就要热爱这个专业，如果丢掉它就是砸自己饭碗，如果做与自己专业无关的研究，搞出来别人也不一定认可，会自讨没趣。2005年我博士毕业后本想在北京一所高校任教，因内人喜欢上海，于是回到了本科就读的华东政法学院，到了社会学系，想从事法社会学的研究，法社会学是法理学的一个流派，可惜被安排到了社会学理论教研室。2010年博士后出站后应聘到了上海交大马克思主义学院道德与法律教研室，跟可以从事专业研究不无关系。刘老还告诫道，要脚踏实地，直面现实，不怨天尤人，顺境不骄，逆境不馁，不要在意一时得失，也不要太在意别人意见；要永远站在人民立场，为人民说话；要多读书、深观察、勤思考、多写作，学者是靠作品说话的，搞好自己的研究才是本分。刘老希望我把法政治学研究深入下去。法政治学为刘老首创，是他对中国政治的历史和现实经过认真思考后而提出的，既回应了西方宪政学说又符合中国实际，能得到社会各个方面的接受或认可。2018年中国社会科学出版社出版的《权力——依法治权的法政治学分析》，是我对权力问题多年思考的初步总结，也是在法政治学研究方面的一次尝试。

　　2007年春，我进入复旦大学公共管理博士后流动站，师从浦兴祖先生从事当代中国政治制度方面的研究。其实早在 1996 年我在北京大学法律学系读法理专业硕士研究生时，因编著《中国政府制度》就拜读过浦老师 1990 年主编的《当代中国政治制度》。《中国政府制度》于 1997 年由中央民族大学出版社出版，于 2005 年我还在读博士时由中共中央党校出版社再版。浦老师是当代中国政治制度研究领域的权威，跟随他做这方面的研究是我的荣幸。浦老师送我一本他主编的 2005 年版《中华人民共和国政治制度》，这本书代表了当时该领域研究的最高水平。我跟浦老师说，如果十年后他不再改版此书，我愿在他研究的基础上继续写作，传承他的学术思想和观点。浦老师欣然答应。

之后，我一直酝酿着此事，经常与浦老师交流看法，也向浦门师兄弟姐妹们征求意见，受益良多。2017 年，在向浦老师汇报写作大纲后，正式着手写作。拙作的前言与一至四章以《中国政治运行中的三大关系》为名于 2017 年底在德国金琅学术出版社出版。

政治制度是调整公共权力的行为规范。当社会发展到国家状态后，政治制度主要是调整国家权力的行为规范，当然也包括调整与国家权力相关的其他公共权力的行为规范。权力是一把双刃剑，既能成事也能坏事。权力总是由人行使的，人性的弱点决定了权力异化的可能性。社会中的许多丑恶现象，几乎都跟权力有着千丝万缕的联系。检验一个国家政治制度好坏的标准很多，但其能否保证公权公用、防止公权滥用则是一个很重要的标准。

对当代中国政治制度的研究，仁者见仁，智者见智，不会有也不应有一个统一的标准或框架体系。我对拙作章节的安排，主要是以当代中国政治制度中存在的问题的重要性和相关性程度为依据，力求全面、完整、准确地反映其基本面貌，揭示其发展的内在逻辑，即当代中国政治制度是马克思主义基本原理、中国传统文化和现代政治文明等诸多因素与中国政治实践相结合并不断发展的产物。拙作借鉴吸收了《中华人民共和国政治制度》中的一些观点和材料，在此对该书所有作者深表谢意。写作过程中，一直得到浦老师的及时指导，深夜与浦老师电话长谈一二个小时是家常便饭。初稿完成后交浦老师审定。浦老师提出了许多宝贵的修改意见并拨冗赐序。拙作凝聚了浦老师的大量心血。对浦老师的提携和厚爱，学生没齿难忘。但是文责自负，拙作所造成的社会后果，与浦老师无关，全是本人的责任。由于学识浅薄，拙作中错误遗漏之处在所难免，敬请读者不吝批评指正。

因时间、精力有限，应出版社编辑要求，计划撰写的第三章中"党政定位"部分和第十四章中国的军事制度未能完成，待再修订时酌情增补。

拙作的写作和出版，得到了很多人的帮助，心存感恩之情，在此就不一一道谢了。天若有情天亦老，人间正道是沧桑。天道酬勤，我将初心不改，奋斗不止，死而后已。

李寿初

2019 年春于上海